FERNANDO
HENRIQUE
CARDOSO
**DIÁRIOS DA
PRESIDÊNCIA**
1995-1996

A marca FSC® é a garantia de que a madeira utilizada na fabricação do papel deste livro provém de florestas que foram gerenciadas de maneira ambientalmente correta, socialmente justa e economicamente viável, além de outras fontes de origem controlada.

FERNANDO HENRIQUE CARDOSO
DIÁRIOS DA PRESIDÊNCIA
VOLUME 1
1995-1996

1ª reimpressão

COMPANHIA DAS LETRAS

Copyright © 2015 by Fernando Henrique Cardoso

Grafia atualizada segundo o Acordo Ortográfico da Língua Portuguesa de 1990, que entrou em vigor no Brasil em 2009.

CAPA E PROJETO GRÁFICO
Victor Burton

FOTO DE CAPA
Cristiano Mascaro
Paulo Fridman/ Acervo Pres. F. H. Cardoso (lombada)

DIAGRAMAÇÃO
Adriana Moreno

NOTAS E CHECAGEM
Érico Melo

PREPARAÇÃO
Márcia Copola
Ciça Caropreso

ÍNDICE REMISSIVO
Luciano Marchiori

REVISÃO
Jane Pessoa
Huendel Viana
Angela das Neves

Dados Internacionais de Catalogação na Publicação (CIP)
(Câmara Brasileira do Livro, SP, Brasil)

Cardoso, Fernando Henrique
    Diários da presidência, 1995-1996 / Fernando Henrique Cardoso. — 1ª ed. — São Paulo : Companhia das Letras, 2015.

    ISBN 978-85-359-2654-5

    1. Brasil — Políticas e governo — 1995-1996. 2. Brasil — Presidentes — Biografia 3. Cardoso, Fernando Henrique, 1931 — I. Título.

15-08420   CDD-923.181

Índice para catálogo sistemático:
1. Brasil : Presidentes : Biografia   923.181

[2015]
Todos os direitos desta edição reservados à
EDITORA SCHWARCZ S.A.
Rua Bandeira Paulista, 702, cj. 32
04532-002 — São Paulo — SP
Telefone: (11) 3707-3500
Fax: (11) 3707-3501
www.companhiadasletras.com.br
www.blogdacompanhia.com.br

SUMÁRIO

Apresentação | 11
Lista de siglas | 17

1995

25 DE DEZEMBRO DE 1994
  A formação do ministério | 25
30 DE JANEIRO A 5 DE FEVEREIRO DE 1995
  Os primeiros dias. O seminário do Torto. A coordenação dos ministros | 48
INÍCIO DE FEVEREIRO A 19 DE FEVEREIRO DE 1995
  Problemas na Comunicação. Reformas constitucionais. Agricultura | 57
19 DE FEVEREIRO DE 1995
  *Liderança no Congresso. Pressões externas:
  a questão mexicana, câmbio e Argentina* | 66
22 DE FEVEREIRO DE 1995
  Questão agrária. Comunidade Solidária. Câmbio | 74
26 DE FEVEREIRO A 16 DE MARÇO DE 1995
  Itamar, telecomunicações, bancos. Viagem ao Chile, banda cambial | 82
20 A 25 DE MARÇO DE 1995
  *Repercussões da questão cambial. Gestão da equipe econômica.
  Reforma administrativa: discussões iniciais* | 100
29 DE MARÇO A 14 DE ABRIL DE 1995
  Questões regionais. Relações bilaterais. Fundo secreto na Aeronáutica | 110
14 DE ABRIL A 1º DE MAIO DE 1995
  Viagem aos Estados Unidos. Crise no Banco Central | 119
1º A 12 DE MAIO DE 1995
  A área social | 128
15 A 21 DE MAIO DE 1995
  Crimes da ditadura. A questão agrária. Sivam | 137
21 A 30 DE MAIO DE 1995
  A greve dos petroleiros. Ainda a TR. A batalha das reformas continua | 146
30 DE MAIO A 22 DE JUNHO DE 1995
  Ainda os petroleiros. Rusgas com Mário Covas | 154
22 DE JUNHO A 8 DE JULHO DE 1995
  Davos. Crise com a Argentina | 163

10 A 29 DE JULHO DE 1995
   Mísseis. Taxa de juros | 174
30 DE JULHO A 11 DE AGOSTO DE 1995
   Demarcação de territórios indígenas. Desaparecidos políticos.
   Viagem ao Uruguai (Mercosul) | 184
11 DE AGOSTO A 4 DE SETEMBRO DE 1995
   Rusgas entre Gustavo Franco e José Serra. A crise do Banco Econômico.
   Endurecimento do MST | 198
7 A 22 DE SETEMBRO DE 1995
   Os Sem Terra apertam o cerco. Crise bancária se aprofunda.
   Viagem à Europa | 238
23 A 28 DE SETEMBRO DE 1995
   Discordâncias entre Serra e Malan. Juros | 248
30 DE SETEMBRO A 6 DE OUTUBRO DE 1995
   PMDB. Reforma administrativa | 258
9 A 25 DE OUTUBRO DE 1995
   Mudança de comando no BNDES. Visita de Hillary Clinton.
   Fundo Social de Emergência | 268
25 DE OUTUBRO A 8 DE NOVEMBRO DE 1995
   Crise bancária: Nacional e Bamerindus. Vitória na reforma administrativa.
   Visita aos Estados Unidos | 277
12 A 16 DE NOVEMBRO DE 1995
   Debates sobre controle fiscal. Encontro do G-15. Estouro do caso Sivam.
   Impasse sobre o Banco Nacional | 298
16 A 23 DE NOVEMBRO DE 1995
   Definição da sorte do Banco Nacional. Desdobramentos do caso Sivam.
   Queda do brigadeiro Gandra e de Júlio César Gomes dos Santos | 308
23 A 25 DE NOVEMBRO DE 1995
   Ainda o caso Sivam. Crise no núcleo duro do governo.
   Queda de Xico Graziano | 318
28 DE NOVEMBRO A 6 DE DEZEMBRO DE 1995
   A Pasta Rosa. Desgaste com a imprensa. Ainda a crise Sivam | 328
7 A 14 DE DEZEMBRO DE 1995
   Ainda a Pasta Rosa. Viagem à China. Emendas constitucionais | 339
14 A 23 DE DEZEMBRO DE 1995
   Crise na Aeronáutica. Atritos entre Antônio Carlos Magalhães e
   diretores do Banco Central | 349
23 A 31 DE DEZEMBRO DE 1995
   Desentendimentos com Luís Eduardo Magalhães.
   O ano termina. Natal em família | 359

1996

1º A 5 DE JANEIRO DE 1996
De volta a Brasília. Discussões sobre os rumos da economia
e do governo. Maluf, obstáculo à aprovação da reeleição | 387

7 A 16 DE JANEIRO DE 1996
Melhora nas relações com Sarney. As "tripas da República".
Acordo com as centrais sindicais sobre
a reforma da Previdência | 401

18 DE JANEIRO A 1º DE FEVEREIRO DE 1996
Visita a Petrópolis. Viagem à Índia, Espanha e Itália | 420

2 A 7 DE FEVEREIRO DE 1996
O MST e a questão agrária. Crise no Banco do Brasil.
Ainda a reforma da Previdência | 439

10 A 21 DE FEVEREIRO DE 1996
Questão sindical. Guerra fiscal | 449

22 DE FEVEREIRO A 5 DE MARÇO DE 1996
Viagem ao México. Novas perspectivas para o Mercosul | 458

8 A 17 DE MARÇO DE 1996
Articulação política para as reformas. Reflexões sobre
o processo de modernização. Viagem ao Japão | 477

19 A 26 DE MARÇO DE 1996
Estados Unidos: negociação de tarifas. Crise com Sarney.
A definição da CPI dos bancos. Composição partidária: PPB e PMDB | 494

27 DE MARÇO A 11 DE ABRIL DE 1996
Relação com a imprensa. Reflexões sobre a reforma do Estado.
Viagem ao Nordeste | 514

15 A 23 DE ABRIL DE 1996
Sarney e Itamar. Encontro com a classe artística.
O Massacre de Eldorado dos Carajás | 533

25 DE ABRIL A 3 DE MAIO DE 1996
Pressões do PPB para apoio às reformas.
Queda de Dorothea Werneck. Nomeação de Luís Carlos Santos
para a coordenação política. O MST | 555

5 A 12 DE MAIO DE 1996
Candidatura Serra à prefeitura de São Paulo.
Negociações com líderes sindicais. Invasão do gabinete
de Malan por grevistas | 572

14 A 21 DE MAIO DE 1996
Previdência. Telefonia celular. Banco Bamerindus | 580

22 DE MAIO A 8 DE JUNHO DE 1996
   Candidatura Serra à prefeitura de São Paulo ganha corpo.
   Viagem à França. Definição de candidaturas estaduais | 593
10 A 23 DE JUNHO DE 1996
   Tentativa de reconciliação com a imprensa.
   Avanços nas negociações sobre a emenda da reeleição.
   Dificuldades na Reforma Agrária | 618
24 DE JUNHO A 23 DE JULHO DE 1996
   Viagem à Argentina. A reabertura do caso Lamarca.
   Agrava-se a situação do Bamerindus.
   Negociação da CPMF | 637
25 DE JULHO A 15 DE AGOSTO DE 1996
   Aprovação da CPMF. Caso Lamarca. Campanhas municipais | 667
16 DE AGOSTO A 11 DE SETEMBRO DE 1996
   Articulações com Sarney. Reformas na Educação.
   Reflexão sobre novos caminhos para o governo | 700
12 DE SETEMBRO A 1º DE OUTUBRO DE 1996
   Globalização e OMC. Discussões sobre reeleição ganham vulto.
   Visita de Helmut Kohl | 741
2 A 8 DE OUTUBRO DE 1996
   Eleições municipais | 773
10 A 24 DE OUTUBRO DE 1996
   Negociações partidárias (PPB) para a emenda da reeleição.
   Reflexões sobre o governo Collor. Tensão entre PFL e PMDB | 783
26 DE OUTUBRO A 4 DE NOVEMBRO DE 1996
   Discussões sobre a privatização da Vale | 804
5 A 13 DE NOVEMBRO DE 1996
   Demissão de Adib Jatene. Conversas com o primeiro-ministro da China.
   Cúpula Ibero-Americana no Chile | 812
14 A 29 DE NOVEMBRO DE 1996
   Escândalo dos precatórios. Segundo turno das eleições municipais.
   Rixas entre Motta e Maluf. Encontro com Itamar.
   Viagem a Angola e África do Sul | 826
3 A 12 DE DEZEMBRO DE 1996
   CPI dos precatórios. O novo ministro da Saúde.
   Congresso inquieto: eleições da Câmara, do Senado e reeleição | 849

16 A 23 DE DEZEMBRO DE 1996
    Reunião da cúpula do Mercosul.
    O impasse da venda do Bamerindus.
    Votação para a reeleição | 868
25 A 30 DE DEZEMBRO DE 1996
    Reflexões sobre política, reeleição.
    Leituras e descanso no fim do ano | 881

Índice remissivo | 887
Sobre o autor | 931

APRESENTAÇÃO

Estes *Diários* foram gravados, eu não os escrevi. Como conto adiante, suscitado por uma amiga a fazê-los, percebi que o dia a dia da Presidência no Brasil (não sei se não é assim em todo canto) não me permitiria o folgar necessário para pegar a caneta, ou melhor, o computador, ao qual eu mal começara a me ajustar, e escrever. A inevitável aspiração a uma escrita mais bem cuidada iria me torturar, e eu não teria tempo para realizar o objetivo a que me propusera.

Resolvi então gravar o que ocorria e fazer, de vez em quando, comentários de natureza mais reflexiva. Não fiz isso diariamente, tentava recordar a cada dois ou três dias, geralmente à noite, o que acontecera nos dias anteriores. O gravador tornou-se meu padre confessor ou, quem sabe, à falta de um psicanalista que nunca tive, o médico de minha alma. Nele, eu desabafava.

Só fui ver o resultado das gravações alguns anos depois de haver deixado as funções presidenciais. Até então apenas uma pessoa, dedicadíssima, a quem muito devo nos mais de quarenta anos de trabalho comigo, teve a pachorra de escutá-las e transcrevê-las: Danielle Ardaillon. Até hoje só ela escutou os oito anos e fez o que pôde para tornar letra escrita o que eu falava, nem sempre pronunciando com clareza, ainda mais com as imperfeições de gravadores precários manejados por operador de baixíssima competência tecnológica.

Recordo que num dos curtos períodos que passei na Universidade Brown, provavelmente em 2005, levei comigo um pen drive, com o propósito de começar a revisar os textos. Foi a única vez, antes de resolver que os publicaria, que ouvi e li trechos do que gravara. Não tendo cumprido inteiramente a tarefa, levei o pen drive dos Estados Unidos para a Espanha, onde viajaria de Madri ao País Basco em passeio com a Ruth. Ao sair do hotel em que estávamos em Madri, alguém roubou do porta-malas do carro a pasta com os passaportes, pouco dinheiro e... o pen drive. É a primeira vez que conto essa história, mas o certo é que Ruth e eu levamos tempos aflitos: e se o ladrão descobrisse as gravações? De posse do passaporte, inútil para ele porque diplomático e mencionando a qualificação de ex-presidente, chegaria ao autor das falas. Poderia vendê-las ou sabe lá o que mais fazer. Passaram-se anos e nada. Deve ter jogado o pen drive no lixo...

Agora, que decidi publicar ainda em vida informações que foram ditadas para depois da morte, fico me perguntando se o destino daquele pen drive não me daria maior sossego do que a decisão de mostrar aos leitores o que eu registrava, como reagia às pressões do cotidiano, como as coisas se apresentavam a mim, como julgava amigos e adversários, como meus pontos de vista variavam.

Além do mais, mesmo que as anotações não tivessem esse propósito, elas abrem frestas para chegar a meus sentimentos, coisa que em geral procuro manter à margem. Por que então, meu Deus, resolvi tornar públicos estes diários?

Talvez porque quisesse desfrutar do prazer e dos incômodos de ver as reações, talvez porque ache que, passados mais de doze anos do exercício da Presidência, não se justifique deixar trancadas, não diria informações (quase todas são conhecidas), mas descrições e visões de como se desenrola o processo de governar. Ele é sofrido, como o leitor já verá, quando quem o detém, além da natural vontade de manter o poder, possui a preocupação, obsessiva, de transformar, de reformar práticas e instituições enraizadas em interesses e sancionadas por nossa cultura política.

Talvez também tenha resolvido publicar os *Diários* pela similitude que possa haver entre as dificuldades que estamos atravessando e aquelas que enfrentei. Fazíamos, então, um esforço enorme para ajustar o país à democracia e adequar a economia às transformações de um mercado que se globalizara, num contexto em que o peso da dívida social é enorme. Hoje, as dificuldades de governar são as de sempre, mas os objetivos são menos os de adaptar o país à modernização política e econômica e mais os de seguir caminhos de política econômica e de hegemonia partidária que não parecem levar a bom rumo.

Devo admitir, também, que não me contive ao ver a massa de informações que podem servir à análise de nossa política e de nossos costumes. Quis mostrar que em algumas ocasiões eu me antecipara ao que aconteceria, embora nem sempre conhecer seja poder. Frequentemente não consegui debelar na ação o que sabia necessário.

Também quis mostrar o infundado de muitas apreciações sobre meu governo, sobretudo quanto a acusações que se repetem e cujas versões, se não são as únicas, aparecem no livro tal como delas tomei conhecimento e como a elas reagi. A natureza imediata e espontânea das gravações permite avaliar melhor o que aconteceu, sem justificativas posteriores.

Os *Diários* mostram como minha apreciação sobre as pessoas variou no transcorrer do tempo. Posso ter sido injusto com amigos e adversários. Mudei de opinião sobre alguns deles. Nem sempre o que era meu sentimento em um momento o foi no outro. Decidi não omitir minhas próprias vacilações, dúvidas e contradições. Peço desculpas, de antemão, sobretudo aos que tanto me ajudaram a governar e aos amigos, em geral mais presentes nos textos do que os eventuais adversários, pois gravava sobre meu cotidiano, por sorte mais povoado por colaboradores e amigos do que por adversários.

Mesmo no caso destes, sou às vezes injusto ou exagero ao julgar pessoas de partidos distintos do meu, contrárias às minhas políticas ou, às vezes, defensoras de partes delas. Ao sabor do momento mostrava minha irritação ou a sensação de estar sendo "traído". Alguns dos que critiquei asperamente se tornaram amigos e o são até hoje.

Mudei de opinião sobre decisões tomadas, como se verá pela leitura do livro. Às vezes não eram os sentimentos que mudavam, mas a situação política. Por exemplo, o caso da reeleição. Embora desde a Constituinte eu tivesse sido favorável à sua instituição, julguei a princípio, logo que o tema entrou na agenda — já havia sido apresentada pelo deputado Mendonça Filho, do PFL-PE, a emenda que autorizava a reeleição —, que para mim ela seria antes prejudicial do que positiva. Minha família não parecia estimulada com minha permanência no governo por mais quatro anos e eu estava cansado de tantos aborrecimentos. Politicamente era constrangedor autorizar minha própria reeleição. Preferiria, a ser levada adiante a decisão, um tipo qualquer de consulta popular, a que os partidos que me apoiavam se opunham.

Convenci-me de que uma vantagem havia, desde logo, com a aprovação da emenda, pois haveria a hipótese de eu ser candidato, o que, dada minha força eleitoral na época, inibiria candidaturas prematuras que já rondavam em 1996 e que, se consolidadas, diminuiriam minhas chances de aprovar as reformas que julgava necessárias para o país.

De mais a mais, na Revisão Constitucional de 1993 houve a decisão de alterar o mandato que a Constituinte fixara em cinco anos, reduzindo-o para quatro com uma reeleição. Houve delongas, esgotou-se o prazo para votar a reeleição, ficamos com os quatro anos apenas, o que parecia ser insuficiente para que um governo fizesse obra de mais vulto. Colocada a questão da reeleição na agenda do Congresso, entre 1996 e 1997 as coisas mudaram de figura: era ganhar ou ganhar... é a regra do jogo político (quanto à alegada compra de votos, deixemos para o próximo volume, quando o tema deve aparecer).

Assim como nesse caso, há no livro o registro de como tomei conhecimento do que veio a ser considerado o "escândalo" do Sivam, ou o caso da Pasta Rosa, cuja leitura evidencia o ridículo de me atribuir qualquer malfeito.

Afora esses e outros pormenores da "pequena política", há análises reiterativas das relações entre a mídia e o poder. Transparece minha reação, frequentemente excessiva, de alguém que, embora compreendendo e aceitando o papel que a mídia possui de antecipar erros e fazer denúncias, não deixava de extravasar irritação pelo que, do ângulo subjetivo, pareciam ser exageros ou injustiças.

Outros casos, como o do Proer e suas repercussões na liquidação do Banco Econômico, do Nacional ou do Bamerindus, surgem na forma como eu os fui percebendo e no modo como agi.

Tão interessante quanto essas questões, na época de enorme repercussão e ainda hoje objeto de exploração político-eleitoral, se depreende da leitura dos *Diários* o intrincado jogo do poder: o desgaste na relação do presidente com os partidos, o jogo muitas vezes clientelístico, do qual o presidente, mesmo resistindo, não escapa. Se o Executivo quiser obter maioria para aprovar as leis num sistema partidário-eleitoral que elege o chefe do Executivo com mais de 50% dos votos (no primeiro turno, no meu caso; no segundo, no caso dos demais presidentes) mas cujo partido beira apenas os 20% do Congresso, as alianças se impõem.

Para fazer reformas ou ter uma agenda qualquer, o partido que elege o presidente se vê obrigado a buscar apoios. No meu tempo as alianças eram feitas para obter os resultados que eu acreditava necessários para o país avançar, as reformas da Constituição, que exigiam maioria de dois terços de cada Casa. Chamava-se a esse arranjo de "presidencialismo de coalizão". Pouco a pouco houve uma degradação do processo. Fazem-se as alianças não só com troca de cargos como utilizando-se práticas mais discutíveis e perdendo-se a agenda: chama-se a isso de "presidencialismo de cooptação".

Essa contingência se torna paradoxal na tentativa de modernização das práticas e costumes: para o "novo" avançar, o apoio do atraso é requerido. A armadilha ficou quase intransponível no meu caso (e daí em diante), porque meu adversário eleitoral, derrotado duas vezes, simbolizava "os pobres" e a "esquerda", e fazia a crítica das alianças feitas pelo PSDB e de sua alegada tendência ao "neoliberalismo", embora o PT fosse mais próximo do PSDB por suas propostas do que muitos dos partidos com os quais nos aliamos para obter a maioria no Congresso. Tal paradoxo se acentuou depois que o PT ganhou as eleições presidenciais e escolheu fazer recair sobre mim e sobre o PSDB o peso de sua crítica. O desejo de vitórias eleitorais soou mais forte do que os compromissos programáticos.

Conta, além disso, o fato de as esquerdas na América Latina não terem sabido se reerguer depois da queda do Muro de Berlim e da globalização da economia. Essa foi uma decorrência de novos modos de produzir e de se comunicar que permitiram que o capitalismo financeiro e também o produtivo se espraiassem pelo planeta afora.

A esquerda latino-americana em geral se ensimesmou num nacionalismo estatizante, pouco compatível com os novos tempos, o que levou os setores progressistas desejosos de avançar na modernização do país a terem de contar mais e mais com os setores atrasados, que mais querem se aproveitar de cargos. Estes setores, mais do que serem a expressão política de uma "direita", representam interesses chamados de "fisiológicos". Daí que as alianças, e não só as do PSDB, acabassem por parecer "fora do lugar". Desse *fiat* não escapou o PT, que terminou engolfado pelo atraso, perdendo o controle da agenda.

Vê-se pelos *Diários* que a política se constitui muito da teia de pequenas intrigas. As mais cruéis são as palacianas e as do "círculo íntimo" do presidente, que a mídia reflete. Existe, contudo, algo além do bate-boca cotidiano. As forças estruturais e as ideologias contam no desfecho dos processos políticos e se deixam entrever nos pequenos choques diários.

O que os franceses chamam de *"politique politicienne"*, as futricas, algumas vezes são, de fato, choques de opinião que ecoam interesses ou visões distintas. Outras vezes são apenas desencontro de ambições e de interesses que aparecem no cotidiano como se fossem desavenças entre as equipes de governo ou deste e de seus aliados com as oposições.

Outro ponto importante é a relação entre o governo e a opinião pública, e entre aquele e a opinião nacional, na distinção que vem dos tempos de Pedro II. Cobra-se sempre a falta de capacidade do governo de se comunicar para tornar mais claros seus propósitos e suas justificativas. Isso é verdadeiro e é um truísmo: numa sociedade de massas a comunicação com elas é essencial. Mas não é da comunicação que depende o prestígio do governo, ou não exclusiva e nem mesmo predominantemente dela. Quando o governo faz o que a população percebe como positivo para o que crê ou para seus interesses, a comunicação ajuda. Caso contrário, nem ela salva. E tanto governo como seus apoiadores jogam sempre a responsabilidade maior nas falhas de comunicação, como se vê em alguns trechos destes *Diários*. Que podem existir, mas não são decisivas.

Em nosso presidencialismo, ao modo do que foi o antigo Poder Moderador, as cartas principais estão na mão do presidente. Não por acaso se fala de "presidencialismo imperial". Mas atenção: no sistema democrático, tanto o Legislativo, onde os partidos se aninham, como os Tribunais e o que em espanhol se costuma chamar de "os poderes fáticos" — isto é, permanentes, dos empresários, dos sindicatos, enfim, dos donos do poder formalmente não políticos — restringem a ação presidencial.

Em nosso sistema atribuem-se ao presidente muitas esferas de decisão e influência: na política externa, na relação com os empresários e com os assalariados, na direção efetiva da administração. Ademais, cai sobre seus ombros a responsabilidade de manter coeso o país, de motivar o povo, de administrar muito do cotidiano e ainda de se relacionar com os partidos, a mídia e o que mais seja.

A efetividade desse suposto superpoder é, entretanto, muito relativa. Quanto mais complexa a sociedade, menos capacidade de decidir e de tornar efetiva a decisão têm os presidentes, apesar de ser indubitável que contam com muita força dissuasória e de comando. Daí que o presidente sinta e se queixe, como eu nestes *Diários*, do cansaço no exercício do cargo e da "solidão do poder". Em mais de um trecho eu me refiro a que vivia cercado de gente e, ao mesmo tempo, em decisões cruciais, amargava, ou desfrutava, o fato de haver de tomá-las sozinho. É assim mesmo e isso faz parte do que se chama poder, mesmo quando democrático.

Mas nem tudo são espinhos. Basta ler estes *Diários* para ver que eu senti muitas compensações e tive muitas alegrias. Sentia as consequências positivas da estabilidade econômica, cujos pressupostos começaram no governo de Itamar Franco, a quem muito devo. Percebi o prestígio crescente do Brasil no exterior, dei início a uma reforma do Estado, começamos a superar nossos males sociais históricos, na saúde, na educação, na reforma agrária, na distribuição de renda. Tudo isso oscilando, conforme as conjunturas econômicas e as dificuldades de manejar o câmbio, as taxas de juros, de responder positivamente à responsabilidade fiscal necessária. E também conforme as oscilações do jogo político.

Oscilações que abalaram mais de uma vez minha popularidade. Contudo, nunca perdi a credibilidade: governei os oito anos assegurando maiorias no Congresso e sentindo o respeito da população, como até hoje.

Minha família, tanto a imediata como a estendida, foi solidária e não me trouxe inconvenientes, tão frequentes em situações de poder. Ruth foi perfeita como primeira-dama, denominação de que ela não gostava, e no conjunto a família, apesar de não apreciar ser forçada a viver institucionalmente, como uma das gravações registra, suportou o ônus de ser vitrine, sem gostar de se exibir.

Uma nota de agradecimento. Este livro foi possível porque Luiz Schwarcz encampou a ideia e a tornou possível, e porque os colaboradores da editora se dedicaram à revisão. Cito um só nome para agradecer a todos: Otavio Marques da Costa. A feitura do texto deu enorme trabalho. Em primeiro lugar, como já dito, a Danielle Ardaillon. Deu trabalho aos revisores, mas também a mim e a Miguel Darcy de Oliveira. Este foi incansável e não perdeu a energia e o entusiasmo ao ler e reler tantas vezes. A ambos, Danielle e Miguel, deixo meus agradecimentos verdadeiros e espero que continuem a ajudar na publicação dos *Diários* referentes aos demais seis anos.

Por fim, embora a edição das gravações originais nos tenha levado a cortar repetições, reordenar frases, evitar o abuso do emprego das mesmas palavras na mesma frase e até, em pouquíssimos casos, amenizar qualificativos, nada de substantivo foi alterado.

Espero que este mesmo critério possa ser usado na publicação dos volumes posteriores. De toda maneira, para quem tiver paciência e desejo de cotejar, as gravações estão depositadas sob a guarda da Fundação Fernando Henrique Cardoso e, no futuro, estarão disponíveis.

Fernando Henrique Cardoso
Setembro de 2015

LISTA DE SIGLAS

Abegás Associação Brasileira das Empresas Estaduais Distribuidoras de Gás Canalizado
Abia Associação Brasileira das Indústrias da Alimentação
Abin Agência Brasileira de Inteligência
ACRJ Associação Comercial do Rio de Janeiro
Adesg Associação dos Diplomados da Escola Superior de Guerra
Adin Ação Direta de Inconstitucionalidade
ADTP Associação de Desenvolvimento Tietê-Paraná
AEB Associação dos Exportadores Brasileiros
AGU Advocacia-Geral da União
AIG American International Group
Aladi Asociación Latinoamericana de Integración
Alca Área de Livre Comércio das Américas
Amcham Câmara Americana de Comércio para o Brasil
Anatel Agência Nacional de Telecomunicações
Aneel Agência Nacional de Energia Elétrica
Anfavea Associação Nacional dos Fabricantes de Veículos Automotores
APEOP Associação Paulista dos Empresários de Obras Públicas
Banerj Banco do Estado do Rio de Janeiro
Banespa Banco do Estado de São Paulo S.A.
Basa Banco da Amazônia S.A.
BC Banco Central do Brasil
BCN Banco de Crédito Nacional S.A.
BID Banco Interamericano de Desenvolvimento
BNB Banco do Nordeste do Brasil
BNDES Banco Nacional de Desenvolvimento Econômico e Social
BNH Banco Nacional da Habitação
Braspetro Petrobras Internacional S.A.
Cade Conselho Administrativo de Defesa Econômica
Cadin Cadastro Informativo de Créditos Não Quitados do Setor Público Federal
Caic Centro de Atenção Integral à Criança
CCE Conselho de Coordenação e Controle das Empresas Estatais
CCJ Comissão de Constituição e Justiça
CCT Conselho Nacional de Ciência e Tecnologia
CDPC Conselho Deliberativo de Política do Café
Cebrap Centro Brasileiro de Análise e Planejamento
Ceme Central de Medicamentos

Cepal Comissão Econômica da ONU para a América Latina e o Caribe
CERR Companhia Energética de Roraima
Cesp Companhia Energética de São Paulo
CGT Confederação Geral dos Trabalhadores
Chesf Companhia Hidro Elétrica do São Francisco
CIA Central Intelligence Agency
CIE Centro de Inteligência do Exército
Ciep Centro Integrado de Educação Pública
Cimi Conselho Indigenista Missionário
Cindacta Centro Integrado de Defesa Aérea e Controle de Tráfego Aéreo
CIP Congregação Israelita Paulista
CNA Confederação Nacional da Agricultura e Pecuária
CNBB Conferência Nacional dos Bispos do Brasil
CNI Confederação Nacional da Indústria
CNPq Conselho Nacional de Desenvolvimento Científico e Tecnológico
Coamo Cooperativa Agropecuária Mourãoense
COB Comitê Olímpico Brasileiro
Cobal Companhia Brasileira de Alimentos
Codefat Conselho Deliberativo do Fundo de Amparo ao Trabalhador
COI Comitê Olímpico Internacional
Conab Companhia Nacional de Abastecimento
Contag Confederação Nacional dos Trabalhadores na Agricultura
CPI Comissão Parlamentar de Inquérito
CPLP Comunidades dos Países de Língua Portuguesa
CPMF Contribuição Provisória sobre Movimentações Financeiras
CPT Comissão Pastoral da Terra
Crub Conselho de Reitores das Universidades Brasileiras
CSN Companhia Siderúrgica Nacional
CTA Centro Técnico Aeroespacial
CUT Central Única dos Trabalhadores
DAS Cargo de Direção e Assessoramento Superior
DEM Democratas
Denacoop Departamento Nacional de Cooperativismo e Associativismo Rural
Dieese Departamento Intersindical de Estatística e Estudos Socioeconômicos
DNAEE Departamento Nacional de Águas e Energia Elétrica
DNER Departamento Nacional de Estradas de Rodagem
DNIT Departamento Nacional de Infraestrutura de Transportes
DNOCS Departamento Nacional de Obras Contra as Secas
Docegeo Rio Doce Geologia e Mineração S.A.
DVS Destaque para Votação em Separado
ECO-92 Conferência das Nações Unidas sobre o Ambiente e o Desenvolvimento

LISTA DE SIGLAS

EDF Électricité de France
Embraer Empresa Brasileira de Aeronáutica S.A.
Embrapa Empresa Brasileira de Pesquisa Agropecuária
Embratel Empresa Brasileira de Telecomunicações S.A.
Embratur Empresa Brasileira de Turismo
EMFA Estado-Maior das Forças Armadas
Esca Engenharia de Sistemas de Controle e Automação S.A.
Escelsa Espírito Santo Centrais Elétricas S.A.
ESG Escola Superior de Guerra
FAB Força Aérea Brasileira
FAE Fundação de Assistência ao Estudante
Faesp Federação da Agricultura do Estado de São Paulo
FAO Organização das Nações Unidas para Alimentação e Agricultura
FAT Fundo de Amparo ao Trabalhador
FEF Fundo de Estabilização Fiscal
Fepasa Ferrovia Paulista S.A.
FGTS Fundo de Garantia por Tempo de Serviço
Fiesp Federação das Indústrias do Estado de São Paulo
Fifa Federação Internacional de Futebol
Firjan Federação das Indústrias do Estado do Rio de Janeiro
FMI Fundo Monetário Internacional
FNDE Fundo Nacional de Desenvolvimento da Educação
Funasa Fundação Nacional de Saúde
Fundacentro Fundação Jorge Duprat e Figueiredo
Fup Federação Única de Petroleiros
G7 Grupo dos Sete
Gamek Gabinete Técnico de Aproveitamento do Médio Kwanza
GAP Grupo de Análise e Pesquisa
Geia Grupo Executivo da Indústria Automobilística
Gerat Grupo Executivo para a Redução de Acidentes de Trânsito
GM General Motors
Ibama Instituto Brasileiro do Meio Ambiente e dos Recursos Naturais Renováveis
IBGE Instituto Brasileiro de Geografia e Estatística
ICMS Imposto sobre Circulação de Mercadorias e Serviços
Iedi Instituto de Estudos para o Desenvolvimento Industrial
IHGB Instituto Histórico e Geográfico Brasileiro
InCor Instituto do Coração do Hospital das Clínicas da Universidade de São Paulo
Incra Instituto Nacional de Colonização e Reforma Agrária
Indesp Instituto Nacional de Desenvolvimento do Desporto
Infraero Empresa Brasileira de Infraestrutura Aeroportuária
INSS Instituto Nacional do Seguro Social

IOF Imposto sobre Operações Financeiras
IPC-r Índice de Preços ao Consumidor, série r
Ipea Instituto de Pesquisas Econômicas e Aplicadas
Ipen Instituto de Pesquisas Energéticas e Nucleares da Universidade de São Paulo
IPI Imposto sobre Produtos Industrializados
IPMF Imposto Provisório sobre Movimentação Financeira
IPT Instituto de Pesquisas Tecnológicas
ISS Imposto sobre Serviços
ITR Imposto Territorial Rural
JBIC Japanese Bank of International Cooperation
LDO Lei de Diretrizes Orçamentárias
Loas Lei Orgânica da Assistência Social
MDB Movimento Democrático Brasileiro
MEC Ministério da Educação
Mercosul Mercado Comum do Sul
MICT Ministério da Indústria, do Comércio e do Turismo
MP Medida Provisória
MPLA Movimento Popular de Libertação de Angola
MR-8 Movimento Revolucionário 8 de Outubro
MST Movimento dos Trabalhadores Rurais Sem Terra
MTCR Missile Technology Control Regime
Nafta North America Free Trade Agreement
Oban Operação Bandeirante
OEA Organização dos Estados Americanos
OECF Overseas Economic Cooperation Fund
OIT Organização Internacional do Trabalho
OMC Organização Mundial do Comércio
ONG Organização Não Governamental
ONU Organização das Nações Unidas
OUA Organização da Unidade Africana
PAN Partido Acción Nacional
Parlatino Parlamento Latino-Americano
PAS Programa de Atendimento à Saúde
PAT Programa de Alimentação do Trabalhador
PCdoB Partido Comunista do Brasil
PDS Partido Democrático Social
PDT Partido Democrático Trabalhista
PEC Proposta de Emenda à Constituição
Petrobras Petróleo Brasileiro S.A.
PFL Partido da Frente Liberal
PIB Produto Interno Bruto

PLD Partido Liberal Democrata
PMDB Partido do Movimento Democrático Brasileiro
PNBE Pensamento Nacional das Bases Empresariais
PNDH Programa Nacional de Direitos Humanos
PNUD Programa das Nações Unidas para o Desenvolvimento
PP Partido Progressista
PPA Plano Plurianual de Investimentos
PPR Partido Progressista Renovador
PPS Partido Popular Socialista
PRD Partido de la Revolución Democrática
Previ Caixa de Previdência dos Funcionários do Banco do Brasil
PRI Partido Revolucionario Institucional
Proálcool Programa Nacional do Álcool
Prodeco Programa Estratégico para o Desenvolvimento do Centro-Oeste
Proer Programa de Estímulo à Reestruturação e ao Fortalecimento do Sistema Financeiro Nacional
Proex Programa de Financiamento à Exportação
Proger Programa de Geração de Emprego e Renda
Pronaf Programa Nacional de Agricultura Familiar
PSDB Partido da Social Democracia Brasileira
PSTU Partido Socialista dos Trabalhadores Unificado
PT Partido dos Trabalhadores
PTB Partido Trabalhista Brasileiro
PUC Pontifícia Universidade Católica
Radam Projeto Radar na Amazônia
Radiobrás Empresa Brasileira de Comunicação
Raet Regime de Administração Especial Temporária
Rais Relatório Anual de Informações Sociais
Reforsus Projeto Reforço à Reorganização do Sistema Único de Saúde
RFFSA Rede Ferroviária Federal
SAE Secretaria de Assuntos Estratégicos
SBPC Sociedade Brasileira para o Progresso da Ciência
SBT Sistema Brasileiro de Televisão
SDR Special Drawing Rights
Sebrae Serviço Brasileiro de Apoio às Micro e Pequenas Empresas
Secom Secretaria de Comunicação Social da Presidência da República
Senai Serviço Nacional de Aprendizagem Industrial
Sesc Serviço Social do Comércio
Sesi Serviço Social da Indústria
Sindipeças Sindicato Nacional da Indústria de Componentes para Veículos Automotores

SIP Sociedade Interamericana de Imprensa
Sipam Sistema de Proteção da Amazônia
Sivam Sistema de Vigilância da Amazônia
SNI Serviço Nacional de Informações
SOF Secretaria de Orçamento Federal
SPD Sozialdemokratische Partei Deutschlands
STJ Superior Tribunal de Justiça
Sudam Superintendência do Desenvolvimento da Amazônia
Sudene Superintendência do Desenvolvimento do Nordeste
Suframa Superintendência da Zona Franca de Manaus
SUS Sistema Único de Saúde
Susep Superintendência de Seguros Privados do Banco Central
Tasa Telecomunicações Aeronáuticas S.A.
TCU Tribunal de Contas da União
Telebrás Telecomunicações Brasileiras S.A.
Telemig Telecomunicações de Minas Gerais S.A.
Telepará Telecomunicações do Pará S.A.
Telerj Telecomunicações do Estado do Rio de Janeiro S.A.
Telesp Telecomunicações de São Paulo S.A.
TJLP Taxa de Juros de Longo Prazo
TNP Tratado de Não Proliferação de Armas Nucleares
TR Taxa Referencial
TST Tribunal Superior do Trabalho
TVE TV Educativa
UDR União Democrática Ruralista
Ufir Unidade Fiscal de Referência
UJS União da Juventude Socialista
UnB Universidade de Brasília
UNDP Programa de Desenvolvimento das Nações Unidas
UNE União Nacional dos Estudantes
Unesco Organização das Nações Unidas para a Educação, a Ciência e a Cultura
Unicamp Universidade Estadual de Campinas
Unicef Fundo das Nações Unidas para a Infância e a Adolescência
URV Unidade Real de Valor
USP Universidade de São Paulo
USTR United States Trade Representative
Varig Viação Aérea Rio-Grandense S.A.
Vasp Viação Aérea São Paulo

FERNANDO HENRIQUE CARDOSO
DIÁRIOS DA 1995 PRESIDÊNCIA

Estes *Diários* contam com notas de edição que têm por objetivo situar o leitor acerca de acontecimentos não totalmente explicitados na narrativa, bem como apresentar informações biográficas necessárias para a compreensão do contexto. Alguns poucos personagens não puderam ser identificados.

25 DE DEZEMBRO DE 1994

A formação do ministério

Hoje é domingo, dia 25 de dezembro de 1994. Nestas gravações pretendo registrar algumas notas sobre os acontecimentos políticos que envolvem o início do meu governo. Fui incentivado pela Celina Vargas do Amaral Peixoto, que me deu um diário para que eu escrevesse a respeito do cotidiano, como o fez seu avô, Getúlio Vargas.

Tentarei. Embora ache que é difícil, vale a pena registrar, desde agora, minha visão de como se constituiu o ministério. Amanhã ou depois, a gente pode esquecer. Não farei o relato do dia a dia, mas o que direi, ainda que não seja necessariamente sequencial, expressará o modo como eu percebi a organização do ministério.

Muito antes de formá-lo, tomei certas precauções. Durante a campanha disse reiteradamente que o ministério seria de minha responsabilidade. Também repeti que teria sensibilidade política na sua composição, e assim nomearia representantes das forças sociais e políticas que me estavam apoiando ou poderiam apoiar o governo. Insisti nas duas teclas: a responsabilidade é minha, a decisão é minha, mas não vou fazer um ministério sem levar em consideração a realidade política. Com a experiência dos últimos anos, sei que, se não existe uma base de apoio político, é muito difícil o governo fazer as modificações de que o Brasil necessita.

Creio que essas precauções surtiram certo efeito. No início, quase ninguém conversou comigo, nem mesmo os mais próximos. Não conversei, por exemplo, com Pimenta da Veiga, presidente do PSDB, até já perto do momento de tomar as decisões sobre o ministério. Com Sérgio Motta não dei uma palavra. Ouvi um ou outro, falando aqui e ali, mas desconversei com muita frequência.

A primeira pessoa com quem falei foi Tasso Jereissati. Isso ocorreu depois do segundo turno das eleições estaduais, portanto depois de 15 de novembro. Tasso foi a São Paulo, puxamos o assunto e eu contei a ele as dificuldades que estávamos tendo para que a equipe econômica permanecesse. Esse ponto era consensual. Eu havia dito em toda a campanha que queria continuar a política econômica. Eu próprio tinha sido o estimulador e o ponto de atração da equipe que fez o Plano Real. Era muito importante para mim, e para o Brasil, que aquela gente permanecesse no governo.

Logo depois das eleições comecei a conversar com um ou outro membro da equipe. O primeiro foi Edmar Bacha, a quem pedi que fosse à minha casa. Percebi que ele estava numa situação pessoal de muito constrangimento. Não tinha condições, por razões familiares, de continuar em Brasília. Tenho muito respeito pelo Edmar, sempre tive. Quando fui ministro da Fazenda e constituímos o grupo que fez o real, ele foi um dos poucos, naquele momento, que apostou. Embora não acreditasse no governo de então, nem na possibilidade efetiva de uma ação mais consequente, se dispôs desde o início a participar da equipe como assessor especial. Foi ele quem indicou o secretário de Política Econômica, Winston Fritsch. Outro que ajudou desde o início foi Pedro Malan. Na formação da equipe do real, contei com Malan e com Bacha.

Também falei com Sérgio Motta e com José Serra. Este último, na época do Plano Real, achou que eu estava bastante descabelado ao aceitar a tarefa que aceitei. Embora tivesse lhe explicado minhas razões, ele achava que, quanto antes eu pudesse me livrar daquilo, melhor... Achava que não havia condições políticas para enfrentar a questão da inflação.

Não era essa a posição do Edmar. Era natural, portanto, que as primeiras pessoas com quem eu tivesse conversado a respeito da sucessão do ministro da Fazenda houvessem sido o Edmar Bacha e, logo em seguida, o Pedro Malan. Não vou repetir a sequência, mas o fato é que tive conversas com ambos e de ambos ouvi que a melhor solução seria a manutenção da equipe através da permanência no ministério do Clóvis de Barros Carvalho, que tinha sido uma mão na roda como secretário executivo, homem firme, competente, mas que não tinha competência econômica específica.

Ainda antes de falar com Malan e com Bacha, porém, tive mais de uma conversa com o Pérsio Arida, cujo brilho é reconhecido por todos e por mim em especial. Pérsio disse que também compreendia ser justo que a escolha para ministro da Fazenda recaísse em um deles, nesta ordem: Bacha, Malan ou ele próprio. Mas sabia que as resistências ao seu nome seriam maiores porque, por estilo intelectual, radicaliza muito as posições para poder ver mais claro. Ele sabe que um ministro que é capaz de fazer formulações muito audaciosas encontra frequentemente grandes resistências. Pérsio não tinha condições nem sequer de cogitar, segundo me disse, permanecer no governo. Queria sair até mesmo antes do fim do governo Itamar.

Pérsio concordava comigo que esses eram os nomes. Passamos a discutir a questão do Banco Central. Caso Bacha fosse para o Ministério da Fazenda, o Pedro podia continuar no Banco; se o Pedro saísse, teríamos que arranjar um substituto e, no meu modo de entender, esse substituto teria que ser o Pérsio. Este lembrava sempre o nome do Armínio Fraga. Ambos sabíamos que o André Lara [Resende] tinha a mesma competência, mas havia um problema: ele tinha deixado a equipe do real anteriormente para dedicar-se ao Banco [Matrix], com muito sucesso. Não parecia possível uma volta do André a essas funções. Então seria o Pérsio ou, mais remotamente, porque estava longe, Armínio Fraga, que também é uma pessoa de grande talento.

Deixei bem claro para o Pérsio que ele, como um dos formuladores do real, tinha responsabilidade na sucessão. Mas Pérsio não queria. Alegava com muita força que não podia ficar na equipe. Saía da minha casa entusiasmado com as tarefas a cumprir, quase aceitando ficar, mas logo no dia seguinte voltava e dizia que não tinha condições. Esse jogo durou até praticamente o momento da nomeação, porque Pérsio sabia da responsabilidade política e intelectual que tinha na continuação do Plano Real.

Bacha, Pérsio e Pedro, e penso que Gustavo Franco também, participavam da ideia de que o ponto de equilíbrio era Clóvis de Barros Carvalho. Em dado momento quase comprei essa ideia, embora tivesse dito sempre que queria ter o Clóvis ao meu lado na Casa Civil ou em alguma posição de relevo dentro do Palácio, para que ele pudesse ser o grande coordenador da equipe de governo em geral, como havia feito no Plano Real. Precisava do Clóvis perto de mim e não via nele as características de um ministro da Fazenda, uma pessoa que, bem ou mal, em certas circunstâncias, tem que ter poder político ou capacidade técnica específica, ou ambos.

Isso durou muito tempo. Quando chamei Pedro Malan, a certa altura, já mais próximo da decisão, não sei se no fim de novembro ou em dezembro, ele me disse com muita ênfase, emocionado, que, para ser franco, não tinha condições de permanecer na equipe. Teria que voltar para os Estados Unidos por uma questão familiar. A filha pequena já não o reconhecia, porque ele passara a maior parte do tempo no Brasil, quase um ano, longe dela, e que por isso havia problemas com a Catarina.*

Pareceu-me claro que não seria possível o Pedro aceitar o Ministério da Fazenda. Praticamente capitulei diante dos argumentos de ordem pessoal. Já o Pérsio nunca desistiu de continuar estimulando o Pedro. Eu havia me convencido de que o Bacha, por razões pessoais, não poderia ser ministro, e quase que me convenço de que o Pedro não poderia pelas mesmas razões. Fiquei numa situação de bastante desalento, até porque essa decisão era a pedra de base. Se eu não resolvesse a equação da equipe econômica, não teria condições de seguir o curso que imaginava para o meu governo, e teria que dar outra feição a ele. Foi nesse ponto que conversei com o Tasso Jereissati, pessoa ligada a todos os personagens aqui mencionados.

Tasso havia me recomendado, na primeira vez que conversamos em minha casa, que eu trouxesse o Serra para a equipe, pois devíamos fazer um esforço para reunir os mais competentes, e nunca negamos competência ao Serra. Disse-lhe que já havia conversado com ele uma noite, em minha casa em Brasília, depois de falar com Malan, com Pérsio e com Bacha. Foi uma boa conversa, em que lhe disse, com toda a franqueza, que só via duas maneiras de ele entrar para o Ministério da Fazenda: ou provocando uma crise, porque a sua entrada provocaria a crise, ou depois de uma crise, para solucionar um impasse. Portanto, se algum ministro fracassasse, ele seria chamado.

Eu receava que colocá-lo na Fazenda seria provocar um impasse, porque praticamente todos haviam feito restrições ao Serra, não à sua competência mas ao seu estilo. "Isso não diminui nem nossa amizade nem minha admiração por sua com-

---

*Catarina Malan, mulher de Pedro Malan.

petência, mas é verdade, e eu, como responsável pelo governo, não quero começar criando uma crise com a equipe econômica." Serra sabia dessa minha posição, difícil de manter devido a nossa relação pessoal mas que eu tomava com a consciência de minha responsabilidade para conduzir a economia brasileira.

Transmiti tudo isso ao Tasso no segundo encontro que tivemos, no Caesar Park. O primeiro havia sido no meu apartamento em São Paulo. Tasso perguntou se podia sondar a equipe a respeito da reação ao Serra, porque ele também tinha ouvido de todos que a solução era o Clóvis de Barros Carvalho e não estava, como eu, conformado com isso. Eu disse que sim, e o resultado da sondagem foi que não havia viabilidade para a absorção do Serra como ministro da Fazenda.

Essa indecisão da equipe se prolongou por um mês depois da minha eleição. Foi um sofrimento, entrou pelo segundo turno nos estados, e não se conseguia resolver quem seria o quê. Tinha a impressão de que havia um cansaço na equipe.

Chamei também o André Lara Resende, que, como sempre, foi fulgurante nas análises. Embora fizesse crítica aqui e ali, concordava com o que a equipe estava fazendo e tinha certeza de que podíamos realizar muitas coisas positivas. Notei no André entusiasmo até mesmo para voltar ao governo. Disse que poderia chamá-lo para ser meu assessor, o que penso possível, porque tenho muito respeito pelo seu talento. A certa altura, ele me telefonou e disse: "Olha, nessa história, você não pode entrar no engano de colocar o Clóvis, porque isso é uma maneira de não resolver nada. Ou vai o Pedro, ou o Bacha. Ou então você põe o Serra!", que era o que eu pensava. Isso me foi dito pelo André com toda a sinceridade e acho que ele tinha razão na ponderação que fez.

Quando estávamos nessa dificuldade grande, chamei o Serra em minha casa e disse: "Olha, Serra, acho que você tem que participar do governo. Não vejo sentido, num governo meu, você longe, dado o tipo de relacionamento que nós temos e a enorme capacidade que você tem para enfrentar as dificuldades da economia brasileira".

Serra perguntou se tinha que responder naquele momento ao convite. Eu disse que não. Como já lhe havia dito, achava que ele devia ir para uma área social, como Educação ou Saúde. Meu raciocínio era o seguinte: Serra tem futuro político, eleitoral, diferentemente dos outros da equipe econômica, e não há de ser através da economia que vai granjear prestígio popular. Eu o obtive porque conseguimos, numa conjuntura muito especial, controlar o governo e a inflação. Não é fácil repetir a façanha. A inflação está sob controle e o governo também. Há no país um nó importante na área social e o Serra era a pessoa que poderia desfazê-lo, tanto na Educação como na Saúde, com grande desempenho, porque tem muita energia. Em outra ocasião, depois da conversa com Tasso, disse-lhe que, mesmo no Ministério do Planejamento, seria imaginável que ele participasse.

Eu estava temeroso de que a equipe não fosse se reanimar para levar adiante o controle da economia brasileira e da inflação. Precisaria ter alguém próximo ao meu gabinete e certamente o Paulo Renato [Costa Souza], do qual já falarei, que é uma pessoa de grandes virtudes, não teria a mesma facilidade do Serra para enfrentar o Congresso na questão do orçamento. Eu poderia criar outro nicho para o Paulo Renato. Enfim, era o Estado que estava em jogo na questão da formação da equipe econômica.

O único membro da equipe com que faltava conversar era o Gustavo Franco. Convidei-o para almoçar em minha casa de Brasília. Notei que ele era favorável a que Pedro Malan fosse o ministro da Fazenda e tinha expectativa de vir a ser presidente do Banco Central. Tenho uma enorme admiração pelo Gustavo, pois ele foi um dos autores da mudança da economia brasileira. É uma pessoa que, quando opina, opina consideradamente, analisa, depois vai para casa e faz o que tem que ser feito para pôr em prática a linha que traçou; tem grande consistência. Eu não temeria colocá-lo como presidente do Banco. Pensava isso antes das críticas a ele pela valorização do real, mas elas não abalaram a minha convicção de que Gustavo é um dos mais sólidos economistas de sua geração. Ele terá um futuro brilhante e eu gostaria de abrir espaço nesse futuro.*

Chamei também mais tarde o Winston Fritsch, que me disse não ter mais condições de permanecer em Brasília. Teria uma oferta importante de trabalho e, mesmo sem ela, não poderia ficar por uma questão de família. Depois recebeu a oferta. Winston foi outro que colaborou desde o início e que não podia seguir no governo.

Ficamos nessa situação até que houve uma pressão muito forte do Pérsio, do André, do Bacha e do Clóvis em cima do Pedro Malan, que cedeu para permanecer pelo menos na fase inicial do governo. Ficou com a possibilidade de voltar para Washington no futuro. Não sei se isso se mantém hoje, porque agora a Catarina virá para cá e eu noto o Pedro bem mais entusiasmado com a tarefa.

Deu-se então uma relação de necessidade entre duas pessoas: Pedro e Pérsio. Pedro só ficaria se Pérsio aceitasse o Banco Central, mas este tinha outros planos, queria organizar um banco de negócios. Tinha também problemas pessoais. Conversei com ele inúmeras vezes. É um homem doce e que sempre tem o sentimento de que é responsável pelas coisas. Não queria mesmo ficar, até que vencemos sua resistência e ele topou, com a condição de que eu começasse a conversar com Armínio Fraga para que, no futuro, tivéssemos uma solução escalonada que per-

---

*A composição da equipe econômica responsável pela formulação do Plano Real, formada em 1993 no governo Itamar Franco, era a seguinte: Fernando Henrique Cardoso, ministro da Fazenda; Pedro Malan, presidente do BC; Pérsio Arida, presidente do BNDES; Clóvis Carvalho, secretário executivo do ministério; Winston Fritsch, secretário de Política Econômica; Gustavo Franco, secretário adjunto de Política Econômica e, a partir de outubro de 1994, diretor de Assuntos Internacionais do BC; André Lara Resende, negociador-chefe da dívida externa; Edmar Bacha, assessor especial do ministério. Quando da implantação do real, em julho de 1994, o ministro da Fazenda era Rubens Ricupero, sucedido em setembro por Ciro Gomes.

mitisse sua substituição no momento oportuno. Isso desanuviou muito a equipe econômica, e foi a partir daí que passei a poder falar mais livremente com outras pessoas a respeito de outros ministérios.

Tive conversas genéricas com aqueles que poderiam ter influência nacional do PSDB, PFL* e PTB, partidos que nos haviam apoiado. Eu queria começar pelo PSDB, mas o Pimenta da Veiga estava nos Estados Unidos. Foi por isso que falei primeiro com o PFL e com o PTB.

Antes mesmo de conversar formalmente com esses partidos, soube pelo embaixador Júlio [César Gomes dos Santos] que o Antônio Carlos [Magalhães] estava em Brasília, tinha estado com o presidente Itamar Franco, e poderia eventualmente ficar desagradado de não me ter visto. Eu disse ao embaixador: "Conversei com Antônio Carlos por telefone a semana passada e pedi que, se ele pudesse, quando estivesse em Brasília, viesse tomar um café comigo". Júlio me disse que estaria com o presidente Itamar. Reiterei que me avisasse, porque gostaria de estar com Antônio Carlos. "Diga a ele que estou em casa; se ele quiser, venha tomar um café."

Veio e tivemos uma excelente conversa, muito ampla, franca e amistosa. Acho que o que ajuda é que tenho uma relação de simpatia antiga pelo Luís Eduardo [Magalhães], a quem devo uma conduta exemplar durante a campanha e mesmo na questão da Vice-Presidência. Foi ele quem retraçou a possibilidade de ser indicado vice-presidente pelo PFL, como era vontade de boa parte do partido e, provavelmente, do Antônio Carlos, o que a mim não causava nenhum constrangimento.** Dentro do PSDB, entretanto, isso poderia provocar marola.

Luís Eduardo foi o primeiro a dizer que me ajudaria em tudo durante a campanha e que abriria mão da Vice-Presidência, coisa que fez. Na ocasião, disse-lhe: "Olha, Luís, você só não vai ser no meu governo o que não quiser". Eu tinha, portanto, que conversar também com ele, o que fiz antes mesmo de falar com os demais. Foi quando soube que queria se candidatar à presidência da Câmara, pretensão que apoiei imediatamente.

Antônio Carlos veio conversar comigo com esse background: ele sabia da minha admiração pelo Luís Eduardo e sabe também que o nosso relacionamento (meu e do Luís) será fácil, porque não está baseado em interesses menores, mas numa afinidade de temperamento e ainda no fato de que achamos necessário mudar certas práticas brasileiras e certos aspectos fundamentais do próprio Estado, através da reforma constitucional.

Pois bem, quando Antônio Carlos já estava quase por ir embora, numa conversa só entre nós dois eu disse: "Antônio Carlos, você é um homem experiente,

---

* O Partido da Frente Liberal, fundado em 1985, foi extinto em 2007 para a criação do Democratas (DEM).

** Depois da renúncia de Guilherme Palmeira, o indicado para a candidatura à Vice-Presidência foi o senador Marco Maciel (PFL-PE).

preciso colocar gente do Nordeste, queria algumas sugestões, mas não para um cargo específico". Ele começou lá por cima. Me disse que no Ceará eu certamente encontraria bons nomes, Tasso e Ciro [Gomes]. Tasso já era governador, portanto Ciro era o possível ministro. Achava mais difícil em Pernambuco, porque o [Gustavo] Krause havia perdido as eleições, mas era outro bom nome.

Nos demais estados eu teria bastante dificuldade de encontrar alguém para compor um ministério realmente de primeiro time. Inclusive na Bahia, onde ele poderia, através de Luís Eduardo, me indicar dois ou três nomes, mais apropriados, porém, para o segundo escalão, com exceção talvez de uma pessoa que Antônio Carlos tinha em alta conta, que havia sido o seu secretário de Transportes e de Energia. Esse, sim, poderia vir a ser ministro, Raimundo Brito. Mesmo isso, ele disse bem de passagem e sem mencionar qual ministério. Não respondi nada de concreto, agradeci a franqueza da conversa e nos despedimos muito amigavelmente.

Quando falei com o PFL, informei que estava determinado a colocar o deputado Reinhold Stephanes como ministro da Previdência. Isso era decisão antiga. Antes de todas essas conversas, já havia estado com o então ministro Cutolo [Sérgio Cutolo dos Santos] para saber sua opinião do ponto de vista técnico, porque ele foi continuador do [Antônio] Britto, que foi continuador do Stephanes. Cutolo era muito favorável ao Stephanes, com quem o autorizei a entrar em conversas informais para verificar se efetivamente haveria continuidade na administração, e ele me disse que sim. Portanto, a decisão de colocar o Stephanes foi minha, não teve nenhuma sugestão da parte do PFL, embora obviamente o PFL devesse ficar, como ficou, agradado.

Eu disse ainda que gostaria de colocar o Krause no governo, mas que não poderia garantir que ele seria ministro, teria que ver as condições. Comuniquei isso formalmente ao Jorge Bornhausen e ao Marco Maciel na semana em que comecei essas tratativas. E também que estava pensando em talvez colocar mais alguém do partido, quem sabe da Bahia, mas não adiantei nada mais. Disse que grosso modo eu estaria disposto a oferecer ao PFL, através dessas pessoas, dois ou, eventualmente, três ministérios. Não houve senão reações de apoio.

Perguntei ao Jorge Bornhausen se ele tinha expectativa ou interesse em participar do ministério, com o que eu imediatamente concordaria, porque o Jorge se lançou candidato ao governo de Santa Catarina para abrir um espaço para mim. Ele foi um dos articuladores da aliança PFL-PSDB e teve um comportamento impecável durante a campanha. Temos um velho relacionamento pessoal, desde o tempo da ruptura do PDS, quando se criou o Partido da Frente Liberal para apoiar a candidatura Tancredo Neves e Jorge foi meu colega no Senado. Ele disse que não, que achava necessário valorizar a posição de chefe de partido e que poderia me ajudar na função que estava exercendo. Em seguida conversei com o senador José Eduardo de Andrade Vieira. Repeti os argumentos de que o ministério era meu, mas que evidentemente o enorme empenho que ele teve na minha candidatura e o fato de que abrira mão da sua candidatura a presidente da República, e me ajudara muito no Paraná e em toda parte, faziam dele um companheiro que, se quisesse participar do ministério, teria seu lugar, eu estaria aberto a isso, mas achava que o fortalecimento do Conselho Político* era peça fundamental. Nesse momento o José Eduardo me disse que, nesse caso, indicaria alguém. "Mas", perguntei, "você tem alguém?" "Tenho, é o João Elísio [Ferraz de Campos]." "Ótimo. Esse nome é excelente, então você fica no Conselho Político e no momento oportuno eu falo com o João Elísio."

Quando o Pimenta chegou dos Estados Unidos, conversei com ele. Pimenta é uma das pessoas que mais de perto souberam do que eu tinha em mente, e eu lhe disse a mesma coisa que ao José Eduardo e ao Bornhausen. Pimenta não queria participar do ministério, preferia ser presidente do PSDB e nessa condição iria me ajudar no Conselho Político. Contei a conversa com os outros, ele ficou muito contente com a força que pretendo dar e que darei ao Conselho Político. Disse-lhe que, se quisesse participar do ministério, evidentemente podia ser ministro. Na minha cabeça, podia ser ministro da Justiça ou, talvez, do Trabalho, não da Casa Civil porque eu queria dar à Casa Civil uma função muito mais administrativa, como havia dito à equipe econômica. Já tinha dito também ao Clóvis Carvalho que ele eventualmente participaria do governo na Casa Civil como um segundo meu, frase que repeti na comunicação que fiz ao país sobre a formação do novo ministério.

José Eduardo saiu feliz e me deu a impressão de que não participaria do ministério. E o Pimenta da Veiga também, posição que manteve até o final. Expliquei-lhe quais eram as participações que eu estava imaginando para o PSDB. Ele sabia que a maior parte dos ministros seria desse partido. Mencionei a questão mineira, com a preocupação de dar um espaço adequado a Minas Gerais. Pimenta também me ajudou muito na questão do PMDB, cujo apoio articulou com Luís Henrique [da Silveira]. Essa articulação resultou numa carta combinada comigo, enviada ao PMDB pelo Pimenta, como presidente do PSDB. Na carta se dizia que haveria possibilidades de participação e o partido respondeu mostrando seus pontos programáticos que, grosso modo, coincidiam com os nossos. Os programas para o Brasil são todos mais ou menos coincidentes. Hoje há uma convergência nacional a respeito de certas reformas que são necessárias.

Já com o Pimenta presente, tive uma conversa com o Luís Henrique, presidente do PMDB, quando manifestei interesse de que o [Nelson] Jobim viesse participar do governo comigo. Jobim não era propriamente representante do PMDB, eu o tinha colocado na minha cota pessoal. Na verdade, eu o queria como advogado-geral da União ou, mais do que isso, como consultor-geral da República, muito próximo a

---

* O Conselho Político foi composto pelos presidentes dos partidos alinhados ao governo: PP, PFL e PTB, além do próprio PSDB.

mim. Mas ele terá dito ao Eduardo Jorge que preferia participar como ministro da Justiça e que não aceitaria ser advogado-geral da União.

Eu disse que o Ministério da Justiça é hoje muito diferente do que se pensava antes. É um ministério que cuida efetivamente dos índios, das forças militares no Rio de Janeiro, das penitenciárias, que tem a ver com uma série de funções que a Polícia Federal deverá desempenhar e que era muito mais um Ministério da Cidadania e da Segurança Pública do que da Justiça nos termos antigos. Mas parece que o Jobim achava que o caminho melhor era esse. Nas conversas que mantive com alguns ministros do Supremo, no esforço que estou fazendo para mantermos um relacionamento positivo, notei que Jobim gozava de alta estima e consideração por parte deles. Isso desfazia uma velha intriga de que ele estaria inimizado com o Supremo.

Na conversa com o Luís Henrique insisti no nome do Jobim. Eu disse: "Olha, o Jobim quer o Ministério da Justiça, é perfeito, agora temos que ver quais são as outras possibilidades". Houve duas conversas sobre ministros. Na primeira, Luís Henrique falou de alguns nomes que pediu mais tarde que eu esquecesse. Depois trouxe à minha consideração o nome do Odacir Klein. Eu disse: "Odacir é uma pessoa que acho excelente por sua integridade e por seu papel. Ele simboliza o PMDB e está a ponto de ser eleito líder na Câmara. Acho que como líder teria maiores problemas de convivência com o governo do que como ministro. O líder tem que comprar em bloco as posições do governo, que nem sempre são coincidentes com as posições do Odacir. Não obstante, tenho respeito por ele". E sugeri que Odacir podia ser ministro dos Transportes. A ideia foi minha. Eu não o queria na Agricultura. Ele tinha uma ligação antiga com as cooperativas, que têm posições de defesa dos seus interesses legítimos, mas a questão da TR* é obsessiva, e, diante da dificuldade econômica, o esmaecimento da TR terá que ser feito ao longo do tempo e não de imediato, o que criaria um embaraço com Odacir.

Disse a Luís Henrique que transmitisse a Odacir que eu tinha empenho na continuidade da Lei dos Portos, que precisa ser efetivada para sua modernização, e que tinha também muito empenho no projeto de concessão de serviços públicos. Disse que o [Alberto] Goldman (a quem elogiei pela ação que teve no Ministério dos Transportes e não teria dúvidas de pôr como ministro, embora sabendo que isso podia criar algum problema no PMDB) havia iniciado as transformações necessárias para a concessão de rodovias, de pontes, de estradas de ferro, e que eu gostaria de saber a opinião do Odacir sobre essa matéria, que tinha que ser enfrentada. Luís Henrique me respondeu que não haveria problema. De fato, mais tarde, quando conversei pessoalmente com Odacir, reafirmei esses pontos sem nenhuma dificuldade.

---

*Instituída pelo Plano Collor II em 31 de janeiro de 1991 e ainda hoje em vigor, regulada pelo BC, a Taxa Referencial consiste no principal indicador de correção monetária e juros do mercado financeiro. A TR determina, por exemplo, o rendimento das cadernetas de poupança.

O Luís Henrique insistiu num nome, ou melhor, numa solução, visto que 51% da bancada do PMDB é composta por nordestinos: Cícero Lucena para o Ministério de Integração Regional. Eu disse que, em vez deste ministério, iria criar uma secretaria. Conheço o Cícero, governador em exercício da Paraíba, com quem tive contatos como ministro da Fazenda. Sei que é competente e a maledicência ligada ao nome Lucena por causa do senador Humberto Lucena* não pode servir de argumento para afastar uma pessoa, até porque o senador terá lá os seus problemas de clientelismo mas é um homem honrado. O nome do Cícero Lucena começou a circular e, como digo sempre, a imprensa Gutenberg acaba se antecipando ao que vai acontecer.

Isto gerou muitos problemas, porque setores do Nordeste, por razões de PMDB versus PSDB e outras coisas do tipo, não aceitavam bem o nome do Lucena para a Integração Regional. Para este tema eu tinha pensado no Krause. Antes de falar com o PMDB, conversei com ele, que me deu fortes argumentos para que não fosse criada nenhuma secretaria de integração regional, tampouco um ministério, sob a alegação, endossada pelo Beni Veras, de que, para resolver a questão regional, é preciso ter uma política nacional, feita no Ministério do Planejamento, e que a Sudam e a Sudene devem estar no Planejamento.

Percebi que o Krause não se sentiria à vontade nessa posição. Embora houvesse uma aspiração legítima do Fábio Feldmann de ser ministro do Meio Ambiente, a lista de paulistas estava crescendo, o que me levou a dizer ao Gustavo: "Você podia ser ministro do Meio Ambiente e dos Recursos Hídricos". De onde veio essa ideia? Entre as conversas que tive com cada um dos ministros do presidente Itamar Franco, aquela com o Luís Henrique foi excelente. Ele me disse com detalhes como via a questão dos recursos hídricos, entregou ao Eduardo Jorge um programa sobre esses recursos. Fiquei muito impressionado pela exposição e pela pessoa do ministro.

Eu disse então ao Krause: "Olha, é preciso cuidar dessa questão da água com muito mais empenho, água é Meio Ambiente". A água para concessão de energia elétrica talvez devesse continuar com o DNAEE,** "mas precisa ter um plano hídrico, e mesmo a questão da irrigação tem que estar subordinada a esse plano". E acrescentei: "Acho que você é o homem para isso. Você pode sustentar o ponto de vista ecológico com brilho, no conjunto do governo, não pode ser uma coisa setorizada. Água é uma questão fundamental". Notei que ele gostou muito da ideia, então na hora, na minha cabeça, isso ficou resolvido. Criava, entretanto, duas dificuldades.

---

*Cícero e Humberto Lucena (morto em 1998) eram primos. Em setembro de 1994, Humberto foi condenado pelo TSE e teve os direitos políticos cassados por três anos — imprimira 130 mil calendários com sua foto na gráfica do Senado, e os usara na campanha eleitoral à reeleição pelo PMDB-PB. Concorreu nas eleições de 4 de outubro e foi eleito sub judice.

**Departamento Nacional de Águas e Energia Elétrica, órgão federal sucedido em 1996 pela Aneel.

Uma com o Feldmann, o que era normal, e a outra — a responsabilidade é toda minha, não do Krause —, a questão nordestina, porque isso dava a Pernambuco, ao Krause, que havia perdido a eleição, uma posição ministerial, coisa que eu não tinha conseguido dar ao Ceará e certamente ainda não tinha resolvido em relação à Bahia. E, por cima, persistia a dúvida: a quem devia entregar a questão da Secretaria de Integração Regional. Foi nessa brecha que entrou o nome de Cícero Lucena.

A questão do Ceará precisa ser mais bem especificada. O Tasso foi dos mais próximos a mim na concepção das coisas, do ministério e da conversa política. Minha relação com ele é muito direta, nos entendemos bem. Pareceu-me que Tasso não tinha empenho em que houvesse um ministro do Ceará, a não ser que o Ciro quisesse. Ele não reivindicava necessariamente ministérios, e sim, mais modernamente, ações de interesse para o estado. E assim foi feito.

Convidei o Ciro. Porque sou devedor, e o Brasil também, a ele, pela maneira como substituiu de imediato o Rubens Ricupero no Ministério da Fazenda, quando comentários feitos em off no intervalo de uma entrevista à televisão foram captados pelas parabólicas. Esse episódio poderia ter causado um dano enorme à credibilidade da política econômica se não tivéssemos tomado uma decisão rápida. Isto granjeou para mim um dever de correspondência ao gesto do Ciro. Ele não queria. Temia que o passo pudesse ser mais largo do que a perna, temia as consequências do seu estilo, temia não controlar a inflação e tinha razões nesse temor. Foi o Itamar quem sugeriu seu nome, e eu concordei. Eu tinha sugerido o Bacha ou o Malan, ideias antigas minhas, mas vi que o Itamar se sentia mais confortável com o Ciro. Endossei prontamente e fiz muito empenho para que ele aceitasse.

Naquele momento disse ao Tasso que não tinha pensado no Ciro para a continuidade da área da Fazenda, mas que asseguraria uma posição para ele no governo. Reiterei isso ao Ciro, com muita energia. E queria mesmo, porque ele tem uma porção de qualidades que podiam ser úteis. Até que o Ciro me disse um sonoro "não" com bastante firmeza, e eu o felicitei, porque acho que o mais adequado para ele, que é muito moço, é passar um tempo em Harvard. Ainda me disse: "Algum fusível pode queimar no caminho, aí estou às suas ordens".

Devo dizer ainda que, posteriormente, perguntei ao Beni Veras, por quem tenho também uma admiração enorme, pela sua capacidade e correção, se ele poderia ser ministro da Educação. Veras me respondeu que não poderia, por causa da saúde, isso numa manhã. Achei que estava certo. À tarde, no dia seguinte, me disse que tinha consultado o médico e, eventualmente, poderia ser, mas a essa altura eu já havia designado o Paulo Renato. Portanto, o Ceará não teve ministro por essas razões bem claras, não porque eu não quisesse.

Pernambuco teve pelo fato de que eu queria o Krause como secretário da Integração, mas na hora vi que ele seria um bom ministro do Meio Ambiente e dos Recursos Hídricos e peguei o pião pela unha. Com isso criei uma dificuldade na Bahia. Havia uma expectativa de que a pasta dos Transportes fosse ficar nas mãos desse estado através do Raimundo Brito, e ele era o único ministro que eu não conhecia pessoalmente. Por esse motivo, chamei o Luís Eduardo à minha casa e lhe disse: "Olha, Luís, acho importante dar um ministério à Bahia, porque senão o ministério fica regionalmente desequilibrado. O nome que está posto é o do Raimundo Brito. Ele é advogado, poderia ser o ministro da Justiça". O Luís me disse que não, não era a função dele. Respondi: "Então acho que só cabe Minas e Energia". Embora essa não fosse a expectativa baiana, acredito que eles acabaram compreendendo que era, na circunstância, uma boa solução. Isso me permitiria resolver o problema do PMDB com Odacir Klein nos Transportes. Eu ficaria tranquilo quanto à honorabilidade dessa pasta, que vai jogar com muitos bilhões de dólares, e teria um apoio simbólico e efetivo do PMDB, o que era importante por causa das reformas. O Luís Eduardo foi à Bahia e, um ou dois dias depois, me disse que estava tudo bem.

Alguns dias mais tarde, juntamente com o Jorge Bornhausen, Luís trouxe o Raimundo Brito. Nessa conversa eu lhe disse o que esperava dele: a modernização da área era muito importante, mas precisávamos primeiro fortalecer a autoridade pública através do DNAEE para poder fazer a privatização adequada. Deixei claro que a designação para as estatais não seria automática do ministro, que ela passaria por mim. Mencionei que tinha muito apreço pelo Sérgio Moreira, presidente da Chesf, e que havia uma disputa entre alguns setores da Bahia e o Sérgio, que é de Alagoas. Ele lutou contra o abuso de empreiteiras e não pode ser posto na rua da amargura pela mudança eventual de ministro. Tudo isso foi dito com bastante clareza a Brito. Disse-lhe também que não havia nenhuma necessidade de fazermos a derrubada dos que estão nas estatais. O governo, como repito sempre, é de continuidade embora não seja de continuísmo. Assim, queria acalmar as pressões que possam existir para o segundo e para o terceiro escalão.

Minha impressão em relação ao Raimundo Brito foi excelente, o que corroboraram outras pessoas que conversaram com ele, como o José Serra e o Clóvis Carvalho, que assistiu à minha reunião com o Brito e o Luís Eduardo. Todos consideram que se trata de um homem competente. Naturalmente eu já tinha verificado seus antecedentes através dos canais adequados. Ele teve uma gestão muito correta no Banco da Bahia,* uma boa gestão como secretário de Antônio Carlos, e parece ter as condições efetivas para ser um bom ministro.

Voltando ao PMDB, era chegada a hora de conversar com Lucena e com os outros ministros. Luís Henrique ficou de trazê-los. Antes que eu falasse com eles, por coincidência o governador Antônio Mariz e o senador Ronaldo Cunha Lima vieram à minha casa em função da questão do senador Humberto Lucena, não em função do secretário Lucena. Nessa conversa aproveitei para dizer das minhas dúvidas quan-

---

*Banco do Estado da Bahia (Baneb), privatizado em 1999.

to à localização da secretaria regional do Cícero Lucena. Achei que era melhor que fosse uma secretaria de políticas regionais com dupla ligação: uma com o Ministério do Planejamento e outra com a secretaria executiva técnica de um grupo de ministros atinentes à área, que seria presidida por mim. Essa sugestão me foi trazida pelo Beni Veras para mostrar que a secretaria de políticas regionais não pode ser pensada como um gueto. Tem que ser pensada como uma coisa ligada, ao mesmo tempo, ao Ministério do Planejamento e ao presidente da República.

Disse isso aos dois chefes paraibanos antes mesmo de dizê-lo, o que fiz no mesmo dia à tarde, a Cícero Lucena e a Luís Henrique juntamente com Odacir Klein e Nelson Jobim, que vieram me visitar. O Lucena disse: "Mas a secretaria não vai ficar esvaziada?". Respondi: "Não, você vai definir junto com Eduardo Jorge, Clóvis, Krause quais são as funções. As funções que quero de você são mais importantes. O importante não é ter cargo para nomear, é ter capacidade política de influir no conjunto do governo para que o Nordeste e a Região Norte tenham os recursos adequados para que nós minoremos as desigualdades regionais. Eu quero ter dois braços para lidar com as desigualdades: o do Comunidade Solidária,* por um lado, para lidar diretamente com as classes, e o das políticas regionais. E você vai ser o homem para isso. Mas é uma função de planejamento, não é uma função de nomeações de cargos em Chesf, em DNOCS, ou o Vale do São Francisco. Isto é um jeito antigo de agir". Ele entendeu bem. Tive a impressão de ver uma reação positiva.

Foi dessa forma que organizei a relação com os partidos. Houve uma pequena modificação. Depois que o senador José Eduardo Vieira viu a composição do governo e que a Agricultura caberia ao Paraná e ao PTB, veio até mim e disse que preferia, nesse caso, ser ele próprio o ministro, e não o João Elísio. Havia entendido que este iria para outro ministério, mas que, se era o da Agricultura, ele era mais apto a assumi-lo. Insisti que a decisão de ir para o Conselho de Presidentes de Partidos tinha sido dele, que os outros presidentes de partidos iriam ficar muito decepcionados, o que aconteceu, mas ele me respondeu que, neste caso, colocaria o João Elísio no Conselho como presidente do PTB, e assim foi encerrado o assunto "Partidos".

Assunto "Regiões": a questão do Nordeste estava resolvida: não ficou ninguém do Ceará pelas razões já ditas, e tomei a decisão de colocar como ministro alguém da Bahia para equilibrar, porque tivemos uma votação boa nesse estado. E também porque eu queria ter nomes que fossem afinados comigo e com o meu programa de governo, e não simplesmente para representar regiões.

Minas é um caso à parte. Disse ao presidente Itamar Franco, durante as conversas com os economistas, que queria ter uma representação desse estado. Sempre mantive Itamar informado de quase tudo que foi acontecendo. O primeiro nome cogitado, dito por mim, foi o de Paulo Paiva. Eu havia pensado no Paulo para a Educação. Daqui a pouco digo por que ele não foi para essa pasta. Era um

---

*Programa federal de erradicação da pobreza criado em 1995.

nome sempre presente ao meu espírito. Itamar disse que era bom mesmo, uma bela representação.

Depois houve uma conversa com o Pimenta e com o Eduardo Azeredo. O Eduardo queria que houvesse uma representação política e deu dois nomes: o de Aécio Neves e o do deputado Roberto Brant. Respondi que achava difícil porque, quando se pensa em deputados, ao invés de facilitar, dificulta. A não ser que houvesse um caso como o do Odacir Klein, que era um líder, que simboliza o conjunto, é difícil nomear deputados, porque, quando coloca um, desagrada o outro. Notei que o Eduardo Azeredo gostou quando mencionei o nome da Dorothea [Werneck], que desde o início participou da transição e estava no meu espírito. Ela podia ser ministra tanto do Trabalho quanto, pensamos num certo momento, da Educação ou da Indústria e Comércio. Havia mais empenho em Minas para que o Roberto Brant fosse ministro de Indústria e Comércio. Creio que o governador Hélio Garcia talvez até preferisse isso, não sei, porque não conversei com ele a não ser por telefone. Posteriormente, quando conversei com o Paulo Paiva em Brasília indicando mais ou menos a Educação, disse: "Paulo, vamos falar com o Hélio Garcia". Paulo ligou para o Hélio e eu falei com ele. Disse: "Olha, estou aqui com o Paulo Paiva, quero almoçar com você". Marquei no dia 15 de dezembro, supondo que no dia 16 eu estaria em Ouro Preto. Mas houve um desencontro. Eu estava certo de encontrá-lo em Ouro Preto, ele provavelmente estava certo de que eu iria vê-lo no Palácio. Eu não soube disso, não sei se houve alguma suscetibilidade nesse ponto. Estávamos eu, Eduardo Azeredo e Pimenta no aeroporto. Ficamos bastante apreensivos, porque a minha intenção não era senão fazer um gesto de simpatia para com Minas e com o governador que nos auxiliou bastante.

Na conversa que tivemos, ficou claro que eram esses os nomes em jogo: Dorothea, Roberto Brant, Paulo Paiva, este já praticamente convidado por mim para participar do governo. Notei que o Eduardo tinha muito empenho em que a Dorothea fosse ministra de Indústria e Comércio. Devo dizer de passagem que, antes de ir a Minas, Malan tinha conversado comigo sobre essa matéria. Pedro jantou com a Dorothea, ela esteve na minha casa, eu não a convidei para nada, mas o Pedro insistia muito que ela fosse para Indústria e Comércio. Eu tinha pensado em colocar lá um empresário catarinense, o Luís Furlan, que trabalha em São Paulo e é da Sadia. É um nome muito bom, todo mundo gostou, mas aparentemente, pelas razões que estamos dizendo, foi melhor não ter feito o convite, porque teria tido dificuldades políticas com Minas e com Eduardo Azeredo.

A Dorothea poderia evidentemente ir para outro ministério, mas eu senti que tinha que dar um ministério de mais peso a Minas. Depois que anunciamos que o Serra seria o ministro do Planejamento, não poderia dar a mais um paulista uma pasta importante como no meu espírito será a de Indústria e Comércio. Em Ouro Preto conversei com o vice-governador do estado,* conversei de novo com Paulo

---

* Arlindo Porto Neto.

Paiva, com João Heraldo [Lima], com Eduardo Azeredo, com Pimenta, e disse que gostaria que o João Heraldo fosse presidente do Banco do Brasil. Malan, Serra, Pérsio, todos concordavam e, no entanto, o Eduardo disse que não, porque Heraldo ia ser secretário da Fazenda de Minas. Tive tanta preocupação com Minas que pensei não só nos ministérios mas também no Banco do Brasil e obviamente na Vale do Rio Doce. É uma companhia em que os mineiros têm uma forte presença. Creio que Eduardo Azeredo entendeu, e o Hélio Garcia mandou um recado para mim dizendo que não me preocupasse, que mais adiante ele ia a Brasília tomar um café comigo e tudo se acalmava. Essa foi a questão mineira.

A decisão que tomei posteriormente em relação à Dorothea* foi por sua competência específica, que era maior, Roberto Brant era mais da área financeira. Faltava resolver a questão do Ministério de Ciência e Tecnologia. Me pareceu que seria forçar a barra nomear um deputado sem ligação com a área. Eu havia tido um encontro muito bom com uns vinte ou trinta cientistas e não queria colocá-los numa posição de surpresa. Aí me lembrei em Minas que, quem sabe, o Israel Vargas não podia permanecer. Essa solução agradou a todos com quem conversei no estado e a quem consultei mais tarde, o presidente Itamar Franco e o Francelino Pereira, que estava muito aflito porque o PFL me havia apoiado e eles não tinham nada lá em Minas. Também conversou comigo o Jorge Bornhausen. Eles queriam colocar outro nome, Ivan Botelho. Eu disse: "Olha, é a mesma coisa que o Roberto Brant. Eu gosto muito do Ivan Botelho, mas não posso colocá-lo para a comunidade científica sem mais nem menos". Entenderam.

Quando falei que pensava em manter o Vargas, no dia seguinte apareceu nos jornais que o Vargas seria pela via do PFL. Não é bem assim, mas ele tinha realmente um relacionamento bom com Francelino e isso acalmou muitas áreas de Minas. Até então eu não tinha conversado com o Vargas. Na véspera do anúncio telefonei para ele e disse: "Olha, Zé" — ele é o meu amigo de tantos anos —, "vou precisar de você, não sei bem onde", porque tinha pensado em colocá-lo até no Ministério das Relações Exteriores para poder colocar o Bresser no de Ciência e Tecnologia, que era mais viável. "Olha, de repente quando você acordar, você vai ser ministro da Agricultura", disse eu brincando, e ele só soube pelo rádio que ia ser ministro de Ciência e Tecnologia. A questão mineira foi resolvida dessa maneira.

Agora, o assunto mais diretamente ligado à composição do Palácio. Eu sempre quis que lá estivessem Clóvis e Eduardo Jorge, que é uma espécie de chefe de Gabinete com maior relevância. Eu queria o Paulo Renato na coordenação do Planejamento até que houve a questão já dita aqui do Serra. O porquê do Serra é óbvio. Temos que fazer a reforma tributária e fiscal. A própria equipe sentiu

---

*Dorothea Werneck foi indicada para o Ministério da Indústria, do Comércio e do Turismo.

que precisaria de alguém que tivesse uma intimidade maior com o Congresso. O Fundo Social de Emergência* nos ensinou muito. Eu era ministro da Fazenda e o Bacha ajudou bastante, mas a briga pesada fui eu que fiz, como senador, com força política. Nenhum membro da equipe, nem o Paulo Renato, que acabara de voltar para o Brasil, teria condição para enfrentar o Congresso. O Pedro Malan não tem o estilo nem o peso político.

Precisávamos de uma personalidade mais forte para esse tipo de negociação. Ou eu como presidente da República me jogaria nisso — e me desgastaria muito — ou teria que ter alguém. Se o Bacha fosse o ministro do Planejamento, dadas suas qualidades de negociador e a intimidade que tem com muitos setores do Congresso, isso teria sido amenizado. Sem ele, ficou óbvio que precisaríamos de um peso pesado. Quando mencionei o assunto ao Pérsio, ainda nas tentativas de trazê-lo para o Banco Central, ele se entusiasmou e telefonou para o Serra. Depois conversei com o Malan, que conversou com o Serra, voltou a mim e disse: "Olha, eu disse ao Serra que ele seria um bom ministro do Planejamento". Eu disse: "Olha, Pedro, se você diz isso e o Pérsio também, não serei eu que não vou fazer".

A indicação do Serra para o Planejamento criou um problema com o Paulo Renato. Chamei o Paulo e disse: "Olha aqui, Paulo, o Luciano Martins** propôs a criação de uma secretaria de projetos especiais junto à Presidência". Até pensamos em ter o Clóvis, o Eduardo Jorge, o Paulo Renato e mais um ministro. Mas o Paulo teve o bom senso de dizer: "É muita gente, vai congestionar o Palácio, vai virar uma briga de cotoveladas". Ele pressentiu essa dificuldade e me disse que eventualmente poderia ir para o Itamaraty.

Eu não disse isso a ninguém e fiquei cogitando os prós e os contras. Paulo Renato tem muitos prós, um relacionamento internacional grande, é uma pessoa afável, que o Itamaraty assimilaria bem. Mas era óbvio que havia uma lacuna gritante no Ministério da Educação. Tentei várias hipóteses, a Eunice Ribeiro [Durham], a quem prezo muito. Sobre isso sondamos várias pessoas, entre as quais o Vilmar [Faria] e o próprio Paulo Renato. A reação dos reitores é muito grande pela energia da Eunice, sei que é preciso quebrar diversas regras estabelecidas, mas é preciso ter condições políticas para tanto. Concluímos que não havia possibilidade de nomeá-la.

O [Walfrido] Mares Guia virara vice-governador de Minas e, além disso, era mais voltado para a área da educação de base. Achei então que, em vez de optar por

---

*Criado em 1994 para reforçar o caixa da União por meio de superávit fiscal.
**O sociólogo e professor Luciano Martins, amigo e um dos principais assessores do presidente eleito, promoveu no início de dezembro de 1994 um seminário com intelectuais brasileiros e estrangeiros sobre o desenvolvimento e a posição internacional do Brasil. Entre os convidados do evento, restrito a membros seletos do novo governo, estiveram Eric Hobsbawm, Alain Touraine e Albert Fishlow.

um técnico como Cláudio Moura e Castro — que estava no BID, poderia voltar para o Brasil mas não estava inserido no nosso contexto e seria certamente um bom assessor —, era melhor apostar no Paulo Renato, que foi um bom reitor, um bom secretário do Planejamento, me ajudou muito na campanha. Conversei com Paulo e ele foi designado ministro da Educação. O que me pareceu uma boa solução. Eunice vai para a direção do ensino superior e estamos vendo agora as outras áreas de modo a fortalecer o Ministério da Educação.

Posto o Paulo Renato na Educação, tive que deslocar o Paulo Paiva, que, antes da escolha do Serra, eu tinha imaginado um possível ministro do Planejamento. Já me tinham dito que um bom lugar para ele era a pasta do Trabalho, por sua maior competência específica nesta área. Era vital para a equipe econômica um Ministério do Trabalho inovador, consequente, e eles conhecem bem o Paulo. Acho que ele ficou mais à vontade aí do que num eventual Ministério da Educação.

Registro a escolha dos demais ministros. Na Cultura, até um certo momento eu imaginava colocar Roberto Muylaert, o nome que tinha a maior densidade nos meios culturais. Até que Otaviano de Fiori me disse que tinha estado com Weffort, com quem tivera uma conversa muito aberta, e que ele achava que havia a possibilidade de uma cooperação. Mas não tomei isso ao pé da letra.

Houve aqui em Brasília um seminário, no dia 4 de dezembro, com intelectuais de várias partes do mundo e o Weffort foi convidado. Quando o seminário terminou, vieram à minha casa os antigos colegas e alunos da USP, entre eles o Weffort. No final da conversa peguei-o num canto e disse: "Olha, Weffort, acho que seria muito importante nós mantermos uma relação muito fluida com o PT porque há problemas nacionais que nós temos que levar em conjunto". E ele: "Você sabe, eu estou muito distanciado das posições do PT, já disse isso ao próprio Lula". Perguntei: "O que você vai fazer?". Ele respondeu: "Tenho um contrato a assinar agora com a Notre Dame nos Estados Unidos, mas se houver uma possibilidade de trabalho aqui, se for definido logo, eu fico".

Entendi que ele tinha disponibilidade de ficar no governo. Fiquei contente, mas não contei a ninguém, temeroso de que essas coisas fossem postas na rua antes da hora. Conversei apenas com o [José Arthur] Giannotti, que tinha sabido do próprio Weffort por telefone. Eu disse: "Tá bom, acho ótimo, mas você guarde isso para não termos aí precipitações". Dois dias depois, isso é o máximo que dura a discrição no Brasil, estava na imprensa e criando uma certa dificuldade com Roberto Muylaert, ainda que eu não tivesse tomado nenhuma decisão nem tivesse jamais convidado Roberto. Por coincidência, no momento em que o Weffort conversava comigo, o Muylaert tinha me mandado um recado dizendo que não poderia vir para Brasília, que eu não pensasse mais nele. No dia seguinte ao meu encontro com Weffort, tive um jantar, em São Paulo, em homenagem ao Vargas Llosa. Estava lá o Roberto Muylaert, me pegou num canto, longamente, e disse que afinal tinha disposição de vir para Brasília.

Não avancei mais nada, fiquei até um pouco embaraçado, pensei: "Agora, de repente, temos dois nomes para o mesmo ministério". Depois Muylaert me disse outra vez que não, depois, que sim. Chamei-o aqui e disse: "Olha, Roberto, tem essa questão do Weffort, eu acho que você podia ser secretário nacional de Comunicação". No começo ele nem quis, porque não era propriamente a área a que aspirava, até que viu que eu tinha em mente uma coisa importante. Eu queria que a Secretaria de Comunicação se ocupasse das TVs educativas, das rádios, e que a parte do Ministério da Educação que ia lidar com a educação à distância ficasse vinculada a essa nova secretaria. O Roberto Muylaert era a pessoa indicada para isso. Foi ele quem ergueu a Fundação Anchieta/TV Cultura de São Paulo. Ele acabou aceitando até com muito entusiasmo, não só nessa parte, mas no conjunto da área de comunicação social. Pude então confirmar ao Weffort que estava tudo esclarecido, não haveria nenhum problema para eu enfrentar após a sua designação. O nome dele foi muito bem-aceito.

Outro ministro era o Adib Jatene. O Jatene é um desses nomes que estão sempre presentes quando se fala em Ministério da Saúde. Eu, no início, pensava até em colocar um não médico na Saúde. Brincando, cheguei a dizer ao Pérsio: "Você não quer ser ministro da Saúde?". Esse ministério tem problemas de gestão financeira, não são só problemas no sentido médico. Eu tinha pensado eventualmente no Ciro. Conversei também uma vez com Antônio Ermírio [de Moraes], pedindo uma ideia. Ninguém me deu uma sugestão concreta de um nome que pudesse, digamos, suplantar o do Jatene.

Pedi a um amigo meu, o médico Adolfo Lerner, que trabalha com Jatene, que me propiciasse um encontro com ele. Tive o encontro. Ninguém percebeu, nem a minha segurança. Fui para a casa da minha filha Beatriz, atravessei a rua, entrei na casa do Lerner, e lá já estava o Jatene. Conversei bastante com ele, vi que estava absolutamente senhor de toda a situação do Ministério da Saúde. Um homem não só de experiência mas de poder de decisão muito grande. Embora eu não o tivesse convidado, foi uma conversa preliminar. Mais adiante saiu nas televisões e na imprensa que Jatene tinha sido convidado. Ele levou um susto. Telefonei, mandei avisar pelo Lerner que não fora eu, mas que, àquela altura, gostaria de me encontrar com ele para convidá-lo efetivamente, coisa que fiz. A repercussão do nome do Jatene foi sempre muito boa.

Tenho uma preocupação com a Saúde que é gerencial. Não que eu desconfie, ao contrário, Jatene tem muita experiência de orçamento, mas no Ministério da Saúde há vários problemas de fraudes, de coisas do estilo. Eu já havia conversado com o Lerner e nós tínhamos definido um nome, Paulo Barbosa, que é um dos coordenadores do PNBE, Pensamento Nacional das Bases Empresariais, esse movimento do Emerson Kapaz. O Paulo Barbosa tinha escrito um artigo na *Folha* [*de S.Paulo*] pedindo que eu desistisse da minha candidatura, a favor do Lula. Depois fez o contrário, quando as coisas caminharam para a minha direção. Acho que Paulo tem independência de espírito. E tenho simpatia, porque, pelas poucas vezes que estive com ele, vi que é um administrador competente. Jatene vai levá-lo para o Ministério, de tal maneira que fica complementada essa relação entre um homem competente da área e alguém que tem experiência de assuntos administrativos, embora não especificamente na área de saúde.

Resta explicar aqui a nomeação do Bresser, bem como a do Lampreia e a do Sérgio Motta.

Ainda estávamos no segundo turno, na véspera da eleição do Mário Covas, quando fui a São Paulo e, no comitê do Covas, encontrei o Bresser. Ele me disse que tinha expectativa de ser ministro das Relações Exteriores. Eu já sabia. Respondi: "Olha, Luiz Carlos, aí não! Nesta área eu disponho de gente, não preciso de você, talvez em outras áreas, vamos ver como a gente resolve isso mais adiante". Não voltei a falar com ele a não ser na segunda-feira da semana que acaba hoje, portanto logo antes do anúncio do ministério, que foi na quarta. Conversei com Bresser, disse-lhe que ainda tinha minhas dúvidas. Ele insistiu muito no Ministério das Relações Exteriores. Eu pensava que talvez pudesse ir para o Comunidade Solidária.

O [Euclides] Scalco, a quem eu havia convidado com insistência para esse Programa, que reputo um dos mais importantes do governo, não aceitou. Embora a CNBB também tivesse feito um apelo, ele se sentiu um pouco peixe fora d'água nesta matéria. Pelo menos foi o que me disse. Expliquei que era para fazer um Programa ligado a mim, não seria subordinado ao Planejamento. Ainda assim, o Scalco não aceitou. Eu queria um nome de peso para essa área e pensei que o Luiz Carlos pudesse se interessar, mas não cheguei nem a formular nada, porque senti que não era o caminho.

Pareceu-me que ele estava muito obstinado com a ideia de ser ministro das Relações Exteriores, com bons argumentos, e que, eventualmente, podia ir para a Reforma do Estado. Nossa conversa ficou nesse ponto. No dia seguinte os jornais publicaram que o Bresser seria ministro das Relações Exteriores. Eu nunca o convidei nem ele disse que eu tinha convidado. Essa ansiedade que a imprensa tem de se antecipar aos fatos, dessa vez criou uma dificuldade. Houve uma reação contra o seu nome, talvez pela forma como se divulgou, e foi maior dentro do Itamaraty. Na terça-feira passada, almocei com o presidente do Uruguai, o [Julio] Sanguinetti. Lá estavam diplomatas e o presidente Sarney. Foi fácil perceber que havia dúvidas, as mesmas que eu tinha, ou seja: uma pessoa que não é do Itamaraty, que nunca teve afinidade maior com o Itamaraty e que, por outro lado, tem imaginação muito grande, criadora, e está acostumada à universidade, vai verificar que o efeito, na área de relações exteriores, é sempre complicado quando a intenção teórica positiva não toma em consideração compromissos e fatos políticos estabelecidos.

Essa era a principal dúvida a respeito da indicação do Bresser, que foi se avolumando. Como disse, isso foi na terça-feira, eu ia anunciar o ministério na quarta de manhã. Na terça à noite liguei para o Israel Vargas e pela primeira vez lhe disse: "Olha, não sei se você vai ser ministro de Ciência e Tecnologia, quem sabe das Relações Exteriores" — imaginei colocá-lo nas Relações Exteriores para deslocar o Bresser para Ciência e Tecnologia, onde ele era mais afim do que no Itamaraty —, "ou", disse brincando, "de repente você acorda ministro da Agricultura, como acordei ministro da Fazenda". Não voltei a falar com o Vargas. No dia seguinte ele viu pela mídia que seria ministro de Ciência e Tecnologia. Telefonei mais tarde, cerca de meia-noite, para o Luiz Carlos, que estava jantando com o Fernão Bracher, e contei que a possibilidade que havia era a de ele ser ministro da Secretaria de Administração com a Reforma do Estado.

Evidentemente não foi a coisa que mais o agradava, mas Bresser, com o espírito cooperativo que tem, aceitou. Na manhã seguinte, me mandou uma linda carta, que mostra o seu espírito generoso, já com ideias sobre a Reforma do Estado e atribuindo um veto ao nome dele feito pelo Antônio Carlos. Não é verdade. Antônio Carlos jamais tocou nesse tema, e eu jamais toquei nesse tema com ninguém. Ouvi, como disse aqui, num almoço e em outras ocasiões, rumores do Itamaraty, eventualmente do ministro Paulo Tarso [Flecha de Lima]. A alegação de que é por causa das relações com os Estados Unidos não procede. Meu julgamento sobre a ação do Luiz Carlos como ministro da Fazenda é positivo. Ele se antecipou ao Plano Brady e, se os americanos da época não gostaram, problema deles, não do Brasil nem dos brasileiros, nem dos americanos que atualmente lá estão. Minha decisão teve muito mais a ver com a possibilidade ou não do bom exercício do cargo. Dada essa questão do Itamaraty, pareceu-me mais adequado colocar o Bresser na Secretaria da Administração Federal.

Quero deixar claro ainda que na ocasião nem falei com o futuro ministro Luiz Felipe Lampreia. Tive uma conversa com ele faz alguns meses, quando disse que, eventualmente, se a solução fosse interna, podia ser ele o ministro, já que tinha sido meu secretário-geral. Mas Lampreia só viu pelo noticiário do dia seguinte que era ministro das Relações Exteriores. Aí também tive problemas. Eu preferia talvez alguém de fora para dinamizar o Itamaraty. Às vezes é preciso dar uma sacudidela, porque há muitos grupos ali. Na última gestão vi isso com clareza.

Também achava que alguém de fora talvez pudesse me evitar o embaraço da escolha, porque tenho muitos amigos no Itamaraty. Já tinha conversado com um deles, Ronaldo Sardenberg, que foi deslocado da ONU. O ministro Celso Amorim resolveu ir para a ONU, eu insisti junto ao presidente Itamar, pois me parecia mais adequado manter o Ronaldo lá até o ano que vem, ano do cinquentenário da organização. Ele também estava negociando a questão do Conselho de Segurança, mas o ministro Amorim estava muito empenhado em ir para lá. Então eu disse ao Itamar: "Ou você faz a nomeação do Celso, ou eu não farei, porque não vou tirar o Ronaldo de lá". Foi feita a nomeação.

Falei com o Ronaldo sobre tudo isso, pedi a ele que se encontrasse comigo em Miami e lá reafirmei o que tinha dito num encontro anterior no Brasil. Disse-lhe que poderia ir para a SAE, que eu iria separar os serviços de inteligência dos serviços de planejamento, de análise estratégica. Não disse a ninguém, nem a ele ainda, mas direi, que o general Fernando Cardoso, atual chefe da Casa Militar, vai se ocupar dos serviços de inteligência, porque quero que haja um núcleo de estratégia, tal como defendido pelo Luciano Martins. Amanhã vou falar com o Luciano, que provavelmente ficou surpreso com as decisões. Não tive tempo de conversar com ele, o que em nada modifica a minha ideia de que devemos ter uma espécie de periscópio, que nos permita ver o mundo mais longe, com mais alcance para tomar as decisões de governo, porque na rotina o presidente fica sem condições de vislumbrar horizonte mais amplo.

Contei isso ao Ronaldo, tínhamos essa solução. O embaixador Rubens Barbosa, que sempre foi muito próximo a mim e ao PSDB, tinha expectativa legítima de ser ministro do Exterior. Ele havia estado comigo no mesmo dia que o Luiz Carlos, e deve ter ficado surpreso ao ver nos jornais que o Bresser fora convidado para aquele Ministério, coisa que não foi. Eu estive com Rubens depois de ter estado com Bresser e lhe disse que não havia convite nenhum. Mas também ponderei que a reação ao seu nome dentro do Itamaraty era maior do que a reação ao nome do Lampreia, e não quero ter problemas desnecessários numa área que pode funcionar com calma. Rubens está em Londres, foi a pedido meu como embaixador, é um homem muito operoso. Nomeei afinal o Luiz Felipe Lampreia para o Itamaraty, pelas razões já ditas. É uma pessoa que trabalhou bem comigo, sem nenhuma dificuldade de relacionamento, e tem o respeito da casa.

Em relação ao conjunto dos ministros civis nomeados, acredito que falta falar apenas do Sérgio Motta. Eu nunca convidei o Sérgio diretamente. Seu nome passou a circular para o Ministério das Comunicações. Ele foi extraordinário durante a campanha. Há muitos anos se dedica ao trabalho, tem competência, eficiência, e granjeou o respeito do PSDB e do PFL. Ele foi o verdadeiro chefe da campanha, do ponto de vista operacional e até político, mexeu bastante com os deputados, com os governadores. O nome do Sérgio foi sendo aceito, com uma grande vantagem. No que se refere às Comunicações, tem que ficar claro que é o presidente da República que nomeia o ministro, porque, se o nomeado não for muito próximo do presidente, vão atribuir sua escolha à Globo.

Na verdade, tive contato em Brasília tanto com a Globo quanto com os principais chefes de comunicação do Brasil. O Roberto Civita veio aqui, o Roberto Irineu, mais o João Roberto, o Zé Roberto, todos falaram comigo esse tempo todo, falei com o pessoal da Bandeirantes, ou seja, nunca houve, nem de longe, nenhuma insinuação de designação de A, B ou C. Mais, o pessoal da Globo especificamente disse o seguinte: "Olha, o ministro é seu, quem disser que fala por nós está mentindo, nós não temos nenhuma reivindicação...". Mesmo assim, se eu nomeasse alguém que não fosse muito próximo a mim, esse alguém ia ser logo acoimado de ter sido feito pelo Roberto Marinho. Roberto Marinho está pensando em outras coisas, não no ministério. Hoje Sérgio Motta já sabe que é ministro das Comunicações, já está por dentro da matéria, está se desempenhando com muita energia, como é habitual nele.

Em relação ao Comunidade Solidária, ainda não designei ninguém, porque depois da recusa do Scalco fiquei com poucas alternativas. Convidei a Kati Almeida Braga, que é uma executiva extraordinária. Ajudou muito lá no Rio, vi o seu valor, mas ela não pôde aceitar. Continuo na dúvida sobre quem colocar num Programa como esse, tão crucial e muito ligado a mim.

Resta falar sobre os ministérios militares. Eles não deram trabalho. Hesitei por minha conta entre manter os ministros, porque tenho relações boas com todos eles, e mudar todos; pensei ainda numa terceira solução. Achei melhor manter o ministro do Exército, general Zenildo [de Lucena], cuja ação acompanhei nesses anos. É discreto, democrata, tem comando e tranquiliza a retaguarda do Exército. O segundo dele, também um homem de grande capacidade, com quem talvez até tenha maior proximidade pessoal, é o general [Benedito] Leonel.

O general Leonel era a pessoa para quem eu reservava a missão mais espinhosa e mais importante, talvez até politicamente: a de ser o núcleo do Ministério de Defesa. Como acho que essa matéria deve ser conduzida com prudência, sem precipitação, sem que seja por via autoritária mas com muita competência, convidei-o para ser chefe do EMFA, ou seja, para que ele possa no Estado-Maior das Forças Armadas ser o pivô dessa negociação.

Vi nos jornais que isso será feito de modo apressado porque o general Leonel, em novembro do ano que vem, passa para a reserva. Os que dizem isso não sabem das coisas, porque essa é uma circunstância que o presidente pode mudar e não há nenhuma razão para que o ministro do EMFA tenha que ser da ativa. O do Exército não precisa ser, o da Marinha não precisa ser, por que o do EMFA? Por outro lado, tive que discutir também com a Aeronáutica, visto que era a sua vez, no turno, de ser chefe do EMFA. Mantivemos com ela a chefia da ESG, Escola Superior de Guerra, e passamos o EMFA para o Exército. Isso foi bem-aceito, o general Leonel teve uma conversa excelente comigo e assumiu as funções com tranquilidade.

Convidei em seguida o ministro da Aeronáutica. O atual ministro da pasta, brigadeiro [Lélio] Lôbo, é uma pessoa que respeito e de quem gosto muito. Conduziu com competência o programa AMX,* na Embraer, iniciou muito bem a privatização. Conversei com ele e definimos o nome do brigadeiro [Mauro] Gandra, a quem no mesmo dia fiz o convite, que foi aceito. Disse ao brigadeiro Lôbo que o quero no governo, provavelmente como presidente da Telebrás. Faltava a Marinha.

Nos jornais, muita onda sobre a Marinha. Não houve pressão de maneira alguma. Apenas fui deixando um pouco para o fim porque queria falar com o almi-

---

*AMX, avião de caça ítalo-brasileiro lançado em 1984.

rante Arnaldo [Pereira]. Sabia que ele, com bastante razão, tinha expectativa, ou poderia ter, de ser deslocado do EMFA para o Ministério da Marinha. Vou colocá-lo na Petrobras, na divisão de transporte Braspetro. Preciso de uma pessoa firme, forte, nessa área. Tivemos uma excelente conversa, temos uma relativa intimidade, chamo-o de Arnaldo e brinco muito com ele, ele comigo. Não houve nenhum problema. Falaram muito no almirante [José] Pedrosa, mas escolhi o almirante Mauro César [Pereira], porque estava situado, hierarquicamente, de forma mais indicada, e também porque tivera uma conversa com ele a respeito do Ministério da Defesa. Alegavam que talvez fosse contra a criação do ministério, o que não é certo.

Por aí se vê que vamos marchar, espero, para a tranquilidade na área militar e para a mudança. Os próprios militares vão definir quando, como e até que ponto convém fazer o Ministério de Defesa, mas eu gostaria de no fim do meu governo, se não puder ser antes, deixar esse assunto absolutamente resolvido, de uma maneira negociada e não imposta. Trata-se de um passo muito importante no avanço técnico da relação das nossas Forças Armadas entre si e também politicamente, porque amanhã ou depois pode ser que um civil seja ministro da Defesa, como em outros países da América Latina, sem nenhum desmedro para a importância do secretário do Exército, da Marinha ou da Aeronáutica.

Designei ainda o general Alberto Cardoso para a Casa Militar em acordo com o general Zenildo. [Djalma] Morais, ex-ministro das Comunicações do presidente Itamar Franco, que tem origem militar e fez a negociação nessa área no tempo dele, também me ajudou muito; repetiu a dose com grande sucesso. O general Alberto Cardoso, que não tem nada a ver com a minha família, é neto do general Maurício Cardoso, primo do Gilberto Velho, uma pessoa que tem amplas ligações com a área militar e civil.

Por fim, quero deixar bem claro o seguinte: um governo tem que ter competência técnica e política. Quanto à discussão havida pela imprensa sobre se estou loteando cargos no governo, repito que não estou loteando nada. Estou simplesmente fazendo o que disse que faria: buscaria o apoio dos partidos políticos, das forças políticas da sociedade, e o faria para poder governar tendo em vista a competência técnica. Acho que esse ministério tem essa competência.

A questão regional foi aflorada aqui porque a imprensa mencionou a questão de Minas e do Nordeste, eventualmente até do Rio. Trata-se de questões menores, que desaparecem com o correr do tempo, desde que haja o desempenho a contento dos ministros. Estes têm que ser ministros do Brasil, têm que fazer uma política para realizar as mudanças de que o país necessita e, para isso, os apoios partidários são essenciais.

Ministro meu ou indicação para cargo de segundo escalão vai depender, primeiro, de minha escolha, a responsabilidade é minha, e, segundo, dessa junção entre competência técnica e competência política.

30 DE JANEIRO A 5 DE FEVEREIRO DE 1995

Os primeiros dias. O seminário do Torto. A coordenação dos ministros

Minha intenção era gravar todos os dias. Passado quase um mês que estou no governo, é a primeira vez que gravo, depois do pré-relato que fiz sobre a forma como constituímos a equipe governamental. Só hoje tive a possibilidade de retomar as gravações.

Isso leva a uma reflexão inicial, oportuna, sobre a época em que o presidente da República podia tomar o lápis ou a pena e escrever diariamente suas memórias, suas anotações, suas observações. O tempo, hoje, não dá para isso. Talvez porque a agenda de um presidente seja desumana: compromissos no café da manhã, no almoço e no jantar, dia de trabalho incessante e, mais ainda, o telefone, que é a angústia cotidiana. Não adianta chorar pitanga. Vamos aos fatos.

Em primeiro lugar, o seminário, realizado logo depois da nomeação dos ministros, na Granja do Torto. Passamos um dia e meio reunidos. Os jornais dão conta de boa parte do conteúdo das discussões, talvez não do clima, que foi ao mesmo tempo distendido e respeitoso. Clóvis, com o seu jeito às vezes de mestre-escola, consegue fazer com que as coisas funcionem. Um ou outro ministro é cético. Curiosamente, há sempre os que falam a cada rodada, cinco ou seis, sempre os mesmos. Com o tempo, os outros percebem que nem sempre falam por ter o que dizer, mais falam para marcar posição. Tenho expectativa de que eles próprios percebam que isso é desnecessário. Basta falar com tranquilidade.

Minha maior preocupação no seminário era mostrar que havia um programa, que os ministros têm que se entrosar e que, de modo algum, um vai disparar por um lado e o outro para outro lado, somos um governo. E também mostrar que governar não é um ato de império. É um ato de construção racional em que se ouvem os argumentos. Parece banalidade, talvez seja, mas é essencial porque não é a tradição, que é tornar simbólica a posição assumida: eu ganho aquela posição, algum ministro perdeu força. Está errado.

Também queria deixar claro que não vou permitir fritura de ministro pela imprensa. Um ministro terá a minha confiança por inteiro até que eu tenha alguma razão para, com clareza, dizer a ele que não é mais o caso de continuar no ministério. Alguns são experientes, outros são menos, alguns têm astúcia e se calam, outros não têm a mesma astúcia e se expõem, mas isso não deve ser objeto de muita preocupação.

Acredito que o resultado do seminário foi positivo. Na imprensa, alguns jornalistas tentaram dizer que era uma atitude acadêmica. Problema deles, sempre dizem isso, acham sempre que inovação é bobagem.

Do seminário surgiu um maior entendimento entre os ministros e a ideia firme de que haverá coordenação, a qual não foi fácil decidir. Hoje ela está se dando da seguinte maneira: criamos o conselho de governo formado pelos ministros que se subdividem em câmaras setoriais. Destas, nesse primeiro mês funcionou precariamente uma, a de política econômica, que é a mais restrita e que, sem dúvida, terá que discutir os assuntos mais delicados, composta pelos ministros da Fazenda, do Planejamento, da Casa Civil, pelo presidente do Banco Central e por mim.

Houve uma reunião dos ministros de infraestrutura, porque me parece muito importante colocar junto energia, transporte, planejamento etc., para que haja coordenação. A pressão dos governadores e dos deputados virá caso a caso, e nós temos que ter uma resposta que mostre o fluxo, que mostre qual é o conjunto dos nossos propósitos e como vamos realizá-los.

Posteriormente houve uma reunião da câmara relativa à Integração Regional, que é muito delicada. Não é só uma maneira de escapar da pressão do Ministério da Integração Regional. É uma maneira de sensibilizar os ministros que em geral são do Sul ou Centro-Sul, das áreas centrais da economia e planejamento, sobre a questão regional, em relação a uma ótica com que eles próprios concordam em tese mas que têm dificuldade, na prática, de revisar. Os investimentos públicos precisam ser mais bem divididos, e com base num critério que não seja ligado apenas à pressão local, ao clientelismo. Não estamos pensando em polo de desenvolvimento, e sim em fluxos de desenvolvimento, de modo que haja possibilidade de um encadeamento, para usar a expressão do [Albert O.] Hirschman, "para a frente e para trás" dos efeitos dos nossos investimentos.

As câmaras estão tateando. Para ser franco, nelas não houve ainda um entrosamento efetivo dos ministros. Hoje de manhã conversei longamente com Clóvis sobre essa matéria, porque precisamos ativá-las. Devo dizer também que era essencial haver alguém que coordenasse o governo. Essa pessoa é o Clóvis. Coordenar do ponto de vista administrativo, fazer com que as coisas andem, cobrar. Ele sabe cobrar, me alivia nesse sentido. Eduardo Jorge pode ficar por perto, ajudando tanto ao Clóvis quanto a mim nesta tarefa.

Por outro lado, não se pode coordenar um governo sem que haja acompanhamento das metas físicas. Isso vai ficar a cargo do Serra, que está montando no Ministério do Planejamento, com o Eduardo Jorge junto dele, um complexo sistema de controle, e faz isso muito bem. Não se trata de controle do exercício financeiro, mas sobre o que cada ministério realmente realizou. O Clóvis coordena a ação administrativa, o Serra coordena os resultados, e o Malan coordena o fluxo financeiro.

Em tese, é assim que deve funcionar. Vai custar um pouco, mas espero que, no decorrer desses quatro anos, se comprove ser esta uma maneira muito mais racional de administrar e que o presidente possa ter não só a informação como a capacidade de decidir na medida em que pode olhar o mapa, o conjunto. Essas observações dizem respeito à forma geral como organizei o governo.

Ainda no que se refere aos vários ministros e ministérios, aí vai minha apreciação inicial dessas primeiras semanas.

Alguns ministros têm surpreendido por sua capacidade de adaptação rápida. Paulo Renato, por exemplo. No Ministério da Educação, ele conseguiu juntar a equipe, buscar as pessoas lá fora, estar presente na imprensa, sem derrapar. Sei que ficou magoado com a maneira como foi deslocado do Ministério do Planejamento para o da Educação. Não que o Ministério da Educação não tenha importância, tem enorme. No meu modo de ver, tem mais até para ele, e para mim também, do que o Planejamento. Se o Paulo fizer realmente a revolução educacional, que é necessária, terá feito uma obra histórica.

Paulo Renato ficou magoado porque houve muita futrica, muito disse que disse, apareceu nos jornais antes da hora que o Serra seria isso, seria aquilo, que o Sérgio Motta estaria patrocinando a sua volta, o que era verdadeiro. Já contei aqui a forma como ele entrou, que na realidade não dependeu disso, mas do reconhecimento, por todos, especialmente pelos ministros da área econômica, da necessidade de alguém como o Serra, com competência política e administrativa para enfrentar o orçamento e a reforma fiscal. Ainda assim, ficou uma certa mágoa que, creio, vai desaparecer na medida em que o Paulo obtiver êxito. Hoje, por exemplo, dia 30 de janeiro, o *Jornal do Brasil* diz que ele é o ministro nota 10. Tem se desempenhado muito bem.

Não me surpreende que o ministro Jatene também já tenha começado a se empenhar, invertendo aquilo que era o habitual, ou seja, cobrar sempre do governo federal. Ele fez com que os municípios que gastaram mais do que a média nacional — e ele tem o controle estatístico disso — explicassem por que seus hospitais, privados, estão gastando a mais. Isso mostra que Jatene tem o pé no chão, sabe como funcionar. Temos que levar adiante a sua proposta de um plano de combate à mortalidade infantil entendido como um plano pivô e fundamental do governo na área da Saúde e ver se isso vai funcionar mesmo. Nessa área não há preocupações.

Surpreendeu-me mais ainda, e favoravelmente também, o ministro Stephanes, porque teve habilidade para expor o seu problema. Ele herdou uma matéria muito mastigada já do governo anterior. É verdade que, antes do governo anterior, era ele mesmo quem se desempenhava. Eu tinha ouvido uma exposição e uma demonstração de gráficos feitas pelo ministro Cutolo que já mostrava com nitidez o problema da Previdência. Mas está claro que o Stephanes tem domínio da matéria e não me dá preocupação.

Na Agricultura, o Zé Eduardo [José Eduardo de Andrade Vieira] tem um estilo pessoal que, às vezes, é um pouco tumultuado. Houve um probleminha na questão do Incra, não chegou até a mim, mas ele quis mudar o Marcos Lins, que tem muito apoio de d. Luciano [Mendes de Almeida]. D. Luciano conversou comigo e conversou com ele. A Contag prefere igualmente que fique o Marcos Lins. O Zé Eduardo, creio, vai mantê-lo e vai calçar com executivos mais ao seu estilo. Por outro lado, houve também um problema na área da Agricultura, a designação do secretário de Política Econômica. A meu ver, por miopia da Fazenda, que sempre quer controlar tudo, Guilherme Dias foi levado para lá junto com o Beto Mendonça [José Roberto Mendonça de Barros]. O Beto já é muito competente em agricultura, não era necessário reforçar tanto a área da Fazenda e desguarnecer a Agricultura. Em relação a isso houve uma modificação e o Guilherme passou a ser o secretário de Política Econômica do Zé Eduardo. Assim, este está calçado para um diálogo mais competente com o Ministério da Fazenda.

Ele estará atormentado sempre, como todos nós, com a questão da TR. O compromisso de todos, e meu também, é a necessidade de eliminação da TR, o que, no entanto, implica refazer os fundos de acumulação que dão sustentação à agricultura, todos baseados nessa taxa. Não dá para simplesmente aliviar os fazendeiros e depois não ter como financiar a safra. Isso terá que ser enfrentado, e eu soube pelo Serra que o Zé Eduardo já o procurou várias vezes. Ele tem algumas ideias, cuja consistência desconheço, mas creio que Zé Eduardo, com seu dinamismo, discutirá de uma maneira responsável com a área econômica essa questão. Se fizermos, como faremos, um financiamento adequado no ano que vem, essas matérias estarão nos eixos.

Estamos sendo beneficiados esse ano por uma grande safra, a inflação continua caindo com facilidade, mas não podemos descuidar da questão agrária. Quanto aos assentamentos rurais, creio que Zé Eduardo está tomado de brios, porque no início de sua gestão sofreu a desconfiança de que não queria mexer nesta parte. Já desapropriamos terras, desapropriaremos muitas mais. Meu problema agora é como se fará o assentamento. Se o Zé Eduardo fizer isso direitinho, se financiarmos a safra, se encaminharmos o fim da TR e, além do mais, dermos grande força à Embrapa e ao aspecto ecológico, tenho a impressão de que a agricultura também não vai dar dor de cabeça.

Quanto ao Ministério dos Transportes, acredito que até agora o Odacir tem se comportado bem. Há uma pressão do PSDB, que atendi imediatamente, para designar o Tarcísio Delgado como diretor do DNER.* Me pareceu bom, porque o Tarcísio é um homem honrado, é mineiro, os mineiros sempre estiveram no DNER mas nem sempre esse órgão foi utilizado da melhor maneira. Houve muita acusação de corrupção, coisa que não haverá nem com Odacir nem com Tarcísio. Vamos deixá-lo como diretor-geral, na prática é ele quem vai controlar o atual diretor, que tem grande competência e é um técnico.

Estamos adotando essa tática em vários ministérios. Podemos dar os anéis, mas os dedos não, porque temos que mudar qualitativamente o controle da administração pública brasileira, que precisa ter um conteúdo técnico mais elevado.

---

* Departamento Nacional de Estradas de Rodagem, órgão federal extinto em 2001 para a criação do Departamento Nacional de Infraestrutura de Transportes (DNIT).

O ministro das Comunicações é outra surpresa agradável. Sérgio Motta, até agora, apesar dos temores, sempre acusado de ser muito falador, e de fato ele fala muito com a imprensa, tem tido um comportamento politicamente bastante correto. Houve um primeiro incidente com a imprensa, que a *Folha* utilizou, como tem feito frequentemente, distorcendo o que acontece para provocar manchetes mais fortes e mais atraentes. Foi divulgado que teria havido um quadro de contradição entre o Antônio Carlos Magalhães e o Sérgio Motta.

Falei imediatamente com o Luís Eduardo, que me disse que isso não era verdadeiro, embora deva mesmo ter havido uma irritação inicial do Antônio Carlos. O Sérgio certamente não pensou no Antônio Carlos quando disse o que disse, mas a crítica que fez é consistente. É preciso mudar os métodos de administração, acabar com o nepotismo e, sobretudo, com a falta de critérios objetivos na distribuição dos canais. Eu já tinha conversado muito com o Sérgio sobre esse assunto e ele está levando isso adiante, com o apoio, hoje, de setores crescentes da opinião pública e — devo deixar aqui um depoimento — do Sistema Globo, que não tem reivindicação nenhuma na matéria. Pelo contrário, o seu desejo é que haja uma limpeza na área, e o Sérgio Motta está buscando assessores e diretores executivos competentes.

Eu próprio, depois de ter pedido uma informação ao Roberto Irineu Marinho a respeito de três pessoas competentes da área, pedi ao Eduardo Jorge que as entrevistasse. Passei os nomes ao Sérgio Motta e a partir deles foi feito um diagnóstico da situação. Fiquei sabendo através do Roberto Irineu que, no ministério, se roubava de alto a baixo. Insisti, ele não quis entrar em detalhes, mas me disse: "De alto a baixo". Temos, portanto, que tomar muito cuidado para evitar isso. O secretário executivo escolhido* pelo Sérgio é um desses três, que, após a conversa com o Eduardo Jorge, foi referendado também pelo Scalco, que o conhece bem, e pelo Zé Eduardo de Andrade Vieira. O Sérgio está montando uma equipe com uma base técnica muito forte.

Aproveito para deixar registrada a questão dos antigos Correios e Telégrafos. A ideia de colocar o [Henrique] Hargreaves lá foi minha. Eu tinha que colocar o Hargreaves, que me disse aqui numa conversa não querer ser aposentado de luxo num Tribunal de Contas ou algo semelhante. Ele ajudou muito ao Itamar e a mim. Teve uma atitude correta quando fui ministro da Fazenda e também durante a campanha. Tem conhecimento, tem valia. Embora tenha sido submetido a várias apreciações desagradáveis durante a fase da CPI da corrupção,** nada ficou demonstrado contra sua pessoa. Não havendo o que o desabonasse e sendo ele, no meu modo de entender, um homem de habilidade e competência, achei que deveria chamá-lo. Tinha certeza de que Itamar ficaria contente, embora ele não tivesse mencionado jamais que quisesse os Correios para o Hargreaves.

---

* Renato Guerreiro.
** Hargreaves, ministro-chefe da Casa Civil de Itamar Franco, foi citado em denúncias na CPI do Orçamento, instalada em outubro de 1993.

CLARO QUE TEMOS PROBLEMAS nas famosas "teles". A ideia do Sérgio, que aprovo, é diminuir o número delas para cerca de seis ou sete. A classe política tem tido voz sobre os postos das telefônicas, o que é negativo e estamos tentando corrigir, mas não se pode fazer tudo de uma só vez. Talvez precisemos nomear algum presidente por indicação política, mas certamente sempre tendo alguém da nossa confiança como executivo principal. Já foi definido que, em qualquer área de governo, os executivos financeiros serão de confiança do governo central, através da equipe econômica.

Por vezes surgem problemas; não quero entrar em detalhes agora. A aspiração do ministro [Djalma] Morais inicialmente era ir para a Telesp, não sei se a mantém. O Mário Covas indicou o Sampaio Dória. Há resistências a ambos, não sei ainda como resolver esta questão, mas, seja qual for o resultado, na Telesp e em todas as empresas buscaremos sempre o equilíbrio. Tem uma dificuldade com a Embratel, porque lá estava o Renato Archer. O PMDB fala muito a respeito dele e de sua continuidade na Embratel como se fosse uma homenagem ao Ulysses Guimarães. Outro dia eu disse ao Pedro Simon* e ao Luiz Henrique que, se fosse para homenagear o Ulysses, ficaria mais satisfeito se o Renato não tivesse apoiado com tanto entusiasmo a candidatura [Orestes] Quércia. Eu me dou bem com o Renato, gosto dele, mas acho que sua atitude política foi discrepante. Por outro lado, não sei qual é seu pensamento sobre a questão geral das telecomunicações. Pedi que o Sérgio o chamasse para verificar. Não tenho nenhuma dificuldade em lhe dar uma oportunidade e uma posição condigna, mas acredito que é melhor botar um técnico também na Embratel, e estamos indo nesta direção.

Vi ontem nos jornais críticas ao Ministério de Minas e Energia, que estaria inoperante. Isso não é verdadeiro. Tenho conversado com o ministro e, depois da Lei das Concessões, tomaremos uma série de medidas que mostrarão que vamos reestruturar o sistema elétrico. Aqueles que ficam ansiosos, imaginando que privatizaremos na bacia das almas, vão logo perder a ansiedade. Faremos as coisas corretamente, ou seja, vamos reforçar a autoridade pública, tornando-a de novo capaz de controlar e de administrar melhor o conjunto das concessões e o funcionamento do setor elétrico. Aprovaremos um decreto que está na AGU, relativo ao produtor independente, reforçaremos o sistema através de medidas com as quais creio que o ministro está afinado.

Krause, por sua vez, é brilhante. Até agora conversei superficialmente com ele sobre uma questão que, para mim, é fundamental: a da irrigação. Creio que terá sensibilidade para levar de modo adequado toda a matéria do meio ambiente.

O ministro do Trabalho** está começando, é um homem de boa vontade e grande competência. Teremos dificuldade para trabalhar, porque é preciso reformar as rela-

* Senador (PMDB-RS).
** Paulo Paiva.

ções de trabalho. São medidas legais, que não têm nada de espetaculoso mas que precisam de uma pessoa jeitosa, como ele tem demonstrado ser na própria composição do ministério, onde fez alianças interestaduais de boa qualidade, sempre com espírito público. Além de ter convidado Leôncio Martins Rodrigues para representar o Brasil na OIT cada vez que haja uma reunião, o que me deixou contente pelas relações de amizade com Leôncio e o respeito que tenho por sua independência intelectual.

Agora, passo correndo por alguns outros ministérios.

Pelé, o ministro dos Esportes, tem sido formidável. É sensato, atrai fluidos positivos para o governo, e me parece ter a capacidade para se mexer nessa matéria sem nenhuma dificuldade.

O mesmo digo com relação aos ministros militares. No seminário na Granja do Torto, notei uma certa dificuldade em generalizar a discussão sobre a criação do Ministério da Defesa. Interrompi imediatamente e pedi ao ministro do EMFA que me desse mais detalhes a respeito do que vai acontecer, de como ele pensa esse processo. Terei ainda esta semana, na sexta-feira, uma reunião com os ministros para que possamos ir mais fundo na questão central: qual será a função efetiva das Forças Armadas? Qual é o nível de armamento necessário? O nível de homens necessários? Até que ponto haverá um modelo próprio de Ministério da Defesa no Brasil e em que momento deve ser implantado?

Tenho encontrado boa vontade da parte dos ministros militares. Vejo muita propriedade nas suas manifestações. O general Zenildo não se pronunciou durante o seminário. Conheço-o bem, é um homem sereno e, para mim, é uma tranquilidade tê-lo comandando o Exército brasileiro. Não antevejo dificuldades maiores nessa área, a não ser, pontualmente, problemas de salário ou, talvez, algo ligado a reequipamento, coisas normais.

RETOMO HOJE, DOMINGO, dia 5 de fevereiro, as apreciações sobre os ministérios. Considerei que dois deles me davam alguma preocupação. Um é o da Administração,* porque vamos ter que mexer nele, ou seja, no funcionalismo público e nas regras de organização do Estado. Tenho recomendado insistentemente ao Luiz Carlos Bresser que não coloque as ideias na praça antes de articularmos a possibilidade das modificações.

Brasília é hoje uma praça sitiada pelo funcionalismo e pela CUT, que se concentrou basicamente nas questões corporativas do funcionalismo. Qualquer palavra oposta provoca uma pronta reação e o Congresso apresenta sensibilidade imediata às demonstrações que eles podem fazer. São uns milhares de pessoas, mas dão a sensação de que são milhões. Não convém colocar a questão de estabilidade sem

---

*Ministério da Administração Federal e da Reforma do Estado, secretaria especial criada em 1995 e extinta em 1999.

que se saiba o que fazer realmente com ela, e não convém colocar questões relativas à aposentadoria dos funcionários sem que se tenha uma noção clara.

Disse isso diversas vezes ao ministro Bresser, inclusive numa reunião preparatória para os entendimentos que estão se processando entre as várias bancadas dos partidos e o governo. Não obstante, a primeira observação que ele me fez foi que tinha já compromissos assumidos através de artigos que escreveu sobre isso. Contestei: "Na realidade, se for em função de artigos, não poderia fazer nada, porque já escrevi tantos artigos... Só posso dizer, como presidente da República, que as circunstâncias impedem que manifestações intelectuais individuais prevaleçam". Ele entendeu o argumento, entretanto tem insistido, talvez temerariamente, no tema.

Quero dizer também que, através do Clóvis, fiz saber ao Bresser que as pessoas que estavam sendo nomeadas para as secretarias de reorganização do Estado e para a Secretaria Executiva, embora competentes, não tinham a força necessária para o desempenho destas funções no momento que vivemos. Ele deposita imensa confiança nos seus auxiliares imediatos, insistiu e os manteve. Vamos ver, com a evolução do tempo, o que acontecerá nesta área. O Bresser tem muitas ideias, é correto, dedicado, mas talvez não tenha a paciência imprescindível para fazer com que, primeiro, as articulações fluam e as ideias apareçam, não as nossas, mas as da própria sociedade, dos partidos, dos outros, como necessidade.

Política não se faz apenas afirmando o que é certo e o que é errado, mas articulando as forças capazes de provocar as modificações. Tenho um pouco de preocupação nesta área do Ministério da Administração e vejo que, com boa vontade, muitas vezes são colocadas questões antes da hora ou mesmo questões não amadurecidas.

As maiores dificuldades, no entanto, estão na área da Secretaria de Comunicação Social. Houve muito zigue-zague, como já mencionei, na questão da escolha do secretário. Noto que Roberto Muylaert não se sente à vontade, primeiro porque não conhece Brasília, não conhece os seus meandros, tudo que ocorre aqui, o modo como o governo se relaciona com a mídia, com o Congresso, e o modo como os órgãos se relacionam entre si. E se queixa. Ainda ontem, esteve comigo para dizer que se sentia um pouco deslocado e achava que havia um mal estrutural na questão. Isso porque eu tinha feito um pronunciamento na véspera, sexta-feira, do qual ele não participou. Expliquei como isso se deu, que eu havia convocado uma reunião em que estiveram presentes ele, mais o Sérgio Amaral, Ana Tavares, Clóvis, Eduardo Jorge, eu, [Persio] Pisani, que é o encarregado de publicidade, e o ministro das Comunicações, Sérgio Motta. Nessa reunião, deliberamos que eu tinha que fazer aquele pronunciamento e precisava de duas ou três pessoas para ajudar na feitura propriamente da matéria, ou seja, quem iria dirigir a TV e tudo mais. Na prática, na noite de sexta-feira* escrevi sozinho o texto, com base em algumas anotações

---

*O texto foi escrito na noite de quinta-feira.

do Sérgio Amaral, refeitas pelo Eduardo Graeff,* que refiz inteiramente à minha moda. Disse ao Muylaert que mudei muito do que estava proposto. Ele havia lido nos jornais que os ministros da área econômica tinham sido os únicos ouvidos. Expliquei que não era verdade, que eles vieram aqui porque ficaram assustados, na sexta à noite, imaginando que eu fosse sancionar o salário mínimo ou qualquer coisa nesta área que provocaria um veto da equipe econômica, pelo efeito muito negativo sobre o controle da inflação. Nada mais que isso.

Li o texto já pronto que, na manhã seguinte, foi gravado aqui. Até acho que realmente houve um equívoco, porque o Muylaert deveria estar presente, assistindo à gravação, mas não houve má-fé alguma. Chamamos alguém para ajudar na direção de TV, a mesma pessoa que nos auxiliou na campanha eleitoral e que veio como amigo para olhar. Eu gravei na primeira leitura, não houve nem sequer uma interferência maior nesta matéria. Ele entendeu, percebeu que assim fora, mas manteve a observação, que compartilho, de que o assunto não está resolvido. Só está resolvida a Secretaria de Imprensa no Palácio e temos o porta-voz. Isso é a comunicação direta, imediata, do presidente. Existe uma tarefa enorme na área relativa à educação à distância, à TV, que ele entende bastante bem, e à organização com o Pisani dos modos corretos de relacionamento da publicidade do governo.

Disse, na reunião no Palácio a que já me referi, que o governo fala de várias maneiras. O presidente fala de vez em quando, os ministros falam, as campanhas de publicidade falam, os atos simbólicos falam, e o que espero da Secretaria de Comunicação Social é um plano global de comunicação do governo. Até hoje o Muylaert não apresentou esse plano, nem teve tempo, pois está às voltas com o fato de que a sua secretaria não tem estrutura, não tem orçamento próprio. Isso o amargura muito. Expliquei que na administração pública é assim, é difícil ter um orçamento, é difícil que alguém diga "Faça" e mande pagar. Tem que negociar, tem que conversar com outros ministros. E disse que, certamente, numa revisão do orçamento, poderíamos colocar na Presidência algum recurso para alguma ação imediata, direta, dele. Mas seu papel principal seria o de articular através do Pisani a publicidade governamental, porque é através dela que os vários órgãos recebem recursos, e esse problema de recursos é permanente no Brasil.

---

*Subchefe da Casa Civil para Assuntos Parlamentares e ex-assessor de Fernando Henrique no Senado.

INÍCIO DE FEVEREIRO A 19 DE FEVEREIRO DE 1995

Problemas na Comunicação.
Reformas constitucionais. Agricultura

Comento a onda havida na imprensa a respeito da DM9* em relação a uma campanha pública sobre educação. A imprensa utiliza isso para mostrar que o governo está fazendo o que todos os governos sempre fizeram. No caso a crítica não tem fundamento. Essa onda tem a ver também com o fato de que as agências de publicidade não estão percebendo como vai ser o quinhão delas.

A definição de um plano geral de comunicações é a função central da Secretaria de Comunicações: os recursos serão consequência desse plano. Sinto, entretanto, Muylaert bem pouco à vontade, talvez porque o Sérgio Motta tenha participado da redefinição de como terei uma assistência mais imediata nessa matéria. Ele elogiou bastante o Sérgio, disse que este tem tentado ajudá-lo, mas que ele tem muito mais ligação com os elementos que foram da minha campanha. Parece que se refere à própria Ana** como se fosse um elemento da campanha, quando, na verdade, é uma pessoa que trabalha comigo há anos, como o Eduardo Graeff. O problema não está em ser ou não ser da campanha, está em ser ou não ser funcional para a comunicação. Em suma, ainda não vejo nessa área a tranquilidade desejada e a desejar.

Agora, faço algumas observações sobre a equipe econômica. A tensão que se imaginava haver entre o Serra e o Malan está bastante diluída. Contudo, ela persiste. Noto o Malan muito tenso. Por exemplo, na questão sobre a privatização, eu vi direito. A privatização está no BNDES e o ministro do Planejamento deveria ser o coordenador dela. Colocamos o Clóvis para evitar dar a sensação de que o Serra ocuparia todo o espaço. Daqui a pouco vai ter que ser o Serra. Mas não quero de maneira nenhuma que isso seja utilizado. Não pelo Serra ou pelo Malan, mas por terceiros, com a imprensa especialmente, pelos que estão interessados em provocar dificuldades como instrumento de crítica ao Malan ou de elogio à ação do Serra. A área de privatização pertence ao Planejamento. Existem algumas tensões, mas menores do que seria de supor no ponto de partida.

Na realidade, a grande questão que está envolvendo a equipe econômica é a relativa à taxa cambial. Quando o Pérsio veio para o Banco Central, ele já tinha uma visão bastante clara que coincidia com a de Serra e de muitas outras pessoas. Am-

---

*Alusão à campanha de mobilização pela educação coordenada por Nizan Guanaes, presidente da agência de publicidade DM9 e responsável pelo marketing da campanha presidencial do PSDB em 1994.
**Ana Tavares, subsecretária de Imprensa da Presidência.

bos achavam que, na parte final do governo Itamar Franco, já devíamos ter mudado a prática de manter a taxa de câmbio no ponto em que ela está, o que pode provocar uma supervalorização do real. Se isso tivesse sido feito ou tivesse sido possível fazer, mesmo no início do governo, teria sido mais fácil.

Por que não se fez? Porque houve a crise do México.* E, se mexêssemos na taxa de câmbio depois do dia 20 de dezembro, claro que daria a impressão de que o Brasil também estaria na situação mexicana, o que não corresponde à realidade. À medida que o tempo passa, essa questão fica como uma pedra no sapato. E há ainda a posição do Gustavo Franco,** que foi o mentor na prática dessa política cambial e que se aferrou a uma valorização do real. Gustavo diz que é o mercado que está colocando o real onde ele está, mas isso é até certo ponto, porque, com uma taxa de juros elevada como está, o afluxo de dólares é muito grande, o que aprecia o real.

Tudo isso poderia ter sido feito de uma maneira mais suave. Ninguém imaginou, no lançamento do real, nem eu, nem meu grupo, nem o Ciro, suponho, que ele fosse ficar nesse nível de valorização. Isso aconteceu e foi saudável que tivesse acontecido, deu confiança na moeda e também segurou a inflação. Mas poderíamos ter tido uma flexibilidade maior e deixado flutuar talvez ao redor de 0,90, 0,95 ponto. Teria sido mais conveniente e não correríamos o risco de sermos comparados ao México, como temos sido com tanta frequência, para eventual pressão que possa haver nas contas brasileiras, no conjunto das contas.

Esse ponto passou a ser, quase, uma questão de honra, porque, como o Gustavo foi o grande mentor dessa fixação do câmbio, nesse momento qualquer mudança pode parecer uma perda de confiança nele, coisa que, de minha parte, não existe. Considero-o uma das pessoas mais competentes, mais dedicadas e mais capazes que conheço, mas temos que olhar o conjunto da situação. Noto que o Pedro Malan também reage à possibilidade dessa mudança, basicamente porque ele quer prestigiar o Gustavo e até por temperamento, que aliás aí se afina com o meu, de que, se fosse possível uma mudança lenta, talvez fosse mais conveniente. Mas, à medida que o tempo passa, a mudança lenta se torna mais difícil.

Já tivemos três reuniões da equipe econômica. Uma, na chamada Câmara de Política Econômica, da qual participaram apenas Serra, Clóvis, eu, Malan e Pérsio. Esses encontros não chegaram a resultado algum, a não ser a reafirmação do mesmo problema. E já houve duas reuniões da equipe mais ampla. Acho isso bom, porque a tentativa de fazer reuniões hierárquicas nessa matéria não me parece a mais conveniente. Homens como o Chico Lopes [Francisco Lopes],*** como o Gusta-

*Em 20 de dezembro de 1994, a moeda mexicana sofreu uma brusca desvalorização, com forte impacto na inflação e nas contas públicas. Os efeitos dessa crise, na época conhecida como Efeito Tequila, se espalharam por vários países emergentes.
**Franco era então o diretor de Assuntos Internacionais do BC.
***Diretor de Política Econômica do Banco Central.

vo Franco, têm que ter uma participação intelectual na definição desse problema independentemente de posições hierárquicas.

Decisão, em última análise, caberá aos ministros e a mim. Acho que essas reuniões já melhoraram pelo menos a capacidade de cada um avaliar bem o ponto de vista do outro. Esta é a questão mais difícil a ser resolvida nos próximos dias. Prevalece a ideia, correta, de que devemos fazer uma mudança mais ampla, não no câmbio, mas em tudo, mostrar uma política fiscal mais severa, mexer na questão das importações.

A ideia que está prevalecendo é a de que teremos que moderar a importação dos automóveis, desde que haja uma negociação com as montadoras para que elas invistam mais aqui. Não podemos nos dar ao luxo, num momento de incerteza internacional, de gastar divisas com importações excessivas nessa área. Nem tanto ao mar, nem tanto à terra. Não é recuo numa época de abertura, mas abertura não é suicídio. Os argentinos já fizeram isso, criaram um imposto chamado de Estatística para evitar um possível desequilíbrio da balança comercial. Temos que fazer a mesma coisa, e faremos a mesma coisa.

Acredito que até o Carnaval precisaremos mexer no câmbio. Penso que o Pérsio está exagerando em ter um piso de 0,92, para chegar quase a 1 por 1. Temos outros instrumentos no campo econômico, além do câmbio, acho que o Gustavo tem razão nisso, que podem e devem ser usados. Devemos deslocar a discussão de uma questão meramente cambial para entender que é uma questão de política econômica, de macroeconomia, e levar em conta que o governo dispõe dos instrumentos necessários para o controle global da situação. Essa é a tensão mais séria na área econômica.

Certamente existem outros problemas. A definição das diretorias da Caixa Econômica e do Banco do Brasil já está feita. Teremos um controle técnico desses bancos, mas é preciso que o pessoal da equipe econômica entenda que não pode imaginar os políticos sempre como se fossem adversários de qualquer racionalidade. Não é assim, dá para negociar, dá para às vezes pedir uma indicação mais técnica, dá para, em determinadas circunstâncias, colocar um político experiente, desde que, naturalmente, haja um controle efetivo da orientação. Esse controle, sim, deve ser cerrado na mão daqueles que têm maior competência técnica.

O [Paulo César] Ximenes, por exemplo, será nomeado diretor do Banco do Brasil. Segurei a nomeação porque não queria interferir nas eleições das Mesas da Câmara e do Senado. E o Cutolo, da Caixa Econômica. São questões já resolvidas.

HOJE É DIA 19 DE FEVEREIRO, estou chegando de uma viagem a Iguaçu,* na Argentina. O salário mínimo foi uma espécie de tema desafortunado. Em janeiro, quando

---

*O encontro bilateral com o presidente argentino, Carlos Menem, aconteceu entre 17 e 18 de fevereiro de 1995, alternadamente em Foz do Iguaçu e Puerto Iguazú, do outro lado da fronteira.

o Serra chamou a atenção do Luís Carlos Santos e a minha para a importância do tema, nós o subestimamos. Eu contava que fosse possível segurar a questão, se não na Câmara, no Senado. Fui percebendo que na Câmara não havia vontade de brecar o salário mínimo, por uma razão muito simples. Os deputados tinham elevado seus próprios salários de uma maneira inaceitável, não só pela quantia de dinheiro, mas também porque é difícil explicar para o país que você tenha passado a receber 8 mil reais quando antes recebia cerca de 2500, 3 mil.

É fato que o Congresso não atualizava havia muito tempo a sua remuneração. Essas questões são sempre delicadas. No Senado, frequentemente votei contra aumentos, o Marco Maciel também, mas isso não é fácil de resolver. Então negociamos. O Eduardo Jorge esteve várias vezes com o [Adelmar] Sabino, que é o diretor-geral da Câmara. Eles queriam dar um salário de 11500 reais, coisa inaceitável, dinheiro de dezembro, ou seja, na prática seriam 13 mil agora em 95. Nós dissemos que não era possível. Até aí, ninguém estava interessado no meu salário, mas a questão é que o salário do presidente da República é o teto.

Na verdade, os deputados queriam 10 mil para dar 12 mil. Fomos negociando até chegar aos 8 mil para eles e para o vice-presidente e 8500 para o presidente da República. Pois bem, na Câmara eles inventaram, disso eu não tinha a menor ideia, um décimo terceiro salário. Nunca houve essa tradição de pagar um décimo terceiro e um décimo quarto que era o seguinte: dobraram as ajudas de custo, que eram meio salário e passaram a ser um. Aumentaram dois salários anuais, o que na prática significa que estão recebendo cerca de 10 mil por mês e não os 8 mil combinados, ou seja, acima do teto do presidente. Isso é o de menos. O fato é que provocou uma forte repulsa na opinião pública em função de a Câmara ter aprovado um salário mínimo irrisório.

A questão do salário mínimo é que qualquer aumento gera uma pressão muito grande sobre as contas da Previdência Social. Quando se aumenta dessa maneira, apenas de setenta para cem reais — aliás, a reivindicação antiga era cem dólares, o [Paulo] Paim,* espertamente, passou para cem reais, que são 115 dólares —, isso tem um efeito de um déficit potencial de 5 bilhões de reais. Porque aumenta não apenas o salário mínimo, mas todos os benefícios da Previdência, inclusive daqueles que mais recebem. Aumenta violentamente o déficit da Previdência, e o recolhimento que se faz em função desse aumento não compensa o aumento direto. Embora todos digam que compensa, quando as contas são feitas, vê-se que não compensa, ou seja, aprovar essa lei era de fato aumentar o déficit público de um modo inaceitável.

Recordo outra vez que a Previdência passou a ocupar todas as verbas que eram da Seguridade, portanto a parte da Saúde passou a ser também paga pelo Tesouro, o que de maneira alguma estava nos cálculos de quem fez inicialmente as reformas

---

* Deputado federal (PT-RS).

na Constituição de 88. Além disso, em maio há o IPC-r,* índice de preços cuja variação se acrescenta ao aumento atual. Logo, o veto se impunha.

Me surpreendeu a falta de reação da sociedade. Parece que esta quis se vingar do Congresso e, quem sabe, do presidente da República eleito, que disse que ia resolver tudo de uma vez e não iria vetar o salário mínimo. Não houve uma sustentação ao veto na sociedade, como devia ter havido. Os jornais, ao contrário, exploraram isso como se eu estivesse me recusando a melhorar a condição de vida do trabalhador.

Em função disso, quando chegou o momento da votação na Câmara, a pressão era muito grande. Eu tinha falado com o deputado Luís Carlos Santos: "Nesse caso você negocia e combina aí com o presidente da Câmara e o presidente do Senado, que eles não vão mandar imediatamente essa lei para o Senado, de tal maneira que nós tenhamos uma nova legislatura, e eu ganho tempo para ver o que a gente pode fazer". Falei também com o deputado Tarcísio Delgado, líder do PMDB, na hora da votação. Não houve falta de informação. O fato é que votaram e aprovaram. Não me preocupei muito, imaginei que estivesse tudo de acordo, conforme me informou o Luís Carlos, que o Inocêncio de Oliveira e o Humberto Lucena segurariam. Pois bem, às cinco horas eles aprovaram esta lei no Senado, e ela virou lei. Eu só tinha mesmo que vetar. Isto vai ser uma dor de cabeça permanente, a questão do salário mínimo. Tenho que enfrentá-la, não posso nem hesitar. E, ainda por cima, tive que encarar a questão do Lucena.

A anistia não é ao Lucena, pega uma porção de gente. Pega o Albano Franco, o presidente Sarney, uns trinta senadores e deputados, mais adiante seria um tumor permanente. A solução foi fazer essa dupla cirurgia desagradável: aprovar a anistia ao Lucena e vetar a questão do salário mínimo. No caso do Lucena houve, na verdade, um exagero na condenação, ele fez uma coisa que muitos senadores e deputados faziam, mas foi pego como bode expiatório, até porque tem o *physique du rôle*. É como o personagem da novela, um homem que pede por todo mundo, faz nomeações. Ele é honesto, correto, mas tem um vezo clientelista insopitável, e aí não tem jeito, ficou uma espécie de estigma, e esse estigma respingou.**

A partir daí, a *Folha de S.Paulo* fez várias pesquisas, como sempre faz nessas horas. Vinte dias depois de eu estar exercendo o governo, fez uma pesquisa para saber se eu ia bem ou mal, nessa semana em que todas as coisas eram muito difíceis. E, claro, comparou os resultados com os de uma pesquisa em dezembro sobre expectativas de governo. Metodologicamente, todo mundo sabe que isso não é correto, mas a *Folha* quer vender jornal. Fez as manchetes, deu dor de cabeça, porque, embora o número de entrevistados que disseram que o governo é ruim fosse mínimo, houve um declí-

---

*Índice de Preços ao Consumidor, série r, criado pelo IBGE em julho de 1994 e extinto em junho de 1995.

**Humberto Lucena e outros quinze parlamentares, condenados pela Justiça Eleitoral por utilização irregular da gráfica do Senado para a impressão de material eleitoral, foram anistiados pela lei nº 8985, aprovada no Congresso em dezembro de 1994 e sancionada pelo presidente em 7 de fevereiro de 1995.

nio na aprovação. Uns que diziam que é bom passaram a dizer que é regular, o que, naturalmente, criou um certo mal-estar, inclusive nos setores do governo. As pessoas ficam logo aflitas. Não é meu caso. Não fiquei nem um pouco aflito, porque imaginava que haveria uma rápida recuperação. Na verdade, estou convencido de que não houve sequer aquele desgaste, o problema foi o modo e o momento de fazer as perguntas.

Em seguida a *Folha* fez outra pesquisa para saber se eu seria reeleito ou não. De novo, deu o resultado de que eu seria reeleito no primeiro turno: 48% a 21% para o Lula, quase nada para os outros. A *Folha* nem o publicou com destaque nem disse coisa alguma. O resultado apareceu apenas no *Correio Braziliense*, o que indica que alguns jornais não estão querendo informar a opinião pública, e sim criar manchetes. Querem mostrar que todo mundo é igual, que tem desgaste. Seguiu-se um mês inteiro com a cantoria de que eu não tinha canais com o Congresso. Eu não queria ter canais com o Congresso antigo — o novo só tomou posse agora, em 15 de fevereiro —, cujo objetivo era obter uma acomodação às situações políticas e pessoais de seus membros. Então, inventaram que eu não era capaz de criar canais, que iria haver um acordo na ação política do governo... enfim, o habitual.

Nesse meio-tempo, isso acabou respingando no setor de Comunicações. Deve ter havido também uma onda interna dessa área, ali há alguma disputa, quem faz o quê, o que provocou um certo desgaste com Muylaert. Numa reunião com ele, eu disse: "Roberto, o negócio aqui é o seguinte, você tem que fazer um plano geral de comunicação do governo muito coordenado, é preciso saber o que nós queremos passar para o país nos próximos meses".

Por outro lado, é preciso ter um setor de publicidade, porque os jornais reclamam pela publicidade. Isso é tão verdadeiro que uma campanha da Educação que o Paulo Renato lançou com muita propriedade e na qual a Bia [Beatriz Cardoso], minha filha, trabalhou como outras pessoas — ela não se meteu em nada a não ser para auxiliar, não tem nada a ver com as decisões —, essa campanha, bem-feita, acabou sendo objeto de muita crítica, porque a DM9, que fez a minha campanha eleitoral, gratuitamente ajudou a botá-la em pé. Foi o que bastou para que outros meios de publicidade fizessem correr uma onda de que o governo estava recebendo trabalho gratuito e que isso é ilegal. Não é, o Tribunal de Contas disse que não é, o ministro [Carlos] Átila já me informou por terceiros que não é assim, e também o ministro [Marcos] Vilaça, mas a versão é a de que haveria um risco de protecionismo àqueles que trabalharam na campanha.

Isso também criou um clima complicado. É preciso que haja um acerto entre as várias empresas de publicidade. O gasto global do governo é muito elevado, cerca de 500 milhões de dólares, e se distribui através das estatais. Acho demasiado, não sou favorável. O Roberto Muylaert, além da educação à distância, tem que se meter nesta área, e sinto que ele está um tanto perdido. Diz que é porque não conhece Brasília e talvez não tenha ainda conseguido montar uma equipe. Quem não conhece Brasília apanha no início. Mas eu continuei tentando que fosse o Roberto.

O porta-voz* vai muito bem. Ele é inteligente, explica o que tem que explicar, participa. A Ana, que no princípio ficou bem assustada, já percebeu que ele pode fazer o que ela não tem competência para fazer porque não é a sua área. Ela faz muito bem o que tem que fazer, que é a guerrilha, é o conhecimento do dia a dia do jornalismo, cortar uma notícia que seja errada, nunca mentir para a imprensa, dar a alguns jornalistas acesso regulado a mim. Creio que as coisas começam a se acomodar, mas ainda não tenho certeza no que diz respeito à área global de Comunicação. Sem dúvida, com o Pedro Paulo Poppovic trabalhando com Muylaert na área de educação à distância, as coisas vão funcionar.

Educação à distância, campanha educacional: o Paulo Renato continua se desempenhando muito bem. Demos uma aula no interior da Bahia, em Santa Maria da Vitória, foi tudo normal. Eu disse que tive dificuldade de dar aula, para mostrar que ser professor primário é difícil. Claro que a imprensa imediatamente afirmou que fui mal na aula. Disse que dava nota 7 a mim mesmo, vou dizer o quê?, que dou 10? O primitivismo é muito grande.

Ontem li no *Globo* um artigo muito interessante do professor [Edgar] Flexa Ribeiro, onde ele mostra que é o cúmulo que a imprensa, em vez de perceber o ato simbólico do presidente da República, que é professor universitário, de dar uma aula numa escola primária do interior da Bahia para chamar a atenção para a importância do ensino, fique se apegando a essas bobagens. De lá fui no mesmo dia a Diamantina, para me encontrar, aí sim, com professores. Transcorreu tudo muito bem, respondi com tranquilidade e adequadamente às questões, inclusive as salariais, foi um clima excelente. Tanto em Santa Maria da Vitória quanto em Diamantina, a cidade inteira na rua, com bastante alegria, não se nota nada do que alguns jornais tentaram veicular, que eu tinha perdido prestígio. Conversa fiada. É uma questão de atuação mais intensa e tudo volta, desde que a gente não erre no essencial.

Completei esse périplo indo ao Paraná, na semana passada, falar com pais de alunos. Ali foi melhor ainda, porque houve uma discussão muito franca. Pena que não se reproduza, porque — não é que eu goste de me lamentar — era necessário que se passasse mais a informação sobre os problemas reais do país, e não somente fatos diversos, as coisas folclóricas às quais a gente acaba tendo que dar uma certa contribuição para que eles noticiem. Notícia significa o aberrante.

Com relação ao ministério, já disse o que tinha que dizer, já mencionei que na área militar as coisas vão caminhando, que tive uma reunião com os quatro ministros para discutir o problema do Ministério da Defesa. Acredito que tenha sido capaz de levar o problema para o plano adequado, que é o do grande desafio do país e das Forças Armadas no mundo que mudou, onde o Brasil terá uma presença mais ativa.

*Embaixador Sérgio Amaral.

Acho que há alguma incompreensão, talvez alguma desconfiança, do general Zenildo quanto ao papel que terá o general Leonel nessa matéria, mas essa desconfiança vai se diluindo, Zenildo e Leonel são amigos, e Zenildo é, como já disse, um homem modesto, eficiente, correto. Quanto ao ministro da Marinha, que é quem mais tem razões teóricas às vezes para criar uma ou outra interrogação e o faz muito bem, também acredito que, se formos devagar, a coisa pode funcionar. Eu próprio quero estar convencido de que o Ministério da Defesa é um avanço, não quero fazer um ministério só porque um certo setor acredita que seja indispensável.

Na Agricultura, a safra desse ano vai ser enorme, mas temos aquela dor de cabeça permanente que é a TR. Agora, no Paraná, falei com Pérsio, com o Bacha, que me deu as explicações sobre a situação no âmbito do BNDES, com o [José Roberto] Mendonça de Barros para saber como isso andava, falei com Ximenes, pedi informação, fui para me encontrar com os agricultores certo de que haveria uma rebelião. Não houve, foram muito amáveis, o presidente da cooperativa, não sei se é Coama,* ou algo assim, lá de Campo Mourão, foi bastante correto.

O problema é complicado, porque a TR foi transformada em TJLP,** que é a Taxa de Juros de Longo Prazo, mas apenas para os contratos novos. Os do passado têm a TR, um contrato perfeito que os agricultores assinaram, porém, com a taxa de juros lá na lua, ninguém pode pagar. Ficam reclamando e temos que ver o que fazer, porque não se podem quebrar os contratos e esse problema não afeta só a eles. Há contratos de todo tipo, os interessados vão exigir, na Justiça, tratamento equivalente; enfim, é uma matéria delicada.

A outra questão é o financiamento da safra. Insisto muito nisso. Espero que agora, nesta semana anterior ao Carnaval, o Conselho Monetário Nacional defina esse financiamento, sem o qual o agricultor não pode viver. Por outro lado, houve também um exagero, durante a gestão do Ricupero, ou do Ciro, foi mais do Ricupero, não tenho certeza,*** eles decidiram que também dariam preço mínimo para a soja, o que é um grave erro. Eu me opus a isso quando ministro da Fazenda, porque a soja tem seus meios de financiamento, e isso pode significar o uso desnecessário de algumas centenas de milhões de dólares do Tesouro. Creio que a matéria já está sendo encaminhada. Espero resolver durante este ano a questão da TR, quando nós formos resolver a questão da taxa de juros.

Voltemos aos temas mais gerais. Resolvi fazer uma primeira fala ao país, no comecinho de fevereiro, para explicar por que eu vetava o projeto do salário mínimo, por

---

*Coamo, Cooperativa Agropecuária Mourãoense.
**Instituída em novembro de 1994 como taxa básica dos financiamentos concedidos pelo BNDES.
***A garantia de preço mínimo para a soja foi adotada pelo Ministério da Fazenda em agosto de 1994, durante a gestão Ricupero.

que o sim ao Lucena. Creio que a palavra do presidente da República na televisão sempre dá tranquilidade para certos setores, enraivece outros, mas é o que tenho que fazer. Isso não foi decidido por causa de nenhuma pesquisa, e sim porque eu estava completando um mês de governo e tinha pela frente decisões difíceis. Achei que era melhor dizer claramente. Eu mesmo escrevi o texto. Enfrentei a situação.

Eu próprio apresentaria ao país as emendas à Constituição.* Fui à televisão no dia 16 de fevereiro, fiz uma preleção e respondi de peito aberto às perguntas de cerca de vinte jornalistas. A imprensa publicou tudo na íntegra. Deu para dizer com clareza o que o governo quer fazer, as pessoas vão perceber que o governo tem rumo. Depois disso têm saído alguns artigos afirmando que o governo não tem cara. O Paulo Rabello de Castro também escreveu um artigo, que saiu ontem, dizendo que o governo não sabe que reformas quer. Esses artigos ficam nos jornais uma semana. Quando o governo as faz, eles estão fora de época.

O fundamental é que passei a ideia das reformas. O país sabe hoje quais são elas, por onde vamos começar. Em relação à questão da Previdência, discuti muito com o Stephanes, na hora do veto do salário mínimo, se poderia ou não dar os quinze reais que o Itamar havia concedido como abono. Acho que com algum esforço seria possível, mas não se tinha certeza e a equipe econômica reagiu muito contra. O Stephanes acha que talvez fosse possível dar. Eu vou dar. Não já, mas, quando tiver certeza, vou dar isso e vou anunciar um mínimo de cem reais para 1º de maio.

A equipe econômica pode estrebuchar, mas é uma coisa que, primeiro, é realista, tem que dar, até porque o IPC-r já vai elevar o salário mínimo para noventa reais. E também porque é preciso passar uma ideia bastante clara de que o governo ajudará na distribuição de renda desde que isto não tenha efeitos muito negativos. Por isso, estamos preparando um pacote que não é só de medidas de reforma constitucional. Há nele medidas que dizem respeito ao consumo; me referirei a esse pacote mais adiante.

Quanto às medidas constitucionais, resolvemos enfrentar a questão da Previdência, e houve uma decisão difícil, mas que é uma decisão do Stephanes: manter o vínculo do salário mínimo com os benefícios da Previdência. Eu pensei muito e concordei com ele, embora na campanha nunca tivesse me comprometido a isso. Concordei porque senão a consequência seria o achatamento das pensões, o que não é correto. Não podemos fazer com que o peso dos ajustes caia sempre sobre a parte mais fraca. Passou em branca nuvem, apesar de ter sido uma decisão muito importante porque alivia uma pressão política enorme sobre o governo e permite que este atue com mais racionalidade para ampliar a sua margem de manobra em outras áreas. Disse várias vezes que a mudança constitucional da Previdência vai ajudar os próximos governos, não o meu, a não ser como sinalização.

---

*As propostas de emenda constitucional apresentadas pelo governo em fevereiro de 1995 estabeleceram a flexibilização do monopólio estatal do petróleo, gás canalizado e telecomunicações, além da participação de empresas estrangeiras nos setores de mineração e energia elétrica.

19 DE FEVEREIRO DE 1995

Liderança no Congresso. Pressões externas: a questão mexicana, câmbio e Argentina

A decisão relativa à Previdência foi importante. O resto são ajustes graves que vão mudar muito a sua forma, tanto na área constitucional quanto, em menor escala mas com efeito imediato, no que diz respeito às leis infraconstitucionais.

A outra discussão mais séria é a da reforma tributária. Minha impressão é que se trata de uma matéria infindável. A mesma questão já estava posta quando eu era ministro da Fazenda. O Everardo Maciel* propõe uma revolução global em termos tributários com base na ideia de que se tenha um só imposto juntando ISS, IPI e ICMS, que cada estado cobre esse novo imposto dentro de seu território, e que, na fronteira entre dois estados, caiba à União arrecadar, com a previsão de um mecanismo de compensação para manter o padrão de divisão do bolo equivalente à que se tem hoje. Já a equipe do Serra tem uma visão mais conservadora, mais realista talvez. Mantém o ISS, para não brigar com os prefeitos, e acaba com o IPI e com o imposto de exportação, o qual é uma obsessão antiga do Serra.

A minha maior dificuldade é que nenhuma das duas alternativas está quantificada. Já disse ao Maciel que preciso de um exercício de simulação de computador. Eu não posso aceitar sem saber o resultado, quanto mais o governador e o prefeito! Eles não vão topar. Sobre outros pontos também importantes o Malan e o Serra estão de acordo, mas a diferença essencial é essa, quase que de tecnicalidade imposta a uma matéria árida.

O [Francisco] Dornelles está reclamando da reforma constitucional porque acaba com a navegação de cabotagem.** A todo momento os interesses se expressam. O Rio de Janeiro tem o maior interesse na cabotagem, imagine quando chegar a hora da discussão concreta dos impostos. Tivemos uma reunião com os governadores do PSDB, na casa do Pimenta da Veiga, o Serra estava preparado para o assunto. Notei que os governadores esperam uma reforma mais audaciosa, inclusive para podermos avançar também na reforma administrativa. Eles querem acabar com a estabilidade, como nós.

O [Antônio] Britto, quando jantou em casa, comigo e com a Ruth, estava muito aflito porque não via um bom encaminhamento da articulação política do governo nas reformas. Ele acha que mais vale cortar 10% de pessoal do que fazer qualquer

---

*Secretário da Receita Federal.
**Tramitava a emenda constitucional que eliminou a reserva de mercado da navegação de cabotagem, permitindo a atuação de empresas estrangeiras no setor.

alteração de tributo, e que uma coisa pode ser trocada pela outra. O Britto, como o Serra, tem o pé no chão, os dois são parlamentares, estão raciocinando muito mais em termos do toma lá dá cá.

Ocorre que há também um lado, digamos, utópico importante. Os próprios governadores disseram isso: numa batalha dessa envergadura, ou ela é dada para mudar bastante ou não vale a pena dá-la. Vamos, portanto, propor uma mudança mais audaciosa: depois do Carnaval, tentarei dar uma direção assim ao encaminhamento dessa matéria, sem perder naturalmente de vista as amarras realistas necessárias. Não podemos ficar no feijão com arroz, porque a sociedade se decepciona.

Vejo o efeito positivo que teve a apresentação das emendas constitucionais sobre a ordem econômica. Não fomos longe, mas conseguimos, na prática, quebrar todos os monopólios, ou pelo menos abrir a chance de o governo quebrá-los através de lei. Não sei se o Congresso vai assimilar isso. Na apresentação que o Jobim fez, a meu pedido, aos presidentes de partidos, quem pediu mais foi o Pimenta da Veiga. Disse que tinha uma pesquisa dentro do PSDB, que eles queriam avançar mais. Nós íamos simplesmente, no caso do petróleo, arranhar uma questão, contrato de risco e outras coisas, não íamos mexer com refinaria. O Pimenta disse que dava para fazer. O Luís Henrique concordou. Se o PSDB e o PMDB concordam, o PFL sempre quis isso, o PTB e o PP* na hora se ajustam, então vamos em frente. Houve posteriormente uma negociação com o [Joel] Rennó, da Petrobras, que concordou. Tive uma reunião aqui no Palácio com vários líderes e todos concordaram. Podemos, portanto, avançar muito mais do que se imaginaria de início. A questão das reformas está pintando bem.

Neste domingo, dia 19 de fevereiro, a revista *Veja* publica uma pesquisa feita entre parlamentares em que se vê que todas as reformas têm maioria. Talvez a única matéria que não tenha seja uma questão mais teórica, em relação ao conceito de seguridade, com vistas a separar a Previdência da Saúde, mas não se trata de uma coisa essencial. As pesquisas de opinião pública vão na mesma direção. Uma delas, feita pela Vox Populi, diferentemente da realizada pela *Folha*, indica que eu não tive perda de popularidade ou de prestígio. Os índices são praticamente os mesmos de dezembro, e isso aconteceu depois dessas conversas mais firmes sobre as reformas.

Ou seja, saímos de uma espécie de letargia à qual fomos levados primeiro pela montagem do governo e, segundo, pela ânsia do Congresso antigo de destruir coisas para obter vantagens.

Pouco a pouco temos caminhado, e o caminho acaba aparecendo. Essa é a minha visão de sempre: manter objetivos, seguir em frente, não dar muita atenção às

---

*Partido Progressista (PP), cuja denominação mudou para PPB em 1995 e voltou a ser PP em 2003.

reclamações, ter persistência, ter paciência, tratar bem todo mundo, mas ceder o mínimo porque senão não conseguimos chegar aonde queremos.

Por falar em ceder o mínimo, há mais um assunto que quero deixar registrado aqui, relativo ao relacionamento com os partidos.

Em janeiro, organizamos o Conselho Político. Muita reclamação, óbvio. Esse Conselho é composto pelos presidentes de partidos, que não têm acesso às bancadas. Mas como seria possível dar acesso às bancadas de um Congresso que estava acabando? Agora que está começando o novo Congresso, depois do dia 15, já fiz uma reunião no Planalto com os novos líderes das bancadas e presidentes de partidos, que foi muito positiva.

Já havia nomeado os líderes de governo, assunto que deu alguma dor de cabeça porque, por um lado, na prática o Luís Carlos Santos já estava funcionando como líder e, por outro, o Sarney veio dizer a mim e ao Sérgio Motta que Luís Carlos deveria permanecer. Ocorre que o PMDB não o queria, tanto que, para dificultar sua permanência, numa manobra elegeu o Temer, que é de São Paulo, para líder da bancada. Com o apoio do [Germano] Rigotto e de todo o grupo do Rio Grande do Sul, derrotaram o candidato da Bahia, João Almeida, que o Luís Eduardo tampouco quer porque, embora não seja do seu partido, teria reflexo no PMDB local.

Com essa manobra do PMDB ganhou Michel Temer, que veio falar comigo. Conheço Michel de muitos anos. Ele entrou no PMDB por meu intermédio, através da Sílvia Lauandos, depois foi se adaptando, primeiro ao Montoro, depois ao Quércia, ao Fleury [Luiz Antônio Fleury Filho], para se adaptar jeitosamente à nova situação. É um homem que tem formação cultural, um perfil que não é de fisiologia, mas sabe se manter bem dentro do partido. O PMDB queria o Rigotto, de quem gosto, um rapaz combativo. Chamei-o, depois de ter uma conversa com os líderes, com os presidentes de partidos.

Eles diziam que, para resolver o impasse da Câmara, eu poderia fazer o que o Tancredo, por sugestão do Sarney, fez comigo: para resolver um impasse no Senado, me nomeou líder no Congresso. Chamei o Rigotto, disse que com as emendas constitucionais haveria muito trabalho a fazer no Congresso e que ele poderia nos ajudar nisso. Ele queria fazer parte das emendas constitucionais, achava pouco esse negócio de veto, de medida provisória, de orçamento, que são fundamentais e que são matérias do Congresso. Posteriormente chamei o Luís Carlos e conversamos nós três e o Eduardo Jorge. Percebi que o Rigotto é um tanto verde. Voltava sempre ao assunto, insistia muito que precisava de um pedaço das reformas constitucionais, e o Luís Carlos insistia na unicidade de comando, matéria que não pode ser rebatida. Procurei mostrar que a força do líder, quem dá é o presidente. Notei o Rigotto assim um pouco ainda galinho-de-campina, mas ele é bom de briga no plenário. O assunto está resolvido.

No Senado também houve uma aspiração do Artur da Távola, Paulo Alberto [Moretzsohn Monteiro de Barros], meu amigo, para ser o líder. Paulo Alberto nunca o disse a mim, mas disse ao Pimenta da Veiga, que o dissuadiu. Como o PFL tem 21 senadores, o PMDB tem 22 e nós dez, preciso de alguém como o Élcio Álvares, que é do PFL mas muito próximo a nós e que pode com mais facilidade articular as coisas do partido dele. O PSDB vai reclamar, claro, dizer que não tem presença no Congresso. Disse ao Pimenta: "Não é o partido que pensa isso, só os deputados e senadores. Vamos então tirar os ministros do PSDB, tem muitos ministros do PSDB, como é que não tem presença?". "Ah, mas é que os ministros não estão ajudando..." Parece que a bancada do PSDB reclamou para o Pimenta que os ministros não falam com eles por telefone, que um deles marcou uma audiência para quinze dias depois, essa coisa normal de começo de governo e de ansiedade de deputados, especialmente os novos, de serem reconhecidos e a insensibilidade de muitos setores do Executivo, que não percebem que basta tratar bem que as coisas melhoram muito.

Há também no PSDB a sensação de que estamos nomeando todo mundo dos outros partidos e não do PSDB. Essa sensação se reproduz em cada partido, porque na verdade estamos nomeando muito pouco.

Em relação ao PMDB, o Luís Henrique tem ajudado bastante; o Britto também, e as coisas vão indo. O PMDB hoje não é um partido, é uma confederação de interesses e de valores. Muito difícil. O Simon puxa para um lado, os outros puxam para o outro, os governadores não são reconhecidos pela bancada.

A dificuldade desse processo de indicações para cargos reside em que as bancadas pedem, os presidentes de partidos falam em seu nome, os governadores são consultados e entram em choque uns com os outros... Estamos fazendo a ginástica necessária para ceder alguma coisa, mas sem ceder no essencial, que é manter o rumo da administração.

Numa visão mais geral, retomamos a iniciativa política, apresentando as reformas, voltei à televisão, o Paulo Renato muito ativo na parte de Educação, a área econômica mostrando que tem competência, já tendo feito os cortes necessários, após as intervenções nos bancos, a ação sempre construtiva do Pérsio, que entende o argumento do outro, responde com educação.

Depois de ter aberto as portas do Palácio, recebi os líderes de todos os partidos, Câmara e Senado, e com todos tive a mesma conversa. Vou prestigiá-los, é preciso que ajudem nas reformas, mas é claro que não estarei de olhos fechados para alguma reivindicação desde que haja um critério justo, critério que o próprio Hargreaves, que esteve conversando comigo, disse que o Itamar adotou e eu o vi adotar. Ou seja, que os parlamentares se componham na bancada, que não venha uma coisa individual, pois o que eles querem mesmo são posições como a de representante do Ministério da Educação no estado ou do Incra.

O Incra é complicado porque às vezes tem exigências que não podem ser cumpridas. O senador Flaviano Melo, através do presidente Sarney, pediu que uma senhora, que é hoje a procuradora do Incra, fosse nomeada procuradora-geral. Não vai ser. Ao visitar o Senado na semana passada, cruzei com Flaviano e disse que não tinha sido possível. E ele: "Mas tem outra posição para essa mesma moça lá?".

Tenho que ver que moça é essa, que interesses tem, porque Incra é terra e terra é assunto delicado. Já estamos com problema no Rio Grande do Sul, onde os Sem Terra estão acampados em frente a algumas fazendas, ameaçando invadir. O Britto está aflito, mandou Força Pública* para segurar a barra.

O Movimento dos Sem Terra hoje é autônomo, não querem terra, o que eles realmente querem é manter uma pressão constante sobre o governo. O Zé Eduardo foi dizer que não havia recursos para assentar 40 mil colonos, e isso bastou para se fazer uma gritaria grande. Agora o Zé, coitado, está se esforçando. Fomos a essa região em fevereiro fazer, talvez, a maior desapropriação, quase 1 milhão de hectares de terra, dando sinais também para o setor mais progressista de que o governo terá um encaminhamento muito ativo nessa área.

Retomando o fio da meada, existe sempre a necessidade de conversar com os parlamentares. Voltei a conversar porque agora posso dispor de mais tempo e o resultado tem sido positivo. Minha visita à Câmara e ao Senado foi boa. Sarney ganhou a eleição pela força dele próprio. Simon acha que fui eu que ajudei, mas não. Luís Eduardo, que não precisaria de ajuda mas eu ajudei, também ganhou. Eles estão dispostos a ajudar nas reformas e dá a impressão de que o clima político passa a ser favorável. Em fevereiro, houve uma reversão clara de expectativa e a pesquisa que está na revista *Veja* mostra isso. Há uma sintonia entre o que o país precisa, o que o governo está dizendo que vai fazer, o que o Congresso parece disposto a votar e o que a própria população deseja.

No meio disso tudo, uma nuvem cinzenta, a questão mexicana.

A questão mexicana nos surpreendeu. Na verdade, queríamos mexer no câmbio** já em dezembro do ano passado, para ajustar um pouco mais. Agora não podemos mexer por causa do México, para não dar a impressão de que era em função do México que estávamos mexendo, e não era, mas, bem ou mal, isso gerou certo pânico nos setores financeiros. Não há nenhuma razão efetiva para tanto no caso do Brasil, nem sequer, creio, no da Argentina, mas há sempre especulação, e estamos atentos, obtendo informações.

Recebo amanhã de manhã o líder da oposição mexicana, o Muñoz Ledo,*** para discutir a situação do México. O presidente do país, Ernesto Zedillo, anunciou a nós

* No Rio Grande do Sul, o policiamento ostensivo e de choque é realizado pela Brigada Militar.
** Em 1º de julho de 1994, dia da implantação do real, o dólar valia R$ 0,90. Em janeiro de 1995, logo após a posse presidencial, estava em R$ 0,84. Em meados de fevereiro, atingiu R$ 0,83, despertando temores de sobrevalorização da moeda brasileira.
*** Porfirio Muñoz Ledo, presidente do Partido de la Revolución Democrática (PRD).

que ia fazer uma recessão forte. Não fez, recuou. As informações do nosso embaixador são de que há grande dúvida política ali e que o Salinas* e o Zedillo não estão se entendendo bem. A comunidade internacional foi surpreendida, o Fundo Monetário errou redondamente em não apoiar o México, hoje eles sabem. Por sorte, tivemos um apoio mais aberto ao nosso stand-by.** Não precisamos disso na hora para fazer a estabilização, fizemos à nossa moda e com sucesso. Mas é inequívoco que o México está mostrando que não dá para manter um acerto das contas em função de capitais voláteis de curto prazo.

O Brasil está interessado em investimentos diretos. Estamos fazendo um esforço grande nessa direção. Fizemos um acordo com as indústrias automobilísticas, que ficaram irritadas por causa do aumento do IPI dos chamados carros populares. Malan e Serra não quiseram ceder às ponderações do governador de Minas*** de acertar isso com mais jeito. Agiram à moda galega, de que eles gostam, para mostrar que são duros e que dessa forma dariam um sinal bom para o mercado. Sempre o mercado, o maldito mercado. Tem sempre sinal bom para tudo, eu não tenho tanta preocupação assim, não. Depois do discurso que fiz dizendo que ia mudar a Constituição, a Bolsa caiu, no dia seguinte subiu de novo. Ou seja, há muita especulação. O que tem que se olhar mesmo é o investimento direto.

Dei um jantar inédito aqui em casa, juntando diplomatas e economistas para discutir com profundidade a situação do México. Há sinais de preocupação na área internacional, a Hungria, a China, têm dificuldades, a Itália pode vir a ter. O panorama externo não é aquele mar de rosas que me parecia que seria quando fui candidato e que daria um grande impulso, este ano, ao nosso crescimento.

O crescimento continua a uma taxa razoável, a inflação baixou bastante, está por volta de 1% e 1,5%. Naturalmente, cada ponto, cada meio ponto que sobe, a imprensa faz um carnaval. Mas não perdemos o controle da situação. Isso é *fundamental*. Na semana que está entrando, teremos decisões importantes nessa área. Continuo favorável a mudanças mais lentas.

Ontem, em Foz do Iguaçu, houve uma troca de opinião, discreta, entre o ministro Cavallo,**** seus auxiliares e o presidente do Banco Central da Argentina, isoladamente com o Serra e com o Pérsio. Os dois foram avisados de que talvez o Brasil tenha de se ajustar, até chegar à situação da Argentina, que é de 1 por 1: 1 dólar por 1 peso, 1 dólar por 1 real. Acho que, no nosso caso, não precisa ser assim, porque,

---

* Carlos Salinas de Gortari, ex-presidente do México.

** Em abril de 1994, o Brasil fechou acordo com credores privados da dívida externa, mesmo sem o aval do FMI. O país pleiteara a renovação dos acordos stand-by (fundo de reserva para emergências econômicas) com o Fundo, interrompidos na década de 1980.

*** Eduardo Azeredo (PSDB).

**** Domingo Cavallo, ministro da Economia argentino.

simbolicamente, o real ficar abaixo do dólar ou igual ao dólar não é bom. É melhor o real ficar um pouco acima. Mas temos meios de chegar lá com equilíbrio.

As exportações estão sendo retomadas. Em janeiro houve uma exportação muito forte, embora ainda tenhamos tido um déficit da balança comercial. Eu não sabia disso ao anunciar que não teríamos déficit, baseado na pressuposição de que por causa do fechamento do câmbio, que foi muito favorável, haveria imediatamente um acerto também na área relativa à exportação real. Não houve, mas a exportação aumentou muito e diminuiu a importação. Creio que daqui por diante isso vai se equilibrar, o que também é *fundamental*. Nada de megadéficits. Temos que ter âncoras no real além da âncora cambial.

A situação de arrecadação continua boa. É claro que os gastos são grandes. É muito difícil cortar gasto, todo mundo sabe. Todos falam, mas ninguém quer cortar na sua área. Vamos lutar na direção de cortar, mas, havendo crescimento econômico na base de 4% a 5%, a arrecadação continua em expansão e, com isso, tudo é facilitado.

Outro dia alguém me perguntou que problemas eu antevia. O que me preocupa é essa nuvem negra externa, que não estava no mapa. Aqui dentro, temos que estar atentos à área social. No Nordeste provavelmente vai dar seca de novo. Na próxima terça-feira a Ruth assume a presidência do Programa da Comunidade Solidária. O Conselho ficou razoável e teremos que agilizar certas questões para as áreas mais pobres. Emergência e áreas mais pobres, para dar um sinal muito claro de que o governo está realmente preocupado. Isso me preocupa.

Na área política, creio que o Congresso vai levar muito tempo discutindo as reformas. Como não há eleição este ano, é um bom ano para avançar aí. O PT tem se comportado com bastante discrição. Eles têm criticado aqui ou ali, mas nunca de uma maneira que não seja razoável. O Brizola continua com a sua velha cantilena, mas já não tem eco, e o relacionamento com o Jaime Lerner é muito bom. Ainda ontem estivemos juntos, Jaime é competente, sabe das coisas, veio falar com o Cutolo sobre o problema de casas populares. Acha que dá para fazer mesmo as 500 mil casas e que isso é uma revolução no Brasil, ou seja, vejo boa vontade. Tenho uma excelente impressão do governador de Santa Catarina,* um homem jovem, do PMDB. O Garibaldi [Alves], o Wilson Martins também são pessoas sérias.

Pode ser que seja meu incorrigível otimismo, mas creio que, se formos manobrando, a coisa funciona bem. Talvez o país se apegue a atos espetaculares, não é o meu jeito. O espetáculo vai ser, no final, entregar um país mais organizado ao meu sucessor, mais equilibrado, com melhores recursos de investimento, a população com mais emprego. Não creio que um país moderno seja um país das coisas espetaculares.

---

*Paulo Afonso Vieira.

Para compensar, de vez em quando sei fazer as gracinhas necessárias, o "nhe-nhe-nhem", o "nefelibático", que chama atenção, o pessoal gosta, goza, brinca. Na hora de vetar também veto, na hora que tiver de dizer um desaforo, direi. Essas coisas têm que ser feitas com moderação. Não podem ser a espinha dorsal do governo, a qual tem que ser um trabalho sério.

Tentarei daqui por diante ver se pelo menos a cada dois ou três dias, se não todo dia, registro o que acontece, para não perder os episódios do cotidiano.

Seguindo nessa direção, quero registrar a viagem que fizemos agora a Foz do Iguaçu. Bastante trabalho, fui despachando na ida, na volta, despachos normais com os ministros, muitos discursos etc. Discutimos longamente no avião a reforma administrativa e financeira com os ministros da área econômica, foi bem cansativo. E, lá chegando, claro, aquelas solenidades, o Menem me levou para um quase comício dele. Foi simpático, sempre muito aberto, muito esperto, muito inteligente, não é desagradável no convívio, pelo contrário.

A reunião fechada, em Iguazú, na Argentina, fui eu que conduzi, falando mais de uma hora, inventando temas, porque não havia substância. Substância houve no dia seguinte, de manhã, mas foi uma reunião também desanuviada, porque os ministros já tinham preparado as suas declarações. Tratou-se de um primeiro encontro entre os dois gabinetes da Argentina e do Brasil. Creio que conduzi a primeira reunião sempre dando as honras devidas, sem mexer nos brios do Menem, mas todo mundo sentiu que a liderança passou para o Brasil. Acho que foi um experimento positivo nessa matéria.

Na semana que entra, teremos o Carnaval, e depois vou para o Uruguai e para o Chile. Falei sobre o Chile, lá na Argentina, e penso que está na hora de o fisgarmos. O Chile vai ter que voltar à realidade. O Nafta, depois do México, terá uma volta atrás, e o Chile e o Mercosul precisarão se entender. Confio que o Chile vá fazer isso, e que será algo muito importante para o nosso futuro. Em todo caso, chega de considerações gerais, e quem sabe eu não consiga registrar com mais facilidade a partir de agora.

Nesta semana houve a visita do Lech Walesa, homem que me surpreendeu. Muita vivacidade, espírito e humor, uma militância anticomunista visível. Exemplo, a implicância total com o Niemeyer. Walesa nem sabia quem ele era, nem que era comunista, mas, ao ver Brasília, disse que parecia uma cidade comunista feita por um capitalista ou por alguém que vivia no capitalismo. Quando eu disse quem era o Niemeyer, ele fez umas declarações, até imprudentes, de crítica aberta a Brasília. Gostou muito do Rio de Janeiro. O Walesa, que todos descreviam como uma pessoa mais tímida, pareceu uma pessoa razoável durante um banquete no Itamaraty.

22 DE FEVEREIRO DE 1995

Questão agrária. Comunidade Solidária. Câmbio

A segunda-feira foi praticamente dedicada à visita do Lech Walesa. Parece que não é fácil sua situação diante do Congresso na Polônia, vivem às turras. Contei-lhe que, em 1980, eu estava em Danzig [Gdansk], com o meu amigo Jacques Dofny e um sociólogo italiano de Milão, acho que [Alberto] Martinelli, assistindo à fase final dos acordos que o Solidariedade e o governo comunista fizeram pela primeira vez, nos estaleiros Lênin. Estava na praça e vi como era diferente aquela experiência da que eu conhecia de alguns anos antes, nas greves de São Bernardo, em São Paulo. Na Polônia, a coisa era bem mais organizada, com muita vela acesa, muito retrato do papa e bandeira nacional.

Na terça, me reuni com todos os líderes e presidentes de partidos. É uma conversa infinita. Tem coordenação, não tem coordenação no governo. No fundo, o que está em jogo são canais para obtenção de empregos, o que me parece muito desnecessário.

Do ponto de vista formal, o governo é um bloco imponente: seis partidos mais o vice-presidente da República, o presidente do Senado, o presidente da Câmara. Na prática vamos ver o que acontece. Os interesses se entrecruzam, mas tenho confiança em que, nessa fase das reformas, tanto o apoio do Sarney quanto o do Luís Eduardo serão efetivos, todos estão interessados na concretização das reformas.

Expus a eles a necessidade de que as comissões que vão discutir as reformas sejam presididas por gente de confiança e contem com um relator de confiança. O que chamo de confiança? Não pode ser um relator que tenha uma ideia fixa, dei até o exemplo do [Luís Roberto] Ponte, que é uma boa pessoa mas tem uma ideia fixa sobre a reforma tributária. Ele pode ser de outra comissão, não da que trata dessa reforma. Tampouco pode ser alguém que seja contra as reformas, porque a prática do Congresso é: quem grita mais alto leva.

A partir de então os líderes passaram a conversar diretamente comigo. Embora nem todos me digam sem rodeios o que querem, quase todos querem a mesma coisa: emprego para um, para outro, uma posição política aqui, outra acolá.

O Bernardo Cabral e o novo líder da Câmara, o Odelmo Leão, do PP, trouxeram uma pilha de reivindicações, entregaram ao Eduardo Jorge e tiveram o cuidado de não me dizer do que se tratava. Vamos ver o que é possível atender. Geralmente são posições menores, representante do Ministério da Educação, da Cultura, representantes do Incra, mas que dão certo prestígio. O cuidado que precisamos ter é o de fazer sempre uma triagem para evitar que haja interesses menos nobres envolvidos nessas nomeações, e isso é delicado.

Os líderes me trazem os pedidos no picadinho. Essa é a pequena política de que não gosto e ninguém há de gostar mas que tem que ser feita, desde que com moderação e salvaguardando os interesses essenciais do país. Não tenho dificuldade de conversar com esse pessoal sobre tais assuntos.

Por exemplo, outro dia veio de novo o Jader Barbalho, querendo a indicação de alguém para o Incra. Para o Incra, é bastante delicado. Já existe uma pressão muito forte de Flaviano Melo para colocar uma procuradora como presidente, não foi possível. Para adiante será atendido lá no Acre. Depois, o próprio Jader indicou para a Diretoria de Assentamento um senhor chamado [Asdrúbal] Bentes, não sei se é deputado, que não tem lá muito bom nome. Por sorte, o José Eduardo Vieira já tinha outra pessoa, mais técnica, que vai botar. Conseguimos manter o Marcos Lins, que a Igreja queria. Eu o conheço de muitos anos, parece que é jeitoso, e o Assentamento ficou sob controle.

Quero dar um impulso na questão da reforma agrária. O Zé Eduardo veio com um projeto de desapropriação de quase 1 milhão de hectares, a maior que já houve no Brasil. Acho ótimo, mas o que falta é assentamento, então teremos que atuar com muita dureza. Pedi ao Xico* que programasse um evento meu, provavelmente no interior do Ceará, junto com a Contag, com as forças mais dinâmicas dessa questão da terra. Quero mostrar que o governo está agindo e dar um cala-boca aos sem-terra do Rio Grande do Sul, cuja movimentação é hoje controlada pelo PT e pela Igreja. Disse até, na posse do Comunidade Solidária, que na realidade são cerca de 16 mil sem-terra, é muito fácil resolver. É preciso haver organização, determinação, e vou fazer disso um ponto de honra para que possamos ir solucionando esse problema.

O Comunidade Solidária foi outro evento da semana. Não vou registrar aqui as idas e vindas da formação desse Conselho, que será presidido pela Ruth. Ela me parece que quer, tem excelente capacitação para tanto, e todo mundo queria que ela fosse presidente: Betinho [Herbert de Souza], Marco Maciel, as forças políticas, porque tem competência, posição firme. Houve assuntos difíceis de resolver porque, no início, achei que era um pouco exposto colocar a mulher do presidente da República num Conselho que conta também com ministros como membros. Isso poderia ser objeto de críticas e eu queria evitá-las.

No fundo, a Ruth está disposta a brigar, o lugar tem legitimidade, não se trata de uma função de governo, não é um cargo, é um encargo, e ela sempre esteve muito vinculada a todas essas áreas de reivindicação, de movimentos sociais. Entende do assunto, acho que foi uma ótima solução.

Ruth fez um discurso, eu fiz outro. Ela não gostou do meu, disse que não preparei. Nunca preparo, faço de improviso. Ela foi designada com apoio e aplauso geral, o Conselho ficou bom, a Anna Maria Peliano** burocraticamente entende das

---

* Francisco Graziano, chefe do Gabinete Pessoal da Presidência.
** Socióloga, secretária executiva do Programa Comunidade Solidária.

coisas. Houve muita gente na reunião do Comunidade Solidária, uma manifestação expressiva de apoio.

Nesta semana tenho também a destacar a visita dos diretores da General Motors, depois da Volkswagen. O diretor mundial desta última, um espanhol, José Inácio qualquer coisa,* creio que é basco, de Bilbao, me impressionou muito. Suas declarações foram enfáticas: vão trazer para o Brasil 3 bilhões de dólares; os outros vão trazer 1,8 bilhão de dólares. Enfim, é tanto dólar que a gente fica tonto.

Recebi também, pela Ruth Escobar, vejam que mundo, um recado do [Silvano] Valentino.** Ele estava querendo falar comigo, pela Fiat, para anunciar que vão investir mais, portanto não era nada em relação aos impostos. Todos eles estão movidos por investimento. Por quê? O presidente, o diretor mundial da Volkswagen explicou que o Custo Brasil, que os economistas gritam tanto, é o mais baixo do mundo, pelo menos no setor automobilístico. Isto aqui vai ser um parque industrial importante.

Este homem me saudou dizendo estar diante do Adenauer*** brasileiro. Porque o Adenauer deu um salto na Alemanha e eu estaria dando um salto no Brasil. Repliquei: "O Brasil já deu um salto, é por isso que estou aqui". Não exageremos o meu papel pessoal, mas sem dúvida alguma ele estava entusiasmado, os planos são imponentes. Se tudo der certo, vamos mudar o patamar do país.

Neste meio-tempo, conversas longas com a equipe econômica. Houve inclusive uma reunião, essa semana, aqui no Palácio da Alvorada. A imprensa não percebeu, mas é aí que estão sendo travadas as discussões duras sobre a questão do câmbio. Desta vez consegui trazer todos, ainda que o Serra sempre prefira uma reunião só com os ministros, acho essa questão muito complexa para ficar na mão só de ministros, com uma divisão meramente político-burocrática. Então, além do Serra, do Malan, de mim e do Clóvis, vieram Pérsio Arida, Chico Lopes, Gustavo Franco e Zé Roberto Mendonça de Barros.

A discussão não é saber se muda a taxa de câmbio, mas quando muda e a que velocidade. Quando? Tem que ser logo. Esse "logo", que eu queria que fosse de imediato, esta semana, passou para o dia 6 de março, ninguém sabe disso. E a outra questão grave é: como muda?

O Pérsio tem advogado com muita força um salto. "Faz um salto, uma nova trincheira, e diz que o ponto é fixo. Sei lá." No fundo, ele quer algo próximo de 0,95, 0,96, para um piso de 0,92. Disse que assim dá mais resultado, temos que evitar um desequilíbrio da balança comercial, das contas finais. Com certeza, *paris paribus*, teremos que agir, com isso todos estão de acordo. Para que haja uma política

---

*José Ignácio López de Arriortúa, vice-presidente mundial da Volkswagen, nascido no País Basco.
**Presidente da Fiat do Brasil e da Associação Nacional dos Fabricantes de Veículos Automotores (Anfavea).
***Konrad Adenauer (1876-1967), chanceler da Alemanha Ocidental entre 1949 e 1963.

visível, é preciso que junto venha um pacote fiscal, uma porção de medidas duras, de privatização também.

Foi desenhado um pacote de medidas que segurem o consumo, alguma coisa na área fiscal. As de consumo já foram anunciadas, o objetivo é evitar o superaquecimento. A economia está crescendo, em janeiro parece que a parte industrial cresceu 17%, vamos segurar, a 12% seria ótimo se não houvesse a questão da estabilização. Mas, como temos que cuidar da moeda e do câmbio, não podemos deixar que isso ocorra com perda de controle. Não dá para haver "Cruzado II". Precisaremos agir com muita competência. Não tenho nenhum temor de tomar medidas que pareçam impopulares mas que salvem a economia nacional, porque mais tarde todo mundo vai reconhecer isso.

O ponto de vista do Gustavo era oposto, ou seja: qualquer mudança tinha que ser feita muito lentamente. Devo dizer que o Armínio Fraga me telefonou dos Estados Unidos e conversou sem saber e sem que eu o informasse de que íamos mexer no câmbio. Viu um artigo do [Mário Henrique] Simonsen dizendo que tínhamos que ampliar a banda, mas fazê-lo lentamente. Numa carta ao Serra, [João] Sayad também diz que tem que mudar, mas fala igualmente numa mudança lenta.

No início eu estava mais tendente à posição do Pérsio. O Malan, com seu espírito conciliador, fez uma proposta intermediária. O Serra queria que fosse como o Pérsio: depressa. Ele tem uma grande pressão íntima para chegar, no fundo, a 1 por 1 na taxa de câmbio, que é o que o Pérsio também quer.

Depois de muita discussão, o Pérsio, com sua capacidade tremenda de imaginação e de conciliação, fez uma proposta que achei boa: "Vamos acelerar". Nessa reunião o Gustavo defendeu uma visão bem mais moderada, dizendo que tínhamos que mudar rapidamente embora por faixas, as quais ele chamou de deslizantes, faixas que "glissam", na linguagem musical do Pérsio. Nessa mudança por faixas, Gustavo acha que podia, lá por maio, chegar a algo semelhante a 0,92. No fim, vai se apressar e não será "glissante", será uma faixa mais larga.

Ninguém vai perceber quando se chegar a ela, porque será em zigue-zague, para evitar especulação de câmbio, pois maledicentemente se diz, aqui e ali, que há quem tenha informações privilegiadas. Estão pensando no Banco Matrix por causa do Beto Mendonça e do Lara Resende. Na verdade, eles deduzem o que vai acontecer porque têm informações intelectuais, não é que haja passagem de informação. Mas, de qualquer maneira, temos que ser muito cuidadosos. Vamos fazer um zigue-zague para deixar todo mundo meio perdido, mas já está claro qual é a meta. Isso começará no dia 6 de março.

Ontem chequei tudo de novo com Pérsio. Ele disse que não queria forçar o Gustavo, que tinha razões técnicas, porque quem vai manejar isso é ele. O Gustavo me trouxe uns papers interessantes que ele e o Chico Lopes tinham escrito, depois também outro paper escrito pelo Pérsio. Gustavo já me havia dito que, se houvesse uma possibilidade de não haver uma mudança radical e a gente ficasse queimado, ele poderia ser deslocado para a área monetária, onde acha que tem muito que fazer, enquanto na área cambial as coisas já estavam feitas.

Transmiti isso ao Pérsio, que já sabia mais ou menos. Ontem ele me disse que, aparentemente, o Gustavo já não está tão entusiasmado assim em passar para a área monetária. Acho que mais cedo ou mais tarde vai ter que haver isso. Com um problema: eles indicaram para a posição da direção de câmbio o Candinho Bracher, cujo pai tem um banco e esteve ligado na operação. Ainda ontem falei com o Serra sobre esse assunto, com Pérsio também. Embora eu não tenha nenhuma desconfiança do Candinho, que nem conheço, não estou convencido de que não possa haver aí um ponto de crítica.

Foram publicadas as medidas de contenção de consumo, com destaque para o objetivo de pôr um freio no superconsumo, especialmente na área automobilística. Não houve uma reação mais forte.

Na sexta-feira vamos tomar outras medidas, sobretudo em relação à privatização. Insistem muito em colocar na lista a Vale do Rio Doce. A ideia é preparar um modelo de privatização. Talvez eu concorde, porque dará um novo ânimo, mas é preciso ver tudo bem direitinho. Não tenho a mesma comichão em favor da privatização na Vale que vejo em vários outros setores e no próprio governo. Quero me convencer melhor, não que tenha alguma reação antiprivatista, mas porque ela é um instrumento muito grande de coordenação de políticas econômicas, se bem usado. O Tasso me chamou atenção para isso. Vamos ver com calma.

Fiquei muito preocupado ao ler o editorial do *Jornal do Brasil* sobre as concessões, no qual parece que estamos substituindo privatização por concessões. Acho que isso é fruto de declarações reiteradas do Sérgio Motta, que está alcançando grande popularidade e agindo com bastante competência no caso de profissionalizar o setor telefônico mas que tem visão a respeito de tudo e quase sempre quer falar em meu nome. E tem-se a impressão de que está com uma visão que afasta as privatizações em benefício das concessões. Já falei com ele sobre o tema, disse que é preciso moderar para não passar uma ideia equivocada. Também não gosto dessas declarações que acabam mexendo com a Bolsa e, mais tarde, alguém vai imaginar que foram feitas porque houve interesse. Não houve, mas vão pensar, então essa questão me preocupa um pouco. No dia 6 de março, nós teremos uma posição mais firme sobre privatização para deixar claro que o governo continua também na linha das privatizações.

Nessa semana o Ibope fez uma pesquisa, que o *Jornal Nacional* divulgou, mostrando que o governo está numa posição muito confortável. A população apoia o governo, apoia o presidente, 66% das pessoas apoiam as medidas, têm confiança no Brasil, não gostaram do veto ao salário mínimo mas entenderam que ele era necessário, enfim, as coisas vão tomando o seu rumo.

Continuam os problemas na área de comunicações. Roberto Muylaert me procurou, praticamente disse que não tinha jeito, que ia embora, que o desenho da estrutura de comunicação social está malfeito, no que eu concordo. Ontem voltou a falar comigo, e eu disse: "Roberto, eu vou para o Chile na semana de Carnaval, você pode mandar uma explicação sobre isso tudo, eu mudo a medida provisória, acabo com a Secretaria de Comunicação Social, você fica no ar, fica uma coisa desagradável, pode parecer que houve uma perda de prestígio seu".

Nesse momento percebi que ele quer mesmo é ficar. Vamos ver se este mês a coisa se encaminha. A verdade é que estamos sem nenhum plano de comunicação. Comunicação, quem faz sou eu ou um ministro, e isso vai mal. A situação precisa ser corrigida para haver uma maior coordenação, embora eu não seja um fanático da comunicação. Acho que, quando a política está certa, a gente acaba tendo êxito e a comunicação vem atrás, porque a própria mídia a faz. Não adianta querer comprar o que quer que seja para melhorá-la, não funciona. Sou contra.

Na área da agricultura, não tive tempo de ver a última medida tomada pelo Conselho Monetário na semana, mas temos que resolver a questão da TR e sobretudo definir as linhas de financiamento. A safra vai ultrapassar, pelo menos na previsão, 80 milhões de toneladas, recorde histórico absoluto. Isso provocará uma quebra de preço, o que é bom para a inflação mas ruim para os agricultores, talvez faça pressão sobre o Tesouro. E houve umas loucuras de importar milho que acho que temos que parar. Já dei ordens para isso, espero que tenham tomado as medidas para deter esses liberalismos desnecessários.

Discutimos de novo a reforma tributária e a da Previdência. Esta última, o Stephanes está levando muito bem. É radical, haverá bastante gritaria, mas tem que ser feita. Como já disse, não beneficia o meu governo. Tivemos ontem uma longa discussão, as coisas já estão amarradas, falta ver com ele como é que eu saio da história do salário mínimo, talvez anuncie no Carnaval ou o chamo aqui para nós dois debatermos.

Em seguida tivemos a questão da reforma tributária, que ainda continua crua. No fundo, é uma briga entre a equipe da Fazenda e a do Planejamento. Houve uma reunião ontem sem a presença do Malan. Chamei a equipe toda, Everardo e Pedro Parente, Serra, Fernando Rezende, Eduardo Jorge, Clóvis e Pérsio. Depois da reunião disse ao Pérsio que não estou vendo muito claro o que fazer com o ICMS, o que é que se ganha. Me parece que estamos um pouco perdidos em tecnicalidades e o Serra muito agressivo com o Pedro Parente.

Serra tem ideias claras sobre o tema, eu não achei tão fácil assim essa mudança de junção do IPI com ICMS, a divisão do bolo... Acho que tomaremos medidas, sim, mas não sei se há um proveito real nessa matéria. Todas as tentativas que faço de incluir o IPMF* como antecipação do imposto de renda caem porque Serra tem um argumento, que é verdadeiro, de que isto implica cobrar imposto de renda de

---

*Imposto Provisório sobre Movimentação Financeira, precursor da CPMF, instituído em 1993 e extinto no ano seguinte.

quem não tem renda. Como o pessoal não vai devolver, vamos cobrar injustamente essa antecipação. Enfim, nenhuma medida de fundo.

Houve uma mudança importante de racionalização, mas no fundo a Receita, o Serra, o Dornelles, todos acham que não se deve mexer tanto assim no sistema tributário. Por quê? Porque os contribuintes querem pagar menos, o que é difícil. O Custo Brasil, que tanto se alardeia, não é tão alto, é alto na folha de pagamento, todo mundo se importa com a folha de salário. Os estados e municípios querem ganhar mais, a União também. Tudo isso é muito embrulhado, estamos cozinhando essas reformas.

Tive ontem uma conversa com o ministro Bresser. Não gostei de uma matéria que vi no jornal sobre o aumento dos DAS,* que eu ainda não tinha aprovado. Reclamei. O Clóvis já havia dado uma bronca no Bresser, que não tem jeito. Ele fala para a imprensa, tem ideias generosas, boas, mas não vê as consequências políticas. Essa questão tem que ser ajustada. Estou forçando para cortar o número grande de DAS, para poder justificar perante a opinião pública que não estamos aumentando os gastos embora estejamos aumentando os salários.

Eu preferia que houvesse, primeiro, uma reclassificação dos DAS, porque há muita injustiça, há muita gente que não merece e vai ganhar bastante e outros que merecem mas vão ganhar menos. Vamos aumentar consideravelmente os DAS, que, como não eram grandes, eram distribuídos um pouco a esmo. Gostaria de ver isso com mais racionalidade.

Fora disso, Equador e Peru de novo. O presidente do Equador** me telefonou esta semana dizendo que o [Alberto] Fujimori está batendo de frente, que eles tinham matado catorze pessoas, os nossos observadores também reclamaram, enfim, uma confusão permanente, acho que é jogada eleitoral. Fujimori é frio, bastante hábil, enquanto o presidente do Equador é um homem generoso, apaixonado naturalmente por sua causa. Eu, de coração, acho que ficaria com o Equador, mas o protocolo do Rio de Janeiro, que nos tornou garantes, não nos deixa atuar senão como árbitros. Temos que estar aí o tempo todo fazendo de conta e evitando que as coisas se agravem.

Houve uma reunião de preparativos para a viagem aos Estados Unidos. Parece que tudo corre bem por lá. Tenho simpatia pelo Clinton, parece que é recíproca, vamos ver o que acontece.

Tive dificuldades de dizer não à viagem a Copenhague para a Conferência da ONU sobre Desenvolvimento Social. O embaixador [Francisco] Alvim insistiu bastante, falou com a Ruth, o Boutros-Ghali*** me ligou, a própria Ruth gostaria muito que eu fosse, mas o Itamaraty considera que será mais uma reunião das Nações

---

*Cargos de Direção e Assessoramento Superior, ou cargos comissionados.
**Sixto Durán-Ballén.
***Secretário-geral da ONU.

Unidas sem a repercussão da ECO-92 no Rio. Os grandes líderes mundiais não estarão lá e eu teria apenas sete minutos para falar. O meu problema é que tenho muita coisa que fazer aqui. Em todo caso, não estou ainda seguro se foi boa essa decisão de não ir.

A inflação continua caindo, ainda há alguma preocupação com as contas, com o câmbio, isso aparece nos jornais. Itamar demonstra uma certa preocupação com o Sérgio Motta. Este e o Luiz Carlos Bresser ficam disputando quem fala mais e quem, às vezes, fala mais bobagem. O Sérgio, que diz muita coisa boa, que infundiu um novo espírito na área de telecomunicações, podia ter se poupado de dar uma petelecada no [Djalma] Morais desnecessariamente. Ao baratear o custo da eletricidade, o próprio Sérgio fez na Eletropaulo a mesma coisa, demagógica, que o Itamar fez ao reduzir o custo da chamada telefônica ("chamada social").

26 DE FEVEREIRO A 16 DE MARÇO DE 1995

Itamar, telecomunicações, bancos. Viagem ao Chile, banda cambial

Hoje é dia 26 de fevereiro, domingo de Carnaval. Acabo de vir da piscina, com a Ruth, a Júlia e o Pedro.* Dia de sol tremendo, Bia e Duda foram para o Rio de Janeiro para o Carnaval, voltam só amanhã à tarde. A Luciana** não apareceu, está no limite, a ver se nasce ou não nasce a criança, o que já impediu que a Ruth fosse ao Chile comigo. Irei sozinho para lá e para o Uruguai. Estou preocupado com o nascimento da filha da Luciana, mas o que posso fazer?

Retomando, a relação entre Itamar, seus amigos e nosso governo é uma questão complicada. Tenho tido um cuidado imenso com ele, porque foi sempre correto comigo. Convidei-o para ser embaixador em Portugal. Ele se entusiasmou. A ideia me veio — essa é incrível! — pela boca de Antônio Carlos Magalhães, com quem Itamar havia falado. Depois verifiquei que isso era verdadeiro. Embora eu nunca tivesse imaginado que o Itamar quisesse sair do Brasil, ele quer, pelo menos queria, acho que ainda quer, e eu o convidei. Seus amigos, a Ruth Hargreaves,*** que tem sido uma pessoa muito correta, com nós dois, e também o Zé Aparecido [José Aparecido de Oliveira] sabem que o melhor para Itamar, para mim, para o Brasil é que ele passe uma temporada em Portugal por causa das intrigas que acontecem por aqui. Os jornais estão loucos para agravar as relações entre mim e ele. É difícil porque temos hoje amizade e respeito um pelo outro, mas nossos seguidores às vezes se entusiasmam.

A única pessoa pela qual Itamar me pediu foi o Djalma Morais. Eu falei, como já registrei, com o Mário Covas. Este não gostou, mas entendeu. Agora inventaram outra história, que o Morais devia ser presidente da Companhia Vale do Rio Doce, isso me foi dito por ele próprio. Parece também que o Régis [Campos], que é amigo do Morais, lá de Minas, teria confirmado essa versão ao Sérgio Motta. O Régis disse ao Eduardo Azeredo, que não ficou feliz, mas parece que depois ele recebeu um telefonema da Ruth Hargreaves dizendo que não era o Itamar quem queria, e sim o Morais. Estou aguardando uma conversa com o Itamar para passar isso a limpo.

Na verdade, noto que o Sérgio quer tudo menos que o Morais vá para a Telesp. Por uma razão óbvia: realmente o Morais tomou decisões um tanto, eu não diria

---

*Netos de Fernando Henrique, filhos de Beatriz Cardoso (Bia) e David Zylbersztajn (Duda).
**Luciana Cardoso, filha de Fernando Henrique.
***Secretária particular de Itamar Franco.

irresponsáveis, apressadas na área da telefônica e não quebrou as velhas tradições do sistema anterior. Itamar brecou, mas agora, no finalzinho, aparentemente houve algumas concessões. Nada grave, mas o suficiente para a imprensa fazer uma barulheira infernal. Essa semana a Ruth Hargreaves me telefonou dizendo que o Itamar estava muito azedado com a história, em especial por causa da questão do Sérgio Motta.

Mandei o porta-voz dizer que a Ruth Hargreaves tinha participado do governo Itamar e que não havia nenhuma novidade, como de fato não há, pode ter havido aí um pouco mais de transigência para com algum interesse menor. Nem sei quem é esse afilhado de Zé Aparecido, não sei que ligação ele* tem com o Morais, mas ficou uma coisa meio chata e o Itamar aproveitou. Acho que foi o Zé de Castro [José de Castro Ferreira] quem escreveu uma carta bem-feita ao Sérgio, colocando-se, ele e o Morais, à disposição para explicar o que fosse necessário. Sérgio já disse que não tem nenhuma ilegalidade, mas enfim... Não é questão de ilegalidade, é questão do critério pelo qual as coisas são feitas.

Para resumir, a Ruth Hargreaves me telefonou de novo dizendo que o Itamar ficou agradecido antes mesmo de saber dessa coisa do porta-voz, mas que não iria ao Uruguai. O Itamar, sempre que pode, tem um pretexto para não viajar, mas é claro que os amigos devem ter lhe dito que ir ao Uruguai agora seria deixá-los ao abandono. Acho que ele, enquanto o Congresso não aprovar a pensão dos ex-presidentes, não vai tomar a decisão de ir para Portugal. Soube, também pela Ruth Hargreaves, que está muito nervoso e abatido esses últimos dias, resultado: providenciaram para que a June Drummond fosse para Juiz de Fora. A verdade é que seu grupo de amigos o trata como se ele fosse uma criança mimada e birrenta, o que ele às vezes é. Mas não se pode tratar um homem público assim. É preciso que cada um enfrente as suas dificuldades.

Já mencionei aqui muitas vezes o respeito que tenho pelo Itamar. O problema é que ele não entende muito do processo econômico e tem, é natural, uma vontade de ir mais depressa do que é possível para acertar a situação, sobretudo a dos grupos sociais. A conta que nos foi passada em 1995 é de mais ou menos 10 bilhões de reais, por causa da isonomia, do IPC-r — índice de preços que serve de base para o reajuste dos funcionários —, dos quinze reais de aumento de reposição do salário mínimo. Mas não é uma conta que não se possa pagar, porque as medidas foram tomadas com o propósito de melhorar situações que, mais cedo ou mais tarde, teriam que ser melhoradas.

O Hargreaves está no Correio, por convite meu, como já disse. Me dizem que o Zé de Castro achava que ninguém da entourage do Itamar devia aceitar nada, não

---

* Luiz Mário de Pádua. A imprensa denunciou a concessão de centenas de licenças de serviço de pager e transmissão televisiva nos últimos dias do governo Itamar, inclusive à empresa de Luiz Mário de Pádua, ligado a José Aparecido.

entendi bem a razão. O próprio Zé não quis nada, mas não vejo por que a guerra. De minha parte não há o menor ânimo de guerrear. Tanto assim que tenho vários ex-colaboradores de Itamar que colaboraram comigo também. A maior parte do governo atual tem raiz no governo passado. É um pouco tempestade em copo d'água.

Paro agora e aproveito o domingo para botar os meus papéis em ordem, ler um pouco sobre as áreas econômicas e também um pouco de jornais, que há muito tempo não tenho vagar para ler.

Hoje corri os olhos pelo jornal e vi uma coluna do Elio Gaspari. Sempre com aquela visão de jornalista, achando que o preço da soja equivalente ao produto dará um prejuízo de 700 milhões de dólares ao Banco do Brasil e que isso foi feito em época eleitoral para beneficiar a minha campanha. Todas as vezes que me manifestei, fui contra. Como ministro me opus, depois de ministro me opus, não sei de quem é a responsabilidade, não sei se foi na época do Ricupero, talvez, isso deve ter sido feito mais por falta de competência do que por qualquer outra coisa. É um absurdo, sobretudo preço mínimo para a soja, não tem nenhum sentido e não tem nada a ver com a campanha eleitoral. Na verdade, trata-se de um problema macro. Vamos ter um subsídio forte com essa questão do preço mínimo da equivalência do produto.

Ainda na sexta-feira, quando conversava com o Pérsio, ele me explicou o que já me havia dito por telefone com aquela dissimulação que se usa nas chamadas entre o Banco Central e a Presidência para evitar grampos: que um banco está numa situação muito difícil e devia ter sido objeto de intervenção através de uma medida de liquidação extrajudicial. O Pérsio está apertado porque José Sarney e Saulo Ramos* são patrocinadores desse banco, o São Jorge. Ele já está sem limite para poder atender, vai falar com o advogado e dizer que não dá. Isso é terrível, porque as pessoas, mesmo diante da realidade, das evidências de que as coisas não podem continuar como foram no passado, insistem. E o Pérsio, que justamente teve um primeiro probleminha aí com Sarney, se vê na contingência de ter que enfrentá-lo. Terá o meu acordo. Nessa matéria a gente não deve hesitar.

HOJE É DOMINGO, DIA 5 DE MARÇO. Cheguei ontem do Chile. Farei apenas um registro rápido desta viagem e das questões de câmbio.

Antes de ir ao Chile, fui ao Uruguai, viagem tranquila, todo mundo me recebendo muito bem e até, para minha surpresa, na embaixada uma movimentação bastante intensa de chefes de Estado querendo falar comigo. Veio o presidente do Con-

---

* Jurista, ex-ministro da Justiça (governo Sarney).

gresso espanhol, sr. [Félix] Pons, e a ele e a outros mais que vieram falei em primeiro lugar sobre a questão internacional, a instabilidade financeira que tentamos mostrar ser um problema que transcende à América Latina e que se deve encarar como um defeito do sistema internacional de sustentação dos Bancos Centrais e de liquidez desse sistema. Se não houver uma rede de defesa, nem nós nem país algum teremos como fazer face à situação que existe hoje em relação aos computadores. O caso do Banco Barings,* na Inglaterra, embora não fosse de grande importância no momento em que aconteceu, mostra como, de repente, pode se desencadear um temporal.

O jantar no primeiro dia, oferecido pelo presidente [Luis Alberto] Lacalle, foi tenso. Antes de minha chegada, o presidente do Equador recusou a mão estendida de Alberto Fujimori. Éramos oito presidentes ali presentes. Muito difícil a situação. As senhoras estavam presentes também, ficamos disfarçando o tempo todo até chegarmos à mesa, onde a coisa ficou mais desanuviada. No final o Lacalle, com a vivacidade que tem, fez um discurso bonito, pediu a paz entre Equador e Peru. Respondi em nome de todos porque era o mais recentemente eleito. Ambiente agradável, fotografias, e fomos embora.

Antes de passar na casa do presidente Lacalle, estive com o presidente eleito [Julio] Sanguinetti em sua casa. Muita gentileza, já o conheço há vários anos. Encontrei-o bastante preocupado: com a Argentina, com o México e, sem me dizer, com o Brasil, porque, para o Uruguai, Argentina e Brasil são vitais. Mesma conversa, mesmo sentimento. Há um sentimento uníssono na América Latina, conversei também com o Menem na casa do Lacalle e ele tem a mesma preocupação. Todos estão com a ideia de que as nossas economias vão bem, mas vem um raio de fora que cai na nossa cabeça num dia de céu azul. No dia seguinte, solenidades, festas, aquela coisa um pouco cansativa mas que é normal na transmissão de posse, e à noite fomos para o Chile.

Ao chegarmos, deslumbramento. Todo o gabinete de Eduardo Frei no aeroporto nos esperando, depois fomos ao pódio, o presidente Frei e eu. Falas emocionadas. Ele disse que sou um compatriota seu e eu disse que minha segunda pátria é o Chile. Isso foi apenas um prenúncio do que aconteceria nos dias seguintes, extraordinários. Me acompanhavam Weffort e Paulo Renato. Ambos viveram no Chile no exílio, Paulo Renato por nove anos, e seus filhos nasceram lá. Infelizmente o Serra, que devia ter ido, não foi. Inventou uma viagem sem sentido para a costa do Pacífico dos Estados Unidos. Acho que o Serra não se sente bem vendo tantas homenagens que não sejam a ele, mas de qualquer maneira devia ter ido, porque também faz parte dessa comunidade com muitas relações naquele país. Nos acompanharam ainda Almino Affonso,** Artur da Távola, ou seja, Paulo Alberto Monteiro

---

* Em fevereiro de 1995, perdas financeiras decorrentes de fraudes em investimentos especulativos levaram o Barings à falência.

** Deputado federal (PSDB-SP).

de Barros, mais o Fernando Gasparian, que é secretário do Parlatino, Parlamento Latino-Americano, e o Benito Gama, que é presidente da Comissão Brasil-Chile.

O Chile foi extraordinário. Tive que fazer discursos em quantidade. O Itamaraty preparou dois, o resto fiz de improviso. Alguns realmente bons, sobretudo o da Cepal, do ponto de vista de uma sacudidela no sistema cepalino, a respeito do mesmo tema de sempre que me interessa, a reorganização econômico-financeira internacional. Diante de todo mundo da Cepal: Aníbal Pinto, Hernán Santa Cruz, com 88 anos, a Tencha Allende, o presidente Patricio Aylwin, uma coisa verdadeiramente comovedora, cem pessoas ou mais da mais alta importância na vida cultural daquele órgão e do Chile. Fui aplaudido quase como se fosse um cantor de ópera, durante alguns minutos em pé, até brinquei com Gerd Rosenthal, que é o secretário-geral da Cepal, dizendo que, se continuassem, eu seria obrigado a dar o bis da conferência.

Outro ponto marcante foi o jantar, na véspera do dia dessa conferência, com o presidente Frei no La Moneda, lindíssimo, muitas honras militares, muita alegria, meus velhos amigos todos presentes, até o Enzo Faletto,* que foi pelo menos à Cepal, embora não tenha ido aos outros lugares, com aquela sua mania de ficar casmurro. Brinquei com ele no discurso que fiz, dizendo que raramente na vida é possível a gente sentir tanto apoio, tanto entusiasmo, tanta alegria genuína. Quando cheguei ao Senado do Congresso do Chile, meu Deus, havia uns dez ou doze que tinham sido meus alunos, ou companheiros antigos nossos, uma beleza. O Gabriel Valdés,** um príncipe, nascido na casa que abrigava a embaixada e pertencia à sua avó, da família Errázurriz, mas um príncipe que tem visão aberta, democrática, de uma gentileza perfeita.

É difícil resumir o que foi essa visita ao Chile, não só no aspecto emocional, sentimental, como no aspecto prático. O Frei, sem dúvida alguma, quer um acordo com o Mercosul. Tem uma visão mais pragmática, também estava lá o Foxley,*** mas a verdade é que o Frei tem uma visão mais de integração com o Cone Sul. Os empresários chilenos estão igualmente se convencendo disso, me perguntam sobre a experiência brasileira, enfim, abrimos uma porta imensa para o Brasil.

Naturalmente, nossa imprensa registra só os faits divers, inclusive o episódio aborrecido de que o Paulo Henrique**** teria pegado carona para ir ao Uruguai, o que é verdadeiro. Ele não conseguiu passagens aéreas por causa do Carnaval e veio a Brasília, onde tomou o avião da segurança ou da precursora, que estava vazio. Nada de extraordinário, portanto, é só perseguição ao Paulo. Ainda disseram na *Veja* que fiquei constrangido com o fato de ele ter ido no avião. Não é verdade, muita gente

---

* Sociólogo chileno, coautor com Fernando Henrique de *Dependência e desenvolvimento na América Latina*.
** Opositor da ditadura de Pinochet e presidente do Senado chileno.
*** Alejandro Foxley, ex-ministro da Fazenda chileno.
**** Paulo Henrique Cardoso, filho de Fernando Henrique.

viaja nesses aviões quando voam vazios, sem gastar um tostão do dinheiro público. Trata-se de um falso moralismo da *Veja*, que vive pedindo canais e mais canais de televisão ao governo, de alta frequência, e, ao mesmo tempo, espicaça sem parar para jogar todo mundo na vala comum. A gente tem que ter o pelo duro e ir em frente.

Outro assunto importante foi a questão do câmbio. Os jornalistas tentaram em mais de um momento me envolver como se estivesse dizendo que ia haver, a partir de junho, uma mudança no câmbio. O *Estado de S. Paulo* escreveu um editorial contra. Não falei nada disso, absolutamente não toquei no assunto. Eles perguntaram se eu ia mudar em junho, disse: "Não! Não vou mudar. Nossa política tem amplitude", repeti as frases que o Malan tinha dito em Washington, "já estamos usando uma banda informal e podemos ajustar tranquilamente". Mal sabem eles que amanhã, segunda-feira, isso vai acontecer formalmente. Tudo que disse de uma maneira perfeitamente calma, que não provocou incerteza, a não ser a especulação de ontem aqui no Brasil, na verdade será dito ao país com tranquilidade, porque de fato houve uma decisão nossa no sentido de que temos que ajustar a taxa de câmbio.

Fui informado na sexta-feira pelo nosso embaixador de Buenos Aires, o Marcos Azambuja, que falou com o Lampreia, de que a situação na Argentina estava aflita. E que o próprio Cavallo, que nunca perdia a calma, estava aflito e tinha telefonado para Washington, para o secretário de Tesouro, [Larry] Summers, pedindo socorro, porque estava com medo da falta de liquidez no sistema argentino.

Frei e eu respondemos com tranquilidade às perguntas sobre a matéria, mas a imprensa fica aí, martelando, querendo de toda maneira acentuar traços que levam à catástrofe, ainda que esta já esteja desenhada para alguns países. O Brasil e o Chile não têm por que entrar nessa dança. Mesmo a Argentina, que não tem tantas razões, está entrando.

Ao chegar de volta, conheci minha neta Isabel. Já tinha visto uma fotografia bonita dela com a mãe nos jornais chilenos e brasileiros. Fui direto para a casa da Luciana, a menina realmente é uma gracinha. Passei este domingo conversando com o Paulo Renato sobre a questão da modificação que ele fará do Conselho Federal de Educação e, em especial, sobre uma modificação que introduziu. Exigirá avaliação dos diplomas. Isso vai ser uma confusão danada, necessária, que vai produzir uma grande mudança no modo como se encara a questão da concessão de autorização para as faculdades funcionarem. Se mais de 50% dos alunos forem reprovados, vamos retirar a licença dessas escolas. Não sei se será aprovado, se for, é uma revolução.

O Paulo, como sempre, com boa disposição, cheio de ideias, generoso. Comigo e com a Ruth fomos até as cinco horas da tarde. Agora espero a chegada da equipe econômica, Pedro Malan, Pérsio, Serra, Gustavo, virá o Clóvis também, não sei se o Bacha vem. Vamos rever um texto preparado pelo Serra, que acabei de ler, e as decisões para que sejam anunciadas amanhã. Aumentaremos a banda de variação da taxa de câmbio.

O Pérsio me relatou hoje por telefone uma ideia muito interessante. Ele vai anunciar um leilão, a futuro, para venda até maio, do câmbio a 0,93, e nós vamos anunciar amanhã que a variação será feita entre 0,85 ou 0,86, até 90. E pouco a pouco vamos deslizar sem chegar à paridade. Anunciaremos também um conjunto de medidas duras de contenção do consumo. Isso foi o resultado de dois meses de discussão sobre o que fazer e o que não fazer.

Nós nos atrasamos um tanto. Acho que já devíamos ter feito isso há mais tempo, e teríamos feito com menos angústia, porque a situação do México agora e da Argentina, sem dúvida nenhuma, introduzem uma variável que pode perturbar o curso das coisas. Não foi possível fazer antes pelas resistências internas da equipe. Eu não queria perder o Gustavo, e até que houvesse uma convergência levou tempo. Isso tudo é muito delicado, porque um erro pode romper o equilíbrio dos preços e trazer de volta o fantasma inflacionário, que é tudo que nós não queremos. De todo modo, vamos ver esta noite. Estamos confiantes. O Pérsio é muito imaginativo e acredito que, se nos comunicarmos bem com a opinião pública amanhã, se não houver disputa entre os ministros na fofoca de quem passa o que para a imprensa, teremos a possibilidade de dar uma volta por cima, tomando as medidas necessárias e, ao mesmo tempo, não correndo os riscos de grandes comoções na área financeira. Estou ansioso para discutir com eles hoje e, sobretudo, para ver o resultado do anúncio amanhã.

Retomo a gravação no sábado seguinte. O fato é que a semana que passou, a despeito das minhas torcidas no domingo, para que não houvesse fofocas, houvesse unidade e tudo corresse bem, foi a pior desde que estou no governo.

Vamos ver se consigo reconstituir um pouco passo a passo.

Na segunda-feira pela manhã recebi as informações e fiquei olhando na telinha do computador: as coisas estavam indo razoavelmente bem. O comunicado do Banco Central custou a aparecer, mas finalmente apareceu, e o dia transcorreu calmo, até a tarde. Havia mesmo uma certa euforia. As informações me chegavam, transmitidas por Clóvis, Pérsio, Pedro, de que os mercados reagiam bem, havia uma grande satisfação com a maneira como o Banco tinha atuado.

No fim da tarde me dediquei a uma difícil reunião com o Conselho Político, com os presidentes de partidos e com os líderes dos diversos partidos que, em tese, apoiam o governo, cerca de vinte pessoas. Discutimos as mudanças sobre a Previdência Social a serem mandadas ao Congresso. Fiz uma exposição dizendo que a responsabilidade é do Congresso, que essas medidas não afetarão o meu governo, é uma coisa para o país. Ou seja, aquela conversa para motivar os parlamentares que ficam olhando desconfiados para saber realmente qual será a posição do governo em cada matéria. Jobim expôs com certa clareza. Houve debate. O Jader Barbalho fez objeções, algumas até razoáveis, com aquele jeito dele, aquele olhar de águia que ele tem, mas construtivas. Exortei os partidos à responsabilidade, disse que essas mudanças não são minhas, mas deles.

Notei a cara amarrada do Pimenta e também a do Luís Henrique, presidente do PMDB. Estavam obviamente amuados, mas eu não sabia com quê. Os líderes do governo, Luís Carlos Santos, Élcio Álvares e o Rigotto, foram à minha sala. Demoraram na conversa, já tinham afinado os pontos entre si. Discutimos quem seriam os vice-líderes, e o Élcio me deu os nomes a serem convidados. Convidei o Artur da Távola, que aceitou, posteriormente o [José] Fogaça*, que não se mostrou disposto a aceitar a posição de vice-líder, embora continuasse a ajudar o governo.

Depois que eles foram embora, chegaram as primeiras informações de que aquele mar de rosas da segunda-feira era um pouco ilusório. Teria havido uma dificuldade, exatamente o que eu temia na véspera, uma falta de comunicação correta para os dealers e mesmo entre os diretores do Banco Central, o Pérsio e o Gustavo.

Na terça-feira fico sabendo mais detalhes. Houve de fato um pega para capar, dificuldades imensas. O Pérsio me disse que tinha sido obrigado a ir pessoalmente à mesa de operações, outros me disseram que o Pérsio é que informou, nas entrevistas da segunda, sobretudo à Lilian Witte Fibe, que a banda seria uma banda que deslizaria, dando, portanto, a sensação de que haveria possibilidade de se encostar logo no 0,98 com o dólar.

Pela manhã começou uma forte onda de especulação que continuou durante todo o dia. Nesse meio-tempo, o Clóvis passou a atuar com mais energia, participando das reuniões, e o Serra também, entre eles, no Banco Central, à noite, para ver se chegavam a alguma solução. Nada. Nenhuma solução mais consensual. Cada dia diziam que iam fazer mas não faziam, a discussão antiga entre o Pérsio e o Gustavo.

Quarta-feira o Congresso tem uma votação absolutamente desastrada no momento em que eu estava numa reunião com os governadores da Amazônia, que tinham vindo me visitar para definirmos um programa de viagens minhas à região. Quando estamos nessa conversa, toca o telefone, e o Pedro Malan me diz que está em votação no Senado a lei relativa à regulamentação da taxa de juros em torno dos 12% ao ano, aquele velho anseio do Fernando Gasparian. Imediatamente chamo o Eduardo Jorge, que fala com o nosso pessoal no Congresso e com o Eduardo Graeff, volta e me diz: "Tudo sob controle, eles vão talvez botar em votação porque acham que não passa e, ao não passar, está encerrada esta questão no Senado. Precisa de 41 ou 42 votos positivos para ser aprovado, o Élcio Álvares acha que isso está

---

* Senador (PMDB-RS).

sob controle". Muito bem. Descanso. Termina a reunião, vem a notícia: a regulamentação foi aprovada no Senado por 42 votos, entre os quais dois do PSDB, oito, creio, do PFL e dezoito do PMDB.

O presidente Sarney, presidente do Senado, colocou em pauta e eu não soube. Nem ele me avisou, nem me avisou o nosso pessoal, que devia ter avisado. Todo mundo minimizou o fato e os senadores, naturalmente, não se preocuparam de saber qual é o efeito disso para o país. Cada um pensou em si, muitos têm dívidas vultosas e acreditam, um pouco ingenuamente, que é um protesto contra as altas taxas de juros. Ou seja, o dia terminou pesado, mais ainda a situação lá no Banco Central, com uma forte pressão especulativa em cima do real.

Na manhã de quinta-feira estava claro que a situação era extremamente grave. Tão grave que, por exemplo, uma pessoa desligada de tudo isso como o João Saad, da Bandeirantes, me telefona e diz: "Que posso fazer? Quero te ajudar, o pessoal está mandando o dinheiro embora!". Isso é só um sinal de como as coisas se deterioravam. Claro que nesse meio-tempo há uma porção de outras discussões, mas nada teve a relevância da violenta pressão especulativa contra o real* nem me deu tanta preocupação.

Delfim, com a esperteza habitual, disse que havia vazamento.** Mentira! Até porque a decisão foi tomada no domingo à noite, aqui em casa, e o Pérsio Arida telefonou para o Cavallo à tarde, com autorização minha, para dizer que haveria uma mudança, mas não entrou em detalhes. Quando a mudança foi definida, todo mundo ficou sabendo, na manhã de segunda. No domingo à noite podiam saber à vontade o que quer que fosse, não havia mais como operar no mercado.

Entretanto, essa insinuação malévola do Delfim — somada ao fato de que, na mesa de operações do Banco Central, ao que parece operadores informaram diferentemente a dealers, dando a alguns deles a possibilidade de imaginar um determinado curso de ação do governo — gerou uma imensa confusão no mercado. Creio que houve mesmo que recuar no caso específico do Banco Safra, que ficou numa posição extremamente difícil, isto é absolutamente secreto, por causa de uma informação não de má-fé mas equivocada, mal passada. Tudo isso deriva, no fundo, da tensão entre o Pérsio e o Gustavo, o que deve ter se traduzido num certo nervosismo na mesa de operações.

Retomando o fio da meada, na quinta-feira era claro que ou o governo fazia alguma coisa dura ou efetivamente o Plano Real estava ameaçado. As notícias internacio-

---

* Em decorrência de ataques especulativos ao real, relacionados aos efeitos da crise mexicana, em março de 1995 o governo aumentou as taxas de juros e desvalorizou o real. A cotação do dólar saiu de R$ 0,85 no fim de fevereiro para R$ 0,89 no fim de março.
** O deputado federal Delfim Netto (PPR-SP) acusara integrantes do governo de vazar informações privilegiadas sobre o câmbio ao mercado financeiro às vésperas da desvalorização do real.

nais continuavam difíceis, México, Argentina, e pedi ao Clóvis que falasse com o Pedro Malan. Ele teve uma conversa clara com o Pedro. Disse que ele era o ministro da Fazenda e como tal tinha que assumir a responsabilidade das decisões e levar isso para diante.

À noite convocaram uma reunião no Banco Central. O Pérsio veio me ver às cinco e meia da tarde. Disse a ele: "Você é o presidente do Banco Central, tenho uma enorme estima pelo Gustavo, mas você tem que assumir a responsabilidade. Quero uma decisão clara e unívoca, e quero que hoje à noite, quando vocês tiverem a decisão, me telefone para o Alvorada, quero saber para ficar mais tranquilo. Tem que ser hoje. De hoje não passa porque na quinta-feira houve 32 leilões do Banco para tentar impedir que houvesse realmente uma degringolada do real. Isso é, portanto, uma situação *inaceitável*".

Eu já tinha resolvido informar ao país que devíamos passar o salário mínimo para cem reais no dia 1º de maio. Para tanto, mandaríamos uma lei, que já está pronta, aumentando os recursos da Previdência Social. Eu mesmo dei a notícia pela televisão, com pouco impacto porque ninguém mais estava preocupado com essa questão, a preocupação era com o câmbio. Queria deixar bem claro que estávamos atuando para resguardar da melhor maneira a Previdência e, ao mesmo tempo, assegurar a possibilidade desse aumento para esvaziar uma crítica persistente, chata, derivada da ignorância dos que imaginavam ser possível aumentar o salário mínimo sem ter recursos para a Previdência.

Este acabou sendo um episódio menor no contexto geral. O fato é que passamos a quinta-feira sob grande tensão.

Na sexta de manhã finalmente o Banco Central colocou na telinha a informação a respeito das novas medidas. Estas foram duras, no sentido de evitar especulações e facilitar a entrada de capital estrangeiro, diminuindo o IOF para o capital que viesse para cá, inclusive para as Bolsas. O anúncio de que a variação da faixa será de 0,88 a 0,93 e vai parar por aí tirou o fantasma do 0,98. Todos estavam jogando para ver se chegávamos até 0,98,* calculando mal o poder de fogo do Banco Central e aproveitando as brechas da má comunicação já referida. O Banco demorou a colocar isso na tela porque o Gustavo imaginou que, como o dólar estava mais fraco, ele podia obrigar os bancos a vender no mau momento para eles, e assim castigá-los, o que a curto prazo está certo mas, na verdade, não dá certo. É melhor ter uma política clara, senão a perda de confiança é muito grande. Não dá para fazer vingança desse tipo. É melhor colocar uma barreira contra a especulação. Quando enfim puseram na tela e isso ficou evidente, houve forte reação, as Bolsas subiram como nunca, 25% em São Paulo, o que mostra a fragilidade de todo esse mercado, o grande engano que é tudo isso. Mas é assim que se mede a chamada "confiança", e

---

*Para desvalorizar o real gradualmente, o governo adotou um regime de banda cambial, permitindo que a cotação do dólar flutuasse em patamares mais confortáveis para as contas públicas.

parece que o Banco Central conseguiu reconquistar uma posição de controle. Montado nessa imensa massa de divisas, não há problema nenhum, a não ser realmente especulação e mau manejo. No caso houve as duas coisas: mau manejo da nossa equipe e especulação desse pessoal que só quer ganhar mais dinheiro, mesmo que seja à custa de arrebentar o país e a moeda.

Aparentemente, dessa maneira a situação foi contornada e a sexta-feira foi um dia mais calmo. Liguei para o Menem, que também já tinha conseguido aumentar as Bolsas na Argentina. O mesmo ocorreu no México, o que deu uma certa aliviada na tensão.

Nesse meio-tempo, um novo problema. Pimenta da Veiga e Sérgio Motta se enfrentaram. Vinha vindo de longe, coisa absolutamente infantil. Creio já ter deixado registrado aqui que tentei fazer com que o Pimenta e o Sérgio se entendessem para que o Sérgio pudesse sair da secretaria-geral do PSDB e o Pimenta botasse o Saulo [Queiroz], que era quem ele queria. A reação foi maior, porque não era só o Sérgio. O Tasso também não quer, o Mário [Covas] queria prestigiar a Moema [São Thiago],* a bancada, cada um quer uma coisa, aquela pequenez da chamada "vida partidária", que é uma vida de pequenas vantagens, de pequenas glórias que não servem para ninguém e aborrecem todo mundo. Claro, nesse momento, isso era lido pela imprensa como "crise no PSDB". Crise de importância zero, porque o diretório não tem a menor relevância, a não ser para tratar de assuntos nacionais num ano eleitoral, e as próximas eleições são municipais.

Pimenta também é teimoso, tem a sua visão, deve ter se sentido desprestigiado. Não sabe que eu chamei o Sérgio Motta e o Tasso juntamente com o Serra para tentar fazê-los desistir da ideia do Sérgio. Não consegui porque o Tasso também não queria. Então vi que não tinha margem de manobra. Telefonei para o Mário Covas e ele me disse que achava que devia ser uma sucessão natural com a Moema. Enfim, a confusão era grande, mas naturalmente ninguém olhou para saber se eu passei um dia bom, um dia ruim. Tem câmbio, tem crise, tem Plano Real, cada um faz o seu pequeno mundo como se fosse um grande mundo. O Pimenta apresentou a renúncia na própria quinta-feira, criando forte mal-estar. Tentei falar com ele, não consegui.

Ontem, sexta-feira, ele me ligou dizendo que estava em Brasília mas que dissera para todo mundo que iria a Minas. Pedi que viesse aqui em casa amanhã. Ele deve vir, mas a imprensa disse que Pimenta se recusou a ir ao Palácio do Planalto. Não se recusou coisa nenhuma, nem consegui falar com ele.

O Sérgio também devia ter cedido. Acho tudo isso realmente patético, uma briga por nada, o Pimenta me ajuda e o Sérgio já tem um problema tão grande nas Comunicações que não precisaria estar se metendo nessas questiúnculas internas ao partido. Ainda que o Pimenta venha aqui, acho que esse é um episódio encerrado. Não tem mais como aproveitar sua ação dentro do partido, e não sei quem será o presidente. Provavelmente, o Paulo Alberto/Artur da Távola, excelente pessoa,

---

* Ex-deputada constituinte e uma das fundadoras do PSDB.

que me ajudou muito, quando fui candidato, a normalizar a bancada para que me apoiasse, mas há algumas restrições a ele, questões mais ideológicas, de estatismo, funcionários públicos.

Na noite de ontem encontrei-me com Sérgio Motta, Geraldo Walter, Eduardo Jorge e [Antonio] Lavareda. Era para fazer um plano de comunicação. Quem tem que fazer isso é o nosso Roberto Muylaert, mas não creio que ele pegue o pião pela unha: não tem nervo político. Nessa semana que entra vou resolver com Roberto o que se faz com tudo isso.

Hoje de manhã me telefonou o Pérsio dizendo que, embora a crise cambial tenha sido superada nesse momento, os problemas continuam, porque o Gustavo e ele não se entendem. Acho que o Pérsio tem razão, não dá mesmo para continuar. Me perguntou também sobre o Candinho, o filho do Fernão Bracher, perguntou se tinha condição de assumir o Banco Central. Eu disse que não. Embora eu não conheça o rapaz e todo mundo diga que seja bom, é ligado ao banco sobre o qual recaiu a suspeita (falsa) de que teria recebido do Pérsio informações acerca do câmbio. Nós já temos tantos problemas, que mais um é difícil. Ficou de arranjar outro nome. O Tasso já me havia dito que colocar o rapaz era inconveniente, muita gente me disse isso, não por ele, mas por suas ligações, porque era operador do banco.

Telefonei para o Pedro Malan, que vem almoçar conosco aqui. São dez para as duas, ainda não chegou. Vou conversar com ele sobre tudo isso, mas já percebi uma coisa: terei que voltar a me comportar como fazia no Ministério da Fazenda. Infelizmente, vamos ter que botar mais a cara para bater nessas questões. Vou precisar arbitrar mais, porque senão dá confusão. Não quero me superestimar, vamos ver se conseguimos que as coisas andem sobre os trilhos com mais facilidade, mas precisaremos ter algum sangue. Lamento que esse sangue talvez tenha que ser do Gustavo, pessoa que eu mais respeito, pessoa fantástica, mas o choque está bem grande e, se eu tirar o Pérsio, a situação complica muito mais. Acho que o Gustavo tem, mas os outros não percebem, as condições para ser o presidente do Banco Central, e a equipe toda começa a ficar em confusão.

Uma coisa é certa: vou precisar retomar um diálogo com a nação, porque não podemos deixar que essas coisas no fundo menores, essas brigas de câmbio, uma bobagem intelectual entre um e outro, ganhem tamanha importância. Nós temos que empolgar dando o caminho, esse país tem tudo para dar certo e as pessoas trabalham para que ele não dê. Sem falar na imprensa, que é um capítulo à parte.

HOJE É DOMINGO, são duas horas da tarde. Quero continuar a registrar o que aconteceu. Quando Pedro esteve ontem aqui para almoçar, discutimos longamente a questão cambial. Sua posição diverge da do Pérsio, que, como disse, tinha me telefonado dizendo que chegou a uma situação tal que, agora, era ou ele ou o Gustavo. E mais ainda: o Pérsio acha que isso tem que ser já, porque as repercussões de uma demora na decisão seriam muito negativas. Ele não se sente à vontade, porque acha que todas as decisões que toma são dificultadas pela posição teórica do Gustavo e, na prática, pelo controle sobre o Banco Central. Ele tem razão, acho que temos que decidir. Por outro lado, o Pedro ponderou que existem mais problemas envolvidos nisso tudo.

Em primeiro lugar, o próprio Pedro sempre foi muito ligado ao Gustavo e sua demissão pode respingar nele. Não me disse nesses termos, mas na realidade é isso. E há, pairando no ar, sempre a desconfiança de que estão passando notícias para a imprensa. Ele está convencido e é provável que tenha razão. O Pérsio acha que o Gustavo também informa. Na verdade, acho que todos informam. Direta ou indiretamente, as versões saem com muita rapidez. Não se tem o cuidado necessário para evitar que transpareça que existe uma divergência. Enquanto a divergência for teórica, muito bem. Em relação à questão do câmbio, a posição do Serra foi sempre a de que era necessária uma desvalorização, mas ele não contribuiu, dizendo como fazer, em que momento fazer.

Revendo o passado, acho que nós devíamos ter ido um pouco mais depressa do que o Pedro e o Gustavo queriam, podíamos ter chegado sem todo esse desgaste ao nível a que chegamos. O Armínio Fraga, num telefonema para mim de Nova York, embora não tenha entrado em detalhes, me sugeriu isso, todo mundo sugeria. Li hoje um artigo do Ibrahim Eris e ele acha que o câmbio a 0,92 está bem. Na verdade, se fosse pela linha do Pérsio e do Serra, íamos parar era em 1 por 1 mesmo, e já, o que teria efeitos inflacionários graves. Tudo isso é muito complicado.

Ontem prometi ao Pedro que voltaríamos a falar com Pérsio, e ele me disse que o Pérsio já lhe tinha dito que era ou o Gustavo ou ele. Hoje pela manhã, como desdobramento da questão do câmbio, o Pedro falou outra vez comigo, contou que o Pérsio lhe tinha dito de novo qual era a situação mas ele teria contra-atacado. Pérsio acabou de me ligar, repetindo tudo que eu já sabia. Está mais nervoso do que nunca. A *Veja* diz o que aconteceu e ele não fica bem no episódio. Do ponto de vista operacional, demonstrou que estava inquieto e sem segurança ao transmitir as informações.

Eu disse a ele que tudo bem, mas que temos que ver como fazer isso, porque tem que haver aí o que chamei do "fading out" da imagem do Gustavo. O ideal seria manter o Gustavo em algum outro posto, mas acho muito difícil. Do jeito que está, a situação continua tensa. Acredito que nessa semana não se deve mexer em nada, porque as consequências são bastante negativas. Nisso o Pedro tem toda a razão, e, como o Pérsio é sensível aos argumentos e é conciliador, acho que será possível ver se o mercado primeiro se acalma. Depois terei que agir e tomar uma decisão.

Ontem à noite Sérgio Motta me telefonou, falou meia hora, como é o seu hábito, repetiu muito e estava bem aflito, ou melhor, muito minucioso em relação à questão do PSDB, e mais. Ele almoçou com o Xico Graziano e insistiu bastante que o Eduardo Jorge estava se expondo, o pessoal na área política está reclamando que ele não deve se meter nessa área. No fundo, são as nomeações. Sérgio faz também críticas ao Clóvis, aquilo que já se sabe, trata-se de mais uma tentativa de ver se colocam um coordenador político. Tudo bem. Vamos examinar isso com muita calma para ver se é factível ou não, mas o Sérgio me disse algo que me preocupa. O Jorge Bornhausen teria dito a ele que é o momento de colocar o Marco Maciel como chefe da Casa Civil, que não adianta criar uma coordenadoria política, um ministro político. Ora, isso implicaria a leitura e a realidade de que o PFL estaria tomando conta da máquina administrativa na área política. Isso não pode ocorrer dessa forma, e não vai ocorrer.

Por outro lado, a questão do Pimenta continua do mesmo jeito. Ele me mandou um recado dizendo que talvez venha hoje à tarde. Só consegui falar com o Tasso por telefone. Conversei com Eduardo Azeredo. Acho que essa questão será resolvida do jeito que já está posta, Pimenta fica fora do baralho. Ele tem feito declarações que não devia fazer, pelo menos com relação ao governo e a mim, de falta de coordenação, tendo ele sido um dos coordenadores! Gosto do Pimenta e acho que poderíamos trabalhar bastante bem. Vamos ter que ver quem será o presidente do PSDB. E o PSDB vai ter que tomar jeito, que se ajustar para que possamos ter um partido capaz de dar sustentação ao governo, senão vamos ficar sempre apanhando, ora do PMDB ora do PFL, sem saída porque não temos uma base sólida.

HOJE É QUINTA-FEIRA, dia 16 ou 17 de março.* Retomo o fio da meada da gravação relativa a segunda, terça e quarta.

Na segunda, almocei com Gustavo Franco. Para minha surpresa, quando conversávamos junto com Clóvis, que tinha estado com o Pérsio, o Gustavo disse que este o procurara pouco antes de ele vir para cá e dissera que achava que os dois deviam permanecer no Banco. Clóvis ainda levantou a hipótese de ele talvez substituir o Pedro Parente e colocá-lo como diretor de Fiscalização do Banco Central. O Gustavo, me parece, prefere ficar no Banco mesmo, eu também. Acho que ele continua tendo uma visão bem clara sobre vários problemas e há muito a ser feito na área monetária.

Acabar com a ciranda financeira é compromisso nosso que até o momento não foi executado. Essa questão vai continuar dando volta e não sei o que vai acontecer. O Gustavo me disse que viajaria para os Estados Unidos, como de fato viajou, na terça à noite e só voltaria no fim de semana.

Na segunda-feira falei sobre a questão do PSDB com Eduardo Azeredo, que ficou de vir aqui com Tasso na terça. Às cinco da tarde nos encontramos e na conversa voltou à baila o assunto do coordenador político, tema que ficou rolando nos jornais. Como há essa enxurrada de nomeações, não nomeações, insatisfações, re-

---

*Quinta-feira, dia 16 de março.

forma constitucional, o Congresso não quer mais medidas provisórias, esquecendo que sem elas não se governa. Está de novo nesse mesmo clima que vi em 1988, quando começou a Constituinte.

Acho que hoje a questão central é outra. Não existe mais um valor que aglutine as forças políticas. Nem nacionalismo, nem socialismo, nem desenvolvimentismo, nada. A última agregação que houve, no ano passado, foi a chamada "bancada ruralista". Que, na verdade, são interesses mal disfarçados, de pequenos grupos que usam a maioria dos ruralistas para defender os seus interesses.

O Congresso não tem nada que o unifique em termos de valores. São interesses, mas muito fragmentados. Cada grupo, às vezes cada pessoa, tem interesses diversos. Isso em todos os partidos ou praticamente em todos, salvo talvez o PT, o PCdoB. O PCdoB é arcaico e o PT começa a sofrer também da fragmentação, embora se unifique no corporativismo, que é a única força, retrógrada mas que existe, e é presente, paradoxalmente, na esquerda.

Não tem nada que una o Congresso. Quando essa massa de deputados chega aqui a Brasília e não tem muito que fazer, pensa que vai participar e não tem como. Começa a exigir participação, querem participar, não sabem como, a maioria nem é por fisiologia, é simplesmente falta de, como se diz em espanhol, *ubicación*, não sabem como se situar e isso cria uma instabilidade muito grande. Mas esta é a realidade dos fatos que se traduz agora na ideia do Congresso de que o governo precisa de um coordenador político.

Temos vários. A começar pelo próprio presidente e pelo Marco Maciel, e pelos líderes. Os que querem mais coordenação não sabem dizer para quê. Essa insistência vai continuar sendo a tônica e não sei se terei que nomear ou não um coordenador, vai depender das condições políticas. A discussão foi levada também com Eduardo Azeredo e com o Tasso.

O Pimenta tomou café da manhã na terça-feira aqui em casa, como antecipei. Não há volta, e eu lhe disse algumas coisas para mostrar que não tinha ficado inerte diante da ameaça de ele ser degolado, mas disse também que ele não tinha condições políticas. Pimenta é inteligente, percebeu que não sabia tudo que se passava, não insistiu, mas claramente não tem condição de permanecer no comando do PSDB. Não se opõe, claro, ao Artur da Távola, que vai se definindo como candidato natural. Pimenta me sugeriu dois nomes: o do Tasso, para coordenador político, e o do [José] Richa.

O Tasso seria ótimo. Eu iria estar com ele e disse ao Pimenta que mencionaria a sugestão. Mencionei de passagem, porque estava com Eduardo Azeredo e acho um pouco cedo para o Tasso deixar o governo do Ceará. Não seria bom para ele e talvez nem para o PSDB. Para mim seria. Se ele ficasse aqui do meu lado, me ajudaria muito. O Richa passou a ser ponto de convergência, todo mundo acha que ele seria a solução.

Não sei o que eles entendem por solução, gosto do Richa, mas tenho o temor de que ele não tenha a paciência e a persistência para o detalhe, o qual nesse momento é uma parte da questão que são as demandas individualizadas dos parlamentares. Em todo caso, tentei falar com o Richa, uns me disseram que ele estava jogando futebol, outros que está nos Estados Unidos. Na verdade, empurrei um pouco com a barriga para ter uma visão mais clara do que é conveniente fazer.

Na noite dessa terça houve uma reunião em casa com Sérgio Motta, Mário Covas, Eduardo Azeredo, Tasso, gente do partido. Chegaram à mesma conclusão: Artur da Távola assume e, quanto mais rápido encerrar a crise, melhor. Concordo. Todos acham que o Richa deve ser o coordenador político e têm medo de que o PFL queira tomar conta. De fato, o senador Guilherme Palmeira esteve comigo e perguntou por que eu não usava mais o Marco. Estou usando, mas, se usar demais, os outros partidos, sobretudo o PMDB, vão reclamar muito. O PSDB já está chiando, e está propondo o Richa justamente como antídoto ao pefelê.

Expliquei a alguns deles, a poucos porque não dá para estender isso, que as bases sociais, as bases de sustentação do PFL, estão sendo minadas. Nós estamos controlando Comunicações, Educação, toda a área financeira, que é onde o PFL estava aninhado antes. Portanto, a espuma política do PFL é espuma, as bases reais de poder estão vindo para as nossas mãos, ou do PSDB ou de gente independente. E, se tivermos capacidade política, isso mais tarde dará os frutos necessários. Mas, infelizmente, na média dos políticos a visão é mais curta do que devia ser, sempre ficam achando que o PFL está manobrando o governo. Não percebem que tenho um jogo complexo e que o estou fazendo, com muita discrição mas com muita determinação.

Durante todo o dia de terça-feira recebi parlamentares. Não vou nem relatar. A maior parte não pediu nada, embora os jornais digam que começou o "é dando que se recebe". A maior parte levantou questões de suas regiões ou às vezes propôs uma conversa política. Roberto Magalhães, um homem correto, o próprio Guilherme Palmeira, enfim, a conversa normal, só que vim para casa muito, muito cansado.

Nesse meio-tempo, continuou a questão do Banco Central. Agora estão tentando envolver o Pérsio na questão de filtrar informações, o que é uma infâmia, ele não fez isso de maneira nenhuma. Eu disse que não dava para nomear o filho do Bracher e ele acabou entendendo, porque, embora não fosse verdade, embora não houvesse nenhuma prova de má conduta do BBA, o banco do Fernão Bracher, achei que não podíamos correr riscos. Acho que isso também será solucionado. Com o tempo o Banco Central retomou as rédeas.

Na quarta-feira fiz uma forte exposição aos dirigentes das estatais, apresentando a nova linha. Nessas situações o presidente tem que falar com determinação. Falei também com um grupo grande da confederação* dos transportadores de carga, todos muito afetivos no modo como recebiam as minhas palavras e na força enorme e no apoio que me deram. Foi bom. Aproveitei para fazer um discurso sobre os

* Associação Nacional de Transportes de Cargas.

especuladores, disse que temos que cortar o consumo para garantir um consumo permanente, o governo está tomando as medidas, enfim, aquele trivial ligeiro que o presidente tem que fazer para mostrar que o Brasil tem rumo. Se não diz, não acreditam. Parece piada, mas é assim.

Na mesma quarta, de novo a questão da crise com o Congresso na medida provisória 935.* O Jatene me disse antes que não gostaria de assinar, porque não pensava daquele modo, ou seja, que as verbas da Seguridade pudessem também ser usadas para pagar aposentados do Tesouro. Isso é uma briga antiga do Serra, agora do Malan também, com a área social. Acho que a área econômica foi longe demais, politicamente não havia condição para tanto. Sou partidário de uma retirada estratégica, levei o dia nessa função.

Finalmente, à noite Luís Carlos Santos me ligou dizendo que ele, o Serra e não sei mais quem tinham chegado a um entendimento em relação a uma nova MP, para evitar que a primeira fosse recusada na sua admissibilidade.

Fora disso, não consegui falar com Malan, que foi a São Paulo, se acertou lá com Mário Covas. Covas me telefonou segunda de manhã muito eufórico, muito cooperativo, como ele tem sido sempre, inclusive em termos da questão da coordenação política, com muita fraternidade e alegria. Tivera um encontro com Malan, viu que estávamos querendo ajustar a situação paulista e as coisas funcionaram bem.

Também ontem tive um jantar aqui em casa com muitos senadores: Sarney, Antônio Carlos, [Roberto] Requião, Jader Barbalho, Artur da Távola, Sérgio Machado, Josafá Marinho e o Élcio Álvares. No fundo, Sarney tinha uma proposta que é boa, ou seja, é preciso retirar da Constituição tudo que diz respeito propriamente à administração, porque muita coisa que era do Executivo passou para o Legislativo, o que obriga aquele a emitir medidas provisórias. Concordei com a sua tese, e acho que, se eles fizerem isso, será um grande trabalho. Claro que os que aqui vieram foram aqueles que me criticaram, na semana passada, inclusive na questão dos juros, foi uma espécie de provocação.

Jader me contou que estava irritado com aquela matéria da *Veja*.** Disse a ele que quem havia ficado irritado era eu, demonstrei que não tinha cabimento. Eles imaginavam que a matéria tivesse sido posta pelo Eduardo Jorge e pelo Clóvis Carvalho, ao menos o Jader disse isso. Protestei veementemente, acho que fui convincente junto aos nossos aliados, o Antônio Carlos na verdade estava do meu lado, ajudando. Élcio e outros do PSDB acharam a reunião boa. Foi mesmo, diminuiu a tensão, mas não nos iludamos, será preciso um trabalho permanente de monito-

---

*A MP nº 935 flexibilizava repasses ao Fundo de Amparo ao Trabalhador (FAT) pelo Tesouro Nacional e permitia o pagamento de aposentados da União com verbas da Seguridade Social.

**A revista *Veja* publicara reportagem com a denúncia de que o presidente do BC, Pérsio Arida, teria passado informação privilegiada sobre a banda cambial a operadores do mercado.

ramento, porque o PSDB é pequeno, o PFL é maior mas não é suficiente, o PMDB é instável. Acho que o jantar teve esse sinal positivo.

No meio da tarde o Aécio Neves perdeu para o Wilson Campos.* Vão dizer que foi derrota do governo. De fato, eu tinha pedido a uns e outros para votar no Aécio, mas com discrição. No fim me disseram que não dava, que ele ia perder mesmo. Perdeu Aécio, saiu o Pimenta, Minas fica difícil. Disse ao Eduardo Azeredo que tinha pensado em botar o Roberto Brant como coordenador, ele gostou muito. Gosto do Brant, mas não temos suficiente intimidade. Por outro lado, ele é do PTB, não sei como o PSDB vai reagir, então ainda estou cozinhando o galo nessa coisa do que fazer com a questão do coordenador político.

Creio que esses foram os principais fatos ocorridos nesses três dias, em que houve um pouco mais de calma, pelo menos no mercado. Ontem, um pequeno aumento na taxa do dólar, mas, enfim, nada grave.

Também na quarta-feira faleceu num acidente terrível o filho do Menem. Não sei que consequência terá isso na política argentina. Porque a Argentina para nós é vital. Baixou um novo pacote, nos avisou antes, que aumenta os impostos aduaneiros, o que é bom para nós nesse momento em que precisamos frear um pouco as importações.

Persistem os rumores, inclusive na imprensa, de desavença entre Serra e Malan. O *Jornal do Brasil* de hoje menciona que o Serra, nos bastidores, fica dizendo que não está de acordo com a forma como o Malan faz a contenção das importações. Não sei se é verdade, mas o Malan vai achar que é. Isso é chato, desagradável, não há necessidade, mas cada um tem suas características de personalidade, é difícil mudá-las.

Nesta quinta me reúno com o presidente Itamar Franco. Encontro importante e delicado, porque há muita fofoca sobre a questão de concessões.** Foi atribuída ao Sérgio Motta uma crítica ao governo Itamar, embora ele não tenha denunciado que houve concessões de canais. Não obstante, Sérgio devia calar um pouco a boca, assim como o Bresser, que está falando demais e criou uma nova crise com a questão relativa à forma de pagamento dos funcionários. Quer antecipação, eu também, mas não era para dizer sem preparação. Recebi ainda os militares, que vieram falar outra vez sobre salário e reforma constitucional, Previdência e orçamento. As coisas são as de sempre, tenho que levar com jeito.

---

*Eleição para o cargo de primeiro-secretário da Câmara dos Deputados, em 15 de março de 1995.
**Sérgio Motta criticou publicamente o ex-ministro Djalma Morais por ter adotado "critérios pessoais" na concessão de licenças de TV a cabo durante os últimos dias do governo Itamar.

20 A 25 DE MARÇO DE 1995

Repercussões da questão cambial.
Gestão da equipe econômica.
Reforma administrativa: discussões iniciais

Hoje é dia 20 de março, segunda-feira. Retomo a narrativa a partir da quinta-feira passada, quando recebi pela manhã Itamar Franco com Zé Aparecido. Recepção afetiva de parte a parte, conversa fácil até o momento em que se colocou a questão relativa às concessões feitas pelo ministro Morais a alguém conhecido do Zé. Este ficou muito enraivecido, me deu uma carta na qual exigia a revogação de todas as concessões, que aquilo tinha sido uma leviandade. Disse que era complicado, porque poria em jogo a questão do Morais, pessoa da confiança do Itamar. Todos temerosos da reação do ministro, que estava um pouco abalado. De qualquer forma, não é isso que está em jogo. Disse que o lugar dele na Telesp estava reservado, mas era difícil, dadas as circunstâncias novas, no que houve anuência. Fiquei de conversar com Morais na semana seguinte, que é essa que inicia hoje.

Depois de negacear um pouco, Itamar aceitou ir para Portugal como embaixador, que era o que eu desejava e o Zé Aparecido também. Primeiro disse que não ia, eu lhe disse que a decisão era sua. Ficasse aqui, fosse para a OEA ou para Portugal, eu agiria como amigo, companheiro. Ele se sensibilizou, e igualmente com o modo como o recebi no portão do Palácio. Creio que a decisão já estava mais ou menos amadurecida. Itamar, no seu estilo, muitas vezes tem alguma dificuldade de deixar que as coisas apareçam como se fossem expressão de sua vontade, fica melhor aparecerem como se fossem expressão da vontade dos outros, no caso a minha.

Em relação à questão do Morais, Sérgio Motta tem reiterado que houve irregularidades.* Isso deixa todo mundo muito enraivecido, o Itamar, especialmente, chocado. Falei com o Sérgio, que parece minimizar os fatos, diz que não fez nada mas na verdade disse à imprensa o que não precisava ter dito. De qualquer maneira, o episódio está encerrado.

Almocei com Elio Gaspari. Expus a ele minha análise sobre a cobrança indevida de uma coordenação política: o Congresso, hoje, não tem nenhum valor que o aglutine. A última ideia aglutinadora do Congresso foi, no ano passado, a bancada ruralista, que exprime interesses mais do que valores. Nesse momento não há o que aglutine, socialismo, estatismo, desenvolvimentismo, nem mesmo o PT.

*Djalma Morais, ex-presidente da Telemig (1990-93) e ex-ministro das Comunicações (1993-94), foi alvo de denúncias não comprovadas de superfaturamento e manipulação de licitações na gestão da estatal mineira de telefonia.

O Congresso é hoje um conjunto de pessoas que representam interesses fragmentários. Como se renovou pela metade, os eleitos chegam aqui quase como em 88, com aquele ânimo de participar, de refazer tudo, uma espécie de rebeldia, e não se dão conta de que a participação do Congresso na definição das políticas é muito modesta. Então vão para a tribuna, fazem discurso e tal, exigem mais, convocam reunião, atacam o líder, o presidente do partido, o presidente da República, todo mundo, depois cada um vai para a sua casa.

Isso vai demorar um tempo para acalmar. Não é uma questão de coordenação política, é um desencontro mesmo, muito típico das sociedades modernas, de massa, as quais têm um Parlamento, que é fundamental, especialmente porque na hora decisiva — reforma constitucional, impeachment, processo de autoexclusão dos ladrões — o Congresso é essencial, mas no cotidiano é modesto. Não obstante, chegam sempre com a mesma história: é preciso limitar as medidas provisórias, como se o governo as editasse porque gostasse, e não porque é a maneira de fazer funcionar as coisas, uma vez que não há votações nem organização da opinião política.

Curiosamente, até esse momento não tenho oposição política. Tenho oposição difusa, e a imprensa, que é uma espécie de promotoria-geral, quer acusar em nome da sociedade, sem objetivo propriamente político definido. Essa ausência de política não se reflete na possibilidade de o governo fazer alguma coisa, porque também há ausência de uma opinião governista. O que há é o Executivo de um lado, sendo bombardeado pela sociedade, via imprensa, e aqui e ali algum discurso no Congresso, ora por causa do interesse fragmentário que é ferido, ora porque o que quer mesmo o orador é aparecer, ora porque ele tem uma crítica legítima. É um processo político muito difícil de organizar. Estou lutando contra a maré.

Na sexta-feira fui ao Rio de Janeiro para fazer um discurso sobre a questão educacional, numa série de eventos inventados na verdade pela Bia durante a campanha e que o Paulo Renato empalmou. Ao chegar ao Riocentro, surpresa, a segurança não me avisou de nada, nem sabia, só soube no ônibus: uma manifestação da CUT. Me disseram que tinha 3 mil pessoas, não tinha, quando chegamos lá era menor, mas muito barulhenta, uma tremenda vaia. Já tenho experiência disso, saudei a população como se nada houvesse e entrei na sala de eventos, onde fiz um discurso forte, acho que bom, sobre como dar um sentido à questão da educação. Presentes ali empresários como Olavo Setúbal, Antônio Ermírio, Emílio Odebrecht, homens como Gilberto Gil, que presidia a reunião, como Betinho, educadores e tal.

Dei o meu recado, saí, de novo vaia. Com a calma que me caracteriza, saudei de novo o povo e fui embora. Parece que depois quebrou o pau violentamente, o que acabou revertendo contra o pessoal que fez a bagunça. A cobertura das televisões não lhes foi favorável. Ao invés de uma manifestação civilizada, fizeram uma gritaria fora de hora, pois estava sendo lançada uma campanha pela educação.

Isso é um sinal desagradável de que o radicalismo continua existindo e que os radicais tentarão mobilizar especialmente por causa da questão da Previdência, que é a mais aguda de todas. Depois do incidente que já relatei, com a medida provisória 935, isso confundiu ainda mais a situação. Claro que haverá exploração negativa por causa da aposentadoria por tempo de serviço, que vai ferir interesses de privilegiados.

Nessa sexta-feira, no Rio, almocei com o general Geisel. Era a primeira vez que eu o via e foi um almoço simpático, agradável. O general está em boa forma, brinquei com ele e ele comigo. Soube que foi dito pelos jornais que o encontro era uma espécie de reabilitação dele, como se precisasse de reabilitação. Na verdade, foi um homem que fez uma porção de coisas altamente criticáveis e criticadas por mim mesmo, inclusive atos de muita violência, como a revisão da Constituição manu militari. Mas também é fato que acabou com o general Ednardo [d'Ávila Melo] lá em São Paulo, depois das mortes havidas na tortura. Geisel deu passo para a redemocratização, embora sem dúvida nenhuma tenha pertencido ao ciclo dos militares e ainda na fase dura.

Conversamos sobre petróleo. Ele é contra a questão das refinarias, da privatização, tampouco é favorável à privatização da Vale do Rio Doce. Eu mesmo tenho minhas dúvidas sobre o que deve ser feito com o que é um instrumento importante de política do governo. Não sei se vamos realmente chegar a implementar alguma dessas privatizações, nem estou convencido da sua total necessidade. No geral, sim, mas em certos casos eu mesmo tenho ainda reservas mentais.

Depois disso veio Mário Henrique Simonsen, que teve conosco uma conversa simpática. Foi ministro do Geisel, falou de novo sobre a banda, ele tem uma visão mais otimista, acha que houve um erro de operação, que já foi corrigido. É mais otimista até do que os nossos economistas.

No fim da tarde participei de uma homenagem ao Antônio Geraldo* que me sensibilizou bastante. Foi na Light, com toda a família reunida. De novo, na saída, uma manifestação, agora contra a privatização da Light. O Rio de Janeiro é complicado, mas se vê também que a sociedade já está começando a criar certos bolsões de resistência às mudanças.

No sábado chegamos a São Paulo na hora do almoço. Às cinco da tarde fui visitar o Osmar Santos, depois voltamos para casa e à noite tivemos um jantar no Massimo,** uma homenagem da USP a nós e aos que estão no governo. O único fato mais notável é que existiu certa reação, sobretudo do Caio [Carlos Alberto Barbosa Dantas], que é vice-reitor,*** à reforma tal como o Paulo Renato a está colocando. O Paulo fez uma medida provisória para obrigar o exame de avaliação das universidades, apesar de nós, eu, Ruth, [José Arthur] Giannotti, lhe termos dito que era melhor discutir primeiro com a universidade. Não houve a tal discussão,

---

* Antônio Geraldo Cardoso, irmão de Fernando Henrique, ex-diretor jurídico da Light.
** Restaurante italiano no Jardim Paulista, em São Paulo. Fechou em 2013.
*** Pró-reitor de Graduação da USP entre 1994 e 1997.

e é claro que a universidade vai reagir à questão apresentada dessa forma, muito ex abrupto.

No domingo de manhã fui à Beneficência Portuguesa, onde, com o Mário Covas, inaugurei um edifício, Antônio Ermírio presente e todo o pessoal da área da Saúde. Fiz um discurso também forte, reafirmando meus compromissos com as reformas. Não aludi diretamente à baderna no Rio, mas havia um subentendido disso. Nas ruas de São Paulo, acenos de mão, favoráveis, nenhuma agressividade, pelo contrário, nem no hospital nem na véspera, no Massimo; sempre houve algum gesto de simpatia. O mesmo ocorreu no Rio, a bem da verdade. À parte a área em frente aos atos, na rua havia ou indiferença ou apoio. Não vi nenhum gesto de maior reclamação.

Visitei o Alexandre Costa no hospital e encontrei o Sarney, cuja mãe também estava internada. Fomos ao Palácio dos Bandeirantes, passei em revista com o Covas a situação, conversa amistosa, boa. Discutimos a questão da Telesp, ele já sabe que o Morais não irá para lá, não me pareceu muito empenhado no Sampaio Dória, mas, ao seu estilo, talvez queira o Dória. O resto foi realmente uma conversa de companheiros. Em seguida fui embora e descansei até irmos à casa do Luiz Meyer, à noite, para um jantar com companheiros: Giannotti, o próprio Luiz, a Regina,* a Lourdes Sola, a Renina [Katz], o Roberto Schwarz, a Grecia,** Boris Fausto, que num clima bastante comum aos nossos encontros, positivo, de amizade, queriam saber das coisas.

Na manhã de segunda-feira fui ao Banco Central receber alguns empresários. Muito aparato de batedor na frente, o que é desagradável em São Paulo. Na rua nenhuma manifestação, só um rapaz dando um grito contra mim, o resto, ao contrário, numa atitude de indiferença ou mais de simpatia. Bastante gente nas ruas, esse aparato de motocicletas sempre me constrange muito.

Antes de tomar o avião para Brasília, falei por telefone com o Pérsio, que estava chateadíssimo com as reportagens, especialmente na *IstoÉ* mas também na *Veja*, e com uma futrica hoje do [Carlos Alberto] Sardenberg na *Folha*, dando a impressão de que a coisa era soprada para favorecer o Gustavo Franco. No avião conversei sozinho com Pérsio. Disse a ele que no momento tínhamos que tamponar qualquer ferida que houvesse internamente, me referi ao fato de que estávamos aplainando tudo. O Pedro Malan deu uma entrevista tranquila, a *Folha* já botou em manchete que os salários vão subir menos. Assim vai a famosa oposição difusa capitaneada pela imprensa, esse espírito de destruição, uma espécie de fracassomania que, como disse o Walder de Góes, tenta alimentar um novo ciclo de pessimismo.

Aqui chegando, me reuni com a cúpula do PFL, Jorge Bornhausen, Marco Maciel, Luís Eduardo Magalhães. Passamos em revista as coisas, eles querem ter uma presença, como têm, na condução política. O Jorge propôs a extinção do Conselho

---

*Regina Meyer, mulher de Luiz Meyer.
**Grecia Schwarz, mulher de Roberto Schwarz.

Político, decisão que eu já havia tomado na prática. Não querem o coordenador político. Não me disseram, mas é óbvio que temem diminuir sua presença junto a mim. O Marco sempre discreto, mas isso não substitui o fato de que o PFL precisa dele como a principal ponte de interlocução comigo e que um coordenador poderia perturbar esse processo.

Em seguida me reuni com o Zé Eduardo Vieira e o pessoal da área da Agricultura. O Britto também anda falando muito da questão da agricultura lá no Rio Grande do Sul. A mesma longa discussão, acaba-se com a TR, não se acaba com a TR. Conseguimos avançar em relação ao financiamento do pequeno produtor de milho. O arroz, na maior parte, é dos grandes proprietários do Sul, baseados numa tecnologia inadequada, em grandes propriedades de terra. Eles é que fazem o barulho todo segundo Britto, e segundo todo mundo. Não há saída para esses arrozeiros, porque querem que o Tesouro arque com o prejuízo da ineficiência deles.

Conseguimos explicar declarações que o Zé Eduardo teria feito, não vi se fez mesmo, favoráveis a desafogar pelo menos o pequeno produtor para subir o preço do milho, que caiu para quatro dólares. O Pérsio e o Ximenes, com a visão de banqueiros, sempre acharam que isso era perigoso, que era melhor esperar mais e não dar nenhum sinal de que vamos acabar com a TR. Continua a discussão, mas caminhou-se alguma coisa para aliviar certas pressões maiores.

Depois o [Domingo] Cavallo telefonou. Não falei com ele porque não queria mesmo saber do que se tratava. Estava reclamando e dizendo coisas bastante impertinentes, manifestando o seu desagrado, parecia-lhe que não havia comando único na área econômica. Disse isso tudo ao Pedro Parente. Chamei o Serra, o Sérgio Amaral e os outros, discutimos o assunto. Na verdade, temos uma posição diferente da Argentina, e agora, na nova situação do mundo, cada país tem que se defender mais. Vamos manter as nossas diferenças, mas compreendemos que os argentinos façam o que precisam fazer nessa circunstância.

Terminado isso, voltei para casa, porque eu tinha o Raimundo, o barbeiro, e à noite voltei de novo. Estou chegando agora do Palácio do Planalto, de uma discussão com a chamada "equipe econômica". Estavam lá Bacha, Serra, Clóvis comandando, Pérsio, Gustavo e Chico Lopes. A gente tem remoído tudo, sabe algumas medidas que precisam ser tomadas, estamos discutindo se diminuímos a chamada "alavancagem", ou melhor, a marcha da especulação. O Gustavo quer acabar radicalmente, o Serra também parece que quer, os outros são mais reticentes.

Não entendi bem as razões de uns e de outros, terei que madurar mais o assunto. Disse com clareza que achava que as fofocas estavam prejudicando tudo, que, desde que o Ricupero foi embora, não existia mais uma voz unificada para falar sobre economia — antes eu falava, depois ele —, isso é que dá a impressão de falta de comando. Nunca houve unidade, sempre houve diversificação, mas havia uma voz que se sobrepunha a todos. E nesse momento, depois que o Ciro perdeu o controle da situação, deixou de haver, e não está havendo no meu governo.

É verdade, ou o Serra ou o Malan tem que ter essa voz. Nenhum dos dois está realmente pintando ter essa capacidade política que eu tinha, que o Ricupero mostrou ter, de se comunicar com a sociedade. "Além disso", eu disse, "as fofocas saem é daqui, desta mesa. Não que se queira, alguns até querem, mas falam com o assessor de imprensa, com o amigo, e sai de terceira mão. Ou há um pacto de silêncio ou as coisas não vão caminhar. Como a situação requer ainda muita ação, é lamentável que eu assista a esse esfacelamento da equipe. Amanhã ou depois a equipe muda, porque a dinâmica da vida é muito grande." Não disse isso para assustá-los, disse com pesar. Mas ou eles assumem a responsabilidade histórica e se coordenam ou terei que buscar quem fale ao país com autoridade na área econômica, porque eu, como presidente da República, não posso cumprir mais ao mesmo tempo o papel de ministro da Fazenda.

RETOMO O FIO DA MEADA no sábado, dia 25. Falta relatar o que aconteceu de terça a sexta-feira. Não vou fazer dia a dia porque não é necessário.

Na terça-feira voltou a falar comigo o general Cardoso, meu chefe de Gabinete Militar, para dizer o que tinha colhido das conversas que tivera com os militares na semana anterior, no Rio, e contar da insatisfação que eventualmente haveria por lá em função das medidas na área da Previdência Social sobre as vantagens deles. O general esteve com vários comandantes, e é verdade que há uma aflição com relação a alguns pontos. Eu já havia prometido, na reunião com os ministros militares, que iríamos acalmar certas áreas. Primeiro, a questão do orçamento. Serra precisa ter um encontro com eles, e terá na segunda-feira da próxima semana, juntamente com o Clóvis. Depois, a das aposentadorias. A opinião do general Cardoso é que os esclarecimentos foram satisfatórios e que as coisas estavam indo já a contento.

Outro assunto delicado é o aumento dos DAS, ou seja, as gratificações dos servidores civis. Acabei concordando com a proposta trazida pelo Clóvis, que veio mastigada da Secretaria de Administração. Eu tinha feito comentários no sentido de generalizar o aumento, porque aumentar só os que estão no topo ia parecer muito antipático. O aumento é justo, talvez a classificação é que não seja justa, porque há muita gente que é DAS 5 ou 6 e não merece estar nessa posição, mormente agora, com o aumento que haverá. Eu havia imposto já cortes drásticos no número de DAS. Não vamos fazer o corte na profundidade necessária, mas os gastos totais com esse aumento são pequenos, não alcançam 50 milhões de dólares no decorrer de todo o ano. Para quem tem um orçamento de 100 bilhões, isso não chega a assustar. O gasto com pessoal é de cerca de trinta e poucos bilhões, de modo que não é quase nada e dá uma aliviada boa nesta área da Administração.

Mais um tema persistente durante toda a semana foi a questão do Banco Central. O Pérsio esteve presente terça-feira na reunião no Senado e, pelo que todos dizem, se saiu muito bem. Parecia que já estava tudo calmo, sem nenhuma novidade de maior impacto. Ocorre que, no dia seguinte, surgiu uma denúncia de um senador de quem eu nunca tinha ouvido ouvi falar, Zé [José Eduardo] Dutra, do PT de Sergipe. Creio que se trata de um compadre do Lula. Não sei quem é nem que profissão tem, mas o fato é que fez uma denúncia baseada em informações sigilosas do Banco Central, as quais ele, portanto, obteve fraudulentamente e repassou, cometendo um crime. Essas infomações davam a impressão de que três bancos, incluindo o BBA (do Fernão Bracher), teriam se beneficiado com a maneira como manobraram na compra de divisas, logo após o dia 6 de março, quando houve a mudança do câmbio.

Isso provocou um borbulho imenso. É de lamentar. Os jornais, sem maior análise nem coisa nenhuma, puseram no mesmo nível de informação uma denúncia malfeita, como se fosse verdadeira, e as defesas apresentadas pelo Banco Central. O Banco, no fim da quarta-feira, acabou emitindo uma nota, muito difícil de compreender, mais técnica, que revelava estar equivocada a leitura do texto pelo senador, dizia que, além do mais, ele fornecera apenas alguns dados e que não tivera acesso aos dados completos que mostrariam não ter havido nenhuma anormalidade na compra de cambiais por parte dos bancos mencionados ou não quisera fornecê-los. O fato é que o Pérsio Arida teria de se apresentar novamente na quinta-feira, mas dessa vez na Câmara, e havia uma certa tensão em função desse dia.

A apresentação foi brilhante, eu não a vi, mas todos os comentários foram nessa direção. Pérsio esclareceu tudo muito bem, foi sereno, enfrentou as questões antes mesmo que fossem colocadas. Disso derivou até um fortalecimento da posição dele e também do Banco Central. A Bolsa, claro, reagiu favoravelmente, o mercado de câmbio acalmou. Tanto na própria quinta-feira quanto no dia seguinte, a flutuação do dólar esteve dentro da faixa da banda que o Banco havia definido. Essa crise parece ter sido superada, apesar de ser incrível que um senador desinformado do PT, que fez crítica por fazer, e um deputado esperto como o Delfim, que foi quem lançou a dúvida inicial, tenham uma imensa acolhida na mídia, a qual, insensivelmente, sem consciência, sem ter de fato uma visão — eu não diria conspiratória —, torce pelo escândalo, porque escândalo é o que vende jornal, fazendo com que essa famosa fracassomania permaneça firme no espírito dos brasileiros.

Pérsio se saiu muito bem, todos reconheceram. Nem mesmo as observações feitas por gente como a Conceição [Maria da Conceição Tavares], em relação a quem tenho minhas reservas pessoais pelo modo desabrido como me tratou na campanha, foram em detrimento da honra dele.

No mesmo dia houve algo desagradável. O Bresser foi profundamente ofendido por um tal de [Jair] Bolsonaro, que, segundo me dizem, foi capitão e é deputado. Isso não é aceitável. Já disse de forma muito enérgica que não posso concordar. Pedi aos líderes, na reunião que tivemos ontem no ministério, que levassem adiante o processo de cassação dele por falta de decoro, porque acho que o governo tem que reagir a esse tipo de ação.

Devo dizer também que na quarta-feira houve uma grande manifestação em Brasília. CUT e Comando, não me lembro agora como se chama, Nacional dos Movimentos Populares,* cerca de 10 mil pessoas. O Lula posando outra vez de herói nacional e, no *Estado de S. Paulo*, a fotografia dele na coluna da Cristiana Lôbo com uma frasezinha: "Ser professor de ciência política não significa saber política". Enfim, essa coisa deprimente, essa mediocridade que faz com que gente que não tem proposta para o país encontre logo acolhida na mídia. Bobagens ditas com ar de grande sabedoria. Enfim, o que podemos fazer? Nascemos aqui, vamos enfrentar o Brasil tal como ele é. O mundo é assim.

A tal manifestação era contra as reformas e, naturalmente, contra mim. No dia seguinte surgiu a informação de que os manifestantes foram financiados, ao menos parcialmente, pelo governo do Distrito Federal. Achei um absurdo. O Cristovam [Buarque] teve que se desdizer, porque os documentos são claros. Pagaram hospedagem, comida, a Polícia Militar sustentando a baderna, ou melhor, a manifestação, não chegou a ser baderna, contra o governo federal.

Isso é inaceitável, ainda mais que esse dinheiro todo no fundo sai dos cofres da União. Eles verão as consequências, porque eu vou apertar. Acho que as ações populares devem chover em cima também dessa questão, porque não tem cabimento voltarmos a uma atitude clientelista em que o corporativismo dá as cartas. Por trás de tudo isso estão as grandes corporações estatais. Dei um recado muito duro a respeito delas, como todo mundo sabe, viu nos jornais. Isso naturalmente deixa ainda mais irritados os que são controladores dessa parcela da opinião e deixa os deputados atemorizados.

Na Câmara, talvez em função disso mesmo, sofremos um revés, o desdobramento da proposta da Previdência Social. Não tem nada de grave, mas simbolicamente sim, porque a votação foi 24 a 22,** sendo que os deputados do PP votaram contra e os da Paraíba também. Em relação a estes últimos, eu tinha conversado com o senador Ney Suassuna, relator da Lei de Patentes, juntamente com Wellington Moreira Franco,*** que se dispôs a ajudar nessa matéria. Suassuna, que no início havia atrapalhado bastante, estava disposto a dar, e parece estar ainda, um parecer equilibrado sobre a Lei de Patentes. Disse que ia fazer isso antes de minha viagem aos Estados Unidos. Claro que, na hora de ir embora, ele me pediu que um paraibano fosse nomeado superintendente do Banco do Nordeste em Pernambuco. Respondi que ia ver.

No dia seguinte a bancada vota contra. E, ao fazê-lo, também comunicou ao líder que queria que déssemos mais verbas ao ministério do Cícero Lucena. Não tive

---
*Central de Movimentos Populares.
**Placar da votação na Comissão de Constituição e Justiça do Senado.
***Deputado federal (PMDB-RJ).

dúvida: liguei para o Lucena e cobrei dele. Já disse aqui que havia dado uma espécie de meia anistia ao Humberto Lucena, a qual me custou muito em popularidade. Fiz porque estava imbuído da ideia de que é preciso ter o apoio dos partidos para que possamos aprovar as reformas e da inocência dele no caso: apenas fez o que era usual e tinha acolhida no regimento do Senado.

A própria mídia não está se matando para defender a reforma, e qualquer idiota que faz oposição sem ter lido a matéria encontra enorme eco. Sinto que cada vez mais, especialmente em relação à reforma da Previdência, as pessoas estão sem coragem de enfrentar. Vamos ver como fazer. Já disse mais de uma vez que essa reforma não é para o meu governo, é para o país. Não obstante, querem encurralar o governo.

Como já mencionei, os líderes do PFL não querem que haja um coordenador político e temem a presença do Richa do PSDB. O partido não está percebendo, como também já disse aqui, que estamos esvaziando as bases reais de poder do PFL: no Ministério das Comunicações, de Educação e na área financeira. Os do PSDB querem apenas gestos demagógicos no chamado fórum político, querem coordenador político mais para sentir seu partido prestigiado. Vejo que há aí uma certa tempestade. Estou meditando se não devo ser mais duro em vez de ficar dando tanta trela.

No dia seguinte a essa confusão, fui para o Ceará. No avião, cheio de deputados, a mesma conversa, todos são solidários. Mas são sempre solidários quando a gente ganha. Na hora de fazer a vitória, é preciso contar com a opinião pública. No Ceará, muitos rumores, inclusive um desagradável, de que haveria alguém com um revólver Magnum querendo me dar um tiro no Teatro José de Alencar, onde fui a uma festa para o Patativa de Assaré, cantor popular de 85, 86 anos. O Tasso me deu uma medalha para pôr no peito dele. Festa bonita, perturbada por meia dúzia de gatos-pingados lá fora, trinta a quarenta pessoas, dizem que do grupo da Maria Luiza Fontenelle.

A história de sempre, um grupo pequeno, a massa bastante favorável mas atemorizada pelo berreiro do grupinho e a imprensa dando muito mais atenção ao grupinho, mesmo sabendo que ele não tem nenhuma expressão. Vai se criando a impressão de que o governo é que não tem popularidade. Cedo na manhã seguinte, fui com o Tasso a uma reunião de professores em que falei firme. Depois fomos desapropriar 1 milhão de hectares de terra em São João do Jaguaribe, numa fazenda chamada Charneca. Lá havia menos que vinte pessoas, também fazendo gritaria, e cerca de quinhentas ou mil, não sei se eram tantas assim, do nosso lado. Pois bem. Puseram-se a vaiar o [Francisco] Urbano, chamando-o de pelego, o presidente da Contag, imagina só! Quando começamos a falar, muita arruaça com Zé Eduardo. Tasso deu o tom, respondeu duro, disse que desde o seu primeiro governo tinha derrotado aquela gente que sempre falou que ele não tinha feito nada. Ele mudou o Ceará, e disse que a mim correspondia mudar o Brasil. Subi o tom ainda mais, e a massa aplaudiu fortemente, parece que as televisões reproduziram. Mas há uma reflexão a fazer.

Não sei bem o que esta gente está querendo. Ainda não completamos três meses de governo, e desse modo não se pode governar. Vamos ter que reagir, porque isso não tem cabimento. Houve um incidente, desagradável, na quinta--feira, ou na noite de quarta para quinta, com o deputado e ministro dos Transportes, Klein. O gabinete dele foi ocupado por ex-funcionários demitidos pelo Collor que, aparentemente, teriam direito ao reingresso de acordo com a lei aprovada pelo Itamar. Mas quero ver caso por caso. Telefonei de imediato para o José Gregori,* que não estava no Ministério da Justiça, e pedi que houvesse inquérito. Falei duramente com o chefe de polícia que estava lá e não achei boa a reação. Minimizaram tudo.

*Chefe de gabinete do ministro da Justiça.

29 DE MARÇO A 14 DE ABRIL DE 1995

Questões regionais. Relações bilaterais. Fundo secreto na Aeronáutica

Retomo as gravações porque a semana está um pouco tumultuada. Hoje é quarta-feira, dia 29 de março. Convém reconstituir os últimos acontecimentos.

Vê-se claramente que existe uma tentativa de criar o clima que impediu as reformas do ano passado e até, quem sabe, o clima das Diretas Já ou o da campanha anti-Collor, uma grande confusão mental. Por trás disso continua havendo uma questão inquietante. A sociedade que parecia querer reformas, e talvez as queira, não sabe bem que reformas são essas. Quando as mandamos, os defensores ficam com medo de assumir a responsabilidade. Pode ser que tenhamos deixado de explicar a questão de uma maneira mais convincente.

Ao voltar do Ceará, tive uma reunião com o gabinete, na sexta-feira passada. Repeti muito fortemente que é preciso haver coordenação e vozes mais claras explicando as questões. Falei ontem com o Serra, que almoçou aqui. Ele tem que começar a assumir uma posição mais nítida de porta-voz da sua área, mas receia que o Malan se sinta sensibilizado e não goste. No domingo eu disse a mesma coisa ao Malan: "Você tem que falar".

Noto que há resistência, não sei se realmente um não quer falar por causa do outro, ou se aos dois falta treino de falar ao país. Recordo sempre a maneira como o Ricupero, eu próprio e o Ciro atuamos. Existe hoje muita gente que tem alguma discordância técnica, e esta se transforma numa espécie de grande pendência de política nacional, quando isso não corresponde à realidade.

Na noite desse mesmo domingo veio aqui o Afonso Camargo,* como sempre com a intenção de ajudar e com sua capacidade — que ele tinha muito grande no passado, não sei se ainda tem hoje — de articulação. Depois vieram Clóvis, Eduardo Jorge e José Abrão, que nomeei recentemente assessor na Casa Civil, para discutir as famosas nomeações. Ora, não é fácil fazer essas nomeações, porque um deseja a mesma coisa que o outro, e os partidos idem. Essa base tão ampla de partidos e, na verdade, tão frágil encontra uma dificuldade imensa, porque todos se sentem no direito de pedir um lugar no governo. Quando eu mexo em algum cargo já preenchido, o padrinho daquele que o ocupava não gosta.

Ficou muito claro que ainda não existe sequer uma coordenação entre as bancadas. A questão não é o governo não nomear, é o choque real de interesses, pequenos interesses que se transformam em grande carnaval.

* Ex-senador e ex-ministro dos Transportes (governos Sarney e Collor).

Houve também um incidente desagradável do qual só tomei conhecimento na segunda-feira. Falei com o Cícero Lucena por telefone na quinta-feira e a conversa foi publicada no *Jornal de Brasília* na sexta. Eduardo Jorge, Clóvis e Vilmar [Faria] assistiram à minha conversa. Mandei verificar quem entrou na sala depois. Apenas pessoas de estrita confiança, Gelson [Fonseca], Sérgio Amaral e Ana. Por consequência, ou um deles passou a informação para o *Jornal de Brasília*, o que é grave, ou terceiros passaram, ou talvez o próprio Lucena. O fato é que esses incidentes estão se repetindo de uma forma constrangedora. Eu não queria que a conversa com Lucena tivesse vindo a público, para não constrangê-lo. Esse não é o objetivo, e sim fazer com que se alinhe ao governo.

As segundas-feiras são normalmente calmas em Brasília. Ruth foi para São Paulo, participar de um programa de televisão que não pude ver, todos disseram que foi bom. Na segunda voltamos a mastigar os mesmos temas, o que é preocupante. Voltar sempre às mesmas questões, sem dar saída.

Ontem recebi dezenas de pessoas — terça-feira é o dia em que recebo parlamentares. Pela manhã vieram alguns da Amazônia, com reivindicações normais, veio um deputado, vários prefeitos. Em seguida falei individualmente com aquele que foi presidente do Basa, muito preocupado. Ele acha que o Serra não conseguirá impor um corte de 10% nas estatais porque custeio não se corta. Defende também o argumento de que, para fazer privatização, é preciso interessar aos empregados, aos trabalhadores, no que tem razão. Parece inclusive que há uma ideia, não sei da cabeça de quem, de que na Vale do Rio Doce haveria só 3% de participação dos trabalhadores. Nunca fui informado disso, nem concordaria, mas de qualquer maneira esses boatos começam a rolar inquietantemente, o que só prejudica o encaminhamento correto da privatização.

Na hora do almoço, recebi o Serra, conversamos longamente. Ele insiste bastante em medidas mais duras para conter as importações, deu um panorama e tem razão. A importação de automóveis pesa muito na nossa balança comercial e nós não estamos conseguindo equilibrar, o que é um mau sinal. O Serra tem algumas ideias, o Malan também. No fim do dia, voltei a falar com os dois e com o Clóvis. Disse a minha posição, que devíamos efetivamente cobrar uma taxa altíssima na importação de bens de consumo duráveis, tipo automóveis e mesmo gadgets.

O Serra queria mexer na Zona Franca de Manaus, eu disse que isso não era possível agora, porque iria para lá no fim de semana, passaria pela Zona Franca, haveria uma enorme pressão. Só podem ser tomadas medidas gerais, não específicas, sobre uma região. Mesma coisa com relação a Foz do Iguaçu, um problema grave que não temos condições de controlar. O desaparelhamento do Estado brasileiro é patético.

Na segunda-feira, dia 5 de abril, almocei com o America's Society, um grupo americano e latino-americano basicamente impulsionado pelo David Rockefeller. Sua filha, Peggy, esteve aqui, assim como o presidente do America's Society. No discurso que fiz, voltei ao tema da necessidade de uma articulação em nível internacional para que possamos efetivamente ter voz mais forte junto à comunidade financeira.

Na terça, comecei a manhã cedinho. Levantei às seis e meia, nadei e vim conversar com o Armínio Fraga e o Pérsio Arida. O Pérsio chegou antes e me disse o seguinte: "Acho que saí muito desgastado dessa briga, há uma ponta de desconfiança, o presidente do Banco Central não pode ser objeto de desconfiança, então friamente quero dizer a você que acho que devo sair. Eu quero sair e acho que para o Brasil é bom que eu saia".

Eu disse: "Olha, Pérsio, aqui tem três questões a considerar. Primeiro, você não pode sair dando a impressão de que é culpado, porque não é. Segundo, não pode dar a impressão, porque não é verdadeira, de que eu quero tirar você em função disso ou daquilo. Terceiro e mais importante, nesse momento para o Brasil não estou convencido disso. E, quarto, temos que ver quem pôr lá".

Aí chegou Armínio e não pudemos continuar a conversa. Armínio veio com aquele seu ar sagaz, é um homem inteligente, assessor do [George] Soros. Ele tinha uma desinformação quanto ao orçamento do Brasil porque a equipe vive dizendo que estamos com um déficit potencial. Isso é uma bobagem, não vamos ter déficit nenhum este ano, a arrecadação está crescendo e os gastos estão contidos. Há outros desequilíbrios, mas não déficit do orçamento.

RETOMO A GRAVAÇÃO HOJE, dia 14 de abril, portanto depois de mais de duas semanas de interrupção. Estas duas semanas foram muito difíceis, muito agitadas. Não poderei mais reconstruir passo a passo o que nelas aconteceu. Tomarei os grandes blocos.

Fui à Amazônia. Primeiro a Carajás, depois a Manaus, em seguida subi o rio Amazonas até uma cidadezinha chamada Novo Airão. Em Carajás, a não ser o fato de que desabou uma parte do deck onde estavam os fotógrafos, o que aconteceu de mais significativo foi um encontro com os nove governadores da Amazônia. Eles escreveram a Carta da Amazônia, que havia sido combinada conosco, reafirmando a preocupação com o desenvolvimento autossustentável. A impressão pessoal foi boa. O [Valdir] Raupp, de Rondônia, é um homem muito positivo. Tenho uma boa impressão também do governador de Roraima, Neudo [Campos], parece uma pessoa equilibrada. Estava o Dante [de Oliveira], com o seu estilo mais fogoso, o Almir Gabriel, com o seu estilo reivindicativo, Siqueira Campos, firme, sólido. Todos, no seu conjunto, mostrando disposição de coordenação.

Anunciei que trataríamos da questão da navegabilidade do rio Tocantins e do rio Araguaia, fazendo com que a hidrovia deslanchasse. Teve uma repercussão muito boa. Perto de nós, mas a uns vinte quilômetros, manifestação dos sem-terra. De novo, o mesmo processo, mas dessa vez não chegaram a incomodar. Em Manaus, diversas atividades, não vou relatar uma por uma. Com os deputados que estavam nos aviões comigo, conversamos muito francamente e com muito entusiasmo sobre a necessidade de apoiar as reformas. Eu me queixei da desorganização, da falta de vitórias no Congresso. Todos sempre dão um motivo ou outro para explicar por que sim, por que não. O senador Ademir Andrade, do Pará, que é do Partido Socialista* e que eu já conhecia como deputado, mais briguento porém educado, me disse que apoia as reformas mas estava bastante contrário à questão da Previdência, que isso é um absurdo. Enfim, tinha sempre uma ou outra razão de reclamação pontual. O clima foi bom.

No Amazonas, então, nem se fala. Compromisso muito extenso. Amazonino [Mendes]** controla a situação do estado. Subimos o rio Amazonas num barco da Marinha. Fiquei impressionado com o modo como o barco é bem tratado, mesma coisa com o navio-hospital que visitei, dão atenção efetiva às populações ribeirinhas. Em Novo Airão, grande manifestação, realmente simpatia popular. Conversei bastante com os almirantes sobre vários temas, quis falar também com os oficiais. Voltamos de helicóptero, sobrevoei uma região chamada Anavilhanas, muito bonita, aquela coisa amazônica, planície, o panorama acaba cansando um pouco. Nada de extraordinário fora essas manifestações e um encontro excelente de trabalho com os secretários de estado mais os governadores. Creio que começamos a definir algo de mais concreto para a Amazônia.

A exploração do gás do Urucu é uma possibilidade, no Juruá também, mandei ampliar a refinaria de Manaus, porque o Rennó disse que era factível, passar de 12 mil para 40 mil barris a tancagem em Rondônia e no Acre. Houve satisfação política, disse que faria a BR-174, que ligará Manaus a Boa Vista, depois lá para cima à Venezuela, dando saída inclusive para a questão tormentosa da Zona Franca. Antes de viajar, já tinha dito à área econômica que não se devia mexer na Zona Franca sem examinar mais a fundo. Sei que há vários problemas, contrabando, bandalheiras, mas dá muito emprego, então não se pode mexer simplesmente por ímpeto de controlar divisas, é preciso negociar um pouco. Do Amazonas voltamos para Brasília.

As grandes novidades ocorreram na área política, no Congresso, onde se nota uma inquietação muito forte e crescente. Algo preocupante. Não há unidade entre os líderes, vê-se nitidamente que o Luís Carlos e o Rigotto competem. Houve uma votação, já não me lembro em que semana, bastante discutível: derrubaram um veto do Itamar na questão da TR rural. Isso foi maciço, é claro que o líder do PSDB, José Aníbal, não devia ter retirado o pedido de suspensão da votação, porque não havia unanimidade. Ele cedeu à pressão dos ruralistas, o Luís Carlos teria dito, e acho que disse mesmo, que fez um acordo com eles sobre isso no ano passado. Não sei se Itamar sabia desse acordo, eu não sabia, e a derrubada do veto criou um grande embaraço na questão da condução da política agrícola. Moral da história: o pessoal da área econômica também está levando esse problema da TR, sem tomar

---

*Partido Socialista Brasileiro (PSB).
**Governador do Amazonas pelo PDT.

uma decisão mais firme. Aqueles que são devedores utilizam o argumento de que a TR sufoca todos, todo mundo está contra a alta taxa de juros.

Na questão dos juros vem chumbo grosso mesmo, o fato de o Congresso ter derrubado o veto* desmoraliza a liderança do governo. Como estamos trabalhando com muito afinco, creio que será possível acertar a votação no que diz respeito às medidas de reforma constitucional, pelo menos as da área econômica.

Não obstante, quero registrar aqui a minha profunda preocupação com nossa desarticulação, do governo, no Congresso. Eu nem sequer sabia que esse veto seria votado. No dia que isso ocorreu, almocei aqui em casa com a bancada de senadores do Centro-Oeste, uns oito ou nove, falamos sobre a questão da TR, mas ninguém me alertou da votação. Foi o Iris Rezende** que organizou, juntamente com Élcio Álvares, esse encontro, numa política de boa vizinhança, uma conversa normal, todos têm lá suas reclamações específicas na área agrícola ou em outras áreas, sugerindo mesmo que eu fizesse o governo itinerante.

A repercussão da visita ao Amazonas foi boa. Claro que houve manifestação da CUT — essas manifestações estão acabando por desgastar seus organizadores —, mas o Amazonino fez uma maior ainda. Não vou parar de andar no Brasil, porque acho positivo, sinto de perto os problemas, lamento que a área econômica não tenha estado comigo, e também creio que isso anima os deputados, governadores, de um modo geral anima a região.

Voltando à desarticulação no Congresso. O quadro é o seguinte: os líderes das bancadas do PFL, do PSDB e do PMDB na Câmara gostariam de ter o controle do contato comigo, o que exclui os líderes dos pequenos partidos, que ficam irritados e buscam mais contatos. Os do governo também ficam à margem.

Pela primeira vez tive um encontro com o ministro das Minas e Energia para discutir a questão das energéticas e verificar se é possível avaliar algumas decisões que teremos que tomar no que diz respeito aos diretores dessas empresas, alguns dos quais são objeto de grande pressão de muita gente. Nas elétricas há um compromisso com o [Antônio] Imbassahy, que foi vice-governador do Antônio Carlos. O ministro Raimundo Brito sustenta a posição dele. O Sérgio Moreira, que é hoje presidente da Chesf, não quer vir para cá, vai ficar, portanto, na Chesf. Creio que talvez haja um pouco de tempestade em copo d'água na questão das nomeações, porque estamos garantindo as posições centrais para gente competente, gente de base técnica. O Sérgio Motta pede que eu só nomeie para as teles depois do dia 10 de maio.

* Com a derrubada do veto presidencial, marcada por forte atuação da bancada ruralista, a TR deixou de ser adotada como indexador de financiamentos do crédito rural. Os juros passaram a ser calculados com base nos preços mínimos dos produtos agrícolas, congelados desde o início do Plano Real.
** Senador (PMDB-GO).

Na área política continuamos às voltas com a questão de transformar o Richa em coordenador do governo. Na verdade, o Richa não quer. Estive com ele e com o Mário Covas aqui no Palácio da Alvorada, e conversamos bastante, sábado e domingo pela manhã. O Richa tem posições claras, acha que no presidencialismo quem coordena é o presidente. Percebi também que o PFL resistiria à sua designação, e tive medo de que ele, em vez de coordenar, fosse criar mais um problema. O Covas não gostou muito, porque veio até aqui, se empenhou, tem sido companheiro, mas a política é dinâmica. Depois que falei com ele, senti muitas reações e achei que, estando o Richa em posição de pouca disponibilidade para vir trabalhar, não haveria por que insistir. Fica, portanto, ainda essa ponta de questão.

Não está resolvida a temática de como vamos controlar os partidos, se é que vamos, e vê-se que o PMDB está muito agitado e não amarra. Cada dia tem um problema novo, uma desculpa nova. O PP é uma coisa menor, está sendo comido pelas bordas pelo PFL e igualmente pelo PSDB. Houve um entendimento feito via Sérgio Motta, e também o Xico ajudou, com Vadão [Gomes] e com Odelmo Leão, acho que uma parte do PP nessa altura já está mais ou menos sob controle.

Não obstante, isso não foi suficiente para evitar a questão da TR rural. Agora a área econômica terá que resolvê-la um pouco na marra, porque o ministro Eduardo [José Eduardo Andrade Vieira], por telefone, reclamou várias vezes comigo, e com toda a razão, que se fica enrolando e dá nisso: acaba se resolvendo sob pressão.

Na área da Economia, estamos na mesma. Houve algum progresso na definição da política cambial, mas o mercado ainda não está muito confiante. Hoje isso transparece e foi objeto de uma conversa minha com Malan porque a imprensa deu grande ênfase à polaridade entre ele e o Serra, e também à questão antiga do Pérsio. As versões são variáveis, não são todas corretas, o que dá a sensação de falta de integração. O Malan se queixou muito — no fundo se queixava de mim também sem dizer — de que, numa matéria da revista *Veja*, o Expedito Filho critica-o bastante, até em alguns pontos injustamente, o que o deixava mal, porque beneficiava o Serra. Eu disse: "Não dá para prestar muita atenção nessas coisas. O Serra poderá estar realmente soltando, indiretamente, uma ou outra informação, mas não está fazendo uma campanha, e nós não podemos governar olhando o jornal o dia inteiro". Mas transparece um moral da equipe econômica que não é elevado numa altura onde já deveríamos estar mais avançados.

No dia 12, pela primeira vez, recebi um documento, feito pelo Bacha, que começa a dar uma linha sobre o que fazer. Não me satisfez. Esse "o que fazer" requer um horizonte maior para definirmos a política econômica no Brasil, que não pode ser definida no dia a dia. É preciso prever o que vem pela frente, imaginar que medidas novas precisam ser tomadas.

Houve um incidente desagradável: a Dorothea só soube na véspera sobre a decisão de aumentar a tarifa de 70% para os automóveis. Ela é uma pessoa de caráter, não passou recibo, mas fez um papelão, como eu também fiz com a Ford, com não sei que outros produtores de automóveis, porque dissemos que não íamos mexer na tarifa e tivemos que mexer de uma maneira súbita para conter o excesso de importações. O curioso é que as exportações continuam crescendo, e bastante. Por enquanto, a economia chamada "real" está bem, mas nem isso passa como sensação à população.

Outro fato importante: como houve muita crítica ao redor da questão da Comunicação, o Muylaert acabou pedindo demissão. Achei que não tinha mais jeito mesmo, aceitei. Ele disse depois à imprensa que eu não lhe tinha dado a tarefa de ser o organizador da comunicação geral do governo. Basta ver o título do cargo, não precisa dar orientação, mas são águas passadas. Resolvi botar lá o Sérgio Amaral para experimentar. Está indo bem. A questão de sempre é como se faz a coordenação disso com Serjão [Sérgio Motta] e com o Geraldão [Geraldo Walter], que trabalhou na campanha.

Fiz uma reunião ontem com a Ana e com eles. Houve muita discussão. Acho que queriam botar o Sérgio Reis. Cheguei quase a convidá-lo, perguntei se viria para cá, mas acho que ele não tem o conjunto de qualidades que um coordenador da área de comunicação social do governo precisa ter. Sérgio Amaral fala com mais autoridade com editor, com empresário, com ministro. Se fosse possível trazer o Sérgio Reis para a publicidade, aí está bem. Mas comunicação do governo não resolve a questão do governo, e não é só uma questão de publicidade, é o conjunto das ações de governo. Acho que isso continua bastante deficiente.

No domingo passado tive uma reunião com Clóvis e Eduardo Jorge para começar a botar ordem nas minhas ideias. Terei que fazer uma mexida — que não sei se faço em maio ou em junho — até em alguns ministros e na linha de coordenação do comando aqui no governo. Talvez volte à ideia do coordenador político, porque realmente está bem pesado para mim, e não posso me banalizar tanto como estou me banalizando, recebendo muita gente, falando demais. Fiz exposições em quantidade, falei sobre a questão da Lei de Concessões,* os jornais sempre pegam uma frase, criam logo um confronto com o Congresso, com o que quer que seja, e, nesse meio-tempo, muito trabalho preparando a visita aos Estados Unidos e a tentativa de fazer andar a Lei de Patentes.

Pressionei o Suassuna o quanto pude, ele soltou o seu relatório, que não é perfeito mas avança um tanto, pediram vistas coletivas, são cinco dias. Quando eu estiver nos Estados Unidos, a Comissão de Justiça do Senado votará o parecer, se o Élcio Álvares correr, quem sabe não seja possível aprová-lo também na Comissão de Economia, o que seria uma maravilha, porque aliviaria esta área.**

---

* A lei nº 8987, proposta pelo senador Fernando Henrique Cardoso em 1991 e sancionada em fevereiro de 1995, regula a construção de obras e a prestação de serviços públicos por concessionários da iniciativa privada.

** O senador Ney Suassuna (PMDB-PB) era o relator do projeto de lei sobre propriedade intelectual

Neste meio-tempo, grande problema também com o Sivam-Sipam. Pressão para cá, pressão para lá, e a tal de Esca parece que tem realmente um fato grave, na medida em que ela não está quite com o INSS e fez fraude. Eu tinha dito ao deputado [Fernando] Gabeira, o qual recebi junto com o brigadeiro [Marcos Antônio de] Oliveira, a quem ele não conhecia mas estava presente com o ministro da SAE, o Sardenberg, que não havia razões para suspender o contrato porque não existia nada de concreto sobre fraudes. Mas, no dia seguinte, o deputado [Arlindo] Chinaglia, do PT, aliás agindo corretamente, me trouxe os documentos e disse: "Eu podia esperar o senhor assinar, para depois anunciar, mas está aqui, é só ver". É verdade; pelo que vi, eles não estão quites com o INSS. Já comuniquei pelo porta-voz que, se não ficarem quites, não assino.

Se isso não fosse suficiente, os americanos também estão pressionando porque a Aeronáutica está importando material sensível para a fabricação de mísseis. Tentei importar da Rússia, eles sabem, isso não está dentro das regras deles, embora nós não tenhamos regra nenhuma, porque não somos do MTCR. Dissemos mais de uma vez que queríamos entrar no MTCR, que é o tratado que controla os mísseis, mas a Aeronáutica está disposta a fazer esse míssil e é difícil, nessa altura, com quase tudo pronto, paralisar.

Outro fato importante foi que reuni os ministros militares. Não estava o general Zenildo, substituído pelo chefe do Estado-Maior, os outros todos, mais eu, Lampreia e Sardenberg. Reunião muito interessante. A pergunta foi a seguinte: "Eu vou me encontrar com Clinton; e se o Clinton me propõe a entrada do Brasil para o Conselho de Segurança a troco do Tratado de Não Proliferação [de Armas Nucleares] e do MTCR?". Grande perplexidade. Na verdade eles querem entrar para o Conselho de Segurança, mas preferem que o Brasil não assine tratado nenhum, o que, claro, é difícil. Acho que há uma certa abertura, porque se animaram bastante com a entrada no Conselho.

A outra dúvida que coloquei: a questão da Conferência de Defesa Hemisférica.* Aí foi diferente. De fato, só o ministro da Marinha se opôs mais vivamente, ele tem uma visão de que a marinha argentina, a chilena, se aproximaram muito de nós, a equatoriana, quem sabe a sueca, a francesa, e que os americanos estarão sempre na posição de não querer aceitar o Brasil. Inclusive agora, eu não sabia, houve um problema no Equador, não querem aceitar nas manobras o comando de um oficial que não seja americano, o que dificulta enormemente as negociações. De qualquer maneira, vou pedir ao Sardenberg que me dê um paper registrando o que foi debatido nessa reunião. Talvez tenha sido das poucas em que os militares brasileiros, junto

---

na Comissão de Constituição e Justiça do Senado, que tramitava no Congresso desde abril de 1991. Os Estados Unidos pressionavam pela aprovação da lei.

* Primeira reunião da Conferência de Ministros da Defesa das Américas, no âmbito da Comissão de Segurança Hemisférica da OEA, em julho de 1995, em Williamsburg, EUA.

com o Itamaraty, discutiram com o presidente da República os rumos da política internacional e da política militar propriamente dita.

Ainda na área militar: fui procurado nesta semana pelo brigadeiro Gandra, que me informou de algo muito grave. O senador Requião foi a ele e disse saber que a Aeronáutica tinha um Fundo não orçamentado, e o brigadeiro me confessou que isso era verdade. São 160 milhões de dólares aproximadamente, resquício do governo desde o tempo do Figueiredo. Diz ele que tudo é registrado de acordo com as leis brasileiras mas, no fundo, não é orçamentado, ou seja, é uma espécie de caixa dois, que ele chama de "reserva de guerra" e poderia ser assim considerado.

No entanto, ele propôs, e aceitei na hora, que é preciso orçamentar, e de uma vez. Autorizei-o a falar com o Pedro Parente, que estava respondendo pelo Ministério da Fazenda, para que isso se resolvesse logo, porque é um assunto da maior gravidade, acho até que passível de punição. Tenho agora que tomar medidas internas, sigilosas, mas devo informar oficialmente, dentro do governo, que o Fundo existe, que estou contra e que a Aeronáutica se dispõe a legalizá-lo. Mesmo assim, pode haver consequências para os que o usaram sem forma legal, não quero avançar o sinal. O brigadeiro não me pediu que encobrisse nada, nem eu encobriria, mas pediu meu apoio para mostrar que isso foi feito com o fim de garantir à Aeronáutica condições de desenvolvimento tecnológico, que não teve outro propósito, que foi bem gerido, o que acredito seja verdadeiro. Mas é um assunto delicado.

Vejam que não foi, portanto, uma semana fácil.

14 DE ABRIL A 1º DE MAIO DE 1995

Viagem aos Estados Unidos. Crise no Banco Central

Na conversa, que já mencionei, com o Pérsio sobre sua substituição, eu disse: "Mas, Pérsio, qual é a solução?". E nessa hora começa a elucubração: quem sabe o Armínio Fraga, mas Armínio está ligado ao Soros, não pode; quem sabe quem, quem sabe não quem, isso não resolve.

Continuo agora contando com mais detalhes o que aconteceu ontem, dia 13 de abril, em relação à reunião sobre Comunicação. Muitas decisões. Vamos ver se se implementam. Precisamos ter uma campanha de revalorização do real, de novo uma campanha sobre as reformas, não no sentido de publicidade, mas uma ação sobre as reformas e a divulgação do dia a dia do governo. Porque temos feito bastante. E muita gente reclama. O fato é que as reformas deram uma sacudida muito forte no país e ninguém percebeu ainda que nós mudamos o rumo. E essa mudança, na hora H, a gente vê que não tem tanta força quanto parecia que tinha no início do governo.

Passamos a época dos famosos cem dias. Houve umas avaliações um tanto apressadas, como se em cem dias se pudesse fazer alguma coisa num governo que é de continuidade. Eu repeti isso inúmeras vezes, mas a mídia gosta de ter espetáculos e, como já disse aqui, não é o meu estilo. Então, haverá sempre uma certa decepção, e a elite sempre desejosa de que rapidamente se faça o que ela quer. O que ela quer, ela não sabe muito bem, quer ganhar mais, mas não sabe nem por que nem como, quer abrir, quer privatizar. O programa de privatização está aos cuidados do Serra. Mesmo assim, não pode ser de uma hora para outra.

No dia 12 fui procurado pelo senador Esperidião Amin, presidente do PPR.* No mesmo dia havia estado com Dornelles, líder desse partido na Câmara. Disse que já nos apoia, daquele jeito dele, e que as reformas devem ser um pouco mais lentas, primeiro a ordem econômica. Acha que vão passar todas, e deixaria a Previdência para mais adiante. Acha também que o Almino [Affonso], que almoçou comigo para fazer uma proposta das esquerdas, poderia perfeitamente ter razão ao sugerir que fizéssemos uma transição mais branda, enfim, um pouco de conversa fiada. Amin me disse o seguinte: "Ou eu fico contra o governo, ou eu vou te apoiar. Eu tenho que decidir, mas depende de você. Você quer? Você pode? O PPR não vem todo, mas vem o que há de melhor nele. Você pense nesse fim de semana, que é longo

---

*Partido Progressista Renovador, que se fundiu com o PP em agosto de 1995.

por causa dos feriados, depois nós tomamos uma decisão". Minha primeira reação é positiva. Esse foi um fato político importante.

Quero registrar ainda que fui a Pernambuco, na sexta-feira passada. Estive com o Arraes, foi uma coisa boa, por sugestão do Fernando Lira. Levei-lhe recursos para resolver o problema dos desempregados da entressafra da zona da cana, ele ficou muito contente. Fomos depois para Caruaru, onde fez um discurso em que praticamente me apoiou. Me disse que tinha pequenas divergências. Isso foi um tento. Conversei com Roberto Freire, acho que a famosa frente de esquerda* foi rompida. Soube pelo Tasso que o Lula também está procurando a ele, Tasso. E soube hoje pela Rose de Freitas** que o [Vitor] Buaiz disse a ela que o Lula quer ter uma conversa comigo, ou seja, parece que por aí há uns sinais. Eles estão se dissociando das manifestações violentas da CUT, porque já perceberam que estas, mais adiante, vão reverter contra.

Saiu um Ibope positivo, 63% das pessoas confiando em mim, e também de apoio ao governo. Em geral, a sustentação é ainda muito grande, de modo que, do ponto de vista popular, as coisas continuam intocadas. O problema é a elite, basicamente porque sabe que, com a questão do México, houve uma mexida e porque esperava uma privatização mais rápida, "reforma já", sem entender que a reforma é um processo lento, complicado. E os donos da mídia, embora digam que apoiam, na verdade apoiam mais é a permanente controvérsia, desempenhando um papel aliás positivo, na mídia brasileira, de inventar contendores quando estes não existem. Eu já tinha analisado como faziam isso no tempo do regime da ditadura militar, inventaram os empresários que eram contra o Geisel, e por aí vai, criando e personalizando. Faz parte da sociedade de massa, não tenho que me queixar, tenho é que entender e atuar nesses contextos.

Em Caruaru, a população muito simpática, muito aberta, depois fui a Nova Jerusalém, idem. Na conversa com os deputados percebe-se que há bastante campo para uma ação, embora eu esteja me desgastando muito nessa ação direta, quase pessoal. Não há por que não imaginar que se possa retomar um controle político razoável quando as coisas assentarem mais.

Retomando a reunião que tive posteriormente sobre a área de comunicação social, Serjão ficou aqui até onze horas da noite. Ruth tinha passado o dia em São Paulo, voltou, eu interrompi a conversa, que já estava muito cansativa.

Hoje, Sexta-Feira Santa, conversei com Serra, que almoçou aqui. Falamos sobre a área econômica, na qual achava que havia uma paralisia, ele também. Eu disse que essa área continuava com uns problemas meio insolúveis e que lá para junho eu teria que tomar posições mais firmes. Não sei o que ele entendeu por "posições

---

* Formada por PT, PDT e outros partidos de esquerda contrários às reformas constitucionais.
** Ex-deputada federal (PSDB-ES).

mais firmes", mas, de qualquer maneira, também percebe que é preciso haver alguma mexida. Não tenho detalhes sobre a questão do Pérsio Arida, mas está na cara que, se o Pérsio não tem mais condições de ficar no Banco Central, então para que tirar o Gustavo de lá e botar na Fazenda, como estávamos querendo? Talvez fosse melhor uma solução mais radical.

Os dias foram tão tumultuados que não tive tempo de conversar com Malan sobre nada disso. Ele falou várias vezes na televisão, saiu-se bem, está se firmando mais desse ponto de vista, o que é positivo. Creio que com esses acrescentamentos posso encerrar a questão deste 14 de abril. Amanhã vou me dedicar, como fiz hoje, a organizar papéis e a ler em voz alta textos em inglês. No domingo vem aqui um professor por causa da minha pronúncia, que sempre foi muito descuidada. Vamos ver se melhora um pouco.

Segunda-feira de manhã tenho que ir de novo ao navio-escola da Marinha e passar em revista unidades da Marinha na baía de Guanabara. Será um dia cansativo. Na última viagem que fiz a Pernambuco, cheguei aqui às duas e meia da madrugada, com um problema sério de intoxicação. Ruth estava nos Estados Unidos, tive que chamar médicos e fiquei de molho no fim de semana. Só na manhã daquele domingo é que levantei para ir ao campo de futebol, porque havia uma partida que o Xico inventou entre deputados e gente do governo. Foi simpático, ninguém percebeu que eu estava bastante cansado de tanta reação gástrica, mas tudo bem.

RETOMO A GRAVAÇÃO NO DIA 1º DE MAIO. Quanta dificuldade para manter minimamente um registro dos fatos ainda que não seja por escrito. Que diferença quando se pensa que Getúlio tomou nota meticulosamente no dia a dia, a lápis, de tudo que fazia. Hoje a velocidade da vida e a quantidade de questões que desabam sobre o presidente impedem qualquer veleidade nesta direção.

Como eu disse na última etapa da gravação feita em 14 de abril, fui ao evento da Marinha, no Rio, no dia 17 pela manhã, passei em revista a tropa, almocei no navio-escola, fui muito bem recebido, homenagens para todos os lados. Voltamos para tomar o avião e seguir para os Estados Unidos. O único episódio menor a ser registrado é que os repórteres inventaram que eu estava puxando de uma perna. Eu não sentia nada na perna. Mais tarde, quando me vi na televisão, de fato estava mancando, porque tenho mania de andar assim, um pouco manco, mas não tem nada a ver com a coluna, com postura em geral.

A viagem para os Estados Unidos foi amena apesar de um pouco longa. Chegamos a Nova York na madrugada da terça-feira, e houve a habitual recepção na entrada, com todos os embaixadores, um clima de muita confiança no êxito da missão. Dormimos no hotel, no Waldorf Towers. De manhã cedo, com bastante tranquilidade, gravei um programa para a televisão, nem sei qual delas, porque gravei programas o tempo todo em inglês e em espanhol. Fui almoçar num clube com alguns empresários. O clima, realmente caloroso. Sentei-me entre o presidente do Citybank, John Reed, e o presidente da Ford, [Alexander] Trotman.

Esse tivera um problema no Brasil. Depois de me visitar e de visitar a Dorothea, foi surpreendido pela nossa decisão de aumentar as tarifas em até 70% para importação de automóveis. Ele tinha quase desistido de fazer investimentos aqui. Após uma longa conversa comigo e com Malan, que sentou do outro lado de Trotman, acredito que tenhamos conseguido argumentar de modo que ele volte a ter confiança, e acho que vai ter, no investimento. Todos os que estavam presentes nesse almoço, umas vinte ou trinta pessoas do mais alto significado econômico nos Estados Unidos, deram depoimentos favoráveis sobre as expectativas da economia brasileira.

O dia foi muito agitado em Nova York. À noite, no Lincoln Center, houve uma homenagem no Avery Fisher Hall ao Tom Jobim. Recebi um aplauso, uma ovação na verdade, o que não deixa de ser bom. Em termos de Brasil, depois de tantas visitas com a CUT de permeio, é uma tranquilidade.

No dia seguinte cedo, tive o café da manhã na casa do Kissinger, também excelente, com jornalistas e três investidores do maior gabarito. Disseram com toda a clareza que acham que o real está dando certo, agradeceram a minha atuação, enfim, só motivos de alegria. Já quando cheguei ao hotel, havia os rumores da famosa discussão que o Sérgio Motta teria tido, e teve, na Câmara dos Deputados, onde naturalmente se excedeu no linguajar, na incontinência verbal, falou em masturbação sociológica, o que mexe com a Ruth e comigo. Não o fez por mal, mas falou. Além disso, opinou sobre outras áreas.

O único contato direto que tive foi com o Paulo Renato, que me telefonou do Brasil para informar que não era tão grave assim, que ele, Paulo, que fora criticado, sabia que o Sérgio tinha feito isso num outro contexto, tentando defender o governo. Eu estava muito irritado com aquela incapacidade do Sérgio de travar a língua. Liguei para o Clóvis e ele que, geralmente, é mais severo na avaliação do Sérgio, também me disse que este tinha tentado defender o governo e que os dois já haviam conversado.

Eu disse: "Bom, mas isso não pode continuar desse jeito", e mandei o porta-voz comunicar que sobre os outros ministros só quem fala sou eu e que o ministro Sérgio Motta só fala sobre Comunicações. Não mandei que o Xico dissesse nada disso ao Sérgio. A *Veja* no fim de semana registrou um diálogo que não é verdadeiro — nem o Xico disse ao Sérgio, nem eu disse ao Xico. O Sérgio usou isso mais tarde como argumento para mostrar de público que suas relações comigo continuam boas. Insistia no fato de que o avisei que mandaria o porta-voz repreendê-lo em público. Não avisei.

Esse foi o único, digamos, deslize de um dia que foi muito proveitoso. Tive um almoço com cerca de 1300 empresários na Câmara Brasileira-Americana de Comércio,* uma verdadeira consagração. O clima mudou, falei de privatização, defendi o real, perspectivas do Brasil, a gente sentia que a coisa ia bem.

---

*Câmara Americana de Comércio para o Brasil (Amcham).

À noite fomos para Washington. Jantar bastante agradável na embaixada, também aniversário da Lúcia Flecha de Lima, que foi condecorada por mim, um clima muito bom.

Na manhã seguinte, recepção na Casa Branca, que já está registrada pela imprensa, não preciso voltar a ela. Mas na conversa íntima, só eu e o Clinton, a qual não está na imprensa, de fato me surpreendi com o jeito amistoso do presidente. Ele reclinou a cabeça e me perguntou: "O que posso fazer para te ajudar? Que posso fazer para ajudar o Brasil? O que nós podemos fazer juntos?". Um clima, assim, muito aberto. Não mencionou nada do que se dizia que iria mencionar: nem patentes, nem questão de Sivam, nem coisa nenhuma que fosse capaz de provocar algum ruído nas nossas relações. Mencionei-lhe o Conselho de Segurança, que era um modo de o Brasil ter uma participação maior e também de os militares se sentirem desempenhando um papel mais consistente, o que igualmente fortaleceria a democracia, e falei na questão do sistema financeiro internacional.

Horas antes desse encontro, o Camdessus* conversou comigo no café da manhã e disse que achava importante um contato direto dele com Clinton, coisa que não estava obtido. Também achava que era necessário aumentar os direitos especiais de saque, SDR** como se diz em inglês, para reforçar o papel do FMI, de tal maneira que este pudesse atuar mais rapidamente nas crises internacionais. A resposta do Clinton foi positiva, ele iria receber o Camdessus, ou seja, inverteram-se os papéis, Camdessus pediu um favor a mim e não eu a ele. Aliás, Camdessus me disse que considerava a economia do Brasil boa, que não precisaria do FMI. Fez aquelas ponderações que já estavam no relatório que eu havia lido, mas não vê nenhuma gravidade maior nesse relacionamento.

Posteriormente tivemos uma reunião coletiva com os ministros do Clinton e os meus, também num clima muito favorável. Em seguida fomos para o pódio, já se viu tudo como foi, já se sabe, sem novidade alguma.

O almoço com o Al Gore correu da mesma forma, sem nada de negativo. Sentou-se à mesa um presidente ou dono, sei lá o quê, da Raytheon, que é a empresa do Sivam-Sipam. Eu não tinha nem sido avisado disso. A esposa dele estava ao meu lado, não tocou no assunto, no que foram gentis. Ao mesmo tempo, deram um sinal do interesse que têm por esse projeto.

Tudo transcorreu muito bem à tarde, as várias reuniões que já estão descritas pelos jornais e, à noite, a recepção na Casa Branca. O mesmo se repetiu no dia seguinte, com muitas entrevistas, sobretudo no National Press Club, onde fui aplaudido três vezes enquanto falava e no fim recebi uma ovação, coisa que o presidente do clube disse nunca ter visto nos vinte anos em que o frequenta.

* Michel Camdessus, diretor-gerente do FMI.
** Special Drawing Rights, recursos provenientes da reserva internacional criada pelo Fundo em 1969 para suplementar as reservas de divisas dos países-membros.

Chegamos de volta ao Brasil no sábado à tarde. No domingo chamei o Marco Maciel para conversar. Ele tinha me dado um papelzinho com o nome de deputados e senadores com quem achava que eu devia conversar, porque tinham sido ativos na votação de vários projetos de interesse do governo. Mencionei-lhe a necessidade de termos uma ação mais efetiva de coordenação da nossa política, e falei da ideia do Odacir Klein. Marco reagiu positivamente. Disse que achava que o PFL não se oporia, porque Odacir é um homem bem-visto, lembrou que tinha havido uma disputa com o Inocêncio de Oliveira, que Odacir perdeu mas que não deixou mágoas. Não sei até que ponto o Marco realmente acha isso, mas, no finalzinho, ele disse: "Vou pensar um pouco melhor". No entanto, não fez nenhuma restrição.

Na segunda-feira fui para o Planalto, falei com vários deputados e chamei o Luís Henrique para conversar. Curiosamente, ele mencionou que achava que era o momento de fazer um rearranjo, porque no dia seguinte haveria uma reunião da bancada do PMDB e o partido estava muito rebelado por falta de espaço, aquela coisa de sempre. E citou o nome de Odacir. Eu disse: "Luís, eu até tinha pensado numa possibilidade dessa". Ele disse: "Posso falar com Odacir?". E eu: "Olha, sonda, mas acho que é cedo, vamos ver, vai com cuidado porque senão pode ir para a imprensa".

Odacir estava no Rio Grande do Sul. Na terça-feira o Britto veio de lá e, a essa altura, já sabia do assunto. O Odacir também já tinha sido conversado e, segundo o Britto, estava muito entusiasmado. Chamei o Odacir naquela manhã e, enquanto estou conversando com ele, toca o telefone: era o Rigotto me perguntando que história era aquela da coordenação política, visto que eu, na segunda à tarde, na véspera portanto, estivera com os líderes do governo e não mencionara o fato. Eu tinha estado com os líderes para acelerar o processo da votação da admissibilidade da Previdência, e também estava preocupado com o gás canalizado. Afirmei ao Rigotto que não havia nada, mas Odacir estava ali, ouviu minha conversa, eu lhe disse: "Olha, já está na imprensa, se for para a imprensa, vão te queimar".

Ele é uma pessoa que me parece séria. Eu disse: "Olha, cuidado, porque nessa matéria você vai ter que realmente meter a mão no lixo que nós não gostamos, porque você vai ter que discutir não só a questão da aprovação de projetos, mas as nomeações que são essa dor de cabeça que fica nos atormentando a todos nós aqui". O Luís Henrique havia mencionado que Odacir queria na verdade a Casa Civil, eu disse ao Luís: "Nem pensar". A Casa Civil foi discutida aqui por nós com outro formato, era para coordenar o governo.

Telefonei ao Tasso para que viesse ao Alvorada para começar a preparar o terreno. Ele já estava sabendo da crise, provavelmente pelo Britto. À noite marquei um encontro aqui em casa com os dois. Então o Tasso disse: "Bom, vou levar o Antônio Carlos", porque o Antônio Carlos tinha estado aqui antes de nós viajarmos, estava muito entrosado, e ficaria queimado. No encontro, ele também já sabia do mal-estar. A imprensa mencionara o assunto e ele dera sua opinião, que não era necessária coordenação nenhuma. Disse que uma ampliação nos espaços do PMDB perturbaria o governo e insistiu na tese de que este tinha que comer pelas bordas os partidos, inclusive o PMDB. Não houve uma defesa mais veemente por parte do Britto, e o Tasso dava a sensação de que estava de acordo com o coordenador mas, percebendo as imensas dificuldades já criadas pelo fato de o PMDB estar numa posição meio rebelde, achava que a questão do Odacir não juntaria a todos.

À tarde tinha me procurado o Sarney, que falara com os líderes e com o Temer para desfazer a reunião que, na verdade, não houve. Eu tinha falado na segunda com o Michel Temer, que viajou na terça para a Paraíba como uma maneira de não fazer reunião para não haver a rebelião contra o governo, e o Sarney disse: "O problema aí são esses gaúchos". O mesmo me disse o Jader Barbalho, que claramente era preciso haver uma ligação direta com ele e com Temer. No fim, essa é a questão: todos os líderes querem uma ligação direta, os do governo, os do PMDB, e têm horror à ideia de um coordenador. Resultado: ficou muitíssimo prejudicada a possibilidade de qualquer coisa nessa direção.

Conseguiu-se nessa semana a aprovação da emenda sobre o gás canalizado.* Foi tudo tranquilo e bastante positivo. O problema político que restou foi o relativo à questão da votação da admissibilidade da emenda sobre a Previdência. Fui tomar café da manhã na casa do senador Marco Maciel, com a decisão muito clara de que não seria possível enrolar mais e postergá-la, porque isso significaria um enfraquecimento imenso do governo. Na verdade, nem o PMDB nem o PFL estavam dispostos a bancar a votação. O primeiro a não querer era o Inocêncio. Eu disse: "Não, não, tem que ser, acho que chegou a hora de ver quem está comigo e quem está contra mim, quem é do governo e quem não é". Tínhamos feito umas contas e achávamos que podíamos ganhar de qualquer maneira, mesmo que o PMDB não viesse.

O Temer foi claro, o PMDB tinha resistências, o Luís Carlos Santos também não estava entusiasmado. Odelmo Leão deu uma ajuda clara, disse: "O PP vota, os três votos do PP são seus". O Roberto Magalhães, que me havia dado através do Marco uma avaliação negativa da Comissão de Constituição e Justiça, muito cheia de dúvidas quanto à possibilidade da aprovação da admissibilidade, obviamente não queria também.

Bati o pé. Disse: "Acho que há momentos em que o governo tem que ter clareza, é melhor saber quem são os aliados". Disse também, com tranquilidade: "Nesse caso é o seguinte: quem não for, não estiver com o governo, está contra, e arcará com as consequências". Consequências, eles entendem logo que são demissões, e eram mesmo, eu estava disposto a isso.

Saí dali, falei com Luís Henrique e disse a mesma coisa: "Nós vamos ganhar, passamos a quarta-feira toda fazendo as contas, vamos ganhar mesmo sem o PMDB, mas é melhor ganhar com o PMDB". Telefonei para muita gente, para o pessoal do

---

*Em primeira votação, foi aprovada a participação da iniciativa privada na distribuição de gás canalizado.

PPR, falei com gregos e troianos, com Gerson Peres, com [Ibrahim] Abi-Ackel, com Arraes para influenciar no [Nilson] Gibson, e por aí foi. Passei um dia muito duro ao telefone.

À noite fiz uma avaliação e concluí que com ou sem o PMDB ganharíamos. Na mesma noite vi na televisão o Michel Temer dizendo que não iriam votar, mas eu já sabia que aquele registro era anterior à tentativa de reabrir a questão. Tentaram reabri-la e, na rebeldia, deu o que deu, 35 a 15, algo assim, ou 16, ou 36 a 15,* ou seja, uma vitória nítida.

Insisti que tinha que ser e acabou, tinha que ser e foi. Isso teve um efeito *extraordinário*, porque as pessoas estavam imaginando que eu fosse deixar correr solto e percebi que não dava para deixar correr solto. Me deu trabalho porque, na prática, passei a assumir a coordenação do governo, com apoio do Marco, é verdade, mas diretamente, usando muita persistência e também dizendo que era hora de saber cara ou coroa. O pessoal da Paraíba teve que se explicar, o Lucena esteve lá comigo, tentando ajudar, falei com Ronaldo Cunha Lima, o Ney Suassuna voltou a me telefonar, vou jantar com eles agora em maio.

Acho que isso deu uma limpada, deixando bem claro que o governo tem condições políticas de fazer as reformas.

Quero deixar registrados aqui ainda dois episódios. Um, a questão Sérgio Motta. Falei com ele após a volta dos Estados Unidos. Sérgio é inteligente, percebe que fez besteira. Fui muito insistente, porque não posso permitir mais essa casa da mãe joana. Não tem cabimento que tudo que eu fale apareça na imprensa. Se no governo não há ordem, eu mudo o governo. Isso vale para a área econômica também.

O Pérsio veio domingo passado aqui em casa com suas dúvidas de sempre. Saí com a impressão de que ele ficava, porque me disse: "Olha, quem é que me substitui?". Vem de novo a história, ou é o André, ou é o Gustavo, ou é o Armínio Fraga. E nenhum dos três tem condições de substituí-lo. O Pérsio sabe disso, então no fundo é um modo de dizer: sou insubstituível, não quero mas não tem jeito.

Não obstante, na quarta-feira passada o Pérsio pediu hora a mim, foi ao Palácio do Planalto e me disse formalmente que tinha pensado muito e que não iria mais ficar. Disso dei ciência ao Clóvis, ao Eduardo Jorge, falei com Serra, que já tinha uma noção da decisão porque o Pérsio já lhe havia contado. Eu tivera uma conversa nos Estados Unidos com o Pedro Malan, falei que ele precisava começar a se preocupar com o assunto. Esse é o problema que nós temos, problema complicado. Hoje, dia 1º de maio, Malan veio aqui e me sugeriu o nome do Gustavo Loyola. Estou inclinado a aceitar. Colocar o Gustavo Franco é muito precipitado e dá vitória a um dos lados contra o Pérsio, cria uma tensão com o Serra e, além do mais, tira o Chico Lopes de lá. Se o Gustavo Loyola significar que fica o Chico, o clima é mais positivo, e o

---

* O placar da votação na Comissão Especial da Câmara foi de 24 a 6.

Gustavo fica lá fazendo o que tem que fazer. Acho que isso pode ser bom e o Loyola tem *punch* para levar o Banco Central.

Hoje falei com Pedro Malan e com Serra, que me deu vários relatórios sobre o que fazer na economia. Tenho que ter rumo, saber qual é o caminho. Na quarta--feira falei pela televisão, o que criou de novo um clima positivo: em defesa das reformas, do real. Ontem, sábado, fui a Uberaba, foi um sucesso absoluto embora a imprensa não tenha registrado assim, havia gente da CUT mas poucos, a maioria era Força Sindical e pessoal nosso que se organizou, mas isso não vale. Na rua foi muito favorável, desci duas vezes do ônibus para cumprimentar o povo.

1º A 12 DE MAIO DE 1995

A área social

O clima muito positivo em Uberaba indicava que tínhamos retomado a iniciativa, e não podemos perdê-la nesse momento. A questão econômica tem que ser resolvida dentro desse espírito: o que precisa ser feito daqui para a frente. O Pedro voltou a conversar comigo hoje, 1º de maio. Ele acha que temos que acabar com a indexação de salários, difícil, mas acredita que assim comece a haver uma recuperação na balança comercial, ainda que pequena. Voltam as medidas fortes para a contenção do consumo. Pedro reclamou que o Serra continua a dizer, através do seu assessor de imprensa, que não é hora de fazer pacote de consumo. Essa entrevista foi publicada e a tensão entre os dois permanece. O Pedro continua achando que o Serra planta notícias na imprensa para se fortalecer. Esse assunto terá que ser resolvido de uma maneira muito categórica.

Cancelei um encontro com o Serra e com o Clóvis, porque o Pedro tem razão numa coisa. Essa decisão tem que ser via Malan, senão ele não manda na economia. Se Serra souber da decisão e puser no jornal antes, a guerra continua. Suspendi a reunião que teríamos amanhã porque nesse momento não adianta haver reunião. Já tenho na minha cabeça o que devo fazer: vamos apertar mais o processo de defesa do Plano Real e as medidas de crescimento econômico, como é que se sustenta e se se sustenta ou não. Acho que há uma parte da reclamação das outras pastas que é verdadeira. Tem que dar mais dinheiro para a área dos Transportes, tem que começar a fazer algo mais efetivo para as pessoas acreditarem no governo. E tem que mudar o estilo.

Forcei o Serra a ter um encontro com o Amazonino Mendes para explicar o que faremos em relação à Zona Franca: vamos tomar medidas de controle da importação pela Zona Franca através de controle cambial. Serra disse que ia ser feito de surpresa, não concordei. "Chame o Amazonino, explique para ele." O forte do real foi a nossa capacidade de convencer, de não enganar ninguém, e, agora que conseguimos vencer na votação sobre a Previdência, é preciso também esclarecer o que se vai fazer nesta área. Fiz várias declarações sobre salário mínimo, explicando que agora podíamos aumentá-lo porque o Congresso nos deu os recursos. De fato deu, não são suficientes talvez, mas podem dar uma boa margem para a Previdência. O perigo hoje é outro: que nesse momento, com a economia muito aquecida, essa massa de recursos do salário mínimo possa forçar a inflação e o governo. A área econômica tem que estar atenta para evitar desastres maiores no setor.

Além disso, fiz uma reunião na sexta-feira passada, dia 28, com o pessoal da área social do governo. Há muita coisa em marcha, apesar de o Sérgio ter feito aquele estrago falando do Comunidade Solidária. Já temos a lista das cidades mais pobres do Brasil para atacar mais rijo, o programa da mortalidade infantil, o qual eu tenho insistido muito que é da Comunidade mas é do Jatene, como também a questão relativa à reforma agrária. É necessário levar esses programas adiante mesmo que não tenham importância econômica, porque contêm sinais simbólicos que nós não podemos esquecer.

Serra fez um apelo contra a reforma agrária, nesta reunião, dizendo que é perda de dinheiro, que não tem efeito. Ainda que ele tivesse razão, não dá para dizer isso em público, nem ele está pedindo que se diga, mas acho que não tem razão. É preciso haver um esforço correto do governo também nessa matéria de assentamentos rurais. O [Milton] Seligman fez uma longa exposição sobre o que eles estão realizando no Ministério da Justiça, o Paulo Renato na Educação, há, enfim, o que eu chamo de uma agenda social. Esta agenda tem agora que ser muito badalada para que possamos ocupar espaços, senão vem a oposição de esquerda e diz que nós estamos imobilizados na área social.

Na volta de Uberaba, ontem, Odelmo Leão e o Zé Eduardo Vieira vieram conversando comigo. O Zé Eduardo propôs a fusão do PTB com o PP a Odelmo, de quem tive boa impressão. Teremos que chegar a um entendimento sobre essa famosa TR e a questão da agricultura, que é um pesadelo. Para enfrentá-la, chamei o pessoal da área econômica e da agricultura na quinta-feira, dia 27. Temos que resolver, o veto deverá ser sancionado ou por mim ou pelo Sarney na semana que entra. Até lá precisamos ter medidas claras para acalmar os agricultores, mesmo que isso custe alguma coisa ao Tesouro.

Odelmo e Zé Eduardo dizem que com essa fusão terão noventa deputados. Não terão. Mas que tenham sessenta, setenta, é melhor agrupá-los e quem sabe eles não se dispõem a se juntar mais adiante com o PSDB, embora isso seja muito difícil. É preciso acabar com a ideia de que o PFL vai fazer um Arenão ou de que o PMDB fica nervoso, mais vale jogar com alguns partidos do que ficar na mão de um grande agrupamento político que depois imobilize os nossos movimentos estratégicos e dificulte os movimentos táticos.

Não tenho nenhuma preocupação quanto à capacidade do governo de lidar com tal multiplicidade de dificuldades e de fatores. Prefiro lidar com essa diversidade, porque isso me permite manobrar uns contra os outros ou uns com os outros. Já disse um milhão de vezes aqui, não existem partidos, são interesses fragmentários. Dá para ir fazendo as reformas de uma maneira que se componham frentes aqui e ali.

Elas têm que ser feitas e nós vamos fazê-las. Na verdade, adiantamos mais do que eu podia imaginar no início do governo. A reforma não é nenhum milagre também, ela modifica o panorama. Creio que os sinais econômicos agora começam a ser positivos. Precisamos explorar bem tudo isso e eu devo manter o leme firme nas votações. Na quinta-feira vou para a Inglaterra,* cancelei a viagem a Portugal

---

*O presidente viajou para a Inglaterra entre 5 e 7 de maio, para as comemorações dos cinquenta anos do fim da Segunda Guerra Mundial na Europa.

para dar um sinal claro de que ficaria aqui por causa da votação que haverá no plenário da emenda do gás.

Nessa emenda, comemos mosca e aceitamos a modificação introduzida pelo Jorge Tadeu Mudalen, relativa à manutenção do monopólio das companhias de gás estaduais. Isso pode e precisa ser quebrado na Câmara, foi erro nosso de falta de firmeza na condução do processo. O Luís Carlos Santos, que tem interesse na matéria, é que deixou isso cair dessa maneira. Evidentemente, cada um deles tem seu interesse, e o Luís Carlos, na questão da terra, também agiu assim. Ele compõe, não gosta de enfrentar, compõe mais do que enfrenta. Terei que dar mais sinais de luta, de guerra, para que eles possam avançar no Congresso.

Na semana passada tive um almoço na casa do Artur da Távola. O Genoino não pôde ir porque estava sob fogo cerrado do PT, mas me falou por telefone, manifestando a vontade de ajudar, o respeito por mim e a necessidade das reformas. Com o Roberto Freire a conversa foi ótima. Expliquei-lhe a importância da votação da admissibilidade do jeito que fiz. De outro modo, disse, não teríamos força. Disse também que estamos abertos a negociar o projeto propriamente dito da Previdência, até porque ele não afeta o meu governo, é para as gerações futuras. Mas nessa questão fica claro que não pode ser uma coisa tão frouxa como a primeira proposta que o Almino me trouxe.

Almino conversou comigo de novo, acho que é bom abrir uma frente à esquerda para permitir um jogo um pouco maior, mas nem tanto ao mar nem tanto à terra. Não sei se isso é uma expressão getuliana, mas, para acabar com o legado de Getúlio, é preciso ter alguma inspiração nas habilidades dele.

Encerro por hoje o registro apressado que fiz para recuperar o tempo perdido dos acontecimentos até o dia 30 de abril.

RETOMO HOJE, DIA 4 DE MAIO. Segunda-feira foi feriado, fui até a fazenda,* nenhum sobressalto político. Na terça comecei a conversar com os líderes partidários, porque vai haver necessidade de uma votação a respeito da emenda sobre o gás. Foram conversas fáceis. Pedi que viessem até a mim os líderes dos vários partidos, e eles vieram, os do PMDB, os do PSDB, passei em revista todo mundo. Falei com PP, PTB e, à noite, ainda fui a um encontro com o pessoal do PFL na casa do Jorge Bornhausen, com os coordenadores e presidentes de comissão. Reunião amável, vontade óbvia de que o PFL apresentasse um recorde na votação para mostrar que eles são a sustentação real do governo.

Quarta-feira foi também um dia dos melhores, porque houve a votação e o resultado foi uma vantagem esmagadora, vencemos parece que por 407 a 8,** porque os partidos de oposição se uniram no voto da questão do gás liquefeito. Ainda

---

* Fazenda Córrego da Ponte, no município de Buritis (MG), a 150 quilômetros de Brasília.
** O placar foi de 468 a 8.

havia uma discussão na Câmara sobre a questão da Comissão de Justiça, da admissibilidade da Previdência. Votação também tranquila, folgada, ganhamos bem, sem muita negociação. Quanto à questão do gás, eu tinha estado com os líderes do governo na hora do almoço, discutimos se valeria ou não a pena recusar a emenda apresentada. A conclusão foi que não compensaria fazer um esforço, porque a modificação proposta pelo relator Jorge Tadeu Mudalen não alterava substancialmente a nossa proposição e iriam aproveitar para se vingar do governo, reunir forças contra. Deu certo a nossa tática.

No fim do dia jantei com a bancada da Paraíba e, à noite, fui me encontrar com os coordenadores de bancada e presidentes de comissão do PMDB, na casa do Michel Temer. Tampouco aí houve novidade, salvo que fui obrigado a dizer algo sobre Odacir Klein, porque eu não queria deixá-lo mal. Disse que por mim ele poderia ter sido até o coordenador, não fossem outras dificuldades, algumas obviamente internas. Na verdade, também no PMDB contornamos a dificuldade maior simplesmente mostrando, como já tinha dito na véspera ao Jader Barbalho e ao Temer, minha disposição franca de apoiar as pretensões do partido, desde que fossem justas.

Na conversa com Temer e Barbalho ficou claro que ambos querem a mesma coisa. Que eu lhes dê força para que sejam os interlocutores. Claro, tive que falar depois, isoladamente, com o Luís Henrique, a quem eles não querem dar força. A briga interna do PMDB é forte, e foi isso que reapareceu na quarta à noite, depois que saí da reunião. Mas havia muita euforia, porque tínhamos ganhado.

Hoje, quinta-feira, ganhamos a votação na questão do petróleo por 23 a 7 e não houve nenhuma dificuldade de monta. O Miro Teixeira procurou o Serra querendo uma aproximação, o que mostra que eles estão percebendo que não têm mais alternativa a não ser, quem sabe, o governo aceitar uma negociação com o pessoal que é contra a reforma. Serei cauteloso nessa matéria, porque tenho medo de estar cedendo o desnecessário e o que não seja justo. Se for justo, tudo bem.

O segundo fato significativo — a pequena política acaba sendo a mais importante pelas consequências, que podem ser muito negativas — é a discussão sobre o Banco Central. Voltei a conversar com Pedro Malan a respeito da solução, falei com Eduardo Jorge, com Serra, o Tasso almoçou aqui em casa ontem, ele soubera diretamente pelo Pérsio sobre sua decisão de sair, quando fora a uma homenagem ao Mário Covas, lá em São Paulo. Me disse que achava que o Pérsio queria ser ministro da Fazenda. Nunca percebi tal intenção, mas quem sabe não seria até legítimo. O Tasso acha que seria um risco ir para a solução que está sendo esboçada, Gustavo Loyola, porque é mais burocrática. Ele me aconselharia a tirar o Pedro e botar o Pérsio como ministro, o que é bastante arriscado no meu modo de entender.

Nessa mesma tarde o Pedro Malan chamou para ser o novo presidente do Banco Central o Gustavo Loyola, que aceitou. O Gustavo Franco não gostou. Inicialmente topou, depois recusou a solução, falou com Clóvis, com Eduardo Jorge e, no fim do dia de hoje, já estava conformado. A ideia seria mantê-lo na posição em que está.

O Gustavo Loyola dará uma solução a um problema que ele tem de desligamento da empresa do Maílson [da Nóbrega],* mas deve topar.

Não sei se vamos anunciar ou não o resultado da demissão e da nova nomeação, depende. Se a notícia vazar para a imprensa, seremos obrigados, mesmo na minha ausência, a anunciar. Senão vou esperar um pouco, porque o campo está calmo, tudo entrando nos eixos. Sempre que tudo está nos eixos na economia, a equipe econômica arma uma. Dessa vez, até o Bacha. Conversei com ele, que como todos se opôs a que o Gustavo fosse presidente do Banco Central. Pedro me disse claramente que tinha que sair fortalecido disso, podia ser todo mundo desde que fosse pela mão dele. E pela mão dele é o Gustavo Loyola ou o Gustavo Franco, para evitar que haja uma interpretação de que o Serra ganhou a luta interna, a qual, na verdade, é mais simbólica do que efetiva.

Suponho que, quando eu voltar da viagem, será resolvido dessa forma. Mas dei ordem para que não se dissesse nada, nem ao Marco Maciel, se necessário telefono para ele da Inglaterra e confirmo a solução. É melhor esperar um pouco para ver se o Loyola acerta os seus problemas. Acho que a transformação vai ser assim.

Tive uma conversa longa com Pérsio, ontem, no meu gabinete no Planalto. Ele se dispõe a continuar colaborando. Perguntei-lhe se podia terminar as negociações com o Banespa, falei sobre os bancos privados que estão com dificuldade. Prometeu que vai resolver e, no meio do caminho, deu uma solução brilhante para a questão da dívida agrária. Eu falei com o Murilo Portugal** para que resolvesse isso rápido, mas só o Pérsio deu de fato o mapa da mina, o que mostra sua importância. E é uma pena se ele realmente não puder continuar, pelo menos, dando as ideias que tem.

O Serra, autorizado por mim, teve uma conversa com Amazonino Mendes. Serra, Malan e Dorothea acertaram os pontos. Serra me disse que o Malan não abriu a boca. Ele, Serra, assumiu a liderança e me disse que estava tudo certo. O Amazonino também me confirmou por telefone, mas publicaram o decreto e ele ficou irritado, já que tinha entendido que seria uma negociação administrativa, porque ninguém dissera que haveria decreto. Ou seja: tive que entrar de novo na jogada. Hoje a Dorothea me procurou e disse que Amazonino tinha razão, que o Serra nunca falou em decreto. Mais uma vez a desconfiança que o Serra tem de quase todo mundo leva a que jogue de surpresa, e isso não dá bom resultado. Hoje, novas reuniões. No fim da tarde Bernardo Cabral e Amazonino estiveram comigo e a situação ficou contornada, não sei exatamente de que maneira, mas parece que houve alguma flexibilidade da parte da área econômica. Vai haver restrição das importações da Zona Franca, mas num nível menor.

---

* MCM Consultores Associados.
** Secretário do Tesouro Nacional.

HOJE É DIA 9 DE MAIO, terça-feira, cheguei ontem da Inglaterra, quero apenas registrar alguns episódios ocorridos durante a viagem. Correu tudo bem, os jornais daqui noticiaram de forma ampla. Curiosamente, qualquer coisa que aconteça lá fora repercute com força aqui dentro. Tive um bom encontro com [John] Major, tenho recebido banqueiros ingleses, todos dispostos a investir no Brasil.

Em Londres, recebi um telefonema do Serra. Isso foi logo no dia seguinte à chegada, mas só pude conversar com ele no dia de vir embora, ou seja, no próprio domingo, dia 8.* Serra ligou para me contar que tinha estado com o Pérsio, falara com o Pedro Malan por telefone, tinha estado com o Chico Lopes, com Edmar Bacha, e que a questão do Pérsio, um pouco na linha que me havia dito o Tasso, era muito mais de se sentir desamparado pela força da dupla Malan-Gustavo, que o Malan não fora solidário com ele e que parecia que o Pérsio recuaria da decisão.

Mas o mais grave é que o Chico Lopes disse que não ficaria se o escolhido fosse o Gustavo Loyola, o qual, nesse ínterim, foi convidado e aceitou, mas isso não foi declarado. Me disse ainda o Serra que o próprio Beto Mendonça teria dito a alguém que também não ficaria se fosse assim. Enfim: perda de ânimo da equipe.

Isso num momento em que tudo está bem: estamos recuperando as reservas, voltamos a ter superávit na nossa balança financeira e o clima externo é favorável ao Brasil, o Congresso começa a votar uma série de medidas do tipo das que havíamos preconizado. Não há *nada* internamente que leve a essa perda de ânimo, trata-se apenas, a meu ver, de duas coisas.

Primeiro, o jogo de sempre de personalidades, vaidades e estrelas. Mas o outro ponto mais grave é que temos que tomar uma direção nova para completar o Plano. Na entrevista coletiva à imprensa na Inglaterra, falei em chegar a standards europeus de inflação. Fiz de propósito, para mostrar que temos esse objetivo, dentro do qual precisamos desindexar, resolver a questão da TR, que está me apoquentando tanto, tomar uma série de decisões relativas ao modo como se fará o controle da taxa de juros. Há mil coisas a serem feitas além da continuação das reformas, e isso requer ânimo. Creio que as pessoas, em determinado momento, têm medo de enfrentar as dificuldades, mesmo que não sejam tão grandes assim, não se sentem confiantes.

Mal cheguei ao Brasil ontem, fui para o Rio de Janeiro, participar da festa dos pracinhas.** Tudo muito bem, muito bonito, apenas ao longe uma faixa, um negócio das corporações estatais, mas pouca gente em volta, seria um protesto. Telefonei, assim que cheguei, para o Pedro Malan, que queria saber se podia viajar ou não para o Chile e para a Argentina. Acho que é melhor que ele vá, para não dar uma confusão maior com uma suspensão de viagem. Também logo ao chegar ao Rio, falei com o Pérsio e disse que queria conversar com ele.

* Domingo foi dia 7.
** Comemoração dos cinquenta anos da vitória aliada na Segunda Guerra Mundial, em 8 de maio.

Ontem à noite mesmo, depois de eu ter falado por telefone de novo com o Serra, que me deu mais detalhes, Pérsio veio aqui. Estava assustado porque percebeu que era uma questão de dominó, se ele sai, outros vão sair também, o que desarticula tudo. O Pérsio, me parece, voltou a ficar comovido com a situação. E eu voltei a animá-lo: "Veja que dificuldade estamos vivendo hoje, por quê?". No mínimo ele terá que ficar mais algum tempo, o outro foi convidado, não sei qual será o resultado disso. Por sorte de todos nós, nada saiu na imprensa, e não saiu porque a maré é positiva no momento. Mas o fato é que se trata de uma coisa difícil de levar, com tanta falta de sentido histórico. O que importa é ver o que temos que fazer, o que dá para fazer, e as pessoas estão vivendo muito no psicologismo. O Pérsio, com suas características de generosidade intelectual, já está preocupado outra vez, disposto a ficar, ajudar, não quer ficar no Banco Central, enfim, vou de novo entrar nessa oscilação permanente.

Afora isso, a greve [dos petroleiros]. Lá da Inglaterra falei com Marco Maciel, falei com o Serra, o Marco Maciel pediu ao Serra que falasse com o [Almir] Pazzianotto. Marco me deu conta ontem de que falou com todo mundo, parece que vamos ganhar no Tribunal.* Há muitas greves. O Eduardo Jorge me telefonou um tanto aflito, agora pela manhã encontro o Clóvis, depois almoço com os filhos dos donos do *Estado de S. Paulo* e do *Jornal da Tarde*. Não sei o que vai acontecer, teremos que preparar a votação também do Congresso, enfim, o de sempre, e no meio de tudo essa questão que preocupa mesmo, que é o rumo da economia, mas vou dar um empurrão nisso.

Outro fato que quero registrar é o seguinte: saiu na *Veja* uma matéria do Marcelo [Rubens] Paiva sobre o desaparecimento de Rubens Paiva, citando frases minhas sobre seu pai, pessoa por quem sempre tive enorme amizade e admiração. O rapaz tem razão, o pai foi morto, ninguém assumiu, eles estão me cobrando. No voo para cá, o brigadeiro Gandra me disse — não é a primeira vez, é a segunda vez que ele me diz — que era preciso botar um ponto final nisso, que não dá para remover o passado. Que também estão abrindo covas no cemitério de Perus, encontrando corpos que não são de gente que foi torturada nem nada, que tudo isso é um desrespeito.

Temos dificuldades nesse campo e acho que é preciso pôr um paradeiro nisso. O fato de os argentinos terem reconhecido a culpa talvez nos leve a ter alguma margem de manobra na área militar para discutir essa delicadíssima questão, mas não posso deixar de dar uma atenção ao reclamo das famílias dos desaparecidos, até porque esses desaparecimentos foram uma coisa inominável que eu queria deixar registrada aqui.

HOJE É QUARTA-FEIRA, DIA 10. Ontem retomei as minhas atividades normais. Pela manhã voltamos a conversar, Eduardo Jorge, Clóvis e eu, sobre a situação da área econômica e a necessidade dos novos rumos, sobre a falta de energia nessa

---

*Tribunal Superior do Trabalho (TST).

área e a criatividade que eu tenho que cobrar. Clóvis disse que sábado eles têm uma reunião da equipe e eu os coloquei a par do que havia dito ao Pérsio.

Em seguida fui ao seminário do Itamaraty que o Marco Maciel organizou sobre as relações do Mercosul e os estados do Norte-Nordeste. Fiz um discurso para mostrar o óbvio, que o Mercosul não é para o Sul do Brasil mas é a relação do Brasil com os países do Sul.

Pelo que o Serra me informou ontem e o Sérgio Motta também, o PPR está opondo resistências à Lei de Telecomunicações, eles querem que haja uma legislação complementar para regulamentar a matéria. Eu fiquei de falar com Amin para ver o que se pode fazer.

Conversei com o governador do Paraná, o Jaime Lerner, que trouxe uma ideia a respeito da Esca. Um grupo daquele estado quer comprá-la, parece que o grupo é bom. Falei por telefone com o ministro da Aeronáutica, falei também com o secretário Sardenberg, e acredito que isso possa ser uma solução, porque, do jeito que está, não pode continuar. A Esca vai de mal a pior, e aparentemente ali há um envolvimento grande de militares da reserva e um descalabro financeiro que comprometeria bastante o país. Preocupa-me o fato de que a Aeronáutica tenha transferido todo o know-how sobre materiais muito sensíveis para essa empresa, sem reter nada dentro do governo.

Almocei com Fernão Mesquita e Rodrigo Mesquita. Conversa muito tranquila, amena, a respeito do Brasil, mas sobretudo a respeito das mudanças que toda essa coisa dos broadcast está trazendo. Foi realmente agradável, os meninos estão com a cabeça no lugar.

Recebi Odacir Klein, que colocou o seu lugar à disposição. Disse: "Odacir, não precisa falar nisso", e ele: "Não, mas, se o Antônio Carlos voltar a atacar, eu tenho que repelir, e nesse caso tenho que sair". "Bom, nesse caso, mas não creio que Antônio Carlos vá agravar", e Odacir me fez um grande elogio. Disse que nunca tinha trabalhado comigo de perto, se lembra de mim da época antiga da luta da resistência, mas queria dizer que tem muita admiração pelo meu estilo, pela minha falta de malícia, sem vontade de fazer maldade com os outros, e pela minha correção. Mostrou-se realmente satisfeito de trabalhar comigo, e a recíproca é verdadeira.

NESTA SEXTA-FEIRA, DIA 12 DE MAIO, vou apenas relatar brevemente o que aconteceu ontem e hoje.

Na quinta, só houve uma surpresa. A votação em segundo turno da emenda constitucional sobre o gás não pôde acontecer por causa do grande tumulto no plenário em função de uma adição feita pelo relator, a qual, de forma maldosa, uma reportagem da *Folha* considerou favorecer a Abegás e também a OAS.* O que

---

* Na reportagem, eram citadas a OAS e sua subsidiária Gaspart, supostamente favorecidas pelo lobby da Abegás. Sete estatais de gás eram sócias da OAS na época.

pegou fogo foi a OAS. Na verdade não favorece nada, há alguns estados onde esta é associada à BR.* Mas se trata de um contrato juridicamente perfeito, sua vigência valerá qualquer que seja a emenda, de modo que foi mais uma onda.

Como o Luís Eduardo, presidente da Câmara, é cunhado do dono da OAS,** ele estava imobilizado quando lhe telefonei. Foi Inocêncio quem fez o tumulto no plenário. Depois falei com o Marco Maciel, o Inocêncio estava falando com ele, mais tarde Inocêncio me ligou. Os líderes tinham resolvido mil coisas, adiar a votação, isso não podia, votar uma parte, não podia, por fim resolveram não votar, e foi pena porque pode cortar o ritmo, o embalo em que vinham as reformas, o que não tem nenhum sentido. Por mim, dá no mesmo. Com adição ou sem adição, não altera nada, foi uma mera exploração, o problema é mais político e simbólico.

A semana foi excelente, mas teria sido ainda melhor se essa votação tivesse ocorrido.

O curioso é que ontem o Frias pai [Octavio Frias de Oliveira] e os dois filhos vieram jantar aqui em casa. Conversa difícil, Frias está muito surdo, o Otavinho [Otavio Frias Filho] fica encabulado diante dele, da Ruth e de mim, o outro irmão,*** um pouco mais saído. O velho todo o tempo protestando um grande entusiasmo por mim, que fui o presidente dos seus sonhos, que agora é realidade, que ele está numa torcida danada, que o Brasil depende do meu êxito, enfim... Mencionei a reportagem do jornal, eles fingiram que não era nada, aquela conversa estranha da *Folha*. Pessoalmente o Frias é sempre muito gentil e muito entusiasmado, na prática, a *Folha* sempre fazendo as suas jogadas.

Fiquei surpreso quando recebi uma avaliação de minha imagem na mídia. Numa escala de 0 a 10 estou com 7 positivo. É muito alta e, na verdade, é a *Folha* que puxa essas notícias favoráveis e também as desfavoráveis. É mais uma questão de estilo deles e não tem jeito, o barulho é que interessa, mas isso é um detalhe.

Ontem Malan voltou a estar comigo. Perguntou de novo sobre o drama do Pérsio. Eu disse que o Pérsio parecia já não estar tão irredutível na sua decisão de cair fora, mas que ele deveria falar com o Pérsio. O Pedro tentou fazer isso, e hoje me telefonou. Disse que não havia conseguido, mas que eu estava enganado, o Pérsio continua bastante resistente ao Gustavo Franco. Já nem sei a essa altura quem é resistente a quem.

Amanhã, sábado, haverá o encontro da equipe econômica no Rio. O Bacha tinha estado comigo, me deu informações um pouco mais alvissareiras sobre o rumo que estão começando a divisar, quem sabe se acertem.

---

*A Petrobras era sócia de algumas estatais de gás representadas pela Abegás.
**César Mata Pires.
***Luiz Frias.

15 A 21 DE MAIO DE 1995

Crimes da ditadura.
A questão agrária. Sivam

Segundo o Clóvis, a reunião da equipe econômica no Rio de Janeiro, no dia 13 de maio, correu bem. Eles estão encaminhando com mais ânimo os passos seguintes do real. Mudou a conjuntura, todo mundo está vendo isso, a equipe econômica também, espera-se para junho uma inflação ainda menor do que a de maio, e a de maio é uma inflação na casa do 2 qualquer coisa,* nada do catastrofismo que havia sido anunciado.

Ontem a Ruth Hargreaves me telefonou dizendo que o Itamar havia mandado um telegrama irritado com declarações feitas pelo Clóvis na véspera de que a falta de avanço com relação à privatização e à reforma constitucional no governo passado se devera à falta de vontade política. Embora isso seja mais do que sabido, fiquei preocupado. Eu tinha lido o livro do Zé de Castro sobre Itamar.** Ele insiste muito, em vários momentos, que o Itamar conduziu o real, que deu diretrizes objetivas do que queria já aos ministros da Economia que me antecederam, que comigo também, só que em mim confiava, mas colocando o Itamar com um papel mais protagonístico no processo do real do que ele realmente teve.

Ele nem leu a URV,*** a medida provisória, deixou tudo aos meus cuidados. Na verdade, era muito reticente, mas acreditava em mim. Numa tentativa de recuperação da sua imagem, o livro do Zé de Castro põe para a História um Itamar diferente daquele que aparecia no cotidiano, nos jornais. Perfeito, uma biografia de amigo.

Itamar mandou um telegrama a mim, um telegrama que não chegou! Não recebi fax nenhum, meio desaforado, dizendo: "Como o Clóvis, que foi do nosso governo, pode falar nisso, teve um DAS do governo", enfim, muito azedo, pedindo que fizesse o Clóvis calar a boca. Pensei muito, telefonei para ele, hoje, domingo. Disse: "Itamar, você está zangado?", e ele: "Isso é um absurdo, e tal". Desativei no que pude o seu espírito, porque isso não tem muito sentido, não vou ficar respondendo para o Itamar, que, evidentemente, está querendo criar uma dificuldade, mesmo de maneira inconsciente, para não ir a Portugal. Vejo nos jornais do dia, na *Veja*, que estou louco para que ele vá, não é nada disso, não. Pode ir, pode não ir, quero estar em relações pacíficas com ele. Vejo que o pessoal ligado ao Itamar, que tem um tem-

---

* Medida pelo IPC-r, a inflação em maio de 1995 foi de 2,57%, maior índice em sete meses.
** José de Castro Ferreira, *Itamar: O homem que redescobriu o Brasil*, lançado em fevereiro de 1995 pela Editora Record.
*** Unidade Real de Valor, unidade monetária que preparou a implantação do real e entrou em vigor em 1º de março de 1994.

peramento bastante difícil, o fica assediando. Isso não dá bom resultado, não é de proveito para ninguém. Por essa razão apenas telefonei, e vou fazer de conta que não houve nada.

Ontem houve um jogo de futebol na Granja do Torto entre repórteres e o governo, tudo num clima bastante amistoso. Eles querem o tempo todo saber de mim sobre a greve dos petroleiros. O Vicentinho [Vicente Paulo da Silva] andou atrás de mim querendo um contato direto, repetiu o que fez com Itamar. Não vou dar esse contato, porque ele tem sido muito acre e a CUT está numa posição fora de qualquer base. Agora não querem respeitar uma decisão do Tribunal. Tenho estado em contato permanente com o ministro Raimundo Brito, duas vezes por dia ele me dá os informes. A greve está no ponto morto, uma parte voltou, mas a maior parte, no que me parece, não voltou a trabalhar. É um braço de ferro, mas não podemos ceder nessa matéria. Posteriormente, se eles voltarem, discute-se, mas, enquanto não voltarem, não, porque a CUT passou dos limites ao afrontar a Justiça.

Também ontem recebi o general Zenildo. Na véspera, eu falara com o general Cardoso, chefe da Casa Militar, a respeito da questão dos desaparecidos e lhe dissera que seria bom enfrentá-la, até porque os militares argentinos pediram desculpas. Saiu na *Veja* um artigo do Marcelo Paiva, eu não quis ler para não me aborrecer, cobrando de mim, pela amizade que tive por seu pai, uma atitude com relação aos desaparecidos. E, pelo que me informou a Ana, a imprensa vai fazer certa onda nessa matéria. Chamei o general Zenildo, tomamos alguns uísques muito agradavelmente, conversei sobre vários assuntos, e ele mesmo tocou na questão, antes de mim, porque sabia pelo general Cardoso. Me trouxe uma lista de desaparecidos.

Já no tempo de Itamar eles tentaram saber algo. Diz que não tem ideia, que eles não têm informações e, quando as têm, não é uma coisa oficial. Acha que, se houver chance de descobrir um corpo, devemos ir fundo, até descobrir. Creio que a solução não será fácil, talvez uma solução jurídica. Tinha pedido através da Ana que o Zé Gregori se encarregasse disso. Depois mandei o Vilmar dar um recado ao Zé para que ele falasse com Gelson e também com o Sardenberg, para termos uma política sobre essa matéria.

Hoje jantei com o Zé Gregori, com Pedro Paulo, Vilmar, Regina e Alejandra Herrera. Falamos do assunto com mais detalhes, das dificuldades que há. O Zé Gregori recebeu um telefonema da Eunice Paiva, ou ele falou com ela, reclamou do último parágrafo do artigo do Marcelo Paiva, mas, enfim, o filho é o filho, a gente não tem que olhar essas coisas perguntando se isso foi bom ou ruim para mim. O rapaz tem todo o direito de reclamar. E parece que a Eunice teve uma atitude muito madura.

Acredito que os familiares vão me procurar, eu pessoalmente gostaria de falar com eles. Só temo que não haja uma solução à vista e também que haja exploração política por parte do PT e adjacências, criando embaraços inoportunos, se não desnecessários. O general Zenildo foi bastante compreensivo. Ele diz que não tem nada com o assunto. Entrei em detalhes sobre minha experiência de contato com a

Oban* e disse: "Nós temos que ter uma posição política, porque não podemos deixar isso solto do jeito que está". Ele concorda. Vamos ver como se sai desse imbróglio, que tem que ser desvendado. Não sei como, mas é preciso dar uma satisfação às famílias daqueles que foram mortos pela ditadura militar.

Volto a falar sobre a questão da Esca. Entre outras questões, começou a aparecer agora a ideia de que a empresa do Paraná com a qual o governador Lerner estava entusiasmado, que deveria comprar a Esca, também tem problemas com o imposto de renda! Veja que dificuldade enorme estamos tendo nessa matéria.

Na conversa com o general Zenildo, abordamos de maneira franca todos esses assuntos, inclusive a questão relativa à importação de material para a fabricação de mísseis. O general concordou comigo que estamos num ponto que não dá mais, esse programa tem que ser claro e tem que ser aceito por todo o país. Do mesmo modo, em vez de ficarmos recebendo notas dos americanos dizendo que estamos importando materiais proibidos, é melhor ou não importarmos ou nos submetermos às regras gerais de controle desse tipo de material.

RETOMO AS GRAVAÇÕES HOJE, dia 21 de maio, domingo, referindo-me à semana que passou. Primeiramente as coisas que me pareceram fundamentais. Em relação à questão da Esca, recebi a visita do brigadeiro Gandra, do embaixador Sardenberg e do brigadeiro Oliveira, o encarregado do Projeto Sivam. Eles vieram com alternativas. A primeira seria fazermos um contrato com a Esca refeita, com outro controle acionário. Para tanto, poderíamos inicialmente assinar o contrato com a Raytheon para mais tarde fazermos um novo com a Esca. A segunda seria assinar o contrato depois que houvesse a transferência da contrapartida brasileira para a Infraero, que hoje em dia está também juntando a Taba, outra empresa da Aeronáutica que podia se ocupar disso, Taba ou Tasa,** não tenho bem certeza. Optei pela segunda alternativa. Com tantas empresas complicadas, é necessário que a Aeronáutica tenha um núcleo fundamental que entenda do assunto. Admito que a Infraero, mais adiante, faça uma licitação entre empresas brasileiras para complementar o serviço. Mas essa matéria tem que ser clara. Tomei essa decisão, e isso assim foi resolvido. Ninguém sabe ainda, porque só na próxima terça-feira a Câmara vai opinar tanto sobre a validade dos contratos, como sobre uma CPI.

Nesse contexto, recebi também a sugestão do senador Jader Barbalho de que convocássemos o Conselho de Defesa Nacional para dar seguimento ao projeto. Ele tem razão. O Conselho de Defesa foi que justificou, no tempo do governo Itamar, a necessidade de manter sigilo sobre uma porção de decisões e, em função disso, não

---

*Operação Bandeirante, órgão repressivo da ditadura militar instalado em São Paulo com o apoio de empresários, onde interrogaram Fernando Henrique encapuzado.

**Telecomunicações Aeronáuticas S.A. (Tasa). Foi incorporada pela Infraero em novembro de 1995.

fazer nada no tocante a licitações públicas. Assim, acho que devo informar a esse Conselho e dele obter um aval mais forte para referendar a decisão em relação à Esca.

Ponto 2: saltando um pouco no tempo, quando cheguei de viagem do Nordeste, o brigadeiro Gandra me esperava gentilmente para me informar da outra questão que é relevante, o projeto relativo ao lançamento de satélites. Ele já havia conversado com o ministro do Exterior e com o ministro da Ciência e Tecnologia, Israel Vargas, na linha do que eu determinara, ou seja, dar transparência ao problema. Disse que era um absurdo termos que prestar contas, por pressão, aos americanos e o Brasil não saber do que se tratava.

Gostei da atitude do brigadeiro, foi bastante claro. Acho que é um ponto muito importante, porque mostra o controle civil sobre as Forças Armadas, coisa que, devo deixar bem claro, não houve até agora, de forma global, em certas matérias. Por exemplo, toda a tratativa do Sivam foi feita sob a capa de controle de estratégia militar. Na realidade, o presidente Itamar não sabia praticamente nada, eu menos ainda, e como ministro da Fazenda deveria ter sabido. Na Marinha, no Exército, tal controle já foi obtido, mas ainda sobrava essa área. Isso vai acabar, não pode continuar assim.

Vamos a outros fatos que aconteceram na semana. Primeiro as votações, que no Congresso o governo continua ganhando com larga margem. A questão do gás foi uma vitória espetacular, os partidos de oposição não sabiam mais o que fazer, porque eles próprios é que inventaram o artigo 2º,* sobre o qual, mais tarde, levantaram-se suspeitas.

Fora disso, discurso do Pedro Simon, que me procurou antes, a respeito do episódio Itamar/ACM.** Pedro me disse que iria responder, porque o Itamar havia lhe telefonado e está pronto a dar uma entrevista à imprensa sobre o assunto, o que, na verdade, seria uma continuação da crise. Eu lhe disse que o Antônio Carlos fez um discurso em que me defendeu, porque Itamar mexeu realmente comigo. Fingi que não, mas mexeu. E pedi por favor a ele que não agravasse a situação. Pedro concordou, e fez um discurso que de fato não agravou o caso, à sua moda, bem-feito.

*O artigo 2º da PEC 4/1995, sobre a concessão de serviços de gás canalizado à iniciativa privada, previa que os estados deveriam assegurar às concessionárias criadas durante a tramitação da PEC o gozo dos mesmos direitos do monopólio estatal até então vigente.
**O ex-presidente Itamar Franco, que hesitava em aceitar o convite para a embaixada brasileira em Lisboa, criticara o presidente Fernando Henrique Cardoso pela imprensa. O senador Antônio Carlos Magalhães saiu em defesa de Fernando Henrique num discurso no Senado.

Tirou um certo proveito de uma frase de Antônio Carlos e tentou defender a mim e ao Itamar, porque Antônio Carlos dissera no seu discurso veemente que eu seria conivente, se não por essa, por outras das irregularidades do governo Itamar. Tudo bem. Pedro fez um belo discurso, acabou o assunto. Só que, um ou dois dias depois, não sei, em todo caso no decorrer da semana passada, Ruth Hargreaves me telefona e diz que o Itamar está furioso porque não houve uma defesa convincente por parte do Pedro, que, na verdade, eu também estava de boca calada e que, então, ele desistia de ir para Portugal. Olha, isso está passando dos limites e vou ver o que eu faço nessa área.

Antes de viajar para o Nordeste, soube que ele já tinha se acalmado, não sei como é que ficou nervoso, como é que se acalmou. Pedi ao Luís Carlos Santos que desse um sinal ao Zé Aparecido, que está em São Paulo, em tratamento, para ver se ele intervinha junto ao Itamar. A entourage do Itamar é muito difícil, nunca sei quem é quem, quem está futricando de um jeito ou de outro. Lá no Nordeste, arranjei uma forma de encaixar uma referência, a partir da questão basicamente de Xingó,* de que o Itamar moralizou, que seu governo tinha sido moralizador e que eu continuava nessa linha. Dei respaldo indireto.

Resultado: ontem, no fim da tarde, Itamar me telefonou muito feliz da vida para agradecer e, aparentemente, vai para Portugal. Disse que viria essa semana aqui a Brasília. Ficou muito perturbado porque a imprensa não o poupou, nem o poupará se ele entrar nessa matéria de uma maneira que não é correta, porque ninguém o está provocando, não há por que ele vir a se expor. Espero que isso também seja assunto encerrado.

No que diz respeito ao Congresso, a novidade é que Álvaro Dias me procurou com o irmão, o senador Osmar Dias, para dizer que está disposto a vir para o PSDB, queria um aceno meu. Eu disse: "Vou falar com Richa". Falei, ele afirmou que é para valer. Embora eu não achasse muito entusiasmo no Richa, está mais aplainado. No dia seguinte vi que a conversa comigo já estava nos jornais, que eu havia convidado o Álvaro, não sei o quê, consequência: crise no PP. Bernardo Cabral me ligou dizendo que a bancada queria falar comigo. Vieram todos, uns trinta deputados e quatro ou cinco senadores, para reafirmar apoio ao governo. Recebi o apoio e disse que continuaria prestando a devida atenção ao PP. Eles sabem o que significa "a devida atenção", naturalmente interpretarão no sentido de que alguma participação terão. Aliás, vêm tendo e têm trabalhado direito, não tenho queixas maiores.

Com relação ao PMDB, também probleminha: Jader disse que queria falar comigo a respeito da nomeação do presidente do Basa. Eu tinha dito ao Pedro Malan que telefonasse para o Jader Barbalho para dizer qual era a decisão sobre esse banco. Pedro quer botar uma sra. Flora, que é do Banco Central. Uma visão talvez um

---

* A construção da usina hidrelétrica de Xingó, no rio São Francisco (concluída em 1994), foi marcada por atrasos e denúncias de irregularidades.

pouco exageradamente tecnicista, como se esses técnicos do Banco Central fossem fantásticos. O Pedro, ao que parece, comunicou o assunto ao Jader, que não gostou.

Acho que faltou jogo de cintura ao Pedro para lidar com o senador, que é líder do maior partido! Esse pessoal pensa que dá para lidar com políticos somente mostrando o certo e o errado, sem que discutam os interesses deles. Claro que o Almir Gabriel não deve ter gostado da designação dessa sra. Flora e andou me telefonando. O Jader me disse uma coisa verdadeira: "Se fosse uma pessoa do Almir, eu estava mais feliz". Por quê, eu digo cá comigo? Porque assim abre a Sudam para ele. Enfim, são fatos dessa vida brasileira, na qual a força política interfere muito, sobretudo nos órgãos regionais. Tenho que levar isso com jeito, salvando o interesse público mas também sem me privar da força de apoio necessária do Congresso.

Na quinta-feira fui para o Nordeste. Tinha muitas dúvidas sobre essa viagem. Na reunião prévia para saber o que discutiríamos lá, na Sudene, vi que se tratava de uma matéria substantiva, que tinha sentido, dará origem a vários projetos de importância. Fui alertado de que a coisa era um pouco mais sensível tanto no Rio Grande do Norte quanto na Paraíba. E simplesmente o Cerimonial não me informou a tempo devido a respeito da viagem, nem muito menos convidou os senadores e deputados da Paraíba, os mesmos que me deram tanto trabalho de recomposição. Resultado: eu, às pressas, telefonei para o Ronaldo Cunha Lima, já havia conversado com Humberto Lucena, e pedi que o Ivandro Cunha Lima viesse falar comigo para dizer: "Não é possível, vamos lá, vamos juntos".

Quando cheguei lá, a visita era algo sem muita importância, na Embrapa sobre algodão, o programa podia ter sido lançado na própria Sudene, e havia uma grande manifestação, de agitação da CUT. Discurso do Ronaldo no Senado, em verso, reclamando que não fora avisado, e por aí vai. Idem no Rio Grande do Norte, mas nesse caso não foi falha nossa. Um sargento barrou dois senadores, Fernando Bezerra e Geraldo Mello, a bancada não foi bem situada nos abraços a mim, enfim, pequenas coisas que mostram que realmente está fazendo falta alguém que cuide mais da parte política. O Xico não tem um conhecimento suficiente do Congresso, o Cerimonial é rígido, não há uma articulação mais eficaz, e esses detalhes acabam transformando em fracassos viagens positivas. Uma perda de tempo e de oportunidade.

O ato na Sudene foi bom, bons discursos, havia quem não quisesse que o Urbano e o Armando Monteiro, que é representante da Federação das Indústrias,* falassem. Interferi para que falassem, se queixassem. O Urbano foi elegante, o Armando Monteiro fez a choradeira habitual dos empresários, respondi também com firmeza, mas com educação. Fiz um discurso que parece ter agradado a plateia, falei bem

* Federação das Indústrias de Pernambuco (Fiepe).

da Sudene, do que estamos fazendo, e estamos fazendo muita coisa, elogiei o Cícero Lucena e também o Gustavo [Krause], ambos realmente se dedicaram bastante.

Lá fora: gritaria, gritaria da CUT, gritaria contra as reformas, e, mesmo com muito desdobramento de polícia para evitar a manifestação, fizeram barulho com alto-falante, algo bem desagradável. Não chegou a perturbar porque eu não me perturbo com essas coisas, mas foi uma barulheira desrespeitosa ao presidente da República e às próprias instituições republicanas. Tudo bem. Almoçamos com Arraes, que teve um comportamento como sempre muito cordial, sempre fazendo um ou outro pedido, tudo muito razoável, nenhum problema de monta.

Na Paraíba, fomos a Campina Grande. Aí sim, na porta da Embrapa, na rua, é verdade, não nos jardins, um alto-falante muito forte e um grupo pequeno mas ativo com bandeiras da CUT, do PT, dizem que são outras organizações também, é provável que sejam mais as outras do que o próprio PT mas estão dentro do PT, e muita gritaria. E, o que foi grave, apedrejaram, jogaram ovo, francamente, não dá para continuar assim, e machucaram levemente a Ana e o Vilaça,* os jornais noticiaram. Dali fomos para Natal.

Em Natal, parece que tinha ocorrido um quebra-quebra à tarde. Na véspera, já tínhamos sido alertados por um deputado do estado de que havia problemas lá. O prefeito Aldo Tinoco é do nosso partido, PSDB, mas também é da esquerda, ligado ao PT e ao Lula. O quebra-quebra foi por causa de preço de ônibus, enfim, essas coisas normais mas desagradáveis, muita exibição de segurança militar para me proteger.

A população, em todos os lados, tanto em Pernambuco quanto no Rio Grande do Norte, na Paraíba, muito aberta, acenando, contente. São grupos organizados, sem dúvida, que criam clima de tensão. No Rio Grande do Norte nada de mais ocorreu, a não ser pequenos grupos também tentando vaiar. A Ruth viajou comigo para Pernambuco e foi a Camaragibe, diz ela que tudo bem. O Jatene também foi à universidade. Ruth diz que não houve nada, os jornais dizem que houve manifestações, ela nem percebeu.

Isso é uma tendência, algo assim muito consolidado, de um passadismo, uma atitude que não é nem revanchista, é passadista, de gente que precisa de movimentação e crê que tem diante de si um inimigo, como se fosse o inimigo histórico. Essa coisa tão patética hoje em dia, até porque eu não sou Collor, não tem por que fazer esse tipo de agressão, e muito menos à Ruth, que tem uma atitude bastante aberta. Enfim, o clima está ficando desfavorável politicamente a eles, mas a reação passou do limite.

Conversei com o general Cardoso, vou conversar com outras pessoas, não quero mais esse tipo de manifestação perto de mim. Que façam longe. Alto-falante, não quero. Quando eu estiver falando, tem que haver respeito. Vou mandar con-

---

*O major Vilaça, atualmente brigadeiro, era o ajudante de ordens da comitiva em Campina Grande.

fiscar o alto-falante e abrir processo. E vou mandar avisar ao Lula e ao Vicentinho. Eles vão dizer que não têm nada a ver com o peixe, como sempre, mas tem que ter um desmentido, um repúdio formal ao que está acontecendo, porque isso desgasta a imagem da Presidência da República. Esse pessoal quer que a gente volte a botar violência na rua, não tem sentido.

Na volta da viagem estava aqui o brigadeiro Gandra. Fiquei esperando a Ruth, que ia para São Paulo com Luciana e Isabel. A semana foi bastante positiva, os índices de inflação voltaram a mostrar tendência à queda.

Acho que está na hora de novos passos corajosos na economia. A taxa de juros terá que baixar e para tanto teremos que desindexar. Precisaremos ter uma atitude mais firme na condução dessa nova fase do real, que está completando um ano. O segundo ano do real será o da batalha para que a inflação caia de fato de 25% a 30% por ano para uma inflação de níveis europeus, como eu disse, o que leva tempo. Hoje tem uma entrevista de Delfim no *Jornal de Brasília* em que ele diz isso. De bobo o Delfim não tem nada, os problemas que aponta são reais e nós estamos tratando de equacioná-los. E acabaremos por fazê-lo. Amanhã devo jantar aqui em casa com Roberto Mendonça e Chico Lopes, junto com Serra. Quero ver realmente o que eles estão pensando. Preciso falar também com o Gustavo, que andou pelo exterior, parece que vai haver o lançamento de títulos do Tesouro Nacional lá fora, o que é um êxito muito grande, uma demonstração de confiança na economia brasileira. Essas demonstrações continuam muito firmes.

Diga-se de passagem que nesse meio-tempo recebi todo o grupo mais ativo da questão agrária, da dívida rural, começamos a encaminhar a solução do problema. Esta semana vou meter minha colher torta de novo aí porque, sejamos claros, temos que pacificar essa área, precisaremos de um plantio grande no decorrer da próxima safra. Essas coisas simbólicas são importantes, evidente que não vamos pagar o atrasado indevido, mas temos que passar a dar um sinal mais claro aos agricultores sobre qual é de fato a política do governo.

O Zé Eduardo Vieira infelizmente não lidera o processo da Agricultura, ele é contestado pelos agricultores, por todos, porque é banqueiro e, pelos banqueiros, porque suas ideias não são muito afinadas com a ortodoxia.

Houve um problema com a nomeação de um presidente do Incra, um sr. Brasílio [de Araújo Neto], que foi designado pelo Itamar para a Cobal,* desempenhou bem, mas agora inventaram que ele é ligado à UDR, ao Zé Eduardo, e houve muita agitação nessa área. Já reiterei que a reforma agrária vai seguir adiante. Na verdade, não sei bem quem é esse Brasílio, mas certamente isso não impedirá que a gente avance nessa reforma, até porque todo o Incra está nas nossas mãos. É o do Valle [Raul do Valle Júnior], o homem do assentamento, e o Galdino [Edmundo Galdino

---

* Companhia Brasileira de Alimentos, extinta em 1990 para a criação da Companhia Nacional de Abastecimento (Conab).

da Silva], que está na parte administrativa e financeira. Ambos são pessoas de absoluta linha de coerência, não têm nenhum interesse com os grandes proprietários, nem muito menos com a corrupção.

Vamos seguir adiante, mas eu tenho alguma preocupação no modo como essas questões estão sendo conduzidas, porque o Zé Eduardo emite sinais, pela sua condição pessoal, que não são favoráveis para os setores mais progressistas, inclusive a Igreja, que reclamou dessa coisa do Incra, ela foi avisada pelo Zé Eduardo, eu mesmo disse a d. Luciano. Agora a Igreja elegeu para presidente da CNBB d. Lucas [Moreira Neves], primaz da Bahia, que dizem ser mais conservador. Para mim, não afeta, quero ver é se ele é correto. D. Luciano tem um bom diálogo, mas é um pouco melífluo, então fica difícil saber de que lado está realmente.

21 A 30 DE MAIO DE 1995

A greve dos petroleiros. Ainda a TR.
A batalha das reformas continua

Hoje é domingo, dia 21 de maio, estou esperando o Sérgio Motta, que vem almoçar comigo, mais tarde virá o Paulo Renato e à noite alguns jornalistas. Vamos ver o que acontece nesta semana, quando começaremos a batalha mais dura, que é a das telecomunicações.

Weffort me trouxe e eu acertei a regulamentação da antiga Lei Rouanet, que ficou mais próxima da Lei Sarney, ou da versão da Lei Sarney que apresentei no Congresso em Apoio à Cultura. Foi uma reunião bonita, fiz um discurso de improviso, muito aplaudido, todo mundo gostou. Posteriormente todos vieram para um coquetel aqui em casa, inclusive o Sarney.

Sarney me contou que o Lula o havia procurado com a ideia de eles fazerem algum entendimento conosco sobre a questão dos petroleiros. Disse-lhe que minha posição era clara: os petroleiros tinham que respeitar a decisão da Justiça. Tem que voltar atrás na greve, depois a gente negocia outras coisas, não aquelas que foram proibidas pela Justiça. Sarney entendeu, deve ter dito isso ao Lula.

Também nessa semana, veio falar comigo um grupo de parlamentares — Eduardo Suplicy, [Jaques] Wagner do PT, Roberto Freire, Inocêncio Oliveira, Aleluia, Júnia Marise — com a mesma história. Disse a mesma coisa. Eduardo tentou, como sempre, entrar em detalhes, não deixei, mostrei claramente que o que está em jogo é a democracia. O Tribunal decidiu, está decidido. A discussão com os petroleiros não é comigo, é com o presidente da Petrobras. Essa posição, nós a mantivemos, a greve está difícil. Tenho tido todo dia contato com o ministro das Minas e Energia, cuja visão é mais otimista, diz que voltam ao trabalho, não sei se voltam.

O Duda* me telefonou ontem à noite dizendo que o Vicentinho o havia procurado. Duda contou ter percebido no Vicentinho uma irritação com o negócio de estarem apedrejando carros da comitiva. Ele disse que não tem nada com isso, que está sem jeito, aquela história de sempre, mas externei de novo que o problema é que tem que respeitar a lei. É um braço de ferro que eu não queria, mas eles lançaram uma greve fora de hora. Em todo caso, não sei que consequências terá. Até agora a minha decisão tem sido inabalável. Eles querem mais privilégios e, no fundo, é uma pressão política do monopólio. Estamos com uma situação delicada em função dessa greve e o governo tem que ter uma posição firme.

---

*David Zylbersztajn era secretário de Energia do governo paulista.

HOJE É SEGUNDA-FEIRA, dia 22 de maio. No fim da tarde o ministro Brito telefonou para o Eduardo Jorge pedindo que ele falasse com o secretário de Segurança de São Paulo porque eles, na Petrobras, tinham treinado cerca de cem pessoas para repor em funcionamento cinco unidades de refino de petróleo, cinco destilarias. O secretário queria uma palavra minha com Mário Covas, e o pessoal de Minas e Energia achava que era necessário também, por sugestão da segurança da Petrobras, que enviássemos forças do Exército para ficar próximas às refinarias. Achei que era um pouco precipitado, no fim do dia, tomar uma decisão dessa natureza sem que houvesse muita clareza sobre os passos seguintes.

Chamei então Raimundo Brito, o [Joel] Rennó, e veio também a meu pedido o general Cardoso, para discutirmos a questão. O general, como eu, considerou imprudente, às oito horas da noite, fazermos uma mobilização para o dia seguinte. Eles entenderam o argumento, falaram de novo com a Petrobras, e a operação ficou para amanhã à noite. Estamos indo por um caminho que não é o mais tranquilo, embora haja uma convicção por parte do pessoal da Petrobras de que tudo se resolverá da melhor maneira possível. Fico um pouco preocupado com esse tipo de medida, porque pode desencadear um processo cujo destino final desconhecemos.

À noite tive uma longa conversa, que terminou agora, com o Zé Serra, Chico Lopes e Zé Roberto Mendonça, a propósito da questão do Banco Central. O Pérsio me disse hoje que queria pedir demissão quarta-feira, mas que continuaria dirigindo o Banco por mais um mês, praticamente até o Senado aprovar o nome do Loyola. Decidimos falar com ele e dizer que é imprudente fazer isso nesta semana. Em princípio, nos reuniremos na quinta-feira para tomar decisões sobre câmbio. Acho que o Pérsio deve ser ele próprio o condutor dessa nova etapa do Plano Real. Vou lhe propor, como já disse mais de uma vez, que seja o meu assessor especial pelos próximos meses para definir esse momento do real.

Tive boa impressão do Chico Lopes, conversamos longamente sobre o que fazer, ele acha que devemos seguir o caminho chileno, que é a minha velha obsessão também. Isso implica fazer uma banda que deslize, e não com a ideia de que não vai deslizar, ou seja, com a ideia de que vai deslizar e que haverá ajustes na medida do necessário. O momento é bom para isso, mas preciso igualmente definir mais adiante o que fazer com as outras variáveis, como taxa de juros, como a questão de desindexação. Eles me deram uma informação não alvissareira: em maio, talvez haja de novo um desequilíbrio da balança comercial, porque as importações continuam fortes pela liberação de carros que já estavam nos pátios das alfândegas. Tudo isso torna um pouco obscuro o que realmente vai acontecer nessa área, e me leva a crer que é mesmo preciso alterar a taxa de câmbio para dar maior horizonte nas manobras que serão necessárias no decorrer do ano.

Quanto ao resto, tanto Beto Mendonça quanto Chico Lopes acham que temos excelentes condições de continuar no caminho da estabilização, desde que se entenda que este ano o crescimento será razoável mas que em 96 a taxa de crescimento terá que ser menor. Tudo isso, é muito bonito falar mas é difícil fazer, e mais difícil ainda a população aceitar. Mas parece que este é o caminho e não temos que hesitar.

No que diz respeito aos petroleiros, continuamos com a linha dura, não tanto com o exagero dessa tomada de decisão muito no fim do dia, mas também porque desarticulamos uma tentativa feita dessa vez pelo Almir Pazzianoto, que mandou um recado pelo Eduardo Graeff de que estaria disposto a rever o seu voto no Tribunal para dar margem a uma negociação. Ora, o Almir foi o primeiro a querer que houvesse uma linha dura. Ou tem razão ou não tem razão na questão de linha dura ou linha mole. Como as coisas estão, acho que o governo não pode dar sinais de fraqueza. Alea jacta est.

Neste 22 de maio ganhamos tranquilamente na Câmara, por uma diferença de 349 a 105 ou 107, a votação em segundo turno sobre a empresa de capital estrangeiro e capital nacional.* Muito nervosismo para a votação de amanhã, quando começa a discussão da emenda sobre telefonia e radiocomunicação, enfim, quebra dos monopólios nesta área. O PMDB, como sempre, fazendo um contingente grande dos chamados insatisfeitos, a maior parte fisiológicos, alguns por razões de princípio. O PSDB, mesma coisa, na mesma proporção, na verdade uns fazendo onda, outros por princípio. Princípio, tudo bem, onda é para obter alguma vantagem. É um jogo duro. O próprio Luís Carlos Santos veio hoje me ver dizendo que já não aguentava mais tanto papelzinho no bolso, tanta fisiologia. Os assuntos mais importantes do país são discutidos por um grupo grande de deputados nesta base, e o pior é que ele [Luís Carlos] não pode nem proclamar isso, tem que ir levando até porque, apesar de tudo, estamos ganhando.

Conversei com Pérsio e Clóvis, juntos, à tarde. Tinha falado com Malan e o encontrei agora à noite para o jantar com o Júlio César e o Chico no restaurante Baby Beef. Ruth fora para São Paulo. Pérsio estava lá com Chico e Gustavo Franco. Tiveram uma conversa para ver se anunciamos ou não, nesta sexta-feira, uma mudança na faixa de variação do câmbio. Saberei do resultado na quinta. Também foram acertar os detalhes da saída do Pérsio. Ele concorda em ficar como meu assessor especial, pelo menos pró-forma, cuidando do programa de estabilização, para evitar que haja a interpretação de que brigou com a equipe. Vamos ver como manobramos isso.

Soube também que o Serra, pelo que me disse por telefone o Sérgio agora à noite no restaurante, quer falar comigo, está inquieto porque continua achando que há indecisão na área econômica. Fico meio na dúvida se ele gostaria ou não de substituir o Malan. Às vezes tenho a impressão que sim, embora ele me diga que não. Em todo caso, Serra tem dito coisas sensatas, essa é a verdade. Tem acertado

---

* A votação na Câmara, cujo placar foi de 349 a 105, aprovou a PEC 5/1995, que eliminou a distinção constitucional entre empresa brasileira e empresa brasileira de capital nacional.

na maior parte das vezes nos palpites que dá. Embora seja necessária muita cautela para levar essa coisa econômica, é forçoso reconhecer que está difícil para o Malan assumir o processo de comando de toda a área.

Em relação à greve dos petroleiros, pelo que me disse agora à noite o ministro Raimundo Brito, parece que hoje a refinaria de Capuava começou a funcionar dentro daquele esquema com pessoal recrutado entre aposentados e outros funcionários da Petrobras. Conversei com Mário Covas e com Lerner, pedi que haja um contato do general Cardoso com o secretário de Segurança para mandar reforços e, sobretudo, recomendar que não haja nada de violência. Estou preocupado com o que possa ocorrer essa madrugada em outras refinarias.

A crise está grande. São Paulo parece ser o estado mais desabastecido. O Mário foi muito claro nesses comentários, também a opinião pública aparentemente continua firme do nosso lado. Houve nova tentativa do Tasso de conversar com líderes sindicais, mas não se chegou a nada concreto. Parece que o Tribunal vai votar o recurso dos petroleiros na sexta-feira dessa semana e não mais na segunda da próxima.

HOJE É QUARTA-FEIRA, dia 24 de maio. Pela manhã me informei com o general Cardoso de que a ocupação das refinarias pelos operários transcorrera calmamente. Tropas do Exército e da polícia, do lado de fora, simplesmente garantiram que não houvesse dano aos prédios. Nenhuma violência. Foi muito bem, e Paulínia voltará a trabalhar, Capuava já voltou. Dentre as outras todas, parece que só Duque de Caxias e Cubatão não estão trabalhando. Então, isso significa um êxito muito grande para o término dessa greve. A população a condena e está contente com a ação do governo, foi o que vi na Datafolha de hoje. Recebi outra informação, à tarde, de Eduardo Azeredo, pesquisa da Vox Populi, dizendo que minha popularidade estaria, em Minas Gerais, em 80%. As coisas estão ligadas, não é só a greve, é um conjunto de fatos favoráveis que aconteceram nos últimos tempos.

No que diz respeito ao "front" parlamentar, votação espetacular da medida de telecomunicações, 348 votos ou 340, não tenho certeza, a 105 ou algo assim.* Consolidada a maioria. Foi um voto difícil, trabalhei bastante, falei com muita gente, pedi ao Jader, ao pessoal do Amazonas, ao Partido Liberal, enfim, refiz todo o périplo. É de novo o mesmo filme, aquela história, um ou outro querendo coisas menores.

Me telefonou o Amin para dizer que o PPR havia entrado com uma ação direta de inconstitucionalidade contra a questão de transferência do pagamento dos

---

*O placar da votação na Câmara Federal da PEC 3/1995, que acabou com o monopólio estatal nas telecomunicações, foi de 348 a 140.

funcionários públicos* e que precisava de uma margem de manobra nesta área. No caso não é fisiologia, é política, concordei que houvesse alguma conversa sobre o assunto. Parece que votaram. Não vi ainda o resultado final, mas houve coordenação da equipe e tudo funcionou direito.

Continua o drama do Banco Central, o Malan resistindo muito a que o Pérsio saia nessa semana porque na próxima terça-feira, pela primeira vez depois de muitos e muitos anos, o Tesouro brasileiro lança 1 bilhão de dólares em yens com underwriting das principais empresas financeiras japonesas, como Nomura [Securities International Inc.], e ao juro de 6% ao ano. Isso é uma coisa muito importante e o anúncio de que Pérsio vai sair agora poderia provocar desânimo e, mesmo, desfazer o negócio. Pérsio resistiu, mas acabou concordando. Não vai embora já, vai na outra semana, e, como disse, ficará como meu assessor para estabilização econômica.

Já o jantar, ontem, do Pérsio com o pessoal do Banco Central não resultou em nada. O Gustavo parece que resiste à alteração do modo como se faz a banda da taxa de câmbio e o Pérsio quer fazer. Voltamos à discussão de janeiro-fevereiro, parece que esse pessoal não amadurece no sentido de certa convergência. Eles iriam se reunir amanhã de manhã para decidir, e já me pediram para deixar o encontro para a outra semana. Isso é ruim, porque agora era o momento adequado para realizar alguma mudança, na medida em que os sinais estão todos ou quase todos bastante positivos.

Veio me ver Amazonino Mendes com Bernardo Cabral. Bernardo pediu audiência, eu não sabia que vinha o Amazonino, era a questão da Zona Franca. O Sérgio já me havia alertado de que o Serra é contra uma taxação nas cotas que estamos impondo para compra de dólares para a Zona Franca, para a importação, ficando uma porcentagem pró-governo do estado. O Serra diz que é um escândalo, tem seus motivos, Amazonino diz que não, sei lá quem tem razão, mas de qualquer maneira foi outro problema que se apresentou hoje.

Além disso, uma coisa curiosa, Newton Cardoso veio me ver e o tempo todo falou da sua honra, de seu governo e da capacidade que ele teve de administrar bem Minas. Eu ouvi. É uma pessoa jeitosa, e disse que tem alguma influência com alguns deputados, deu os nomes, que vão votar com o governo, enfim, conversas desse tipo, cujo rumo e cujo objetivo a gente não sabe bem quais são, mas ele foi pelo menos bastante educado.

Os militares apresentaram um documento de reclamações em relação ao orçamento. O Serra já me havia dado indicações de que eles não tinham tanta razão assim, passei-as ao general Cardoso. Ele acha que estamos evoluindo na linha do

---

*O PPR recorreu ao Supremo para contestar a constitucionalidade da medida provisória 936, de 7 de março de 1995, que fixara a data de pagamento dos servidores públicos entre o segundo e o quinto dia útil do mês seguinte ao de referência (até então os salários eram pagos até o último dia útil do mês de referência).

Serra, mas não sei qual será o resultado disso, vamos ver sábado de manhã, quando teremos uma reunião lá no Torto.

HOJE É SEXTA-FEIRA, dia 26 de maio. Ontem tive uma conversa com o brigadeiro Gandra e o Sardenberg. Decidi convocar o Conselho de Defesa Nacional para uma reunião amanhã, quando informarei que vamos afastar a Esca, firmar o contrato com a Raytheon e passar a parte brasileira para a Infraero, ou seja, sob controle direto da Aeronáutica. Falei à noite por telefone com o Sarney, presidente do Senado, que está no Japão. Informei-o, informei ao Teotônio Vilela [Filho],* agora no exercício da presidência do Senado, bem como a Luís Eduardo Magalhães. Parece que a solução agradou a todos.

Outra conversa importante foi a que tive com o general Cardoso, não só sobre a questão dos petroleiros, mas também sobre a denúncia de que o adido militar brasileiro em Londres** tinha sido torturador. Pedi que ele transmitisse, como eu já tinha feito ao general Zenildo, um artigo que vi a esse respeito numa publicação estrangeira, pode ser americana ou inglesa. Passei o artigo às suas mãos.

Almocei com Pelé aqui em casa, e com o Clóvis, que participou da reunião da tarde com o ministro de Minas e Energia, Serra e o ministro do Trabalho, quando conversamos bastante sobre a greve dos petroleiros. Houve uma decisão do Tribunal do Trabalho, hoje, reeditando as decisões anteriores. O ministro do Trabalho e eu achamos que havia condições para oferecer uma saída aos petroleiros, Serra se opôs veementemente, o Clóvis também, por causa da questão econômica, e o ministro de Minas e Energia, que no começo parecia favorável a alguma alternativa mas depois se mostrou menos transigente.

Eles têm argumentos de que isso poderia desmoralizar a política econômica. Minha preocupação e do Paulo Paiva, que, autorizado por mim, de manhã havia tomado café com o Vicentinho na casa do Artur da Távola, é que o próprio Vicentinho está desanimado com a possibilidade de uma ação racional dos petroleiros, mas achando que é preciso dar alguma saída para evitar que haja uma quebradeira do movimento sindical.

À noite, reunião no Alvorada a respeito da questão econômica. Estavam os de sempre, me pareceu que havia muito mais convergência. Decidiu-se, pelo menos foi o que eu entendi, que Pérsio vai embora mesmo, anunciará na quarta-feira, depois do lançamento dos títulos brasileiros no Japão, o que será um sucesso, 1 bilhão de dólares. A taxa de câmbio pode subir a 0,91 ou 0,92 em cinco ou seis dias. O Gustavo acabou cedendo, o piso passa a 0,92, pode deslizar mais suavemente, e só tem sentido divulgar o novo regime cambial mais adiante, quando fizermos as

---

* Senador (PSDB-AL).
** Coronel Armando Avólio Filho.

medidas de desindexação depois que houver de fato uma mudança do conjunto da política econômica.

O Serra não pareceu muito convencido de que existisse esse tipo de convergência, mas o Malan foi insistente, disse que é preciso haver um modelo mais do tipo chileno, que aparentemente é a preferência também do Serra e, acredito, do Chico Lopes. O Gustavo não manifestou a sua, e o Pérsio quer uma banda larga com o que todos estão de acordo no fim. Vamos ver se dessa vez as coisas se acertam.

Nesta manhã de sexta-feira fui a Apucarana. Manifestação normal. Reafirmei o que havia concedido na véspera aos ruralistas, o câmbio fixo, prefixado a 16% de juros. Malan não gostou, queria 18%, mas acho que o resto da equipe concordou que era possível dar 16%, e eu queria dar um sinal forte de que íamos para desindexação mesmo, e queria marcar uma confiança no real. Então me parece que isso é consistente, permite dizer não à questão da renegociação da dívida atrasada, que é o que o pessoal que mais fala conosco deseja. Não dizem, mas é o que desejam. São os que mais brigam pela dívida atrasada, e aí é mais difícil fazer uma política acabando com a TR.

Aproveitei a oportunidade e fiz um apelo aos petroleiros para que voltassem ao trabalho num espírito de entendimento. Não houve nenhuma ação mais violenta, mas eu começo a me preocupar. Acho que está se aproximando o momento de tirar o Exército da jogada, e há que se achar uma forma de eles chegarem a um entendimento razoável. Sem que nós cedamos, mas também sem que haja esse aspecto de esmagamento. A opinião pública por enquanto está do nosso lado, não sei até quando se persistir o impasse.

À tarde, depois que falei com o chanceler do México, esteve aqui o Luiz Felipe Lampreia, o qual me informou que o Foreign Office inglês reclamou da presença do tal coronel acusado de tortura. Li, também hoje, no avião e dei ao general Cardoso um artigo do Cid Benjamin dizendo claramente que tinha sido torturado por esse cidadão; ao lado da matéria, havia uma série de declarações nesse sentido. Disse ao Lampreia que, diante de tal informação, não temos outra coisa a fazer, e amanhã direi ao general Zenildo que esse coronel não pode continuar como adido militar do Brasil em Londres. Talvez isso traga algum aborrecimento, mas será necessário e será feito.

HOJE É TERÇA-FEIRA, DIA 30 DE MAIO. No sábado tivemos uma reunião do Conselho de Ministros, na Granja do Torto. Paulo Renato e o Jatene expuseram a orientação de suas pastas, demonstrando conhecimento, competência e rumo. Todas as exposições foram consistentes, inclusive as informações da área econômica prestadas pelo Malan e pelo Serra.

Conversei com o general Zenildo. Como sempre, uma pessoa extraordinária, que me pediu desculpas pelo incômodo que estava dando. Ele imaginou que eu já soubesse fazia algum tempo da informação de Londres, disse-lhe que soubera na véspera, mas que era preciso tomar alguma medida. Me propôs então que iria transferir normalmente o coronel esta semana. Eu achei bom, assim ele sai de lá e não se cria uma celeuma maior. O Zenildo tem demonstrado grande sensibilidade e tenho a impressão de que, mais do que lealdade, ele tem estima por mim, e é recíproca.

Reuni-me também com o Conselho de Defesa: debaixo de uma árvore, na Granja do Torto, para mostrar o clima pacífico do Brasil. Informei a decisão sobre a Esca, de retirá-la do consórcio com a Raytheon para fazer o Sivam-Sipam. O brigadeiro Gandra indicou o que ele queria fazer transferindo para a Infraero a responsabilidade inicial do gerenciamento do projeto. Algumas objeções formais, o almirante Mauro disse que na Marinha eles terão problemas, que nós teremos que resolver, porque também trabalham com a Esca. Parece que nesse mesmo dia o brigadeiro deu declarações menos felizes dizendo que a Esca poderia voltar, o que me levou, ontem, a pedir ao porta-voz que desmentisse essa possibilidade.

Também ontem estive com o Scalco, que voltou a falar sobre a eventual vinda do Jaime Lerner para o PSDB. Jaime está nesse vai não vai há muito tempo, no fundo isso acaba paralisando a vinda do seu contendor maior que é o ex-governador Álvaro Dias. Mas não houve decisão. Scalco lhe disse que ocasionalmente pode ser presidente da Itaipu. Ele não se mostrou muito entusiasmado, mas aceita. Eu não o convidei, apenas mencionei que havia essa possibilidade. Convidei-o para à noite ir à Granja do Torto, onde nos reuniríamos com as lideranças e com o PSDB. Estavam o Brito, o Jarbas Vasconcelos, foi um bom encontro, cada um falou o que quis. A melhor opinião mesmo foi expressa pelo governador do Rio, Marcelo Alencar, que deu um show de compreensão da situação, da importância das reformas. Tudo que os outros apresentavam como dúvida, ele apresentou como certeza, bastante positivo. Sérgio Motta também teve um bom desempenho. Achei o Tasso um pouquinho amargurado, não sei com quê, e o [governador Antônio] Britto foi levemente crítico da área social do governo.

Continuamos acompanhando a questão preocupante da greve dos petroleiros. Nesta terça-feira tive longas conversas com Clóvis e Eduardo Jorge, nos encontramos no café da manhã com os ministros da área, incluindo os do Trabalho e de Minas e Energia, fizemos um balanço. Houve certo mal-estar, porque não ata nem desata. Tomamos a decisão de apertar mais as coisas via Procuradoria-Geral da República, dar declarações muito enfáticas de que no trigésimo dia de greve poderíamos botar o pessoal em dispensa e que o faríamos. E, o tempo todo, telefonemas. O Tasso falou com o presidente da Fup, outros almoçaram na casa do Beni [Veras], todos querem no fundo dar uma saída e quem sabe faturar em cima disso. Montoro falou comigo várias vezes, mas tudo esbarra no mesmo problema: os grevistas estabeleceram precondições para voltar ao trabalho.

30 DE MAIO A 22 DE JUNHO DE 1995

Ainda os petroleiros.
Rusgas com Mário Covas

Retomando, eu dizia que houve muita conversa a respeito dos petroleiros. Luís Eduardo Magalhães me telefonou hoje, oito horas da noite, para contar que o deputado Jaques Wagner, líder do PT, o procurou dizendo que os petroleiros voltariam ao trabalho se houvesse algum recuo do governo no sentido de punir apenas os líderes sindicais. Achei razoável. Liguei para o ministro das Minas e Energia, pedi que ele falasse diretamente com Luís Eduardo. Vamos ver se por aí tem algum caminho.

Falei com Bill Clinton para avisá-lo que tínhamos resolvido o contrato da Raytheon. Não entrei em detalhes sobre a Esca, mas também não deixei de cobrar a possibilidade da venda de aviões brasileiros nos Estados Unidos; dá cá, toma lá, é o gênero americano.

Recebi parlamentares o dia inteiro, aquela rotina bastante desagradável. Conversei com Luís Eduardo e com Sérgio sobre a votação das emendas, parece que as coisas vão se encaminhando bem.

Há umas nuvenzinhas no horizonte. O Mário não veio ao jantar ontem, na Granja do Torto, e, ao que parece, vai sair no *Estado de S. Paulo* de amanhã algum rumor sobre a irritação dele com o governo federal. O Mário está querendo puxar briga, eu estou tentando evitar, mas está ficando cada vez mais complicado.

HOJE É QUARTA-FEIRA, dia 31 de maio. Ganhamos por 360 a 107,* tranquilamente, a segunda votação na Câmara, a emenda sobre o gás canalizado. O deputado Alberto Goldman esteve comigo no fim da noite, trouxe sugestões de uma lei, não sei se complementar ou ordinária, para regulamentar a questão do petróleo. Me pareceu inteligente, porque esclarece de uma vez por todas que o interesse do governo não é acabar com a Petrobras nem é tirar suas eventuais vantagens de competitividade. Isso foi uma boa contribuição.

A greve continua igual. Montoro tentou falar comigo, não falei, porque ele vai tentar, de novo, dar a impressão de que todos os parlamentares estão mediando o fim da greve, o que implicaria um compromisso do governo de rever uma porção de coisas que a lei não permite. A situação permanece preocupante, mas a greve aparentemente está se esvaindo. Paulínia voltou a trabalhar. Lula parece ter feito um apelo para que se pusesse um fim à greve.

---

* A aprovação da PEC em segundo turno na Câmara ocorreu em 16 de maio de 1995, e teve o placar de 373 a 53.

Pérsio apresentou o pedido de demissão. Conforme o combinado, depois da reunião do Conselho Monetário Nacional. A versão que ele fez circular, verdadeira, é que sai por razões pessoais. Tomara que as explicações colem, para evitar especulações que não levam a nada. Vamos ver até quando Pérsio continuará nos ajudando no programa de estabilização. Ele é *muito* importante pela imaginação que tem.

Terminei de ler o livro do Gustavo Franco, que, outra vez, revela claramente domínio sobre a matéria da inflação, apesar das objeções do Serra, reiteradas num almoço que teve comigo ontem. Serra voltou a criticar o Gustavo e mostrar que houve, e houve de fato, desatinos na política de abertura comercial. As empresas automobilísticas estão exportando pouco e importando muito, só a GM tem, sei lá, um desequilíbrio de 1,5 bilhão de dólares contra o Brasil. Isso foi erro mesmo e Serra está alertando para esses pontos, que são importantes.

No fim da tarde estive com Sérgio Motta e com Eduardo Jorge, naquelas infindáveis discussões sobre nomeações, alguns são ladrões e nós temos algumas provas. O Sérgio, nisso, é bom, ele vai lá e diz ao cara que não dá para nomear porque o outro é ladrão. É vergonhoso, mas é assim. E nesse momento o Congresso pensa que não terá mais nada a barganhar depois que votar essas leis importantes, então alguns grupos, não são muitos, uns poucos deputados, mas barulhentos, querem ir longe nas exigências. Nós estamos levando isso na conversa e nomeando muito pouca gente. Por outro lado, o Cláudio [Mauch] me informou que houve um pré-acordo, com os ruralistas, bastante bom. Se for verdade, é um êxito.

Por fim, em resposta a uma pergunta minha, o general Cardoso me informou agora, à noite, depois de uma conversa com o ministro interino do Exterior, o Bambino [Sebastião Rego Barros], por que ainda não tinha saído o afastamento do coronel de Londres: porque o Itamar pediu ao general [Romildo] Canhim, que foi ministro da Administração, que falasse com o general Zenildo para não fazer já a transferência. O Itamar chegaria a Lisboa, e foi ele que colocou o Avólio lá, sem saber de nada, é óbvio. Como o Sérgio Amaral teria dito que não havia sido eu que indicara o coronel, e sim o governo anterior, ele ficou cheio de dedos e pediu que se postergasse a decisão. Eu não vou fazer isso. Tenho muita consideração pelo Itamar, mas neste ponto ele está levando longe demais os pruridos de não me toques, tanto mais que se trata de uma coisa grave cuja responsabilidade vai cair nas minhas mãos. O general [Canhim] solicitou uma audiência. Já o general Cardoso me disse que o general Zenildo está disposto a fazer a transferência nesta semana, sem esperar a boa vontade do Itamar.

Vou jantar com cerca de dez parlamentares, uns oito do Partido Socialista Brasileiro, ligados a Arraes, que querem vir para o PSDB porque não aguentam mais o atraso do PSB. Vamos ver o que sai desse jantar de hoje.

HOJE É QUINTA-FEIRA, dia 1º de junho. Pérsio fez ontem finalmente o anúncio de sua saída da presidência do Banco Central. Houve um pequeno incidente: enquanto ele dava entrevista coletiva, Ana e Sérgio Amaral confirmaram sua decisão e a Reuters soube antes. Essas confusões são habituais, não houve reações maiores. Os líderes foram informados, e às pessoas que me telefonaram, eu dizia com naturalidade do que se tratava.

Antes de ir para a natação, hoje, li no *Jornal do Brasil* um artigo muito bom do Marcelo Pontes dizendo que no meu governo a área econômica está dividida em quatro polos, inclusive o Planalto, e que a mudança de um ou outro não altera em nada o rumo do Plano. Daqui a pouco recebo Pérsio, Loyola e Malan. O Malan já me ligou aflito como de hábito para saber das repercussões. Eu sei pouco, sei o que está por aí, vamos ver como o mercado abre, mas acredito que o assunto passe mais ou menos em branca nuvem. O importante agora é não perder a cooperação do Pérsio, que é realmente preciso pela capacidade que tem de imaginar soluções para os graves problemas da economia.

Continuo muito preocupado com a redefinição de rumo, com todas as desindexações. Vi que o Serra avançou o sinal. Deu uma entrevista no *Globo* de ontem falando sobre a desindexação na área das relações do trabalho. Isso é matéria do Paulo Paiva, ele não devia ter falado. Assim, as pessoas de fato irritam os companheiros e, sobretudo, fazem com que a sociedade, preventivamente, comece a se movimentar para impedir as mudanças. Me disse o Malan num telefonema nesta quinta-feira que, ao que parece, o acordo com os ruralistas foi bom mesmo. Vamos ver se hoje ele se concretiza, é um passo muitíssimo importante para a tranquilidade e porque é justo corrigir os efeitos daninhos dessas TRs e taxas de juros elevadíssimas.

HOJE É SÁBADO, dia 3 de junho. A transição do Pérsio para o Loyola foi tranquila, mas correu que a empresa do Maílson teria anunciado prematuramente a designação do Loyola, porque ele trabalhava lá. Apuramos. Foi por volta das 16h55 que o Maílson deu essa informação, o mercado já estava fechado. De modo que é um pouco de tempestade em copo d'água, uma tentativa permanente de fazer crer que há vazamento, que há manipulação. Me disse também o Malan que o mercado ficou nervoso por causa de um boato, saído do Rio de Janeiro, de que o Gustavo Franco seria afastado. O Gustavo desmentiu.

Agora o Gilberto Miranda quer convocar o Loyola e o Pérsio para ele explicar por que saiu. Trata-se um pouco dessa chantagem que virou a capacidade de fiscalização do Congresso posta nas mãos de gente que não tem noção da sua responsabilidade. Dá nisso. O Pérsio irá lá dar as explicações pertinentes.

O fato importante de ontem foi o fim da greve. Muita gritaria, o Lula dizendo que eu sou covarde, certamente porque ele não tem mais o que dizer. A greve terminou, não houve nenhum incidente com as forças do Exército, que não invadiram, ao contrário do que se disse, nem ocuparam nada, ficaram no pátio. Terminou porque foi uma greve malposta.

A gente vê que é um radicalismo de uns grupos que imaginam estar fazendo de novo a famosa revolução socialista. Eu li o texto de fim de greve, a proposta de que "agora vamos partir para a greve geral, para pôr cabo a esse governo das reformas neoliberais", esse tipo de coisa. Lula sabe que isso tudo está errado, que é um caminho equivocado, Vicentinho também, mas eles não têm coragem de enfrentar os seus radicais.

Por outro lado, creio que a repercussão desse fim de greve foi muito importante. O governo mostrou-se firme, acho que agora talvez valesse um gesto de largueza, desde que este não seja compreendido como incentivo a novas greves descabidas. A Petrobras vai ter que afrouxar um tanto na questão das negociações, e especialmente tem que ceder antes de o sindicato colocar isso como exigência, tem que oferecer.

Outro fato importante é o problema do coronel Avólio. Ontem o general Cardoso me pediu autorização para participar de uma reunião do Alto-Comando, dos generais de quatro estrelas, na qual o general Zenildo explicaria a questão. Notei que ele estava aflito. Compareceu à reunião, voltou, me disse que não foi fácil, porque eles têm medo de que isso seja um precedente e implique a quebra da anistia. O Cardoso explicou bem qual era o meu pensamento, o Zenildo também.

A semana que entra agora é sensível. Mostrei ao general Cardoso uma nota do embaixador inglês, que ele achou leve porque não está habituado aos termos da diplomacia. Segundo os diplomatas, é uma nota pesada. Pergunta sobre critérios, por que esse adido estaria lá, o que é prenúncio do pedido de declaração de pessoa non grata. Além do mais, a Câmara dos Comuns da Inglaterra discute o assunto. Acho que a solução que dei foi a melhor: tira o homem de lá e vamos ver se com isso não se aprofunda uma discussão que, nesse momento, só vai tumultuar, sem poder resolver nenhuma questão. Ao mesmo tempo, temos que avançar com o Zé Gregori e o Jobim em relação ao problema dos desaparecidos.

Em tempo. Li um artigo no *Estado de S. Paulo*, de José Casado, dizendo que eu tinha criado 20 mil empregos nos Estados Unidos. Quando telefonei ao Clinton, disse que o acordo Sivam-Sipam daria 20 mil empregos lá, é verdade, só que o acordo não é meu e os empregos serão criados com o dinheiro deles, visto que se trata de um empréstimo a longo prazo com oito anos de carência. Mas a razão fundamental de eu ter ligado para o Clinton foi outra, que eu não posso dizer publicamente: pedi a ele que ajudasse na compra de aviões da Embraer, os Tucanos, e isso vai dar emprego é aqui no Brasil.

HOJE É DOMINGO, DIA 4 DE JUNHO. Ontem à noite fomos ao concerto, no Palácio do Planalto. Antes recebi o embaixador [Ítalo] Zappa, que levará uma carta convidando o presidente do Vietnã para vir ao Brasil. Ele me informou que a China está partindo para a paridade atômica, ou seja, vai disputar cabeça com cabeça com os Estados Unidos. Isso é preocupante, um dado que é necessário registrar. A China hoje é parceira importante do Brasil, precisa ver para quê.

Pela manhã o general Cardoso esteve comigo e mencionou de novo a questão do coronel Avólio. Parece que a reunião do Alto-Comando foi difícil. Ele me mostrou um documento à tropa, muito correto, feito pelo general Zenildo, em que este diz que as decisões foram em absoluta consonância com o presidente da República e com o ministro do Exército. O Cardoso me pediu que desse uma manifestação de apreço ao Zenildo, que dei. Fui esta manhã ao hasteamento da bandeira e agradeci muito a ele, falei com os generais, um por um. Não toquei no assunto e pedi à Ana que noticiasse amanhã que o episódio está encerrado. Os militares temem que haja um começo de revisão da anistia, o que seria inaceitável para qualquer dos lados [caso a revisão se aplicasse tanto aos crimes da repressão quanto aos eventualmente praticados por opositores].

HOJE É TERÇA-FEIRA, DIA 6 DE JUNHO, são sete e meia da manhã. Ontem fui cedo à serra da Canastra para comemorar o Dia do Meio Ambiente. Tudo normal. A tarde também transcorria bastante tranquila, até que, no fim do dia, veio a informação de que o Paulo Renato iria fazer uma operação do coração, deve estar fazendo agora. O próprio Jatene me telefonou para contar. Paulo já não estava com a cara muito boa nos últimos dias, estava bem pálido. Eu não sabia que ele tem um problema de coração há oito anos. Vamos torcer para que tudo dê certo.

Reuni-me com os líderes para falarmos a respeito da votação do petróleo, me parece que tudo está sob controle. Sou favorável a que, no caso do petróleo, se permita a lei complementar para a regulamentação. Os líderes não pensam assim. Estive longamente com o Ronaldo Cunha Lima, que parece ter vindo para fazer as pazes, disse que vai controlar os votos da Paraíba, uma conversa civilizada.

HOJE É QUINTA-FEIRA, DIA 8 DE JUNHO. Ontem houve a votação do petróleo: 364 votos a 140 e poucos,* uma vitória esmagadora, 508 parlamentares presentes. Curiosamente, foi um dia calmo, embora o jornal tenha noticiado hoje que eu o passei forçando uns e outros a votar. Não é verdade. Na véspera, terça, jantei na casa do Ronaldo Perim com uma parte importante da bancada do PMDB. Reunião tranquila. Expliquei que não se tratava de quebrar o monopólio da União, ela vai

* O placar da votação foi de 364 a 141.

mantê-lo, fará concessões e é uma coisa normal. A Petrobras não será atingida nem privatizada, ninguém cogitou disso, será uma grande empresa. Claro, alguns têm posições históricas firmadas, Elcione Barbalho mandou ontem uma carta, muito educadamente mantiveram suas posições, o irmão* do Ronaldo Cunha Lima também, mas no geral me aplaudiram bastante, foram simpáticos e amáveis.

O deputado Prisco Viana me telefonou para saber se realmente eu não iria privatizar a Petrobras, respondi que não, então ele disse que ficaria tranquilo e votaria a favor. *Ele* me telefonou, não eu a ele.

Recebi a bancada do pessoal da Saúde. Tinha o [Sérgio] Arouca do PPS, tinha gente do PT, falou-se o de sempre, falta de recursos. Expliquei que, em vez de fazer o IPMF para a Saúde, talvez fosse melhor acabar com a dívida interna, tema sobre o qual voltei a falar na reunião da tarde com os representantes do Centro-Oeste, os vários governadores e a bancada. Acho que chegou mesmo a hora de desindexar e atacar a questão da dívida interna e dos juros. Tenho insistido muito nisso.

O fato é que a grande vitória na votação do petróleo no Congresso mostra a força política das novas ideias que eu assumo com muita tranquilidade, porque tenho certeza de que coincidem com o interesse nacional.

Só há mais uma questão a registrar, a relativa ao regime das importações de automóveis. O Serra vem forçando muito definições na linha do que a Argentina faz: para importar um carro, tem que exportar outro. O presidente da Ford tentou falar comigo por telefone, não conseguiu, mandou um fax reclamando que nós estávamos mudando de linha, o que é verdade, pela segunda vez no caso da Ford. O Serra está bastante inquieto com isso, é uma ideia fixa dele. Acho que em tese tem razão, mas no modo de fazer está atropelando e, ao atropelar, cria dificuldades.

Menem me telefonou à noite para reclamar que, agora que a Argentina está começando a ter um superávit comercial, o Brasil vai penalizar aqueles que pagaram tanto tempo as suas contas. Malan resiste à medida, que vazou para os jornais. Serra diz que foi a Fazenda que vazou, Malan diz que foi o Serra que soltou para dar aos parlamentares. Os dois devem ter vazado, não o Malan, mas algum funcionário, e o Serra contou aos parlamentares para mostrar que está tomando as medidas pertinentes na defesa da indústria. Não sei qual é a opinião de Dorothea, que estava na Argentina. Eles tiveram uma reunião ontem, mas eu não soube dos resultados.

Às onze horas de hoje encontro com a bancada ruralista. Houve um entendimento, os jornais estão dizendo que foi em troca do voto. Foi, mas não em troca do interesse nacional. Os juros que nós baixamos precisavam mesmo ser baixados, e a dívida passada não será negociada nos termos que os ruralistas querem. Além do mais, a Contag entrou na negociação e o pequeno produtor também será beneficiado.

* Ivandro Cunha Lima, deputado federal (PMDB-PB).

HOJE É DIA 10 DE JUNHO. Quanto ao dia de ontem, quero registrar dois episódios.

A discussão da medida provisória a respeito do regime automotivo gerou grandes discussões, empate Serra e Dorothea por um lado, Pedro Malan e o chanceler Luiz Felipe Lampreia pelo outro. O Clóvis, pelo jeito, desta vez do lado do Serra e da Dorothea. O impasse é que tem uma coisa real e muito de psicológico. Serra é contra o modo como se faz todo o sistema de integração do Mercosul, no fundo é mais protecionista mesmo, mas efetivamente houve a ruptura no equilíbrio das contas externas, os automóveis e sua importação pesam bastante.

De qualquer maneira, o que importa notar é que, afora os fatos objetivos, há um emperramento do Pedro, que não diz e depois empaca porque não quer decidir na hora, quer ganhar tempo. Ele tem alguma razão, pois nem todos foram ouvidos, na realidade se sentiu atropelado. O Lampreia também. Realmente, o Serra deve ter atropelado a ambos. Além do mais, há um vazamento grave. Pelo jeito vindo mesmo da Fazenda, porque a Fazenda é contra isso.

Decidi que farei a medida provisória avisando aos argentinos, porque eles avisaram a nós quando mexeram no que nos afetava. O Itamaraty vai rever o texto para evitar choques maiores com a Organização Mundial do Comércio. O Pedro está querendo ganhar tempo, perguntou se não podia ser na terça-feira. Eu disse que sim.

Hoje de manhã recebo uma longa carta do Pedro transmitindo umas objeções dentro do setor siderúrgico. Isso é uma maneira de ele sinalizar que é precipitada a decisão que está sendo tomada. Vamos ver.

Esse dado mostra as dificuldades que encontraremos nessa área. Serra e Pedro não estão se entendendo, assim como antes não se entendiam o Pérsio e o Pedro. E a imprensa sabe tudo, eles querem disfarçar, mas acabam passando para a imprensa e fica uma coisa muito desagradável. Acho que esse é hoje nosso problema mais grave, temos que marchar para uma nova etapa na área econômica e eles, em vez de estarem à altura da gravidade do momento, estão nesses embates desnecessários.

Ainda na questão da disputa sobre o regime automotivo, há que acrescentar que o José Tavares, secretário do Comércio Exterior no lugar de Sérgio Amaral, indicado pelo próprio Sérgio e homem de quem o Serra gostava muito, eu também, fez declarações infelizes contra o Mercosul, dizendo que era um desastre, ou seja, expressando opiniões que no momento agravariam toda a situação. Resultado: tivemos que demitir. Devo dizer que o Serra estava de acordo com a exoneração, viu que aquilo era um absurdo. Mas isso complica ainda mais nossa relação com os argentinos. Por essa razão, dei um tempinho à definição do regime especial e pedi que, na segunda-feira, os argentinos venham até aqui para que o nosso pessoal explique melhor a eles. Uma questão de atenção. Como já disse, quando o Cavallo tomou medidas que nos afetavam, ele me chamou, me explicou. Nós devemos agir da mesma maneira. Não gosto dessa coisa truculenta que não leva a nada. Já temos tantas arestas que é melhor nos pouparmos de acrescentar novas. Ponto final.

DOMINGO, DIA 11, À NOITE, Sérgio Motta me telefonou de Milão, preocupado com o que muitos jornais dizem hoje, que é verdadeiro, da briga do Serra com Malan. O Serra falou com o Sérgio, não me telefonou porque sabe que a coisa está ruim. Disse ao Sérgio que ficou muito surpreso porque eu tomei uma posição firme apoiando-o, ele pensa assim. Pois bem. Isso está ruim mesmo.

A imprensa, vira e mexe, diz que cedi aos ruralistas. Esquece que estes derrubaram com todo o Congresso a TR, então ou eu definia uma nova política agrícola ou não tinha como financiar as dívidas. Não são os produtores rurais que estão dando um calote, mas o conjunto da bancada rural. Não cedi no calote e, no entanto, os jornais querem fazer crer que o governo ganhou as batalhas que ganhou porque cedeu cargos, o que não é verdade: não houve um cargo de importância que tivesse sido dado a alguém em função dessa matéria. Há esses carguinhos dos quais eles estão atrás e que estão saindo de conta-gotas mas que não tiveram nada a ver com o grosso da votação.

HOJE É SEGUNDA-FEIRA, dia 12 de junho, são oito horas da manhã. Há um grande escândalo a respeito de o Brasil ter conseguido obter dos russos o material capaz de permitir a fabricação de foguetes guiados, o que é verdade. Chamei o ministro da Aeronáutica, que confirmou, é a primeira vez que há tal confirmação. Disse-lhe que gostaria que o assunto ficasse sob o controle civil, que dali por diante esse programa tinha que ser igual ao programa nuclear da Marinha. Ele concordou. Conversou com o brigadeiro [Sérgio] Ferolla. Já falaram com o chanceler. Apareceram as denúncias de que os americanos estariam irritados e tudo mais. A informação que temos é outra: seu embaixador veio me dizer esta semana que eles concordam com a entrada do Brasil no MTCR. Se isso ocorrer, como de fato parece que vai ocorrer, teremos resolvido um problema seríssimo, que é o do controle civil sobre o programa militar da Aeronáutica e o reconhecimento dele por parte das forças que detêm o controle do MTCR.

HOJE É DIA 22 DE JUNHO. Retomo a gravação, tendo pulado todos os dias que estive em Ibiúna por conta do meu aniversário.

O que houve de importante na semana passada foi a continuidade das discussões sobre a questão econômica. Pérsio esteve na minha casa e voltamos a repassar os pontos. Aparentemente, a dúvida principal reside em saber como se move a banda relativa ao câmbio. Se a banda se move, podemos superar 1 por 1, ou seja, a qualidade do efeito do 1 por 1 que é meio mágica, ou não? Não sendo, segundo o Pérsio tanto faz seguir o modelo de avisar antes que haverá uma banda que deslize ou não. Hoje houve a mudança, que foi justamente para a banda de 0,91 a 0,99, e nada mais se anunciou, o que permite uma mudança interna dentro da própria banda. Amanhã veremos as reações do mercado.

Ontem o Malan me informou, e o Clóvis também já me dissera, que tinha havido uma unidade de pontos de vista entre os dois Gustavos, Franco e Loyola, mais o Chico Lopes. Fui avisado dessa mudança, que se deu esta manhã, pelo telefone com tecla de secreto, ninguém mais soube. Serra à tarde sabia. Como, não sei. Talvez através do Chico. Não tenho nenhuma outra hipótese.

Tanto o Pérsio quanto o Serra estiveram longamente comigo, falando sobre estas questões econômicas. O Serra insiste que estamos sem rumo, o que quer dizer que a questão do câmbio não foi definida. No meio disso, assinei a medida provisória em relação à questão do regime automotivo com a Argentina, e foi esta medida que deu muita confusão a partir da sua publicação.

No fim de semana, durante a festa de aniversário, fiquei sabendo, com vaivéns, que havia reação do Menem. Falei com ele, disse que viesse para cá. Mandei-lhe, pelo fax de casa, para Olivos, uma carta que tinha sido preparada pelo Pedro Malan e pelo Sérgio Amaral aqui em Brasília. Menem disse que ia responder. Segundo me informou o embaixador que lá está, a resposta seria positiva, o que aconteceu, mas eu só a recebi no outro dia, creio que já depois de a imprensa ter noticiado que o Menem viria na segunda-feira para um encontro do Fórum Mundial de Davos, o qual ocorreria em São Paulo.

Na segunda de manhã fui ao Palácio dos Bandeirantes. Mário Covas, logo no início, reclamou à moda dele que não tivera nenhuma hora para falar comigo. Não disse nada de extraordinário, até porque eu já sabia das queixas, algumas procedentes, como a questão do lançamento de títulos, para empréstimos no exterior, para resolver a dívida da Cesp. O Duda já me havia contado os detalhes.

O Banco Central tirou o tapete da negociação do governo de São Paulo. Vamos ter que repor isso. Hoje — eu já tinha falado com o Clóvis — Clóvis falou com o Loyola, e a decisão foi manter a palavra dada anteriormente ao governo de São Paulo. Mesmo assim, haverá resistências do Gustavo Franco, que quer lançar títulos no exterior. Ele está muito contente porque lançamos na Alemanha, de novo, quase 1 bilhão de dólares, 800 milhões de dólares, e com juros muito baixos, 9% ao ano, três anos de prazo de carência, enfim, com sucesso absoluto. O Banco Central tem medo de que o lançamento dos títulos da Cesp nos Estados Unidos esvazie nosso mercado.

22 DE JUNHO A 8 DE JULHO DE 1995

Davos. Crise com a Argentina

Nesta quinta-feira, dia 22, após o assunto "Cesp", recebi o pessoal da Força Sindical, devia ser o Paulinho [Paulo Pereira da Silva, o Paulinho da Força] dos metalúrgicos, mas veio todo mundo, com reivindicações genéricas, sobretudo uma importante que é a negociação da data-base a ser mantida mesmo com livre negociação. Isso será feito.

Depois me reuni com uns trinta a quarenta intelectuais, apenas para explicar o que estamos fazendo, falar um pouco da política social, e nada mais de extraordinário.

O almoço com os presidentes dos quatro países do Mercosul, na segunda-feira, transcorreu normalmente. De lá seguimos para a discussão no Fórum de Davos. Fiz a exposição que tinha que fazer, o Menem ao meu lado mais o Sanguinetti, e o Wasmosy.* Depois nos reunimos na suíte do Menem, onde a discussão foi encrespada. Ele estava mal-humorado, duro, todos os argentinos assustados, os brasileiros calados mas também duros. Vi que o ponto era grave, porque o Menem disse que o Brasil rompeu o acordo de Ouro Preto.** Isso é comprado pelo Guido di Tella,*** que tem a mesma posição.

Eu pessoalmente acho que devíamos ter negociado antes com os argentinos. Essa não era a posição dos ministros, nem sequer do Lampreia, e, não fosse a minha interferência, teríamos feito algo até mais duro com eles, sem recebê-los de antemão. Fingimos que os recebemos. O que o pessoal queria, especialmente Dorothea e Serra, era avançar na questão automotiva e até, quem sabe, mais adiante em outras áreas, cortando as vantagens argentinas asseguradas pelo acordo de Ouro Preto.

Como percebi a situação muito difícil, pedi tempo ao Menem para me reunir com os ministros brasileiros e acabei redigindo eu mesmo uma fórmula. Chamei-o sozinho, disse que eu também tinha dificuldades do meu lado, ele foi discutir com todos os argentinos na nossa frente. Com uma pequena modificação, concordaram com a fórmula que sugeri: os trinta dias de prazo que prevíamos para a negociação seriam para decisões internas minhas e do Menem, bem como para tratativas com os nossos ministros. O que não estava dito era que, caso não se chegasse a uma resolução, automaticamente os automóveis argentinos seriam taxados. Ao separar

---

*Juan Carlos Wasmosy, presidente do Paraguai.
**Protocolo de Ouro Preto, firmado em dezembro de 1994, documento adicional ao Tratado de Assunção sobre as bases institucionais e comerciais do Mercosul.
***Ministro de Relações Exteriores da Argentina.

uma coisa da outra, superamos a dificuldade momentânea.* Mas continuou o principal. Há uma divergência forte de pontos de vista, e acho que fomos longe demais nessa matéria.

No dia seguinte conversei com o chanceler, que acabou também concordando. Vamos ver se a gente supera esse impasse, que já deu margem a uma desavença pública do Ciro Gomes com o Serra. Ciro aproveitou a oportunidade para acusar Serra de defender os interesses dos industriais paulistas, contra a abertura. Ele disse ainda que eu sabia perfeitamente, o que é verdade, que o real foi seguro por termos mantido uma posição dura no que diz respeito ao câmbio, que abrimos a economia com consciência. Como ninguém desmente nada disso, está pescando em águas turvas.

Outra questão forte nesta semana foi a banda de câmbio, que já mencionei; além dela, a medida provisória para a desindexação, cujo texto completo recebi hoje. Eles fazem parcialmente a desindexação financeira, ou seja, mudam a TR, mas ainda não fazem o fim da zeragem automática, porque isso tem implicações graves e a área financeira do governo teme provocar uma crise bancária. Vamos então dar um prazo, digamos seis meses, para que a equipe resolva essa questão, pois é inviável continuar como está.

Vamos desindexar também a Ufir,** pelo menos por um período de seis meses, e o salário mínimo e as aposentadorias. Mantê-los indexados prejudica a ideia de uma desindexação mais completa. Permanece alguma incerteza nessa área.

Tive um encontro com o general Zenildo, que voltou a falar do caso Avólio. Ele acha que o Itamaraty não resistiu suficientemente, que o embaixador Rubens Barbosa na verdade queria se livrar logo do coronel, o que causou certo mal-estar nas Forças Armadas, mas acha que está tudo sob controle. No fundo, veio falar da falta de recursos, sobretudo de salários, e sugeriu uma ajuda à moradia, para evitar reclamações em cadeia. Disse ainda que a imagem do ministro José Serra está muito ruim, coisa que o general diz sem estar do lado desses tantos militares que acreditam haver vontade deliberada de não encaminhar recursos à sua área. Essa questão é eterna, não há recursos e pensam que a gente não quer dar.

Vale o mesmo para a Saúde, onde há outro problema. O Jatene está lançado na luta pelo IPMF para a Saúde, e o senador [Vilson] Kleinubing apresentou um projeto, inspirado no Ministério da Fazenda, que usaria os recursos do IPMF para abater a dívida interna. Não sei qual das duas soluções será tomada, o mais racional seria

---

* Menem acusara o Brasil de violar o acordo de Ouro Preto por causa da imposição de cotas de importação de automóveis fabricados na Argentina, inclusive ameaçando cancelar sua viagem a São Paulo para a cúpula do Mercosul. O acordo provisório suspendeu as cotas e abriu um prazo de trinta dias para a conclusão de negociações mais abrangentes. O pano de fundo da crise, segundo a imprensa da época, era a disputa por investimentos de montadoras internacionais.

** Unidade Fiscal de Referência, indexador de dívidas de tributos, multas e taxas com o governo. Foi extinta em 2000.

utilizar esse imposto provisório na questão da dívida e, talvez, o mais fácil seja usá-lo na da Saúde. O Congresso terá que se posicionar.

No capítulo "Congresso", fiz um acordo com Sarney e Luís Eduardo. O Sarney prometeu que votará as medidas de natureza constitucional — três delas relativas ao petróleo —, pelo menos em primeiro turno, antes de fazer o recesso. Ele descobriu, no regimento do Senado, que o segundo turno só pode tratar de mudança de forma. Portanto, se a emenda for aprovada no primeiro, o assunto está praticamente resolvido.

Vencemos na Câmara, com uma margem enorme de votos, 360 a 120 e poucos,* em segundo turno, a emenda do petróleo. Arruaça de estudantes, arruaça com alguns petroleiros, mas fora disso nenhuma reação maior. As bancadas votaram quase unanimemente, o PSDB quase, o próprio PMDB também, e o PFL unanimemente. Almocei e jantei com as bancadas do PTB, uma parte do PP e uma parte do PMDB. Continuamos nesse trabalho penoso, mas útil, porque as pessoas acabam se sentindo mais à vontade com o presidente e mais ligadas à necessidade de seguir certa diretriz política.

Temos uma ameaça aí na frente, porque se votará a regulamentação da taxa de juros a 12%. As lideranças estão com medo dessa votação, que deve se dar na próxima terça-feira. Querem postergá-la. O Luís Eduardo e o Luiz Carlos [Hauly], do PSDB, acreditam que é melhor votar de uma vez. Tenho as minhas dúvidas, e só vou examinar isso na semana que vem.

Em tempo. Convém registrar que, como eu havia antecipado, recebi um documento secreto do governo dos Estados Unidos em que os americanos se propõem a patrocinar a entrada do Brasil no MTCR. Um avanço colossal, que requer naturalmente exatidão nas informações que se prestem sobre as importações feitas, sem fins bélicos, da Rússia e da Índia, de tecnologia que pode ser usada para tais fins. Por outro lado, essa aceitação requer certa negociação interna, com a própria Aeronáutica. Muda praticamente o status do país no que se refere ao lançamento de satélites e nos põe num caminho muito mais organizado dentro do sistema internacional de controle de foguetes que podem ter dupla utilização. O Sardenberg deve ter preparado uma lei a respeito também do controle desse material, que será enviada ao Congresso, eu ainda não a recebi. Feito isso, nós entraremos no MTCR, o que é uma prova enorme de maturidade.

HOJE É SÁBADO, DIA 24 DE JUNHO. Ontem fizemos uma reunião no Alvorada das equipes que estão discutindo a medida provisória sobre a desindexação e matérias correlatas. Estavam presentes os ministros Serra, Clóvis, Malan, o Pérsio

---

*O placar foi de 360 a 129.

Arida veio a meu convite, e as equipes técnicas, bem como o Gustavo Loyola e o ministro Paulo Paiva. Reunião longa, quase cinco horas de duração, revisamos linha a linha a medida. Muitos equívocos, muita modificação, basicamente o que se faz é proibir a indexação para os salários e abrir uma perspectiva de livre negociação. Deixa-se de fora o salário mínimo, os aposentados e o funcionalismo público, que serão objeto de outra lei.

Embora na realidade não se trate de uma medida provisória sobre salários, vão fazer essa confusão. Insisti muito durante a discussão, quando chegou o momento de tratar da TR, na necessidade de que haja alguma medida também de restrição às indexações na parte financeira. A TR hoje é um estigma que tem que ser mudado.

Serra foi muito duro ao comentar a apresentação do [Cláudio] Mauch, diretor de Fiscalização do Banco Central, que propunha um novo instrumento de poupança, chamado "taxa média" ou "financeira", uma "taxa média financeira", TMF, a qual daria milhares de vantagens para os poupadores sem mexer no ponto central que é a taxa de juros. Mas Serra tinha razão. Com base nos comentários dele houve alguma modificação na predisposição da equipe, no sentido de que é preciso realmente rever essa questão da TR. Já bastam as dificuldades que tivemos com os agricultores, com os quais, depois de discussão bastante penosa, conseguimos chegar a um entendimento. Por isso, agora não convém criar uma TR com outro nome. A menos que fosse, como foi a proposta final, uma taxa para diminuir o impacto do desinchaço da atual, já que ela está muito vinculada a outros contratos, e para evitar que a poupança se esvazie.

Depois desse encontro, tivemos um jantar que foi mais franco, Serra, Clóvis, Malan, Loyola, Pérsio e eu. Aí a discussão girou em torno da política geral. Serra insistiu que a desvalorização da taxa de juros não foi suficiente. Hoje recebi um texto dele nesse sentido, e houve uma avaliação do que fazer. Pérsio também insistiu muito na necessidade de equacionar a questão dos juros e sobre os passos para o futuro, no segundo ano do real.

Malan insiste na redução do Custo Brasil. Eu disse que sim, mas é preciso saber o que é isso, como se faz, em que áreas. Pérsio achou que o que foi proposto era razoável no que diz respeito à diminuição do peso da TR como formadora da taxa de juros e como indicadora de preço. A discussão foi muito mais sobre a macroeconomia, sobre o encaminhamento geral do real. Serra tem sempre certa ponta de resistência à abertura da economia e uma crítica bastante severa à política cambial praticada até agora e, como consequência, à política de juros. Volta invariavelmente ao mesmo tema, mas o tema está aí mesmo, temos que ver como encará-lo. O Malan, sempre a favor do gradualismo.

Na saída, falei com Pérsio sobre a situação de alguns bancos privados, de bancos públicos, sobre a urgência de o Conselho Monetário decidir o que fazer com a linha de socorro. Ele me disse que na próxima semana essa matéria entraria em discussão no Conselho, pelo menos iria forçar que assim fosse. Serra trouxe a ideia de fazer uma caixa de estabilização em que se colocariam os recursos das privatizações e eventuais recursos disponíveis, como esses empréstimos externos que estão a juros baixos, para, a partir dela, emitir títulos de mais longo prazo e juros mais razoáveis, substituindo a dívida externa pela interna. Há mil problemas no meio, mas a ideia é boa e Pérsio me pareceu interessado até mesmo em gerenciar essa caixa.

Nesta manhã, na Granja do Torto, reunião do ministério, uma exposição boa da Lúcia Vânia e da Anna Maria Peliano sobre a parte governamental do Comunidade Solidária e sobre a política assistencial. Mostrou que o governo está com rumo, está fazendo algumas coisas, não é o suficiente, mas está indo. Malan fez uma exposição otimista da situação da economia, explicou que não há recessão e que não adianta tabelar os juros. O trivial ligeiro, enfim, mas que é bom para os ministros entenderem a situação.

Falei bastante sobre a política agrícola, defendi a nova proposta, disse que agora precisamos que o Banco do Brasil gerencie bem, atue e não fique apertando indiscriminadamente os fazendeiros, sejam eles bons ou maus pagadores. No final o Zé Eduardo Vieira fez uma apresentação sobre o seu ministério, do jeito dele, leu uns textos, sabe das coisas, mas é um pouco interrompido no raciocínio e foi muito longo, muito arrastado.

HOJE É TERÇA-FEIRA, DIA 27 DE JUNHO. Segunda-feira geralmente aqui é um dia morto. O presidente da Itália, [Oscar Luigi] Scalfaro, esteve aqui, muito simpático, um encontro muito caloroso e um jantar muito agradável.

No meio disso, uma reunião longa sobre o que fazer com a medida provisória.* Hoje de manhã soube pelo Eduardo Jorge que progrediram na direção de desindexar o setor financeiro, o que é importante, pois pelo menos dá sinais de que estamos desindexando, não deixando a impressão de que é só salário que vai ser desindexado.

No domingo à noite, quando recebemos aqui em casa o Enrique Iglesias, o Malan não estava nem um pouco queixoso, até brincou com a notícia que saiu na *Veja* daquele domingo dizendo que a decisão sobre a taxa de câmbio tinha sido tomada pelo Serra, que me convenceu no dia de Corpus Christi. Não é verdadeiro. É sempre assim, Serra paga pelo que faz e pelo que não faz. Questão de estilo.

HOJE É QUINTA-FEIRA, DIA 29 DE JUNHO, são duas e meia da tarde. Está feita a medida provisória. Eu li, a nova versão está muito melhor. Existem medidas complementares do Conselho Monetário Nacional, que serão tomadas amanhã, quando anunciaremos ao país as mudanças. Não se trata mais apenas de desinde-

---

* A MP nº 1053, baixada na sexta-feira seguinte, dia 30 de junho, instituiu a Taxa Básica Financeira (TBF) e vedou a indexação (vinculação a índices de preços) de reajustes salariais em acordos e dissídios coletivos.

xar salários, mas de um primeiro passo importante no rumo da desindexação da economia. Os jornais mais liberais conservadores vão gritar dizendo que foi uma desindexação parcial. Não houve outro jeito, até porque o sistema do real tem sido feito assim mesmo, por etapas, mas são etapas relevantes.

O senador Gilberto Miranda me procurou para falar da questão do Sivam. Eu já tinha sido alertado pelo embaixador Sardenberg de que a Aeronáutica assinou um contrato acima do valor autorizado pelo Senado. Claro, o Gilberto pegou isso e quer utilizar dizendo a mim que vai retardar a aprovação para que tenhamos margem de manobra para reclamar com os americanos o fato de não termos ganhado a concorrência dos Tucanos.* Naturalmente haverá algum outro detalhe, que ele não mencionou a mim, do interesse de sabe lá Deus quem, se não dele mesmo. Eu disse que falaria com o ministro do Exterior e com o Sardenberg para que víssemos se é possível alguma margem de manobra com os americanos. Não gosto desse estilo. Não quero tampouco dar a impressão ao Senado de que estamos cedendo alguma coisa quando não estamos cedendo nada.

Por falar em ceder alguma coisa, os jornais têm sido bastante irresponsáveis ao dizer que houve troca de votos por causa de nomeações ou em relação à bancada da Amazônia. Não houve. O que houve foi uma votação expressiva, ontem, da Lei de Concessões e, mais ainda anteontem, da Lei de Juros, com uma vitória enorme do governo. Aí sim, me reuni com os líderes, que estavam hesitantes, o próprio Luís Carlos Santos hesitava. Notei que o Inocêncio, que está sempre prestes a fazer o que é necessário, também demonstrava alguma dúvida, idem o Michel Temer. Só o Zé Aníbal não. Eu disse: "Acho que está na hora de votar, vocês terão liberdade na hora, evidentemente, para saber se precisarão adiar em vez de votar". Enfim, eles votaram. Votação esmagadora.

O Senado também aprovou com votação muito expressiva as emendas constitucionais. Na imprensa houve intriga incessante sobre o Sarney, que tem me telefonado a toda hora para dizer o que está fazendo, não creio que haja segunda intenção. É claro que todos têm seus interesses na política, normal, mas não achei que o Sarney tivesse tido nenhum comportamento diferente do combinado comigo. Para não falar do Luís Eduardo, que tem sido muito correto.

Dei posse ontem ao novo procurador-geral da República, o [Geraldo] Brindeiro. Tive que fazer um discurso de improviso, e falei com mais ênfase do que ele sobre o papel da Procuradoria. Estavam todos presentes, inclusive o Sepúlveda Pertence, presidente do Supremo, e o Sarney. Coisas de rotina mas que têm sua importância.

O ministro da Justiça me disse que iria desbaratar uma extorsão que havia contra o chefe da Superintendência da Polícia Federal do Rio, extorsão por parte de

---

*Os caças turboélice Super Tucano da Embraer, que o governo esperava vender aos EUA como contrapartida à vitória da Raytheon na concorrência do Sivam, acabaram não sendo incluídos no programa de compras da força aérea daquele país.

brasileiros que mandam dinheiro para o exterior.* Autorizei. E ele informou naturalmente os padrinhos do homem. Já está feito.

Mesma coisa no que diz respeito ao Aeroporto de Guarulhos.** A imprensa está cobrando isso e aquilo, mas nós é que desbaratamos. Não sei realmente qual é a responsabilidade do superintendente. Havia onda de que o Malan queria nomear alguém ligado ao grupo do [José Alberto] Rodrigues Alves [da Receita], mentira. Nomearam corretamente um técnico, funcionário, essa matéria é muitíssimo delicada, tem interesses inimagináveis, mas gostaríamos de fazer o que podemos.

Quanto à questão dos desaparecidos, correu que eu teria chamado a atenção do Zé Gregori porque eu queria mais rapidez. Não falei nada com ele. É o contrário: eles, o pessoal dessa esquerda que não se conforma com nada, é que estão espalhando. Dizem que o Chile estaria influenciando e o Brasil estaria mais temeroso, o que tampouco é verdade. Não dei nenhuma contraordem para a lei que está sendo preparada. E, também no caso Avólio, a reação militar me parece estar amortecida, as conversas com o general Zenildo têm sido, como sempre, corretas, nada de novo nesse front.

O fato é que estamos terminando o semestre com vitórias que nunca esperávamos. Mudanças na Constituição, real sob controle, nova medida provisória [sobre o real]. Permanece, claro, o problema do câmbio, que é uma irritação. Acho que o Serra tem crescentemente razão, todo mundo diz que o câmbio está atrasado e eu noto que o Banco Central — deve ser o Gustavo mesmo quem está influenciando — está bastante reticente às mudanças. Tenho falado com o Pérsio, que segue negociando a questão dos bancos, a qual é muito importante, mas ele já não está desempenhando um papel ativo na elaboração das medidas, e eu acho que não dá para continuar deixando solta a matéria da taxa de juros.

Na modificação que estamos fazendo agora no Conselho Monetário, na prática vamos acabar paulatinamente com a TR antiga, ou seja, reduzi-la bastante para que a taxa de juros que o próprio Tesouro paga possa cair. Eu confesso que aí estamos passando dos limites, retardando as mudanças.

Também com a ajuda do Serra, montamos um mecanismo para viabilizar alguns programas. De outro modo, entre o Tesouro, o orçamento e não sei mais o quê, nada anda, e isso já está demais. O país já pode nesse momento respirar, fazendo algumas obras, sem naturalmente gastar o que não pode. Esses dias foram paradoxalmente calmos. A única coisa ruim é que eu estava com gripe, agora estou com um terçol, pressão alta, sinais de estresse, e vou ter que me cuidar um pouco.

* O superintendente da PF no Rio de Janeiro, Eleutério Parracho, foi acusado de abafar a denúncia de que agentes federais haviam extorquido 1 milhão de dólares do Banco Israelense de Desenvolvimento para não investigar depósitos não declarados de correntistas brasileiros na agência de Nova York.

** Em junho de 1995, surgiram denúncias de tráfico de drogas e armas e de cobrança de propina envolvendo funcionários da Receita Federal nesse aeroporto.

Em tempo. Acabei de conversar com Jatene, que me telefonou para falar do financiamento da Saúde. Há dúvida sobre se vamos apoiar o projeto do senador Kleinubing ou o do Jatene. Os deputados estão mais propensos a apoiar este último. Eu acho que temos que ser pragmáticos. De fato, é preciso dar uma virada na questão da Saúde. O problema é que não tem dinheiro para atender a todas as coisas. Talvez essa seja a melhor saída. Vou considerar bem e, se tomar tal decisão, irei em frente.

GRAVAÇÃO NO FIM DA TARDE do dia 2 de julho, domingo. Hoje fui com o Sérgio Motta para a fazenda, onde encontrei o Nê [Jovelino Mineiro], nada de extraordinário. Sérgio está um pouco irritado porque, na votação da Lei das Concessões, houve um acordo do Serra com o Miro [Teixeira] para votar depressa, o que excluiu as telecomunicações dessa segunda lei de concessões de serviços públicos. Na verdade, também o Clóvis e o Eduardo Jorge acreditaram que a exclusão das telecomunicações não seria grave, porque outra lei já as abriga. Isso não deixa de mostrar o modo um pouco caótico de proceder do governo. Serra, quando quer uma coisa, vai e faz, e fez.

Daqui a pouco receberei o Malan.

Houve ainda outro episódio ontem, 1º de julho, dia do real. Fizemos uma comemoração boa, os jornais publicaram. Disseram que eu chorei, não chorei, estava com terçol, mas sem dúvida fiquei emocionado com o tom dado pelo Mário [Henrique Simonsen] ao discurso que fez logo antes de mim, foi muito bom. O Paulo, do Sindicato dos Metalúrgicos de São Paulo, também fez um discurso muito bom.

Ontem mesmo houve uma reunião aqui em casa, com o Mário Covas, o Tasso e o Sérgio, para discutir a vinda para o PSDB do governador do Paraná, Lerner, do Jarbas Vasconcellos e do Britto. Parece que este é o mais inclinado, depende de dez pessoas com as quais vai falar no Rio Grande do Sul. O Jaime Lerner fica sempre hesitante, mas talvez não tenha outra alternativa. E o Jarbas depende de Pernambuco. A conversa foi boa, Mário estava muito bem-disposto, foi depois do discurso que ele fez de homenagem ao real, com grandes declarações sobre mim, que são sinceras e a recíproca é verdadeira, existe entre nós uma relação antiga de respeito mútuo e de afetividade.

Passei a noite discutindo com o Sérgio Motta a famosa questão das teles, como distribuí-las. Ele cobra tudo de todo mundo, mas também está embrulhado e faz meses que não consegue equacionar. Quer preservar as teles do assalto dos políticos, que é realmente vergonhoso. Nós estamos cedendo o mínimo, teremos que ceder aqui e ali para poder garantir apoios importantes no Congresso.

A imprensa foi razoável com o primeiro ano do real. Os mais especializados, excelentes, como a revista *Exame*. Todas as páginas das colunas também estão boas. Na apresentação na televisão, nem sempre o Paulo Paiva foi muito feliz. Não é do seu estilo falar, e ficou a imagem de que estamos desindexando o salário e os ativos financeiros, o que não é verdadeiro. Na avaliação, pelo menos do *Jornal do Brasil*, na parte econômica, no próprio *Estado de S. Paulo* e em alguns artigos, vê-se que a população, ao menos os que formam opinião, está entendendo mais a dinâmica dessas questões.

Em tempo. Tive uma conversa na sexta-feira com William McDonough, presidente do Federal Reserve de Nova York. Ele estava entusiasmado com o Brasil, com o real, e tudo. Veio com o Pedro Malan.

Na quinta, o Gilberto Miranda veio de novo tratar de reabrir a questão do Sivam. Tive um despacho no dia seguinte com o brigadeiro Gandra, falei com o Sardenberg. Embora tenha havido um erro formal da Aeronáutica, não é nada de mais grave, e o Gilberto está querendo criar caso, sabe Deus para quê.

Ainda nesta linha, um pouco diferente sem dúvida, o líder do PFL no Senado, Hugo Napoleão, pediu uma audiência. Não veio sozinho, trouxe [Edison] Lobão, Iris Rezende, Zé Agripino [José Agripino Maia],* não sei se tinha mais algum. Eles queriam chamar atenção para a Vasp e para o [Wagner] Canhedo. Pedir que eu faça alguma coisa, porque o Banco do Brasil tem que entender o problema da Vasp, o Canhedo é um batalhador, está sendo injustiçado. Pediram audiência com discrição, como se isso fosse algo extraordinário, mas, enfim, vamos lá.

HOJE É DIA 6 DE JULHO, cheguei de madrugada da visita à Venezuela. Tudo foi muito bom, os jornais noticiaram, contatos excelentes com o presidente [Rafael] Caldera, nada além disso. Fui procurado por Amazonino Mendes, que estava lá, para reclamar da Zona Franca de Manaus. Falei com Malan, é o problema de sempre: eles gastaram a cota antes da hora.

Serra vai comigo amanhã para Buenos Aires. Ele tem medo de que eu já tenha feito um acordo com Menem sobre a questão das cotas, não me disse mas é do que se trata. Não fiz acordo nenhum, saiu no jornal mas não é certo.

Falei com o ministro Gandra e também com o Luís Felipe. Acertamos a questão dos mísseis. Na verdade, a questão do MTCR. Segunda-feira haverá uma troca de notas entre os americanos e nós. Esse tema fica resolvido.

Mudando de assunto, Mendes Júnior. Grande problema. Chamei o Malan, Clóvis, Eduardo Jorge, para ver se há solução. É muito difícil. Eles têm algum crédito, mas não se sabe exatamente quanto. Esses foram os últimos problemas a relatar. Amanhã vou para Buenos Aires.

HOJE É DIA 8 DE JULHO, DOMINGO, estou chegando da Argentina. Em Buenos Aires foi tão bom quanto na Venezuela. Tanto lá quanto em Caracas os jornais

* Senador (PFL-RN).

se ocuparam extensamente das minhas entrevistas, uma propaganda imensa para o Brasil. Dei uma conferência na Associação dos Bancos da Argentina. Foi apoteótico. Cavallo estava ao meu lado, fez um bom balanço sobre a economia de seu país, e eu procurei chamar atenção para a importância do Mercosul, uma fala mais de tipo político do que propriamente explicações econômicas, que era tudo que eu queria evitar. Nesta mesma tarde estivemos com Menem, toda a equipe foi comigo, Lampreia, Serra, os embaixadores. Ele estava com o Guido [di Tella] e os demais, o Cavallo não estava. A reunião foi tensa, embora não tenha chegado a ser desagradável. Menem, ao que parece, esperava que falássemos algo sobre os automóveis, não falamos, no fim ele próprio tocou no assunto. Eu disse que este seria resolvido na semana que começa.

No final Menem estava mais distendido, me deu várias caixas de vinho. Apresentei-lhe os governadores que me acompanharam, o de Santa Catarina e a Emilia Belinati, vice-governadora do Paraná. À noite voltei a Olivos, onde jantei com Menem. Fiz um brinde, ele estava com a filha, bastante terno. O presidente do Equador me disse que queria falar comigo no dia seguinte, e o Fujimori contou que tinha um plano para me expor. Na outra noite, solenidades, o Teatro Colón, muito bonito, um jantar admirável com o pessoal da embaixada, com o embaixador Lampreia, o embaixador Azambuja, o Serra, muito simpático.

Durante a tarde estive com o presidente do Equador, que voltou aos mesmos temas. Tem a impressão de que a Comissão Mista,* que devia garantir a paz, está fazendo uma demarcação para desmilitarizar a área, o que, segundo ele, prejudica os interesses do seu país. Na verdade, parece que eles estão querendo brigar de novo.

Estive com Samper,** que mostrou a necessidade de segurarmos o registro do café*** para que o preço possa subir lá fora. Pedi que se falasse com o Rubens Barbosa em Londres, e a resposta foi que Rubens não iria à reunião da Colômbia, mas que tinha mandado o Zé Milton [José Milton Dallari], que entende bem do assunto. Talvez eu possa falar com o Dallari, nós veríamos como atuar. Não tenho muita certeza, mas acho que é tarde para cortar o registro. Não obstante, tenho a impressão de que essa política do café não está definida, e isso me preocupa.

Na hora do almoço falei para um grupo de empresários brasileiros. Os jornais

---

* Comissão Mista Permanente de Fronteiras Equador-Peru, instância de mediação das reivindicações territoriais desses países.
** Ernesto Samper, presidente da Colômbia.
*** O registro de exportações de café é o preço mínimo estabelecido pelos países produtores a cada safra. Em 1995, a cotação do café passava por um mínimo histórico. O Brasil e outros países latino-americanos produtores se reuniram em Bogotá, em julho desse ano, para negociar uma saída para a crise de preços.

argentinos de hoje, domingo, tanto o *Clarín* quanto *La Nación*, estão muito favoráveis a nós, a mim em particular.

No avião conversei com Lampreia sobre o encontro que ele teve com [Thomas] McLarty, o enviado especial do Clinton, e com [Nelson] Talbott, o subsecretário de Estado americano. Dá a impressão, pelo relatório que está no Itamaraty e que eu li, que nessa conversa os americanos estariam dispostos a abrir uma brecha para nós na questão relativa ao Conselho de Segurança. Isso é muito importante e, como já relatei aqui, o que deve facilitar é o fato de termos tomado a decisão de regularizar o MTCR, que é fundamental na questão dos mísseis. Eu tinha falado com o brigadeiro Gandra sobre os mísseis e parece que isso será feito mesmo. O Lampreia pretende chamar amanhã o embaixador americano para a troca de notas relativas ao material que importamos das regiões que não são inscritas dentro do MTCR. Assim se abre uma perspectiva imensa não só para importarmos legalmente como para utilizarmos melhor a base de Alcântara.*

Ainda no avião tive uma conversa longa com o general Cardoso sobre as Forças Armadas. Ele tem insistido muito em dois pontos. Primeiro, que precisam de alguma melhoria de salário, nem que seja indireta, auxílio para habitação, coisa desse tipo. E, dois, o reequipamento das Forças Armadas, porque começa a haver certo desânimo profissional e grupos da reserva passam a bater nessa tecla, dando a impressão de que existe uma conspiração, do governo naturalmente, contra elas, que não quer reequipá-las. Isso é uma loucura. Disse ao general que precisamos rever as funções, se tivesse um ministério da Defesa seria mais fácil, mas não impeditivo. Temos que ter uma visão das Forças Armadas mais ágeis e, portanto, mais bem equipadas. Ele acha que isso só pode ser feito depois que ficar bem claro que há uma boa vontade nossa, e não começando por reduzir o efetivo, o que seria mal compreendido. O general Cardoso, sempre muito ponderado, me parece ter razão nesses aspectos.

---

*Os EUA temiam que o programa brasileiro de foguetes espaciais e a base espacial de Alcântara (MA) fossem usados para o desenvolvimento de mísseis balísticos.

10 A 29 DE JULHO DE 1995

Mísseis. Taxa de juros

Hoje é segunda-feira, dia 10 de julho. Os jornais brasileiros noticiaram que, na Argentina, eu teria falado de um tarifaço, o que não fiz. Eu justificava, na verdade, um aumento que houve no álcool, e expliquei que fora algo atinente à matriz interna de energia. Disse que eventualmente poderia haver aumento da gasolina, mas uma coisa tópica, e que o nosso objetivo era aumentar a produtividade, não as tarifas. Não obstante, aqui eles tentaram dizer o contrário.

Reuniões normais, recebi uma porção de gente, como de hábito, embora julho seja um mês bastante calmo. A mais significativa das conversas de hoje foi com Bresser a respeito da reforma da estrutura do Estado. Achei razoável. O Eduardo Jorge acha que não muda nada e que não há economia de recursos, não sei. Achei que racionalizou. Em todo caso, vamos ver mais em detalhes, mais em profundidade, o que significa essa reforma proposta pelo Luiz Carlos.

Outro ponto a ser registrado é o fato de que o Eduardo Jorge está analisando o que fazer com a Mendes Júnior. Conversa com o Banco do Brasil e com a Chesf. Muito complicado. Parece que a coisa está já na hora da morte, não sei como é que vamos sair dessa, porque não quero fechar a empresa por causa dos empregados, mas também não posso tomar uma decisão que tenha alguma sombra de dúvida quanto à legitimidade do ato de mandar pagar isto ou aquilo, só se for realmente devido.

Conversei com Ronaldo Sardenberg sobre o Projeto Sivam. A oposição quer que o Senado dê o adicional que é necessário por conta da Esca.* Os jornais voltaram a falar acerca da parte comercial do contrato, que a Esca não vai mais realizar e que eles dizem que ficou com a Raytheon. É só na hora da passagem, porque depois essa parte virá para uma empresa brasileira ou para a própria Aeronáutica. Ou seja, as tais exigências devem ainda causar um pouco de agitação.

O encontro que eu deveria ter tido hoje com o Lerner, o Britto e talvez o Mário Covas foi transferido para amanhã à noite. O assunto é a vinda do Lerner e do Britto para o PSDB.

Recebi nesta segunda o pedido de demissão do [Francisco] Gomide, que é diretor-geral da Itaipu Binacional. O Lerner me pediu mais uma vez que nomeasse o Scalco. Falei com Clóvis e com Eduardo Jorge. O Clóvis crê que é desparafusado botar o Scalco lá, porque ele não é engenheiro, não entende do assunto. É um homem correto, tem certa visão. De fato, a Itaipu é um problema macro. Devo

---

* A falência da Esca foi decretada pela Justiça em julho de 1995. O contrato com a Raytheon previa que a empresa controlaria toda a parte financeira e comercial do fornecimento de equipamentos e serviços necessários à implantação do sistema.

ter uma reunião na quarta-feira com o Brito, ministro das Minas e Energia, para decidir esta e outras questões correlatas. Mas aparece sempre a mesma dificuldade: quem colocar no lugar, alguma pressão política, a necessidade de defender a competência necessária, em especial na parte hidrelétrica da usina, que é muito séria.

Outro fato que esqueci de registrar. Recebi hoje o presidente da Aérospatiale francesa. Conversamos muito. Ele está interessado em produzir aqui partes dos aviões, a modernização dos F5 brasileiros, dando prioridade à Embraer. Estão dispostos a jogar mais forte com o Brasil, desde que tenhamos garantias de que os americanos não atrapalharão o jogo, sobretudo no que diz respeito à questão dos foguetes e dos satélites. Eles sabem que nós estamos entrando no MTCR, disseram que a Europa toda é favorável a isso. O Sérgio Motta tem umas teorias sobre satélites, está bem por dentro do assunto, e também o Sardenberg. Precisamos definir uma política espacial do Brasil, e aí vem o problema: alguma injeção de contratos públicos tem que haver, senão essas indústrias não vão para a frente.

DIA 11 DE JULHO, terça-feira, meia-noite. Acabaram de sair daqui os governadores do Rio Grande do Sul, Britto; São Paulo, Mário Covas; Ceará, Tasso Jereissati; Paraná, Jaime Lerner; o ministro das Comunicações, Sérgio Motta, e o do Planejamento, José Serra. Discussão: o ingresso do Britto e do Lerner no PSDB. Problemas do ponto de vista do governo, o que isso vai significar? Eu disse logo: "Bom, eu preciso de maioria. Imagino que o que sobra do PMDB continue querendo aliança com o governo". Do ponto de vista deles: a questão relativa às eleições municipais e como seria feita a fusão entre esses grupos do PMDB e do PDT com o PSDB. Devemos mudar a sigla ou não? O Lerner quer que se chame só "Social-Democracia Brasileira". O Britto é mais pragmático. Hoje falei com Odacir Klein, que é contra, acha que primeiro tem que haver as eleições. Esse é um grande problema. Do ponto de vista do governo, repito, é preciso verificar se não vamos perder com esse ingresso no PSDB, porque o PMDB vai logo querer cobrar os lugares do ministério, ou seja, o Jobim e o próprio Odacir. Como resistiremos a isso? Acho que o Britto tem vontade de vir, acho que todo o PSDB quer que assim seja, o Lerner, duvido um pouco mais, mas no fundo não tem muitas opções. Foi uma conversa muito boa, amena, o Mário foi muito bem, como sempre nessas horas, e o Lerner tem medo da nossa falta de capacidade decisória, nós dissemos que vamos decidir, que o Sérgio vai implementar as decisões. Parece, enfim, que foi tudo tranquilo.

À tarde recebi o vice-presidente mundial da Volkswagen, aquele espanhol chamado López [José Ignácio López de Arriortúa], com o presidente nacional, que é um belga, acho que Smedt.* Já resolveram que a fábrica de caminhões será no Rio

---

*Pierre-Alain de Smedt.

e que farão outra, creio, em São Paulo. Eu não me manifestei, mas acredito que vão compensar com São Paulo.

Hoje foi feita a privatização da Escelsa, em termos bastante bons.

O pessoal do PFL de Minas está reclamando a nomeação de alguém lá do DNER que, segundo Odacir, é ladrão. Enfim, essas coisas que acontecem na política no dia a dia.

Além disso, recebi o João Almeida,* que veio me falar sobre a reforma eleitoral. No fundo, ele veio dizer que é favorável à reeleição do presidente. Disse-lhe que penso o mesmo. Assunto delicado, acho difícil por causa da cultura política brasileira e não me comprometo a ser candidato. Vejo uma vantagem: a de que assim os outros se assustam e não lançam uma candidatura desde já.

HOJE É QUARTA-FEIRA, dia 12 de julho. O mais significativo a registrar foi o encontro que tive com o sr. McLarty, representante pessoal do Clinton, e também com o Talbott, subsecretário de Estado americano. Vieram discutir conosco a continuação da cúpula de Miami,** da integração hemisférica, a participação do Brasil na reunião de Denver com secretários do Comércio, mas sobretudo a questão do Conselho de Segurança. A reunião foi excelente. Pelas informações recebidas do ministro Lampreia, há uma predisposição, não diria afirmativa, mas mais aberta da parte dos Estados Unidos na questão do Conselho. Eu não levantei o tema, mas o Talbott, ele próprio, o colocou, e disse que os americanos não aceitavam a proposta do México, de rodízio, não podiam afirmar que nos apoiariam, mas que estávamos crescentemente numa posição de maior identidade, de coordenação pelo menos, dos nossos pontos de vista em política internacional. Deu a impressão clara de que havia um sentimento mais favorável ao Brasil.

Também o ministro [Guido] Di Tella esteve aqui, fez um acordo sobre os automóveis, pelo qual não haverá cota explícita, mas autocontrole, o que podia ter sido feito desde o início. Declarou igualmente — recebi o relatório, não estive com ele — que a Argentina apoiaria o Brasil para o Conselho de Segurança desde que o Brasil dissesse, no momento oportuno, que apoiaria a Argentina, ainda que pró-forma. Ele já me havia dito isso quando, presidente eleito, visitei seu país. Ou seja, assunto contencioso com a Argentina sobre os automóveis encerrado, relação com os americanos positiva, me parece que a coisa vai bem.

Tive uma longa conversa com o ministro Brito, Sérgio Motta também, a respeito das famigeradas nomeações. O mais difícil é impedir a designação de pessoas que têm um risco de serem corruptas e que às vezes têm indicações políticas fortes.

* Deputado federal (PSDB-BA), relator do projeto da Lei Eleitoral na Câmara.
** I Reunião de Cúpula das Américas, realizada em Miami, de 9 a 11 de dezembro de 1994, ocasião em que se discutiu a criação da Área de Livre Comércio das Américas (Alca).

Nós estamos conseguindo fazê-lo. Antônio Carlos me telefonou para reclamar da nomeação de alguém do Ibama que não era do seu lado. Ele está sempre fazendo isso, me disse o Eduardo Jorge, impedindo que o PSDB ou o PMDB da Bahia indiquem alguém. Eu vou verificar se isso é certo ou não.

Por outro lado, o Luís Eduardo me disse que não irá a Portugal comigo. Posteriormente o Antônio Carlos me explicou que é para evitar constrangimentos com o Itamar ou para o Itamar, não sei. Talvez seja isso mesmo, mas de qualquer forma não foi o que o Luís Eduardo me comunicou, ele disse que tinha outra viagem. Deve ser um misto dessas coisas.

Fora disso, o [Guilherme] Afif Domingos, o cardeal [d. Paulo Evaristo Arns] querendo falar comigo sobre a Rede Vida da Igreja, e também sobre um programa de aval do Sebrae para que as micro e as pequenas empresas possam obter empréstimo no Banco do Brasil.

HOJE É SEXTA-FEIRA, dia 14 de julho. Ontem, o que aconteceu de mais significativo foi uma reunião para discutir de novo a questão da reforma tributária, dessa vez com [Antônio] Kandir.* Me parece que houve um amadurecimento maior dos temas, Everardo Maciel vai propor no mês de agosto, é o prazo que nós temos, uma coisa importante, uma nova lei de imposto de renda de pessoa jurídica, mais tarde de pessoa física. As ideias estão mais claras, já houve menos discussão entre o Serra e Everardo, hoje há uma quase convergência. Recebi Antônio Ermírio, que queria me apresentar os filhos. Recebi o senador Afonso Camargo. O Paraná me preocupa, muita pressão para que Scalco seja presidente de Itaipu, acho que, se for possível botar junto com ele não o atual, Gomide, mas o financeiro,** que também é correto, pode ser que funcione, porque o Scalco é honesto. Ele não tem conhecimento de uma grande empresa como é Itaipu, mas os políticos brasileiros não se preocupam com isso. Aqui, muito pouca gente pensa nesses termos.

Almocei, também ontem, com Paulo Renato, que voltou a discutir as questões da Educação um pouco pontualmente. Acho que o Paulo, depois da operação, ficou com uma visão um tanto menos integrada do que seria o necessário. Espero que ele melhore. Me disse ainda que esteve com [José Aristodemo] Pinotti, que contara que a bancada paulista do PMDB se reuniu e iam distribuir dinheiro a partir dos postos que teriam ocupado no governo federal lá em São Paulo. Se isso for verdade, precisamos começar a atuar, e só tem um jeito: demissão. Problemas também na Bahia. Conversei de novo com todos eles. Nomeação do pai do Geddel [Vieira Lima],*** um tal de Afrísio, o João Almeida não quer.

* Deputado federal (PSDB-SP), relator do projeto de reforma tributária em discussão no Congresso.
** Edson Guimarães.
*** Deputado federal (PMDB-BA), vice-líder do partido na Câmara.

E justamente ontem eu encontrei o João Almeida para discutir toda a reforma eleitoral, tenho até uma boa impressão dele, que tentará mexer nessa área. João está sendo nossa sombra na questão da reeleição. Eu já disse um milhão de vezes, hoje sou muito cético quanto à validade dessa tese, dada a cultura brasileira, mas não quero que pareça que estou forçando a barra ou desinteressado. Disse a ele que façam o que quiserem. Eu acho que tem que haver uma mexida no sistema político, usarei a minha força no momento adequado, mas não quero me comprometer com isso, que vai ser uma dor de cabeça. A única vantagem para mim na reeleição é que ela paralisa outras candidaturas, o que permite ter mais margem de manobra.

Mais uma coisa. Estão armando de novo a marcha dos agricultores, de novo sobre Brasília. Estive com o Zé Eduardo Vieira, com Beto Mendonça, enfim, com as pessoas que lidam com isso, com Pedro Parente, com Xico, e vimos que já cedemos muita coisa importante, o que é necessário. Sei que a situação da agricultura é ruim, um pouco é política, um pouco é a questão do pessoal da dívida, que não quer pagar. É verdade que ela é impagável, não sei como a gente equaciona, não é fácil. Há um sabor de direita nessa questão. Vamos ver o que acontecerá com relação à agricultura. Teremos protesto se não conseguirmos de fato financiá-la mais adequadamente.

Pedro Malan falou comigo no fim da reunião da reforma tributária, contou que a *Veja* está em cima da questão do Banco Econômico. Isso é gravíssimo. O Econômico tem dificuldades, o pessoal do Banco Central está manobrando no sentido de tirar o banco da égide do Calmon [Ângelo Calmon de Sá], mas não quer que haja um estouro. Além disso, estou sabendo da situação do Banco Nacional, que também é séria. Difícil, me disse o [Lázaro] Brandão, com quem estive. Hoje disse ao Pedro que, no caso do Nacional, quero que seja tudo muito claro, que as coisas sejam feitas em função do interesse público. A situação nos dois bancos é delicada porque nós não podemos enfrentar nenhum problema financeiro.

HOJE É DIA 16 DE JULHO, DOMINGO. Só queria anotar uma coisa, um telefonema que tive com Zé Gregori, relativo à questão dos indígenas, o que me preocupa. O Nelson Jobim quer fazer um decreto dando a possibilidade do "contraditório" na demarcação das terras indígenas. Em tese, juridicamente, está certo, mas será mal interpretado. Talvez fosse melhor o Supremo Tribunal julgar primeiro. Tenho recebido cartas e não quero que imaginem que estou contra a demarcação. Por outro lado, Zé Gregori me disse que está pronta a lei relativa aos desaparecidos, outra matéria que preocupa. Fora isso, recebi o Federico Mayor, diretor-geral da Unesco, veio com Sarney e mais o pessoal do Itamaraty, embaixador Rego Barros, Vilmar [Faria], Paulo Renato, [Israel] Vargas. Fui convidado para comemorar os cinquenta anos da Unesco em Paris, eu seria o orador oficial em nome de todos os presidentes. Acho uma boa ideia.

HOJE É DOMINGO, dia 23 de julho. Estou regressando de Portugal. Apenas um breve registro sobre o que aconteceu lá. Fora as extraordinárias manifestações de carinho e simpatia do Mário Soares e até mesmo do [Aníbal] Cavaco Silva, houve um acordo feito na última hora que salvou a todos, um cabo "Cabral", ou seja, uma fibra ótica transoceânica, isso graças ao empenho do Sérgio Motta. O resto foi só uma manifestação de boa vontade recíproca. Fiz vários discursos, fui doutorado por Coimbra, pelo Porto, Boaventura [de Sousa Santos] fez uma bela análise da minha obra em Coimbra, as pessoas puseram alguma maldade adicional, mas tudo bem. Também boa, a análise feita no Porto. Conheci muitos políticos portugueses, inclusive [António] Guterres, que já tinha estado aqui no Brasil, na minha posse, e que é o candidato do Mário a primeiro-ministro. Falei bastante com [José Manuel] Durão Barroso, nada de mais extraordinário a não ser que foi muito grato e muito cansativo.

Agora, Itamar. Itamar havia feito declarações bastante discutíveis, opinando sobre juros, sobre o Ciro, o que ele, como embaixador, não poderia fazer. Eu disse até que concordava com algumas observações; no automóvel, junto a mim, ele disse que não tinha dito aquilo, que era intriga da imprensa, o de sempre. Também lhe assegurei que não se preocupasse, que isso em mim entra por um ouvido e sai pelo outro, e passei batido o assunto. E foi bem. Não aconteceu nada. Soube que Itamar está muito esquivo com o Mário Soares. Dona Maria [de Jesus Soares] comentou com a Ruth que achava esquisito isso. Houve grande dificuldade em fazer com que ele e June fossem convidados pelo Mário para o jantar íntimo que tivemos, o qual foi agradabilíssimo. Acabaram sendo convidados, a June foi muito simpática, me pareceu até bastante razoável no modo de levar as coisas.

Notei a Ruth Hargreaves também um pouco esquiva e não sei quanto tempo vai durar essa permanência do Itamar por lá. Soube depois pelo [embaixador] Júlio que o embaixador Jerônimo [Moscardo], da Unesco, fala diariamente com ele. Itamar quis colocar a questão de Timor Leste na nossa declaração para agradar ao Jerônimo e a Portugal, está bem, foi colocado de uma maneira bastante razoável, e insistiu muito que eu recebesse os dentistas,* o que fiz só na saída. São desses temas desagradáveis, que têm que ser enfrentados, porque os portugueses estão renitentes demais, além da conta, o problema não tem tal magnitude. Pela imprensa me parece que Portugal tem um certo ceticismo com relação ao Brasil, talvez até bem fundamentado. E não tem tanto entusiasmo quanto se pensa em relação às chamadas "relações especiais". A cúpula, o governo, todos os lados, mais a elite cultural, esses sim, mas não creio que isso tenha enraizamento maior na vida portuguesa propriamente dita, como não tem na vida brasileira.

---

*Na década de 1990, centenas de dentistas brasileiros emigraram para Portugal, mas foram impedidos de exercer legalmente sua profissão por alegada falta de equivalência entre diplomas nos dois países.

Enquanto estive ausente, houve a manifestação dos agricultores, tranquila. Marco Maciel, que me recebeu ontem, contou que eles foram muito gentis ao entregar as reivindicações. A expressão que usei na minha fala, "caloteiros",* foi violenta porque não separou uns de outros, foi um erro, que aliás o Xico tinha notado, não sei por que não corrigiu na hora em que eu ia falar, e isso talvez tenha criado desnecessariamente um mal-estar maior, um desprestígio, jogar para cima de mim uma brincadeira que era com Zé Eduardo, e, como há um problema real de renda agrícola, não se deve confundir a malandragem de uns com a necessidade de outros.

Parece também que Marcos Lins foi vaiado e houve muitos desencontros nas lideranças agrícolas. Eles perderam renda. Vai levar tempo para recuperar isso e, como sempre no Brasil, querem que o governo solucione ou que a culpa seja toda do governo, e não é bem assim. Nós já fizemos um grande esforço na agricultura e continuaremos a fazê-lo.

Por outro lado, a imprensa tentou agravar as brigas entre governadores. Eu não sei de fato até que ponto essa questão da reforma tributária está do jeito que dizem os jornais, não é a impressão que tenho, acho que é algo que dá para acertar de um modo mais ou menos racional. [Fernando] Pedreira escreveu um bom artigo hoje, como tem feito ultimamente, colocando pingos nos is, e o Villas-Bôas [Corrêa] também. Fala de uma maneira correta sobre a briga lá de Portugal, para eliminar qualquer má consequência dos maus humores do Itamar.

HOJE É QUARTA-FEIRA, dia 26 de julho. Não sei se gravei alguma coisa sobre segunda-feira, uma grande reunião a respeito de reforma tributária que foi até tarde da noite, depois jantar com a família do Sebastião Camargo aqui.

Voltei de Goiás, tinha estado lá com a [minha] família, fiz declarações que ontem os jornais pioraram, equivocadamente, de maldade. Publicaram que eu dissera que o Banco do Brasil ia falir, que era preciso desempregar o pessoal, tudo fora de contexto. Reunião grande com o grupo goiano, que está inquieto, quer alguma participação no governo e teme que o PMDB não deixe. O de sempre.

Também ontem, reunião de novo sobre a reforma tributária, a reforma da Previdência. Avançou bastante, as coisas vão se acertando.

Boatos de que o [Mário] Marzagão vai substituir o Sérgio Amaral, dizem que foi o próprio Marzagão que plantou. Sérgio ficou aflito sem razão, não há nenhuma base objetiva para isso.

Crítica à composição das telefônicas, embora injusta. Sérgio Motta fez o que o próprio pessoal aguardava: uma administração profissional, com alguma conces-

---

*Em 18 de julho de 1995, o presidente afirmou que os integrantes do "caminhonaço" dos agricultores em Brasília eram "caloteiros" de dívidas agrícolas junto ao Banco do Brasil.

são política, como é normal. Preocupa o Antônio Carlos dizendo que tem corruptos, o que não é verdade, estão brigando, ele não quer que mude ninguém na Bahia, o PSDB e o PMDB também não querem. São essas pequenas questões que aparecem depois nos jornais como se fossem grandes críticas ao governo.

HOJE É QUINTA-FEIRA, DIA 27 DE JULHO. Estou indo para o Peru neste momento.

Ontem houve uma reunião enorme sobre a reforma tributária, o pessoal da área econômica voltou a insistir em cortes na Educação e na Saúde, perderam. Estávamos lá eu, o Jatene, o Paulo Renato e o Jobim. Dissemos que isso era insensatez e cedemos, com Jatene, na questão do imposto sobre o cheque para a Saúde. Ele deu as explicações e acho que não há mais dúvida a respeito.

Jantei com os ministros do Tribunal de Contas junto com Serra. Sem novidade, apenas muita simpatia.

Vi Luís Eduardo Magalhães, combinamos os relatórios nas matérias principais da revisão constitucional. Ele também se queixou do Senado, porque o Sarney telefonou outro dia para aumentar a cota de importação de Mirim, lá no Amapá.* Acha que o Sarney está jogando duplo, e está mesmo. Ele e o Jader indicam relatores que dificultam. Sarney não quer a Previdência agora, mas acho que vamos ter que enfrentá-la ainda que cedendo bastante, porque é importante para o ajuste de contas. A questão fundamental do pessoal para esse ajuste são mesmo os aposentados, não há dúvida quanto a isso.

Almocei ontem com Pérsio, que agora é favorável a que se baixe a taxa de juros. Ele acha que a recessão pode chegar se não se alterar já. As pessoas mudam logo de opinião quando saem do governo. É muito engraçado, mas o Pérsio é sempre muito inteligente. Eu vou insistir nessa tecla e vou fazer isso, queiram ou não queiram os da área econômica, estão ficando insensatos em não baixar a taxa de juros.

HOJE É DIA 29 DE JULHO, SÁBADO. Regressei ontem à noite do Peru, onde, de extraordinário, somente um esquema de segurança pesadíssimo. Depois da conversa que teve comigo, o Fujimori disse claramente que acreditava que o Sendero Luminoso aproveitaria a oportunidade para fazer algum atentado de vulto. Como maneira de desencorajar a presença dos estrangeiros, nada melhor. Não aconteceu nada. O Fujimori fez um show perfeito na Assembleia, é um ator, ele mesmo faz o script. Tem algo de autoritário, na verdade tem uma certa similitude com o Fernando Collor. No entanto, é um homem mais sensato, foi professor, foi

---

*Guajará-Mirim (RO). Trata-se da Área de Livre Comércio da fronteira com a Bolívia, cujas cotas de importação foram reduzidas pelo governo em junho de 1995.

reitor da universidade, tem a capacidade de falar diretamente ao povo com mais humildade. Além disso, tem senso de humor. Jantei no Palácio, na véspera, fiz um brinde tranquilo, porque ele também fez um discurso tranquilo. Brincamos muito, não houve nenhum formalismo maior, éramos apenas seis ou sete [presidentes], com o presidente da República e algum vice e as senhoras.

Conversei também com o presidente da Bolívia, [Gonzalo] Sánchez de Lozada, chamado de Goni. Tomei café da manhã com ele ontem na embaixada. Naturalmente ele quer aumentar o preço do fornecimento do gás do seu país e tem reivindicações nessa direção que não são aceitáveis por nós. Pedimos uma nova reunião aqui em Brasília, para a próxima semana, e acredito que venhamos a terminar no dia 17 de agosto esse contrato que é muito importante para ter uma fonte adicional de energia. A Petrobras está convencida de que a Bolívia tem realmente as reservas necessárias, e por isso aumentamos o diâmetro do *pipeline* que levará o gás para São Paulo e para o Sul do Brasil, até o Rio Grande.

Muita reunião, mais festividades em Lima. Na volta, conversando no avião com o Luís Felipe Lampreia, passamos em revista as coisas. Parece que o Brasil se aproxima mesmo da entrada para o Conselho de Segurança. Há 50% mais um pouquinho a favor. Daí essas minhas viagens cansativas mas que têm um significado muito grande, o de reforçar nossa presença no mundo, e também ajudam o crescimento econômico do país.

Perguntado pelos repórteres, disse que iríamos lançar o Programa de Renda Mínima. Na verdade, é a Loas, aquela lei orgânica da assistência social. Ninguém fala, mas já existem vários programas de renda mínima e ficam todos fazendo demagogia. Hoje li nos jornais que Lula disse que "acabou a trégua". Imagina! Que trégua? Com a CUT em cima de mim, o PT criticando. Ele fala essas bobagens, que sou imperial, parecido com Collor, mas falou algo desagradável, que há safadezas, como se houvesse. Lula está perdido, voltou a um discurso moral vago. A Igreja também anunciou que vai criticar a política econômica; devia ser prudente nessa matéria sobre a qual não sabe nada. São, na realidade, orientados por petistas meio desavorados.

Estou atacando diversas questões essenciais, inclusive a da tortura. O Zé Gregori fez um belo trabalho, parece que o filho do Paiva, o Marcelo [Rubens] Paiva, publicou hoje um artigo apoiando a lei do governo. O governo está enfrentando tudo que tem que enfrentar: desde a renda mínima à questão dos Sem Terra.

Eu me esqueci de dizer que, antes de viajar para o Peru, na quinta-feira, recebi os Sem Terra no Palácio. Fizemos uma longa discussão. Aprovei decisões que favoreciam os pequenos investimentos dos assentamentos rurais. Disse com muita clareza o que ia fazer. Falaram em 100 mil assentados, respondi que isso não é meu programa, meu programa são 40 mil, este ano conseguiremos 30 mil, o que é recorde histórico, por que falar em 100 mil? Por que não em 500 mil? Dei lições de realismo e, ao mesmo tempo, de sensibilidade para esses problemas. A reunião foi boa.

Estive ainda com o pessoal do Rio de Janeiro, o Rafael de Almeida Magalhães, o Simonsen, o Eliezer Batista, falamos sobre vários programas, não pude prestar atenção em todos por causa dos Sem Terra, mas a coisa está encaminhada no Rio. Vi também que a Renault teria dito que eu indicaria o Rio Grande do Sul para localizar a sua fábrica. De fato, é aspiração do Britto, e tanto eu como o Serra falamos nisso, mas jogar nas costas do presidente da República a decisão a respeito da localização não é bom. Primeiro, a decisão precisa ser técnica; segundo, os outros estados ficam enciumados. Temos duas áreas de prioridade que estão avançando, o Rio de Janeiro e o Rio Grande do Sul, de modo que isso não é de todo negativo, mas tenho que pagar certo preço por essas questões.

Na ida ao Peru me acompanhou o Sanguinetti, que está naturalmente querendo um pouco de proteção para os pequenos exportadores do Uruguai. Isso não é difícil de fazer. Achei o Menem muito caído, não é a primeira vez que o acho assim, achei-o, não diria desanimado, mas como quem cochila. Creio que a morte do filho tenha sido um golpe muito forte para ele.

Na volta, conversando no avião com Lampreia, ficou claro que no Centro Tecnológico da Aeronáutica, em São José dos Campos, farei uma declaração sobre os mísseis brasileiros, o que é um passo muito importante, porque em seguida entraremos no MTCR. Teremos autonomia tecnológica, mas vamos nos comprometer a não fazer mísseis de guerra. Essa área militar também está entrando nos eixos. Claro, começa a reclamar aumento de salário e isso será outro problema a enfrentar.

30 DE JULHO A 11 DE AGOSTO DE 1995

Demarcação de territórios indígenas. Desaparecidos políticos. Viagem ao Uruguai (Mercosul)

Hoje, domingo, dia 29 ou 30 de julho,* recebi meu sobrinho, Luís Roberto [Cardoso de Oliveira], e sua mulher, que me trouxeram o manifesto dos antropólogos a propósito da questão indigenista. A Ruth conversou em São Paulo com um grupo de antropólogos, e eu já havia relatado que o Jobim na quinta-feira passada me trouxe a nova lei de demarcação, a qual vai colocar em ordem uma questão antiga. A Constituição obriga ao "contraditório" e não houve contraditório para a demarcação. Há três demandas sobre essa matéria no Supremo Tribunal e eles certamente anularão as demarcações. O Jobim quer fazer um decreto, combinando com os juízes e com os advogados das empresas demandantes que retirem a demanda. Mas evidentemente o meio antropológico, sobretudo o Cimi, acha que há manobra por trás. Expliquei direitinho ao Luís Roberto, e vamos ver depois o que acontecerá com o corpo dos antropólogos.

Fora disso, jantei com o Serra, passamos em revista todas as questões e voltamos a ver que há problemas difíceis. Um: o BNDES. Será preciso mudar, o BNDES é fundamental para a retomada do desenvolvimento na infraestrutura. Outra questão: a agrícola. O Pérsio já me havia recomendado no fundo uma espécie de moratória. Expliquei ao Serra que é mais sério do que parece, e ele sabe. Se não houver plantação na hora adequada, teremos dificuldades com o conjunto da economia no futuro. Vamos ver se conseguimos com o Beto Mendonça fazer algo nessa direção. Há um problema da estrutura agrícola, que está errada, e com a estabilização da economia as ineficiências ficaram claras. As pessoas não têm consciência disso, mas a realidade é essa. Teremos que atuar firmemente para refazer o modelo de economia agrícola existente no Brasil, talvez arregimentando financiamento direto externo para os produtores, alguma coisa, enfim, que nos tire do escanteio em que estamos.

HOJE É SEGUNDA-FEIRA, DIA 31 DE JULHO, são duas horas da tarde. Pela manhã, reunião de trabalho, normal, para a reorganização das coisas. O desagradável é que o Quinzinho [Joaquim Cardoso], meu primo, foi demitido por mim por causa de uma questão com Pelé. Ele falou com Paulo Renato e parece que está

---
*Domingo foi dia 30.

havendo alguma interferência na área do Instituto de Esportes* por parte de uma pessoa que teria sido designada pelo chefe de gabinete do Eduardo Jorge. Houve vários probleminhas, autorizei o Clóvis a conversar com Eduardo. Essa coisa de nomeações é complicada, formar pequenos grupos de poder acaba dando besteira. Dizem que um é sobrinho de Eduardo Jorge, dizem que foi nomeado mas não trabalha. Vamos ver.

Fora disso, nada de extraordinário, a não ser a denúncia feita pelo Janio de Freitas de que o governo teria conhecimento de uma informação relativa à negociação da Petrobras.** Isso foi passado pelo Delcídio [Amaral], que foi ministro de Minas e Energia e hoje é diretor de uma empresa de Santa Catarina. Se for verdade, melhor demiti-lo.

Há de novo notícia de que o sindicato da Petrobras organiza um movimento, dessa vez mais aguerrido, ao estilo do que aconteceu em Cubatão. Eles estariam agora criando associações beneficentes para que os funcionários contribuam para elas em vez de contribuir para o sindicato, assim burlando a decisão da Justiça do Trabalho. Isso pode ser complicado e desagradável.

Ontem à noite Sérgio Motta, Sérgio Amaral, Geraldão, estiveram aqui em casa com o Marlo [Litwinski]*** para discutir questões da Comunicação Social. Surpresa para todo mundo, as últimas pesquisas mostram que eu subi quando todos imaginavam que fôssemos cair. Na verdade, estamos estáveis. Do início do governo até agora, pelo critério da Vox Populi, temos por volta de 70% de aprovação, que é um índice muito alto.

Hoje à tarde Britto veio com todo o pessoal do Rio Grande do Sul e nós lançamos a questão da petroquímica no estado, um investimento de cerca de 1 bilhão de dólares para ampliar a capacidade produtora da Petrobras e mais 1 bilhão para a utilização da matéria-prima gerada pelo setor privado. Britto foi entusiasta, disse que fizemos muito pelo Sul, a usina de Candiota, renegociação da dívida deles, mobiliária etc. Ele também falou comigo sobre a reunião dos governadores a respeito da reforma tributária, marcada para o dia 7, está preocupado, é preciso que eles deem apoio. Não obstante, ao sair, segundo me contaram a Ana e o Clóvis, ele deu declarações dizendo que o governo ainda não tem reforma tributária, algo meio duvidoso. Não entendi bem o que o Britto está fazendo. A mim disse que quer ajudar, sempre ajudou.

* Instituto Nacional de Desenvolvimento do Desporto (Indesp).
** Em 29 de julho, o jornalista publicou a informação de que, em novembro de 1994, o diretor financeiro e o presidente da Petrobras haviam chancelado um acordo salarial com os petroleiros. A revogação desse acordo pelo presidente Itamar Franco teria dado origem à greve da categoria no início de 1995.
*** Secretário executivo de Comunicação do Banco do Brasil.

Outro fato importante foi o Emílio Odebrecht me procurar para falar sobre o Banco Econômico. Deixei claro que a posição do governo é a seguinte: primeiro, ele entra se quiser, não há nenhuma intenção de vender o banco a quem quer que seja; segundo, é absolutamente necessário que haja perda de controle por parte do Ângelo Calmon e que haja uma administração profissional. Ele concorda evidentemente com os dois pontos. Depois, na reunião com a equipe econômica, reafirmei esses pontos com Gustavo Loyola e com Clóvis, pedi que o Gustavo dissesse ser essa a posição do Banco Central.

Estive com o Luciano Martins, que vai fazer uma viagem para discutir essa questão dos capitais voláteis.*

Vou jantar hoje, aqui no Alvorada, com o ministro Sepúlveda Pertence, presidente do Supremo Tribunal, com Pimenta da Veiga, o ministro Jobim e o Reginaldo [Castro], que foi nosso advogado. Isso naquela linha de conversar com os ministros do Supremo. Também importante é notar que o Tribunal de Contas, por unanimidade, rejeitou as alegações de que o processo de dispensa de funcionários do Banco do Brasil tivesse sido manipulado, ou que tivesse havido contratos privilegiando uma empresa, nada disso; 6 a o. Telefonei ao Olavo Drummond para agradecer o resultado. Ele aproveitou para me dizer: "Bom, mas é por causa da má administração do Banco do Brasil". É fantástico!

O Pertence parece que está mais inclinado a não aceitar a liminar que foi pedida pela CNA, Confederação Nacional dos Agricultores,** contra o decreto que assegura o financiamento dos agricultores. Não falamos sobre o assunto, não se fala com ministro, mas tenho a impressão de que por suas opiniões, se depender dele, não aceita. Acho que não vai depender dele, acho que vai distribuir para alguém.

HOJE, DIA 1º DE AGOSTO, quase meia-noite. Três pontos importantes.

Primeiro: o Tasso esteve comigo, junto com Serra, e discutimos as declarações do Britto, um tanto desastradas, como já registrei aqui. Há preocupação sobre a reunião dos governadores. Serra irá, Malan também, e o Tasso ficou de ajudar na questão da reforma tributária. É muita tempestade em copo d'água. A reforma é mais razoável do que eles estão pensando e não os prejudica, mas fazem onda. Agora, por que o Britto fazer tanta onda? O Jobim falou com ele, ficou de me telefonar mas não telefonou.

Ponto dois: fizemos uma longa reunião sobre a reforma administrativa. O Bresser apresentou suas ideias, muita discussão, Jatene presente, o Clóvis, o Serra, o Eduardo Jorge e os técnicos em geral, inclusive Pedro Parente. Na verdade, a refor-

---

* Nos anos 1990, o Brasil e outros países emergentes se tornaram alvo preferencial de investidores internacionais em busca de alta lucratividade por meio de investimentos temporários em ativos de risco e ataques especulativos.
** Confederação Nacional da Agricultura e Pecuária.

ma está mais razoável, nós cortamos muita coisa, a colocação da estabilidade ficou normal. Digamos, torna mais possível, havendo casos claros, que ocorra dispensa. Acho que não vai adiantar nada na prática, mas é uma espécie de ameaça para que as pessoas trabalhem com mais afinco. Os outros aspectos estão razoáveis. Nós diminuímos bastante os pontos.

Terceiro ponto: jantei na casa de Marco Maciel com Antônio Carlos Magalhães. As objeções relativas ao problema de gente incompetente do ponto de vista moral estar no governo recaem basicamente sobre o [Djalma] Morais, que Itamar tinha nomeado vice-presidente da BR Distribuidora, e sobre o Marcelo Cerqueira. Nunca ouvi falar que o Marcelo Cerqueira tenha qualquer coisa nessa área. Parece que, como ele não quis fazer declarações privatizantes, não pôde ser nomeado pelo sistema Petrobras.

Outra questão mencionada é que um irmão do Eduardo Jorge seria nomeado presidente da Casa da Moeda. É verdade. Não veio até mim ainda, mas sei que há esse rumor. Isso está complicando as coisas. Vou falar com Eduardo, com clareza, dizer que haverá reação contra a nomeação de mais um irmão. Também mencionou dois ou três casos menores, inclusive um do ex-marido da mulher do Artur da Távola que foi nomeado para a Telerj, o Danilo [Lobo]. Expliquei que não havia nada de grave contra o Danilo, que foi um bom presidente da Casa da Moeda. Esses são casos de birra de gente, de coisa baiana, nada de mais grave. Mais onda.

Fora disso, a conversa com Marco Maciel e Antônio Carlos foi tranquila. Antônio Carlos acha que a reeleição deve ser aprovada já, senão, depois, não passa. Eu concordo, mas não vou me meter no assunto. Disse-lhe que a principal vantagem da reeleição não é eu ser candidato, é impedir que outros se precipitem com candidatura já. Ele perguntou minha posição sobre uma prorrogação de mandato para cinco anos. Respondi que, em tese, era favorável a um mandato mais longo, mas nunca me referi a cinco anos, que agora é inaceitável.

HOJE É QUARTA-FEIRA, DIA 2 DE AGOSTO. É noite. Acabo de voltar de um ensaio da ópera *Aída*. Antes, fui à missa de sétimo dia do Jackson Pereira. À tarde recebi alguns deputados, como Prisco Viana, recebi até o presidente da Coca-Cola.* De manhã conversei com Clóvis e Eduardo Jorge, disse que eu devia fazer uma falação ao país para dar o rumo dessas reformas, porque todo mundo está criticando a falta de objetividade da reforma tributária, eles utilizaram o Britto para poder fazer críticas.

Nada de mais especial ocorreu até que o Antônio Carlos reclamou de ter sido desconsiderado pelo Sérgio Amaral nos comentários feitos no briefing.** Ana me

*Weldon Johnson, presidente da Coca-Cola para a América Latina.
**O porta-voz da Presidência diariamente apresentava um briefing sobre as ações e opiniões do governo à imprensa credenciada.

ligou aflita, mandei que lesse o briefing para mim, não tem nada de desconsideração, apenas onda do Antônio Carlos. Mas isso pode dar dor de cabeça amanhã.

HOJE É QUINTA-FEIRA, DIA 3 DE AGOSTO. Amanhã vou para o Paraguai. De importante, uma reunião com os militares e com a área econômica, dificuldades, querem aumento, têm razão, a área econômica diz que não tem condições. Terei que mediar isso.

Outra questão, a reforma agrária, que Serra mostrou ser caríssima. O pessoal aproveitou para aumentar o Incra e não a reforma agrária. Precisaremos fazer aquilo a que me comprometi, pelo menos aqueles assentamentos, para tirar as pessoas que estão nas estradas.

Além disso, de manhã cedo veio aqui o Jader Barbalho para me dizer que é candidato a presidente do PMDB, quer saber se estou de acordo. Jader é homem de palavra, é alguém que, quando é sim é sim, quando é não é não. Tem o problema do PMDB, com a presidência ele vai acumular a liderança do Senado.

Depois tive uma longa discussão com os antropólogos a respeito da questão das terras indígenas. A reunião foi boa, interessante. Jobim expôs suas teses, eles não concordam mas acabaram se convencendo. Porém, não podem admitir que há um problema com o Supremo Tribunal e que é preciso fazer algo para evitar uma catástrofe maior, ou seja, a anulação das demarcações pelo Supremo. Achei que foram compreensivos, inclusive com certa capacidade de entender que nós não estamos contra, não se trata disso, e sim de garantir melhor a questão da demarcação. Mas eles também têm pontos fortes. Claro que a experiência dos indígenas foi sempre a de serem massacrados, não se pode esquecer. Esses antropólogos e muitas outras pessoas lutaram muito para manter alguma dignidade, um espaço para os índios.

Mais tarde recebi novamente o Jader Barbalho, também no Planalto, agora com o Ronaldo Cunha Lima, para discutir a Lei do Petróleo. Eu já tinha combinado de manhã com o Jader, Ronaldo não sabia, que iria propor que o governo enviasse uma carta aos presidentes da Câmara e do Senado dizendo que, na legislação que mandaremos sobre petróleo, a Petrobras não será privatizada e que as jazidas são dela. Acho que o Ronaldo acabou entendendo. Vamos ver se por aí a coisa caminha. Essas foram as principais dificuldades que atravessamos no dia de hoje, cansativo, muitos problemas, uns maiores, outros menores, mas vamos avançando.

HOJE É SÁBADO, DIA 5 DE AGOSTO, estou voltando de Asunción. Na viagem de ida, fui conversando com Malan. Ele passou a limpo de novo as coisas, disse que estava muito entusiasmado com a visita ao Japão. Recentemente Lampreia esteve lá, agora o Malan, depois vai o Serra, o Marco Maciel, depois eu. O Japão está decidido a investir mais no Brasil, parece que isso é verdadeiro. Notícia importante: nos últimos três dias úteis, mais de 1 bilhão de dólares de superávit financeiro no câmbio, é extraordinário, esse país tem uma força imensa. Brinquei com Malan que o país aguenta qualquer desatino econômico.

Em Asunción, na reunião do Mercosul, discussões normais, o presidente da Bolívia me telefonou, estava mais contente com o negócio do gás, embora o Duda acredite que o preço seja um pouco alto, que São Paulo não vai comprar, mas o boliviano queria aumentar mais ainda. Ele parece já estar conformado com o preço no nível em que está, em todo caso foi o que me disse, as coisas vão indo razoavelmente bem.

Conversamos em Asunción sobre a Colômbia. A situação do Samper é muito ruim.* Acabei de receber um telegrama do Synesio em que ele mostra as dificuldades enormes do presidente. Eu já havia ponderado ao embaixador Synesio Sampaio Goes, por telefone, depois ao Lampreia, que talvez eu não devesse ir à Colômbia nesse momento. O Júlio no avião me disse que também acha que não. Agora à noite, quando voltei, o Lampreia, que na ida não estava de acordo com isso, depois de ter recebido novas informações acredita que de fato a situação não está encorajadora. Provavelmente vamos cancelar a viagem.

Mercosul: reunião demais para presidente, a meu ver. Estamos nos desgastando com tanto encontro, grandes discursos, um pouco retóricos, o Chile resistindo a ceder ao que precisa para entrar no Mercosul. Politicamente eles tomaram posição mais para o Mercosul do que para o Nafta, mas querem tirar vantagem em tudo. Então, a reação foi forte contra isso.

Na recepção fui muito festejado, estive com o Domingo Laíno, que é da oposição do Paraguai, com o general Lino Oviedo, que me parece ser o grande caudilho de lá, homem simpático, ativo, gentil e até humilde. Depois uma ceia na embaixada com aquela coisa de sempre no Itamaraty, entre o simpático e o ridículo. Ontem, de manhã cedo, reunião com Dorothea e Serra a respeito de algo que recebi aqui do [Luiz Antônio] Medeiros e do Paulinho sobre a necessidade de rever os índices de nacionalização das autopeças e componentes dos automóveis. Serra concorda, a Dorothea também, não sei se era a posição inicial dela mas concordou.

HOJE É TERÇA-FEIRA, DIA 8 DE AGOSTO. Vou relatar o que aconteceu ontem. Pela manhã, houve reunião sobre a questão de Angola, cujo presidente nos visitará no próximo dia 15. Estavam presentes o general Leonel, chefe do Estado-Maior, o ministro Lampreia, o ministro interino Parente e os demais membros do governo nesta área, inclusive o pessoal do Itamaraty e o Sardenberg. Ficou decidi-

---

*O presidente colombiano enfrentava acusações de ter recebido financiamento de narcotraficantes do cartel de Cali durante a campanha eleitoral de 1994.

do, com a presença também do ministro das Minas e Energia e do presidente da Petrobras, que vamos renegociar a dívida de Angola tendo em vista os interesses estratégicos brasileiros. Basicamente a Petrobras está interessada em explorar o petróleo offshore da região de Cabinda, e há uma possibilidade de ela assumir a dívida, ou seja, o governo de Angola fica devendo ao Brasil e pagará com esse petróleo. É difícil que os angolanos aceitem. De qualquer maneira, não levaremos o caso para o Clube de Paris, porque lá haveria um deságio de 67%, é melhor para o país uma negociação direta, além dos interesses estratégicos que temos em Angola, Namíbia, Moçambique e África do Sul.

No fim da tarde, reunião a respeito do orçamento de 1996. Presentes Pedro Parente (Malan estava em São Paulo), Serra, Clóvis, Eduardo Jorge, Ione, a secretária do orçamento, e ainda o Murilo Portugal do Tesouro e demais altos funcionários. A coisa de sempre, o orçamento está sob controle, mas um controle apertado. E existe certa insegurança quanto aos dados. Na verdade, tudo isso é um pouco difícil de montar porque há que pressupor qual vai ser a inflação: 13%, 15%, 20%? Isso altera muito todo o conjunto de dados.

Qual vai ser a taxa de juros? Os juros previstos para o ano que vem implicam um pagamento de 7,5 bilhões de dólares, o que é muito elevado. Ao que se acrescentam os trinta e poucos bilhões de benefícios da Previdência. É um quadro conhecido que, somado aos vinte e poucos bilhões de transferências constitucionais para os estados e municípios, faz com que a União continue praticamente sem margem de manobra. Muita discussão construtiva.

Voltou-se àquele espírito de 1993, época em que fui para o Ministério da Fazenda, quando fazíamos o orçamento de verdade, só que a verdade custa a aparecer porque, quando se coloca o preto no branco, vê-se que o Estado não tem condições efetivas de ação. Não que esteja quebrado, é que não pode fazer o essencial no que diz respeito a obras, investimentos e custeio, porque todo recurso está sendo consumido por gastos com pessoal e por juros. É uma espécie de Estado de sub-bem-estar social, que acaba gerando mal-estar social generalizado.

É muito estranha essa situação brasileira. Ninguém percebe que o governo federal é um grande redistribuidor de renda e, como a renda é baixa, fica sem dinheiro para fazer o que outros setores da sociedade também esperam, as famosas obras, o desenvolvimento econômico e um atendimento nos serviços públicos de forma mais adequada.

Fora disso, o caso Dallari.* Fui surpreendido por essa questão ao voltar de Asunción, no sábado. No domingo, quando fomos ao cinema eu e a Ruth, três ou quatro jovens ficaram gritando contra nós, é claro que os jornais só vão dar reper-

---

* O secretário de Acompanhamento Econômico do Ministério da Fazenda, José Milton Dallari, foi acusado de vazar informações privilegiadas sobre a política de preços do governo para clientes de sua empresa de consultoria.

cussão a esse episódio. Além do mais, a imprensa amolando muito, não deixando a gente em paz, me perguntaram sobre o Dallari. Quando cheguei em casa, li a *Veja*. É estranho, porque a Receita (aparentemente foi Osíris [Lopes Filho]* que andou soltando esses dados) estaria investigando a Rais de 94. Mas investigando o quê? Porque, se houver uma sonegação fiscal, fraude fiscal, tudo bem. Mas não parece ter havido nada dessas coisas, Dallari está sendo acusado indiretamente de tráfico de influência, a Receita não devia se meter nessa matéria, é uma espécie de perseguição. Malan não disse nada. Ontem soube pela Ana que, efetivamente, o Dallari queixou-se de que, sabendo disso desde fevereiro, reclamou com Everardo Maciel e este não tomou medida alguma, e agora parece que o Chinaglia, aquele deputado do PT, tem um documento dizendo que o Dallari teria recebido dinheiro da empresa dele próprio.

Essas coisas acabam assumindo uma proporção enorme e de grande gravidade. É preciso verificar preto no branco, mas eu não gostei do comportamento da Receita nem do dos chefes do Dallari, no caso, Malan e Everardo, que deviam ter tomado uma posição mais dura. Ou ele é culpado de alguma coisa e então vai para a rua, ou não é culpado e não pode ser deixado queimando do jeito que está.

Outra questão preocupante é a do Zé Eduardo Andrade Vieira. O [José] Nêumanne, que é assessor dele, telefonou para a Ana por achar que nós estamos queimando o Zé Eduardo. Disse que o Xico teria pedido que saísse algo no *Jornal do Brasil*. Li agora de manhã o *Jornal do Brasil* de ontem e na coluna do Castello [Carlos Castello Branco] está dito que o Xico fez o que eu sabia, chamou os líderes do movimento ruralista para conversar a respeito das marchas sobre Brasília e tentar ver se equacionava as coisas. Nada contra o Zé, que perdeu o contato com esse pessoal todo, mas é preciso alguém fazer. Claro que a sua situação é delicada, ele tem sido tão leal comigo, não na questão de finanças, deu menos de 2% da campanha, mas no comportamento, embora seja errático e não tenha realmente o dom de um diálogo, digamos, organizado com o setor com quem devia conversar, os agricultores. O Zé Eduardo estará comigo esta manhã.

O general Cardoso me procurou ontem, esse general é excelente, para dizer, eu não sabia, que tinha ido conversar com gente no Nordeste no fim de semana porque está percebendo sinais de inquietação nos militares. Pensei que se tratasse de salário, porque os militares estão precisando de aumento, terei uma reunião entre hoje e amanhã sobre isso, vamos ter que dar, eles sempre me pressionam. Mas o general na verdade me falou sobre a questão dos desaparecidos. Há uma certa inquietação porque alguns setores temem revanchismo. Ele deu o seu depoimento e tem estima pelo jeito do Zé Gregori.

* Ex-secretário da Receita Federal.

Acho que a questão dos desaparecidos não pode continuar como está. Nós temos que enviar um projeto de lei ou uma medida provisória e, nessa altura, devo falar ao país. Muitos cobram que o Estado reconheça a culpa, hoje o Estado é representado por mim e eu quero reconhecer a culpa, mas não foram só os militares, tem a polícia, tem setores da sociedade também, tem os empresários que estiveram metidos nisso em certo momento da vida brasileira. Eu entendo a dor dos familiares, mas agora está havendo uma espécie de tentativa de voltar a assuntos que a Lei de Anistia encerrou. Isso nós temos que cortar pela raiz.

Também tivemos um ótimo dia, sábado, na Granja do Torto, por causa de uma reunião do Comunidade Solidária que a Ruth fez lá. Conversei com Paulo Paiva sobre a questão da MP da desindexação. Eu tinha falado com Sarney logo na segunda-feira, e pedi que não votasse logo essa lei porque ela ainda está se consolidando. O [senador] Coutinho Jorge já disse que, para proteger, entre aspas, os salários, é favorável a indexar até a dois salários mínimos. Eu já declarei que a primeira proteção do trabalhador é o controle da inflação. Claro que os jornais publicam que sou contra a proteção aos trabalhadores...

Essa onda permanente de uma imprensa que perdeu o rumo e que analisa só os deslizes cria um clima constante de que estamos numa situação terrível e que todas as questões são incontroláveis. Mas o fato é que a questão da MP me preocupa. O Paulo Paiva também acha que não se deve votar, mas pediu que chamasse o Coutinho Jorge, porque ele vê no Coutinho uma pessoa ansiosa por aparecer.

Na conversa com o Paiva falamos ainda sobre trabalho escravo. Ele está fazendo uma boa agitação para acabar com essa prática. Apesar das críticas que aparecem aqui e ali, o governo está tocando em pontos extremamente delicados: a questão indígena, como já relatei aqui, com o propósito de defender algo mais estável para a terra indígena, contra o risco que é real de o Supremo anular as demarcações; a questão relativa aos desaparecidos, e agora também a do trabalho escravo, temas que sempre foram bandeiras quase que éticas da esquerda.

Não por acaso, o Lula continua me atacando de uma maneira pouco equilibrada. Na última entrevista que ele deu, disse que na verdade o problema não é o PFL, sou eu que penso errado. Ele não engoliu a derrota. E talvez nem entenda muito bem o que está acontecendo. Alimentando aquela mágoa, atira em cima de mim sem parar, acredito que não teve um momento de compreensão.

O Miro Teixeira disse que a oposição está disposta a discutir a questão da reforma tributária. Pedi ao Nelson Jobim para organizar um encontro com as oposições sobre o tema.

Ontem houve reunião dos governadores e, pelas informações que tive do Jobim, do Serra e do Eduardo Azeredo, foi bastante razoável. Parece que a questão do Britto é quanto a um fundo de compensação para as exportações, visto que acabaremos com o imposto delas. Mas aparentemente os governadores tiveram um comportamento antes construtivo que negativo, tomara que tenha sido assim. Não sei, vamos ver hoje o que dizem os jornais.

HOJE É QUINTA-FEIRA, DIA 10 DE AGOSTO. Vou me reportar ao que aconteceu na terça e na quarta.
Terça-feira pela manhã, credenciais dos embaixadores, aquilo de sempre. Em seguida, conversa com Eduardo Jorge e com Clóvis basicamente sobre a questão do Dallari. Naquela altura achávamos que o ideal seria que ele se afastasse, embora não houvesse nenhuma dúvida a respeito de que realmente não tinha culpa maior no cartório, digo maior porque não sei o que é uma penalidade em termos de sonegação. Recebi o dr. [Geraldo] Quintão, advogado-geral da União, para uma coisa de rotina, e fui ao Prêmio Álvaro Alberto* com Vargas, onde o [Francisco] Salzano** e o dr. [Paulo] Alvim*** foram homenageados. Fiz o discurso e dei alguns dados sobre o avanço na área da Ciência e Tecnologia, pelo menos no que se refere a orçamento.
Interrompi para comunicar a Ruth por telefone que o Florestan [Fernandes] morreu esta madrugada em São Paulo. Pedi que ela fosse ao enterro porque eu não vou. Retomando, os dados de orçamento da Ciência e Tecnologia sempre preocupam porque nunca se sabe exatamente como eles são. São impressionantes no sentido da recuperação das verbas para o CNPq, para o próprio ministério, do investimento direto das empresas com incentivo fiscal, parece tudo positivo.
Depois do almoço estive com o governador de Rondônia, o [Valdir] Raupp, que me trouxe dados incríveis: na cidade onde tenho menos apoio, 75% classificam meu governo como regular, bom e ótimo. É impressionante o efeito positivo que está tendo o Plano Real.
Tive despacho com Sardenberg, que, naturalmente, retomou o assunto do Sivam. No dia seguinte ele me telefonou para dizer que, embora na véspera estivesse otimista, o senador Gilberto Miranda tinha colocado uma porção de objeções, achando que era preciso voltar a ouvir pessoas. Enfim, de novo tem boi na linha, com o Gilberto é sempre assim.
Também na terça-feira me encontrei rapidamente com Jatene, o qual me disse que iria fazer um entendimento com Malan e com Bernardo Cabral de tal maneira que o novo imposto, que ele está querendo, seja provisório. Esse negócio está ficando chato. Jatene tem a impressão de que o tal do imposto vai dar certo e eu não sei

---

*O Prêmio Almirante Álvaro Alberto para Ciência e Tecnologia, cujo nome homenageia o fundador e primeiro presidente do CNPq, é concedido anualmente pelo governo federal a cientistas e pesquisadores que se destacam em suas áreas.
**Biólogo, professor e pesquisador de genética.
***Engenheiro agrônomo, professor e pesquisador.

se vai. Além do mais, ficam dizendo que não estou a favor. É claro que, quanto mais recursos, melhor. Essa forma não é a melhor possível, mas imposto é sempre chato.

Estive ainda com Inocêncio de Oliveira,* que veio muito entusiasmado com tudo que está ocorrendo, mas também mencionou a questão relativa a Pernambuco, a São Paulo, que o PFL de São Paulo não está sendo atendido, que o [Jorge] Maluly, o deputado, não recebeu o que queria na Telesp, o de sempre.

Também estive com os dois líderes, o Sérgio Machado e o Élcio Álvares, que vieram com a história de que o Sarney está contra mim, que Antônio Carlos está contra mim. Disse-lhes que eu sei das coisas. Se tivermos que romper com o PMDB, não tem cabimento que seja agora, por causa das reformas, mais tarde acho que é inevitável. O PMDB terá de ir para a oposição para lançar candidatura. Mas eles não são infantis, e o Sarney sabe fazer o jogo direitinho, exatamente como ele é, e está de fato apoiando o governo. Tanto assim que eles, no Senado, aprovaram, na terça-feira, três emendas de uma vez só; não vejo inquietação.

Antônio Carlos é aquela coisa que só ataca, que sopra, vai e vem, para dar a impressão de que tem uma força enorme no Planalto. Nunca foi ouvido num assunto relevante da República, mas eu também quero tê-lo com certa capacidade de entender o processo para que não cause muito mal.

Reunião dos líderes sobre a reforma tributária. Malan fez uma exposição que não foi convincente, o Jobim retomou a palavra, e aí ficou melhor, depois o Everardo, enfim, tempo gasto. A reforma que está sendo feita é a que é possível fazer, ela vai avançar em muitos terrenos, quando forem rever o texto se surpreenderão, sobretudo na lei de imposto de renda à pessoa jurídica haverá modificações importantes.

O Vilmar [Faria] fez um documento bom sobre a Câmara de Políticas Sociais.

Quarta de manhã leio nos jornais críticas que eu teria feito ao Serra, ao Clóvis, ao Jatene e ao Zé Eduardo Vieira. Com algumas coisas até posso concordar, mas isso de botar na imprensa é lamentável, e fica parecendo que o presidente está querendo esculhambar os ministros pela imprensa. Como não se cita nunca quem é o autor, faz-se menção a um "alto personagem da República", interlocutor frequente do presidente, não há responsabilidade pelas críticas.

Zé Eduardo voltou da China. Esteve comigo e foi surpreendente, como sempre. Parece que não houve nada por aqui. Tentei falar sobre Agricultura, mas ele falou montes sobre a China. O Xico estava muito nervoso porque achava que o estavam intrigando com o Zé. Chamou os líderes rurais, a meu pedido, para acalmar as coisas. Zé Eduardo não pareceu nem preocupado com Xico, está na lua, não percebe que o seu prestígio no meio rural está lá embaixo.

Ao meio-dia dei uma medalha ao Olavo Drummond, estavam presentes o Sarney, o Luís Eduardo, o Sepúlveda Pertence. Conversamos amigavelmente, mostrei

---

* Líder do PFL na Câmara.

ao Sarney as críticas no jornal da véspera dizendo que tínhamos brigado,* marquei com Luís Eduardo um almoço para hoje, quinta-feira.

Almocei ontem com Paulo Francis, nada de especial, conversa fiada. Depois recebi o [José Roberto] Arruda,** com Cristovam Buarque. Arruda procurou mostrar ao Cristovam que é o seu interlocutor junto a mim. Cristovam foi lá apenas dizer que estava chamando o Sigmaringa [Seixas] para o gabinete dele, queria saber o que eu achava, com medo de que fosse contra.

Recebi peões de Barretos, vieram cantar uma musiquinha em minha homenagem, só no Brasil!

Estive com Roberto Freire, que no fundo tem comigo certa relação, não diria ambígua, mas ele sabe que estou fazendo o que tem que ser feito, ele diz que não, o que é muito coincidente com o que eles do PPS pensam. Roberto quer fazer um novo partido, "Esquerda 21", quer que eu ajude a levar o Dante de Oliveira para lá, acho ótimo porque o Dante não vai ser candidato do PSDB, ele é muito complicado. Falei sobre isso com o Sérgio Motta, que jantou comigo ontem aqui. O Sérgio também me compreendeu, não creio que esse partido saia, mas é uma pena, porque aí daria uma interlocução mais fluida à esquerda.

O general Cardoso tinha me dito que queria estar com o general Zenildo para falar sobre a questão dos desaparecidos junto com o general Tamoio [Neves].*** Estou bastante feliz porque o Zenildo está cem por cento, tem tido uma ação muito leal, cooperativa, e nessa questão ele terá um belo papel, e estamos avançando bem mais do que seria imaginável.

Estive rapidamente com [Antonio Carlos] Pannunzio, um deputado de Sorocaba, e em seguida voltamos a discutir a questão do Dallari, que foi a decisão mais difícil de ontem e inclusive perturbou boa parte da tarde. O Dallari não aceita o que lhe tinha sido proposto. Esqueci-me de dizer, mas na terça-feira à meia-noite falei com Malan e com ele, e disse: "Você se afasta", e ele: "Eu não vou pedir demissão". Eu: "Não faça isso que você vai se autoincriminar, afaste-se, a gente apura isso em trinta dias e você volta". Ele falou com o Dalmo Dallari, com dois parentes seus que são advogados, e disse ao Malan que tem plenas condições de se defender. O Malan dará uma nota a ser publicada nos jornais de hoje dizendo que o governo vai deixar que Dallari se defenda no cargo porque não há nenhuma convicção de que ele tenha feito alguma coisa errada, ele nega peremptoriamente que a assinatura

---

* O suposto desentendimento dizia respeito à privatização da Petrobras, assunto então discutido nos círculos governistas e parlamentares. No dia 9 de agosto, o presidente escreveu uma carta a Sarney, presidente do Senado, comprometendo-se a não privatizar a estatal.
** Senador (PP-DF), vice-líder do governo.
*** Secretário Nacional de Segurança Pública.

seja sua. Além do mais, o Malan tem que ser mais duro com esses vazamentos da Receita, porque ela levou meses para fazer um dossiê imenso a respeito de Dallari, e os recibos são de 2 mil, 3 mil reais, é perseguição política. O que não quer dizer que o Dallari não tenha alguma culpa eventual no cartório. Depois de refletir muito, não posso queimar um colaborador só porque foi acusado sem nenhuma prova, nenhum indício concreto, isso significaria uma desvalorização do governo. Resolvemos, então, manter o Dallari lá.

Esses foram os principais problemas fora as questões das teles. O Sérgio Motta jantou ontem comigo aqui, como eu já disse, e tenho que discutir as teles de Goiás porque o deputado do PSDB disse que quer ser presidente, o pessoal do PMDB goiano não quer, mesma coisa na Paraíba, o Humberto Lucena quer botar alguém que o Sérgio não quer, no Amazonas também deram um estrilo porque derrubaram a irmã de Zé Dutra [José Cardoso Dutra],* aí não tem lugar para Zé Dutra, Sérgio não sabia que era irmã dele, reclamou, enfim todo o pesado contencioso dessa questão de "espaços políticos", já estou habituado a isso e estamos fazendo o mínimo de concessões possíveis para poder avançar nas reformas.

HOJE É SEXTA-FEIRA, dia 11 de agosto.

Vou me referir a quinta-feira. Acordei cedinho, antes das sete, ligo a televisão, tem a notícia de que Florestan morreu. Me chocou, doeu. Apesar de todas as distâncias que temos hoje, há um passado de vida em comum. Recebi muito incentivo dele. Depois Florestan, infelizmente, não evoluiu no tempo. Foi um homem correto, senti muito.

Com relação ao que aconteceu ontem, pouca coisa de muito significativo. Recebi do general Cardoso um documento interessante do general Zenildo sobre os desaparecidos, uma ordem que deu no Alto-Comando, perfeitamente afinada com o pensamento do governo. Veja que nunca troquei uma palavra com ele a não ser aquelas já registradas neste depoimento. Mas se trata de um documento muito firme, rebatendo as informações que também estão lá no dossiê de que havia uma certa inquietação nas Forças Armadas, haveria revanchismo, dado do serviço secreto de informação militar. Diz o general Cardoso que esse é o sentimento de todos os ministros militares. Falei com o Zé Gregori, não mencionei o fato, para saber como andam as coisas, ele acha que no dia 15 de agosto poderemos enviar esse projeto de lei ou medida provisória, não sei, à Câmara.

Em seguida recebi normalmente as pessoas que estavam agendadas. À tarde, o presidente da DuPont,** que veio anunciar novos investimentos, coisa de rotina.

* Ex-deputado federal (PMDB).
** Eduardo Wanick, presidente da DuPont Brasil.

Reavaliamos a questão do Dallari com Clóvis e Eduardo Jorge. Eu acho que, apesar de todas as reclamações que a imprensa fará, agimos certo, não podemos queimar o Dallari assim, somente por um bufo, mas é preciso ver de perto se houve ou não uma responsabilidade da parte dele, isso a gente verá depois. Não creio que tenha havido troca de informações contrárias ao interesse do país, pode ser que ele tenha dado alguma informação, mas não no sentido assim negativo, àqueles que foram seus clientes. Não sei. Não quero me antecipar ao juízo.

Durante a tarde, recebi Aloysio Nunes Ferreira e o Michel Temer. Vieram me dizer que não era verdade aquilo que Paulo Renato ouvira do deputado Pinotti, que a bancada do PMDB estava querendo ratear...

11 DE AGOSTO A 4 DE SETEMBRO DE 1995

Rusgas entre Gustavo Franco e José Serra. A crise do Banco Econômico. Endurecimento do MST

Ontem, quinta-feira, jantei com Gustavo Franco, que me trouxe uma folha de papel em que ele desenhava o quanto a visão que atribui ao Serra é o oposto da sua. O Serra me havia falado de uma eventual entrevista do Gustavo. Quando li o papel, percebi que o que o Serra disse é verdade. Gustavo radicalizou, atribui ao Serra o que ele não pensa. É fato que, na sua visão, o Serra seria um homem favorável à autarquização da economia, portanto ao fechamento, e também um homem gastador. Nada disso corresponde realmente ao que o Serra pensa, e a discussão passa a ser em termos de quem é que defende o orçamento e o equilíbrio fiscal. Se é o pessoal do Banco Central que exige mais, é corte, coisa que o Serra não estaria fazendo.

Isso não é certo, não há o que cortar. Gustavo me explicou que estamos com 46 bilhões de dólares de reserva e poderemos depressa chegar a 50 bilhões. Não há, portanto, nenhuma inquietação quanto ao problema cambial e há condições efetivas, dado o desaquecimento que já existe da economia, de baixar mais rapidamente a taxa de juros. Eles não baixam porque temem que, havendo uma tendência supostamente gastadora, isso nos leve a um descontrole de todo o processo econômico. Essa desconfiança recíproca resulta de fato na paralisação que está ocorrendo.

Hoje o Clóvis me mostrou não uma entrevista, e sim uma reportagem da *Exame*, cheia de dados em correspondência ao pensamento do Gustavo. Desse jeito é difícil a equipe econômica marchar, porque não há equipe.

Outra coisa importante a registrar foi o reconhecimento, aberto até pelos próprios contendores, dessa tensão dentro da equipe econômica, o que me deixou sumamente preocupado. Além disso, tivemos a discussão da questão relativa não apenas à taxa de juros mas ao Banco Econômico, que se torna cada vez mais difícil. Nas discussões havidas, a impressão é a de que realmente o banco está por um triz.

Pois bem, esta sexta-feira foi um dia tensíssimo. Começamos de manhã com o general Leonel e a questão do aumento dos militares. O general é um homem distinto e compreensivo. Houve uma apresentação por parte do pessoal da área econômica, não só o Clóvis mas também o Murilo Portugal, mostrando a impossibilidade de atendermos as demandas no nível que os militares querem. Isso vai ser um problema grave, mas dá para enfrentar.

Além do mais, o general Cardoso também me disse: "Presidente, é preciso que consigamos realmente fazer tudo aquilo que o senhor prometeu para os sem-terra e para os pequenos proprietários rurais". Eu pergunto: por quê? Porque há uma preocupação grande dos serviços militares de informação quanto à inquietação organizada no campo e, dizem eles, até mesmo em relação ao movimento de Chiapas.* Então, a gente vai vendo que as coisas são mais complicadas do que parecem. A reivindicação militar por aumento de salário e a inquietação por causa do movimento no campo.

Não bastasse isso, além das cerimônias normais tive uma discussão a respeito da necessidade de coordenação das unidades estatais com a comunicação do governo, cujos setores ainda não sabem o que os demais pensam. Recebi também a informação, através do Malan, de que não há mais solução para o Banco Econômico porque o Bamerindus, que era a última esperança, também se recusava a participar do processo de salvamento. Eles querem que haja primeiro uma intervenção. Mandei chamar o Luís Eduardo. Por quê?

Porque de manhã acordei com Antônio Carlos no telefone, muito exaltado, contrário a qualquer coisa que fosse diferente do que se fez com o Banespa** e não querendo que houvesse já a intervenção. Disse-lhe que não permitiria que os depositantes baianos fossem prejudicados, que não era só ele como senador que não queria isso, o presidente da República também não queria. Àquela altura eu estava certo, com base na conversa da véspera com o Malan, de que haveria uma intervenção mas na modalidade equivalente à do Banespa, a qual não visa à liquidação. Pois bem. Fiquei sabendo depois, pelo Malan, que estava um pouco equivocado, por isso chamei o Luís Eduardo para conversar. O Antônio Carlos havia dito ao Malan que eu dera minha palavra, e ele disse que aquilo não era possível, que eles estavam examinando uma forma de intervenção capaz de restringir mais a ação do banco e que implicaria não só uma perda de controle por parte da instituição, mas o seu fechamento temporário, garantindo apenas as contas dos pequenos contribuintes.

Liguei para o Gustavo Loyola na frente do Luís Eduardo, pedi-lhe que explicasse como estavam as coisas. Ele explicou pormenorizadamente o que fez. Conversei com Luís Eduardo, que me disse que esse assunto ia ser uma tempestade. Ele sabe, porque o pai falara em tempestade. Eu digo: "Sim, mas o que você quer que eu faça? Nós vamos privatizar o Meridional*** e estatizar o Banco Econômico?". No fundo, o Luís percebeu que eu tinha razão, mas me pediu que falasse com o Daniel Dantas.

Fiz isso durante a tarde porque o Antônio Carlos me telefonou inúmeras vezes, já sabendo que faríamos uma intervenção desse tipo, que não era exatamente o que ele imaginava nem o que eu imaginava de manhã cedo. Pois bem. Falei com o Daniel Dantas, que voltou a dizer que era possível fazer uma intervenção mais

---

*Em janeiro de 1994, irrompeu no estado mexicano de Chiapas uma rebelião camponesa de inspiração zapatista.

**O banco estadual paulista, que enfrentava dificuldades de caixa desde o início dos anos 1990, recorreu ao Banco Central mais de uma vez para reescalonar dívidas e obter liquidez, a última no fim de 1994, quando o BC assumiu parte da sua administração.

***Banco federal sediado no Rio Grande do Sul, vendido em 1997 para o Banco Bozano, Simonsen, incorporado em 2000 pelo Santander.

branda, como no Banespa, mas deixou claro também que, na realidade, quem paga isso é o Banco Central, portanto o povo.

Ora, é muito embaraçoso... como é que vou tomar essa decisão? Não obstante, pedi ao Gustavo Loyola que falasse com o Daniel Dantas. Ele falou. Antônio Carlos voltou a conversar comigo. Pediu uma reunião no próximo domingo, para ganhar tempo, foi até muito franco. O Loyola disse que achava difícil e pediu tempo. Daí a uma hora me telefonou dizendo que não havia jeito, tinha reunido a diretoria do Banco Central e eles disseram que tecnicamente a única solução era fazer a intervenção, que é uma espécie de pré-liquidação, ainda que isso não implicasse paralisar uma eventual negociação com compradores futuros.

No fim da conversa Loyola disse que, se aquilo causasse um embaraço muito grande, estariam prontos a pedir demissão para me deixar as mãos livres. Respondi que não se tratava disso, seria uma crise adicional. Resultado: foi feita a intervenção. Antônio Carlos me telefonou várias vezes. Agora à noite eu mesmo liguei para ele aqui do Alvorada. Ele estava naturalmente bastante tenso, mas disse que ia respeitar a minha posição, embora de manhã eu lhe tivesse dado uma palavra diferente.

Depois a Ana me mandou a nota dele. Tratando-se do Antônio Carlos, é uma nota, eu diria, até generosa, branda para comigo. Ele reclama pela Bahia, pelo Nordeste, coloca a questão assim, mas salvaguarda um pouco a posição do presidente. A verdade é que a situação era insustentável. Telefonei para o governador da Bahia,* que também estava aflito, expliquei melhor o caso, acho que ele entendeu, mas tem que reagir em termos de baianidade.

Vamos ver o que acontece daqui para a frente. Isso terá implicações enormes. Somente eu sei, porque sei de outros bancos, alguns de gente próxima a mim, que eventualmente sofrerão consequências bastante negativas dessa decisão, que eu tomei ou deixei que tomassem pois tenho que pensar bem o que estamos fazendo pelo Brasil. Sei que é muito difícil tomar essas decisões, qualquer uma delas geraria muitas críticas, mas resolvemos adotar uma linha de firmeza e não de protecionismo. Vamos ver até quando resistiremos nessa linha.

Veja quantas dificuldades tivemos que enfrentar no dia de hoje, e estou mencionando apenas algumas. Houve outras, que são complicadas: a questão relativa ao Dallari, que não está resolvida, a crítica vai voltar pela *Veja*, do que ouvi do Expedito [Filho], que veio me entrevistar, acho que isso ainda dará dor de cabeça. Enfim, começamos a navegar em águas mais tempestuosas. Apesar de tudo, os resultados propriamente econômicos são razoáveis.

Veio o pessoal da Força Sindical falar comigo, com os empresários do setor de autopeças. Um bastante insolente, outros mais tranquilos. Veio o Nildo Masini,**

---

*Paulo Souto (PFL).
**Presidente do Sindicato Nacional da Indústria de Trefilação e Laminação de Metais Ferrosos (Sicetel) e diretor da Fiesp.

que estava muito aflito. Reclamaram muito e eu dei alguns sinais de compreensão, mas o pessoal técnico acha que eles representam uma porcentagem pequena das autopeças que estarão realmente em má situação nesse ajuste que vai haver.

Problemas sobre problemas, mas reservas altas, inflação baixando, baixou ainda mais agora. A inflação é o fundamental desde que não nos esqueçamos, como não estamos esquecendo, do desenvolvimento, e oportunamente falarei disso. Há política social e os sinais sensíveis de uma ação mais democratizadora também no plano ideológico. Projeção: amanhã tem reunião do ministério lá na Granja do Torto.

HOJE É DOMINGO, quase meia-noite.

A reunião na Granja do Torto ontem foi boa, o ministro do Trabalho fez uma exposição competente da sua área, todo mundo percebeu que há rumo. Aliás, isso é uma característica, cada ministério está começando a fazer o que tem que ser feito e existe uma noção do conjunto. No fim do encontro, o Serra me passou um bilhete. Eu vi que ele estava de mau humor a manhã toda. Não atinei com quê. Já sabia da questão relativa à revista *Exame*, na qual há críticas do nosso Gustavo Franco a ele. Disse ao Malan num intervalo durante a reunião que não concordava com aquela atitude do Gustavo. "Parece que ele está acirrando as coisas." E o Malan disse: "Mas o Serra faz a mesma coisa". Não aprofundei a discussão porque é verdade, mas não nesse tipo de questão, que já ficou muito sistematizada como se fosse uma divisão ideológica, como já vimos aqui em outros registros.

Almoçamos lá, voltei para casa, descansei um pouco, fiquei trabalhando e praticamente nem jantei.

Esta manhã fui ao Torto para uma partida de futebol com os fotógrafos. Tudo tranquilo, nada de extraordinário. Lá também tentaram me entrevistar sobre questões do Banco Econômico, eu não disse nada. Sábado aliás foi mais ou menos tranquilo no que diz respeito ao banco. Hoje de manhã, no entanto, quando voltei, já me chamou por telefone o Ângelo Calmon, não para reclamar, mas para mostrar que era preciso fazer alguma coisa, que o Banco Central está numa atitude muito intransigente e que ele se disporia a negociar tudo. Passei-lhe novamente todos os dados de que dispunha, expliquei outra vez por que houve a decisão de intervenção e não da aplicação daquele regime de intervenção temporária, que não me lembro como se chama* mas que ele gostaria que fosse aplicado ao Econômico.

Almocei na casa do Sérgio Motta. O Zé Eduardo Vieira estava lá, pouca gente. Luciana foi com Getúlio [Vaz],** Eduardo Jorge e a mulher,*** o Xico e Paulo Renato.

*Regime de Administração Especial Temporária (Raet).
**Marido de Luciana Cardoso.
***Lídice Caldas Pereira.

O Zé Eduardo reafirmou que não tinha interesse, não podia entrar no Banco Econômico pelo tamanho do buraco.

Voltei para casa, descansei um pouco. Depois recebi o Pedro Malan e ficamos quase até onze e meia, meia-noite, conversando sobre esse assunto do Econômico, em meio a vários telefonemas. Um muito preocupante, do Luís Eduardo me informando que a Bahia está em pé de guerra e que ele também se alinhava com a Bahia, que não tinha alternativa. Na verdade, eles estão dizendo que todo o sistema econômico precisa ser vasculhado, "vamos fazer uma CPI em cima do Banco Central", querem saber no [mercado] interbancário que outros bancos estão pendurados, ou seja, querem generalizar ou pelo menos atingir mais bancos para ver se agravam a situação. Estão nos ameaçando disso para que tenhamos outra atitude em relação ao Banco Econômico.

Ângelo Calmon voltou a falar com Pedro Malan, que estava aqui, falou duas vezes. Nós falamos com o Gustavo Loyola a respeito da situação toda, e recebi informações do Luís Eduardo de que o interventor* do Econômico estaria anunciando que na prática é uma liquidação. A ideia ainda é a de continuar negociando. Outros bancos preocupados, inclusive o Nacional, e outros mais devem estar com a pulga atrás da orelha.

O Banco Central fará uma nota amanhã cedo dizendo que a intervenção no Banco Econômico não foi para a liquidação, mas para tentar ainda viabilizar uma negociação, e que o resto do sistema financeiro está sólido. O Pedro estava tenso porque ia viajar amanhã, nem sei se irá, a Buenos Aires para um encontro com Menem. Ele sabe que a decisão do Econômico foi arriscada, dura, correta, mas que pode envolver mais coisas. E que precisamos realmente ver se se negocia esse banco. Falou, do Alvorada mesmo, com o [Maurício] Schulman.** O Schulman está disposto a entrar numa negociação desde que primeiro o Ângelo passe o controle de tudo ao Banco Central por um real e, segundo, Antônio Carlos, Paulo Souto e Luís Eduardo se comprometam a não fazer pressão política no caso de alguma força não baiana, no caso o próprio Bamerindus, entrar na negociação.

Veja quanta dificuldade! Amanhã vai ser um dia tenso, difícil. Passei a noite toda aqui com o Pedro dando voltas a ver se tinha alguma outra solução. O fato é que, se ninguém quiser comprar, não tem jeito. O banco fica pendurado no Banco Central e nós temos que minimizar os prejuízos do Banco Central. Isso é indiscutível. Que se aplique a outros bancos, o que eu vou fazer?, aplique-se!

É claro que o ideal não é esse, mas encontrar soluções, saídas, manter as instituições financeiras funcionando. Falei com Pérsio para saber sua opinião. Ele acha isso também, mas não foi muito convicto. Pedi que falasse com o Loyola amanhã para dar suas ideias. Conversei com o Malan também sobre a crise Gustavo/Serra e

---

* Francisco Sales Barbosa, funcionário aposentado do BC.
** Presidente do conselho de administração do Banco Bamerindus.

disse que achava que o Gustavo tinha exagerado, que é inaceitável, que o Serra tem lá suas características e que é muito difícil fazer as coisas funcionarem com essa hostilidade entre os dois.

Malan me sondou a respeito de demissão no ministério, ficam todos assustados, Paulo Renato já havia falado do assunto. O jornal planta, eles acreditam. Reafirmei minha tranquilidade quanto à necessidade de o ministério se manter, estou temeroso é da crise que será precipitada pela mudança de comando no PMDB. Isso, somado à nova crise dentro do PFL por causa da Bahia. O Luís Eduardo me disse que o Antônio Carlos se entendeu via Paulo Souto com Arraes na medida em que o banquinho lá do pessoal do Armando Monteiro, o Banco Mercantil de Pernambuco, também está sob intervenção. Como se fosse o Nordeste sendo perseguido por São Paulo... Pobre Brasil!

Em tempo, antes de terminar. Respondi ao bilhete do Serra. Mandei uma carta de sete páginas, que vou lhe entregar amanhã, acho que é melhor deixar por escrito. No seu bilhete, ele manifesta que eu teria feito comentários sobre ele a terceiros, saiu no jornal, então quer ter uma conversa franca comigo, aquele estilo do Serra. Então eu disse claramente as coisas que achava que devia lhe dizer com toda a fraternidade.

HOJE É SEGUNDA-FEIRA. Deve ser dia 16, 17,* não tenho certeza.
   Pela manhã, nada de anormal, de novo repercussões na questão do Banco Econômico. Olhando sempre a telinha do computador, vi que saiu a nota de que tínhamos feito a intervenção e me pareceu que tudo estava relativamente calmo. Discuti longamente com Clóvis, com Eduardo, sobre a situação geral, e conversei com Marco Maciel. Maciel sempre compreensivo embora apreensivo pelo Antônio Carlos, por Pernambuco porque o Mercantil sofreu o mesmo processo, mas até aí tudo bem.
   Vim almoçar com o Serra e o Tasso Jereissati, para discutir a lei de imposto de renda das pessoas jurídicas. Algumas inovações para ver se bloqueamos a evasão de divisa pela sonegação. O pessoal, em vez de pagar imposto aqui, manda dinheiro para fora, realiza lucro lá, volta com o dinheiro, e não acontece nada.
   Depois do almoço, basicamente me ocupei da reunião do fim do dia sobre a questão tributária. Presentes o Jobim, o Everardo Maciel, o Serra, o Clóvis, o Eduardo Jorge, o Fernando Rezende, e Pedro Parente. Fechamos a matéria, está tudo bem.

*Segunda-feira foi dia 14.

Vai se incorporar também o que eu já havia mencionado a respeito da questão da lei de empresas, pessoas jurídicas, incluindo a proposta do [Gilberto] Ulhôa Canto.

 Conversei ainda com o Lerner, que me explicou por que acha que não convém ele vir já para o PSDB, que virá daqui a uns dois meses, sempre uma certa hesitação da parte dele, que não vai ficar no PDT, que haverá eleições municipais, que está ligado a mim. Concordei porque não quero que haja marola agora, para o governo o melhor é ir mantendo a situação como está. O Lerner é um sujeito correto, tem apoiado, está governando direito o Paraná. Me deu uma apreciação feita pela Vox Populi, qualitativa, onde estou muito bem nas avaliações do povo daquele estado. Parece que vou bem em todo o Brasil. É curioso, apesar de todas as dificuldades há um reconhecimento de que o presidente luta para melhorar as coisas.

 Além disso, reuniões normais de despacho. O Lucena tinha marcado uma mas não apareceu, os outros apareceram, o presidente da Wal-Mart,* para falar de investimento, enfim, aquela rotina.

 No final do dia reunião longuíssima aqui no Alvorada com vários embaixadores: o Paulo Tarso, o Jorio Dauster, o Celso Lafer, o Azambuja, sobre a questão da nossa defesa na Organização Mundial do Comércio, e também com o Lampreia, o Serra, o Clóvis, o Beto Mendonça, a Dorothea. Depois jantamos. O Serra insistiu muito nos seus pontos de vista, de um modo quase agressivo de tão obstinado; todos os embaixadores consideram que a matéria para nós está perdida. É muito difícil defender o novo regime automotivo, a imposição de cotas na questão de importação de automóveis. Nós não avisamos a OMC a tempo, o novo regime é contra o espírito e a letra do Tratado. Serra insiste que se trata de uma questão que podia ser tornada política. Os embaixadores, está na cara, não acreditam em nada disso. Tentaremos defender da melhor maneira possível, mas acho que vamos perder.

 Fora disso, um longo e interessante debate sobre o Mercosul. De novo, o Serra colocou seus pontos de vista um tanto restritivos, todos os demais salientam a importância do Mercosul, e também na questão hemisférica, o Paulo Tarso corrigiu uma observação que eu fiz de que era uma estratégia americana, mostrou que isso foi feito um pouco *au jour le jour*, de qualquer forma hoje existe essa integração hemisférica. Bela discussão acerca de todas essas matérias, a relação do comércio exterior com a nossa política externa e a necessidade de ter aí um locus de decisão.

 No fim ficamos eu, Clóvis e Gustavo Loyola, porque tive a informação de que alguns bancos brasileiros, entre outros o Nacional, estavam perdendo recursos. Segundo me contou o Marcos Magalhães Pinto, o Nacional sofreu hoje uma perda de 200 milhões em função dos boatos que o próprio Antônio Carlos está espalhando. O Bamerindus também deve ter perdido. O dinheiro corre para os bancos oficiais e para os bancos estrangeiros. Lá fora, o Marcos acreditou que nós não tivésse-

* Bob Martin, presidente mundial da Wal-Mart Stores.

mos honrado os compromissos do Econômico. Não é verdade. O Loyola me disse que pagou cerca de 20 milhões de dólares no exterior, mas que amanhã se reabre a questão.

Conversamos eu, o Gustavo e o Clóvis. Depois, juntaram-se o Serra e o Beto Mendonça. E, após longa discussão, eu disse: "Parece que a única proposta existente até agora foi feita pelo Daniel Dantas no sentido de que o governo da Bahia desapropriaria tudo, o que criaria as condições para nós fazermos um Raet". Muita argumentação entre nós, mas no fim todos viram que o preço a pagar seria maior se não encerrássemos o caso da Bahia.

Meia-noite e vinte o Gustavo telefonou para o Daniel Dantas, que é um sujeito competente. Dantas reafirmou a proposta. Voltamos a conversar entre nós, dissemos que era preciso desapropriar. O Banco Central nomeia um interventor, além disso uma administração profissional, e os baianos também se comprometem a depositar no Econômico para salvar a presença dele lá na Bahia. E em seguida privatizam. O Dantas diz até que se pode fazer um Raet com data marcada de diligência. Não sei se vai dar certo, mas pelo menos saímos da entalada.

Isso foi há poucos minutos, vamos ver amanhã o que acontece.

HOJE É QUARTA-FEIRA, dia 16 de agosto.
Ontem foi o pior dia para mim, de todo o tempo em que estou no governo. Por quê? Porque se tratava de decidir a questão importantíssima do Banco Econômico.*

Já registrei o que aconteceu na noite de segunda-feira. Na terça pela manhã, rumores de que Antônio Carlos me teria dado um ultimato para resolver a questão até as duas horas da tarde. Telefonei para o Luís Eduardo, disse que daquele jeito nada andaria e que o pai dele estava falando demais. Ele jurou que o pai não tinha falado. Daí a uns tempos o Antônio Carlos ligou para a Ana para dizer que queria falar comigo e que não havia dito nada daquilo. Eu não falei com ele.

Continuamos as negociações. Telefonei para o governador Paulo Souto e lhe disse com todas as letras que não bastava desapropriar o banco, era preciso também criar condições econômicas para que ele funcionasse, que a Bahia estava assumindo uma enorme responsabilidade. Ele respondeu que não havia dinheiro para o Banco da Bahia. Eu sabia. Disse: "Então tem que se reunir com a sociedade baiana para que nós possamos fazer o banco voltar a condições de normalidade para funcionar". Ele se assustou com o que declarei.

*O Banco Econômico, de Ângelo Calmon de Sá, na época o sétimo maior do país, sofreu intervenção do BC em 11 de agosto e suas agências fecharam. O rombo da instituição foi estimado em R$ 3 bilhões. Em 15 de agosto, após tensas negociações, o governo federal decidiu provisoriamente pela estadualização de parte do banco pelo governo da Bahia, em regime semelhante ao aplicado ao Banespa. Posteriormente, o banco foi liquidado e os ativos incorporados pelo Banco Excel.

Mais adiante me liga o Antônio Carlos e diz que queria vir com a bancada baiana para agradecer e corrigir o que estavam atribuindo a ele com relação a mim e também com relação ao Banco Central. Marcou para as três horas. Depois, o Luís Eduardo. Disse ao Luís que havia dificuldades de ordem jurídica, que ainda não se definira como seria a desapropriação. Havia uma dúvida porque o governador da Bahia disse que eu preciso fazer um decreto. Consultei Eduardo Jorge, que falou com Quintão. Eles estavam vendo se é necessário ou não assinar um decreto.

Telefonei para o Gustavo Loyola e disse a ele que precisava de um fax do governador da Bahia anunciando que ia desapropriar. Vim para casa para almoçar.

Às duas horas, me ligou o Malan de Buenos Aires, muito aflito, perguntando se voltava ou não. Ele não tinha dado a entrevista que pedi que desse na segunda-feira, ou seja, não explicamos nada ao povo, deixamos o Antônio Carlos solto, dando a impressão de que vai ganhar uma parada com o governo.

Volto para o Planalto. Estão lá discutindo o assunto, numa situação de tensão, o Gustavo Loyola, o Eduardo Jorge, o Clóvis. Percebo que há muitas dúvidas.

Três e meia mando entrar a bancada baiana, recebi em pé e pedi que tudo fosse gravado. Como a Ana dissera que seria repetir o espetáculo do Itamar, a imprensa não veio. Antônio Carlos agradeceu, afirmou que não tinha dito absolutamente nada daquilo, nem do ultimato nem mesmo do Banco Central, que a Bahia era grata. "Bom", respondo, e digo com todas as letras o que havia dito ao governador. "Tudo está gravado e há documentos sobre isso." Percebi que Antônio Carlos não gostou quando eu disse que havia dúvidas jurídicas. Na saída, chamei-o. E ele: "Mas o Banco Central sabia disso". Aí chamei o presidente do Banco Central e repeti o assunto. Ele disse: "Aqui há uma dúvida, inclusive se conforme seja feita a desapropriação o Ângelo volta a receber tudo, o que seria muito mau".

Na saída chamei o Benito Gama. Disse: "Benito, a Bahia está comprando um abacaxi". Benito sabe, mas as circunstâncias carlistas o impedem de mover-se. Ele respondeu: "Não, vamos estar próximo do Banco Central".

Então nós nos reunimos. Os já referidos, inclusive o Loyola, chamamos o [José] Coelho, que é um advogado do Banco Central,* mais o consultor-geral da União.** E começamos a conversar sobre o que fazer. Eu disse: "Vamos fazer uma nota". Rabisquei uma. Eles ficaram manuseando-a um tempo enorme, a nota tinha que botar no papel, como pôs, as condições necessárias para o banco reabrir. Em seguida chamei o Sérgio Amaral e a Ana, que estava muito nervosa porque Antônio Carlos brigou com a [Monica] Waldvogel por outras razões, bate-boca, não sei o quê. Finalmente o Sérgio Amaral entendeu tudo e foi preparar o briefing, que eu não vi como ficou. Diz ele que pôs tudo direito.

---

* Procurador-geral do Banco Central.
** José Monsão Mollo.

Ainda recebi de manhã o presidente de Angola. Reunião, todo aquele cerimonial, no meio dessa confusão.

Depois disso, muita tensão. Gustavo me disse que precisava ir correndo para o Banco Central, que tinha uma crise. Eu o chamo à porta, no meu gabinete reservado, e pergunto: "Que crise é essa?". Ele diz que os outros diretores do Banco Central queriam pedir demissão. Eu digo: "É só o que faltava, tudo que foi feito aqui foi com o propósito de reabrir o banco se a Bahia puser o dinheiro para salvar uma instituição financeira, e não com o propósito de afrouxar as rédeas do Banco Central. Mas eles vão dizer que foi pressão do Antônio Carlos, que nós afrouxamos as rédeas. Amanhã vai dar batalha de imprensa nesse sentido".

Vim para casa e fui ao jantar no Itamaraty em homenagem ao [José] Eduardo dos Santos, presidente de Angola. Discurso, roupa solene e tal. Antes de sair, liguei às oito e meia da noite para o Loyola, que estava reunido com o Banco Central, e disse que os que queriam se demitir deveriam vir falar comigo mais tarde.

Voltei onze e pouco. Onze e meia falei com Pedro Malan, que estava no Banco Central. Pedro, amuado, achando que está tudo errado, aquela coisa. Eu disse: "Pedro, venha com esse pessoal todo aqui para o Alvorada". Vieram. Ficaram até duas e meia da manhã. Contei tim-tim por tim-tim o que tinha acontecido. O Loyola foi correto, testemunhou que estava ao meu lado e que as decisões foram tomadas antes de se saber dessa onda do Antônio Carlos e pelas razões alegadas. Aí eu percebo o seguinte: o Mauch quer mesmo fechar o Banco Econômico, que acha insalvável. E digo, com toda a clareza: "Tudo bem, só que ninguém me disse isso, todo mundo me disse sempre que era uma intervenção temporária, de uma forma ou de outra, com Raet ou sem Raet, mas com o objetivo de poder vender o banco e ele voltar a funcionar. Aqui há uma discrepância. Se é isso, nós perdemos tempo". Acrescentei: "O Pedro Malan e o Loyola acompanharam todas as negociações e sabem que o governo agiu correto, não por pressão política, mas para salvar uma situação que ficou malparada". Repeti item por item todos os passos dados.

O que aconteceu foi que o Banco Central se sentiu humilhado pelo Antônio Carlos. Eles dizem que o Antônio Carlos falou de "dossiê" a respeito de gente do Banco Central, isso é inaceitável e eles têm razão. Não sei desse negócio de dossiê. O Antônio Carlos vive ameaçando. Eu disse: "Acho que vocês devem se defender, mas têm que falar". Pedro perguntou: "Mas quem?". E eu: "O ministro fala, o presidente do Banco Central, porque o presidente da República não pode entrar no bate-pronto como estou fazendo. Tá errado, defendam-se, eu dou cobertura, mas defendam-se". O Mauch estava muito estomagado. Acho que o Gustavo também, mas ele não abre o jogo com tanta facilidade. Só depois de duas horas e meia realmente mostrei que, pior, eles iam dar a vitória ao Antônio Carlos e me deixar com o abacaxi na mão. Disse que achava que a Bahia estava comprando um bonde ao pegar esse problema todo nas suas mãos, e que nada tinha sido feito ainda nem eu tinha mandado pagar nada com o dinheiro do governo.

Disse mais, que hoje, portanto quarta-feira, dia 16, os jornais vão dar pau em mim, e que depois as coisas serão repostas pouco a pouco. Grandes discussões. Eles entenderam que nós agimos de boa-fé, mas há uma mágoa grande porque eles acham, o Mauch e acho que também o Gustavo, que o sistema financeiro está usando e abusando de tudo, e é verdade. Ou seja, penso que aí não dá para transigir. Propus-lhes chamar os dirigentes da Bahia e do PFL e dizer: "Olha o que está acontecendo, eu não posso concordar e passar dinheiro público para este banco. Eu posso concordar que a Bahia tente salvar, mas não passar dinheiro público".

Estamos nesse pé. A situação é grave.

Agora são vinte para as quatro, acabei de almoçar. A manhã continuou difícil. Muita onda, a imprensa péssima. Chamei os líderes de todos os partidos. Expus a situação detalhadamente, tudo de novo, ninguém sabia da nota do Banco Central. O senador Jader Barbalho foi o mais duro, disse que o governo ficou com uma imagem péssima, desmoralizado, desautorizado — foi a expressão que ele usou —, que é o pior que pode acontecer a um governo, e começou a aprofundar sua visão, dizendo que queria falar com franqueza.

Mas no fim das contas essa premissa não era verdadeira, não houve nada disso, houve uma questão de imagem. E vou repetir: não queria esse encontro, a Ana insistiu muito que eu falasse com Antônio Carlos, eu queria que esse encontro fosse retransmitido direto, não foi e ele ganhou na mídia, como é normal. Ele tem que fazer o papel do vilão, desempenha bem, e o vilão, no Brasil, ganha. Mas é momentâneo, eu acredito, eu espero.

Depois tivemos longas conversas com esse pessoal, todos com a determinação de ir para a tribuna, ler a nota e dizer que: primeiro, o governo federal não porá dinheiro no Banco da Bahia; segundo, o governo quer que Antônio Carlos especifique quem são as pessoas do Banco Central que ele está acusando vaga e levianamente. Acho que isso altera um pouco o moral do Banco Central. Falei inúmeras vezes com Pedro Malan. Acabei de falar de novo com ele, com Gustavo Loyola, para eles darem uma nota, no fundo, reafirmando os termos da minha e precisando mais.

Recebi um telefonema de André Lara bastante aflito, uma visão muito pessimista, mas também baseada nos jornais. No entanto, ele tem razão, acha que foi um erro grave, um pouco omissão do Pedro.

O Marcos Magalhães Pinto também veio a Brasília. Fiquei de falar com o Gustavo Loyola, deve haver problema pela frente. Diz o Paulo Henrique que são os problemas gerais do país, esses existem mesmo. Pedro tem que ser firme. Ele e o Loyola têm que dizer que nós temos 45 bilhões de dólares, que vamos bancar, que não há crise financeira nenhuma, nem de liquidez, para barrar qualquer possível especulação.

Dei uma entrevista na *IstoÉ* para esclarecer as coisas. Conversei também, de novo, com o governador da Bahia, para reafirmar que não há abertura imediata e para dizer do risco que ele corria de sofrer uma ação popular por estar desapropriando uma dívida de 2 bilhões, por estar comprando uma dívida de 2 bilhões por um real.* Por outro lado, os acionistas podem depois dizer que foram forçados a vender o banco e querer reavê-lo. Enfim, uma confusão bem grande, a ser pouco a pouco esclarecida. Bem ou mal, o momento continua sendo muito difícil para o governo.

Outro episódio a registrar foi que o Dallari mandou uma carta de demissão depois de ter se defendido perante uma Comissão na Câmara. Ele leu a carta lá, foi aplaudido, enfim, saiu-se bem, deixa um vazio no governo.

HOJE É DOMINGO, DIA 20, são mais ou menos seis horas da tarde. Estou voltando de São Paulo. Pena que não pude registrar quinta-feira, porque o dia foi muito corrido, nem sexta e sábado, quando estive em atividade fora de Brasília.

Vamos tentar rememorar essas questões todas, começando pela chamada "crise do Banco Econômico".

Na quinta-feira de manhã os jornais já registravam com mais isenção os acontecimentos havidos, e começava a transparecer que, para usar uma expressão que depois a mídia usou, houve um "blefe" do Antônio Carlos. As coisas foram rememoradas, falei por telefone com o Elio Gaspari, a matéria será publicada neste domingo. Para tentar equilibrar, pelo menos para que não façam o carnaval de que o governo estaria se empenhando naquilo que ele não pode, falei com o pessoal da *Veja* também, com Paulo Moreira Leite, que parece ter parti pris, custa a se convencer, não sei como saiu na revista hoje, ainda não li. Na sexta-feira Oliveiros [Ferreira] também escreveu alguma coisa, parece que pouco a pouco foram tomando consciência de que realmente houve uma mistificação e a própria mídia foi partícipe ativa desse processo de demonização. Por um lado, Antônio Carlos soltando os demônios, o "dossiê" na mão da mídia, e ninguém mais falou sobre o principal, ou seja, o golpe enorme do Banco Econômico, o Ângelo Calmon. Isso desapareceu de cogitação, passou a ser uma discussão "Fernando Henrique × Antônio Carlos".

Na manhã de quinta-feira chamei aqui o Luís Eduardo, o Marco Maciel e o Jorge Bornhausen. Tivemos uma conversa, o Luís estava um pouco tenso, disse que de qualquer maneira teria que ficar com a bancada da Bahia, o Maciel tem preocupação com o banco lá de Pernambuco, mas ele é racional. E o Bornhausen parece que joga a culpa muito prudentemente no Banco Central, mas mesmo assim se dispõe a ajudar. Eu sei que o PFL teve uma reunião e que o Inocêncio de Oliveira mostrou uma posição firme, dizendo que o governo tinha que ser apoiado. Não notei no Jorge nem em nenhum dos outros dois disposição diferente. É claro que

---

*O governo baiano pagara o preço simbólico de um real para assumir a administração do Banco Econômico, em troca de reconhecer 60% do rombo total do banco.

o Luís Eduardo está numa situação delicada, porque se trata do seu pai, mas ele insistiu muito que era preciso ver bem, porque a nota do Banco Central, divulgada na véspera — aliás, seria publicada na quinta pela manhã, mas a entrevista foi feita na quarta —, dava condições para a reabertura do banco, entre as quais 1,7 bilhão de reais para que fosse reequilibrado o patrimônio.*

Na verdade, isso nunca me foi trazido. O comunicado da imprensa, feito na própria terça-feira e do qual os jornais tomaram conhecimento na quarta, se refere à legislação. Esta impõe de fato certas condições para a reabertura do banco, e eu reafirmei tudo isso tanto no que disse ao Antônio Carlos, está tudo gravado aí, como no que foi dito reiteradamente pelo comunicado de imprensa e no que disse muito minuciosamente ao governador da Bahia.

De qualquer maneira, disse ao Luís Eduardo e aos demais que valia o comunicado que eu tinha mandado fazer e que as exigências do Banco Central são decorrência, mas que obviamente continuávamos com a ideia de viabilizar uma saída para o Banco Econômico e não de buscar o aprofundamento da crise. Concordamos com isso e combinamos que o Roberto Bornhausen** entraria em ação para ajudar com alguma articulação mais animadora, e que seria bom o Malan receber o Paulo Souto, que viria para uma reunião de manhã no Palácio do Planalto.

Essa reunião foi para lançar um programa do Serra, relativo ao saneamento básico da habitação popular. Aproveitei a oportunidade e fiz declarações contundentes sobre o que é ser estadista, o que não é ser estadista. Não me referi em nenhum momento ao Antônio Carlos, mas me defendi, porque já estavam me esculhambando por aí, dizendo, como o Lula, que eu era frouxo, ou, como o Brizola, que era um cadáver ambulante, ou até, nas palavras do Simon, que o governo tinha acabado. Este, naturalmente, depois que viu a minha declaração, telefonou para dizer que jamais disse que o governo tinha acabado, todos começaram a se desdizer. Soube ainda que, no Senado, o Jader fez um belo discurso em defesa da posição do governo e o Élcio Álvares exigiu também que o Antônio Carlos abrisse o "dossiê", se é que era "dossiê", enfim, o clima foi mudando.

Lamento que o Zé Aníbal não tenha mandado ninguém do PSDB nem ele próprio tenha vindo assistir à reunião com o Antônio Carlos, eu lhe pedi que viesse, porque ele já tinha o prejulgamento de que eu ia entregar os pontos para o Antônio Carlos. Disse-lhe que não ia fazer isso.

Não obstante, há vários deputados baianos que podem testemunhar o que eu disse ali. Fui muito enfático, Arraes fez uma saudação, mostrei o que era o novo governo, a questão relativa à participação crescente da sociedade civil nas decisões

---

* Gustavo Loyola, presidente do BC, anunciou na tarde de quarta-feira, 16 de agosto, que as agências do Econômico somente seriam reabertas se o governo baiano, novo controlador, injetasse dinheiro no banco.

** Presidente do Unibanco.

de distribuição de recursos para a assistência social. O mais duro foi o que falei a respeito da conduta do homem de governo. Todo mundo entendeu que eu estava dizendo ser necessário não temer cara feia e, ao mesmo tempo, não fazer demagogia. Isso provocou evidentemente uma onda de reações anti-Antônio Carlos, o PSDB se regozijou, o PMDB idem, embora a minha intenção não fosse essa, e sim a de restabelecer a situação de equilíbrio, até porque estou convencido de que Antônio Carlos provavelmente não entendeu o mecanismo todo. Agora, sem dúvida o negociador da parte deles, que foi o Daniel Dantas, esse sim entendeu, e o governador da Bahia também.

Pois bem. Terminada essa falação, muitos aplausos, levei o governador da Bahia para o meu gabinete e lá voltei a dizer a ele que tinha interesse em resolver a questão, pedi-lhe que falasse com Malan, repeti tudo que já havia dito: as dificuldades, a dívida de 2 bilhões por um real, que podia haver ação popular. Ele estava muito amargado, com cara fechada, disse que seu estado sozinho não podia resolver as questões. Respondi: "Eu sei disso, mas o governo federal pode ajudar a obter apoios para a Bahia", mas só mais adiante poderia ser posta em marcha a questão do Banco Central no redesconto, que é como se refinancia isso.

O ministro Malan pensava, ou eu assim acreditava, que o Raet era possível. Depois ele me esclareceu que não. Os baianos reagiram sempre achando que se jogaria tudo às custas do Banco Central e nós nunca pensamos assim. Pensamos que mais adiante o Banco Central criaria condições, mas teria que haver um sinal claro da Bahia. Até propus a abertura de uma conta no Banco da Bahia, no Banco do Estado, para que se fizesse um depósito em favor do Econômico. Essa forma parece que não vinga, mas pensamos em outras, o Luís Eduardo me falou que a Associação Comercial estava disposta a botar 500 milhões de dólares ou de reais. Ele ficou muito assustado com 1,7 bilhão. Eu disse: "Isso é uma exigência do Banco Central, mas, se houver caminho, nós queremos a luz verde no fim do túnel, nós vamos compondo a situação".

Repeti o mote da manhã: tem que despolitizar. Em função disso, o governador esteve com Malan, que teve uma boa conversa com ele, combinou que na próxima segunda-feira, ou seja, amanhã, virá o [Rodolfo] Tourinho, que é o secretário da Fazenda da Bahia, para tentar, num ambiente menos tenso, ver o que dá para fazer.

Ao mesmo tempo, insisti com Malan para que chamasse o Roberto Bornhausen. Ele me disse que chamou o Bornhausen e não só a ele. Me telefonou ontem para São Paulo dizendo que na sexta-feira tinha feito uma reunião com os grandes bancos para tentar viabilizar uma solução, privada naturalmente, vamos ver se na segunda-feira alguma coisa avança nessa direção.

Depois de todas essas tratativas fui para o Rio de Janeiro, à Feira do Livro, onde encontrei o Marcelo Alencar, cruzei com o Fernando Gasparian, que insistiu muito num ponto em que ele tem razão, o de fazer a lei de seguro bancário. Aliás, o Malan insiste também muito nisso, veio da Argentina entusiasmado com a necessidade dessa lei. Como se trata de uma lei complementar, está previsto assim na Constituição, é um processo demorado, não posso fazer uma medida provisória.

Creio que registrei o essencial do que aconteceu na quinta-feira, momento em que houve efetivamente uma mudança de clima.

Falei por telefone apenas com o Serra, que sumiu da mídia nesses dias. Sem dúvida, não quer se expor numa matéria que não afeta diretamente a ele, na verdade o Loyola e o Malan é que estão na briga, e eu. E os líderes, nós acionamos.

Dormi no Rio na quinta-feira, na sexta reuniões com os militares. Na quarta havia tido um jantar com os ministros militares e o general Cardoso, no qual não se discutiu nada de extraordinário, o que em si é um evento histórico, um fato novo, o presidente da República se encontra com os ministros militares e a República não treme! Aproveitei para falar da lei de ressarcimento aos desaparecidos, ninguém deixou de concordar, nem o Mauro [César Pereira], embora não tenha sido muito explícito no seu apoio, os outros três sim. Contei com detalhes o que aconteceu comigo na Oban, falei do coronel [José de Barros] Paes, eles conheciam, disse que eu tinha autoridade moral para falar. Ao mesmo tempo que entendia que deveria haver ressarcimento, havia também que se pôr um ponto final na questão de volta atrás, porque a Lei de Anistia prevalece.

Evidentemente, na sexta-feira de manhã, quando fomos para a Vila Militar, isso tudo estava bastante claro. Me reuni com 27 generais mais o general Zenildo, ministro do Exército. Expus longamente aos militares os meus pontos de vista sobre os problemas do país, a necessidade de que eles pensassem as Forças Armadas numa perspectiva nova, que permita entender uma ação mais dinâmica do Brasil dentro do contexto internacional, com maior tecnologia, talvez com menores efetivos. Disse ainda que iria mandar essa lei [das compensações aos que foram vítimas durante o período autoritário], mas com respeito à anistia, que poria também um limite nessas voltas ao passado. Todos me aplaudiram. Falei rapidamente do salário, que é uma situação delicada, porque eles querem aumento, houve uma combinação e a Marinha insistiu num ponto que não era o combinado, então não deu para fazer a portaria que queríamos. A Marinha sempre cria dificuldades, o Mauro não é pessoa fácil, é emproado. Eu creio que foi um erro, devíamos ter posto o almirante Pedrosa. Esse erro, nós vamos ter que compensar de alguma maneira. Tenho sido muito atencioso com ele, mas é de fato encrenqueiro.

Em seguida assisti à prova de tiro dos militares, depois aconteceu um almoço, excelente, com grande animação, uma centena de oficiais, fiz um discurso público pela televisão em que mencionei de modo sucinto os pontos dos quais já falara mais amplamente na reunião com os generais, e de lá fui para São José dos Campos, para o lançamento do avião da Embraer, ERJ-145, um belo avião. Via-se que os funcionários não estavam muito entusiasmados com a coisa oficial, provavelmente comigo, mas se comportaram bem, ninguém fez nenhuma manifestação de desaprovação embora ali o ambiente seja muito petista. A prefeita, que é do PT, veio comigo no ônibus, bastante atenta, entusiasmada, pedindo apoio a uma Embraer privatizada, é fantástico!

Além do avião, que já foi muito emocionante, dois fatos.

Primeiro: Mário Covas, que chegou emburrado. Eu ficara sabendo nesse mesmo dia, quando estava no ônibus indo para o campo de tiro — o Serra me telefonou —, que o Banco Central tinha lançado a prejuízo 4 bilhões de reais contra o Banespa. O Mário achou que isso naturalmente era contra ele, aquela coisa de sempre. No ônibus mesmo eu disse: "Mário, só soube disso hoje". E ele: "Estou habituado, é assim mesmo, não se preocupe, me tratam assim, estou habituado", enfim, mal-humorado. Mas fez um discurso correto, me elogiando, dei uma resposta positiva a ele, ele foi desanuviando, e tudo bem.

O outro fato foi meu anúncio de que o Brasil dispõe de tecnologia para o lançamento de satélites, portanto também para o de mísseis. Disse com clareza que esse é um passo tecnológico muito importante. Nunca se soube disso porque foi feito secretamente. Houve até reação americana, tentativa de controle, importamos material proibido da Índia, da Rússia, não sei se da China também. Entretanto, à entrada no MTCR, pela qual o Brasil assumiria igualmente o compromisso firme de não importar nada para fins militares nessa área, teríamos apoio. Curiosamente, a imprensa não percebeu que se tratava de medida de tanta relevância. Nenhum realce lhe foi dado aqui dentro e, no entanto, tenho certeza de que a matéria tem transcendência muito grande em nível internacional. É lamentável, porque isso mostra o nível em que estamos, que é de pouca sensibilidade para os problemas que realmente contam no país.

Terminada essa ação, antes de ir para Resende,* dormi em Penedo, num hotel pequeno, com o general Cardoso, o pessoal mais íntimo, todos eufóricos com a colaboração militar nesse item. Havia muita imprensa, dei uma curta entrevista. Vieram de novo com as perguntas sobre o Antônio Carlos, minimizei bastante porque não interessa nem se trata de uma questão de relação interpessoal. Tem que ser uma questão bem mais ampla em termos dos interesses da Bahia, do banco, mas a imprensa quer sempre saber se tenho medo do Antônio Carlos, se não tenho medo do Antônio Carlos, se ele vai fazer isso ou aquilo, o que eu vou fazer, mas daquele mato não sai nenhum coelho.

Na manhã seguinte fui para Resende; desde cedo até a hora do almoço, grandes honras militares e manifestações, aplausos enormes, também na Vila Militar fora assim, por parte das famílias dos militares, o que mostra que o que se possa dizer sobre mim e sobre a minha personalidade cai por terra, enormes apoios da população. Na Embraer, afora os trabalhadores, havia uns mil convidados, muito apoio, muitos aplausos, e não sei se apoio, mas uma presença bastante forte dos militares.

*Sede da Academia Militar das Agulhas Negras.

No almoço recebi um espadim, parece que os militares se sentiram prestigiados, me apresentaram a cada oficial e, nos intervalos, às famílias, fui bastante aberto, tirei muita fotografia, dei muito autógrafo. Fiz um discurso, todos saíram bem contentes e eu também.

De lá resolvi ir a São Paulo, para descansar um pouco, em vez de vir para Brasília.

Ontem jantei na casa do Roberto Schwarz com o Bento Prado [Júnior], a Célia Galvão [Quirino], o Zé Chico [José Francisco Quirino dos Santos], a Maria Otilia [Fiori Arantes] e seu marido, esqueço o nome agora, que é muito pedante, enfim, eu e Ruth com um grupo de amigos. Até o Rui Fausto, o irmão de Boris Fausto, estava lá, com a cara meio estranha, eu nunca tinha imaginado que estaria comigo ali, ele é do PT, contei toda a história do Banco da Bahia, mas num nível bastante elevado. O Luiz Meyer e a Regina, e o Roberto Schwarz e a Grécia, conversamos até uma e meia da manhã, rimos muito, o ambiente estava descontraído. Fui para casa, dormi.

Nesta manhã de domingo, nada de extraordinário, li as revistas e vim para Brasília. À noite tenho um encontro com o pessoal que foi preparar o pronunciamento que farei amanhã sobre as reformas, em especial a tributária.

Longa semana, difícil semana.

Há problemas a ver, certo isolamento, porque estou precisando ter mais diálogo com os economistas, só que eles estão longe, e talvez a equipe econômica deva ter maior agressividade em determinadas ocasiões. Li uma entrevista muito boa do Loyola que saiu no *Estado de S. Paulo* de hoje. O Pedro também tem posto as coisas como devem ser postas, embora seja criticado com bastante frequência, porque é ministro da Fazenda. Dentro do seu estilo, ele tem feito o possível para corresponder ao momento. Mas falta no conjunto do governo maior capacidade de comunicação. Nós erramos.

Aí acho que a responsabilidade é minha e da Ana, porque ela insistiu muito, não percebeu, eu disse: "Isso aqui é uma trampa, o Antônio Carlos vai armar uma cilada", e acho que ela não entendeu, ficou tão ligada afetivamente ao Luís Eduardo e ao próprio Antônio Carlos, que não entendeu. Não creio que ele tenha armado a cilada. Esta foi se armando com a caminhada dele; quando disse que viria com a bancada, eu não sabia que eles viriam a pé. Com ar de vitorioso. Tudo isso é que deu a imagem de que ele tinha ganhado. Acho que a imprensa também estava louca para ter uma deixa para atacar o presidente, atacar o governo.

Houve ainda o caso Dallari. O Dallari acabou pedindo demissão. Saiu bem, como já disse aqui. Mas isso deixa sempre arranhões. Não tenho dúvida de que essa semana foi a mais difícil do governo, mas, mesmo assim, estou empenhado em corrigir e superar as dificuldades.

HOJE É SEGUNDA-FEIRA, DIA 21 DE AGOSTO. Só para dar continuação ao que foi gravado ontem, à noite tivemos uma reunião com o Sérgio Amaral, Jobim, o Eduardo Jorge, Pedro Parente, Everardo Maciel, Ana Tavares, o Graziano e Tovar [da Silva Nunes]. Sérgio Amaral trouxe a proposta da minha fala de hoje. Discutimos longamente a questão relativa ao que direi a respeito da reforma tributária e demais reformas. De novo, apenas uma coisa que eu não sabia: um funcionário entregou ao *Jornal do Brasil* o texto na íntegra da gravação da minha discussão com Antônio Carlos. Foi publicado. Não vi o *Jornal do Brasil*. E hoje vejo no *Correio Braziliense* que o Antônio Carlos disse que, em algumas seções, introduziram-se algumas palavras e fez-se uma referência ao Banco Meridional que não estava lá. Está lá, sim. Nessa altura, não quero agravar a discussão, mas, se for necessário, vou mostrar que lá está.

Não sei se mencionei que ontem à tarde falei com o Luís Eduardo por telefone. Luís tinha deixado um recado para que eu falasse com ele. Parece que está empenhado realmente em que as coisas acalmem e que se passe dessa fase de agitações e agressões para uma fase mais construtiva. Vamos ver se essa semana começa diferente.

Nesta manhã de segunda-feira fui ao Planalto e vi uma exposição de fotos muito interessantes feitas pelos fotógrafos do Palácio, de todos os jornais que estão credenciados lá, simpáticas, de homenagem a mim, e homenageei um Renato, creio que Pinheiro, antigo fotógrafo do Getúlio e do Juscelino, que foi designado hoje, por um dia, como fotógrafo oficial.

Depois de conversar com Clóvis, fui para a coletiva.

Longa entrevista, de onze a meio-dia e meia. Creio que respondi tudo a contento. Fiz uma exposição de acordo com o que havíamos combinado e, ao menos na opinião de todos que estavam ali em volta de mim, foi muito positiva.

A gente sente uma coisa, no dia seguinte vê outra muito diferente. Passado isso, vim para o Alvorada, descansei um pouco, voltei para o Planalto, dia normal, as repercussões da entrevista foram favoráveis. Resta a ver o que vai acontecer amanhã. Recebi Abílio Diniz com Bresser, que veio para dizer que estava tudo bem, não pediu nada, elogiou etc. Fora disso, recebi como de costume. Parece que entramos na rotina. Gravei um programa, sobre a Biblioteca Nacional, como faço todas as segundas-feiras.

Recebi também um americano que está fazendo uma biografia a meu respeito. Perguntas superficiais, quase que falei mais do que ele.

Terminada essa sessão, vim para casa e em seguida fui jantar com Pedro Piva e toda a bancada do Senado no antigo apartamento em que eu morava, na Quadra 309. Jantar agradável, Sérgio Machado um pouco reiterativo, falando muito alto, perturbando a conversa dos outros. Voltei a falar do Banco Econômico, expliquei tudo, a bancada parecia bastante animada, depois que a gente ganha todos ficam entusiasmados. Reclamei que o PSDB não tinha mandado nenhum deputado para assistir à conversa com o Antônio Carlos, mas nada de mais extraordinário.

Pedro Malan me disse, no que se refere ao Econômico, que está mantendo as negociações. Recebi um telefonema do Jorge Bornhausen dizendo que o [Maurício] Schulman não estava muito contente com a reunião que houve em São Paulo sobre a crise do banco e que o Malan tinha que entrar duro outra vez. O Pedro me disse que amanhã fará uma nova reunião. Parece que os banqueiros estão dispostos a entrar com algum recurso para pagar os depositantes.

Enfim, a coisa está um pouco em ponto morto. Vi na televisão as reações do Sarney contra o Fundo Social de Emergência.* Isso é esperteza dele. Quer dinheiro para o Maranhão. Vi que o Carlos Eduardo Moreira Ferreira** está reclamando que a reforma é tímida, o Abram Szajman*** também, só que eles não dizem o que querem, que é não pagar imposto, botar tudo num imposto simplesmente de venda ao consumo, quer dizer, a indústria não paga nada de imposto. É fantástico. Mas fora disso parece que a repercussão da entrevista foi a de acalmar os espíritos.

Ouvi da gente mais simples, por exemplo, o major, o segurança, a Dalina, que é a empregada aqui do Alvorada, que eles gostaram, os do PSDB também. A única observação é do Osmar Dias, irmão do Álvaro Dias, achando que eu devia ter brigado mais com o Antônio Carlos. O Sérgio Amaral acha que eu não deveria ter dito que a frase "quem berra não é estadista" não era para Antônio Carlos. Eu disse: "Tudo bem, só que não me interessa brigar com o Antônio Carlos nesse momento, que tem as reformas, e não é só por ele, é que o filho dele é presidente da Câmara".

Já pedi que tirassem as assinaturas da CPI sobre o sistema financeiro. Pelo que me disse o Sérgio Machado, três assinaram; que eu saiba, o Jefferson Peres e o Osmar Dias, não sei quem é o terceiro. Eles vão acabar retirando. Enfim, parece, parece, repito três vezes, parece que as coisas vão entrando na normalidade.

Em tempo. Devo ainda deixar registrado que falei com a Ana e mandei que ela entregasse ao Luís Eduardo uma cópia da gravação da minha conversa com Antônio Carlos no dia da bancada, dizendo ao Luís que não era para usar, porque eu também não ia usar, era só para ele saber que o pai andava afirmando que as coisas que os jornais estavam divulgando não eram verdadeiras e eram. Ana me contou que quem distribuiu ao *Jornal do Brasil* foi seu adjunto, cujo nome esque-

---

* A vigência do Fundo Social de Emergência — instituído em 1994 e formado por recursos desvinculados de despesas obrigatórias do orçamento da União — expiraria legalmente no final de 1995, e o governo propunha sua prorrogação até 1999.
** Presidente da Fiesp.
*** Presidente da Federação do Comércio do Estado de São Paulo (FecomercioSP).

ci, um rapaz que trabalha lá desde o Ministério da Fazenda, que não me parece ter maiores méritos mas que tampouco imaginei fosse capaz de fazer uma coisa dessa natureza, a qual contraria a minha decisão, a de não explorar essa fita através da imprensa. Podia dar trechos, mas não a fita inteira. Ele fez isso por conta própria, e agora fui obrigado naturalmente a mostrar que o texto era verdadeiro. Vamos ver o que acontece.

HOJE É QUARTA-FEIRA, DIA 23 DE AGOSTO. É de manhã.
Quanto à fita que recebeu via Luís Eduardo, Antônio Carlos mandou uma carta para o *Globo*, segundo me disse Luís quando falamos por telefone ontem, para dizer que ele estava errado. Vamos ver, não vi o texto.

Recebi também um telefonema do governador da Bahia, muito aflito, dizendo que precisaria falar com Malan porque a reunião que ocorrera na véspera, segunda-feira, com os banqueiros fora ruim. Falei com Malan, que se reuniria às três e meia da tarde de ontem com os banqueiros.

Para ir logo com essa novela do Banco Econômico, o que aconteceu foi que na reunião da tarde, que durou longas horas, eles resolveram que iriam socorrer os depositantes, através do sistema privado e de alguns fundos que são compostos por dinheiro dado pelos bancos, de tal maneira que houvesse um alívio, pelo menos os que tinham até 20 mil reais depositados estariam garantidos, existindo uma brecha para chegar até 50 mil.

Mais ou menos às sete horas da noite liguei para o Gustavo Loyola, que estava na reunião com os banqueiros, porque, segundo me informou o Serra ontem, houve uma proposta do Mário Covas de entrar com ativos reais de São Paulo, o Aeroporto de Congonhas e mais Canoas, que é uma hidrelétrica, para pagar a metade da dívida de São Paulo, junto ao Tesouro.

Quem veio ao telefone foi o Pedro Malan, que me deu conta da negociação. Não havia banco efetivamente interessado na compra do Econômico. O Roberto Bornhausen estava lá, também falei com ele por telefone.

Telefonei para Luís Eduardo, às sete e meia da noite, e contei o episódio. Disse que não haveria muitas esperanças de o banco reabrir, mas que os depositantes teriam alguma proteção. Não entrei em detalhes. O Luís achou que de toda maneira isso aliviaria o problema. Ele já sabia que o Econômico não tinha mais como continuar funcionando.

Quando voltei para o Alvorada, vinha jantar com o Roberto Muylaert, encontrei com o Britto. Conversamos longamente. Ele me falou sobre uma questão que já vou relatar.

Eu já tinha dito ao Malan que, depois da reunião, passasse aqui. Vieram o Pedro Malan e o Loyola, acompanhados do Mauch e de outros diretores do Banco Central. Também estava presente o Clóvis, que eu havia chamado. Quando já havíamos começado a conversar, chegaram o Jorge Bornhausen e depois o Marco Maciel. O Jorge, que assistiu à primeira parte da reunião, defendeu ardorosamente que tudo fosse bancado, ou seja, que não houvesse o limite de um máximo de 50 mil reais para garantir os depósitos. Seu argumento é que essa é a única maneira de parar uma eventual corrida bancária, já que se fala de outros bancos. Ele tem em mente o Meridional e o Nacional, como me disse ao sair. Por outro lado, Clóvis argumentou fortemente, bem como o Loyola e o Malan, que isso implicaria uma estatização na prática do sistema, porque então não haveria mais nenhum risco — ninguém corre risco e o governo paga tudo.

Curiosamente, o Jorge, que é liberal *à outrance*, nesse momento acha preferível se arriscar a ser acusado de estatizante para ter uma segurança absoluta de que não haveria corrida bancária. Insisti muito no risco dessa corrida. O pessoal do Banco Central minimizou. Depois que o Jorge foi embora, me deu a impressão de que o Marco Maciel também minimizou a questão. Eles acham que há outros mecanismos para acalmar os ânimos. Bornhausen está pensando, imagino, nos grandes depositantes, e não nos pequenos. Estes últimos se acalmam com a medida, porque ela protege 95% deles.

Insisti bastante que tínhamos que aproveitar a oportunidade para regulamentar aquele seguro bancário de uma vez e, talvez, até mesmo todo o artigo 192 da Constituição. O Jorge é muito favorável à independência do Banco Central, o Banco também. Coloquei uns grãos de sal na matéria porque tenho medo de um Banco Central que comece a agir autonomamente. Essa autonomia é relativa, porque de repente, com pressão política em cima, o presidente do Banco resiste menos do que o presidente da República. A questão não é tão simples assim.

De qualquer maneira, ficou claríssimo que não há mais solução para o Econômico e que, eventualmente, em relação a outros bancos, como os mencionados, que possam ter problema, deveremos atuar de forma diferente. O Malan já propôs que eu desse autorização para que bancos estrangeiros participassem do capital acionário até 20%, a Constituição me faculta isso. O Pedro, na verdade, preferiria que, para me proteger, eu transmitisse essa faculdade ao Conselho Monetário. Não sei se constitucionalmente posso ou não fazê-lo. E não sei que outras medidas eles têm em mente para evitar uma corrida.

NESTA MANHÃ DE QUINTA-FEIRA, dia 23 de agosto, pelas manchetes dos jornais, a repercussão da medida me pareceu antes favorável do que negativa, tranquilizando os depositantes. Essa questão do Banco Econômico, tal como está até o momento de hoje, é complexa, com muitas confusões.

Além disso, quero mencionar, como disse, alguns outros episódios.

O Britto. Ele veio tratar dessa questão do Rio Grande, uma ou outra reivindicação, mas contou da reunião que os governadores do PMDB tiveram com o senador Sarney. Eles querem evitar a eleição do Jader Barbalho,* Sarney quer o Jader. Britto disse que o Sarney açulou de um modo muito forte os governadores contra a reforma tributária, alegando que ela estava acabando com a federação.

Recebi, à tarde, a Roseana Sarney.** Ela veio cheia de números, tudo errado, não entendera a reforma tributária, já estava achando que o Maranhão ia perder recursos. Vai ser uma parada difícil.

À noite falei por telefone com o Serra, que propôs uma coisa que eu tinha já em mente: fazer com que os ministros da Fazenda, do Planejamento e da Justiça dessem uma entrevista coletiva para discutir a questão da reforma tributária. Mas vê-se que os mares estão encapelados.

Se não bastasse isso, recebi um telefonema do Luís Eduardo mencionando o fato de que o Sérgio Motta esteve em Pernambuco e foi um desastre. Lançou como nosso candidato a governador no futuro alguém que ainda não é do partido, o Jarbas Vasconcelos, chamou o Arraes de estadista, desagradou a todo mundo e deixou o PFL em polvorosa. O Roberto Magalhães*** mandou uma nota aos membros do PFL reclamando e dizendo que a primeira medida era acabar com a reeleição, porque, se esta fosse instituída, o partido estaria liquidado. O PSDB ia apoiar quem quisesse, ia matar o PFL. Isso é uma besteira incomensurável do Sérgio. Ele não é pernambucano, é ministro, não está formalmente na direção do partido,**** está se metendo no que não entende. Criou uma dificuldade enorme. Comentei à noite essa questão com o Jorge Bornhausen e com Marco Maciel, eles estão apagando o incêndio, mas estou cansado de apagar incêndio sem cessar.

O Sérgio não é reflexivo, e está se metendo muito a ser líder nacional do PSDB. Isso dificulta. Por outro lado, tem o Sarney, que, de todos os políticos nacionais, é o mais ardiloso. Ainda por cima, Antônio Carlos arreganhando os dentes por questões regionais. Vê-se que o mês de agosto não está nada fácil.

Para compensar isso, hoje de manhã me reuni com vários ministros, com pelo menos quatro dentre os melhores cientistas jovens, Roberto Marinho, Gerdau [Jorge Gerdau Johannpeter], depois vieram todos almoçar aqui em casa. Fiz um discurso de entusiasmo pelo desenvolvimento tecnológico e científico. O difícil no Brasil não são os problemas de base desse tipo, mas aqueles da chamada pequena política, que é regionalista, que é fisiológica. Não vou entrar em detalhes, mas já está me enchendo essa questão de nomeia, não nomeia, que chega quase ao fim, porém o finalzinho deixou um rescaldo muito desagradável.

*O senador paraense era candidato à presidência do PMDB.
**Governadora do Maranhão pelo PFL.
***Deputado federal (PFL-PE).
****Sérgio Motta estava licenciado da secretaria-geral do PSDB.

ONTEM, QUARTA-FEIRA, DIA 22 DE AGOSTO, não tive tempo de gravar. Foi um dia bastante difícil, bastante tenso. Pela manhã tivemos apresentação do Luciano Martins,* rápida discussão sobre o programa de pesquisa deles, já vieram com a pesquisa toda feita, muitos recursos e tal, conselho grande. Em seguida recebi o livro do seminário de Brasília que fizemos quando fui eleito presidente, discurso de novo, nada de extraordinário, muito simpático.

Também pela manhã, que eu me recorde, discuti longamente com o pessoal de sempre a respeito das dificuldades do momento que estamos vivendo, sobretudo na área econômica. Depois viemos almoçar aqui em casa, no Alvorada, uns cinquenta, sessenta intelectuais, todos muito entusiasmados. Veio o Fernando Pedreira, que está bastante animado, será, talvez, embaixador na Unesco, falei com o Hélio Jaguaribe, que propôs uma pesquisa igual a todas que já propôs. Voltei ao Palácio do Planalto para ter a série de entrevistas habituais.

É claro que recebi deputados, senadores, mas já no fim do dia, à noite praticamente, chegou o Serra, que queria discutir comigo, com Clóvis e Malan um assunto sobre o Banespa. Mário Covas está fazendo uma proposta de trocar patrimônio por dívida. Malan veio acompanhado do Mauch e do Gustavo Loyola.

No final da reunião sobre o Banespa, eles pediram que passássemos à minha sala íntima, só nós, os do Banco Central e eu, e apresentaram a situação do Banco Nacional. Bastante difícil. Aí há, possivelmente, um passivo de 4 bilhões de reais. É assustador, e ainda por cima no momento em que se está, uma crise atrás da outra, sendo que nessa dá para ver a exploração política, porque o Paulo [Henrique] é casado com a Ana Lúcia [Magalhães Pinto]. Não tenho nada a ver com a situação do Nacional, mas isso pode aumentar as dificuldades. Deram detalhes e tal, eu muito surpreso porque era na gestão do Marcos, na verdade são dívidas antigas que vêm do tempo do Collor e que foram sendo despistadas na contabilidade, nos balanços do banco. Agora não há o que fazer e é muito complicado.

Antes dessa reunião, eu havia estado com o Marco Maciel, com o Clóvis, com o Loyola e com o Mauch, para relatar a todos uma conversa que tivera pela manhã com Marco Maciel, Jorge Bornhausen e Luís Eduardo Magalhães, na qual eles disseram que, depois do discurso do Antônio Carlos na terça-feira, um discurso calmo, que eu sabia que seria calmo, precisávamos definir como o Banco Central ia reagir à questão da continuidade da negociação do Banco Econômico. Nessa ocasião, defendi que deveríamos colocar quatro pontos. Primeiro, era necessário haver segurança quanto aos depósitos de até 50 mil reais, o que alcança 90% deles. Segundo, quanto aos 10% restantes, dali a seis meses equacionaríamos a questão. Equacionar quer dizer se o banco for liquidado se paga com o patrimônio e, se for vendido, então quem comprar arca com o problema. Em terceiro lugar, o pessoal responsável, o

---

* No dia seguinte, o sociólogo Luciano Martins foi empossado na coordenação do Grupo de Análise e Pesquisa (GAP), assessoria especial da Presidência da República.

Ângelo e os acionistas seriam processados. Em quarto, os empregados teriam garantias. Isso nós dissemos extensamente ao Loyola e aos demais, que concordaram. Era para acalmar o mercado, para acalmar a Bahia.

Hoje de manhã olhei na telinha do computador e não havia nada disso. Na verdade, ontem já existia certa inquietação, porque o pessoal do PFL, o Luís Eduardo, o Antônio Carlos, não tinha entendido que nós estávamos discutindo com o pessoal do Banco Central às sete horas da noite. Eles tinham estado conosco pela manhã e, como não houve nenhum comunicado, a declaração que o Loyola fez não coincidiu com o que eles captavam da conversa conosco. Pedi ao Marco Maciel que lhes explicasse.

Telefonei para o Marco, que me disse já ter explicado tudo para todo mundo, esta manhã, a qual passamos dentro da mais absoluta rotina, discutindo os assuntos normais. Veio o general Zenildo. Estive com Lampreia, falamos sobre algumas modificações no Itamaraty, eventualmente colocar o Júlio César no México, quem sabe o do México* não quisesse ir para Paris, talvez engolisse isso, o que era muito pouco provável mas, enfim...

Durante o dia, olhei a telinha, não apareceu nada de extraordinário. Recebi mais tarde a notícia de que o Jader Barbalho estava um pouco irritado comigo porque achava que eu tinha mexido uns pauzinhos, porque no PMDB os governadores se opõem a ele, o que não é verdade, não mexi pauzinho nenhum. Isso me foi dito pelo Gilberto Miranda. Telefonei para o Jader, marquei um encontro para amanhã. Também liguei para o Gilberto, porque eu estava com o senador [Fernando] Bezerra, que é o relator da Lei de Patentes, e queria explicar que era preciso votar logo aquela lei. Gilberto Miranda está espalhando que eu telefonei para discutir com ele a questão do PMDB, mas é mentira.

Almocei em casa com o Paulo Henrique, que me contou com detalhes a situação de aflição em que estava o Banco Nacional. Eu disse a ele que era possível fazer pouca coisa no momento, "tem que esperar, e eles vão ter que arcar com as responsabilidades se as coisas forem para o lado pior, como eu penso que irão". Isso me preocupa muito, não pelo Nacional, mas pelas consequências gerais do sistema financeiro.

Só consegui falar agora à noite com o Malan, que me disse que as coisas estão mais calmas. Falei com o Loyola, por telefone, que me disse o mesmo, mas continua bastante preocupado. Não gostou muito da proposta que o Mário Covas fez de troca de patrimônio por valor líquido, eu vou ter uma conversa ainda mais detalhada nesse fim de semana, talvez com o Covas e com o Clóvis. Quem sabe não conseguimos colocar na presidência do Banespa o [Andrea] Calabi,** porque assim teremos mais capacidade de promover um ajuste adequado do banco.

*Carlos Augusto Santos Neves.
** Secretário executivo do Ministério do Planejamento.

No fim do dia recebi o Élcio Álvares com o Sérgio Machado, muito aflitos porque o Jader Barbalho, açulado talvez pelo Sarney, teria posto em votação hoje uma proibição da privatização da Vale do Rio Doce sem passar primeiro pelo Senado. Não conseguiram ter número porque o pessoal manobrou contra e vieram me dizer que tenho que ter um grupo próprio, eu disse que sei de tudo isso. Amanhã estarei com o Jader. Serra me telefonou há pouco, falou com ele hoje mesmo, longamente, e o achou razoável, inclusive na questão do Banespa e da Vale do Rio Doce. A essa altura não sei quem está jogando, quem não está jogando, mas preciso seguir contando com o Jader do jeito que ele é, vou fazer o quê?, pior sem ele.

Ontem eu tinha recebido o [Edison] Lobão,* o Zequinha [Sarney],** e também a Roseana, para tentar conter um pouco o Sarney, que está bombardeando o Fundo Social de Emergência porque ele acha que prejudica o Maranhão. Estavam todos atritados e preocupados com a questão da reforma tributária. Expliquei direitinho.

Também ontem tive longa reunião com uns quarenta ou cinquenta prefeitos da Frente Nacional dos Prefeitos. Havia muitas incompreensões da parte deles, fizeram uma nota horrorosa, que não tinha nada a ver com a reforma. Os nossos ministros foram lá para explicar, o Jobim, os outros, eu já tinha explicado, no final fiz um discurso forte que foi aplaudido por todos, até pelo pessoal do PT, que eram vários dos prefeitos que ali estavam. A reforma tributária está nesse pé. Também disse ao senador Bezerra que todos os empresários reclamam que ela é tímida, inclusive ele, que é o presidente da Confederação Nacional das Indústrias. Eu disse: "Mas tímida no quê? Me dê uma proposta adicional, o que vocês querem? Está tudo aí". E na verdade está. É essa onda cansativa da vida brasileira, a primeira reação é sempre negativa, pessimista, depois vão se conformando, e a gente ganha na votação. Mas vai ser difícil ter paciência para aguentar o semestre todo essas idas e vindas do Congresso.

À parte isso, a única notícia um pouco melhor é que de fato a corrida aos bancos amainou hoje à tarde. Falei com Rafael de Almeida Magalhães,*** que também veio nesta tarde para dar conta do que está fazendo no Rio de Janeiro, ele próprio preocupado com a questão dos bancos (tirou dinheiro do Nacional do qual era cliente desde 1948). Por aí se imagina como andam os boatos no Rio e, talvez, pelo Brasil afora.

O Xico também me mostrou preocupação com a questão agrícola, que os sem-terra estão agora invadindo propriedades produtivas. Os serviços de informação dizem que há uma movimentação estranha e, talvez, até ligações com Chiapas. Eu não acredito muito nisso, mas pode ser que haja. Xico ia falar com o pessoal dos sem-terra para apurar um pouco mais a fundo e ver se detectava algo. Falei ainda

---

* Senador (PFL-MA).
** Deputado federal (PFL-MA).
*** Secretário executivo do Conselho Coordenador das Ações Federais no Rio de Janeiro.

com o Roberto Rodrigues,* que queria que fizéssemos um decreto dizendo que terra invadida não seria mais desapropriada. Se as coisas forem pelo caminho que esse movimento parece estar apontando, teremos também que dar uns sinais de autoridade, antes que sejam sinais de violência, que é o que eu menos gostaria de fazer.

O dia transcorreu ainda tenso. Conversei longamente com Clóvis no fim da tarde para mostrar que as coisas terão que tomar outro rumo, porque não me parece que a área econômica esteja à altura do momento. Pedro Malan está em São Paulo, hoje à noite o Loyola foi para Minas, dá a impressão de que eles não perceberam que estão pilotando num mar muito encapelado e que o navio pode, não digo afundar, mas sofrer avarias sérias.

Engraçado que a sociedade também não está nem aí. Quem sabe eles não tenham razão, e seja uma coisa limitada, embora a gente viva pensando que o sistema financeiro acaba engolfando tudo, talvez não engolfe, vamos torcer.

HOJE É SEGUNDA-FEIRA, dia 28 de agosto.

Sexta à noite fui para São Paulo. No avião, entre outros, estava José Aníbal, com quem conversei longamente. As coisas de sempre: o PSDB precisa de carinho, eu preciso voltar a falar com todos os parlamentares, é difícil pôr o Congresso em funcionamento etc. Antes de viajar, telefonei para o Marco Maciel, porque, na Câmara, a distribuição dos relatores das matérias constitucionais foi negativa, de propósito. O Inocêncio de Oliveira quer indicar o relator da matéria relativa à reforma tributária, não querem paulistas. Na Comissão de Constituição e Justiça, na matéria relativa ao sigilo fiscal foi indicado o Régis de Oliveira,** que acabou de sair do PSDB para entrar no PFL, e já deu um parecer contra essa mesma matéria. O PFL está botando as manguinhas de fora. E [Wellington] Moreira Franco também foi designado relator de uma importante matéria. Tenho um bom relacionamento com ele, mas ele vai se aproveitar disso.

Ou seja, continuamos tendo que fazer ginástica para aprovar essas matérias no Congresso e sempre na base de uma relativa chantagem contra o Executivo. Custa caro. O Malan disse que tem dezesseis pedidos de comparecimento à Câmara. O deputado que não é atendido pede logo que o ministro vá expor lá. Isso é inviável, continuamos com um regime que não é nem parlamentarista nem presidencialista. Embora o poder do Executivo seja imenso, o poder de chantagem do Congresso também é muito grande. O povo não sabe disso e a imprensa, como eu já disse tantas vezes aqui, não desmascara.

* Presidente da Sociedade Rural Brasileira.
** Deputado federal (PFL-SP). No texto da PEC da reforma da Previdência, o governo propôs a extinção do sigilo bancário de suspeitos de sonegação fiscal investigados pela Receita Federal, proposta que recebeu parecer contrário do relator da matéria na CCJ.

Ainda ontem, o editorial do *Estado de S. Paulo* reclama que os ministros, e sobretudo os do PSDB, não recebem os deputados. E cita inclusive o caso do Partido Liberal. Ora, o líder desse partido, Valdemar Costa Neto, só vai lá para pedir nomeações para posições onde ele possa ter vantagens, e vantagens alegadamente pecuniárias. É inacreditável. Os jornais dão isso como descaso do Executivo, e não como pressão chantageadora do Legislativo. Reclamei com o Marco Maciel, aliás nem reclamei, ponderei, e pedi que ele intercedesse. Não que vá mudar, mas pelo menos me ajudará a obter pareceres mais equilibrados e favoráveis.

Sábado passei o dia todo em casa, em São Paulo. Recebi apenas o Paulo Renato, falamos extensamente sobre a questão da reforma educacional. Ele está propondo um fundo de valorização dos professores,* necessário, não sei se vai dar certo, mas é uma iniciativa importante. Li o programa plurianual de investimentos** que o Serra preparou. A parte física está boa: transporte, comunicações, energia. A parte social, fraca. Disse isso a ele pela segunda vez. Parece que o Vilmar refez a introdução, mas faltam metas concretas, sobretudo na Educação. Mostrei ao Paulo Renato, que ficou de refazer a questão.

Sexta-feira almocei com [Olavo] Setúbal*** e com o Marco Maciel. Naturalmente, na conversa o primeiro foi muito enfático na necessidade de preservar o sistema financeiro, alegando que nenhum outro banco pode quebrar. Ele sabe das dificuldades que eu tenho, porque sabe que há dois bancos — o Nacional e o Bamerindus — em situação muito ruim. Setúbal com a visão otimista no geral, coisa que não é comum nele, mas pessimista a curto prazo quanto ao sistema financeiro. Comparando com o sistema financeiro mundial e o latino-americano, no entanto, talvez não estejamos tão mal assim.

Ontem, domingo, li um artigo excelente do Roberto Campos mostrando a crise mundial do sistema financeiro, que aliás me preocupa, porque pode gerar uma grande crise daqui a algum tempo no sistema capitalista internacional.

Falei com Mário Covas no sábado, falei com Serra, que me telefonou, queria que discutíssemos a crise do Banespa. Eu não queria fazer isso naquele dia, porque ando cansado, mas no domingo recebi o Covas.

Passei o dia medindo a pressão, não tenho nada, mas a Ruth estava preocupada por causa de uma subida repentina aqui em Brasília. Coloquei aquele aparelho que mede a pressão a cada meia hora, vinte minutos.

Na manhã de domingo recebi o Covas com [Yoshiaki] Nakano**** e Serra. O Mário já tinha feito a sua proposta de entregar metade da dívida em patrimônio, me-

---

*Fundo de Valorização do Professor, destinado a estimular a municipalização e a melhoria do ensino de primeiro grau (atual ensino fundamental).
**Plano Plurianual de Investimentos 1996-99 (PPA).
***Então presidente da Itausa, controladora do Banco Itaú.
****Secretário da Fazenda do estado de São Paulo.

tade que é alongamento da dívida através de papéis, títulos externos com vinte a 25 anos pagando cerca de 50 milhões de dólares por mês, garantido pelo Fundo de Participação.* Isso é possível, em todo caso falei com o Loyola e a coisa ficou por aí.

Voltei para Brasília, recebi o embaixador Rubens Barbosa, que contou uma porção de problemas, de que eu já sabia, sobretudo veio com uma ideia nova de loterias, impostos. Não entendi bem por que ele entrou nessa matéria. Por trás disso — não foi por isso, não quero ser injusto com Rubens —, o acidente cardiovascular com o nosso embaixador em Washington, Paulo Tarso, a Ruth falou duas vezes com a Lúcia [Flecha de Lima], é grave, mas parece que é menos grave do que se imaginava. Isso deve ter ouriçado o Itamaraty para ver quem substitui o Paulo. O Rubens, embora tenha sido elegante no início, dizendo que não se pode nem pensar em substituir o colega, no final disse: "Se houver alguma coisa, não se esqueça de mim". *Plus ça change, plus c'est la même chose!*

Vamos ver hoje, segunda-feira, o que acontece.

HOJE É TERÇA-FEIRA, dia 29 de agosto, são duas horas da tarde.
Ontem foi um dia tenso, agitado. Ruth foi para a China, via Zurique. Jantei com Serra aqui. Mas, antes disso, vários problemas.

Primeiro, algo que me deixou contente e emocionado. Fizemos a lei relativa aos desaparecidos políticos.** Fiz um discurso, assumindo pelo Estado a culpa pela coisa. Falei do Rubens Paiva, do Herzog, reação positiva dos militares. O general Cardoso, como sempre extraordinário, foi lá, deu um abraço na Eunice Paiva, ela deu um em mim também. Pelo que eu saiba, até agora, nos quartéis, tudo calmo.

Houve um episódio, mandei exonerar um general,*** que em seguida passou para a reserva, ele protestou, talvez no Clube Militar, mas pouca coisa.

A grita continua sendo a questão do salário. Ainda hoje o general Cardoso falou comigo e vamos ficar no combinado entre o Malan e o general Leonel como decisão minha, para que os ministros não possam reclamar. Mas, de qualquer forma, acho que também nessa área as coisas caminham razoavelmente bem.

Ontem à tarde, por outro lado, longa conversa com Malan, conversa com o Loyola e o Chico Lopes, para discutir a carta que eles mandaram ao Covas. Não gostei do que vai aparecer nos jornais, que foi uma conversa política minha com Covas, intermediada pelo Serra. De fato, Serra armou isso desta maneira, mas a condução não pode ser minha, tem que ser do Banco Central. A carta deles é boa, em linhas gerais aceitam o começo de entendimento.

* Fundo de Participação dos Estados (FPE).
** Em 28 de agosto, em cerimônia no Palácio do Planalto, o presidente assinou o projeto de lei que previa o pagamento de indenização a famílias de desaparecidos e mortos durante a repressão.
*** General Murillo Tavares, comandante da 7ª Região Militar (estados do Nordeste).

Os jornais de hoje já dizem que houve um acerto político e por essa razão o Banespa voltará para São Paulo. Não foi nada disso. Até agora estamos discutindo como é que a gente sai da encalacrada entre o governo de São Paulo, o Tesouro e o Banespa. O Mário se dispõe, pela primeira vez, a entregar patrimônio, o que é um avanço. A conversa com ele foi boa, num certo momento ele ficou um tanto exasperado, como fica de vez em quando, porque não tinha entendido uma afirmação do Serra sobre a direção do banco. O Serra queria encaminhar para aquilo que era bom mesmo, botar o Andrea Calabi na direção. O Mário quer aquele antigo amigo dele, que não é competente para a área financeira e que já fez a Paulipetro, Michael [Zeitlin]. Esvaziei um pouco a discussão na hora, mas vê-se que aí tem um ponto de tensão, menor, mas um ponto de tensão.

No encontro com Malan e os demais, ontem à tarde, conversamos sobre a situação geral dos bancos. Fiquei muito impressionado com um artigo do Roberto Campos, como já registrei, e também pelas notícias a respeito da situação financeira mundial, no Japão e em outros países. O que li me faz temer mesmo que haja um colapso mais amplo do que o nosso. Mas, na reunião, o Chico Lopes disse: "Nenhum outro banco pode quebrar". Vejo-os com muita calma nesse sentido, porque eu tenho a preocupação em relação ao Nacional e ao Bamerindus.

A situação do Bamerindus vazou. Um banco chinês quer comprá-lo, na verdade eu antecipei a decisão sobre a entrada de capitais estrangeiros para ver se o Bamerindus não afunda. Vejo o pessoal do Banco Central muito calmo em relação ao Nacional. Eu não estou calmo, até pelas possíveis repercussões da exploração do fato de o Paulo ser casado com a Ana Lúcia, que é vice-presidente do Nacional; pode dar confusão grossa. É preciso ser mais efetivo na resolução da questão nem que seja para ir duro em cima dos diretores do banco. Isso me importa pouco, desde que se dê uma saída efetiva no sistema financeiro.

Hoje haverá um jantar entre os quatro principais banqueiros, Malan e Loyola. Até estou querendo ver se o Clóvis participa, para dar uma força ao Malan. Ou seja: o Bradesco, o Itaú, o Unibanco e o Real, porque eles terão que entrar solidários na solução da crise, potencial, dos outros bancos. Grande rolo. Tem rolo também lá fora, onde alguns desses bancos têm suas linhas comprometidas, principalmente o Bamerindus, que deve 1 bilhão de dólares no curto prazo. Essa é a área mais nervosa.

A outra área nervosa é a agrícola, só que no aspecto social. O general Cardoso me informou circunstanciadamente que a última ocupação dos sem-terra se deu numa fazenda lá no [Pontal do] Paranapanema, em São Paulo. Foi muito organizada, cerca de 2 mil pessoas se deslocaram, há oito rádios clandestinas fazendo a comunicação entre aqueles que vão invadir as terras. Há gente armada, já houve, como eu disse aqui, informações a respeito de uma ligação deles com Chiapas. Não acredito muito, mas este é um movimento regressivo de tipo camponês com ideologia moderna. Não sei, pode ser uma contradição em termos mas que pode dar grande dor de cabeça. Mencionei isso a d. Lucas, quando ele me visitou, e tenho falado com insistência.

Chamei o Serra ontem à noite e disse que temos que acelerar o processo de reforma agrária. Ele alega que não é questão de dinheiro, mas incompetência do Incra. Tem razão, em parte.

Hoje falei com Clóvis, Xico e Jobim. Vamos fazer um Grupo Executivo para acelerar esse processo, e sobretudo para tirar os acampados da beira da estrada e colocá-los em áreas onde possam trabalhar. Isso esvaziará o pretexto político, a razão também é política, ou seja, há uma contestação aberta, o que pode no futuro dar muita dor de cabeça.

Não é só a questão dos sem-terra que me preocupa, é a da agricultura em geral e, mais especificamente, a financeira.

Fora disso, de manhã, reunião com os líderes. Aquela covardia habitual na nossa liderança na Câmara e no Senado. Acabei de falar com Jader Barbalho para segurar a contestação da privatização da Vale do Rio Doce, ameaçada de já ser votada hoje no Senado, o que é um golpe ruim. Por outro lado, houve uma crisezinha aí porque o Sérgio Motta declarou que não podia haver privatização selvagem.

O Sérgio Motta fez uma nota mostrando o seu desagrado. Ainda não vi. Ana já me telefonou aflita. Falei com o Sérgio, que me disse que não foi bem assim, que, na verdade, ele não falou nada sobre o PFL, foi *in genere*, enfim, o cotidiano do mês de agosto não está fácil.

Hoje ainda é dia 29, terça-feira, é quase meia-noite. Acabaram de sair daqui de casa os deputados [José] Genoino e Eduardo Jorge do PT, mais o deputado Roberto Freire do PCB, agora PPS. Estiveram também Clóvis e o [Raul] Jungmann.* Pois bem. Vieram para dizer que é preciso ter um canal com o governo. No fundo, acreditam no governo, desejam sorte para mim, sabem que tudo é muito difícil, que, se não houver um canal direto com a sociedade, eles não têm condições efetivas, não têm como conversar com o governo. Enfim... uma situação patética. Porque sabem que o governo está caminhando no sentido de fazer o que é possível, o que é desejável, necessário, de um modo progressista, e eles estão bloqueados por suas posições.

Muito complicado, mas também muito simpático. Pediram muito sigilo, que ninguém soubesse que estiveram aqui e que é preciso designar alguém para ser interlocutor com a esquerda na negociação das reformas. Falaram no [Arnaldo] Madeira,** que é um bom nome, e no Aloysio Nunes Ferreira.

Enfim, foi interessante para ver que, no fundo, no fundo, eles sabem que o governo está tomando o caminho que é possível, com uma crítica em que têm razão,

---

*Presidente do Ibama.
**Vice-líder do PSDB na Câmara.

o governo não consegue fazer com que as coisas sejam feitas com participação. Por exemplo, o Plano Plurianual, o PPA que o Serra acabou de preparar, é cheio de coisas boas, mas ninguém sabe do PPA, nem os ministros, quanto mais o país. Foi feito em gabinete. E essa é, a meu ver, a deficiência maior do governo que montei. É gente que não percebeu que na sociedade, hoje, é preciso ter paciência e conversar com as pessoas, aguentar a crítica, fingir que não é nada, ouvir bastante o que venha de baixo, mesmo que seja besteira, quem sabe aprender algo. Esse é o problema.

Estive ontem à noite com o Miro Teixeira, que veio aqui acompanhado do Jobim, antes de me encontrar com o Serra. E veio para dizer a mesma coisa: que é necessário um caminho para o PDT, para ele, para o Lerner, para o Dante de Oliveira. Acha que nós podíamos até fazer a proposta de um pacto, não quer excluir os outros partidos, muito menos o PFL, mas acredita que há caminho, que ninguém aguenta mais o Brizola e que precisamos de um caminho para que haja uma negociação.

Ou seja, toda a chamada "esquerda", PT, PDT, PPS, só faltou o PCdoB, está querendo um caminho de negociação. O pretexto é que nós nos atritamos com o PFL e isso é grave para a governabilidade, todos eles sabem que o PFL é indispensável para a manutenção desta.

Diga-se de passagem que falei também com o Sérgio Motta, o qual disse não ter dito nada do que se disse sobre o Jorge Bornhausen.* Quando voltei ao Planalto, falei com o Marco Maciel sobre a história de um jantar, depois de amanhã, com PPR, PSDB e PFL. Já estava marcado antes da encrenca do Serjão, agora é mais importante ainda.

A tarde transcorreu calma. Ganhamos a votação na Comissão** do Senado sobre a questão da privatização da Vale por 41 a 29, contra a posição do Jader e do Sarney, por consequência, do Gilberto Miranda, de todo o PMDB, PDT etc. Foi uma vitória muito importante. Eles viram que os chamados "donos do Senado" não são donos, não. Sem o governo eles não mandam nada, nem o Sarney.

Fui procurado ainda pelo Moreira Franco, do Rio, e pelo Aloysio Nunes Ferreira, de São Paulo, a pedido do Luís Eduardo Magalhães, que está preocupado com a crise do PMDB. Vieram me dizer que é melhor tentar botar o Iris [Rezende], porque realmente o Jader é ruim e não vai pegar. Eles têm horror do Paes [de Andrade], porque também imobiliza o PMDB. Telefonei para o Iris, que votou com o governo, agradeci-lhe e marquei em princípio uma conversa amanhã. Ele certamente falará do PMDB, está louco para ser candidato à presidência mas quer um sopro do governo.

---

* Bornhausen pediu explicações públicas de Motta pela crítica de que havia uma "febre liberal de dilapidação do patrimônio público", supostamente dirigida ao PFL.
** Comissão de Constituição e Justiça.

Enfim, continua tudo como antes. Quer dizer, todo mundo reclama, chora, vai e vem, mas tudo gira em torno do governo.

Aliás, conversando com o Sérgio Amaral, que é o porta-voz, eu disse: "Sérgio, faz dois anos que toda a política gira ao redor do que eu disse ou deixei de dizer. Claro que não toda, mas grande parte, a política, a economia, mesmo esses movimentos da sociedade têm uma interlocução permanente com o presidente. Esse presidencialismo que nós temos é tão terrível que obriga o presidente a, queira ou não queira, participar de tudo. E, quando não participa, a imprensa usa dois critérios, um seria o das *lectures symptomales*,* tudo que não se diz eles imaginam e dizem, o outro é analisar pelo deslize. Portanto, é uma imprensa que destrói mas cujo quadro de referência acaba sendo o governo. Mesmo quando os ministros falam, na verdade é o presidente da República que está em jogo, é a mim que eles querem ouvir, que eu fale ou não fale, ou levo aplauso ou levo pau, tudo gira em torno de mim. É um regime doentio em que há o presidencialismo, que tem esse poder simbólico, e, por outro lado, uma sujeição tão grande ao Congresso porque a Constituição ainda deixa o Congresso amarrando muitas coisas do governo".

A propósito, li hoje nos jornais que um deputado do PSDB que será relator da reforma constitucional, na parte da Administração, questiona se o governo pode, sem submeter ao Legislativo, mudar seus quadros sem que isso seja uma ingerência com implicações legais e administrativas na sua própria organização. É fantástico, o Legislativo faz o que quer, o Executivo não, e, quando se vai corrigir essa questão, eles veem como uma vitória sobre os direitos do Legislativo. E esse deputado é do PSDB, imagina os outros.

O Brasil vai melhorar, está melhorando, mas eu tenho que ter muita paciência para aguentar toda essa turma.

QUARTA-FEIRA, DIA 30 DE AGOSTO, são onze horas da noite.

Hoje pela manhã, pura rotina. Conversei de novo com o general Cardoso sobre o famoso aumento dos militares. De novo passei em revista com Clóvis as decisões sobre a questão do Banco Central.

Em seguida recebi um filho** do Luís Carlos Prestes que veio com Carlos Chagas, está fazendo uma coisa sobre a Coluna Prestes. Recebi ainda o Iris Rezende, que conversou comigo sobre a questão da sucessão no PMDB. Ele está disposto eventualmente a ser candidato, mas acha que o bom mesmo é o Aloysio Nunes Ferreira. Eu soube pelo Luís Carlos Santos que hoje, na casa do Sarney, estão jantando Sarney, ele, Paes de Andrade e provavelmente Gilberto Miranda. Ou seja, o Sarney

---

* Alusão ao método de análise marxista de Louis Althusser (1918-90), filósofo francês que cunhou a noção de *lecture symptomale*.

** Luiz Carlos Prestes Filho.

encampará a candidatura Paes de Andrade para não ficar sem candidato. A tática do Iris é a mesma do Aloysio, com quem depois falei por telefone: não fazer já a eleição. Comuniquei-lhe a disposição eventual do Iris de participar e sua disposição integral de apoiá-lo. Aloysio parece não estar disposto. Disse também a ambos que não vou me meter além disso na disputa interna do PMDB.

Vim para casa e almocei com Roberto Bornhausen, Clóvis e Marco Maciel. Bornhausen discutiu a questão do sistema financeiro, insiste no fato de que eu preciso evitar de toda maneira que outro banco grande quebre, que seria um desastre para o sistema financeiro brasileiro. Ele acha que foi um erro o modo como se fechou o Econômico. No fundo, todos acham que nem o Loyola nem o Malan têm a experiência de operação para uma crise dessa envergadura.

Após esse almoço, encontrei-me também com o João Roberto Marinho, que veio aqui depois de ter almoçado com o Sérgio Motta. Com o Sérgio ele foi ponderar algo a respeito da Lei da Televisão a Cabo. Parece que eles não estão lá muito contentes com a forma como a lei foi redigida pelo pessoal do Sérgio. Mas, sempre discreto, não insistiu no tema comigo.

Voltei para o Planalto, onde hoje a dose foi violenta.

Primeiro recebi o pessoal do papel e papelão, que anunciou um investimento de 13 bilhões de reais nos próximos dez anos, aquela onda normal. Mas, posteriormente, discussão enorme com o setor agrícola, que foi boa. O deputado Rubinho [Rubens Cosac]* esteve lá, é mais razoável do que o [Nelson] Marchezan,** que também compareceu, do que o [Abelardo] Lupion e o Valdir Colatto. Vieram ainda o caminhoneiro que puxou aquela marcha sobre Brasília, o Sérgio Telles e muitos outros. Prefeito de Uruguaiana, prefeito de São Borja, todos reclamando mas não tanto, já estão mais convencidos de que o governo está fazendo o que é possível, está agindo no setor. Até nesse aspecto foi uma boa reunião.

No fim, estive com Zé Eduardo de Andrade Vieira e com o Ximenes. Conversei à parte com este último, que mostrou muitíssima preocupação com o sistema financeiro, disse que esta de agora é a maior crise de que ele teve vivência. O Zé Eduardo, também preocupado com a linha de crédito externa, exatamente porque o Bamerindus está mal com essa questão. Mas ele tem razão, o Banco Central precisa ter uma posição clara do que vai fazer com isso, e é difícil. Eu não consigo levá-los a tomar uma posição clara, embora já tenha dito, um milhão de vezes, que é necessário bancar porque não dá para provocar uma crise externa desta magnitude.

Depois disso, um pouco de rotina, receber deputados, reclamações. À noite, vim para casa e recebi o pessoal do PP, PPR, todos. Eram uns cinquenta deputados e senadores. Todos muito alegres, dizendo que o PP deve tudo a mim, que eles são fiéis, aquela coisa toda, e baixinho cada um fez um pedido. Em seguida conver-

---

* PMDB-GO.
** Deputado federal (PSDB-RS).

sei sozinho com Roberto Campos e com o senador Amin. Roberto disse que temos realmente que pilotar duas crises, a cambial, em relação à qual deveríamos acelerar já a desvalorização, mas com cuidado para não provocar um rebate na inflação, e, por outro lado, a crise relativa à questão dos juros e do sistema bancário.

Acabei de atender no telefone o Sérgio Motta, para discutir a questão da telefonia, da TV a cabo, essas coisas, e também para saber se ele estava atento à questão da crise com o PFL. Parece que continua altaneiro. Ele estava conversando com o Sérgio Machado e com o Zé Aníbal, muito irritado com os dois, que foram lá para se queixar do governo, como sempre fazem. Medo de perder a eleição. Não obstante, ganhamos a votação relativa ao Fundo Social de Emergência. Ganhamos ontem no Senado, 41 a 29, e hoje, 31 a 15, então não há razão para esses temores maiores.

HOJE É QUINTA-FEIRA, DIA 31 DE AGOSTO. O dia transcorreu mais ou menos calmo, nada de extraordinário na rotina do Palácio do Planalto. Reuniões incessantes.

Terminamos a questão do PPA, Plano Plurianual do governo, de quatro ou cinco anos, Serra trouxe. Grandes problemas, naturalmente.

O senador Arruda rompendo porque no Plano não estava a retomada do metrô de Brasília, eu telefonei para ver se resolvia isso. Também o pessoal da parte de irrigação, Osvaldo Coelho, Gustavo Krause, porque parece que o Serra colocou recursos e a burocracia gastou para outras coisas, enfim, trivial ligeiro nessa matéria.

Fora disso, terminamos a lei sobre a questão de imposto de renda sobre pessoa jurídica.* O problema é baixar ou não a alíquota para 25%. Decidi que sim. A máxima baixou de 30% para 25%.

Outro problema relativo remete à famosa discussão sobre o que se fará a respeito da taxação ou não do capital dito estrangeiro que foi para as Bolsas. O Malan hesitou muito, o Everardo não queria nada. No fim, agora à noite, o Malan me telefonou, parece que a Lilian Witte Fibe anunciará que nós vamos mudar a lei para só taxar o capital que fique apenas por seis meses. São ruins, esses vaivéns. Percebo que o Malan fica um pouco atônito quando os seus subordinados têm posições contrárias ao que ele pensa. Curioso, isso.

Grande jantar aqui em casa com a cúpula do PSDB e do PFL. No início, embora parecesse calma, a reunião estava muito tensa. Jorge Bornhausen, Marco Maciel, Roberto Magalhães, Luís Eduardo Magalhães, o José Jorge,** o Napoleão, os líderes, Élcio Álvares, líder do governo no Senado, e do nosso lado, do PSDB, o Serra, o Sérgio Motta, o Zé Aníbal, Sérgio Machado, Paulo Alberto, como presidente do partido, e eu.

* Em 29 de agosto, o governo anunciou um projeto de lei com alterações na tributação de pessoas jurídicas.
** Deputado Federal (PFL-PE).

O Jorge começou bem, colocando a necessidade de entendimento, de reuniões com certa continuidade, mas depois tanto o Roberto Magalhães quanto o Hugo Napoleão, o que me surpreendeu, e, com mais energia, o nosso Inocêncio de Oliveira reagiram fortemente às declarações do Sérgio hoje, no Congresso Nacional. Chegaram bastante agressivos. Acontece que o Serra e o Sérgio vieram aqui logo após o almoço, e este estava eufórico com o que declarara na Câmara. Ele disse que encontrou o ministério como terra arrasada; ora, os dois outros ministros foram Morais, que é do Itamar, Hugo Napoleão, que foi ministro do Itamar também e, antes disso, o Antônio Carlos Magalhães. Ou seja, sem querer, o Sérgio arrasou mesmo todo mundo, e há uma agressividade muito grande contra ele. O problema é que tem língua solta, faz as alianças políticas e tal, de repente diz uma batatada, como essa aí, que criou uma emoção danada.

Houve muita crítica direta ao Sérgio e ao Serra, mais ao primeiro do que ao segundo. Vê-se que o PFL está realmente malsatisfeito com esses novos ministros, que são os mais próximos a mim e ao PSDB. Vê-se, por consequência, que há problemas mais complicados. Até porque o Luís Eduardo também reclamou sobre a substância das reformas. A respeito da privatização, ele disse que, por exemplo, no caso da Light, para poder privatizar, era necessária uma lei que não foi feita para separá-la; ela é dividida em dois pedaços. Disse mais, que a reforma tributária era tímida. Quando expliquei o negócio dos capitais estrangeiros, que só seriam taxados os que ficassem apenas seis meses, ele acalmou um pouco.

É de notar que se trata de reações resultantes de uma visão diferente, efetivamente diferente, do processo econômico brasileiro. Ou seja, a famosa ideia de que PSDB e PFL acabariam brigando tem os seus fundamentos. Evidentemente costurei tudo, Marco Maciel ficou calado, torcendo para que eu costurasse. Não sei se isso vai durar, tem que durar até o fim do ano, mas já se começa a ver, com certa preocupação, uma tensão crescente.

No final todos se comprometeram — desde que nós ouvíssemos os líderes, ou seja, que sejam tratadas questões muito diretas, fisiológicas naturalmente, da Câmara e do Senado — a que o resto seria recomposto.

Eu me preocupei mais com Luís Eduardo, porque não é fisiológico e reagiu à visão mesma das reformas. Vamos ter tempestade pela frente. Por hoje é só.

HOJE É SÁBADO, deve ser dia 2 de setembro.

Ontem, dia 1º, continuamos às voltas com os problemas mais graves de crise bancária, não tanto do Banco Econômico. Conversei de manhã sobre o tema com os habituais, à tarde chamei o Malan e o Serra para discutir a questão do Banespa.

O Goldman tinha estado comigo pela manhã, depois de havermos nos reunido sem ele para discutir política regional. Nessa reunião, Cícero Lucena apresentou de uma maneira bem pouco entusiástica, porque não tem aquele estilo necessário para empolgar, a questão do Nordeste e das políticas regionais. O programa está muito bem-feito, mas falta chama e falta quem possa transmitir a nossa preocupação de um modo global com essas questões e com o Nordeste em especial.

Recebi o Goldman, que veio me trazer um dossiê sobre a questão do Banespa, porque os bens do Quércia estão sob ameaça de serem colocados em indisponibilidade. Quércia pediu uma liminar, o juiz deu, o Banco Central pediu que se cassasse a liminar, e só por essa liminar dele lançaram a prejuízo 4 bilhões de reais no Banespa. Isso me pareceu estranho, porque eu já tinha dito ao Loyola que, se lançasse a prejuízo agora, ia dar uma confusão imensa, e não obstante está lá uma determinação do Banco Central para que a coisa fosse adiante. Acho inexperiente aquele rapaz que é o diretor da Política Monetária,* e o próprio Banco me parece muito pouco competente para tomar decisões mais fortes.

Em função disso chamei o Pedro, o Serra veio também porque esteve esse tempo todo empenhado na questão do Banespa. Voltamos a conversar sobre todas as questões. O Pedro, um pouco apático na verdade, porque está tenso, disse: "Precisamos arranjar alguém que toque adiante a questão do Banespa, nós lá no Banco não temos condição, não há de ser com o Loyola de vez em quando cuidando do assunto". Tudo bem, é isso mesmo.

A mesma coisa no que diz respeito ao conjunto das questões econômicas. O Nacional está em situação desesperadora, e o Bamerindus, embora não tanto, também está. E os outros bancos falam em solidariedade, mas o fato é que na hora de colocar dinheiro, mesmo sabendo que o Banco Central não está interessado em quebra de nenhum deles, são muito pouco dispostos, muito pouco solidários. Isso pode armar uma confusão do tamanho de um bonde.

À tarde recebi o pessoal da siderurgia brasileira, foram uma comemoração da Semana da Pátria acender uma pira, e nada mais houve de especial no transcorrer do dia.

Voltei para cá e à noite tivemos um encontro com os governadores, do Rio, o Marcelo Alencar, de Minas, o Eduardo Azeredo, de São Paulo, Mário Covas, e do Ceará, Tasso Jereissati, mais o Sérgio Motta e o Serra.

Mário entrou com uma tromba imensa. Estávamos o Zé [Serra], eu e o Tasso, e não sabíamos mais o que fazer, porque ele estava realmente trombudo. Aí chegaram os outros. O Mário entrou em atrito com o Sérgio, mais adiante com o Serra, evidentemente o atrito não é com eles, é comigo. E o Mário sempre quer a coisa um pouco disfarçada. Em vez de dizer com todas as letras, diz: "Não, eu não tenho nada, eu não quero nada, deixa para lá". Fomos comer e, durante o jantar, ele disse: "Olha, eu já não sou mais companheiro, sou amigo de todo mundo mas companheiro não, porque eu não me sinto parte do governo, do poder". Os outros todos contra-atacaram, num determinado momento quase fui veemente, mas, depois, vi que o

*Alkimar Moura.

Mário tinha que falar, falar, falar, era coisa de criança mal-humorada, tudo isso por causa do Banespa.

Ao que parece, ele acha que a resposta que lhe deram sobre o Banespa não foi satisfatória, que não houve realmente um sim rotundo. Não sei o que eles disseram, na verdade vi a carta, que dizia: "Sim, vamos ver agora como se faz o entrosamento". Porque são 5 ou 6 bilhões de reais, não pode ser da noite para o dia que "está tudo bem, qualquer patrimônio posto aí na sacola já valeu". Eu não sei.

O fato é que Mário estava uma arara, inclusive com a história do lançamento a prejuízo. A conversa estava bastante difícil, os outros todos perceberam, amuados com ele, mas ninguém quis muito enfrentá-lo. Sérgio e ele tiveram, logo depois do jantar, um longo enfrentamento, e o Sérgio tem sido bem amigo do Mário, tem quebrado galhos, mas voltou a falar de tudo: do Zé Maria [José Maria Monteiro], que não foi nomeado,* do Everardo Maciel, que é primo do Marco Maciel, do Malan, que provavelmente é do PFL, tudo besteira, uma coisa tal que a gente vê a diferença entre ele e os demais.

É notável como o Mário não vai para diante, sempre dizendo que não tem nada, que não quer prejudicar o meu governo, que vai continuar ativo na defesa do governo, mas na verdade cria um problema enorme. Eu o chamei para um canto e contei da situação geral. Ele ficou assustado e eu lhe disse: "Olha, Mário, a situação é mais complicada ainda, precisa arranjar alguém que não seja do Banco Central porque o pessoal do Banco Central de fato não é operador, eu estou num mato sem cachorro, você não pode deixar de cooperar nisso". Aí ele mudou de tom. Mudou e tal, vamos então encontrar alguém para negociar para nós a questão do Banespa.

Hoje fui à reunião da Granja do Torto, 23 governadores, os que não vieram mandaram representantes, os vices, e secretários de Educação tinha três ou quatro, sei lá. Pois bem. Impressionante, apoiaram vivamente o Paulo Renato. Fiz uma exposição sobre a questão da educação e houve um apoio real, sincero e maciço, passamos a manhã toda discutindo as questões educacionais. Na hora do almoço, falei das reformas, estão dispostos a me ajudar, acabei de conversar com Zé Eduardo por telefone, acho que é inédito esse colchão de defesa que o governo tem nos governadores.

Isso me deixa muito animado. É bom saber que o plano social do governo (de Educação, de Saúde, o próprio Comunidade Solidária) começa a funcionar.

Teremos que enfrentar com muita dificuldade a questão dos sem-terra e estamos realmente acelerando os assentamentos. Houve uma reunião executiva, as Forças Armadas me têm alertado para o fato de que existem grupos armados dentro dessa

---

*A imprensa da época noticiou que o secretário da Receita Federal, Everardo Maciel, vetou a indicação, desejada por Covas, de José Maria Monteiro para a Superintendência da Receita Federal em São Paulo.

questão do Movimento dos Sem Terra, algumas pessoas pensam que estão fazendo Chiapas aqui no Brasil, o que é uma loucura. Por aí vem problema.

E a revista *Veja* está na iminência de publicar amanhã, não sei se publicará, que o Bamerindus vai muito mal.

HOJE É SEGUNDA-FEIRA, DIA 4 DE SETEMBRO, são onze horas da noite.
Ontem à noite tive uma conversa longa com um grupo de economistas. Foi só o que aconteceu no domingo. Pedro Paulo [Poppovic], Zé Gregori, Portella [José Luiz Portella Pereira] almoçaram aqui, mas nada de novo.

Na reunião à noite vieram o Mendonça [Luiz Carlos Mendonça de Barros], o André Lara, o Pérsio Arida, o Malan, o Serra, o Clóvis e o Gustavo Loyola. E conversamos francamente a respeito das várias questões.

Primeiro o Banespa. O Mário, realmente, está embananando muito essa questão, e todos acham que é preciso dar uma saída. O Banco Central insiste na privatização, era o ponto de vista do Loyola mas foi vencido na conversa, não dá para fazer já essa discussão sobre privatização porque a grande dívida é do Tesouro do estado de São Paulo. A questão é da crise dos Tesouros dos estados, ficou bem claro.

O Pérsio tem uma teoria de que é preciso resolver via Banco, seria a maneira mais fácil. Acho que o André Lara não acredita nisso, ele crê que é necessário enfrentar a dívida dos Tesouros. Pedi a ambos que preparassem um documento para que tivéssemos uma ideia de como sair dessa enrascada. Mendonça parece confirmar o pensamento do André. Pedro Malan, como de hábito, praticamente não deu opinião. Disse apenas que não queria discutir, em particular acho que ele tem razão sobre a questão dos bancos privados. Preferia concentrar no Banespa.

Pedi que todos falassem em tese sobre os bancos privados. Curiosamente, o André insiste que o Bamerindus é desorganizado e o Nacional é organizado, nenhum deles vê crise patrimonial no Nacional, e sim crise de liquidez. Mas a crise de liquidez é grande. As medidas que o Pedro preparou são duras, devem ter sido tomadas hoje, segunda-feira, no sentido de aliviar a pressão, liberando mais compulsório e penalizando os grandes bancos, que estão recolhendo o dinheiro dos outros e não estão tendo a solidariedade de recolocar no mercado, pelo menos no mercado dos bancos que precisam de recursos. Acho que eles querem mesmo é provocar a diminuição do número de bancos na praça.

Depois dessa reunião, telefonei para Angarita,* informei sobre o resultado e pedi-lhe que intercedesse junto ao Mário. Três nomes foram mencionados como possíveis negociadores para o Banespa: o Adroaldo [Silva], que é amigo do Covas, o próprio Mendonça, que não quer, o André, que também não quer, e, quem sabe, o [Geraldo] Gardenali, que fez uma boa administração na Caixa Econômica de São

---
*Antônio Angarita, secretário de Governo de Mário Covas.

Paulo,* e o Andrea Calabi. Disse ao Angarita como era a situação, que não estava disposto a manter a proposta de metade refinanciada e metade em patrimônio, que tínhamos o problema da nossa retórica privatista, o Covas, que não quer isso porque não pode, e que não é o momento de privatizar. Ele entendeu e ficou de falar com o Mário.

Esta manhã, quando cheguei ao Planalto, o Mário tinha me ligado. Liguei para ele, que já estava mal-humorado de novo. Disse: "Não, Mário, a proposta é essa". Dos nomes citados acho que ele aceita mais o Adroaldo e o Calabi. Também gosta do [Luiz Carlos] Mendonça, que é o mais difícil porque está no Banco Matrix, o que complica muito as coisas.

Disse que o Gustavo Loyola ia lhe telefonar. De fato telefonou, só que o Mário ficou mais irritado com o Gustavo, segundo este me contou, porque ele insistiu na tese da privatização. Eu disse: "Olha, nós não estamos discutindo isso agora". Acho que o Gustavo tem receio de o próprio Banco Central achar que estamos dando uma decisão política para ajudar o Covas, eles têm disso. Eles querem que se faça o quê? Que se quebre o Banespa? Aumentando a crise? Não tem cabimento. Voltei a dizer ao Loyola tudo que pensava. Liguei para o Malan, contei toda essa história, ele disse que o seu entendimento era o mesmo que eu estava sinalizando para o Loyola; o Clóvis, que assistiu à conversa e esteve ontem à noite aqui, também achou isso.

Almocei com os presidentes das Assembleias Legislativas. Foi um bom encontro, vieram 24, para apoiar a questão das reformas, todos muito simpáticos, se entusiasmaram bastante com o longo papo que tive com eles.

Após o almoço, falei com Sérgio Motta, o Covas já o havia procurado. Não sei se é assim ou vice-versa, mas o Mário pediu ao Sérgio, ou alguém pediu pelo Mário, que ele pusesse dinheiro dos Fundos que estão sob seu controle no Banespa para resolver como o banco pode se manter em pé depois que for devolvido a São Paulo. Veja quanta complicação! O Serra me telefonou, à tarde, na mesma direção, preocupado, estivera com Mário, que já se acalmara um pouco, parece. No fim da tarde o Clóvis voltou a ligar para o Covas e disse os termos do acordo. Ele vai mandar amanhã o Nakano. Liguei de novo para Angarita para contar toda essa história. É uma novela interminável.

Fora disso, recebi parlamentares europeus e o núcleo da Internacional dos democratas cristãos, fui à inauguração de uma exposição de arte muito rapidamente, lá no Itamaraty, dei entrevista. Hoje de manhã me entrevistaram cerca de oito ou nove correspondentes estrangeiros, alemães, muito bons, diferença enorme para a imprensa brasileira, e conversei também sobre a questão do tal araponga que apareceu na *Veja*.**

---

* Banco Nossa Caixa, comprado pelo Banco do Brasil em 2008.

** A revista noticiou que agentes da SAE haviam plantado escutas numa reunião de sindicalistas da Contag.

A informação que Eduardo Jorge me deu, obtida do general Fernando Cardoso, chefe do Serviço de Informações, é a de que não é coisa nossa. O governo não está fazendo a tal arapongagem, de botar alguém na Contag, logo na Contag. A Contag veio, falou com Eduardo Jorge. Ele disse que o governo vai apurar, vai se chegar ao nome do agente que passou a informação para a *Veja*. Realmente, há lá esse tal aparelho que é capaz de reproduzir a voz, parece que foi posto ali por volta de 1990, no governo Sarney ou Collor, não se sabe.

O fato é que isso não estava sendo usado desde essa época, não há nenhum relatório, portanto o araponga dedou uma coisa ou para prejudicar o governo ou a serviço da atualidade, o que vai criar uma grande confusão, até porque é anticonstitucional e demos ordens expressas de não fazê-lo. Creio que há muita exploração política ao redor desta matéria.

Fora disso, a fofoca de sempre. A imprensa continua dizendo que o PFL e o PSDB não se entendem, e invariavelmente tem botado lenha na fogueira.

Além do mais, tentou-se reviver uma crise que não existe nas Forças Armadas a respeito da passagem do coronel Avólio para a reserva. O general, ministro interino do Exército,* esteve comigo hoje, e também o general Leonel, ambos absolutamente solidários com o governo e confiantes em que as coisas que foram feitas foram bem-feitas, tiveram apoio. Parece que o pai do coronel Avólio andou me insultando, problema do pai do coronel Avólio, é só o que faltava, eu responder a essas bobagens.

Fora dessa questão, é claro que a imprensa vai ficar por algum tempo em cima da arapongagem, que é, para eles, o novo tema.

É verdade que a coisa do PFL azedou um pouco. O [José] Dirceu** já disse que, se eu quiser falar com o PT, tenho que me retratar primeiro.

---

*General Délio de Assis Monteiro.
**Presidente nacional do PT.

7 A 22 DE SETEMBRO DE 1995

Os Sem Terra apertam o cerco.
Crise bancária se aprofunda.
Viagem à Europa

O dia de hoje, 7 de setembro, foi tranquilo, até glorioso. Uma parada bonita, muita gente na rua, muitos aplausos para mim. Depois voltei para o Alvorada, onde tivemos uma cerimônia, simples mas importante, com Milton Nascimento. Disse que íamos fazer agora, no dia 7 de setembro, uma reflexão sobre os direitos humanos e mencionei os aspectos relevantes, inclusive que, daqui por diante, cada mês dedicaremos uma atenção especial à mulher, ao negro, à questão das torturas, enfim, às questões relativas aos direitos humanos. Ambiente extremamente agradável, com a presença de alguns ministros e, sobretudo, o coro dos Meninos de Rua,* muita gente das ONGs. Foi um dia bastante expressivo e que marcou um novo tipo de Sete de Setembro. À noitinha, haverá um show popular na praça dos Três Poderes. Nós estamos tentando popularizar o Sete de Setembro, torná-lo como ele era no passado.

Ontem à tarde tivemos um encontro importante de combate ao trabalho escravo, com o ministro do Trabalho. Participaram desse encontro, no Salão de Solenidades do Palácio do Planalto, o Vicentinho da CUT, o Medeiros da Força Sindical, um da CGT, mais o Milton Nascimento, o Gilberto Gil, e deputados, Nilmário Miranda, da Comissão de Direitos Humanos, alguns do PCdoB e do PT, o Wigberto Tartuce,** que é presidente da Comissão do Trabalho da Câmara, ministros. Expus claramente a nossa não concordância com o trabalho escravo e disse que faremos uma perseguição forte a isso, inclusive pedindo mudança da Constituição para permitir a desapropriação.***

Antes, eu tinha conversado com Gil e com o Milton Nascimento. O Gil, entusiasmado com o governo, tiramos fotografias e tudo mais, falamos um pouquinho. Depois da solenidade vieram, além dos dois, o Urbano, que é da Contag e eu não havia citado, o Medeiros e o Vicentinho. Longa conversa, fotos que o jornal deu pelo simbolismo do encontro, eu e essa gente toda. Mencionei vários temas. No

---
* Movimento Nacional dos Meninos de Rua.
** PPB-DF.
*** Segundo a proposta em discussão, propriedades rurais onde fossem encontrados trabalhadores em situação análoga à escravidão seriam desapropriadas pelo governo para fins de reforma agrária.

discurso tinha dado o recado de que o governo vai em frente, que preciso de apoio, que não se pode distorcer tudo que o governo faz só porque se está na oposição. Foi um ambiente muito positivo, lá em cima, no meu gabinete.

Falei também num fato que está preocupando alguns setores, a questão dos sem-terra. Eles estão a oitenta quilômetros da nossa fazenda, minha e do Serjão, em Buritis. Numa manifestação que fizeram nesse município, um deles disse que, se a fazenda do presidente for ociosa, ou seja, de terras improdutivas, invadiriam. É uma bazófia, mas a imprensa está usando muito isso para criar um clima de constrangimento em toda a região. Até brinquei com os sem-terra se iriam mesmo invadir, mas é claro que os que estiveram comigo não têm controle sobre esse movimento.

De qualquer maneira, isso mostra a transição que o Brasil está vivendo. Tanto no dia 7 de setembro quanto na véspera, vimos essa situação em que um governo mostra o seu lado, não diria nem progressista, mas democrata radical e de respeito aos direitos humanos, e setores que ainda não compreenderam a dinâmica da sociedade atual, embora possam ser bem-intencionados, agem como bolsões, como eu disse num outro momento no passado, de radicais.

Outro tema que nos ocupou foi o de sempre, a questão da crise financeira. Não que esta tenha evoluído mais. O Gustavo Loyola jantou anteontem aqui comigo e com o Clóvis e expôs novo plano, de que não sabíamos, de saneamento das finanças estaduais. Plano engenhoso que, parece, resolveria a questão da dívida do Tesouro. Assim, eventualmente o Banespa ficaria com o setor federal e, depois, nós o privatizaríamos. Resta ver se o Mário engole isso.

Conseguimos fazer com que o Mário aceitasse o Adroaldo Silva como o homem que fará a transição no Banespa. Ainda muitas idas e vindas. Eu, Clóvis e o Malan chamamos o Loyola e demos um aperto nele. Parece que, nesse caso, o Malan está do nosso lado. Eu disse ao Loyola: "O seu problema é a diretoria do Banco Central, você tem medo dela". Não falei nesses termos, naturalmente. "E vai acontecer com você o que aconteceu com nós dois da outra vez. Agora, de novo, eles pensam que estamos entregando o ouro ao bandido, e não é isso. Nós estamos agindo com a maior prudência e competência, e não forçando politicamente." Ele concordou.

O Bacha, como eu já disse aqui, também está querendo ir embora. Vai. A Elena Landau* queria ir, mas o Serra parece que conseguiu demovê-la.

Quanto aos bancos privados, houve um avanço. Novo jantar na terça-feira, ou na quarta, não me lembro, com o Loyola e com o Malan, que deu um aperto nos grandes bancos: eles têm que prover de liquidez os que estão em dificuldade. E assim fizeram. Na quinta-feira soltaram mais dinheiro, na sexta também, houve um alívio e, até quanto eu saiba, na mesma sexta Loyola falaria com Bornhausen, que é do Unibanco, a respeito do Nacional. Paulo me disse que a conversa foi boa e

---

*Diretora de Infraestrutura e Desestatização do BNDES.

que outros bancos, suponho que seja o Real, têm interesse no Nacional. Estamos começando a ver luz para atravessar essa crise da situação financeira. Isso é muito importante.

Conversei também com o ministro José Eduardo Vieira, sobre a questão da agricultura. Com um certo atraso, ele veio me falar da questão dos sem-terra. Já fizemos uma reunião, eu e aqueles que tinham que participar, precisamos acelerar os projetos de assentamentos rurais para termos moral que nos permita avançar nessa questão de conter os ímpetos mais radicais de alguns setores dos sem-terra.

Deixei de registrar que na sexta-feira,* dia 6 de setembro, ao meio-dia, depois de visitar o Cindacta, fui ao destacamento de defesa aérea. Aprendi que, por dia, são dez em média os aviões de contrabando que vêm do Paraguai e descem em Minas ou em São Paulo. Desde 87 há rastreamento e ninguém tomou a decisão, que é difícil politicamente, de acabar com isso. Vi que os militares têm noção do problema, sabem tudo, sabem que avião é, quem são os proprietários, só esperam uma ordem, e eu vou dar essa ordem.**

Em seguida recebi Henry Kissinger no meu gabinete. Conversa longa sobre assuntos históricos e até filosóficos. Perguntou-me o que achava da questão do desemprego gerado pela civilização contemporânea. Eu disse: "Esse é mesmo um grande desafio, só que o Brasil ainda tem algumas possibilidades justamente porque é heterogêneo e tem áreas de pouco desenvolvimento tecnológico. Mas é um grande problema para o próximo milênio".

Depois, para minha surpresa, ele elogiou — criticamente, é claro — o talento e até a genialidade do Stálin. Disse que o [Dmitri] Volkogonov, esse autor de que gostei tanto e escreveu um livro sobre o Lênin*** que estou lendo, escreveu outro ainda melhor sobre Stálin,**** mostrando, ao mesmo tempo, a genialidade e a perversidade dele.

Kissinger fez considerações sobre os chefes de Estado do mundo contemporâneo, disse que eu era uma exceção, um dos que tinha base cultural, e que eu ainda conseguia ler. Lembrei-me do [François] Mitterrand, que também tem isso, e mencionei que acabara de ler suas memórias, as quais não me impressionaram muito, *Memórias a duas vozes*, mas que, de qualquer maneira, trata-se de um homem marcante. Kissinger concorda com isso, embora diga que discorda de Mitterrand

---

* Quarta-feira, dia 6 de setembro, véspera de feriado prolongado.
** A chamada "Lei do Abate", que autoriza a Força Aérea a derrubar aviões que transportam drogas, foi sancionada em 1998 e regulamentada em 2004, ano em que se iniciaram os abates.
*** *Lenin: A New Biography*. Nova York: Simon&Schuster, 1994. Inédito no Brasil. Edição portuguesa: *Lênin: Uma nova biografia*. Lisboa: Edições 70, 2008.
**** *Stalin: Triunfo e tragédia* (2 vols.). Rio de Janeiro: Nova Fronteira, 2004.

na política que ele implementa, sempre discordou, mas que o seu estilo é o de um grande líder. Disse que nos Estados Unidos ninguém tem esse talento, nem o Reagan, muito menos o Clinton. Fizemos considerações sobre a política na sociedade contemporânea e sobre os impasses que viveremos daqui para a frente.

HOJE É SEXTA-FEIRA, DIA 9* DE SETEMBRO. É meia-noite. Estou voltando da casa de Luiz Felipe Lampreia, onde jantei com Boris Fausto, a Cinira,** a Bia, o Duda, o Roberto Jaguaribe e a Vera [Machado], que é a porta-voz do Itamaraty. Jantar agradável.

Durante o dia, expediente normal. Recebi diversos ministros, discutimos a formação das diretorias das várias empresas que ainda estão para nomear. O Vargas me trouxe uma informação sobre o Sérgio Machado, líder do PSDB no Senado, que está apresentando uma emenda à Lei de Patentes contrária aos interesses do governo. Ao que dizem, parece que ele está ligado, não sei se é verdade, à Itautec. Então quer permitir as importações paralelas. Confusão.

Depois do Vargas recebi o Sardenberg, também rotina. De manhã tive despacho com Lampreia, nada que fosse mais sério. Falei ainda com Malan, que me deu conta do que está acontecendo com os bancos, ele está mais otimista com o encaminhamento do Econômico, ficou de vir, no fim de semana, ao Alvorada para me mostrar a relação com a questão do Swiss Bank. Suspeitam que seja de fato uma triangulação de dinheiro do próprio Ângelo. Vem confusão também nesta área. Recebi pelo Luís Eduardo informação de que o Paulo Tarso foi operado novamente mas passa bem. Vamos ver o que acontece. Difícil fazer prognóstico a essa altura.

Portanto, foi um dia só de rotina. Jornais muito bons sobre o que aconteceu no Sete de Setembro, nenhuma maldade de maior monta. Amanhã irei à fazenda. Há notícias provocadas pela imprensa de que os sem-terra se deslocariam para lá. Não acredito. Vou normalmente, passo o dia ali e volto amanhã mesmo.

HOJE É SÁBADO, DIA 9 DE SETEMBRO. Fui à fazenda com Boris Fausto, com a Bia, o Duda, as crianças, tudo tranquilo, nada em especial. Mas queria gravar algo que acho que esqueci de mencionar a respeito do dia 7.

O dia 7 de setembro foi um dia importante, como já disse aqui, na parada, muitos aplausos, e no palanque um ambiente bastante positivo, os generais, os ministros civis e militares, como há tempos não se via no Brasil. Distendido, alegre. Depois tivemos no Palácio da Alvorada uma comemoração sobre os direitos humanos e veio Milton Nascimento com o coral dele, Curumins, alguns ministros,

---

* Dia 8 de setembro.
** Cinira Fausto, mulher de Boris.

presidente do Supremo, governador do Distrito Federal. Fiz um discurso sereno sobre a necessidade de valorizarmos os direitos humanos. Hoje o *Estado de S. Paulo* já disse que nesse assunto estamos indo pelo caminho da CNBB, que é um perigo. Não critica inteiramente, mas já é uma alfinetada.

No dia 7 o Fabio Feldmann* almoçou aqui. Ambiente absolutamente tranquilo e distendido. Como ultimamente só tenho mencionado ambientes tensos por causa de bancos, por causa de crise e tal, é preciso compensar.

Convém dizer também que o embaixador Paulo Tarso continua em Washington e são boas as notícias a respeito da possibilidade de sua recuperação.

Jantei ontem na casa do Lampreia com o Gelson [Fonseca], o pessoal aqui de casa e o Boris, jantar muito agradável, e eu tinha comentado com o Lampreia o que fazer nessa coisa do Itamaraty, que o embaixador que estava no México, protegido do Paulo Francis e do Elio Gaspari, quer ir para Paris. É prematuro, segundo a versão do Itamaraty. Vamos mandá-lo para a China, para o México vou mandar o Júlio César, provavelmente para a Unesco o Fernando Pedreira. E o Jerônimo, que está na Unesco, vai para a Hungria.

Falei com Itamar por telefone. Ele vai para a Bélgica,** abusou, já quer ir com todo o séquito, por conta do Itamaraty naturalmente, e o Júlio me disse que ele veio falar sobre a OEA, que irá depois do dia 1º de janeiro para a OEA. Veja que as coisas são sempre assim. Parece que ninguém quer nada, são todos desprendidos, mas na hora H acabam pedindo coisas que vão talvez além dos limites. Não sei, Itamar foi presidente, pode se aceitar isso.

HOJE É SEGUNDA-FEIRA, dia 11 de setembro.

Ontem à noite recebi em casa o senador Sarney. Na hora do almoço veio o Pedro Malan. Conversamos um pouco de novo sobre a questão do Econômico. Pedro me informou que talvez seja possível separar uma parte do banco para salvá-la. Falamos a respeito do conjunto dos bancos, depois o Clóvis me telefonou, dando conta da conversa que teve no sábado com Mário Covas e o Alkimar. Clóvis ficou muito irritado com o Alkimar porque ele voltou a colocar como questão fundamental a privatização quando todos nós tínhamos combinado que deixaríamos isso para mais adiante. Enfim, os impasses estão aí.

Sarney reafirmou todas as suas posições, foi contra o Fundo Social de Emergência na época da criação — eu assisti a uma briga dele com o Jobim na liderança do PMDB, no Senado — e se mantém contra. Ele chama a atenção para o fato de que os estados estão sendo prejudicados por causa do ICMS da exportação, enfim,

---

*Secretário do Meio Ambiente do estado de São Paulo.
**Referência à visita de Estado à Bélgica e à Alemanha realizada pelo presidente no período de 13 a 22 de setembro.

continua com os seus pontinhos, mas, em geral, confirma o interesse, que aliás é recíproco, de uma solução positiva de todas as nossas propostas no Congresso. Deu declarações, como combinado, e os jornais dizem que houve um ganho para os dois lados, para o Sarney e para mim. Bom sinal, porque é sinal de calma, o Congresso não está tão agitado quanto a imprensa está dizendo.

Continuamos na segunda-feira. São sete da noite, vou para São Paulo ver o show do Caetano [Veloso]. Essa tarde não houve nada de especial. Rotina pura. Recebi o [José María] Aznar, que é o provável futuro presidente do governo da Espanha. Conversa amigável, solta, de quem pensa que já está no governo.

HOJE É DIA 22 DE SETEMBRO. Cheguei de madrugada da Europa. Deixei de gravar esses dias todos, embora tivesse levado o gravador, porque a programação foi muito intensa, não deu tempo.

A viagem foi um grande sucesso. Fomos primeiro à Bélgica, onde tivemos contato com a União Europeia, com o presidente da Comissão Europeia,* com a Comissão de Relações Exteriores,** onde respondi a todas as perguntas que me foram feitas, como é fácil para mim, na língua que formularam, em inglês, francês e espanhol. Isso sempre causa um certo impacto, na verdade me antecipei a quaisquer temas mais complexos que pudessem ser apresentados nesta reunião.

Depois tive uma longa conversa com o sr. [Manuel] Marín, da Espanha, vice-presidente da Comissão Europeia, que está muito empenhado num acordo entre a União Europeia e o Mercosul. Foi sensacional, o Marín disse claramente que estão decididos a fazer um acordo conosco, com o Mercosul. Trata-se de um acordo importante, ele sabe das dificuldades, mas é uma decisão política em nível europeu. Por trás disso está a presença forte do Brasil como uma economia em recuperação, estabilizada, e com uma liderança política que eles reconhecem como capaz.

Tivemos um almoço com nove conselheiros da União Europeia, o que, dizem, é muito raro. Conversei bastante com o holandês,*** conversei naturalmente com o presidente, que é de Luxemburgo, tudo num ambiente de grande excitação, pela possibilidade dessa aproximação entre a União Europeia e o Mercosul.

À noite começou a visita oficial à Bélgica. Fui recebido no Palácio de Egmont pelo ministro [Jean-Luc] Dehaene. É uma pessoa com um jeitão de camponês, quando o vi nem sabia que era o primeiro-ministro, desfilamos diante das bandeiras, tropa formada, e subimos para o seu gabinete, só eu, ele e o Gelson Fonseca. A conversa foi direta, bastante entusiasmo com o Brasil, ele leu as entrevistas que eu havia dado, brincou muito que gosta de futebol e disse com clareza que apoiava

---

*Jacques Santer.
**Órgão do Parlamento Europeu.
***Hans van den Broek.

a entrada do país no Conselho de Segurança, inclusive não entendia por que eu falara tanto nos nomes de outros países. Depois disse que percebia que eu tinha que disfarçar nossa candidatura, a qual ele achava mais do que justa. No mais, foram, digamos, análises sobre a situação da Europa, sobre as dificuldades, sobre a situação da ex-Iugoslávia.* O interesse belga pelo Brasil é relativamente pequeno, mas de qualquer maneira temos empresas importantes.

Em seguida passamos para um jantar que nos foi oferecido, onde fiz um discurso de improviso em francês, dessa vez falei direitinho tudo. Grande êxito, muitos aplausos. Parte da nobreza belga, mais os brasileiros nobres que estão metidos a casar com belgas e flamengos, mais ministros, ambiente de imensa cortesia, e o discurso de Dehaene sobre o Brasil foi extraordinário. Ele disse coisas que eu não poderia dizer, aliás, como veremos daqui a pouco, isso se repetiu na Alemanha.

No dia seguinte fomos para Bruges. Conferência no Collège d'Europe, também tudo tranquilo, fiz uma conferência normal, disseram eles que era boa, eu não achei tão extraordinária assim, mas todo mundo lá gostou, parece, pelo menos é o que me dizem, não sei se é sincero.

Depois fomos visitar os museus, dar um passeio de barco, muitos turistas brasileiros, todos me aplaudiram. O ambiente de muita animação contagiou até mesmo os jornalistas, que, naquele momento, já tinham decidido que essa era a minha viagem mais importante, por causa da questão da Comunidade Europeia. Acham que estou liderando o Mercosul no encontro com a Europa. Tudo isso é um pouco exagerado, é verdade em parte, o Brasil recuperou o seu prestígio, mas, enfim, a imprensa decidiu que essa é uma grande viagem.

Vimos de novo aqueles museus extraordinários, sobretudo o Memling no Hôpital Saint-Jean, que é belíssimo, o museuzinho local não é tão impressionante quanto eu o imaginava pela minha memória mais antiga, mesmo assim tem um Van Eyck muito interessante.

Jantamos no Hotel Duc de Bourgogne, onde eu já estivera mais de vinte anos antes. Antigamente tinha Cézanne, Picasso, não tem mais nada disso, mas a comida foi excepcional.

No dia seguinte, domingo, fomos cedo para Gand [Ghent], onde vimos o famoso retábulo dos irmãos Van Eyck,** com um guia extraordinário, um padre, que fez uma exposição realmente desbundante. Muito bonito. Almoçamos num boteco, com grande animação dos presentes, voltamos para Bruxelas, jantamos na casa do embaixador Jorio Dauster, Itamar conosco.

Esqueci de dizer que Itamar estava lá e me contou que tinha intenção de ir para a OEA, como Júlio me comunicara. Ao mesmo tempo que Itamar falava, eu disse:

---

* Referência aos conflitos étnicos e separatistas nas ex-repúblicas da Bósnia e Herzegovina e da Croácia, os quais terminaram no final de 1995.

** Obra sacra conhecida como *Adoração do cordeiro místico*.

"Muito bem, mas tem lá o embaixador". E ele: "Não! Fui eu que mandei o embaixador para lá, ele vai compreender". Está bem, vamos ver. Enquanto isso, a Ruth Hargreaves, lá embaixo, anunciava o fato antes mesmo de eu ter sido informado pelo Itamar. Havia também um certo mal-estar porque o Henrique Hargreaves pedira exoneração pelo que aconteceu nos Correios. Ele fez um acordo com o Sebrae, com o [Mauro] Durante,* que, por sua vez, é ligado ao [Guilherme] Afif Domingos,** o Domingos botou o Durante, o Durante agora queria botar o Hargreaves para fechar o trio de compromissos. Não deu certo, teve que se demitir dos Correios.*** A Ruth Hargreaves não me disse nada, mas é óbvio que estava meio magoada, embora não tenha a ver diretamente com o assunto.

Esse foi o encontro com Itamar, que de lá seguiu para Paris. Ele não participou de quase nada, não compareceu ao jantar oferecido pelo primeiro-ministro.

Também esqueci de dizer que, um dia antes de irmos para Bruges, estivemos com o rei Alberto II e a rainha Paola. Ruth foi com as joias, *les bijoux* que tinham sido dadas pela avó do rei, em 1920,**** à mulher***** de Epitácio Pessoa; o embaixador [Carlos Alberto] Pardelas, que é neto dela e trabalha com Sardenberg, fez esse obséquio. A rainha gostou muito. O rei Albert é um homem agradável, preocupado só com ecologia, puxa um pouco de uma perna, me pareceu, deve estar com gota.

O palácio é muito bonito, o jardim também, conversa protocolar, muito afável. Ele é irmão do rei Balduíno, virou rei quase sem querer, está como rei há dois anos. Tudo amável, tranquilo, com grandes declarações de estima pelo Brasil. Muitas entrevistas em todos os jornais flamengos e valões, intensas emoções, o Brasil volta a ser um dos primeiros parceiros. Vi uma exposição sobre o rei Albert, na *Mairie* local, tudo de acordo com o protocolo.

Segunda-feira cedo viajamos para a Alemanha. O programa foi pesado. Em Frankfurt, num seminário sobre privatização no Deutsche Bank, muita gente, fiz uma conferência boa, todo mundo se entusiasmou. Almocei na sede do *Land* de Hesse com o primeiro-ministro local,****** que é social-democrata. Caminho longo, meia hora, fomos conversando um pouco sobre as dificuldades da social-democracia. Eles dominam dez dos dezesseis *Länder* da Alemanha, mas não tinham o controle do governo federal.

De lá seguimos para a Volkswagen. A fábrica do grupo no Rio de Janeiro, cuja construção foi decidida em julho, produziria o seu primeiro caminhão ou ônibus

---

*Presidente do Sebrae.
**Presidente do Conselho Deliberativo do Sebrae.
***Hargreaves, presidente dos Correios, recebia irregularmente um polpudo salário do Sebrae para atuar como lobista.
****O rei Alberto I e a rainha Elizabeth realizaram uma longa visita ao Brasil nesse ano.
*****Maria da Conceição Saião.
******Hans Eichel.

em novembro, grande excitação no auditório, falei com muita gente, os empresários alemães estavam todos lá.

Na Volkswagen, visita de cortesia, me mostraram os novos modelos, é uma revolução que vem aí no modo de produzir, vão reduzir o número de plataformas, portanto também o número de operários, e dobrar a produção. Isso provocará problemas muito sérios no futuro. Com 60 mil trabalhadores, aquela é uma imensa fábrica de automóveis, todos apostando no Brasil e dizendo que os trinta e poucos mil trabalhadores que eles têm aqui, para serem rentáveis, devem produzir 1 milhão de carros. Estão longe desse resultado, mas vamos fazer força nessa direção. Foi o sr. López que falou comigo com muito entusiasmo sobre o assunto, o presidente da Volkswagen, cujo nome não me lembro bem,* mais discreto, é o grande inovador de tudo isso, juntamente com esse López, que me pareceu um pouco excitado.

Na terça-feira de manhã estive com o presidente do país, Roman Herzog, pessoa muito interessante. Passei em revista a tropa, toda aquela coisa, e fomos para a sala de reuniões. Estávamos sozinhos eu e Herzog, a Ruth com a senhora dele, troca de presentes, o habitual, condecorações, e reunião com os ministros que me acompanhavam e os seus ministros. O presidente estava absolutamente bem informado de todas as questões do Brasil com a Alemanha. Uma discussão bastante clara de entendimento conosco. Ele não tem poder executivo, mas é um homem simbólico no país, até porque esteve muito a favor da reunificação da Alemanha. Foi professor da Universidade Livre de Berlim.

Terminado esse encontro, saímos a pé, o presidente me levou até a Chancelaria, onde fica o primeiro-ministro [Helmut] Kohl. Era clara a simpatia, recíproca aliás, e também a intenção de que a Alemanha e o Brasil selassem um entendimento. Chegamos lá para falar com Kohl, pouca gente, creio que só o Lampreia, o Malan e os dois embaixadores, e da parte dele dois ou três ajudantes. Conversamos durante uma hora e depois passamos à mesa para um almoço, total duas horas e quinze minutos de conversa.

Fiz uma exposição um pouco formal. Quando chegou a vez de Kohl, ele pediu que falássemos com franqueza e expôs longamente sua visão da História. Curioso, porque o presidente Herzog é um intelectual, Kohl não, mas quem fez uma apresentação mais "intelectualizada" foi ele. Enumerou as razões pelas quais tinha que contribuir para a paz na Europa, e relatou seu grande esforço pessoal para manter relações com a França, embora seu irmão tivesse sido morto pelos franceses num tiroteio na guerra e ele se lembrasse de, na juventude, durante a ocupação, ter de sair da calçada quando vinha um oficial francês. Disse que se recordava disso, mas imaginava também que na França, durante a ocupação alemã, tivesse sido igual.

Sua construção é muito clara: França e Alemanha unidas para equilibrar a Europa, e também para impedir que esta seja uma fortaleza, porque a Alemanha tem que

*Ferdinand Poech.

exportar, exporta bastante, portanto ele não deixará que isso fique fechado. Daí o seu interesse na América do Sul, especificamente no Mercosul e, mais especificamente ainda, no Brasil. Disse que a Ásia está longe, que quer ter uma presença no Japão, para os japoneses não se esquecerem dele, brincou, teme os Estados Unidos. Quanto ao Leste, Kohl disse que a unificação já está custando muito, mas que eles têm que ficar aí como uma espécie de barreira. A preocupação maior, no entanto, é com a África, o Sul, com os fundamentalismos, mas ele não tem dúvida nenhuma de que a relação entre a Alemanha e a Europa é igual à do Brasil com o Mercosul. Que Mercosul e União Europeia devem ser um grande quadro de referência para que nós organizemos as grandes questões mundiais. Perguntado sobre o Conselho de Segurança, respondeu: "Não vamos nem falar sobre isso, vocês vão ter que entrar, nós também temos que fingir que não é conosco, nós somos os maiores, assim como vocês são na América do Sul. É verdade que já não somos tão organizados quanto éramos antes, não trabalhamos tanto", concluiu, para despistar a força imensa do seu país.

Em seguida ele deu uns dados impressionantes sobre a Alemanha, como a unificação foi fundamental para mostrar um país mais forte, e depois disse: "Vamos fazer o seguinte: relação direta, pessoal, eu e você por telefone, a nossa química funcionou, vai bem. Designe duas pessoas suas, eu designo duas pessoas minhas para trabalharmos juntos, para fazermos uma grande iniciativa alemã-brasileira no ano que vem, possivelmente no campo da ecologia, para mostrarmos ao mundo que o Brasil e a Alemanha estão unidos". Melhor não podia ter sido. Todos os investimentos, tudo sem exceção, política, MTCR, política atômica, todos os assuntos em absoluta convergência. Kohl sabia os dados acerca da presença alemã no Brasil, eu falei da pequena e média empresa, ele concordou, enfim, maravilha e, sobretudo, um significado político muito forte. Por tudo isso, essa foi realmente uma viagem de grande sucesso.

No dia seguinte recebi os presidentes dos partidos, tanto dos verdes como do SPD, social-democrata, e dos liberais, todos entenderam a nossa posição, os verdes ficaram entusiasmados com tudo que eu disse sobre os índios, sobre o Márcio Santilli,* sobre o meio ambiente, tomei a dianteira nas críticas. Depois inaugurei uma exposição a respeito do desmatamento da Amazônia. Ou seja, deixamos outra imagem do Brasil.

Isso ficou muitíssimo claro. Também os empresários que vieram nos ver, alemães e brasileiros, reafirmaram para a imprensa a vontade de investimento. Jantar com o presidente da Alemanha no belíssimo palácio de um ex-cardeal que era Habsburgo, de Colônia, creio. O presidente fez um discurso extraordinário, colocando claramente tudo que dissemos mais ou menos de entrelinhas, inclusive a participação do Brasil no Conselho de Segurança. Foi uma viagem absolutamente tranquila e coroada de êxito.

---

* Antropólogo, presidente da Fundação Nacional do Índio (Funai).

23 A 28 DE SETEMBRO DE 1995

Discordâncias entre Serra e Malan. Juros

Retomando, eu me referia à questão do Serra e do Malan. Este reclamava de muitas notinhas que atribuía ao Serra, eventualmente ao Clóvis, gente ligada a mim. Eu disse: "Malan, não tem sentido ficar repetindo isso, aqui da Europa já fiz uma declaração, que saiu na primeira página, de que a fofoca contra você não prevalece, mas noto que existe essa tendência absolutamente insuperável de as pessoas guerrearem umas contra as outras via notinha de jornal". Aquela pendência do Serra com o Gustavo permanece no pano de fundo, e o Pedro, que é uma pessoa em geral calma, está cada vez mais na defensiva. Acho que a Catarina também colabora um pouco ao chamar a atenção dele para os pontos deficientes, não sei se isso ajuda ou atrapalha. Na verdade, o Serra e o Gustavo não se toleram. Objetiva e subjetivamente eles ficam magnificando os pontos de divergência. Essa coisa está ficando cada vez mais ranheta, difícil de suportar. Vou ver se consigo não fazer modificações no ministério até o fim do ano, mas no fim não sei se não terei de fazer.

Hoje pela manhã falei com o Xico Graziano, que me relatou a questão do Incra, dos Sem Terra, da política agrícola. Parece que estamos chegando à securitização da dívida.* Demorou a vir. De madrugada, quando cheguei, o Marco Maciel já havia relatado a conversa que teve com o pessoal dos Sem Terra e com o PT. É preciso fazer alguma coisa. Eu tinha conversado com o Xico sobre eventualmente trazer o Incra para a Presidência. Ele se dispõe a ser o presidente do Incra. Talvez seja uma solução. Todos estão achando que o Xico pode ser um bom ponto de contato com vários setores, e eu autorizei a ver se isso tem viabilidade. Vou chamar o Zé Dirceu, o Urbano, separadamente, porque aqui tem que haver uma operação conjunta.

As Forças Armadas também estão preocupadas, querem que se acelere o processo de distribuição de terra. Curiosamente, ao contrário do que dizem alguns, elas estão preocupadas. Não com o negócio do Sendero Luminoso, que andaram espalhando. Parece que estão por aí cinco pessoas que foram do Sendero, há muitos campos de treinamento para ocupação de terras, no fundo é a Igreja, é Guatemala, é Cuba, mas existe um problema social real e tentaremos enfrentar pela base. Não sei se será fácil, porque tudo isso é muito complicado.

* A renegociação da dívida do setor agrícola, que seria consumada dois meses depois pela edição da lei nº 9138, se deu através da conversão do débito em securities e do alongamento dos prazos de quitação.

Daqui a pouco vou me encontrar com Clóvis e com Eduardo Jorge. Já falei por telefone também com o Sérgio Motta, que será operado, como todo mundo sabe. Sérgio está de bom humor, com bom ânimo, e diz que ficará três semanas fora de combate. Vai ter que ficar mais. É ruim por um lado, mas ele fez uma declaração altamente imprudente. Disse que estava falando a toda hora como cidadão, que, além de ministro, é cidadão. Se for por aí, cada ministro vai disparar suas opiniões e não há governo. Meus amigos podiam se conter um pouco, porque estão criando dificuldades desnecessárias com a mania de aparecer e de falar.

Noto o Serra muito casmurro, muito preocupado. Não sei para que dar tanta importância à questão do Gustavo. Os juros estão altos, é verdade, mas começam a baixar. Também não tenho nenhuma certeza do que aconteceria com uma queda muito rápida, se isso não poria em perigo o plano de estabilização. Vou conversar com outros economistas e ver se formo um juízo próprio sobre essa matéria.

Hoje é sábado, dia 23.

Ontem foi um dia calmo. Conversei longamente com Eduardo Jorge e com Clóvis, passando em revista as coisas. Os temas voltam. Discutimos outra vez a modificação na parte do Incra, eles concordam que o Xico Graziano vá para a presidência, mas acham melhor não tirá-lo do Ministério da Agricultura para que ele não fique pendurado na presidência, não sei se isso vai funcionar. Recebi um recado também de que o Zé Dirceu procurou o Zé Gregori porque quer conversar, ele e o Plínio [de Arruda Sampaio], que foi meu colega no curso primário. Quanto ao Plínio, não sei. Plínio tem tanto ressentimento que não ajuda nessas conversas, embora seja uma pessoa em geral correta.

Hoje vou almoçar com o Zé Gregori, que veio ontem. Jantaram aqui o [Alain] Touraine, o Sérgio Amaral, o Paulo Renato, o Vilmar, tive uma longa conversa com o Luciano Martins. O Touraine, como sempre animado, disse ter percebido que estou com muito prestígio.

Aliás, ontem saiu uma pesquisa feita pelo Ibope e uma análise feita pelo Lavareda. É impressionante, os índices se mantêm elevados e estáveis, em termos de Brasil. Perguntam se eu ganho a eleição de novo, de novo ganho com maioria, acham que as viagens têm sido boas, que sou trabalhador. De maio para cá, praticamente não houve alteração. Quando houve, foi uma ou outra menorzinha, sempre a favor. Existe em relação ao governo um certo desgaste em camadas de classe média, a confiança no real também diminuiu um pouco. Nada preocupante, mas a gente tem que estar olhando, porque começa a haver o fantasma do desemprego. Não é real, quanto à sua proporção, existe mas não é tão grave assim. A imprensa está martelando muito isso, a Fiesp está interessada em fazer onda porque quer juros mais baratos, enfim, o de sempre, mas o governo também tem que prestar atenção nesse lado das coisas.

Paulo Renato diz que quer voltar a falar comigo hoje, aqui. Hoje, sábado, vou jantar na casa da Roseana Sarney, suponho que com Sarney também. O Paulo vai passar aqui antes. Imagino que ele vá discutir as questões mais gerais. Está querendo participar mais da discussão política, não creio que tenha pretensões de sair do Ministério da Educação, até porque a programação do Ministério está começando a funcionar. Vamos ver do que se trata.

Serra também falou comigo ontem. Passou tudo a limpo, mais uma vez. Terei reunião com os governadores na segunda-feira, ele forneceu todos os dados, sempre com muita competência. Mas não deixou de cutucar o Gustavo Franco, diz que não aguenta mais, que o Gustavo deu uma declaração, inconveniente aliás, dizendo que a questão é o equilíbrio fiscal. Quando se fala em equilíbrio fiscal, parece que estão criticando o Serra. Não é bem assim, é isso que precisamos esclarecer. O equilíbrio fiscal é um esforço coletivo, hoje o desequilíbrio maior é nos governadores e nos prefeitos, não no plano federal. Mas, como estão aí de guerrilha armada, não pode falar uma coisa que o outro já interpreta que seja com ele, veste a carapuça, e vice-versa, é esse clima que não está nada bom.

HOJE É TERÇA-FEIRA, dia 26 de setembro. É noite.

No sábado jantei na casa da Roseana Sarney com Sarney, com os senadores do Maranhão, com o Tasso. O jantar foi agradável. O Tasso e a Roseana, muito contra a reforma tributária. Houve algo disso só no finalzinho, e não é nada de especial. Sarney quer deixar bem claro que tem uma relação próxima comigo e que as intrigas não vão nos pegar, enfim, o de sempre.

Segunda-feira, 25, houve a reunião dos governadores no Alvorada. Pela manhã estive no Palácio do Planalto, rotina. O encontro com 27 governadores foi um êxito absoluto. Já na noite de domingo Pedro Malan me havia trazido um documento sobre as propostas que eles iriam fazer e, na segunda de manhã, preparamos a reunião da tarde com o Nelson Jobim, Clóvis, Eduardo Jorge, Pedro Parente e Murilo Portugal. Eu estava por dentro do dossiê. O Serra tinha viajado. Eu já tivera boas notícias da operação do Sérgio Motta, feita no sábado, e tudo estava mais tranquilizado. O Serra também deixou por escrito um documento que explicava as coisas, foi pena ele não estar aqui.

Na reunião tomei a liderança para explicar a necessidade do Fundo Social de Emergência, da reforma tributária, da reforma administrativa. Os governadores vieram armados, sobretudo Arraes, a própria Roseana, o Dante, vários deles estavam preparados para dizer que o Fundo Social de Emergência dava prejuízo aos estados. Foram sendo desarticulados, porque eu tinha os dados e demonstrava que não era assim. E fiz um apelo muito claro no sentido de que precisávamos ter uma relação de unidade, porque o problema dos estados é o problema do Brasil. Falta fazer o saneamento total, falta haver uma consolidação das dívidas, a dívida pública em geral, não só federal. E que ou sairíamos juntos ou não sairíamos. Num discurso forte mostrei que tinha voltado da Europa, que lá há muita crença em nós, que não poderemos ficar olhando para o nosso umbigo e que estava na hora de darmos as mãos uns aos outros.

O fato é que fui o tempo todo explicando, dando resposta a cada um deles, brincando um pouco, ao mesmo tempo com muita firmeza e amabilidade, e assim desarticulando as prevenções que eles tinham. No final houve um apoio praticamente unânime. O Sérgio Amaral escreveu um texto, eu li, dizendo que houve apoio, fazendo naturalmente as ressalvas necessárias, mesmo sobre a questão da reforma tributária, porque alguns deles não veem clareza no mecanismo de compensação das eventuais perdas que teriam, e terão, pela isenção dos impostos de exportação e de importação de bens de capital.

Esse ponto tem que ser resolvido, na verdade não está resolvido. Se a nossa equipe pensa que consegue simplesmente com 10% do antigo IPI pagar essa diferença, os governadores sabem que não é assim. O Britto foi muito incisivo. O Mário Covas foi quem fez a colocação talvez mais correta. Ele disse: "Vocês estão fazendo tudo isso para cortar despesa, nós, os estados, vamos cortar despesa, mas vocês podem tributar. Nós temos o outro lado. Nós temos também que ter alguma condição de melhorar a nossa arrecadação. Precisamos saber qual vai ser a nossa parte no eventual aumento de arrecadação futura". Enfim, argumentos ponderáveis a que tínhamos e teremos que responder.

Quanto ao Fundo Social de Emergência, todos acabaram por apoiar. A grande choradeira, legítima, é a dívida dos estados, que é diferente. Tem a dívida mobiliária, que é uma coisa, tem a dívida contratual, que é outra coisa. Mostrei-lhes que isso tudo tem que ser resolvido em conjunto pelo governo federal e pelos governos estaduais. Quero resolvê-las, como fizemos com a dívida externa, mas, mesmo que resolvesse tudo, dois terços da aflição deles são por causa do aumento da despesa, da folha de pagamento, e isso não consigo resolver pura e simplesmente baixando os juros. Posso naturalmente baixar, até devo, devemos buscar essa baixa, farei a securitização das dívidas, mas assim não se resolverá a questão fundamental deles, o excesso de gastos.

Só a reforma administrativa vai permitir isso, e leva tempo, o que eles sabem, e por essa razão insistem muito nas medidas mais imediatas que também deveremos tomar. Jobim esteve presente, fez um trabalho magnífico de visita a cada governador, saiu um pouco chateado, me disseram depois, porque não criei um comitê onde ele e outros mais entrassem para resolver a questão das dívidas. É que alguns governadores já não acreditam na Fazenda. É possível que não acreditem, mas eu prestigiei o Malan, até porque havia tantos rumores, que soube mais tarde terem sido espalhados pelo Sérgio Motta, de demissão do Malan, que eu tinha de sustentá-lo.

No fim, apoio geral. Foi o que eles disseram pelo rádio, pela televisão, por todos os lados, e isso refletiu no dia de hoje, terça-feira, na Câmara, onde, pelas informações que tenho, houve um ambiente muito mais favorável. Ganhamos uma votação importante, que foi evitar a possibilidade de uma manobra proteladora da reforma administrativa.

Tive uma rápida reunião com os líderes, Marco Maciel também presente, há um clima ótimo, muito mais favorável ao que precisaremos fazer. Tive ainda muitas conversas sobre a questão dos Sem Terra. Estive com Zé Eduardo Andrade Vieira, que veio colocar não só essa questão do seu ministério mas a do Bamerindus. Para resolver a difícil situação do banco, ele precisa vender algumas propriedades e também que o BNDES entre na sua empresa de papel que fica no Paraná,* a grande causadora desse prejuízo. Disse-lhe que acho que isso poderá depois configurar conflito de interesses, e que eu, claro, estava disposto — por causa não só dele mas do Brasil — a resolver a situação dentro do limite da lei, mas que ele devia pensar se não iam explorar o fato de que é ministro. O Zé Eduardo sabe que podem explorar, mas não quis assumir essa posição, a qual implicaria pedir demissão.

Sobre a questão dos Sem Terra, como combinado anteriormente com o general Cardoso, com Clóvis e com o Xico Graziano, acho que a solução seria colocar o próprio Xico. Ele quer, como querem os Sem Terra e a Contag, que a gente separe o Incra do Ministério da Agricultura, dando autonomia. Meus dois outros assessores diretos, Clóvis e Eduardo Jorge, são contra. Não levantei esse assunto com o Zé Eduardo, mas levantei o da substituição do Brasílio [Araújo] pelo Xico. Ele concordou na hora, desde que não seja lido como desprestígio dele, quer dizer, preciso colocar bem o Brasílio, eventualmente em Itaipu. Amanhã, quarta-feira, terei um encontro com o Scalco, vamos falar sobre Itaipu. O fato é que a questão dos Sem Terra é preocupante.

Pedi que fosse lá, e foi, o Urbano, presidente da Contag, juntamente com o rapaz [Osvaldo Russo] que já foi presidente do Incra e é ligado ao senador Roberto Freire. Tivemos uma boa conversa. Eu disse: "Dá para mexer, estou disposto", não disse quem eu poria, mas preciso de um impacto mais amplo, nessa área dos Sem Terra, do PT, da Contag. O Xico falou com o Zé Dirceu, que está disposto a vir conversar não sei em que termos. Esses, sobretudo o assessor do Roberto Freire, têm medo do que vai acontecer com a presença do PT. Eles acham que o partido pode piorar a situação, porque pode partidarizar mais a questão, eu acho que o PT ainda tem alguma influência sobre os Sem Terra. Repito: esse é um problema grave, que me preocupa.

Hoje veio o laudo da polícia sobre o grampo da Contag. Ele está lá provavelmente há cerca de dez anos, nós nunca o utilizamos no meu governo nem no de Itamar, não sei sobre os outros governos. Acho que o pessoal da Contag sabe disso.

Também está começando a azedar o clima na área agrícola, porque os proprietários de terra estão querendo agora se armar, vem de novo um clima tipo UDR. Eu disse isso também ao pessoal da Contag. Acho que esse é o problema *macro*.

---

*Inpacel Indústria Ltda.

Ao lado da questão dos Sem Terra e dos assentamentos, continua o problema dos juros. Malan falou comigo hoje outra vez, já tinha falado domingo, que é preciso, vamos baixar os juros, no fim de semana os juros devem baixar. Isso é importante. É uma teimosia já muito grande do Gustavo. Não sei se é dele ou se é do Chico Lopes. Ou seja, permanecem as mesmas pendências, não vou nem repetir. Serra está em Genebra, até de lá ele telefona para reclamar do Gustavo, reclamar da Fazenda, aquela choradeira que já está ficando desesperadora.

O problema da safra agrícola melhorou, o Zé Eduardo diz que a área plantada será maior do que se imagina, o que o Xico confirma. Falei com o Beto Mendonça sobre a securitização da dívida agrária, ele também acha que as coisas estão no limite de uma situação mais favorável para nós.

Enfim, não há grandes problemas, politicamente parece que revertemos e a coisa vai melhor.

Hoje o Luís Eduardo Magalhães esteve comigo aqui no Alvorada. Saímos para jantar junto com o deputado Heráclito Fortes. Os dois demonstraram grande encantamento pelo que estou fazendo. O Heráclito disse que nem os militares conseguiram tanta aprovação no Congresso tão rápido como nós. Acho que é sincero o que eles disseram de seu grande entusiasmo pela nossa capacidade de levar adiante essas transformações num ambiente de relativa tranquilidade.

Em tempo. Gostaria de registrar ainda que na segunda-feira o general Cardoso me procurou e disse que tinha vindo de uma viagem ao Nordeste. Esse general é extraordinário. Vai por conta própria lá onde percebe que tem alguma brasa. Contou que encontrou as coisas mais ou menos sob controle, que, de coronel para baixo, todos estão de acordo com a sua posição, e minha por consequência, e que há uma certa divisão entre generais com relação a ela. Eu disse que, provavelmente, há também competição. Ele concorda. Mas me contou que recebeu uma carta do general [Francisco] Torres de Mello, um famoso linha-dura. Leu-a para mim. A carta reclama que o general Cardoso se esqueceu das vítimas da grande revolução de 64, grande no dizer dele, e que era preciso não esquecer, enfim, uma carta típica de um homem da linha dura. O general Cardoso responderá amavelmente mas firmemente. Ele acha que são resquícios do passado, mas disse que está sempre atento a esses resquícios. Curioso como as coisas são assim.

Há também resquícios do passado no Movimento dos Sem Terra, há declarações, fotografias de Mao Tsé-tung, Che Guevara, enfim, setores minoritários, mesmo nesse movimento, mas que têm um certo sonho. Curiosa, essa coisa agrária brasileira. De novo Canudos, velhos messianismos, velhos ecos, porque é preciso repetir que as estruturas agrícolas, fundiárias estão velhas, arcaicas. Tenho ao mesmo tempo uma certa sensação de déjà-vu e de urgência de fazer algo, visto que se trata de um povo sofrido. Claro, pode haver e há exploração política no sentido de que alguns iluminados ainda acreditam numa espécie de revolução que viria do campo. Mas nós não temos dado uma resposta rápida, porque é difícil, nem quanto aos assentamentos, ninguém encontra solução para isso.

E há o grande debate do desemprego. Aqui no Brasil o desemprego é pequeno, há grande escândalo quando se perdem 9 mil postos de trabalho, algo assim. De fato, está em curso uma reestruturação industrial que vai desempregar. Os dados do Dieese dizem que, não obstante, os serviços cresceram, em termos globais não houve perda de emprego. É possível, mas há setores muito sensíveis, como os metalúrgicos do ABC, onde há perdas. Hoje o Paulinho, que é o presidente do Sindicato dos Metalúrgicos de São Paulo, me telefonou para dizer que amanhã eles estarão com Malan. Recebi também um recado do Medeiros, via Jorge Serpa, dizendo que o que eles querem é que o governo lhes dê alguma luz, porque precisam se diferenciar da CUT, mas é claro que, para os metalúrgicos, a questão do desemprego está rondando.

E o Paulinho, que é muito hábil e esperto, disse: "Aqui a questão é de reestruturação mesmo e as empresas não estão querendo investir. Mas estão querendo jogar em você a responsabilidade". "Você" sou eu, ou seja, haveria uma política recessiva, de juros altos, que seria a responsável pelo desemprego, quando, na verdade, há uma transformação profunda da indústria automobilística, que vai continuar. Como já disse aqui, eu vi na própria Alemanha que a Volkswagen jogará pesado na modernização, em novas técnicas de produção, e haverá mais desemprego. Esse é um fenômeno com que os brasileiros terão que conviver e para o qual não há solução em nenhuma parte do mundo.

HOJE É QUARTA-FEIRA, DIA 27 DE SETEMBRO. Dia sem nada de muito especial.

Pela manhã fui a uma solenidade das Forças Armadas, coisa de sempre. Todos os generais presentes, almirantes etc.

Scalco esteve comigo. Aceitou presidir Itaipu. E, o que foi importante, decidimos também passar o Brasílio, que hoje é o presidente do Incra, para Itaipu e nomear o Xico Graziano para o Incra. No registro que fiz aqui sobre a conversa com o Urbano, já deixava claro que mudaria as coisas no Incra.

O Xico está feliz. Ele queria uma autarquia, queria ficar diretamente ligado a mim, mas isso é complicado, porque o Zé Eduardo já acusou o golpe, tiramos o presidente do Incra, pusemos o Xico, é uma quase intervenção. Acho que vai funcionar, espero que funcione. Xico tem habilidade, conhece a área e será muito mais bem-aceito pelos setores mais à esquerda. Isso será um sinal de que o governo infletiu numa direção mais progressista. Só um sinal. Na verdade, nós assentamos até agora, em poucos meses, mais que nos dois últimos anos, mas não adiantava porque tudo se complicava com a questão de que o Zé Eduardo é latifundiário e o presidente do Incra seria da UDR. Assunto, portanto, resolvido.

Além disso, audiências normais com deputados do PSDB, gravação do programa que o embaixador Sérgio Amaral queria, nada de muito extraordinário.

Longo despacho com Marco Maciel, as questões de sempre. Muita preocupação com o Nordeste, com o qual todo mundo se preocupa muito, mas cujo nó ninguém desata.

Jantei com Calabi e com o Vilmar. O Calabi me disse que pedia demissão, não aguenta mais o estilo do Serra. Gosta muito dele, mas diz que Serra puxa o tapete, que não dá a consideração necessária para que possa caminhar. Ele está obviamente magoado. Sabe bastante. Não sei se o Serra, que já me havia dito que as coisas não estavam funcionando a seu gosto, faz um bom negócio deixando-o ir embora. Eu gostaria de reter o Calabi. Propus-lhe algumas coisas. O Custo Brasil, uma Secretaria Especial, outra possibilidade seria em relação aos programas sociais. Ele, no fundo, quer ter responsabilidade direta por uma área e não quer se perder em articulações entre ministérios. Talvez tenha razão e a gente tenha exagerado nessas articulações matriciais. Vamos ver como se encaminha isso.

O senador Gilberto Miranda continua dificultando a aprovação do Sivam, o que tem certo peso.

Recebi também aqui, à noite, antes de jantar, o Paes de Andrade com o Michel Temer. O Paes veio para sinalizar que não estaria contra mim se fosse eleito presidente do PMDB, e gostaria que não se passasse para a opinião pública a ideia de que estou morrendo por uma candidatura, no caso, a do Goldman. De fato, eu não estou morrendo, acho que o Goldman é muito mais moderno, muito mais capaz de uma convergência em torno de problemas do que o Paes, que é um homem de um velho estilo. Mas não estou diretamente me movendo. O Paes é capaz até de ganhar, o que mostra, se realmente ele ganhar, que o PMDB está num momento de extraordinária falta de quadros. O Sarney vai apoiá-lo, Quércia também o está apoiando, é uma combinação esdrúxula, e o Goldman está um pouco marginalizado. Não tenho certeza com quem está o Michel. Pensava que estava com o Goldman, mas agora já não tenho tanta certeza de que esteja.

Falei com o Luís Carlos Santos. Esse sim me pareceu mais favorável ao Goldman, embora também com uma certa cautela.

É isso. Nada mais de especial por hoje.

HOJE É QUINTA-FEIRA, dia 28 de setembro.

Fatos principais.

Almocei com o líder do governo na Câmara, Luís Carlos Santos, e com seus vice-líderes, Almino Affonso, Benito Gama, mais um da Amazônia cujo nome não recordo agora, Elton, algo assim,* e com o Arnaldo Madeira. Está tudo entrosado.

---

*Elton Ronhelt (PSDB-RR).

Estamos ganhando de novo tudo. Ganhamos hoje no Senado a votação relativa às patentes,* à exportação de materiais sensíveis** e à questão do petróleo.*** Vitória total, apesar de toda a onda que a imprensa faz.

O Prisco Viana deu um parecer contrário a uma porção de propostas do governo, os jornais disseram que eu tinha dito que os relatores estavam sendo mal escolhidos, grande agitação na Comissão de Justiça. Terei dito mesmo, não sei a quem, seguramente não a jornalistas. Alguém que foi espalhando isso por aí. Mas não aconteceu mais nada. Genoino aproveitou para fazer onda, nada de extraordinário.

Continuamos tendo uma boa posição no Congresso. Me parece que as coisas estão amarradas, apesar dos vaivéns que são habituais.

Recebi o presidente da British Gas,**** falamos sobre a questão do gasoduto que vem da Bolívia, eles estão fechados conosco, vão fazer o projeto de investimentos, já têm tudo preparado. Segundo a Petrobras e o Itamaraty, parece que já acertamos a questão do preço do *pipeline*. Esse projeto deve deslanchar.

Recebi também alguns parlamentares tipo Agnaldo Timóteo, que veio pedir que fizéssemos anúncios na *Tribuna da Imprensa*.

Recebi Joaci Góes, que quer que a gente faça anúncio na *Tribuna da Bahia*. Ele é o único que faz oposição ao Antônio Carlos. O Joaci é um homem inteligente, um pouco exacerbado no seu talento, mas é um homem de talento. Hoje está na iniciativa privada, no Banco Agrimisa, que estava sob intervenção e segundo ele está em franca recuperação, com alguns bilhões de dólares programados, uma coisa extraordinária.

No final do dia recebi a bancada paulista. Veio falar sobre o Banespa. Conversa de tico-tico. Eles sabem que há a dívida do estado e a dívida do Banespa, e que nós temos a do estado equacionada. Era mais um jogo de cena. Eu disse o que devia dizer, não posso dizer muito, o Banco Central está mesmo bastante lento nessa negociação e no encaminhamento da solução. Sérgio Amaral assistiu à conversa e também teve essa impressão, de que fico tentando justificar coisas que não têm muita justificativa. Mas eu tenho que justificar e os deputados, bem ou mal, engoliram.

Falei também com o relator***** da Comissão da Organização dos Poderes. Na verdade, para saber se a Câmara pode ou não, por conta própria, aumentar salário de funcionário. Nós queremos que seja uma lei, portanto que eu possa vetar. Isso causa uma grande polêmica na Câmara. O relator, do PSDB do Ceará, no fundo é

---

*Votação da Lei de Patentes na Comissão de Assuntos Econômicos do Senado.

**Projeto de lei regulamentando a exportação de materiais de aplicação bélica, além de produtos químicos, biológicos e nucleares.

***A oposição questionara o fato de a PEC do petróleo, acabando com o monopólio estatal, prever regulamentação do setor por lei ordinária.

****Cedric Brown.

*****Deputado Lúcio Alcântara (PSDB-CE).

contra. Veio se explicar, chegou o Zé Aníbal, apertou o bicho e parece que ele fará o parecer como achamos que deve ser feito. Até gostei da atitude do Zé Aníbal, mais desembaraçada no pressionar as pessoas.

Jantei com João Havelange e com Rafael de Almeida Magalhães. Trata-se da Olimpíada no Rio de Janeiro no ano de 2004, e a decisão quanto à cidade-sede será tomada ainda no meu governo. Acho que seria uma bela coisa, tem uns projetos de reconstruir o Rio a partir da Olimpíada. Querem fazer como se fez em Barcelona, não sei se há gás para tanto, mas vamos tentar, vamos apoiar fortemente mais esse passo no Rio de Janeiro.

O resto é mais ou menos a rotina de sempre. Houve um incidente com Jatene, que ficou irritado com o pessoal do Planejamento. Ele acha que está pegando dinheiro [para a Saúde] por um lado e eles tomam o dinheiro dele do outro. Já me telefonou dizendo que amanhã quer um encontro comigo.

30 DE SETEMBRO A 6 DE OUTUBRO DE 1995

PMDB. Reforma administrativa

Hoje é dia 30 de setembro, sábado, são mais ou menos três da tarde.
 Retomando, eu falava sobre essa briga do Jatene com o Planejamento.
 Não tenho muita certeza do que foi combinado. Clóvis me disse que o Jatene está querendo mais. O que se combinou foi que ele teria o orçamento executado este ano mais o que proviesse do novo imposto* para o orçamento do ano que vem. Jatene apresentou uma tabela na qual mostra que, em termos proporcionais, a Saúde fica na mesma, o que não quer dizer que, em termos absolutos, não tenha havido um aumento. Tenho que olhar isso com calma.

O Jatene veio aqui ontem, me mostrou essa tabela, estava bastante irritado, mas não o suficiente para chegar a uma posição extrema. Estava irritado também por causa da imprensa, que está em cima dele porque mandou pagar hospitais que podem ter tido fraude, constatada a partir de um controle que ele próprio fez. E mandou pagar por uma razão simples: o pagamento de cada operação, de cada ação médica, é muito baixo e, se ele deixar de pagar 200 milhões de reais, que é o que seria, parece que 125 mil são eventuais fraudes, o sistema ficaria ainda mais sem recursos. E são eventuais fraudes, até agora não foram apuradas. Ele está bastante chateado com a imprensa em cima, é natural. Foi ao Congresso e conseguiu convencer os senadores, acho que vai ganhar, pelo menos no Senado, com certa tranquilidade. Hoje, na reunião da Granja do Torto, falei com Élcio Álvares, que acha que, no Senado, a gente ganha. Embora tenha que ver o dia da votação, porque há muitos senadores, por volta de doze, no exterior.

Ontem também participei, pela manhã, de uma reunião da Câmara de Infraestrutura em que o dr. Fernando Xavier, que está substituindo o Sérgio Motta, expôs o Plano de Telecomunicações. Está bem-feito. Vê-se que eles têm rumo, uma coisa bem interessante.

Recebi uns jornalistas da Federação Nacional de Jornalistas e me diverti com eles, discutindo as mudanças no mundo, pois são todos meio esquerdosos. Uma veio me perguntar de "neo", eu disse: "Você não tem nem coragem de formular se eu sou neoliberal", ri, brinquei, no jornal saiu um pouco deturpado, como se eu estivesse defendendo taxas altas de juros, mas, enfim, nada de extraordinário.

Recebi o pessoal da Comissão de Orçamento da Câmara. O mais difícil foi o Osvaldo Coelho, por causa da Irrigação. Nunca há correspondência entre o que se diz e o que aparece no orçamento, a briga é imensa, como aquela no caso da Saúde. No caso da Irrigação, parece que os recursos não correspondem aos meus desejos nem

---

*Contribuição Provisória sobre Movimentação Financeira (CPMF), instituída em 1996.

aos do deputado Osvaldo. O Renan Calheiros,* como o outro que estava lá com ele, o Iberê [Ferreira],** é um homem muito disposto a ajudar. Tive ainda a satisfação de ver que a Câmara votou bem a questão de patentes. Até agora não perdemos uma votação no Congresso. A imprensa faz onda, mas a gente ganha.

Hoje pela manhã tive uma reunião longa com todo o ministério, também nada de novo. A Dorothea expôs seus problemas, depois o Pelé, um clima muito bom. Algumas preocupações da parte do ministro Gandra em razão de uma denúncia do *Globo* cinco dias seguidos em cima da Aeronáutica.*** Parece que o Gandra mandou que o Tribunal de Contas fosse ouvido, acho que é o que ele tem que fazer, embora minha impressão de longe é que o preço estava realmente salgado. E, se estiver, tem que anular, não tem dúvida nenhuma. Em relação à questão do Jatene, conversei com o Pedro Parente e com o Paulo Paiva. O Jatene precisa de um empréstimo de 1,2 bilhão do FAT. Parece que a coisa vai caminhar nessa direção, o que o atende ao menos parcialmente, podendo inclusive anular a transferência de recursos no caso das eventuais fraudes, porque nós aumentaríamos o pagamento dos procedimentos em 25%, não em 40%, que é o que ele quer, porque senão o Congresso pode esmorecer na busca desses recursos adicionais.

Vou a São Paulo nesse momento para visitar o Sérgio Motta, amanhã estarei no Rio, mas em viagem privada. Vou me encontrar com Evandro, do *Globo*, simplesmente para tomar um café com ele.

Na manhã de segunda-feira inauguro um Congresso Internacional de Siderurgia no Rio de Janeiro, depois vou ao Paraná, para a inauguração de uma exposição que faz parte dessas conferências sobre o Habitat.**** O governador Jaime Lerner e o prefeito [Rafael] Greca insistem muito para que eu vá. À tarde sigo para Santa Catarina, onde inauguraremos uma estrada e o aeroporto internacional.***** A presença do presidente nos estados sempre dá um sentido de dinamismo. Volto à noite para Brasília.

HOJE É SEGUNDA-FEIRA, estou voltando da viagem que mencionei. No fim da tarde de sábado estive com o Sérgio Motta. Ele está com uma enorme disposição,

---

*Senador (PMDB-AL), presidente da Comissão de Orçamento.

**Deputado federal (PFL-RN), relator do projeto de orçamento para 1996.

***A Aeronáutica foi acusada de superfaturar a compra de um imóvel para a ampliação do Hospital Central da Aeronáutica, no Rio de Janeiro.

****Dia Mundial do Habitat.

*****Trecho da BR-470 e Aeroporto Internacional de Navegantes.

realmente impressionante, e com aqueles pontinhos que anota para discutir comigo, tudo tranquilo do ponto de vista da cirurgia.

Domingo fomos para o Rio. Nada de especial, apenas as questões familiares. Antes de ir jantar na casa do Paulo, encontrei com Evandro Carlos de Andrade, que é o novo diretor da TV Globo. Longa conversa de duas horas, amistosa, interessante, simpática, sem que de parte a parte houvesse algum propósito a não ser o de trocar opiniões.

Na conversa com Paulo, uma preocupação. Ele mencionou que o [Francisco] Schettino* tinha estado na Light e ficara sabendo de questões sobre os grupos que vão comprá-la. O Schettino não disse nada de muito concreto, mas o Paulo teve a sensação de que havia uma armação. Schettino ainda afirmou que, junto com outros grupos, haveria o envolvimento de fundos de pensão. Isso me preocupa bastante. Nós não temos controle nenhum sobre os fundos de pensão, é uma área que está solta e que vai mexer com alguns bilhões de reais em relação à questão de privatização. É preciso que haja uma interferência para evitar que outros façam alguma malandragem. Sempre fizeram, e não sei se dessa vez vamos escapar da regra, porque não temos os instrumentos nem informação.

Falei com o Marcelo Alencar. Conversa amistosa de sempre, está preocupado, de leve, com Rafael de Almeida Magalhães, se ele está ou não se ajustando. Eu disse que Rafael considera a sua missão no Rio encerrada no dia 2 de outubro, o que tranquilizaria o Marcelo. Marcelo é hábil, não insiste, tem a visão correta das coisas e tem me ajudado bastante de uma maneira geral.

De manhã cedo, hoje, abri o Congresso do Instituto de Siderurgia, coisa normal, com os principais donos de siderúrgicas do mundo reunidos no Rio de Janeiro. Fiz um discurso meio de improviso, meio lido, parece que teve uma repercussão boa.

De lá fomos para Curitiba, o Rafael Greca, o Jaime Lerner, muita gente, o representante das Nações Unidas, o secretário-geral da Conferência do Habitat II,** clima descontraído, interessante, nada de especial a ser registrado. E daí para Santa Catarina, todo o governo do estado em posição, inaugurando um trecho da BR-470 em cuja construção nós ajudamos um pouco, foi promessa de campanha, um clima bastante positivo. Era um comício, havia alguns milhares de pessoas e, na rua, muita alegria, todos me cumprimentando no caminho, nas estradas, e o governo, todos os partidos, até o PT. Algo que realmente revigora a gente.

Voltei, conversei com Luís Henrique no avião. O Goldman perdeu a eleição por um voto.*** Esqueci de anotar aqui que, a pedido do próprio Goldman, eu tinha falado com o nosso governador Britto para que ele fosse votar, o Britto disse que iria,

---

*Presidente da Companhia Vale do Rio Doce.
**Wally N'Dow.
***O deputado federal Paes de Andrade, do Ceará, foi eleito presidente do PMDB na Convenção Nacional do partido pelo placar de 76 a 75.

não foi. O Albano [Franco]* falou com o Fernando Bezerra, que respondeu que o máximo que podia fazer era não ir à votação. Goldman perdeu por um voto. Se empatasse, o Paes de Andrade ganharia, pela idade. Do ponto de vista do Brasil teria sido melhor se o Goldman houvesse ganhado. Do ponto de vista do PMDB, a confusão está marcada. Meio a meio.

Paes de Andrade deu algumas declarações, me perguntaram na imprensa hoje. Eu disse: "Ele veio falar comigo que queria apoiar o governo, não creio que mude de opinião". Nunca se sabe. Também não tem maior gravidade. Já a confusão no PMDB é grande.

Na volta, no avião, conversei sozinho com o Luís Henrique, que apoiou o Paes porque disse que o Goldman era o cara do Quércia. Cada um tem uma desculpa, ele iria se encontrar hoje com Moreira [Franco], que foi um dos que apoiaram o Goldman. O Luís está muito preocupado, achando que temos que marchar para a reeleição porque as coisas vão bem e que seria o caminho, que ninguém pode sair do PMDB a não ser que se faça um partido novo e que o Serjão se opõe a esse partido novo.

Não sei se é só o Serjão que se opõe ou se é um espírito do PSDB, um pouco aferrado à sigla. Não é, mas vamos ter que fazer algo nessa direção depois dessa eleição no PMDB, que reforça indiscutivelmente o poder do Sarney. Apesar de ser apenas por um voto, dentro do jogo Sarney ficou com mais força do que o Jader Barbalho, o que criará constrangimentos para outros setores do partido.

Eu já dei uma declaração em que fui bem claro, dizendo que eles podem discutir o que quiserem pelo Brasil mas que, nessa questão de ministérios, quem decide sou eu, quando sai, se sai, quem entra, a escolha é minha. Para evitar dúvidas nessa matéria.

Ainda há outra questão a registrar.

O Serra me telefonou ontem, voltando da Itália, quando eu estava na casa do Paulo Henrique, e de novo manifestou preocupação com Gustavo Franco, com as notícias a respeito de uma declaração minha justificando a política de juros altos, enfim... aquele nhe-nhe-nhem já habitual. Hoje me ligou o Sérgio dizendo que o Serra foi lá com a mesma história. Também me contou algo que eu já sabia, que o Bacha procurou o André Lara para que ele fosse para o BNDES. Ora, para o BNDES nós mandamos convidar o Mendonça [Luiz Carlos Mendonça de Barros]. Só que o Bacha não sabe. E o grave não é isso, o grave é que, segundo o Sérgio, o Bacha teria dito ao André Lara que o plano era botá-lo ali porque desta maneira seria mais fácil depois puxar o BNDES para a Fazenda e isto esvaziaria o Serra. Dito com o propósito de acelerar o processo de privatização, como se o Serra fosse contrário ao processo de privatização.

É manobra de lado a lado e perda de tempo. Os dois terão que ficar mesmo, tan-

*Senador (PSDB-SE).

to o Serra quanto o Malan, o Gustavo eventualmente, mais tarde, pode ter que sair, mas é lamentável que a gente fique perdendo tempo com essas manobras, exceto que há um problema real: visões diferentes, o que fazer com os juros, o que fazer com a dívida externa. Mas são coisas que podem se discutir nobremente numa mesa e não por baixo do pano. Essa do Bacha querer manter o André lá e puxar para a Fazenda não ajuda. É mais um problema a ser enfrentado amanhã.

HOJE É QUARTA-FEIRA, DIA 3 DE OUTUBRO.* Ontem foi um dia bastante agitado. No fim da tarde tive uma reunião com os líderes de todos os partidos que, teoricamente, apoiam o governo. Era sobre a reforma administrativa. Minha impressão é a de que, na prática, se fosse possível, nenhum deles votaria reforma nenhuma.

Michel Temer, hábil, fez uma apresentação dizendo que deixaria para os tribunais interpretarem se a estabilidade é aplicada aos atuais funcionários ou só aos futuros. Eu já sabia disso, porque o Luís Carlos Santos tinha me avisado. Essa é a maneira de o Temer poder votar com o governo.

O Inocêncio, porque o Luís Eduardo pressionou, foi lá e conseguiu dobrar o PFL. Os pequenos partidos apoiam, o PSDB também. Almino [Affonso] foi quem mais defendeu. Na realidade, ele tem uma posição bem mais restritiva, está apenas agindo coerentemente para defender o governo, mas não creio que esteja de acordo, no fundo, com essa questão de estabilidade.

Levei a reunião com jeito e adiamos para a próxima semana a decisão sobre se a reforma administrativa é constitucional ou não. Pelos cálculos que fizemos, o Luís Carlos, o ministro da Casa Civil, o Eduardo Graeff e o [José] Abrão, a impressão que se tem é a de ganhar apertado, com muita pressão. Os governadores fazem pressão ocasional, não estão se matando para aprovar a reforma, embora devam ser os maiores beneficiários. Acho que não precisava nem disso. Se eles resolvessem agir, podiam limitar os abusos em muitos casos.

Como me disse o Luís Carlos, na verdade toda a luta vai se travar em torno da estabilidade, e, para mim pessoalmente, as outras medidas são mais importantes que a estabilidade. As que vão colocar tetos em salários são as que vão permitir que haja maior flexibilização no manejo do funcionalismo. Mas a estabilidade, do ponto de vista político, será a grande batalha. Concordei que se votasse só na semana que vem.

Creio que ontem, fora uma carta-bomba que foi enviada ao Itamaraty e feriu uma moça de lá, e que é desagradável, nunca se sabe muito bem quais são as razões, provavelmente coisa de um maníaco,** fora disso não houve nada mais além do que já relatei sobre a questão da estabilidade.

*Quarta-feira foi dia 4.
**O autor do atentado foi um ex-funcionário do Itamaraty, aposentado dois anos antes por problemas mentais, sem nenhuma motivação política.

O Luís Carlos Santos me disse no caminho do Planalto para o Alvorada que o Temer precisa de um acerto pessoal, quer indicar alguém para a Portus, que é o fundo de pensão dos portuários. Vê-se, pois, que junto com toda a sua construção jurídica, que é correta, é para ser mais solidário com o governo, ele quer também alguma achega pessoal nessa questão de nomeações. É sempre assim. Temer é dos mais discretos, mas eles não escapam. Todos têm, naturalmente, os seus interesses.

Hoje, quarta-feira, recebi pela manhã o Luís Eduardo, que me disse exatamente o que estou referindo aqui, que, no fundo, só ele e eu queremos as reformas. Luís não gostou de que tivéssemos adiado a decisão da Comissão de Constituição e Justiça, acha que tem que forçar mais a barra.* Ele foi lá para discutir a questão da Bahia com o Eduardo Jorge. Bahia quer dizer também as nomeações. As brigas do PMDB baiano.

Estive com Bacha, com Serra e com Clóvis. O Bacha vai embora. Ele já tinha me avisado, mas quer ir a partir de 1º de novembro. Nós até queríamos realmente antecipar sua saída, porque o BNDES precisa ter um dinamismo maior. Nossa ideia é botar o Luiz Carlos Mendonça. Eu pelo menos disse isso lá hoje, com clareza, que preferia alguém assim. O André, que não vai, ou o Mendonça. Outro podia ser o Calabi, mas o Serra tem restrições ao Calabi, porque acha que ele é bom na parte do relacionamento político, mas não é de banco. Sempre o tive na conta oposta. Mas, enfim, sabe Deus.

Eu havia registrado aqui que o Bacha tinha convidado o André. Na verdade, segundo me disse, ele deu um toque no André, não acredita que o André venha e não se opôs ao Luiz Carlos Mendonça.

Vai haver problema. O Serra mesmo alertou. Vão dizer que é paulista, que é ligado a banco e indicado pelo Serra. Mas o Mendonça é competente. Estamos numa fase em que precisamos de execução. Acho que o BNDES tem que dar um grande impulso. Pessoalmente não tenho certeza de que o Luiz Carlos tope, embora eu próprio, algum tempo atrás, tenha lhe dado uma palavra nesse sentido.

Outra possibilidade é o [Antonio] Maciel, que hoje é presidente da Serasa, mas eu queria alguém que estivesse mais afinado com as nossas teses econômicas e financeiras e com quem eu tivesse mais liberdade. Eu mesmo queria o Maciel para a Petrobras algum tempo atrás, e é um homem que pode vir a ser aproveitado pelo governo, mas não é necessário que seja presidente do BNDES.

Estive com o general Zenildo, num despacho em que me reafirmou que há uma situação um pouco melhor na tropa do ponto de vista material, acha que o espírito está bom. Zenildo sempre construtivo.

---

*O governo adiou por uma semana a votação da reforma administrativa na CCJ para reunir apoio suficiente à derrubada de parte do parecer do relator da matéria, deputado Prisco Viana (PPB-BA).

O Cardoso falou também sobre essa carta-bomba, são preocupações normais da segurança.

Não consegui até hoje arrancar a securitização da dívida agrária. Fui informado pelo Clóvis de que o Guilherme Dias disse que o secretário da Agricultura de Goiás* mostrou a ele que havia uma certa resistência política nesse momento no estado. Aí há dois fatores.

Um são os grandes plantadores do sudoeste goiano, e o Maguito Vilela** é dessa região. Maguito sempre foi muito correto comigo, mas parece que também há pressão em cima dele. E há outro fator, mais grave, o senador Iris Rezende, porque não conseguimos nomear o diretor do Departamento [Nacional] de Produção Mineral que ele tinha indicado. E não nomeamos porque houve alguma suspeita de que havia interesse do governador na questão. Vamos ver.

Esse é um problema complicado, porque o Iris tem sido um aliado constante e teremos que resolver esta parada. Mas, como disse, a securitização até hoje nada. Na questão agrícola, esse é um dos empecilhos mais graves.

Parece que a questão do Incra foi bem resolvida. O Xico realmente acalmou os ânimos. Em tese, sexta-feira o Zé Dirceu e não sei mais quem do PT virão falar comigo sobre a questão. Ruth me relatou que o Betinho estava eufórico no Rio em função precisamente deste assunto: o Xico, a reforma agrária e tal. Parece que o clima nessa área melhorou muito.

Agora é meio-dia, uma hora, estou esperando o Tasso, Antônio Carlos, Jarbas Vasconcelos e Artur da Távola para o almoço. Sobre a eleição do Paes no PMDB, já relatei aqui que a única interferência que fiz foi falar com o Britto e também com Albano. Britto disse que viria e não veio para a votação, e Albano parece que agiu e impediu que o Fernando Bezerra viesse votar no Paes.

Na verdade, quem moveu o Albano foi o Tasso, que está fazendo a sua guerra pessoal nessa questão. De todo modo, o Tasso me disse que era bom almoçarmos com Antônio Carlos e com outras pessoas para evitar que o PMDB pense que o PFL está abalado conosco, assim se mostra que não, que temos espaço para caminhar. O fato é que essa vitória do Paes significou o reforço interno do Sarney e o aprofundamento da divisão do PMDB.

Acho que o PMDB, no caminho que vai, terá poucas chances. Se eu quisesse mesmo, poderíamos até fazer uma grande explosão no partido. Tenho medo de mexer nessas coisas agora, antes das reformas, e criar dificuldades adicionais para estas. Mas não tenho dúvida de que, depois delas, teremos que dar uma mexida nesse quadro partidário, e o PMDB não poderá continuar do jeito que está sendo, uma ameaça. Uma ameaça na verdade vazia, porque eles já não têm a mesma força que imaginam. E o Sarney fica tirando coelho de cartola.

* Odilon Resende.
** Governador de Goiás pelo PMDB.

HOJE É DIA 5 DE OUTUBRO, QUINTA-FEIRA. É mais ou menos meia-noite. Ontem deixei registrado que teria um almoço, como tive, com Antônio Carlos, Jarbas Vasconcelos, Artur da Távola e Tasso Jereissati. Duas coisas importantes. Primeiro Jarbas, que só virá para o PSDB se ficar assegurada a aliança com o PFL, porque é a chance que ele terá, em Pernambuco, de ir para diante. Isso implica que o Roberto Magalhães se candidate a prefeito. Muita reação dentro do PSDB local. Estrategicamente está certo. Outra questão: Antônio Carlos me chamou num canto, depois da reunião, para voltar ao assunto da Bahia, dizendo que não guardava mágoa, que não era de mágoa. Num certo momento se emocionou, ficou com os olhos cheios de lágrimas. O que ele quer é que o banco se mantenha aberto. Está bem. Nós também queremos. É preciso ver como. Subentendida a tudo isso estava a ideia do Tasso de trazer Antônio Carlos para dar um recado ao novo PMDB, o PMDB de Paes de Andrade, que o Tasso não suporta, e com razão. Falamos um pouco sobre isso. Todos concordam. Antônio Carlos acha que a vitória do Paes é boa para o governo, que o PMDB vai ficar numa grande confusão. Evidentemente que, pensando em termos de Brasil, em coisas maiores, o Goldman seria melhor.

Só se falou de passagem na questão relativa ao Nordeste. Eles, não sei quem, devem ser os senadores, o Beni [Veras] e tal, estão preparando uma política para o Nordeste. Isto foi noticiado hoje como se fosse a decisão de criação de um ministério do Nordeste. Já houve reação. O Serra ficou zangado porque isso tiraria poder dele. Estava lá o Lucena, Clóvis disse a eles que a culpa seria dele, Lucena, se isso acontecesse, porque o Lucena, que devia fazer o pendant, ser o homem do Nordeste, foi sumido pelo brilho do Serra. Por outro lado, o Tasso me telefonou hoje para dizer que nunca falou de "ministério do Nordeste", isso lhe foi atribuído na *Folha*. Eu tinha certeza de que assim seria, e não tenho dúvida.

Da mesma maneira, o Almino me telefonou, o Bresser também tinha ligado, a propósito do que foi noticiado sobre a reunião de outro dia com os líderes, aqui em casa, quando concordei com o Michel Temer sobre a possibilidade de uma interpretação, pelo Judiciário, da estabilidade. Isso foi lido pelo Michel e dito à imprensa como se eu estivesse favorável a que a estabilidade fosse só daqui para a frente. O Almino sabe que eu não disse isso, e confirmou esse entendimento. O Bresser, que não sabe, ficou nervoso, nós, de algum modo, já desmentimos isso, porque hoje recebi um grupo de prefeitos, da Associação de Prefeitos,* teoricamente para dar apoio às reformas, na prática para reclamar da situação desesperadora de alguns municípios. Ao responder-lhes, reafirmando todos os argumentos que tenho usado nos últimos tempos sobre a necessidade da reforma, aproveitei para dizer que a reforma administrativa se impunha e desmenti a tal versão.

Além desse fato, houve ontem um espetáculo no Itamaraty, muito bonito. Uma noite de poesia organizada pela Ruth Escobar, uma coisa realmente leve, simpática,

---

*Associação Nacional dos Prefeitos e Vice-Prefeitos.

seguida de um jantar. Encontramos um bando de gente, artistas, Milton Nascimento, a Xuxa, que só vi de passagem, não conversei com ela, foi embora cedo, a [Christiane] Torloni, a Irene Ravache, Gabriel, o Pensador, tudo muito agradável.

Hoje também foi um dia calmo. Os Meninos de Rua foram lá e o encontro com eles foi comovedor. A mocinha muito simpática fez a reivindicação pela educação, depois de repente um dos meninos me deu um boné, dei um beijo na menina, botei o boné na cabeça, um deles o virou à moda dos meninos de rua, me deu um beijo, bastante simpático, uma coisa boa, muito comovedora.

HOJE, SEXTA-FEIRA, DIA 6, estive reunido pela manhã com o pessoal do PT. Zé Dirceu, Eduardo Suplicy, o Wagner, mais Xico, Clóvis e Guilherme Dias do Ministério da Agricultura. Atitude produtiva. Chegamos a discutir a questão da reforma agrária, eles reclamaram do negócio de dizer que tem Sendero Luminoso lá. Eu disse: "Não tenho nada com isso, li na *IstoÉ* dessa semana, essa não é minha afirmação, não sei de onde eles tiraram". Eles sabem que não fomos nós que dissemos. O Xico explicou que assentamos mesmo o número de pessoas que dissemos, que era uma questão sobre a qual eles não tinham todas as informações. O Movimento dos Sem Terra disse que são 20 mil pessoas, mas há outros milhares e milhares que estão sendo assentados.

Na véspera eu tinha convocado o Jobim, que veio para discutir essa questão junto com o Zé Eduardo Vieira. E então tomamos as linhas decisivas sobre a matéria. Os procuradores vão apertar esses abusos dos próprios líderes dos Sem Terra, mas, ao mesmo tempo, vamos mudar a legislação. O Jobim sugeriu vários itens que contei para o PT e eles gostaram. Enfim, um passo positivo de aproximação. O Zé Dirceu foi muito claro no sentido de que estão dispostos a ajudar mesmo a resolver um problema e não a criar um caso político. Achei que era sincero.

Aproveitei para falar com Eduardo Suplicy, que tocou no assunto, sobre o Sivam. O senador Gilberto Miranda está exagerando em prolongar a decisão, e eu disse ao Eduardo que com isso estão prejudicando a Amazônia, nós não temos nenhum controle do narcotráfico lá. O Eduardo só quer saber por que o Gilberto está fazendo isso.

Além desse encontro com o PT, recebi o ministro da Marinha. Reivindicações normais, um pouco menos intransigentes do que em outras épocas. Mas volta a falar nos mesmos temas, em especial o salário, sobre a forma como foi feito, ou seja, briga com a Secretaria do Tesouro e com a SOF porque não lhes foi dada a gratificação que todos os civis têm e ficam se sentindo enjeitados. Na verdade, a Marinha se defende. Eles têm um equipamento melhor do que os outros, o almirante sabe que é assim, me convidou para assistir às manobras, eu quero ir, dia 27 de outubro, tentarei organizar minha agenda para ir.

Almocei ontem com Amazonino Mendes, Pauderney Avelino* e Eduardo Jorge para discutirmos a questão da mudança do presidente do porto de Manaus. Todo mundo diz que o cara que está lá é bom, inclusive o Odacir Klein, mas o Arthur Virgílio implicou que precisa ter uma posição e o Amazonino, que parece ser o mais esperto de todos, diz que é melhor deixar tirar, porque aí o Arthur Virgílio vai se arrebentar. Não sei quem tem razão, mas parece que o cara é bom mesmo. É difícil avaliar essas questões, sobretudo nessa longínqua Amazônia.

Sempre achei Amazonino mais esperto do que todos e com certa compreensão real dos problemas da Amazônia e do Brasil. Tenho alguma simpatia pelo modo como ele encara esse tipo de questão macro. Não sei o que fala no micro, mas no macro não me parece negativo, pelo contrário, tem sido um aliado consequente do governo. Por razões que ele mesmo recorda, me apoiou quando eu era pré-candidato, porque achava que eu estava no caminho certo, e repete isso a todo mundo.

Além do mais, hoje à tarde houve uma reunião de avaliação do desempenho do governo, meu, pessoal, do ministério e do Plano Real, feita pelo Lavareda, em geral aquilo que se sabe. Eu estou acima do governo, o governo está bem, e o Plano Real está acima do governo e de mim. Tudo bem. Parece que as coisas estão se estabilizando num patamar elevado, segundo Lavareda.

Na véspera, quinta-feira, falei com o Ruy Mesquita. Eu soube que o Júlio de Mesquita [Neto] estava mal. O Ruy me disse que há quatro anos, desde 91, o Júlio tem um câncer nos ossos e que ele, Ruy, só soube há um ano, tão fechado é o Júlio, e que a coisa é final mesmo. Perguntei se podia visitá-lo e pedi que perguntasse à família com franqueza. Ele foi lá, perguntou e disse que era melhor não. Hoje soube que o Júlio está muito mal, com dor. Enfim, lá se vai mais um provavelmente com certa brevidade, ele tem 75 anos.

Acho que esses foram os fatos que marcaram, pelo menos com mais força, o dia de hoje. Queria dizer também que o Paulinho, presidente do Sindicato dos Metalúrgicos de São Paulo, me telefonou para agradecer a interferência que fiz junto ao Malan no sentido de aumentar o consórcio de automóveis para cinquenta meses, para que não haja desemprego na indústria automobilística.

Veja-se que os canais com a chamada "área social" começam a funcionar, e que aquela cara que queriam dar, de um governo tecnocrata, desaparece. É menino de rua, é reforma agrária, é receber sindicato, enfim, estamos numa revolução verdadeira.

---

*Deputado federal (PFL-AM).

9 A 25 DE OUTUBRO DE 1995

*Mudança de comando no BNDES.
Visita de Hillary Clinton.
Fundo Social de Emergência*

Nos dias 7 e 8 de outubro, sábado e domingo, nada de novo em termos políticos. Fiquei em casa. Pedro Malan me telefonou de Washington dizendo que seria o principal orador da reunião do Fundo Monetário Internacional. Pelo jeito, estava muito contente.

Hoje, dia 9 de outubro, fui a São Paulo para o lançamento do programa do Mário Covas, de privatização, concessões etc., sucesso absoluto. O programa entusiasmou muita gente, 1500 pessoas presentes, fiz um discurso que foi bastante aplaudido, Mário feliz da vida. Na volta, vim com deputados de vários partidos, tudo calmo, Michel Temer, Luís Carlos Santos, sete no total. Tanto na ida como na volta discuti com Pedro Parente, Clóvis, Beto Mendonça e o pessoal da Agricultura a questão relativa à securitização. Vamos provavelmente securitizar a dívida até 200 mil reais, dando um ano de carência, dezesseis anos de prazo e juros controlados, 6% ao ano parece, melhor impossível.

Os que têm dívidas maiores do que isso são apenas 11 mil pessoas, e os outros são 180 mil. Esses 11 mil poderão se beneficiar até 200 mil reais, mas, na verdade, eles devem quase metade da dívida. A questão agrícola está encaminhada.

Por outro lado, o Beto Mendonça fez uma descrição da reunião da OMC, Organização Mundial do Comércio, mostrando que não tínhamos nenhuma chance de ganhar a questão das cotas.* A *Folha* hoje dá a manchete de que o Brasil vai recuar.

Ao chegar ao Alvorada, recebi o Jorge Bornhausen, que veio me dizer que aceitaria ser embaixador em Portugal se de fato o Itamar voltar, o que parece que vai mesmo acontecer, porque assim ele deixa de se envolver na eleição municipal aqui. Isso vai atrapalhar o Lampreia, que queria colocar o Carlinhos Garcia [Carlos Moreira Garcia]. O Carlinhos Garcia pode esperar.

Outra coisa importante é que o chanceler da África do Sul veio aqui reafirmar, numa conversa mais ou menos formal, a amizade do Brasil com seu país e o convite do Mandela para que eu vá para lá.

Agora à noite, enquanto esperava a Ruth, que ia chegar de Aracaju, assisti a um *Roda Viva* com o Paulo Renato, que foi brilhante. Suas ideias sobre Educação estão claras, ele as defende bem, encontrou o caminho.

---

* A imposição de cotas de importação de automóveis pelo Brasil foi analisada pela OMC, que recomendou sua suspensão imediata.

HOJE É TERÇA-FEIRA, DIA 10 DE OUTUBRO. De manhã cedo fui à casa do Marco Maciel, onde havia uma reunião do PTB e do PFL para discutir a reforma administrativa. Quando cheguei, estava falando Régis de Oliveira.* Depois Inocêncio pediu a palavra, as dificuldades são visíveis. Todos reclamam que a quebra de estabilidade pode gerar perseguição política. Na verdade, não é isso.

Eles não querem realmente mudar as regras existentes. Vão mudar, se nós conseguirmos, por pressão. Eu disse que a questão era política, que esse programa tinha sido apoiado na campanha e que certas mudanças que eles não queriam fazer eram propostas do próprio PFL. Claro que diante de mim davam a impressão de que concordariam. O deputado Maluly Neto reclamou que está sendo maltratado, sobretudo por alguns ministros, alguns dos quais sentados à mesa. À mesa estavam Eduardo Jorge, Serra e Bresser. Não me pareceu que algum deles tivesse relação com Maluly, deve ser coisa da área de comunicação social que deve estar gerando contrariedade.

Pela tarde, coisas normais. Recebi o governador do Amapá,** o de Roraima*** e o Britto, do Rio Grande do Sul. O de Roraima quer entrar no PSDB, mas o Getúlio Cruz, que é de lá, não deixa. Ele é amigo do Sérgio Motta. O rapaz de Roraima, Neudo Campos, é bom. Vamos ver se conseguimos interferir nisso.

No Amapá, o Capiberibe, que é do partido socialista, quer que eu apoie o desenvolvimento sustentado. Vou fazer o que puder para dar um empurrão nessa história, é muito barato o que ele pede e parece justo.

Britto veio com a ideia do sul do Sul,**** a metade sul do Rio Grande do Sul, ele, o Vladimir de Magalhães, o Serra e o Clóvis. Várias ideias. Faremos algo semelhante ao que se fez no Rio. Britto está muito desanimado com o seu partido, o PMDB.

Bacha pediu demissão. Nós já sabíamos. O Luiz Carlos Mendonça será nomeado presidente do Banco [BNDES].

O Xico me apresentou um rapaz do PT que topa ser o diretor fundiário do Incra. O Santiago tem outros candidatos, o Sigmaringa ou o [Hermes] Zaneti. Vai dar alguma confusão, mas acho que alguma aliança, mesmo que indireta, com o PT nessa área não atrapalha e, pelo contrário, pode facilitar as coisas.

De manhã tive uma reunião com o presidente do Vietnã***** e sua equipe; à noite, jantar no Itamaraty. Tudo muito formal, embora o homem seja um dos heróis da luta contra os americanos, na descolonização do Vietnã. Mas está quase que engessado pela muita idade ou pelo cansaço. O ministro das Relações

---

*Deputado federal (PFL-SP).
**João Capiberibe (PSB).
***Neudo Campos (PTB).
****Plano de desenvolvimento proposto pelo governo gaúcho para diminuir as desigualdades econômicas entre o sul (mais pobre) e o norte do estado.
*****Le Duc Anh.

Exteriores* estava mais aberto. Mas não foi possível nenhum diálogo mais interessante.

No jantar me encontrei com o Cristovam Buarque, muito queixoso da reunião que tivera hoje com a bancada do PT sobre as reformas. Ele acha que o pessoal está muito resistente. Diz que o Genoino lutou bastante a favor e o Tarso Genro** também. Mas o PT é o PT. Se o PFL não quer, o PT muito menos. Ninguém quer. Todo mundo tem medo de enfrentar certas situações já cristalizadas.

Fora disso, a rotina, discussão sobre a vinda da Hillary Clinton, aquele nhe-nhe-nhem do Itamaraty, se pode ou não pode, como é que faz, a que horas vem, com quantas pessoas.

Em tempo. Houve ainda a aceitação do Brasil no MTCR com proposta da Argentina. À noite, o brigadeiro Gandra, que estava no jantar, veio me felicitar. Ele sabe a dificuldade que teve, sobretudo na Aeronáutica, e eu também, para tirar as pedras do caminho. Isso foi uma coisa diplomaticamente importante.

Outro dado significativo na área externa é que muita gente quer falar comigo em Nova York,*** [Boris] Iéltsin, [Jacques] Chirac, enfim... uns vinte presidentes estão pedindo audiência.

HOJE É DIA 12 DE OUTUBRO. Ontem foi quarta-feira. O Bacha será substituído pelo Mendonça de Barros. A interpretação dos jornais é que o Serra liquidou o Bacha. Não é verdade, ele queria sair faz muito tempo. Mendonça de Barros foi um nome consensual: do Serra, meu, do Serjão, do Malan, do próprio Bacha no fim, do Clóvis, de todo mundo.

Li hoje um artigo do Dionísio [Dias Carneiro], que faz parte do pessoal da PUC do Rio, dizendo que os pais do real estão indo embora, que isso é um risco e não sei o quê, dando a entender que agora há risco de perdermos a capacidade de elaboração. Talvez seja verdade, mas eles vão embora porque querem e não porque eu queira. Creio que as coisas já estão elaboradas e no rumo mais ou menos definido.

Quero dizer também que na terça-feira almocei com o pessoal da revista *Veja*, Roberto Pompeu [de Toledo], Mario Sergio [Conti] e Tales Alvarenga. Passei para eles os dados do Itaú que mostram uma série de dez anos sobre o desempenho da economia e alguns indicadores sociais do Brasil. É extraordinário, do Plano Real para cá foi só êxito.

*Nguyen Manh Cam.
**Prefeito de Porto Alegre.
***Referência à viagem para a abertura da Assembleia Geral da ONU, de 20 a 23 de outubro de 1995.

Ontem recebi governadores. O governador Raupp de Rondônia com a sua bancada, problema de rolagem da dívida. Recebi a visita do Inocêncio, no Congresso continua aquele chove não molha, não querem aprovar, muito menos a estabilidade, vão acabar aprovando. Na Comissão de Justiça, será na base de muita pressão. Falei com Zé Aníbal, que é uma pessoa que me parece razoável, inteligente e sempre dá uns palpites pertinentes, ele sabe da situação e está mais confiante do que alguns outros.

Recebi o almirante Mauro César, reclamando de certas coisas, algumas até com razão, o modo de tratamento por parte do pessoal da área econômica, da área financeira, enfim, as restrições de sempre.

Despachos habituais e normais. Recebi o Fernando Gasparian, o Montoro e o deputado do Rio Grande do Norte que será o relator do Fundo Social de Emergência, esqueço o nome dele agora.*

Falei longamente com o Serra no fim do dia de ontem a respeito das dificuldades do orçamento; parece que o [Francisco] Pinheiro Landim, que é um deputado do Ceará,** junto com outros, está tentando reconstruir aquela história das emendas,*** há de novo suspeitas de que essas emendas sejam combinadas com as empreiteiras. O Serra propõe a linha dura. Concordei com ele. Não podemos ceder nessas coisas, porque isso vai acabar dando outra vez em besteira. Eles estão botando resistência para a aprovação de uma suplementação do orçamento.

Falei também com o Jatene, longamente. Ele veio como que para dizer que estava causando muito incômodo para mim, enfim, querendo dar a deixa para, se eu quisesse, demiti-lo. Eu disse que de maneira nenhuma, pois vou apoiar a emenda que está no Senado. E realmente falei com Élcio Álvares para apoiá-la.

Com Élcio, longas conversas, as coisas de sempre, o Sarney que vai comigo para Bariloche**** mas que está lá colocando suas reservas de dificuldade. Diz o Élcio que Sarney se queixa sempre de que não é atendido pelo governo. Foi atendido em tudo. É um pouco de choradeira para criar um ambiente de quem sempre tem alguma razão para reclamar do governo. Diante de mim a conversa é outra, de grande solidariedade nas reformas.

Hoje recebi o Jobim e o Paulo Renato, e afinamos o programa de valorização do professor que será lançado no domingo de manhã, antes de eu ir para Bariloche.

*Ney Lopes (PFL).
**PMDB-CE.
***Vários deputados federais propuseram emendas de suplementação do orçamento da União, boa parte das quais direcionadas a obras de empreiteiras doadoras de suas campanhas eleitorais.
****Referência à viagem para a V Conferência de Chefes de Estado e de Governo dos Países Ibero-Americanos, em 17 de outubro de 1995.

Longa conversa, Eunice [Durham]* veio também, e voltamos a repassar todos os problemas da área de educação. Há problemas, as dificuldades que o Paulo tem de integrar a equipe em termos de reuniões e a Eunice já tem que ir embora, enfim... o trivial ligeiro do dia a dia das dificuldades executivas.

Mas o fato é que na Educação há um rumo, me parece que isso é o fundamental.

Em tempo. Esqueci de registrar que ontem, Dia da Criança, tivemos de manhã um seminário muito interessante sobre violência sexual, prostituição infantil, violência em geral com a criança. Posteriormente houve um almoço aqui em casa com artistas, Milton Nascimento, Daniela Mercury, Renato Aragão, representantes das várias Pastorais, meninos de rua. Em seguida, uma festividade de comemoração que foi bem interessante.

Estamos pouco a pouco mostrando outra cara do governo. Essas pessoas são simbólicas, o famoso lado social.

Com a questão da reforma agrária, do trabalho escravo, das crianças, fica difícil dizer que o governo só se preocupa com a inflação.

HOJE, DIA 13 DE OUTUBRO, estão aqui Bia, Duda, Júlia, Pedro, empregada, a Raquel, filha da Gilda [Cardoso de Oliveira],** tudo agitado, mas calmo, simpático. Nadei de manhã, como faço sempre, com o professor Maurício, que vem do Sarah Kubitschek.

Depois fui para o Palácio, recebi o Dante de Oliveira, grande choradeira sobre o desequilíbrio das contas do estado e tal, mas simpática a falação, reclamamos do PDT, que não nos ajuda a votar.

Recebi o Marco Maciel, discutimos a votação da emenda sobre Administração.

Telefonei para o Dornelles, pedi que ele apertasse dois ou três deputados.

Falei com o deputado [Rodrigues] Palma,*** no mesmo sentido, e continuarei nessa ingrata tarefa de avivar os deputados sobre a responsabilidade de votar a favor do óbvio: a constitucionalidade da reforma administrativa.

Além disso, despachei longamente com o general Leonel, chefe do Estado-Maior, e com o Eduardo Jorge. Nesta sexta-feira, imprensada entre dois feriados,**** não há nada de extraordinário.

Almocei aqui em cima, porque a mulher do presidente do Suriname almoçou com a Ruth, está cheio de gente lá embaixo.

* Secretária de Política Educacional do MEC.
** Irmã de Fernando Henrique.
*** Presidente do PTB, deputado federal (MT).
**** Isto é, entre o feriado nacional de 12 de outubro (Nossa Senhora Aparecida) e o fim de semana.

À tarde vou receber a Marina Silva, senadora do PT, depois tenho, nem sei mais, o Serra no fim do dia com Lampreia e mais alguém que vem me ver hoje, não me lembro quem está marcado, mas não creio que seja nada de importância. Serra, Lampreia e eu vamos discutir a questão da Organização Mundial do Comércio e as cotas de importação. Espero que ele tenha entendido a realidade e não insista em manter cotas contra tudo e contra todos.

HOJE É DIA 15 DE OUTUBRO, perdi um pouco a noção do tempo, mas acho que é domingo.

Ontem houve aqui um jantar com a Hillary Clinton, foi tudo muito bem, conversa vaga. O [Alexander] Watson, subsecretário de Estado para a América Latina, falou sobre a possibilidade de um autogolpe no Equador, e que o presidente Durán-Ballén teria chamado as Forças Armadas, queria passar para eles o comando porque o vice* renunciou por causa da acusação de corrupção. Nós sabíamos, o nosso embaixador já tinha passado um telegrama. Os americanos disseram que não estariam dispostos a sustentar nenhum golpe militar. A mulher do Clinton, muito simpática, com votos calorosos do marido, e vice-versa os meus; Ruth esteve lá nos encontros com ela, um bom jantar, só que a Ruth quebrou o braço. Escorregou no salão, quebrou o rádio do braço direito. Muito chato, ela deveria ir para Bariloche. Ontem à noite fomos para o hospital, encanou o braço, não viajará.

Agora é domingo de manhã, dormimos muito pouco, tive uma exposição sobre um programa novo de educação pela TV Nacional, disse umas palavras, estava tonto, para explicar do que tratava o programa. É um programa complicado, sobretudo para os professores, enfim, fiz o que pude. Muita gente aqui hoje: Gilda, Paulo Renato, Marco Maciel. A Ruth, lá em cima com a Bia, naturalmente está chateada, vai para São Paulo porque quer que o Rogério, nosso médico, olhe o seu braço. Melhor o Rogério olhar, para ela ficar mais tranquila. Eu vou para Bariloche.

Mas não será fácil aguentar o braço quebrado, é incômodo, ela vai se irritar, teremos momentos difíceis. Não sei bem como vai ser. Devo voltar terça-feira, porque tenho um jantar com [Yasser] Arafat e na quarta com Felipe González. Não sei, não adianta nem pensar agora. As coisas se complicaram muito do lado pessoal.

HOJE É QUARTA-FEIRA, 18 DE OUTUBRO. Fui à Cúpula Ibero-Americana em Bariloche e voltei ontem.

Na Cúpula, muitas conversas, um prestígio do Brasil muito alto. Menem, Zedillo, Fidel Castro, Frei, todos os presidentes mais importantes me pediram audiência.

*Alberto Dahik.

O pessoal da América Central pediu para discutir a questão do café. Eu já tinha um texto para resolver essa questão, eles achavam que o Brasil estava fugindo ao cumprimento do acordo; de fato, furou-se o acordo, expliquei as razões.

Fidel Castro me cobriu de gentilezas. Queria saber como tinha ganhado do Lula, se mostrou muito interessado pelo Plano Real, sabia muito do Brasil, explicou que dissera que eu não era seu inimigo, saíram notícias dizendo isso, mas queria dizer o contrário, enfim, muito doce, muito expressivo. Mas não muda nada em relação a seu país, não aceita a menor mudança, está convencido de que é assim mesmo e, por outro lado, é o herói de Cuba, o que é verdadeiro. Eu o achei muito envelhecido, realmente muito envelhecido e sem interesse maior, perdeu bastante o brilho.

Conversei também com Zedillo. Reclamei que o México está numa posição muito dura, atacando em todos os foros o Brasil, sobretudo na Organização Mundial do Comércio, em relação às cotas de automóveis. Zedillo me pareceu uma pessoa correta, que fala claro, explica as coisas, não tem aquela pompa dos presidentes mexicanos, mas não me parece que tenha condições de empolgar o país.

Com o Menem, só gentilezas.

Depois estive também com o rei da Espanha,* com Felipe González, com Mário Soares, fiz um brinde, fiz uma falação, nada de especial, mas reafirmação do prestígio do Brasil.

Cheguei aqui de volta terça-feira para receber o Arafat. Ele é uma pessoa até bastante interessante, de certo ponto de vista, muito feio, mas um homem muito carinhoso, caloroso, muito contente com o apoio que o Brasil lhe deu em vários momentos. Referiu-se a isso constantemente.

Tivemos um jantar no Itamaraty, grandes discursos, ele me chamou de líder em nível mundial, aquela gentileza toda, mas nada de extraordinário.

Levei o Sarney na viagem, o que foi bom. Reafirmou o tempo todo que vai estar sempre comigo, disse isso à imprensa, estava no jantar, brincou que nada nos separava mais, nem o Fundo Social de Emergência, havia um banquinho entre nós dois, ele o saltou para mostrar que nada, enfim... um clima positivo.

No entanto, tive muitas preocupações ontem porque o Eduardo Jorge me transmitiu o quadro da votação, que começará hoje, relativa à constitucionalidade da reforma administrativa. Estou preocupado porque temos riscos de perder.

Chamei então à noite, e vieram, Temer, Odelmo Leão, Luís Carlos Santos, Zé Aníbal e Inocêncio. Apertamos o Odelmo, parece que o PPB teria fechado a questão contra, ele disse que não é bem assim, mas o pessoal do antigo PPR está muito contra. Gerson Peres,** Adilson Mota,*** Abi-Ackel.****

* Juan Carlos II.
** Deputado federal (PPR-PA).
*** Deputado federal (PPR-RS).
**** Deputado federal (PPR-MG).

Depois, o PFL. O Inocêncio vai fechando a questão, parece que dois ou três são contra.

O PSDB, todo favorável, o PMDB é o de sempre.

Telefonei para os deputados da Paraíba, Ronaldo Cunha Lima, sempre um pouco aborrecido porque, como eles não têm como alegar que é inconstitucional, querem entrar no mérito para dizer que esta medida só vale daqui para a frente. Pode até ser que seja assim mesmo, depende do Tribunal, mas, no fundo, querem é uma derrota política do governo. Tanto que o Luiz Carlos Bresser fez o programa do Jô Soares, parece que o programa foi bem, mas de repente mexeu lá com os brilhos do [José Luiz] Clerot.* O Luiz Carlos não tem noção de como o Congresso reage, isso aguçou mais a raiva e os interesses também, o Genoino fez uma defesa grande dentro do PT, mas não conseguiu, o PT fechou a questão contra.

Eu fui bastante duro. Disse que, então, o governo terá que atuar de uma maneira mais consistente, eu posso nomear quem eles querem, posso demitir, não tem como rolar a dívida dos estados, porque estes é que estão na pior, as forças dos estados não têm como se ajustar. Enfim, não está nada seguro de que possa acontecer uma vitória nossa. Pode haver uma derrota, e seria a primeira nessa matéria e na Comissão de Constituição e Justiça. Claro que a gente pode continuar lutando, e mudar noutras Comissões, mas não é bom e mostra que, em matéria de funcionalismo, os deputados têm pavor de mexer.

Não sou favorável a nenhuma perseguição a funcionários, mas é preciso ter algum recurso quando se trata de equilibrar. Como é que faz? Mantém esse pessoal todo? Vai pagando, pagando, com que dinheiro? É extraordinária essa mentalidade do Brasil, em certas áreas do Brasil, de que o governo tem dinheiro sempre. Não tem!

Na verdade, eles não têm muita racionalidade e, além do mais, alguns setores querem realmente infligir uma derrota ao governo, porque estamos ganhando tudo, o que vai diminuindo a capacidade de barganha dos deputados.

Disse com todas as letras ao Luís Carlos Santos: "Olha, o próprio Temer está querendo receber uma nomeação de alguém de fundo de pensão, assim fica difícil. Essas coisas tão tristes desse nosso dá cá toma lá que fica discreto mas, ao mesmo tempo, é muito concreto". Reuni todos eles e fui muito duro. Disse que não estou disposto a ceder nisso, não, quem estiver comigo, fique comigo, quem estiver contra, fique contra, depois explico ao país. Não tem como fazer a reforma, porque não tem apoio do Congresso. Não querem. Isto terá um efeito sobre o real, mas, paciência, o Congresso é o Congresso. Vamos ver.

Vou receber hoje o Felipe González. Mas antes, daqui a meia hora, recebo uns vinte senadores para discutir o processamento de todas essas reformas no Senado.

---

*Deputado federal (PMDB-PB) e membro da CCJ da Câmara, manifestara posição contrária à reforma administrativa.

É assim mesmo. A vida não é fácil. É o dia inteiro convence um, convence outro, e isso vai naturalmente desgastando.

HOJE É DIA 25 DE OUTUBRO, neste meio-tempo fui e voltei dos Estados Unidos. Chegamos lá sexta-feira à noite, sábado fui para Washington visitar o Paulo Tarso, passei todo o domingo e a segunda-feira em reuniões da ONU, mas vou falar dessas reuniões depois, porque não quero perder o relato do que aconteceu no Brasil nos últimos dias.

Cheguei aqui na terça, hoje é quinta, tenho portanto que relatar terça e quarta.

Vamos por partes. Recebi o Itamar Franco. Itamar chegou, estive com ele ontem à noite na casa de Maurício Corrêa,* com muita gente, os antigos ministros todos, e hoje ele veio almoçar com Sarney. Bem-disposto. Só quer uma coisa. Quer ir para a OEA mas não quer que eu diga que ele quer, quer que diga que fui eu que o convidei para a OEA. Enfim! Mas vamos em frente.

Hoje tomei café da manhã com o pessoal do *Jornal do Brasil*: com Villas-Bôas Corrêa, Maurício Dias e Marcelo Pontes. Eles me perguntaram sobre o Itamar. Disse que devo muito a Itamar, talvez a Presidência. Não foi só ele, mas ele foi decisivo, me botou no ministério, me apoiou. Itamar vai fazer o que parecer bem a ele. Ele me disse que o Andrade Vieira o convidou para ser presidente do PTB, mas ele não vai ficar no Brasil. Eu disse: "Olha, Itamar, a eleição é no ano que vem, eleição municipal, não acho que seja realmente bom você estar aqui, é mais confusão, você faz como quiser". Ele quer mesmo é ir para a OEA.

Almoço com Sarney, por quê? Porque na véspera eu falara com o Luís Eduardo, que me contou que o Sarney estava se opondo ao Fundo Social de Emergência. Então almocei com ele. Itamar, na saída, disse-lhe que eu contava com o seu apoio e tal. Sarney disse: "Você sabe que eu sou em tese contra, mas não vou mover uma palha contra".

Aí começou já a escapar, porque a Roseana, que chegou na hora do almoço, disse que não havíamos cumprido com os estados, que o Fundo Social prejudicava a eles e aos municípios. Eu disse: "Não é verdade". Enfim, aquela discussão sem fim.

---

* Ex-ministro da Justiça do governo Itamar Franco.

25 DE OUTUBRO A 8 DE NOVEMBRO DE 1995

Crise bancária: Nacional e Bamerindus. Vitória na reforma administrativa. Visita aos Estados Unidos

Retomando a gravação, dia 25 de outubro. Em relação à questão do Fundo Social de Emergência, o Serra telefonou agora à noite dizendo que os líderes insistiam e possivelmente vão querer colocar um termo, limitar a dezoito meses a sua duração. Eu disse ao Serra para eles fazerem o que quiserem, não poderão me impedir de dizer ao país que considero isso uma coisa equivocada e a razão é uma só. É que o Sarney, provavelmente porque imagina que eu seja candidato à reeleição, quer fortalecer a sua candidatura, tudo ilusão. Outras razões óbvias são as do Congresso, que quer continuar tendo elemento de barganha com o Executivo e pouco se importa com a estabilização do país.

É lamentável ver essa questão reduzida à sua proporção do cotidiano no Congresso, frequentemente é só isso, uma troca de falsos poderes ou então de interesses menores. Não são todos, mas fica o sabor amargo do preço alto que custa à democracia a falta de partidos estruturados, a inexistência de regras mais claras e de uma população mais atenta ao que acontece ali.

Esse foi um dos passos que eu precisava gravar com relação a esses dois dias. Fora disso, há outros fatos, relativos à questão da crise bancária. O Pedro Malan me trouxe na terça-feira o presidente do Banco Central. Entre outras coisas, ele estava queixoso de que a *Gazeta Mercantil* noticiara que eu estava insatisfeito com o Banco. Eu disse: "Já deu para saber como eu sou, sou estável no relacionamento com as pessoas. Não tem coisa nenhuma, isso é fofoca, façam como eu, não leiam os jornais ou não deem atenção às intrigas dos jornais". Além do mais, o Gustavo Loyola veio explicar como estava a situação dos bancos. Na questão do Banespa houve um avanço. O Adroaldo fez uma proposta mais ou menos correta, está sendo negociada. Infelizmente o Clóvis me disse hoje, 25 de outubro, que também saiu na *Gazeta Mercantil* um documento interno do Banco Central com uma avaliação negativa da Nossa Caixa. Isso é o fim da picada. Vazamentos e mais vazamentos. O Covas naturalmente ficou furioso com o Banco, e com razão. Pouco de substantivo, o Banespa está avançado.

No que diz respeito ao Econômico, conforme depoimento do Loyola, reafirmado pelo Pedro Malan, há um grupo interessado em parte do banco. É o grupo Opportunity, do Daniel Dantas mais o Bozano.* O outro grupo é o Transatlântico ou Interatlântico,** algo assim, é mais figuração. E o Bamerindus, segundo eles, con-

---

* Banco Bozano, Simonsen, adquirido pelo Banco Santander em 2000.
** Banco Interatlântico, adquirido pelo Bradesco em 2000.

seguiu escapar das dificuldades maiores, provisionou 200 milhões de dólares dos Estados Unidos. O Malan, quando esteve lá, falou com o Fed,* que está seguindo os bancos brasileiros. O fato de o Econômico estar em dificuldades não quer dizer que os outros estejam.

No caso do Nacional, me disseram que o Banco de Boston** e o Unibanco tinham interesse de comprar. É verdade, quero deixar relatado aqui, que segunda-feira, nos Estados Unidos, de manhã cedo, recebi, a pedido do Lampreia, o embaixador [Walter] Moreira Salles*** acompanhado do sr. Noronha. Não atinei a razão da visita. Ele foi lá para me dizer, de modo muito delicado, que estavam efetivamente interessados no Nacional e que, à última hora, outro banco, ele não mencionou o nome, também se interessou na compra. Parecia que estava mais avançado e que achavam isso um perigo, porque era um banco estrangeiro, tudo vai vazar porque tem telex, porque tem internet, e achavam que eu devia considerar a situação. Disse a ele que ia ver, que não estava informado, como de fato não estava.

Na terça-feira, quando voltei, relatei isso ao Malan e ao Gustavo Loyola, que me disseram que a conversa com o Banco de Boston estava efetivamente mais avançada e que o Henrique Meirelles, o homem do Banco de Boston no Brasil, iria no outro dia para os Estados Unidos consultar o *board* deles. Hoje tive a informação, nesse caso via Paulo Henrique, de que houve a consulta e que foi positiva. O Malan me disse ainda que o Pedro Moreira Salles**** queria falar comigo. Há pouco mais de uma hora, recebi o Pedro com o Malan aqui em casa, no Alvorada, que veio também expor suas razões.

Pela primeira vez soube algum detalhe da questão da compra do Nacional. Parece que o Banco de Boston compra o banco inteiro e eles queriam separar em duas porções. Ficariam com o banco bom e lançariam 800 milhões, eu creio de dólares mas não entendi bem, para a outra metade, que ainda ficaria nas mãos do Marcos Magalhães Pinto. Eles iriam pouco a pouco absorvendo o prejuízo através de mecanismos nos quais o Banco Central teria que arcar com alguma parte.

Se é isso, creio que a proposta do Banco de Boston talvez seja mais vantajosa. Não conheço todos os detalhes. Falei com Malan, disse que achava que valia a pena o governo ver qual das propostas dá um prejuízo menor ao erário. Também deixei claro que não estaria disposto a encobrir eventuais delitos que houvesse no Nacional. Por mais que isso me doesse, a responsabilidade civil e criminal tinha que ser apurada. Em todo caso, parece que essa questão será resolvida, salvo se a *Veja*, a que vai sair agora, fizer uma matéria muito escandalosa.

---

* Federal Reserve, o banco central norte-americano.
** BankBoston.
*** Fundador do Unibanco e ex-embaixador do Brasil nos EUA.
**** Filho de Walter Moreira Salles e presidente do conselho de administração do Unibanco.

A *Veja* está na pista de que o Unibanco vai comprar o Nacional. Não sei qual será o teor dessa matéria. O Malan pediu ao Civita que não publicasse agora, eu falei com o Serra para eventualmente ele falar com o Mario Sergio. Não quero entrar direto nessa questão, porque isso pode dar de novo corrida nos bancos. É o meu maior pavor hoje, depois da experiência do Econômico, porque sei que é difícil controlar e o governo perde muito dinheiro se entrarmos outra vez em corrida de banco. É mais fácil, embora duro, fazer a negociação em que o Banco Central arca com uma parte do prejuízo, que será, pelo menos, pago mais adiante através da compra do Nacional, do que promover uma crise bancária como já quase fizemos com o Econômico.

Quero deixar registrado que essa é uma preocupação enorme. Minha, do Pedro Malan, do Gustavo Loyola, e de todos que estão por dentro das dificuldades do sistema financeiro, o qual, por sorte, ainda não teve, do ponto de vista público, uma apreciação global que fosse mais delicada.

Outro ponto que eu queria registrar é o encontro que tivemos na terça-feira — eu, Serra, Malan e Clóvis — a respeito da famosa história de quem vai ser diretor ou governador do Banco Mundial.* O Malan, que é o atual diretor, passaria para o Serra. Isso foi combinado no começo do governo. O Malan agora mandou por escrito um documento dizendo as razões pelas quais não devia ser assim. Só que ele não discutiu nunca o assunto. Eu já tinha assinado a portaria quando ele me telefonou e eu a suspendi. Ficou claro que Malan considera que é um desprestígio para ele, que todos os governadores do Banco Mundial até hoje foram ministros da Fazenda, a não ser quando foi o Delfim, que era mandachuva do Planejamento e de tudo mais, que no mundo todo é assim e que tem maiores aspectos financeiros. Ele achava que a discussão dos projetos devia continuar com o Serra, mas que ele devia ser o representante lá fora. Disse claramente que de outro modo será desprestígio para ele.

O Serra disse que então preferia que se passasse tudo para a Fazenda, inclusive a análise dos projetos. Eu interferi, dizendo duas coisas. Primeiro, que não concordava que se passassem os projetos, isso era coisa do Planejamento. Segundo que, já que para o Pedro isso parecia tão dramático, tudo bem, que assim fosse.

Fiz, então, um apelo: que todos estivessem à altura do momento histórico. Eu vi lá fora as enormes repercussões, até exageradas, do que estamos fazendo aqui. Está faltando grandeza. A Miriam Leitão usou essa expressão numa reunião que teve no exterior, dizendo que parecia que a equipe econômica não estava percebendo a mudança histórica que está acontecendo aqui. É verdade. Impressionante como eles não se sentem mordidos pela importância da obra que eles próprios fi-

---

*O conselho de diretores executivos do Banco Mundial, ou Board of Governors, é formado por dois representantes (um titular e um substituto) de cada país-membro. O titular geralmente é o ministro da Fazenda ou das Finanças, com mandatos renováveis de cinco anos.

zeram. Talvez só o Gustavo Franco e o Pedro tivessem esse sentimento mais agudo. Mas, mesmo assim, por que ficarem, Pedro e Serra, nessa discussão menor?

Serra, que nesse episódio se comportou com grandeza, com generosidade, de vez em quando entra na coisa menor. Tivemos uma reunião, a seu pedido, na quarta-feira de manhã, com Stephanes, Pedro Malan, Dornelles, Michel Temer, Clóvis e Eduardo Jorge. E foi lamentável, porque o Serra brigou em público com o Stephanes por causa de uma questão: ele está teimando que é preciso cobrar desde já 20% de contribuição social dos autônomos.* Houve uma negociação de que era 10% para 96 e 15% em 97. O Luís Eduardo não concorda com esse aumento, os outros também não concordam, o Dornelles entende que o Serra tem razão, mas que não passa.

Hoje, o nosso líder na Câmara, do PSDB, o Zé Aníbal, me disse que talvez passe 15% para o ano que vem e em base permanente. Mas esses atritos que o Serra provoca o desgastam muito, porque essa matéria é muito difícil de passar e ele às vezes insiste demais.

Reunião de manhã sobre a questão energética da Amazônia e sobre a questão dos portos. Foi boa. Estamos vendo que há projetos concretos, que, na questão dos portos, o almirante Ribamar** [José Ribamar Dias] está avançando e, no caso do Ministério da Energia, as coisas também estão avançando.

Vencemos uma batalha terrível, a da reforma administrativa.*** Vencemos com margem apertada, mas vencemos graças à força que joguei na questão. Mas já se veem as dificuldades que há em levar adiante reformas quando elas tocam interesses pessoais. Embora seja mais para os estados e os municípios, houve muita manifestação, até tentativa — foi o que me disseram, eu mesmo não percebi — de entrada no Palácio de manifestantes da rua, pessoal do funcionalismo e da CUT, mas perderam, e o pior é que já houve um acordo no mérito, portanto vão perder também na comissão especial. Foi uma batalha dura, que o governo ganhou. Aliás, o governo tem ganhado quase tudo, mas com muita presença direta minha.

Na quarta-feira almocei com Paes de Andrade, Luís Henrique — foi comigo para os Estados Unidos, voltou mais contente — e Michel Temer para estabelecer um modus vivendi com o PMDB. Não reivindicaram nada. A conversa foi boa. Depois o Michel me telefonou, pediu que falasse com o Jader Barbalho, porque o Jader não estivera no almoço, liguei para o Jader sob o pretexto de falar sobre o Fundo

---

*Um dos itens polêmicos da reforma da Previdência, em discussão no Congresso, era a alíquota de contribuição social previdenciária dos trabalhadores autônomos.

**Secretário executivo do Grupo Executivo para Modernização dos Portos (Gempo).

***Em 24 de outubro de 1995, o governo venceu por 27 a 23 a votação da reforma administrativa na CCJ do Senado, incluindo a emenda mais discutida, que previa o fim da estabilidade dos funcionários públicos.

Social de Emergência e também sobre a questão do Sivam-Sipam, marquei uma conversa com ele para a próxima semana.

Todos dizem que estou me cansando muito, me matando, que isto não está certo, que não devo me meter em tudo, mas, se não me meto, parece ser mais difícil que as coisas andem. Nenhum ministro assumiu realmente a envergadura de poder levar a política do governo no seu conjunto, nem mesmo em matérias específicas.

Também quero registrar que, antes de ir para os Estados Unidos, fui ao Pará. Fui com o Almir Gabriel à inauguração de uma fábrica de alumínio da Vale do Rio Doce,* com Moraes** e mais os japoneses, grande manifestação. Claro que havia um grupo de petistas, ou coisa que o valha, vaiando muito, ao Almir e a mim, mas um grupo pequeno. Essa fábrica, no meio da selva amazônica, é impressionante. Continuo pensando o que se vai fazer com a Vale. Vejo aí uma discussão dos nossos economistas tão embalados da privatização. Confesso, embora não tenha dito isso de público, que quero entender melhor as vantagens da privatização da Vale do Rio Doce. Se for para pagar a dívida, está se vendo que não é por aí, porque isso vai dar uns 7, 8, 10 bilhões e nossa dívida é mais elevada. Não quero ir contra a maré, mas vejo com certa preocupação essa questão, que não está totalmente clara para mim.

Acho que devo voltar aos dias em que estivemos nos Estados Unidos, fora a visita ao Paulo Tarso, que luta herculeamente para mostrar que tem condições de continuar ativo. É um homem que tem virtudes enormes, sobretudo como embaixador, achei-o melhor do que imaginava, mas não estou convencido ainda de que tenha superado todas as crises. Em todo caso, vamos torcer nessa direção.

Nos Estados Unidos, êxito absoluto. Trinta presidentes, mais ou menos, me pediram audiência. Concedi a uns doze. O mais interessante foi o Clinton, que já na chegada, quando me viu na foto, fez muita festa, depois tivemos um encontro pessoal, muito simpático, agradeceu muito o que fizemos pela Hillary, que gostou muito do Brasil.

Por iniciativa do Celso Amorim, demos a ele o livro do Edward Stettinius,*** que era o secretário de Estado do Roosevelt no fim da guerra. Roosevelt queria que o Brasil entrasse no Conselho de Segurança. Quem não deixou foram os russos e também os ingleses, que tinham medo de que fôssemos massa de manobra dos americanos. O Clinton achou muito engraçado, muito espirituoso, o fato de entregarmos nossa demanda dessa maneira assim indireta. Chamou a atenção do War-

---

*Fábrica da Alunorte, subsidiária da Vale, em Barcarena (PA), constituída em sociedade com a Mineração Rio Norte, da Companhia Brasileira de Alumínio, e a Nippon Amazon Aluminium Company.

**Antônio Ermírio de Moraes, presidente do Grupo Votorantim, controlador da Companhia Brasileira de Alumínio.

*** *Roosevelt and the Russians: The Yalta Conference*, originalmente publicado em 1949.

ren Christopher* com espírito para isso. A embaixadora junto à ONU, Madeleine Albright, gostou muito, deu até um beijo no Celso Amorim pela ideia.

O Warren agradeceu bastante o negócio do MTCR. Quanto à Lei de Patentes, Pedro voltou hoje dos Estados Unidos e me contou que falou com o Michael Kantor,** o qual lhe disse que não vai de modo algum retaliar o Brasil por essa lei, porque o Brasil está trabalhando duramente para as coisas funcionarem. Enfim, a relação com os Estados Unidos, que maravilha!

Na recepção que o Clinton deu na Biblioteca Municipal de Nova York, a Hillary me deu dois beijos com muita espontaneidade e o Clinton também, como velhos amigos. Falei com vários ministros dele, tudo muito bem.

Iéltsin é uma figura interessante mas estabanada, o que ele quer mesmo é fazer um projeto conjunto de desenvolvimento científico e tecnológico conosco, diz que vem ao Brasil.

Chirac foi o mais interessante. Deu explicações detalhadas a respeito da bomba atômica, não convincentes. Aproveitei para empurrar o nome do [Francisco] Rezek para a Corte de Haia, ele diz que topa, isso vai levar provavelmente à francofonia, é uma relação muito madura.

Assim foi também com a Suécia, com a Irlanda, com Israel, pela primeira vez tive um encontro com o primeiro-ministro de Israel,*** um clima extremamente positivo. Fiz um discurso na ONU, que não era nada de extraordinário, mas recitei uma ou duas frases mais picantes para dar um sentido diferente ao discurso meio burocrático, grande êxito.

Depois, na segunda-feira, no dia em que vim embora, ganhei um Prêmio de Estadista do Ano de um grupo ecumênico,**** basicamente judeus, todo mundo presente, Paul Volcker, David Rockefeller, Henry Kissinger, que me saudou como líder. O Clinton também mandou uma notinha dizendo que eu era um líder luminoso, exemplo para o mundo, enfim, maravilha. Parece que, no plano externo, as coisas continuam desse jeito.

Devo dizer que falei também com John Major, que é um homem simpático, e de novo encontrei Arafat, Fidel Castro, um clima bastante bom.

Clinton me causa a impressão de ser uma pessoa basicamente social-democrata e agradável, um americano simpático que é capaz de ouvir. O Major também. O Chirac me impressionou favoravelmente pela mesma razão e por um espírito muito francês, bastante claro nos seus posicionamentos e querendo retomar a relação com a América Latina e com o Brasil. Parece que é moda retomar a ligação com o Brasil.

* Secretário de Estado dos EUA.
** Representante comercial dos EUA.
*** Yitzhak Rabin.
**** Appeal of Conscience Foundation.

O presidente da Nestlé,* que foi agraciado por essa Appeal of Conscience Foundation, também fez grandes elogios ao Brasil e, falando pessoalmente comigo, me fez um enorme elogio. Parece que lá fora estamos de fato nadando de braçadas, desde que não nos iludamos com isso, que é assim como vaivém, temos que continuar trabalhando é aqui dentro.

Amanhã vou para as manobras da Armada. Passo um dia e meio no mar, num porta-aviões, depois vou a São Paulo para ver como está a Ruth de braço quebrado, como vão os humores gerais, há um encontro da Conferência do Habitat, da Regina Meyer, e volto para Brasília na segunda-feira.

HOJE É SEGUNDA-FEIRA, DIA 30 DE OUTUBRO. Fui para o porta-aviões *Minas Gerais* e, depois, de helicóptero, dali para a fragata *Constituição*. Fizemos exercícios de tiro, transbordo de uma corveta para uma fragata e, à noite, da *Constituição* para o *Minas Gerais*. Muitos rapapés. Foi simpático. Conversamos com muita gente. Eu estava ainda meio acamado da barriga, mas melhorei, e quero fazer algumas observações sobre os militares.

Primeiro o general Alberto Cardoso, que é uma pessoa extraordinária, como já disse aqui. Ele me foi indicado pelo Morais, ex-ministro das Comunicações, com as bênçãos do general Zenildo, em afortunada hora! É equilibrado, competente, escreve bem, estamos fazendo vários discursos e mensagens para criar nas academias um corpo de doutrina democrática de subordinação das Forças Armadas ao poder civil. Tudo isso é iniciativa dele. Ele me aconselha. Já disse que o almirante Mauro César não ia falar de orçamento. Disse ao almirante que não era o caso porque eu precisava descansar a bordo. Ele discute com propriedade a questão da aviação embarcada,** o que fazer com o ministério da Defesa, tem sentido político. É um homem excepcional. Já foi formidável na questão da concessão de pensão aos mortos sob tortura, com o abraço que deu na Eunice Paiva, como mencionei aqui, e, no dia a dia, é alguém com quem eu conto, que tem me ajudado muito.

Quero dizer que o almirante Mauro César é uma pessoa inteligente, dedicada, técnica e reivindicante. Tem um ar assim, às vezes, um pouco autossuficiente. Não é difícil lidar com ele, mas sempre está preparado para reivindicar alguma coisa e sempre tem um ar um pouco enjoado.

O Zenildo, melhor impossível. Como já disse aqui, é um homem correto. Conhece a tropa, tem formação democrática. É gentil, é mais que gentil, é caloroso, uma pessoa com quem vale a pena conversar, com quem me dou muito bem.

*Helmut Maucher.
**Desde 1956, com a aquisição do *Minas Gerais* (primeiro porta-aviões do Brasil), a Marinha e a Força Aérea disputavam o comando das aeronaves embarcadas. Em 1998, a Marinha foi autorizada a operar seus próprios helicópteros e aviões no navio, privilégio até então reservado à FAB.

O brigadeiro Gandra é um pouco menino de praia. Boa gente também. Está atormentado com o negócio do Sivam, com muitos problemas, o negócio da compra daquele hospital no Rio, foi acusado de ter feito marmelada e fica querendo corrigir as coisas, mas o fato é que comigo ele não teve realmente nenhum problema.

E o general Leonel está aí de regra-três para ver se faz o ministério da Defesa, cada vez mais complicado, porque há naturalmente uma reação forte contra isso. O que não quer dizer que o general desista. Aquilo que era possível fazer, eu já fiz por ele. Já o pusemos com condição de, mesmo estando na reserva, continuar sendo chefe do EMFA, com isso ele fica sabendo que seu futuro está garantido e me ajuda, também é um homem equilibrado.

Ou seja, não tenho do que me queixar das Forças Armadas.

Voltei para São Paulo, dia doméstico, sem novidade, fui ao teatro, vi netos. Ruth continua sofrendo com o braço quebrado, muito nervosa, hoje aliás estava mais disposta, mais esperançosa de que as coisas melhorem. Os problemas de base continuam, inclusive os da área do Comunidade Solidária. Não se consegue deixar muito clara a diferença entre Conselho e Comunidade, sempre exploram o fato de ser projeto da Ruth. Hoje ela é respeitada, mas, para me criticar, criticam a ela e, na verdade, ela não é a dona da Secretaria Executiva.

O Serra não assumiu a área social no seu conjunto. Sem o Serra é difícil tocar, porque o orçamento está com ele. Enfim, mil problemas difíceis nessa área. Assim que cheguei a São Paulo, conversei com Ruth, Paulo Renato e Vilmar, que estavam reunidos na casa do Paulo. Fui lá de improviso e ficou claro que é preciso acelerar a questão da área social.

Por isso, agora mesmo acabei de jantar aqui em Brasília com o Vilmar e o Clóvis. Voltamos ao assunto, assim como voltamos à dificuldade da questão do grupo negro. Dia 20 é dia do Zumbi,* ninguém sabe se vale a pena eu ir. O Hélio Santos quer ser presidente de um Conselho, a gente não vê saída para essa questão das reivindicações dos negros, eles próprios se entendem mal.

A Elza Berquó será nomeada para um Conselho de População.** Vilmar é jeitoso, vai levando, está insistindo muito mais na questão, que é a mais importante, de um Projeto Social do governo. O Clóvis também concordou que tem que ir mais depressa porque isso vai dar outro sentido ao que já está se fazendo.

Havia uma ameaça de que as revistas viessem a falar nesse fim de semana sobre o caso do Nacional. Conforme registrei, fui procurado antes de viajar, à noite, pelo Pedro Moreira Salles, que veio com o Pedro Malan, para insistir na importância de que o Nacional fique com os Moreira Salles, portanto com o Unibanco, que é um banco bra-

---

* Dia Nacional da Consciência Negra, data da morte de Zumbi dos Palmares.
** Comissão Nacional de População e Desenvolvimento (CNPD).

sileiro. Eles estavam surpresos pelo fato de o Marcos Magalhães Pinto ter fechado o negócio com o Banco de Boston. Eu disse que sabia tanto quanto eles. De fato, o Paulo [Henrique] me disse que havia essa possibilidade, não sei detalhes de nada e disse que nem queria saber, pelas razões óbvias de que o Paulo é casado com a Ana Lúcia.

Claro que o governo tem que olhar para isso por um único lado, como é que se poupa mais o erário, porque o erário é que preocupa a gente. É realmente uma coisa complicada haver aí uma perda que não tenha volta. Creio que tanto Malan quanto Gustavo Loyola preferem o Banco de Boston. Eu, pessoalmente, até prefiro o Unibanco, porque fortalece os bancos aqui do Brasil. Tem suas vantagens, mas temos que ver quem oferece as melhores condições de garantir que o dinheiro que eventualmente se ponha nessa fusão volte para o Tesouro. E, se for o Banco de Boston, que seja o Banco de Boston.

Antes de voltar de São Paulo, abri o evento do Habitat,* fiz uma falação de tipo intelectual e todos ficaram naturalmente muito entusiasmados com o que eu disse, porque conheço bem essa questão urbana, tinha lido os papers desses estrangeiros que vieram, achei-os mais ou menos fracos.

No avião vim conversando com o Bresser, que contou que estava mexendo no Ministério da Saúde com o [José Carlos] Seixas,** o que é bom, porque o Jatene tem que atacar a questão fundamental da Saúde, que não é dinheiro para hospital, é reorganização mais profunda dos controles e do que se entende por atender a população na Saúde. O Bresser nesse caso é bom porque dinamiza as coisas. Falou também na questão do Weffort, que quer fazer o Museu de Brasília, eu já sabia. O Bresser acha que devíamos usar o prédio do Centro de Treinamento do Banco do Brasil.*** Vou falar com o Weffort, mas não creio que ele vá por aí, tampouco é isso que quer o Cristovam.

Hoje, fiquei o dia inteiro no Alvorada. Recebi o general Fernando Cardoso**** e o Eduardo Jorge para discutir a formação da Agência Brasileira de Informação.***** Isso

---

*Seminário Internacional Centro 21, evento preparatório da Conferência Mundial Habitat II, realizada na Turquia, em 1996.
**Secretário executivo do Ministério da Saúde.
***Atualmente o prédio abriga a unidade brasiliense do Centro Cultural do Banco do Brasil. O Museu Nacional da capital foi construído no Eixo Monumental a partir de 1999 e inaugurado em 2006.
****Subsecretário da Subsecretaria de Inteligência (SSI), um dos órgãos federais antecessores da Agência Brasileira de Inteligência (Abin).
*****Agência federal que sucedeu o SNI (Serviço Nacional de Informações), criado em 1964 pela ditadura militar e extinto em 1990 pelo governo Collor. Entre 1990 e 1999, as atividades de inteligência do governo federal foram desempenhadas pela SAE. Em 1992, no governo Itamar, a SSI, um departamento da SAE, assumiu o setor. A criação da Abin foi prevista pela MP nº 962, de 30 de março de 1995, mas somente seria efetivada e regulamentada em 7 de dezembro de 1999, pela lei nº 9883.

está no chove não molha. O general Fernando Cardoso, ao contrário do general Alberto Cardoso, é complicado. O que ele quer mesmo é ser secretário especial para essa questão e gostaria de ter mais poderes. Disse a ele que precisa primeiro de uma lei e que, sem que o Congresso dê realmente um mandato, como é que eu posso me aventurar com o negócio das informações. Ele está muito insistente nisso e o processo não está deslanchando.

Fiquei de fazer uma reunião porque ele quer acesso direto a mim, acho que até certo ponto tem razão. Quero fazer uma conversa com o Marcelo Alencar, os ministros militares, ele e também o nosso general Alberto Cardoso. Minha preocupação é, sobretudo, com o contrabando, um pouco com a corrupção, e contrabando está ligado com corrupção e com a questão de narcotráfico. Para isso vamos precisar de um serviço de informações mais eficiente, e não estou sentindo que essa coisa esteja marchando no ritmo que eu gostaria.

Recebi o Zé Eduardo Vieira, que veio se queixar do Xico — eu soube pela Ana e pelo [Antônio] Martins, que estavam aqui para fazer uma gravação —, que estava avançando, sem o conhecimento dele, na coisa do Incra, reforma agrária. Ele imaginou que o Xico tivesse combinado tudo comigo e disse que o Xico deu uma declaração de que faria a emissão de posse de terras invadidas, o que é inaceitável para ele. O Xico não me disse isso, não creio que seja seu pensamento. Para resumir, vamos fazer uma reunião com Xico, Jobim e ele. Propus-lhe um almoço na quinta-feira, que é feriado, na casa dele, para mostrar que tenho estima por ele.

Ele me falou que tinha efetivamente sondado o Itamar para ser presidente do PTB. Eu disse que o Itamar não podia ser embaixador e presidente de um partido. Ele vai ser embaixador na OEA, não tem cabimento. Ele concorda, mas quer ser ele presidente, diz que vai ter que se afastar do ministério para ser presidente, depois volta. O Zé Eduardo não consegue definir melhor o seu próprio rumo político. Eu disse que, se fosse outro, preferia o Palma e não o Gastone Righi. Ele prefere o Arlindo Porto. Não conheço bem o Arlindo, mas não é uma pessoa com quem eu tenha uma ligação mais próxima.

Já é quase meia-noite, estou deitado na cama fazendo essa gravação e ainda vou ler umas matérias. O trabalho não tem sido fácil. Tenho trabalhado muito.

Acabamos de ganhar no Congresso, parece que por 27 a 7, algo assim, o Fundo Social de Emergência, provavelmente com dezoito meses de prazo para ser extinto, isto é uma coisa inacreditável. Hoje mesmo declarei na televisão que acho errado, que devia ser no mínimo dois anos.

Imagine! Isso é coisa do Arraes, apoiado pelo Hélio [Garcia] e pelo Dante, os mesmos que apoiaram da outra vez. Ora, o Dante e o Hélio estão recebendo um dinheirão nosso, nós estamos ajudando, é demais, essa gente passou dos limites. Eu não queria nem esses dezoito meses, declarei isso ao Eduardo Jorge, pedi que ele dissesse, através dos líderes, que o governo se reserva de dar a batalha no plenário da Câmara porque isso é um absurdo e é realmente mesquinharia. Tem dedo do

Sarney, que vem aqui, jura pelo amor de Deus que está com o governo, mas na verdade está com medo. Não tem nada que justifique não dar pelo menos dois anos ao Fundo de Estabilização, que é a garantia do real. Estou ficando irritado. O Serra concordou com os dezoito meses, depois parece que se arrependeu, me disse que tinha que concordar porque não havia condições para mais, vou insistir, porque acho isso errado.

HOJE É TERÇA-FEIRA, DIA 31 DE OUTUBRO. O dia foi mais ou menos calmo. Calmo dentro das normas de Brasília.

Recebi o presidente da Namíbia, que é um dos heróis da guerra de libertação do Swapo.* Pessoa interessante, que tem hoje um papel equilibrado. O Brasil está ajudando seu país a preparar a Força Aérea, a Marinha, Agricultura, e o homem está muito contente com isso. Tivemos uma reunião logo de manhã e, à noite, um jantar no Itamaraty. Estou voltando de lá nesse momento, são onze horas.

Durante o dia, pela manhã, recebi uma medalha, mais uma, da Ordem do Mérito Judiciário da Justiça Militar. Fiz um discurso, recordei que também fui processado pelo Tribunal Militar.** De vez em quando faço isso, para que eles não pensem que as coisas são tão simples assim na vida. O almirante fez um discurso simpático a mim.

Depois, solenidade no Ministério dos Transportes, discurso sobre as estradas que são da União e também sobre a via Dutra e a Juiz de Fora-Rio*** que foram objeto de concessão. Discurso inflamado do ministro dos Transportes, Klein, e do Tarcísio Delgado, ambos do PMDB histórico, ambos hoje convencidos de que é preciso privatizar e fazer concessões. Não citei esse fato, mas citei muita coisa no sentido de mostrar que estamos numa outra fase do Brasil, que é preciso regulamentar bem, ter um estado honesto — aliás, os dois são honestos — para poder levar isso adiante.

No caminho falei com Odacir Klein sobre a questão do Goldman. Porque o Paes de Andrade mandou um recado, pelo Arthur Virgílio, de que está precisando que eu interfira para parar o processo de anular a eleição no PMDB. Veja que coisa inacreditável! O PMDB vem pedir a mim para interferir lá dentro. Aloysio também me telefonou, quero encontrá-lo para discutir como está a situação interna do PMDB.

*Sam Nujoma, líder da South-West Africa People's Organization (Swapo), exército guerrilheiro que combateu as forças de ocupação sul-africanas e, convertido em partido político, liderou a independência da Namíbia em 1990.
**Entre 1964 e 1967, afastado da USP após o golpe, Fernando Henrique foi processado pelo Superior Tribunal Militar, acusado de professar o marxismo e estimular a subversão. A decisão final do STM lhe foi favorável e, em outubro de 1968, ele foi readmitido por concurso no quadro de professores da USP. Poucos meses depois, foi aposentado compulsoriamente pelo AI-5.
***Na ocasião, a rodovia Presidente Dutra (trecho da BR-116) e o trecho Rio-Juiz de Fora da BR-140 foram concedidos por 25 anos à iniciativa privada.

Nessa linha, recebi à tarde o Jader Barbalho. Falei longamente com ele sobre o Sivam, porque o Gilberto Miranda está fazendo uma pressão enorme. À noite o Sardenberg me disse que, através da Aeronáutica, soube que o que o Miranda quer é que o dinheiro, 110 milhões de dólares, que é para as obras civis, fique com a Raytheon, inacreditável isso! Ele deve ter feito um acerto com a Raytheon, não ousou jamais me contar, nem poderia. Falei com Jader sobre a necessidade de resolver o negócio do Sivam e sobre o Fundo Social de Emergência.

O Jader voltou a falar que precisa ter uma relação direta comigo, que é preciso que haja um interlocutor, e que naquele café da manhã que houve aqui, com Élcio Álvares, vieram vários do PMDB que eram subordinados a ele, que é o líder e é o interlocutor preferencial. Expliquei a razão do café da manhã. O Jader é esperto, quer ter a exclusividade do canal para certos assuntos do PMDB comigo. Pedi-lhe que interferisse para o Fundo Social de Emergência. Acho que ele vai ser o relator.

Eu já sabia que isso ia ser risco, é risco mesmo, sabe lá o que ele vai querer. Se bem que até agora tem sido relativamente cordato no que diz respeito às suas exigências pessoais e correto no que diz respeito à defesa do governo, quando necessário. Voltou a dizer que não vê razão nenhuma para o PMDB ficar contra, que a ideia de que estou querendo dividir o PMDB não é verdade, enfim, a conversa de sempre, mas o objetivo era ver se é possível fazer dois anos a partir de dezoito meses.

Na Câmara é dois anos e não dezoito meses, tenho certeza de que ganho. É só insistir e os líderes não terem medo que a gente ganha. Mas não sei. Não quero botar o pé no acelerador, sei lá que interesses estão por trás disso. É uma vergonha dezoito meses, mas a vergonha fica por conta do Congresso.

Tive um longo despacho com Lampreia, ele me deu conta de uma reunião que houve na fazenda do [Roberto de Abreu] Sodré* entre ele, Guido di Tella, o ministro de Defesa da Argentina,** o chefe do Estado-Maior brasileiro e outras autoridades para acertar vários pontos com a Argentina. Uma reunião boa porque discreta, ninguém ficou sabendo, informal, abrimos mais o jogo sobre interesses militares estratégicos nossos e deles. Uma coisa positiva.

Falei também com o primeiro-ministro do Canadá. Houve o plebiscito lá e quase que o Quebec francês vira independente. O primeiro-ministro, o [Jean] Chrétien, é do Quebec, fala francês, mas prefere a união do país. Foi um sufoco. A vitória foi muito apertada, isso vai dar muita dor de cabeça, haverá instabilidade política no Canadá em função dessa questão do Quebec.

Recebi também Pedro Malan, Gustavo Loyola e Mauch para discutir a questão dos bancos. Eles me explicaram como estão as coisas. Acham que o melhor é que o Banco de Boston faça o acordo com o Nacional, embora eu tenha dito que, em situação de igualdade, prefiro o Unibanco. Não sendo de igualdade, se

---

* Ex-governador de São Paulo e ex-ministro das Relações Exteriores do governo Sarney.
** Antonio Ermán González.

for mais vantajoso... Eles acham que a proposta do Banco de Boston freia mais os boatos porque é um banco grande, se sabem que o Banco de Boston entrou no Nacional, o Nacional fica estável. As coisas dentro do Nacional são mais feias do que parecem.

É estarrecedor. Haverá até implicações eventualmente processuais de crime de colarinho-branco. Perguntaram sobre a minha atitude. Eu disse: "Não! Isso é líquido, ou seja, eu não tenho nada com isso. Se feriu a lei, quem for responsável pagará pelas besteiras que terá feito, ainda que sejam besteiras sem maldade". Deixei bem claro que não tenho nenhum compromisso dessa natureza com Marcos Magalhães Pinto nem com ninguém.

Eles me pareceram concernidos, interessados na questão, porque ela é séria mesmo. Se não a resolvermos, virá de novo uma cascata de pressão financeira em cima de nós. Isso tem que se resolver logo, porque os rumores vão começar outra vez no sistema financeiro. Depois ocorre a mesma situação que houve com o Banco Econômico, e pode de novo haver um impacto negativo que será muito custoso segurar. Eles falam num rombo de 5 bilhões de reais! Aí é uma barbaridade, sabe Deus como foi que isso aconteceu e o que pode ser feito. Temos que salvar ao máximo os recursos do Tesouro eventualmente postos lá durante essa crise.

No mais, recebi deputados, telefonemas, Luís Eduardo, como é que vai com a Câmara, enfim, a rotina de um presidente que é, ao mesmo tempo, primeiro-ministro e coordenador político do Congresso. É duro, mas é assim que vou fazendo e vamos levando as coisas.

HOJE É QUARTA-FEIRA, dia 1º de novembro.

Dia mais ou menos calmo, com uma votação importante. Não recebi nenhum visitante especial salvo o duque de Kent,* primo da rainha da Inglaterra, conversa fiada.

Depois recebi senadores do Rio Grande do Norte indicando nomes para a lista do Tribunal de Justiça, recebi o senador [Epitácio] Cafeteira** para me alertar sobre os perigos que representa o Sarney, que é seu inimigo e, segundo ele, meu também, por isso estamos aliados. Fora disso, despachos normais sobre a questão do meio ambiente, com o ministro Krause, que leva questões leves para a discussão.

Pela manhã, recebi longamente o Clóvis para discutir a rotina, muita preocupação dele e minha também com a inércia na resolução da medida provisória sobre a questão do sistema bancário.***

---

* Príncipe Edward.
** PPB-MA, líder do partido no Senado.
*** A MP nº 1179, baixada em 3 de novembro de 1995, instituiu o Programa de Estímulo à Reestruturação e ao Fortalecimento do Sistema Financeiro Nacional (Proer), destinado a socorrer instituições financeiras e bancos em dificuldades. O socorro federal a bancos privados, incluindo o

À tarde recebi o Pedro Malan para ver como isso avançava. Dizem que na sexta-feira terão a medida provisória. Tenho medo de um estouro dos bancos. Isso é uma coisa grave e parece que a Fazenda vai lento demais na resolução dessa questão.

À noite recebi aqui o pessoal do PPB, Partido Progressista Brasileiro: Amin, Cafeteira como líder, Odelmo Leão, vários vice-líderes. O que eles querem? Participar do governo. Ou seja: cargos. Choraram muito, não sei o quê. E disse que, no momento apropriado, até no primeiro escalão, pode ser que algo surja, mas não agora, e que íamos discutir isso pelo canal adequado, que é o Eduardo Jorge, para ver o que se pode dar, porque o PPB já recebeu muita coisa. Disseram que votaram tudo hoje.

Hoje, votação do Fundo Social de Emergência: dezoito meses. Contrário ao meu ponto de vista, mas no fundo o Congresso todo está unido nessa loucura de pedir um ano e meio como se tivesse sentido esse meio ano, é inviável do ponto de vista orçamentário. Fica claro que o Congresso quer continuar negociando com o governo mais adiante. Tem medo de que o governo fique solto e sem dar bola para eles. É o sistema. É lamentável, mas é o sistema.

O Luís Eduardo me havia alertado de manhã, ele estava com medo de não ter número. Teve número, mas não houve número para a votação de certos destaques, alguns dos quais seriam fatais para nós.* Eles estão usando o mesmo sistema que se usou na Constituinte. Quando é pedido um destaque, mesmo de uma palavra, é o outro lado que tem que manter a posição já votada. Então é difícil, vota mil vezes. Luís Eduardo pretende acabar com esse tipo de votação na próxima semana. Tomara que o faça mesmo, porque isso dá às minorias uma arma de paralisação do processo decisório. Mas ganhamos.

Ontem ganhamos tudo, a questão do imposto de renda para pessoa jurídica,** a questão da contribuição dos autônomos do ISS,*** foi um dia gordo, não posso me queixar do Congresso nesse aspecto.

Econômico e o Nacional, custaria cerca de R$ 16 bilhões em valores de 1995 (quase R$ 80 bilhões em junho de 2015, corrigidos pelo IGP-DI da Fundação Getulio Vargas). O grande dispêndio de dinheiro público e as conexões políticas dos banqueiros socorridos, envolvidos em denúncias de fraudes contábeis e outros crimes, ocasionaram fortes críticas da oposição.

*O parecer do relator Ney Lopes foi aprovado por 345 a 91, mas muitos deputados deixaram o plenário durante a votação dos destaques.

**A Comissão de Finanças e Tributação da Câmara aprovou por unanimidade o substitutivo do projeto de lei 930/95, sobre a alteração do regime de tributação e a redução das alíquotas para pessoas jurídicas.

***A Câmara aprovou por 327 a 34 o substitutivo do projeto de lei sobre a cobrança de ISS de profissionais autônomos, fixando a alíquota em 15%.

Esta noite estiveram aqui os deputados Jair Soares* e Euler Ribeiro,** presidente e relator da comissão que discutirá a Previdência Social. Aí a confusão é grande. Eles querem na verdade fazer um sistema novo só para os que vão entrar nele agora. Os que já estão dentro, que estão assegurados, não teriam nenhum problema, enfim, aquela velha tese de que dá para espichar o processo em trinta anos. Mas tem um ponto positivo. Estão sensibilizados com relação às aposentadorias do setor público. Pedi que falassem com o Serra e com o Bresser. Atacaram muito o Stephanes, tem uma briga pessoal deles com Stephanes. Não quero desprestigiar o Stephanes, mas tampouco quero que a coisa fique parada aí. Já tinha até pedido ao Serra que viesse à reunião. Ele não pôde vir porque ela foi realizada muito tarde, terminou agora às 23h15.

EM TEMPO. HOJE É DIA 2, mas quero recordar o que eu ainda não tinha terminado no relato do dia 1º.

Vieram tomar café da manhã aqui Roberto Magalhães Teixeira, prefeito de Campinas, Lídice da Mata, de Salvador, e Paulo Hartung, de Vitória, basicamente para discutir a questão da reeleição de prefeitos e, de cambulhada, de presidente. Eles querem uma reunião para preparar a sucessão do PSDB nas prefeituras. Vamos fazer uma reunião sobre a questão da Saúde para disfarçar um pouco, para não entrar diretamente no assunto político só com o PSDB. Mas apostam na fragilidade do partido se não houver a reeleição.

O Bresser-Pereira, na vinda de São Paulo para cá junto comigo na segunda-feira, também falou desse assunto e se precipitou. Conversou com Luís Eduardo. Bresser me telefonou ontem, e já me apressei, dizendo ao Luís Eduardo que não tome ao pé da letra essas coisas.

O Sérgio Motta mencionou a questão da reeleição quando esteve conversando com o Luís Eduardo. Esse assunto está tomando corpo e é complicado. Eu preferia que fosse discutido somente em tese. É bom ou não é bom? Não quero me comprometer com a minha reeleição pessoal, mas não posso impedir que haja uma discussão, que é verdadeira, sobre a questão institucional. O que é melhor para o Brasil? É a reeleição ou não é?

Quatro anos certamente é um mandato muito curto para quem, como o Brasil, está num período de grandes transformações. Oito anos é muito longo. O ideal teria sido — eu não pensava assim na época [da constituinte], mas hoje penso — um mandato de cinco ou seis anos e ponto, sem reeleição. Agora estamos com esse abacaxi e terei que ir levando, não vou poder impedir que se discuta, todos vão atribuir a mim a vontade de permanecer, inclusive a Ruth es-

---

*PFL-RS.
**PMDB-AM.

tará envolvida, porque vai achar que, no fundo, eu estou manobrando, sem dizer realmente o que penso.

O que penso realmente é o que disse aqui, ou seja, tem que se resolver a questão institucional. Para mim, a aprovação da reeleição tem uma vantagem grande. Segura de imediato a sucessão prematura. Sem que eu me comprometa com a reeleição, porque de fato penso que é demais, o ideal seria que eu encontrasse alguém que continuasse o mesmo trabalho que estou fazendo. Não é tão difícil assim, com o tempo aparecerá alguém. Sinceramente, acho que é muito tempo e o desgaste pessoal, físico, muito grande.

Gosto de estar aqui, gosto de ser presidente da República, mas tenho muitos problemas. Primeiro porque, do ponto de vista familiar, nunca houve uma adesão efetiva a isso, achar que a Presidência é uma coisa que realmente tenha significado transcendente. A Ruth cumpre muito bem o seu papel, com muita dedicação, fazendo até mais do que deveria fazer, e me dá um apoio constante. Mas, no fundo, no fundo, a família como um todo — alguns podem achar que é fantástico e tal — não gosta de viver institucionalmente. A vida aqui é institucional. O que eu vou fazer?

HOJE É QUINTA-FEIRA, DIA 2 DE NOVEMBRO. Almocei na casa do Zé Eduardo com Serra, Krause, Tânia, mulher do Zé Eduardo, Sérgio Reis, o cantor, e assessores do Zé Eduardo, tudo bem, nenhuma novidade. A imprensa disse duas coisas erradas. Que um churrasco lá no Torto feito pelo Graeff era para discutir a reeleição. Era simplesmente uma coisa de simpatia do Graeff, nada mais, mas disseram que "era para trocar um prato de comida para eles votarem". Já votaram! Na casa do Zé Eduardo discutimos a questão da agricultura, do Incra, nem se falou disso. Enfim... pobre imaginário.

Depois recebi o Serra. Conversamos longamente, muitas coisas. Ele me perguntou o que eu achava de o Sérgio Motta ser candidato a prefeito de São Paulo. Tem lá seus inconvenientes, mas ele se firmará como uma personalidade política. Serra apoia isso. Até porque, se o Sérgio ganhar a prefeitura, ajuda o Serra a ser governador. Perguntei o que ele queria fazer depois, no futuro. Falei da tese da reeleição. Ele disse que é favorável. No fundo, tanto ele como eu pensamos a mesma coisa: o certo era ter um mandato mais longo, de cinco ou seis anos, sem reeleição. Como erraram na dose e agora, para corrigir, não se pode espichar o mandato, inventaram a tese da reeleição. Oito anos é muito tempo. Acho que é cansativo para qualquer um, que se diga para mim.

O Serra me disse: "O governo vai bem", disse isso duas vezes tentando me convencer do que eu mesmo acredito, "o governo vai bem" é uma maneira de dizer que ele vai bem. Não abri muito o jogo, mas creio que ele se encaminharia para o governo de São Paulo. É razoável, se o Maluf não for candidato. Mesmo sendo, é razoável. Discutimos um pouco a Previdência, contei-lhe o que os deputados me disseram na véspera, o Euler Ribeiro e o outro lá, expliquei que vão procurá-lo. Conversa longa, amistosa, agradável.

Fora disso, arrumei papéis o dia inteiro e passei um dia um tanto triste aqui.

HOJE É SÁBADO, DIA 4 DE NOVEMBRO. Ontem foi um dia calmo.

De manhã recebi o Marcelo Alencar e os ministros da área militar mais o Jobim, o general Fernando Cardoso, o general Alberto Cardoso, o chefe do serviço secreto do Exército,* o general [Cláudio] Figueiredo, o general Tamoio, que é o secretário de Política Nacional de Polícia,** para discutirmos contrabando de armas e a questão de narcotráfico.

Minha preocupação maior é que, desde a visita ao Cindacta, não houve nada com relação a uma lei que permita dar ordem para derrubar os aviões de contrabando. Ficou também claro que havia desarticulação, muitas polícias e nenhuma articulação. Vamos articular, vamos pegar o Rio de Janeiro como área-piloto para isso. Quando chegou o Marcelo Alencar, ele propôs logo algo semelhante, nós aprovamos.

Almocei com Marcelo Alencar e Jobim. Conversa amena, não se queixaram, mas registraram que o Mário Covas está cada vez com o farol mais baixo. Marcelo é favorável à reeleição, expliquei qual era a minha posição, mas está cada vez mais difícil, porque os interesses vão se embrulhando.

À tarde tivemos uma longa reunião com Zé Eduardo Vieira, Xico Graziano e Jobim para botar paz nessa questão de reforma agrária. O Zé Eduardo não queria mexer muito no texto que permite uma emissão de posse mais rápida. Mas ficou decidido que será assim e o Xico, por sua vez, terá que prestar mais homenagens públicas ao Zé Eduardo para que ele não se sinta desprestigiado.

Terminada essa questão, coisas de rotina. Com o Paulo Cabral, dono do *Correio Braziliense*, discutimos a questão do aniversário do *Jornal do Commercio* de Pernambuco, que é o mais velho da América Latina.*** Reclamei do fato de, no *Correio Braziliense*, estarem usando a questão da Luciana de uma maneira deprimente, como se fosse um grande crime tê-la nomeado para ser a minha secretária,**** ele concorda, mas não fazem nada. Também disse que vai tirar a Manchete***** do ar e fa-

---

*Centro de Inteligência do Exército (CIE).
**Secretaria Nacional de Segurança Pública.
***Ambos os veículos integram o Grupo Diários Associados.
****Em outubro, Luciana Cardoso, filha do presidente, foi nomeada assessora da Secretaria-Geral da Presidência.
*****Rede Manchete. Controlada pelo Grupo Bloch (que também editava a revista semanal *Manchete*), saiu do ar em 1999.

rão um acordo com a CNT, que hoje é do Zé Eduardo, para gerar notícias de Brasília. Isso deixará a Manchete numa posição ainda mais fraca.

Fora disso, aí sim, discussão séria sobre a questão dos bancos. Falei com Pedro Malan por telefone, houve um mal-entendido. O Marcos Magalhães Pinto teria dito que recebeu por meu intermédio um o.k. para vender ao Banco de Boston. Ora, não falo com o Marcos há muito tempo. De fato, o que eu disse à Ana ou ao Paulo, não me lembro, é que não tínhamos nada contra o Boston, pelo fato de ser estrangeiro, mas a decisão tem que ser deles lá. Finalmente estavam preparando a medida provisória que permitirá uma reestruturação do sistema bancário.

Acontece que a umas tantas me telefonou o Pedro, aflito; Gustavo Loyola também, porque o Banco de Boston, que estava todo acertado, agora quer uma autorização do Fed de Nova York. O Pedro achou por bem dizer isso ao Marcos, e que era bom continuar negociando também com o Unibanco. O problema é saber se o Nacional aguenta mais uma semana com todos esses boatos na praça e quanto vai custar isso tudo. Isso me preocupa muito.

À noite vim aqui para casa, tinha um jantar com a Roseana Sarney e o Jorginho [Jorge Murad], mais Eduardo Graeff, Ana e Martins, eles trouxeram uns vinhos muito bons, o Pedro chegou com Gustavo para trazer a tal medida provisória, também participou dos vinhos e queijos. Depois fui para a biblioteca com Loyola, Mauch e Pedro, discutimos a medida provisória, que me pareceu bem-feita, o quanto posso entender, pois é uma matéria técnica complicada. Assinei-a. Também me foi entregue, em função da reunião de amanhã, outra lei a ser enviada ao Congresso dando autoridade para que aviões de contrabando possam ser derrubados, porque até hoje não está claro, do ponto de vista legal, como é que se faz em tempo de paz.

Esses foram os fatos de ontem. Hoje é sábado. À noite vou receber aqui o [Arnaldo] Jabor, esse [Fábio] Barreto que fez o filme *Quatrilho*, virão umas quinze a vinte pessoas, vem o Weffort também, e o Malan, que também convidei. Além da minha natação, vou preparar os meus papéis para uma conferência que faço amanhã na abertura do Encontro Nacional de Cultura. Tenho ainda que preparar uma série de textos que o Serra me deu ontem, quando conversou comigo sobre a questão do equilíbrio fiscal. Ele está de novo achando que estão lá — "estão" quer dizer Gustavo Loyola, gente do Banco Central, Gustavo Franco, o Banco Central mais do que o Malan — querendo dizer que o déficit fiscal é culpa do Planejamento, não é! Nem há déficit fiscal na União, deve ser dos estados e municípios, enfim, o cotidiano dessas desavenças.

HOJE, DOMINGO, DIA 5 DE NOVEMBRO, daqui a pouco farei a abertura do Encontro Nacional de Cultura e depois vou a Buenos Aires, para a reunião do G-15.*

---

* 5ª Reunião de Chefes de Estado e de Governo do Grupo dos 15. O G-15, formado por países em de-

Almocei com o Luís Eduardo Magalhães. Veio discutir a questão de pôr ou não em votação, e quando, a emenda da reeleição. Ele teve uma posição muito construtiva. Acha que é preciso pôr quando se tiver segurança, que é necessário pôr porque quer substantivamente que eu seja candidato mais uma vez. Dei meu ponto de vista, de que isso deve ser discutido em tese, que não se podem misturar as coisas.

Ele acha que o Sérgio [Motta] tem que atuar muito, mas num segundo plano. Porque senão vai ficar complicado, vai aparecer como se tudo fosse manobra do Palácio, e essa matéria não pode ser vista desse modo. Disse que acha que, na Câmara, dos vários partidos, no Senado também, eu sou o primeiro ou o segundo candidato, acha que o próprio Sarney, não sendo ele, gostaria que fosse eu. Tudo bem. Mas é cedo para isso.

É preciso ter noção mais adiante se isso é mesmo correto do ponto de vista meu e do país. Conversamos longamente, como sempre com muita objetividade e também sobre o que se fará com a emenda da Previdência. Ele me pediu que colocasse o Marco Maciel no circuito. É uma boa ideia. Teremos que negociar essa emenda. Eu não disse, mas pedi ao Jobim que entrasse no circuito e informei o Serra, para que estivesse alerta para também entrar. O próprio Luís Eduardo sabe que será difícil negociar e talvez o Stephanes não tenha a força para fazer sozinho a negociação.

Agora vou receber o Sérgio Motta. Ele, de palavra, acha a mesma coisa, que não pode se meter, mas na verdade não é a questão da palavra, é como ele atua. Luís Eduardo garante que não foi ele que fez circular a pesquisa sobre as chances da reeleição, que ele acha altas pelas pesquisas que tem, porque não é 51% da Câmara, não, é 54%, fora cem deputados que não foram ouvidos. Acha que, nesses cem, é folgado demais ter 60%. Acha mais difícil a reeleição de prefeitos.

Não sei. Acho que seria melhor ter uma decisão em tese, já disse aqui, vou registrar de novo, se eu fosse senador na época da revisão da Constituição,* quando era ministro, teria votado pela reeleição, o processo ficou incompleto, cortaram um ano de mandato e não deram a reeleição. Hoje, revendo as coisas, eu tomaria outra decisão, preferiria um único mandato mais longo, cinco ou seis anos sem reeleição. Tenho muito receio das consequências do instituto da reeleição para o Brasil.

HOJE, DIA 8 DE NOVEMBRO, QUARTA-FEIRA, estou voltando de Buenos Aires, sobre o que falarei numa outra oportunidade.

---

senvolvimento, entre os quais Brasil, México e Argentina, pretendia funcionar como um contraponto ao grupo dos países mais ricos do mundo (G7): Alemanha, Canadá, Estados Unidos, França, Itália, Japão e Reino Unido.

*A Revisão Constitucional de 1993, prevista pela Constituição de 1988, aprovou seis emendas ao texto da Carta, entre as quais a que reduziu o mandato presidencial de cinco para quatro anos, sem reeleição.

Cheguei aqui de manhã, tive uma reunião sobre um problema de apoio aos migrantes brasileiros. À tarde, rotina, salvo Sivam-Sipam, o senador Gilberto Miranda veio para conversar com o ministro Gandra, com Ronaldo [Sardenberg] e com o brigadeiro Oliveira. Tentou enrolar um pouco, mas resolvemos o seguinte: ele vai ter de expor a sua ideia. O que ele quer? Quer que se adote o processo de *turnkey*, ou seja, a Raytheon entregará tudo pronto para nós, brasileiros, que ficamos restritos à construção civil. Será que ele dirá isso diante dos líderes? Os líderes fazem o acordo, fazem uma emenda e o Senado aprova, e pronto? É preciso que todos concordem com isso, o que seria um absurdo. Há suspeita de que o Gilberto Miranda tenha recebido alguma comissão da Raytheon. Mas precisa-se ver se é verdade.

Tivemos também várias conversas sobre a questão da votação hoje. Principalmente com o deputado Valdemar Costa Neto, que abriu mão de um destaque que poderia prejudicar muito o Fundo Social de Emergência e, claro, sexta-feira vai conversar comigo para reclamar as coisas do PL que não foram atendidas em nada. Parece que não foram mesmo, por falta de gente competente e que seja honesta. Vamos ver o que acontecerá. Aqueles episódios normais: usam um fato nacional para poder extorquir algo do governo. É lamentável.

Jantei com os dois Marinho, Luís Eduardo e Sérgio Motta. Os Marinho se queixaram do Sérgio antes de ele chegar. Que não dá atenção, que dá a impressão de que o ministério é contra a Globo. Precisa-se dar um sinal de que eles [do ministério] não são contra a Globo. Não sei onde está a verdade. Pode ser que o Sérgio tenha realmente atropelado ou deixado que outros atropelassem sem necessidade. Falamos também sobre reeleição. Expuseram os pontos de vista, todos querem a reeleição, essa é a verdade, Luís Eduardo também, e acha que deve ser logo, não esse ano, mas o ano que vem, embora o Sarney tenha já futricado bastante, e todos acham que ele é de fato quem mais intriga nessa matéria. Não sei.

Antes deles esteve comigo o Tasso. Como sempre franco, aberto. Acha que é perigoso entrar em negócio de reeleição agora. Também acho, tem que ser depois da votação dessas emendas e como tese. O Tasso, sempre muito leal, amanhã estará com Roseana Sarney e Dante de Oliveira, que parece ter algo a ver, ele não sabe se contra ou a favor da reeleição, mas foi convidado para ir lá. Então já perdemos tempo com essas coisas.

O Dante, sempre falando mal do governo federal, quer mais dinheiro porque está perdido no seu estado. Roseana também. Não está perdida, mas quer mais dinheiro para as obras do estado. Esse é o cotidiano triste daqui.

Outra coisa importante: decidimos que o Lucena [José Lucena Dantas], que foi secretário do partido e hoje está com Mário Covas, será o meu secretário particular, o que é uma boa coisa. É claro que o Sérgio não gostou, porque o Eduardo Jorge já havia dito antes ao Lucena, o Eduardo Jorge, por sua vez, quer mostrar que é a ele, Eduardo Jorge, que Lucena tem que ser subordinado, enfim, a hierarquia das bicadas, e eu vou levando do jeito que puder.

O Xico me trouxe umas informações gravadas da Polícia Federal, uma coisa com autorização do juiz, em que o Júlio César aparece tendo uma conversa com alguém da Andrade Gutierrez, um Zé Maurício [José Maurício Bicalho], representante aqui, falando sobre problemas de investimentos no México. Até aí tudo bem, porque ele próprio será embaixador no México, pode estar querendo abrir campos de trabalho para as empresas brasileiras. Mas há outra gravação em que aparece uma coisa mais chata, que é o Júlio tendo aceitado uma ida a Las Vegas, creio, acho que sim, convidado por um tal Zé Afonso [José Afonso Assumpção], que é o dono da Líder* e também representante da Raytheon, é uma conversa sobre o Gilberto Miranda. Não entendi bem. Mas o fato de ele aceitar esse convite confirma outras informações havidas sobre a sua relação com o Zé Afonso.

Júlio não me disse sequer que ia para Las Vegas, me disse que ia aos Estados Unidos falar com o Paulo Tarso e ver um apartamento que comprou em Nova York. Não foi agradável. Não sei. Vamos aprofundar para ver se tem algo de mais grave aí. Estou registrando isso com reservas, porque essas coisas são sempre delicadíssimas, mas, enfim, foi uma coisa autorizada pelo juiz por outra razão e o Júlio entrou por acaso nessa matéria, via Polícia Federal.

*Líder Táxi Aéreo.

12 A 16 DE NOVEMBRO DE 1995

Debates sobre controle fiscal. Encontro do G-15. Estouro do caso Sivam. Impasse sobre o Banco Nacional

N a gravação de hoje, dia 12, domingo, vou reconstituir o que aconteceu na quinta e na sexta-feira.

Na quarta à noite fiquei sabendo que, por falta de sete votos, não foi possível mudar a regra do regimento interno que faz o DVS, que é aquilo que dá um destaque à matéria, a qual passa a ter que ser aprovada pelo mesmo número de votos da emenda constitucional: 307.* Isso torna a votação muito difícil. O Luís Eduardo tentou mudar. Faltavam sete votos. Ao que parece, porque as lideranças não se mobilizaram. E por uma razão óbvia: não interessa, pois isso diminui a capacidade de negociação dos partidos com o governo federal. O Luís falou comigo, pediu-me que reunisse os líderes quando fosse o momento de voltarmos à carga. Eu o farei.

Na quinta pela manhã, tive uma reunião com Marco Maciel, Stephanes, Serra, Malan e Jobim, além dos da casa, para discutir como encaminhamos as reformas. Relatei as conversas havidas com Euler Ribeiro, as dificuldades que aparentemente estão existindo e a necessidade de o Marco Maciel assumir o controle desse processo. O Marco e o Jobim. Isso foi feito.

Na hora do almoço, vieram Serra e Malan com Clóvis para dizer que era preciso não pagar o décimo terceiro mês este ano, que não tínhamos dinheiro, precisamos pagar parceladamente nos outros meses. Não concordei. Disse que pelo menos uma parte devia ser paga este ano.

Mais tarde, Eduardo Jorge me disse que, na verdade, não era por uma questão de falta de dinheiro, acharam logo outro espaço orçamentário. Não obstante, ainda ontem Malan veio aqui e disse que era preciso que eu insistisse, porque precisamos dar sinal de controle fiscal. A preocupação tanto do Malan quanto do Serra é em relação ao descontrole dos estados e municípios. Eles querem dar um sinal de que o governo está forte. Está bem. Mas não pode ser às custas de uma surpresa desse tipo.

Na quinta à tarde recebi primeiro o governador do Rio Grande do Sul, para nada, uma visita de cortesia do Britto, depois o Mário Covas, que veio com um grupo de citricultores e pessoal do álcool. Reunião normal, conheço as reivindicações

---

* Para acelerar a tramitação do Fundo de Estabilização Fiscal, deputados governistas propuseram em regime de urgência uma alteração no regimento interno da Câmara: acabar com os Destaques para Votação em Separado (DVS), principal instrumento empregado pela oposição para retardar a tramitação de emendas constitucionais de interesse do governo.

deles, dei as explicações pertinentes, até porque estamos tomando as providências possíveis nessa matéria.

A sexta-feira, último dia útil da semana, que devia ter sido um dia tranquilo, não foi.

Recebi o Valdemar Costa Neto, que naturalmente apresentou suas reivindicações rotineiras de nomeações. Deu uns nomes, pedindo lugares e tal, essa coisa desagradável.

Fizemos também reuniões internas para verificar a quantas andamos em várias áreas. Falei com Clóvis, falei com Eduardo, a respeito de preocupações que temos em diversos setores.

No fim da tarde o brigadeiro Gandra veio aflito até mim. Disse que recebeu um informe por escrito de que alguém alegou que a Polícia Federal gravara conversas em que ele estaria implicado junto com Sarney na questão do Sivam, junto com o comandante [José] Afonso.* A notícia é meio confusa. Há uma referência a ele, eu não tinha percebido. Ficou muito aflito, dizendo que é muito amigo desse comandante Afonso, o dono da Líder, que, na verdade, representa a Raytheon. Não levei mais a sério a questão, porque não tinha nada de mais concreto. Apenas se vê que os serviços de informação das Forças Armadas continuam ativos. Já sabíamos, o Xico tinha me dado as informações sobre a questão da escuta do Júlio César, só que eles erraram o alvo. A gente fica assim meio perdido nesse submundo de que não gosto.

Ontem, sábado, Malan veio aqui. Falou longamente sobre a questão do desequilíbrio fiscal, a dívida dos estados, como se faz para colocá-la em ordem. Esqueci de dizer que o Serjão também tinha estado lá na sexta-feira, coisas de rotina, veio dar um balanço do que andou falando sobre reeleição, aliás muito otimista. Pedi-lhe que mergulhasse, não ficasse se expondo nem me expondo. Também me falou sobre quem falta nomear nas empresas de tele, aquele inferno de nomeações.

Mas, voltando ao Malan, ele disse com muita clareza que tinha preocupação em relação ao equilíbrio fiscal. Falou também sobre a questão dos bancos, o caso do Nacional. Hoje, domingo, a *Veja* tem uma longa reportagem, até correta, assim sem muita pressão, mas certamente vai dar confusão. Malan disse que aparente-

---

*Em conversas telefônicas legalmente gravadas pela PF, o embaixador Júlio César Gomes dos Santos e o dono da Líder Táxi Aéreo, José Afonso Assumpção, mencionaram o fato de que o ministro da Aeronáutica se hospedara na casa de José Afonso em Belo Horizonte, em agosto de 1995. A revista *IstoÉ* publicou uma semana depois, na edição de 18 de novembro, o trecho grampeado, com a denúncia de que Santos atuava como lobista da Raytheon, tendo voado com a família num dos jatinhos da Líder durante uma viagem aos EUA. Quanto a José Sarney, o embaixador afirmava a Assumpção que o senador pelo Amapá "mandava" em Gilberto Miranda e que era a chave para acelerar a aprovação do Sivam no Congresso — à qual Miranda vinha interpondo diversos obstáculos.

mente o Banco de Boston saiu da proposta porque estava dependendo de o Federal Reserve dar a autorização para a compra do Nacional. E que o Unibanco continua. Não sei a proposta do Unibanco. O Gustavo Loyola me disse hoje por telefone que é semelhante à do Boston. Do ponto de vista dos donos do Nacional, parece que eles preferem o Boston, mas isso é problema deles, o nosso é salvar melhor o Tesouro.

Meu medo é que ninguém compre. Disse ao Loyola que ele devia fazer o seguinte: pressionar o Banco de Boston, dando prazo, e pressionar o Unibanco. O Nacional faz o que for necessário. O Unibanco é que tem que comprar já, porque acho que estão fazendo um jogo para nós fazermos uma intervenção e depois eles comprarem mais barato. Se fizermos a intervenção — e não tenho dúvida de fazer se houver a corrida —, não sei se não é melhor o Banco do Brasil ficar com o patrimônio do que nós o passarmos para o Unibanco. Que faça a proposta logo, porque estamos no limite.

Na quarta-feira dessa semana, dia 15, é feriado, até lá talvez dê para aguentar. Se não der, teremos que fazer intervenção com todas as consequências.

Esqueci ainda de dizer que, na sexta-feira, almoçaram aqui Pedro Paulo Poppovic, [Jorge] Escostesguy, Sérgio Amaral e Ana. Resolvemos a questão da TV Educativa do Rio. O Escostesguy fica lá, não há esse problema de ele ter que ir embora. Acho que isso é importante. Achei o Pedro Paulo também mais animado.

Com relação à visita a Buenos Aires, para o encontro do G-15, nada de especial. Chegamos lá no domingo passado, jantamos na embaixada, eu estava muito cansado.

Na segunda-feira, reunião no hotel Alvear, almoçamos na embaixada com todos os presidentes e, depois, de novo reunião e entrevista à imprensa.

Jantamos num restaurante no porto novo de Buenos Aires.* Quando entrei, muitas manifestações de simpatia dos argentinos. No dia seguinte cedo fui a Olivos, onde mora o Menem, tivemos outra reunião lá, fechada, com a participação do [Narasimha] Rao, primeiro-ministro da Índia, primeiro-ministro da Tailândia,** da Malásia,*** o Caldera da Venezuela, o primeiro-ministro do Senegal.**** Conversa muito aberta, franca, mas nada de especial. Falou-se de contrabando, de corrupção, tudo inconclusivo. Insisti no meu tema. Conforme expliquei de público na reunião, tínhamos que parar com uma atitude de choradeira, tínhamos que ser mais ativos na articulação, não ficar reclamando contra o Norte, mas articulando as coisas. Já não existe essa diferença tão nítida entre o Norte e o Sul. Todos concordaram com isso.

Mais algumas observações.

* Puerto Madero.
** Abhisit Vejjajiva.
*** Mahathir Mohamad.
**** Habib Thiam.

Menem: eu o achei muito caído, não sei se por causa da perda do filho, problemas da Argentina, vi o Cavallo de longe. Estive com o Guido mais de perto, conversamos, não falei sobre Cavallo. Todas as informações são de que as coisas realmente não vão bem entre o Menem e o Cavallo.

O Rao, da Índia, me decepcionou um pouco. Está lá há muitos anos, é um intelectual, mas não tem presença. Mais esperto e inteligente é o primeiro-ministro da Malásia. Não sei se mais inteligente, mas mais falante. Vou à Malásia, são muçulmanos e autoritários. Ele mesmo, na reunião fechada, fez críticas à democracia por causa da questão do terrorismo, que é um tema que assusta a todos, tinha havido a morte do Rabin,* todo mundo estava muito constrangido com essa questão e houve manifestações de solidariedade aos judeus.

Na reunião fechada o Frei estava também. Me pareceu sem força. Bastante rotineiro nas suas afirmações, bastante convencional. Acho que esse grupo não vai muito longe. Os países são muito desiguais, do ponto de vista do Brasil é uma questão de relações públicas. Um pouco de perda de tempo, mas que deve ter rendimentos mais adiante, espero.

HOJE É QUARTA-FEIRA, DIA 15 DE NOVEMBRO. Quero me referir aos dias anteriores, segunda e terça-feira.

Não tenho muita certeza se foi nessa segunda, as coisas estão um pouco misturadas, mas sei que numa segunda-feira, às oito e meia da manhã, tomei café com a juventude do PMDB. Eram cerca de vinte jovens de todas as partes, muito interessante. Bastante dispostos a defender o Plano Real, a defender o governo e numa atitude completamente diferente da atitude da antiga juventude, que era muito influenciada pelo MR-8.** Realmente marcante essa mudança, que mostra a percepção de alguns setores da população sobre o real e sobre o que significa o governo hoje.

Na segunda-feira passada chamei aqui de manhã o Xico Graziano. Não pôde vir, mas veio logo depois do almoço, às duas horas. Disse ao Xico que o brigadeiro Gandra já tinha conhecimento pelo Serviço Secreto da Aeronáutica do registro da escuta telefônica do Júlio César. O material já me fora entregue pelo Xico, a quem eu disse que iria chamar Jobim com a maior urgência para verificar até que ponto essa coisa tinha uma resposta consistente, ou seja, se o Ministério da Justiça estava

---

*Yitzhak Rabin, primeiro-ministro de Israel, foi assassinado a tiros por um extremista ultraortodoxo em Tel Aviv, em 4 de novembro de 1995.

**O Movimento Revolucionário Oito de Outubro foi fundado no Rio de Janeiro em 1964 como dissidência armada do Partido Comunista. Após a redemocratização, vários de seus ex-militantes se integraram aos quadros do PMDB.

realmente por dentro do assunto. Claro que estava, porque o Xico recebeu isso das mãos do pessoal da Polícia Federal.

Disse também ao Xico que era altamente inconveniente a publicação deste material, mas não sei se ele tem condições de segurar. Parece que o registro já está nas mãos de várias pessoas, entre as quais o Mino Pedrosa, que foi nosso fotógrafo da campanha. Ele já foi falar com Sarney, não sei por quê, a respeito do tema, e está tentando passar para a *IstoÉ*.

Na tarde de segunda-feira estive com o governador Garibaldi Alves,* que veio trazer os cortes que já está fazendo em sua área em relação a gastos excessivos de pessoal.

Antes do almoço recebi também um grupo grande da Associação Nacional de Editores de Revistas, com dados impressionantes. Todas as revistas cresceram muito, o número de títulos cresceu, a circulação aumentou muito, o faturamento também, e eles vieram aqui para agradecer o real. Eu até brinquei: "Pois é! Mas eu vejo nas revistas sempre falar-se em crise". As revistas femininas foram as que mais cresceram.

À tarde tive uma reunião na Câmara de Política de Recursos Naturais sobre o programa da pesca. Interessante também porque juntamos vários órgãos do governo, sei que Antônio Carlos tinha muito interesse nisso, aproveitei para fazer uma peroração sobre a pesca.

E recebi o Lúdio Coelho** também com o Wilson Martins lá do Mato Grosso.

Em seguida, finalmente chamei Jobim e Clóvis e dei conhecimento do texto. Perguntei-lhes como proceder. O Jobim achou que a primeira coisa era ver na Polícia o que era isso. Mandou chamar o [Vicente] Chelotti, que é o diretor da Polícia e irmão do Paulo Chelotti,*** que possivelmente estava envolvido, ele diz que fizeram a escuta na casa do Júlio.

Depois disso vim para casa, porque tinha um jantar com Serra, com [Luiz Carlos] Mendonça, e pedi que Clóvis também viesse. Antes de começar o jantar, o Jobim voltou aqui. Veio correndo e disse que tinha falado com Chelotti e, para minha surpresa, disse que a ordem partira do próprio Graziano. E, partindo do Graziano, imaginaram que era minha, coisa de que eu não tinha a menor ideia.

No dia seguinte chamei de novo o Graziano e lhe disse que não podia admitir isso. Ele disse que não, que na verdade foi um conjunto de pessoas que eram inimigas do Júlio, e que apenas estava entre elas. Sei lá como foi isso, mas não foi bom. Nada bom. Primeiro porque esses métodos são horrorosos, embora tenham tido autorização do juiz. Segundo, porque isso vai jogar muitas ondas especulativas sobre todo mundo. Não é só sobre o Júlio. Combinamos com Jobim que tomaríamos e daríamos a conhecer algumas medidas a respeito da questão.

---

*Governador do Rio Grande do Norte.
**Senador (PSDB-MS).
***Policial federal lotado no Incra como assessor da Presidência.

Terça-feira de manhã, depois de ter nadado tive entrega de credenciais de alguns embaixadores, como é habitual, acionei a unidade geradora número 3 de Xingó e tive uma nova reunião na Casa Civil. Outra vez sobre a questão dos cortes de pessoal. Tanto o Serra quanto o Malan querem não pagar ou pagar apenas uma parcela do décimo terceiro salário. O Malan insiste muito em não darmos aumento nenhum aos funcionários. Eu disse: "Tudo bem, mas preferia que fossem cortados então os que estão em excesso e que vocês comecem por suas unidades". É claro, o que for necessário, mas sempre essa mesma história, sempre jogam em cima de mim a responsabilidade de cortar.

À tarde, além desse pessoal, falei com o governador Amazonino Mendes, que prometeu atuar junto ao Euler e atuou. Tanto atuou, que o Serra teve um encontro com o Euler Ribeiro, junto com Stephanes e Jobim, e o Euler já está cedendo na questão do relatório da Previdência. Mas em tudo eu tenho que entrar. Recebi depois o Albano Franco, que também está fazendo cortes, sempre chorão, querendo alguma coisa a mais para Sergipe, mas gentil, cordial e amistoso.

Quanto ao Protocolo Verde, foi uma coisa interessante, porque recebemos muita gente da Fazenda, toda a área financeira, para obrigar os bancos do Estado a exigirem condições de controle quanto aos efeitos danosos sobre o meio ambiente de todos os investimentos que são feitos.*

Antes, pela manhã, recebi longamente o Luís Eduardo. Ele veio falar comigo por causa do DVS que, por sete votos, não passou. Acha que não devo me meter, também acho, porque não pode haver pressão do governo federal sobre uma questão do Congresso. Falou ainda, de novo, sobre a questão da reeleição. Insiste muito que é oportuno botar logo em votação, começando o processo em março ou abril. Acha que as pessoas estão mal informadas, mas que a maioria estaria disposta a aprovar.

Conversamos sobre tudo, ele se queixou um pouco do Sarney, das idas e vindas, eu também. Disse-lhe que o Sarney defendeu a MP da fusão dos bancos,** que é uma coisa importante para estabilizar o lado financeiro e, não obstante, o Jader Barbalho fez um discurso contra. Posteriormente isso foi corrigido. Na terça-feira o Jader falou com Malan e voltou atrás, entendeu a questão sistêmica dos bancos, viu que não era protecionismo a nenhum banco em especial. Por outro lado, o Gilberto Miranda aprovou por 16 a 0 uma medida que na verdade anula a MP dos bancos.***
Acho difícil que o Sarney não saiba dessas coisas e não esteja realmente jogando de

---

*O Protocolo Verde proibiu a concessão de financiamentos de bancos públicos a projetos industriais e agrícolas que não cumprissem as normas ambientais estabelecidas pelo Conselho Nacional de Meio Ambiente (Conama).

** MP do Proer.

***O projeto aprovado por Gilberto Miranda na Comissão de Assuntos Econômicos do Senado proibia a utilização de dinheiro público no socorro a bancos privados.

uma maneira complexa. Soube pelo Tasso, por telefone ontem à noite, que a Roseana Sarney disse aos jornalistas econômicos que tinha uma deixa para eles, que isso tudo foi feito para salvar o Nacional, ou seja, intriga contra mim, imaginando que eu tenha algo a ver com o Nacional além da relação indireta de parentesco.

Recebi também o Adib Jatene: aí as coisas já não foram tão simpáticas como com o Albano Franco, porque o Adib está preocupado, reclamando, e meio desanimado sobretudo com a atitude da equipe econômica. Acho que ficou magoado com o jeito como Clóvis o tratou. Clóvis tem sido às vezes brusco no tratamento. Está cansado de tanto problema em cima dele, e o Jatene na verdade quer mais recursos. Viu que terá menos recursos no ano que vem, está legitimamente preocupado, embora tenha havido uma reestruturação grande. Ficou magoado ainda porque eu disse que os recursos na área da Saúde dobraram em termos reais, isso foi lido como uma crítica a ele.

Enfim, até pode ser, porque acho que houve muita concentração na questão dos hospitais. Mas o Jatene tem sido formidável, com uma enorme energia, e não quero perdê-lo de maneira nenhuma. Pedi que nem mencionasse o assunto, que eu ia falar com a área econômica. Isso vai ser um pepino grande. Mas desta vez o achei realmente abatido, achando que está sendo desconsiderado pelos colegas, o que é mais grave.

Recebi também Romeu Tuma* e o filho** para discutir a questão da eleição para a prefeitura de São Paulo, um pouco a choradeira do menino do Tuma. O Romeu é muito elegante comigo, nunca entra na questão de nomeações, mas estava magoado com Jobim por causa da questão do [Marco Antônio] Veronezi, nomeado para a Polícia Federal de São Paulo. Há muita gente que se opõe ao Veronezi em São Paulo e o Jobim enrolou muito para nomear outro, ainda não nomeou, vai nomear. Acho que o filho quer que Romeu Tuma seja candidato a prefeito. E o Romeu Tuma quer saber se o Sérgio Motta é candidato. Eu disse que ia fazer uma reunião entre eles, que achava que não, mas para verificar.

No fim do dia, depois do Protocolo Verde, nova discussão sobre os bancos com Malan, Gustavo Franco, Gustavo Loyola e Clóvis. O problema é preocupante, porque as coisas não estão resolvidas de forma adequada. Não é o Nacional, que até está encaminhado, não sei bem como é que alguém ainda vai comprar, mas parece que o Unibanco está indo em frente. O Bamerindus está com dificuldades, o Banorte também. Ou seja, o problema do sistema financeiro é grave.

Depois passamos ao caso do Júlio. Só conversei sobre o assunto com Clóvis e Jobim. Disse que achava que seria publicado logo. O Xico me disse que a *IstoÉ* provavelmente vai publicar, e eu disse: "Isso é um desastre. Eu vou ter que dar conhecimento ao Júlio já". Eles concordaram. Combinamos que ele seria exonerado. Cha-

---

* Senador (PSL-SP).
** Romeu Tuma Júnior.

mei o Júlio, que se indignou com justa razão. Como é que alguém estava em cima dele, pelo menos se fosse eu... eu? imagina! jamais faria isso, jamais faria mesmo. Mas também não abri demais o jogo, porque não convém agravar mais as situações.

Eu disse: "Júlio, você tem todo o direito de se defender, querer saber de onde partiu isso, mas foi pela Justiça mesmo, tanto é que pedi ao ministro da Justiça que confirmasse e é, realmente, uma coisa legal. Logo, é preciso tomar em consideração, e você leia aqui". Ele leu e tentou minimizar os efeitos. Tudo era bobagem. Eu disse: "É, Júlio, de um certo ângulo talvez seja mesmo, mas veja em conjunto. Em conjunto a leitura vai ser outra".

O que vai acontecer nesse caso é a famosa questão de alegar influência ilegítima, conflito de interesses, mais tráfico de influência do que conflito de interesses.

Resumindo as contas, o Júlio ficou evidentemente bastante abatido com o assunto, eu também, triste, minutos antes a Ana estivera comigo, percebeu e disse que ela já sabia do assunto e eu não sabia disso. Fazia pelo menos um mês que ela já sabia da questão, vários jornalistas já sabem. Enfim, um mal-estar muito grande.

Disse ao Júlio: "Você tem direito de defesa, acho que vou mandar um bilhete para você pedindo que tome conhecimento, dê as explicações cabíveis, porque isso precisa de uma resposta, você então responde como quiser e apresenta a exoneração para se sentir mais livre em sua defesa, você diz ainda que faz isso esperando manter a confiança que eu tenho em você. Por quê? Porque está em jogo a designação para o México, que já foi feita, e eu gostaria de limitar o estrago à exoneração do gabinete".*

O Júlio foi leviano. Não podia ter ido de avião da Líder para os Estados Unidos, mas não há nada que comprove algo mais. Há essa coisa típica de Brasília, um pouco do poder, empurra um, empurra outro, na verdade ele nunca falou comigo, repito, nunca, sobre nenhum assunto financeiro, jamais pediu que eu liberasse um recurso, que fizesse isso ou aquilo, é muito mais um pequeno jogo de prestígio que de influência, mas no Brasil, eu lhe disse, é a síndrome da mulher de César. Bem. Ele levou os documentos para casa. Isso foi ontem.

Hoje, 15 de novembro, feriado, passei toda a manhã reunido com a equipe econômica. Reunião boa. Papers de cá, papers de lá, sobretudo o pessoal do Banco Central, paper do Chico Lopes, muito interessante, que põe claro tudo que está acontecendo, quais são as nossas debilidades, paper que não foi distribuído mas que acabei de ler, do Gustavo Franco que, no fundo, insiste na sua posição, o Gustavo tem uma leitura diferente da habitual mas muito inteligente sobre o que está acontecendo.

O Serra também teve uma reação madura, expôs os seus pontos de vista, no fundo a briga diminuiu porque o câmbio se apreciou menos, as exportações estão

---

* A designação de Júlio César Gomes dos Santos para a embaixada no México não ocorreu. Mais tarde (1997) foi nomeado representante do Brasil junto à FAO, em Roma, depois cônsul-geral em Nova York (2002), e, já no governo Lula, embaixador na Colômbia (2005).

crescendo, a taxa de juros, caindo, enfim, os grandes temas polêmicos estão desaparecendo, e o que sobra mesmo é a necessidade da contração fiscal, de que todo mundo fala mas que é muito difícil. A taxa de juros tem um papel grande nesse dispêndio fiscal e, como está caindo — será reduzida pela metade no decorrer do ano que vem —, é provável que haja automaticamente um pouco mais de economia do Estado, portanto, de folga fiscal.

Depois almoçamos aqui, o Malan vai embora porque está estourado, tem que ver o filho, o Gustavo fica com o Banco Central. Estão negociando o Nacional. Disse ao Gustavo que qualquer coisa que ele precise de apoio moral, não estando o Malan, que conte comigo, se precisar de alguma consulta, ou algo assim, que ele tem o meu apoio, mas que eles tomem decisões independentes, eles fazem isso, nem é preciso dizer, eles tomam as decisões técnicas que lhes parecem melhores.

Hoje é a tentativa de defesa do Tesouro contra o Unibanco, que já percebeu que está sozinho na raia e que, portanto, pode enfiar mais a faca no Tesouro.

O senador [José Roberto] Arruda teve um bom desempenho para pacificar o Senado nessa matéria de MP dos bancos, ele falou de manhã pela televisão, eu vi, gostei do que disse, bem explícito, claro na defesa da medida provisória. Acho que isso já melhorou um pouco o quadro.

Depois dessa reunião andei com Serra pelos jardins e contei a ele a parte que lhe tocava, e um pouco mais sobre o Júlio, na questão dos aviões. Foi isso que eu disse: o [Ricardo] Santiago, que é do gabinete dele, que é muito amigo do Júlio, foi posto pelo Júlio, atazanou-o para que ele recebesse o cara da Líder, para que o cara da Líder expusesse que dispõe de aviões para trocar os HS da Aeronáutica.* Nunca mais o Serra falou com o homem nem tomou nenhuma providência, portanto não há nada. Mas confirmou que o Júlio colocou em contato com ele esse Zé Afonso, que é dono da Líder. Até aí, não acho que seja o melhor, mas de qualquer maneira não houve nenhuma insinuação de nada. O Serra ficou muito preocupado, assustado, ele é paranoico com essas coisas, achando que daí vai haver CPI, que farão muita pressão sobre o governo. É possível.

Agora, a essa altura, fim de tarde de feriado, não adianta chorar pitanga.

Mais tarde vou jantar com Bresser para discutir a questão da reforma administrativa, ele me deu um texto longo, e com Paulo Renato, que quer falar sobre Educação, e com o Sérgio Motta. Como a Ruth está em São Paulo, para não jantar sozinho, vou jantar com eles e suas mulheres.

---

*Nos grampos, havia uma referência ao encontro do dono da Líder com o ministro do Planejamento. Na ocasião, Assumpção propôs a Serra a renovação da frota de jatos executivos do Grupo de Transporte Especial (GTE) da Aeronáutica, destinados ao transporte de autoridades, através da compra de oito HS 125, aeronaves fabricadas pela British Aerospace (também representada por Assumpção, como a Raytheon), por R$ 10 milhões cada, sem licitação. O negócio não prosperou.

Em tempo. Ainda é quarta-feira, dia 15 de novembro, são 7h55. Recebi um telefonema do Paulo, muito aflito. Ana já me havia dito. A *Veja* fará um número, domingo, dizendo que o Nacional quebrou, e eventualmente o *Jornal do Brasil* vai na mesma direção. Isso é grave. Procurei o Gustavo Loyola, que está lá no banco. Ele me disse o seguinte: que o pessoal do Unibanco está forçando a barra, ou seja, como perceberam que não tem mais o outro banco competindo pela compra do Nacional, querem mais apoio do governo, mais empréstimo de longo prazo, há números que são inaceitáveis, falaram em 9 bilhões. Eu disse ao Loyola o seguinte: a esse preço, é melhor ou liquidar o banco ou então o Banco do Brasil ficar com ele, porque não tem sentido nenhum fazer uma benesse dessa envergadura para um banco privado, que no caso é o Unibanco. Eles têm que aprender também que, como não têm solidariedade nenhuma, nem com o Nacional nem com o governo, pagam o preço.

Claro que isso terá uma consequência muito negativa. O Banco Central é contra a liquidação pelos efeitos que possam ocorrer, mas é necessária uma ação enérgica. Acho que tem que tomar essa decisão hoje à noite e não passar de amanhã. Estou insistindo há tanto tempo, essa lenga-lenga do Unibanco não vai dar certo. Vamos ver.

HOJE É QUINTA-FEIRA, DIA 16 DE NOVEMBRO, são onze e meia da noite. Foi um dia desagradável pelos aspectos e desdobramentos da crise dos bancos e da questão relativa ao Júlio César.

Antes de entrar nisso, quero registrar que tive uma longa conversa com o Moreira Franco, que é o relator da reforma administrativa. Parece que vai cooperar, embora inovando, como é natural, todos inovam alguma coisa nessa matéria, não sei se o Bresser vai concordar com as inovações.

Recebi também Antônio Ermírio de Moraes, que quer ver se o procurador-geral da República aprova logo uma usina que ele quer fazer em Juquiá e Iguape, parece que houve resistência dos ecologistas, mas estão vencidas, diz ele.

16 A 23 DE NOVEMBRO DE 1995

Definição da sorte do Banco Nacional.
Desdobramentos do caso Sivam.
Queda do brigadeiro Gandra e de Júlio César Gomes
dos Santos

Almocei aqui no Alvorada com Roberto Civita. Longa conversa. No fundo, o que ele quer é que se deem mais canais, não entendo muito bem que tipo de canal, é a cabo parece, para ele poder competir com o Roberto Marinho, que, segundo ele, está dominando tudo, e é preciso que haja aí maior competição. Foi esse o objetivo principal da conversa comigo. Mas ele falou também de política, da disposição de me ajudar, é favorável à reeleição. Fui discreto na matéria, mas, quando for a hora apropriada, ele vai fazer vários números sobre como essa questão é resolvida no mundo todo.

Na questão dos bancos ele me disse que há três semanas tem matérias, que sabe uma porção de coisas, que o Nacional e o Unibanco negam que esteja havendo a fusão, que está ficando difícil. Ponderei que, apesar das dificuldades que tenho de entrar nessa matéria pelo fato de Paulo Henrique ser casado com Ana Lúcia, o que me preocupava era a questão sistêmica. Citei o caso da Venezuela,* disse que não é só o Nacional, tenho medo dos efeitos de corrida bancária, que, por favor, eles tomassem cuidado na análise dessas questões. Mas o achei muito embalado para uma matéria mais espalhafatosa. Dificilmente mudará de rumo.

Recebi também, de manhã, Sérgio Motta e Clóvis aqui no Alvorada. Sérgio, para discutir a questão das comunicações, que é preciso haver mais publicidade, ele tem razão, ele tivera uma reunião com Sérgio Amaral, que encaminhará nessa direção de fazer mais publicidade, porque ele teme que setorialmente o governo esteja perdendo e que apenas a minha imagem e o real estejam segurando tudo. Acho que ele tem razão, essa análise é do Lavareda, não é dele, e espero que o grupo de Comunicação fique consciente disso. Porque tem limites para eu sustentar isso puramente no verbo. Tem que haver ações concretas de governo e difusão dessas ações.

Mostrei ao Clóvis a resposta que o Júlio me entregou ontem à noite sobre os quesitos da tal conversa que foi gravada. Eu li hoje de manhã, são respostas satisfatórias, embora sejam ligeiras em muitos aspectos. Clóvis concorda comigo, fiz um esboço de carta de resposta ao Júlio, aceitando a sua exoneração, mas não quebrando a confiança, ou seja, o envio da mensagem para ele ser embaixador no México.

*Em janeiro de 1994, iniciou-se uma série de falências bancárias na Venezuela, resultando em pânico para os correntistas e grandes prejuízos para os cofres públicos, que chegaram a cerca de 25% do PIB. Até agosto de 1995, a terça parte dos bancos do país foi fechada pelo governo.

À tarde o Júlio me procurou. Muito nervoso, muito aflito, chorando, ele disse que perdeu a calma porque soube que o Xico Graziano estaria envolvido nessa escuta. Soube que havia essa alegação através do brigadeiro Gandra, ou seja, o Serviço Secreto da Aeronáutica, o que eu já sabia. Para que ele não perdesse a calma, expliquei como eu responderia à sua carta. Ele então saiu de lá para ir falar com Sarney e com Lampreia. Tem muito medo de que o pessoal do Itamaraty o triture depois desse fato. Eu disse: "Não, se não houver mais nada, se você respondeu com clareza e frieza a tudo isso, não vou te largar às feras, acho até que a sua demissão também é um gesto no sentido de você preservar o governo do rebate de todos esses problemas. E de fato você nunca fez lobby nenhum".

Chamei Serra e Clóvis para relatar a resposta do Júlio e dei ordem ao Clóvis por escrito para que ele proceda amanhã à publicação no *Diário Oficial* da exoneração, a pedido do Júlio. Agora é óbvio que o assunto está em marcha.

Júlio esteve com Sarney e voltou correndo para me dizer o seguinte: que Sarney dissera que, se fosse possível postergar a reportagem da *IstoÉ* por uma semana, ele aprovaria a nomeação do Júlio para a embaixada do México e o Sivam.

Eu não tenho condições de fazer isso, porque não conheço as pessoas, não tenho condição de pedir que isso fique amarrado, ainda vão pensar que há alguma coisa a temer, a esconder, mas seria bom que não publicassem já esta matéria.

Com relação aos bancos, tive no fim da tarde um encontro com Pedro Malan e Gustavo Loyola. Parece que finalmente, de novo, o Unibanco está engatilhado, e eles farão uma medida provisória. Os governadores exigem que nessa medida não se poupem os acionistas controladores, ou seja, lá vai a família Magalhães Pinto. Isso produzirá mal-estar, mas não tem outro jeito, até porque não tem como encobrir algo desta magnitude, nem eu gostaria. Mas isto vai dar dor de cabeça, tenho certeza. Os jornais de hoje, vi na Globo, disseram o oposto, ou seja, uma fusão tranquila entre o Unibanco e o Nacional. Tomara fosse, as coisas são mais complicadas do que parecem.

Acho que esses foram os principais fatos e aborrecimentos. Pela primeira vez, nestes dois dias, perdi um pouco o ânimo que habitualmente tenho. É verdade, a Presidência é doída. Porque dispensar o Júlio, uma pessoa que trabalha comigo com tanta dedicação, e, ainda agora, assinar a medida provisória que vai arruinar a família da minha nora é de lascar. Mas é para isso mesmo que existe a separação entre o público e o privado, e eu não tenho nem hesitação, apenas me dói, e dói bastante. As pessoas não percebem que tenho esses sentimentos porque disfarço muito, mas fico intimamente muito abalado, constrangido, quando tenho que fazer as coisas do modo como teremos que fazer. Enfim, é a lógica de Estado.

HOJE É SEXTA-FEIRA, DIA 17 DE NOVEMBRO, é quase meia-noite. Pela manhã fiz uma conferência na Escola de Guerra Naval para todos os cursos superiores do Exército, Marinha e Aeronáutica, todos os ministros presentes, o Alto-Comando do Exército, almirantado e seiscentos oficiais. Palestra longa, falei uma hora e meia, disse muita coisa, me aplaudiram em pé, parece que foi boa. É muito difícil saber, porque todos que falam comigo sempre dizem que está certo, mas, pelo clima, parecia positiva.

Voltei para Brasília.

Na ida avisei ao general Cardoso o que tinha acontecido na questão Júlio César. Na volta, falei com [Geraldo] Walter e com a Ana.

Aqui chegando, fui direto para o Alvorada, onde recebi muita gente.

Li para o Jobim o texto da carta de resposta ao Júlio, em que eu digo que não desmerece da minha confiança, mas foi leviano, portanto aceito a exoneração.

Posteriormente recebi o Lampreia, a quem disse que o Bornhausen queria ser embaixador em Portugal, ele se chocou porque quer botar o Carlinhos Garcia. Depois falamos sobre a questão relativa à designação do Júlio. O Lampreia também acha que tem que manter no Senado a indicação para o México, e comentamos um pouco o episódio que aconteceu.

Em seguida recebi longamente o Marco Maciel. Também a ele relatei esses acontecimentos. Discutimos o andamento das reformas. O Marco, sempre atencioso e minucioso.

Depois falei com o Serra, que está nos Estados Unidos, aflito. Disse-lhe que não tinha notado nada de novo naquela matéria e, até aquela altura, não tinha havido nada mesmo.

Recebi o Clóvis. Antes, o Malan falou comigo por telefone. Clóvis me trouxe a MP dos bancos,* que altera as condições nas quais o Banco Central pode intervir no sistema bancário, dando maior latitude e permitindo o Raet, deixando portanto os bancos funcionando, e isso foi uma coisa positiva. A repercussão será péssima sobretudo do ponto de vista da família Magalhães Pinto, e talvez até o Paulo Henrique possa se tomar de dores, porque eles vão perder muito. É o que tem que ser feito e fiz.

Depois disso as coisas se complicaram, porque a Ana chegou dizendo que todos os jornais já haviam recebido a notícia da questão do Júlio, inclusive a *Veja*. Aí começou a guerra da imprensa, quem é que faz uma coisa mais escandalosa. Chamamos o Sérgio Amaral para ele dar um briefing. Deu, voltou aqui e trouxe o que disse. Foi tudo correto, menos num ponto: disse que me informei nessa segunda-feira sobre o caso do Júlio, não foi. Foi como já deixei registrado aqui, não sei se quinta ou sexta-feira da semana passada, mas isso é um detalhe, o resto está tudo certo.

---

* A MP nº 1182, de 17 de novembro de 1995, autorizou o Banco Central a intervir preventivamente em bancos insolventes, com poder para afastar seus proprietários e vender todos os bens destes para cobrir os prejuízos.

Os jornalistas naturalmente querem agora saber o que se faz a respeito do México. Querem sangue. Antes mesmo de o Júlio se explicar, querem condená-lo. Nesse meio-tempo, o Martins veio fazer a gravação do programa de rádio, veio junto com a Ana, ficou conversando comigo, e estávamos analisando a situação quando o Sérgio Amaral telefonou de novo, muito aflito. Pedimos a ele que viesse aqui para definir uma estratégia. Ele veio.

De fato, a situação é complicada. Todos os jornais, toda a televisão, a Globo já deu hoje três vezes em chamadas, já estão começando a fazer um auê muito grande. O Sérgio Amaral leu o texto das conversas telefônicas, não achou gravidades além do que já comentamos e sabe das respostas do Júlio. Voltei a dizer que acho que o Júlio agora deve se manter altivo e calmo, que ele tem que responder, até porque o seu comportamento não é exatamente irrepreensível. Ele fez o que não podia, não só na conversa telefônica como no avião que o levou a Las Vegas com esse Zé Afonso. Um pouco essa mania de viver no rastro dos grandes. Enfim, tenho pena do Júlio. Está abalado e todo mundo assustado sobre como é que isso vazou.

Vazou porque tudo vaza, porque fizeram para vazar. É grave mesmo. Eu acho infame. E mais. Há alegações de que foi o Xico, ele próprio, quem fez, e teria feito por ordem minha. Imagina só. Na verdade, isso é uma coisa inominável. Se ainda estivesse no Gabinete, eu também teria pedido que se exonerasse. Como está no Incra, dada a confusão política, não dá para mexer nesse momento. Mas não gostei. Francamente não gostei, e até fiquei preocupado. É o primeiro dia que passo amargo, realmente amargo, como presidente da República.

O Paulo me telefonou, falei com ele há pouco, depois falei com a Ruth para desabafar. Como se tivesse alternativas no caso do Nacional, mas não tem alternativa, não posso dar dinheiro do governo a troco de banana.

Tudo isso é dramático. Realmente, hoje senti o travo do poder. Gente próxima a mim fazendo o que foi feito, sei lá o que o Xico fez, de qualquer forma não foi bem-feito; o Júlio, bem ou mal, o que eu já sabia, pego com a boca na botija, essa bobajada que ele faz, sem gravidade aparente, mas somando vai tudo contra o governo, um governo honesto, sério, que está completamente alheio a tudo que é malandragem e, de repente, pode ser enxovalhado por essas questões laterais. É assim que se faz para comer alguém, é pelas bordas. Não gostei nada. E depois essa coisa que terá consequências não só no sistema financeiro em geral, mas particulares no caso do Nacional. Sei lá como isso vai se desdobrar, mas não cheira bem do ponto de vista doméstico. Vão cobrar sempre que eu podia ter feito isso, ter feito aquilo. Só se esquecem de que fui eleito pelo povo para resolver questões como essa de uma maneira limpa, transparente, e isso custa caro.

Depois a Ana [Tavares] também perdeu as estribeiras, tive que chamar duramente a sua atenção, está nervosa, coitada, se desdobra, chamei sua atenção e a coisa acalmou. Enfim. É isso. Foi um dia bastante pesado. Tomara que os outros sejam mais leves.

HOJE É SÁBADO, DIA 18 DE NOVEMBRO, é mais ou menos uma hora da tarde.

Só para não perder o fio da meada dos acontecimentos, não saí de casa de manhã, telefonemas o tempo todo.

Às oito ligou o Marcos Magalhães Pinto, mas não recebi o recado, só recebi por volta das onze. O que foi bom. Já explico.

Por telefone recebi informações do Clóvis, aflito com a situação, lastimando a origem de tudo isso. Ele acha que quem desencadeou esse processo é irresponsável, e é. Isso não podia ter sido feito da forma como se fez, sem o meu conhecimento e ainda dando impressão de que eu tinha conhecimento, é grave. Clóvis disse que a *Veja* acha que o Jobim assinou a autorização. E é até possível, só que de boa-fé, sem saber que essa autorização continha a escuta do telefone do Júlio. Esse é o lado muito negativo.*

Mas tem o outro. A Ana me mandou agora a *IstoÉ*. E lá aparece realmente que o Júlio ficou ligado ao caso Sivam. Eu sei que não há nada. Ele não tem nada com o Sivam, não tem nada. Fico até suspeitando se tudo isso não tem o dedo de gente interessada em perturbar o Sivam ou, pelo menos, em aproveitar esse feito. Mas, tal como está na *IstoÉ*, o Júlio está em maus lençóis.

O próprio brigadeiro Gandra entra aí, dizem eles, como se estivesse próximo da degola, por suas ações, ou inações, o seu relacionamento com o dono da Líder. E há um diálogo meu com Júlio, está escrito na *IstoÉ*, que é fantasioso, pelo menos do jeito que aparece, mas houve o diálogo, que ele não podia permanecer no governo, eu lhe disse isso mesmo, falei até que não basta ser honesto, tem que parecer honesto, como a mulher de César, e então as coisas se complicaram.

Fora dessas ligações aflitas sobre o caso do Júlio, tem também todos os jornais que eu li, o caso aparece, o Júlio está na rua da amargura, e mesmo a sua permanência como candidato a embaixador é muito discutível. A essa altura, o governo não tem condições de mantê-lo.

*A escuta no telefone do chefe do Cerimonial da Presidência foi solicitada pela Polícia Federal e autorizada pela 2ª Vara de Entorpecentes de Brasília. Ao juiz Irineu Oliveira, o delegado Mário José Santos justificou o pedido de interceptação dos telefones do embaixador como parte da investigação de denúncias anônimas sobre seu suposto envolvimento com o tráfico de drogas no Distrito Federal, acusação afinal não comprovada. No entanto, a revista *Veja* publicou um relatório policial reservado com a confirmação de que desde o começo as gravações objetivavam comprovar tráfico de influência. Depois da divulgação das conversas gravadas, o juiz afirmou ter sido traído pela PF; o ministro da Justiça alegou desconhecer tanto o verdadeiro teor da investigação da PF como o fato de que um assessor direto da Presidência estava sendo monitorado. Xico Graziano, presidente do Incra, e o delegado federal Paulo Chelotti — ambos desafetos de Gomes dos Santos — foram posteriormente identificados como os mentores do grampo e prováveis fontes da *IstoÉ*.

Esta manhã veio falar comigo o coronel [Sérgio] Sparta,* que não gosta do Júlio, perguntando se o Júlio ainda entra no Alvorada. Os decaídos do círculo do poder são imediatamente alvos da ira de todos os que ali estavam com algum ódio dos que eventualmente caíram do céu. Que céu é esse, meu Deus?! Mais parece o inferno. Pior é que um inferno para essas pequenas coisas que viram grandes dramas.

Acho que em outras crises não foi diferente. Claro, na crise do Collor havia safadeza, ladroeira, aqui não há nada disso, mas imagino que tentam fazer crer que há. Ainda bem que dizem também que o presidente está cansado de gente que tem ligação com empresários, como se isso fosse verdade, como se ter ligações fosse problema. O problema é não saber usá-las, é ter ligações inadequadas.

O Júlio não podia ter aceitado esse avião da Líder. E, pelo que diz a *IstoÉ*, ele disse que eu dei autorização por estar em férias. Nunca houve isso. Uma vez ele simplesmente me disse que foi para os Estados Unidos visitar o Paulo Tarso, na outra vez disse que ia aos Estados Unidos, mas não me disse nem em que termos, pensei que fosse em situação pessoal. Abriu a porta, entrou no meu gabinete e disse: "Estou indo amanhã, passo dois ou três dias". Nunca me disse que ia para a Convenção de Las Vegas, coisa nenhuma, nunca me falou de nada disso, isso também é abuso de confiança. É preciso deixar bem claro. Eu tenho sido até brando na minha reação.

Além disso, a questão do Nacional. Falei com Malan e com Gustavo para saber a quantas andava, porque não queria responder ao Marcos antes de saber do que se tratava. Ambos me informaram que tinham chegado a um entendimento. Mais adiante me ligou de novo o Malan para dizer que o entendimento era no sentido de que o próprio Marcos iria pedir um Raet, que se fecharia o acordo com o Unibanco e que os bancos continuariam abertos normalmente, nenhum depositante seria prejudicado. Em seguida ele passou o telefone ao Pedro Moreira Salles, que confirmou essa questão e agradeceu, o quê, eu não sei, porque realmente nós fizemos o que tínhamos que fazer, ou seja, dado que o Banco de Boston não entrou, que entrasse o Unibanco.

Entre as duas ligações, quando eu já sabia a forma que a coisa ia tomar, o Malan achou que eu devia falar com o Marcos. Falei com o Marcos, que estava educado, como sempre, abatido mas mais reconfortado. Tirou um peso de cima e não se desmoraliza perante os seus clientes. Terá outras dores de cabeça mais adiante, estou certo. Mas pelo menos sabe que não se podia fazer diferente. Também sabe que o governo não vai ceder naquilo que é imperioso.

Dois grandes abacaxis. Quem diria, curiosamente, talvez o entendimento entre o Unibanco e o Nacional termine mais facilmente, e quem sabe a gente consiga que as televisões e os jornais, a partir de hoje, noticiem corretamente, talvez seja uma coisa boa, o sistema financeiro não vai ficar abalado.

---

*Chefe da segurança pessoal do presidente.

Entre parênteses: recebi também uma ligação do Gilberto Miranda, não falei com ele. Tentei falar com o Sarney, por outra razão. Num artigo publicado hoje Sarney cita meu avô,* dizendo que ele e outros militares queriam fuzilar o imperador quando da Proclamação da República. O Sarney cita esse episódio, não sabe que é meu avô, e eu ia aproveitar para saber dele que história é essa agora do Gilberto Miranda. Daqui para a frente, mais confusão com o Projeto Sivam.

As coisas são muito difíceis mesmo.

HOJE É DOMINGO, dia 19 de novembro.
A respeito de ontem, quero relatar adicionalmente o seguinte.

À noite, vieram várias pessoas assistir ao filme *O Judeu*,** entre elas o Boris Casoy, o Malan e o diretor do filme. Conversamos sobre muitos assuntos, um deles, naturalmente, a crise do Júlio. O Boris acha que a opinião pública está atenta e esperando algo sobre o México. Não sei se isso é verdade ou não, a opinião pública são os próprios formadores de opinião.

Conversei com Carlos Garcia e acho que, nessa altura, só há uma coisa a fazer. É o Júlio amanhã, segunda-feira, chamar a imprensa, melhor seria por escrito, porque ele pode se arrebentar na ligação direta, visto que não tem prática, e mostrar os argumentos que já me deu. Mostrar a sua ingenuidade e leviandade, mas não a malandragem, que não existe, diz ele, mandar abrir as suas contas e pedir que se suste a indicação para a embaixada no México até que ele possa provar a inocência. Inverter a situação. Fora disso, não tem solução.

Hoje, às oito da manhã, tomei café com o general Cardoso. Como sempre, ponderado. Ele tinha me falado ontem por telefone que o brigadeiro Gandra também queria falar comigo. O general pediu que eu primeiro falasse com ele, depois com Gandra. Veio aqui e me disse que o brigadeiro Gandra vai se encontrar comigo daqui a pouco e deve colocar o cargo à disposição.

O general Cardoso acha que eu devo aceitar porque, na expressão do próprio Gandra, que deve ter ouvido de mim, é óbvio, é a mulher de César. Então teremos a primeira mudança de ministério em função desse besteirol desatado sabe Deus por quem, e que tomou proporções muito maiores do que o próprio fato, a versão prevaleceu. Então teremos que aceitar, e acho que devo mesmo, a demissão do brigadeiro Gandra. Ele também foi imprudente. O presidente não tem que ficar hesitando nessas horas, tem que tomar as decisões.

Vou também daqui a pouco receber o Xico Graziano, quero lhe dizer que a situação em que estamos aconteceu em função dessas artes de pessoas que são da Polícia Federal e com as quais ele tem relação, e que eu não tinha a menor ideia do

---

* General Joaquim Inácio Cardoso (1860-1924), alferes de cavalaria em 1889.
** Produção luso-brasileira dirigida por Jom Tob Azulay.

que estava sucedendo. Não que não houvesse necessidade de pôr um paradeiro nas ligeirezas do Júlio, mas eu preferia pôr um paradeiro de outra maneira, não só mandando para o México, mas quem sabe até antecipando e dizendo a ele para se afastar, enquanto não tinha nomeação, para cuidar dos seus interesses pessoais. Seria fácil de fazer e não teria havido esse escândalo todo em torno de nada, a menos, não quero nem pensar, que haja alguma coisa. Não sei, fico atinando, não vejo realmente o que possa haver.

O general Cardoso também me disse que não concorda que eu desça de helicóptero na serra da Barriga, lá em Alagoas, que é uma temeridade, não há condições de segurança, vai levantar poeira, o helicóptero pode ferir a população, enfim, outra coisa mal pensada, mal planejada, e eu me exponho à toa. Lá vou eu para Alagoas, eventualmente nem vou à tal de serra da Barriga, não era necessário fazer isso, o presidente da República não tinha por que se meter no alto de um morro para comemorar o Zumbi, podia comemorar daqui mesmo. Enfim, acho que as rédeas estão demasiado soltas.

HOJE É DIA 21 DE NOVEMBRO, terça-feira.
Domingo, antes de ir para Alagoas, recebi no Palácio o brigadeiro Gandra, que apresentou sua demissão. Gandra se sentiu, foi o que ele me disse, sem condições de continuar à frente do Ministério da Aeronáutica, estava desgastado. Na verdade, o episódio da compra de um prédio lá no Rio, o *Globo* em cima dele, o Sivam o tempo todo, aceitei a demissão. Assim sendo, já nem foi comigo à festa da Bandeira, foi desagradável. Fui até lá, fui recebido pelo [brigadeiro] Ferolla, não houve nenhum incidente, tudo bem, mas para mim era pesado.

De lá tomei o avião e voltei aqui para o Alvorada, almocei com Jovelino Mineiro e depois fui embora. Antes mesmo de tomar o avião, falei com o general Cardoso e disse a ele que a ideia, que foi dada pelo Gandra, era que se colocasse o [Lélio] Lôbo no lugar dele. No avião ele me disse que havia feito uma primeira sondagem, que era positiva. Por quê? Porque o primeiro na lista de antiguidade é o brigadeiro Ulisses [Corrêa Neto], que foi chefe do SNI, então não pode ser ele. O segundo, o Ferolla, que é um nacionalista feroz, pode dar dificuldade, e o terceiro, que é o [João Felippe] Lacerda, é adversário do Gandra e presidente da Telebrás. Melhor, portanto, colocar o Lôbo. Eu disse que falaria com o Sérgio Motta.

Em Maceió, falei à meia-noite, nesse mesmo dia, com o Sérgio, que concordou. Ele achou a escolha do Lôbo bastante boa.

Lá, tudo bem, jantei, coquetel, deputados, grupo de jornalistas que não fizeram nenhuma pergunta, porque eu disse que não era para fazer, respeitaram.

Ontem cedo tomei café da manhã com o prefeito Ronaldo Lessa, que é do partido socialista, mais o governador, o Divaldo [Suruagy], mais a bancada toda de senadores, tudo muito bem. Em seguida fomos para União dos Palmares. Lá, nenhum problema, festa do Zumbi, discurso meu, furei a segurança três vezes para estar com o povo, povo muito receptivo, sobrevoamos a serra da Barriga, onde tinha pouca gente, praticamente nenhuma manifestação de coisíssima alguma, voltamos.

Quando cheguei a Brasília, me esperavam o general Leonel, Eduardo Jorge, Clóvis, todos com olhar apreensivo. O Leonel, menos. Eu lhe disse que ia nomear o Lôbo, ele achou que era uma boa ideia. Depois, na conversa, a apreensão era grande, um ambiente muito tenso, me disse o Cardoso que o Alto-Comando da Aeronáutica estaria reunido e que era bom responder a uma carta do Gandra, muito positiva, que me foi trazida por ele naquele momento.

Logo vim para o Palácio, respondi eu mesmo à carta do Gandra, com palavras elogiosas a ele, e voltei para o Planalto para receber grupos da Comunidade Negra. Dei essa carta ao general Cardoso, ele providenciou tudo, aqui do Alvorada. Antes de ir para o Planalto, telefonei para o Lôbo. O Lôbo resistiu, disse que ele também tinha indicado gente à Esca, que a imprensa ia explorar. Ponderei o que já disse aqui sobre a situação, ele ficou de me dar uma resposta.

Depois da reunião com a Comunidade Negra, chamei o Inocêncio, que estava lá, que já queria fazer uma CPI. Falei com os líderes do Senado, com Élcio Álvares, com os vice-líderes, com Arruda, com aqueles que estavam lá, também vieram com a ideia de eu retirar o Projeto Sivam. Eu disse: "Mas, meu Deus, retirar por quê? Qual é a acusação? É engraçado, todos com muita má vontade com o Projeto Sivam. A responsabilidade é do Senado, quem tem a responsabilidade de explicar por que sim, por que não é o Senado! Vocês estão achando o Gilberto Miranda montado nesse processo". Fiquei de falar com o senador Gilberto Miranda ontem, mas não falei.

Em seguida fui à inauguração do Encontro das Assistentes Sociais,* 3 mil pessoas, diziam que o público era muito de PT, fui bastante aplaudido, várias vezes, nenhum incidente, falei duro. A Marlova [Jovchelovitch], presidente do Conselho,** fez um discurso mais demagógico, bonito, mais fácil porque jogando pedras, mas agradeceu ao Stephanes e a mim, nada de extraordinário, cansativo naturalmente.

Voltei, o Lôbo me telefonou, já me havia telefonado desde antes de eu ir lá para a Convenção das Assistentes Sociais, dizendo que topava. Eu mandei nomear na hora o Lôbo. Ao sair da convenção, a Ana me disse o que havia, a imprensa já estava fuçando essa mesma história de Esca.

O Serra também me ligou: "A imprensa está me enchendo". Ele não fez nada, nada que não fosse certo no caso do Sivam, da Esca, enfim, um estrago imenso com bobagem, não existe nenhum escândalo, a imprensa quer fazer escândalo, na verdade já fez o escândalo.

À noite fomos à casa do Lampreia. Estávamos eu, Ruth, Sérgio Motta e Wilma [Motta], Lampreia e Lenir [Lampreia]. Jantamos, sem novidade, e hoje, agora de ma-

---

* I Conferência Nacional de Assistentes Sociais.
** Conselho Nacional de Assistência Social (CNAS).

nhã, vou receber os líderes da Câmara, antes disso virá o Élcio Álvares, parece que o Gilberto Miranda quer recusar o Projeto Sivam hoje às dez da manhã. Vejam em que mundo eu vivo.

HOJE É QUINTA-FEIRA, dia 23 de novembro.
Passei, portanto, dois dias sem gravar nada. Dias importantes, porque naquela tarde de terça-feira chamei todos os líderes do Senado. Depois de, pela manhã, dizer ao Sarney que iria contar, contei-lhes a proposta que o Gilberto Miranda havia feito a mim, mais tarde repetida ao Gandra, Oliveira e Sardenberg. A proposta era a de fazermos o negócio com a Raytheon em tudo, ou seja, na parte brasileira também.* A proposta seria, como ele disse, *turnkey*, passar tudo para a Raytheon; ficaram aterrorizados.

Mudou o clima e me disseram que vão tirar o Gilberto Miranda e fazer uma comissão única juntando a de Fiscalização, Relações Exteriores e Economia para levar adiante a questão. Fui muito duro. Disse: "Se tiver alguma irregularidade, pois me apresentem, que eu mudo as coisas".

As fofocas continuaram fortemente. Agora mais a respeito do grampo, quem fez o grampo, quem não fez o grampo, como é que é isso, querem chegar a quem mandou, até a mim. Todo mundo já sabe que foi o Xico que me trouxe, mas querem saber quem originou tudo isso, e há muita inquietação no Congresso por causa da questão da escuta, a escuta em si é um problema sério.

E naturalmente as coisas ocorrem em dias difíceis, porque hoje, terça, recebi de manhã o presidente da Alemanha, discuti longamente com ele, preocupado com esses assuntos. Depois, à noite, tive um jantar no Itamaraty.

Ao terminar o jantar, o Xico estava aqui no Alvorada. Disse ao Xico: "Olha, as coisas estão ficando difíceis, você vê a confusão que está montada". Ele acha que o Palácio é uma coisa vaga, no fundo o Clóvis, não sei como, o Eduardo Jorge, que não tem nada com isso, estariam fazendo a caveira dele e tal. Eu disse: "Olha, Xico, o problema é quem foi que passou isso para a imprensa. Como é que você recebeu isso?". Enfim, ele continua dizendo que a participação dele foi marginal, que não foi ele que tomou a decisão.

---

*Construção das torres e demais obras.

23 A 25 DE NOVEMBRO DE 1995

Ainda o caso Sivam. Crise no núcleo duro do governo. Queda de Xico Graziano

Retomando o registro do dia 22 de novembro, quarta-feira, nomeei imediatamente o Lôbo como ministro da Aeronáutica, a transmissão do cargo ocorreu na terça, sem nenhum barulho maior. Estou tão cansado que não sei se foi terça ou quarta, pouco importa.* Houve um problema na Aeronáutica. O brigadeiro Ulisses pediu para passar para a reforma. O Sarney me avisou que o Ulisses estava querendo fazer uma investigação por conta própria sobre a questão do Sivam. Avisei o Lôbo, que não acredita. Ulisses, como já disse aqui, não pôde ser nomeado porque foi o principal ajudante do [Otávio] Medeiros no SNI. O brigadeiro Ferolla foi nomeado chefe do Estado-Maior do Lôbo, que hoje me garantiu de novo que as coisas estão calmas na Força Aérea.

Nessa quarta-feira continuou o drama, que não para mais, o negócio do grampo. Agora a questão não é mais o Júlio. Ele apareceu no SBT, saiu-se bem, teve um comportamento correto. Mandou aquela carta que eu sabia que ia mandar para a imprensa, abrindo as suas contas e pedindo para sustar a sua nomeação. A repercussão foi positiva. Isso não resolve, mas ameniza a situação. Percebo agora que a *Folha* se volta toda para saber quem mandou fazer o grampo e contra o Graziano.

Graziano está muito nervoso, achando que foi pressão do Eduardo Jorge, foi pressão do Clóvis, enfim, uma coisa meio perdida. Esse [Augusto] Fonseca** que está com ele... ele está com gente que não tem nível, o Paulo Chelotti, o Fonseca. Parece que o Mino, que foi fotógrafo da campanha, foi quem entregou à *IstoÉ*. Todo mundo pensa que foi por ordem do Xico, mas não, parece que eles estão brigados, o Mino com o Fonseca, não sei, é uma confusão muito grande, acho que o Xico terá dificuldade de sair desse impasse.

No meio dessa confusão toda eu ainda terei que levar adiante a questão, imagina!, do Banespa. O Mário Covas me telefonou nervoso, virá na sexta-feira, portanto amanhã, aqui, está muito irritado porque resolvemos o Nacional e o Sérgio Motta disse a ele, em conversa pessoal, que o Nacional custou a indisponibilidade dos bens da Ana [Lúcia]. A situação está difícil, a Ana muito tensa, o Paulo também, enfim, problemas por todos os lados. A semana continua extremamente difícil.

Despachei com o general Zenildo ontem. Fiz as nomeações, Zenildo acha que não devemos mexer correndo na Polícia [Federal], que ninguém sabe realmente como mexer, que terreno se pisa.

---

*A solenidade de transmissão do cargo aconteceu na terça-feira, dia 21 de novembro.
**Assessor de imprensa do Incra.

O Jobim me deu um relatório ontem a respeito do que acontece lá, relatório verbal, insuficiente. Ele vai fazer quesitos mais precisos, porque ninguém vai engolir a versão dos policiais, embora ele ache que vão permanecer nessa versão, que foi uma denúncia anônima e não tem nada a apurar. Os sindicatos de todas as Polícias estão solidários com essa posição, enfim, tudo muito difícil.

Hoje continua o mesmo drama, não houve nenhum progresso nessa matéria. Parece que o Jobim deu uma entrevista coletiva, disse que o Graziano me entregou o documento, não perguntaram mais. O Jobim me disse que não houve nada de mais sério, ele me telefonou depois, de novo, dizendo que a entrevista foi boa, o Zé Gregori também.

Agora mesmo acabei de receber um telefonema do Sérgio Motta, ele esteve com o Xico, que está desesperado. E o Xico disse à *Veja* que foi o Paulo Chelotti que entregou a ele. Eu já não sei bem, realmente, qual é o grau de envolvimento do Xico nessa porcaria. Nós temos que ir fundo. O Jobim tem uma portaria suspendendo quaisquer tipos de escuta enquanto não haja uma lei. Nós já tínhamos mandado em junho a lei para o Congresso.

Em compensação, falei com Antônio Carlos, falei com Élcio Álvares, que veio aqui também, dizendo que a questão do Sivam está meio parada. Vai ser relator o [Ramez] Tebet,* que é vice-líder do governo. O Antônio Carlos está ajudando e me pediu que cheque as contas do Gilberto Miranda. Gilberto disse que eu tinha mentido ao dizer aquela coisa que disse sobre a proposta dele, expliquei que não, que não foi só para mim, foi para outros também, que ele disse. Eu tinha encontrado, ontem, na solenidade do presidente da Alemanha na embaixada alemã, o Eduardo Suplicy, que sabe uma porção de porcarias do Gilberto Miranda e é incapaz de dizer da tribuna. Esse round, acho que nós ganhamos.

Hoje ouvi uma exposição com o Sardenberg e o brigadeiro Oliveira sobre a questão do zoneamento ecológico feita a partir do Radam,** e o Sivam foi feito para isso, muito interessante.

Almocei aqui em casa com Gandra, alguns oficiais, os chefes do Estado-Maior, da Marinha, [José] Pedrosa, que está substituindo hoje o ministro, o do Exército, general Délio, o Zenildo não estava, mais o Leonel, e eles todos estão absolutamente chocados. O Gandra chorou duas vezes, muito emocionado, fiz um discurso também emotivo para ele, mostrando que essas coisas passam, mencionei episódios

*PMDB-MS.
** O Projeto Radam, organizado em 1970 pelo Ministério de Minas e Energia através do Departamento Nacional de Produção Mineral (DNPM), realizou o mapeamento aéreo por radar dos recursos minerais e renováveis da Amazônia. A partir de 1975, denominado Radam Brasil, estendeu suas atividades para o restante do território nacional.

pessoais, quando fui candidato a prefeito, o Jânio [Quadros] desinfetou a cadeira em que eu havia sentado,* e foi isso.

Eduardo Jorge também está muito indignado, falou à Ana sobre pedir demissão, porque o Xico está nessas acusações vazias contra ele, está irritado com essa nojeira.

O Tasso falou comigo, disse: "Os amigos estão queimando o governo, dá impressão de que esse Palácio é um serpentário". Enfim, mudou tudo, o clima mudou, um clima que era tão bom, tão puro, por causa dessa porcariada que me irrita tão profundamente. Também todos são de novo fúteis, Sérgio dando informações contra o Clóvis na imprensa, contra o Eduardo Jorge. Eu vou chamar todos eles aqui para dar um ponto final nisso e acho que, no fim, vou acabar tendo que demitir mesmo os mais próximos. Não é possível.

Os governos se arrebentam pela fragilidade dos amigos próximos. Os inimigos dão menos trabalho do que os amigos próximos. Todo mundo sabe disso, mas é duro sentir na pele. E sem necessidade, não há nenhuma corrupção, não há nada, há só ciúme, inveja, boquirrotismo, falta de compostura, falta de capacidade efetiva de poder estar em posição tão alta de governo. Mesmo Sérgio Motta perdeu de novo completamente as estribeiras. Esse negócio de falar mal, um jornalista disse que ele disse que Eduardo Jorge era não sei o quê, "laranja", essas coisas que são inacreditáveis, as pessoas dizem, não medem as consequências do que estão dizendo.

Vou jantar agora com [Osvaldo] Sunkel** e com [Juan] Somavia*** aqui no Palácio, e é duro porque eu tenho que fazer toda a parte cerimonial e, ao mesmo tempo, pensar em todas essas coisas.

Falei também com Malan e Gustavo Loyola sobre o Banespa, para me preparar para enfrentar o Mário amanhã. A vida não está mole.

Depois do jantar com Sunkel, o Malan esteve aqui para discutir a rolagem da dívida dos estados. Ele tem uma proposta, mas sabe que o Serra é contra. Naturalmente, o Serra não tem nada a ver com isso diretamente, e é verdade que é contra. Tem os dados e é contra. Serra quer que se discuta caso a caso e o Malan quer uma regra geral. Ou seja, outro braço de ferro inútil. Malan também me apresentou uma carta muito impressionante feita pelo Pedro Parente, mostrando como é duro hoje ser membro de um governo. Ele trabalha, não dorme, acorda assustado, conta todos os problemas que tem que enfrentar, os quais são imensos. Os deputados, o Maluly Neto foi lá com muita insolência, impertinência, um tal de [Roberto] Bales-

---

*Em 14 de novembro de 1985, um dia antes da eleição, Fernando Henrique — candidato pelo PMDB — foi fotografado na cadeira de prefeito. Logo depois da posse, em janeiro de 1986, Jânio Quadros "desinfetou" a poltrona com inseticida.
**Economista e professor chileno, assessor especial da Cepal.
***Diplomata chileno, presidente do comitê preparatório da Cúpula Mundial sobre Desenvolvimento Social de Copenhague, realizada em dezembro de 1995.

tra* também, para exigir coisa do álcool, os interesses são particulares, legítimos ou não, o interesse público é pouco visível, a imprensa não ressalta a dignidade do funcionário. O Pedro Parente está amargo, e nós precisaríamos de vinte Pedros Parentes para tocar o Brasil, é difícil mesmo. O próprio Malan veio aqui às onze horas da noite, estava chegando do Ministério da Fazenda, cansado e lutando. Era preciso que houvesse maior reconhecimento público do trabalho dessa gente toda. Não há, não. Aparece só onda, fofoca.

Voltando ao telefonema do Sérgio Motta sobre o Xico. Xico está desaminado. Ele se meteu com uma turma discutível, esse Paulo Chelotti, que foi o meu segurança da campanha, iam até no avião comigo, imagina só, só faltava essa para complicar mais as coisas! O próprio Xico não devia sair de Brasília, devia ficar aqui, sem aparecer muito, para ver quais são as repercussões.** Eu disse ao Malan que o delegado deles,*** sei lá qual, defendeu o direito de vasculharem a vida dos outros para saber se há tráfico de influência. Bom! Mas quem arbitra? Eles próprios? Estamos perdidos! Podem usar isso como foi usado agora, botar na imprensa, antes de ter uma opinião que resolva.

Enfim, uma crise realmente dramática de falta de noção do que pode, uns acham que podem tudo, outros, que não podem nada, falta regra para dizer o que é legítimo e o que não é legítimo. Regra não é só a lei, não, é regra de comportamento, regra de conduta sancionada pela sociedade, essas transições são sempre assim difíceis.

Eu terei que enxugar a ferida, terei também que fazer algumas mudanças, porque essa coisa do governo assim acaba mal, eu não queria mudar, mas pelo jeito vou ter que mudar o governo.

HOJE É SEXTA-FEIRA, DIA 24. Vou primeiro fazer uma revisão, porque achei aqui uma agenda, então há muita coisa que não notei.

Na quarta-feira estive no DNER com o pessoal de Tarcísio Delgado e Odacir Klein. Lá falei que havia corvos buscando o fedor de carniça que exalava de sua própria consciência. Me referia ao Gilberto Miranda e às pessoas tratando do Sivam, falei no contexto do Sivam. Isso gerou uma enorme onda na imprensa, quem é corvo, quem não é corvo, enfim, quando as coisas começam a ter uma brecha, todo mundo cai de pau, isso aconteceu quando larguei o Ministério da Fazenda para ser candidato, dois meses de pau na imprensa, virei a Geni. Poste-

---

*Deputado federal (PPB-GO).
**Francisco Graziano, mais tarde, foi secretário estadual de Agricultura no governo Mário Covas, em São Paulo (1996-98), deputado federal por duas legislaturas (1998-2006), secretário de Meio Ambiente no governo Serra (2007-10), e voltou a trabalhar como assessor de Fernando Henrique Cardoso.
***Vicente Chelotti.

riormente, no início do governo, janeiro e fevereiro, a mesma coisa, agora, primeira brecha, todos os ressentimentos, ódios, mesmo a imprensa, que vive aqui as reformas, fazendo essa onda como se houvesse realmente uma coisa de uma gravidade enorme por trás de tudo isso. Há uma leviandade enorme, que não foi minha. Mas vamos pagando o preço.

Esqueci também de mencionar que esteve comigo o [João Guilherme] Ometto, da Copersucar. O que eles querem, basicamente? Mais preço e garantia de que a Petrobras vai importar álcool, eles transformaram o álcool em açúcar e rendia mais, agora estão com medo de que haja desabastecimento, querem aumentar o número de carros a álcool, mas não estão em condições de entregar o álcool necessário.

À tarde estive com Jarbas Vasconcelos, que veio me dizer que volta ao PMDB. O PSDB de Recife não abriu espaço para ele. Volta um pouco mais cabisbaixo, mas volta, com a minha compreensão, que eu dei. Melhor ter um duque no PMDB, porque esse PSDB, do jeito que vai, fechado em cada localzinho porque tem medo das grandes lideranças, assim não dá. Agora é o Carlos Wilson* que não deixa, quer ser candidato, quer se ligar ao Arraes, imagina só!

Depois estive com o procurador-geral Brindeiro. Falou, falou, fala muito. Aliás, custa a dizer as coisas e eu não entendi, quer apoio para algumas iniciativas do Ministério Público. Não vê crime nenhum naquilo que foi publicado até agora sobre o problema desses vazamentos, na parte do Júlio, nem na parte do Gandra, claro, não há nada do Gandra.

Na quinta-feira eu devia ter participado de um "seminário de participação nos lucros", no auditório anexo. Ninguém me avisou nada, portanto não fui. Estive no "lançamento do diagnóstico ambiental da Amazônia Legal", na SAE. Foi interessante, isso mostra a importância do Sivam.

Estive com Almino, na quinta à tarde com o prefeito de Humaitá,** uma missa de ação de graças, e depois com o pessoal do Carlos Wilson, que veio justamente falar sobre a necessidade de terminar obras, coisa óbvia mas importante, fizeram um levantamento lá no Senado.

Hoje fui ao Piauí. Lá, tudo bem, um grupinho do PSTU, parece que na televisão ressaltaram isso, dizendo: "Fernando Henrique, podemos fazer com você o que fizemos com Collor", uma coisa assim, um besteirol, mas que vai indo, vai indo, vai minando... e a maior parte da população enormemente aberta, toda a bancada, deputados, senadores, todo mundo, muito prestígio, sei lá o que vai sair pelas televisões da vida. Conversei com vários deles pelo caminho. Vários partidos.

Conversei com o general Cardoso e com a Ana. Disse aos dois o que penso. Que realmente essa podridão saiu de dentro de nós, saiu da alma, as pessoas estão com raiva umas das outras, não sei se é poder, porque é um poderzinho de nada. Com

---

* Senador (PSDB-PE).
** Írio Souza (PPB).

o Getúlio também foi assim, alguém quis protegê-lo, foi o Gregório [Fortunato], tentou matar o Carlos Lacerda, isso não dá, né...

Deixei bem claro para a Ana que a cara dela, a cara do Eduardo Jorge e a minha precisam transmitir ao país e à imprensa essa mesma sensação de nojo, se posso dizer assim, de mal-estar que foi criado por essa felonia. Mas não é só.

Falei também com o Sérgio Motta, que veio me ver, no fim da tarde, depois que estive com o Mário Covas. Mário veio para brigar, e não brigou porque nós tínhamos acertado tudo. Estamos dando a São Paulo, dentro do possível, muita coisa, ele sempre reclamando, mas é correto, do ponto de vista político tem apoiado muito e diante de mim não faz pressão, na verdade eu me entendo com o Mário. Pois bem. O Sérgio, muito preocupado com o Xico. Xico deu uma nota dizendo que ele não é responsável, que quem deu o grampo para ele foi o Paulo Chelotti. Eu disse: "Olha, Sérgio, só se eles lá dentro se entenderam, sei lá. Porque, se o Xico tiver culpa, eles vão abrir, a menos que sejam uma *societas sceleris*, se juraram que um vai defender o outro. Mas, agora que o Xico escreveu, tem que aguentar. Se sair alguma coisa que desminta, ele não só sai do governo como sai humilhado".

Veio também o Luís Carlos Santos para reclamar que os deputados não têm atendimento, com razão. Voltamos à velha questão de ter um coordenador político e, nesse caso, quem. Eu queria o Aloysio Nunes, mas o Luís Carlos nem chegou a tomar a sério essa possibilidade. Disse ao Luís Carlos que o presidente da Câmara podia ser ele ou o Aloysio, melhor do que quem está como candidato, que é o Temer. O Temer me parece mais inseguro nas coisas. Acho que o Luís Carlos está louco para isso mesmo, eu não tinha percebido antes. Ele quer que o Dornelles entre no governo. Eu disse: "Bom, o ano que vem, com o PPB crescendo, o Dornelles é o melhor deles, tem mais expressão política, é bom até dizer para ele ir já se acalmando e acalmando o partido para o futuro".

Mas, na hora de discutir quem será o coordenador político, eles falam, mas ninguém consegue chegar a nome nenhum. Percebi que ambos querem é ter mais papel, Sérgio, Luís Carlos Santos. Eu disse: "Tudo bem". O Eduardo Jorge propôs: "Vamos nos reunir toda segunda-feira". Concordaram. Mas com uma condição: que não vai sair nada pela imprensa. Vai! Tenho certeza, foi assim até hoje. Eu disse que queria como coordenador político alguém de fora do meu círculo íntimo. Porque os do meu círculo íntimo, uns não obedecem aos outros.

O Serjão já ficou meio zangado. Disse: "Nem você, Sérgio! Nem você manda no meio. Cada um defende as suas coisas, o Eduardo Jorge não pode ser, tem que ser alguém de fora, com mais cerimônia". Ele percebeu. Tenho dito sempre ao Sérgio, por mais que ele tenha se dedicado, e muito, a mim e ao governo, ele não pode ter essa função, porque não é para-raios, vai tudo na minha cabeça, é como se fosse eu. O Xico, com quem tenho outra distância, pelo menos, digamos, de geração, de importância política, já me incomodou porque dá a impressão de que sou eu. Acho que tenho que colocar um corpo estranho ao círculo íntimo. Estou com horror de qualquer círculo íntimo.

HOJE É SÁBADO, DIA 25. Pela manhã tivemos uma reunião de ministério na Granja do Torto. Transcorreu bem, tranquila, cada um expôs suas questões, clima bom, ninguém falou nada dos assuntos que estiveram no noticiário da semana.

Parece que a situação do Xico melhorou. Os Sem Terra estão com ele, a carta dele parece que caiu direito, falei com Jobim, disse que fosse a fundo, que visse, não quero o sangue de ninguém, mas, se for necessário, não há o que fazer.

Agora vou para São Paulo, só volto na segunda-feira.

Domingo devo estar na inauguração da Febral, a feira de exposição alemã,* que vou inaugurar com o presidente da Alemanha.

No sábado, no voo de ida, tomei conhecimento do que saíra na *Folha* a respeito das declarações que fiz no Piauí sobre o caso do Xico. A *Folha* trucou. Atribuiu a mim a afirmação de que o Xico era pessoa da minha confiança e portanto inocente. Não! Eu disse sobre o Jobim e sobre o Eduardo Jorge. Os outros jornais publicaram certo. Eu me indignei, porque achei que era uma armação, como de fato é. Pedi a Ana que desmentisse. Pelo que ela me disse hoje, segunda-feira, no sábado à noite falou com Valdo Cruz, que é o responsável por Brasília. Olharam os textos e viram que estava errado. Telefonei para o Frias, no sábado, quando cheguei a São Paulo, ele não estava. Não sei o que vai acontecer em relação a esse desmentido, mas sábado, antes de ir ao teatro, recebi da Ana a informação que saiu na *Veja*.**

Farei um longo relato aqui, quando tiver mais tempo, cotejando o que a *Veja* disse com a verdade dos fatos.

À noite fui ao teatro ver a Vanessa Redgrave.*** Mais tarde fomos jantar na casa da Ruth Escobar, com a Vanessa Redgrave e um bando de gente, até três da manhã, tudo bem.

Domingo o dia transcorreu mais ou menos calmo, li a *Veja* com muita indignação, com o Sérgio Motta, mostrando meu desagrado de tanta notícia que sai no jornal, depois falei com Clóvis, pedi uma reunião para hoje, segunda-feira, porque na verdade nós não podemos governar o Brasil como um grupo de amigos íntimos. Isso gera uma fofocagem incessante. Vou dar um ponto final nisso e, se for o caso, vou demitir, porque eles estão exagerando, um fala mal do outro.

Não houve mais nada de monta no domingo, passei o dia recebendo só gente da família.

* Feira Brasil-Alemanha de Tecnologia para o Mercosul.
** A revista publicou que, segundo o diretor da Polícia Federal, Vicente Chelotti, a ordem para a realização dos grampos no telefone do embaixador Júlio César Gomes dos Santos teria partido diretamente de Francisco Graziano. Além disso, a reportagem sugeriu que o próprio presidente da República teria sido gravado.
*** A atriz britânica esteve em São Paulo para cinco apresentações da tragédia *Antônio e Cleópatra*, de William Shakespeare.

Hoje de manhã fui à Febral, inauguração calma. Toda a imprensa quer saber do Xico. Dei declarações fortíssimas de que ele não tem nada com o caso, trata de reforma agrária. Agora, no *Correio Braziliense*, acabo de ver, atribui-se a ele a declaração de que outro assessor meu teria conhecimento da gravação, não sei quem. Isso tudo é uma loucura. Vamos ver. Agora vou falar com Eduardo Jorge.

Antônio Carlos falou comigo por telefone, ontem, em São Paulo. Queria saber como faremos o encaminhamento da questão Sivam. Ele terá um encontro comigo hoje e com Sardenberg. Disse-lhe que vi na matéria da *Veja* que o Júlio teria recebido uma informação direta de um brigadeiro da Líder e que, antes de falar comigo, já sabia do texto. O Antônio Carlos me disse que ia falar com Júlio, não conseguiu, deixou um recado; se tivesse lido a *Veja*, nem falaria, porque há uma frase atribuída ao Júlio dizendo que, se eu soubesse da gravação, não teria pedido as coisas que lhe pedi por telefone,* sempre insinuando que poderia ter sido uma coisa mais delicada, o que não é verdadeiro. É uma infâmia da mídia atrás da outra.

No decorrer da tarde aconteceram coisas importantes. Falei com o Luiz Fernando Levy, está indignado com a questão da *Veja*. Cosette Alves me visitou, estava nos Estados Unidos, encontrou o Roberto Civita, tentou falar comigo, o Roberto já dizia que viria uma bomba, ela muito indignada: "O que se pode fazer?". Me parece que a *Veja* exagerou muito, foi além das medidas. Estou irritadíssimo. Mais adiante vou fazer uma gravação especial sobre o que há de verdade e o que há de falso no que diz a revista. Mas é demais. É uma canalhice mesmo.

Além desses episódios, que são normais da rotina do presidente, o Sérgio me telefonou dizendo que o Xico estava para pedir demissão. De fato, no fim da tarde ele mandou uma carta de demissão. Liguei para Sérgio Amaral, que já estivera comigo junto com a Ana, para refazer as cronologias, a história de sempre, e também lhe explicar qual é a infâmia da *Veja*, que ninguém sabe o que é verdade, e o Sérgio então leu a carta. O Xico mantém a ideia de que o Júlio fazia tráfico de influência e ele saiu como inocente para me ajudar. Fiquei com pena do Xico.

Mais tarde vim para o Alvorada, nadei para me acalmar um pouco, encontrei o Xico, que me disse: "Olha, presidente, nove anos de trabalho em comum, o primeiro erro que eu faço". Não quis aprofundar o erro, mas foi um erro. Qualquer que seja a participação dele, foi um erro, e tudo isso está muito complicado. Agora vamos ver se acalmam o Xico e se ele vai embora para descansar.

Outra questão. Antônio Carlos me procurou lá também com a lista daqueles que serão interrogados por ele. Muito bem, com ânimo de ajudar. O Sardenberg, eu, ele e Eduardo Jorge.

À noite veio aqui o senador Jader Barbalho para me dizer que está comigo, não quer que ninguém saiba que veio aqui, mas já disseram que Antônio Carlos vai fa-

---

*Segundo a *Veja*, Gomes dos Santos afirmou que, se o presidente soubesse que estava sendo gravado, "não teria dito o que disse e nem pedido o que pediu".

zer um carnaval e que Antônio Carlos disse a ele que depois me dá a mão para ficar dependente dele. Simpático, pode ser assim mesmo. O Jader diz que vai ajudar e tal, vamos ver, tomara, é capaz até que ajude mesmo.

Então chamei Serjão, Serra, Clóvis, Paulo Renato, Eduardo Jorge, e abri o coração. Eu disse: "Nós estamos abaixo do Brasil. Estamos mudando tudo, é um governo bom que vai ser julgado pela fofoca, pela coisa pequenininha", e especifiquei a responsabilidade de cada um.

A do Serra com relação ao Gustavo, ao Malan. Serra, devo dizer, nunca fez fofoca nem com relação a mim nem com relação ao Palácio, é mais uma briga que tem algum fundamento realmente de orientação econômica. Eu disse: "O que você quer que eu faça? Eu tiro o Gustavo, aí o Malan vai embora, eu então faço o quê? Acaba-se o sentido da estabilidade, e, não importa se real ou imaginário, é importante manter isso. Ah! mas o câmbio foi apreciado em novembro de novo! Serra, você não participa das reuniões, tem que participar". No fundo, assumi eu o compromisso de participar das reuniões para fazer a orientação da economia, porque o modelo, segundo o Serra, foi feito assim, ou seja, entre ele e o Malan quem decide sou eu. Haja paciência, e terei que fazer isso mesmo.

No que diz respeito ao Serjão, ele é inteligente, percebeu que eu estava criticando muito o fato de que a toda hora sai na imprensa notícia contra o Palácio, e o Palácio sou eu. Embora estejam criticando o Clóvis ou o Eduardo Jorge, cai sobre mim. O Sérgio disse: "Não! O problema aqui é estrutural. Falta resolver o coordenador político, todos os deputados reclamam, e falta resolver essa questão da economia, tem que tomar uma decisão". Eu disse: "Tudo bem, mas quanto ao coordenador, quem seria? Eu queria que fosse o Aloysio Nunes, será que dá para ser? E também não vai resolver, porque o problema é que tem que ter autoridade para que os ministros obedeçam. No fundo, é isso que está faltando. Eduardo Jorge fala e ninguém vai atrás dele, Eduardo Jorge é meu alter ego, não é ele quem fala, sou eu que estou falando por intermédio dele, frequentemente, mesmo quando pode dar a impressão de que está abusando, ele me rende contas".

O Sérgio colocou uma questão certa: é preciso discutir o modelo: Casa Civil, Secretaria-Geral e mais coordenador político pode não dar certo. Isto é verdade. Eu propus nos reunirmos para discutir isso com mais franqueza ainda. No fundo, ele está querendo que o chefe da Casa Civil seja o coordenador político. Eu disse: "Tudo bem, mas você sabe que eu tenho que colocar alguém fora desse grupo, não dá para governar o Brasil com um grupo de amigos". E disse ainda: "Vocês têm ministérios excelentes, vocês são excelentes ministros de Comunicações, de Planejamento, da Educação, e vão ser julgados em função disso. Dediquem-se a isso, meu Deus do céu, tanta coisa importante a fazer no Brasil! O Brasil confia tanto em nós, não dá para nos perdermos nessas bobagens. À parte o Xico, que já foi outro gênero de bobagem, que não era ministro e foi outro tipo de coisa, aqui entre nós todas as críticas recaem sobre a minha cabeça, vão minando a minha autoridade".

Serra disse que estou exagerando, que estou pessimista, isso passa, eu sei que passa, mas quero também aproveitar para botar para fora a minha alma, que é verdadeira, cansei dessas coisas. Então eu disse: "Numa semana em que estou preocupado com os bancos, só questão miúda, meu Deus!". Mas tudo isso é menor. Parece que a reunião foi boa porque pelo menos eu desabafei.

Fomos jantar na casa da Vera Brandt, com Celso Furtado e uma porção de gente. A Conceição [Maria da Conceição Tavares] estava lá, eu a tratei friamente. Da Conceição tenho distância. Ela foi — como dizer — no mínimo, nem desleal, foi atrevida, não teve respeito por mim, confundiu as coisas, não tem o direito de dizer o que disse durante a campanha, uma mulher que me conhece a vida toda. Reclamei também da incompreensão, não do Celso, da mulher dele,* que não se sentou à mesma mesa porque da última vez que estivemos juntos brigamos, ela foi insolente, mas o Celso sempre simpático.

Fora disso, acho que mais nada. Também, é tanta coisa! Falei com a Ruth por telefone para desabafar um pouco, passar a alma a limpo, agora é uma e pouco da manhã, vou dormir.

*Rosa Freire d'Aguiar.

28 DE NOVEMBRO A 6 DE DEZEMBRO DE 1995

A Pasta Rosa. Desgaste com a imprensa. Ainda a crise Sivam

Terça-feira, 28 de novembro. Hoje as coisas parecem ter acalmado um pouco. Pelo menos as fofocas. Naturalmente, nos jornais ainda continua a repercussão da demissão do Xico. Ele mandou mais uma nota, pouco infeliz, porque no final diz que estava lutando contra a corrupção, no fundo falava do episódio do Júlio, mas, claro, cai lama no governo. Cada um está pensando em si por despreparo para o exercício de funções públicas com responsabilidade. Mas isso não é a questão principal a ser relatada aqui.

Agora à noite saíram daqui Luís Eduardo, Luís Carlos Santos e Sérgio. O Serjão jantou comigo, mas foi embora antes. Discutimos a pauta do Congresso e como levaremos adiante as reivindicações — sempre as mesmas — dos deputados.

Hoje veio a bancada do PFL de Minas tomar café da manhã comigo. Francelino Pereira, Eliseu Resende, uns oito ou nove deputados e um senador.* Todos dizem que têm questões menores, que não querem conversar comigo, que eu designe quem tratará do assunto, e eles só querem umas nomeaçõezinhas, uns contratinhos, essas coisas, esse beabá dessa política empobrecida.

Mas discutimos os grandes temas. Levantaram as dúvidas gerais, dei uma quase aula sobre a situação do Brasil, foi agradável. Não vai mudar nada enquanto não se fizerem as nomeações que estão desejosos de ter.

Malan, aflito em relação à questão do endividamento dos estados, duas vezes eu disse a ele que podia fazer, mas parece que tem receio de que o Serra não esteja de acordo e vão discutir amanhã no Conselho Monetário Nacional. É uma coisa muito lenta, porque um fica paralisando o outro.

Fora disso, repercussão da reunião que tivemos aqui na noite de ontem. O Eduardo Jorge considera que o Sérgio reinterpretou tudo e vai continuar na mesma, o que é, na prática, verdade. Acho que é preciso ir levando adiante esses relacionamentos de um modo mais forte, mesmo porque estou cansado de ser, digamos, atacado por força da briga dos meus amigos do círculo íntimo.

Do ponto de vista geral, houve maior tranquilidade. Falei com os líderes, que disseram que iam segurar um pouco as coisas no Congresso. Jobim foi ao Congresso, fez uma exposição sobre os últimos acontecimentos, parece que se saiu bem. E me deu conta da sindicância que está fazendo. A Polícia insiste na versão inicial e disso parece que não vai se afastar. O Jobim terá que punir algumas pessoas dentro da Polícia, mas é problema interno dele.

* Francelino Pereira.

Quanto a mim, tive que abrir uma sindicância em cima do Júlio, porque, uma vez tendo havido denúncia, tem que haver sindicância.

Agora à noite o Luís Carlos Santos, depois que os outros foram embora, ficou só o Sérgio, me entregou uma denúncia do senador Miranda; já ninguém aguenta mais as denúncias dele, nem mesmo essa da Westinghouse.* Existem interesses, visita do João Saad e a observação do Frias de que é melhor anular a concorrência do Sivam. Engraçada essa história. Eles insistem nesse ponto de vista. Anular tem implicações imensas, precisa haver uma razão boa. Vou mandar ver esse caso da Westinghouse, mas acho que é uma coisa já sabida, na verdade foi o brigadeiro Oliveira quem esclareceu isso.

Não podemos subestimar a capacidade desagregadora desse senador Miranda. E, menos ainda, o interesse do Antônio Carlos em brigar com ele e com o PMDB, o que complica as coisas no Senado. O Jader, que tinha falado aqui comigo para jurar que iria defender e não aceitaria a CPI, foi o primeiro a ir à tribuna, porque ficou estomagado com as coisas do Antônio Carlos. Quadro complexo, portanto.

Hoje fui também ao lançamento do programa de telecomunicações do Serjão,** tudo bem, fiz um discurso, aplaudidíssimo, falei com força sobre as questões brasileiras. Claro que a imprensa deverá diminuir isso, porque estamos em maré baixa.

Depois almocei com Ricupero e várias pessoas do Itamaraty, o Ricupero se aposenta. Muita homenagem, ele ajudou bastante na consolidação do real. Um grupo de deputados e donos de hospitais vieram me dizer que realmente a questão do SUS não pode continuar assim.*** Não sei.

E houve também um fato desagradável, grave. O Euler Ribeiro, deputado relator da comissão de reforma da Previdência, tinha combinado com Marco Maciel que discutiria conosco o relatório e não fez isso. Foi lá, apresentou o relatório do jeito que queria, mantendo uma porção de privilégios que são inaceitáveis. Isso mostra as imensas dificuldades que se têm para mudar as coisas no Brasil. Mas disso nós todos já sabíamos. Vamos em frente.

* O senador denunciou num relatório o suposto superfaturamento de US$ 90 milhões nos preços de radares adquiridos para o Sivam. O brigadeiro Marco Antônio de Oliveira, presidente da comissão coordenadora do sistema, foi acusado de manipular o processo de compra, substituindo os radares cotados junto à Westinghouse por equipamentos mais caros da Martin-Marietta (ambas empresas norte-americanas).
** O presidente e o ministro anunciaram o programa de reestruturação do setor e a privatização da Telebrás, detalhando o modelo de divisão regional da telefonia e os requisitos para a formação e participação de consórcios privados nos leilões das empresas públicas de telecomunicações.
*** O grupo solicitava o reajuste da tabela de preços adotada pelo governo federal para o atendimento de pacientes do Sistema Único de Saúde (SUS) em estabelecimentos privados.

HOJE É QUINTA-FEIRA, DIA 30 DE NOVEMBRO. Estou em Belo Horizonte.
Ontem aconteceu o seguinte: cheguei ao Planalto, chamei o Lôbo, o Sardenberg, e mostrei a denúncia bombástica do senador Gilberto Miranda. Nem levei muito a sério, porque são coisas antigas. Respondi em carta ao Miranda porque ele faz uma insinuação de que, em dezembro de 94, quando esteve comigo em minha casa no Lago Sul, tivemos uma conversa de que só nós dois sabíamos. A conversa era simplesmente uma transmissão do pedido do governo Itamar para que ele relatasse o projeto do Sivam que estava segurando. Comuniquei ainda ao Sarney essa questão, conversei várias vezes por telefone com ele, com Luís Eduardo, e avisei o Antônio Carlos, a quem também mandei cópias. O Lôbo vai responder. Ele é frio, calcula, é até mais estrategista do que eu, porque, ontem, me irritei um tanto.

O senador Jader Barbalho veio me procurar e desdisse o que dissera no Alvorada. Acha agora que é preciso anular o Projeto Sivam, acha que eu deveria anular. Eu disse que tinha alguns problemas, estava considerando, mas, enfim, que tinha que ver, porque dizia respeito à Aeronáutica e eu teria que chamar o Conselho de Defesa Nacional. Isso partiu dele, ele queria que eu anulasse hoje para esvaziar a comissão do Antônio Carlos.* Aí é briga do PMDB com o PFL. Mais tarde, foi à Câmara, falou de novo comigo, passou o telefone para Michel Temer. Este repetiu, aí me exaltei um tanto, disse: "O Michel também entrou nisso, então é o PMDB todo que quer anulação?".

Posteriormente soube que declararam isso à imprensa, e mais, declararam que queriam que eu convocasse o Conselho de Defesa, quando era o contrário, eu é que tinha dito que o convocaria. Fica no ar essa confusão do Sivam.

Já o Jobim depôs mais uma vez na Comissão de Justiça da Câmara, quatro horas perdidas, sem nada de novo. Júlio parece que depôs no Senado, vi à noite aqui, na televisão, repetiram aquelas fitas, uma coisa deprimente, cenas sem importância nenhuma, somente para humilhar e para criar um clima no Brasil que não é propício. Meu Deus do céu, onde vamos parar com essa sanha destruidora para vender jornal, para esse sensacionalismo na televisão, para os deputados gritarem, é *infernal*.

Dei posse à Elza Berquó, fiz o discurso. Recebi também o ministro [Carlos] Velloso, que é presidente do Tribunal Superior Eleitoral, para discutir a informatização das eleições, ele é solidário, comigo e com o governo, em todos esses episódios. Pela manhã sancionei a lei agrícola, a securitização, foi uma coisa importantíssima, com os deputados todos lá. Aí sim, fiz um discurso mais doutrinário mostrando que precisamos resolver as questões do Brasil, foi bom.

Chegamos aqui a Minas. Vim com a bancada toda, inclusive os três senadores que entre si não se entendem.** Jantei na casa de Eduardo Azeredo, Hélio Garcia veio também, jantar amável, nada de extraordinário, mas um clima muito agradável.

---

*O senador baiano instalou uma "supercomissão" de investigação dos contratos e dos grampos do caso Sivam, presidida por ele próprio.
**Júnia Marise (PDT), Arlindo Porto (PTB) e Francelino Pereira (PFL).

HOJE É DIA 30 DE NOVEMBRO, quinta-feira, estou em Pirassununga, na Academia da Força Aérea. Passamos o dia em Belo Horizonte num clima muito bom o tempo todo.

Inaugurei o Encontro das Donas de Casa,* fiz discurso sobre o papel da mulher na democratização. Almocei no Palácio da Liberdade com os ex-governadores do estado, menos o Hélio, que estivera comigo na véspera. Muito interessante, toda a bancada, um clima muito bom. O Eduardo Azeredo é jeitoso, simpático, está fazendo modificações em Minas, para melhor. Sussurrei-lhe que é mais provável que a Mercedes-Benz venha para Juiz de Fora, pelo que deduzi da conversa que tive com o presidente da Mercedes** na Feira Alemã. Não é uma coisa decidida, mas há uma forte possibilidade. Ele ficou eufórico.

Estivemos em vários lugares, fomos a uma discussão com prefeitos, que levantaram as questões tributárias. Falei com muita clareza, expliquei a natureza do problema, a inflação, a impossibilidade do que eles querem, que é um décimo terceiro, cota de Fundo de Participação para todos eles, quer dizer, mais dinheiro federal. Disse que não pode, tem que haver imposto, depende do Congresso, enfim, uma coisa também didática. Havia muita gente, o povo na rua bastante simpático, salvo naturalmente os grupos da CUT e sei lá do quê, grupos pequenos de trinta pessoas, com cartazes, vai sair no jornal e na televisão, todos esses grupinhos. O povo não, o povo muito aberto, na Telemig,*** por exemplo, onde se deu a reunião sobre as donas de casa, todos os funcionários, muita alegria, muita fotografia, também no Palácio da Liberdade, parece que continuamos em maré boa quanto à popularidade.

Evitei a imprensa por causa do Projeto Sivam, perguntaram o dia inteiro.

Agora à noite jantei aqui com o Lôbo, três ou quatro brigadeiros, mais alguns oficiais, um clima excelente, nem se falou propriamente de Sivam, e amanhã devo presenciar a formação dos aspirantes da Aeronáutica. É bom que haja perfeita normalidade nesse momento em que se fala tanto da crise da Aeronáutica.

Cheguei, desci do avião, continências, homenagens, Sérgio Motta veio comigo e fomos para São Paulo. Sérgio levantou os seus pontinhos habituais, sobretudo a Mendes Júnior. Ele acha que a situação é preocupante, e é mesmo, só que não vejo saída para a empreiteira, fizeram muito desatino, os pobres funcionários que estavam em Belo Horizonte me aplaudindo e pedindo ação no caso da Mendes Júnior.****

---

* II Encontro Nacional de Donas de Casa e Consumidores, no Teatro da Telemig.
** Helmut Werner.
*** Telecomunicações de Minas Gerais S.A., estatal mineira privatizada em 1998.
**** A empreiteira sediada em Belo Horizonte enfrentava dificuldades de caixa e dezenas de pedidos de falência na Justiça por falta de pagamento a fornecedores. Em outubro de 1995, sua dívida total era estimada em R$ 2,5 bilhões, 70% dos quais relativos a empréstimos de bancos públicos e débitos tributários junto à Receita Federal.

O Malan me telefonou, esteve com o Zé Eduardo para dar uma solução ao Bamerindus. A situação é preocupante, sabe Deus o que acontecerá no setor bancário. Malan me explicou ainda que soltaram um pouco mais o pé para esse Natal e que tinham se esquecido de me avisar. Tudo bem, saiu também o programa de ajuste dos estados. Serra era contra, mas parece que acabaram se acertando.

HOJE É SÁBADO, DIA 2 DE DEZEMBRO. Como já disse aqui, passei a manhã de ontem na solenidade de formatura da Academia de Pirassununga e, durante a sessão, conversei longamente com o Lélio [Lôbo] sobre o caso Sivam. Ele me contou que Jader Barbalho e Temer o procuraram, conversaram por duas horas. Do ponto de vista técnico, segundo eles, nada a opor da parte dos dois, mas o brigadeiro disse que não entraria na parte política, provavelmente eles terão dito que o problema agora é político, ou seja, PMDB contra PFL. Isso, no fundo, é o que resta de toda essa confusão.

De lá vim para cá. Estive muito rapidamente com Mário Covas, simpático, sem novidades, passei a tarde em casa. À noite fomos à solenidade do Banco Itaú.* Discurso emocionado do Olavo Setúbal me chamando de estadista, também fiz um discurso favorável, forte, mas improvisado — nem sabia que ia falar.

Depois fomos jantar, Ruth e eu, com Sarney, dona Marly [Sarney], Marco Maciel, Ana Maria [Maciel], [Roberto] Gusmão e a Tarsis [Gusmão]. Muito simpático, Olavo bastante entusiasmado com tudo que se tem feito.

Conversei com Serra. Boato de que a *Veja*, ao abrir fontes, diria que o Sérgio Motta foi quem deu algumas informações sobre o caso Sivam. Isso deve ser verdadeiro. E vai um, puxa de cá, outro puxa de lá, e vão inventando. As televisões disseram o conteúdo das minhas conversas com o Júlio, que eram três. São verdadeiras. De duas me lembro bem. São filmes para as crianças, contas de remédios, se ia convidar Júlio e Flávia para jantarem em casa, fora disso nada. Agora são as especulações: o que eu teria conversado com Júlio? Especula-se tudo, desde o assunto Sivam até assuntos pessoais, tudo falso. A vida política vive de intriga.

Quanto ao Sivam mesmo, de manhã li o depoimento do Júlio no Senado. É ridículo que o Senado se ocupe do que está se ocupando. O Júlio qualificou errado, disse que nossas conversas eram piegas. Não eram piegas, eram irrelevantes para qualquer coisa mais séria. Mas ele não sabe se expressar direito, depois foi dizer que eu lhe dizia: "Quero sentar ao lado de fulano, não ao lado de beltrano, que é um chato", não devia ter dito. Não é grave, mas dá o tom do que era a ação do Júlio junto a mim, que era de fato essa.

Continuam naturalmente as dúvidas sobre quem deu ordem, quem não deu ordem para a escuta e se o presidente foi ou não escutado. Nunca tive nenhuma

---

* Celebração do aniversário de cinquenta anos da fundação do banco.

fita nem relatório de fita em que eu tivesse aparecido. É provável que na Polícia eles tenham apagado, porque aparecia o presidente, o que é grave. Não sei de onde tiraram essas conversas que teriam sido gravadas, não sei, não tenho ideia.

Recebi o Zé Gregori, ele falou sobre esse assunto. Está convencido de que o Xico tem uma responsabilidade no assunto. Também acho que teve, mas que não foi central. De qualquer maneira, já pagou um preço alto, e tinha que pagar.

Posteriormente fomos falar com d. Paulo [Evaristo Arns].* Absolutamente favorável a mim, ele contou que conversou com os alemães, disse ao Kohl que, pela primeira vez, temos um presidente, enfim, só elogios, a mim e também ao Covas. Absolutamente aberto, favorável, disse que todo mundo na Igreja está conosco. Curioso, porque as declarações dele não foram essas. Eu nem me referi, e não era o caso, ele pediu que num momento possível eu indultasse o casal canadense,** o que, segundo a Igreja, é fundamental, são inocentes no sequestro do Abílio Diniz, eu não sei se têm culpa no cartório ou não. Depois falou sobre terra indígena, eu disse: "Isso é Zé Gregori com Jobim, é só falar com eles". D. Paulo irá terça-feira a Brasília para receber o Prêmio de Direitos Humanos.***

Hoje vou jantar com o secretário do Tesouro dos Estados Unidos na casa do [Luís] Furlan.

Ontem, quando cheguei, fiquei indignado com o artigo do Clóvis Rossi, e depois soube de outro, de Josias [de Souza], sobre o Nacional, dizendo que eu tinha ajudado o banco, e o do Clóvis Rossi dava a impressão de que eu permitiria roubo, qualquer coisa assim, no governo. Fiquei muito irritado, telefonei de imediato para o Frias. Disse que não poderia mais ir à inauguração da *Folha*,**** que será no dia 4. Frias ficou desesperado, disse que ia fazer os dois engolirem, e fez. Hoje, domingo, ambos escrevem no jornal desdizendo-se. Vou à *Folha*, mas, nesse caso, fico sempre com um pé atrás. Encontrei o Frias ontem na solenidade do Itaú, ele meio desenxabido, agradou muito à Ruth e disse ao Sérgio que imagina o quanto eu seguro a barra. De qualquer maneira, houve muito desrespeito pessoal. Já estou cansado, é demais!, por mais que eu seja tolerante.

Me impressionou o que disse d. Paulo, achava que eu estava um pouco mais nervoso nos últimos tempos, que era bom aparecer na televisão mais calmo, mais confiante. Talvez eu, sem me dar conta, com o cansaço de quase um ano de governo, tenha ficado um pouco mais intolerante nas apresentações públicas. Vamos ver. Se for assim, vou corrigir isso.

* O cardeal-arcebispo de São Paulo comemorava cinquenta anos de sacerdócio.
** O casal David Spencer e Christine Lamont foi repatriado em 1998.
*** Primeira edição do Prêmio Direitos Humanos, concedido pelo governo federal.
**** Inauguração do novo parque gráfico do jornal, na região metropolitana de São Paulo.

HOJE É DOMINGO, DIA 3 DE DEZEMBRO. Ontem, como disse aqui, jantei na casa do Furlan com o secretário do Tesouro dos Estados Unidos, Robert Rubin, alguns assessores dele, mais parte significativa do nosso empresariado, Antônio Ermírio, [José] Mindlin, [Lázaro] Brandão, Roberto Bornhausen, Paulo Cunha, Roberto Rodrigues.

Com o Rubin, tudo tranquilo, expôs a situação do México com confiança na equipe mas achando que não querem dar um aval total porque ele acha que os mercados estão ainda muito inseguros quanto ao país. Os mexicanos estão fazendo bem a lição de casa, mas as pessoas ainda estão desconfiadas.

Perguntei sobre a Argentina, ele escapou, não me pareceu confiante. Acha que, se o Menem tirar o Cavallo, fará um grande erro. Também acho. Essas coisas de política sabe Deus como é que se desdobram.

Depois tivemos uma longa conversa só com os brasileiros, algumas críticas habituais, no geral apoiaram, fortemente. Mostrei que eles precisam apoiar mais as reformas.

Hoje de manhã fomos à casa do Giannotti, almoçamos lá, com Jabor, a mulher dele, Luiz e Regina. Também conversa amena, churrasco, tudo tranquilo. Giannotti tinha estado com o Serra na véspera e com Vilmar. Serra deu uma visão um pouco pessimista de que a economia não vai crescer, um pouco na linha de que é a taxa de juro que provoca a recessão. Eu tentei repor um pouco para evitar que o Giannotti tenha uma visão divergente e comece a disparar, mas a gente nota que persiste esta profunda fratura entre Serra e Malan na visão das coisas.

Voltamos para casa e à noite fui ver o Tom Jobim, numa homenagem feita a ele pela Bolsa de Mercadorias e Futuros.* Todo mundo lá. Fui aplaudido generosamente, em pé, pelo teatro, mostrando que existe ainda muito prestígio aqui. A *Folha* publicou uma pesquisa que mostra a mesma coisa, até subi um pouquinho em vez de cair, com todos esses episódios mais recentes.

Serra me disse hoje que soube que a *IstoÉ* está com a lista dos políticos que foram ajudados pelo Banco Econômico.** Agora começa essa chantagem. Ao dizer que tem dinheiro de campanha, acho que o Gilberto Miranda se referia a isso. É essa vergonheira. Chantagem para cá, chantagem para lá.

Neste domingo os editoriais dos jornais são ruins, cobram, parece que fiz um grande erro, não sei qual, queriam que eu fizesse o quê? Que fuzilasse o Júlio? Que

---

* *Tributo a Tom Jobim*, espetáculo no Theatro Municipal de São Paulo em comemoração ao aniversário da morte do compositor carioca (8 de dezembro de 1994).
** O caso da lista de políticos que teriam recebido contribuições do Econômico em 1990 ficou conhecido como Pasta Rosa, alusão à cor da pasta de cartolina que continha os documentos apreendidos no banco baiano.

o trucidasse antes da hora? É uma sanha curiosa, aparece uma brechinha e vem todo mundo em cima para ver se fura o dique, mas eles se iludem, o dique é forte. Inclusive, vem aí análise de que estou abatido, pessoalmente, psicologicamente, tudo uma coisa um tanto superficial.

É claro que tenho que me encolher um pouco para ver os danos, as consequências, e retomar o ataque em seguida. Não há dúvida quanto a isso.

Já falei com o Serra sobre o relatório do Euler, e o Serra deve ter falado com o Michel Temer para corrigir as coisas do Euler [na Câmara]. Vamos ver o que a gente consegue.

Relatei aqui que liguei indignado para o Frias, disso resultou que tanto o Rossi quanto o Josias de Souza, mais o Josias até, como disse o próprio Frias, engoliram o que tinham escrito. É bom porque assim eles veem que têm que dar uma parada, no fundo é tentativa de me flechar, porque acham que já estou pronto para ser abatido. É uma nostalgia de impeachment, como se houvesse uma imprensa capaz de derrubar pessoas. O Elio Gaspari não teve outra ideia a não ser a de me comparar com Nixon nas fotos, não li o texto. Então, veja você, querem fazer um Watergate a partir dessa história! É extraordinário, como se houvesse alguma relação entre uma coisa e outra.

Quanto à questão do Conselho de Defesa, vou realmente convocá-lo e mostrar que isso é uma questão de Estado. Aliás, o Genoino cruzou comigo na festa do Tom Jobim e me disse que o assunto tem que passar para nível de Estado e não de governo. É verdade.

O Luís Furlan também me viu todo feliz com o jantar de ontem, parece que teve efeito bom. Nada de mais especial no dia de hoje. Amanhã vou ver o que acontece lá na *Folha*.

HOJE É DIA 5 DE DEZEMBRO, terça-feira.

Ontem fui ao almoço da *Folha*. Tudo correu bem. O Frias fez um discurso dizendo que eu era honrado, grifando a voz, como querendo se penitenciar, eu fiz um discurso simpático relatando em que condições comecei a colaborar com a *Folha* no tempo da ditadura militar. Disse que fui convidado por ele através do Carlos Lemos,* que me levou para tomar um café, junto com o Cláudio Abramo. Logo depois, o general [Sílvio] Frota ameaçou um golpe, o Frias soube pelo próprio Frota, ficou assustado, mudou a direção do jornal, botou o Boris Casoy, mas o Cláudio me avisou que aquilo era só pro forma. Eu não contei tudo isso. Contei apenas que, no dia que o Frias me convidou, ele não dormiu à noite. Porque naquele tempo não era tão fácil aceitar a colaboração de gente que estava sem todos os direitos políticos. Fiz um elogio dele pessoalmente, e mais nada.

* Arquiteto, amigo pessoal de Fernando Henrique e seu vizinho de sítio em Ibiúna (SP).

Depois vim para cá, reunião com os líderes para discutir a Previdência. Discussão terrível, estavam todos, sobretudo Inocêncio e Michel Temer, já mais ou menos de acordo com a tese do Euler Ribeiro. Eu disse que não podia e tal, fiz um apelo, explicamos um por um, e eles voltaram a discutir, nesta manhã de terça-feira, com Euler, que acabou cedendo quase tudo. Ficou assustado porque Amazonino o apertou, começou a tirar coisas dele lá [no Amazonas] e me pediu que falasse com Amazonino, coisa que vou ter que fazer. Parece que vamos ganhar essa batalha. É uma semivitória, porque a reforma é realmente mínima. Mas em todo caso avança um pouco na parte da Previdência e dá, mais uma vez, sinal de vitória no Congresso. Parece que isso é importante.

Só hoje tomei conhecimento do editorial da *IstoÉ*, que é lamentável. No final diz que só falta um motorista para eu ser igual ao Collor. E ainda faz insinuações no sentido de que eu teria tido conversas por telefone com o Júlio sobre senhoritas e senhoras de Brasília, o que é uma infâmia absoluta. Aí começam a circular os rumores de que eu estaria na mão da Polícia Federal, que teria gravações minhas com o Júlio, comprometedoras. Tudo imaginário. Mas a política vive de intriga e de infâmia imaginária. Então, levando ou não a sério, que é o que eu faço em geral — não levar a sério —, às vezes a gente tem que atalhar. A coisa da *IstoÉ* é uma infâmia. Pior ainda do que a *Veja*. É incrível, é briga entre as duas revistas.

Ontem fui jantar na casa do Luís Eduardo, com Eduardo Jorge, Sérgio Motta, estavam lá também Antônio Carlos e Luís Carlos Santos, para discutir o que fazer. O Antônio Carlos me chamou num canto para dizer que faz o que eu quiser, só que acha que tem que apertar o Gilberto Miranda e que, se não quisermos fazer um acordo, prefere sair do comando da coisa. Disse que faria um discurso combinado comigo, enfim, estava numa docilidade absoluta, resta ver se é para valer, mas até agora tem essa atitude. Luís Eduardo, Sérgio e Eduardo Jorge discutiram a questão relativa às nomeações.

Hoje tivemos várias reuniões.

Primeiro, uma notícia importante. De fato, o Euler voltou atrás. Foram todos os líderes para tirar fotografia comigo e comemorar o novo entendimento entre o PMDB, PSDB, PFL e PPB. Vamos ver se isso marcha desse jeito.

Eduardo Jorge quer sair do governo. Não aguenta mais a pressão do Sérgio Motta, que o esvaziou, o desmoralizou, não tem condição. Agora à noite, além do Iris Rezende, que já vinha, vieram Sérgio Motta e Tuma para discutir a prefeitura de São Paulo. Não chegaram a nenhuma conclusão, mas o Tuma diz que vai jogar junto, que quer jogar, e quer mesmo. Atrapalharam a minha conversa com Iris, que, na verdade, quer se preparar para a candidatura ao Senado, no ano que vem, o que seria uma boa se conseguíssemos mesmo ganhar.

Sarney me telefonou para dizer que amanhã vai reunir o Conselho de Defesa, quer jogar comigo. Todos nessa hora fingem que estão de acordo com o que o presidente quer. Eu tenho certa dúvida quanto à condição política, não quanto à validade do projeto. Vou pedir ao [brigadeiro] Lôbo que explique mais uma vez e que assuma a defesa do projeto para que haja uma discussão livre. Sarney me disse por telefone que o ideal seria que eu retirasse o projeto tal como ele está agora no Senado, que esvazia tudo, depois mando de novo. Há uma forte pressão do PSDB simplesmente para acabar com a discussão no Senado, para tirar o teatro do Antônio Carlos. No fundo, isso é que está contando.

Eu tenho uma hipótese. Com relação ao fundamental, acho que, quando o governo Itamar resolveu que o Sivam devia passar para o controle da Raytheon, o que aconteceu foi que desarticulou o que havia sido montado ao redor da Thomson, deixando todo mundo tonto. A Raytheon não deu dinheiro nenhum, ganhou porque o financiamento era melhor e porque o governo americano se empenhou politicamente no assunto. Isso desarticulou todo mundo. Eu acho que é o pano de fundo a partir do qual se montou tanta coisa que me parece difícil de entender, tanta confusão ao redor de quase nada.

De manhã d. Paulo veio aqui para o Prêmio de Direitos Humanos, não só ele, outros expressivos, discurso bonito de d. Paulo, comovedor, meu também, todo mundo reconheceu o que estamos fazendo nesse campo. Mas o Reginaldo [Castro], que é advogado do Júlio, me disse que o Júlio não obedece, que o Júlio não devia ter deposto no Senado, que, enquanto tem gravação, não há acusação possível contra ele mas que, quando confirma no Senado, pode ser acusado disso ou daquilo, o que já sabíamos. O Júlio é boquirroto, está pagando um preço altíssimo pelas suas incontinências verbais. Acho que, no fundo, todo mundo já sabe que é só isso, mas interessa a muita gente espichar.

Fora disso, preocupação do Serra em relação ao acordo com o Mercosul, acha que o Itamaraty vai entregar tudo para botar o Chile no Mercosul, e lá vai ele comigo, para Montevidéu, policiar esse procedimento.*

Parece que houve uma grande briga hoje no CCE, entre Sérgio Motta e todos os demais. Sérgio me disse agora à noite, exasperado, coisa que eu já sabia que ele estava porque o Serra me disse e o Clóvis também. É difícil. As relações humanas estão muito azedadas no seio dessas dez pessoas. É muito difícil. E o Sérgio me falou em deixar o governo. Diz que todo mundo deve sair. Curioso, é uma tese que, daqui a pouco, terei que tomar mais a sério, porque pode ser que seja um caminho para aliviar a situação geral.

Amanhã devo ir para Montevidéu.

HOJE É DIA 6 DE DEZEMBRO, quarta-feira, são quatro horas da tarde. Daqui a pouco vou para Montevidéu, apenas relato a reunião desta manhã do Conselho de

---

*A XX Reunião Ordinária do Mercosul foi realizada no balneário de Punta del Este e tratou do ingresso do Chile na união econômica.

Defesa. Foi excelente, porque o brigadeiro Lôbo fez uma exposição objetiva, competente, demoliu os argumentos do Gilberto Miranda sobre a questão dos radares, sobre o porquê de não haver licitação pública. Todos os membros do Conselho ficaram convencidos da lisura das questões, inclusive o Sarney.

7 A 14 DE DEZEMBRO DE 1995

Ainda a Pasta Rosa. Viagem à China. Emendas constitucionais

Hoje é dia 7 de dezembro, quinta-feira, estou voltando de Montevidéu. Retomo a gravação no ponto em que mencionava que Sarney teve que concordar que o Sivam é importante, fez elogio aos militares e tudo mais. Acho que a repercussão da nota deve ser positiva, dissemos que o Senado pode fazer o que quiser, o governo considera que não houve até agora nenhuma irregularidade que o levasse a mudar o rumo da aprovação do projeto.

Posteriormente vim para casa, almocei, Ruth não estava aqui, foi para o Rio, e na hora de ir para Montevidéu com Malan e com Serra, às quatro, tive um encontro com Malan, que veio com Gustavo Loyola. Disse que os dois tinham muito que falar comigo. Eu devia sair daqui às quatro e meia, atrasamos um pouco, porque ele me trouxe a hoje chamada pela imprensa Pasta Rosa, ou seja, uma série de documentos que o Banco Central encontrou no Banco Econômico da Bahia. Uma parte deles, de alguma maneira, saiu na *IstoÉ*, acusando Antônio Carlos, Luís Eduardo, Serra, Krause e Sarney de terem recebido dinheiro pela eleição de 90.

O fato é que no dia seguinte, ontem, apareceu um artigo do Elio Gaspari, e o Serra já me havia alertado de que o Gaspari viu a tal pasta. A suposição imediata de muitos, inclusive do Serra, é que foi um dos diretores do Banco Central que vazou. Eu disse ao Gustavo Loyola: "Como é possível que isso tenha saído?", ele disse que não sabe, que vai fazer sindicância urgente. O mais provável, a meu ver, é que tenha sido o interventor na Bahia, porque ele foi colega de colégio do Elio Gaspari. Segundo, soube hoje pelo Mario Sergio Conti, da *Veja*, que a repórter que publicou a matéria da *IstoÉ* é filha de um amigo desse tal interventor. Acho que é o mais provável. Não obstante, grande escândalo. A pasta contém várias anotações sobre muitos políticos, esses mencionados e outros mais. Serra e Luís Eduardo só aparecem de passagem numa classificação, não se fala nem em dinheiro, mas diversos políticos aparecem, inclusive Antônio Carlos, naturalmente, Sarney, Marco Maciel. Enfim, a cúpula da República, ligada de uma maneira ou de outra à Bahia, é que teria recebido dinheiro na campanha de 90.

Todo mundo sabe que todo mundo recebeu. Eu tenho a sorte de só ter sido candidato em 94, quando isso tudo já era legal. Na verdade, tudo isso é uma farsa, mas aparece como se fosse um grande escândalo. Mais um. E, de fato, houve esse vazamento, que é grave, no Banco Central.

Em Montevidéu, encontrei dessa vez o Menem bem-disposto, todo mundo muito amável, claro que o Chile não entrou ainda no acordo de associação com o Mercosul, mas a Bolívia entrou, e o clima foi positivo. Voltamos. Ao chegarmos no aeroporto, já estava lá o Marco Maciel aflito porque eu tinha determinado, como determinei ao Malan e ao Gustavo Loyola, que entregassem o dossiê ao procurador-geral da República, que aliás fez um pedido a eles, acabaram não entregando e deviam ter entregado. O Brindeiro deu uma nota, Maciel me mostrou, dizendo que provavelmente aquilo se referia a uma lei anterior que punia, mas não tinha como punir eventuais implicados, enfim, minimizou o assunto, mas a imprensa não vai minimizar. Portanto, de novo grandes problemas.

Vim para casa e, mal chegamos, recebi um telefonema de Antônio Carlos. Ele veio para cá com Luís Eduardo, ambos muito furiosos com o Banco Central, com o Gustavo Loyola. Eu minimizei, não a responsabilidade, mas ponderei que, acho, o vazamento foi na Bahia. Antônio Carlos acha que não, e já queria derrubar o Banco Central, tem que ter gente de confiança... Claro que estão aflitos, mais ele. Eu o acalmei um pouco. Falei sobre uma coisa grave, que o Jader Barbalho assumiu a relatoria do Fundo Social de Emergência na Comissão de Justiça, isso pode criar dificuldades para o governo.

Antônio Carlos estava contente porque, na sua comissão, o brigadeiro Oliveira teria espremido, e muito, o Gilberto Miranda. Parece que o Gilberto Miranda está mal. Ele telefonou para o Sérgio Motta ameaçando, disse que vai contar tudo que já disse a mim, eu não sei o que ele disse a mim, a não ser insinuações de que a Aeronáutica utilizaria a Camargo Corrêa e a Odebrecht, por isso é que estava contra, e também insinuou, num outro momento, que o Hargreaves talvez tivesse algo a ver com a Thomson. Umas coisas vagas, sem a menor importância, nem sei se é verdade, mas ele está num desespero, ameaçando e não sei mais o quê, porque está mal, foi pego com a boca na botija. Acho que tudo isso vai enfurecer mais ainda o Jader.

Amanhã cedo tomo café com Sarney, o senador [Carlos] Bezerra,* Pedro Parente e Pedro Malan, vamos discutir a dívida dos estados. O Tasso me telefonou, pediu audiência urgente com os governadores do Nordeste, que vêm de novo com a questão das perdas do Fundo Social de Emergência. É de desesperar.

Diz o Tasso que nós nunca mostramos bem como é que é isso. Enfim, amanhã terei um dia duríssimo e, ainda por cima, essa tal de Pasta Rosa, que vai render muita dor de cabeça.

Também recebi o Mario Sergio Conti, que queria na verdade se explicar, o que não conseguiu, mas até que pediu, à moda dele, uma certa desculpa. Eu disse: "A matéria que você fez não tem cabimento, não tem proporção". Desmenti vários episódios, ele insiste que o mais grave é que o Xico teria sido o ordenador do grampo. Disse-lhe que o Xico nega peremptoriamente e que, se o Xico fosse meu assessor naquele momento, eu o teria demitido, mas ele era presidente do Incra, então, na dúvida, eu não podia demitir com as consequências políticas que isso acarreta.

* PMDB-MT.

Quanto ao Júlio, ele sabe que não tem tráfico de influência nenhum, não há escândalo do Sivam, Conti concordou. Enfim, a vida é assim mesmo.

Exageram, distorcem. Eu disse que achava que aquilo tudo foi feito para competir com a *IstoÉ*. De alguma maneira Conti estava um tanto acanhado com o que fez. Não sei que grau de consciência ele tem, acha que me ajudou a me livrar de duas pessoas perigosas: o Xico e o Júlio. O Júlio mandou uma carta desesperada, porque a Polícia Federal está em cima dele. Isso está passando de todos os limites. Eu preciso dar um murro na mesa.

HOJE É DIA 8 DE DEZEMBRO, sexta-feira, é quase meia-noite.

Vamos continuar a história sobre o Júlio. Recebi hoje o Jobim e perguntei que história era aquela. É um procurador da República que pediu para abrir um inquérito em cima do Xico. Então, não tem jeito, tem que haver o tal de inquérito. Já mandei dizer ao Júlio pelo [Geraldo] Walter para que fique um pouco mais calmo. É difícil ficar calmo nessas circunstâncias. Está preocupado com as sindicâncias, muito abalado com tudo isso. Em todo caso, parece que o pior para ele também já passou.

O dia foi tomado com outras questões. Relatei ontem a presença do Antônio Carlos aqui por causa da famosa Pasta Rosa. A história da Pasta Rosa continua. O Serra na [TV] Manchete diz que quer que se revele o conteúdo dela. Parece que hoje pediu ao procurador para mostrar a sua parte, que não é nada. Isso tudo gera ruído.

O Antônio Carlos disparou contra o Loyola pela televisão, diz também que tem documentos que comprovam que Loyola recebeu dinheiro de consultorias, como se o Loyola fosse culpado. A Ana acabou de falar por telefone comigo e disse que o Elio Gaspari manuseou realmente o material e estão todos querendo saber se eu sabia. Há quatro meses, quando da intervenção no Econômico, o Loyola me contou que havia uns documentos, eu disse: "Olha, toma cuidado com isso, vamos ver o que é", depois ninguém me informou mais nada, e não tinham por que informar. Ontem ou na véspera de eu ir para Montevidéu é que efetivamente vieram para saber o que fazer com a pasta, mandei dar ao Brindeiro. E ainda bem: Brindeiro deu uma declaração boa, esvaziando a dramaticidade da questão.

Claro, as revistas desse fim de semana voltarão ao assunto, não sei quanto tempo isso dura, mas é mais um espetáculo lamentável, só que dessa vez a tragédia da CPI da corrupção do Senado volta como farsa, não tem nada.

Sivam, parece que houve um relatório muito bom do Arruda, as coisas estão mais calmas no que diz respeito ao Sivam. Provavelmente o Suplicy vai falar muito da Esca, e aí tem podridão, por isso que não topei assinar contrato com a Esca.

Recebi o Tasso, que me disse o óbvio. Que fica uma fofocagem, que o governo assim não vai. Ele acha que eu devia fazer uma mexida nesse sentido. Eu não sei, está cada vez mais certo que é preciso efetivamente fazer uma coisa mais dura, porque não tem cabimento esse pessoal estar nos levando para uma situação ridícula, em função de coisas menores.

Recebi o Paulo Maluf. Claro que seu partido [PPB] quer um ministro e ele me citou quatro nomes. Imagine só: Delfim, Roberto Campos, o Dornelles, que é mais razoável, e o Esperidião Amin também. Falei do [Augusto] Coutinho,* mas eles não querem saber do Coutinho. Vamos ter que botar o Dornelles mesmo na Indústria e Comércio no momento oportuno.

Já vazou que o Aloysio poderia ser coordenador político. Eu gosto do Aloysio, mas vai dar mais confusão.

Além disso, hoje, o café da manhã com Sarney e Carlos Bezerra para a rolagem da dívida dos estados. Também com Malan e Pedro Parente as coisas caminharam. Mas olha de novo o presidente da República atuando em todos os fronts, é terrível.

Estive com o Tasso, que falou bastante que é preciso mudar as coisas, como eu já disse, e que o Serjão é realmente de uma inconveniência total. Ele adora o Serjão, mas está vendo que está muito difícil com essas suas incontinências seguidas. Ainda hoje o Sérgio lançou o Serra candidato a prefeito de São Paulo, disse que os companheiros devem ir para a briga, enfim, está falando de política de uma maneira aberta, acho que quer ser presidente do PSDB. É inviável ser ministro e presidente do PSDB, não vai dar.

O Tasso também veio com a história dos governadores. Tive uma reunião com vários governadores do Nordeste, Arraes, Divaldo, Albano, a do Maranhão. O que eles queriam era mexer no Fundo Social de Emergência. Expliquei de novo o que é o Fundo, por que não se pode mexer, por isso, por aquilo, parece que entenderam, mas, mais uma vez, pediram apoio, disseram que vão mudar, mas, olha, é uma canseira.

Na verdade, de manhã já tínhamos acertado com o Carlos Bezerra de alongar o prazo para a recomposição da situação da dívida dos estados. Não tem alternativa, eles não têm como pagar. Acho que a Fazenda assume uma postura assim muito de Fundo Monetário Internacional e não dá certo, terá que ceder em alguns pontos para viabilizar um equilíbrio futuro. Esses foram os principais fatos de hoje, não foram poucos, passei o dia inteiro em reuniões, em conversas com uns e outros e preparando a minha viagem.** Ainda é preciso preparar o problema da convocação extraordinária.*** Amanhã vou telefonar para o Luís Eduardo e vou ter que falar com o Marco Maciel.

---

* Deputado federal (PFL-PE).
** Referência à viagem presidencial à República Popular da China, Macau, Malásia e Espanha no período de 10 a 21 de dezembro de 1995.
*** O governo convocou o Congresso Nacional durante o recesso parlamentar (18 de janeiro a 14 de fevereiro de 1996) para acelerar a votação das emendas constitucionais de seu interesse.

HOJE É SÁBADO, 9 DE DEZEMBRO, é quase meia-noite. Passei o dia aqui preparando a viagem. Fui de manhã ao Planalto para despachar muita coisa com Eduardo Jorge e Clóvis, voltamos a comentar os episódios mais recentes. Fora disso, muito nervosismo a respeito de boatos de que Loyola se demitiria, posteriormente que viria uma nota em relação a Antônio Carlos, tudo, por enquanto, onda.

Antônio Carlos deu uma entrevista violentíssima no *Globo* chamando de marginais os diretores do Banco Central.

Voltei para casa e passei a receber as pessoas.

Eduardo Jorge diz que achava que o melhor que eu faria era tirá-lo, porque assim a pressão sobre o Palácio diminui. Também tem medo de que haja repercussões nessa caça às bruxas, porque, como esteve metido na coisa lá dos seguros, na companhia nos Estados Unidos,* poderia haver ilações, que não são verdadeiras mas são sempre desagradáveis. Conversa calma, admiti essa possibilidade. Tanto que começo a formar na cabeça a hipótese de uma reformulação real de governo.

Depois disso, junto com Eduardo recebi o Marco Maciel, repassamos tudo e discutimos ainda a questão relativa à convocação do Congresso. Está tudo acertado. Com Sarney, mais com Luís Eduardo que com Sarney, mas sem problemas. Maciel, calmo, apesar de toda a boataria que menciona o seu nome. Quanto à pasta do Econômico, quem sabe o vazamento não partiu do próprio Ângelo Calmon de Sá. Isso me veio à cabeça agora porque o Antônio Carlos foi tão violento na conversa comigo ontem sobre a questão do Ângelo, que não entendi bem por quê, exceto que o homem deixou as marcas lá, será que não é o Ângelo?

Soube hoje que o Elio Gaspari está em Brasília, provavelmente vendo mais materiais. Como o Marco Maciel me disse que o Ângelo também vinha para cá, fiquei com a pulga atrás da orelha, mas é mera cisma, não tem nada de concreto.

Mais tarde tive uma longa conversa com Serra. Aí sim, fomos mais a fundo a respeito da nossa relação. Ele voltou a dizer que eu acho que foi contra o real, que não foi contra o real, que ele não acreditava, eu sei que é isso. Voltei a explicar a ele o porquê de o Malan ser o ministro da Fazenda, Serra concorda comigo que é porque dá estabilização. Disse-lhe o que esperava de cada um e que não adianta tentar resolver questões que não têm solução, não posso mexer agora com o Banco Central... Ele deu uma sugestão, quem sabe botar o Jobim como chefe da Casa Civil, o Clóvis como ministro do governo e alguém do PMDB no Ministério da Justiça. Essa ideia não é tão má assim, Jobim tem o *physique du rôle*, é duro, competente, lê todos os processos, quem sabe, vamos pensar.

Começo a formar algumas imagens sobre o que pode ser essa nova etapa do governo. Vamos ver.

---

*O secretário-geral da Presidência foi acusado de acumular a remuneração de membro do conselho diretor de uma empresa de seguros norte-americana sediada em Nova York, subsidiária da estatal Instituto de Resseguros do Brasil (IRB).

Conversei com Serra também sobre o futuro. Tem que ficar bem claro que teremos que segurar um pouco o Sérgio. Ele está falando demais. Comprou novamente a briga do Serra na questão dos documentos, falou com a imprensa, disse que o governo não tem nada a temer, nem pasta marrom, enfim, está se expondo além do que acho conveniente para um ministro, assim como os do Banco Central. Telefonei para o Sérgio depois de ter falado com o Serra, a quem pedi que dissesse ao Sérgio pessoalmente que acho que ele vai acabar como uma vidraça muito exposta e que deve se recolher. Pelas informações que tenho, haverá bala contra ele na imprensa. Isso pode complicar de novo e recair em mim.

Também disse ao Gustavo Loyola que, por favor, transmitisse aos diretores do Banco Central que estavam suspensas quaisquer entrevistas ou declarações deles, porque isso está gerando muita confusão.

No domingo viajamos para a China. Voamos do Brasil para Berlim, onde dormimos num hotel extraordinário e passamos o dia. Pude me encontrar outra vez com o presidente da Alemanha, Roman Herzog, sempre gentil, o qual reafirmou não só a importância da aliança com o Brasil mas também a sua preocupação com os governos da Rússia e da China. Ele não vê com clareza, e eu também não, o que acontecerá nesse lado de cá do mundo. Acha que a China poderia ainda ser engolfada por lutas internas, acha que o governo central é menos forte do que parece. Quanto à Rússia, é o sabido, uma confusão muito grande, Iéltsin não tem aparentemente capacidade de ser mais do que é, um símbolo atrabiliário da Rússia atual.

Nas conversas no avião, vimos com muitos detalhes o último conjunto de pesquisas feitas pelo Lavareda. Vence solidamente a posição do governo. É importante, porque aqui e ali pode haver um pontinho de alteração, mas tanto a minha posição pessoal quanto a do governo aparecem bastante tranquilas nas pesquisas. Isso não nos deixa despreocupados, porque, com as últimas sacudidas que tem havido na opinião pública, sabe Deus o que pode acontecer.

Também no avião li, na *Veja*, fragmentos do diário do Getúlio. É admirável, ele era distante, frio, não registrava os principais acontecimentos, registrava coisas de ordem pessoal, poupando as mulheres com quem andou, mas de qualquer maneira mostrando que, aqui e ali, estava arrebatado, sobretudo uma grande paixão, provavelmente com a ex-mulher do Simões Lopes.* Fora disso, algumas observações duras, cruéis, sobre o ser humano. Ele era muito cético, sobretudo com Oswaldo Aranha, que era o seu grande amigo e, ao mesmo tempo, sua grande sombra. O tempo todo uma observação mais ou menos mordaz sobre Oswaldo Aranha. Muita coisa que parece o dia de hoje, aquela questão de "fulano que quer dinheiro

---

* Aimée Sotto Mayor Sá.

para a política, ou outro que quer comprar navio para as Forças Armadas, as Forças Armadas que querem recursos".

Por outro lado, ele sempre com os estados falidos, tentando ver como resolver a questão, alguma similitude com a situação atual mas uma grande diferença. O tempo todo lá se conspirava. Todos conspiravam contra Getúlio e ele aceitava com uma enorme tranquilidade a existência de controle de telefone. Tem uma passagem em que ele mostra a ingenuidade de um outro, que não entende as realidades disto daqui, ou seja, do poder. Há que refazer algumas reflexões também amargas da razão por que o poder tem sempre esse lado lamentável, esse lado mais podre, que atinge mesmo as pessoas que queiram manter suas distâncias: Getúlio caiu enlameado pelos mais próximos. Ele também tinha horror de segurança e, engraçado, ia à Glória para assistir filme somente com o ajudante de ordens do Catete, extraordinário! Como os tempos mudaram, e mudaram muito.

Cheguei à china. No primeiro dia, a China me pareceu, como disse a Ruth no avião, um pouco o Chile, a cor da terra. Mas só isso. A cidade* também tem alguma coisa de triste, talvez por causa do inverno. O primeiro inverno que passei em Santiago, junho e julho de 64, foi terrível, porque triste, parecia muito triste. Tive essa mesma impressão com o inverno aqui.

No primeiro dia subimos a Grande Muralha, cercados de jornalistas como sempre, o ministro encarregado de me acompanhar era o da eletricidade,** uma pessoa opaca, até que tem alguma coisa, mas é um pouco difícil tirar dele alguma observação mais leve. Jantei numa churrascaria com Furlan, com brasileiros, muito amável, mas com muito jet lag...

No segundo dia fui de manhã me encontrar com o presidente Jiang Zemin, que é uma pessoa interessantíssima. Esse sim, um homem vibrante. Fala inglês, não é tão perfeito mas dá para entender, e é de muita simpatia. Tivemos uma reunião longa. A China reafirmou, e eu naturalmente, as afinidades com o Brasil, a parceria, essa coisa toda, um pouco na linha formal, mas um pouco também uma decisão clara de aproximação com o Brasil. Mencionei de passagem o Conselho de Segurança, ele também de passagem reafirmou a possibilidade de seu país nos apoiar, em seguida fomos a um almoço extraordinário, depois fui receber ministros.

Recebi as pessoas numa casa de hóspede, onde estou, que é moderna mas suntuosa, umas coisas imitando a China antiga. Neste momento são seis e meia da manhã, quarta-feira, e estou no quarto da última dinastia, Qing, algo assim, desse último imperador da China, quarto elegante chinês, totalmente chinês.

* Beijing.
** Shi Dazhen, ministro de Energia Elétrica.

Recebi, e foi muito interessante, o homem que fez a reforma econômica da China e que hoje acumula tudo, inclusive o Banco Central. Ele esteve comigo no Brasil quando eu ainda era ministro da Fazenda.* Conversou muito sobre a China, disse que eles têm problemas semelhantes aos nossos, eu o provoquei sobre a situação da desordem financeira das províncias, ele escapou um pouco disso. Disse que a China tem mais de 70 bilhões de dólares de reservas, que o valor das exportações vem a ser de 274 bilhões dos dois lados, uma força extraordinária. Fez muitos elogios a mim, ao Brasil, à estabilização econômica e à clareza quanto ao que se pode fazer junto na parte agrícola, na parte de biodiversidade, na parte de energia elétrica, numa demonstração inequívoca de um homem que conhece bem tanto o Brasil como a China, sabe como o país vai e para onde vai. Um dia, ele me perguntou isso, acho que vai realmente para o capitalismo.

Curioso, porque o Li Peng, o primeiro-ministro, que também esteve comigo, já é diferente dele, mais burocrático, mais lento, os temas são os mesmos, mas ele colocou muito a questão americana, é muito contra os governos americanos, que são sempre contra a China. Me perguntou como levávamos com os americanos, eu saí pela tangente, dizendo que para o Brasil a posição era de independência, que de vez em quando tínhamos alguns atritos e que, agora, estamos num momento de grande facilidade no relacionamento com eles. Eu não quis aprofundar, mas esse Li Peng me pareceu muito mais burocrático. O de Economia, cujo nome é difícil de pronunciar, esse é uma pessoa realmente brilhante, um renovador dentro das condições chinesas. Estive também com o vice-primeiro-ministro,** um diplomata de carreira que conheci no Brasil, muito amigo do presidente Jiang Zemin.

À noite tivemos um banquete com Jiang Zemin, que foi muito aberto, conversou sobre a sua carreira, se referiu ao tempo do comunismo como num mundo em que tinha que obedecer ao partido, curiosamente, como se não fosse o atual chefe do partido.

Hoje vou falar com Xiao Shi, que é o presidente da Assembleia do Povo*** e era o homem do serviço de informação. Ele já esteve na minha casa quando eu era presidente eleito. Ou seja, um relacionamento muito direto com a alta direção chinesa.

O Zemin, por exemplo, é um engenheiro, levou sua vida como engenheiro, inclusive dirigindo plantas atômicas para gerar energia elétrica. Ele conhece os Estados Unidos, fala um pouco de alemão, de japonês, falou bastante sobre o vice-primeiro-ministro, o diplomata que parece ser seu grande amigo, me apresentou o prefeito de Xangai, ele próprio foi prefeito de Xangai, e me disse que o Deng Xiaoping não tem mais nenhuma influência. Xiaoping lhe disse que faça o que quiser, que é a vez dele. Enfim, Deng Xiaoping não é nem um fetiche para esse Jiang Zemin.

---

*Dai Xianglong.
**Zhu Rongji.
***Congresso Nacional do Povo.

Pareceu-me uma gente bastante moderna na sua visão, mas, no dia em que estava com eles — na hora eu nem sabia —, condenaram um defensor dos direitos humanos a catorze anos de prisão. Não querem transigir nessa matéria. Têm medo da repetição da coisa russa. Na verdade, a China é imensa, mais ou menos organizada, e pobre. Levará tempo para isso aqui ter um bem-estar, digamos, mais à ocidental. Mas será uma grande influência, decisiva talvez, no próximo século, e o Brasil precisa dessa relação.

Fora disso, ontem pela manhã, terça-feira, telefonei para Eduardo Jorge, que tinha recebido o meu recado, e depois para Marco Maciel.

Eduardo Jorge, aflito, me informou que o Banco Central parece ter um relatório que vai culpar basicamente Ângelo Calmon de Sá e Antônio Carlos Magalhães pela questão do Econômico. Perguntei como era a questão do Antônio Carlos. Uma empresa que se formara fora do Brasil e fez muita tramoia.* Eu disse: "O Antônio Carlos é sócio mesmo ou é sócio menor?". A informação que me deu Eduardo Jorge é que é sócio mesmo. É preciso verificar isso, porque tenho medo de que seja uma vingança do pessoal do Banco Central. Mas, se ele for sócio mesmo, isso explicaria a onda que está fazendo. Está atacando o Banco Central, chamando os diretores de marginais. Como sempre, vai para a ofensiva para evitar uma situação de embaraços. Isso será um grande fator de desestabilização do quadro brasileiro.

Outra preocupação do Eduardo Jorge, que confirmei com o Marco Maciel, é a questão relativa à exposição que o ministro Lôbo fez no Senado, que foi mal. Perguntei se foi sobre a Esca. Foi. Eu já tinha mandado avisar ao Lôbo através do Sardenberg que o Senado ia centrar fogo na Esca porque o Tribunal de Contas soltou, pouco antes de ser julgado, um parecer interno sobre irregularidades dentro da Esca e da Aeronáutica. Embora isso não tenha nada mais a ver com o Sivam, porque afastei a Esca por essas mesmas razões, vai perturbar o processo.

Falei longamente com o Marco Maciel, que me prestou contas detalhadas do assunto, disse que todos estão dando depoimento, que foi ruim o que aconteceu no Senado. Sarney procurou o Marco, preocupado até com a Aeronáutica como instituição. Marco disse que teve uma reunião com os líderes antes dessa reunião no Senado, que eles concordaram sobre os modos de votação, salvo o Luís Carlos Santos, que não quer votar já na Câmara a Previdência. Acho que ele tem razão, me disse o Maciel que as centrais sindicais o procuraram contra a Previdência. Ele disse: "Mas agora, oito meses depois que está no Congresso, vocês vêm na última hora fazer pressão". Não sei se isso não foi na negociação com setores da Previdência privada, não digo dos funcionários do estado, mas dos outros. Em todo caso, acho que nisso é melhor seguir o Luís Carlos Santos, que tem sensibilidade sobre o que pode ou

---

*O senador baiano foi acusado de movimentar milhões de dólares recebidos do Banco Econômico através de uma empresa de fachada sediada no paraíso fiscal das Ilhas Cayman, gerida em sociedade com Ângelo Calmon de Sá.

não pode ser engolido pelo Congresso em determinados momentos. Ou seja, outro fator de instabilidade.

Leio o *Globo*, cheio de intrigas. Heráclito Fortes* procurou o Eduardo Jorge como que o ameaçando de que haveria pressão contra ele, sem base. De qualquer maneira, isso não é gratuito, ou seja, um nucleozinho ligado aos baianos começa a se agitar, provavelmente por causa da questão do Banco Central. Eu precisaria ter uma conversa com o Luís Eduardo. Pelo *Globo*, ele está zangado, o Sarney também, diz que eu penso que sou mais inteligente que todos, que eles não são bobos e que, além do mais, apareceu a questão da emenda da reeleição. O que eu disse ao Marco Maciel foi simplesmente que o Maluf estava pressionando com essa questão da reeleição dos prefeitos, tínhamos que ver como fazer isso, que era necessária uma fórmula para o Maluf não se sentir desde já agredido e lesado, o que o faria ficar contra as reformas.

Essa é a questão central. Não é que eu tenha pessoalmente querido votar agora nenhuma reforma eleitoral de reeleição, eu sempre soube que isso ia dar confusão, digo, eu sei, mas como é que se segura o Maluf? Essa é a verdadeira questão, e o Marco sabe disso. Está tentando manobrar. O Sarney também sabe, mas quer achar que sou eu que estou querendo colocar a questão da reeleição.

Vê-se que há muitos focos de desagregação. O Congresso começou de novo a querer ocupar um espaço maior do que pode. Imaginando que o governo esteja acuado, começa a pôr as manguinhas de fora, ou seja, a se preparar para não votar as reformas já, para barganhar mais.

---

*Deputado federal (PFL-PI).

14 A 23 DE DEZEMBRO DE 1995

Crise na Aeronáutica. Atritos entre Antônio Carlos Magalhães e diretores do Banco Central

O Congresso está arranhando o governo para enfraquecê-lo. Essa questão da Esca, se for a fundo, é uma complicação grande, não tem nada a ver comigo, vem de antes do Itamar, mas explode com ele, e aí pode haver uma relação perigosa entre a Aeronáutica e a Esca, porque funcionários da Aeronáutica eram pagos pela Esca para melhorar o salário. Não sei se é isso que está no relatório, mas parece ser verdadeiro. Ou seja, vai de novo confundir o Sivam.

Então, veem-se duas coisas, digamos num plano mais interpretativo. De um lado, a pequena história que, na sua trança, vai deixando revelar o estrutural que está por trás e que, no primeiro momento, não aparece. O que há de estrutural é que nós não contamos com um quadro em que Executivo e Legislativo tenham suas competências definidas. O Legislativo inchou sua competência fiscalizadora, avançando muito para dentro da administração propriamente dita para entorpecê-la, não para controlá-la, e marginalmente, claro, vão tirando as vantagens. E o Executivo não tem tido a condição de ser um Executivo, digamos, mais agressivo. Eu posso fazer isso, eu e um ou outro ministro, mas no conjunto é um Executivo que está minado pela própria incapacidade do Estado, não do governo, de se organizar. Esses vazamentos incessantes são a prova mais clara disso.

Temos, então, um problema institucional, que existe, permanece, não foi resolvido. Nessa parte não houve reforma da Constituição, e a minha força advém da sociedade. Na verdade, o meu voto veio da sociedade, não do sistema político propriamente dito, que continua com as manobras de sempre. No passado, isso era resolvido através de uma paralisação do Executivo, via CPI ou coisa que o valha, ou então, num passado mais remoto, de uma ação autoritária do Executivo, seja aquele autoritarismo personalista do Collor que não deu em nada, seja mais para trás a coisa militar.

Estou fazendo um esforço grande para adaptar a Constituição e, dentro do jogo democrático, fazer funcionar o Executivo, fazer as reformas e fazer com que o Legislativo tenha um canal efetivo de ação, mas sem ultrapassar certos limites.

Vê-se que neste momento estamos com dificuldades nesse desenho. Mas não há outro. Porque o outro é o autoritário. Outro dia encontrei o senador Pedro Simon, subi a serra com ele, é meu amigo, mas tem inveja e o tempo todo faz discursos vazios no Senado sem realmente entender nem construir nada. E o Congresso faz pequenas provocações que não levam a grande coisa, permitindo que haja um caldo de cultura para os gilbertos mirandas da vida.

Vamos ver agora como será o comportamento do senador Jader Barbalho, que é um homem inteligente e é quem tem força para realmente fazer uma oposição, Jader e Antônio Carlos. Ora, os dois hoje estão um pouco esquivos ao governo por razões diferentes. Sarney, que conhece bem aquela mecânica, já disse ao Marco Maciel, que me transmitiu, que eu não tinha atendido nada do Jader. É verdade, porque aí tem o Almir Gabriel, lá no Pará, que não vai querer que atenda ao Jader. Mas este não se move só por isso, se move também para ter uma presença nacional mais forte. O Marco ia conversar com Jader para ver se, ao menos no caso do Fundo Social de Emergência, ele avançava.

Curioso que, apesar de toda essa confusão, estamos conseguindo ganhar as votações, mas vê-se que continua por trás um problema mais sério dessa reconstrução democrática no Brasil e da definição mais clara das funções dos vários poderes e da relação entre eles. No meio disso, a imprensa desnorteada e desnorteando, intrigando quando pode e, nos momentos em que a confusão é gerada seja dentro do governo seja dentro do Congresso, ou entre os dois, aí a imprensa nada de braçada e ajuda a acelerar o processo de desagregação. Quando a gente se organiza, a imprensa então reflete um pouco mais essa organização. Portanto, não estou culpando a imprensa, estou dizendo que ela, nesse jogo todo, entra também como fator de desagregação, sobretudo quando nós mesmos começamos a nos desagregar.

Vejo qual é o meu programa para o ano que vem, é violento, colocar o país nos trilhos não será fácil, mas ainda tenho bastante energia para tentar.

Só para não perdermos o fio, hoje é dia 14 de dezembro, portanto ainda estou aqui em Beijing, como eles chamam agora, são seis e meia. Saí cedo da cama, a Ruth está dormindo, vou esperar algum tempo, tentando ler um pouco, porque os efeitos do jet lag continuam. Ontem fui deitar eram dez horas mais ou menos e custei a dormir, acabei dormindo, acordei, enfim, essa adaptação não é fácil.

Hoje falei por telefone com Marco Maciel, depois com Antônio Carlos, Sérgio Machado e Élcio Álvares.

Marco me informou sobre as coisas no Brasil, eu não queria falar com Antônio Carlos antes de falar com ele. Disse que as coisas aparentemente acalmaram ontem, mas que havia uma reação muito forte à exposição do Lôbo. Na verdade, não é à exposição do Lôbo, é outra coisa. É que o Tribunal de Contas da União, provavelmente instado por militares, apresentou um relatório à Aeronáutica cobrando coisas relativas à Esca. Por que digo que é instado? Porque isso vazou e, ao vazar, evidentemente há uma exploração, agora não é mais Sivam, é Esca. E, Esca, eu temo que seja irresponsável.

Eu já tinha afastado a Esca do caso Sivam por causa disso. A Esca, numa relação, como diz o relatório, de promiscuidade com a Aeronáutica, o que é grave. Isso leva os senadores, naturalmente, a não querer votar. Preciso dizer que, no que se refere a mim, nesse caso prefiro retirar, mas é complicado, tenho que examinar os aspectos legais na questão do contrato com a Raytheon, a reação americana, não creio que isso seja decisivo, mas o contrato com a Raytheon sim.

Talvez valesse a pena executar a sugestão, que me foi dada antes, de criar uma comissão de alto nível para examinar rapidamente as consequências dessa nova denúncia.

Antônio Carlos estava declarando, mais de uma vez, que fará tudo que for possível para me salvaguardar, não sei o quê, atitude moderada. Aliás, o Marco Maciel disse que ele tivera uma atitude moderada também na reação ao Banco Central. Aproveitei, reuni agora na hora do almoço, aqui em Pequim, o Sardenberg, o general Cardoso, o Sérgio Amaral e o Lampreia. Contei a situação, todos percebem que ela é difícil. O próprio general Cardoso disse que vai falar com o ministro da Aeronáutica, ele quer naturalmente salvar o Sivam, como eu, mas não pode ser a qualquer preço. E todos estranham, sobretudo o Sardenberg, que está mais próximo da questão, o fato de a Aeronáutica não se defender com mais clareza de todas essas acusações. É grave.

Outro dado que apareceu na conversa foi que o Gandra teria dito ao brigadeiro Sócrates [Monteiro] que estava chocado por eu ter aceitado a sua demissão. Ora, aceitei porque ele disse, em termos muito claros, que não queria ficar. A mulher dele deu declarações desagradáveis, dizendo que o Gandra não entende nada, é só piloto, não entende de Sivam. Ele estava chocado, dando a impressão de que eu o demiti, e isso acabará criando, na Aeronáutica, algum ressentimento.

Na verdade, aceitei a demissão — como está registrado no momento adequado — aconselhado pelo Cardoso porque, no sábado, portanto antes de eu recebê-lo, ele já estava desesperado para se demitir. No domingo eu disse que ele tinha que pensar sobre as consequências disso para a sua carreira, e Gandra disse que estava desgastado, que não podia olhar para a cara de um subordinado, que isso nas Forças Armadas é assim, tinham lançado uma dúvida. Estava muito fora de si, deve ter contado em casa outra história, que eu é que o demiti. Enfim, mais um probleminha.

HOJE É SÁBADO, DIA 16 DE DEZEMBRO. Estou em Xangai. Quero ver se me reporto ao que aconteceu nos dias anteriores, depois daquele encontro no almoço que já relatei com o Lampreia e os demais para discutir a questão do Sivam. À noite recebi um telefonema do Marco Maciel, e também me ligou o Sérgio Motta.

O Marco, como sempre dando conta do que estava ocorrendo lá, explicando que eles estavam avançando na negociação para acabar com a sessão do Congresso já no dia 15, iam avançar nas votações e, para esfriar um pouco as coisas, poderíamos retomar no dia 8 de janeiro. Concordei.

O Sérgio Motta me contou uma história complicada, estivera com Luís Eduardo, que estava muito aflito, no Piantella,* para acalmá-lo. No meio, também havia

---

* Restaurante em Brasília, muito frequentado por políticos.

a questão de que ele tinha dito a mim e ao senador do PFL de Santa Catarina* que concordava com a designação do Amílcar Gazaniga, que é um candidato de dois senadores do PFL e do PPR, para a presidência dos Correios. Mas acontece que isso não foi avisado ao PFL, ou seja, ao Bornhausen, que estava no Piantella e parece que foi o último a saber, enfim, grande confusão. A Dora Kramer fez uma longa história na sua coluna, dando conta do enorme desagrado criado entre todos do PFL. Sérgio me disse que o Luís Eduardo estava mesmo aborrecido. Eu disse: "Pode ser que esteja aborrecido, mas eu estou fazendo as coisas corretamente".

Depois conversei com o senador Antônio Carlos, com o Sérgio Machado e com o Élcio Álvares. Eles me telefonaram, juntos, para falar da questão do Sivam. Combinaram comigo que falariam com o Lôbo para mostrar as dificuldades. Eu lhes disse que esperassem a minha volta para decidirmos em conjunto o que fazer com o Sivam e que, se fosse irremediável, teríamos que cancelar, mas voltei ao assunto: "É preciso ter um argumento para cancelar, isso eu disse à imprensa aqui também". Isso foi naquele mesmo dia, portanto quinta-feira.

Ontem, sexta, fui a Xian, a cidade onde estão os soldados de terracota dos imperadores mais antigos da China, visitamos um museu extraordinário, almoço com o governador, enfim, aquela coisa normal de presidente de República visitando uma província do interior da China, todos muito entusiasmados. Na volta, ao chegar aqui em Xangai, houve dois telefonemas.

Um do Marco Maciel, que me deu conta de que as coisas pareciam estar melhores. Estivera com Antônio Carlos, que estava muito exaltado porque o Loyola dissera que o Banco Central teria feito uma representação junto à Procuradoria contra ele. No fim, parece que se acalmou. Eu disse: "Vou falar com Clóvis".

Creio que telefonei para o Clóvis, mas estou um pouco confuso, acho que foi antes de vir para Xangai. Era de manhã cedo em Pequim, Marco Maciel e Clóvis. Depois conversei de novo com o Marco aqui em Xangai.

Falei com Clóvis, que disse que era isso mesmo. Ele já tinha chamado Gustavo Loyola, que insistia que o conjunto da direção do Banco queria uma reparação, que já tinham entregado a representação ao Brindeiro. Eu disse ao Clóvis: "Olha, vai lá com ele de novo". Marco também achava que devia falar de novo com eles para segurar. Eu disse: "Olha, se eles insistirem nisso, demite todos, porque não tem cabimento, ninguém me falou, Malan não me telefonou, Loyola não me telefonou, eles estão criando uma dificuldade insuperável com Antônio Carlos".

Ontem à noite, quando cheguei aqui em Xangai, falei com Marco Maciel, que me deu conta de tudo isso. Falei de novo com Clóvis, que me disse que estava achando que ia superar essa dificuldade.

Esta manhã Marco me disse que a dificuldade fora superada e que alguém do Banco Central ia retirar a tal representação, sem que ninguém soubesse, a impren-

---

*Vilson Kleinubing.

sa não soube ainda. Mas Marco também me disse que a *IstoÉ* publicou uma matéria escandalosa, o conteúdo da Pasta Rosa, e que o Antônio Carlos estava subindo a serra. Maciel, que ontem me dissera que eu podia telefonar hoje cedo para Luís Eduardo, estava preocupado. Falou com ele depois de ter falado comigo e parece que, pela primeira vez, o Luís Eduardo estava falando em romper mesmo, se afastar do governo. Falei longamente com o Marco e resolvi ligar para o Luís.

Fiz isso hoje cedo. Disse: "Olha, Luís, não adianta, nós estamos no mesmo barco, como eu tenho insistido sempre. Agora, o que você quer que eu faça? Eu demito o pessoal do Banco Central? E as negociações dos bancos, como é que vão para a frente? Tenho que pensar no Brasil, não é assim tão simples, temos que ganhar tempo. É claro que algo ou alguém é responsável, quem? O interventor ou o diretor que ficou com a responsabilidade pela pasta. Se não apresentarem outros culpados, são eles os culpados. Eu ainda não estou convencido disso. Acho que pode ter havido vazamentos pelo outro lado, até pelo próprio Ângelo, e não pelo Banco Central. A Ana hoje disse qualquer coisa que me dava a entender que ela talvez tenha pista para isso, mas não quis dizer qual porque estava diante de outras pessoas".

Acho que o Luís Eduardo entendeu, dei uma declaração à imprensa, aqui em Xangai, nessa direção, dizendo que íamos apurar e que o caso deles é no fundo um caso hipócrita, porque todo mundo sabe que em 90 todo mundo recebeu, a diferença de 90 para 94 é que, em 94, nós recebemos e declaramos, e em 90 não tinha a lei [que regula as doações]. Essa é a diferença, mas não há nenhum escândalo moral no material a não ser essa moral arranhada da prática política brasileira.

Também falei hoje com Marco Maciel para dizer que as coisas estavam mais calmas, ele também achou que era assim, depois falei com Sérgio Motta, que me fez um longo relatório. Sérgio não sabe dessa última parte nem da questão de que o Banco Central movera contra o Antônio Carlos uma ação que nós seguramos. Sérgio contou tudo, que a crise é superficial, mas que tenho que falar novamente com algumas pessoas do Senado. Voltou a dizer que foi obrigado a atacar o Palácio, enfim, aquelas coisas de sempre que eles fazem e que acabam dando confusão.

HOJE É DIA 18 DE DEZEMBRO. Estou em Kuala Lumpur, quero completar a informação que dei na última vez que gravei.

Foi quinta-feira [14 de dezembro] ou depois do dia em que viajamos para Macau, que não está registrado. O Marco Maciel falou comigo de manhã cedo, o Clóvis também. Ambos tinham para dizer, primeiro, que as declarações do Malan que saíram no *Globo* haviam acalmado a ira do PFL, e que o telefonema que dei para o Luís Eduardo teve o mesmo efeito, porque ele se sentiu mais seguro e porque eu disse claramente que não tinha sentido ficar pensando que essas manobras pudessem ter sido feitas com o intuito de prejudicá-los. As coisas parece que se acalmaram. Parece.

Não sei bem que dia da semana é hoje, deve ser terça-feira.* Ontem passamos o dia aqui na capital, fui recebido pelo rei** de manhã. Depois tive uma longa conversa com o primeiro-ministro, Mahathir [Mohamad], que é uma pessoa interessante, ficamos sozinhos uns quarenta ou cinquenta minutos, discutindo as questões gerais de como o Brasil e a Malásia podem se unir e também as suas posições, que são absolutamente de fortalecimento das relações Sul-Sul. Ele tem noção das coisas, eles estão crescendo a 8% ao ano, o regime é democrático mas com uma lei de segurança dura e um reinado rotativo. O rei, com quem jantamos esta noite, é um homem simples, a rainha*** também, digo simples de cabeça, sem nada de especial, gosta de jogar golfe, quem controla a situação é o primeiro-ministro.

Não vou descrever o que acontece na Malásia, que já é conhecido. Crescimento impressionante, a cidade [Kuala Lumpur] totalmente renovada, eles têm horror a tudo que era mais antigo, e, na base, muito comércio. O que o primeiro-ministro quer mesmo é que o Brasil faça o seu comércio com o Sul da Ásia através da Malásia, como se fosse um grande entreposto. Os brasileiros estão querendo a construção de uma grande hidrelétrica aqui, uma hidrelétrica fantástica, Bakun ou coisa assim, que eles vão fazer, e aí estão as empresas do Brasil, sobretudo a CBPO.****

Mencionei tudo isso publicamente na reunião coletiva que tivemos com o governo e no discurso que fiz hoje à noite num banquete que o rei ofereceu a mim e à Ruth, onde também estava o primeiro-ministro. Foi positivo, no sentido de que efetivamente há muitos campos de cooperação, na parte não só de comércio, mas de vendas de certos materiais, insumos básicos, além dos equipamentos para essa futura empresa hidrelétrica que vão fazer, não sei se vamos ganhar isso ou não.

Com relação ao Brasil, ontem, na casa do nosso embaixador, Sérgio Telles, conversei com toda a imprensa brasileira e fiz algumas alegações de que não é difícil chegar a quem passou adiante a informação da Pasta Rosa. Resultado: no Brasil já disseram que tenho dois suspeitos, que seriam o Mauch e o interventor. De fato, eu disse que eles são responsáveis, juntamente com o presidente da comissão de sindicância e com o Ângelo.

Hoje, até dizem que eu teria dito aqui que ia prender o Ângelo, nada disso, tudo mentira, também fizeram bastante intriga sobre o que a Ruth disse, que não tinha a ver com o que publicaram com muita malícia.***** Mas isso são as coisas do Brasil.

---

*Era segunda-feira.
**Tuanku Jaafar.
***Tuanku Najinah.
****Companhia Brasileira de Projetos e Obras, empreiteira fundada pelo engenheiro Oscar Americano e incorporada pelo Grupo Odebrecht nos anos 1980.
*****Numa recepção na embaixada brasileira em Kuala Lumpur, a primeira-dama teria comentado com amigas que o caso da Pasta Rosa envolvia não apenas sonegação fiscal, mas também caixa dois eleitoral, e que, portanto, o governo não deveria se limitar à investigação do vazamento dos documentos.

DEZEMBRO 1995 355

Recebi agora à noite um telefonema do Sarney dando conta de que aprovaram tudo no Congresso, Marco Maciel já me havia informado, tudo que ele queria foi aprovado e parece que, nesse ângulo, as coisas estão mais calmas.
Amanhã vamos para Abu Dhabi e para a Espanha.

HOJE É TERÇA-FEIRA, DIA 19 DE DEZEMBRO, são duas horas da tarde aqui em Kuala Lumpur.
Primeiro, a questão do Sarney. Hoje me perguntaram na televisão se ele tinha criticado o Programa da Comunidade Solidária. Respondi que não era bem assim, que ele fez críticas leves. Também não disse que Sarney era carola. Disse que ele governou com tanta dificuldade que todo dia tinha que rezar. Fofoquinhas, mais nada.
Também hoje o brigadeiro Lôbo falou comigo, pela manhã. Contou que recebeu um documento confirmando o que Antônio Carlos dissera ontem à noite. Pelo que me disse o Paulo Henrique Amorim, que veio aqui quase à meia-noite, o Antônio Carlos teria alegado, no *Jornal Nacional*, estar de posse de um documento que mostrava a ligação da Raytheon com a Esca anterior à escolha desta última. O brigadeiro Lôbo me telefonou aflito, aflito não, mas, enfim, ponderando que estava respondendo os quesitos do Tribunal de Contas da União. Segundo ele, quase todos podem ser respondidos, embora haja alguns problemas administrativos. Parece que realmente existe uma relação muito complicada de promiscuidade, como disse o Tribunal de Contas, entre a Esca e a Aeronáutica. O brigadeiro disse que, quando viu a fala do Antônio Carlos, foi verificar, isso (a relação entre a Esca e a Aeronáutica) ele não sabia, e viu que existia mesmo um contrato, na verdade não é um contrato, é uma carta de intenções entre a Esca, a Líder e a Raytheon, que teria sido feita em fevereiro de 1993, mas eles têm também um distrato de setembro de 1993, tudo isso, portanto, anterior à escolha da Raytheon. Não tenho muita certeza sobre essas datas, se é 93 ou 94.* De qualquer maneira, segundo ele, é anterior.
O brigadeiro Lôbo acha que isso explica. Eu acho que explicar, explica, mas as dúvidas vão aumentando, porque isso mostra a Esca tentando pegar a Raytheon antes da escolha, provavelmente a Esca fez isso com todas as empresas concorrentes. A Esca é insustentável e, se forem muito a fundo, ficará claro que há uma relação de promiscuidade entre a Esca e a Aeronáutica, o que leva a uma crise de Estado. É grave, eu não queria entrar por esse caminho porque vai perturbar a tranquilidade nacional e não resolve muito. Mas, se for necessário, entraremos.
Expus tudo isso ao general Cardoso, ao Sardenberg, que não tinha ideia de nada, ele é secretário de Assuntos Estratégicos e a Aeronáutica nunca lhe disse nada disso,

---

*A Esca e a Raytheon assinaram uma carta de intenções para realizar projetos em comum no Brasil em julho de 1992. Em fevereiro de 1993, a Esca rescindiu a carta a pedido do governo brasileiro. O contrato com a Raytheon foi assinado no final de maio de 1995.

negou que houvesse algum documento, inclusive da Raytheon com a Esca, estamos vendo agora que tem. O brigadeiro me disse que o vice-presidente da Raytheon* está no Brasil e o embaixador americano** quer que eles conversem. O Lôbo está fugindo da conversa. Me perguntou se podia distribuir esse documento de "distrato" pelo Palácio, eu disse que não. Não somos nós que devemos distribuir, a Aeronáutica tem que botar a cara.

Sugeri-lhe que chamasse o Antônio Carlos dizendo que queria mostrar o tal documento, e também o Élcio Álvares, que é o líder do governo e poderia se encarregar de difundir. Mas vejo que as coisas continuam se complicando.

Hoje, na entrevista que dei aqui, houve muita discussão ao redor do mesmo tema, quer dizer, eu fico dando explicações de coisas sobre as quais não deveria dar explicação alguma.

Outra informação que quero deixar registrada. Segundo a Ana, que deve ter ouvido dos jornalistas, o que saiu na *Veja* veio pela Procuradoria-Geral da República. Ministério Público. Quer dizer, uma pasta que estava na mão do Brindeiro.

Vê-se que o aparelho do Estado está minado por todos os lados. É uma espécie de quinta-coluna permanente. Não há mais reserva de nada. Isso não é o governo, não. O Estado é que está assim. Como é que a gente reconstrói esse Estado tão apodrecido? Esta é a grande questão. Estou tentando mudar o tema, mostrar onde estão os grandes problemas do Brasil, mas esses pequenos problemas acabam fazendo a política pegar fogo: um incêndio hoje, outro amanhã, minando nossas possibilidades de uma maneira realmente desesperadora.

Não são os grandes problemas, não é na condução geral das coisas, são essas pequenas coisas que estão torturando todo mundo. É algo desagradável, um país que olha o tempo todo para o chão quando deve olhar para os horizontes. Acho que o povo cansa. Tenho dito isso na televisão, o que se chama de política no Brasil é um desfilar permanente de pequenas e grandes infâmias.

Muita pressão pela imprensa de que o governo vai mudar, eu já disse que não, quem decide sobre isso sou eu, a ideia de que eu teria dito qualquer coisa que deixaria o Mauch mal, já expliquei que não é bem assim, mas ficam o tempo todo catando milho, é uma coisa desesperadora, a falta de atitude, a falta de compostura na política brasileira.

É claro que isso tudo tem explicação, sei que existe a tensão entre o Congresso e o Executivo, a descoordenação que é real também no Executivo pelas razões que já registrei aqui em vários momentos, e que terei realmente que mudar, inclusive mudar o governo, mas não posso dizer isso fora de hora.

O Lôbo disse que vai me esperar no aeroporto. Veja que no Brasil, quando eu chegar, vamos ter muita confusão.

* James Carter.
** Melvin Levitsky.

Terminamos a visita aqui à Malásia, um almoço enorme, umas duzentas pessoas, empresários daqui, ministros, aquela coisa toda, ontem o jantar com o rei, tudo muito bem, almoço com programas concretos. Falei de estilo *businesslike*, os empresários naturalmente gostaram, mas também estou cansado de ser só eu a fazer essa vendagem do Brasil no exterior. Faço por dever de ofício, e não porque tenha algum interesse ou mesmo vocação para isso. Precisamos colocar o país num outro patamar, e isso passa por aí.

Agora vamos pegar um avião para Abu Dhabi, o embaixador Cyro [Cardoso] deve estar me esperando lá, talvez com o emir,* não sei, tomara que o emir não esteja, depois vamos para a Espanha e chegamos ao Brasil no dia seguinte.

HOJE É SÁBADO, dia 23 de dezembro, é uma hora da tarde.

Vamos retomar o fio da meada. Chegamos a Abu Dhabi e lá estava o Cyro do Espírito Santo Cardoso, meu primo, embaixador, não estava o emir mas estava o ministro do Exterior, um xeque qualquer. Resultado: fiquei uma hora e meia conversando com os dois em inglês, mais com o ministro do que com Cyro, enquanto os outros iam a um shopping center que faz as vezes de *free market* do aeroporto, conversa sobre o Brasil, sobre os Emirados, o que fazer, comércio, não sei o quê, passou o tempo, voltamos para o avião.

Fizemos uma viagem cansativa dali a Madri. Nada de especial durante o voo, todo mundo bastante eufórico com o que aconteceu na Malásia e na China, nós lendo um pouco os jornais. As declarações, tais como elas saem no Brasil, são muito diferentes do clima, do contexto e mesmo das palavras que foram ditas. Mas até aquela altura eu não sabia que a distorção era tão grande.

Chegamos a Madri de madrugada, obviamente nos esperavam os representantes do cerimonial do rei, do primeiro-ministro, mais os nossos, a nossa embaixada inteira, seguimos para o Hotel Ritz, leva muito tempo, descubro que não tenho camisa branca, achei que tinha que comprar no dia seguinte, fomos deitar, cansados, não se sabe se dorme ou não, vimos uma fita da Greta Garbo, *Ninotchka*, muito bonita, dormi muito pouco.

Chegamos de madrugada no dia em que iríamos conversar com o Felipe [González] e o rei. Quando estou saindo, tem o Expedito da *Veja* que quer falar comigo. Eu não queria, mas, enfim, Ana insistiu, falei, e qual era o fundamento de toda essa crítica? Não há fundamento nenhum, é um artigo do [Jorge Bastos] Moreno, naturalmente inspirado pelo Luís Eduardo, estão sempre juntos, Heráclito Fortes, aquela coisa normal dos bares de Brasília. O Moreno fez uma grande intrigalhada, e cada um começa a desempenhar o papel cujo script fora proposto numa reportagem

---

*Zayed bin Sultan Al Nuhayyan, emir de Abu Dhabi e líder máximo dos Emirados Árabes Unidos.

do *Globo* uma semana antes.* Como eu já dissera ao Rodolfo Fernandes, que é do *Globo* e estava conosco lá na Ásia, um rapaz direito que entende as coisas.

Mas, quando desço, parece que havia uma nova crise. É que o embaixador americano teria dito que haveria uma crise entre o Brasil e os Estados Unidos se não fosse mantido o contrato da Raytheon. Vem toda a imprensa para cima de mim. Eu digo: "Não posso fazer declaração, porque não li nada, não sei o que o embaixador terá dito a respeito dessa matéria". Não tenho certeza se foi nesse momento, eu certamente disse que não declararia nada. Mais adiante, foi o Tonico Ferreira, do SBT, na saída, todos eles, Paulo Henrique Amorim também, e me perguntam outra vez para gravar na televisão, eu repito isso, me referindo não ao embaixador, mas em geral. Digo: "É uma precipitação estarmos discutindo agora o contrato da Raytheon porque nós não tomamos nenhuma decisão, nem o governo, nem o Senado".

Ao chegar ao Brasil no outro dia, vejo no *Jornal do Brasil*, em manchete, que "Fernando Henrique diz que o [Melvin] Levitsky foi precipitado ao discutir o contrato". Não foi o que eu disse. Nem foi no mesmo momento. Em relação ao Levitsky, cujo nome não pronunciei, disse: "Olha, eu não li, não sei [o que o embaixador possa ter declarado]".

Não sei se foi nessa altura ou na Ásia que eu teria dito o seguinte: "Olha, é preciso dar tempo, é preciso julgar as coisas, nós estamos numa democracia, precisa haver o devido processo legal, parece que vocês têm saudade do arbítrio da ditadura, eu fui criado lutando contra a ditadura". Isso apareceu no Brasil como se fosse uma referência ao Luís Eduardo, o que não foi. Foi uma referência à tentativa de tomar decisões precipitadas sem que as partes sejam ouvidas, no fundo é uma defesa entranhada, como sempre faço, dos procedimentos de defesa de cada um, de respeito, mesmo com aqueles que tenham errado. Tenho que respeitar a condição humana deles e é preciso também ver as condições legais. Bom, não estou sabendo que isto teria tido outra interpretação no Brasil.

De lá, me desloco para a embaixada para falar com Aznar, que é o candidato a concorrer com Felipe González.

---

*Em meados de dezembro, Luís Eduardo Magalhães fizera circular a notícia de que romperia com o governo por causa da repercussão negativa para o PFL e para a Bahia do caso da Pasta Rosa — no que seria secundado por outros caciques do partido, como Heráclito Fortes e Jorge Bornhausen. A colunista Dora Kramer, do *Jornal do Brasil*, noticiou que foi necessária a intervenção de Sérgio Motta e José Serra junto ao presidente da Câmara, numa dramática reunião ocorrida no restaurante Piantella na noite de 12 de dezembro, para convencê-lo a conservar a aliança com o PSDB.

23 A 31 DE DEZEMBRO DE 1995

Desentendimentos com Luís Eduardo Magalhães. O ano termina. Natal em família

Dia 23 de dezembro, continuação da visita à Espanha. Falava sobre o Aznar, que me parece uma figura muito contida e muito produzida. Ele está bastante convencido de que ganhará as eleições, é desafiador, dizendo que ainda bem que o Felipe González tinha anunciado, na véspera, que seria ele o candidato, e ele, Aznar, já dizendo que depois de março as relações com o Brasil melhorariam muito, porque ele seria o primeiro-ministro. Muito bem, vamos esperar para ver.

Na saída recebi o texto da declaração do embaixador Levitsky sobre a questão da Raytheon. Li e disse que não achei nada de mais, porque ele declarou apenas o que tenho dito sempre, ou seja, que, sem um motivo razoável, grave, o governo dos Estados Unidos ficaria surpreso se houvesse ruptura. Melhor teria sido que ele não tivesse dito nada, mas o que disse não chega a construir nenhum agravo, só uma inconveniência, digamos assim. Também foi essa a sensação do chanceler Luiz Felipe Lampreia, do Carlos Garcia, enfim, de todos que lá estavam e do próprio embaixador.

Dali nos dirigimos ao Palácio de La Moncloa para encontrar o Felipe González. Chegamos ao Palácio, como sempre jornalistas em quantidade, fotógrafos, Felipe bem-disposto, nos reunimos na sala que eles chamam "Tàpies", por ter muitos quadros do [Antoni] Tàpies, e onde tem uns bonsais feitos pelo próprio Felipe. Foi uma conversa em que mais falei do que ouvi. Contei as coisas da China, da Malásia, do Brasil, e o Felipe muito contente, eu disse que nós também, pelo fato de que foi na presidência espanhola, com ajuda ainda do [Manuel] Marín, que é o alto comissário da Espanha, que na reunião europeia nós conseguimos realizar esse importante tratado.* Sobre as eleições, falei com ele sozinho quando fomos andando para dar uma entrevista coletiva, após a assinatura do acordo com a União Europeia, que o Luiz Felipe Lampreia assinou, nós assistimos, foi mais uma foto do que propriamente um ato, só faltava essa assinatura. Caminhamos uns duzentos metros, ele foi me mostrando os bonsais. Está confiante, acha que ganha as eleições. Falamos a respeito de Aznar, conhece-o muito bem e eu não, mas também acha que ele não é uma pessoa brilhante na televisão.

* Acordo entre o Mercosul e a União Europeia para a criação de um bloco econômico comum em 2005. Todos os chanceleres do bloco sul-americano já haviam assinado o documento. Felipe González exercia a presidência rotativa da UE, integrada na época por quinze países.

Demos a entrevista, Felipe González e eu, ele é muito bom, responde direto, com agilidade, tanto os jornalistas espanhóis quanto os brasileiros, no fundo, perguntavam coisas semelhantes. Dessa vez até que perguntaram sobre o que fizemos, o tratado, como sempre com aquele ceticismo planejado da imprensa, que invariavelmente coloca um obstáculo intransponível, e nós aqui somos saltadores hábeis, então saltamos os obstáculos. Por exemplo, o Tonico Ferreira quis saber se treze anos de poder* não era muito para ter mais ainda e o que eu achava, por outro lado, de reeleição. É claro que o Felipe disse: "Quem não quer estar no poder é porque não está. Eles acham sempre que é muito. Mas quem está não acha". Eu, de minha parte, respondi: "Não vou nem falar, porque a Constituição não permite mais que uma eleição, só quero que me deixem cumprir em paz os meus quatro anos". Todos riram das nossas respostas.

Felipe também respondeu com muita maestria sobre o momento de fazer a eleição na Espanha. Ele fez comentário semelhante ao meu: um dos limites da possibilidade de a democracia funcionar é a falta de critério na veiculação de notícias. O Felipe foi bombardeado o ano todo com notícias a respeito até mesmo de corrupção no seu governo, mas me parece que ele passou incólume a tudo isso e continua tendo uma boa chance de disputar com Aznar.

Acho que foi um encontro de amigos.

De lá fomos, eu e Ruth, encontrar o rei Juan Carlos, a rainha Sofia e o filho deles, Felipe, o príncipe das Astúrias. Só nós. Aí foi agradabilíssimo. Uma reunião *cozy*, muito simpática mesmo, a rainha muito agradável, o rei também, passamos em revista tudo, em especial a coisa espanhola. O rei tem outra impressão, acha que o Aznar ganha as eleições, mas que o Felipe presta um grande serviço à Espanha disputando, porque então ele vai chefiar a oposição e dará governabilidade ao país. Não creio que o rei torça por isso, talvez até torcesse, porque me disse que treze anos de governo é muito tempo, há um desgaste, mas ele gosta imensamente do Felipe.

Conversamos sobre o Menem, a rainha fez uma porção de observações simpáticas e ao mesmo tempo ferinas a respeito do jeitão dele. Ela conhece tudo, Sarney, Itamar, sabe de detalhes, mas com uma visão muito objetiva das coisas. Entre nós ali, o rei disse muitas vezes, a rainha também, que agora finalmente o Brasil está em boas mãos, elogiou a Ruth, elogiou a mim, parecíamos grandes velhos amigos.

Com o rei, tenho uma certa relação já de algum tempo, inclusive, como se diz, nós nos tuteamos — ele me chama de "tu" e eu também o chamo de "tu". Aliás, na Espanha isso está ficando muito comum. O príncipe das Astúrias, mais recatado, disse que leu um livro meu sobre a dependência porque estudou com Marcelo Cavarozzi** na Georgetown University. Brincamos muito sobre essas questões e tivemos um almoço simples mas bastante simpático. Eles todos muito alegres com o

---

* Na ocasião, o presidente do governo espanhol completava treze anos no poder.
** Sociólogo e professor argentino.

fato de o Brasil ter entrado num caminho que acham saudável. Voltei a brincar com ele que muitos anos antes eu havia tido a ideia de fazer a união das duas Coroas, ele seria rei de Portugal e da Espanha desde que me nomeasse primeiro-ministro, como fez com Felipe. Todos riram muito. Daí fomos para o aeroporto.

Antes de pegar o avião para o Brasil, falei no telefone com Ana Tavares, pedindo as fitas e os vídeos sobre o que eu disse no exterior para cotejar depois com o que disse aqui a imprensa, que exagerou. Ainda antes disso, telefonou o Roberto Irineu Marinho para me desejar feliz ano e tal, e também para dizer que é uma loucura que conversas irresponsáveis à noite virem primeira página.

Voltando ao tema. No avião, foi muito agradável, joguei um pôquer com o filho do Bornhausen, o Paulo, que é um rapaz simpático, estavam os deputados todos, o [Sandro] Mabel,* o [Saulo] Queiroz,** o deputado Júlio [Redecker],*** lá do Rio Grande do Sul, todos muito contentes porque assistiram às coisas na Espanha, também o senador Lúdio Coelho. Eles viram, sabem do meu empenho em fazer o Brasil ter uma cara mais correta lá fora.

Conversei com o general Cardoso, homem que cresce sempre no meu conceito. Ponderado, me mostrou que era preciso tomar cuidado no caso do Sivam por causa da Força Aérea, não a deixar se sentir desamparada mas, ao mesmo tempo, levar em conta a opinião que parece ser do general Zenildo, depois confirmei: que eu não deveria me queimar muito nessa questão, deveria deixar um pouco por conta do Senado. Não sei.

Chegamos em casa de madrugada, na quinta-feira, dia 21. Muitos já estavam me esperando, o general Leonel, o brigadeiro Lôbo, o Sérgio Motta, o Serra, o Paulo Renato, o Clóvis, o Eduardo. Tive uma conversa um pouco desagradável, porque inconveniente naquele local, eu acabando de chegar.

O Serjão me disse que tivera um trabalho imenso para conter o Luís Eduardo. "Mas conter do quê?", perguntei. "Eu é que devia estar aborrecido com o que ele disse e não fiquei, desconte." Comecei então a saber das versões que apareceram no Brasil. De que eu teria chamado Luís Eduardo de filhote da ditadura, foi a primeira versão, depois ele recebeu o texto integral pela Agência Estado, viu que não era assim, apesar disso estava irritado, magoado, e o Serjão muito dono da bola.

Eu disse: "Olha aqui, eu já estou cansado de tudo isso. Quem tem que estar irritado sou eu, e mais, estou cansado de fofoca. Vejo nos jornais ministérios novos

---

* PMDB-GO.
** PFL-MS.
*** PPB-RS.

e olha, Sérgio, me disseram que você está dando essas informações à imprensa". Ele disse que não, ficou muito desesperado. No fundo, é leal, amigo, tudo isso é verdade. Disse que, se eu achasse melhor todo mundo sair do governo, que ele podia sair. Eu disse: "Sérgio, eu não sei o que vou fazer, não quero levar para esse extremo, mas estou muito irritado com essas fofocas e esses bombardeios ao Palácio do Planalto", coisa que esmiucei nos momentos seguintes com ele e com outros.

O Clóvis, ao nos retirarmos, disse: "Você fez bem, porque continua o bombardeio, o Serjão continua dizendo, eu disse ao Sérgio que tinha sabido no exterior, e tinha mesmo, que ele tinha plantado coisas sobre o ministério. Ele ficou indignado, disse que está com a boca calada, disse, não sei, Sérgio, vamos ver isso".

De fato, fiquei muito irritado até com isso de que, mal eu chego, vem todo mundo para continuar um clima um pouco excitado demais.

Pedi ao brigadeiro Lôbo que viesse naquela mesma madrugada ao Palácio da Alvorada. Ele veio com Sardenberg e Eduardo Jorge. Este último me entregou uma carta que o Levitsky mandou sobre a Raytheon dizendo que a carta de intenções que o Antônio Carlos brandiu na televisão, parece que compungido, como se fosse um documento da maior gravidade, era de julho de 92, e tinha sido desfeita em fevereiro de 93 a instâncias da própria Aeronáutica. Era uma carta banal de intenções de eventualmente se consorciar, claro que a Aeronáutica queria que a Esca estivesse no projeto e queria que estivesse com aqueles que viessem a ganhar, mas isso não comprovava nenhuma manobra maior.

O Lôbo explicou que ele não conhecia o relatório do TCU, que por isso não se defendeu na hora, e que eles estavam fazendo um levantamento minucioso, que havia outro equívoco administrativo, mas que, na essência, as coisas eram corretas. Eu lhe disse que achava que eles tinham que responder item por item às questões do TCU e que, se não houvesse nada que comprometesse o projeto, eu estaria disposto a continuar apoiando, mas teria que falar com os senadores para convencê-los de que a situação não estava fácil. Eles foram embora e, na saída, Eduardo Jorge me disse que queria falar comigo, que a situação continuava complicada, aí ele se referia naturalmente às fofocas.

Eduardo estava muito magoado, muito sem condição de trabalho, eu havia tido uma conversa com ele, a qual imagino já tenha registrado, em que ele mostrava que era impossível, que estava sendo esvaziado pelas declarações sucessivas do Sérgio Motta, que acha que o Eduardo está entrando na política. Eduardo está fazendo o que eu mando. Pode ser que tenha exagerado também, num ou noutro ponto, mas é fato que ele é corretíssimo. Estava bastante abalado. Eu digo: "Vamos conversar".

No dia seguinte acordo cedo, dormi umas quatro horas no máximo, se tanto, leio o jornal e vejo, no *Jornal do Brasil*, Antônio Carlos dizendo que eu devia ter tomado bebida estragada na Malásia e outras coisas desse teor, assim um pouco soberbo, ao seu estilo. Me irritei muito, não via razão para tudo isso. Liguei imediatamente para o Marco Maciel, que estava no aeroporto, foi quem primeiro me deu declarações e, como sempre, cooperativo, sensato, não agravou a crise comigo, mas mostrou que havia alguns problemas sobre os quais queria conversar no outro dia. Maciel sabe, pois conversei com ele por telefone, da minha disposição, das minhas declarações, e sabe que há muita distorção pela imprensa. Mesmo assim, peguei o telefone e desabafei com ele.

Disse: "Olha, Marco, assim não dá, se quiser romper, que rompa o Antônio Carlos, quem seja, o PFL, mas não é possível, não posso ser desconsiderado. O Luís Eduardo tomou um porre, falou coisas que não devia, me atacou dizendo que eu não tinha autoridade, isso não tem cabimento, ainda assim reagi de maneira branda, descontando a situação de ter sido numa festa alegre, mas agora vem Antônio Carlos dizer que eu é que tomei vinho estragado quando ele sabe que o filho tomou um porre".

Também disse ao Marco Maciel que essa promiscuidade com a imprensa continuava muito ruim e que isso estava gerando crises inexistentes. Que eu queria ter uma conversa clara com ele, Marco, e com o Jorge Bornhausen. "Ou põe um ponto final nisso ou rompe." Muito bem.

Horas depois, eu ainda muito irritado, liga o Marco Maciel, diz que o Luís Eduardo estava em Brasília e pergunta se eu podia recebê-lo. Eu disse que a qualquer momento, qual seria a hora melhor e tal, "eu tenho um almoço", que era com o Eduardo Jorge e com o Clóvis para me inteirar da situação, "mas eu falo com ele". Marcamos então para as duas horas, antes eu já tinha marcado com o general Zenildo para que viesse aqui às duas, assim como com o Leonel, com quem marquei à tarde e com o Mauro [César] da Marinha, com quem marquei às sete, no Alvorada. "Mesmo assim", disse, "eu mudo o Zenildo, eu quero conversar com Luís Eduardo."

Falei por telefone com o Paulo Renato, que também teve uma altercação com o Sérgio Motta, porque achou que ele estava no aeroporto fazendo um pouco de chantagem ao dizer: "Bom, então eu me demito". "Se o Sérgio quer se demitir, que se demita, ora, não me abala maiormente."

Depois falei com o Sérgio Motta, que queria ter uma conversa pessoal comigo, conversou, discutiu algumas coisas, disse que telefonou para o Luís Eduardo — e isso é verdade — para acalmá-lo, teve um papel importante nessa matéria. O Sérgio faz tudo querendo ajudar, e ajuda muito, mas de repente entra um pouco pesado, como ele mesmo disse numa outra conversa, é muito espaçoso e entra espaçosamente nas questões. O que produz naturalmente arranhões na periferia de onde ele esteja.

Mas com Luís Eduardo teve uma atitude corretíssima, tanto com ele como comigo, esvaziou efetivamente a questão, e o fato é que, no almoço com Eduardo Jorge e Clóvis, eu expliquei o que tinha dito e o que não tinha dito, e disse com clareza que não pensava em mudar ninguém, em mudar ministério nenhum, que nesse momento seria simplesmente um sinal de fraqueza.

Aí chegou Luís Eduardo, muito abatido. Fomos à biblioteca e eu disse com franqueza: "Luís, eu não estou entendendo, porque eu gosto de você, só tenho feito te elogiar". Ele disse: "Eu também gosto muito do senhor. Mas eu quero lhe dizer que tenho uma mágoa". E eu: "Qual, Luís?". É que no aeroporto, na hora de ir embora, eu teria dado força ao Banco Central. Eu disse: "Luís, eu disse que seu pai, Antônio Carlos, tinha estado comigo com justa indignação e perguntou se confio nos diretores do Banco Central. Vou viajar para passar dez dias fora, você quer que eu diga que não confio nos diretores do Banco Central? Para piorar a crise no Brasil?". E ele: "Ah, mas parece que foi um sinal, porque eles continuaram nos atacando". Eu disse: "Luís, você sabe que quem deu esse material para a imprensa não foram os diretores". E ele: "Não, quem deu para o Elio Gaspari foi o interventor".

De manhã, antes de receber o Luís Eduardo, eu havia telefonado para o Gustavo Loyola para saber como estavam as coisas lá. O Gustavo me reafirmou que ninguém jamais tinha pensado em demissão coletiva. "Em relação à matéria da *IstoÉ*, quem teve acesso à pasta, em primeiro lugar, foi o Elio Gaspari, e tudo indica que a pasta lhe foi entregue pelo interventor, porque ele, Gaspari, fez uma descrição, num artigo dele, do local onde estava a pasta, e só quem estava lá era o interventor, portanto só ele sabia dos detalhes que o Elio Gaspari publicou."

Eu disse: "Então o interventor tem cópia desse material, o que já é uma coisa irregular. É isso mesmo. O que saiu depois nas revistas, com mais detalhes, foi a Procuradoria quem entregou, porque os procuradores — esse Álvaro não sei o quê,* que é primo do Tasso — passam tudo para a imprensa. Isso é o Estado que está corroído, não existe Estado. A crise nesse caso é de deslealdade para com o Estado brasileiro. Isso é na Polícia Federal, é na Receita, é na questão do Banco Central, é no Tribunal de Contas, é uma coisa vergonhosa. E eu estou mandando punir. No Banco Central já puniram dois, eu vou mandar fazer uma investigação na Receita sobre o caso Dallari, e o responsável vai ser também punido. O Tribunal de Contas não depende de mim, a Procuradoria também não. Mas é uma vergonha a falta de lealdade para com o Estado, não é nem o governo. Como eles desconfiam de que os governantes não vão levar a fundo a apuração das coisas, esse é o fundamento que dá para eles, moralmente, uma desculpa para que passem adiante para a imprensa".

O Luís então me reafirmou que também sabia que a responsabilidade não era do Banco Central, mas que deu a impressão, quando eu disse que apoiava o Banco, de que ele e o pai estavam querendo derrubar o Banco Central. Eles não querem isso, porque ficariam muito mal, mas deu a impressão disso, enfim, uma coisa meio vaga. Eu disse: "Olha, Luís, você sabe, isso são coisas que são feitas, você falou uma porção de coisas, naturalmente numa festa". E ele: "É, o senhor disse que foi uma festa alegre". E eu: "Eu disse, e disse até com uma ponta de inveja, mas

---

* Álvaro Ribeiro da Costa, subprocurador-geral da República.

sei como é isso, depois aquilo que você disse de uma maneira que não tem maior consequência vai para a imprensa como se fosse muito grave".

O problema é a promiscuidade que Brasília criou entre os políticos e a imprensa. Eu não me excluo disso, mas acho que está ficando muito grave. E tão grave, isso é observação à parte, que tudo que eu disse ao Luís, ele disse imediatamente ao Moreno, que já botou na imprensa, sem distorcer. Tudo foi para a imprensa, a conversa entre o presidente da Câmara e o presidente da República, o que mostra que realmente não há mais o recato necessário para levar as questões de Estado com certa discrição e com propriedade, com um comportamento adequado. O que está acontecendo é muito mais uma questão de comportamento do que uma coisa mais grave. Mas nos maiores episódios, vira e mexe, dá na falta de um comportamento, é falta de compostura.

Mas eu não quis agravar nada, disse a ele: "Olha, Luís, tem que botar um ponto final nisso porque, afinal, o que vocês querem? A mesma coisa que eu". Ou seja, tenho tido um comportamento claro, transparente, com relação ao PFL.

Sei que a imprensa está procurando chifre em cabeça de cavalo e criando coisas difíceis, sem uma noção do Brasil, das perspectivas, dos reais problemas, transformando a intriga no principal. Só que sempre foi assim, em Florença era a mesma coisa, na Grécia é a mesma coisa, na Espanha, nos Estados Unidos, a política é feita também de intriga, que tem um papel preponderante. Me lembro quando inventaram (quando fui candidato a prefeito de São Paulo em 1985) que eu ia distribuir maconha nas escolas, que fumava maconha, até escrevi um artigo posterior a isso sobre o papel da infâmia na política. É assim mesmo, sei que é, nós temos é que não deixar que a infâmia vá para a primeira página dos jornais o tempo todo.

Não disse isso tudo a ele. Disse uma parte, mas houve uma tranquilização. Reclamei que Antônio Carlos tinha dito que eu tomara bebida estragada, não tem cabimento isso. Olha, se eu quiser dizer aí que estamos vivendo uma peça de ópera-bufa e que o bufão é o Antônio Carlos, posso dizer, só que sou presidente da República, não vou dizer isso, porque cria uma confusão danada. E ele é um bufão. É um bom ator, vai com cara compungida para a televisão, sabe levar o jogo, está fazendo uma cortina de fumaça imensa para desviar da Pasta Rosa, das questões que podem eventualmente complicar sua situação na Bahia. Acho que ele não tem mesmo nenhum envolvimento maior com o Econômico, nem que tenha alguma corrupção, não, mas, como vestiu a farda de Catão, fica ruim aparecer isso.

Ao mesmo tempo que o Luís Eduardo é duro, comanda bem a Câmara, ele tem momentos de fraqueza, não deve ser fácil ser filho do Antônio Carlos. Enfim, esse assunto com Luís Eduardo foi se encerrando por aí, combinamos que não daríamos nenhuma declaração, mas ele deu, falou tudo para o Moreno. Mas o que ele deu foi positivo, e a coisa foi se esvaziando.

À tarde recebi o Jorge Bornhausen, o Luís já me havia antecipado, o Bornhausen acha que eu tenho que resolver o Sivam, o Banco Econômico, e não sei mais o quê.

Em relação ao Sivam, já tinha explicado a eles todos: "Olha, resolver eu resolvo, mas como? Tem a Aeronáutica no meio. A questão agora é com a Esca. A Esca tem uma ligação também promíscua e umbilical com a Aeronáutica. O que vocês querem? Um processo para reabrir os últimos vinte anos? Não é só da Aeronáutica, não! Foi o regime autoritário que gerou essas fundações, empresas, essa coisa meio estranha, essa promiscuidade entre o Estado e o setor privado, nós estamos acabando com isso, à custa de quem? Do nosso pessoal, que ganha salários de fome e está aguentando pauleira. Agora mesmo há uma ação popular contra Malan, Pérsio e Gustavo Loyola, como se fossem eles os que estão jogando fora o dinheiro do povo.* É uma vergonha o que está acontecendo, querem dar a impressão de que é a mesma história. Quando não é a direita, é a esquerda, é o PT, alguns procuradores que ensandeceram e que veem a toda hora bandalheira onde não há, onde o que há é vontade de salvar o sistema financeiro. É que eles não têm noção, é desinformação, é ignorância".

Em todo caso, o Jorge veio, me falou essas mesmas coisas. O Jorge é um homem equilibrado. Eu lhe disse tudo isso sobre o Sivam, ele propôs que nós chamássemos mais uma vez os líderes do Congresso, refizéssemos o entendimento — o Luís Eduardo também deu essa sugestão. Eu disse: "Vamos ver, vou conversar com os militares mais em profundidade".

Antes de o Luís Eduardo ir embora, esteve aqui o general Zenildo, que falou com ele e comigo. Zenildo é realmente uma peça fundamental, porque é uma flor de pessoa, um homem doce mas firme. No fundo, acha que é preciso deixar que o Congresso opine, ele não morrerá de amores pela manutenção do Sivam, mas sabe que é necessário preservar a Aeronáutica, como o Cardoso me havia aconselhado.

Depois disso, recebi o general Leonel, cuja opinião não é muito diferente da do Zenildo, ele acha apenas que devia haver uma forma de reavaliar as propostas finais e fazer o Sivam, se de fato a coisa for certa.

Eu disse: "Tudo bem, mas tem que falar com o Lôbo para ver se o Lôbo realmente se convence disso, porque eu tenho que prestigiá-lo. O Lôbo veio me ajudar numa hora difícil, é um homem correto, e tem a Força Aérea no meio disso tudo".

Quando terminou tudo isso, vim para o Alvorada, falei com o almirante Mauro César. Ótima conversa, Mauro é muito contra a concepção do Sivam, e é ele quem mais entende. É verdade que nisso há também uma questão da Marinha, a qual tem uma visão bastante peculiar, no fundo ela quer um desenvolvimento feito pelo Brasil. Não sei avaliar se podemos ou não [fazer isso, construir o sistema de radares aqui].

---

*A Procuradoria dos Direitos do Cidadão do Ministério Público Federal (DF) acusou Malan, Serra e Loyola, além de outras autoridades federais, de crime de improbidade administrativa pelo prejuízo estimado de R$ 2,2 bilhões aos cofres públicos, no episódio do socorro ao Banco Econômico.

Interrompi para falar com o senador Sarney, que veio me dar abraço de Natal, a mim e à Ruth, eu dei também à dona Marly. Ele disse que foi muito bom nós termos interrompido os trabalhos legislativos e esfriado um pouco essa coisa, tem razão. Perguntou como fora a conversa com o Luís Eduardo, contei rapidamente e lhe disse que estou até cotejando as declarações que fiz lá fora, sobretudo a respeito do Levitsky, com o que saiu aqui no Brasil, pois há uma distorção imensa. Ele concorda, como sempre. Disse-lhe ainda que, logo que voltar, no dia 3 de janeiro, quero ter uma conversa com ele sobre como encaminharemos o Sivam.

Retomando o que eu dizia sobre o almirante Mauro César. Ele me disse que achava que devia ser feito por partes, porque o sistema integrado do Sivam é muito complexo, pega a parte hidrológica, pega parte de meio ambiente, parte da questão indígena, parte de controle de voo, ou seja, é difícil de manejar, vai demorar dez anos para realmente haver domínio competente desse sistema. Enfim, ele tem uma crítica profunda ao modo como a Aeronáutica levou a concepção mesma do Sivam. Acha que não há o que reclamar, que o contrato não está feito porque o Senado ainda não aprovou a parte financeira e, portanto, não está em vigência. Quer dizer, claramente, o almirante preferiria que rompêssemos o contrato. Foi o que deduzi disso, e a conversa foi boa.

À noite veio aqui o Sérgio, eu estava caindo de cansaço, porque era um dia sem dormir direito, quase não conversei em profundidade com ele e chegou Marco Maciel. Com Marco e o Sérgio acertamos uma porção de ponteiros, inclusive o fato de que o Sérgio falaria com os donos da imprensa. O Marco queria saber como fora a conversa com o Luís Eduardo, contei detalhes. Marco realmente é excepcional, em termos de dedicação, na lealdade, não avança o sinal, dificilmente eu teria encontrado um vice melhor. Ele ficou contente porque disse que a nossa atribuição é a de desfazer todos esses mal-entendidos e seguir adiante.

Tudo isso foi na quinta-feira, logo que cheguei, já entrei bem.

Na sexta de manhã os jornais já diziam praticamente isso tudo e que eu não tinha perdido tempo, como, de fato, não perdi.

Deixa reportar outra questão que esqueci. Na quinta-feira à tarde houve a assinatura de uma lei que regulamenta a eleição de reitores.* Paulo Renato foi lá, elogiei muito o trabalho na Educação, que é bom mesmo, e recebi também a informação, confirmada na sexta, de que vamos assentar mais de 40 mil famílias no programa

---

*A lei nº 9192, de 21 de dezembro de 1995, estabeleceu o piso de 70% para o eleitorado de professores no processo de escolha da lista tríplice submetida ao presidente da República, além de exigências específicas de titulação para os docentes candidatos a reitor.

de reforma agrária. Eu comuniquei isso lá, saiu na imprensa, e disse ainda que não pensava em mudar ministério, que, quando as coisas vão dando certo, não se tem que mudar, só quando houver erro, que não tem erro nenhum, enfim, dei uma palavra tranquilizadora de que comando eu, não haverá nenhuma mudança de ministério, e que o resto é fofoca.

Voltando agora para a sexta-feira. Disse que de manhã tínhamos que receber os novos generais, fui à cerimônia, depois fui ao almoço com os generais. Muito bom o discurso do Mauro César, e o meu, elaborado pelo Cardoso, discurso excelente, preparado no ponto certo, inclusive no que diz respeito a separar a Força Aérea no seu conjunto de algum eventual desvio administrativo. O Lôbo me agradeceu muito, a imprensa estava toda lá, e li nos jornais de hoje que desfiz equívocos ou mal-estar dos militares. Não havia mal-estar, mas de fato acho que ficou ainda melhor. E, na conversa com Mauro, Lôbo, Leonel, Zenildo, general Délio, com os outros generais com quem pude falar, mesmo que de raspão, almirantes, o clima me pareceu bastante positivo.

Gostei do encontro. Fiz um discurso forte de apoio a eles e de agradecimento, apoio nas coisas profissionais, claro, e também, como insiste o Cardoso, tratando-os como meus comandados. Assumi a posição que o presidente da República tem que assumir diante das Forças Armadas, e eles, realmente, têm se comportado de modo exemplar. Mesmo na questão de reivindicação, têm sido compreensivos, sabem das dificuldades do Brasil.

Continuando o relato da sexta-feira, dia 22. Eu dizia que, antes de voltar para o Palácio do Planalto, depois do almoço, passei no Alvorada, onde houve uma festa de Natal dos funcionários. A Ruth desempenhando muito bem seu papel, com muita dedicação, é muito querida, deu para notar, acho que ela se emocionou com a reação dos funcionários, porque foi algo que nunca tinha sido feito. Eram garçons, cozinheiros, arrumadeiras, suas famílias, uma coisa boa. De volta ao Planalto, passei o dia despachando com Clóvis, Eduardo Jorge, assinei centenas de leis, de decretos por causa do fim do ano, a questão relativa aos financiamentos, à suplementação de verbas, mas o que houve de conversa mais importante foi com o Sérgio.

De manhã o Sérgio já me dissera que tinha falado com os donos da imprensa, voltou e disse que falou com todo mundo, menos com a *Veja*, não conseguiu. Chamou a atenção para o fato de que eu estava realmente irritado com a transformação de tudo que é fato menor em fato extraordinário e com a quantidade imensa de fofocas. E deu duro na *IstoÉ*, que teve um editorial infame onde falava até de mulheres, o que não tem nenhum cabimento, como se houvesse aqui em Brasília, no governo, uma situação de deboche, que não tem nada a ver com a realidade.

O Sérgio então contou que a reação foi positiva, que será publicada neste domingo uma pesquisa em que 98% dos empresários querem a minha reeleição. Ele próprio ficou surpreso, disse que nem mesmo toda essa onda que houve abalou a confiança. Não sei se abalou ou não abalou. Na última pesquisa por telefone que recebi, teve um abalo, sim, pequeno mas teve, pode ser grave se não cortarmos o mal pela raiz e voltarmos a uma compostura de governo.

Falei profundamente com o Sérgio. Ele também abriu o jogo. Está cansado, estourado, está se matando, disse que a sua posição é igualmente difícil, que eu montei o Palácio da maneira como quis. Eu disse: "Como eu quis, não, como possível".

"Todos acabaram, na verdade, virando ministros, o Eduardo virou praticamente ministro, isso aumenta a responsabilidade, dá uma interlocução política, Eduardo é um grande assessor, mas não é para interlocução política", disse o Sérgio. Mas para Sérgio a culpa é minha, eu estou usando o Eduardo porque não tenho alternativa.

Eu disse também: "Olha, Sérgio, o Eduardo está magoado com você porque você disse que ele era tangerina, ou laranja, ou meia laranja, meia tangerina, não entendi bem, e que isso o magoou". O Sérgio diz que gosta dele. Eu disse: "Eduardo sabe que você gosta dele, mas isso são estilos". Sérgio notou que eu nunca o quis ter no Palácio porque ele é espaçoso, eu disse: "É isso mesmo, Sérgio, não vai dar certo. Então você tem que ficar lá nas Comunicações, com a ação política que você tem, porque você é uma pessoa de total lealdade e confiança, mas não pode estar aqui, porque vai dar briga comigo. Aí vai ser comigo, por que quem é que ocupa espaço? E o presidente sou eu, tá claro isso".

Disse ainda: "Sérgio, o que você quer que a gente faça? O governo, eu vou manter. Não tem jeito, senão isso aqui não vai". Ele também acha que todos os diretores do Banco Central vão ser mantidos, vão ser, têm que ser. E no fim eu disse: "Coordenador político, só vejo um até agora que me agrada, é o Aloysio Nunes Ferreira. Não sei se vai dar para fazer. Vai continuar havendo problema, não tenha dúvida, a vida política é assim mesmo, eu queria ter alguém aqui para me desanuviar um pouco, para receber os líderes".

Na conversa conosco ontem, Marco Maciel reclamou, disse que estou recebendo deputados demais, mas ele é o primeiro a pedir que eu receba os deputados. Porque na hora H quem tem que receber sou eu. Com essa crise, não é que eu queira, mas nesse maldito presidencialismo brasileiro o presidente é muito forte e, ao mesmo tempo, o Congresso quer ter poderes, tem alguns poderes que são excessivos para um regime presidencialista. Nos Estados Unidos a situação é semelhante, estou vendo o Clinton lá, penando, é uma situação real no mundo. Ou seja, os Congressos querem avançar mais, e o pior é que eles têm menos legitimidade, então as organizações não governamentais e os corpos técnicos do governo, inclusive a Procuradoria, passam a ter um papel que nunca tiveram.

O Sérgio tem que entender isso, mas, ao mesmo tempo, eu tenho que ver qual é meu papel como moderador. De vez em quando tenho que ser autoridade máxima e quase impositiva, às vezes tenho que ser moderador. Isso aqui é um sistema complexo em que o presidente tem papéis múltiplos, tem papel de líder às vezes do próprio Congresso, tem papel de poder moderador como se fosse um rei, tem papel executivo, tem papel de coordenação de Estado e de governo. É muito complicado que seja assim. É preciso ficar bem claro que há essa relação difícil, a qual não se resolve simplesmente por um ato de vontade, é um processo, é preciso ir definindo as instituições, e eu tenho tido um papel até pedagógico nessa matéria.

Também recebi longamente Malan e Gustavo Loyola. Aí é o outro lado da questão. Telefonei para o Mauch para acalmá-lo, porque de fato não citei seu nome, tenho uma impressão positiva dele, duvido que tenha passado qualquer informação. O que eu disse foi que existem responsáveis e que são eles que têm que esclarecer, porque, se não esclarecerem, são responsáveis. Certamente não saiu dos cofres do Banco Central, mas alguém deu o material. Esse alguém está subordinado a alguém. Ou se diz quem é a pessoa, ou o chefe é responsável. Eu não estou sendo responsabilizado até por qualquer briga na esquina? É a mesma coisa.

Passamos em revista com o Gustavo Loyola. O Gustavo tem se dedicado. É um pouco amarrado no modo de se expressar, é um sujeito correto, não sei nem como tem se dedicado tanto a um governo pelo qual ou com o qual não tem ligações maiores. Ele me disse que nunca houve proposta de demissão coletiva. Eles [os diretores] apenas acharam, num dado momento, que estavam atrapalhando a relação com o PFL, que as reformas não passam sem o PFL, que as reformas são mais importantes do que eles.

A motivação pode mesmo ter sido essa. Além do mais, eles ficam chateados porque Antônio Carlos diz que são marginais, é esse estilo bufão dele, que é terrível e que, por causa do PFL, a gente vai tendo que aguentar enquanto for possível. Por causa das reformas e da posição do Luís Eduardo. É o contrário, o importante hoje é o Luís Eduardo, o Antônio Carlos está ganhando espaço pela capacidade, digamos, de ator que ele tem e que é enorme. É isso que me preocupa, porque distorce a democracia brasileira. Essa coisa cênica mais importante do que o substantivo.

Passei em revista a situação dos bancos. Contei-lhes que tinha recebido um telefonema do Mário Covas e que ele não quer mais aceitar os termos do acordo com o Banespa. O Mário está errado. Ele percebeu agora que o banco é um tremendo pepino e quer passar o pepino para o plano federal, quer que nós engulamos o Banespa ficando com a Fepasa,* como se esta valesse 6 bilhões. A Fepasa, em termos de fluxo corrente de caixa a valor presente, vale 200 milhões de dólares! Com certa generosidade, o patrimônio pode chegar a 3 bilhões, 3,5 bilhões, mas nós não podemos

---

*A estatal paulista foi federalizada em 1998 e privatizada no mesmo ano.

comprar o passivo, e o Mário não quer ficar com ele. Está desesperado. Percebeu a situação e não quer sua resolução. Teoricamente, continuará devendo ao Banespa 15 bilhões, o Banespa vai para o governo federal, o governo federal tinha que fazer intervenção em São Paulo. Mas isso é politicamente impossível. Enfim, o rolo é grande.

Contei tudo isso ao Loyola e ao Malan, que disseram que eu devia apelar de novo para os Mendonça e para o representante do Mário. O Mário brigou também com o Adroaldo, rompeu com ele porque o Adroaldo tem racionalidade e o Mário quer entrar agora na linha de empurrar para o governo federal.

Passamos em revista o Econômico. Eu disse: "Como é a história desse tal banco que está querendo comprar o Econômico?* Dá para comprar?". Parece que dá. Eles estão tentando que dê. Porque certamente, se houver uma negociação para o Econômico, isso acalma os baianos, que na verdade estão, desde o Econômico, desestabilizados. As besteiras, quem fez foi o Ângelo ou eles junto com o Ângelo, não sei, as besteiras políticas, as econômicas foi o Ângelo, e agora nós é que temos que pagar o pato, porque estamos botando o Brasil em ordem. É de lascar, mas é isso mesmo. Uma herança pesada que estou tentando descascar, reorganizar, é preciso ter paciência, vou ter que colocar isso aqui num novo trilho.

Com Malan e com Gustavo foi isso, creio que o negócio do Banco Central já está nos trilhos, porque houve uma ação muito enérgica do Clóvis e do Marco Maciel. Os diretores do Banco tinham feito uma representação contra o Antônio Carlos, entregaram ao procurador, mas nós seguramos na Procuradoria, através do Clóvis e do Maciel. O [José] Coelho, que é o advogado do Banco Central, acabou indo lá, em nome de todos os diretores, para desistir da ação, que só agravaria a questão.

Nesse momento, Malan me comunica que o Antônio Carlos fez um pedido de informações através da Procuradoria, a qual mandou para o Banco Central, que, se for respondido, põe em desespero o sistema financeiro brasileiro.** Isso mostra o calibre dos nossos homens políticos. Antônio Carlos não hesita em tocar fogo no circo. Porque as informações que ele pede tocam fogo no circo. Pode ter havido bandalheira, mas o sistema financeiro vive na base da confiança, e esses compulsórios, esse manejo do Banco, não podem ser expostos à luz do dia, porque isso fragiliza o sistema financeiro no seu conjunto. Ele usa o pretexto de que existem alguns bancos privilegiados, pode até ter havido no passado, ele quer explodir o sistema.

Terei que trabalhar de novo com Antônio Carlos, com Marco Maciel e, sobretudo, com Bornhausen. Dizem até que foi o Daniel Dantas quem preparou as perguntas para o Antônio Carlos. Daniel Dantas é do Banco Opportunity. E, veja você,

---

* Banco Excel, de Ezequiel Nasser.
** O senador baiano enviou ao BC um documento com dez perguntas detalhadas sobre aspectos potencialmente comprometedores da gestão do sistema financeiro no ano de 1994.

quem trabalha com o Dantas hoje é o nosso ex-presidente do Banco Central, Pérsio Arida, que não deveria ter ido trabalhar com ele, mas deu um tempo e acabou indo. Mas não foi o Pérsio, foi o Daniel Dantas que mandou, dizem, não sei se é verdade, para o Antônio Carlos as perguntas cruciais que realmente desnudam o sistema financeiro de uma maneira que é explosiva, que estoura a economia do país. Por que eles fazem isso? Por uma briga política. Ou seja, é de fato extraordinária a falta de sentido de Estado, sentido de responsabilidade pública, responsabilidade nacional de muitos dos nossos políticos.

Creio que Jorge Bornhausen, Marco Maciel e Luís Eduardo terão sensibilidade suficiente para conter o Antônio Carlos, que vai ter que retirar essa representação, porque senão o Banco Central terá de responder e, ao responder, aí sim, haverá uma CPI generalizada de todo o sistema financeiro, sem objetivo claro, mas com uma consequência clara, que é uma inquietação geral do sistema financeiro.

É difícil governar com gente dessa natureza. Eu disse que é fácil governar o Brasil. É fácil porque tenho paciência e vou desmontando as bombas que vão sendo montadas aqui e ali.

Essa foi a conversa com Malan e Gustavo Loyola.

À noite, recebi um texto para ler e passar em revista o que direi ao país. Os dados são excelentes na Educação, não vou nem fazer propaganda, porque não cabe aqui, mas o que cabe é que os resultados de 95 foram excepcionais na área econômica. Apesar do que dizem, que na área social não houve nada, dobramos as verbas para a Saúde, na Educação tivemos uma mudança de rumo, na questão da reforma agrária, 40 mil assentados ou mais, o Comunidade Solidária está funcionando. Ou seja, vários indicadores positivos e, no entanto, persiste essa imagem de que não estamos dando atenção ao social.

Vim para casa. Aqui estavam Celso Lafer, Gelson, Malan e Sebastião Rego Barros. Noite agradabilíssima, todos me trouxeram livros de presente, o Celso relatou como estão acontecendo as coisas em Genebra, entusiasmado com o que está fazendo lá. Conversamos sobre algo curioso, o diário de Getúlio, que me impressionou muito. O Celso conhece porque teve uma relação bastante próxima com a Celina do Amaral Peixoto. Como era o Getúlio, os problemas que ele tinha. Eu até disse: "Quero ler o diário". Não li. O que li da *Veja* é que, a não ser na questão da conspiração militar, que hoje não há, alguns problemas se repetem.

Interessante, o Getúlio montou o sistema que eu estou tendo que desmontar porque a História é outra hoje, mas temos que desmontar usando métodos não muito diferentes daqueles do Getúlio, ou seja, tendo um arco muito abrangente de alianças para poder governar, jogando com uns e outros, não abrindo o jogo com ninguém, ficando no isolamento das minhas decisões e no meu manejo, que não deixo claro para ninguém, porque, se deixar claro, não funciona, tendo que jogar com contradições e com personalidades muito distintas, fazendo com que, de alguma maneira, o jogo escoe naturalmente para o lado que eu quero. Me pergunto se não era assim também naquela época.

Será que hoje não é a mesma coisa? Não haveria algo de persistente na política brasileira? De estilo cultural na política? Essa fragmentação de interesses? Essa incapacidade dos partidos de se organizarem e atuarem como partidos? O PFL não consegue segurar o Antônio Carlos, a toda hora ele sozinho rompe o partido. O PMDB totalmente fragmentado, uma confederação, o PSDB sufocado pela minha presença na Presidência, mas quem sabe, também, mais tarde não venha a se espatifar, não se espatifar, se subdividir? Esse partido novo que o Maluf inventou, que ficou bastante grande e que agrupa interesses quase que individuais? É difícil. Não obstante, a gente tem uma noção do Estado, uma noção do país, que é o que eu tenho, e Getúlio tinha essa noção. Eu pensei que ele não tivesse uma noção da política externa e, na verdade, tinha.

Eu faço um esforço imenso, vou para a Ásia não só para abrir fronteiras econômicas, comerciais, como também para mostrar presença do Brasil. Nós temos uma visão do que pode ser o Brasil no futuro, aliança com a China, em termos, para não prejudicar outras alianças, com a Europa, com o Felipe González, essa visão que queremos de um Brasil moderno, um Brasil inserido no Ocidente, mas sabendo que o Brasil não é exatamente o Ocidente, é mais complexo do que isso, não sei se o Ocidente também não está se terceiro-mundizando como nos Estados Unidos nos aspectos culturais e políticos, não é?

No fundo, tudo depende tanto do maestro. Todo mundo disse que eu não tinha aptidões para comandar de forma autoritária. De fato, não gosto de ser autoritário, mas, a todo instante, tenho que entrar duro, embora com modos às vezes suaves, mas entro, forço, insisto, volto à questão, refaço alianças para poder levar esse barco para diante. E, vendo o que o general Cardoso, com acuidade, me disse, será que nós já não perdemos o bonde da História? Ao ver a Malásia, levamos um choque. A Malásia deu um salto que nós não demos.

Aqui, para conseguir alguma reforma, é um esforço sobre-humano, para conseguir que essa imprensa, meu Deus do céu, que sempre clamou por uma modernização, não volte tudo para a questão da pura intriga! Façam intriga para vender jornal e porque a intriga é parte da vida, mas não transformem intriga em manchete, olha o esforço que eu tenho que fazer! Tenho que fazer pirotecnias para tirar da manchete casos que não são os casos policiais de corrupção, como no tempo de Collor, e sim casos banais, transformados em grande drama nacional pela incapacidade nossa mesmo de gerar fatos mais fortes que os anulem.

Sou eu que vou lá, falo, faço discurso com militar, chamo o pessoal, viro manchete, agora num sentido mais positivo. Sei que não é porque eu queira impedir que os outros virem manchete também, não é porque eles não queiram, é porque aqui tudo está centralizado nas figuras principais. Se eu escolho três ou quatro atores, aí a dança é entre eles.

Há tantos anos escrevi sobre isso, disse que a nossa política era "prismática", ela não representa, ela reflete, simboliza, e, hoje, o símbolo maior sou eu mesmo. Tenho que ser símbolo de duas coisas que às vezes são contraditórias: de um Brasil confiante, maduro, que avança e de um Brasil sofrido, que geme, e eu sei mais avançar do que gemer, gemer não é do meu estilo. Mas sei também que, se não gemer um pouco com aqueles que sofrem, nada vai funcionar, porque vão achar que não estou ligando, que estou só criando condições para o desenvolvimento sem o chamado "social". Não é isso. É que não há desenvolvimento social sem o outro, não há desenvolvimento sem o Estado que se organize, ao mesmo tempo que vou empurrando aquilo que é estrutural na área social.

Verão daqui a três anos que nós mudamos o rumo, tenho confiança nisso, estou mudando o rumo do Brasil. É raro eu falar assim no pessoal, mas dessa vez não teve jeito, porque ou eu assumo ou eu perco o arreio na mão, ou toco a coisa para andar ou ela não anda.

HOJE É DIA 24 DE DEZEMBRO, domingo, são mais ou menos cinco horas da tarde, continuo as gravações.

A imprensa agora está às voltas com o bispo Edir Macedo.* Acharam outro escândalo, esse parece que é verdadeiro. Sérgio Motta me telefonou, ele está sendo acossado pela imprensa para saber o que vai fazer. A decisão é clara, a legislação sobre o sistema de telecomunicações não permite que se casse nada do bispo até agora, porque foi um vídeo particular que não passou na TV Record, mas vai haver onda por isso. O procurador da República, esse sim, tem que agir, porque aí há formação de quadrilha, uma porção de problemas graves que têm que ser resolvidos. Em todo caso, foi essa a orientação do Sérgio, com a qual concordei.

Além disso, ouvi de novo hoje as fitas gravadas da minha viagem, o que eu declarei, e ontem à noite, no vídeo, alguma coisa que passou aqui. E o que foi distorcido é espantoso, realmente não tem tamanho. Amanhã pedirei à Radiobrás** que faça uma síntese da fita sobre cada um dos casos, o do Sivam, o da Pasta Rosa e PFL, enfim, o que andou aí em voga, e mande para os principais interessados para que eles vejam como reagiram sobre o vazio.

A Bia, que está aqui com o Duda e as crianças, propôs que se fizesse um seminário. Não adianta nada, eles não fazem isso por falta de conhecimento, têm interesse realmente em fazer escândalo e provocar uma cizânia sobre coisas que

---

*A Rede Globo exibiu um vídeo amador em que o líder da Igreja Universal do Reino de Deus e proprietário da TV Record ensinava a bispos e pastores como obter mais facilmente dinheiro dos fiéis.
**Estatal federal de rádio e televisão, sucedida em 2008 pela Empresa Brasil de Comunicação (EBC).

não são as profundas do país. Mas, aos líderes políticos do PFL, a esses sim eu vou mandar, porque eles reagiram sobre nada, não havia razão para esse tumulto todo, ou melhor, há razões, mas não são as que estão sendo alegadas. Isso é que tem que ficar mais claro.

Há razões, há às vezes um certo cansaço de ser governo, outras vezes vontade de ter mais um pedacinho de poder. Não sei se é bem isso no caso, mas sobretudo essa ansiedade, essa falta de sensação de estarem realmente no poder, porque não estão, essa é que é a verdade, as decisões fundamentais não são tomadas pelo PFL: no que se refere às reformas, sim, mas no que diz respeito à condução da política econômica e da política social, não.

Talvez ninguém tenha percebido ainda esse âmbito da questão, a nossa aliança é uma aliança de superfície, todo mundo pensa que a aliança é fundamental, ela é fundamental para aprovar as votações no Congresso, mas não tem tido força para dar rumo à política social nem à política econômica, que é o que conta. Eles ficam só na chamada *"politique politicienne"*,* como dizem os franceses, nisso são imbatíveis, mas na prática mesmo, não.

Talvez eles próprios percebam, sem ter consciência disso, e essa tentativa frequente de mudança nos ministérios no fundo quer dizer isso, porque esse ministério é um ministério muito mais de pessoas comprometidas com algumas teses que não são as tradicionais, clientelísticas, fisiológicas, nem são as neoliberais, como se costuma dizer hoje. São teses, no meu modo de qualificar, de quem tem um projeto para melhorar a vida para todo mundo e enfrentar os problemas estruturais, de alterar práticas tradicionais na administração, de refazer o Estado. Mas como se refaz o Estado se o Estado inteiro está totalmente minado por essas forças de partidos conservadores que são os que apoiam as votações no Congresso?

Há uma clara dicotomia, nesse aspecto, entre o governo na sua ação administrativa e a votação no Congresso. O que aparece para a opinião pública é a votação no Congresso, é o governo do PFL, do PMDB, de não sei o que mais, dos tucanos, juntos, tudo misturado. Houve um bobinho do Cebrap, não sei o nome agora, que, numa pesquisa completamente sem imaginação, disse que correu tudo para a direita, então eles percebem assim as coisas, porque não têm uma análise mais profunda.

Dito isso, amanhã estará todo mundo aqui, Bia, Duda e filhos já estão, amanhã deve chegar o Paulo com a Ana e as filhas, a Luciana veio hoje, estou descansando bastante e arrumando os livros, a Ruth está arrumando os presentes, com muito empenho como ela faz sempre, eu tentei dar um pouco de ordem a alguns livros, é difícil, mas é um semidescanso.

Por falar em livro, o Celso Lafer me deu o *Vislumbres de la India*, eu já tinha lido uns trechos, que é do Octavio Paz, e o Almino me deu um livro interessante do

---

* "Política partidária", em tradução livre.

Gore Vidal intitulado *Hollywood*, sobre o presidente [Woodrow] Wilson dos Estados Unidos. Já li boa parte deles, o que não consigo terminar é o *Mauá*.* Embora seja um livro muito interessante, é grande e não tenho tido tempo suficiente para isso. De qualquer maneira, não deixei o hábito de ler.

HOJE É DIA 27 DE DEZEMBRO, estou na Base Naval de Aratu, numa casa que foi da família Costa Pinto, muito confortável, não chega a ser extraordinária quanto ao gosto, os móveis e tudo isso, mas é no meio de uma mata que o Fabio Feldmann diria ser resquício da Mata Atlântica. Acabamos de vir da praia, creio que se chama Inema, não tenho certeza. Fui com a Bia, o Pedro e a Júlia, o pessoal de segurança e tal. Tomei um banho de mar, dificilmente, porque é cheio de fotógrafos, longe mas com lentes sei lá de que tipo, para pegar a gente com roupa de banho, mais a televisão. Tudo isso aqui virou um espetáculo, eu não resisti, caí na água, amanhã sei lá o que acontece, devem sair fotografias ridículas e então vão dizer que é isso, que é aquilo, mas não dá para levar a vida somente na posição de presidente, como se eu não fosse um ser humano.

Mas queria também contar o que aconteceu nos dias anteriores.

No dia 27, nada de extraordinário. De manhã, me despedi do Paulo e da Ana, que estavam em Brasília, tomamos um avião, chegamos aqui. Na Base Aérea estavam o Luís Eduardo Magalhães, o governador Paulo Souto, sua mulher,** a Lídice da Mata e vários deputados, quase todos do PSDB. Conversa amena, gentil, a Ruth, acho que sem perceber, passou o tempo todo falando com o deputado Roberto Santos,*** que é da oposição aqui, e não deu bola para a mulher do governador, não sei se isso vai dar algum disse que disse.

Ontem e anteontem. No dia de Natal, Ana e Paulo chegaram a Brasília, passamos um dia agradável, sem nada a registrar do ponto de vista político. Do ponto de vista das relações de família, foi muito bom, estavam todos lá, ceamos juntos, tudo muito agradável, vimos, eu e o Paulo, um filme de [Sylvester] Stallone, Ana chegou a uma certa hora, entrou. Depois conversamos bastante até algo sobre a questão do Banco Nacional. A Ana deve estar um pouco sentida porque, enfim, seus bens estão bloqueados, mas acho que ela entendeu que não havia alternativa, que eu tinha que agir com propriedade na matéria, e mais, o Banco Central agiu com propriedade.

Na véspera, pela manhã, os fotógrafos entraram e nos fotografaram com Papai Noel. No dia 25 nos deixaram em paz. Foi um dia familiar.

Dia 26, tomamos café com toda a família, mal terminamos por lá, já chegaram os governadores. Cinco: Tasso, Mário Covas, Antônio Britto, mais Eduardo Azeredo

---

* *Mauá: Empresário do Império*, biografia de autoria de Jorge Caldeira.
** Isabel Souto.
*** Deputado federal (PSDB-BA).

e Marcelo Alencar. A conversa levou cinco horas. Muito amena. Contei-lhes o negócio do Sivam, não tinham informação. Na verdade, foi incrível o que eles falaram, estamos no ar, disseram, porque ninguém explica as coisas com mais clareza. Na hora do almoço voltaram à ideia de desunião do governo à sensação que levaria à sensação de falta de autoridade minha.

"A raiz disso", eu disse, "vocês sabem, está muito próxima, é a copa, não é nem a cozinha, é a copa mesmo." No fundo, para dar um nome aos bois, seriam o Sérgio, o Serra que é o Serra, e o Malan, que responde ao Serra, e os que lhes são subordinados. Mas, sobretudo, o Sérgio. Como já registrei tantas vezes, cada vez fica mais clara a inconveniência de certas atitudes dele. Então, estão chegando a um limite. O pior que pode acontecer, do meu ponto de vista pessoal, seria eu ter de dizer ao Sérgio que não dá mais, ele sabe disso, mas não se contém. Todo mundo está percebendo isso, está percebendo que cria um clima de disse que disse muito forte e dá espaço também ao PFL. E a reação peessedebista, e também do Britto, é a de que é preciso ocupar o espaço, estão dispostos a defender o governo, o governo tem feito realizações formidáveis que não estão sendo valorizadas, enfim, essa conversa que é verdadeira.

Depois disso, o Serra chegou, conversou longamente comigo e voltou, claro, ao tema das taxas de juros e taxa de câmbio. Curiosamente, no voo de vinda para cá, eu li, na seção de economia do *Estado de S. Paulo*, uma afirmação na parte técnica dizendo que, talvez numa das primeiras decisões do Banco Central amanhã, eu poderia anunciar no fim do ano que chegamos à taxa de juros mais baixa dos últimos nove anos. Veja como as coisas são complicadas: o Serra exigindo que baixe o juro e o juro já está baixando. Ele tem razão, basicamente, é preciso baixar a taxa de juros, mas no fundo já está havendo essa política. Eu lhe disse: "Olha, Serra, eu vou ter que voltar a participar das reuniões". E ele: "Bom, o modelo que você fez foi esse. Você não deu força para uma pessoa". Ou seja, não dei força para ele. É verdade. Porque, se eu desse, era o mesmo problema. Eles não sabem utilizar isso de uma maneira que me parece construtiva: como liderança de grupo, e não como imposição.

Mas tenho de fazer uma autocrítica. Deixei muito nas costas do Clóvis. E eles não seguem o Clóvis, entram em competição. E o Serra vai querer que eu fique coordenando para me influenciar na coordenação, porque ele sabe que me influencia até certo ponto. Está convencido de que não estou ainda convencido das dificuldades que a taxa de juros e a taxa de câmbio no nível atual poderão trazer para o Brasil. Eu estou, mas acho, como já disse tantas vezes, que guinadas bruscas são piores e os resultados positivos (da política atual) estão aí.

Todos os dados desse fim de ano são positivos, inclusive estourou outra vez a venda de Natal, distribuição de renda efetiva, todos os jornais registram, só não se ressalta porque politicamente não interessa dar mais força ainda ao governo, mas o povo sente e as pesquisas mostram isso. Hoje mesmo, aqui na praia, veio todo mundo falar comigo, do mesmo jeito que no Presépio de Natal, gente simples, do povo, apoiando, não há dúvida nenhuma quanto a esse ponto e todos reconhecem.

Na longa conversa que tive com o Serra, ele contou algo que me preocupou, que existe outra pasta no Banco Econômico. Eu nunca soube disso. Ele disse que tinha me falado. Se falou, não notei. Ele não me disse, mas deve saber isso através do Elio Gaspari. E que essa outra pasta é sobre o ano de 94. Daqui a pouco vem outro problema aí, mas eu não tenho nada com esse problema. Sei lá se existe mesmo a pasta. É capaz de existir. E o Serra acha que, se mexer com o interventor, ele pode se vingar. Eu disse: "Mas não tem jeito, se a sindicância disser que ele vazou, não tem jeito, temos que mexer com o interventor". Enfim, problemas dessa natureza, que são sempre desagradáveis, não são de grande monta mas acabam se tornando um espinho no sapato da gente.

Isso posto, gravei um programa de televisão. Em seguida, o Jatene esteve lá, naturalmente reclamando das verbas, embora, diga-se de passagem, a verba para a Saúde, ele mesmo forneceu o dado, dobrou. Segundo ele, per capita estamos gastando 83 dólares, descontando já o que se deu de dinheiro esse ano para pagar a conta do ano passado; na verdade, de dinheiro que saiu, foram quase cem dólares per capita, em 94 eram sessenta e poucos, então, vê-se que os programas estão avançando.

Depois do Jatene, gravei um programa de rádio e um de televisão, longuíssimo, custaram a gravar por causa de erros técnicos aqui e ali, acho que ficou um programa limpo, mais sobre a área social, insistindo no que o governo já fez de positivo.

Mais tarde me encontrei com a Ruth, a Ana, o Paulo e a Bia, jantamos e, depois, conversei longamente com a Ana e com o Paulo, mais com a Ana, sobre a questão do Banco Nacional e sobre as consequências para a vida dos dois, me parece que ainda estão voando. Ana tem a expectativa de que no final das contas sobre uma boa margem de recursos para ela, eu não tenho a mesma certeza. De qualquer forma, isso terá algumas consequências quanto à reorganização da vida deles e estou preocupado. De Brasília viemos para a Bahia.

Eu dizia que li quase apaixonadamente os diários de Getúlio e que o começo, a parte relativa a outubro de 1930 — é curioso começar pelo dia 3 de outubro —, dava a impressão de que o texto tivesse sido retocado, de tão bem-feito. É um texto denso, literariamente bem construído. Em seguida, ele vai perdendo um pouco essa característica, diz menos sobre o que se discutiu, nota-se apenas que Oswaldo Aranha é a figura dominante e que Getúlio tinha implicância com [João] Neves da Fontoura.

Fiquei pensando: será que os meus registros não estão ficando da mesma forma, quer dizer, sem eu explicar um pouco mais dos acontecimentos, fazendo apenas o registro do dia a dia e muitas vezes sem dizer o porquê das discussões? Getúlio mostra muito os despachos que fazia e eu quase não falo disso; hoje e ontem, por exemplo, não falei. Clóvis foi lá à noite para assinar muitas leis e decretos; hoje de manhã, de novo. Quer dizer, o peso do trabalho administrativo é imenso, eu quase não o registro.

Assinalo mais o lado político, às vezes o humano, e mais ainda o lado pessoal dos relacionamentos entre os ministros, entre os parlamentares, as grandes crises, mas não tenho registrado o imenso esforço de organização do Estado que estamos fazendo. Getúlio, meu Deus do céu, fez a mesma coisa em 1930, e com uma consciência muito lúcida de que era preciso mudar os modos de conduzir a política no Brasil — no seu caso, centralizar. Nós temos que descentralizar, mas a União não pode perder a condução dos problemas centrais no que diz respeito a empregos, distribuição de renda.

É admirável a lucidez que Getúlio tinha sobre o que estava fazendo — uma pessoa que todos diziam ser fria, e ele talvez até fosse frio. Eu sempre digo que quis acabar com a era Vargas, mas isso num certo sentido, o do Estado, o da centralização; em outro, não. Getúlio introduziu práticas mais racionalizadoras na política e na administração. No fundo é o que estamos querendo fazer.

Ele acha negativa a pressão política na administração, talvez por causa do Rio Grande do Sul, do positivismo, do Borges de Medeiros. Ele tem essa consciência mais aguda do Estado, do clientelismo, do fisiologismo. Não se usavam esses termos na época, mas desde então era vigente o apadrinhamento constante, que perturba as coisas. Em dado momento, logo no início, ele diz que a questão com o Neves da Fontoura era difícil porque era uma questão pessoal, uma coisa menor, a questão da vice-presidência no Rio Grande do Sul, que Getúlio entregou a Oswaldo [Aranha] e não a ele.

O que sempre atrapalha, no processo político, são as questões pessoais, as vaidades, às vezes as ambições, e os mais próximos são os que mais nos machucam e atrapalham, porque a gente não tem o mesmo distanciamento para poder fazer o que deve ser feito.

Nesses últimos dias fiquei atazanado, e mesmo amargurado, com a relação tão difícil entre mim, o Serra e o Sérgio [Motta]. Como ministro da Fazenda, deixei os dois à distância até conscientemente. [Quando formei o] ministério, não foi possível, veio pressão de todos os lados, e também não seria justo. Sobretudo o Serra precisava estar dentro. Com o Sérgio também seria injusto, porque ele se bateu muito pela campanha e se qualificou para ser ministro. Mas hoje ele sabe que esse "espaçosismo" dele acaba arranhando a minha autoridade, e isso não pode ocorrer. Mesmo longe, como ministro das Comunicações, e não no Palácio, temo que num dado momento eu tenha que pôr um ponto final nas travessuras do Sérgio, porque ele não tem controle do que diz, dos estragos que faz.

Hoje, num artigo, o Elio Gaspari faz uma apreciação do Clóvis e do Sérgio, e diz que em relação ao Sérgio não adianta, que eu não vou mexer, nem no Clóvis, dando a entender que é o meu estilo um pouco dubitativo de levar as coisas.

As pessoas não se rendem à evidência de que, bem ou mal, eu é que conduzo o governo, que conduzo o país, que conduzo as pessoas, se possível sem melindrá-las, mas não perco o controle da situação e não abro todas as informações a ninguém, de tal maneira que disponho de uma vantagem estratégica e tática. Não obstante, procuram manter essa imagem, porque é muito difícil trabalhar em grupo, e de repente alguém que não se esperava, como eu, se projeta a tal ponto que se torna presidente. E, como ainda hoje vi na praia, querido pelo povo e ao mesmo tempo capaz de provocar reações ambíguas entre seus companheiros de profissão, intelectuais.

Enfim, há uma ambiguidade que não é só minha; é do relacionamento. O que vai valer é o que nós deixarmos feito, e estou contente com os resultados positivos na questão da redistribuição de renda. Estamos conseguindo realmente beneficiar a maioria da população brasileira e ao mesmo tempo mudando as condições de desenvolvimento do Brasil. Tomara que continue dando certo.

HOJE É 28 DE DEZEMBRO, são cinco e meia da tarde, continuo na praia de Inema, em Aratu, na Bahia. De manhã demos uma volta extraordinária de barco, fomos à praia de Nossa Senhora do Loreto, muito agradável, conseguimos deixar a imprensa para trás, tudo tranquilo.

Continuo lendo o livro de memórias do Getúlio. Impressionante. Com exceção das conspirações militares, sobre as quais toda hora o livro faz referências, há muitas similitudes de base com a situação brasileira de hoje. É a imprensa que envenena, ele reclama das intrigas, é a questão relativa aos dispêndios dos políticos que querem gastar, e Getúlio sempre preocupado em cortar despesas, em colocar o país em ordem. E corta, levando a administração muito a sério.

Por falar em administração, assinei a nova legislação sobre o imposto de renda de pessoa física e pessoa jurídica* com alguns vetos. Um deles causou muita onda, porque não vetei a parte sobre a não punição dos devedores fiscais que paguem ou venham a pagar. A Receita insistiu que era a maneira de poder recolher, senão a pessoa espera, espera, e, seja condenada ou não, leva anos e anos. A Receita acha que a nova lei é uma maneira de fazer as pessoas se interessarem pelo pagamento. Mas isso vai ser lido de modo oposto. Assim: estão protegendo os sonegadores, pois basta pagar... Mas segui o que a Receita propôs.

No resto, não. Vetei umas medidas de punibilidade dos fiscais — o Senado considerou isso como impossível de ser sustentado —, uma medida proposta pelo Roberto Campos e outra pelo Dornelles, relativa ao sigilo. Sigilo, no Brasil de hoje, é considerado palavrão, mesmo que seja o caso de um funcionário competente zelando pelo nome da instituição e não dando publicidade a documento

*Lei nº 9249 (pessoa jurídica) e lei nº 9250 (pessoa física), de 26 de dezembro de 1995, que estabeleceram mudanças nas alíquotas e nos limites de isenção.

antes da hora. Se disser isso, se se tentar encobrir isso, dirão que estamos tratando de evitar que a imprensa saiba e, portanto, que ocultamos um crime. É uma inversão das coisas. É preciso denunciar logo, porque ninguém confia mais que a autoridade exerça efetivamente o seu poder e decida. Na verdade, toda a questão está no âmbito do Judiciário, por isso realmente é muito difícil que haja uma decisão rápida, e muitas vezes a impunidade prevalece, porque vem a chicana da legislação, mais os advogados, e acaba, com a boa vontade de algum juiz, impossibilitando que se exerça a justiça. Esse é um dos aspectos mais negativos do Brasil atual.

Também discuti com o Clóvis e com o Serra sobre outra coisa que me preocupa, e muito: o novo modelo não de privatização, mas do controle do sistema energético, o novo DNAEE, juntamente com o Departamento Nacional do Petróleo.* O Clóvis me deu até um documento sobre o Departamento Nacional do Petróleo. Devo ter trazido, ainda não o li com atenção porque não tive tempo. É uma súmula da proposta do Raimundo Brito.**

Bom, esse é o novo Estado! Eu registrei aqui que o Estado não varguista, o novo Estado, não é o Estado interventor nem o Estado produtor, mas um Estado fiscalizador, que, nesse sentido, está mais próximo do interesse do consumidor, um Estado que requer até mesmo a presença do consumidor em órgãos de fiscalização. Não sei se esse novo DNAEE está nesses novos moldes, porque haverá uma reação muito grande da burocracia antiga, que vai querer manter um controle minucioso, e aí se coloca também a questão da federação.

Até que ponto, com o desenvolvimento já havido no Brasil, será possível manter a centralização varguista? Claro que não é possível, mas esse modelo novo que implica estados com autonomia também não pode ser posto assim de imediato, porque muitos estados não têm condições de exercer a autonomia. Então como fazer essa transição num país tão vasto e heterogêneo? De novo temos que olhar para os Estados Unidos. Há décadas eu digo que o modelo da sociedade brasileira, ao contrário do que parece, é americano, e não europeu.

Temos que olhar para um país que é federativo, com seus estados independentes, fortes, mas que de certa maneira é subdesenvolvido, que ainda não chegou ao grau de homogeneização das condições de desenvolvimento a que já chegou a sociedade americana. Então é difícil, porque a lei é universalizadora. Tirar poder da União e passar para os estados talvez possa criar dificuldades. Temos que colocar alguns requisitos que impeçam a ausência absoluta do poder federal, o que não trará uma ação efetiva, fiscalizadora em nível estadual, e sim o conluio da politica-

---

*Órgão precursor da Agência Nacional do Petróleo (ANP).
**Em 20 de dezembro de 1995, o ministro de Minas e Energia apresentou ao Conselho Nacional de Desestatização (CND) sua proposta de regulamentação do setor petrolífero e de quebra do monopólio da Petrobras. Também foram apresentadas medidas para a simplificação das licitações da estatal.

lha contra o interesse da população e contra o interesse geral. Outro dia falei em *"politique politicienne"*, no Brasil a expressão é politicalha. Aqui é uma politicalha tremenda, que continua muito forte.

Eu já disse alguma coisa aqui sobre a natureza do governo que montamos. Esse governo realmente procura evitar a politicalha, daí a reação tão forte do Congresso. A imprensa é viciada na politicalha e também, digamos assim, se nutre, na medida em que ela gera fatos às vezes apresentados com malícia. A politicalha também serve para a permanente conspurcação da vida republicana, para a permanente ameaça de estarmos deslizando para o terreno sombrio da dúvida de saber se o interesse público está em jogo ou não. Enfim, essa proximidade entre a imprensa e a vida política acaba ajudando a politicalha. Não por intenção, mas porque a politicalha rende mais ao interesse menor, ao interesse do escândalo, que hoje chama muito mais a atenção do leitor.

Enfim, poucas anotações só para dizer que Inema continua muito agradável.

HOJE É 31 DE DEZEMBRO, são onze horas da manhã, estou esperando a visita do cardeal primaz, d. Lucas Moreira Neves.

Esses dois últimos dias foram admiráveis: mar, ilhas, passeios, lanchas, chegou o Duda com a Beatriz, que também vieram passar o Réveillon conosco, a Bia, a Júlia, o Pedrinho, a Ruth, tudo muito bem, seguranças, o comandante da base veio almoçar aqui ontem, só conversas amenas, a imprensa com relativa discrição, suficiente para nos permitir uma paz.

Ontem, no fim do dia, fui à vila aqui ao lado,* para ver de perto o povo. A vila é pobre, com casas melhores na orla — há dois deputados que moram lá —, mas o interior é bastante pobre, com esgoto ao ar livre, enfim, esse Brasil que precisamos trabalhar muito para mudar. O povo foi de uma amabilidade extrema, beijos, abraços, chegaram umas baianas para me dar uma água de cheiro, elas jogaram uma porção de coisas em mim, flores, e depois, por acaso, porque não tinha sido nada programado — ninguém sabia que eu iria lá —, chegou a imprensa, que estava do outro lado. Chegou e se surpreendeu por eu ter entrado pela vila, que não fica dentro da área militar. Um ambiente muito, muito bom.

Parece que a apreciação que a Globo fez sobre mim foi favorável, todas as informações sobre a economia são extraordinariamente positivas, e tudo indica que hoje vão sair pesquisas também boas. Por outro lado, o *Jornal do Brasil* criticou o meu pronunciamento,** aquelas coisas de sempre, que havia muitas estatísticas, que o

---
* São Tomé do Paripe, bairro soteropolitano.
** O pronunciamento à nação feito pelo presidente, que no balanço do primeiro ano de governo

povo não entende, todos se arvoram de sabedores do que o povo quer. Muitos pesquisadores e muitos jornalistas deviam ter um contato efetivo com o povo, mas como não têm imaginam que eu é que não tenho.

O Antônio Carlos reagiu a algumas coisas que o Marcelo Alencar andou dizendo e a imprensa está tentando promover um tiroteio entre o Marcelo e o Antônio Carlos. Isso é um trivial ligeiro, mas me parece que no geral as coisas se acalmaram e que aqui na Bahia foi excelente para mim, gostei muito mesmo. Vamos embora agora à tarde para Brasília.

Além disso, li, li com empenho, como já disse várias vezes, o diário de Getúlio. Não acabei porque é longuíssimo. Curioso, o tempo todo é intriga militar, guerra, conspiração, ali, sim, era difícil governar, dificílimo. E o Getúlio, eu não sei se estava governando ou sendo governado: muda ministro, muda general, muda coronel, muda não sei quê, tudo passa por ele. Me deu a impressão de que durante essa fase [em que estou] — as anotações de 1932 depois da Revolução —, embora ele continue empenhado na administração, a intriga superou tudo. Oswaldo Aranha muito inquieto, pelo jeito ele gosta muito do Oswaldo, aquele amor e ódio que eu conheço tão bem, porque com tantos que me cercam é assim também, eu próprio não estou imune a ter momentos de irritação com os meus melhores amigos.

Ainda hoje, 31 de dezembro. Acabei de ter uma longa conversa amistosa com o cardeal primaz, d. Lucas Moreira Neves. Conversamos sobre o Vaticano, sobre a possibilidade de ele ser papa, evidentemente que ele gostaria, e eu disse que estamos dispostos a ajudar. Ele acha que o atual papa* vai durar bastante, que não é para já. O cardeal não disse que quer, mas claro que atualmente é o mais qualificado para ser papa, se for um latino-americano.

Conversamos muito sobre o Incra, expliquei-lhe as dificuldades do ministério e mostrei que essa insatisfação dos partidos é porque eles não estão mandando. Ele disse que na educação as coisas vão bem, reafirmei que tínhamos assentado 40 mil famílias, enfim, umas duas horas da conversa mais amistosa possível e que vai ter efeitos benéficos, porque ele é o presidente da CNBB.

---

celebrou o êxito do Plano Real e defendeu as reformas constitucionais, foi ao ar em cadeia de rádio e televisão em 30 de dezembro de 1995.

* João Paulo II, morto em 2005.

FERNANDO HENRIQUE CARDOSO
DIÁRIOS DA PRESIDÊNCIA
1996

1º A 5 DE JANEIRO DE 1996

De volta a Brasília. Discussões sobre os rumos da economia e do governo. Maluf, obstáculo à aprovação da reeleição

Hoje é 1º de janeiro de 1996. Completo, portanto, um ano de governo. Li os jornais, reli com mais atenção os balanços do ano. Na média, reconhecem que mudamos muita coisa. O Gaudêncio Torquato* dizendo que é nota 10 para a falação e 0 para a ação, e um artigo muito bom do Márcio Moreira Alves, que andou pelo Brasil e viu que as coisas estão mudando. Falta muito aos nossos jornalistas essa vontade mais positiva não de elogiar, mas de olhar o que está acontecendo. Li também o Mino Carta, ele diz que eu tenho obsessão, ideia fixa por ficar mais tempo no governo e que eu gostei do autoritarismo asiático. Enfim, o que a gente vai fazer? É assim mesmo. No geral, o balanço é bastante positivo.

Ontem à noite estivemos só nós — a Ruth, eu, os meninos, a Bia e o Duda, e aí chamamos todo mundo, os guardas, os guardas da porteira lá embaixo, todos vieram fazer um brinde, porque, coitados, ficaram trabalhando até tarde.

Hoje, 1º de janeiro, também deve estar tudo mais ou menos tranquilo, talvez até demais. Vou aproveitar para pôr em ordem as minhas ideias. Li o que o Raimundo Brito escreveu sobre a regulamentação do petróleo. Me pareceu bastante razoável. Haverá críticas à posição de predominância da Petrobras, mas isso tinha sido assegurado nos debates no Congresso. Eu acho correto, ela é definida como o braço do governo na política petroleira. Isso não quer dizer que outras não venham, mas [garante] que o governo tem algum recurso de atuação.

Acho que registrei aqui que eu próprio tenho dúvidas sobre a questão da Vale do Rio Doce. Há uma grande insistência pela privatização e não tenho a certeza absoluta de que seja o melhor caminho. Um sinal de privatização, mas por que com a Vale? Em todo caso, mesmo o presidente da Vale** insiste nisso. Provavelmente porque eles estão se preparando para que os próprios fundos de pensão comprem a Vale. Aí não será nem capital vindo de fora com um aporte efetivo, embora seja capital semiprivado, nem o governo com mais controle sobre a política da Vale. É preciso considerar isso bem.

* Professor de marketing político da USP.
** Francisco Schettino.

O [Luiz Carlos] Mendonça de Barros tem a ideia de fazer a pulverização das ações; eu também acho mais razoável. Não sei, ainda vou meditar muito sobre o que fazer com a Vale do Rio Doce, apesar de que [não privatizar] é um tabu que desencadeia uma reação muito forte dos privatistas. Acho que o governo precisa ter alguns instrumentos para atuar de maneira mais consequente. Sei que isso é difícil de implementar, de formular apropriadamente nos dias que correm, e a reação da equipe econômica... aí juntam-se todos, Serra, Malan, Banco Central, Pérsio, não há um que defenda a não privatização da Vale do Rio Doce.

Sarney alega isso dizendo que a Vale é indispensável ao desenvolvimento, que é uma agência do desenvolvimento social. Ora! Isso não é função de uma empresa, não é por aí que eu vejo as coisas, mas em termos da própria política econômica, [a Vale] como um braço ativo do governo, é o que me preocupa. O Tasso me disse isso algum tempo atrás, vou voltar a conversar com ele sobre essa questão. Mas não quero abrir isso agora, porque seria mais um problema desnecessário.

No início deste mês, vou ter que resolver a questão do Sivam, chamar os personagens principais de novo, fazer um balanço, para ver que atitude tomar. Os jornais insistem em falar dos escândalos, sem dizer qual. Houve a Esca. Escândalo antigo, nada mais.

Quanto à Pasta Rosa, agora estão querendo fazer uma ligação entre ela e uma conta-fantasma,* volta a questão da Comissão do Orçamento.** Isso é para chatear o Antônio Carlos, coisa da *Folha*, da imprensa. Tem efeitos desastrados no comportamento desse pessoal no Congresso, mas não tem nada a ver diretamente com o governo.

O Paulo Renato, nas avaliações, saiu-se muito bem, acho até que vão pensar que eu o privilegiei nessa matéria, porque há muitas referências minhas positivas a ele.

O Jatene não se saiu tão bem assim, embora o Ministério da Saúde tenha feito direito uma porção de coisas. E foram bastante injustos com o Programa Comunidade Solidária, porque não entenderam, ou não querem entender até hoje, que ele não é um programa a mais; é uma agilização dos programas sociais. Mas à medida que os programas sociais forem aparecendo, as pessoas vão perceber que as coisas estão andando.

---

*Em meados de dezembro, descobriu-se que o dinheiro de doações políticas contabilizado na Pasta Rosa circulara através de contas-fantasmas de empresas de fachada ligadas a parlamentares mencionados no dossiê.

**Estava em discussão no Congresso o orçamento da União de 1996. O ano legislativo terminou sem que emendas de interesse do governo fossem votadas. Segundo publicou a imprensa, foi uma represália do PFL contra o suposto ataque do presidente a Luís Eduardo Magalhães durante a viagem à Europa.

Vamos ver, acho que este ano temos que chamar mais atenção para a área de Comunicação. Tem que falar, não há outro jeito, tem que fazer propaganda, é duro dizer isso mas é verdade.

Acabei de falar por telefone com o governador Dante de Oliveira, satisfeitíssimo porque demos um empréstimo a ele, com o que conseguiu pagar os atrasados. Estava cheio de promessas de boa vontade para o novo ano.

Em relação à questão da [publicidade] não temerei as críticas que vierem da imprensa. As pesquisas de opinião pública são muito claras. A da Vox Populi, que é a em que eu mais confio, porque ela separa o regular do irregular, o positivo do negativo, mostra que em Minas eu tenho 75% de aprovação e o Eduardo Azeredo 70%. Quer dizer, é muito alto, isso dá certo alívio. A gente vê que essa barulheira feita em Brasília, repercutida pela imprensa, não cala fundo a não ser que tenha uma base, razão pela qual o que eles chamam de escândalos não calou fundo. Não há o que apurar com relação ao governo, nem na Pasta Rosa nem no Sivam, nem com relação a mim. O que eles querem que eu faça? Que conduza o Brasil como se fosse a casa da Mãe Joana? Tem que haver norma, tem que haver regulamento, lei, defesa, isso é democracia.

Enfim, acho que começo o ano com têmpera forte. Além do mais, a leitura do diário de Getúlio tem sido muito elucidativa. Ele enfrentou muito mais dificuldade, meu Deus, para organizar o Estado mais moderno que construiu, muito mais dificuldade. Fez também à base de muito mais ditadura, com atropelos de toda ordem. Era um inferno, e é gozado como a pequena política dominava. A impressão é de que os fatos iam conduzindo Getúlio, e não Getúlio os fatos, e na verdade não era bem assim. Quem sabe a gente deva reler certos momentos da história do Brasil para ver, sobretudo, as dificuldades de quem governa e como as decisões são tomadas.

Fico vendo com muita tranquilidade dizerem: "Ah, mas o presidente deixa, joga a sujeira para baixo do tapete". Não é verdade. Dizem que eu não tomo posição; não, eu tomo, eu quero ver o momento maduro, necessário, aí eu conduzo, até porque quem hoje tem condição de me enfrentar? Ninguém. No meu círculo obviamente não. Nem de fora, e por quê? Não por virtude pessoal minha, mas pelas circunstâncias. Na verdade não estou há um ano no governo, estou há três anos, porque desde o início do governo Itamar as coisas começaram a passar muito por mim. Três é um exagero, mas dois anos seguramente eu já tenho de presença muito direta na vida política brasileira, e vou continuar tendo, com tranquilidade. Vamos ver.

HOJE É DIA 2 DE JANEIRO DE 1996, são oito horas da noite.

Passei o dia em Brasília. Pouquíssima gente na capital.

Falei com o Eduardo Jorge, com a Ana, rotina, reavaliação das questões, a imprensa, enfim, o normal.

Depois chamei o ministro da Fazenda interino, que é o Pedro Parente, e mais tarde o ministro das Minas e Energia, Raimundo Brito.

No entretempo, despachei com o embaixador Gelson.

Com o Pedro Parente foi uma longa conversa de avaliação de como as coisas andam na área da economia. Todas as informações que ele me deu eram positivas. Agricultura: aparentemente os preços se recuperam no mercado internacional, já há animação no campo, já estão vendendo mais os produtos agrícolas. Então é uma notícia positiva. Os estados: a renegociação da dívida também [vai bem]. O Marcelo Alencar também tentou entrar nas renegociações, mas o Pedro Parente mostrou a ele que isso é para os estados pequenos, porque o Fundo de Participação do Rio de Janeiro é muito pouco e o que se empresta é uma proporção do Fundo, um múltiplo dele. O Marcelo, que é bastante rápido, percebeu que podia ir ao BNDES, foi e conseguiu financiamento creio que para o metrô do Rio de Janeiro.

O Rio vai bem, eu irei a Petrópolis,* vamos discutir sobre o programa com a Ruth, depois com a Ana e com o Eduardo, e com o Lucena, que é o meu secretário particular. No Rio cortamos bastante, fico só na sexta e sábado, volto domingo, no dia 21, para Brasília, porque dia 22 vou para a Índia** logo de manhã.

Voltando ao tema, os estados estão se reorganizando. Mato Grosso, que tinha uma situação difícil, já conseguiu um primeiro empréstimo. Pagaram os atrasados, menos o décimo terceiro, e assinaram um duro compromisso com a Fazenda de entrarem na linha.

Pelo que me informou o Pedro Parente, também as negociações com o Banespa, que estavam tão mal no ano passado, dito até pelo próprio Mário Covas, voltaram a um caminho melhor entre o BNDES e a Fepasa, no que diz respeito à avaliação da empresa. É uma carga pesada. Nós vamos ter que pagar uma parte disso, mas São Paulo tem que pagar também. O Mário está relutante, ele percebeu que a situação de São Paulo é muito ruim, ele sabe também que não há muita alternativa, senão vai ficar endividado com a República, vai entrar no Cadin, que é o cadastro dos inadimplentes, e aí não tem mais como obter qualquer apoio da nossa parte. O Mário está tentando tirar o máximo que pode do governo federal nessa negociação, para resolver uma dívida que é dos governos do PMDB, do Quércia e do Fleury.

As outras informações do Pedro Parente são todas razoáveis. Ele disse que teve muita dificuldade, porque hoje o senador que se ocupa da dívida no Senado, o Carlos Bezerra, é muito duro na negociação. O fato é que alguns estados — Mato

---

*Quando a capital do país era o Rio de Janeiro, durante o verão Petrópolis era destino obrigatório dos presidentes da República e se convertia em sede temporária do governo. O presidente Fernando Henrique Cardoso retomou a tradição em 1996.

**Viagem presidencial à Índia (23 a 27 de janeiro de 1996), primeira visita de um presidente brasileiro ao país.

Grosso, Rondônia, Piauí — vão ter um tratamento especial porque estão muito mal. E Alagoas, para nossa surpresa, que também estava mal, parece que conseguiu dinheiro externo, não sei que dinheiro, emitiu títulos, não sei de que forma, para poder pagar atrasados de empreiteiras. Tenho medo do que esteja acontecendo em Alagoas, porque o Divaldo pode não estar sendo hábil na negociação econômica. Ele quer acertar, mas não sei se está acertando neste momento.

Com Raimundo Brito, o meu despacho foi longuíssimo, passamos em revista tudo. A nova lei de regulamentação do petróleo, e pedi que ele prestasse bastante atenção, porque as críticas que vêm, vêm sempre do chamado pensamento liberal, do Roberto Campos, ou de O Estado de S. Paulo, que no dia de hoje tem um editorial preventivo contra mim, dizendo que eu na verdade não teria aderido propriamente aos ideais liberais, como se isso fosse necessário para fazer a modernização do Brasil. Eles se esquecem, por exemplo, da Espanha, ou da Suécia. É só a visão ideológica. Na verdade eles têm medo de que a regulamentação dê mais força às estatais. Falei com o Brito sobre isso.

O Brito, que é do PFL, mostrou que a Petrobras tem que ter condições de atuação, que outras empresas multinacionais sabem disso, que ele vai tirar amarras da Petrobras, e acho que está certo. Pedi, entretanto, que ele examinasse com bastante cautela para ver se não há aí nenhum privilégio indevido. Os que forem do interesse do público e do Estado, tudo bem.

Além dessa conversa sobre petróleo, discuti com o Brito vários pontos. De novo nomeações. Há algumas empresas que ainda têm vagas, mas são pequenas acomodações: um conselho administrativo aqui, outro lá. Sobra Furnas, na qual ainda não foi criada uma nova diretoria, o PPB faz muita pressão para botar, além do presidente, mais um diretor, e nós estamos vendo se isso é viável ou não. Furnas pode vir a ser privatizada logo, então tem que olhar isso com muita atenção.

Conversei longamente com o Brito sobre o programa energético Norte, que me interessa muito. Está indo bem, sobretudo a questão do gás do Urucu* e também o que fazer com a linha oeste do Pará que vai seguir a Transamazônica. Eu o alertei, ele sabe disto, para não esquecer que nós temos uma visão estratégica da relação com a Venezuela e que a energia de Guri** não pode ser posta à margem somente porque há interesses maiores na Amazônia sobre o gás para gerar energia elétrica para Manaus.

Ele deu uma explicação bastante detalhada de tudo isso. Depois eu pedi relatórios, porque vou dar uma entrevista à Veja e quero ter esses dados bem na ponta da língua.

* Projeto de utilização do gás natural da bacia do rio Urucu na geração de energia elétrica para o abastecimento da Região Norte.
** O Brasil negociava com a Venezuela a importação de parte da energia elétrica gerada pela usina de Guri, no rio Caroni.

Esqueci de dizer que o Raimundo Brito e o Parente também achavam interessante que eu fizesse uma exposição à nação para botar de novo o eixo na necessidade das reformas e do ajuste fiscal. Sou favorável a isso. Preciso de novo deitar falação sobre o rumo do Brasil, do crescimento e da necessidade da reforma fiscal para sair desse nhe-nhe-nhem de Pasta Rosa e Sivam. Não pude falar sobre Sivam porque o embaixador Sardenberg não está aqui e não quero falar nada sem ouvi-lo, mas o Eduardo Jorge me disse agora no fim do dia que o ministro Lôbo lhe mandou uma resposta detalhada das perguntas do Tribunal de Contas. Ele vai olhar para mim primeiro, ver se está satisfatório ou não, e depois eu vejo a matéria.

Além disso, eu e o Raimundo Brito passamos em revista os vários projetos que ele está fazendo, inclusive o do DNAEE, a necessidade da nova regulamentação para que ao fazer a privatização nós possamos fazê-la bem-feita. Ele não está achando a privatização tão atrasada, até porque sabe que a estrutura do Estado realmente tem que mudar e que nós estamos mudando. Custa transmitir isso para a opinião pública, mas é o que estamos fazendo.

Ainda hoje o *Estadão* traz um editorial contra o que eles chamam de gestão matricial do Clóvis. Eles estão errados, não sabem do que se trata, são em princípio favoráveis a relações puramente hierárquicas e verticais, e eu não. Acho que deve haver uma organização tipo empresa moderna. O *Estadão* está comendo mosca nessa matéria, como já comeu em tantas outras, por preconceito ideológico.

Depois desse longo despacho, voltei a falar com Eduardo Jorge e com Gelson.

Com Gelson foi rotina. Ele disse que o Kissinger fez uma declaração muito positiva a meu respeito e à administração do Brasil, eles vão me dar para ver amanhã, e eu mandei fazer um telegrama ao Kissinger, que sempre tem sido muito gentil comigo e com o Brasil. Havia poucos ministros aqui em Brasília, mas estamos no comecinho do ano, é assim mesmo.

Em tempo. O Tasso também falou comigo por telefone para reafirmar a ideia de termos um encontro ele, eu, o Mário, o Sérgio, o Serra e o Malan, para discutirmos as desavenças internas do governo. Achei bom. Quero primeiro falar com o Tasso. Ele estava mais desanuviado, brincando muito. Eu o felicitei pelo bom resultado nas pesquisas, e ele sabe que nós também tivemos bons resultados.

Falei com o Grama, o [José Roberto] Magalhães Teixeira, prefeito de Campinas, que está muito mal, parece que morre em poucos meses, com câncer, mas o achei muito animado, pelo menos com espírito forte. Foi penoso falar com ele, gosto muito do Grama, é uma pena. Um dos melhores políticos de São Paulo e é alcançado, muito jovem ainda, por essa maldita doença.

HOJE É QUINTA-FEIRA, 4 de janeiro.

Ontem de manhã recebi longamente o Clóvis e o Eduardo Jorge. Repetimos um pouco os temas, reorganizamos a pauta, estruturamos os blocos de problemas que vamos ter que enfrentar, o de sempre. Repeti, e eles também repetiram, a necessidade de homogeneização da equipe econômica; eu noto o Eduardo Jorge inquieto. Gostaria que houvesse uma mudança mais rápida de ministério, ele ficando fora pelas razões já mencionadas aqui. Tenho insistido que primeiro é preciso terminar essas reformas. Repassamos a área econômica, a questão das energéticas, a questão da modificação da estrutura do Estado. Pedi ao Clóvis que escrevesse um artigo para *O Globo* sobre essa matéria. Ele, que está por dentro disso, precisa valorizar as modificações que estamos fazendo no modo de gestão do Estado, em seu relacionamento com a sociedade. Depois dessa conversa entre nós três, recebi o Marco Maciel.

Os dois ficaram junto comigo na conversa com o Marco. Sempre prestativo, ele trouxe detalhadamente as discussões que teve com o Sarney e com o Luís Eduardo, e com vários parlamentares sobre a pauta para a convocação da sessão extraordinária do Congresso.

Uma questão mais difícil é a da reeleição. Por quê? Por causa do Maluf. Nesse meio-tempo o Esperidião Amin falou comigo por telefone, me dizendo que gostaria de poder informar ao Maluf que eu estava pensando numa fórmula para incluir reformas políticas. Ele sabe que é difícil, mas para mostrar ao Maluf que não queremos alijá-lo. Eu disse que sim, que iria conversar com o Sarney e com o Luís Eduardo. Ele sabe que não vai ser possível.

O resto foi consensual na conversa com o Marco Maciel. Também decidimos que no dia seguinte, portanto hoje, teríamos uma reunião com os ministros ligados à área da Previdência, porque na opinião do Marco a Previdência está muito complicada.

Também recebi um telefonema do Paulinho, o presidente do Sindicato dos Metalúrgicos de São Paulo, que me disse que eles se juntaram à CUT quando eu estava fora do Brasil, mas que a intenção deles não é fazer oposição ao governo, e que a CUT quer greve geral no dia 30. Eles vão se reunir na próxima terça-feira e nesse dia pretendem dizer que não vão se decidir pela greve geral sem antes falar comigo. E claro: tanto ele quanto o Medeiros vão combinar o que pode ser feito. Eu disse que achava importante não haver uma barragem a essas reformas somente pelo interesse momentâneo deles de se juntarem à CUT.

Talvez o efeito dessa grande greve em Paris* esteja incendiando a cabeça de algum sindicalista, que acha que eles poderiam fazer o mesmo aqui no Brasil. Como eles tiveram êxito em barrar a votação da Comissão de Previdência** com uma pre-

---

* No final de 1995, a França enfrentou durante quase um mês uma greve geral do funcionalismo público. Entre outras pautas, os grevistas exigiam a reversão do corte de gastos anunciado em outubro pelo primeiro-ministro, Alain Juppé.

** Em 13 de dezembro de 1995, a sessão da comissão especial foi interrompida quando manifestantes da CUT e da Força Sindical tentaram arrombar a porta do plenário. Na véspera, outro protesto de sindicalistas já cancelara a sessão da comissão.

sença maciça, invadindo o plenário com a cumplicidade do presidente da Comissão Especial da Previdência, imaginaram que iam poder repetir as grandes cenas de ocupações e tumulto para bloquear o governo. Mas isso passa já, com a nossa ação mais enérgica. Combinamos que faríamos essa reunião no dia seguinte, portanto hoje.

À tarde, recebi uma série de pessoas e ministros. O ministro Paulo Paiva discutiu detalhadamente comigo o programa do Ministério do Trabalho para 96. Primeiro aliviar a folha de salários, diminuindo a quantidade de impostos, e nisso ele vai pegar o Sesi, o Senai, Sesc, essa coisa toda, mas eles terão dinheiro via FAT, via outro mecanismo, e não via imposto direto sobre a folha. Dificuldade com o salário-educação,* que deve ser mantido. O Paulo Paiva deu uma sugestão interessante: baixar a alíquota até 10% da alíquota atual, porque assim não é preciso reforma constitucional, nada, somente baixar a alíquota, e acabou. A medida é bastante dura, mas pode ter um impacto positivo para a massa dos assalariados.

Paulo Paiva me mostrou também a questão do desemprego. Pelos índices que eu vi de setembro, outubro, novembro, ele caiu, está em 4,68% de acordo com o IBGE. Nada dramático, mas há uma perspectiva efetiva de desemprego estrutural por causa das transformações no modo de produção industrial. O Paulo Paiva tem clareza sobre isso, e pedi que ele me dê estatísticas para a mesma entrevista que darei à revista *Veja*.

Discuti com ele a questão de treinamento, de reciclagem de mão de obra. Muita coisa tem sido feita: atendemos 250 mil pessoas e vamos atender este ano, ele espera, 1 milhão de pessoas. Paulo Paiva tem uma visão bastante objetiva das tarefas do seu ministério, inclusive na questão de revalorizar mais o contrato coletivo de trabalho. Ele mesmo proporia uma pequena emenda da Constituição; queria saber se eu topava. Eu disse que sim, no sentido de fortalecer o contrato coletivo e de enfraquecer o poder normativo da Justiça do Trabalho.

Além do ministro Paulo Paiva, tive uma longuíssima conversa com Gustavo Loyola, presidente do Banco Central, que me trouxe a redação preliminar da sindicância sobre a questão da chamada Pasta Rosa. Passamos em revista toda a questão dos bancos.

Aparentemente o Excel compra mesmo o Banco Econômico. Perguntei se de fato o Excel não tinha ligação com o Banco Econômico, com o Ângelo, e ele me garantiu que não. Em todo caso haverá medidas de precaução para demonstrar que isso não existe.

Ponto dois: perguntei se o dinheiro do Proer não ia ser utilizado na compra de petroquímica. O Emílio Odebrecht** me disse que temia essa possibilidade. Não dei o nome do santo, mas disse ao Gustavo Loyola que tinha sido informado dessa possi-

---

* Contribuição social recolhida na folha de pagamento de todos os trabalhadores para financiar o Fundo Nacional de Desenvolvimento da Educação (FNDE).
** Presidente do Grupo Odebrecht.

bilidade. Na verdade não é isso. O Banco Central vai ficar com as petroquímicas para se ressarcir do prejuízo.*

Para meu espanto, ele disse que há um banco estrangeiro interessado em comprar a parte do Banco Nacional que ficou com o Marcos [Magalhães Pinto], ou seja, a parte podre mais os ativos bons, porque parece que são melhores do que se imaginava à primeira vista, sobretudo no que diz respeito à produção de energia elétrica e outras coisas desse tipo. Além, talvez, da marca "Nacional". O fato é que aparentemente oferecem 1 bilhão de reais ou de dólares, não sei, o que seria um dinheirão, porque praticamente com isso mais o Proer se resgata a dívida para com o Banco Central, pelo menos uma boa parte dela. Achei muito positivo.

Banespa: parece que houve de novo uma evolução favorável. Ainda bem que não levei a sério o que o Mário Covas me disse na conversa que tivemos aqui no almoço dos governadores. Disse que, se eu não fizesse nada, ele ia romper com o governo. Eu brinquei, o Mário também reclamou para os outros governadores que eu não o estava levando a sério. Tomara que a questão do Banespa se resolva mesmo, porque se não resolver é um pepino enorme para todos, para ele e para nós.

Voltando à Pasta Rosa, há uma indicação clara, segundo Gustavo — eu li o relatório ontem à noite —, de que o vazamento foi feito pelo interventor do Banco Econômico, parece que para as duas revistas, *IstoÉ* e *Veja*, ou melhor, para o Elio Gaspari. Isso não me surpreende. Eu já estava pensando que fosse isso mesmo.

Loyola também disse que pretende nomear o Chico Lopes como diretor de Política Monetária, porque o Alkimar Moura quer ir embora. Ele também deseja nomear alguém para substituir o Mauch como diretor de Fiscalização, e o Mauch ficaria como diretor de Normas. Concordei. Não sei por que ele não fez isso há mais tempo. Foi uma conversa longuíssima, que estou resumindo. Passei em exame com ele todos os aspectos da política monetária, inclusive taxas de juros. Ele me mostrou que efetivamente elas estão caindo, talvez não na velocidade que alguns desejam, mas existe o temor de que uma queda mais brusca reacenda rapidamente a economia e que haja de novo uma demanda inflacionária. Aqui temos que ir com certo equilíbrio.

Sei que o Serra pensa diferente, mas já disse a ele que, uma vez que existe a queda, concordo que ela seja gradual, desde que continuada, o que parece ser o caso. Foi de 4,25 em fevereiro passado para 2,67 este ano, na taxa overnight. Me parece, portanto, que houve um declínio real. E esse declínio precisa continuar, para que a economia possa se recompor através de um crescimento econômico com bases mais estáveis.

*O Banco Econômico era um dos principais acionistas da indústria petroquímica Norquisa, que mesmo depois da quebra do banco investiu na compra de ações da Copene (Companhia Petroquímica do Nordeste), estatal privatizada em agosto de 1995. O Nacional também participou do leilão da Copene. O total gasto pelos dois bancos na ocasião passou de R$ 110 milhões.

No final do dia, Eduardo Jorge me trouxe o resultado de uma sindicância sobre o Júlio César. Achei muito dura, mas enfim está feita. Assinada por cinco funcionários e dizendo que o Júlio deve responder a um processo administrativo porque teria incorrido em vários itens do Estatuto dos Funcionários Públicos. E é verdade. Só que, se esses itens fossem aplicados, quase todos os funcionários de responsabilidade também teriam que responder a um inquérito administrativo. Eles consideram a toda hora como tráfico de influência pedido de promoção ou pedido de nomeação, coisa desse tipo. O Júlio tem um caso grave, eu sei, que é o negócio do avião que ele não devia ter usado, mas acho que foram duros demais. Em todo caso está feito.

Pedi ao Eduardo Jorge que explicasse a questão ao Júlio com urbanidade. O Júlio é responsável por não ter apelado ao advogado para anular como prova a escuta telefônica que o Supremo Tribunal não reconhece. Ele não fez isso; agora vai ter que responder a um inquérito administrativo, o que é muito desagradável, para ele e para todos nós. Não vai dar em muita coisa, espero, mas vai causar grande dor de cabeça e grande aborrecimento. Ele está pagando um preço altíssimo pelas leviandades que praticou e pela ignomínia de terem-no escutado em conversas privadas.

Assinei muitos decretos, atos e leis com Clóvis.

Depois vim para casa com Vilmar Faria, onde passamos em revista outra vez — a Ruth estava presente — os problemas da Comunidade Solidária. Vilmar alegando como sempre que alguém precisa encarar o crescimento econômico, o desenvolvimento e a área social. Ele já falou com o Serra que o ministro do Planejamento é quem deveria ocupar esse papel. Ele não sente no Serra ânimo para isso, eu tampouco sinto, e essa é uma lacuna grave que vamos ter que sanar no governo.

À noite falei de novo com Tasso, que disse que sábado virá almoçar aqui. Reclamei que o Elio Gaspari estava fazendo artigos bastante negativos, o Tasso é muito amigo dele. Depois me telefonou dizendo que poderia trazer o Elio para o almoço de sábado, e eu concordei.

Hoje de manhã tive o aborrecimento de ver que o relatório do Banco Central que eu havia lido ontem à noite já estava pelo menos no *Correio Braziliense*, e com o seguinte resultado: "Não se apurou nada". Não é verdade. O relatório é malfeito porque o Banco Central não quis ir fundo e dizer que o interventor era o responsável, e não disse porque, embora aposentado, ele foi designado pelo próprio Banco Central, que portanto não está isento de responsabilidade. O Banco deveria ter concluído pela responsabilização e demissão do interventor, coisa que de qualquer maneira eu farei.

Depois de ler os jornais, fui para o Palácio, onde recebi o Cícero Lucena, queixoso porque até hoje não tinha arrumado a estrutura administrativa dele, o que é incompreensível. Dei mão forte a ele, conversei sobre o Nordeste e disse uma frase temerosa, mas que acho uma verdade: o Nordeste é como a América Latina — não existe. O que existem são vários estados, assim como existem vários países, cada um com os seus problemas, pode ser que um ou dois se agrupem para cada lado, mas não há mais o Nordeste no seu conjunto. Eles só se unem na hora de pedir dinheiro para o Tesouro. Aí, sim, se unem, os governadores costumam fazer isso mesmo. Não existe mais a mística do Nordeste. Existe o Ceará, o Maranhão, o Pernambuco, a Bahia etc.

Lucena sabe disso. Está decepcionado com as tentativas que fez de organizar um projeto para o Nordeste a partir dos governadores. Cada um só pensa no seu pedaço. E do Congresso não sai nada sobre o Nordeste. Não porque não queiram; é porque a diversidade de situações é muito grande, e pouca coisa os une neste momento a não ser essa ficção do passado. No passado estavam unidos pela miséria, e mesmo pela ideia de que podem pedir dinheiro à União. É difícil dizer isso, mas é verdadeiro.

Depois fui à missa pelo centésimo aniversário do nascimento de Israel Pinheiro.* Todo mundo lá, a família, o cardeal etc. Missa longa, cantada, uma hora de missa.

Voltei para conversar com os ministros sobre a questão da reforma da Previdência. Estavam lá o Jobim, o Stephanes, o Serra, o Clóvis, o Marco Maciel e o Paulo Paiva. Repassamos tudo, vimos quais tinham sido os acordos feitos com o relator e com os líderes, vamos tentar reavivar tudo isso. Dei conta da questão da Força Sindical, o Paulo Paiva vai conversar com eles. Criamos uma frente para falar sobre a comunicação de massa, uma articulação nesse sentido, pois a população está muito desinformada, outra para relações parlamentares e outra para relações sindicais.

No final o Serra voltou ao tema do aumento que o Senado concedeu a certos funcionários sem base na LDO. Ele já tinha dito ao Pertence que isso não é possível, disse que o Pertence fazia a mesma coisa no Superior Tribunal e que nós precisamos barrar. Temos uma tremenda dificuldade para barrar porque nós também já fizemos gratificações sem LDO para os militares, para a SOF, portanto para o Planejamento, para o Tesouro, enfim uma embrulhada danada.

Nesse meio-tempo falei com o Sarney. Primeiro mandei por fax o texto da convocação extraordinária, depois ele me respondeu por telefone, disse que estava de acordo. Falei com o Luís Eduardo, que também está de acordo, convidei o Sarney para almoçar no Alvorada na próxima segunda-feira para discutir o Sivam. Telefonei para o Paes de Andrade e o convidei para vir tomar um drinque comigo amanhã, sexta-feira, e começarmos a desanuviar a área do PMDB. Isso eu fiz a pedido do Michel Temer, e comuniquei ao Sarney que tinha feito, e ao Sarney pareceu bom. O Sarney podia estar magoado depois da reunião dos governadores, que saíram dizendo que ele tinha sido o principal alvo. Não é verdade.

Mário Covas me telefonou hoje e até brincou comigo, disse que não estamos preocupados com ele porque estamos preocupados com as nossas brigas internas, o que é verdade. A razão fundamental da discussão foi interna, não foi nem Mário Covas nem Antônio Carlos. Antônio Carlos chiou, Mário não gostou da chiadeira, Antônio Carlos e Marcelo Alencar estão trocando insultos pelo jornal, os dois parece que

---

*Presidente da companhia construtora de Brasília (Novacap) e primeiro governador do Distrito Federal.

gostam desse estilo, e para mim convém porque saio do foco, e também porque o Marcelo é capaz de ser bem agressivo, e Antônio Carlos pensa que não existe ninguém capaz de agredi-lo e vê que existe. Embora no conjunto isso seja um episódio, digamos assim, deprimente: dois líderes regionais importantes, e o nível do xingatório é baixo.

São três da tarde, vou voltar ao Planalto para receber os líderes empresariais que apoiarão as reformas.

Meia-noite.

Recebi os líderes empresariais, o [Jorge] Gerdau mais o Fernando Bezerra, presidente da Confederação Nacional da Indústria, o senador Carlos Moreira Ferreira, enfim, todos apoiando e, claro, querendo que se coloque em primeiro lugar a reforma tributária, que é a que interessa a eles. Insisti que a tributária ainda depende de um acordo com os estados sobre a questão do Fundo de Compensação, que é um fundo para permitir que se deixe de cobrar os impostos de exportação.* Eles voltaram a dizer que essa lei, pelo menos quanto aos produtos semi-industrializados (a lei é minha, aliás), já foi validada e, não obstante, os estados continuam cobrando imposto. Acham isso um absurdo, uma espécie de chantagem, que não devemos cair na mesma conversa dos governadores, que devemos insistir em anular o imposto de exportação. Enfim, é fácil dizer, difícil fazer.

Insisti não só nessa reforma mas também na previdenciária e na administrativa, mostrei o porquê delas. Terminaram por fazer declarações favoráveis às reformas.

Recebi o Nelson Jobim, assinei muitos processos de desapropriação de terras para serem deixadas com os índios. Quase 3 milhões de hectares de uma vez só! Isso é muito positivo. O Jobim pensa como eu. Melhor deixar essas terras com os índios, porque elas são da União, continuam da União e ficam protegidas na questão ambiental, e os índios ficam lá, subsistindo com a cultura deles. Vai ser uma pauleira danada, porque vamos ter que aprovar o decreto que dá direito ao contraditório. Vai haver uma espécie de não compreensão dessa atitude, mas é para dar garantia jurídica às terras dos indígenas. A posição do Jobim é essa, muito firme. Perguntei pelo Márcio Santilli, que está à frente da Funai. Jobim me disse que ele está bem, mesmo na parte administrativa, que era pelo que eu temia, e o Jobim também. Mas vai indo bem.

Depois, despachos de rotina com o Clóvis e com o general Cardoso, que veio ponderar a dificuldade dessa lei que aumenta os salários da Polícia Federal.** É um

---

*Debatia-se a criação de um fundo para compensar as perdas dos estados com a isenção de ICMS sobre exportações, em especial de produtos primários e semi-industrializados.

**No início de dezembro de 1995, o Executivo encaminhou ao Congresso um projeto de lei, formulado pelo Ministério da Justiça, para reorganizar as carreiras da Polícia Federal e criar o plano de cargos e salários da instituição. O projeto foi aprovado e convertido na lei nº 9266, de 15 de março de 1996.

exagero aumentar mais os salários na Polícia Federal. Irrita o Exército e as Forças Armadas. Mas já está no Congresso.

E o pior é que alguns setores ficam dizendo que isso foi feito porque eu temia uma chantagem da Polícia Federal por causa das famosas fitas do Júlio. Fitas onde não há nada, absolutamente nada, que possa permitir qualquer chantagem. Hoje eu penso que eles apagaram as fitas porque me pilharam na escuta. Isso é gravíssimo.

Esse foi o dia de hoje, de recomeço de trabalho. Trabalho duro, mas, enfim, vamos enfrentar as coisas como elas têm que ser enfrentadas.

HOJE É DIA 5 de janeiro de 1996, meia-noite.

Foi um dia relativamente tranquilo, a primeira sexta-feira de janeiro. Brasília continua sem deputados. Mesmo assim tive muitas reuniões, vou relatar apenas as que têm algum significado maior.

De manhã reuni no Palácio da Alvorada o Bresser, o Malan, o Calabi no lugar do Serra, que estava se sentindo mal, hoje, pela morte do Aníbal Pinto, que golpeou muito a ele e a todos nós, e também porque morreu uma amiga da Verônica [Serra]* lá na China. Então vieram o Clóvis, o Malan, o Eduardo Jorge, o Pedro Parente e a Cláudia Costin,** para discutirmos o aumento do funcionalismo.

Muitas tabelas, muitos números, conclusão: não há espaço para dar aumento algum. O Bresser, no início, não queria fazer uma exposição de motivos conjunta com o ministro da Fazenda. Acabou cedendo a mim, mas concorda que não há espaço para aumento de salário. E não há mesmo. Quer dizer, houve um aumento real de 18% no ano de 95, o gasto com a folha de pagamento está em 40 bilhões, mais ou menos 40% disso é para inativos, enfim, um desastre. Isso não quer dizer que os funcionários ganhem bem, mas que se gasta muito, que há muitos inativos, que há muitas irregularidades também nas acumulações e coisas do estilo. Vai ser uma dureza, mas é um sinal claro de que vamos marchar para o ajuste fiscal. Todo mundo sabe que vai ser uma dureza.

Os jornais de hoje tinham dito que o general Leonel teria manifestado a mim a preocupação de que havia inquietação nos quartéis. Eu desmenti aos ministros, porque o general não falou desse assunto comigo. Ele mesmo telefonou para o Malan mais tarde para desmentir. O fato é que houve essa resolução e também outra importante, não sei se vai ser implementada ou não, de partimos para aquilo que sempre foi o nosso ideal, o meu pelo menos, o de um orçamento que seja verdadeiro.

Como o orçamento começa fictício já no governo e a ficção aumenta no Congresso, na hora de contingenciar, ou seja, de o Ministério do Planejamento limitar

---

* Filha de José Serra.
** Secretária executiva do Ministério da Administração.

a possibilidade de gasto, é preciso haver realismo e que seja feito um cronograma de desembolso para doze meses, não um a cada mês, e que seja cumprido. Esse é o ideal de todos nós, vamos ver se neste ano vai ser possível fazer algo mais próximo desse ideal.

Depois me encontrei no Palácio do Planalto com o Sardenberg, para discutir o Sivam. Recebi hoje à tarde os primeiros relatórios do Sivam feitos pelo ministro Lélio Lôbo, já contendo algumas respostas ao TCU. Pedi que fossem explícitos sobre a influência da Esca na escolha da Raytheon, no caso do Sivam, que explicassem também os mecanismos pelos quais a Raytheon foi selecionada, enfim, respostas cabais. Parece que começaram a ir nessa direção.

Recebi também o Jatene.

O Jatene normal, apresentando seus programas de ação, reclamando como sempre, e com razão, que não estão entendendo que ele precisa de mais recursos. Ele é um lutador, na verdade. Luta muito por esses recursos e tem postura. Há uma certa injustiça neste momento de tanta crítica ao Jatene.

Recebi o Zé Eduardo de Andrade Vieira, falamos muito do Bamerindus. Tenho medo de que o Bamerindus também vá mal, que isso arraste outros bancos, e junto o governo. Zé Eduardo é ministro do governo, ele deveria se afastar para facilitar as coisas, mas não tem essa pretensão nem essa preocupação. Discuti que talvez fosse melhor não nomear já o diretor do Incra, ele não tem nenhum nome, parece que esse Raul do Valle* vai indo relativamente bem. O Roberto Freire me falou, como já devo ter registrado aqui, no [Francisco] Urbano, que é o presidente da Contag. Acho muito difícil que o Zé Eduardo aceite o Urbano, que o atacou muito. Temos que ir com calma e não podemos deixar de lado a questão dos assentamentos. Diz o Zé Eduardo que este ano poderíamos assentar não 60 mil, mas 100 mil. Tomara que se assentem os 60 mil prometidos; já seria um êxito extraordinário.

Almocei com [Euclides] Scalco, que falou longamente sobre Itaipu. Itaipu foi um erro histórico do Brasil. Estamos atados ao Paraguai, que nos cobra incessantemente. O custo foi todo brasileiro, a dívida é hoje de cerca de 20 bilhões de dólares, a responsabilidade dela é de Itaipu, dívida da Eletrobrás. Um desastre financeiro e uma grande obra de construção que poderíamos ter feito um pouco mais acima do rio, sem incluir os paraguaios, que só dificultam as negociações. Temos aí uma espécie de anti-Canal do Panamá, quer dizer: estamos atados ao Paraguai, mas os americanos tiraram proveito [do Canal], e nós não estamos tirando proveito [de Itaipu]. Os paraguaios é que estão, e ainda nos criticam incessantemente.

Depois do almoço, recebi Malan, Clóvis e Gustavo Loyola, para discutir a finalização do acordo do Excel com o Banco Econômico. Li as cartas de intenção, pareceu tudo correto, é claro que a imprensa vai atacar.

---

*O diretor de Assentamentos do Incra assumiu interinamente a presidência do órgão depois da saída de Xico Graziano.

7 A 16 de JANEIRO de 1996

Melhora nas relações com Sarney. As "tripas da República". Acordo com as centrais sindicais sobre a reforma da Previdência

Dia 7 de janeiro. Interrompi a gravação desde anteontem, quando falava do Banco Econômico, da decisão que tinha sido tomada com o Excel, e eu dizia que os jornalistas iam criticar.

Passamos em revista toda a matéria dos bancos, não só do Econômico, mas também do Bamerindus. O Banco Central continua achando que o Bamerindus não está em situação sólida. Eles acreditam que melhorou, mas têm medo de que haja ainda um repique que possa criar embaraço. Não é essa a opinião do Zé Eduardo. Ele considera que as coisas estão resolvidas e subestima os riscos do Bamerindus.

Bem ou mal conseguimos superar o grosso da crise dos bancos.

Falei do Banespa, parece que o Mário retomou a ideia do Banespa.

Soube hoje — portanto domingo, 7 de janeiro — pelo Sérgio Motta, que veio no avião comigo, que o Mendonça de Barros, os dois Mendonça, estaria hoje à noite com Mário Covas discutindo de novo a questão. Parece que a pessoa encarregada da Fepasa está tentando convencer o Mário de que a Fepasa não vale o que o Mário imaginou que valesse.

Retomando o fio da meada, vejamos o restante da sexta-feira.

À tarde recebi algumas pessoas. Encontrei o Paes de Andrade, presidente do PMDB. Conversamos sobre coisas gerais, Paes muito entusiasmado com a posição do PMDB. Ele me afiançou que não está interessado na organização desse Conselho Político,* que seria formado para votar contra o governo. Quer outra coisa; quer, lá para março, uma convenção. No fundo deseja a convenção para fazer oposição, como ele chama, a do PMDB independente. Ao mesmo tempo, me disse para ficar tranquilo, porque o partido mais fisiológico é o PMDB.

Respondi: não sei se é fisiológico, mas o partido que tem mais cargos no governo é o PMDB. Mostrei a ele uma estatística: o PMDB tem mais de 130 cargos, em segundo lugar vem o PFL e no terceiro o PSDB. Os governadores, diz o Paes, já estão telefonando para ele, aflitos com a ideia de romper com o PSDB, com o governo. De toda maneira o Paes vai criar algum embaraço. Haverá alguma confusão pela fren-

---

* Políticos peemedebistas insatisfeitos, entre os quais o próprio Paes de Andrade, consideravam realizar uma reunião do Conselho Político, órgão máximo do partido, para decidir sobre o rompimento com o governo nas votações das reformas constitucionais.

te. As declarações que fez aos jornais, depois que saiu daqui, foram amáveis, mas reafirmando a questão da independência. Vamos ver no que vai dar.

Sábado de manhã recebi o Zé Serra no Alvorada. Ele, que tinha estado tão nervoso a respeito das matérias que sairiam na *Veja* e no *Jornal do Brasil*,* parece que havia superado essa questão. Concordou comigo na tese de que o nosso erro é assumirmos o papel que a imprensa prescreve para nós. Em vez de observar o que os atores estão fazendo, a imprensa fica tentando escrever o script. Ela cria o script e joga um político contra o outro, faz aquela intriga e todo mundo cai. Serra concordou com isso. Não pude ter uma conversa mais aprofundada com ele porque em seguida recebi o Tasso Jereissati.

Tasso veio com o Elio Gaspari. Ele achava que devia trazer o Elio para passarmos a limpo as coisas que ele tem escrito. Longa conversa, mostrei dados, reclamei das interpretações dele. Acabou concordando que não há crise nenhuma. Ele criticou os 4%, eu disse: "Meu Deus do céu, uma economia de 600 bilhões de dólares que cresce 4% e que está estável, é uma coisa boa, não é uma coisa ruim. Não sei quanto cresceu ano passado, vamos saber só em março; provavelmente vai ser uns 4,5%". Ele disse: "Ah, no ano que vem vai ser menos". Ora, quem é que sabe? Ninguém sabe!

Mostrei a ele estatísticas que eu tinha separado para uma entrevista que vou dar amanhã à revista *Veja*, provando que não há desemprego em termos de taxa. Tanto no Dieese quanto no IBGE as taxas de 95 foram as menores que eles têm na série. Houve outro problema, há perda de emprego no setor industrial e ganho no setor de serviços. Claro que a pessoa que perdeu emprego, perdeu; quem vai ganhar [no setor de serviços] é outra pessoa. Mas no conjunto da economia não existe esse fenômeno que vai sendo alardeado, de aumento da taxa de desemprego.

Passei a limpo também a questão do Banco Econômico, da Pasta Rosa, o Gaspari não aceitou as explicações, mas contei minha visão. Insisti que o interventor, que é amigo dele, tem responsabilidade. Eu disse: "É claro, você viu a pasta". Ele fingiu que não. Eu rebati: "Ah, você fez descrições que só quem tivesse visto podia fazer". Eu não quis agravar muito a relação, mas insisti sobre o meu relacionamento com os bancos.

Eu disse: "Olha, você está escrevendo que eu sou duro com os petroleiros e mole com os banqueiros. Está enganado, o Ângelo vai perder tudo, nós vamos fazer uma intervenção que vai se ampliar para as outras empresas dele, para realmente raspar o fundo do tacho. E fizemos a mesma coisa com o Banco Nacional, de modo que você não está sendo justo na avaliação". Claro, como todo jornalista, ele nunca reconhece totalmente que está errado, mas no fundo percebe que há outra maneira de ver as coisas e que ele não está sendo objetivo. Está tomando posição, uma posição que, no caso dele, tem que ter um certo ar espalhafatosamente crítico para fazer sucesso.

---

* Alusão ao caso da Pasta Rosa.

Recebi o general Cardoso, que veio com a dona Rosa, que é uma pessoa que, segundo o general, tem uma intuição muito grande. Eu não acredito muito nessas coisas, mas, enfim, conversamos com ela. Pelo menos até esse momento, não saiu nada de extraordinário das intuições.

Fui para São Paulo, jantei na casa de Roberto Schwarz. Fui direto, Ruth já estava lá, com Roberto, Luiz Meyer e a Carmute [Maria do Carmo Campelo de Sousa].* Jantar agradável. À uma da manhã viemos para casa.

Hoje de manhã fiz meu check-up, que deu um resultado muito positivo, salvo talvez um pequeno aumento da próstata, o que é normal na minha idade. Eles vão ver qual é a extensão desse aumento, mas aparentemente, pelo que me disse o Arthur [Ribeiro],** não é para tomar medida nenhuma, porque isso é mais ou menos inevitável e não requer cuidado maior. O resto: nota 10 com louvor. A Ruth ficou meio brincando comigo, disse que eu fiquei feliz da vida, como se tivesse passado num exame do colégio, porque tive nota 10 com louvor. Mas tive. Nenhuma placa dessas que dizem que se formam nas artérias por causa da aterosclerose, o eletrocardiograma de esforço deu resultados excelentes, superei todas as marcas esperadas, enfim, parece que a saúde vai bem.

Depois, voltei para Brasília, conversando no avião com Clóvis, Vilmar e Sérgio. Na conversa foi inevitável discutir a posição do governo, as fofocas, parece que o Sérgio está bem mais compenetrado das dificuldades e de que tem que falar menos com a imprensa.

Do aeroporto, vim para o Alvorada com o Sérgio Motta, que foi embora faz poucos minutos. Passamos a limpo tudo. Não sei se não era o caso de o Serra concorrer à prefeitura de São Paulo para buscar um caminho de maior independência. Quero ter uma conversa mais pessoal com ele e definir se realmente vai ser candidato à prefeitura de São Paulo. Se não, que assuma com mais energia essa área imensa que está nas suas mãos, que é o Ministério do Planejamento, e que dê uma noção de crescimento da economia, de futuro para o Brasil, uma coisa com entusiasmo.

Sérgio concorda com tudo isso. Mencionamos também a questão do Xico Graziano, que vai para a Europa por uns meses e que estava com a ilusão de poder voltar para o governo federal mais rapidamente e não pode. O Sérgio já disse ao Xico que ele cometeu erros enormes: essa questão da escuta do Júlio e mais ainda ter se metido com esse pessoal da Polícia Federal. Não tem como voltar para cá. Vai ter que amargar um período e talvez ir para o governo de São Paulo, porque ele está bem com o PSDB. Eu lamento muito tudo isso que aconteceu.

Também lamento pelo Júlio, que vai ter que responder a uma sindicância. Está implicado em coisas que disse e que não deveria ter dito, em leviandades, e vai pagar um preço talvez demasiado alto por elas. Não sei se esse preço tem uma con-

---

*Socióloga e professora paulista.
**Médico particular de Fernando Henrique.

sequência, digamos punitiva, mas tem uma consequência de perda de espaço, e certamente ele nem pensa em ir para o México ou para qualquer [outra] embaixada neste momento.

HOJE É 8 DE JANEIRO, uma segunda-feira. Estamos às três da tarde, depois de um almoço que tive com Sarney. De manhã estive com Clóvis e com Eduardo Jorge, como todas as manhãs, e de novo voltou-se ao assunto já um pouco cansativo: José Serra. Aparentemente o Zé Serra agora está se recusando a deixar que os membros do setor do Planejamento, da equipe, participem de reuniões com o pessoal do Banco Central. Está chegando a um ponto que não tem mais retorno. Serra me telefonou dizendo que vai se encontrar comigo provavelmente amanhã. Custa a entender que uma pessoa de tanto talento como o Serra, com tanta capacidade de trabalho, esteja se deixando dilacerar pelas coisas de imprensa.

Almoço com Sarney: muito bom. Afinamos tudo sobre como conduzir o processo de votação, que matérias votar, as reformas, a questão do Sivam, primeiro entregar ao Tribunal de Contas a resposta da Aeronáutica, depois disso nós entraríamos na discussão propriamente da matéria, e também quais são as expectativas do governo sobre essa convocação extraordinária. Passamos em revista a situação do PMDB, ele me disse que já falaram com Paes de Andrade, vão ganhar tempo, vão simplesmente dizer que primeiro é preciso que as bases opinem sobre as áreas que provocam algum atrito no que diz respeito às reformas. Até que as bases sejam ouvidas leva um tempo enorme, diz o Sarney, e é uma forma de não tomar decisão nem de cogitar afastar o PMDB do governo.

Conversamos longamente. Sarney me trouxe de presente um artigo que escreveu na *Commentaire*, que é uma revista importante nas relações internacionais, e também o último livro dele.* Tenho sempre uma admiração pela persistência com que o Sarney vem mantendo esta paixão pela literatura. Não li o livro. Vou ler. Acho que Sarney tem a virtude de ser uma pessoa com convicção, fidelidade, se eu posso dizer assim, à literatura. Ele gosta mesmo. Não é uma coisa feita pro forma, nem é superficial nele. Conversamos demoradamente sobre o diário do Getúlio. Ele está decepcionado com o diário, e tem razão, eu também estou. Depois de algum tempo de leitura, é a pequena história, não se vê muito mais do que intriga, um ou outro entra e sai, não se vê o conteúdo das discussões, a visão do Getúlio sobre o Brasil, nada disso deixa marca no livro. "Eu até já estava arrependido de tanto que eu tinha atacado o Getúlio e fazendo a revisão do meu juízo anterior, mas agora vejo que não, que Getúlio era um homem menor", disse o Sarney. É verdade. A leitura não mostra um homem de grande descortino nem de empenho maior com problemas do país.

---

* *O dono do mar*. São Paulo: Siciliano, 1995.

Conversamos longamente sobre isso e sobre o que está sendo feito agora. Vivemos um raro momento em que, bem ou mal, as pessoas que estão controlando os grandes órgãos do Estado, a Presidência da República, o Senado, a Câmara, são pessoas que têm noção do país, que têm noção de que é preciso convergir em certos momentos. Eu disse ao Sarney: "Pois é, apesar de tudo os resultados do ano passado foram muito positivos". Ele concordou.

Não digo tanto na questão econômica que todo mundo [reconhece], mas finquei o pé em que houve distribuição de renda, e houve. A população está comendo melhor, e na verdade, para usar a expressão de Sérgio Motta, o povo está comendo bem e os banqueiros estão passando dificuldades. É verdade, e isso mostra bem qual é a orientação efetiva das medidas que o governo está tomando.

Mais do que isso. Nós estamos passando por um processo educativo, há uma mutação da sociedade brasileira. Venho dizendo isso há anos e agora estou podendo ajudar a acelerar [o processo]. Não é da Presidência e muito menos do presidente; é uma mudança mais profunda: as pessoas, com a estabilização da economia, tiveram que refazer seus modos de encarar as coisas, suas expectativas, elas precisaram aprender a calcular, e acho isso muito positivo. Espero estar certo em minha análise. Não é tanto o que o governo está fazendo, é mais do que isso. É uma sociedade que realmente tem aumentado sua capacidade de decisão em vários níveis, e agora começa a chegar ao nível individual, em que as pessoas calculam o que interessa, o que não interessa, formam não só suas opiniões como seus juízos no que diz respeito à própria conduta. Isso me parece um lado muito bom de ser salientado.

Também conversei com Sarney sobre as viagens. Ele me encorajou muito. Ele também tem esta virtude, não é um homem da província. Ao contrário, quando presidente, também tentou mudar o Brasil, para obter uma posição mais presente no cenário internacional. Disse a ele que vou à Índia e que depois irei ao Japão,* porque acho que isso faz parte da revisão da posição do Brasil. Claro, sempre haverá um ou outro que vai criticar na imprensa, essa coisa mais simplória. Ele me recordou Juscelino, que tinha aquela coisa "Voando Nonô" ou " Nonô vai voando";** é verdade, fizeram uma musiquinha para o Juscelino, que voava sempre pelo Brasil. Acho que faz parte da missão de um presidente que esteja entendendo seu papel, estar presente, mostrar-se, tomar partido. Pode parecer contraditório com a posição majestática que tanta gente acha que o presidente deve ter, mas não é; faz parte — se é que posso dizer assim — da majestade popular.

Daqui a pouco vou de novo ao Planalto, rapidamente, para receber uma delegação não me lembro bem do que neste momento, acho que são técnicos do

---

*Viagem presidencial ao Japão, realizada entre 12 e 15 de março de 1996.
**"Vai voando, Nonô/ Vai voando/ A barba cresce, Nonô/ E você não desce." Trecho de moda de viola cantada pela dupla Alvarenga e Ranchinho nos anos 1950.

UNDP, e depois volto para dar uma longa... não é bem entrevista, é uma *background information* para a *Veja*.

HOJE É QUARTA-FEIRA, dia 10, onze e meia da noite.
Dei a entrevista para a *Veja* na segunda-feira, uma longa entrevista, espero que as coisas saiam mais ou menos direito, vamos ver.

Na terça de manhã nada de especial; é o dia de receber parlamentares. Antes disso chamei os líderes de governo mais o Marco Maciel, tivemos uma longa discussão sobre a pauta do Congresso, o que fazer, o que não fazer, e enfim vamos ajeitando as coisas para encaminhar o processo da reforma.

Recebi o deputado Theodorico Ferraço* com muitas ideias de como ele pode ajudar a dinamizar as coisas e com uma ideia fixa sobre reforma agrária fazer com que 10% das terras dos agricultores de açúcar, aqueles latifundiários do açúcar, como ele diz, sejam dedicadas, obrigatoriamente, à produção de bens de subsistência. Depois recebi a Yeda Crusius** com um grupo de mexicanos que veio trazer algumas impressões sobre a crise mexicana, a emergência da América Latina; fiz uma longa peroração sobre a situação do Brasil. Vieram com Pepe Reyna [José Luis Reyna], que é embaixador do México, foi meu aluno e, depois, companheiro na Cepal.

À tarde, almocei no Alvorada com Fernando Pedreira, Chico Caruso, Fernando Gasparian, Raymond [Frajmund], que é um fotógrafo amigo do Pedreira, e com o embaixador Gelson. Tudo muito simpático, sobretudo o Chico Caruso, que fez uma dedicatória a mim num livro de caricaturas. Ele é um rapaz agradável e o melhor caricaturista do Brasil. Ele me usa muito como matéria-prima, muitas vezes de forma irônica, outras cáustica, mas tem grande qualidade. É um homem de gênio.

Depois fui assinar o protocolo para o Polo Gás-Químico do Rio de Janeiro com o Marcelo Alencar, o Rafael de Almeida Magalhães, ministros e tal, fiz um discurso sobre a retomada do desenvolvimento, coisa em que eu creio, falei do polo petroquímico do Rio Grande do Sul e aproveitei para rebater as ideias relativas às taxas de desemprego. Ora, essa questão é complexa porque, pelo IBGE, a taxa de desemprego não aumentou, tampouco pelo Dieese, mas isso não quer dizer que não haja desemprego. Na área industrial há desemprego, o setor de serviços oferece mais empregos, entretanto os que ficam desempregados não são reempregados, há um problema sério de retreinamento. Já conversei com Paulo Paiva sobre esse problema que vai nos atormentar pelo resto da década e para o qual não estamos dando uma resposta à altura.

Depois dei uma entrevista aos jornais da Índia, a três jornalistas.

---

*PTB-ES.
**Deputada federal (PSDB-RS).

Recebi o Cristovam Buarque, governador do Distrito Federal, que fez alguns pedidos. Veio com a ideia que ele tem, permanente, de eu assumir a liderança de uma nova forma de desenvolvimento que ele chamou de "modernização ética". Ele vinha da Venezuela, onde disse que eu gozo de grande prestígio, e afirmou que eu tenho que assumir essa responsabilidade histórica.

Cheguei ao Alvorada para ver o Germano Rigotto com a questão da Festa da Uva, as princesas, rainhas, não sei o que mais. Conversei com o Serra a respeito dos nossos temas, ou seja, a questão do crescimento econômico, o que ele vai fazer com a habitação. Ele tem razão quando diz que existe um impasse, o pessoal da área financeira e da Caixa Econômica exige condições de adimplência para os municípios poderem usufruir desses programas, e os municípios não têm essa condição. Se formos muito rigorosos nisso, vamos acabar salvando a moeda e afogando o povo. Não está bem isso.

Mais tarde chegou o Paulo Renato.

Chegou também o Jorge Bornhausen, que me disse que tinha estado com Antônio Carlos. Eu também falei com o Antônio Carlos por telefone na terça-feira. Jorge Bornhausen disse que Antônio Carlos estaria disposto a ajudar na questão do Sivam, tendo em vista o problema das relações do Brasil com os Estados Unidos e o problema da Aeronáutica.

Mais tarde falei longamente com Paulo Renato sobre os problemas da educação. Definimos a programação para o ano em curso. Estou muito empenhado na questão da educação de base. Paulo Renato também vai reestruturar o ensino técnico. Não há senão motivos para a gente acreditar que as coisas vão dar certo.

Na quarta-feira, hoje, cheguei tarde, porque de manhã nadei um pouco mais de tempo, depois fui receber o presidente do Suriname, Ronald Venetiaan. Longa conversa, protocolar, temos problemas de interesse do Brasil com o Suriname.* Eles acertaram a dívida externa, são 70 milhões apenas, mas para eles é muito, e também querem a nossa participação numa hidroelétrica que vão construir. Falei sobre as possibilidades de eles utilizarem o Sivam, problemas da educação, de intercâmbio educacional etc.

Recebi depois o ministro Mauro César, da Marinha, despacho habitual, mais reclamação naturalmente sobre a liberação do orçamento, no que ele tem razão. Já mencionei aqui que vamos ter que mudar o sistema de execução financeira porque está ficando tudo amarrado e só quem manda é o orçamento, mais até do que a Fazenda, e mais ainda, especificamente, manda o secretário do Tesouro, que é quem segura o dinheiro para poder sanar o déficit.

Depois tive uma excelente conversa com o deputado Eliseu Resende sobre o programa rodoviário nacional. Eliseu é inteligente e está fazendo um bom trabalho

---

*A ex-colônia holandesa planejava vender quase metade de seu território a madeireiras asiáticas, gerando temores de expansão do desmatamento e migração de indígenas para o território brasileiro.

na Câmara.* Temos que reestruturar o DNER, assim como o DNAEE, assim como o Conselho de Petróleo, assim como a Autoridade dos Portos,** porque é a nova estrutura do Estado. Essa é a verdadeira reestruturação do Estado. Tomara que assim possamos fazer as concessões de serviço público de maneira adequada.

Almocei com Luciano Martins no Alvorada, com a Ruth e o Gelson. Luciano, pessimista, menos um pouco que de hábito e sempre fazendo estudos interessantes. Voltamos a conversar sobre tudo, emprego, desemprego.

À tarde recebi a Academia Nacional de Medicina, uma coisa que me emocionou, pois estava lá um médico que operou a minha tia Sílvia. Minha tia morreu há muito, pensei que ele também tivesse morrido. Está vivo, dr. Jorge Marsillac, cancerologista do Rio de Janeiro. Vieram me convidar para que eu seja presidente de honra da Academia Nacional de Medicina, que tem mais de cento e não sei quantos anos, foi fundada em 1829 e é uma tradição. Jatene veio com eles.

Recebi o Epitácio Cafeteira, para ele falar mal do Sarney, naturalmente, e me dar alguns palpites, e Jader Barbalho, com quem conversei sobre o Sivam. Disse ao Jader que de manhã cedo eu havia recebido o Antônio Carlos. Antônio Carlos se dispõe a ajudar no Sivam, a não emitir a opinião dele, que é contra, segundo me disse. Falou também que está muito grato, suponho que por causa da solução do Banco Econômico. Combinei com Jader que na reunião que terei amanhã com os senadores vamos discutir com Ramez Tebet e Élcio Álvares a tática para levar adiante a reformulação da questão do Sivam, que passa pela necessidade de alguém do Tribunal de Contas, o relator,*** mostrar que não há relação entre as eventuais irregularidades da Esca e da Aeronáutica com a escolha do Sivam.

À noite jantei no Itamaraty com o presidente do Suriname. Homem interessante. Se comunicou em holandês, mas fala inglês perfeitamente. Falou muito sobre a situação racial do Suriname, onde há muitas raças, nenhuma com supremacia em termos numéricos ou mesmo políticos. Disse que os negros têm mais força; ele é negro, educado na Holanda, professor de matemática, foi ministro da Educação. Está decidido a apoiar o Brasil na questão relativa ao Conselho de Segurança e numa integração maior do Suriname com o Brasil.

Pena que poucos de nós, no Brasil, tenham uma visão estratégica, porque ela é necessária para transformar o Brasil no polo dinâmico da América do Sul. E isso tem como base a transformação da matriz energética. Tem a ver com o petróleo da

---

*O ex-presidente da Eletrobrás e ex-ministro da Fazenda (governo Itamar) era presidente da Comissão de Minas e Energia da Câmara. O diretor-geral do DNER, ex-deputado Tarcísio Delgado, também era do PFL mineiro.

**Dentro do programa de privatização dos portos, iniciado com a instalação de um grupo executivo do governo federal em abril de 1995, companhias estatais controladoras dos portos brasileiros vinham sendo transformadas em "autoridades portuárias", seguindo o modelo norte-americano.

***Adhemar Ghisi.

Venezuela, da Argentina, o gás da Bolívia, da Argentina, mais tarde o gás do Peru, talvez energia do próprio Suriname, e com isso damos dinheiro a eles e criamos um mercado potencial para os nossos produtos industriais. É óbvio que se vai caminhar nessa direção, mas poderíamos caminhar com uma visão estratégica muito mais clara. Acho que falta essa visão ao comum dos nossos políticos, para não falar também dos nossos economistas.

A economia parece que não foi para a recessão em janeiro. Todos os dados são favoráveis e ficou muito claro o efeito redistributivo do real. Roberto Freire fez um discurso dizendo isso, mas esqueceu o social. Porque o social basicamente é a redistribuição de renda, que houve na visão do Roberto Freire. E é verdade. E também em várias outras áreas, educação, saúde, assentamento rural. O Zé Eduardo de Andrade Vieira trouxe, junto com [Raul] do Valle, uma porção de informações concretas, cerca de 42 mil famílias assentadas ano passado. Enfim, tudo isso me parece realmente positivo.

Volto a estar com ânimo forte.

HOJE É SEXTA-FEIRA, 12 de janeiro, são oito horas da manhã.

De manhã bem cedo, ouvi os líderes dos partidos aliados ao governo na Câmara dos Deputados. Um café tumultuado, como sempre nessas ocasiões. O Inocêncio de Oliveira muito exigente sobre ministros que não respondem a telefonemas, mas na prática, na hora de discutir as questões centrais, ele falou sobre o seguinte. Primeiro, um projeto importante sobre a cobrança de contribuição à previdência dos inativos,* que hoje são 44% da folha de pagamento do governo, e bastante importante do ponto de vista da aposentadoria pública, está difícil de ser votado porque há oposição. De quem? Basicamente do PFL e do PPB. Na verdade eles não se colocam assim, mas é isso.

Por quê? Insatisfação em certas áreas. Que áreas? Inocêncio, na saída, me mostrou a carga que havia feito contra os ministros. Praticamente no que consistia? Alguns deputados, um do Piauí, parece, que não consegue nomear um gerente da Chesf no Piauí, e outro que não consegue nomear alguém do sistema do Incra não sei onde. Ele próprio quer nomear um antigo diretor dos Correios e Telégrafos para os Correios. Ontem mesmo tinha havido a posse do novo presidente dos Correios, o que deixou Inocêncio furioso. Não são coisas para eles, líderes, disse. São coisas para os outros deputados. Ele como líder é obrigado a querer e nós estamos naquele ponto difícil, porque são nomeações que têm objeções concretas. Razões objetivas pelas quais eu não nomeio (depois verifiquei com Eduardo Jorge): ou porque há disputa, ou porque as pessoas não são aptas para os lugares.

*O PL 941/1995, que previa o recolhimento de imposto de renda sobre aposentadorias e pensões, foi apresentado em agosto de 1995 e rejeitado por inconstitucionalidade pelo plenário da Câmara em janeiro do ano seguinte.

Mesma coisa em relação ao PPB. Odelmo Leão, que é o líder, estava aqui, disse que quer conversar comigo. Ontem à tarde teve a conversa na frente do Eduardo Jorge e do Luís Carlos Santos. E a questão é muito mais complicada. Há acusações de que o pessoal da Conab estaria roubando, e não se conseguiu comprovar. O Isaías [Custódio] é o presidente, há acusações da Conab de que os deputados do PPB, à frente o Vadão [Gomes]* e mais uns dois, [José] Janene,** que eu nem conheço, estariam querendo colocar alguém que fosse mais "flexível" no sentido de permitir que eles fizessem caixinha. Nós dissemos o seguinte: nesse caso é melhor então tirar toda a diretoria da Conab.

Há uma disputa porque o líder do PPB, que é o Odelmo, está sendo posto em cheque pelo Pauderney Avelino, e o Pauderney me disse no jantar do presidente do Suriname, o Venetiaan, que quem resolvesse a questão da diretoria da Conab receberia o apoio de uns tantos quantos deputados e ganharia a reeleição para líder. Essas são, digamos assim, as tripas da República. O que está por trás das críticas violentas ao governo, às vezes de afirmações de muita independência, é a questão de nomeações. Nem sempre, mas muitas vezes é isso mesmo.

Tivemos que contornar com os líderes da Câmara a questão dos inativos. O Luís Carlos Santos me disse que tinha dado uma solução, vamos ver qual vai ser, porque haveria uma objeção da Comissão de Justiça da Câmara. Estava presente o [Vicente] Cascione, o novo líder do PTB, que é um que mais deixa na mão o governo na Comissão de Justiça da Câmara. Ele disse que votaria a favor. Voltamos a insistir na necessidade de que o governo faça o que tem que fazer.

Tanto os líderes da Câmara quanto os do Senado, pela boca do Jader Barbalho, vêm com a objeção de que o governo não manda as leis complementares das reformas da Constituição. Eu mostrei que isso é um novo equívoco deles. Só precisamos mandar a lei relativa ao petróleo. A emenda sobre empresa nacional não requer lei. Na questão das empresas de cabotagem, a lei já está lá; na questão das energéticas, a lei foi feita e nós a estamos discutindo dentro do governo. Falta a lei do petróleo, que está pronta, feita pelo ministro Raimundo Brito. Eu li, achei razoável, vamos mandar para o Congresso, e já explicarei por que é tão difícil mandar. A outra é a lei de telefonia que o Sérgio Motta já mandou e que acabou tendo que voltar. Então forma-se uma onda ao redor de nada.

É a mesma coisa, com mais ênfase, no que diz respeito à energia. O DNAEE não funciona. E há uma resistência interna a uma nova função. Com relação à questão das rodovias, o Eliseu Resende*** está fazendo um trabalho admirável, que implica também a reestruturação do Estado.

* PPB-SP.
** PPB-PR.
*** O deputado do PFL mineiro apoiava a recriação do Fundo Rodoviário Nacional, financiado por um novo imposto sobre combustíveis, para a manutenção das rodovias federais.

Eu disse isso aos senadores, disse aos deputados, e vou dizer até ao cansaço. Eles vão continuar fazendo barulho para certas questões mais pontuais na verdade tendo por trás outras demandas. O próprio senador Jader Barbalho, ao sair, me deu a demanda concreta dele: a nomeação do presidente da Telepará* e do diretor técnico. O diretor técnico indicado, segundo Sérgio, é bom; o presidente não é aceitável** nem pelo Sérgio e muito menos pelo Almir Gabriel, porque tem umas implicações no passado. Esse é o concreto da política.

Sei que é assim, mas não podemos cair só nisso. Temos que preservar a capacidade de o estado ser relativamente eficiente e impedir que se formem gangs para utilizar de uma maneira inadequada os recursos públicos. Não estou dizendo que eles tenham feito as indicações para isso, mas temos que olhar sempre para esse lado também porque é preciso evitar que haja uma desmoralização do aparelho de estado.

Depois almocei com os líderes do Senado. O almoço foi muito mais calmo, na prática vão votar tudo que pedimos. Claro que os jornais vão fazer referência ao que disse Inocêncio: que o presidente é ótimo, mas que os ministros são péssimos. É força de expressão do Inocêncio, irritado pelas razões que já mencionei. Os líderes do Senado vieram mais calmos. Encaminhamos uma discussão mais tranquila sobre o Sivam, com Jader Barbalho, o Ramez Tebet, que é o relator, o senador [José Roberto] Arruda e eu próprio. Agora só falta Antônio Carlos; na segunda-feira temos uma reunião com ele. Já falei com [Marcos] Vilaça, o presidente do Tribunal de Contas [da União], que já falou com Ghisi, que é o relator, para encaminhar não um parecer, que demoraria muito, mas uma explicação, mostrando que não existe relação entre os desmandos da Esca com a Aeronáutica e a contratação do Sivam.

Posteriormente, recebi no gabinete o Kenneth Clark, que é o ministro do Tesouro, ministro da Fazenda da Inglaterra.*** Conversa muito simpática, muito agradável.

E recebi o deputado Pedrinho Abrão.**** Ele quer meu apoio para ser líder, veio com Benedito Ferreira, antigo senador que foi meu colega. Estava muito queixoso porque São Paulo deixou de exportar gado. Ele exporta o gado pela Argentina, tenho que verificar se é verdade que São Paulo teria sido desqualificado.

Muita confusão sobre as declarações de Zé Eduardo Vieira, criticando a política de juros. Ele já se desdisse. Recebi uma enorme quantidade de parlamentares, que não é o caso de registrar aqui, e o Tasso Jereissati, às voltas com o problema do por-

---

* Estatal paraense de telefonia, foi incorporada pelo consórcio Telemar e privatizada em 1998.

** Jader Barbalho acabou vencendo a disputa com o governador Almir Gabriel. Seu afilhado político, Ambire José Paul, foi indicado para a presidência da Telepará.

*** *Chancellor of the Exchequer*, cargo equivalente ao de secretário do Tesouro.

**** PTB-GO.

to de Pecém* e com a história de um subsídio, uma isenção, que poderia prejudicar a vinda de uma fábrica da Coca-Cola para o Brasil. Ele já tinha falado com Pedro Malan e Everardo Maciel para verificar qual é o fundamento disso e eles vão fazer uma proposta de transição.

Nizan e todo o pessoal da comunicação vieram ontem à noite para uma discussão sobre a comunicação social. A conversa não foi fácil. Nizan é inteligentíssimo, áspero. Estavam também uma porção de técnicos, eu não sei exatamente os nomes. Disse que o governo não tem uma boa comunicação, que o governo vai bem, mas tem que aproveitar para mudar a comunicação neste momento. Sérgio Amaral presente, concordando em parte com as críticas. A Ana, quando se fala de imprensa, não aceita nada, fica reagindo de uma maneira inadequada porque não tem tranquilidade para entender e aceitar críticas. Vamos modificar um pouco esse esquema de comunicação. Não sei se vai dar certo, mas a intenção pela menos é essa.

HOJE É SÁBADO, 13 de janeiro.

Ontem, sexta-feira, foi um dia mais calmo. De manhã, assinei uma portaria autorizando a utilização de gás nos veículos.** Depois recebi os ministros de rotina. Falei longamente com a Dorothea, que discutiu a necessidade de uma política industrial. Na verdade ela não tem tido amparo na Câmara de Política Econômica,*** nem participa dela. Onde estava o Serra, agora estão o Malan e o Clóvis. Isso também é uma coisa que está errada, tenho que ver como solucionar essa questão. Há falta de integração da Dorothea na definição das políticas econômicas.

Vim para o Alvorada, almocei sozinho, Ruth estava na Comunidade Solidária.

Voltei ao gabinete, fiquei lá até oito e meia da noite... fico parecendo Getúlio se queixando que tinha muito trabalho. É verdade que eu despachei sem parar, mas nada de mais relevante.

Na véspera eu tinha recebido o grupo parlamentar Brasil-Líbano. Dez por cento dos nossos parlamentares são libaneses, árabes, é realmente impressionante. E ontem, sexta-feira, recebi também uma grande quantidade de pessoas.

Acho que as coisas estão se acalmando no que diz respeito à aprovação das emendas. Falei por telefone com o Luís Eduardo sobre a interpretação que ele vai dar acerca do poder da Comissão de Constituição e Justiça para ter uma decisão final quando considera inconstitucional alguma medida ou parte de alguma uma

---

*O edital de construção do porto de Pecém, no Ceará, foi assinado em dezembro de 1995 pelo ministro do Planejamento, José Serra.

**O governo liberou o uso de gás natural veicular (GNV) como combustível de veículos de passeio. Até então, o GNV era restrito a táxis, ônibus e carros de empresas.

***Formada por Clóvis Carvalho (presidente), Pedro Malan, José Serra e Pérsio Arida, além de Fernando Henrique.

lei, isso por causa do projeto que faz com que os pensionistas e os inativos contribuam para a Previdência. Os inativos é possível; os pensionistas acho que é inconstitucional mesmo. De qualquer maneira a interpretação tem que ser vista com cuidado, porque pode produzir uma série de transformações no futuro e dar muito poder à Comissão de Constituição e Justiça da Câmara.

Falei com Antônio Carlos sobre a reunião que havíamos tido sobre o Sivam e pedi para ele não falar com o ministro Vilaça nem com o relator Ghisi. Ele acha melhor falar. Eu concordei que ele falasse, desde que não fizesse disso praça pública, para evitar ciumeiras e também que se reacenda a questão.

Hoje li nos jornais que já se considera o Sivam como uma votação que pode vir a ser favorável ao governo. Trabalhei bastante, transformei a questão do Sivam na questão de Estado que ela é, não de governo.

Conversei com o Serra, com o Paulo Paiva e com o Mendonça, do BNDES, além de ter estado antes, de manhã, com o outro Mendonça, o Beto Mendonça, juntamente com Pedro Malan e com Pedro Parente e o pessoal da casa, para discutir o pronunciamento que farei na quarta-feira. Muitas informações positivas sobre vários setores. Me pareceu bom.

Tive outra reunião, na sexta-feira à tarde, com o pessoal do Serra, para discutir a utilização dos recursos do FAT pelo BNDES. O FAT, que é o Fundo de Amparo ao Trabalhador, tem recursos que o BNDES pode multiplicar em projetos de investimento. Por trás disso está a questão da definição de até que ponto a estabilização requer uma paralisação relativa do crescimento. Todos que estavam comigo acharam que era preciso acelerar o crescimento. Eu também acho. Mas é preciso evitar que isso degenere em uma nova guerra entre Fazenda e Planejamento, ou parte da Fazenda, como disse o Mendonça, essa parte da Fazenda que inclui o Banco Central, ou seja, Gustavo Franco, Chico Lopes, talvez Malan e, certamente, Murilo Portugal contra o resto da equipe.

Acredito que em 96 é preciso dar um sinal claro de que vamos investir. E acho que as pessoas estão demasiado preocupadas com as eventuais consequências do investimento sobre a inflação. Com as decisões de investimento tomadas, não há razão para tanta preocupação. Estamos começando a exagerar no aperto. O aperto já foi muito grande em 95; agora em 96, sobretudo com eleição, é muito difícil suportar as pressões que virão. Não é só a pressão eleitoral, é necessário dar um sentido de crescimento ao país. No discurso que fiz na cerimônia de liberação do uso do gás nos veículos, falei bastante sobre os rumos do Brasil. É necessário dar esse sentido, que é o espírito que quero que o Serra dê.

Aliás, daqui a pouco me encontro com ele e vou discutir esse problema mais a fundo.

Eduardo Jorge me deu uma ideia que eu não achei má. Seria trazer o Paulo Paiva para o lugar dele, colocar Dorothea no lugar do Paulo Paiva e, eventualmente, nomear [Francisco] Dornelles, ou alguém assim do PPB, pois a pressão do PPB para ter um lugar é muito forte. Tive, como já disse, uma conversa com Odelmo e com

Luís Carlos Santos, e também com Pauderney Avelino, tudo apontando na mesma direção; eles querem espaço no governo, querem cargo de ministro. Não é desproporcionado, porque eles são noventa parlamentares.* O diabo é que tenho que escolher alguém bom para poder compor o governo, sem dar uma cara nem de mais fisiologia nem de conservadorismo. Essa é toda a minha ginástica.

Fui ao cinema à noite com a Ruth ver um filme chamado *A rede*, aqui no Alvorada mesmo, sobre uma questão de computadores, nada de mais extraordinário.

Acho que as coisas acalmaram, mas tenho que ir manobrando as pequenas intrigas e grandes ambições.

HOJE É SEGUNDA-FEIRA, 15 de janeiro. Quero registrar a conversa que tive com Serra anteontem, sábado.

Eu disse a ele com franqueza que a meu ver ele tinha dois caminhos. Ou ser candidato a prefeito de São Paulo, ou se integrar como um ministro do desenvolvimento, como uma pessoa forte na retomada do crescimento, para poder ter um sentido para ele e para todo mundo. Ele afasta a hipótese da prefeitura de São Paulo com a alegação, que acho verdadeira, de que poderá ficar lá bloqueado, sem poder se candidatar a governador — não tem sentido deixar a prefeitura um ano e meio depois de eleito. E, se ele permanecer até o fim como prefeito, fica um intervalo de dois anos mais adiante sem espaço. Além do mais, ele disse, e também com razão, que eu sei tão bem quanto ele que qualquer eleição é muito difícil. Ele não se considera necessariamente vencedor, até porque nas pesquisas de opinião pública está em terceiro. Esse é um dado relativo, porque dá para virar. Eu respeito a decisão dele, acho que é correta.

Sendo assim, por que não participar mais intensamente da formulação e da afirmação do aspecto desenvolvimentista do governo? Ele disse que há um erro nosso de concepção: tiramos a coordenação do Planejamento. Com Clóvis ele não participa das reuniões da manhã, que são decisórias. Acho que ele talvez tenha razão nisso, pois os outros ministros do Planejamento tinham um gabinete no Planalto. Isso tem sua base de realidade, mas o fato é que ele próprio não se situa como ministro do Planejamento, acho eu. Ele se mostrou disposto a fazer isso. Propus uma conversa dele com Clóvis. Hoje, segunda-feira, falarei com Clóvis e vamos ter essa conversa. Eu disse ao Serra que estava pensando na eventualidade de trazer o Paulo Paiva para o lugar do Eduardo Jorge, que quer ir embora. Ele achou que talvez seja uma boa, isso propiciará um novo desenho.

O Serra me pareceu mais maduro no que diz respeito à questão do Malan. Embora tenha falado de novo de taxa de juro, taxa de câmbio, me pareceu estar entendendo que a estabilização é fundamental. Eu não posso dispensar o aspecto

---

* O PPB tinha 85 deputados e nove senadores, terceira bancada do Congresso.

estabilização, mas o governo também não pode morrer por falta de crescimento. Pelo contrário, o que há de peculiar no nosso ajuste é que não o fazemos a expensas do povo, está visto isso. É uma experiência bastante nova, não é única, mas tem suas peculiaridades.

À noite conversei com Vilmar, que veio aqui com a Regina. Vimos um filme chamado *The President*,* bastante medíocre, e depois conversamos sobre a Comunidade Solidária. Voltamos a falar da Anna Maria Peliano, que não quer se conformar com a ideia central da Comunidade Solidária, que na linguagem do Clóvis é para estancar hemorragias e não para corrigir a doença que a longo prazo é a área social. Ela acha que a política do [programa] Comunidade deve ser bem mais abrangente do que isso. Vilmar concorda com o diagnóstico, tem medo de mexer na Anna porque ela tem uma longa tradição nessa matéria, tem penetração na burocracia e é eficaz no controle de programas. Eu até tinha sugerido trazer o [José Luiz] Portella para o lugar da Anna Peliano, se ela realmente for embora. A Ruth também tem dúvidas sobre se vale a pena ou não afastar a Anna, a Ruth não quer que a afastemos. Vamos ver.

Ontem, domingo, foi um dia calmo, passei aqui com a Luciana e a Ruth.

À noite jantamos com o Pedro Paulo e a Malak [Poppovic] na casa deles, com a Rosiska [Oliveira] e o Miguel [Darcy de Oliveira]. Também aí nada de conversa séria, levamos um vinho que eu tinha ganho do Sérgio Motta, um Château Margaux de 1970 que estava extraordinário e uma champanhe Cristal que recebi no ano passado, não sei bem de quem.

Ontem fiquei lendo umas coisas que me pareciam necessárias rever, papéis e documentos, despachos, e recebemos a informação de que a Ruth Escobar tinha sido esfaqueada em Paris. Ruth conseguiu falar com ela, e também eu mandei um recado.

Falei com Itamar, porque o Jorge Sampaio ganhou a eleição. Falei com Mário Soares para felicitar, tentei falar com Jorge Sampaio, deixei o recado. É interessante, está havendo uma volta dos socialistas ao governo, ou talvez sinais de que esse excessivo "neoliberalismo" tenha esgotado sua fase.

Hoje de manhã dei uma entrevista ao Touraine, nós dois conversando, para sair no *Estado de S. Paulo*. Ele voltou a esse tema. Eu disse: "Eu nunca entrei no neoliberalismo, a diferença do Brasil é que o governo nunca imaginou que devesse acabar com o Estado e dar vida ao mercado, de modo que quando há essa volta na Europa nós não saímos do lugar em que estamos". Sempre me opus a essa concepção estreita de que em vez de Estado tem que haver mercado. Não é o que temos aqui. Deve haver uma participação maior da sociedade nas decisões. Não é [domínio exclusivo] nem do Estado nem do mercado. E isso implica mudanças. Expliquei como estamos fazendo, usando o DNAEE como exemplo.

---

* *The American President* (1995). Versão brasileira: *Meu querido presidente*. Longa-metragem dirigido por Ivan Reitman, com Michael Douglas no papel de presidente.

Isso já é quase um feijão com arroz para mim, mas não passa tão facilmente para a população. Para o Touraine, é claro que passa. Eu tinha dado uma entrevista à *Veja*, saiu ontem, bastante boa. Tem uma frase que resume o que estou acabando de dizer, ou seja: na nossa situação econômica, no meu governo, os banqueiros estão com problemas e o povo está comendo mais. Mudou portanto o enfoque do que era a política econômica do Brasil, na qual a inflação favorecia o capital financeiro e debilitava o povo.

Fora isso, reli uma porção de matérias, inclusive um artigo do Roberto Pompeu de Toledo na *Veja* sobre [François] Mitterrand.* Eu o conheci em 1968 em Paris. Depois estive com ele mais de uma vez. Num encontro em São Paulo, jantamos no Palácio do governo do Montoro, sentei ao seu lado, conversamos bastante. Sempre o vi um pouco formal, uma esfinge. Eu li alguns livros sobre Mitterrand, desses jornalistas que escreveram recentemente, e um que ele mesmo escreveu, *Memória a duas vozes*. Fraco, não me pareceu um livro muito marcante.

Vou dizer algo que não sei se é justo, mas acho que o Mitterrand é mais uma máscara do que uma realidade. Me deu a impressão de que por trás daquela visão que o Pompeu de Toledo ressalta, do estadista que entrou para a História, na verdade estava um político ardiloso, manhoso, que tropeçou e fez tropeçar o [Michel] Rocard,** que fez tropeçar tanta gente, que nomeava o primeiro-ministro e não lhe dava espaço, que era não digo ambicioso, mas não sei se não haveria um certo oportunismo na conduta dele, que prejudica a visão de *grandeur* que a França quer reencontrar desde De Gaulle. Mitterrand também embarcou nessa de remontar essa visão, mas creio que faltou grandeza a essa *grandeur*, grandeza pessoal. Posso estar sendo injusto, mas acho que ele não se compara nem a Churchill, muito menos a De Gaulle, nem a [Franklin] Roosevelt, talvez nem mesmo ao Felipe González. Com todas as críticas que se fazem hoje ao Felipe, ele foi um político de convicções, se jogou mais.

Mitterrand deu muitas voltas, foi socialista ardoroso, depois mudou, na coabitação*** é verdade, mas deu uma volta muito grande para o que hoje se chama o neoliberalismo. Não sei se suas ideias são mais fortes que as de De Gaulle, mas há uma diferença: De Gaulle fez um acordo com os alemães. Isso foi positivo para a Europa e para o mundo. Mas tinha uma ideia de morte, de quem quer entrar para a imortalidade, diferente do Getúlio. Que a morte, como eu vi nos diários do Getúlio, era para ele uma espécie de vingança pessoal: já que eu não posso ganhar, eu ganho morrendo. Se matou e ganhou. No caso de Getúlio, a visão é a de um homem autoritário: ou aceitam o que estou fazendo ou então eu ganho nem que seja me matando.

---

* O ex-presidente socialista da França (1981-95) morreu em 8 de janeiro de 1996.
** Ex-primeiro-ministro da França (1988-91).
*** Entre 1986 e 1988, o primeiro-ministro da França foi o conservador Jacques Chirac, consequência da perda da maioria parlamentar pelos socialistas.

Não era isso o que Mitterrand queria. Pelo que li no Roberto Pompeu de Toledo, ele queria se confundir com o absoluto como partícula, não se substituindo pelo absoluto. Nesse aspecto, tinha uma visão mais humana da morte, por incrível que pareça, porque olhava para ela como se fosse não só o inevitável, mas quase o desejável. Parece que, em certo momento, decidiu que queria morrer, mandou suspender os remédios. Esse é o lado humano e de grandeza. O que contradiz o que eu disse há pouco sobre a esfinge, sobre a máscara. Não obstante, quando estive com Chirac, que eu não conhecia, achei-o mais caloroso, mais fácil de conversar do que o Mitterrand, que era mais pomposo. Não a pompa do De Gaulle, que tinha por trás realmente a grandeza, mas a pompa de quem se vestiu com pompa. Posso ter sido injusto, mas é a impressão que tenho nesse momento.

Tive um despacho com [Israel] Vargas, sobre a minha visita à Índia, uma reflexão com o embaixador Gelson Fonseca sobre qual é o significado da relação Brasil-Índia.

Há alguma relação que seja diferente de simplesmente laços? Ou diplomáticos, vagos, ou de mercado, que no caso da Índia com o Brasil quase não existem. Noutros termos, a Índia ainda é terceiro-mundista, me parece, e parece a ele também; o Brasil, já não. Mas isso, voltando ao que eu disse ao Touraine, não significa que nós possamos pensar na globalização como homogeneização. Existem características específicas, o acordo Mercosul/União Europeia se fez também porque nós aqui somos, como eu disse ao Gelson, extremo Ocidente, mas no extremo Ocidente a presença não ocidental existe. E nós só queremos constatá-la no geral, mas não aspiramos criar um modelo para o mundo que seja alternativo ao do Ocidente. A Índia talvez aspire. Queremos, sim, ter um espaço nesse modelo do Ocidente para algumas peculiaridades, e a Índia talvez queira outra coisa que não o Ocidente, como a China. A China pode querer com um pouco mais de propriedade.

Acho a Índia muito forte, muito peculiar, do hinduísmo ou budismo, islamismo, tudo junto, e vai ser sempre assim, ela é diferente, mas a diferença dela dificilmente pode ser exportável, pode se propor como modelo para o mundo. Então se ela entendesse o terceiro-mundismo como a defesa da sua diferença e não como um modo alternativo ou predominante, nesse caso haveria uma conversa mais fácil com o Brasil. Mas ela ainda quer fazer a bomba atômica e não quer assinar a lei de patentes, tem resistências que o Brasil não tem. Não sei se dá realmente para ter uma política de convergência que não seja baseada somente no simbolismo do respeito às diferenças, mas sem uma proposta nova.

Aí eu me pergunto: há proposta nova? Quer dizer, eu, como presidente do Brasil, um país forte, emergente, posso propor alguma coisa? A ideia dos grandes espaços, a China, a Rússia, a Índia, o Brasil, o Canadá, é algo mais que o grande espaço? É possível algo mais? Deixo por enquanto como interrogação.

Fora os inúmeros despachos mais ou menos rotineiros durante a tarde no Planalto, uma informação: chegou-se a um acordo entre a CUT, a Força Sindical, a CGT, todos, sobre a Previdência Social. Vi isso na telinha da televisão. Imediatamente em seguida, me telefonou o Paulo Paiva, deu detalhes, depois falei com Stephanes, todos muito felizes. Foi aceito o princípio de que será preciso ter 35 anos de contribuição para alguém se aposentar.* É histórico as centrais sindicais terem aceitado uma modificação desse porte na Previdência Social. Isso abriu margem também para acabar com esse programa de aposentadorias especiais do serviço público.

À noite — eu já tinha marcado —, recebi o Medeiros, o Paulinho, que é o presidente do Sindicato dos Metalúrgicos de São Paulo, o presidente do Sindicato dos Comerciários de São Paulo** e dois ou três assessores deles, mais o Paulo Paiva e o Sérgio Motta. Grande euforia. Na verdade isso foi feito depois um telefonema do Paulinho para mim, eu já havia ativado o Paulo Paiva para se mexer, e o Paulo foi hábil, conseguiu fazer o entendimento. Eles reconheceram isso. Estavam todos eufóricos, todos reconhecendo a transcendência histórica do acordo. Vamos ver se agora a CUT mantém a posição até o fim. Ainda que não mantenha, já houve uma vitória muito importante do governo, politicamente falando.

Além disso recebi o senador Antônio Carlos, o senador Jader Barbalho, o Ramez Tebet, o Élcio Álvares e o Arruda, para discutirmos o Sivam. O Antônio Carlos me disse que esteve com o presidente do Tribunal de Contas e também falou com o relator Ghisi. De lá [parece que] virá uma reação preliminar favorável às respostas da Aeronáutica. Isso vai desimpedir a aprovação pelo Senado. O Ramez Tebet está um pouco inquieto porque quer entrar em alguns pontos; ele se sente responsável e tem razão. Como relator, tem que falar da escuta telefônica, da contaminação ou não da questão da Raytheon, da escolha dela por causa das acusações sobre a Esca, mas no final dará um parecer favorável.

HOJE É DIA 16 DE JANEIRO, terça-feira.

Dia comum, almocei na casa do Paes de Andrade com Sarney, Jader Barbalho e Michel Temer, e conversamos sobre muitas coisas do passado, histórias do Juscelino, Getúlio, muito divertidas. Quando se foi entrar numa discussão mais séria, ninguém estava com vontade. Quando eu disse que a questão do ministério ficava para depois, a não ser o Paes, que entrou no assunto, ninguém mais o seguiu. Depois eu disse: "Olha, não há alternativa, PT, PDT não oferecem alternativas, não vejo

---

*As centrais sindicais resistiam ao fim da aposentadoria por idade. O acordo fechado entre sindicalistas e governo instituiu a aposentadoria por tempo de contribuição (35 anos para homens e trinta anos para mulheres). Os protestos agendados pelas centrais contra a reforma da Previdência foram temporariamente suspensos.

**Rubens Romano.

qual é a possibilidade de o PMDB ir para esse lado", e todos concordaram comigo. Fotografias e muita alegria, nada de mais substantivo.

Sarney me visitou depois no Planalto, para dar conta do que tinha feito na Europa, muito simpático, me trouxe uma garrafa de vinho, Petrus, depois Jader Barbalho me procurou.

Aí é mais complicado. Ele me disse que o Gilberto Miranda estava apavorado por achar que o governo o estava perseguindo, porque a Receita tinha entrado simultaneamente nas trinta empresas dele. Eu disse ao Jader que por certo não foi uma ordem política, que o provável é que tinha sido por causa da ostentação de riqueza dele, mas que eu ia falar para o Pedro Malan ver isso. Jader se preocupa porque o Gilberto pode fazer escândalo, pode ficar de novo atrapalhando o Sivam por essa tentativa, segundo ele, de pressão política, coisa que na verdade não houve.

Falei com o Pedro Malan à noite, no Alvorada. Pedro confirmou que entraram nas empresas do Gilberto Miranda, mas por causa das publicações múltiplas sobre a riqueza dele. Riqueza ostensiva e sem que exista base segura para gerá-la. Vamos ver.

Estive à noite com Jatene, Serra, Malan, Stephanes e Clóvis, para discutirmos o financiamento da saúde. O mesmo impasse de sempre. Jatene conseguiu algum dinheiro. Eu pedi ao Stephanes que explicasse melhor o acordo com a CUT, com a CGT, e com a Força Sindical, sobretudo a Força Sindical. O acordo é extraordinário, porque pela primeira vez as centrais sindicais se unem para apoiar uma reforma. Stephanes acha muito importante o acordo, muito bom, principalmente porque na parte relativa ao setor público não cedemos em nada. Mas não estamos cantando vitória, estamos até deixando a impressão de que houve um grande recuo, para não alertar os que são contra a reforma. Imagino que o PT vai reagir.

18 DE JANEIRO A 1º DE FEVEREIRO DE 1996

Visita a Petrópolis.
Viagem à Índia, Espanha e Itália.

Dia 18, meia-noite.
Ontem, 17 de janeiro, fiquei em casa de manhã, nadando e lendo, me preparando para a coletiva que eu daria à imprensa depois do almoço. Em seguida fui à sessão inaugural dos trabalhos do Tribunal de Contas da União. O presidente do tribunal, Marcos Vinicios Vilaça, fez um discurso muito caprichado, empolado, conceitual, um pouco no estilo do passado, mas que encontra muito eco ainda hoje. Quando cheguei, vi que estavam ele, Sarney, Marco Maciel e o procurador-geral,* todos nordestinos. Depois Paulo Afonso me saudou e o procurador-geral fez um discurso defendendo o real e o liberalismo à outrance. Fui fazer a resposta, brinquei um pouco, disse que me sentia constrangido diante de tantos nordestinos loquazes, elogiei os discursos deles, mas falei do meu modo, com mais simplicidade, e acho que fiz um discurso mais profundo sobre o significado das reformas. Tudo simpático.

Voltei para casa, almocei e fui para a coletiva de imprensa. Creio que a entrevista teve um efeito positivo, pelo menos é o que todos me disseram. Às vezes me engano, porque a mim dificilmente dizem coisas menos agradáveis. Mas dessa vez parece que foi muito ampla a aceitação, foram mais de duas horas entre a exposição e as perguntas. Os jornais de hoje cobriram bem. Respondi a muitas críticas, coloquei algumas perspectivas para o futuro, defendi o Jatene, enfim... o trivial ligeiro, mas feito com força.

Recebi o general Zenildo Lucena rapidamente e, em seguida, os líderes do Sindipeças, com um ponto interessante. Com a globalização da economia, é preciso ficar atento não apenas às manufaturas, mas ao desenvolvimento de novos modelos, e poucos países fazem isso. Cinco ou seis apenas. O pessoal do Sindipeças estava propondo outra atitude do Brasil, exigindo que as montadoras transferissem para cá a questão do desenvolvimento. Aprofundei um pouco, para saber como. Eles acham que é difícil, porque o BNDES não pode financiar empresas estrangeiras. Se houvesse financiamento, elas viriam.

Aparentemente a Fiat, a Volkswagen, e talvez algumas coreanas, são as que mais chances têm de fazer isso. Achei curioso o ponto de vista e vou conversar com o Serra e com Mendonça a respeito, porque acho que existe algum avanço possível nessa matéria.

*Jatir Batista da Cunha, procurador-geral da República interino.

No Alvorada, me encontrei com Pedro Simon, [José] Fogaça e Casildo Maldaner.* Conversa amável, mas discutimos a fundo a questão Sivam. Simon continua dizendo que pode não falar muito contra, mas que não pode votar a favor, então eu disse: "Você tem que me convencer, porque se você acha que está errado, e você é senador e eu sou presidente, você tem confiança em mim, eu em você, e você tem que me explicar por que não. Quem sabe eu seja ganho por você?". Ele não foi capaz de me explicar. O Fogaça, que leu o material, acha que eu tenho razão. Eu queria conversar com esses senadores do Sul, não deixá-los muito desgarrados da posição do governo.

Depois houve um jantar aqui com Jatene, Stephanes, Serra, Clóvis e Malan — a Ruth participou —, para discutirmos a questão do financiamento da saúde. O Jatene, como sempre competente em levantar as suas necessidades. Ele sabe o que é e o que não é possível, mas força e conseguiu alguma coisa que não é suficiente. Nada é suficiente nessa matéria, mas ele conseguiu.

Fui dormir cansado, lá pela uma hora da manhã.

Hoje, quinta-feira, levantei cedo, mas não tinha natação. Falei primeiro com Clóvis, como de hábito, nada de especial, e com Marco Maciel, que me trouxe uma extensa pauta. Discutimos. Ele está preocupado com a questão do programa do álcool,** e eu também. Não temos uma linha clara sobre essa matéria, que envolve milhões de pessoas, de trabalhadores. A Petrobras, basicamente, nunca topou muito o programa do álcool. Agora voltamos à questão do gás para automóveis, não só o diesel, isso preocupa e acho que eles têm razão.

Recebi do Zé Aníbal um documento do pessoal de São Paulo sobre o álcool, na mesma direção. Vamos ter que dar uma solução. Já falei com a Dorothea mais de uma vez, mas ainda não senti o caminho nessa área.

Depois disso houve uma coisa muito importante: a solenidade para a "divulgação do acordo entre governo e centrais sindicais" sobre a reforma da Previdência. Como eu previra, os deputados do PT se rebelaram, PT e PDT acusando a CUT, que ela não pode fazer acordo com o governo, que o governo vai deixando o Congresso à margem, enfim essa coisa toda. Pois bem. Havia dúvida sobre se o Vicentinho viria ou não.

Veio. Fez um discurso corajoso, correto, brilhante mesmo, ao jeito dele. Também o Medeiros, o [Canindé] Pegado*** e o Urbano, da Contag. A posição deles foi clara, o Medeiros combateu os privilégios, tudo isso estava previamente assentado,

---

*Senador (PMDB-SC).
**O Programa Nacional do Álcool (Proálcool) foi lançado pelo governo Ernesto Geisel em 1975, para amenizar os efeitos do primeiro choque do petróleo em 1973, quando os preços internacionais quase quadruplicaram, e reduzir a dependência brasileira de combustíveis importados. O Proálcool resultou no desenvolvimento da tecnologia nacional de carros movidos a álcool hidratado. Na década de 1990, os usineiros e plantadores de cana beneficiados pelo programa enfrentavam dificuldades.
***Secretário-geral da CGT.

o Vicentinho manteve o acordo. Disse que eram pontos importantes, que havia um passo positivo, eu me emocionei também, falei até de coisas pessoais do Vicentinho, que disse que uma vez ele errou ao me acusar de não ter jamais pisado em São Bernardo na campanha para prefeito. Anos depois ele se encontrou comigo e disse que ele estava errado, enfim, um homem de caráter. Fiquei entusiasmado com a posição dele, que não foi fácil. Isso vai ter uma repercussão imensa. Estavam lá os líderes de todos os partidos, os sindicalistas. Não há como negar que o governo avançou numa reforma que tem o apoio, nos seus pontos centrais, de todo o movimento sindical. É um marco histórico.

Depois almocei com os governadores e os líderes do PMDB, vim para cá com Luís Carlos Santos, viemos comentando a derrota que o governo sofreu ontem, quarta-feira. No mesmo dia que fazíamos acordo com os trabalhadores, o Congresso votava contra a cobrança de uma contribuição dos inativos para a aposentadoria.* Por mil razões. Primeiro, ninguém gosta de mexer com inativos. Segundo, eles estão meio irritados com o governo. Terceiro, porque houve um frenesi no Congresso até mesmo pelos acordos com os líderes trabalhistas.

Nada tem muita profundidade, porque hoje, quinta-feira, o Senado votou a contribuição dos autônomos, que também era muito importante.** Enfim... Congresso é Congresso. É como eu disse: um surto de irritação passageira. Tomara que seja.

Almocei com os governadores do PMDB mais uns trinta ou quarenta peemedebistas. Ambiente alegre, descontraído, os governadores todos, o Iris, o Paes, o Sarney, um gesto de apreço pelo PMDB que eu já havia manifestado na entrevista coletiva de ontem. É isso o tempo todo: eu tenho que agradar, agradar, agradar, e cada um quando vem reclama alguma coisa.

Jader Barbalho já tinha me dito anteriormente que havia uma preocupação com o Gilberto Miranda, que a Receita fora em cima dele. Tentei falar com o Jader ontem para dizer que perguntei ao Malan. A Receita agiu mesmo por causa da riqueza ostensiva que o Gilberto exibiu esse tempo todo. Foram ver, e o imposto de renda pago é pouco.

Gilberto já veio mais manso e colocou suas questões. Um deputado, na saída, sempre faz algum pedido, pequeno ou grande. Os governadores pedem recursos, eu me lembrei de novo do Getúlio, o tempo todo era a mesma coisa.

Depois fui para o Planalto, recebi o Roberto Freire e toda a turma da Esquerda 21. Estavam o [José] Genoino, o [Domingos] Leonelli,*** a Rita Camata,**** vários. Trou-

---

* O governo perdeu por 306 a 124 a votação do projeto de lei que instituía o pagamento de contribuições previdenciárias pelos aposentados do serviço público.
** O Senado aprovou por unanimidade o projeto de lei complementar que instituiu a cobrança de contribuição previdenciária de trabalhadores autônomos.
*** Deputado federal (PSDB-BA).
**** Deputada federal (PMDB-RS).

xeram, amavelmente, a revista *Esquerda 21*, tirei fotografias, todos muito contentes com o acordo com os sindicatos, sobretudo Roberto Freire.

Mais tarde, Frente Parlamentar da Criança, não só com a Rita Camata.* Estavam Benedita da Silva,** Marta Suplicy,*** alguns deputados e deputadas. A Marta mencionou a aprovação infeliz, infeliz mesmo, daquela questão, do veto que eu fiz a uma lei que permitia ao SUS fazer laqueadura, vasectomia, essa coisa toda.**** Foi um engano que veio do Ministério da Saúde. O Clóvis tentou ver se era isso antes de me entregar, não leu o texto e só me trouxe porque veio com a palavra do [José Carlos] Seixas, que teria dito que era assim mesmo, só que o Seixas não disse isso, foi um procurador do jurídico quem disse. O fato é que foi um erro grave, nós vamos pagar algum preço por isso. Reconheci para todos e para a Frente Parlamentar da Criança que foi um engano, achei melhor dizer que tinha sido um erro mesmo. Vamos corrigir: ou deixo o veto ser derrubado, ou faço uma nova medida provisória.

Recebi o Roberto Santos, fiz uma gravação e vim para o Alvorada, para um encontro com a Executiva do PSDB, sobre o caminho do PSDB, as reclamações de que preciso ter mais contato com a bancada, que a bancada quer defender o governo, mas não tem as informações pertinentes, mais ou menos o de sempre. Estão preparando um congresso, querem convidar o [Norberto] Bobbio***** e outros do mesmo valor intelectual para animar o PSDB.

Posteriormente fiquei aqui arrumando mala, porque vou para Petrópolis amanhã.

HOJE É DOMINGO, 21 de janeiro, estou voltando de Petrópolis.

Chegamos lá na sexta-feira, passamos sexta e sábado, voltamos hoje.

Petrópolis foi extraordinário. Para começar, a cidade estava bonita, aquela arquitetura que eu não recordava. É sempre bom vê-la em forma, algo que tem a contribuição dos alemães, mas refeito por um espírito meio tropical, à moda de uma Ouro Preto do século XIX, como disse um pintor lá da região.

Muitos atos. Encontro com a família real, o príncipe Gastão,****** um homem de 82 anos, simpático, falando bastante sobre sua família, com muito amor pelos do-

---

*Presidente da Frente Parlamentar da Criança.

**Senadora (PT-RJ).

***Deputada federal (PT-SP).

****O presidente vetou, entre outros, o artigo 10 da lei nº 9263, de 12 de janeiro de 1996 ("Lei do Planejamento Familiar"), sobre os critérios de elegibilidade para a realização de cirurgias de esterilização no SUS.

*****Filósofo e cientista político italiano.

******Pedro Gastão de Orléans e Bragança.

cumentos. Visitamos o palácio onde ele mora,* sua esposa** é tia do rei da Espanha. Fomos ao Museu Imperial inaugurar uma exposição de paisagens, demos apoio também financeiro para a conservação do museu e da igreja.*** O Serra esteve lá na sexta-feira, fizemos um ato dando muitos recursos ao metrô do Rio, ao porto de Sepetiba, muito entusiasmo na Firjan, que é a Federação das Indústrias do Rio de Janeiro. Discursos, um calor danado, na Casa do Barão de Mauá. Almoçamos na Casa da Princesa Isabel, que está sendo refeita, a casa é bonita e na cidade há um clima de euforia. Gente aplaudindo na rua o tempo todo.

No ato no Museu Imperial havia um caminhão da CUT que gritava esse negócio de funcionário público, mas com pouca gente, a massa era favorável a nós. Nas ruas, nem se fala, grande animação.

À noite, ontem, num concerto no [Palácio] Quitandinha dentro do Projeto Aquarius,**** o teatro se levantou um minuto para me aplaudir.

Almoçamos na casa do Marcelo Alencar, com a família dele e os mais próximos, também muito agradável. Depois ofereci um jantar a ele, a Roberto Marinho, a Vivi Nabuco [Sylvia Nabuco]***** e a outras pessoas mais. Na sexta-feira jantei na casa do [José Antônio] Nascimento Brito,****** muita gente, [Fernando] Pedreira, Walther Moreira Salles, ou seja, Petrópolis reviveu momentos interessantes do seu passado e fiquei pensando como era diferente o Brasil. Getúlio passava três meses em Petrópolis! E muitos presidentes passavam longas férias de verão em Petrópolis. Eu passo dois dias e meio e, assim mesmo, trabalhando. O mundo hoje tem uma velocidade, uma intensidade que não são mais compatíveis com longos lazeres.

O bom é que a cidade parece ter se aproveitado desse clima positivo que se criou.

HOJE É SEGUNDA-FEIRA, 29 de janeiro.
Regressei da Índia ontem, às dez da noite.
Depois do que registrei sobre Petrópolis, voltei para Brasília e, mal chegamos, precisamos organizar as malas para a viagem do dia seguinte. Ainda assim tive que receber gente.

---

* Palácio do Grão-Pará.
** Maria da Esperança de Bourbon.
*** Foram assinados protocolos de intenção para a restauração do Palácio de Cristal, da Casa da Princesa Isabel e da Catedral Metropolitana de Petrópolis.
**** Projeto de popularização da música erudita da prefeitura do Rio de Janeiro com patrocínio do jornal O Globo. O concerto foi executado pela Orquestra Sinfônica Brasileira, solistas vocais e coro, com regência de Roberto Tibiriçá.
***** Ex-mulher do banqueiro Antônio Carlos de Almeida Braga (Banco Icatu).
****** Proprietário do Jornal do Brasil.

No domingo à tarde, recebi o Jovelino Mineiro, que está cuidando das coisas da fazenda com Sérgio Motta. Mais tarde chegou o Sérgio e, mais uma vez, passamos em revista todos os problemas. O Sérgio continua animado com o Ministério das Comunicações e se vê que está disposto a abrir a competição para a telefonia celular, a chamada banda B;* mas quer manter também as Teles. Ele não me diz isto, mas inventou uma forma de reorganizá-las em holding. Não quer privatizar nada antes de haver uma autoridade pública mais clara. Acho que ele tem razão, no entanto vai haver muita crítica a esse ponto. Diz ele que já submeteu parte do processo ao conselho de privatização.** Acho que ele não deve ter submetido nada, pelo menos não o pulo do gato. E me disse que iria à Câmara.

Quando eu já estava na Índia, vi que ele foi à Câmara e discutiu com Roberto Campos,*** que deseja que ele abra mais o sistema telefônico. Ele diz que nos Estados Unidos só 20% das ações podem ser compradas por estrangeiros e que no Brasil até 49%, mas não quer abrir mão disso. Também acho que ele tem razão nesse ponto. Aqui, essa vaga privatizante muitas vezes confunde alhos com bugalhos. Nós não podemos abrir mão de que o Estado tenha capacidade de definir rumos. Que o Estado seja eficiente, sem dúvida nenhuma; que haja uma competição com o setor privado, sem dúvida nenhuma, mas que isso fique aqui à matroca eu também não concordo. Haverá muito pano pra manga nessa discussão, que vai voltar com força na questão da Vale do Rio Doce.

Já registrei que eu próprio tenho dúvidas sobre o que significa essa privatização. Talvez fosse preciso definir um fundo com recursos da Vale do Rio Doce para fazer certas obras, por exemplo a famosa transposição do São Francisco, que é tão barata no final das contas, e outras obras de irrigação que me parecem fundamentais e de navegação do Tocantins. Acho que nisso está certo o Jader Barbalho, que tem essa ideia. Se fizermos um sistema Araguaia-Tocantins e a ligação Norte-Sul por via hidrográfica, isso terá um impacto de longo prazo. Tenho a impressão de que os nossos controladores da economia se preocupam menos com a formação do Brasil como nação a longo prazo, e mais com aquilo que é óbvio e que está queimando na mão deles, que é a questão da inflação e do controle orçamentário.

De manhã cedo, na segunda-feira passada, viajei para a Índia.

Primeira etapa: Barcelona.

Admirável. Em Barcelona fiquei hospedado na casa do rei,**** Juan Carlos II. Telefonei para ele, muito amável, para agradecer. Falei com Felipe González, para dizer que continuamos torcendo por ele. Todas as opiniões são de que o Felipe perde as

---

* Parcela da telefonia celular, dividida em dez regiões, cuja abertura ao setor privado vinha sendo planejada pelo governo. A banda A era operada pelas empresas estatais do sistema Telebrás.
** Conselho Nacional de Desestatização.
*** Deputado federal (PPB-RJ), ex-ministro do Planejamento (ditadura militar).
**** Palacete Albéniz.

eleições. Fiquei na casa do Juan Carlos, mas fui recebido pelo [Jordi] Pujol, que é o presidente da Catalunha. Esse Pujol é um homem encantador. Me ofereceu um almoço no que eles chamam de Generalitat, que é a presidência da Região; fez um discurso intelectualizado, espirituoso, e respondi no mesmo tom. Na conversa que tivemos ficou muito claro que ele sabe tudo, acompanha o Brasil, sabe o nome dos nossos políticos, fiquei realmente impressionado. E a Catalunha com muita força, com Barcelona bem plantada, uma cidade que foi transformada para as Olimpíadas.

Visitei de manhã a Vila Olímpica, não fiquei impressionado esteticamente, a arquitetura não tem o brilho da nossa, mas a cidade se reformulou bastante. Foi o Jordi Borja* quem me acompanhou na visita junto com o *teniente de alcaide*, uma senhora que substituía o [Pasqual] Maragall,** que não estava na cidade naquele momento.

À tarde Maragall chegou e foi me ver no palácio do rei. Muito simpático. Maragall bastante empenhado num ator novo, que são as grandes cidades do mundo, disse que precisa de alguns presidentes que digam claramente que as cidades também são atores da cena internacional. Vai haver em Istambul a reunião da Conferência Habitat, e ele gostaria muito que eu tivesse uma posição mais forte em defesa da presença das cidades. Curioso isso, talvez eu não tivesse dado atenção suficiente a esse problema.

Estamos um pouco como na Idade Média, em que as cidades buscavam uma autonomia política de representação como têm os Estados nacionais. As cidades também querem ser atores políticos.

Maragall já dirige Barcelona há treze anos. Homem de boa formação, competente, aproveitei para conversar um pouco sobre o que se podia fazer nas Olimpíadas no Rio de Janeiro, demonstrei meu apoio à ideia das Olimpíadas no Rio. Mais tarde visitamos o Museu Românico,*** extraordinário. Eu já o tinha visto fazia muitos anos, mas foi totalmente remodelado. E lá se nota como esse pessoal da Espanha é competente para mostrar uma arte que talvez tenha tido menos força do que em certas regiões da França. Cluny é um museu extraordinário, mas no de Barcelona eles conseguiram reconstruir tudo de uma maneira muito competente, dando a saber as várias superposições de cultura.

Não posso dizer senão coisas boas de Barcelona, até porque no dia em que cheguei fomos ao restaurante Siete Puertas, no qual eu já tinha jantado com a Bia, a Ruth e a Luciana havia muitos anos. Gostei demais da *paella* que comemos, extraordinária, o arroz negro, foi muito bom. Barcelona me deixou saudades.

De Barcelona voamos diretamente para a Índia. Longa viagem apesar do vento favorável.

* Arquiteto e urbanista catalão.
** Prefeito de Barcelona.
*** Museu Nacional d'Art de Catalunya.

É a terceira visita que faço à Índia. Vou só falar de impressões, porque o dia a dia é o de sempre. O primeiro-ministro me ofereceu um almoço. Narasimha Rao é um homem difícil de conversar, tem setenta e tantos anos, é um sábio, um *pandit*, como eles dizem, ou seja, um scholar acadêmico, mas que tem muita manha, sabe mexer com a política, sabe fazer o *muñequeo*, como se diz no Chile, e é um homem sombrio.

Mais tarde estive na parada militar* ao lado do presidente da Índia. Grande desfile, aquela beleza toda, elefantes, camelos, mísseis e Migs fabricados por eles, jantar nos palácios, aquela coisa muito formal.

Disso tudo eu guardo as seguintes memórias — embora, em se tratando de dois ou três dias, não se possa falar em memórias. Primeiro, a Índia mudou um pouco de quando eu a conheci. Em que sentido? A partir de 91, eles começaram a abrir a economia. Efeitos: os empresários estão muito ativos. Eu me reuni com eles em Bombaim, que agora se chama Mumbai e em [Nova] Déli. Fiz um discurso de improviso, baseado num roteiro, bem-aceito. E vi um real interesse. Eles também conhecem o Brasil, havia uns quinze empresários brasileiros e muita movimentação na área empresarial. Estive com alguns dos grandes empresários da Índia. Eles, apenas de olhar, passam a impressão de ser até homens de classe média baixa. Quando você começa a conversar, vê que são donos de muita coisa e têm alguma competência.

Bombaim me pareceu uma cidade feia. Deve ter sido bonita, mas é tudo *délabré*. Tudo muito decadente. Gente na rua, os seguranças afastam todo mundo, o presidente da República passa no vazio. Em Bombaim vi gente contida pela polícia. Em todas as ruas havia muita gente. Fui ao The Gate of India, que é um monumento por onde passavam os vice-reis em homenagem ao rei George V. Bonito. Havia uma multidão lá, eu me joguei no meio dela e eles ficaram perplexos. Muitos são intocáveis, naturalmente. Isso não vige mais com a força de antes, mas persiste na memória.

Fui a um almoço com empresários, estive com o primeiro-ministro da província,** mas a cidade está muito decaída. Fiquei me perguntando como é possível que essa gente tenha tanto recursos. Um dos homens que almoçou na mesma mesa que eu tinha centenas de carros antigos, dos quais uma enorme quantidade de Rolls-Royce, todos em Bombaim. Eu me perguntei onde. No caminho da casa do governador, eu olhava em volta, tudo parece digamos o Brás, quando era muito caído. Uma coisa impressionante esse aspecto físico da Índia.

No dia seguinte, que foi o da grande parada militar, fui ao palácio,*** imponente, enorme, tudo formal. Saímos juntos, eu e o presidente da República**** a sós

---

* Parada do Dia da República (26 de janeiro), em Nova Déli.
** Manohar Joshi, primeiro-ministro do estado de Maharashtra.
*** Rashtrapati Bhavan, residência oficial do presidente da Índia.
**** Shankar Sharma.

no carro, naturalmente blindado. Segurança fortíssima por todos os lados. Percorremos a multidão, disse ele de um milhão de pessoas. Digamos que houvesse 500 mil, todas sentadas. Me disseram que todo mundo tinha sido revistado para estar ali, por medo de atentado terrorista. No caminho fiquei olhando aquela gente. Aí a população já me pareceu mais bem vestida, sem ostentação, mas todos trajados direito. Era uma manhã agradabilíssima, não fazia quase frio, céu azul e sol, e me pareceu uma multidão já um pouco mais *aisée*.

Dizem lá que há uma classe média de 150 milhões de pessoas. O que será que eles chamam de classe média? Onde estará essa gente? São 900 milhões de habitantes. Todos aparentemente muito obedientes. Por trás, o medo de sempre de conflitos entre hindus, muçulmanos, sikhs, enfim aquele inferno que não se vê, mas que deve existir, porque fiquei cercado no palanque de vidros blindados, eu e o presidente da República.

Enfim, pelo que pude conversar com o presidente, com o vice-presidente,* que é um homem bem mais falante, e mesmo com o primeiro-ministro Rao, a Índia parece estar avançando, todos determinados ir em frente no sentido de manter sua linha de autonomia. Não sei até que ponto a abertura econômica afetará tudo isso, mas ela segue. Eles têm resultados impressionantes de transformação das cidades da Índia, controle da inflação, aumento do número de empregos, classe média crescendo, cuidado com a educação.

O primeiro-ministro Rao, com quem também almocei, é um homem que sabe muitas coisas; ele é fechado. Existem na Índia acusações de corrupção, três ministros dele foram destituídos naquela semana. Ele me disse com muita tranquilidade: "Olha, isso não tem peso nenhum, aqui isso é financiamento de campanha, todo mundo sabe que é assim. Um ou outro pode ter roubado, o povo não liga, o povo está preocupado com o que estamos fazendo. Eu sou um homem que vem de baixo, vivi numa aldeia (*ele é brâmane*), subi, mas sei falar com o povo. Na hora vamos ganhar as eleições. Vários partidos contrários a nós se dividem, se unem só nas eleições, mas o povo sabe que eles não aguentam governar, então na hora H, eles votam em nós".

Não quero fazer paralelos, mas algum paralelo existe entre Índia e Brasil na maneira pouco organizada como se forma a opinião. Nós aqui, como a Índia, somos um país democrático, bastante mais ocidentalizado, somos ocidentais, eles não. Aí entra a questão cultural. O ministro-adjunto do Exterior é um homem muçulmano, casado com uma mulher chamada Fernandes, de origem cristã. O presidente da Índia o tempo todo me mostrava os que eram muçulmanos. Disse que sua filha é muçulmana. O presidente é um sábio, também é um dos *founding fathers* da Índia, um homem que tem uma enorme tradição de participação política. Já está bem velhinho. Mas simpático, sorridente, do tipo desses que parecem ter convivido com

---

* Kocheril Narayanan.

Gandhi. Deve ter convivido mesmo é com Nehru. Sempre mostrou tolerância com os muçulmanos. Sabe Deus até que ponto isso vai.

Eu li o livro do Octavio Paz *Vislumbres de la India*. Rao não gostou muito, pelo que me disse. Sabe ler espanhol, coisa surpreendente, e aprendeu porque quis, gostou. Pois bem, Rao disse: "Ah, um livro de poeta, de imaginação literária". Eu gostei porque dá uma boa introdução sobre a Índia e mostra que lá não há fusão, que há convivências às vezes atritadas entre o hinduísmo e os muçulmanos e que o hinduísmo é um conjunto de práticas, nunca teve Estado, nunca teve propriamente uma igreja organizada; é quase uma filosofia, que aceita um pouco mais de tolerância.

Os fundamentalistas são os muçulmanos. E a tragédia é a ligação entre o fundamentalismo e o terrorismo que aconteceu lá por causa do Paquistão e dos sikhs, que não são muçulmanos, por causa dos tâmeis, que também não são muçulmanos, mas têm fundamentalismo. Então a gente vê que essa questão cultural, religiosa, de valor de emoção é muito complicada, muito forte. Essa homogeneização, que aqui no Ocidente existe em termos de valores democráticos, de secularização, é menor lá. O Octavio Paz tem uma afirmação que achei correta. Ele diz que o Estado na Índia não foi uma herança do Islã nem do hinduísmo; o Estado é inglês.

A Índia, até a colonização, não tinha Estado, não era um Estado-nação, e mesmo como nação era discutível, 900 milhões de pessoas convivendo. Agora, com o Estado que tem essa organização em dezessete estados,* absorveram razoavelmente os antigos marajás. Marajá quer dizer "grande rei". Eles conseguiram absorver tudo isso, não destruíram totalmente. A questão das castas está se diluindo, mas ainda existe, e agora, pelo que me disse o ministro-adjunto do Exterior, há uma reivindicação dos antigos sem castas, dos intocáveis, por cotas de participação. Os cristãos e muçulmanos, que também são sem castas, querem ter lugar no Parlamento. Enfim, vê-se aí muita dificuldade, muita confusão.

Perguntei aos nossos empresários como era o sistema produtivo. Repetiram a mim o que me disseram na China: desorganização, equipamentos antiquados — sobretudo um rapaz que trabalha na Rio Doce e que está morando na Índia me disse isso. Há certa desorganização no próprio modo de produzir. Não obstante, estão lá os resultados: eu vi os tanques, eu vi os mísseis, eu vi os aviões, todos desenvolvidos na Índia.

Levaram vinte anos para desenvolver os tanques, mas desenvolveram. Na Índia há algo que nos escapa. Um país com tanta complexidade, um país com aqueles monumentos moguls, aquelas torres fantásticas, o imperador Shah Jahan, que construiu o Taj Mahal, Akbar, seu avô, que era um poeta, eram muçulmanos, com uma arquitetura que impressiona muito e, ao mesmo tempo, também com a velha Déli e sua gente morando na rua, defecando na rua. Bombaim, uma cidade

---

*Atualmente a Índia possui 29 estados e sete territórios.

muito confusa, com muita gente, sem que se veja onde agarrar para que as coisas avancem.

Entre parênteses: quando me meti no meio do povo, o pessoal era amável, me estendia a mão. Curiosamente, não dava a impressão de muita pobreza, mas os que visitaram a cidade velha da capital da Índia dizem que ela continua como aquela Déli que eu vi há mais de dez anos — uma Déli de muita sujeira, de muita pobreza.

Ou seja, é um país que continua sendo uma grande interrogação para nós. Novecentos milhões de pessoas, taxa de crescimento populacional ainda elevada, eles não têm o mesmo ímpeto da China, com o regime autoritário impondo modernização. A Índia, no regime de Parlamento, tem muita discussão. A televisão é do Estado, mas os jornais são livres, de boa qualidade. O jornalista que me entrevistou deu uma entrevista para a CNN local, para 250 milhões de espectadores. Jornalista competente, uma intelectualidade de altíssimo nível. Fiz uma conferência num Centro de estudos internacionais* presidida por um antigo marajá de Caxemira,** homem sofisticado, dizem que um dos mais ricos da Índia. Foi membro do Parlamento, tem aspiração a ser o líder do Partido do Congresso e me deu uma lista de publicações suas de ciência política. Quando a gente vê tudo isso, fica a pensar: meu Deus, como é possível durante 2 mil anos essa coisa toda se manter, avançar, embora passo a passo? Com o Brasil é mais fácil!

Quando eu digo que é fácil governar o Brasil e as pessoas começam a gozar, é porque não conhecem o mundo, não conhecem a África, não conhecem a Índia, não sabem que quando os ódios sobem, quando a intolerância aumenta, mata-se. Na Índia se mata, apesar de todas as filosofias iogues, budistas, que passaram e não ficaram. O budismo é muito residual na Índia. Existem muitos cultos, uma contradição permanente, como se vê na religião com Shiva, que ao mesmo tempo é amor e pureza, essa ideia de pureza que é básica na Índia, essa constante obsessão por uma coisa absoluta... No entanto isso tudo não impede que de repente haja violência, e violência grande.

Vi também a Sonia Gandhi, viúva do Rajiv Gandhi,*** uma mulher bonita, de fisionomia dura. Dá a impressão de que eles continuam sendo a família real da Índia. Existe um pouco essa vocação. Rao é o oposto disso.

É um homem tímido, pelo que me disseram e pelo que vi. Não tem nenhuma simpatia. Balança o rosto como se tivesse doença de Parkinson. Já governa a Índia há anos e quer ficar mais tempo. É brâmane, mas não passa essa sensação de estar voltado para símbolos tão estáticos. Dizem que é muito esperto, que controla aquilo com sabedoria. Me pareceu isso mesmo; um camponês culto, erudito e capaz de agir com frieza. Acusavam-no de ter entregue seus ministros à Justiça; não foi o

---

*India International Centre.
**Karan Singh.
***Ex-primeiro-ministro da Índia, assassinado em 1991 no exercício do mandato.

que me disse o ministro-adjunto do Exterior. Rao não tinha alternativa, porque senão os procuradores de lá, como os de cá, iam pegá-lo, uma vez que houve mesmo desvio de recursos.* Especialmente de um que era chefe político de Déli, agora na cadeia e que estava muito metido em corrupção e clientelismo.

Clientelismo é difícil dizer. Na Índia, como me explicou esse vice-ministro do Exterior com quem mais falei, a política é um assunto familiar. Esse senhor recebe em casa de cinquenta a sessenta pessoas por dia — é deputado naturalmente —, toda a família se envolve. É normal, talvez, que a família Nehru e a família Gandhi sejam aceitas do jeito que são.

Enfim, impressões vagas da Índia.

Na viagem de volta, paramos em Palermo. Palermo foi uma festa. Visitei a cidade, a Cappella Palatina, no Palácio do Parlamento da Sicília.** Uma capela extraordinária, onde se vê a fusão do mundo árabe com o mundo católico nascente, com o estilo normando. De lá seguimos para uma colina próxima, onde está a catedral de Monreale e onde vi, em ponto maior, esse mesmo problema da fusão da cultura. Por um lado, Bizâncio, por outro lado os árabes, a tradição normanda e por fim o cristianismo. Uma coisa extraordinária, uma joia.

O prefeito — o *sindaco**** — me esperou na rua, fiz quase um comício, apertei a mão de todo mundo, tomamos café num bar, um *bicchiere de vino* em outro bar, a imprensa meio surpresa de ver que falei em italiano o tempo todo, nem eu sei como, mas falei razoavelmente. Queriam saber onde é que eu tinha aprendido, aprendi na vida, meu Deus do céu! Um clima muito positivo, muito simpático. É uma cidade com todo mundo bem vestido, vê-se que a Itália é próspera.

A base da organização da Itália é a família, não o Estado; inclusive na máfia, na Sicília, as pessoas não têm a noção do interesse estatal, nem público talvez. Tem a ver com os grupos que se organizam para se defender, como as castas, que no fundo são grupos de defesa profissional e familiar, porque não existe uma noção de direito público, de um Estado capaz de defendê-los. A unificação foi mais recente na Itália do que noutros países, e a Sicília foi submetida a tudo que é reino, primeiro Espanha, depois França. Acredito que, na verdade, o que sobrou como base de sociabilidade é a família. A prosperidade das famílias no seio da sociedade civil resultou num país bastante *piacevole*, simpático mesmo. Talvez engano de quem passa 24 horas e quer ter alguma impressão sobre os locais. O hotel em que estávamos era admirável, uma vista para a extraordinária baía de Palermo. Posso dizer que volto refeito de energia. No Brasil ficam dizendo que viajei para ter o tal lugar

---

* Em 1993, Rao foi acusado de subornar parlamentares com dinheiro público para superar uma moção de desconfiança. Renunciou em maio de 1996, depois de seu partido ser derrotado nas eleições para o Congresso Nacional.
** Palazzo dei Normanni.
*** Leoluca Orlando.

no Conselho de Segurança, já disse de público que não é isso. O Conselho de Segurança é um *by-product* de uma ação mais ampla.

Acabei de ler na *Folha* um artigo dizendo que agora estamos preocupados com os direitos humanos, para poder entrar para o Conselho de Segurança. Quanta bobagem, falta de noção de História.

Quando estive fora, o Marco Maciel me telefonou. O Marco sempre perfeito, ainda ontem deu resumidamente tudo que aconteceu aqui. Houve avanços positivos, votamos no Senado a lei de patentes.* E esse tal [Ivan] Frota,** que é um brigadeiro de quem nunca eu tinha ouvido falar, fica dizendo que não há um presidente da América Latina que se aguente sem os Estados Unidos. Que tem uma coisa com a outra, meu Deus do céu? A lei veio de longe, tem quatro anos no Congresso, não é minha. É uma coisa que no mundo todo vai ter que ser feita, porque há necessidade de novas regras. O mundo mudou e esses idiotas não percebem, pensam que são nacionalistas; são apenas burros!

Foi aprovado o Fundo de Estabilização Fiscal,*** que também é muito importante, continuam as questões da Previdência. O Vicentinho está sendo apertado de todo lado, vai ter que recuar um pouco, mas esse rapaz tem peito. De vez em quando me dá uma alfinetada, aliás, ele me dá sempre, mas isso não perturba meu julgamento, ele tem qualidades. Só tenho uma preocupação: se ele resolver se candidatar a qualquer coisa. Ele é para ser o que é, um grande líder sindical, não deve se meter a deputado. Está aí o Jair Meneguelli,**** deputado de nada, o próprio Lula, que era tão bom quanto o Vicentinho — melhor não, que o Vicentinho tem mais coragem moral. O Vicentinho ficando como líder sindical ajudará muito o Brasil.

São onze e meia da noite.

Estive com o Clóvis, ele almoçou aqui para me dar conta do que tinha acontecido nessa semana que passei fora, nada de extraordinário. Falou sobre a questão da telefonia e das declarações do Sérgio. E o Sérgio, pelo que diz o Clóvis, deu a entender que na verdade não haveria privatização nenhuma no meu governo e

---

* A Comissão de Assuntos Econômicos do Senado aprovou em 24 de janeiro de 1996, por 18 a 7, o parecer do relator Fernando Bezerra (PMDB-RN) para o projeto da Lei de Patentes (lei nº 9279, de 14 de maio de 1996).

** O brigadeiro da reserva, ex-candidato à Presidência em 1994 pelo PL e um dos responsáveis pela concepção do Sivam, defendia o emprego de tecnologia nacional no sistema. Frota recorreu ao STF para ser ouvido na supercomissão do Senado sobre o Sivam, depois de seu depoimento ser interrompido pelo senador Antônio Carlos Magalhães, presidente da supercomissão, por ele ter se recusado a desdizer a acusação de que o governo compraria votos de parlamentares para encerrar a investigação.

*** A Comissão de Constituição e Justiça do Senado aprovou em 24 de janeiro de 1996, por 13 a 6, a proposta de prorrogação do FEF por dezoito meses, prevista no parecer do relator Jader Barbalho.

**** Deputado federal (PT-SP) e ex-presidente da CUT.

apresentou um modelo que implicaria muito investimento público. Ou seja, haverá que aumentar as tarifas, como, aliás, já aumentaram, para ser possível reter e acumular mais para poder investir. Esse modelo perpetua o controle do Estado sobre a telefonia.

Tenho dúvida sobre isso. Embora ache que é preciso ir com cuidado no controle da autoridade que vai disciplinar as concessões, minha ideia não é de que devamos manter o Estado, sacrificando o povo com tarifas altas, para poder investir e manter o controle nas mãos da burocracia de Estado. Vou chamar o Sérgio. Sugeri ao Clóvis que falasse com os dois Mendonça, que influenciam o Sérgio, porque isso não pode ficar assim.

De tarde falei com o Serra, depois de longa reunião com Marco Maciel, os líderes e os ministros sobre a votação da Previdência, e o Serra também tem a mesma impressão que o Clóvis.

HOJE É DIA 31 DE JANEIRO, quarta-feira.

Novas discussões na comissão relativa à reforma da Previdência. De manhã reuni aqui os líderes de todos os partidos, houve acordo. Quase acordo. Falta sempre um pontinho. Serra mais intransigente, porém com razão. Os de fora mais flexíveis, mas aí há uma briga, porque a Previdência acha que todo dinheiro da contribuição social deve ficar só para gastos da seguridade. E a contribuição social aumentou mais do que os impostos. O governo federal tem que dividir os impostos com os estados e municípios, e a contribuição social, não. Então, com certa esperteza, os governos sempre aumentaram as contribuições e não os impostos. Resultado: a arrecadação das contribuições sociais é a maior. Se ficar como está escrito no texto do relator, o governo federal não tem como pagar cerca de 7 bilhões de reais no corrente ano de 96.

À tarde, nova reunião com os líderes sindicais e com os líderes políticos. Luís Eduardo e eu fomos mais restritivos, com medo da postergação. Resolvemos que encerraríamos a discussão ontem, terça-feira, mas que a votação só se faria na próxima semana, o que dá uma vantagem ao Vicentinho, que pediu tempo para convencer as suas bases. O cálculo é de que assim não perdemos o apoio da CUT, o que é positivo.

À noite, me reuni com a bancada gaúcha. Britto me explicou que havia uma invasão de prédios públicos federais,* na Receita Federal, por setores dos Sem Ter-

---

*Milhares de agricultores prejudicados pela seca no estado, organizados pela CUT-RS, acamparam no fim de janeiro em frente ao prédio da Receita Federal em Porto Alegre, para reivindicar auxílio financeiro. No dia 30 desse mês, um grupo de manifestantes ocupou o prédio, e a Brigada Militar interveio com violência. Mais de 150 pessoas se feriram durante a operação de desocupação, entre agricultores e policiais. Enquanto isso, milhares de manifestantes bloqueavam a

ra. Veio toda a bancada inclusive do PT, PDT, PPB. Queriam discutir comigo as dificuldades do Rio Grande do Sul. Todos choraram, com alguma razão, a questão da micro e pequena empresa, a questão da perda agrícola — isso me preocupa, porque de fato a renda agrícola caiu. À tarde, o pessoal de Santa Catarina, o [Vilson] Kleinubing e o presidente da Federação das Indústrias* estiveram comigo, reclamando a falta de uma política de apoio à indústria brasileira, a competição das têxteis. Isso tem que ser visto com mais cuidado, porque há problemas nessa área. Fizemos bastante pela agricultura no Rio Grande do Sul, mas houve seca, há um problema social e há exploração política.

Tivemos uma longa discussão, das que eu gosto, com o PT, forte, mas de um jeito pessoal não agressivo. Vieram o Adão Pretto,** que dizem é o chefe do MST, um deputado do PSDB que é da Contag*** e também o [José] Fortunati,**** o [Nelson] Marchezan e aquela deputada que pinta o cabelo.***** Estava também a senadora [Emília] Fernandes,****** que é muito agressiva, tem aquele jeitão de gaúcha, é do PTB, havia vários do PDT. Eu gostei porque foi daquelas discussões que tomei com paixão mesmo. Dei várias pauladas no Pedro Simon. Ele é contra a privatização de modo geral e não foi capaz de defender o [interesse] regional. O pessoal do PT defendeu melhor o ponto de vista deles, mesmo assim, claro, defendi o meu, de que era preciso fazer uma privatização que não fosse selvagem, que será preciso distribuir as ações no Rio Grande do Sul e ver o que se faz com os recursos da privatização [em benefício do] Rio Grande. Creio que minei um pouco a tese imobilista.

Depois o Pedro veio falar do Banespa. Eu perguntei: "Você sabe como foi feito com o Banespa?". Não sabia nada. Expliquei a todos que o Banespa de São Paulo está pagando cerca de 100 milhões de reais por mês, com garantia do Fundo de Participação, e que não foi... na bacia das almas [que se fez o acordo]. Ele foi bem-feito, e qualquer coisa que eles queiram igual [para o Meridional] eu faço. Calaram a boca com esse negócio do Banespa. Claro que depois, na tribuna, vão atacar.

Fui muito duro, disse que não concordo que o Conselho Monetário dê recursos para esse negócio da terra, porque houve invasão, houve perda de controle. Não apoiamos isso, disse o pessoal do PT. Repliquei: então digam de público, na televisão, em toda parte que vocês são contra esse tipo de procedimento e eu mando soltar os recursos. Fora isso não, porque não adianta, é uma demanda ilimitada.

BR-386, no município de Sarandi, e fazendas nas regiões norte e central do estado estavam ocupadas por militantes do MST.
*Osvaldo Moreira Douat.
**Deputado federal (PT-RS).
***Ezídio Pinheiro.
****Deputado federal (PT-RS).
*****Esther Grossi (PT-RS).
******PTB-RS.

Enfim, endureci, mas não no plano pessoal; depois, como faço sempre, amenizei as coisas.

As reformas vão andando lentamente. E não é fácil. A gente fica meio preocupado com isso. Também falei com Pedro Malan e com Gustavo Loyola. Vieram discutir a questão do câmbio, iam mexer na faixa cambial, passando para 1 por 1. Isso vai ser hoje. São sete da manhã, não vi ainda, mas será uma gritaria nos jornais. Acho até que a favor, mas vai ser entendido como se houvesse desvalorização do real. Não foi bem isso, mexeu-se na faixa. Demos uma variação de 7% na faixa, que vai continuar [deslizando] lentamente. Demos apenas um sinal. Qual? De que não é fetiche, não é 1 por 1 obrigatoriamente, entre o real e o dólar. Vai haver uma grande discussão a respeito.

QUARTA-FEIRA, DEZ E MEIA DA NOITE, 31 de janeiro.

Ontem o Itamar me telefonou — eu já tinha estado com ele na segunda-feira, na festa do Saramago* — e disse que passaria no Planalto para me cumprimentar. Passou, eu o levei para a assinatura de um convênio de proteção do consumidor** e depois para a troca de quadros [no meu gabinete], essa promoção que estamos fazendo dos artistas plásticos mais jovens. Os quadros deles ficam atrás da minha mesa. Itamar tirou fotografias, tivemos uma pequena conversa e fui percebendo que ele quer ficar em Portugal até junho. Tudo bem. Eu irei a Portugal no início de junho, ele me espera. É claro que o Itamaraty vai espernear um pouco, porque fica em suspenso o que vai acontecer tanto com o futuro de Portugal como com relação à OEA.

Tive a sensação de que o Itamar está desistindo da OEA. Perguntei pela June, ele me disse que ela estava nos Estados Unidos tentando arranjar um trabalho, mas eu o notei um pouco distante dela. Maldade minha? Não sei, impressão. Se isso for verdadeiro, em junho ele acaba vindo para o Brasil. Ele me disse que iria a Minas e na volta conversa comigo. Sempre muito amistoso, muito simpático. Parece que o Sarney fez alguma intriga a meu respeito com Itamar, pelo que eu soube por outras fontes. Não sei se é verdade. Zé Aparecido estava muito entusiasmado com o discurso que fiz para o Saramago, o [Gerardo] Mello Mourão também, parece que nessa área não há preocupação maior neste momento.

Itamar foi afetuoso comigo, não notei nada que o preocupasse, salvo que mexeram no Conselho de Administração de uma companhia de reflorestamento da

---

*O escritor português José Saramago veio ao Brasil para receber o Prêmio Camões de 1995, em solenidade no Palácio Itamaraty (30 de janeiro de 1996). O prêmio é concedido anualmente pelos governos brasileiro e português a personalidades literárias do mundo lusófono.

**Assinatura de convênio para ampliar a fiscalização de abusos contra o consumidor pela Sunab (Superintendência Nacional de Abastecimento).

Vale do Rio Doce,* na qual o Itamar tinha posto o dentista dele de Juiz de Fora! E o dentista foi tirado. Eu nunca soube disso, nem que tinha sido posto nem que tinha sido tirado. Ele se queixou à moda dele, apenas um pouco lateralmente. Enfim. Fatos menores da vida.

O dia transcorreu calmo, falei com Teotônio Vilela [Filho] sobre a questão do álcool. Amanhã terei um encontro com a bancada sucroalcooleira, agora existe mais essa. Problema difícil, pois a questão da energia alternativa é importante. Adicionar álcool à gasolina é importante, a gente reduz a poluição, mas o custo está alto porque o preço do barril de álcool é cerca de sessenta dólares e o de petróleo cerca de quinze. E a Petrobras tem que arcar com o [prejuízo], não podemos fazer um preço diferencial do álcool, porque então ninguém o usaria nos carros. Talvez a adição nessa proporção esteja exagerada e não sejam necessários 22% para ter o mesmo efeito; ninguém sabe muito bem qual é o nível. Enfim, problemas.

Além disso, longa conversa com o Raimundo Brito. Continuo com a impressão que tenho dele desde o início: um ministro competente, discreto, eficaz, leal. Conversamos sobre muitos assuntos. O que mais interessava a ele naquele momento era a informação que eu já tinha, dada por ele mesmo, de que a Vale do Rio Doce descobriu em Serra Pelada, em alta profundidade, uma mina de ouro. Essa mina vai ser anunciada amanhã, e como se tivesse cerca de 150 toneladas de ouro. Na verdade deve ter quatrocentas toneladas de ouro, o valor disso é por volta de 5 bilhões de reais, muito dinheiro. Isso terá implicações sobre a privatização da Vale. Já registrei aqui as minhas dúvidas sobre o assunto.

Transmiti essas dúvidas ao Clóvis e ao Eduardo Jorge. Hoje falei também com o Raimundo Brito, que partilha comigo [da preocupação]. Não é fácil a decisão de privatizar uma empresa que tem esse patrimônio geológico brutal. É preciso buscar uma fórmula separando a Docegeo, que detém as informações geológicas da parte de mineração propriamente dita da Vale do Rio Doce. Senão, como essa descoberta do ouro prova, estamos entregando sem saber o que por um valor que pode ser muito abaixo do valor potencial efetivo. Não [o valor] da Vale como ela é hoje, mas da riqueza mineral que ela detém. É preciso analisar com muita cautela. Estou cada vez mais convencido disso e vou fazer uma reunião com os principais ministros da área econômica e das áreas que tomam decisão nessa matéria e também com o BNDES. Uma reunião sigilosa para discutir com mais profundidade a posição que devo tomar.

Não é fácil e não quero errar, porque isso tem uma importância histórica. Claro que por trás de tudo está essa vitória estupenda de encontrar de repente na natureza 5 bilhões de reais. É um dinheiro bravo. É, no mínimo, um terço do valor da companhia. Nós, na hora de privatizar, teríamos talvez que separar essa mina de ouro

---

*Florestas Rio Doce S.A.

e fazer outro negócio com ela. É muita engenharia financeira para ser completada antes de uma decisão mais forte nessa matéria.

Conversei com Marco Maciel por telefone sobre o andamento das coisas no Congresso, conversei agora à noite com Euler Ribeiro sobre o parecer dele. Ele topou tudo o que foi proposto, menos a questão relativa à modificação do momento e do reajuste do pessoal da inatividade em função do que aconteça com os da atividade. É uma longa discussão sobre qual será a interpretação que os tribunais darão ao texto de lei que está querendo cortar o aumento automático dos inativos desde que haja aumento de gratificações de carreiras específicas [dos funcionários que estão em] atividade. Isso ainda vai dar muito pano pra manga.

Outra preocupação que tenho é com os fundos de pensão. Conversei com algumas pessoas do governo sobre isso. Esses fundos estão cada vez mais poderosos e comprando cada vez mais coisas. São constituídos por dinheiro das empresas do Estado, passado para os funcionários, os quais não têm controle dos recursos. São as diretorias que os controlam, e nós estamos privatizando falsamente muitas áreas. Por exemplo, agora houve uma operação complexa, a da Caraíba Metais e de outras empresas mineradoras.* Mas elas ficaram de novo nas mãos dos fundos: 300 milhões de dólares! Eu soube que teria havido até mesmo propinas de vinte e poucos milhões de dólares. Difícil saber se é verdade ou mentira. O governo não tem nenhuma ingerência nas decisões desses fundos, embora a origem do dinheiro tenha sido majoritariamente do governo. Na verdade essas empresas são estatais.

É um grande imbróglio que está montado, e requer uma reflexão para entendermos melhor que raio de capitalismo é esse e que consequências, no que diz respeito aos processos decisórios, terá todo esse mecanismo que está sendo montado. Vamos ter que avaliar tudo com muita cautela, com muita capacidade analítica. Seria bom o Luciano Martins entrar nessa análise. Vou até lembrar ao Gelson, porque o Luciano é minucioso e pode fazer uma análise mais profunda.

Muitos jornais, como eu disse, interpretaram que houve desvalorização do real, quando não houve nenhuma. O real continua estável. A medida foi bem recebida e, pela primeira vez, nenhum incidente. Tudo normal, ou seja, estamos dominando pelo menos esse aspecto da mecânica monetária e cambial. Vamos ver se é assim mesmo.

Outra questão a registrar são as ideias que mantenho — mas não decidi — de trazer o Paulo Paiva para mais perto de mim, com o objetivo de mexer mais na questão política. Será preciso também dar um invólucro, para que ele não seja somente coordenador político, senão vai acabar sendo torpedeado nessa nova posição. Vou ter que falar com ele sobre tudo isso e ver se a Dorothea pode ser des-

---

*Em dezembro de 1995, um consórcio de fundos de pensão (Banco do Brasil, Petrobras, Telebrás, Banco Central e BNDES) comprou a baiana Caraíba Metais — então a única fornecedora de cobre metálico do país —, a Paranapanema Mineração e a Companhia Paraibuna de Metais.

locada para o Ministério do Trabalho, dependendo também da conversa que terei com Eduardo Jorge para saber, finalmente, o que ele está pensando fazer. A perda do Eduardo Jorge, do meu ponto de vista, é grande, porque ele é um assessor em quem confio plenamente.

HOJE É QUINTA-FEIRA, 1º de fevereiro.
Dia repleto. Em primeiro lugar, o anúncio da descoberta da mina de ouro pela Vale [já referida]. Isso muda muita coisa, vai haver muita discussão sobre a privatização ou não da companhia. Eu próprio, como já disse, quero ver muito de perto, para que haja realmente um processo correto e que se defenda o patrimônio público.

Recebi o pessoal do agrobusiness, recebi o Britto com a turma do Rio Grande do Sul, o presidente da federação dos pequenos agricultores,* que na verdade retomam o diálogo, abandonando a postura mais agressiva.

O Zé Dirceu foi violento comigo, o Adão Pretto disse que eu tinha dito que ia receber os Sem Terra a paulada, e eu não falei isso. Reagi talvez um pouco exageradamente, dizendo que isso foi projeção da personalidade dele.

No mais, rotinas, despachos, Jader Barbalho me procurou hoje à noite, à tarde Gilberto Miranda, falei com o Tebet por telefone. O Barbalho me disse que haverá um bom parecer do relator do projeto Sivam, me antecipou alguma coisa, amanhã eu falo com o relator. Pelo jeito as coisas estão bem encaminhadas nesse terreno.

Também me telefonou de manhã Genoino, e depois o senador Roberto Freire, para dizer que é preciso tomar cuidado com um boato de que o PMDB não quer manter o acordo, o que não é certo. Falei também com o relator da Previdência, o Euler, e ele me disse que incorporou as questões.

No fim da tarde, conversei com o Paulo Paiva, que me disse que amanhã se encontra com o Vicentinho e com Medeiros, no sentido de manter o acordo. Tudo é uma guerra de nervos, porque no fim de semana o Vicentinho terá que fazer a CUT aceitar o acordo. Não estou certo que aceite. De qualquer maneira, estamos sendo bastante transigentes; é a coisa correta a fazer, para podermos dar passos maiores mais tarde sem tanta hostilidade da CUT.

---

*Federação dos Trabalhadores Agrícolas do Rio Grande do Sul.

2 A 7 DE FEVEREIRO DE 1996

O MST e a questão agrária. Crise no Banco do Brasil. Ainda a reforma da Previdência

Hoje é 2 de fevereiro de 1996. Eu havia gravado até a afirmação de que tínhamos que fazer aquilo que era o certo com a CUT, até mesmo para que não tivéssemos dúvidas de que tentamos todos os caminhos para pavimentar o futuro.

No dia 1º tive um encontro sobre a questão do [setor] sucroalcooleiro, depois almoço com Clóvis e Serra aqui no Alvorada, de tarde [estive com] o pessoal do agrobusiness, com o governador Almir Gabriel, mais tarde o senador Gilberto Miranda, e ainda encontrei o Marcito Moreira Alves.

O mais importante foi a questão do [setor] sucroalcooleiro. Nós temos que tomar uma decisão firme sobre a questão do Proálcool. É um programa alternativo. Minha opinião é que deve ser mantido, não há condições para expandi-lo, e o setor está altamente endividado, coisas erradas do passado. Não a concepção inicial do programa, mas numa certa altura devíamos ter dado outro rumo a ele. Ele agora só serve para evitar a poluição ambiental, para termos uma alternativa sempre presente e porque gera muito emprego. As decisões já estão tomadas na direção de apoiar esse programa.*

A conversa até foi fácil, embora os produtores, sobretudo o pessoal da cana-de-açúcar, os plantadores de cana, estejam nervosos, e com razão. Estavam presentes também o Aldo Rebelo, do PCdoB, e um [José] Machado, deputado de Piracicaba, do PT. Rapaz simpático esse Machado. Aldo Rebelo foi cooperativo também. Está se criando um clima mais objetivo na discussão de temas nacionais. Isso me agrada muito, porque saímos daquele impasse ideológico permanente.

O pessoal do agrobusiness me convidou para participar de uma feira em Ribeirão Preto. Também presente o prefeito [Antonio] Palocci, que é do PT, falando palavras de entusiasmo pelo que estamos fazendo, todos que ali estavam [pareciam concordar]. No fim choraram naturalmente as mágoas, falei também sobre a questão da indústria sucroalcooleira. Almir Gabriel, conversa demorada, difícil, Serjão junto conosco e o Almir se queixando do mau atendimento do Pará. Em parte com razão, em parte, naturalmente, eles sempre omitem o que já foi feito. O Almir é ranheta, mas sério. Telefonei em seguida para o Murilo Portugal, que me disse que dá para melhorar as condições de consolidação das finanças do Pará. Sérgio Motta

---

* Representado no Congresso pela Frente Parlamentar Sucroalcooleira, o setor obteve do governo federal a renovação e a ampliação dos subsídios ao Proálcool, além de um aumento no preço do combustível.

falou também com o Mendonça de Barros no BNDES, que vai dar alguns recursos, enfim, vamos superando [as dificuldades].

Gilberto Miranda voltou para dizer que está totalmente de acordo com tudo, que ele foi obrigado a dar o parecer do Sivam por causa do grampo do Júlio, imagina só! Uma coisa não tem nada a ver com a outra! E que está disposto a ajudar o governo em tudo. Mencionou o fato de que a Receita está em cima de suas empresas. Ele sabe que eu já sabia, porque o Jader Barbalho me havia dito. Fui verificar por quê. Ele apareceu na imprensa como tendo 500 milhões de dólares, vida de nababo, e paga pouco imposto de renda. Naturalmente a Receita foi em cima. O que ele quer? Que a Receita não o esmague. Não tenho nenhuma condição de parar um processo desse, nem desejo, ele sabe disso.

Hoje, dia 2 de fevereiro, é o aniversário das minhas netas Helena e Joana. Tentei falar com elas, não consegui, falei com o Paulo duas vezes. Tivemos um dia muito calmo.

Pela manhã uma exposição feita pela DPZ, pelo Duailibi, sobre uma campanha de apoio às reformas.

Conversei com Escostesguy e com o novo diretor da TVE,* sobrinho do Darcy Ribeiro,** um rapaz simpático de Minas Gerais. Não avançamos muito até hoje em matéria de TVE, mas alguma coisa foi feita. O Escostesguy trabalhou bastante bem, não aguentou porque aquilo é uma parada mesmo.

Depois, almoço com o Clodoaldo Hugueney, que é o nosso embaixador na Venezuela, com o pessoal do Itamaraty, Sebastião Rego Barros, Lampreia, Serra, Sardenberg, Gelson, um almoço normal onde discutimos várias coisas, umas preocupantes. Como a informação que o Sardenberg me dera na véspera, de que os americanos estão preparando um projeto de controle do narcotráfico que vai da Guatemala até cá embaixo na Argentina, no Chile. Estão fazendo bases, eles próprios não as operam, treinam [pessoal local], mas o controle do sistema é deles. Temos que chamar o nosso pessoal do Exército, Aeronáutica, as Forças Armadas em geral, e discutir a questão.

O narcotráfico existe, é uma realidade, mas sobre esse fundamento os americanos estão botando em ordem unida as forças armadas das Américas, e o Exército brasileiro não pode entrar nessa. Para não entrar nessa, vou tentar dizer isso a eles na próxima semana. Adiantei ao general Cardoso que vamos precisar de uma preparação, aí entra o Sivam também, a questão do controle do espaço aéreo.

Depois do almoço, encontro com o relator do Sivam, senador Ramez Tebet, que estava bastante cordato, confiante na possibilidade de defender o projeto, mas quer, naturalmente, uma carta minha. Jader Barbalho havia estado aqui comigo no Alvorada e tinha me dito sobre a carta. Ele me antecipou alguns passos do que

---

* A TV Educativa, rede pública ancorada pela programação da TVE-RJ, era então vinculada à Fundação Roquette Pinto, órgão ligado à Secretaria de Comunicação Social da Presidência da República (Secom).

** Paulo Ribeiro substituiu Jorge Escostesguy no comando da emissora.

o relator daria, o relator me disse algo um pouco diferente do que o Jader havia me dito. Não sei o que ele vai fazer no relatório, mas me comprometi a lhe mandar uma carta defendendo a necessidade do Sivam.

Depois tive uma longa reunião sobre a programação no Japão e uma conversa com o Sérgio Motta, que me contou dos últimos acertos que fez a respeito das questões pendentes na telefonia, nomeação do presidente da Telepará, negociada com Almir e Jader Barbalho, e sobre a vontade do Almir de colocar o Alacid [Nunes] no conselho de administração da Vale do Rio Doce.

Deixei para mencionar no fim, agora, a Vale do Rio Doce. Ontem fizemos um anúncio muito importante. Anunciamos ao país a descoberta, que já mencionei, de uma mina de ouro na antiga região de Serra Pelada, que agora eles chamam Serra Leste. Uma mina que deve ter 150 toneladas de ouro. Na verdade tem muito mais que isso, hoje eles calculam entre trezentas e quatrocentas toneladas, o que deve dar um valor de 5 a 10 bilhões de reais, ninguém sabe, mas é muito dinheiro. Há muita preocupação com os reflexos disso na privatização da Vale do Rio Doce.

Conversei hoje com o Expedito da *Veja*, que publicou uma informação precipitada de que isso daria margem a que se revisse o processo de privatização da Vale do Rio Doce. O que eu disse ao Expedito não foi bem isso. O que eu disse é que essa descoberta iria criar uma complicação na Vale do Rio Doce, eu disse que tinha minhas dúvidas quanto ao procedimento, como registrei várias vezes. Não disse que não iríamos à privatização. O problema é como fazer a privatização e com que cuidados, para que a parte estratégica da Vale do Rio Doce fique sob o controle do Estado brasileiro.

As negociações com a CUT evoluíram.

Falei com o Paulinho do Sindicato dos Metalúrgicos e ele está preocupado, está disposto a bancar junto com a CUT a questão relativa à aposentadoria proporcional.* Pediu que nós nos empenhássemos nisso. Falei com Stephanes, falei com Paulo Paiva. Não sei o que vai acontecer efetivamente, mas me parece que dá para avançar.

Agora recebi o Urbano, presidente da Contag. Urbano é um velho companheiro do PSDB, um quadro, e presidente da Contag, que hoje é subordinada à CUT. Urbano veio me explicar que a questão dos sem-terra lá no Sul deu muita confusão; diz ele que foi mal manejada pelo Britto. Não sei até que ponto, mas o Britto, aparentemente, forçou um pouco a barra para mostrar a eficácia dele e do governo federal, mas não negociou com os movimentos, e hoje em dia se não se negocia é como se não se tivesse feito nada.

Urbano, além disso, me deu um depoimento bastante honesto sobre o Movimento Sem Terra. Ele disse o que eu já sabia. O movimento, na verdade, é um mo-

---

* No projeto de reforma da Previdência, o governo pretendia acabar com a aposentadoria proporcional, isto é, com a concessão de benefícios previdenciários com valores proporcionais ao tempo de contribuição, quando não atingido o tempo mínimo.

vimento revolucionário de cunho — a expressão foi minha — saudosista. Há um comando não ostensivo, e 30% de tudo que eles recolhem vai para o movimento. E como eles recolhem? As ONGs internacionais, mas também o governo. O governo faz convênios, dá alimentação para muitos assentados, e de tudo eles tiram 30%, com o que financiam a parte revolucionária. É patético, mas é isso.

Trata-se de um movimento na verdade arcaico, é como se fosse Antônio Conselheiro outra vez. Mas em Sarandi eles juntaram 20 mil pessoas, ou seja, num momento de aflição na área rural esse movimento pode dar trabalho. E temos que cuidar de não estar também fomentando o MST. O Banco do Brasil deu recursos, o Ministério da Educação, o Ministério da Agricultura, o Incra, todo mundo faz convênios com eles, é como se fosse uma organização social comum, pacífica, mas não é. Há outro aspecto, que é o da crença que é possível [surgir] um movimento revolucionário a partir daí.

Fiquei preocupado outro dia, quando vi o Leonardo Boff dizendo que todo o Brasil vai para trás menos o MST. É a mesma história de sempre, dos românticos clericais que disparam nesse sentido. Perguntei ao Urbano se eu deveria ou não recebê-los. Ele opina que sim, um grupo menor. Urbano é um homem muito correto, disse que tudo que estava me dizendo é pela confiança que tem em mim e porque acha isso uma loucura. Na verdade ele não diz nada que já não se saiba, só que quem sabe são apenas os que têm experiência na matéria. A imensa maioria da população não faz a menor ideia.

Vou atuar com responsabilidade, separando a importância da reforma agrária da questão quase surrealista, não sei nem como qualificar, desse movimento ao mesmo tempo anacrônico e revolucionário, baseado na crença de que a partir do campo vem a revolução para um país urbanizado e industrializado, desenvolvido e injusto como o Brasil. Fica todo mundo compungido pela injustiça que existe e pelo sinal contrário a ela que o MST emite. E ao mesmo tempo paralisado diante de ações que podem vir a complicar o jogo político normal.

No Rio Grande do Sul acho que a situação é deveras delicada. Daqui a pouco, são nove da noite, chegará o Paulo Renato para discutirmos a situação nacional e a composição do Conselho Nacional de Educação.

Pelo registro que estou fazendo, vê-se que acabo me metendo em muita coisa: nos ministérios, na articulação política, na política externa, na política sindical, e ainda pensam que é porque eu quero. Não é. É da natureza do regime presidencialista, e talvez da minha também, querer que as coisas andem, e tenho entusiasmo com o processo.

Em tempo. Registrei a presença do Itamar aqui outro dia. Desconfio que a esta altura ele não queira mais ir para a OEA, queira ficar mais tempo em Portugal, mas que o que ele quer mesmo é voltar para a terrinha e fazer política. Não falta quem fique instigando que ele se candidate a presidente da República, e ele deve querer mesmo. Dizem que o Sarney já teria feito um acordo com ele, que a Roseana seria a vice, por aí vai a imaginação. Querer não é poder. Mas, enfim, deixo esse pequeno registro da política nacional.

Luís Eduardo falou comigo por telefone hoje. Não entendi no início, porque o Sérgio Motta não tinha passado a informação. Foi para me dizer que vai montar logo a comissão da reforma constitucional sobre a reeleição, agora em fevereiro. Vai deixar isso montado e a comissão pode opinar; ele só põe no plenário se e quando interessar. Luís Eduardo voltou inteiramente às boas.

Quero acrescentar duas maldades: parece que realmente o Sarney ficou muito incomodado com o discurso que fiz para saudar Saramago. Ele reclamou para [José] Aparecido que eu tinha que fazer por escrito, que não ficava bem o presidente da República falar de improviso, embora o Aparecido e o [Gerardo] Mello Mourão tivessem gostado do discurso.

Outra: Serra me disse, pediu que eu guardasse reserva, que ele jantou com o Janio de Freitas, por insistência do Frias. O Janio ataca muito a mim e ao Serra, mais a mim que ao Serra. De qualquer maneira, ele disse que me critica por uma razão simples: tem certeza que eu fico morrendo de raiva quando leio seus artigos. Mal sabe ele que eu não o leio. Engraçada essa mania das pessoas de terem um relacionamento pessoal provocativo. Eu também gosto, mas não assim sem generosidade.

HOJE É DIA 5 DE FEVEREIRO, segunda-feira, duas e meia da tarde. Ontem fui à fazenda com Paulo Henrique, Nelson Jobim, Paulo Renato e Giovanna [Souza], a mulher de Paulo. Foi muito agradável, apesar de todo o séquito que vai comigo. Almoçamos todos juntos, os pilotos do helicóptero, os seguranças, enfim, essas confusões que eu gosto de fazer. Era meu aniversário de casamento, Ruth estava em Paris, telefonei para ela lá da fazenda, para dar um beijo, e ela mexeu comigo, disse que eu sempre faço rolo e levo muita gente, mas foi agradável. Não discutimos nada sério.

Ontem, domingo, fiz uma visita de pêsames à família da Sarah Kubitschek. O corpo da dona Sarah ainda no hospital, suas filhas estavam lá, a Márcia e a Maristela, muito simpáticas, conformadas com a morte da mãe. Hoje passei de novo no memorial JK, é verdadeira a simpatia que eu nutria pelo Juscelino, tenho realmente que lhe render esse tributo.

Fora isso, fatos importantes.

Ontem a CUT autorizou o Vicentinho a prosseguir as negociações.* Isso é uma vitória extraordinária. Hoje estive conversando com o Paulo Paiva depois de uma

---

*O presidente da CUT, que foi um dos principais interlocutores da esquerda nas negociações da reforma da Previdência, propôs e obteve a extensão de prazos de transição para o fim da

cerimônia com a Dorothea Werneck e o Lampreia sobre o lançamento das empresas que se comprometeram com o novo sistema automotivo. Vão investir, até 1999, 10 bilhões de reais, vão produzir no Brasil mais de 3 milhões de automóveis a partir do ano 2000, 4 milhões no Mercosul, há promessas de exportação no valor de mais de 3 bilhões de dólares este ano, enfim, é o Brasil se firmando realmente como um grande produtor de veículos, não só automóveis, mas tratores, caminhões, isso é muito importante. Puxei o Paulo Paiva para o canto, e também o Élcio Álvares, para conversar. O Paulo estava bastante otimista com o entendimento havido com a CUT.

Falei também hoje com o nosso líder Luís Carlos Santos, que vai estar com Euler e com Michel Temer para acertar os detalhes finais. Comecei a conversar, um por um, com a bancada do PMDB, os membros da comissão da Previdência. Falei hoje com a deputada [Marisa] Serrano,* uma moça inteligente, simpática, vai apoiar, e amanhã vou prosseguir dia afora com esse mesmo sistema de falar com cada um dos mais renitentes. Geralmente do PMDB, porque o PPB, o PFL e o PSDB estão firmes nessa matéria. Será uma página virada se conseguirmos fazer o entendimento com o setor sindical para essa mudança da Previdência, mesmo com algumas concessões. Vai ser um ponto muito importante, porque se vê que não é birra do governo, nem [se deseja] perseguir trabalhador; é outra coisa. Tem que haver um equacionamento adequado da Previdência diante da situação atual e dos desafios dos tempos modernos. Isso abre muito as perspectivas. Eu falei com Paulo Paiva, modificação das relações trabalhistas dentro de uma ótica que seja de participação dos trabalhadores. Isso é muito bom.

Alguém estava dizendo de brincadeira, ontem — foi o Jobim que disse —, que o Pedro Simon teria dito que eu estava com ganas de acabar com a era Vargas para começar a era Cardoso. Tem mesmo que começar uma nova era, não a era Cardoso, é a do Brasil Novo, não do Estado Novo. Da sociedade renovada e com democracia. O Pedro Simon disse que o Getúlio lidava com dois partidos e que eu estou lidando com cinco, e que isso é uma proeza, enfim, essas coisas. Mandei uma carta ao Pedro Simon, tal como ele me havia pedido, por causa da conversa que tivemos na bancada gaúcha. Os jornais o maltrataram muito, mandei uma carta de amizade.

Também discussão sobre a questão do Sivam. Preparei uma carta, como eu havia combinado com o Tebet, ressaltando a importância para o Brasil e para o governo da aprovação do projeto Sivam. O Élcio Álvares acha melhor mandar essa carta para o presidente do Senado, ou seja, o Sarney. É mais apropriado, resta ver qual é a reação do PMDB, do Jader e do Tebet. Enfim, política se faz assim mesmo, as pequenas questões do dia a dia pesam muito.

---

aposentadoria proporcional, entre outras medidas de interesse dos trabalhadores. Mas setores radicais do movimento sindical o acusaram de "traidor" e "pelego" por ter aceitado dialogar com o governo.

* PMDB-MS.

Conversando com as filhas do Juscelino, elas voltaram a falar do otimismo dele, do seu entusiasmo. Eu me recordei que quando ele morreu em 76, escrevi um artigo comovido sobre sua morte e a do seu motorista. Mencionei isso a elas. Elas disseram que é pena que o pai não tenha visto o Brasil de novo democrático e em crescimento econômico.

A *Veja* publicou uma matéria boa sobre desemprego, reafirmando o que eu tenho dito. Não houve aumento da taxa de desemprego no Brasil; ao contrário, em 95 caiu. Então nem recessão nem desemprego. Agora, modificações estruturais que penalizam setores e pessoas, a gente tem que olhar esses setores e essas pessoas, mas não se pode fazer generalizações como o PMDB tentou fazer ontem, domingo, num seminário* convocado em São Paulo pelo Pinotti, pelo Quércia e pelo Paes de Andrade, que mais uma vez chegaram tarde e abraçaram a causa errada.

HOJE É QUARTA-FEIRA, 7 de fevereiro, são três horas da tarde. Eu me referirei primeiramente, ao dia de ontem, terça-feira.

Café da manhã com Rita Camata, Lídia Quinan,** José Aldemir,*** Luiz Buaiz**** e Augusto Viveiros.***** São deputadas e deputados que pertencem à Comissão da Previdência Social. A mim todos dizem que vão votar tudo, estão todos de acordo, sobretudo a Lídia Quinan, que me parece uma pessoa sincera e bem orientada. Também aquela com quem eu tinha conversado anteriormente, a deputada pelo Mato Grosso [Serrano], me pareceu uma pessoa bastante interessada naquilo que eu estava dizendo.

Depois reunião interna sobre o Banco do Brasil. Aí, sim, a coisa é preocupante, porque a questão do Banco do Brasil é insustentável. Não se sabe o tamanho do rombo. Não é menos de 14 bilhões de reais, ou seja, mesma coisa que o do Banespa. Só que agora a União é a proprietária e vamos ter que cobrir esse rombo, e isso tem que ser mantido em sigilo até que se possa cobrir e publicar o balanço, senão se verá que o banco está quebrado. Perguntei ao [Paulo César] Ximenes, na reunião que tive com ele, Pedro Parente, Gustavo Loyola e Serra: "Como aconteceu isso?". Parece que o grosso dos desatinos vêm do governo Sarney. Eles vão fazer um livro branco para mostrar como o banco quebrou. Quebrou também pelos salários

---

*O PMDB paulista, através da Fundação Pedroso Horta (*think tank* do partido), realizou em 2 de fevereiro de 1996 o seminário Plano Real e Desemprego, com críticas à política econômica do governo.
** PMDB-GO.
*** PMDB-PB.
**** PL-ES.
***** PFL-RN.

altíssimos, pelo descontrole, pela incapacidade de se ajustar, tendo um *floating** enorme com a inflação, sabendo que haveria queda da inflação. É patético.

E o mais grave é lá fora, porque o Banco do Brasil opera fora, tem linhas de crédito. Quando esse balanço for publicado, se ele não for bem cuidado, naturalmente essas linhas vão ser suspensas ou vão sofrer bastante. Solução muito difícil. Provavelmente vamos ter que trocar patrimônio. Já se falou até mesmo de passar a Vale do Rio Doce para o Banco do Brasil, para não aumentar o endividamento do governo federal. Já se falou também que os fundos de participação devem entrar com uma cota disso, mas o principal é que o banco não pode continuar como está, desestruturado, com essa quantidade de gente trabalhando lá.

Creio que nem o Ximenes, que é duro, viu o alcance da situação. O que reforça minha noção de que esses bancos não podem ficar nas mãos do governo. Banco comercial não pode estar na mão de governo porque dá nisso, dá em uso político do banco e o povo paga. E alguns roubam ou se beneficiam, empréstimos que não são repostos depois. A Caixa Econômica também. O Banco de Desenvolvimento Econômico [BNDES] é necessário, agora Banco do Brasil, um banco comercial como ele ficou, não tem sentido, é complicado mesmo. É difícil passar essa ideia com correção ao país.

Depois estive com o brigadeiro Lélio Viana Lôbo, que me trouxe as respostas da Aeronáutica à questão da SBPC,** sobre um custo de projeto Sivam imaginário, tudo errado. Já mandei a carta ao Sarney em defesa do Sivam. A carta teve um efeito positivo. O relator, Ramez Tebet, vai fazer um relatório favorável, já hoje está nos jornais. Parece que as coisas mudaram positivamente.

Ontem à noite jantei com Rafael de Almeida Magalhães, Eliezer Batista, dez empresários americanos, o grupo todo do *Conservation International*, que são pessoas influentes, notadamente um que inventou chips de microcomputadores e tem uma empresa, Intel, que dizem é uma das maiores do mundo. Conversa amena, orientada para que eles venham a fazer futuros investimentos na linha do desenvolvimento sustentado.

Depois conversei mais em detalhe com o Mendonça de Barros, que estava na reunião sobre o Banco do Brasil. Ele entende muito desse tipo de problema. Eles vão meter a mão na massa para ver se esse déficit não é menor do que o Banco do Brasil está dizendo, porque o banco deve estar querendo se financiar.

Ontem à noite o Luís Carlos Santos me telefonou e depois passou o telefone para o Inocêncio, para me dizer, ambos, que tinham resolvido não votar o acordo da Previdência ontem, embora o acordo tivesse sido feito. Não entendi bem. A ver-

---

* Correção inflacionária do valor real dos depósitos, transformada em lucro pelos bancos por meio da não correção de seus passivos.
** Em janeiro, cálculos realizados pela Sociedade Brasileira para o Progresso da Ciência a pedido do PT indicaram superfaturamento de 51% no custo total do Sivam.

dade é que cederam muito à CUT, ao Vicentinho, inclusive no que diz respeito à aposentadoria proporcional por tempo de serviço ao servidor público. Eu não fui consultado sobre essa matéria.

Hoje de manhã vejo nos jornais que já há denúncias do Vicentinho de que o relator não tinha cumprido a palavra. Depois falei com todos: Paulo Paiva, Euler, Luís Carlos Santos, Luís Eduardo, e a sensação é de que Vicentinho quer cair fora. Ele não aguenta a pressão das bases. Conseguiu muito, mas agora quer conseguir mais e na verdade quer anular a reforma. Não é a minha posição. Ontem eu disse claramente que não era. Hoje disse com mais clareza tanto ao Luís Eduardo quanto ao Luís Carlos Santos e ao Paulo Paiva, e falei também com o ministro Stephanes. Passou do limite. Agora vamos votar de acordo com o que combinamos, mas não esses abusos; com eles não teria sentido fazer a reforma.

É um jogo político pesado. Essa do Vicentinho me surpreendeu, porque eu sempre o julguei bom caráter, mas pelo jeito ele ficou assustado com a reação das chamadas bases, ou seja, os radicais: Convergência Socialista, PSTU, essa coisa toda, e o próprio PT, que quase unanimemente ficou contra o acordo. Eu estava muito contente com o saldo democrático do acordo e com o avanço de um entendimento social. Espero que isso não se perca. O importante agora é o governo aprovar e vencer. Foi essa expressão que usei para que a votação seja feita hoje na Comissão da Previdência.

São quase três e meia, recebi dois telefonemas. Um do Luís Carlos Santos e outro do nosso ministro Stephanes, e depois falei com o Paulo Paiva, que estava ao lado dele. Todos para me dizer que voltaram a ter um certo acordo. No novo acordo não vamos incluir a questão relativa à proporcionalidade das aposentadorias dos funcionários públicos por tempo de serviço, o que é positivo, porque atrapalharia muito o nosso debate. O Stephanes me telefonou pedindo que eu falasse agora com o Michel Temer e com o Euler, para felicitar o Euler por termos voltado ao texto dele e para fazer um apelo a Michel para que fique firme. Diz o Stephanes que o corporativismo é feroz na Câmara e que de repente entra um texto que ninguém havia discutido, o próprio Arnaldo Madeira fica reclamando, enfim...

Eu sei que a luta é ali na hora, porque a pressão é grande, são interesses de corporações muito poderosas que às vezes incluem interesses dos parlamentares, pois eles próprios têm benefícios de um ou outro tipo, ou seus familiares têm, através das enormes concessões que a Previdência vai fazendo, a partir de pequenos privilégios, que resultam em grande rombo no caixa.

Vamos ver. Acho que o Vicentinho saiu mais ou menos convencido de que tinha que ser assim mesmo, não houve ruptura, amanhã se continua conversando, mas hoje se vota o parecer. É uma parada, isso está sendo retirado a fórceps. Realmente, não fosse a firmeza do Luís Eduardo e a minha, a coisa não andaria.

Bom, gravei aqui que seria muito difícil a votação. De fato! Aconteceu algo ainda mais inesperado. O Jair Soares, na hora da votação, foi responder a uma questão de ordem e achou que devia suspender a sessão, para que a votação fosse na terça-feira. Parece que então o Inocêncio de Oliveira se irritou, houve uma acalorada discussão entre ambos e aí o Jair resolveu renunciar à presidência da comissão. Luís Eduardo, ato contínuo, me telefonou e perguntou o que eu achava de uma sugestão que ele recebeu de um de seus assessores, o Marco Aurélio [Santullo], de avocar a ele o projeto e entregar ao Euler para relatar no plenário. Achei ótimo. O Luís Carlos Santos falou comigo, também achou bom, e assim foi feito.

Então vamos ganhar uma etapa, passando para a discussão no plenário da Câmara. Vamos ver o que acontece.

De tarde tive reuniões interessantíssimas.

[Luiz Antônio] Medeiros quis falar comigo de manhã. Ao meio-dia foi lá e fez uma declaração enfática de que ele era contra os privilégios e tal. Na verdade buscou uma tribuna porque, na Câmara, Vicentinho ocupou os espaços, e a televisão não estava dando bola para ele, Medeiros. Eu disse que achei bom que ele fizesse isso, nós também somos contra os privilégios. Na verdade, quando ele fala em privilégios, quer dizer que a CUT defende privilégios.

Mais tarde veio o Vicentinho com toda a direção da CUT. Já que o Medeiros veio, ele disse ao Paulo Paiva que queria falar comigo. Veio e falou. Foi ótimo. Conversa tranquila, longa. Levantaram quatro pontos, nenhum que não pudesse ser discutido com calma. Um deles é o financiamento dos aposentados.

Mantive minha posição. Expliquei ao Vicentinho — também estava o Urbano, da Contag — que essa reivindicação de aposentadoria jovem é errada.* Dei o exemplo da França, em que os combatentes têm mais tempo de trabalho. Argumentei que eles estavam defendendo uma tese que não é progressista, que na verdade esse pessoal quer ganhar a aposentadoria e continuar a trabalhar em outro emprego, para aumentar a renda. Acho preciso mudar essa mentalidade de querer se aposentar cedo. Não sei se os convenci, mas eles ficaram preocupados com o argumento e não rebateram. Foi um sinal muito positivo. Mostrou que querem continuar negociando.

De tarde, reunião longa para preparar a reunião do ministério, negociação penosa com Serra, Malan e seus assessores sobre como vamos fazer o orçamento deste ano. Resistem a que se dê uma previsibilidade para o gasto. Na verdade, resistem mais a dizer a realidade da situação, que segundo eles é muito feia, os recursos são menores do que os ministros imaginam. Acho que a verdade fica entre os dois, os recursos nem são tão pequenos quanto eles dizem nem tão grandes quanto os ministros gostariam que fossem.

---

*A proposta negociada pelo governo com a CUT manteve os limites de idade e impôs tempos mínimos de contribuição para a concessão de aposentadorias.

10 A 21 DE FEVEREIRO DE 1996

Questão sindical. Guerra fiscal

Hoje é 10 de fevereiro, sábado, são quatro e meia, cinco da tarde. Passei o dia todo dentro do Palácio da Alvorada, Sebastião Rego Barros e a Tite [Rego Barros] almoçaram conosco, eu, Ruth e Luciana. Arrumei as minhas coisas, e muito veio da Índia. Não sei mais onde botar livros, inclusive livros de arte muito bonitos, daquela Cappella Palatina extraordinária, lá na Sicília, o castelo normando e a incrível basílica de Monreale. Os mosaicos dessa região são mais impressionantes que os de Ravenna, é uma mistura de arte normanda, árabe, bizantina, uma coisa fascinante. Acabei guardando todos esses livros.

Ontem, sexta-feira, tivemos a reunião do ministério. Longa, tediosa, que se desenrolou como eu imaginava. Os ministros da área econômica explicaram as dificuldades, o Nelson Jobim e o Paulo Renato foram em cima deles porque queriam uma precisão maior nos dados, senão não há solidariedade no ministério. Eles têm razão. Na verdade não é tão dramático. Eu mesmo disse, tomando a palavra do Malan, que podemos repetir em 96, na pior das hipóteses, o orçamento de 95, um delta a mais ou a menos, vai depender das circunstâncias. Com um projeto como o do Jatene que se aprove no Congresso,* melhora a situação. Ou então alguma coisa que possa acontecer na área de novos impostos, que também melhora, ou então aquilo que é mais difícil, que é reduzir pessoal, mudar a estrutura de gastos, coisa da área do Bresser.

HOJE É DOMINGO, 11 de fevereiro.

Ontem à noite fomos jantar na casa do Jorge Bornhausen, com a cúpula do PFL mais o Paulo Renato e tal. O Paulo, irmão do Bornhausen, que foi o chefe da minha campanha em Santa Catarina, tinha se comprometido a me fazer um jantar, porque durante a campanha só comi sanduíche...

Li a *Veja* hoje. Ela se refere a uma conversa que tive com Clinton por telefone. Na verdade telefonei para o Clinton para tentar vender aviões Tucanos nos Estados Unidos, aconselhado pelo pessoal do Itamaraty, depois que já tínhamos assinado o projeto com a Raytheon. Nunca negociei realmente nada com o Clinton. Mas isso sempre serve de pretexto para imaginar que houve grandes interesses. E a *Veja* fez uma reportagem dizendo que o Gilberto Miranda estaria sendo procurado pela Receita porque sabe coisas sobre financiamento de campanha e outras aleivosias

---

*A criação da Contribuição Provisória sobre Movimentações Financeiras (CPMF), tributo destinado a subsidiar a saúde pública, estava em discussão no Congresso.

mais. É mentira, ele nunca me insinuou nada sobre campanha nenhuma que teria financiado nem há financiamento nenhum a ser escondido. Tudo conversa fiada. Ele falou, isso sim, mas não naquele momento, que o Hargreaves eventualmente estaria interessado na aprovação do projeto pela Thomson. Não tenho prova disso e sei que Gilberto alardeou isso por aí. Mas ele não está sendo investigado porque eu mandei, nem o Malan, mas porque caiu nas malhas do serviço de inteligência da Receita. Mostrou muita fortuna e pouco imposto de renda. A *Veja* também diz isso, diz as duas coisas, mas deixa no ar a suspeita de que o governo está usando a Receita para obter apoio no Sivam. Não é verdade.

Hoje, domingo, Luciana está aqui com Getúlio e Isabel. Não haverá nada de especial a ser registrado, pelo menos é o que eu penso. Não registrei que na quinta ou na sexta-feira o governador do Ceará, o Tasso, e o do Rio Grande do Norte, o Garibaldi, estiveram comigo. Eles querem que o BNDES compre os bancos estaduais do Nordeste. A ideia é da Roseana. Não sei se isso tem procedência ou se é mais um mico que passa para a mão do governo. De qualquer maneira, o Pedro Malan vai analisar.

HOJE É SEGUNDA-FEIRA, 12 de fevereiro. Quase meia-noite.

O dia transcorreu calmo, como as segundas-feiras costumam ser. Recebi alguns governadores. O de Roraima, Neudo, e o de Santa Catarina, que veio com o Pedro Sirotsky. Todos simpáticos, com pequenos problemas.

Reunião com os líderes do Senado para discutir a votação de amanhã. Parece que se vota o Sivam e há grandes promessas de que vão votar também o Fundo de Emergência. Enfim, as coisas andando.

À noite, no Alvorada, uma discussão grande com os ministros militares, o general Cardoso, o Jobim, o Gelson e o Lampreia, sobre a proposta dos norte-americanos para uma operação chamada *Laser Strike*. É uma operação de controle de contrabando que, segundo os militares, tem uma conotação também de participação mais ativa dos americanos no espaço aéreo dos países e de subordinação das Forças Armadas, nessa operação, ao Comando Sul do Panamá. Discutimos bastante. É inaceitável. Propus que houvesse uma doutrina nossa sobre contrabando e narcotráfico, nós não temos, precisamos ter. E uma ação eficaz, um comando unificado e uma negociação com os americanos. Eventualmente eles podiam até mesmo nos dar algum material de radares até que o Sivam fique pronto.

É preciso haver cooperação, mas não subordinação. Esse ponto de vista foi unânime. Criamos a Câmara de Relações Exteriores e Defesa Nacional. Estamos forçando a cooperação entre esses vários setores, sobretudo da Polícia Federal com as Forças Armadas, porque a Polícia Federal vai ter que entrar direto na questão do narcotráfico e do contrabando, assim como a Receita.

O mais renitente em aceitar qualquer tipo de cooperação com os americanos foi o almirante Mauro César. A visão dele é que o Brasil precisa ter uma política própria. Os demais não pensam assim. Pensam que a presença americana é muito forte, o que não quer dizer subordinação nossa, mas que não deve haver a ilusão de hegemonia de nossa parte, o que é óbvio. Enfim, ainda há resquício de uma visão bastante polarizada, mas também é verdade que a presença americana é inquietante, por causa do estilo deles, que é de ir pouco a pouco assumindo a posição de controle das situações.

Algumas referências nos jornais de que Itamar teria dito ser contra a reeleição, contra a questão da Vale do Rio Doce, queixoso de que foi esquecido no real. Não sei se ele fez isso. Não sei. É possível que haja aí alguma ponta de mágoa.

HOJE É QUARTA-FEIRA e deve ser dia 14 de fevereiro. São onze da noite.

Ontem de manhã, entrega de credenciais, reunião com Cícero Lucena Filho para saber da Secretaria de Política Regional do Nordeste. Preciso entender com mais concreção qual é a política real para o Nordeste. Eu insisto que não há mais Nordeste. O Nordeste é como a América Latina: lá são muitos países, aqui são muitos estados, não há mais unidade, nem mesmo pela água eles se unem. A transposição do São Francisco agrada a Paraíba, agrada o Ceará, mas desagrada a Bahia e não mexe muito com Pernambuco. A refinaria,* nem falar, divisão total. Continuo achando que a questão é irrigação, água por um lado e, por outro, turismo.

Estava previsto um almoço no Palácio do Jaburu com os líderes, que não houve, porque eles estavam votando no Senado coisas importantes, a questão do Sivam e depois o Fundo de Estabilização. Vitória esmagadora. No Fundo de Estabilização: 60 a 10.** No Sivam, foram três comissões. Onde ganhamos mais apertado foi de capote: 12 a 6.*** Muita discurseira.

Incidente porque Itamar declarou que havia algo secreto, que ele só diria nas suas memórias, sobre o Sivam. Telefonei para ele, estava em Washington, na casa do embaixador da OEA. No telefone me disse que não havia nada, que era engano do jornal e que ele desmentiria. Ditou uma nota para os jornais, dizendo que era secreto porque a Ata era sigilosa, toda decisão dessa natureza é assim, mas que não havia nada de extraordinário. Não tem nada, nada. Eu sabia porque tenho a Ata. Mas o que ele queria realmente era dizer que eu participei da reunião. Está lá o meu

---

*O governo e a Petrobras anunciaram a intenção de construir uma refinaria na região, gerando disputas entre os governos estaduais para recebê-la.

**O placar foi de 70 a 10. A emenda aprovada previa que o FEF, sucessor do Fundo Social de Emergência, teria vigência de dezoito meses retroativos a janeiro de 1996, e estabeleceu que estados e municípios cederiam 20% de suas receitas para a composição do fundo, cujos recursos poderiam ser empregados livremente pelo governo federal.

***Na supercomissão do Sivam, o governo venceu por 45 a 15, e também nas três subcomissões: Fiscalização e Controle (12 a 3), Assuntos Econômicos (21 a 6) e Relações Exteriores (12 a 6).

nome, fui convidado. Estou defendendo o Sivam, não estou negando nada, não entendo essas preocupações, como se eu não estivesse querendo assumir o que fez o governo passado, que era também meu. Então isso foi desmentido. Eduardo Suplicy telefonou para Itamar, que disse a mesma coisa e não deu em nada.

Com relação ao Fundo de Estabilização foi mais fácil ainda.

Na Câmara, Luís Eduardo falou comigo, estavam 444 deputados e nós precisávamos de 308 para que o relator da Previdência lesse o seu relatório. Enfim, êxito absoluto.

Depois do almoço estivemos com o chanceler do Chile, José Miguel Insulza, para preparar a vinda do Frei para discutir a integração recente do Chile no Mercosul. As coisas com o Brasil são fáceis, ao que parece. Difíceis são com a Argentina e Uruguai, por causa de questões agrícolas.

Recebi o senador Onofre Quinan* com um grupo de deputados de Minas encabeçados pelo José Vasconcellos** e pelo senador Arlindo Porto. O que eles querem discutir é a questão muito controversa da Mendes Júnior. Querem salvar o insalvável. O Arlindo Porto insistiu muito comigo, todos eles, Maria Elvira,*** o Leopoldo Bessone.**** Eu disse que era muito difícil, dei minhas razões, mas não adiantou muito. Eles insistem nesse ponto.

À noite, aqui em casa, a Ruth preparou um *magret de canard*, com um vinho que a Regina Meyer trouxe. Luciana e Getúlio também jantaram conosco. Só que tomei, talvez, mais vinho do que devesse, pela questão do calor, fazia um calor forte ontem à noite, e dormi muito mal. Coisa que é raro acontecer comigo.

Hoje de manhã fui ao lançamento do programa de emprego do BNDES e do Ministério do Trabalho.***** Presentes: Medeiros, Urbano pela Contag, Vicentinho pela CUT. Extraordinário. Todos lá apoiando o programa. Designamos um representante da Força Sindical, que é o Luizinho [Luiz de Oliveira Rodrigues], e o chefe de Volta Redonda, que esteve à tarde aqui no Alvorada, conversando comigo, com muita simpatia. E vamos designar o Gilmar [Carneiro], que eu creio que foi do sindicato dos bancários de São Paulo, pela CUT. Fiz um discurso sublinhando a importância do fato de que estávamos todos juntos no combate ao desemprego.

Voltei para casa mais ou menos cedo, discutimos sobre o Banco do Brasil. Tudo indica que a situação é menos grave do que parecia à primeira vista. O Luiz Carlos Mendonça de Barros deu um olho nos números e parece que diminuiu para 4 ou

* PMDB-GO.
** PFL-MG.
*** PMDB-MG.
**** PTB-MG.
***** Empresas que investissem na criação de novos empregos e no treinamento de seus funcionários passariam a contar com taxas de juros menores e prazos de pagamento maiores em financiamentos do BNDES.

5 bilhões o que é preciso pôr lá para evitar uma catástrofe no banco. Assim mesmo é muito dinheiro.

Não saí de casa porque estava meio bombardeado pela indigestão dessa noite.

Recebi muita gente depois das quatro da tarde: Pedro Malan, Pedro Parente, senador Epitácio Cafeteira, que trouxe uma porção de recortes de jornal com o Sarney me atacando lá no Maranhão, fazendo caricatura de tudo, mas também um editorial dizendo que não se pode mexer com funcionários, que dona Kiola* [Araújo Costa] não gosta disso. Depois participei de um coquetel que a Ruth deu para a Comunidade Solidária. Passei rapidamente por lá pelas nove da noite, agora são dez e estou caindo de cansaço.

Amanhã de manhã vou visitar o Grama [José Roberto Magalhães Teixeira], o prefeito de Campinas que está muito mal, com câncer. Passo o dia lá e volto. Vou com alguns ministros. É uma viagem penosa, porque o Grama é muito jovem, tem cinquenta e poucos anos, estava trabalhando bem, sempre foi do meu lado na política em São Paulo, um bom prefeito. Homem direito, bom deputado, mas pelo jeito não tem muita esperança. Para mim é muito chocante, mas tenho que cumprir esse dever de amizade.

Ontem à noite li um trabalho do Chico Lopes. Fez um exercício econométrico sobre as variações de taxa de juro, taxa de câmbio e taxa de crescimento econômico. Muito interessante. Na verdade, mantivemos a taxa de crescimento econômico por dois anos um pouco mais baixa. Isso tem efeitos positivos a longo prazo. E não adianta muito mexer nem na taxa de câmbio nem na taxa de juros para uma estabilização mais segura. Apesar da polêmica, parece que a política que está sendo levada a efeito pelo Banco Central não é tão desastrada quanto alguns creem. Em todo caso, tem-se que discutir, porque isso é um mero exercício econométrico.

HOJE É SEXTA-FEIRA, 16 de fevereiro, são duas e meia da tarde.

Ontem o dia transcorreu calmo até que, à noite, recebi, através da Ana Tavares, uma informação da imprensa de que um delegado, parece que o [Paulo] Lacerda, da Polícia Federal, havia encaminhado ao Supremo Tribunal Federal uma lista de empresas e também de pessoas que deveriam ser mais pesquisadas sobre a questão da Pasta Rosa. Com pedido, inclusive, de quebra de sigilo bancário.** Isso me aborreceu, telefonei para Jobim, que não sabia do assunto. Milton Seligman, secre-

---

* Mãe de José Sarney.
** No âmbito da investigação do caso da Pasta Rosa, o delegado solicitou ao STF a quebra de sigilo fiscal do Banco Econômico e de outras empresas. Ângelo Calmon de Sá foi indiciado por sonegação e crimes de colarinho-branco. Lacerda também levantou suspeitas de que crimes semelhantes foram cometidos por parlamentares.

tário executivo do ministério, que Jobim pediu que falasse comigo, me informou que não era bem assim. Disse que se tratava de a imprensa estar mal informada.

Mais tarde Seligman me telefonou de novo para dizer que não, que infelizmente era verdade e que no sábado passado o delegado Lacerda tinha enviado ao Supremo Tribunal Federal o relatório final, ou parcial, não sei, da sua investigação, pedindo essas medidas. À primeira vista achei um abuso um delegado dirigir-se diretamente ao Supremo. Depois me informei e parece que isso é usual, embora eu tenha a impressão de que é inadequado. O diretor-geral da Polícia deveria ser o responsável por esse tipo de demanda.

Telefonei ao Marco Maciel, trocamos ideias, o Geraldo Brindeiro, que é o procurador da República, estava lá com o Marco Maciel. Tudo depende do Brindeiro indiciar ou não, acusar ou não as pessoas para que o Supremo possa atuar.

A visita ao Grama, o prefeito de Campinas, me deixou muito comovido. Ele está realmente no fim, mas com muita energia, com muita firmeza me contando da doença. Ele luta tenazmente para ganhar tempo, mas anda muito enfraquecido. Mário Covas foi também.

Depois o Mário me disse que enviou à Assembleia uma legislação para que São Paulo equipare as vantagens que concede na instalação de empresas às de outros estados. Isso vai atrapalhar Minas. A fábrica Mercedes, que ia para Minas, o governador Eduardo Azeredo já me telefonou ontem, preocupado com o assunto. Mas quem conhece o Mário sabe que ele vai lutar até o fim para conseguir vantagem para São Paulo, o que é seu dever. Eu, como presidente, acho que é preciso haver certa dispersão da indústria automobilística, é melhor para o conjunto do país, mas o Mário vai estar à frente disso e acho que o Duda também.

Hoje, sexta-feira, recebi Afif Domingos, que veio com a questão da micro e pequena empresa, com alguns pontos nos quais me parece que ele tem razão, sobre a carga de impostos. Talvez fosse mais fácil acabar com a sobrecarga na micro e pequena empresa do que no conjunto das empresas.

Também falei com Vicentinho, para dizer que não podemos fazer nada a respeito de um pedido que ele me havia feito — há um leilão do sindicato dos petroleiros porque não pagaram a multa da greve do ano passado. Ele alega que o governo não se empenha nisso, mas quem determinou o pagamento foi o Tribunal Superior do Trabalho,* portanto não há nada que possa ser feito sem que o Tribunal queira.

Conversei com o Paulo Paiva também sobre os efeitos da posição tomada pelo Paulinho do Sindicato dos Metalúrgicos de São Paulo, que, contrariando a lei, vai assinar contrato sem que haja certas garantias que a lei impõe.** Isso vai permitir

---

*O TST, que julgara abusiva a greve dos petroleiros de maio de 1995, exigia que os sindicatos da categoria pagassem a multa de R$ 36 milhões resultante da soma dos dias parados. Em 14 de março de 1996, a Câmara aprovou uma anistia à multa imposta pelo tribunal.

**A Força Sindical assinou com sindicatos patronais de São Paulo um acordo de redução de encar-

uma mudança da legislação trabalhista e, claro, gerar uma disputa entre Vicentinho e Paulinho, um diz uma coisa, o outro diz outra. O mesmo acontece entre a *Folha*, que está defendendo a posição do Paulinho, e o *Estado*, que ficou contra. Vivemos um momento de disputas agudas entre personalidades, instituições, todos buscando as luzes da ribalta. Impressionante, mas é assim mesmo.

No meio disso tudo, a verdade é que vão se conseguindo brechas para algumas mudanças mais efetivas.

Nesta sexta-feira de Carnaval, voltei à uma e meia do trabalho. Despachei longamente com o embaixador Gelson sobre a questão da minha viagem ao México* e outras relativas à reunião que tivemos com os militares.

O general Cardoso conversou comigo no avião. Estava muito preocupado, com toda razão, porque os ministros militares se encolheram. Sobretudo a Marinha, que fala tanto do perigo americano, se esquece do perigo das drogas e do narcotráfico; não há uma política nossa a esse respeito. Combinei com o general Cardoso que vou instalar a Câmara de Relações Exteriores e Defesa Nacional. Vou presidi-la e o Cardoso será o secretário executivo. Vamos ter que começar a apertar os craveiros disso.

Parece que por trás da posição dos ministros militares está certa desunião por causa do Ministério da Defesa. Eles estão se defendendo do Ministério da Defesa e cada um quer avançar um pouquinho mais. Isso não é bom. Enfim, o único problema que eu tenho nessa área, e é grave, é o de um entrosamento maior entre os militares. Sinto também que não temos capacidade de combater o narcotráfico. Parecemos muito perdidos na área. Isso me preocupa, e grandemente. O problema é real e, se os americanos apertarem o cerco, [os narcotraficantes] virão para cá. Essa atitude pseudonacionalista de não querer cooperar com os americanos nessa matéria me parece um equívoco. Vou fazer tudo para impedir que esse equívoco se concretize.

Também li no jornal, ontem, uma coisa que me desagradou. O José Casado tem uma reportagem sobre a questão da Escelsa** e no final diz que os que a compraram,

---

gos trabalhistas de até 30% para a manutenção de empregos. O não recolhimento de FGTS pelas empresas participantes e a diminuição da alíquota do faturamento destinada ao INSS foram questionados pelo governo e pelo Ministério Público.

*Viagem presidencial ao México entre 18 e 20 de fevereiro de 1996.

**A denúncia de fraude na privatização da estatal capixaba, ocorrida em outubro de 1994, afirmava que o Pactual, banco que prestou assessoria ao governo no processo de venda, atuara ao mesmo tempo como intermediário e comprador, pois era sócio de uma das empresas compradoras da participação do estado na empresa, tendo ainda recebido elevada comissão. O governador petista do Espírito Santo, Vítor Buaiz, pediu na Justiça a anulação da privatização.

o Júlio Bozano* e um outro, [Luiz Cezar] Fernandes, que é de um banco, acho que é o Pactual, teriam jantado comigo e a partir daí modificaram o edital de licitação da Escelsa. É mentira. É possível que tenham jantado. O Bozano de fato jantou aqui com um grupo grande de empresários, podem até ter mencionado isso, mas eu nem registrei e nunca falei nem com BNDES nem com o Serra sobre essa matéria. E quem lê o Casado tem a sensação nítida de que houve entendimento, de que eles postergaram tudo até que eu chegasse ao governo e, quando cheguei, aí então as coisas ficaram mais fáceis. Ora, a privatização, sim, mas a safadeza não. O jornal não diz, mas no fundo induz a que teria havido alguma coisa escusa. Falei com o Serra, que já falou com Casado; falei com a Ana que se isso continuar vou ter que desmentir formalmente.

São oito horas da noite. O que de mais expressivo aconteceu hoje foi uma conversa que tive com o general Fernando Cardoso, chefe da Inteligência, que está se afastando. Por quê? Basicamente porque ele nunca aceitou o status de subordinado a Eduardo Jorge; queria ser secretário, com acesso direto a mim. Talvez ele até tenha um ponto nisso aí. No início receávamos muito termos uma relação direta entre presidente e o órgão de segurança, mas isso acabou se constituindo num entrave. E não só. O general nunca entendeu o sentido do mandato que o Congresso atribuía aos órgãos de segurança. Houve discórdia de filosofia, mas esse ponto tem que ser pensado para solução futura.

HOJE É SÁBADO, 17 de fevereiro.

Pela manhã conversei com a Danielle [Ardaillon], que ficou esses dois dias aqui, sobre as minhas gravações, precisamente, e sobre a organização do arquivo pessoal do presidente da República. A Danielle vai se encarregar de um projeto nesse sentido, porque de fato é muito documento e o Brasil é descuidado nisso. Até sugeri que se fizesse em São Paulo um arquivo único para os presidentes paulistas. Isso naturalmente faria com que São Paulo se motivasse mais para manter um arquivo. O plano federal poderia dar o prédio para abrigar o conteúdo, São Paulo a manutenção e a administração, que é uma coisa mais técnica. Nós podíamos arranjar uma Fundação que desse algum dinheiro. Não é difícil. São seis presidentes paulistas, que eu me lembre: Prudente de Morais, Rodrigues Alves, Campos Sales, Washington Luís,** Jânio*** [Quadros] e eu. Na verdade os três últimos somos paulistas de Macaé, como se dizia de Washington Luís, mas somos paulistas; eu pelo menos sou.****

---

* Dono do Banco Meridional, privatizado em 1995.
** Nascido em Macaé (RJ), fez carreira política em São Paulo.
*** Mato-grossense de Campo Grande (atual capital do MS), fez carreira política em São Paulo.
**** Nascido no Rio de Janeiro em 1931, Fernando Henrique mudou-se com a família para São Paulo em 1940.

Devo receber o Márcio Santilli. Está havendo uma grande agitação dos índios, eles fazendo onda contra os xavantes.* Muitos deles são bastante corruptos e também ligados à corrupção que existe na Funai, causando uma dificuldade para o Santilli. Porém o mais interessante e difícil nessa matéria é que o decreto do Jobim está criando uma celeuma na Europa.** Por má informação. Mexemos com um vespeiro. O Jobim está com bons propósitos, ele quer estabilizar a ordem jurídica. Isso não vai custar nada às terras indígenas. Dentro de três meses todo mundo vai ver isso. O difícil é aguentar o bombardeio durante esses três meses. Mas eu aguento.

HOJE É DIA 21 DE FEVEREIRO, Quarta-Feira de Cinzas.
Cheguei do México. Viagem curta, intensa, muito trabalho e conversas longas, isoladas, com o presidente, Ernesto Zedillo. O objetivo principal dele era uma declaração na qual ficasse claro que o México iria começar negociações com o Mercosul. E que o Brasil seria o parceiro. Uma aliança estratégica; repetiu isso várias vezes: aliança estratégica. O Itamaraty não gostou, porque pareceu uma declaração vazia. Não há conteúdo concreto para essa aliança. Tem até razão. Simbolicamente, entretanto, a ideia do México de se aproximar do Mercosul, embora não tenha viabilidade, pela relação dele com o Nafta, tem impacto político. É preciso que os argentinos e outros países do Mercosul não pensem que o Brasil fez alguma traição ligando-se ao México independentemente deles. Eles têm que ser informados.

*Em 12 de fevereiro, índios xavantes ocuparam a sede da Funai em Brasília, fazendo Santilli e assessores reféns por mais de uma hora. Os xavantes protestavam contra uma mudança na política de assistência às aldeias.
**A Anistia Internacional e o Parlamento Europeu protestaram contra o decreto nº 1775, de 8 de janeiro de 1996, que alterou as regras para a demarcação de terras indígenas, autorizando fazendeiros a questionar na Justiça a desapropriação de suas propriedades.

22 DE FEVEREIRO A 5 DE MARÇO DE 1996

Viagem ao México. Novas perspectivas para o Mercosul

22 de fevereiro.
Falando da viagem ao México, mencionei que havia essa expectativa do presidente Zedillo de definir o México como parceiro estratégico do Brasil. Zedillo me pareceu uma pessoa que sabe das coisas, bem-intencionado, sem controle do partido. Aliás, recebi todos os chefes de partido: o do PAN creio que se chama Castillo [Carlos Castillo Peraza], um homem que me impressionou bastante; o do PRD, que foi o Muñoz Ledo; depois o Cuauhtémoc Cárdenas e também o [Santiago] Oñate, presidente do PRI.

Na conversa com todos ficou muito claro que o diagnóstico é sempre o mesmo. Primeiro, grandes preocupações com relação ao Nafta e as consequências da política do Nafta, a destruição da indústria nacional, mesmo os do PRI, ou talvez sobretudo os do PRI. Em segundo lugar — e aí eles se dividem —, uns com dúvida sobre se realmente vai ser possível levar adiante as reformas democratizadoras e outros sem nenhuma dúvida de que não vai ser. A posição do Cuauhtémoc Cárdenas é clara nessa direção.

A que me pareceu mais acertada foi a do PAN. O fulano disse: "Olha, aqui na cúpula o presidente deseja; nas bases, não. Em Quintana Roo* já houve fraude porque a máquina do PRI está acostumada a fraudar há muito tempo, há décadas, e não muda assim. Para nós que queremos o diálogo fica difícil, porque fazemos o diálogo na cúpula e nas bases há fraude".

Também soube que o PRI não quer saber do presidente Zedillo. Ele não é um político profissional, não tem nem o jeito da coisa. Conversei com ele em detalhe até sobre sua vida pessoal. Zedillo tem uma pequena casa de praia, me pareceu um homem pobre e diz isso não com orgulho, mas com firmeza, para mostrar que não está envolvido em processo de corrupção.

Ele falou comigo sobre o Salinas.** Não acredita que ele tenha diretamente protegido o irmão,*** mas sabe que não pode fazer nada pelo Salinas, que está estigmatizado. A opinião pública não aceitaria. Nesse momento Salinas está em Cuba, não pode sequer viver nos Estados Unidos ou no Canadá, porque houve envolvimentos

---

* Estado mexicano na península de Yucatán. O balneário de Cancún é sua localidade mais conhecida.
** Carlos Salinas de Gortari, ex-presidente mexicano.
*** Raúl Salinas estava preso por ligações com o narcotráfico, fraudes financeiras e pelo assassinato de um adversário político, Francisco Massieu, seu cunhado e secretário-geral do PRI.

indiretos com a questão do narcotráfico, e os americanos o estão pressionando. Ele me disse também que nada ficou comprovado sobre o tal complô no assassinato do [Luis Donaldo] Colosio, o candidato do PRI que foi morto durante a campanha presidencial, mas que em compensação, no assassinato do Massieu, que era cunhado do Salinas, há muito indício de que houve complô mesmo. E que o Raúl Salinas, irmão do Carlos Salinas, está diretamente implicado.

Ou seja, é uma política que está muito apodrecida. Senti o Zedillo mais firme, mais confiante do que na última vez que o vi, em Bariloche. Mas o certo é que o México não resolveu a questão política.

A Ruth conversou longamente com Pablo González Casanova, que estava ligado à negociação com o movimento de Chiapas. Parece claro que o movimento de Chiapas veio da Igreja, basicamente, e é uma espécie de renascimento da sociedade civil. Por outro lado, os antropólogos que assessoram o Zedillo na negociação em Chiapas, muitos deles de esquerda, não sabem como funcionar fora do Estado. O México continua, portanto, enredado numa questão central: não é uma sociedade democrática.

Isso eu estou aqui registrando, claro que não pode ser dito, e não foi dito lá nesses termos.

Fiz uma exposição longa no Colegio de México e me emocionei. Estavam o Victor Urquidi,* o [Miguel] de la Madrid,** todos os meus amigos de outras épocas, ali presentes assistindo à conferência junto com sociólogos, economistas. Fiz uma reavaliação das teorias sobre a globalização e as consequências disso no mundo atual, da falta de solidariedade entre os grupos sociais, da inexistência de uma teoria unificadora e, ao mesmo tempo, da impossibilidade de definir uma classe como portadora do futuro, ou seja, não há mais o proletariado para redimir a humanidade. Falei com firmeza, mas também ressaltei que o papel dos políticos e dos intelectuais é o de definir, nesse novo quadro, valores que possam contrabalançar as forças homogeneizadoras e os efeitos perversos da globalização.

Falei muito da democracia, das novas formas de participação, da necessidade de o Estado não se encastelar, de a sociedade ser permeável ao Estado e vice-versa. Os mexicanos entenderam como uma referência gentil ao presidente, mas firme na crítica a essa falta de perspectiva que, por sorte, nós não temos aqui no Brasil. Temos essa perspectiva. Essa é a grande virtude da situação brasileira. Aqui houve um avanço democrático efetivo.

Houve um encontro muito interessante com Carlos Fuentes, que eu não via fazia muito tempo, com Gabriel García Márquez, que estava muito simpático, me deu um livro de presente e, sobretudo, com Octavio Paz, que eu tinha

---

* Economista e professor mexicano.
** Ex-presidente do México e diretor do Fondo de Cultura Económica.

encontrado havia décadas com uma cartinha feita pelo Antonio Candido, me apresentando a ele. Obviamente ele não se lembrava, conversamos longamente, com muita simpatia, o homem está bem lúcido. Falei sobre seu último livro sobre a Índia, *Vislumbres de la India*, que acabei de ler. Ele impressiona muito fortemente.

O García Márquez é de um gênero um pouco mais espalhafatoso, mas consciente da sua importância como prêmio Nobel e grande escritor, simpático sem dúvida nenhuma, um homem que sempre foi de esquerda, ligado a Cuba e aos comunistas. Ele conhece o presidente Ernesto Samper, da Colômbia, gosta dele, acha que está perdido e que isso é uma pena, porque na verdade quem está perdido não é o Samper, é o sistema político colombiano, comido pelo narcotráfico.

Esse problema é apavorante. No voo de volta, o general Cardoso me deu as diretrizes que tínhamos combinado que ele faria sobre a política de combate ao narcotráfico e à droga. Vou presidir esta Câmara de Relações Exteriores e Defesa Nacional, ele vai ser o secretário. Conversei também com o Lampreia, porque não podemos brincar com essa questão. Os americanos vão apertar e, como o Brasil não é apertável, reagiremos. Não se aceita imposição, mas tampouco podemos não fazer nada. Temos que fazer enquanto é tempo. Veja a Colômbia, veja o próprio México, é uma situação delicada.

Voltando ao México, muita briga dentro do Itamaraty sobre aliança estratégica ou não. Luiz Felipe Lampreia acabou concedendo, no comunicado final, a formação de uma futura aliança estratégica. São palavras que para o México têm sentido e para nós têm pouco. De fato o México não é um aliado estratégico neste momento, mas o fato de o México querer o Brasil, querer o Mercosul, já é um indicativo forte. Recordo que a Venezuela também está voltando a se orientar para o Sul. Foi importante perceber esse pano de fundo. As relações comerciais são ainda pequenas, mas estão crescendo. Tive um café da manhã com 250 empresários mexicanos, gostei do que eles disseram.

Fiz também uma exposição no Congresso do México. O Congresso, lá, é fantástico. São 45 dias de reunião no primeiro semestre, dois meses no segundo, às quartas e quintas. Fora disso só funciona uma comissão que representa o Congresso, com 39 membros. Plenário cheíssimo, muito mais deputados além desses 39, aplausos vigorosíssimos. Cada partido apresentou suas questões, respondi com muita clareza o que penso sobre essas matérias e creio que o impacto foi positivo.

Claro que em dois dias fazer tudo que fiz me cansou muito. Dei entrevista para a CNN, para o jornal *Excélsior*, foi uma quantidade enorme de questões. Almocei com grandes intelectuais na casa do Zedillo, Gabriel García Márquez, Octavio Paz, Pablo González Casanova, Leopoldo Zea,* para dar alguns nomes, pouca

---

* Filósofo e professor mexicano.

gente, o que é um sinal de distinção da parte do Zedillo; ele mesmo foi me buscar no aeroporto.

Me encontrei também com Carlos Fuentes no almoço que me foi oferecido pelo embaixador, com uma centena de intelectuais e artistas. Muitos dos que citei estiveram presentes, menos o Octavio Paz, que é brigadíssimo com Carlos Fuentes. Também é, ou era, brigo com García Márquez, uma guerra de estrelas, os dois são prêmio Nobel, mas tudo em um ambiente de muita cordialidade e, para mim, gratificante do ponto de vista pessoal e político.

Nas conversas privadas com Zedillo, percebi que ele está mais preocupado com a questão internacional, sabendo que precisa ter uma margem de manobra maior diante dos Estados Unidos. Como há eleição este ano nos Estados Unidos, o México está na berlinda por causa das drogas, dos migrantes, por causa da proibição da entrada dos tomates mexicanos nos Estados Unidos, ou seja, o Nafta, é um pouco para inglês ver quando fere os interesses americanos. Eles têm consciência disso e não têm alternativas.

Daí essa angústia na direção do Sul, e talvez eu tenha até exagerado ao falar de latino-americanidade. Achei que era um bom contraponto. Não que eu seja um grande entusiasta do conceito, mas a ideia de termos algumas identidades culturais, afetivas, é algo que ajuda nesse momento de falta de horizonte maior para o México. O Zedillo sabe que não há alternativa senão essa integração, e sabe também que a globalização tem efeitos terríveis, mas não vê outra saída. Ele viu, com os fluxos de capital, como o dinheiro sumiu das mãos dele de um momento para o outro.

No relacionamento com o [José Ángel] Gurría, Secretário de Comércio,* percebe-se que Zedillo começa a ter o controle da situação; ele manda, o que é positivo, ele tem ascendência sobre os ministros. Na verdade, o Estado mexicano continua sendo poderoso, investindo muito em cultura.

Os meus militares ficaram invejosos, porque só para o presidente há cinco helicópteros Super-Puma, sendo um para a primeira-dama, o que é um exagero.

Por mais que achem que eu viajo muito, essas viagens têm sentido para o Brasil, nós aprendemos. Os parlamentares que me acompanharam, Yeda Crusius, [Luiz] Gonzaga Mota,** o senador Levy Dias*** se impressionaram bem. É importante mostrar a esses deputados que temos muito que fazer na política internacional, que isso tem efeito aqui no Brasil.

Cheguei de volta hoje de manhã. Agora são seis da tarde, estou esperando o Zé Serra chegar.

---

* Gurría era o ministro das Relações Exteriores. O ministro do Comércio e Fomento Industrial era Herminio Mendoza.
** Deputado federal (PMDB-CE).
*** PTB-MS.

O Paulinho do Sindicato dos Metalúrgicos de São Paulo já me telefonou. Está aflito, se meteu nesse acordo metalúrgico que mexe com a legislação trabalhista, precisa de alguma saída que talvez o Paulo Paiva possa lhe dar.

Vi algumas manchetes de jornais daqui chamando a atenção para o fato de que no México eu critiquei os partidos ao dizer que eles se unem mais por interesses do que por valores, que são lobbies, como o grupo que defende os interesses dos agricultores, da cana-de-açúcar, e é isso que os une, numa espécie de lobby pluripartidário. Os jornais vão fazer algum escândalo com isso, mas até certo ponto é o que está acontecendo realmente aqui, e é importante a gente saber que há aí uma discussão a ser travada.

Com a imprensa é a mesma coisa. Quanto à revisão da legislação trabalhista, se a *Folha* é a favor, *O Estado* é contra e vice-versa. Parece que o interesse público, a ideia de ter uma posição mais compreensiva, mais filosófica, nem o *Estadão* está conseguindo mais.

Para terminar, registro que o Giannotti também me acompanhou na viagem, parece que gostou bastante. Na volta estava muito cansado, não aguentou o meu repuxo, e talvez tenha feito a terça parte do que eu fiz lá; mas gostou da conferência do Colegio de México. Levei também a Nélida Piñon, que é uma pessoa agradável, ganhou o prêmio Juan Rulfo e é muito conhecida nos meios literários do México. Enfim, uma viagem curta, sem muita pompa, mas de efeitos positivos.

HOJE É DOMINGO, 25 de fevereiro.

Não obstante o efeito positivo da viagem, o que ficou marcado aqui no Brasil foi eu ter criticado a existência de lobbies no Congresso. Não!, eu disse outra coisa, que os deputados, ao segmentarem suas opiniões expressando apenas interesses de setores privados, se afastam da função articuladora, integradora da política. Mas aqui a leitura foi outra. Sarney entrou na dança, aproveitou para dizer que lá fora não se fala mal do Brasil...

Sérgio Amaral desmentiu, para ver o que acontece. Não vai acontecer nada, apenas essa onda.

A quinta-feira foi calma, fiz uma gravação para o programa da Hebe [Camargo], recebi o José Eduardo [Andrade Vieira], que veio me mostrar o que eu devia apresentar no dia seguinte sobre a viagem a Caxias.* De tarde falei com o general Cardoso, preocupado com a Agência Brasileira de Informações, eu também estou. Ele se dispôs, com muita lealdade, a ser a pessoa que, no interregno, possa responder pela Agência. Pareceu-me uma boa ideia. Transmiti ao Clóvis, vou esperar a volta do Eduardo Jorge, que está nos Estados Unidos, então falo com ele. Não sei se ele

---

* O presidente viajou para Caxias do Sul (RS) a fim de inaugurar a XXI Festa da Uva.

vai gostar da ideia, mas acho que o general tem razão; ele pode me prestar um bom serviço lá. Outra coisa positiva: ele me disse que falou com o general Zenildo, que aceitou a ideia do Serra de transferir o general* da Sudene para a Suframa, que vai precisar de uma limpeza profunda.

No dia seguinte, sexta-feira, dia 23, fui para Caxias.

Foi retumbante. Não só [a visita a] o polo petroquímico como também, mais adiante, a festa da uva, a abertura dos galpões da sala de exposição e depois o desfile, mais de 20 mil pessoas na rua, todas me aplaudindo fortemente. Britto muito presente, muito amigo, o [Carlos Roberto] Cirne Lima,** os empresários que lá estavam, o prefeito de Caxias,*** os deputados, a senadora [Emília] Fernandes, que é do PTB e sempre contra o governo, estava entusiasmada por ver como o povo me trata bem, com muita simpatia. É bom que eles vejam de vez em quando a diferença que vai entre esses corredores do Congresso, onde a intriga campeia, e o sentimento popular que se mede naturalmente pela condição de vida e porque percebem que há uma decência básica no governo.

Voltei para Brasília, contente, claro. Os jornais, no dia seguinte, disseram que eu recuperei o bom humor, como se eu o tivesse perdido alguma vez! Fui muito bem tratado em Caxias e recebi lá, com muita alegria para mim, um livrinho que eles editaram sobre a pesquisa que fiz no Sul, com Renato Jardim Moreira e Octavio Ianni, a partir dos anos 1955, sobre capitalismo e escravidão no Brasil meridional.**** Não li ainda, mas é muito simpático. Ganhei um livro extraordinário, uma edição de 1600 dos *Lusíadas*, de Camões, muito bonita e realmente impressionante.

Sábado ainda, fomos à fazenda com o Paulo, a Ana [Lúcia], as crianças, Ruth, eu, e na volta muita tensão aqui por causa da reportagem da *Veja* sobre o Banco Nacional.***** A Ana estava muito tensa, o Marcos telefonou para ela aqui, passou o texto da *Veja*, eu já sabia, porque o Serra tinha me alertado que viria barra-pesada, e veio mesmo, sobre eventuais fraudes do Banco Nacional.

A revista faz uma esculhambação com o que aconteceu no Carnaval do Rio, que desmoraliza tudo e todos. Sobre o Banco Nacional, e avançando o sinal, já está responsabilizando por fraudes o Marcos, o Eduardo e alguns diretores. Eu não conheço os dados da questão, provavelmente houve tramoias por lá, mas que o Banco

---

* General Nilton Rodrigues.
** Filósofo e professor gaúcho.
*** Mário Vanin (PFL).
**** *Capitalismo e escravidão no Brasil Meridional: O negro na sociedade escravocrata do Rio Grande do Sul* (tese de doutorado defendida na USP em 1961 e publicada em 1962).
***** *Veja* acusou a família Magalhães Pinto e a diretoria do Nacional de usar operações fictícias de empréstimos e operar uma contabilidade paralela no banco, por meio de fraude eletrônica, para esconder do BC um rombo de R$ 5 bilhões.

Central vai gastar não sei quantos bilhões, isso não é certo. O Banco já gastou; ele vai recuperar esses bilhões. Enfim, as revistas são o que são nessa competição para ver quem descobre mais podridão no mundo, e às vezes acabam achando alguma podridão mesmo. Esse é o lado positivo, quando se consegue descobrir a podridão e acabar com ela.

Telefonei para o Antônio Carlos, que está em Washington, telefonei hoje porque ele me mandou um fax muito agressivo com a Polícia Federal, com alguma razão. Eles estão exagerando na forma de intimar o filho dele, que não fez nada. É uma coisa menor, é realmente uma esculhambação. Estou usando muito essa palavra que eu nunca uso, e nem gosto dela, talvez por irritação. A Polícia Federal foi além dos limites nesse tipo de mesquinharia, e com o Antônio Carlos estão fazendo uma coisa que não é correta. Estão colocando no jornal como se ele fosse responsável por uma grande fraude na questão da Pasta Rosa, e a participação dele é nenhuma ou apenas muito leve.

Em todo caso, o procurador [Brindeiro] botou um ponto final nisso.

Agora foram todos embora, estou sozinho aqui arrumando meus papéis nesta tarde de domingo. Pensei que Luciana fosse aparecer com Isabel, não apareceu e vou me preparar para amanhã retomar os embates sobre a reforma da Previdência. Espero que o Congresso não esteja muito excitado com essas questões de que eu o teria criticado. O Sérgio Amaral leu o texto, mostrando que não foi bem assim, eles pararam de falar, mas ninguém publicou a transcrição do que eu realmente disse no México.

Extraordinário! Eles criticam o Sérgio Amaral porque ele teria dito que eu falei como sociólogo e não como presidente. Não sei o que ele disse, mas certamente terá dito que, com a minha experiência de sociólogo, a pergunta ensejava uma resposta mais ampla e não simplesmente a reação de alguém que é chefe de Estado, até porque o debate lá foi muito mais acadêmico.

HOJE É SEGUNDA-FEIRA, 26 de fevereiro.

Na prática o Congresso não retomou. Reuniões sem nenhuma transcendência, salvo que o Fujimori está aqui.

De manhã, reunião de trabalho com ele. Sarney resolveu não receber Fujimori, mandou dizer que o avião estava atrasado, teve uma recaída democrática. Parece que esqueceu do período do regime militar. Ora, Fujimori foi eleito, veio com congressistas, é como se alguém se negasse a receber o Getúlio depois de 1950.*
É extraordinário! Esses democratas tardios são sempre assim.

---

* Em abril de 1992, Alberto Fujimori deu um "autogolpe" de Estado: fechou o Congresso, suspendeu a Constituição peruana e demitiu membros do Judiciário. Em abril de 1995, foi reeleito para a Presidência.

O PT também se reuniu e fez uma nota de protesto por eu receber o Fujimori. Era o que faltava!

Agora houve um incidente com Cuba, eles derrubaram duas avionetas.* Claro que o PT não protestou. Emitimos uma nota lamentando o incidente. Querem que eu apoie, eu não sei o que o Fidel Castro quer. Estávamos dispostos a ajudá-lo até mais depois da viagem do Sérgio Motta. Isso já provocou o Clinton, que foi para a televisão dizer que não pode fazer nada, está contra, vai apertar Cuba, enfim, complicações.

Além dessa questão, discutimos rotina, formação do Cade, que é o conselho de defesa da economia para evitar cartéis, e vamos nomear novas personagens. É difícil porque são 5 mil reais [de remuneração], e tem que ficar tempo integral em Brasília, ninguém quer. Nós só temos gente muito jovem ou desempregados já idosos. É difícil.

Dei uma longa entrevista para jornais japoneses, preparando minha viagem ao Japão.

HOJE É DIA 28 DE FEVEREIRO, estou voltando da viagem a Manaus.

Os jornais japoneses me perguntaram mais uma vez por que o Brasil quer um lugar no Conselho de Segurança, se é que quer mesmo. Curioso. Quando eu era chanceler, não dei impulso a essa questão. Foi o Celso Amorim quem deu, com Itamar. Presidente eleito, na Argentina eu baixei a bola, e sempre que posso baixo a bola. Eu digo: "Olha, nós queremos um papel mais amplo, queremos reformar as Nações Unidas". Por que isso? Primeiro porque ninguém deve se candidatar para uma posição no Conselho de Segurança. Segundo, tenho dúvida que haja realmente mudanças no Conselho em breve prazo. Terceiro, qual é a vantagem? Não está claro. Acho que ter respeitabilidade, ter uma ação mais ativa no mundo é mais importante do que ficar no Conselho, a menos que ele mude muito, que a ONU mude muito. Não obstante, os jornais transformaram essa questão numa "vaidade do presidente da República"...

Ontem à noite, terça-feira, fomos para Manaus. Assistimos ao espetáculo do José Carreras no Teatro Municipal de Manaus.** De manhã cedo, antes disso, recebi a deputada Maria Elvira, Zulaiê Cobra,*** João Almeida. Aliás, esse rapaz tem me mostrado uma grande capacidade de entender as dificuldades do governo; ele é do PMDB e o pessoal da Bahia do PFL não é mole, não deixa espaço para ele, o João Almeida tem entendido bem as nossas dificuldades.

* Em 24 de fevereiro de 1996, alegando invasão do espaço aéreo cubano, a Força Aérea do país abateu dois Cessna da organização Hermanos al Rescate, formada por exilados na Flórida dedicados a estimular a emigração de cubanos em balsas para os EUA.
** Teatro Amazonas, administrado pelo governo estadual.
*** Deputada federal (PSDB-SP).

Além disso, fizemos um encontro com o grupo de valorização da população negra.* Hélio Santos discursou, foi o Vicentinho, apareceram lá o Eduardo Suplicy, a Marina Silva, a nossa Benedita da Silva, todo o pessoal meio petista, meio movimento social. Fiz um discurso, acho que ecoou bem, contra a discriminação, o racismo, enfim, uma coisa que me parece correta, de abrir caminhos para a democratização da sociedade.

Ontem também tive uma reunião com Élcio Álvares e os vice-líderes do governo. Eles disseram que o presidente do Senado, Zé Sarney, estava remanchando na questão da lei de patentes, ele não queria que ela fosse votada esta semana.** Eu digo, tá bem, mas são cinco anos que a lei está no Senado, não é por causa de eu ir ao Japão, os japoneses não têm nada a ver com isso. Nem por causa do Warren Christopher, que vem aqui por outras razões. Não tem cabimento mesmo, claro que é melhor ter esse assunto resolvido.

Ontem mesmo, quando cheguei a Manaus, para minha alegria e surpresa Élcio Álvares telefonou, disse que puseram em votação o pedido de urgência. Embora o Jader tenha retirado a assinatura dele por instância do Sarney, foi uma vitória de 43 a 11, com uma abstenção. Foi muito bom.

Vamos ter uma reunião com os líderes, mais tarde, para reafirmar essa posição.

Lá em Manaus [correu tudo bem], à parte uma demonstração meio ridícula da CUT, que misturou um pouco a campanha contra o prefeito,*** que tem 90% de aprovação, contra o próprio Amazonino, que tem setenta e tantos por cento, e contra mim. Essas manifestações, que eles fazem sempre, não tiveram efeito maior. O espetáculo no teatro foi bonito, um calor que não era tão grande quanto eu imaginava, falei com Carreras depois. Ele é catalão, eu disse que a Bia, minha filha, escreveu um livro em catalão e que conheço bem a Catalunha. É mesmo uma coisa um pouco bizarra esse teatro imenso em Manaus, um pouco imitação de teatros franceses, mas fez cem anos, não é brincadeira, lá no meio da selva cem anos é uma coisa importante.

Na ida para Manaus, conversei sozinho com Jorge Bornhausen e voltamos a ventilar os temas. Primeiro a questão da compra do Econômico pelo Excel. Ele acha que quanto mais depressa melhor, que Antônio Carlos fica sempre inquieto. Nunca me meti nisso, nem posso.

O Banco Central tem que ter uma compreensão de que o tempo trabalha contra. Não é por razões políticas, mas econômicas. Se o Excel não comprar o Econômico, quem vai comprar? E então? Fazer o quê? Liquidar o Econômico nesta altura dos acontecimentos? Quer dizer, eles têm que ter um pouco mais de realismo nisso,

---

* Grupo de Trabalho Interministerial para Valorização da População Negra, criado em novembro de 1995.
** Os líderes do governo propuseram regime de urgência para a votação da Lei de Patentes.
*** Eduardo Braga (PPS).

e talvez haja gente lá do Banco Central querendo atrapalhar, porque tem a briga deles com o Antônio Carlos.

O Jorge Bornhausen falou disso, falou sobre os vazamentos do Banco Central com relação ao Banco Nacional. Foram graves. Na verdade, começou a sindicância e passou para a imprensa, sempre acontece isso. É claro que se deve apurar, vai se apurar, mas fica sempre escandaloso, é a imprensa que dá a notícia, e nós vamos ter que mudar a direção do Banco Central. O problema é que eu acho isso, o Bornhausen não achava, mas o Luís Eduardo, segundo o que Bornhausen me disse, também acha. Não se pode fazer uma mudança agora, quando estão em curso negociações. Mais adiante creio que o próprio Gustavo Loyola não aguenta mais a pressão em cima do Banco Central e dele, porque tem sido dedicado, é correto, honesto.

Vamos ter que mudar o perfil. Acho que já registrei isso aqui. Foi um erro nosso colocar formuladores de política como Gustavo Franco e Chico Lopes no Banco Central. Porque eles chamam os holofotes, que ficam em cima do Banco e das brigas entre o Serra e o Banco Central. Não foi bom. Vamos mudar isso. Mas não é o momento ainda, acho eu, e é difícil encontrar quem toque esse banco.

A outra questão é a Polícia Federal. Embora o procurador tenha eliminado a dúvida principal de todo mundo sobre a questão da Pasta Rosa, a Polícia Federal está fazendo o que quer. É fácil falar; difícil é fazer. Expliquei ao Bornhausen como era a situação e que o próprio general Zenildo me tinha aconselhado a ir devagar. O general Cardoso, que eu ouço sempre nessa matéria, também [pensa assim], porque nós não temos forças de substituição. Falou-me no [Romeu] Tuma. Eu vou conversar com o Tuma. Não para ele ir para lá, mas o Tuma foi diretor da polícia, ele pode ajudar muito nisso. Quanto ao panorama da polícia, a coisa não vai bem. É possível que os atuais sejam mais honestos, são sindicalistas, mas eles querem ter um estrelismo que é prejudicial. A verdade é que não há crise de governo, o governo está governando, o problema é que não temos um Estado por trás do governo para responder.

Amazonino me disse que precisa decidir para que partido vai,* que ele vai para onde eu quiser. Naturalmente isso é conversa, ele não vai para onde eu quiser, mas quer afinar comigo os interesses dele. Creio que está mais próximo do PFL do que do PPB, e no fundo quer saber se eu tenho veto a isso ou não. Eu não tenho veto, claro que não.

Jorge também falou que tinha estado com Maluf. Discutiram a questão da reeleição, Maluf meio queimado.

Ontem, terça-feira, almoçou comigo, aqui, o senador Esperidião Amin. Esperidião é um conhecido antigo, fomos colegas de Senado, temos uma relação boa. Ele foi muito razoável. Disse que entende que eu não quero mudar o ministério agora. É óbvio, não quero mesmo. Ele sabe que o PPB, pela força numérica que tem, aspira

*Amazonino Mendes foi eleito pelo PDT.

naturalmente a um lugar, mas que ele, Esperidião, não fará disso uma bandeira de batalha. Até porque, vamos ser claros, nomeamos o presidente dos Correios, indicação dele; nomeamos o presidente da Conab,* indicação também deles; o presidente de Furnas,** o presidente da Ceme*** e a Secretária de Assistência Social, que é a Lúcia Vânia. Então não é que o PPB não esteja no governo; eles têm boas posições no governo, não têm é um ministro.

Esperidião disse que o Maluf, não havendo reeleição para prefeito agora — Esperidião e Maluf acham que não há tempo —, ficará naturalmente contra [a emenda da reeleição]. Se eu entendi bem tudo que o Esperidião me disse, no fundo foi: "Olha, se der um jeito para incluir prefeitos já, que seja votada logo, senão talvez seja mais fácil [apresentar a proposta] em 97". Ele não está pondo pressão nem no ministério nem nesse negócio de reeleição, mesmo porque viu que estou bastante frio sobre a questão da reeleição, porque isso é um problema muito complicado; só tem uma vantagem que eu repito sempre: política. Dada a reeleição, meu poder aumenta para ficar com força até o fim do governo. Mesmo que eu não queira, ou não possa vir a ser candidato à reeleição, eu inibo outras candidaturas.

HOJE É SÁBADO, 2 de março.
Conversei na quarta-feira com o Roberto d'Ávila, que eu não via fazia muito tempo. Homem do Brizola. Ele queria fazer uma entrevista exclusiva comigo para se repor na mídia. Ele sabe que Brizola é um homem do passado. Disse ao Brizola que ia falar comigo e que se eu quiser alguma coisa com o Brizola só tem um caminho: é falar dos Cieps**** que aí o Brizola se entusiasma. Ele continua acreditando nessas balelas do Brizola, mas eu disse que daria a entrevista.

À noite jantei na casa do Pauderney Avelino com a bancada da comissão de economia. Muita gente. Três rapazes do PT, simpáticos: Machado, que foi prefeito de Piracicaba, outro rapaz, que é do Rio Grande do Sul, e mais outro, de Minas Gerais. Eu já conhecia vários deles, outros não, ambiente muito distendido, fiz um brinde agradecendo ao Pauderney e falei da importância da democracia, do Congresso, da negociação, expliquei o sentido das minhas palavras sobre "lobby" e "partido" no México.

*Companhia Nacional de Abastecimento. O indicado pelo PPB foi Francisco Turra.
**Dimas Toledo.
***Central de Medicamentos, órgão do Ministério da Saúde que centralizava a compra e a distribuição de fármacos para a rede pública de saúde, extinto em 1997. O indicado pelo PPB foi Oswaldo Muller da Silva.
****Centros Integrados de Educação Pública, criados no primeiro governo Brizola no Rio de Janeiro (1983-87).

Pois bem. Não é que no dia seguinte, na quinta-feira, depois de eu ter recebido o Boutros-Ghali — volto já ao tema —, passei boa parte do dia tratando de desfazer uma fofoca? Um deputado, parece que um tal de Jair Siqueira,* de Minas Gerais, teria dito a um jornalista que eu estava com posições contra o Congresso, que queria fechar o Congresso, algo desse gênero, e a fofoca foi longe! De tal maneira que depois do almoço me telefonou o Luís Eduardo Magalhães dizendo: "Olha, atua senão vem besteira aí". Dei uma nota através da assessoria de imprensa, tive que telefonar para o Frias, para o Ali Kamel, do *Globo*, para o [Aluizio] Maranhão, do *Estadão*, e para o Marcelo Pontes, do *Jornal do Brasil*, para desfazer essa intriga. Incrível!

Até foi bom, porque no dia seguinte, ontem, sexta-feira, o *Jornal do Brasil* saiu com declarações minhas a respeito de outro problema que estava nos atazanando, que é o negócio do Nacional. Eu disse que era preciso reagir, que o governo não tem nada a esconder, não tem nada a temer, já me havia reunido com os líderes do governo para dizer exatamente isso, que não podíamos de forma alguma ficar encurralados por nada. Uma coisa desagradável, essa questão do Banco Nacional, mas é um problema de investigação. Na coisa financeira agimos com a consciência tranquila, e sei — e todos que estavam lá comigo sabem — que não fiz qualquer pressão para esconder o que quer que fosse. Nem foi preciso, porque o Marcos Magalhães Pinto foi correto e disse que tudo que tinham feito no Banco era para ver se o salvavam e foram se embrulhando cada vez mais. Que eu saiba, não houve utilização dessas contas para passar para o bolso de quem quer que seja da família Magalhães Pinto. Pelo contrário, eles deixaram lá, e estão lá retidos, 22 milhões de reais.

De modo que é um pouco tempestade em copo d'água, mas vai dar trabalho, porque na terça-feira da próxima semana o Gustavo Loyola deverá depor. E ele deu uma entrevista na quinta-feira, uma entrevista muito sem sentido, porque disse que em outubro comunicou a mim as fraudes. Ora, ele não pode usar a palavra "fraude", poderia usar "irregularidades", porque a fraude ainda está sendo apurada, é um pré-julgamento. E, claro, no jornal de hoje [sábado] já saiu que o Palácio — deve ter sido a Ana [Tavares] — ficou surpreso com a ideia de que houve fraude, mas que o presidente já tinha sido informado anteriormente, em outubro, na boca do Loyola. Vai dar muita confusão. Malan fez declarações boas, que também saíram sexta-feira e hoje, dizendo que em nenhum momento fiz outra coisa a não ser pedir que houvesse obediência à lei e que se apurasse o que fosse necessário.

Quero voltar para a quinta-feira, dia 29, quando estive com Boutros-Ghali em uma conversa mais ou menos formal. Nessa ocasião ele se mostrou muito favorável ao Brasil. Ele é candidato a continuar na Secretaria-Geral da ONU, claro que só fiz elogiar. Expliquei bem que não tínhamos nenhum interesse especial no Conselho de Segurança. Queremos mudar a ONU, o Brasil quer ter uma participação ativa, em toda parte, no Banco Mundial, no Fundo Monetário [Internacional], se

---

* Deputado federal (PPB-MG).

possível no G7, na Organização Mundial do Comércio. Discutimos um pouco a situação de Angola.* Ele acredita mais do que nós que o [Jonas] Savimbi queira realmente chegar a bons termos. Discutimos [a situação] da Bósnia, onde ele vê que o desespero é muito grande, e também se queixou de que os americanos não dão o dinheiro [para as forças de paz]. É isso que está causando essa crise, os outros membros da ONU não querem cobrir [a parte do] dinheiro que seria dos americanos.

Fora isso, uma coisa importante: a votação, na mesma quinta-feira, no fim da noite, da lei de patentes, que ganhamos de 46, eu creio, a 15,** e do Fundo de Estabilização Fiscal, que ganhamos de 55 a 5 ou 6.*** Recebi essa informação à noite quando estava jantando no Alvorada com o Boutros-Ghali.

No dia seguinte de manhã, além de despachar com o ministro Jatene, recebi Antônio Carlos Magalhães, que queria falar comigo com urgência. Antônio Carlos, muito inteligente, com sentido tático da política, chamou minha atenção para a questão do sistema Globo. Ele e eu coincidimos. O sistema Globo está muito difícil, porque tanto o Roberto Irineu quanto o João Roberto estão hoje mais voltados para o conjunto do grupo, são vice-presidentes executivos, estão fazendo os negócios necessários ao sistema, sem estarem à testa nem da televisão nem do jornal. E por mais que sejam nossos amigos os que estão lá hoje, e são até bastante amigos meus — o Merval, o Ali Kamel, o Rodolfo Fernandes são pessoas que considero amigas —, não há quem controle as coisas, porque eles estão naquela linha — já vou me referir a ela daqui a pouco, falando de um comentário que Otávio Frias Filho, o Otavinho, fez no *Roda Viva*.

Eu disse: "O Roberto Marinho fez o oposto, ele era jornalista, os negócios vinham depois, como consequência". Aqui está se invertendo e, ao se inverter, a longo prazo perdem. Nisso a posição do Antônio Carlos coincide com a minha. O Antônio Carlos quer participar de uma rodada de conversa com eles, porque diz ser a memória viva do que o velho Roberto queria. Antônio Carlos quer ajudar nesse aspecto, mas está ameaçador: se até terça-feira da próxima semana, ou seja, no dia da reunião lá na Câmara com o Gustavo Loyola, o assunto do Banco Econômico não for resolvido, ele vai ter que fazer comparações [do Banco Econômico] com o Banco Nacional... Uma ameaça meio velada, junto com o grande entusiasmo que tem por mim, aquela coisa complicada dele, mas está disposto a dar uma marrada, até porque ele já disse que nada pior do que galo de briga que não briga.

* A guerrilha da Unita (União Nacional para a Independência Total de Angola) vinha sendo pressionada pela ONU para cumprir o cessar-fogo estabelecido com o governo angolano e respeitar o cronograma para o fim da guerra civil.
** O placar da votação foi 46 a 16.
*** O placar da votação foi 54 a 6.

Ele está disposto a brigar e nós não temos condições de fechar o acordo do Banco Econômico com o tal grupo Excel, porque os termos que o grupo está impondo são leoninos, e preciso defender o Tesouro. Loyola e Malan também. Até agora não apareceram condições de fazer um negócio decente. O Nacional foi vendido ao Unibanco, que botou dinheiro. Hoje o Banco Central, que está com o que sobrou do Nacional nas mãos, tem também 30% das ações do Unibanco, foi parte do negócio. Ou seja, possui garantias reais. Ora, esses aí querem 2,7 bilhões de reais para deixar todos os funcionários, como Antônio Carlos quer, sem fechar agências. Muito difícil. Falei com Luís Eduardo, dei um sinal nesse sentido, falei com Marco Maciel, pedi que o Malan e que o Gustavo Loyola chamem essas pessoas que são responsáveis, para mostrar a situação. Hoje à noite, acabei de estar com Malan e reafirmei tudo isso.

Depois disso, à tarde, recebi alguns senadores. Coisa simples. O pessoal do Prodeco,* Pro-desenvolvimento do Centro-Oeste, os senadores eram Carlos Bezerra, o Arruda, e não me lembro quem era o terceiro senador. Conversa muito simpática, falei a eles para votar, todos os três são nossos, votam conosco.

E à noite tive esse encontro em casa com o secretário-geral da ONU, jantar, as mesmas conversas com um pouco mais de humor.

Antes disso recebi o Paes de Andrade, que veio me dizer que retirou da pauta da convenção do PMDB as coisas mais difíceis. E que a pauta não foi feita só por ele, mas pelos líderes também. Mais difícil era a questão da ruptura ou não com o governo. Sobre o tema da reeleição, Michel Temer não quer que se entre nesse assunto, quer deixar na pauta o tema da reeleição, e Paes vai ter muita dificuldade de retirá-lo de lá.

No fundo, o que ele queria me dizer era outra coisa. Que ele, Paes, é candidato à presidência da Câmara. Isso naturalmente desagradará o Michel Temer. Michel era o candidato, apoiou o Paes, e agora o Paes quer o lugar, que teoricamente seria do partido, reservado para ele, Michel. Paes veio me dizer que pode se eleger e que eu conte com ele, que foi vice no tempo do Collor e se comportou sempre muito bem. Pede que eu não me meta porque sabe que se eu me meter é difícil que o candidato do governo não seja o ganhador. É fantástico! Ele quer impedir a reeleição (como se eu estivesse desesperado por isso...), acha que eu quero mesmo, e já!, me cria dificuldades todo o tempo e agora quer eu o apoie como o presidente da Câmara. É realmente fascinante!

Na sexta-feira, ontem, tive despacho de rotina, tranquilo, com o ministro da Marinha. Recebi a Câmara [Brasileira] do Livro, fiz um discurso, Weffort estava presente, Dorothea também.

*Programa Estratégico para o Desenvolvimento do Centro-Oeste.

De tarde, dois encontros. Um com o pessoal da CNI, com o [Hiroshi] Saito, que é o presidente brasileiro da Keidanren,* mais o senador Fernando Bezerra, sobre o Japão, tudo com muito entusiasmo.

Depois o Secretário de Estado, Warren Christopher, dos Estados Unidos, acompanhado de um amigo do Clinton, o [Thomas] McLarty,** que eu conheço. Vieram em nome do Clinton agradecer tudo, inclusive a lei de patentes, a mudança do Brasil, e discutimos como gente grande a política internacional, Bósnia, Angola, Cuba. A posição do Brasil é diferente da americana, eles querem, por razões eleitorais, naturalmente, esfolar Cuba. Nós, não. Depois houve também uma afirmação bastante clara do Warren Christopher de que em relação a Cuba eles vão tentar evitar os desastres maiores da Lei Helms, que pode ser aprovada agora.*** Enfim, vê-se que estão na defensiva, porque depois dos aviões americanos que os cubanos derrubaram ficou difícil para o Clinton. Mas uma relação muito positiva, sem nenhum problema com os Estados Unidos.

À noite, vi com a Ruth uma gravação do *Roda Viva* com o Otavio Frias Filho que tínhamos aqui. Foi fascinante. Otavinho defendendo suas ideias, o pessoal que estava presente — quase todos amigos ou empregados da *Folha* — bom para levantar a bola, salvo o [Alberto] Dines e uma moça, Daniela Thomas, que foi casada com o Gerald Thomas e é filha do Ziraldo e parece que muito boa em matéria de *décor* para teatro. Essa perturbou um pouco o Otavinho no plano pessoal, uma certa ambiguidade entre ele ser autor de teatro e diretor de jornal.

O Dines também, porque o Otavinho definiu como papel da imprensa "ser contra" de uma maneira consequente. Disse que antigamente, no regime militar, era mais fácil, com as Diretas Já, e que agora, no meu governo, é mais difícil, ele nota a imprensa com muito entusiasmo pelo governo, isso é ruim, tem que achar uma maneira de ser contra. Aí o Dines disse: "Bom, mas sendo contra você está sendo parcial, porque uma boa parte, a maioria do eleitorado, está contente, está feliz, está otimista, e você tem um pessimismo permanente". "E eu", disse o Dines, "sou admirador do presidente Fernando Henrique." O Otavinho disse: "Cuidado, eu tenho muita simpatia pelo presidente Fernando Henrique Cardoso e grande admiração pelo sociólogo dos anos 60, 70, 80. Não é isso, eu tenho admiração; o problema é outro. É que publicamente nós temos que ser contra, porque o papel da imprensa é ser contrário".

Então é a teoria do deslize, em que você analisa o todo pelo erro, pelo engano, pelo deslize, tem que sempre ser contra, não cabe à imprensa elogiar, não cabe à imprensa dizer o que é bom, só cabe dizer que está errado. Perguntaram a ele se

---

* Federação das Organizações Econômicas do Japão, entidade patronal japonesa.
** Enviado especial do governo norte-americano para a América Latina.
*** O Cuban Liberty and Democratic Solidarity Act, conhecido como Lei Helms-Burton, ampliou as sanções econômicas a Cuba na esteira do caso dos dois aviões abatidos.

isso é porque não havia oposição organizada no Brasil. Ele não foi taxativo. A gente percebe que, no fundo, Otavio faz a filosofia desse tipo de jornalismo que pega a parte e não o conjunto, não tem posição propriamente política, ele é contra em qualquer nível: estadual, municipal e federal, seja qual for o partido. A imprensa é autônoma, independente das forças sociais, é um poder em si e esse poder disputa, na verdade, com os outros poderes e, para poder disputar, ela é contra. Ele não disse isso, sou eu que estou dizendo. É realmente extraordinário, mas é verdadeiro.

Ele fez umas observações pertinentes sobre *O Estado de S. Paulo* e outros jornais, mas um pouco injustas com *O Globo*. E agora eu é que estou dizendo: [o espírito da] *Folha* prevaleceu. Então todos os jornais são contra. Por isso volto ao tema da conversa com o Antônio Carlos: adianta muito pouco falar com os jornalistas para chamar a atenção para uma coisa importante do governo; isso não conta.

Vou dar outro exemplo. Conversando agora à noite com Malan, ele mencionava que a *Veja* vinha falar sobre a aposentadoria dos ministros. Por que agora, na semana em que o Congresso vai votar? Para criar uma dificuldade, porque todos vão desviar a atenção dos casos objetivos para os casos pessoais. Ministro tal está aposentado e ganha mais, não sei o quê... Que se faça estou de acordo, mas nesse momento? Muitos ministros têm aposentadoria legal (eu tenho da USP), não tem problema nenhum, não obstante, tenho certeza de que vão apresentar com estardalhaço, porque acumulo com o salário de presidente da República. Além de eu ter direito a mais aposentadorias que nunca requeri... Mas por que [levantar essa questão] agora, se vão votar [a reforma]? Porque vai servir de prato para desviar do principal na discussão da reforma previdenciária. Além disso, a revista *Veja* é favorável, parece que é, não sei, à reforma previdenciária. É muito difícil. Estamos modernizando o Brasil com muita dificuldade.

Aproveito para registrar que a Roseana Sarney esteve aqui ontem, sexta-feira, e conversamos sobre esse tema. Veio depois de uma reportagem que saiu dizendo que ela teria brigado com Sarney porque ela era pela reeleição. Veio dizer que nunca disse isso, que a imprensa é que forçou a barra, mas que é favorável à reeleição e quer ser uma ponte entre Sarney e mim. Ela tem certeza que traz o Sarney para tudo, até para a tese da reeleição. Uma conversa amistosa, veio com o marido, entusiasmada. Acho que é verdadeiro o que ela me [disse sentir]. Na conversa fiz uma reflexão, com a qual ela concorda, e também o Jorge Murad: estamos nos modernizando a partir de forças muito antigas. E não tem outro jeito, porque não é que o PT, o PTB sejam modernizadores e modernos; não são. Eles também são antigos.

Então temos uma dificuldade imensa, porque se rompermos com tudo isso... O antigo é o Sarney, é o Antônio Carlos. Veja o Luís Eduardo e o Antônio Carlos, veja a Roseana e o Sarney. O mercado, por exemplo, não entra na visão do político tradicional brasileiro. Que importa que seja absurdo o preço cobrado pelo Excel para abrir o Econômico? O importante é o fato político: reabrir o Econômico na

Bahia. Antônio Carlos não está preocupado com o preço. O presidente resolveu que é assim, ele se comprometeu a reabrir o banco, ele disse a mim que iria reabrir, não importa em que condições.

Esse é o nosso drama, estamos forçando um processo modernizador em condições muito adversas. E a imprensa, que poderia jogar um papel nesse processo de modernização, não ajuda com essas definições que acabei de mencionar, de ser contra tudo. Então tanto faz o que é moderno e o que é antigo. Dá no mesmo, porque [a imprensa] vai ser contra o antigo e contra o moderno, não vai fazer distinção.

Ou seja, é muito difícil, nós estamos conseguindo, mas pisando sobre brasa. Imagina lá no Maranhão a Roseana querendo dispensar gente, enxugar a máquina. Muito difícil. Esse é o drama do Brasil, mas nós o estamos enfrentando com tranquilidade. Depois tive um almoço com a bancada do PSDB na casa do deputado [Luiz] Piauilino,* tranquilo, saí às cinco da tarde. A coisa de sempre, muita alegria, cantadores, o clima era bom, não posso repetir tudo.

Sérgio Motta também veio aqui, conversei com ele sobre a minha preocupação com essa questão do Antônio Carlos, que pode criar embaraços na semana que vem, e chamei o Malan. Por quê? Para dizer: "Olha, o Loyola foi inábil porque chamou os jornais todos para dizer que havia fraude constatada em outubro. Ele se esqueceu que Marcos Magalhães é gente. Olha as notinhas, estão começando a soltar notinhas em que se diz que o Banco Central já sabia, isso é um não acabar mais. Nós fizemos o certo". Malan concorda e disse pela imprensa que a minha atitude foi correta.

Contei ao Malan que na noite de ontem, de sexta para sábado, o Paulo Henrique me telefonou dizendo que o Magalhães Pinto estava morrendo. Teve uma hemorragia forte. Hoje de manhã me telefonou de novo, parece que conseguiram controlar, mas está mal. Nessa conversa, o Paulo me disse: "Olha, as notinhas não estão saindo daqui, porque há muitos meses ninguém fala com o Marcos, não há contato com o Banco Central e, de repente, vem alguém e diz que o Marcos fez uma fraude".

O Marcos vai pagar pelo que fez, já pagou muito, vai pagar mais, mas não adianta o Loyola, para se defender, atacar o outro. Não que não tenha cometido irregularidades inaceitáveis, pelas quais vai responder, mas no relacionamento com o Banco Central, ao contrário do Ângelo, ele foi correto. Malan concordou.

Também alertei o Malan de que na conversa que tive com o Frias — telefonei ao Frias [pai] por causa do boato que teriam espalhado de que eu iria fechar o Congresso, é ridículo mas tive que dizer isso — ele me chamou a atenção para o fato de que o Bamerindus continua mal das pernas. É a segunda vez nesta semana que isso chega a mim. O outro foi Olavo Setúbal, que alertou o Marco Maciel, porque ele leu o balanço e não gostou. Então mais um problema aí pela frente e o nosso ministro

* PSDB-PE.

Zé Eduardo não entende a gravidade da situação dele no governo. Vai ser difícil defender o Bamerindus, não o Bamerindus, o sistema financeiro, porque vem pau grosso em alguém que é ministro e que está levando o banco para uma situação de dificuldade.

Conversei longamente com Malan sobre tudo isso e sobre o depoimento do Loyola, Malan tem de alertar o pessoal da Bahia e do PFL em geral sobre as dificuldades do Excel, não dá para o Excel comprar o Econômico do Banco Central a esse preço, e isso vai dar grande confusão com Antônio Carlos.

HOJE É TERÇA-FEIRA, 5 de março, onze e meia da noite.

Ontem fui a Belo Horizonte. Lá chegando, na porta do aeroporto, pequena manifestação do pessoal da Mendes Júnior.

É formidável essa questão no Brasil! O Murilo Mendes teve uma grande empresa, mas depois perdeu dinheiro, ganhou dinheiro, enfim, essas confusões das empreiteiras. Consta que o Sarney, quando presidente, já deu algum recurso para ele, para ressarcir, em parte pelo menos, o suposto prejuízo lá do Iraque.* Parece que os militares induziram efetivamente o Murilo a ir para o Iraque, se bem que ele foi também para ganhar dinheiro. De qualquer maneira isso não vem ao caso. Se eu pudesse, se tivesse meio de resolver essa situação, eu ajudaria, até porque acho o Murilo uma pessoa que tem seu valor, construiu uma empresa que fez muita coisa no Brasil. Ele é um tanto rude, inteligente, é de outra época, de um Brasil que se fazia assim dando mordidas grandes no Tesouro, mas também com energia para fazer represas, hidroelétricas, estradas e não sei o que mais.

Pois bem. O problema é que não há brecha jurídica para poder atender ao que eles dizem ter direito, que seria um dinheiro que o governo não teria pago ao Murilo Mendes. O fato é que há uma confusão grande, e os trabalhadores, os empregados, agora pedem que o governo pague a confusão. E se unem todos, patrões e operários, contra o governo para resolver às custas da maioria, ou seja, do Tesouro. Isso foi o começo da viagem a Belo Horizonte.

A chegada ao local onde haveria a manifestação sobre Educação** estava tumultuada. Já me havia alertado o Patrus Ananias no aeroporto, ele que é o prefeito, do PT, que estava enfrentando uma greve de professores, uma greve de motoristas de ônibus, e as duas juntas, mais a Mendes Júnior, criaram grande confusão. Entrei pela porta lateral, para assistir à reunião dos professores.

Parece que quebraram o pau fisicamente a polícia e os manifestantes, os manifestantes atacaram a polícia, aquela coisa de sempre. Segundo me disse o Patrus,

---

*A Mendes Júnior, que tocava várias obras no Iraque na década de 1970, julgou-se prejudicada pela guerra do país com o Irã (1980-88).

**O governo federal anunciou o lançamento do Ano da Educação.

não é nem PT; é PSTU, sei lá o que é, e mais tarde o Patrus me disse, na hora do almoço, que era uma facção do MR-8 que ainda existe em Belo Horizonte. A reunião da Educação organizada pelo Paulo Renato foi extraordinária. Vinte e poucos governadores presentes, uma enorme quantidade de gente, mais de mil pessoas seguramente, empresários importantes, representantes de federações de indústrias, de sindicatos, professorado em peso, reitores, enfim uma grande audiência.

8 A 17 DE MARÇO DE 1996

Articulação política para as reformas. Reflexões sobre o processo de modernização. Viagem ao Japão

Hoje é dia 8 de março de 1996, uma sexta-feira. O encontro com os professores em Belo Horizonte foi num auditório, muito positivo, cheio de professores, parlamentares, vinte e pouco governadores. Serra fez um discurso muito bom, o Paulo Paiva idem, achei o Paulo Renato um pouco cansado, ele que era o dono da festa, tinha tanta coisa para apresentar, apresentou, mas sem o entusiasmo que lhe é peculiar.

No meio do meu discurso, lembrei que no discurso de posse eu tinha dito que iria meter a mão em vespeiro e de vez em quando a vespa ia picar, e talvez um ou outro maribondo. Pronto! Toda a plateia riu, atribuíram isso a uma ironia com Sarney. Não era, mas enfim, ficou. Não tem jeito.

Ao voltar para Brasília, telefonei para o Sarney e lhe expliquei. Ele disse que era vacinado contra a imprensa, como eu também, mas que viriam provocações. Ele parecia por cima da carne-seca, sobretudo depois da conversa boa com a Roseana, não passou recibo algum. Não obstante, começaram algumas guerrilhas. Eu não havia notado nada. No dia seguinte, na terça-feira, fui ao Rio de Janeiro para a despedida do navio-escola.* Como de hábito, a Marinha é muito bem organizada, agradável, fiz um discurso no qual dei algumas diretrizes às Forças Armadas, o general Cardoso tem me ajudado demais nessa matéria e sido muito competente em formular as diretrizes.

De lá fui dar uma entrevista aos representantes da imprensa estrangeira. Quase cem. Claro, provocaram com a questão dos índios, expliquei mais uma vez qual era o objetivo do Jobim e disse que nós, até hoje, só temos três questões em litígio, sendo que uma é de índio contra índio, que isso tudo era um cavalo de batalha à toa. A Igreja estava absolutamente irresponsável na matéria, publicou uma nota inaceitável, tenho que dizer com toda clareza, tanto mais que quando estive com d. Lucas, que me trouxe o ponto de vista da Igreja, a conversa foi muito tranquila e ele entendeu as [nossas] razões. Quando leio, [vejo que há] coisas absurdas, dizendo que o governo atual tira dinheiro dos trabalhadores, dos empregados, para dar para banqueiro, enfim essa demagogia, a mais reles possível. Também entre os jornalistas estrangeiros houve várias perguntas, mas muito bom o clima.

Na saída eles me perguntaram sobre o Banco Central, eu disse que me parecia que as coisas estavam bem. Consta que o Loyola fez um depoimento e se saiu bem.

*O navio-escola *Brasil* zarpava para uma viagem de instrução dos guardas-marinhas ao redor do mundo.

Voltei para Brasília, fui rapidamente ao Planalto e depois ao Palácio da Alvorada.

Ruth estava em São Paulo, praticamente nem jantei, mais tarde me encontrei com Paulo Renato, que me trouxe umas pesquisas sobre o desempenho dele e do governo. As pesquisas sobre o governo que eu também havia recebido eram muito boas, nós temos na nossa pesquisa 92% entre regular, bom e ótimo, e 8% apenas de ruim e péssimo. Nas de Paulo Renato é um pouco diferente, são de outra empresa, mas na mesma linha, tudo tranquilo.

Quarta-feira, já tivemos um panorama mais conturbado. Fui ao Palácio do Planalto, despachei normalmente e passei a tarde preocupado com outra questão, a da chamada CPI dos bancos;* veio a notícia de que havia um movimento no Senado para aprová-la.

Isso me pareceu bastante absurdo, mas recebi a informação, não me lembro se foi pelo Élcio Álvares, de que efetivamente eles haviam atingido 27 assinaturas, que é o número necessário. Diante dessa informação, nos pusemos em ação, eu próprio telefonei para o Siqueira Campos, porque os três senadores do Tocantins haviam assinado, falei com o Britto, pois até o [José] Fogaça havia assinado, falei com Malan, que falou com o Fogaça também, depois com o Carlos Bezerra, e falei com o Dante de Oliveira, para que eles ponderassem a loucura que estavam fazendo, até porque a CPI se restringia ao ano de 1995. O que é um absurdo, uma provocação política, uma vez que os problemas estouraram em 95, mas vêm de antes! Nós apenas expusemos os problemas que já existiam.

Não adiantou, porque o Sarney leu imediatamente o projeto e disse que à leitura se seguiria a publicação e que não podiam mais retirar assinaturas. Falei com a Roseana antes disso, a Roseana telefonou para o pai, voltou a falar comigo e disse que o pai fez o que pôde, e não sei o quê. Ora, nesses dias o Sarney me mandou vários recados de pazes. Não sei por que paz, já que eu não estava em guerra. Mandou um recado pelo Sardenberg, pelo Fernando Mesquita, que falou com o Sérgio Amaral e, também, creio que com o Eduardo Jorge. Várias pessoas, inclusive algumas que não têm proximidade comigo, receberam recados do Sarney para que parassem as notinhas nos jornais.

Só depois, quando falei com a Roseana, descobri o que era isso. A *Veja* fez uma reportagem no fim da semana passada sobre os aposentados e botou mal o Sarney, a Roseana e muitas outras pessoas que não tinham nada com o peixe, inclusive eu; pôs lá que fui aposentado pelo AI-5, e é verdade. Puseram entre parênteses no gráfico, mas não no texto, e eles [Sarney etc.] imaginaram que isso pudesse ter sido feito pelo Palácio.

---

*Tendo como pretexto a recusa do contador do Banco Nacional em prestar depoimento na Comissão de Assuntos Econômicos, o Senado aprovou o requerimento do senador Antônio Carlos Valadares (PSB-SE) para a criação de uma CPI destinada a investigar fraudes no sistema financeiro em 1995.

Quando a Roseana me telefonou, estava diante de mim o Mario Sergio Conti, conversando. Não contei que era a Roseana, mas disse: "Estão pensando que nós é que fizemos isso na *Veja*", e ele riu muito, porque sabe que a *Veja* faz o que quer e faz sempre com malícia, em cima de nós também, se bem que nos últimos tempos não tanto. Depois daquela coisa sobre o Xico [Graziano] eles se retraíram um pouco.

O fato é que quem moveu essa questão foi o Sarney. Até aí tudo bem. Passo dessa sala para outra, para me reunir com os militares e com o ministro da Justiça na comissão de estratégia do Itamaraty, sobre uma nova política de combate às drogas. No meio da reunião, entra o recado, via Ana Tavares, de que nós havíamos perdido no Congresso a votação da questão da Previdência. Eduardo Jorge veio também, confirmou a derrota, é verdade que por 296 a 190, só faltaram catorze votos.*

O curioso é que nesse dia, de manhã, eu estava no almoço e telefonei para o Luís Carlos Santos, reunido com os líderes. Ele me disse que não via necessidade de preocupação, porque eles estavam negociando, e que as brigas viriam na quinta-feira com os destaques, ou seja, a liderança do Congresso estava calma, certa de que ia ganhar. Quando apareceu o placar, eles se assustaram. Soube posteriormente, por eles próprios, que, de mãos dadas, se preparavam para o urro de vitória. E até havia apostas se seriam 330 ou 350 votos. O Eduardo Graeff estava com a liderança do PT, também segura da derrota, ou seja, foi realmente um movimento feito pelo chamado baixo clero, pela planície, daqueles que são candidatos a prefeito ou que estão desatendidos pelo governo aqui e ali, aquela choradeira habitual. O fato é que houve duas derrotas no mesmo dia: CPI no Senado e a questão da Previdência. Isso provoca um mal-estar grande e agita o panorama. Sobretudo a CPI agitou muito, e era óbvio que agitaria.

Almocei no dia seguinte, quinta-feira, com o pessoal do *Jornal da Tarde*, e já era bastante claro que haveria uma confusão. Eles já estavam verificando, foi o Fernão Mesquita [quem avisou], todo mundo espantado, como é possível uma decisão dessa envergadura de forma tão precipitada?

Em todo caso, [a decisão de derrubar a PEC] foi tomada por eles, os líderes.

Jantei com Paulo Rabello de Castro** e com o Beto Mendonça para discutir, imagina só, as saídas para as dívidas do Brasil e a questão da troca de ativos por passivos, uma dívida anular a outra. O Paulo Rabello tem umas ideias desde o projeto K, eu trouxe o Beto Mendonça para discutir com ele, fui dormir tarde.

No dia seguinte de manhã, quinta-feira, fomos para as audiências normais, eu tinha que receber o Bresser mas cancelei. Apareceram o Luís Eduardo, o Luís Carlos Santos, os assessores mais diretos que lidam com essa questão, todos um tanto

---

* A Câmara rejeitou o relatório de Euler Ribeiro para a emenda da reforma da Previdência por 294 a 190. O mínimo necessário para a aprovação eram 308 votos. Foi a maior derrota parlamentar do governo até então. Ribeiro deixou a relatoria da matéria, sendo substituído por Michel Temer.

** Economista, vice-presidente do Instituto Atlântico.

perplexos, mas já preparando o contra-ataque. Uma vez derrotado o projeto do relator, Euler Ribeiro, vai a discussão o projeto original do governo, tal como foi modificado na comissão de Justiça. E vamos fazer emendas aglutinativas. Começou a haver também uma reavaliação: quem vota a favor, quem vota contra. Viu-se com clareza que foram os candidatos a prefeito, maciçamente, segundo o PMDB, que estouraram a boiada no PMDB e no PPB também. Até aí acho que não houve nenhuma articulação, foi mesmo confluência de pessoas que ou têm interesse eleitorais, ou estão inconformadas com o governo, ou são contra o projeto por alguma razão, porque Previdência não é brincadeira.

Não desanimaremos. Dei um recado muito duro para o PSDB, porque seis ou nove do partido votaram contra; seis são candidatos a prefeito. Pedi que Sérgio Amaral repetisse a essa gente que eles não teriam o meu apoio, e teriam até a minha vontade de que não se elegessem, que eu ia dizer que eles não ajudaram o real. Não no sentido de usar a máquina, mas vários deles têm muitas nomeações no governo e ficam votando contra. Isso também é demais. É claro que com prudência, para que isso não vire uma rebelião total nem uma reação nossa de tipo fisiológica, mas é preciso pensar: está com o governo ou está com a oposição? É muito digno ficar na oposição, mas então fiquem na oposição!

De qualquer maneira, a vida continua. Depois disso recebi o Raimundo Brito. Notícias importantes sobre as minas de Carajás. Muito ouro na região de Carajás. Ele calcula que na região toda haja umas mil toneladas. Só essa mina que foi medida, deve ter para lá de quatrocentas toneladas de ouro. É muito ouro, e não se sabe ao certo.

Também estive com o Lampreia, que me informou que havia um problema em Portugal que eu não sabia. Parece que o Itamaraty tinha feito um acordo para que o secretário dessa CPLP, que é a comissão que o Zé Aparecido inventou e da qual quer ser secretário — eu não sabia que ele queria ser secretário, ninguém me disse —, fosse alguém de Angola. Isso vai dar dor de cabeça, já está dando, porque eu fiquei sabendo hoje, sexta-feira, pelo Zé Aparecido, que o Itamar está queixoso com o Itamaraty. A mim ninguém disse nada.

Depois participei de uma longa cerimônia de lançamento da Política Nacional de Turismo e aproveitei para dar uns recados. Estavam presentes a Rita Camata e outros deputados que haviam votado contra, e eu disse, como já havia informado, que o meu sentimento é de que é preciso reagir contra esse eleitoralismo e que vou insistir nas reformas.

Mais tarde recebi um grupo grande de senadores do Nordeste que veio trazer uma nova proposta de política para a região. Vieram também o Antônio Carlos e o Suassuna, os dois que se estapearam lá outro dia.*

*Em 5 de março, os dois senadores trocaram socos num intervalo do depoimento do presidente do BC, Gustavo Loyola.

Vim para o Alvorada. Recebi o senador Arruda e, à noite, tive longas conversas, primeiro com Pedro Malan e depois com Gustavo Loyola.

O Pedro foi embora e ficou o Gustavo Loyola. Loyola contou que eles se reuniram no Banco Central e disseram que são um grande embaraço para mim e que poderiam botar o cargo à disposição. Eles entendem a situação, acham que talvez isso fortalecesse o Banco Central, mas que estavam com disposição de ficar e brigar, só queriam me deixar à vontade. Depois disse que estavam numa posição incômoda, porque não têm como justificar as falhas de fiscalização do Banco Central e que precisam de apoio político.

Eu respondi que talvez, num dado momento, [pudessem pensar em sair], mas agora não; mexer agora seria pior. Disse que apoio político eu tenho dado, mas que ninguém vai registrar esse apoio, e que sei da dificuldade da situação, concordei sobre a debilidade grande da fiscalização e que eles vão pagar o preço disso. Também disse que era preciso ver as grandes questões do Banco Central: Excel e Econômico, porque enquanto não se resolver isso não vai ser fácil.

Na quarta-feira à tarde, depois de encontrar os Mesquita, do *Jornal da Tarde*, eu tinha estado com o Roberto Bornhausen e o Marco Maciel, que vieram ao Alvorada. Roberto me alertou sobre o balanço do Bamerindus, que não é muito ruim, mas não é uma maravilha. O Setúbal já tinha me alertado sobre a questão e o Frias também. Vou ao Japão amanhã. Pedi ao Loyola que me trouxesse, na minha volta, as alternativas para enfrentar o caso do Bamerindus. Agora temos os instrumentos para atuar antes da crise, porque as medidas provisórias que mandamos [ao Congresso] permitem [isso]. Ocorre que o Zé Eduardo vai ter que tomar consciência da situação e sair do ministério; vai ser muito difícil auxiliar o banco de um ministro. Quem sabe dizer que vai ser candidato a prefeito de Curitiba, coisa assim, para deixar o governo mais à vontade.

O Loyola está mais otimista do que eu sobre a compra do Banco Econômico pelo Excel. O Bornhausen havia sugerido que, se isso não for feito, poderíamos decretar um Raet, botar uma administração privada, como aconteceu no Banerj, e ver se isso leva adiante o Econômico, para evitar mais um problema nessa área. Eu não sei a razão do otimismo do Loyola, mas ele acha que o Excel acaba comprando o Econômico. Claro que essas coisas todas vão complicando, porque nós temos também a questão do Banco do Brasil, e nesta semana houve uma longa reunião que não registrei, mas registro agora.

Nessa reunião estavam todos os responsáveis da área econômica mais o pessoal do Banco do Brasil mais o Pedro Parente, que é presidente do conselho do Banco do Brasil e quem fez uma proposta de capitalização do banco. Ela vai implicar um esforço grande do Tesouro, porém bem menor do que imaginávamos no início, porque foram feitas engenharias financeiras. Quando isso estourar, no dia 21 deste mês de março, na minha volta do Japão, vai se ver que o Banco do Brasil também esteve com as pernas balançando. Só não balança mesmo porque tem o Tesouro atrás, e isso, somado ao Bamerindus, fica difícil. É preciso atuar com energia.

Essa CPI [dos bancos] é realmente uma falta de juízo absoluto, e o presidente Sarney atuou de maneira inconsequente. Mais tarde fui tendo informações, parece que a *Veja* do fim de semana vai publicar a história da CPI, não sei com que veracidade. A informação não foi dada diretamente a mim, foi a Ana [Tavares] quem me disse. A verdade é que o Sarney deixou marcas digitais na operação. Ele e o Jader. O Jader foi mais esperto, apareceu menos. Apareceu mais o Gilberto Miranda. Foi uma manobra para abalar meu poder, para me limitar politicamente, me atingir indiretamente.

Ocorre que morreu [José de] Magalhães Pinto* e ontem se deu o enterro. Sarney compareceu e Ruth também. E foi constrangedor, pelo que me contou a Ruth, e o Paulo me disse a mesma coisa, porque ele foi ver a família, e a família sabe que o Sarney fez tudo isso, todo mundo sabe no Brasil. Ele ficou numa posição difícil, o *Jornal do Brasil* escreveu um editorial arrasador sobre o trio da Amazônia ilegal, diz o jornal, o Jader Barbalho, o Gilberto Miranda e o Zé Sarney. Depois que se meteu no negócio do Fujimori, de não o receber, Sarney só se equivocou do ponto de vista político. Se pensa que está ganhando o povo, está enganado; está perdendo os grupos responsáveis no Brasil. Não vejo a razão, não estou fazendo nada que possa prejudicá-lo, muito menos ao Maranhão, que está sendo bastante ajudado por nós dentro das nossas limitadas possibilidades.

Dizem, e diz Antônio Martins,** muito ligado à Roseana e a nós, que ele [Sarney] é mesmo candidato e que é tudo coisa de candidato. Parece espantoso, porque estamos a três anos das eleições, não consigo entender. Eu sei que Sarney já embarcou para Portugal, Lampreia também, por causa da posse do Jorge Sampaio. Há fofocas de que Itamar queria ser o representante [na posse]. Ora, ele é embaixador, eu mandei o Lampreia porque fui convidado, e o Lampreia vai me representar, foi um gesto de simpatia que não tem nada para diminuir o presidente Itamar, que está em Portugal e que vai representar bem o Brasil. Mas vai dar fofoca, Sarney e Itamar em Portugal.

É difícil entender a política dessa gente, por que mexer com o sistema financeiro, pôr em perigo corrida de banco... Claro, caiu a Bolsa, caíram os títulos do Brasil no exterior, houve aposta de câmbio e de juros futuros mais altos, quer dizer, um grande abalo. Essa CPI somada à Previdência... Mas o nervo exposto, tudo isso vai ficar, historicamente, sob a responsabilidade do Sarney. A CPI provavelmente não vai funcionar. Reuni aqui o Marco Maciel, o Hugo Napoleão, o Élcio Álvares e o Sérgio Machado, e decidimos que não iríamos dar número, porque não há nada para esconder. Aliás, tudo já foi dito sobre o Nacional e sobre o Econômico. Primeiro é um desaforo limitar a 95 e, segundo, não tem cabimento mexer no sistema financeiro,

---

* Patriarca da família Magalhães Pinto, fundador do Banco Nacional, ex-senador e ex-governador de Minas Gerais.
** Jornalista e radialista da Radiobrás.

que está com essa situação de tanta dificuldade e fragilidade. Nesse momento é uma irresponsabilidade.

O Roberto Freire, senador, veio me ver e disse que estamos fazendo uma verdadeira revolução no Brasil, que ele lamenta não estar participando, mas que vai dar um jeito ainda. Ele acha que eu devo topar a CPI porque não tenho nada a esconder, que isso é a visão dos conservadores, que têm medo. De certo ângulo, é verdade, mas, de outro, não, porque tenho realmente receio das consequências sobre o sistema financeiro, que estão visíveis.

Essas pessoas não sabem o que significa o jogo de expectativas neste mundo globalizado e neste mundo de finanças tão sofisticadas; pode haver especulação. E de fato hoje fiquei preocupado de novo, porque o Malan me disse que a *Veja* virá com notícias sobre o Bamerindus. E já começou a haver o movimento de tirar depósitos do Bamerindus. Isso é muito complicado, muito difícil.

Hoje de manhã, sexta-feira, tivemos uma solenidade, o Dia Internacional da Mulher, eu fiz um discurso que agradou a muita gente lá,* aliás tenho feito sempre discurso, toda hora me dão a palavra, tem que falar, estou falando demais, e às vezes apelo um pouco para um sociologuês para multidões, que acaba tendo um efeito pedagógico. Depois vim almoçar com o conjunto das mulheres que lá estavam, muito agradavelmente. Passei a tarde arrumando os meus papéis, tomando providências telefônicas, agora vou ao casamento da filha do Inocêncio de Oliveira e vou jantar no Itamaraty com uma delegação da liga dos libaneses que estão no Brasil.** Há muitos deputados e senadores brasileiros que são libaneses, além de governadores. Vou jantar lá e amanhã cedo partiremos para San Francisco.***

Esta foi uma semana agitada. Contrasta com o que eu disse na reunião com os correspondentes estrangeiros, que eu estava tranquilo quanto à votação da emenda da Previdência. Eu não tenho receio do Senado, não. No Senado temos cinquenta votos seguros, o que dá dois terços. Eu tenho medo da Câmara e do PMDB, porque aí tem manobra. Tem manobra do Sarney, do Paes de Andrade, que está totalmente contra — depois que ele veio aqui me dizer que era candidato à presidência da Câmara e que iria passar a perna no Michel Temer, não disse nesses termos, mas na prática é isso — tudo que é do governo, e essa coisa tão velha meu Deus, tão sem sentido. O país pronto para decolar e nós aqui perdendo tempo.

Estou perdendo muito tempo com o Congresso, com nhe-nhe-nhem, como eu digo. Pois bem, precisamos passar logo essa fase de reformas e refazer nossa base

---

*Solenidade comemorativa do Dia Internacional da Mulher realizada no Palácio do Planalto. Em seu discurso, o presidente reconheceu o problema da discriminação da mulher no mercado de trabalho e defendeu o aumento da participação feminina na política.

**Jantar oferecido aos participantes do Congresso Internacional dos Parlamentares de Origem Libanesa.

***A comitiva da viagem oficial ao Japão fez escala de três dias nos EUA, de 9 a 11 de março de 1996.

política. Todos sentem isso. Do PMDB, que hoje tem, sei lá, cem... 150..., vão ser quarenta conosco. E assim vai. O resto vai fazer o que quiser, fazer campanha por eles próprios, contra a reeleição, se eles pensam que estou morrendo de vontade de ser reeleito; estou jogando com isso somente para não perder força.

Senão vejamos, hoje o Sarney já está se candidatando, faltam três anos, imaginem se não houver a possibilidade de reeleição o que essa gente vai tentar fazer para limitar a minha força no governo, a capacidade de fazer as reformas e um bom governo? Não vai ser mole, não. De modo que, enquanto eles tiverem medo da possibilidade da reeleição, pelo menos se distraem com isso e não se firmam em posições tão antagônicas diretamente. É o contrário do que se diz — que, se não houver reeleição, as coisas se acalmam. Não se acalmam, não; pioram. Aí eles se sentem mais fortes. Não tem ninguém, neste momento, que possa disputar se eu for realmente candidato. O Ibope hoje vai sair, 60% está a favor do governo e 29% contra. Enfim, é muito tranquilo neste momento, mas sabe Deus daqui a algum tempo.

Preciso usar a suposta força popular que tenho — suposta porque só na hora que se for medir é que se vai ver — para inibir candidaturas precoces, e ainda assim lá está o dr. Zé Sarney de velas pandas e o dr. Itamar Franco com comichão, para ser candidato também. Meu Deus do céu, os dois já foram, viram que isso aqui não é fácil, saíram mal. Itamar saiu razoável porque veio o real, antes do real foi uma catástrofe, e de novo estão aí com essas ilusões, e não vão ser eleitos porque o povo dificilmente vota em gente tão antiquada.

HOJE É DOMINGO, DIA 10, estou em San Francisco.

Ontem na viagem, viemos conversando eu, o Tasso, o senador Bezerra e o governador do Tocantins, Siqueira Campos. Ele insistia muito e veio para o PSDB junto com seus cinco deputados e três senadores. Disse que nós estamos errando em não ampliar a base do partido em função dos interesses pequenos de alguns parlamentares, como o [Edmundo] Galdino do Tocantins, que querem dominar o partido. Ele tem razão.

O Tasso queria que tivéssemos uma posição mais firme, rompendo já com o Sarney. É curioso, eles não conhecem a dinâmica do Congresso. Como é que eu rompo com o PMDB? Como é que eu divido o PMDB e consigo dois terços de votos para aprovar as reformas? Nós temos que esperar o término das reformas. Já falei desse assunto com o Britto, e agora está se aproximando o momento, mas não podemos fazer nenhuma cisão antes de que haja clareza sobre se as reformas terminam ou não este ano. Creio que as principais terminarão, apesar da derrota na questão da reforma da Previdência. Nós vamos insistir nisso.

Fora isso, viagem tranquila, cheguei a San Francisco, jantamos com o pessoal da embaixada, e os que vieram comigo, num restaurante italiano.

Hoje li um artigo da *Veja* contando detalhadamente o que aconteceu na CPI dos bancos. A maior parte das coisas é verdadeira, pelo que vi. Ou seja, uma trama do Sarney com Jader e com Gilberto Miranda. Eu sabia de parte, não sabia de tudo. Depois recebi o Gelson e o Sérgio Amaral, porque quero corrigir o texto que falarei amanhã em Stanford,* porque estava um final muito liberal água com açúcar, de que basta negociação, consenso, e não é isso.

Meu ponto de vista é diferente. No mundo de hoje é preciso que o líder, ou os líderes, ou aqueles que articulam, sejam capazes de problematizar e de interpelar, para constituir um espaço político, porque as classes ou os grupos em si mesmos não têm essa capacidade de atuação. A liderança, essa sim, tem essa função, que é cultural, moral, pedagógica e política ao mesmo tempo. Contudo, ela enfrenta interesses, não se trata simplesmente de negociar, chegar a um pedacinho para cada um; tem que enfrentar interesses. Essa modificação será feita.

Tive uma conversa longa a respeito do texto da CPI com o Sérgio Amaral e com o Gelson, o Gelson muito preocupado, porque nem ele próprio entende a ação do governo na questão dos bancos: por que não a CPI? Expliquei detalhadamente que a CPI pode levar de arrastão tudo, inclusive a questão do Banco do Brasil, porque até o dia 21 nós vamos demonstrar que o governo vai ter que fazer uma chamada de capital para permitir que o Banco do Brasil saia do buraco em que está. O buraco é grande e deriva de uma série de desatinos do passado, estamos corrigindo esses desatinos, mas tenho que, responsavelmente, primeiro corrigir. Se eu anunciar ao país, é uma corrida bancária, é uma queda maior de confiança. É o famoso tema até weberiano da moral política, da responsabilidade, que é dramaticamente verdadeiro. É de lamentar, e o Sérgio Amaral entende bem isso, o fato de não haver ninguém que esteja analisando o jogo real de poder.

Veja a CPI. O que aconteceu? Havia um pedido de CPI feito pelo PT, pelo [José] Eduardo Dutra, que eu nem conheço. O Gilberto Miranda se aproxima do Eduardo Dutra e propõe a ele que, ao invés daquele texto, apresentariam outro, o dele, que propunha uma CPI mista, e a esse outro o pessoal do Sarney daria apoio. Chama o [Roberto] Valadão, que é do PMDB,** e todos topam. Ou seja, é a direita, nem a direita, é a podridão mais clara no Congresso, a pequena política, para chantagear o presidente, porque o objetivo deles não era fazer a CPI; era assustar, como eles mesmos dizem. E eles se unem a quem? À esquerda, e a esquerda topa. Quer dizer, nós estamos aqui numa situação muito delicada, porque a reformulação do Estado, a limpeza democrática das coisas está sendo feita pelo governo. E como a esquerda perdeu a eleição, ela não pode concordar com isso, ela não pode concordar que seja eu quem faça. E eu, que tenho a credibilidade com a opinião pública para fazer, fico num jogo em que agrado o Congresso, mas me distancio dele, ataco de vez em

---

*Conferência inaugural da cátedra Joaquim Nabuco na Universidade de Stanford.
**Deputado federal (PMDB-ES).

quando, para mostrar que estou indo num certo rumo e que eles estão desviando do rumo.

E as forças que deveriam ajudar nesse processo não têm consciência do seu papel histórico e ficam do outro lado, ou seja, atrapalham a possibilidade de uma mutação que implica o quê? Basicamente quebrar o sistema que realmente deu ganhos financeiros brutais para as classes dirigentes, que é o sistema financeiro e todo tipo de ganho, por exemplo, nas universidades, em detrimento do ensino primário, e assim vai, um conjunto de privilégios. Então é nessa situação paradoxal que o governo quer quebrar privilégios, mas para quebrar privilégios precisa do voto de todos, e todos, no caso, inclui o setor mais conservador, até a parte dele corrupta. E tem a oposição de quem? Daqueles que deveriam apoiar a ação do governo [contra os privilégios]. Essa é a situação paradoxal em que nos encontramos.

Agora, se eu denuncio, o que acontece? Nada, eu é que perco, porque terei um grande e generalizado apoio na sociedade, mas nenhuma eficácia nas votações no Congresso. E como não há a menor possibilidade de a esquerda, PT, PDT, parte do PMDB, que pensam que são esquerda, me apoiar, porque eles querem me quebrar por causa da minha força diante da sociedade, querem que eu abdique para que sejam eles os protagonistas no poder. Vivemos uma situação esdrúxula.

Uma situação na qual é o governo — volto ao tema da conferência de Stanford — que está criando um espaço público para arguir os interesses espúrios e ao mesmo tempo criando condições para, digamos, do nada inventar o futuro, se posso dizer assim. Eu tenho que inventar o futuro, cujo suporte, no presente, não tem condições efetivamente de me apoiar, porque [é formado] ou pelas massas inorganizadas, que naturalmente não têm a menor condição efetiva de ação, ou pelas forças organizadas, hoje ligadas, em grande parte, sobretudo no funcionalismo, ao PT e aos partidos que estão contra as reformas por outras razões ou, ainda, pelos setores chamados conservadores, os quais, na sua representação no Congresso, têm uma boa parte que na verdade não é conservadora coisa nenhuma; é fisiológica, corrupta, oportunista e usa qualquer que seja o argumento para obter vantagem do governo.

Por exemplo, agora, estão insistindo em não votar a reforma da Previdência porque o PPB quer um lugar no ministério, além de ter reivindicações muito concretas que não podemos topar porque as pessoas que estão sendo apresentadas como candidatas não têm condições [de exercer o cargo]. Não vou citar nomes aqui, mas algumas fizeram trampolinagem no governo Collor. Não é por ser o governo Collor, mas por terem feito trampolinagens [que são inaceitáveis]. Temos dito isso a eles claramente. E ainda assim insistem em indicá-los.

HOJE É DIA 17 DE MARÇO, domingo.
Quero fazer um breve resumo das conversas havidas no Japão.

No primeiro dia nada de extraordinário, fomos para o Palácio Akasaka, que é uma belíssima construção do início do século feita para moradia do príncipe herdeiro, depois virou biblioteca e agora é casa de hóspedes do imperador.

No segundo dia, recebemos o imperador e a imperatriz,* que vieram ao Palácio Akasaka. Depois fomos ao Palácio Imperial e a conversa transcorreu muito mais facilmente do que se imaginava. Ambos são muito corteses, eu já conhecia o imperador. A imperatriz é até mais delicada do que o próprio imperador, que já é uma pessoa muito agradável. A conversa do imperador comigo foi com tradução e entre a Ruth e a imperatriz em inglês, sem tradução. O imperador, não obstante, sabe inglês, no último dia voltamos a conversar em inglês. Conversa formal, mas simpática.

Depois houve uma série de solenidades. Ruth e eu recebemos o título de doutores *honoris causa* pela Universidade Sofia, eu respondi em nome dos dois, tivemos um encontro com a Liga Parlamentar de Amizade Japão-Brasil, também no Palácio Akasaka, depois fui para a Dieta,** onde fiz um discurso forte, muito aplaudido. O presidente da Câmara é uma senhora, [Takako] Doi, o nome dela; do presidente do Senado não me recordo o nome agora,*** mas ambos fizeram discurso, eu também, muitos deputados presentes, e forte aplauso. Fiz um discurso mais para o cultural e o social, e sobre a ligação do Japão com o Brasil, decasséguis, imigrantes, não sei o que mais.

Depois houve uma sessão solene com a participação dos deputados e senadores, que lá se chamam conselheiros, e discutimos também com muita simpatia Brasil/Japão.

Vinho de honra em seguida. Homenagem à comunidade brasileira no Japão, quatrocentas pessoas, aquele sufoco, fotografias, autógrafos etc.

Voltamos para o Palácio Akasaka. No primeiro dia tive um almoço oferecido pelo Keidanren na sede da Federação das Indústrias Japonesas. Foi uma reunião grande de empresários e passei o tempo todo conversando com o presidente da Toyota, Akio Toyoda. Também estavam os da Sony,**** Mitsubishi,***** Nippon Steel,****** os principais empresários japoneses que têm muita ligação com o Brasil. O Toyoda muito simpático na conversa, deu para ver perfeitamente que eles estão com grande interesse de retomar investimentos no Brasil.

Depois fui para o Eximbank. Firmamos contratos.******* O Eximbank fez uma coisa nova, permitiu que houvesse um financiamento para o Brasil mesmo sem o

---

* Imperador Akihito e imperatriz Michiko.
** Parlamento bicameral do Japão.
*** Juro Saito.
**** Norio Ohga.
***** Minoru Makihara.
****** Eishiro Saito.
******* O Brasil obteve financiamento de obras públicas com o Eximbank japonês.

Fundo Monetário ter aprovado nosso programa de estabilização. Isso é um passo adiante enorme. Entre Eximbank, investimentos privados e a organização japonesa que cuida de assistência no exterior,* no conjunto são uns 4 bilhões de dólares.

Passei rapidamente pelo *road show* que o Sérgio Motta fez sobre telecomunicações, fiz um discurso, e assim terminou esta manhã. Dentre as audiências privadas, a Honda disse que vai botar uma fábrica no Brasil e pedi que fosse no Nordeste, provavelmente será em Pernambuco.

No meio-tempo, recebi um aviso de que o Lerner queria falar comigo. Telefonei para ele e disse que a Renault vai botar uma fábrica em Curitiba. Falei com o presidente da Renault,** ele sabia que eu queria até que fosse mais para o Sul, para o Rio Grande, mas me disse que era impossível. Curitiba para ele parece bem localizada, também achei razoável e vai ser um impulso grande para o Paraná e talvez para Santa Catarina. Os investimentos estão chegando.

Depois desses encontros todos, a parte política. Com o primeiro-ministro do Japão, Ryutaro Hashimoto, um homem inteligente, rápido, a conversa fluiu bem até que falei da questão do regime automotivo e que precisamos de um voto favorável do Japão na OMC. Ele naturalmente não está de acordo, porque isso prejudica o Japão. Eu disse que para nós era uma questão política decisiva, que precisávamos por causa do Mercosul e de termos um regime semelhante ao da Argentina, mas não o comovi. Nisso ele não cedeu. No resto cedeu: declarou que apoia o Brasil para o Conselho de Segurança, os empréstimos todos e muitas declarações de amizade de parte a parte. Falei de futebol, que estamos de acordo que a Copa do Mundo seja no Japão,*** eles estão de acordo que as Olimpíadas de 2004 sejam no Rio.

Na parte cultural levamos a Tizuka Yamasaki, o Zico, que é rei lá no Japão, vários jogadores vieram falar comigo na recepção que oferecemos à comunidade. Na verdade não houve nenhuma coisa difícil, salvo essa questão dos automóveis, que nós vamos ter que vencer contra o Japão.

Além dessa retomada muito positiva da relação Brasil-Japão, a novidade, no Brasil, foi a questão do Sarney. A *Veja* publicou uma reportagem arrasadora mostrando de que maneira Sarney tinha urdido com três ou quatro, chamados pelos jornais de Trio da Amazônia Ilegal — Jader, Gilberto Miranda e o próprio Sarney — a questão da CPI dos bancos, para me dar o susto. Pensam que me dão o susto com essas coisas. Acreditam que com isso eu deixo de ser "arrogante".

Sarney ficou muito irritado porque isso foi a público, estava desmoralizado. Sérgio Motta falou comigo e o Tasso deu uma entrevista muito forte, botando pingos nos is. Na verdade disse o que todo mundo sabe, que o Sarney estava querendo manter situações do passado, enfim, fez declarações duras mas verdadeiras. O Sérgio,

---

*Japan International Cooperation Agency (Jica).
**Louis Schweitzer, diretor-presidente da Renault.
***Copa do Mundo de 2002, realizada também na Coreia do Sul.

no dia seguinte, pediu muito que o Sérgio Amaral amenizasse, dissesse que eu não sabia, e eu não sabia mesmo, mas que não deixasse de dizer que a CPI era inoportuna e arriscada para o país. Pedi que me contassem com mais detalhes como estava o Sarney. Marco Maciel tinha falado com ele e me dito que o Sarney queria falar comigo.

Como não houve nenhum recado, não telefonei para o Sarney. Fui sabendo aos poucos que as coisas no Brasil continuaram muito quentes e que o Sarney deu um tom de ofendido, como se o Congresso tivesse sido ofendido pelas declarações do Tasso. Quando voltei, li na *Folha de S.Paulo* declarações do Sarney. Ele me poupou, mas disse que era preciso haver uma preocupação cotidiana na questão da democracia, que ele nunca entendeu por que Fujimori foi tão endeusado no Brasil, dizendo que setores do governo são favoráveis a uma coisa mais autoritária, querem desmoralizar o Congresso e que a luta pela democracia contra o autoritarismo é uma luta cotidiana.

Ora, esta é boa! Fiquei pensando com os meus botões: ele serviu a todos os governos militares, nunca lutou nada, não me esqueço até hoje do discurso violento que fez de resposta ao Ulysses, que queria as diretas já. Ele, presidente do PDS, fez um discurso exaltado no Senado, contra. Aderiu ao Partido da Frente Liberal no finzinho, apenas, porque não tinha mais saída com a questão do Maluf e do Figueiredo, e agora vir posar de democrata já é um escárnio! Uma vergonha. Não posso dizer isso porque prejudico os votos [das reformas], mas estou chegando ao meu limite de paciência.

Além do mais, Sarney agora está se queixando (queixou-se para o Marco Maciel) de que a Receita Federal estava em cima do Jader, em cima do Gilberto Miranda e dele. Dele, me disse agora à noite o Eduardo Jorge. Eu nunca soube disso. Não mandei a Receita em cima de ninguém. A Receita também está em cima do Tasso, está em cima de todo mundo porque essa é a sua função e eu não estou aqui para amenizar. Se alguém estiver errado tem que pagar, é claro que não podem é perseguir. Eles pensam que eu estou perseguindo. Não estou. Estou simplesmente deixando que cada funcionário cumpra o seu dever. Isso, aqui no Brasil, já parece ser uma afronta à classe dominante.

Essas declarações do Sarney me irritaram, é um cinismo muito grande. Com a Roseana, por outro lado, estou falando sempre em termos de amizade.

Estou pouco ligando para a CPI de bancos em si mesma. Tenho medo é das suas consequências para o país. Sei que o Banco do Brasil tem créditos podres de 21 bilhões de reais, é muito dinheiro. Vamos ter que resolver isso nesta semana. Se saem boatos nessa direção, complica tudo. E desses 21 bilhões de reais quantos são de responsabilidade do governo Sarney? Uma barbaridade, do tempo do [Camilo] Calazans!* E agora vem falar em CPI. Se começar a CPI, ela vai parar no Banco do Brasil, vai parar no Banespa, pega o Quércia, ora, tenha paciência!

*Ex-presidente do Banco do Brasil (governo Sarney).

Não é questão de querer encobrir esses erros do passado, é que nesse momento isso arrebenta o sistema atual. O sistema financeiro, não os banqueiros, que já estão aí na rua da amargura, e estão na rua da amargura porque o real realmente tirou esse lucro excessivo que eles tinham do *floating* e mesmo a possibilidade de camuflar balanço, porque ninguém sabia nada com uma inflação tão alta como a que havia. Se nós é que estamos fazendo as mudanças, por que nós é que vamos pagar o preço? Estou com vontade de ir para a televisão, e alguma coisa direi, porque estou chegando ao meu limite de paciência.

Mais ainda: PPB. Falei com Marco Maciel logo que cheguei, na madrugada de hoje. Maciel, como sempre perfeito, trabalhando bem, me dando detalhadamente contas do que foi feito e dizendo o seguinte: "Olha, o PPB está inquieto. Falaram com Eduardo Jorge, o Odelmo [Leão] não quer nem discutir o texto do Michel Temer da Previdência, ele quer votar contra se não tiver uma compensação". Perguntei ao Eduardo Jorge, eles querem um ministério. Vou chamar o Amin, o Odelmo e o Cafeteira, porque o Amin combinou comigo outra coisa. Estou até disposto a dar um ministério, mas não pode ser assim, sem mais nem menos, nem em um toma lá dá cá.

Ou seja, terminadas essas reformas, vou ter que fazer uma coisa diferente. Hoje estamos governando com todo mundo porque não tem outro jeito para ter os três quintos. Depois só preciso da maioria para leis mais simples e aí não dá para continuar modernizando o Brasil na base dessa velharia toda, dessa fisiologia sem-vergonha de que eu tenho horror. É uma coisa tremenda.

Volto ao tema que mencionei há pouco sobre a situação paradoxal em que nos encontramos. Modernizar usando tudo que há de tradicional junto. O rumo dou eu, mas o voto eles têm que dar e, para eles darem o voto, eu tenho que distribuir algumas benesses.

Interrompi para falar com Pedro Malan, que me deu conta de que esteve conversando com o Zé Eduardo Vieira para mostrar a ele que talvez devesse se afastar do governo e cuidar do banco, vendendo a Inpacel. O Clóvis vai estar com o Zé Eduardo amanhã. Quem sabe isso aí possa caminhar nessa direção, porque está ficando difícil a questão do Bamerindus. A *Veja* não publicou nada de mais grave, falou só sobre o balanço, mas, cedo ou tarde, pode haver uma confusão grande e o Zé Eduardo, sendo ministro, vai complicar muito qualquer operação para sanear o banco.

Enfim. Voltando à questão política, essa situação de que eu me queixo agora não é diferente da situação do Getúlio quando foi eleito presidente e disse que era presidente progressista de um governo conservador para poder introduzir as mudanças. Inclusive é o que ele fez: a Petrobras, a Eletrobrás, com a UDN.* Isso talvez

---

*União Democrática Nacional, partido político criado em 1945 e extinto em 1965 pela ditadura

seja uma característica da estrutura política do Brasil: não dá para romper, porque não se tem força para romper tudo e os setores mais progressistas geralmente não aceitam participar de uma aliança que permita mudança. Ficam sonhando com um futuro que eles não têm condição de realizar e nós, que estamos construindo esse futuro, temos que construir muito ainda amarrados por um passado do qual temos horror.

Vou chamar esses líderes do PPB e vamos ver o que se consegue nessa matéria.

Hoje à tarde, domingo, dia 17, recebi o Michel Temer, que está fazendo um relatório da Previdência. Trouxe um anteprojeto que parece razoável, vamos ver. Há sempre alguns retrocessos. Cada mudança de relator implica nova negociação. Ele quer a votação esta semana, a partir de amanhã. O Marco Maciel acha um pouco arriscado.

Amanhã tenho uma reunião com o Luís Eduardo, o Jorge Bornhausen e o Michel Temer, depois virá o Eduardo Jorge, para discutirmos se dá ou não para votar esta semana. Zé Aníbal também acha que devemos votar esta semana. Isso vai depender muito do acerto que se possa fazer com o PPB, porque senão a votação fica muito apertada.

Michel mostrou a situação do PMDB. Ele conseguiu reverter muitos votos, arriscou mesmo ao tomar a frente nessa questão da reforma. Estava machucado porque, como pediu aposentadoria, estão usando o fato contra ele. Foi uma infelicidade, porque ele tem direito, e teria sempre, não precisava ter se precipitado. Diz que foi por solidariedade, há três meses, a um grupo de procuradores ao qual está ligado, todos resolveram [pedir aposentadoria] porque o Collor estava perseguindo o grupo deles em São Paulo, e ele preferiu sair da Procuradoria. Mais um pequeno percalço.

Parece que a Força Sindical concorda com a reforma do Michel Temer. Está disposta a encher as galerias para aplaudir.

Nesta semana ainda, temos a questão da CPI dos bancos. Eduardo Jorge está pessimista, Sarney parece que está realmente num jogo duplo, ou triplo, nessa matéria. Eu sou menos pessimista, acho que, chamando às falas os senadores, eles se alinham, pelo menos a maior parte tem bom senso. Espero que não provoquem demais com essa CPI. Se houver CPI, paciência, faça-se a CPI, eu já estou cansado, dá a impressão de que quero encobrir alguma coisa. Não quero encobrir nada, quero ver se consigo continuar o saneamento financeiro.

Encontrei-me ainda, nos Estados Unidos, com o Secretário de Defesa, William Perry. Pedi que ele agradecesse ao presidente Clinton as palavras amáveis que proferiu a meu respeito na reunião do Cairo sobre terrorismo.* Ele se encontrou com

---

militar, congregou ícones da direita como Carlos Lacerda e Eduardo Gomes.

*Conferência sobre terrorismo realizada em 13 de março de 1996 no balneário de Sharm El--Sheikh, que reuniu trinta países e organizações internacionais convocados pelo Egito e pela Auo primeiro-ministro do Japão, Hashimoto, que me contou... Clinton teria dito que eu era um homem confiável e o principal líder da América Latina. Pedi ao Perry que agradecesse ao Clinton essas referências amáveis.

Em tempo, ainda sobre o Japão. Eu me impressionei muito com o país. Vê-se que ainda há crise econômica, sobretudo a questão dos bancos, os escândalos das empreiteiras, a especulação com *real estate*.* O Toyoda e o Saito, presidente da Nippon Steel, me falaram claramente que não acreditam numa retomada muito rápida, mas já estão vendo no horizonte uma saída. O Japão está crescendo fora do Japão, através de investimentos.

No Brasil, eles querem basicamente minério de ferro e alimentação; o resto será concessão. O primeiro-ministro, que é um homem experimentado, já foi ministro da Fazenda, ministro do Comércio Exterior, quando Lampreia mostrou que tínhamos perdido terreno no comércio com o Japão, disse: "Bom, vocês estão se esquecendo que aumentamos os investimentos diretos ao Brasil porque achamos que é o mercado interno que tem que ser o dínamo do Brasil".

Eles têm razão em parte, claro que vamos para o mercado externo também, mas não fizemos aqui o que é necessário para dar um impulso ainda maior ao mercado interno. Foi o real que começou a mudar isso. O real lá fora é coqueluche; no Japão eles querem saber como conseguimos segurar a inflação.

O Hashimoto é um homem inteligente, agressivo, que toma iniciativas. Na conversa privada, é extremamente simpático. Na conversa pública, é um *showman*. E a situação deles ainda é precária. Os empresários japoneses me disseram que toda a questão é política, que, enquanto não houver um Congresso com maioria capaz de dar saída aos impasses que eles estão vivendo, vão continuar um pouco aos trambolhões.

O imperador, completamente fora da jogada, embora saiba das coisas, acompanha a política internacional, falou muito comigo sobre a China. O primeiro--ministro também. Ele acha que a China vai se desintegrar no decorrer do tempo, com as questões no Tibete, as questões das províncias do Sul. Achei curiosa essa observação, a visão dele não é de uma só China. Acha que, no decorrer do tempo, pode haver uma espécie de desagregação. Isso foi falado a propósito da provocação chinesa contínua no estreito de Formosa [Taiwan], que preocupa os japoneses. Já o imperador me pareceu que tem outra visão. Ele acha que há forças unificadoras na China. Não sei qual dos dois terá razão. Certamente para eles a China é decisiva, tudo que acontece na China tem impacto no Japão.

Eu já conhecia Tóquio, vi muito pouco dessa vez, numa visão meramente oficial vê-se muito pouca coisa. E, claro, paralisam as ruas para a comitiva passar,

---

toridade Nacional Palestina após uma onda de ataques de terroristas islâmicos em Israel que deixou dezenas de mortos.

*Bens imobiliários.

não dá nem para ver o povo japonês. A Ruth viu um pouquinho mais porque foi a Kyoto, que eu já conheço. Soubemos pelos decasséguis que, bem ou mal, eles continuam ganhando bem, trabalhando muito, se queixando da falta de lazer e do espaço muito acanhado das habitações japonesas.

A classe dirigente japonesa aparece como se fosse gerente de loja: roupas relativamente modestas, eu não sei o que eles têm de fortuna, devem ter bastante, pelo menos alguns daqueles empresários com os quais falei. Um ou outro tem mais classe, como o presidente da Sony, que é regente de orquestra e flautista, e tem um ar um pouco mais soltinho. O presidente do Eximbank, [Hiroshi] Yasuda, que eu não conhecia, é tipicamente um gerente de loja média. Curioso isso. Mas a gente se engana nesses países estrangeiros, é difícil avaliar realmente o que está por trás dos modos deles.

No Palácio Imperial, muito formalismo. Os japoneses não dão a mão ao imperador nem vice-versa, sempre fazendo uma inclinação muito grande. Baixam não só a cabeça, inclinam a espinha mesmo, mas isso são formas que exprimem a força do imperador, que na realidade é muito mais simbólica.

Enfim, dois dias e meio no Japão. Vê-se muita gente, fala-se com muita gente, vê-se pouco o povo, e as sensações não são muito diferentes daquilo que se lê. E talvez a gente seja tão influenciado pelo que lê, que acaba vendo o que leu antes de chegar lá, nos maços do Itamaraty ou nas notícias de jornal. Foi uma boa experiência.

19 A 26 DE MARÇO DE 1996

Estados Unidos: negociação de tarifas.
Crise com Sarney. A definição da CPI dos bancos.
Composição partidária: PPB e PMDB

H oje é terça-feira, 19 de março, mais ou menos meia-noite. Quero relatar primeiro o que aconteceu ontem, segunda-feira. Não saí de casa porque tanto eu quanto Ruth, Luciana e Getúlio tivemos uma intoxicação. Embora eu tenha passado relativamente mal, meu dia foi muito intenso, agitado.

Pela manhã, Marco Maciel, Jorge Bornhausen, Luís Eduardo Magalhães e Eduardo Jorge, para discutir o de sempre. O que se faz aqui e ali, como está a situação. Eles me relataram as conversas que tiveram e também disseram que houve certa combinação com Sarney. O Marco conversou com ele e, até segunda prova, Sarney estaria disposto a certa cooperação para pôr um ponto final na CPI. Isso seria feito através de uma questão de ordem que seria levantada talvez pelo Hugo Napoleão e depois iria para a comissão de Justiça. O Marco, na verdade, queria que o Sarney aceitasse ou indeferisse a questão de ordem ou deferisse e enviasse ao plenário, mas o Sarney não quis. Queria mandar para a comissão de Justiça. Lá nós teríamos condições, sob o fundamento de que a CPI não tem objeto determinado, de encerrá-la e a decisão depois iria para o plenário. Muito bem. Vamos ver se vai funcionar.

Fora isso, avaliação sobre o que aconteceu na Câmara, a Previdência, o trabalho do Temer. O Temer, que tinha estado comigo, declarou que eu teria concordado com o texto dele. Eu, na verdade, não tinha lido enquanto ele esteve aqui, só li à noite antes de dormir, de domingo para segunda, e assim mesmo não entendi, pois ele faz referência a outros textos que eu não tinha à mão. De qualquer maneira discutimos que seria necessária uma blitz, que isso só andaria dessa forma.

Depois da reunião com o Marco Maciel, redigi de tarde uma nota para ler hoje, terça-feira, na televisão, como de fato fiz e já vou contar. Para deixar mais claro o que é o Proer, o que está em jogo no Brasil sobre as questões da reforma, minha posição.

Em seguida tivemos uma longa reunião com a equipe econômica que está lidando com a questão do Banco do Brasil. Decidimos que iríamos suspender a venda das ações do BB hoje, terça-feira, de manhã. Decidimos isso ontem, para evitar a especulação, porque na quarta-feira, portanto amanhã, o Pedro Malan e a equipe econômica iriam anunciar as medidas tomadas para sanear o Banco do Brasil. Essas medidas implicam um forte aporte de capitais. Do Tesouro, naturalmente, mas não só; também da Previ, de outras agências que vão participar e ainda do público, mas isso irá forçar uma alta das ações. Havia muito temor de que houvesse especulação com essa alta, então foi [tomada] preventivamente a decisão de suspender a venda das ações.

Foi uma longa reunião, análise para cá, análise para lá, sobre a situação do Banco, que é calamitosa. Voltei a insistir na necessidade de um Livro Branco, explicando que isso vem de longe, que não foi neste governo, porque senão a bomba vai estourar de novo na minha mão. Nós estamos corrigindo e aparece como se tivéssemos sido os autores de toda essa desordem que há na área financeira brasileira.

Tive um breve encontro com Paulo Renato, no qual pedi que falasse com o Frias da *Folha* a respeito dos desatinos que o jornal vem publicando, me pondo um pouco como se eu fosse o Fujimori, numa atitude muito negativa, a partir especialmente do artigo do Otavinho Frias, que eu não li e não quero ler. De qualquer maneira tem havido muita distorção nas coisas do governo através da *Folha*, que está numa sistemática que não é de oposição, mas de desmoralização. Eles me chamam de autoritário, imagina você, achar que por aí pega. Só faltava essa.

Depois disso voltamos aos temas de sempre, dessa vez a respeito do [apoio do] PPB [às reformas]. Chamei o Amin, o Odelmo Leão e também o senador Cafeteira. E pedi que viessem testemunhar o senador Artur da Távola, pelo PSDB, e o Jorge Bornhausen. Expus a eles que eu queria realmente a cooperação do PPB, que essa questão de ministério eu só poderia considerar no momento adequado e que não via razão para essa atitude de rebeldia que parecia estar lavrando entre eles. Amin disse que absolutamente não pede ministério e que Odelmo está marginalizado nas negociações. Odelmo se queixou. Depois viu-se que não era verdade, ele participou da única reunião havida sobre a questão da Previdência, quinta-feira da semana passada, depois foi para Minas, os outros também, ele imaginou que tivesse havido reuniões que não houve.

Na verdade Odelmo disse ao Marco Maciel que eles queriam um ministério, agora cada hora é uma questão. O que eles querem mesmo são questões menores: obter uma vantagem para um, para outro, algumas inaceitáveis, outras não. Mas esses que vieram aqui, sobretudo Amin e o Cafeteira, estavam num plano político mais amplo. Insisti muito na necessidade de eles ajudarem nas reformas, disseram que sim, mas que achavam que não haveria condições de votar a Previdência nesta quinta-feira. Sabe Deus.

Isso foi ontem, até tarde da noite, esses dias todos têm sido assim. Quando terminamos, Ruth estava conversando com Vilmar sobre a Comunidade Solidária, sobre a questão de sempre, dessa moça Anna Peliano, que não se ajusta à sua função específica, quer abranger mais coisas, sobre o Clóvis, que tem que controlar isso, mas Clóvis está controlando coisa demais, enfim, o de sempre.

Aí fui dormir. Dormi mal, porque estava cansado e também porque não estava passando lá muito bem.

HOJE É DIA 19 DE MARÇO. Levantei cedo para receber as credenciais dos embaixadores da China, Bahamas e Irã. Num dia em que eu estava para tudo menos para isso, porque preocupado com o desenvolvimento das questões e também porque tinha escrito um texto para gravar para a televisão. Hoje tive que refazer o texto no Palácio do Planalto, um pouco atropeladamente.

Depois recebi um grupo de pessoas, inclusive Michel Temer, os líderes, para discutirmos com alguns técnicos a reforma da Previdência. O texto de Michel Temer tinha uma série de imperfeições. Está muito aquém do que nós gostaríamos. Além disso, havia alguns problemas bem mais difíceis de serem aceitos. Discutimos muito, finalmente Michel, que foi cooperativo, alterou os pontos de uma maneira mais aceitável.

Agora à noite o Serra me telefonou achando que há um ponto inaceitável, que é a questão do "salário perseguidor", isto é, tudo que seja aumentado do pessoal da ativa vai para o pessoal inativo. O Temer fez uma redação um pouco mais capciosa que dá margem, segundo ele, a que não seja assim. Sabe Deus quem tem razão.

De qualquer forma, longa discussão sobre isso. Recebi no meio dessa discussão o ex-governador e atual deputado Newton Cardoso, do PMDB de Minas, que me prometeu colocar os votos de Minas a favor da reforma.

Continuamos essa história até que eu tive que ir almoçar com o presidente da Lituânia* no Itamaraty. Longa conversa, difícil porque com intérprete, ele não fala nenhuma outra língua, não obstante é um homem interessante, simpático. Não há muito que fazer com a Lituânia, falei mais sobre a Rússia, que ele conhece bem, um pouco sobre a presença da Lituânia no Brasil, mas eu estava aflito para voltar. Voltei.

Refiz de novo o texto com o Sérgio Amaral, o Clóvis, o Eduardo Jorge e a Ana Tavares, e incluí algumas coisas que estavam faltando que ouvi na discussão da manhã, sobretudo uns dados que o Ministério do Planejamento me havia dado, enfim, muita tensão, porque [estávamos] em cima da hora e eu tinha que fazer muita coisa. Recebi gente com muita insistência, pois nesses momentos o telefone não para, as discussões sobre como as coisas avançam no Congresso, falei com o Jader, e no fim do dia acabei gravando antes da hora acertada, ou seja, depois das cinco horas da tarde. A gravação sempre demora um pouco, saiu razoável, feita no Planalto sem diretor técnico, sem coisa nenhuma, o texto era denso, grande, pelo que ouvi parece que a repercussão não foi má, nunca se sabe muito bem essas questões.**

Depois voltei correndo para receber o Mick [Michael] Kantor, que é o USTR, uma espécie de ministro do comércio americano, tem título de embaixador. Ele foi gentil, não entrou nos assuntos mais delicados que já havia conversado com Lam-

---

* Algirdas Brazauskas, primeiro presidente lituano no período pós-soviético.
** No pronunciamento de rádio e televisão, Fernando Henrique Cardoso defendeu o Proer e garantiu seu empenho pessoal no combate a fraudes no sistema bancário.

preia, o mais delicado deles é a pressa americana em fazer a zona de livre comércio hemisférica,* e é claro que a indústria brasileira não pode entrar de chofre numa coisa desse tipo.

Eu disse isso com jeito, mas disse. Ele fez muitos elogios a mim, ao governo, transmitiu palavras calorosas do Clinton, e o fiz ver que temos que ser realistas, que já foi muito difícil fazer a abertura até o ponto a que chegamos. Ele disse que nos Estados Unidos é igual, que eu devo me lembrar que 80% do que exportamos para os Estados Unidos entram sem tarifas. Eu digo: "Eu sei, mas os 20% que faltam é o que interessa ao pessoal daqui"; conversa boa. O Lampreia estava mais preocupado com o teor da conversa, mas ele, o USTR, não foi muito insistente em acelerar a zona de livre comércio.

Depois recebi o senador Jader Barbalho. Ao Jader eu disse com clareza que me parecia que essa CPI era uma afronta a mim, porque tinha sido limitada ao período de um ano, que isso era inaceitável e que eu me consideraria pessoalmente ofendido. Que eu, naturalmente, não ajo em função de ofensas pessoais, mas queria que ele considerasse que para mim isso era uma provocação política e que eu era contra mesmo.

Ele disse: "Ah mas fica muito mal, porque vamos ter que vencer no plenário do Senado, o governo vai sofrer um desgaste, tem que vencer o Sarney". Eu disse: "Olha aqui, Jader, eu não estou preocupado com o desgaste, porque estou convencido de que essa CPI é ruim. Não para mim, eu mal tenho conta em banco, tenho pouco dinheiro, nunca me meti com bancos, mas vai haver retaliação. O [Luiz Antônio] Fleury** me telefonou (o que é verdade) ainda hoje, para dizer que já mandou uma carta ao Sarney pedindo que a CPI vá até 1974, sobre o Banespa, que ele também quer ir à forra do Banespa, naturalmente haverá os dossiês que existem no Banco Central sobre deputados e senadores, eles vão aparecer, haverá uma lavagem de roupa suja, isso vai pôr fogo no circo".

Além disso, a CPI põe em instabilidade o sistema financeiro e põe em risco o real. Eu já estou com o problema do Banco do Brasil. Hoje de manhã avisei ao Sarney e ao Luís Eduardo que haveríamos de suspender a venda das ações do Banco do Brasil. Sarney me disse que eu podia contar com ele para tudo que fosse de interesse patriótico... Eu disse que estava ótimo, mas voltaria a falar com ele mais tarde.

Disse ao Jader que não tinha conversa, que eu não iria aceitar. Ele respondeu: "Bom, então só há duas alternativas. Ou se faz a Comissão e se faz um roteiro prefixado, se limita, se põe o presidente e o relator com gente de confiança, ou então

---

* Área de Livre Comércio das Américas (Alca), cuja criação foi proposta pelos EUA na I Cúpula das Américas em Miami, em dezembro de 1994.
** Ex-governador de São Paulo (1991-95). A intervenção federal no Banespa se deu no último dia útil de seu mandato.

tem que esmagar a oposição, a minoria. Você, que já foi da oposição, sabe o preço disso". Eu disse: "Mas, Jader, a CPI das empreiteiras nunca foi montada, a dos sindicatos também não, porque não indicaram os representantes. Por que agora vocês indicaram? Vocês é que levaram para esse caminho".

Eu realmente não estou preocupado com isso, não. Não quero vencer o Sarney, não é o meu objetivo, não sei por que ele está brigando, eu não estou brigando com ele, demos tudo que ele pediu: nomeações, assistência ao Maranhão, dentro dos nossos limites, que são poucos, escassos. Ele mesmo me elogiou de público no discurso de posse no Congresso, eu também o tenho elogiado, não tenho queixa do Sarney, não vejo razão para essa briga.

Aí o Jader me disse: "Pois é, o Sarney disse que se perder no plenário ele renuncia". Eu disse: "Eu não quero isso, não quero, evidentemente, uma crise entre o Executivo e o Legislativo, entre o presidente da República e o do Senado, é muito desagradável. Agora, por que não buscamos um caminho de entendimento, como o Sarney tinha combinado (eu não disse isso a ele) com o Marco?".

Me pareceu que havia certo jogo, um pouco arriscado. O Jader disse: "Bom, só uma conversa sua direta com Sarney, e eu queria estar presente". Pedi que fosse [marcada] para amanhã às nove e meia.

Em seguida recebi o governador de Roraima com três deputados, reclamando, e com razão, da questão da estrada, da BR-174,* que as verbas não foram [liberadas]. Não consigo fazer com que essa coisa funcione de um modo adequado, isso está mal no governo. Não posso continuar a dar uma ordem e a ordem não ser cumprida porque o Planejamento, porque o Tesouro, porque eu não sei o que mais. Vou ter que dar uma mudada forte nisso aí.

De qualquer forma, foi um longuíssimo dia. Recebi de novo os líderes do Senado, o Hugo Napoleão, o Marco Maciel, o Sérgio Machado e o Élcio Álvares. O Élcio, afinal, foi designado, por sugestão do Sarney, para ser o relator dessa medida dos bancos. Eu não sei o que o Sarney está querendo com isso, provavelmente que o governo ponha a cara. Eu digo: "Olha, Élcio, vamos pôr a cara, não temos nada a esconder, não queremos [a CPI] por razões patrióticas, porque isso vai prejudicar o Brasil". O Élcio topou.

No fim disso tudo, um jantar na Granja do Torto com a bancada do PPB. Estavam muitos lá, os três governadores, o Siqueira Campos, o Amazonino Mendes e o Neudo Campos mais o Roberto Campos, Amin, Cafeteira, isso na minha mesa e mais uns quarenta deputados e senadores. Ambiente descontraído, muito bom, fiz um discurso de agradecimento e não toquei em assuntos delicados, me aplaudiram muito, parece que gostaram. Conversei com Odelmo, ele não sabe ainda como vai ser o comportamento da bancada, falei com Eduardo Graeff, que está com dú-

---

*O trecho da BR-174 entre Manaus e a fronteira da Venezuela estava em pavimentação, concluída em 1998.

vidas sobre se o PPB vai apoiar ou não, gostaram do que eu falei na televisão, mas continua essa lenga-lenga.

No meio do jantar me telefonou o Jader para dizer que precisa falar comigo para relatar a conversa que teve com Sarney. Ao invés de vir com Sarney, vem sozinho amanhã às nove e meia da manhã.

Veja quanta dificuldade. Por trás, o Sarney disse ao Jorge Bornhausen que a Receita está em cima do Jader, eu não sabia, e do Gilberto Miranda, que isso está pondo muito mal todo mundo e que ele próprio, quando [eu] era ministro da Fazenda, teve que pagar 800 mil reais à Receita. Eu não sabia. Não tinha a menor ideia. Eles estão habituados a mandar parar a fiscalização. Hoje não existe mais isso, não tem como mandar parar a fiscalização, nem se deve. É isso que está por trás. O Gilberto Miranda falou com o Eduardo Jorge que, ou se manda parar a fiscalização em cima dele, ou ele põe fogo no circo, vai dizer tudo que sabe etc. etc.

Na conversa que tive agora à noite no Torto com o Amin e com o Cafeteira, eles me disseram que o Antônio Carlos, que aliás falou comigo hoje, confirmando o que eles disseram, estava dizendo que na quinta-feira ele derrubaria o Sarney, muito irritado com Sarney. Eles fizeram um comentário maldoso: não sabem em que Constituição Antônio Carlos foi buscar esse poder para derrubar o Sarney, e que isso é porque o Ângelo Calmon de Sá teria dito que na CPI diria tudo que sabe sobre o PFL do Nordeste, veja o clima que se está criando. Esta gente está brincando com fogo.

Pessoalmente não tenho nada a ver com isso, mas institucionalmente vai levar a uma situação de crise, a crise derruba o real, e, derrubando o real, lá se vão as perspectivas do Brasil. Essa é a minha preocupação, quase obsessão, e, não obstante isso, ela não pode sequer aparecer em público.

HOJE É DIA 20 DE MARÇO, quarta-feira, meia-noite.

Um dos dias mais agitados e duros desde que iniciei o governo. Não pela manhã. Nadei, como faço de hábito às segundas, quartas e sextas, e recebi o Jader Barbalho.

Quando eu estava falando com o Jader aqui no Alvorada, recebo um fax do presidente do Senado, José Sarney, onde ele reproduziu uma nota que soltou para a imprensa desmentindo uma entrevista que havia dado ao jornal *O Globo*, onde, segundo *O Globo*, ele teria me criticado e rompido comigo.* Ele disse que não era nada disso, que tinha grande apreço pessoal e intelectual por mim, que estava apenas defendendo as prerrogativas do Congresso, depois mandou um abraço.

Eu disse ao Jader: "Olha aqui a carta, leia!". Eu não tinha lido *O Globo*, vi só a manchete. Eu disse: "Vou telefonar para o Sarney". Telefonei e disse: "Olha, Sarney,

---

* Segundo a reportagem, Sarney disse "não aguentar mais" o presidente Fernando Henrique e afirmou considerar-se "rompido" com ele.

recebi o seu fax, obrigado, agora veja como os jornais estão fazendo. Se você não falou nada disso, é porque quando sai alguma coisa sobre você, você imagina que tenha sido dito por mim ou por alguém ligado a mim. Nós temos que parar com isso. Vai dar uma confusão grande. É preciso acabar logo com essa história de CPI e depois dar uma demonstração pública de congraçamento, por causa das nossas posições institucionais". Ele aí me disse que foi traído pelo [Jorge Bastos] Moreno, o autor da reportagem, que estava com uma máquina de gravar no bolso. Ele [Sarney] tinha feito umas brincadeiras, o Moreno transformou as brincadeiras em entrevistas, não sei o quê, enfim, desculpou-se.

Volto ao Jader e digo: "Olha, Jader, não sei a que atribuir tanta desconfiança do Sarney. Ele está criando dificuldades sem parar, eu não vejo o propósito. O que está errado? O que se fez de perseguição? Não tem nada. Ele não alega nada". Jader concordou, disse que Sarney nunca dá nada concreto, não há nada de mais grave e, entretanto, está um clima... É porque tem gente envenenando.

"Sim, mas nós somos macacos velhos, adultos, não podemos nos deixar envenenar à toa. Deve haver algum propósito político, porque não há outra razão, não consigo entender." "Não! Nós precisamos acabar com isso."

Combinei com Jader que eu chamaria os líderes para uma discussão na qual pediria que pusessem fim à questão da CPI pelas razões que já aleguei, que são verdadeiras, de que ela causa problemas no país.

Depois fui para o Planalto, manhã relativamente tranquila de preparativos das votações sobre a Previdência, que devem se travar amanhã, quinta-feira.

Volto para casa, almoço com Luciano Martins, depois do almoço tive uma reunião com todos os líderes: Cafeteira, Jader, Sérgio Machado, Élcio Álvares, Hugo Napoleão, Romeu Tuma e o líder Valmir Campelo.*

Faço o apelo, dou meus argumentos solenemente, assumo a responsabilidade, como eles gostam, digo que não tenho nada a temer nem a esconder, repito o que já disse ao público, mas que a ideia [da CPI] é inconveniente e que vou dizer por quê. Porque vai começar um tiroteio etc. Todos apoiam, o Cafeteira pede para não falar logo, dou a palavra ao Jader, ele repete de público o que havia dito a mim, que havia dois caminhos: ou bem se aceitava a CPI, far-se-ia um roteiro e uma Comissão de gente responsável, ou então que meu apelo seria levado em conta. Mas ele queria ponderar que era uma coisa histórica e que estaríamos assumindo, eu na frente, a responsabilidade de calar a minoria, porque é um terço, a oposição e tal.

Argumentei que não, que eu estava fazendo um apelo à maioria, apelo aos partidos que me apoiam, que, como a CPI era política, eu estava querendo uma definição política a meu favor, e sem pedir nada ao PT nem ao PDT. Estou simplesmente pedindo à maioria que me apoia. Muito bem. Além do mais, trata-se de uma objeção tecnicamente perfeita, dizendo que não é constitucional. A Comissão de

---

*Senador (PTB-DF).

Justiça vai saber se é constitucional ou não. Se for inconstitucional porque está mal redigida, se um terço de novo quiser fazer uma CPI e redigir direitinho, o que eu vou fazer? Vai ser instalada a CPI. Eu apenas estou dizendo que peço aos que me apoiam que não assinem, uma vez que esse governo não está escondendo nada e que essa CPI é uma mera agressão política ao governo.

Em resposta, o Cafeteira disse que indicou realmente o senador Amin para compor essa Comissão, que me avisou de antemão, o que é verdade, e que não se autoindicou porque é adversário político do presidente do Senado e estava na disposição de constituir a CPI. Não obstante, quando viu as nomeações do PMDB, percebeu que não era uma Comissão propriamente de inquérito, mas uma Comissão processante, um pelotão de fuzilamento. Viu que a CPI era política, portanto, ele não a apoiava e mantinha a decisão que haviam tomado já, ele e Amin, de não dar número para a constituição da CPI.

E partiram para o Senado. Ao fim de muitas horas — só o PMDB ficou reunido três horas —, o PMDB decidiu por 10 a 10 manter as indicações para a CPI e Sarney deu o voto de desempate a favor dessa posição, ou seja, contra mim, ou contra o governo, e a favor de manter a CPI. Deixou de ser magistrado para ser parte, e parte ativa, de sua bancada, e pôs o cargo à disposição porque se sentiu desprestigiado pela bancada e a bancada unanimemente o apoiou, aquela cena normal.

Eu soube desse assunto mais tarde, pelo próprio Jader. Perguntei a ele: "Isso significa que o PMDB rompeu com o governo?".

"Não, presidente, não entenda dessa forma, o senhor tem que ter calma."

"Eu estou calmo. Só quero saber se essa posição é de ruptura com o governo."

"Não, quase todos que votaram lá reafirmaram ser favoráveis ao governo e ao senhor."

Eu digo: "Está bem, isso significa, portanto, que na votação no plenário da CCJ, cada um vai votar como quer".

"É isso mesmo."

Eu digo: "Bom, então tivemos dez votos do PMDB, rachamos o PMDB, e provavelmente venceremos no plenário com mais facilidade".

Amanhã, quinta-feira, se reúne a Comissão de Constituição e Justiça. Pelos cálculos, vamos ter pelo menos doze votos e eles no máximo dez; ganharemos se não houver traição. É verdade que o presidente é o Iris, e no desempate o Iris vota conosco, porque já votou conosco no partido. E no plenário a folga deve ser maior. Ainda há uma manobra do Sarney que é possível, a de não colocar [a votação] na ordem do dia. Aí a crise se estende por mais tempo.

Eu já não entendo o que o Sarney vai fazer. Não sei se ele está apenas olhando para a História como defensor da democracia e do Congresso contra um presidente que eles querem fazer crer que é autoritário ou se ele realmente mudou de rumo. Na entrevista chegou a dizer que eu não sou intelectual, que sou apenas um professor.

Por trás disso continua a história do Gilberto Miranda, incomodado porque a Receita o está investigando, e a situação dele é muito grave. Esse é o fulcro da questão que começou a minar tudo. Sarney também se queixou para o Jorge Bornhausen de que ele foi multado em suas empresas quando eu era ministro da Fazenda, uns 800 mil reais ou milhões de cruzeiros, sei lá como foi. Também há coisas relativas ao Jader. Jader foi elegante, jamais tocou nesse assunto comigo, mas parece que uma empresa dele foi multada e sua mulher, a atual, ele mesmo me disse isto, recebeu uma multa de 70 mil reais.

O problema é que eles não estão entendendo que o Brasil mudou mesmo e que, ainda que eu quisesse abafar esses casos, não conseguiria. E não quero. Não quero perseguir, mas também não quero encobrir, pois se não fiz isso com o Banco Nacional, meu Deus do céu, vou fazer com o Gilberto Miranda? É o que faltava. Essa é a questão.

Recebi esta tarde Paulo Maluf. Depois do jantar de ontem, o clima do PPB ficou melhor. Paulo Maluf reclamou muito, porque o Gustavo Loyola o chamou de ladrão. Loyola disse que não, que foi o Maluf quem o chamou, disse que na cadeia quem deve estar é ele. Enfim, vejam o nível em que estamos *antes* da CPI. Coisa impressionante.

Expliquei ao Maluf minha posição sobre reeleição, ele é candidato a presidente da República. Me tratou com gentileza e cordialidade e, no fim, disse que não ia atrapalhar, mas que não podia me ajudar na questão da Previdência, porque foi chamado de ladrão.

Naturalmente há toda uma pesada rotina, mas os principais fatos políticos são esses que estou registrando. É provável que amanhã ganhemos a reforma tributária no plenário da Câmara. Só que, vale a pena registrar, na última hora o Michel Temer mudou coisas muito importantes que havia combinado conosco, tornando a reforma previdenciária muito pouco eficaz para o combate de uma porção de abusos.

O Congresso não quer mesmo mudar. Ouvi o Abi-Ackel — o Abi-Ackel! —, que vota sempre contra nós, ouvi o Dornelles, o que eles querem? Preservar tudo como está o máximo possível, e não querem saber de uma reforma previdenciária real no setor do funcionalismo público. Vamos ter, digamos, 30% do que queríamos. É pouquíssimo. Vai haver uma vitória mais política do que substantiva, mas dá para perceber que realmente o Congresso não quer mudar *nada* no que diz respeito às corporações e aos privilégios.

Esse pouquíssimo que está mudando é com um esforço sobre-humano meu, de um pequeno grupo do governo, do Luís Eduardo, de um pequeno grupo do PSDB, do Zé Aníbal, que tem se empenhado muito, e de um pequeno grupo de parlamentares. A imprensa praticamente já se desinteressou das reformas, só está interessada mesmo em demonstrar que está tudo errado. Este é o Brasil de hoje, onde a modernização se faz com a podridão, com a velharia, com o tradicionalismo, o qual na verdade ainda pesa muitíssimo. As pessoas não entendem, não ligam uma coisa com a outra.

Na manhã de hoje recebi a bancada do Paraná, do Rio Grande do Sul e de Santa Catarina para apoiar o que estamos fazendo por aquelas regiões. Até o pessoal do PT veio. Lembrei de novo que eles tinham sido contra o real, que a estabilização é que tem permitido tudo isso, mas que sem as reformas não há um horizonte de estabilização. Todo mundo aplaude e, na hora de votar, eles querem modificar as coisas para pior, para não deixar que se modernize mesmo. É assim que estamos levando este país, com muita dificuldade. Não é nada fácil governar.

HOJE É QUINTA-FEIRA, 21, mais ou menos meia-noite.

Foi o dia da virada. Ganhamos tudo. Ganhamos na Câmara, uma vitória de Pirro, ou seja, 352 votos contra 134,* mas para ganhar o quê? A proposta Michel Temer. Muito pouco avanço. Trinta por cento do necessário, um passo adiante, sem dúvida. Vamos tentar lutar fazendo DVS e melhorar o texto. Politicamente vitória estupenda. Todo mundo comemorou. Chamei os líderes, fiz elogios em público. Elogiei, aí sim, com justiça. Luís Eduardo Magalhães, que foi um bravo, lutou, trabalhou bem, ajudou a ganhar.

Depois passei o dia por conta do Senado. Ganhamos na Comissão de Justiça a votação sobre a questão da constitucionalidade da decisão da CPI dos bancos por 13 a 9, e o Iris, que é o presidente, se necessário votaria também conosco. Não digo uma vitória esmagadora, mas foi uma votação boa. E o pior, para o PMDB, para o Sarney, é que na bancada do PMDB foi 10 a 10,** ele teve que sair da presidência para ir votar pelo desempate. A favor de quê? Porque a pergunta era esta: "O presidente Sarney agiu ou não constitucionalmente aceitando a CPI?". Pois bem, metade do partido dele respondeu que não. Jader telefonou para dar o resultado. Eu perguntei: "Isso quer dizer o quê? Que estão rompendo com o governo?". Ele respondeu: "Não! Todos disseram que estão muito felizes com o governo, não tem nada a ver, não tem nenhuma relação".

Enfim, a embromação de sempre! O Jader disse: "Presidente, tem que ter paciência, eu fiquei numa posição muito difícil, fui obrigado a deixar claro que vou

---

*O texto de Temer para a reforma da Previdência foi aprovado em primeira votação na Câmara por 351 a 139.

**Horas depois da decisão da Comissão de Constituição e Justiça, a CPI foi rejeitada na votação do plenário do Senado. O governo venceu por 48 a 24, rachando a bancada do PMDB. Essa vitória determinou o arquivamento da CPI dos bancos, instalada horas antes por Sarney. A objeção dos governistas dizia respeito ao fato de que a convocação da CPI não tinha um fato, um objeto determinado, como manda a Constituição.

votar contra porque estão dizendo pela imprensa que meu voto foi um voto combinado, que o banco sei lá qual do Pará foi levado em consideração, [que] fui apertado pelo governo". Enfim, ele conseguiu o que queria: um pretexto para votar contra [o governo] e um pretexto para dizer que é para mostrar que não se vendeu.

Na verdade não houve nada desse estofo, nenhuma proposta dele sobre nada, nem minha para ele. Jader é um político mais sofisticado, discutiu a questão realmente em termos políticos e não em termos de interesses dele; não é a mesma coisa que o Gilberto Miranda. Outros podem até falar, como falaram, que a Receita estava em cima dele, mas Jader nunca me falou disso. Nem eu nunca falei, não lhe fiz nunca nenhuma ameaça. A imprensa está dizendo, mas não é verdadeiro.

Feito esse reparo, papel bastante pança fez o senador Esperidião Amin. Porque tinha estado comigo na véspera, hoje de manhã conversei com ele por telefone para dizer que não achava conveniente eu passar na Convenção do PPB. Ele então combinou comigo que ia mandar uma delegação de jovens do PPB, como mandou, e eu os recebi no Palácio. Também disse que tinha feito uma combinação comigo, que iria até a CPI porque foi indicado pelo partido dele, mas não daria número; diria que não ia fazer parte de uma CPI provisória. Pois bem, foi lá, já depois da decisão contra a CPI da Comissão de Justiça do Senado, foi eleito presidente, não assinou nada, mas participou de uma farsa, tendo dito a mim que faria outra coisa.

E, pior, de tarde, na votação, grandes discussões; eu não acompanhei [o debate]. Dizem que o Ronaldo Cunha Lima foi muito agressivo comigo, não tem nenhuma razão para isso, mas ele é um destrambelhado. Na votação o resultado foi esmagador, 48 do nosso lado e 24 dos que queriam manter a CPI. O Jader votou a favor da CPI e o Esperidião Amin se absteve. Três abstenções: ele, Casildo Maldaner e Carlos Bezerra. Esses dois disseram que estariam com o governo, mas que era muito difícil; combinaram com o Élcio que votariam para se salvaguardar. Passa. Vamos lá, o que a gente vai fazer?

A votação foi dois terços a um terço, muito expressiva, deixando o PMDB e o Sarney numa posição extremamente delicada. As vitórias de hoje foram muito expressivas.

Fora isso, discuti com o Jatene e com outros ministros sobre um forte combate ao mosquito da dengue. Pareceu-me uma coisa de vulto e que tem sentido social, porque é saneamento básico. Aproveitei o discurso para a juventude do PPB para falar dessa campanha da dengue. Já comecei a fazer propaganda, como é do meu estilo, mostrar com clareza as coisas ao país.

À noite recebi no Alvorada Jobim com Miro Teixeira. Miro veio me dizer que ele tinha 230 assinaturas, sei lá quantas, para uma CPI, uma comissão mista da Câmara e do Senado, mas que não queria servir de gazua para o Gilberto Miranda assaltar os cofres do país, e que não daria a eles as assinaturas para que completassem o número certo de senadores. E me propôs que eu tivesse um canal com ele, com a esquerda, para discutir a reestruturação do Estado. Concordei, ele vai contar para a imprensa com estardalhaço, não sei o que significa isso. Ele sabe que o governo é honesto, que eu sou honesto, não tem dúvida disso. O Miro foi meu companheiro de tantos anos, mas é muito estranho o modo dele de proceder. É o mais duro adversário do governo. A imprensa registrou o fato de ele ter vindo aqui hoje.

Antes estive reunido com os seis governadores do PSDB mais o nosso Artur da Távola, para discutir quem será o futuro presidente do partido. O Artur da Távola quer ser, o Arthur Virgílio também. O Artur da Távola já está um pouco sem entusiasmo, mas é muito boa gente, muito competente na conversação política. O Arthur Virgílio é bem agressivo e não sei se é tão competente na negociação política; os dois são bons. Artur da Távola é mais maduro. Ideias possíveis: o [José] Richa, que não vai topar — vou falar com ele no sábado —, e o Pimenta, que certamente também não quer. Vai acabar ficando o Artur da Távola, talvez o Arthur Virgílio como secretário-geral e o Serjão por trás, sustentando o partido na parte de levar para diante as coisas. Ele toca as coisas com ênfase, com peito.

Duas coisas mais a registrar: o Jobim, que vai viajar para a Europa amanhã, me disse que mandou desfazer um acordo que há entre a CIA americana e a Polícia Federal que eu não sabia que existia, nem ele nem ninguém. Eles (os americanos) têm lá dentro um sistema da CIA que opera com funcionários da Polícia Federal brasileira, dão 1 milhão de dólares em dinheiro manejado pelo embaixador americano para o combate à droga, essas coisas da CIA. Mais grave ainda, é que a operação do grampo do embaixador Júlio César foi feita por esse grupo.* Alguns são pessoas da CIA mesmo, outros são brasileiros, e, pior, dentro da Polícia ninguém tem acesso direto à documentação que eles têm lá.

Segundo Jobim, esse mesmo tipo de gente é quem estaria derrubando o Samper na Colômbia. Isso é grave e o Jobim desfará o acordo. Acordo para combater droga, tudo bem, queremos a cooperação até da CIA, mas não nesses termos em que eles têm uma capacidade de controle tão grande de coisas que são brasileiras. Enfim, vivendo e aprendendo.

Essa do grampo do Júlio me surpreendeu e muito. Não que o Xico estivesse de todo ausente, mas o Xico deve ter tido um papel muito marginal nisso, talvez, como ele sempre disse, de ter falado lá atrás sobre o assunto, de que era preciso fazer alguma coisa com Júlio, e talvez eles tenham aproveitado isso para fazer o que queriam, que era a gravação dos meus telefonemas com o Júlio, como se tivesse alguma coisa [escondida]. Não tem nada.

*O delegado federal Mário César Santos, autor do pedido de interceptação dos telefones do embaixador Gomes dos Santos, era o chefe do Centro de Dados Operacionais (CDO), cuja sede em Brasília foi construída com recursos doados pelo governo norte-americano. O CDO atualmente se denomina Serviço de Operações de Inteligência Policial (Soip).

Além disso, o juiz que deu a autorização parece que foi peitado por essa gente. Vejam só em que país estamos! E a gente pensa que já está livre dessas coisas! Vamos em frente.

Depois falei com o Serra, passamos em revista as coisas de sempre, mudança de governo, o que fazer com o Banco Central. Serra está muito empenhado em que eu também mude a Casa Civil. Ele gosta muito do Clóvis, mas acha que o coordenador político tem que ser o chefe da Casa Civil, porque aí os outros ministros vão respeitar. Não tenho muita certeza sobre essas coisas, e o Clóvis é um colaborador leal e excepcional. Mas é preciso dar algum jeito, porque estou extenuado. Numa semana como esta acabei ganhando tudo, mas fiz quase tudo sozinho. Está difícil, e assim não dá. Estou assumindo funções que não são do presidente. Está demais.

HOJE É SÁBADO, 23 de março.
O dia de ontem foi mais tranquilo, como todas as sextas-feiras. No jantar de quinta-feira, o Jobim trouxe o Miro Teixeira. A realidade da vinda do Miro é que ele está desconfiado — ele tem as assinaturas para a CPI dos bancos na Câmara — de que o pessoal do Sarney está querendo usá-lo para que ele passe ao Gilberto Miranda esses nomes, para que o Gilberto colha as assinaturas no Senado para fazer a CPI mista. E está desconfiado de que isso é mera chantagem, como aliás é.

A versão que foi dada sobre a conversa com o Miro foi outra, foi a de que ele veio discutir a reforma do Estado. Ele propôs isso mesmo e eu topei, não sei bem o que ele chama de reforma do Estado. É a segunda vez que o Miro me propõe abrir um diálogo, que não seria excludente da minha aliança atual, mas incluiria mais gente. Não acho mau que se abra esse diálogo, até porque isso coloca uma brecha na oposição e contém os ímpetos de certos setores mais fisiológicos.

Ontem de manhã nadei, como faço às segundas, quartas e sextas, para me sentir um pouco melhor. Fui para o gabinete e tive um despacho interno com o Eduardo Jorge e o Clóvis, quando repassamos tudo, principalmente a questão da Agência Brasileira de Informações. Depois vi no jornal a alegação de que o general Fernando Cardoso teria saído porque ele queria bisbilhotar a vida dos outros ao velho estilo do SNI. É o oposto. O general Fernando Cardoso é correto e tem uma visão muito aberta e muito democrática do serviço de informação. Tanto é que pedi que dessem a ele um bom comando, e ele vai ser comandante de Goiânia. Ele está saindo porque não se entendeu com Eduardo Jorge nem com Clóvis sobre a questão da ligação dessa agência, que ele quer que seja direta com o presidente da República.

Essa é uma velha discussão. O general Alberto Cardoso se dispôs, como eu já disse aqui, a assumir diretamente o controle. Ele também teve uma conversa com Eduardo Jorge, que não aceita esse processo. Fiquei meio surpreso, porque o general Cardoso, quando subi no elevador, me disse que estava resolvido. Eu respondi: "Resolvido, não, porque eu não tomei a decisão". Chamei Eduardo e disse que não estava nada resolvido, e na segunda-feira vamos ter uma nova conversa sobre o assunto. Eu não quero perder a cooperação ativa do general Alberto Cardoso e acho que Eduardo está querendo enfeixar essa coisa da Abin, que é ruim. Não vou deixar que aconteça dessa forma.

Em seguida fui a uma solenidade sobre o Dia Mundial da Água. Tomando de empréstimo uma frase do Krause, aproveitei para dizer que amanheci naquele dia com a alma lavada, em alusão às vitórias no Congresso. Fiz um discurso sobre o sentido da democracia no mundo contemporâneo, os desafios da globalização e também sobre a questão do meio ambiente, do desenvolvimento sustentado. Fiz um pouco de teoria política, citei Hobbes, Montesquieu, Rousseau.

De tarde, recebi o governador Eduardo Azeredo e o prefeito Patrus, brinquei com eles que o Patrus me convidou para ir a Belo Horizonte e eu disse: "Uai, só se for em dia que não tenha greve; na última vez era só onda de greve". Ele é do PT e o pessoal do PT está tornando sua vida insuportável.

Recebi os deputados do Rio de Janeiro, o Dornelles à frente, com o [Odenir] Laprovita Vieira,* chefe da igreja do bispo [Edir] Macedo mais uns dois que não sei quem são, um muito ligado ao esporte.

Na verdade o que eles querem é nomear o Eduardo Cunha diretor comercial da Petrobras! Imagina! O Eduardo Cunha foi presidente da Telerj, nós o tiramos de lá no tempo de Itamar porque ele tinha trapalhadas, ele veio da época do Collor. Eu fiz sentir que conhecia a pessoa e que sabia que havia resistência, que eles estavam atribuindo ao Eduardo Jorge; eu disse que não era ele e que há, sim, problemas com esse nome. Enfim, não cedemos à nomeação.

À noite recebi um grupo grande de senadores, mais Serra, Krause, Cícero Lucena, para discutirmos a questão do Nordeste. Eles estão encaminhando um novo projeto para o Nordeste. Uma bela conversa. Estavam todos muito aliviados pelas vitórias. Fui deitar cedo porque estava cansadíssimo.

Ontem à noite recebi uma carta do Artur da Távola dizendo que abria mão da presidência do partido porque não sentiu apoio no grupo. Acho que incluía a mim. Telefonei hoje cedo para ele, que me disse que os governadores querem outro perfil que não o dele. Pedi que não espalhasse isso nem essa carta, porque então estava decretada a nomeação do Arthur Virgílio. Tenho pouca intimidade com Arthur Virgílio, tenho apreciado muito seu estilo combativo na Câmara, mas não sei se está maduro para ser presidente do partido nem se essa combatividade permanente é boa para a presidência do partido. Pedi que o Artur da Távola deixasse à vontade os que vão operar essa questão e que não dissesse que não vai ser mais presidente.

* PPB-RJ.

Li os jornais de hoje, que vêm com a história do fisiologismo do governo.* Na verdade, o *Estado de S. Paulo* deu um bom editorial sobre a matéria, dizendo que houve um progresso, porque — o jornal não disse a coisa que eu vou dizer agora — nós estamos lutando por uma causa, a da Previdência, não é por coisa equivocada, estamos lutando pelo Brasil, e é verdade que em certos casos houve pressão, o que é normal na vida política.

Falei com o governador Raupp, ele não tocou no assunto de estrada,** mas estão reivindicando uma há algum tempo, e é justo que essa estrada seja feita. Não sei se o ministro dos Transportes disse a ele que faria, mas se disse não foi mais do que uma obrigação viabilizar uma reivindicação que é justa.

A mesma coisa com Paulo Maluf. Ele tem uma pendência com o Banco Central na qual tem razão. Houve a troca de títulos estaduais por federais e não houve os do município de São Paulo, mesmo os que estão no Banespa. Ele tem razão, deveria ter sido feita essa troca. É uma reclamação, mas correta.***

Dizem que o Iris Rezende recebeu uma direção do departamento de mineralogia.**** Isso é um pleito antigo! De seis meses, e eu há muito tempo venho insistindo para que o Raimundo Brito libere, porque não houve nada quanto ao tal de [Miguel] Navarrete,***** não se apurou nada contra ele. Bom, o Iris é aliado, não precisa de troca de cargos para votar do jeito que ele ia votar. O *Estadão* cita também o caso de dois ou três que têm gente no governo e que se não votassem perderiam os cargos. Acho natural que se o sujeito passa para a oposição ele perca a participação, porque deixa de ser base de sustentação do governo. Não há nenhuma imoralidade nisso.

Os procedimentos, em termos de cargos, são os mesmos: verificar se a pessoa pode realmente ou não pode ser atendida, se tem critérios técnicos e morais. Não houve absolutamente nenhum escândalo, nada, mas querem fazer crer que houve liberação de verbas, e agora tudo que é verba que se libera — e é normal que se libere, o orçamento vai ser aprovado — vai se dizer que foi para comprar deputado.

Não houve fisiologia, não houve toma lá dá cá. Houve alguns casos, limitados, de pressão dos líderes, em geral as pressões foram feitas para que eu recebesse a pessoa, por exemplo, depois da votação para discutir o setor sucroalcooleiro, falei

---

* A imprensa criticou a "operação abafa" da CPI dos bancos no Senado e a reviravolta na reforma da Previdência na Câmara a favor do governo.

** Rondônia reivindicava a pavimentação da BR-364, que liga Porto Velho a Ji-Paraná. Caminhoneiros bloqueavam a rodovia em protesto contra as más condições desta.

*** O prefeito de São Paulo obteve a federalização da dívida do município.

**** Departamento Nacional de Produção Mineral (DNPM).

***** O novo diretor do DNPM, afilhado político de Iris Rezende (presidente da CCJ), tomou posse na véspera da votação da CPI dos bancos.

com o Zé Múcio* [José Múcio] e com o Hélio Rosas.** Não é dá cá, toma lá, mas, enfim, a imprensa faz questão de mostrar que tudo é fisiologia. Nos lugares em que o PT está no governo, fazem a mesma onda, quer dizer, querem fazer crer ao país que tudo é podridão. Não é crítica, não; é má-fé. Passa uma imagem deturpada. Repito, não é comigo, é com todos.

Creio que não houve nada de mais extraordinário, a não ser que um procurador, creio que se chama Álvaro Ribeiro Costa, deu uma entrevista escandalosa para a *Folha* dizendo que eu devia ser investigado, ou coisa semelhante, porque assinei o Proer, porque isso envolvia a minha família. Só faltava essa! Agora o Magalhães Pinto é a minha família.

Esse sujeito acabou de perder o cargo que tinha porque abusava da função de procurador e agora ousa dar uma entrevista desse tipo. Disse o Serra, e também a Ana ontem, que a *Folha* não está disposta a bancar a entrevista, de tão leviana que é. Eu até prefiro que saia a entrevista para eu poder processá-lo. Mas é uma coisa inacreditável.

Estamos ainda no sábado, são onze e meia da noite.

Continuando os comentários sobre a imprensa, Marcelo Alencar saiu da reunião aqui, na sexta-feira, e fez declarações inconvenientes, dizendo que haveria decisão de chamar para o PSDB o Michel Temer, o Jobim, o Odacir Klein e também alguns governadores. Amanhã temos convenção do PMDB, tudo isso repercute mal. Conversam uma coisa, sai outra na imprensa, e a culpa naturalmente vai ser mais uma vez do presidente da República.

Isso é porque muitos dos nossos governadores e líderes não foram membros do Congresso. Eles não sabem avaliar como o Congresso nacional, os deputados e senadores reagem a certas questões que, se na opinião pública mais geral é positivo, do ponto de vista interno do Congresso é muito ruim. Eles não têm essa vivência congressual. Até que o Marcelo teve, foi senador aqui, mas criou um complicador desnecessário nesse momento.

Quero também registrar que hoje estive com o senador Arruda, que veio me ver depois de uma conversa com o Sarney, que o chamou no Congresso ontem. Sarney se queixou de que o governo não está entendendo que ele tentou ajudar, contou detalhadamente o que fez, que foi mal interpretado e agora está sendo atacado. Reclamou, sobretudo, de que eu teria dito ao Maluf e ao Amin que eu estava arrependido de tê-lo apoiado para a presidência do Senado. Isso é fofoca, porque nunca estive com Maluf e o Amin juntos, a conversa minha com Maluf não versou sobre essa matéria, como está registrado neste diário. Por outro lado, é possível que

---

* Deputado federal (PFL-PE).
** Deputado federal (PMDB-SP).

o Amin tenha contado essa história a ele, Sarney. Pelo menos essa é a versão que me veio. Não sei, seria muita invenção

O fato é que o Sarney usou um pouco isso aí como pretexto. Na conversa com os governadores, que é de onde deve ter saído essa fofoca, foi o oposto. Eu justificava ter apoiado o Sarney porque o outro candidato era o Simon. E o Simon para as reformas seria impossível. Mas o Sarney utiliza isso para aumentar o seu rosário de mágoas.

Arruda esteve com Sarney depois dessa conversa e hoje mesmo, no fim da tarde, me telefonou para dizer que o Sarney modificou a questão sobre a reeleição, e a pergunta agora é se a discussão sobre reeleição deve ser realizada este ano ou no ano que vem. Ou seja, não fecha a questão. Isso não é tanto por mim, deve ser mais pela Roseana que ele está colocando o problema dessa forma, mas ajuda a esvaziar tensões eventuais na convenção do PMDB.

O grande prato da convenção do PMDB vai ser uma carta do Itamar. Essa convenção comemora trinta anos do MDB e o Itamar diz que ele foi o fundador número 7 do MDB. Eu não sei que mais ele vai dizer na carta. Parece que faz críticas ferozes ao governo. Se fizer, vai ser um problema, porque o Itamar é embaixador e não pode se dar ao luxo de criticar o governo ao qual serve, e mais do que serve, representa no exterior. Não creio que ele tenha ido muito longe nessa matéria, mas, enfim, nunca se sabe, vamos olhar isso com atenção, e a leitura que vai ser dada à carta do Itamar é que ele irá para o PMDB e está contra o governo. Como o Ciro também está nessa linha, de repente vão dizer que Itamar e Ciro formam uma chapa. Meu Deus! Daqui a três anos as eleições! Essa gente só pensa nisso. Os problemas objetivos do país, eu e os demais que estamos do lado de cá da barricada é que temos que cuidar. É de lascar.

Estive com o Richa, passei para vê-lo na casa do Zé Lírio* [José Lírio Aguiar], depois o Richa veio aqui, pedi que viesse. Richa não quer sair do Paraná. Propôs uma coisa que me é simpática, de que discutíssemos a questão do parlamentarismo outra vez. Eu pretendo, em 97, abrir a questão política e institucional. A mim não me vai nada mal que não se discuta reeleição agora. O que eu queria em 97 é fazer uma reforma política e, francamente, já tenho pensado em repor a questão do parlamentarismo com uma presidência forte. É muita tarefa, como eu tenho registrado aqui, a de ser ao mesmo tempo chefe de governo e chefe de Estado.

Estou maturando essa ideia porque tenho receio, conheço o Congresso, sei das dificuldades, é preciso uma lei partidária mais rígida para permitir o parlamentarismo. Mas também é verdade que uma fórmula *à la* França me parece que seria possível, porque é muita tarefa nas costas de uma só pessoa, e isso permitiria outro enfoque de todas essas questões de reeleição e tudo mais. Não direi nada a

---

*Lobista e corretor de imóveis ligado a políticos.

ninguém, mas achei boa a sugestão dada pelo Richa — aliás, ela já estava na minha cabeça. O Richa acha que o presidente do partido deve ser o Sérgio Motta, tendo como vice o Pimenta e como secretário executivo o Arthur Virgílio. Não ficou claro nem foi explicado como se processa isso.

Esteve aqui também o Jorge Serpa,* como sempre trazendo ideias bastante grandiosas sobre a questão relativa à reorganização da economia mundial, o papel dos fundos de pensão. O Serpa tem sempre essas ideias grandiosas, eventualmente vem uma ou outra questão menor na qual está interessado, mas nunca a coloca de uma maneira que seja impossível de ser ouvida. Pelo contrário, procura ser discreto e demonstrar o interesse público daquilo que está defendendo. E quando está defendendo de uma maneira que seja de seu interesse, ele diz, como me disse hoje, que era advogado de um grupo que quer comprar a Serra da Mesa,** que faz parte da Nacional Energia, e que parece que o Banco Central ou o BNDES vão vender.

Claro que minha ação nessa área é zero. Não farei nada, mas acho que até é possível que esse grupo seja idôneo. Vou verificar. Serpa, nos anos que eu o conheço, nunca me propôs nada que não fosse uma coisa aceitável e nunca fez nada que não [fosse aceitável]... Sempre teve umas ideias às vezes um pouco repetitivas, mas certa visão geral. Ele procura ter, para falar pedantemente, como ele gostaria, uma *Weltanschauung*.***

HOJE É DOMINGO, 24 de março. Estou fazendo um pouquinho de hora para ir à casa da Vera Brandt encontrar o presidente Frei. Isso foi uma armação, eu não queria ir, mas o Marcito Moreira Alves escreveu um artigo no *Globo* sobre os exilados, eu não estava programado para isso, não recebi o convite, mas armam essas coisas. Então, fica mais fácil eu passar por lá.

Queria registrar que na quinta-feira, 21 de março, tive uma longa conversa com Zé Eduardo de Andrade Vieira. Ele acha que vai conseguir botar adiante o banco dele vendendo a Inpacel. Estou preocupado. Porque se o banco tiver algum problema, vamos ter que fazer intervenção, e intervenção, Raet, com um banco de um ministro, como fica isso? Zé Eduardo não tem a sensibilidade para perceber que ele está me colocando numa posição difícil. Ele não utilizou nada de governo para defesa do banco, mas de qualquer forma é a mulher de César.

* Advogado, empresário e lobista.
** Usina hidrelétrica no norte de Goiás, construída em parceria entre a estatal Furnas Centrais Elétricas e o Banco Nacional. Após a intervenção federal no banco, a usina passou a ser controlada pelo BC.
*** Termo alemão para "visão de mundo".

Hoje, domingo, despachei com Gelson de manhã e depois tive uma conversa com Sérgio Motta. Ele voltou ontem da viagem aos Estados Unidos, fizemos uma análise minuciosa de tudo que aconteceu.

Agora no fim da noite, encontrei a Dorothea. Estava aflita pelas notícias de que o ministério dela podia ser barganhado com o PPB. Expliquei que não era assim, isso cria um ânimo ruim, desmoraliza as pessoas que estão trabalhando no ministério. É uma coisa lamentável, a gente tem que fazer frente a essas fofocas que saem na imprensa e que levam a essas situações desagradáveis, de que eu não gosto, de incerteza.

Para culminar, hoje ainda o Elio Gaspari escreveu um artigo dizendo que eu sou como Getúlio, que descobri o forno de micro-ondas e que seco tudo em volta, que a única fonte que aparece sou eu, que quando fui ministro da Fazenda do Itamar, quem é que eu deixei? Ninguém, só eu! E agora só eu. Gozado. A virtude de eu ter conseguido fazer aparecerem as coisas é vista como manobra minha para evitar que outros aparecessem. Eu não fiz manobra nenhuma. Estou ansioso para que mais gente venha, apareça, tenha presença, e isso vira culpa minha. Curioso esse mecanismo ideológico de transformar em culpa aquilo que é o resultado de um desempenho. Eles não analisam o desempenho como tal; eles analisam como astúcia, como se eu estivesse querendo apagar outros, driblando todo mundo. Como é estranha essa concepção que se tem aqui da vida política.

Acabei de falar agora pelo telefone com o Britto, o governador do Rio Grande, que me informou que a convenção do PMDB, convocada para discutir reeleição, para discutir a questão da Vale do Rio Doce — eles estão contra a privatização e eu também tenho minhas dúvidas — e para [que o partido se posicione] contra a reforma da Previdência, foi um fracasso total. Dos seiscentos e tanto convencionais que têm direito a setecentos votos, apareceram cerca de cem. Não conseguiram abrir a Convenção. Sarney passou lá de raspão e foi embora. E o Iris também. Ficou o Jader, esbravejando contra os governadores, mas não foram apenas os nove governadores que não compareceram; o partido não compareceu, quer dizer, esse caminho suicida do Paes de Andrade, endossado agora pelo Sarney e pelo Jader, levou o PMDB ao isolamento absoluto.

Está visível que o PMDB deseja estar com o governo, deseja estar numa posição mais moderna e não se perder nesses descaminhos antiquados e de interesses mais rasteiros de alguns deles que estão aparecendo para minar o caminho de entendimento claro com o governo para o progresso do Brasil. Foi fantástico isso! Eu não fiz nada. Falei só com o Britto por telefone, que foi me informando das coisas. Mas não foi isso, não foi nem articulação do Britto. Foi realmente o voto claro de que o PMDB não confia nem em Paes, nem em Sarney, nem em Jader, nem em Quércia, em nenhum desses líderes que querem, imagina você, comemorar trinta anos de PMDB.

Talvez quem possa comemorar sejam o Jader e o Quércia, que, bem ou mal, participaram da luta contra a ditadura. Agora Sarney e os outros! Meu Deus do céu. Comemorar o quê? Sobre a tumba do Ulysses? Meu Deus! Só faltava essa, e acho que foi uma lição que a base do PMDB deu a essa gente.

HOJE É TERÇA-FEIRA, 26 de março. Vou me reportar primeiro à segunda-feira, 25, tomada pela presença em Brasília do Eduardo Frei. Muitas reuniões com Frei, coisas positivas. Conheço bem o Frei. O Chile se aproximando do Mercosul. Uma longa reunião de trabalho durante a manhã, depois um banquete à noite.

No final da manhã, reunião com Bresser-Pereira para discutir o relatório da reforma administrativa. O Bresser tinha dúvida sobre o relatório do Moreira Franco, mas achava que havia coisas positivas. Resolveram que o Moreira não devia ler na terça-feira, ou seja, hoje, o seu relatório. Porque o governo não o conhecia. Tudo bem.

À tarde, recebi o presidente internacional da Coca-Cola,* depois estive com a sra. Stephanie Griffith, que faz uma pesquisa para o Luciano Martins. Descobri que ela é chilena, e não inglesa, e que tinha sido minha aluna. Fez um trabalho interessante sobre os fluxos internacionais de capital, essa questão do capital especulativo, e um dado impactante: são trilhões, e uma parte ponderável — a maior parte, em termos de vários grupos, naturalmente — é de capitais de propriedade individual ou de *households*,** veja só!

---

*Roberto Goizueta.
**Famílias.

27 DE MARÇO A 11 DE ABRIL DE 1996

Relação com a imprensa.
Reflexões sobre a reforma do Estado.
Viagem ao Nordeste

27 de março, quarta-feira.
Retomo a gravação, interrompida ontem, em que eu falava a respeito do dia 25, dia da visita a Brasília do presidente Frei.
Ontem o dia começou cedo com a natação. Fui correndo para a entrega de credenciais de embaixadores. Sem nenhuma graça, porque era o embaixador do Sultanato de Omã que está aqui, cumulativamente com Washington, imagina só... E o embaixador da Coreia do Sul, este mais interessante.

Depois encontrei-me com Marcelo Netto, diretor da TV Globo em Brasília, um velho amigo meu, casado com Ana Paula Padrão. Ele queria saber das novidades e também minha opinião sobre o que estava acontecendo com a TV Globo e com *O Globo*. Eu dei. Acho que houve um erro estratégico, porque o Roberto Marinho a vida inteira foi o jornalista e ganhou muito dinheiro. Os filhos, agora, o João Roberto, que é bastante capacitado para as funções, o Roberto Irineu e o Zé Roberto, foram deslocados para a holding, para a vice-presidência das organizações, e deixaram o comando direto da TV e do jornal. Acho que há um momento de incerteza e a TV resolveu também ser independente do governo. Tudo bem. Da minha parte, nada a opor, mas eles estão um pouco perdidos nessa independência e assumindo a posição um pouco da *Folha*. O Frias, dono do jornal, me disse outro dia que ele achava que a *Folha* não tinha mais alternativa a não ser radicalizar mais. Imagine só onde é que vamos parar. Não fiz toda essa análise com o Marcelo Netto, só dei a entender, sem me queixar de nada.

Depois recebi a deputada Sandra Cavalcanti* e o Zé Mendonça Bezerra [José Mendonça Bezerra Filho],** o Mendoncinha, filho do deputado Zé Mendonça Bezerra. O Mendoncinha é o autor da emenda sobre a reeleição. Todos muito interessados na questão da reeleição, a Sandra na dos prefeitos. Eu disse que não queria ter colocado essa questão como uma coisa minha, porque aí complica tudo, mas que, se for para haver reeleição, que haja também dos prefeitos. A dificuldade é que até hoje o Luís Eduardo não montou a comissão que vai dar parecer sobre a emenda constitucional. O Sérgio esteve naquela manhã com o Luís Eduardo, para discutir esse assunto, e depois veio ao Palácio do Planalto e disse que efetivamente eles estavam querendo agir na volta da viagem que o Luís Eduardo fará ao Japão —

* Ex-deputada federal (PFL-RJ).
** Deputado federal (PFL-PE).

portanto depois, na Páscoa — e que todos dizem que dá tempo para os prefeitos. Duvido muito de que dê tempo, e na verdade o PFL também está ganhando tempo, porque não foi resolvida a questão do Banco Econômico.

A esse respeito, tive um encontro com Malan e Gustavo Loyola. Eu disse: "Olha, Loyola, quem vai tomar a decisão não sou eu. Não vou forçar politicamente nada, haverá consequências políticas, mas eu aguento. Se vocês acharem que não é possível fazer, que não há argumentos sólidos, que não é correto fazer a venda para o Excel, não vendam. Não há de ser por causa do Antônio Carlos que se vai fazer algo mais grave, que é deixar o Banco Central e o próprio governo a descoberto.

O Gustavo Loyola parece acreditar que dá para fazer o negócio, ele se sente um pouco prisioneiro do Antônio Carlos, porque o Antônio Carlos agora passou a elogiá-lo. Está refém dele. O Loyola disse a mim que achava melhor haver a sua substituição. Eu digo: "Bom, fazemos a substituição e a leitura vai ser a seguinte: o presidente quis forçar a compra do Econômico pelo Excel, o Banco Central não concorda por razões técnicas e o [presidente do BC] cai fora. Ficamos todos mal, eu em particular. Não é por aí".

Entendo o cansaço do Gustavo Loyola, sei das pressões de outros, sei da conversa que o Clóvis teve com o Pedro Malan, que o Pedro já me contou, em que o Clóvis teria dito ao Pedro que estava na hora de mandar todo mundo embora, ficando só o Chico Lopes. Isso saiu em uma coluna de jornal, só não dizendo que o Chico Lopes ia ser presidente do Banco Central. Malan veio falar comigo. Eu digo: "Olha, Pedro, você sabe que o Chico Lopes é uma pessoa de excelente nível intelectual, mas não tem vocação executiva para ser presidente do Banco Central, ninguém pensou nisso. Há um grande disse me disse por aí e o Gustavo Loyola está se sentindo atingido e disposto a cair fora. Mas eu pedi que ele permanecesse".

Fora isso, fui à cerimônia da entrega do livro didático, com participação do Paulo Renato, do [Eduardo] Portella* e do Gazaniga, dos Correios. Coisa bem-feita, simples, para chamar a atenção para o fato de que vamos distribuir não cinquenta e poucos milhões de livros, como no ano passado, mas 105 milhões, e que em março já tínhamos cumprido a meta de distribuir em 98% dos municípios brasileiros, o que não é brincadeira.

Em seguida, almocei no Palácio do Alvorada com a Ruth e a Malak [Poppovic],** voltei para trabalhar e lá me encontrei com o Zé Aníbal e com o Madeira, queixosos da má presença da Comunicação Social, que os deputados precisam ter um apoio sobre a questão da Previdência. Expliquei que já existe uma campanha pronta, que não temos recursos, que legalmente é complicado, enfim, é fácil dizer que precisa comunicar, que precisa isso, que precisa aquilo, todo mundo tem uma ideia, em geral boas ideias, mas difíceis de implementar.

* Presidente da Fundação Biblioteca Nacional (FBN).
** Assessora do Programa Comunidade Solidária.

Depois reunião com d. Lucas Moreira Neves, da CNBB, mais d. [Raymundo] Damaceno, secretário-geral da CNBB e d. [Albeto] Saveira, que se não me engano é o encarregado da Pastoral dos parlamentares.* Para discutir um tema palpitante, que é a questão relativa à Campanha da Fraternidade, que este ano versa sobre política. D. Lucas fez uma longa exposição do documento, sintética, tomista, muito organizada. Eu disse: "Olha, d. Lucas, não li o texto, em tese as suas propostas são as mais nobres, agora precisa verificar o que está escrito mesmo. Porque, para começar, a Igreja está falando agora, como o senhor mesmo disse, em globalização e não está sabendo do que se trata. Eu também sei que não é a única alternativa, mas é predominante, já está aí, não estou dizendo que ela é boa ou ruim; estou dizendo que temos de nos defender dos efeitos da globalização, que podem ser muito piores do que o senhor está pensando".

Dei exemplos do tema discutido no seminário do Luciano Martins, mostrei que não dá para discutir assuntos tão complexos com tão pouca base de informação e reagi também contra o fato de que eles tinham criticado o Proer sem saber do que se tratava. Fui levando até dizer: "Olha, no fundo aqui é preciso tomar cuidado, porque existe um pensamento totalitário, autocrático, que não aceita, não aceitou nunca, a minha eleição, a derrota do Lula, que agora não aceita a vontade da maioria no Congresso e, na prática, fica defendendo privilégios". Voltei à tese da união da esquerda com a direita canalha para defender prerrogativas e privilégios, dando a impressão de que eles são a vanguarda, e disse: "Bom, vanguarda só se for do atraso". Ou seja, eu disse a d. Lucas tudo que era preciso dizer. D. Lucas sabe, concorda comigo, no final ele e eu conversamos e isso ficou bem claro.

Depois estive com Rafael de Almeida Magalhães, que veio falar das Olimpíadas e do apoio da Petrobras para as Olimpíadas, também conversei com Rafael sobre alguns temas mais genéricos relativos a desenvolvimento. Rafael estava muito interessado em ter um encontro ele, eu, Serra mais o Eliezer Batista e mais, talvez, o [Luiz Carlos] Mendonça, a respeito dessa questão.

Depois embarquei para São Paulo, para de manhã encontrar o Frei.

Hoje de manhã encontrei-me com o Frei na Fiesp, com Mário Covas e Maluf. Maluf foi com Mário me esperar no aeroporto, ambos simpaticíssimos comigo, tudo bem. A reunião com Frei foi muito interessante. Estava uma boa parte do PIB brasileiro lá, e o Frei fez um belo discurso, forte, de estadista, eu também dei do meu dó de peito, de improviso, mas eu tinha um roteiro, e dei alguns recados. Fiz uma alusão a que Sarney, Luís Eduardo Magalhães e eu tínhamos que estar unidos pelas reformas, independentemente de eventuais interesses políticos, que nós saberíamos entender. Parece que era isso que o Sarney queria que eu dissesse, não tenho certeza. Sarney é tão complicado que não sei como isso tudo ecoa na cabeça dele, mas é um sinal de que acima das pessoas estão as instituições, acho que será bem apreciado.

*Pastoral Parlamentar Católica.

Também brinquei bastante, disse que passou a época do efeito tequila e do efeito orloff* e que agora queremos o efeito Pisco, positivo, por causa do desempenho chileno. Depois fui para casa. Recebi mais tarde o Jaime Lerner, com várias propostas do Paraná, uma visão muito otimista do que está acontecendo do ponto de vista econômico, uma reclamação de que o PSDB está criando confusão para ele na sucessão em Curitiba. Aproveitei para falar da reeleição, porque o [Rafael] Greca é o prefeito de Curitiba** e ele, Lerner, acha que seria a melhor solução. Então pressione não a mim, mas o PFL, para botar em votação, e vamos ver o que acontece.

Mais tarde voltei para Brasília e acabo de ter uma longa conversa com o Serra. Ele me pediu que eu não fale dele como eventual candidato a prefeito de São Paulo, porque ele não quer ser candidato e isso acaba dando confusão, já estão pensando que ele está enfraquecido no governo. Ele estava com bom ânimo no sentido de querer ajudar a definir rumos.

Amanhã teremos uma discussão sobre a área econômica, ele é cético, acha que discutir a questão da taxa de câmbio já é uma coisa passada, ele sabe que o Chico Lopes e o próprio Beto Mendonça estão numa posição diferente da dele, e ele não tem mais aliados nesse terreno. Quanto ao câmbio, sabe que o câmbio, hoje, é questão de um ajuste, mas que a taxa de câmbio tem que cair mais depressa, acho que nisso ele tem razão.

Fora isso, informações sobre a CPI, Pedro Malan me telefonou, ansioso, porque a Câmara está fazendo umas investigações. O Pedro fica aflito, ele não entende esse jogo político daqui, não se conforma mais do que não entende, os partidos do governo não defendem o governo. Eu sei disso! Mas que adianta reclamar para o presidente da República aquilo que devia ser cobrado dos outros e não de mim? Eu estou precisando ter apoio e querem que, além de precisar, eu fique instando por mais apoio o tempo todo. Mais do que eu faço é difícil!

Esqueci de anotar duas coisas.

Ontem, antes de vir para Brasília, estive na festa de aniversário da Júlia, de sete anos. Apesar da barulheira, criançada simpática. A Júlia estava entusiasmada porque eu fui lá, ela sabe que eu gosto muito dela, o Pedrinho dançava furiosamente, foi simpático.

Outra coisa é que na fala que fiz para o Frei, fiz uma menção ao Sarney e ao Luís Eduardo, agradecendo o Congresso, dizendo que o nosso entendimento pelas reformas e pelo bom funcionamento das instituições tem que estar acima das divergências. Hoje de manhã, quinta-feira, li num dos jornais que Sarney disse que nós nunca estivemos precisando de aproximação porque nunca nos afastamos. Sarney continua na mesma coisa de sempre, com compostura externa e, por trás

---

* Alusão à instabilidade econômica da Rússia, cujas repercussões nos mercados emergentes ficaram conhecidas como "efeito vodca".

** Eleito pelo PDT.

do pano, fazendo artimanhas, picuinhas, sustentando o Gilberto Miranda. Agora inventou que vai fazer uma diligência no Banco Central. Foi ao Malan para dizer que ele garante que vai aprovar o empréstimo do Banespa e ao mesmo tempo vai lá para verificar de que se trata. Enfim, um jogo extremamente difícil...

E vê-se pelos jornais que os partidos estão em alvoroço por causa da reforma administrativa. Bernardo Cabral* dizendo que não concorda com a perda de direitos adquiridos, enfim, essa gente *não* quer reforma nenhuma. Eles querem realmente que eu vá enrolando o tempo todo enquanto buscam por baixo do pano pequenas vantagens e fisiologias. Eu tinha autorizado a Sandra Cavalcanti a dizer que se fosse para haver reeleição que pusessem também os prefeitos. É, claro, por causa do Maluf e por causa dos demais prefeitos. Pois bem, toda uma onda em função disso.

Estou ficando cansado de tudo isso e desejoso de que esses anos passem logo. Vejo que esse Congresso vai se arrastando e não quero ser eu que tenha que dizer à Nação que "assim não dá!". Ao contrário, quero ver se consigo fazer, apesar das inúmeras dificuldades do Congresso. É preciso haver uma mudança da legislação eleitoral. É preciso haver uma transformação profunda das instituições políticas e, quem sabe, voltar mesmo à ideia do parlamentarismo, com presidente forte, *à la* francesa, mas com primeiro-ministro, para, quem sabe, tornar essa Câmara mais responsável.

Fico entre o medo da *débâcle* que possa ser ocasionada pela ação perniciosa de muitos parlamentares e a necessidade de que eles tomem consciência, que a maioria tome consciência, e que o primeiro-ministro tenha realmente um apoio direto da Câmara. Porque com o poder de atrapalhar que a Câmara tem hoje, e sem nenhuma responsabilidade, está ficando muito difícil, apesar de todo o empenho que eu tenho de levar adiante não só as reformas mas o projeto de um novo Brasil.

Agora é meia-noite, menos, onze e pouco, não chega a ser tão tarde. Vou gravar então o que aconteceu hoje, 28 de março.

Passei a manhã despachando com os ministros militares sobre promoções, tanto da Marinha quanto do Exército e da Aeronáutica. Aproveitei para falar com o ministro Lôbo sobre o que pode ocorrer com o Sivam. Transmiti meu interesse em que a Aeronáutica acople o projeto Sivam ao IPT** de São Paulo, como Mário Covas me sugeriu. Ele parece que encontrará uma fórmula para isso, embora talvez não seja essa a solução preferida pela Aeronáutica. O IPT pode ser uma boa resposta para a SBPC, que foi na onda do Rogério Cezar de Cerqueira Leite, aquele físico de Campinas que está sendo processado pelo CNPq porque importou, sem pagar imposto, equipamento para a firma do filho.

---

*Senador (PPB-AM).
**Instituto de Pesquisas Tecnológicas, vinculado ao governo paulista.

Almocei no Alvorada com Kandir. Ele está fazendo um esforço extraordinário para colaborar, apresenta projetos de leis muito competentes, o último sobre o artigo 192 da Constituição, que regulamenta o capital financeiro. Está preocupado também com a imagem do governo na questão dos bancos, porque essa coisa da CPI deixa sempre alguma incerteza, ele tem razão.

Voltei para o Planalto, tive lá uma reunião primeiro com Luís Eduardo, discutimos o que fazer na semana que vem sobre Previdência e falamos sobre reeleição. Eu disse a ele: "Meu interesse é um só neste momento: que esse pessoal dos prefeitos, sobretudo o Maluf, não pense que nós os estamos queimando". Luís Eduardo disse que na volta vai cuidar disso, mas que acha muito difícil poder haver reeleição de prefeitos.

Falamos sobre o andamento das emendas e, sobretudo, da mudança do regimento para acabar com os DVS, que estão inviabilizando o sistema congressual.

Depois, reunião com Eduardo Jorge, Clóvis e o general Cardoso sobre a Agência Brasileira de Informações. Prevaleceu a ideia inicial, o general Cardoso vai se ocupar disso. Não sei se Eduardo Jorge está totalmente de acordo, pelo menos não reagiu.

Em seguida, reunião do Conselho de Coordenação e Controle das Empresas Estatais com a presença de chefes de empresas e ministros das áreas. Passei a mensagem sobre controle de gastos. A coisa é meio insípida porque passa-se o tempo todo dizendo que não se pode gastar, aproveitei e mostrei um pouco mais a questão relativa à mudança de padrão estrutural da economia brasileira. Venho repetindo isso nos últimos tempos, estamos em uma nova etapa do desenvolvimento, nessa etapa é preciso controlar os gastos, porque temos que produzir superávit fiscais e vamos ter que complementar tudo com a privatização.

Segui para uma longa reunião que terminou agora, às onze da noite, na Câmara de Política Econômica, para ouvir a exposição dos economistas. Estavam todos lá. Serra, Gustavo Franco, Malan, Chico Lopes, Beto Mendonça e Luiz Carlos Mendonça, Loyola, Pedro Parente. Na exposição básica, o Beto Mendonça fez um quadro da situação, mostrando que temos alguns problemas graves. Os mais graves são dois: a crise bancária, já conhecida, e o déficit fiscal, que cresceu. Cresceu bastante, e já se sabe por quê: os juros dispararam por causa do crescimento vegetativo da folha de pagamento, que cresceu mais do que se imaginava. Isso assustou um pouco as expectativas dos formadores de opinião. Essas coisas pendulares que existem nessa matéria. Mas há boas perspectivas, desde que a gente seja muito duro na condução do déficit fiscal.

O Serra foi cooperativo. Claro, reafirmou as questões dele, que quatro pontos percentuais de valorização no câmbio tem um efeito equivalente a não sei quantos bilhões, que isso é muito mais do que simplesmente cortar o orçamento corrente, e ele tem razão. Não vale a pena fazer um tremendo esforço, romper com a administração, para economizar 800 milhões de dólares; ele tem toda a razão nesse aspecto. No cambial já não sei. As exportações cresceram em termos reais. Apenas em comparação com o ano passado, janeiro e depois fevereiro cresceram 16%; é bastante. Mesmo que caia um pouco em março, estamos com dois dígitos de expansão das exportações. Então o câmbio não está sendo esse bicho-papão que todos dizem. Os juros também, foi reafirmado, continuam sua tendência cadente, porém o principal é que não tivemos aumento de funcionalismo, o que foi uma façanha.

Agora vem o salário mínimo e os aposentados. Stephanes já declarou que quer dar 20%, mas a área econômica quer só 4%. Na verdade isso nunca foi discutido, ele não poderia ter dito que queria dar 20%. Essa vai ser uma batalha dura. O salário mínimo vai ter que ser corrigido, naturalmente, mas não pode ir além da reposição, senão vamos ter uma pressão muito grande sobre as folhas de pagamento das prefeituras e também dos aposentados. Não podemos corrigir na proporção que está sendo dita, de 20%, porque a Previdência, que já está mal, entrará em déficit. Mas há muita expectativa de que até o fim do ano se corrija esse déficit.

Isso é uma coisa cansativa, vira e mexe estamos no mesmo ponto: corrigir déficits. Em todo caso, vamos trabalhar duro.

Amanhã cedo vou para o Nordeste, dez cidades, ver os projetos de irrigação e também de meio ambiente. É importante deixar claro que estamos mexendo com questões vitais para o crescimento do Nordeste e para o emprego.

HOJE É SÁBADO, 30 de março, onze horas da noite, estou voltando do Nordeste. A viagem foi muito boa.

Ontem saímos daqui e paramos em Petrolina, onde encontrei os Coelho, Osvaldo Coelho à frente. Ele fez um primoroso discurso, me chamando de "inimigo número um da fome" e, no fim, de "libertador da pobreza", por causa do real. Nós demos um apoio necessário ao polo da irrigação.

De lá para Serra Talhada. Não entramos na cidade. Fomos ao reservatório de Serrinha, que vai dar vida ao rio Pajeú, rio cantado pelo Luiz Gonzaga, que pedia exatamente esse reservatório. Nós implementamos. Arraes fez um belo discurso testemunhando a ação do governo, elogiou o Serra e [disse que] com a ação do governo há possibilidade agora de uma coisa séria, honesta. O discurso de Inocêncio foi empolgado, citou Hamlet, Shakespeare, fez uma poesia, estava o dono da festa, feliz da vida. Havia um pequeno grupo de sem-terra e quando me dirigi ao povo, eles estavam ali perto, eu queria falar com eles, foram embora, ficaram desconcertados.

Depois, Rio Grande do Norte, já com outra equipe. Ali, o Garibaldi Alves, que é um belo governador, mais vários deputados, o irmão de d. Eugênio, d. Heitor [Salles] e monsenhor Expedito, que me impressionou muito. Ele fez uma carta a mim, defendendo a posição deles na questão da água. Inauguramos não só o canal de Pataxó como também o começo de outra obra para uma adutora dos baixos do Açu.

Anunciei tanto em Serra Talhada quanto em Açu, onde vamos fazer a transposição do rio São Francisco de outra maneira, mais barata, com mais estudos, para ver se pode mesmo, mais para água do que para irrigação. Irrigação é muito complicado. Ou existe tecnologia, gente, competência e empresas para disseminar conhecimento, ou é um fracasso, como o que vi de novo nesta manhã em Apodi, entre o Rio Grande do Norte e o Ceará. Fomos a Touros, onde havia um projeto apoiado pelo Banco do Nordeste para uma população de pescadores. Agora eles fazem os barcos, têm um frigorífico, têm uma caminhonete para levar peixe para Natal. O Banco do Nordeste está fazendo um trabalho importante de aumentar a renda e gerar emprego para as populações mais pobres. Fomos recebidos calorosamente pelo povo em toda parte. Jantei com o pessoal do Rio Grande do Norte, senadores, governador, o governador da Paraíba também, o Zé Maranhão lá estava.

No dia seguinte, hoje cedo, fui para o Ceará. Descemos no aeroporto, que é em Limoeiro, Tasso estava nos esperando. De lá rumamos para o [Projeto] Castanhão,* encontrei o Paes de Andrade, que me mandou um fax dizendo que queria ir conosco, imagina! Não me limitei pela presença dele, pelo contrário, defendi as reformas, ataquei as pessoas atrasadas, mostrei o que estamos fazendo pelo Brasil e pelo Nordeste, as grandes obras transformadoras e que, ao mesmo tempo, temos que olhar para a questão da educação, da saúde e da pobreza.

De lá fomos para a cidade de Iracema, no sertão do Ceará, ver o programa de agentes comunitários de saúde. E os médicos de família. Impressionante. Uma cidade muito pobre. Entrei em três casas, conversei com as famílias, vi os doentes, eles ficam em casa, não vão para o hospital quando é possível. Vi também dados sobre a mortalidade infantil de um ano para o outro. Caiu 40% de 94 para 95, já está no nível da média nacional. Almocei numa das casas, a mais ajeitadinha, mas ainda assim pobre. Conversei com o prefeito, com os líderes comunitários, andei pelas ruas, falei com o povo, uma população bondosa que vê na autoridade uma saída para os seus problemas, que são mais complicados do que eles pensam. O que podemos fazer, Tasso, eu, é ir pouco a pouco transferindo, através desses mecanismos de saúde e depois de educação, meios de vida para essa gente.

Em seguida, tomamos de novo o helicóptero e fomos para o Crato, onde encontrei Miguel Arraes, Violeta Arraes, o governador [Francisco] Mão Santa** mais o Tasso. Aí foi um programa ambiental. Uma coisa mais sofisticada, toda a população na rua, a não ser um grupo numa esquina, me disse o prefeito de lá, gente da universidade que gritava, xingava e tal. Tasso até me disse que parecia o Sarney na época do Cruzado. É verdade. Eu viajei com o Sarney na época do Cruzado, fomos

---

*Reservatório e sistema de distribuição para o abastecimento da região metropolitana de Fortaleza.

**PMDB-PI.

para Aparecida, era assim. Só que o Cruzado durou pouco, o real está durando já dois anos. Espero que dure o resto do tempo.

Conversei com o Tasso sobre a sucessão no PSDB. Muita dificuldade, ele acha que podia ser o Geraldo Mello,* acha que o Artur da Távola não serve e, como eu penso também, que o Arthur Virgílio é um pouco prematuro para assumir essas posições. Estamos numa entaladela nessa matéria. Conversei com os senadores e deputados do PSDB, pedi que votassem a lei da Educação** para poder melhorar a situação salarial dos professores, valorização do professor.

Foi uma viagem muitíssimo proveitosa pelos contatos, pelo que vi, pelo que aprendi, e pela recuperação de obras hídricas que estavam paradas havia décadas. Vamos terminar cinquenta obras nos próximos dois anos, com gasto bastante modesto, num total de 56 milhões de reais, e isso vai ter um efeito enorme, eu espero, para o povo do Nordeste.

HOJE É DOMINGO, 31 de março. Não sei há quantos anos, de 64 para cá, foi a data da assim chamada Revolução. O Brasil mudou muito. Certas práticas, entretanto, precisam ser revistas. Eu não gosto de fazer grandes discussões abstratas nessa espécie de diário que estou registrando, mas depois dessa volta aí pelo interior do Nordeste, e vendo as coisas que estão acontecendo no Brasil, eu leio o artigo do [Rudiger] Dornbusch,*** que aliás é uma entrevista, em que ele pede que haja uma aceleração do crescimento em vez de uma inflação tão baixa, e fico pensando: meu Deus, essa gente não aprende. Se eu mexer agora na taxa de inflação, esse povo vai sofrer de novo, realmente não tem sentido.

Temos que ir fundo na reforma fiscal, o que é difícil com o Congresso que aí está. A reforma da Previdência foi desfigurada, o Temer cedeu além de todos os limites, porque ele tem o voto de um ou de outro, agora eu vejo com espanto que os líderes pediram que o Abi-Ackel redija o texto sobre estabilidade [dos servidores públicos]. Ou seja: não querem enfrentar as questões reais. É muito difícil obter a modernização do país com este Congresso tão preso a coisas do passado.

Além disso, há um tema que está perturbando, o da reeleição. Qualquer frase dita volta como se fosse tudo em função da reeleição. Estou cogitando de dizer ao país o seguinte: olha, façam o que quiserem com a reeleição, isso aí não vai custar *nada* da minha parte, eu não vou fazer o menor esforço, em termos de fisiologia,

---

*Senador (PSDB-RN).

**Estava em discussão no Congresso o projeto que deu origem à lei nº 9424, de 24 de dezembro de 1996, a qual instituiu o Fundo de Manutenção e Desenvolvimento do Ensino Fundamental e de Valorização do Magistério.

***Economista alemão radicado nos EUA, professor do Massachusetts Institute of Technology (MIT).

para colocar em discussão um tema que na verdade não é meu, é do país. Convém ou não a reeleição? É discriminatório não ter para prefeitos? Até que nível? Para todas as cidades? Eu pelo menos sou favorável só para as cidades com mais de 200 mil habitantes ou as que têm dois turnos, porque para as pequenas tenho medo.

Como já disse tantas vezes, na verdade a poucas pessoas, o certo não era a reeleição; era um mandato mais longo. Um mandato de quatro anos é muito curto.

Esse sistema faz o Executivo ficar refém do Congresso, não tem tempo de fazer os seus projetos e mal começa a governar já se estão movendo as forças da sucessão. O certo seria, talvez, um mandato para presidente de seis anos. E de governador de pelo menos cinco anos, sem essa coisa de coincidência de mandatos para o Executivo, não é necessário. O fundamental é o que é importante para o país, não para cada um de nós. Agora, é muito difícil corrigir isso.

O Sarney me propôs, eu já registrei aqui, que fosse feita uma extensão do mandato precedido de plebiscito. Não sei, fico pensando se não seria o caso de voltar ao tema do parlamentarismo com reforma do sistema eleitoral, regras de barreira para a formação de partidos, distritalização do voto, não total, parcial (sistema misto). Enfim, procurar uma representação que seja diferente dessa que aí está, para poder dar ao Congresso maior condição de decência para conduzir os negócios públicos.

Quem sabe um primeiro-ministro responsável perante o Congresso? Hoje o Congresso fica totalmente irresponsável, tem um poder enorme de veto e nenhum poder nem desejo de dar saídas a essas situações. Todos os projetos de lei que andam são do Executivo, se o Executivo não se empenha, de verdade mesmo, quando [o projeto] é apresentado por um parlamentar, o Congresso não aprova.

Levei cinco anos para aprovar a lei de concessões, foi preciso que eu fosse, primeiro, ministro da Fazenda e depois presidente da República para forçar a aprovação dessa lei, que eu consegui com os secretários de energia estaduais.

Quem sabe funcione um Congresso que tenha que assumir também a responsabilidade de ser Executivo, desde que haja um presidente forte e que esse presidente possa exercer um papel de árbitro em última instância, como na França. Enfim, alguma coisa tem que ser tentada para sairmos desse impasse criado pela Constituição de 88 e pelas nossas práticas.

Bloqueamos [na Constituinte] a ação do Executivo porque estávamos contra o autoritarismo, e agora custa entender o papel do Congresso num regime democrático, que não pode ser só de bloqueio, tem que ser também de construção. A responsabilidade primeira disso não é dos partidos de oposição. É, sim, dessa maioria que se diz apoiadora do governo e que na prática tem outras ideias.

O próprio PFL, que se diz liberal, na hora de discutir a reforma administrativa indica um Régis de Oliveira, um juiz aposentado que agora se arvora a opinar sobre assuntos de que não entende. Assim não dá! Isso é o PFL... com exceção de poucos, o Jorge Bornhausen, o Luís Eduardo, para citar dois, a maioria não tem comprometimento efetivo. Eles votam como vota o PMDB, que também não tem comprometimento efetivo com as ideias de reforma do Estado. É uma luta tenaz.

Tenho razões pessoais para não querer continuar no governo, tenho razões de toda ordem para imaginar que quatro anos bastam, e bastam mesmo. E, se continuar como até agora, saio com apoio, como vi nesses dias andando pelas ruas do Brasil, apoio popular espontâneo, legítimo. Os que têm noção das coisas sabem que, dentro do que eu posso, estou transformando profundamente as condições de operação do Estado no Brasil.

Esse é um tema que está me atormentando. Outro dia telefonei para o Wanderley Guilherme dos Santos, pedindo para ele vir aqui. Ele escreveu um artigo sobre o Estado. Vou jantar na segunda-feira com o Pérsio Arida, e vou chamar também o André Lara Resende, porque quero sentir o pulso dessa questão do que fazer com o sistema bancário. Tentei falar agora com o Malan, mas ele não está aqui. Hoje, domingo, não tem ninguém, Clóvis viajou e estou preocupado também com o Stephanes. Ele fez a nomeação atropelada de uma moça que dizem que é namorada dele e deu declarações sobre aumento da Previdência como se houvesse divisão no governo. Há mesmo, porque ele vai querer dar aumento e os outros não querem nem podem. Tem que haver uma coisa razoável.

Estou vendo que se aproxima o momento de eu tomar medidas para mudança de algumas pessoas do governo. Não dá para continuar assim.

Ontem à noite eu vi um filme — nem me lembro como se chama — só para me distrair, porque eu estava sozinho aqui no Palácio. E agora acabei de ouvir *O Guarani* cantado pelo Plácido Domingo, uma gravação bonita. Uma ópera que tem lá sua musicalidade.

Aliás, por falar em musicalidade, outro dia estive no Itamaraty, quando veio o Frei; houve um show no fim do jantar. Meu Deus, a musicalidade brasileira era tão superior à chilena! Ela é realmente extraordinária.

Os lazeres que tenho não são muitos. Daqui a pouco vou para a piscina nadar, esse é um dos lazeres que ainda tenho. Ouço música e, de vez em quando, vejo um ou outro filme, e leio.

Li o livro do Kissinger, ainda não acabei, *Diplomacia*. É um livro admirável. A partir da contraposição entre a visão do [Woodrow] Wilson e de Theodore Roosevelt, ele construiu toda uma revisão da história diplomática realmente de tirar o chapéu. Tenho podido ler, apesar de todas as dificuldades.

Acabei agora a leitura de um belo comentário do Boris Fausto sobre os diários do Getúlio. Os diários do Getúlio são decepcionantes, não agregou muito ao que já se sabia dele, a não ser o modo como marchou para o autoritarismo, sem pestanejar. Getúlio tinha certa aversão às instituições democráticas. Não é o meu caso. Pelo contrário, fico tentando ver como elas podem funcionar. Às vezes olho para o Eduardo Jorge, que era — não sei se ainda é — um acendrado defensor do parlamento, não tal como ele é no clientelismo, mas com mais poder. Olha o que fizemos [na Constituinte]. Fomos talvez ingênuos, é claro que não mudaríamos o curso da História, mas apoiei medidas que reforçaram esse poder do Congresso, que não sabe para onde vai.

Sérgio Motta deu uma declaração desastradíssima a meu respeito, fazendo uma comparação com certas virtudes viris do Collor da maneira mais chula possível. Resultado: ondas e ondas de gozação inúteis.* O Sérgio não tem freios na língua. É uma pessoa cheia de qualidades, mas atropela, falta esse equilíbrio de saber que a palavra vale, pesa, e ele é ministro. Enfim, os amigos são fortes, são pessoas solidárias, mas de vez em quando disparam, e podiam poupar certo tipo de ação desastrada para eles e que repercute em mim.

HOJE É DIA 2 DE ABRIL, terça-feira.

Ontem, dia calmo, mesmo assim com alguns problemas.

Primeiro sobre os vetos. Tive que vetar uma medida que foi feita demagogicamente na Câmara e no Senado, anistiando as dívidas dos sindicatos do petróleo.** Significa que a decisão da Justiça cai por terra. Eu não poderia dar sustentação à tese, porque depois não teria condições de fazer nada com a Justiça do Trabalho, que ainda hoje tem um poder imenso na regulação da questão salarial. Vou mandar uma nova medida para o Congresso e, aí sim, fazer com que alguns sindicatos que de fato estão em condições de voltar à normalidade — os que não aderiram à selvageria da greve passada — possam ser imediatamente anistiados; os outros, só mediante compromisso com a Justiça do Trabalho. Ou seja, a Justiça tendo um papel nesse processo, e não ficando à margem.

Claro que hoje e amanhã vou levar muito pau, vão dizer que sou reacionário, contra os sindicatos e tudo mais.

De manhã gravei dois programas e vim para o almoço com dois rapazes da Globo, o Merval [Pereira], que é o diretor,*** e o Franklin Martins. Disse tudo que eu penso a respeito da situação atual, chamei a atenção para o fato de que me parece existir uma atitude larvar de deterioração contínua do poder, qualquer que seja ele, e que existe uma não aceitação da opinião da maioria através de todo tipo de expediente para evitar que o Congresso aprove qualquer medida que venha a mudar o país. Quanto à imprensa escrita, embora os editoriais sejam favoráveis às reformas, o noticiário é movido pelo mesmo espírito de intriga.

*"O presidente tem o saco preto", afirmou o ministro das Comunicações durante uma reunião com deputados tucanos, para ilustrar a "coragem" de Fernando Henrique na condução do resgate aos bancos. Em 1991, Collor havia garantido ter "aquilo roxo".
**Anistia às multas impostas pela Justiça do Trabalho aos sindicatos de trabalhadores da Petrobras pela greve de 1995, julgada ilegal.
***Diretor de redação do jornal O Globo.

Discuti o famoso fisiologismo, perguntei onde estava ele no meu governo, quais eram os dados. Eles não têm dados. Duas ou três nomeações das muitas que se fazem normalmente, que são de caráter político mesmo, mas que não afetam a moralidade do país. É uma grande demagogia.

De tarde recebi o secretário-geral do conselho de administração da China,* que tem uma única preocupação, me parece. Veio com uma carta do presidente Jiang Zemin, onde ele menciona que o Brasil foi eleito presidente da Segunda Comissão de Direitos Humanos, e isso é uma preocupação da China. Que o Brasil não force medidas contra a China por ela não respeitar os direitos humanos. Acho que esse era o objetivo da visita. Fora isso, muitas miçangas.

Recebi d. [Tomás] Balduíno, que é bispo de Goiás, um progressista, que veio me pedir anistia de questões fiscais na Previdência para as instituições filantrópicas deles. Não pagam a Previdência. Já tinha havido um acordo, mas ele acha que não dá para pagar com esse acordo. Eu disse: "D. Balduíno, os empregados das associações filantrópicas têm direito à aposentadoria. Quem paga se os senhores não recolhem?".

Vim para casa, encontrei o Oliveiros Ferreira, que estava aqui no Alvorada, ficou das cinco e meia até praticamente nove da noite, parecia que ele tinha a impressão de ter sido convidado para jantar, mas ele sabia que não. Sem entrar em nenhuma polêmica, dei muitas informações a ele sobre as coisas, ele estava de muito bom ânimo.

Depois veio Paulo Renato com Vilmar, voltamos a falar da área social. Paulo Renato me entregou um documento de reforma do governo. Ele acha que devia haver só um ministério da Economia, juntando Fazenda e Planejamento, e uma Casa Civil que fosse coordenadora e tivesse funções políticas. Tudo bem, como ideia está ótimo, quem já não pensou nisso?

Mais tarde chegou o Pérsio Arida, que jantou comigo e veio com preocupações mais concretas. As famosas expectativas que estão se arruinando provavelmente por conta do déficit de longo prazo do Brasil. Uma sensação mais do que uma realidade. Ele não vê situações de perigo iminente, não vê mexicanização, mas tem essa sensação.

Ele fez as críticas que já faz há muito tempo, com alguma razão. Acha que temos que ir mais depressa não tanto na queda da taxa de juros em si, mas na liberação do recurso compulsório. Há 37 bilhões no compulsório, ele acha que a crise de liquidez é grande, a inadimplência nos bancos é muito elevada e que isso afeta na ponta o tomador. Não é a remuneração de quem está botando dinheiro nos bancos [que tem de ser impulsionada], é o tomador final que deve ser beneficiado. Concordo com ele. Vou tentar levar essa questão. Ele acha, como o Serra, que deveríamos acelerar um pouco a depreciação do real. Mas não vê problema maior nessa área.

*Luo Gan, secretário-geral do Conselho de Estado da China.

Acha apenas — ele não disse isto, as palavras são minhas — que o Malan está levando de novo uma política arroz com feijão. E isso é verdade. Ele acha que tem que mudar o Malan.

Segundo ele, isso daria um sinal forte, e também se houvesse mais dinamismo em relação à Vale do Rio Doce. Como isso veio num dia, pelo que me disse a Ana, em que *O Globo* fez um editorial a favor de um processo mais rápido de privatização, vê-se que há nuvens no ar.

O Pérsio não acha que se deva mexer no Sérgio; acha que no setor de telecomunicações é preciso mesmo ter um trunfo político. O problema dele é mais o setor energético. E realmente o energético quase não anda. Acha que devíamos dar a definição clara de que o Serra é o responsável pela privatização. Pode ser. É possível que assim possa funcionar. Então perguntei: "Bom, quem eu ponho na Fazenda?". Impasse total. Ele não consegue dar um nome. Eu sei disso! Senão talvez já teria até mexido na Fazenda, porque em certas horas é preciso dar sinal de mais dinamismo. Mas não se consegue.

Banco Central: ele acha que o Loyola chegou ao limite. Eu também penso assim, e o próprio Loyola não aguenta mais. No final, a sugestão dele é Armínio Fraga, de quem eu gosto muito. Não sei qual seria a reação, porque ele vem lá do Soros, Salomon Brothers, mas é uma pessoa competente. Serra, eu acho que não gosta dele, não tenho certeza, não vê peso maior nele. Sugeri o Sérgio Freitas, o Pérsio acha um pouco convencional, banqueiro e tal, não sei. Vê-se por todos os lados que a questão relativa à mudança de ministério está presente.

Malan me telefonou, aflito, porque o Medeiros ia falar com ele sobre a questão dos reajustes. Vi agora no jornal que Malan disse ao Medeiros que não podia haver reajuste dos aposentados. Está equivocado, vai ter que haver, não dá para não reajustar. Comigo não foi disso que ele falou, tratou do [salário] mínimo do funcionalismo. Aí é diferente. Mesmo assim, no mínimo vai ter que haver [reajuste] também. E é melhor que a gente faça [agora] do que sob greve.

Enfim, esses são os dados um pouco preocupantes, eu diria, do dia de ontem.

Na hora do almoço, me encontrei com Olavo Setúbal na casa do Marco Maciel. Ele me deu a sugestão de uma lei melhor sobre os crimes no sistema financeiro, feita pelo [José Luís] Bulhões Pedreira, preparada no tempo do Sarney, mas que não foi posta em prática. Passei para o Eduardo Jorge. Setúbal fez considerações muito favoráveis, que está indo tudo razoavelmente bem, que o trabalho do Banco Central está bem, que a taxa de juros está razoável, o câmbio também. Que o que nós fizemos no Banco do Brasil é admirável, só podia nos dar parabéns. Pedi que ele desse essas notícias ao Serra, que é tão crítico sobre os juros e o câmbio.

De tarde, rotina. Encontrei Amazonino Mendes, que veio reclamar, sem dizer que era reclamação, de o Arthur Virgílio ser designado presidente do PSDB. Segundo ele, Arthur Virgílio tem problemas de mal uso de verbas públicas em Manaus, isso vai aparecer e vai dar confusão. Também veio se queixar da Suframa, que o Serra não dá nada, não dá bola nem para a Suframa nem para a Amazônia.

Recebi Olacyr de Moraes, reclamando dos juros altos, ele está endividadíssimo nas plantações dele.

Fiquei com o Jobim longamente, ele me prestou contas da viagem que fez ao exterior para comunicar ao Parlamento Europeu e às ONGs europeias o procedimento sobre a questão das terras indígenas. Até agora parece que são dezesseis reclamações, dia 8 termina o prazo para as reclamações, e muitas delas são de ressarcimento a que [os proprietários rurais] não fazem jus nenhum, e não propriamente de quererem a terra. Enfim, vamos ver. Expliquei ao Jobim que tínhamos mudado a questão da Abin e que o general Fernando Cardoso ia ser responsável por um tempo pela agência, que eu tinha tirado isso do Eduardo Jorge para aliviar o peso sobre ele e também porque atrai maus fluidos, para o Eduardo, de gente que faz intriga por causa da Abin.

Tenho a impressão de que, no fundo, o Eduardo gostava da Abin, mas acho que é demais, não corresponde à Secretaria-Geral da Presidência. Eduardo sempre alegou a militarização da Abin, através do general Cardoso, mas acho que o risco é menor do que o outro risco que o Eduardo corre, e eu indiretamente também, de sermos vítimas de uma trampolinagem nessa área.

Agora são oito e meia da noite, acabei de cortar o cabelo, estou esperando a Ruth chegar e amanhã vou para o Rio.

HOJE É 5 DE ABRIL, Sexta-Feira Santa.

Ruth foi para São Paulo anteontem, na quarta-feira. Eu fiquei em Brasília.

Existe uma tensão na penitenciária de Goiás,* em Goiânia, o governo federal não tem nada a ver com isso. O Jobim me perguntou o que fazer, eu disse: "Olha, dá todo apoio, mas cuidado, senão vem tudo isso para cima de nós".

Fui para o Rio de Janeiro na quarta-feira à tarde, e lá aconteceu uma reunião muito simpática na casa do Zé Maurício [Machline], com quarentas artistas: o Caetano, o Gil, a Norma Bengell, a Maitê [Proença], alguns de cinema, o Bruno Barreto, a mulher dele, que é uma atriz americana,** a Nana Caymmi, tudo muito simpático, produtores novos que eu não conheço. O debate transcorreu fluido, falaram da reeleição. Numa conversa que tive com o Menem sobre um programa novo de TV em

---

*Em 29 de março, presos amotinados na penitenciária agrícola da capital goiana tomaram quarenta reféns, entre eles o secretário de Segurança, o presidente do Tribunal de Justiça e uma equipe da afiliada local da Rede Globo, que realizavam uma visita de inspeção. No dia 3 de abril, dezenas de detentos fugiram levando seis reféns, libertados pouco depois.

**Amy Irving.

que aparecem notícias do Brasil e da Argentina simultaneamente, ele me falou da reeleição, disse que eu devia ser reeleito. Tive que baixar a bola. Nos artistas também havia muita animação com a reeleição, também baixei a bola, dizendo que isso não era uma questão que eu iria incentivar, muito menos agora.

Eu já tinha telefonado ao Sérgio Motta para alertar que essas coisas acabam caindo na minha cabeça, parece que eu estou forçando a questão de reeleição, na verdade é manobra tática para segurar essa impaciência do Maluf, que acha que, ao não colocarmos [em pauta] agora a reeleição, estamos impedindo os prefeitos. Eu já disse um milhão de vezes que, do meu ponto de vista, se for para valer, devia ser para todos, mas não quero entrar como chefe de campanha nessa matéria.

Na discussão entre os artistas, a maioria queria logo a reeleição, mas entenderam que não era o momento. A Lúcia Veríssimo, que é fã, deu declarações muito favoráveis à reeleição e aquela moça que foi casada com o Eduardo Mascarenhas, a Christiane Torloni, ficou meio surpresa porque eu disse que a Presidência tem aspectos de chateação. Disse que assim não dá, que ou a gente gosta ou não gosta, enfim, criou um pouco de show, mas eu expliquei.

Hoje nos jornais leio que um poeta que eu não conhecia, [Geraldinho] Carneiro, ficou irritado, porque ele era petista, queria discutir comigo o Proer e só falaram da reeleição, que o resto tinham sido só as reivindicações de sempre. É verdade, as reivindicações são as de sempre. Agora, sobre o Proer ninguém me perguntou. Foi pena, porque eu poderia ter explicado. Mas o clima foi muito muito simpático.

Ontem fui visitar Aramar,* em Iperó, perto de Sorocaba, com o ministro da Marinha, oficiais, o prefeito de Sorocaba,** lideranças políticas e tal, e fiquei impactado. Eles fizeram um progresso importante, tecnologicamente falando. É um erro não dar apoio a esse pessoal, porque na verdade isso tem um efeito de difusão no meio da indústria brasileira e não custa tanto, são 600 milhões de dólares, mas em dez anos — 60 milhões por ano.

Hoje li no jornal que um capitão teria dito que estamos gastando no Proer e não lá. Ninguém me disse isso. É pena que não tivessem me dito, porque eu poderia ter esclarecido que o Proer não serve para isso, não é dinheiro do Tesouro. De lá fui para o Ipen, aqui na USP. Encontrei o Marcelo Damy,*** que eu não via fazia quarenta anos. No discurso rápido que fiz, mencionei que eu tinha sido muito contra o reator atômico na USP, nós achávamos que ele iria explodir, e fiz uma alusão ao [Fernando] Pedreira, dizendo que um jornalista, que hoje era meu embaixador na Unesco, é que havia lançado a tese de que ia explodir. Era uma luta entre os físicos e quem teve razão foi o Marcelo Damy. Visitei tudo o que está feito lá, o reator experimental, e

---

*Centro Experimental de Aramar, instalação da Marinha do Brasil dedicada a pesquisas nucleares.
**Paulo Mendes (PMDB).
***Físico e professor paulista, pioneiro da energia nuclear no Brasil.

vi também que recuperamos fortemente as verbas em 94, 95 e, sobretudo, em 96. Não obstante, os jornais, hoje, dizem que reclamaram da verba. Não reclamaram, nós estamos dando mais dinheiro, pediram um síncroton,* e eu sou favorável também. Vamos ver se a gente viabiliza esse síncroton, são só 5 milhões de dólares.

O Brasil chegou a um ponto de descaso incrível, estamos morrendo afogados na praia, por pouco dinheiro, e a equipe econômica não tem sensibilidade para isso. Na verdade acho que 1 bilhão de dólares de déficit que seja para investimentos em educação essenciais ao Brasil é menos grave do que 1 bilhão de dólares em função de juros que não se consegue pagar. Nesse ponto acho que o Serra tem razão. Vou insistir, vamos ter que liberar mais recursos para a administração, porque não dá para administrar na miséria e fazendo de conta que o desmando do Brasil é o gasto corrente. Não é. É pessoal e juros, como todo mundo sabe.

Hoje é Sexta-Feira Santa, acabei de fazer massagem com a Edna, a Ruth está fazendo agora, e daqui a pouco deveremos ir para Ibiúna, se é que vamos.

HOJE É DIA 11 DE ABRIL, quinta-feira. Faz quase uma semana que não registro nada aqui. Por que razão?

Fomos para Ibiúna na sexta-feira, voltamos sábado à tarde para São Paulo e ficamos arrumando livros e quadros, até seguirmos para o aeroporto e tomarmos um avião para Buenos Aires.**

Não sei se registrei aqui o encontro que tive com o Mário Covas em São Paulo, no qual o Mário colocou a questão da candidatura do Sérgio Motta e fiquei de falar com o Mário de novo no domingo, quando ele fosse me levar para o aeroporto. Conversamos, eu disse que tinha falado com o Sérgio Motta por telefone e que havia alguma possibilidade, dado os argumentos do Mário sobre a importância política da campanha em São Paulo, de o Sérgio vir a ser candidato.

Fomos para Buenos Aires no domingo, passamos lá domingo, segunda e terça e voltamos ontem, quarta-feira. Buenos Aires foi excepcional. Raramente vi um encontro assim tão positivo.

No Congresso, um clima muito favorável, fui calorosamente recebido em toda parte, na Biblioteca Nacional com os intelectuais, num encontro com quase novecentos empresários, argentinos e brasileiros, pelo Menem e pelo seu ministério. Encaminhamos todos os problemas da integração da Argentina com o Brasil e do Mercosul, fui à inauguração de uma agência do Rio Grande do Sul na Calle

---

*Acelerador de partículas com aplicação em pesquisas físicas, biológicas e nanotecnológicas. O Laboratório Nacional de Luz Síncroton foi inaugurado em 1997, em Campinas.
**Visita de Estado à Argentina de 7 a 10 de abril de 1996.

Florida,* o povo na rua aplaudindo, o embaixador [Marcos] Azambuja como sempre extraordinário, recepção na embaixada com toda a gente que conta em Buenos Aires. Esteve lá o [Raúl] Alfonsín, ex-presidente, o [José Octavio] Bordón, que foi candidato contra o Menem, enfim, toda a sociedade política, cultural e econômica da Argentina participando desse encontro com o Brasil.

E também no almoço na Quinta Presidencial, em Olivos, nas conversas pessoais com Menem, nenhum problema maior entre o Brasil e a Argentina, uma visão integrada, e os argentinos concordando que é preciso fortalecer o Mercosul, trazer o Chile, a Bolívia, a América do Sul. Até brinquei, dizendo que com o canal do Panamá a América do Sul é uma ilha, como a Inglaterra, e que temos que cuidar da nossa ilha. Depois nos integraremos, na medida do possível, com a questão do Nafta, discutiremos isso. E os argentinos, que estavam cobiçando uma entrada rápida para o Nafta, já desistiram há muito tempo, e agora os chilenos desistiram. Pouco a pouco o Brasil está se tornando outra vez, sem hegemonias, um polo dinâmico desta região do mundo, e com isso todos estamos ganhando. E nós em especial, porque a nossa voz passa a ter mais peso no mundo.

Custa a crer que aqui no Brasil ainda haja gente que imagina que não temos política externa. Temos uma política externa clara, absolutamente consequente, demos mais ênfase a essa aproximação com a América Latina, que na verdade começou antes. Sarney teve um papel nisso, Itamar pensava o mesmo, embora não tenha se empenhado pessoalmente, porque não é o estilo dele, e eu estou fazendo isso com muito entusiasmo. Ao mesmo tempo, reabrimos o diálogo com os Estados Unidos, franco, fácil, claro, e voltamos a negociar com o Primeiro Mundo, Japão, Europa, não esquecemos nunca dos países emergentes como a Índia, a China, a Malásia e o nosso solo fixo, a América do Sul.

Tenho insistido muito nos últimos dias sobre o tema de que, junto com esse processo, que é a nossa inserção no mundo com a globalização, estamos também nos preparando para um grande salto no crescimento econômico, transformando a base da nossa indústria, como é o caso da indústria automotora. Acabei de receber informação do Eduardo Azeredo de que a Mercedes vai se instalar em Juiz de Fora. Fruto de trabalho nosso, discreto, meu, do Pimenta, que lutamos por isso. Em São Paulo, o Mário Covas entendeu e ajudou. Parece que a Honda vai para São Paulo; eu queria que fosse para o Nordeste. "Eu queria" quer dizer: achava que seria melhor para o equilíbrio do país. Mas é difícil.

Enfim, a Argentina foi só coisa positiva.

Claro que lá alguém me falou sobre a reeleição, dei umas declarações. Voltei para cá e hoje o *Jornal do Brasil* publica na íntegra o que eu disse na Argentina, o que é correto. Eu disse: "Olha, estão querendo transformar a reeleição numa questão menor. E não é. É uma questão maior: tem que ver o que é bom institucional-

---

*Escritório de representação do estado do Rio Grande do Sul na Argentina.

mente para o Brasil. E não se preocupem comigo. Eu posso ser ou não candidato, os que tiverem força vão ganhar, tem tempo para quem quiser ser candidato vir a ter força, por enquanto não tem, mas não estou colocando em termos pessoais. Acho que o Congresso tem que decidir, se possível a tempo para os prefeitos serem objeto da decisão, positiva ou negativa, mas com decisão".

Repeti isso, hoje, para um grupo de quinze prefeitos que veio falar comigo para apoiar a reeleição, para apoiar as reformas, para pedir antecipação de um mês do Fundo de Participação dos Estados e Municípios. Vou ter que conversar com o Malan sobre isso, e vai ser muito difícil.

Notícia boa é que a arrecadação dos impostos aumentou.

15 A 23 DE ABRIL DE 1996

Sarney e Itamar. Encontro com a classe artística. O Massacre de Eldorado dos Carajás

Hoje é dia 15 de abril.
 Terminei falando da notícia boa relativa à recuperação da arrecadação no mês de março, houve um aumento de 77% em termos reais. Isso significa que a lei de coleta de imposto da pessoa jurídica, que foi mudada no ano passado, funcionou. Vamos ver agora se isso se mantém pelo menos um pouco mais durante o mês de abril. Não na mesma proporção, porque esse pagamento é feito em uma parcela só. Isso melhora a situação fiscal.

Na sexta-feira, dia 12, fui com a Ruth ao Rio de Janeiro participar de um almoço na Câmara de Comércio Brasileiro-Americana.* Muita gente, e fui duro sobre as negociações de reforma. A montanha pariu um rato. A reforma administrativa tem dois pontos que não dá para negociar: a estabilidade e a questão do teto do salário dos funcionários. Esses dois, seguramente, não se pode negociar; talvez se possa acrescentar outros. Com relação à acumulação, também é impossível estar acumulando vantagens.

Além disso, de tarde recebi Itamar Franco, que veio me ver depois de eu ter inaugurado, no Museu de Arte Moderna, uma mostra sobre o Plano Trienal.** Cheguei ao [Palácio] Laranjeiras e chegou o Itamar, reclamando que queria ter uma conversa franca, falou só de mesquinharia. Se queixou que um dentista dele perdeu o lugar, parece que na Vale do Rio Doce, não fui eu, nem sabia. E não é a primeira vez que ele reclama. Depois reclamou do Henrique Hargreaves. Eu disse: "Olha, o Henrique Hargreaves se demitiu porque ele fez um contrato ilegítimo de 40 mil reais por mês com o [Mauro] Durante. Ele me procurou, disse que ia embora e que queria que nós não mexêssemos com o Durante, e o Durante continua lá".

Que mais, Itamar? Então reclamou de que eu enviei o Lampreia para me representar na posse do presidente de Portugal e que ele, Itamar, se sentiu diminuído. Expliquei que fiz isso simplesmente para mostrar ao presidente de Portugal o apreço que tinha por ele: "Já que eu não podia ir, mandei o ministro do Exterior, e você é embaixador, ex-presidente e fazia parte da comitiva. Não vejo em que isso o diminuiria, mas se você se sente assim diminuído, peço desculpas por tê-lo ferido sem o querer".

---

*Celebração do octogésimo aniversário da entidade.
**Plano de metas econômicas e "reformas de base" concebido por Celso Furtado em 1963, no governo João Goulart.

Bom, que mais? Não tinha mais nada. Eu disse: "Itamar, tem uma coisa, eu reclamei e reclamo de você esse manifesto que você escreveu com o Paes de Andrade sobre as reformas".

"Ah, não, mas isso aí, você sabe, reeleição é uma questão de princípio, eu sou contra."

"Bom, Itamar, eu não estou preocupado com reeleição, não, até acho que você tem razão, cada um tem a sua opinião e eu disse que é matéria livre do Congresso. Quanto à questão da Vale do Rio Doce, também não estou preocupado com a Vale do Rio Doce, não. Você sempre foi contrário [à privatização]. São outras coisas, é que você apoiou a CPI dos bancos e falou contra as reformas."

"A CPI dos bancos é contra mim", ele disse, "mas eu sempre fui a favor de CPI."

"Sim, eu me lembro, você foi a favor daquela do Sarney porque você queria derrubar o Sarney, foi a favor da nuclear porque nós estávamos contra o regime militar... Você está apoiando o quê? Um movimento contra mim?"

Ele viu que era insustentável e disse: "Não! Não é isso!".

"Eu sei que não é isso, mas o resultado é o mesmo. Agora, outra coisa também: essa questão das reformas..."

Aí eu fiz uma catilinária para mostrar a ele a importância das reformas. Ele não entende do assunto, tem uma visão realmente muito acanhada de tudo isso, nem parece que foi presidente da República. Não se preocupa muito com os números.

Dito isso, ele veio ao principal. O principal para ele é que o Zé Aparecido seja indicado secretário da Comunidade de Países de Língua Portuguesa, e isso vai ser numa reunião em Maputo. O Luiz Felipe Lampreia não quer. Essa é a questão real, essa choradeira toda encobria um pedido a mais, para o Zé Aparecido. Parece piada!

Depois Itamar saiu como um grande amigo e foi fazer declarações lá fora, corretas. Hoje, dia 15, estive com ele aqui de novo. Veio ao Palácio por causa do primeiro-ministro de Portugal.* Para fazer das dele: não vai hoje à noite ao banquete porque tem que usar black tie. Ora, em Portugal ele vive usando black tie. É só mesmo esse joguinho menor, mas que agrada aos mais desavisados.

À noite, fui à Academia Brasileira de Medicina, grande discurso do sr. [Rubem] Azulay, presidente da Academia. O Jatene e o Paulo Renato também estavam. Fui nomeado presidente de honra, os outros dois, vice-presidentes de honra, fiz discurso de improviso, ambiente agradável, só que de smoking, um calor danado. Uma coisa realmente patética essa mania que temos de imitar trajes e tradições que não são nossas.

Anunciei que havia assinado um decreto sobre uma questão relativa aos núcleos de excelência,** que foi uma longa briga da comunidade científica com o [Israel] Vargas, que parece que não atendeu ao que a comunidade queria. Segundo

---

* António Guterres.
** Programa de Apoio a Núcleos de Excelência em Ciência e Tecnologia.

ele [era uma demanda] muito corporativa; o que saiu agora com o Paulo Renato agradou a todos. Pena que as medidas sempre saiam depois da pressão, no caso depois de uma nota de alguns pesquisadores contra os ministérios de Educação e de Ciência e Tecnologia. Mas, enfim, agradou, e é bom mesmo. São 70 milhões... 60 milhões de recursos para os núcleos de excelência de pesquisa, porque as pesquisas no Brasil estão muito esburacadas.

No dia seguinte, sábado, almoço com alguns intelectuais do Rio e um de Minas: o Fábio Wanderley, o Sérgio Abranches, o reitor da Universidade Federal do Rio de Janeiro,* o [Antônio Barros de] Castro, enfim, personagens interessantes. Castro foi quem fez mais críticas, um pouco na linha do Iedi, ou seja, estamos sucateando a indústria, está havendo pouca atenção, não há uma política industrial, isso vai ter consequências negativas, o governo só fala em mercado, não fala em Estado. Tudo foi rebatido pelos outros convidados — nem tanto pelo Beto Mendonça, não precisou —, que foram desmontando os argumentos do Castro, sobretudo o Sérgio Abranches e o Dionísio [Carneiro], que é um professor de economia da PUC.

Quanto ao Fábio Wanderley, a ideia dele é que não estou colado com o social. Eu mostrei tudo o que estamos fazendo. Ele acha que é uma questão simbólica. Eu digo: "Mas então como é que se faz? Eu dou aula em escola primária, vou com os agentes de saúde, almoço na casa do povo, que mais querem?". Mas, enfim, há um probleminha aí, porque um pouco é a barragem do PT de que nós estamos fazendo só "neoliberalismo", que acabou penetrando nas camadas intelectuais. Quando a gente aperta e pergunta "Fazer o quê então?", aí, ninguém sabe. Mas a reunião foi boa, interessante, as críticas também.

À noite tivemos o aniversário do Paulo Henrique, com Ana Lúcia e as nossas netas, foi muito agradável, e ontem, domingo, Ruth foi para São Paulo. Depois do almoço no Rio de Janeiro, vim para Brasília. Deu tempo de conversar com Marcelo Alencar, que na verdade não quer ceder na questão relativa à composição com o PFL do Rio. Ele quer a composição, diz que o Cesar Maia** está maluco — aliás o próprio Cesar diz que é maluco —, mas o Marcelo quer que o candidato seja o Sérgio [Cabral],*** o pai também foi vereador, e não quer o Ronaldo Cezar Coelho**** nem o Artur da Távola. Por que não quer? Acha que eles não têm chances, enquanto o Serginho Cabral teria. E o Cesar Maia não aceita Sérgio Cabral

Isso já me tinha sido dito pelo Jorge Bornhausen, quando esteve aqui e conversou comigo sobre a ida dele para Portugal, sobre a candidatura no Rio do Sérgio

---

*Paulo Alcântara Gomes.

**Prefeito do Rio de Janeiro (PFL).

***Deputado estadual (PSDB-RJ), filho do jornalista Sérgio Cabral.

****Deputado federal pelo PSDB e secretário estadual de Indústria, Comércio e Turismo do Rio de Janeiro.

Cabral e, como eu já disse aqui, sobre o Sérgio Motta ser candidato em São Paulo. Avisei ao Jorge Bornhausen, nessa oportunidade, que estou com problemas também com o Stephanes, porque ele nomeou alguém inadequado. Enfim, essas coisas desagradáveis.

Voltando ao Marcelo Alencar, não creio que dê para espichar muito essa questão da sucessão. Ele vai apoiar o Sérgio Cabral mesmo e acha que no fundo o Cesar Maia, a Sandra [Cavalcanti], todos, vão apoiá-lo — todos contra o Miro [Teixeira].

Falei com Josa Nascimento Brito [José Antônio Nascimento Brito]. No fundo, o Josa me disse que o *Jornal* [*do Brasil*] está com o Miro, mesma coisa *O Globo*. Eles são pelas reformas, o Miro é o líder contra as reformas, mas "O Miro, não sei o quê... é carioca... é amigo...", e lá vai o Miro. Não sei se ganha, mas vai dar trabalho. Eles dizem que isso afunda o Brizola, porque o Miro trai o Brizola. Belo elemento de convicção para votar no Miro: trair o patrono dele. Fantástico!

Voltei ontem para Brasília e aqui tive um encontro com Luís Eduardo, Sérgio Motta, Zé Aníbal e Luís Carlos Santos. Conversa sobre reeleição. Exceto pelo Sérgio Motta, que quer mesmo instalar a comissão já e votar, nos outros não senti interesse nisso. Acho que Luís Eduardo quer votar a reeleição este ano, o Luís Carlos Santos prefere o ano que vem, a coisa está um pouco embrulhada. Decidiu-se que, se fosse possível, se instalaria a comissão desde que se tenha dois terços de gente a favor, o que não é tão fácil, porque parece que o Cássio Cunha Lima* vai ser o presidente. O Cássio esteve aqui numa festa para o Collor, na semana passada, o que já é o cúmulo. É uma coisa que mostra a volatilidade dos sentimentos desse rapaz, que agora se diz a favor da reeleição.

Eu vejo essa coisa malparada, porque pouco a pouco vão empurrando a reeleição como se fosse uma exigência, uma demanda minha. Hoje li no *Estado de S. Paulo* uma pesquisa sobre São Paulo. Parece que oitenta e tanto por cento da população é favorável à reeleição do presidente, e a maioria é favorável à aprovação dessa emenda: sessenta e pouco por cento. Interessante. Mas isso deveria ser visto com uma vontade do povo, não minha. É o interesse do país, e não o meu. No entanto está virando uma coisa desagradável apesar de tudo que eu tenho dito.

Hoje recebi o primeiro-ministro de Portugal, de praxe com muito entusiasmo, muito simpático, uma conversa fácil.

Depois falei com o ministro do Exterior da Inglaterra,** conversa também muito agradável, estão todos entusiasmados com o Brasil.

Além disso, conversei com Marco Maciel sobre detalhes da política e algumas preocupações que tenho também com o Gilberto Miranda, que está como fera ferida por causa da Receita Federal, e ele fera ferida é perigoso. Tampouco se pode mandar a Receita parar, ele está devendo mesmo porque fez besteiras por lá.

---

*Deputado federal (PMDB-PB).
**Malcolm Rifkind.

O Marco está preocupado porque pegaram um cheque de 160 dólares, uma bobagem, numa conta dele, Marco, da campanha dele de 88, parece que seria de um fantasma. É uma bobagem, mas ele teme exploração política. Veja o mundo em que vivemos! Um mundo em que um homem sério como o Marco fica com medo de ser chantageado com uma coisa desse tipo, e a Polícia Federal, o PT, o Banco Central, enfim...

Além disso, problema desagradável com o Banco Central. Foi na minha ida para o Rio. O Malan e o Gustavo Loyola tinham estado antes da quinta-feira no Alvorada e, pela quinta vez, mencionaram as dificuldades de salário no Banco. Eu disse que sim, que era preciso ver no contexto. Não me disseram que no dia seguinte iam a uma reunião com o Conselho Monetário [Nacional] na qual aprovariam um aumento! Fizeram isso, o Serra esteve presente também. Na verdade, o Andrea Calabi negociou, até reduziu esse aumento. Resultado, na quinta-feira à noite, quando o Malan me telefona para contar a coisa, eu digo: "Olha, Malan, quem tem razão é o Clóvis, que tinha me alertado. Isso é um absurdo, inoportuno e vai ser uma bomba. O Malan percebeu que eu não gostei e começaram a voltar atrás".

Na sexta-feira, quando eu fui para o Rio, evidentemente a preocupação era grande, o jornal deu com estardalhaço, o general Cardoso me avisou pela primeira vez que tinha informações de que haveria possibilidade de greve dos funcionários por causa desse aumento no Banco Central. E eu, do avião mesmo, falei pelo telefone celular com o Malan, que já estava voltando atrás. O Serra me acompanhava no avião, sei que fizeram uma nova reunião do Conselho e já recuaram nessa matéria.

Isso deixou o Loyola fragilizado. A culpa não é dele, porque houve reunião do Conselho Monetário, portanto Serra, Malan e ele concordaram. Mas Loyola vai ser responsabilizado por isso. É ruim, porque não é o momento de demitir ninguém, e já está nos jornais a ideia de demissão do Loyola, e o Malan já veio aqui ontem, domingo, para dizer que Loyola estava sendo vítima. Eu respondi: "Vítima, não; isso interessa aos jornais, e você não pode impedir que a imprensa publique o óbvio". É um aborrecimento a mais, especialmente agora que eles estão finalizando a questão do Excel com a compra do Econômico.

Além disso, o juiz do Supremo Marco Aurélio [Mello] deu uma liminar paralisando as reformas. Parece piada! Os juízes do Supremo jantaram na sexta-feira, inclusive o Marco Aurélio, na casa do Jobim. Parece claro que no mérito o pleno do Supremo derruba a liminar do Marco Aurélio, mas isso causa duas semanas de atraso na votação da Previdência. E assim é o Brasil: vai indo, mas só vai a muque. E com uma lentidão que dá nos nervos até das pessoas mais calmas.

HOJE É TERÇA-FEIRA, 16 de abril, são oito horas da noite, estou pronto para ir a um coquetel oferecido em homenagem a mim, pelo primeiro-ministro de Portugal, na embaixada de Portugal.

Dia muito intenso. De manhã, despacho interno, reunião na Câmara de Políticas de Infraestrutura com todos os ministros da área de infraestrutura. A exposição foi feita pelo Odacir Klein, que mostrou avanços na questão das estradas e dos portos. Lamento que não se passe isso para o país. Fica a percepção de que ainda estamos engatinhando nas reformas, sobretudo na privatização, e não é totalmente verdadeiro.

Depois fui à solenidade de apresentação dos novos oficiais generais promovidos. Fiz um discurso com referência ao papel das Forças Armadas, agradeci a cooperação que têm dado ao governo e mencionei as pesquisas que situam a Igreja e as Forças Armadas, junto com a Presidência da República, no topo das instituições com credibilidade.

Expliquei de novo a questão da passagem de um patamar de desenvolvimento para outro no Brasil, a importância disso, enfim, o trivial de sempre, mas dito com ênfase. Vários oficiais, almirantes e brigadeiros me felicitaram, parece que eles estão de acordo. No final havia uma manifestação dos funcionários [do Banco Central], nem vi direito, mas certamente amanhã haverá fotografias, e o pano de fundo serão as bandeiras vermelhas dos funcionários. Poucos, eles não conseguiram mobilizar para a greve.

Recebi também o Edgar Bronfman, presidente do Congresso Judaico Mundial. Eu já o conhecia, ele me recebeu em sua casa em Nova York, e só teve palavras de elogio, juntamente com os outros líderes judaicos, todos entusiasmados com a nossa política.

Falei com o deputado André Puccinelli,* que é o relator da CPMF. Achei que fez um relatório correto sobre o problema da saúde, vamos apoiar e quem sabe sai esse imposto. Se sair, sai em outubro, veja você! Isso foi feito o ano passado. A regulamentação das telefônicas que o Sérgio mandou, a primeira fase do celular, está no Congresso há sete meses, na Câmara. Depois querem urgência.

Almocei aqui com Emílio Odebrecht e a Ruth. Emílio veio trazer sugestões, nada para ele, só a respeito de vários temas de interesse nacional. É curioso. Tem um nome tão ruim a Odebrecht, e o Emílio tem sido sempre correto, e há tantos anos.

Depois recebi o Paolo Cantarella, diretor-gerente da Fiat, que veio me mostrar o novo carro que eles vão lançar no Brasil, um carro mundial. Me deu muita satisfação conversar com eles, mas me trouxeram preocupação sobre o regime especial pelo qual estamos sendo julgados lá na OMC. Eu já tinha falado com o Celso Lafer e o Serra sobre isso, estava presente a Dorothea, eles colocaram à disposição dos nossos negociadores, basicamente do Celso Lafer, os técnicos de que dispõem na Fiat e os contatos que têm em Bruxelas, para a questão da OMC. Vamos utilizá-los.

A pedido do Weffort, recebi o Jack Valenti, diretor da Motion Picture Association of America, homem influente no cinema dos Estados Unidos, muito entusiasmado com o nosso cinema, as possibilidades e tal.

*PMDB-MS.

Falei com o Jarbas Vasconcelos, que veio me dizer que vai apoiar mesmo a candidatura do Roberto Magalhães* e que o PSDB lá não tem solução; acha que o PMDB tampouco tem, então é um impasse danado.

Em conversa com o nosso procurador-geral, Geraldo Brindeiro, ele me disse que está pondo em ordem a questão desses abusos dos procuradores; quis também discutir sobre o Tribunal de Justiça, porque indicaram para o Tribunal um procurador que estava envolvido na questão que terminou por um assassinato de outro procurador em Recife, a propósito de um escândalo relativo à verba agrícola do Banco do Brasil.**

E falei também com Ricardo Kotscho, que foi assessor de imprensa do Lula na campanha. Veio me visitar, visita de boas-vindas e tal, porque está assumindo a direção da CNT na parte de jornalismo. Ele é muito amigo do Lula, gosta do Lula, diz que Lula gosta muito de mim, que só fala bem de mim — claro, em privado. E eu disse que seria muito bom para o Brasil que Lula e eu pudéssemos nos encontrar só para desanuviar um pouco essas bobagens que perturbam o nosso panorama. O Kotscho é uma pessoa séria. Sua visita me deu muita alegria.

Depois recebi o João Roberto Marinho, que estava preocupado com a conversa que teve com Sérgio Motta. O Sérgio reclamou do apoio que o Miro tem no Rio de Janeiro e falou da minha preocupação de que *O Globo* não está apoiando o governo. Ele disse que *O Globo* é independente, mas que está apoiando as reformas. Eu disse que sabia da história toda, enfim, não quis acirrar nada, até porque de fato ele apoia as reformas.

Em seguida, foi a solenidade da abertura da exposição do Rodin e de vários escultores brasileiros, chamada Expressões do Corpo.*** Muita gente, fiz discurso, estava lá o Safra, que financiou a história, o Weffort fez um belo discurso, ao meu lado estavam a Ruth e a mulher do primeiro-ministro de Portugal.****

Recebi governadores. Britto, o Divaldo Suruagy, o de Santa Catarina, que é o Paulo Afonso, e também o do Rio Grande de Norte, o Garibaldi Alves, e o Wilson Martins. Qual é a conversa? Eles estão sufocados, querem um pouco mais de ajuda federal, sabem que é difícil, reclamaram de toda a coisa federal, apesar de terem recebido bastante ajuda, mas acham que não, que a ajuda foi mais para a Caixa. Enfim, o de sempre, mas com uma novidade: eles vão subir o tom nas exigências pelas reformas, achei isso ótimo, e pedi mais uma vez que conversassem com o Pedro Parente, que vai negociar essa questão.

E agora à noite nós vamos jantar na embaixada de Portugal.

---

* Candidato peemedebista à prefeitura do Recife, em coligação com o PFL e o PTB.

** Em 1981, o procurador da República Pedro Jorge de Melo e Silva denunciou desvios de verbas rurais do Banco do Brasil — no caso conhecido como "escândalo da mandioca". Foi assassinado no ano seguinte.

*** Exposição realizada na Pinacoteca do Estado de São Paulo.

**** Luísa Guterres.

Nesse meio-tempo está aí a crise do Banco Central, porque, como mandei voltar para trás aquele aumento do Banco Central, isso deu repercussão péssima. Claro que a posição do Loyola ficou difícil. Então todo mundo especula sobre a saída dele.

Esse assunto está rondando o dia inteiro, e quando se entra nisso começa a discussão sobre o ministério. O Eduardo Jorge volta a insistir muito numa reforma maior do que na de uma ou outra pessoa só. No fundo também não está contente. Ele até afirma isso e acha que todo mundo está desanimado. A Claudia Costin, que trabalha com o Bresser, veio dizer que quer ir embora por causa do Bresser, e porque há choques com a Casa Civil. Enfim, vê-se que eu vou ter que tomar medidas, e é difícil, porque como vou fazer a sintonia com o timing das reformas? Em todo caso, é para isso que existe presidente. Vamos enfrentar.

Faltou registrar outra semicrise. Houve a denúncia, no *Estadão*, de irregularidades que o Jader Barbalho teria praticado quando governador,* e parece que ontem o Jader atribuiu isso ao governo. Hoje ele fez um discurso a favor dos irmãos Magalhães Pinto, que não vão depor. Enfim, voltou a existir no Senado aquele clima de terror contra banco. Por causa da denúncia que apareceu sobre o Jader. É sempre assim, é sempre o contrário, o responsável é o governo, e ele [o parlamentar], que terá feito eventualmente alguma falcatrua, não tem nada a ver com o assunto.

Parece que o Jader já sabe que não foi assim. A Ana me informou, pelas fontes dela no *Estado de S. Paulo*, que ofereceram esse dossiê à Claudia Safatle, que hoje está no *Jornal do Brasil*. A Claudia Safatle falou até mesmo de um diretor [do BC]. Veja que desmoralização! É por isso que o Banco Central está como está. Eles também não têm compostura, passam as informações, e aí vem mais uma pequena crise. Tudo isso está ficando desgastante.

HOJE É DIA 19 DE ABRIL, sexta-feira.

Vou recuar até terça-feira, quando fui à embaixada de Portugal e lá encontrei o Sarney e o Itamar. Os dois andam dizendo cobras e lagartos, se preparando para eventuais alianças futuras, jogo de cena. Itamar estava muito constrangido; Sarney, não. Eu perguntei se ele já tinha sido convidado pelo Marco Maciel para ir comigo a Paris. Não tinha, mas ficou feliz, porque não há animosidade que resista ao Arco do Triunfo, brincou. E estava já na disposição de aproximação e não de afastamento.

O jantar foi com o primeiro-ministro português, Guterres, muito simpático, muito agradável. Ele pensa do jeito que eu penso. Sarney participou da mesa, o [Sepúlveda] Pertence também. Falei com o Pertence sobre a liminar que foi dada pelo Marco Aurélio. Eu vejo que o Pertence está constrangido, ele sabe que isso agrava as relações entre o Executivo e o Legislativo, sobretudo nos estados, mas ele

---

*O jornal publicou trechos de um dossiê sobre desvios de verbas do banco estadual do Pará (Banpará) em 1992.

pode fazer pouco, porque há prazos. Enfim, quinze dias de atraso na reforma. Parece piada! O Brasil precisando de decisões e cada um com o seu pequeno mundo, fechando as possibilidades.

Anteontem, quarta-feira, fui de manhã para Ipatinga, em Belo Horizonte, inaugurar a fábrica da Cenibra. Fizeram uma fábrica boa, dobraram a produção, um clima muito positivo, os operários entusiasmados, um deles puxou uma faixa por conta própria, "FHC 98". Enfim, uma coisa realmente muito viva, de apoio aberto. No dia seguinte *O Globo* publicou que eu teria respondido ao Ciro e ao Itamar; de fato falei sobre o Ziza Valadares* [Luiz Otávio Valadares] e disse que era um homem que não via coisa pequenininha, não ficava remoendo passado, [que] olhava para a frente. Pronto, já disseram que era contra o Itamar. Talvez no subconsciente eu tenha pensado isso mesmo.

Voltei para Brasília, à tarde fui para o Palácio do Planalto e lá tivemos uma reunião dos ministros da área social, para discutirmos o entrosamento e a coordenação desse setor. Ruth e Vilmar estão muito preocupados com isso, e com razão, e [com o fato de que] a Comunidade Solidária fica sempre sobrando. A reunião vai continuar hoje à tarde. Foi boa, mas a gente vê que cada um tem uma percepção muito diferente do assunto. Temos que afinar muito mais e eu preciso dar um impulso muito maior a essa questão.

À noite ainda fui ver a Orquestra Jovem da União Europeia, depois fomos jantar no Itamaraty. Cento e cinquenta jovens, a inglesa e o marido, que são os que levam adiante essa orquestra,** entusiasmadíssimos, sobretudo ela. No fim da noite ainda teve dança, dancei valsa com a Ruth, uma inglesa veio me tirar para dançar, o Zé Gregori imediatamente atalhou, porque ficou com medo de uma fotografia, coisa boba, porque todo mundo estava ali muito à vontade, muito alegre, e tudo bem.

Ontem, quinta-feira, entretanto, foi o pior dia desde que cheguei ao governo. Por quê? Porque de manhã cedo vejo no jornal que houve um massacre em Parauapebas, no Pará.*** Eu ia de manhã cedo, como fui, para Corumbá de Goiás, para o Programa da Comunidade Solidária. O massacre me preocupou, e preocupou muito. De manhã cedo eu já tinha dado instruções ao Clóvis para que o Jobim fosse para a área. No helicóptero, indo para Corumbá de Goiás com o general Cardoso, ele perguntou o que eu achava de ele ir também. Autorizei imediatamente, e os dois seguiram para a região.

*Presidente da Cenibra e ex-deputado federal (PSDB-MG).
**Joy e Lionel Bryer.
***Em 17 de abril de 1996, centenas de manifestantes sem-terra bloqueavam uma rodovia estadual, em Parauapebas, protestando contra a lentidão da desapropriação de terras na região. O governador tucano (Almir Gabriel) autorizou a desobstrução da estrada, e a Polícia Militar dispersou os manifestantes com extrema violência. Dezenove sem-terra foram mortos a tiros, vários deles com sinais de execução. O episódio ficou conhecido como Massacre de Eldorado dos Carajás.

Em Corumbá de Goiás foi uma discussão da Comunidade Solidária: o Maguito Vilela muito simpático, apoiando efetivamente, os três senadores, o [Darci] Accorsi, que é prefeito do PT* os interlocutores da Comunidade Solidária. Fiz um discurso, repeti o que tenho dito sempre sobre o nosso propósito social, enfim, dei a minha aulinha. Reclamei diante da imprensa que tenho tentado mostrar o problema social, enquanto a imprensa só se interessa pela questão da reeleição e outras coisas institucionais. E nesse meio-tempo eu preocupado com o negócio do Pará.

Lá fora, três ônibus com estudantes da UNE vieram fazer agitação por causa do "provão"** do Paulo Renato, mas não atrapalharam a reunião.

Quando saímos, aí, sim, apedrejaram, machucaram um cinegrafista, enfim, arruaça. Mas o povo muito aberto, aplaudindo bastante. Paulo Renato me disse que soube que o pessoal do Itamar estava financiando a UNE, acho meio difícil. O fato é que Itamar esteve reunido com os presidentes da UNE, uma pataquada! Ele pensa que a UNE representa alguma coisa.

Em seguida vim aqui para casa muito preocupado com os acontecimentos do Pará. Cheguei ao meu gabinete no Planalto depois do almoço, quase às quatro da tarde, e resolvi fazer uma declaração minha. Pela primeira vez desci lá na sala de briefing, fiz um pronunciamento para o país, duro, de repúdio mesmo, ao massacre no Pará.

Esse negócio dos sem-terra está dando muita complicação, e a polícia, o que é? Uma bandidagem. Os sem-terra estão se movimentando, estão crescendo no sentido de fazer ocupações, eles têm inspirações não sei nem se revolucionárias, mas de transformação social rápida por meios não pacíficos. Se não fizerem alguma ação, dificilmente as coisas mudam; se exagerarem na ação, as coisas pioram e então não mudam mesmo. Essa sintonia fina é muito difícil de ser acertada, eles nem têm consciência disso. Me preocupo em não cortar tudo, mas também não deixar que eles avancem, por causa da reação que virá. Mas o massacre é inaceitável.

O Almir me deu explicações, coitado; ele todo de esquerda, e a sua polícia é que foi matar dessa maneira selvagem. Claro que a polícia pode ter sentido medo também, sei lá. É preciso examinar com calma, mas nada justifica, é realmente inacreditável. O Tasso me telefonou dizendo que devo ir para a área, todo mundo projeta em mim o que eles acham que fariam, então querem que eu faça.

De qualquer forma, desse fato restou uma impressão de impotência diante de um conflito social que se agrava e para o qual o país não está alertado nem preparado. Todos querem a reforma agrária, mas não é assim de um dia para o outro. Não é que não haja gente, mas esse pessoal não é propriamente formado por agricultores, são pobres no campo. Essa é a minha maior preocupação.

* Prefeito de Goiânia.
** Exame Nacional de Cursos, obrigatório para formandos do ensino superior, foi instituído em 1996 e substituído em 2003 pelo Exame Nacional de Desempenho de Estudantes (Enade).

Acabei de receber um telefonema do Jobim, que veio da área, ele vai almoçar hoje aqui. E o general Cardoso também me deu um informe. Ele está lá. Disse que esteve conversando com a polícia e com a direção dos sem-terra, está fazendo as negociações e vai voltar para me dizer do que se trata.

No meio-tempo, o Zé Eduardo Vieira me telefonou dizendo que tinha saído no jornal que ele ia embora. Parece que o Clóvis teria dito isso, então ele resolveu acelerar o pedido de demissão. Eu disse que está bem.

Ana telefonou enquanto eu estava com o Pedro Malan e o Clóvis, aos quais eu tinha contado que o Zé Eduardo me tinha reafirmado, pouco tempo antes, que ia se demitir. A Ana já sabia, ou seja, a imprensa já sabia. Claro que isso é mais um problema.

Quando cheguei ontem ao Itamaraty para a noite de Minas,* toda a imprensa já sabia, e eu não neguei; agora dizem que o Zé Eduardo negou, não sei se é verdade. Problema adicional. Todo mundo vai pensar que ele saiu por causa do massacre do Pará. Não foi, saiu porque o caso do banco está complicado.

Conversei com Gustavo Loyola e Pedro Malan sobre o Banco Bamerindus, eles acham que vão ter que fazer intervenção. Quanto ao Banespa, ainda não vêm as coisas com muita clareza. O Mário Covas, com quem falei por telefone, não quer mais a negociação com o Senado. Ameaça. Bom, se não houver negociação com o Senado, é uma crise considerável para o Banespa, e o Mário está aborrecido, tenso, cansado, não vendo efeito do seu trabalho, que deve ser intensíssimo. Vai acabar jogando a culpa no Banco Central e no Senado.

Falei com ele, até o convidei para ir comigo a Paris, ficar depois uns dias lá, depois emendar com a Inglaterra, porque ele tem uma viagem para a Inglaterra. Mas ele não está animado. Na verdade, se criar essa questão do Banespa é uma dificuldade enorme e vai complicar a campanha eleitoral em São Paulo. O Mário está turrão na matéria.

Antes da conversa com o Gustavo Loyola, eu tinha recebido o governador de Minas, Eduardo Azeredo, e toda a equipe da Mercedes, para me comunicarem que vão fazer uma fábrica de automóveis em Juiz de Fora. Eu já sabia, aliás, até ajudei a botar em Juiz de Fora (o Mário sabe), porque isso prestigia o Eduardo Azeredo, equilibra a situação mineira. Foi uma tarde de grande regozijo, estavam lá os ministros mineiros mais o Serra, o Eduardo e todo o gabinete dele, e muitos alemães, o presidente mundial da Mercedes, enfim, um clima de grande, grande euforia. Tanto assim que à noite fomos para o Itamaraty.

No Itamaraty fizemos discurso eu, os alemães, o Eduardo, chamei o Itamar, ele ficou ao meu lado. Eu disse tudo que penso sobre o futuro, sobre as reformas, fiz os

---

*Jantar comemorativo do programa "Minas além das Gerais", promovido pelo governo mineiro para a valorização da cultura e da economia do estado.

elogios necessários ao Itamar. O que vale mesmo é o fato de que Minas encontrou de novo autoestima.

Mas voltando ao tema que me atordoa, que realmente é a questão do Pará. Passamos a tarde de ontem preocupados com isso e sem achar muita saída, porque houve uma matança inaceitável que nos atormenta de verdade, nos tortura; e o que a gente vai fazer?

Essa é a situação em que estamos até agora. Acabei de falar com o ministro Jobim, recebi informação do general Cardoso, vamos ver como passa o dia hoje.

HOJE É DOMINGO, 21 de abril. Ontem de manhã, convenção do PSDB. Não chegou a ser uma convenção vibrante, porque estamos sob a sombra da chacina do Pará. O Almir não apareceu, não podia, foi desculpado da responsabilidade do que aconteceu lá com uma ovação. O Teotônio [Vilela Filho] foi eleito presidente, fez um discurso esplêndido. O Tasso falou, mas exagerou, porque atacou um pouco os liberais e a esquerda, sem deixar claro o que era isso. Depois eu discursei forte, pedindo punição e, ao mesmo tempo, dizendo o que estamos fazendo na área social, na área econômica, tom desenvolvimentista e de tudo pelo social — não gosto desse "tudo".*

Hoje a imprensa registra, mas agora a cobrança da oposição ao governo vai ser via chacina do Pará. O governo não tem diretamente nada com isso, mas a *Veja* chegou ao cúmulo de dizer que só assentamos 7 mil famílias, um sétimo do prometido. Eles têm os dados, sabem que foram 42 mil, o máximo que já se fez no Brasil, mas a imagem que querem colar no governo é a da estabilização, isso eles não podem negar, [mas que não faz nada pelo social]. Como é mais difícil provar o que é feito no lado social, a crítica entra por esse lado.

Isso pega, porque com essa tremenda dívida social do Brasil, de gerações, é claro que acaba caindo na cabeça de cada governante. Não posso me queixar; além de certo limite sei que é assim mesmo. Agora a *Folha* ameaça que todo domingo fará uma reportagem sobre o quê, no social, só depende de "vontade política". A primeira é sobre "renda mínima", imagina só! Ninguém vai analisar o que significa essa renda mínima, vai se dizer simplesmente que se poderia salvar o Brasil pela renda mínima.

É o jogo político. A verdade é que temos que acelerar os símbolos do que fazemos, e na área social é difícil.

Novo bate-boca, Sérgio foi à Fiesp e falou da política de juros altos. Está errado, os juros caíram, estão caindo bastante, é que ele fez média com o público presente. No dia seguinte, o *Estadão* vem com o editorial em cima, diz que o governo corre o risco de ficar como uma vela cujo pavio está acabando, que os ministros do

---

*"Tudo pelo social" foi o principal slogan publicitário do governo Sarney.

Itamar... (o [Israel] Vargas, o Paulo Paiva) foram se solidarizar com o Itamar, estão atacando o governo.

Não é bem assim. Eles foram lá por terem sido ministros do Itamar. Itamar está nesse jogo conhecido dele, faz que vai mas não vai, todo mundo sabe que é isso. Enfim, é a pequena intriga.

O fato relevante, ontem, foi outro, inusitado. Recebi uma informação da embaixada do Brasil no Paraguai de que o presidente Juan Carlos Wasmosy queria falar comigo secretamente. O encontro teve lugar ontem. Ele veio num avião que ele mesmo pilotou, levantou voo de sua fazenda com o conhecimento apenas da Força Aérea Brasileira, chegou aqui sem passaporte, foi recebido pelo Sebastião Rego Barros, que está no exercício do Ministério das Relações Exteriores, e trazido aqui para casa. Veio com ele um financista muito ligado ao presidente, eu estava preocupado com o teor da conversa. Embora soubesse que era sobre questões militares, tenho sempre medo de que seja apenas para discutir essa questão do financiamento de Itaipu, sobre a qual não entendo muito e sempre tenho um pé atrás.

O embaixador Gelson Fonseca também compareceu, para presenciar o encontro. Combinei com ele que eu falaria sozinho com Wasmosy e que, com o outro, só quando estivéssemos todos juntos. Assim foi.

Wasmosy chegou, sentou-se na biblioteca comigo, aqui no Alvorada, e me disse: "Olha, na segunda-feira, dia 22, vou destituir o general Lino Oviedo, que é o chefe das forças militares do Paraguai,* e queria saber se tenho o seu apoio". E me deu as seguintes informações: ele foi ultimado pelos Estados Unidos a, dentro de seis meses, liquidar o comando do Oviedo, porque o general encobre lavagem de dinheiro sujo do tráfico de droga e armas. Claro que tudo está ligado a Ciudad del Este e que há relação com um grupo chinês lá. Não entendi bem, mas ele mencionou também um chinês que, através de um filipino, financiaria a campanha do Clinton. Confesso que não me recordo dos detalhes. O fato é que há uma informação chinesa também a respeito disso e que um emissário do Clinton procurou Wasmosy e lhe disse que ele tinha seis meses — não sei quando foi o encontro — para fazer essa limpeza, porque o general Lino Oviedo é quem dá cobertura a tudo isso.

Também me disse que fora aconselhado pelos americanos a conversar primeiro comigo, porque os Estados Unidos estão muito longe do Paraguai para saber que apoio o Brasil poderia dar. Por isso ele veio aqui. Disse mais, que acredita que amanhã, quando destituir o general Lino Oviedo, pode levar um tiro do general, pode ser morto ou ser preso. Que os americanos lhe ofereceram asilo, mas ele se recusa e queria saber como o Brasil responderia a isso.

Eu disse, desde logo: "Você é um presidente eleito, terá o meu apoio integral. Agora, que apoio? Como é que você quer isso? Eu não posso intervir militarmente".

---

* Comandante do exército paraguaio.

Perguntei: "Posso comunicar ao Exército do Brasil?". Ele não quer, tem medo de que alguém daqui se comunique com o Oviedo. Depois eu direi o que farei.

Wasmosy também me informou que não disse nada aos argentinos porque não confia neles. O embaixador do Brasil no Paraguai* me mandou um telegrama em que conta um pouco da situação do Paraguai e diz que o Oscar Camilión** fora informado da situação. Mas não sei se ele sabe desse detalhe, do dia em que Oviedo será destituído. Pelos telegramas da nossa embaixada, a situação do Wasmosy é desesperadora. Ele me confirmou que Oviedo agora está apoiando o [Luis María] Argaña,*** que é inimigo dele dentro do partido Colorado, e que o Argaña se aliou ao outro pretendente do Partido Colorado e, com isso, os dois juntos liquidam com a chance dele, Wasmosy.

Contou que a situação é muito difícil, que houve também manifestação de camponeses no Paraguai, eles não sabem lidar com esses fenômenos, é uma democracia não consolidada, na verdade pouco avançada, formada depois da queda do general Stroessner e depois que o [Andrés] Rodríguez subiu. O Rodriguez também parece estar ligado ao Oviedo, até mesmo por negócios. Pelo menos é o que consta dos telegramas da embaixada, segundo informações que andam por lá. O Wasmosy não me falou desse detalhe.

Claro que para mim é uma coisa espantosa que um presidente venha me comunicar que vai destituir seu comandante-chefe. Depois passamos à sala onde estava esse financista seu amigo. Este expôs mais uma vez a questão do refinanciamento da dívida de Itaipu, pedi que ele voltasse a conversar com Malan e com Mendonça de Barros, porque não entendo do assunto, embora a mim e ao Bambino, mais talvez do que ao Gelson, nos pareceu que a proposta tinha alguma base. Mas são coisas difíceis, e a gente tem sempre receio de estar se metendo nessas andanças de financistas internacionais.

O que vou fazer?

Combinei com Rego Barros que vou chamar o general Cardoso e o general Zenildo e informá-los disso. Vou avisar o mais tarde possível, para evitar qualquer outra confusão, mas tenho confiança plena nos dois, no Cardoso e no Zenildo. Vou informá-los porque, ademais, temos aí Itaipu; dificilmente haverá uma confusão maior. Imaginemos que haja um golpe no Paraguai. Já não sei, a esta altura, de quem é o golpe, porque o Wasmosy está muito preocupado também com essa aliança do Argaña. O Argaña é contra Itaipu, contra o Brasil, contra o Mercosul, contra tudo. E essa situação pode se tornar extremamente delicada para o Brasil por causa de Itaipu.

* Márcio Dias.
** Ministro da Defesa argentino.
*** Presidente do Partido Colorado e ex-ministro de Relações Exteriores da ditadura de Alfredo Stroessner.

Não devemos, por outro lado, usar força contra o Paraguai, nosso poder deve ser dissuasório, mas vamos ter que atuar em defesa do poder constituído. Tomara que não aconteça nada de mais grave. Vi Wasmosy muito disposto. Ele é fisicamente um homem robusto. Eu conheço Oviedo. É um homem baixinho. Eu me recordo que uma vez, no Paraguai, eu estava com Wasmosy e, no automóvel, entre nós dois, havia uma metralhadora. A situação, lá, não é de guerra verbal como na nossa política! Aqui no Brasil infelizmente a paulada social existe, mas não existe tradição de matança política. É uma violência... social, e não propriamente política.

Vamos aguardar o que vai acontecer, mas eu queria registrar logo esses fatos que me parecem inusitados, graves, consequência dessa política americana de cerceamento do narcotráfico. Estivemos bem orientados no Brasil, quando decidimos fazer as nossas próprias operações de controle da questão das fronteiras, já fizemos a primeira, quatro aviões vindos do Paraguai foram apreendidos, até imaginei que fosse disso que o Wasmosy quisesse me falar, mas não. Foi sobre uma coisa mais grave da situação paraguaia.

Já convoquei o general Cardoso para hoje às cinco horas.

Vou registrar agora como foi o dia 19 de abril, sexta-feira.

Quando cheguei aqui de manhã, encontrei três deputados: Inocêncio de Oliveira, Rodrigues Palma e também Pedrinho Abrão, todos do PTB, líderes, e o outro [Inocêncio] é líder do Bloco [PTB-PFL].* Os três vieram muito surpresos porque o Zé Vieira está acabrunhado, porque tinha que sair do governo, porque estava sendo fritado pelos jornais. Fiquei surpreso e disse a eles: "Olha, não é isso, há muito tempo ele vem conversando comigo, e a razão principal [para deixar o ministério] é o Bamerindus, ele tem que assumir a direção de lá. Em todo caso", eu disse, "vou me encontrar com ele hoje para esclarecer essa situação".

Daqui fui à solenidade de entrega da comenda da Ordem do Mérito Militar. Eu estava tenso, preocupado com a questão do Zé Eduardo e com a do Pará também. De lá fui para o Palácio do Planalto.

Ali me encontrei primeiro com o Bornhausen, o Marco Maciel e o Luís Eduardo Magalhães, e discutimos a reorganização dos apoios ao governo. Eles são partidários, sobretudo Luís Eduardo, de que refaçamos o acordo com o PDMB e com o PPB. Sobre o PMDB, lancei a ideia de, eventualmente, trazer o Luís Carlos Santos para o ministério. Eles entenderam que seria para o Ministério dos Transportes e que Odacir iria para a liderança do governo. Eu tinha pensado outra coisa: o Luís Carlos ficar como coordenador político do governo, porque isso não tem custo nenhum. Sugeri essa possibilidade. Eles acharam boa. Eu já tinha tido uma conversa com o

---

*Formado em janeiro de 1995, reunia 130 parlamentares.

Jader Barbalho nesse sentido, e o Jader disse que o Luís Carlos seria uma boa solução, porque acalmaria o PMDB.

Quanto ao PPB, aquela dúvida. Quem representa o PPB? Na realidade o Vadão [Gomes] e o [Francisco] Dornelles. Ora, entre os dois é o Dornelles. Só que como eu ponho o Dornelles como ministro da Agricultura? Eles acham que não há problema nenhum. Eu acho que há. Em todo caso, não sei se isso resolve a questão do PPB. Ficamos por aí, e contei também para eles a questão do Zé Eduardo.

Em seguida me encontrei com o Zé Eduardo. Ele me disse que tinha que ir embora por causa do Bamerindus, voltou com toda a questão do banco e mostrou um recorte de *O Globo* com referências a uma reunião — que houve mesmo aqui no Palácio, no domingo passado — para discutir reeleição e a questão da Previdência, que tinha sido objeto de uma liminar do Supremo. Não se falou em mudança do ministério.

O repórter do *Globo*, o Thales Faria, que é muito imaginativo, botou lá que o primeiro ministro da mudança seria o da Agricultura, embora dissesse mais adiante que eu tinha confiança no Zé Eduardo e gostava dele e tal. Eu disse: "Olha, Zé, é coisa da imprensa, ninguém falou disso, você já tinha pedido demissão há mais tempo e por outras razões".

"É, eu tenho que ir embora por causa do Bamerindus."

Eu disse: "Está certo".

Em seguida ele me avisou: "O Pedrinho Abrão está aqui também".

Eu disse: "Chame o Pedro Abrão".

O Pedro Abrão entrou e o Zé Eduardo repetiu na frente dele as razões pelas quais vai sair. Senão eu é que fico mal, parecendo ao PTB que estou expulsando o ministro. Sai porque está complicado no Bamerindus.

Combinou comigo que ficaria até o decorrer da próxima semana. Eu disse a ele que todo mundo vai ver esse negócio como uma questão do Pará, quando na verdade não tem nada a ver, vão puxar para o governo federal a responsabilidade do Pará, que não era assim, até porque o Incra lá no Pará funcionou razoavelmente bem.

Vim para o Alvorada e almocei com o general Cardoso, o general Zenildo, o Jobim, que voltava do Pará, o Zé Gregori, que também voltava de lá, e com o Clóvis. Tomamos a decisão de que o Exército vai ter que intervir na área, porque o massacre foi uma execução direta, uma coisa violentíssima, existe até responsabilidade indireta do Almir, que devia ter controlado o secretário de Segurança. E este, um tal de coronel [Mário] Pantoja, ao transmitir a ordem, declarou que se devia usar os meios necessários, a violência se preciso. Isso o Zé Gregori ouviu em uma declaração dele pela televisão, o que incentivou [a polícia militar]. Chegaram lá e fizeram uma matança inaceitável.

É uma coisa grave, ordenei que a tropa fosse deslocada para o Bico do Papagaio e que começássemos a ver como faríamos para o Jobim falar com Almir para ele demitir o secretário de Segurança. Não posso intervir no Pará, não tem sentido, embora isso seja uma espécie de intervenção branca. Mas a intervenção acabará acontecendo se o Almir não tomar a dianteira nesse processo. Ele é correto, deve estar sofrendo muito com esse processo todo.

À tarde me reuni com o pessoal do PT, PSB, PDT, enfim, as oposições, que vieram falar sobre o assunto da chacina. Falaram. Eduardo Suplicy mostrou fotografias horripilantes. Eduardo adora uma coisa desse tipo, me lembro que uma vez ele se agarrou ao cadáver do filho do Severo [Gomes], quando o rapaz morreu num desastre de automóvel. O Eduardo teve uma crise histérica junto ao corpo. É uma coisa curiosa porque, ao mesmo tempo, ele é realmente sensível a todos esses problemas da chacina, como todos somos.

Eu disse: "O que vocês querem que eu faça?". Aí não veio ideia alguma. Eu disse que o que eu podia fazer eu fiz. Ah, precisa dessas leis do Congresso. Expliquei: já dei apoio, nossos líderes estão apoiando. Não passam as leis para facilitar o rito sumário* de entrega de terra aos sem-terra, embora a gente tenha que ver isso com cuidado, porque o MST é um movimento político. Enfim, uma situação bastante complicada.

Eles mesmos não dão ideias. O Haroldo Sabóia** sugeriu que o coronel Pantoja fosse preso, e eu disse que o Almir pode prendê-lo, eu acho bom. Vou falar com o Almir. Daqui a pouco telefono para ele e falamos de novo sobre essas questões.

Eu disse a eles: "Vocês querem ajudar? Querem participar dessa coisa? Eu até topo, mas vocês têm que votar, vocês não votam [as leis favoráveis à reforma agrária], votam sempre contra". Quando o Eduardo Suplicy tentou falar do Proer, eu dei uma chapuletada forte nele: "Você é economista! Você não pode usar essa retórica, você sabe que o dinheiro do Proer não é do Tesouro, não é para ser usado senão no sistema bancário, isso é inaceitável, não vamos agora usar a tragédia do Pará como uma machadinha para bater na cabeça do presidente da República!". Não tem sentido.

Apesar do tom que estou dando aqui, a reunião foi séria e eles realmente não têm muito como me apertar nem do que me acusar.

Em seguida eu me encontrei, aqui no Palácio da Alvorada, com o Medeiros e o Paulinho Pereira da Silva, presidente do Sindicato dos Metalúrgicos [de São Paulo]. O que eles querem? Que se dê aumento aos aposentados. Vai ter que dar. O Serra chegou num dado momento e também concordou, vamos ter que arbitrar na área da política econômica, o Malan vai fazer cara de Buda e achar que é tão fácil dizer

---

*O MST exigia que o governo baixasse uma medida provisória sobre o procedimento judicial conhecido como "rito sumário" para acelerar a desapropriação de terras destinadas à reforma agrária. Mas a Constituição de 1988 prevê que o tema somente pode ser regulado por lei complementar, cujo projeto então tramitava no Senado. A lei seria promulgada meses depois (lei complementar nº 88, de 23 de dezembro de 1996).

**Deputado federal (PT-MA).

não... Só que depois não vai ele, como eu vou, sair pelo Brasil enfrentado sem-terra, UNE, não sei o que mais, e o pessoal dizendo que não temos sensibilidade social. É muito fácil ser duro no gabinete.

Na véspera eu tinha conversado com Sérgio Motta e com Tasso. Tasso sugeriu a criação de um Ministério da Terra e que eu pusesse lá o [Francisco] Urbano. Até pedi que ele falasse com o Urbano, mas o Urbano está muito metido na briga, ele é presidente da Contag e não tem as características de ministro.

A ideia do Ministério da Terra é boa e estamos pensando nela. Ontem conversei várias vezes com Eduardo Jorge, com Clóvis, com Serra, com Sérgio, com todo mundo, agora falei por telefone com Britto, com Jobim, quem sabe botar o Raul Jungmann como Ministro da Terra, ou qualquer nome que eu tenha, para mostrar que há uma atenção mais direta da Presidência da República na questão agrária.

Vamos ver se por aí a coisa caminha como eu quero. Falei com Pertence e com Sarney, ainda não falei com o Zé Eduardo. Amanhã, segunda-feira, quando eu voltar da Bahia — diga-se de passagem que na Bahia vai haver confusão, virão os sem--terra, agora onde eu for vai haver sem-terra — vou criar esse Ministério da Terra e vamos ver se caminhamos, quem sabe separando a Agricultura da Reforma Agrária, para ter mais liberdade de botar na Agricultura alguém mais do tipo PPB ou PFL, que são os que estão querendo ministérios.

BOM, HOJE É 23 DE ABRIL, uma terça-feira.

Ontem de manhã fui para Porto Seguro.* Havia 10 mil pessoas na praça e um grupo de gente com bandeiras do MST, não propriamente do MST, era mais PCdoB, sei lá o que mais, estudantes gritando, uns trinta, cinquenta, e a segurança deixou que eles entrassem, com autorização do general Cardoso, porque não queríamos que houvesse violência. Eles chegaram bem próximo do palanque e gritaram as palavras de ordem habituais. Fiz um discurso forte, Antônio Carlos falou também, muita vaia na hora dele, depois foi a vez do governador da Bahia, que se manifestou pouco. Eu falei bastante, fiz um discurso incisivo dizendo das dificuldades sociais, que tínhamos que chorar os cadáveres, mas não explorar cadáveres. Para o povo que estava lá valeu; para o grupo de manifestantes não adiantou nada.

O general Cardoso conversou com o chefe do MST. Parece que são ponderados, mas, como me disse o general, ponderados na conversa e completamente desabridos na falação, xingando, aquela coisa baixa. Até me divirto quando tenho que enfrentar uma oposição e tal, faço isso sem muita agressividade, mas com energia e gosto.

*O presidente viajou para Porto Seguro para a comemoração dos 496 anos do Descobrimento do Brasil, ocasião em que assinou o decreto de criação de um museu histórico na cidade.

Voltamos e, tanto na ida como na volta, conversei com os senadores da Bahia, com Luís Eduardo e com os ministros, com o Jobim, que propôs algumas medidas que íamos apresentar à tarde aos presidentes dos poderes.

Vim para casa e o Paulo Renato apareceu, pelas três e meia, quatro horas, dizendo, para minha surpresa, que o Odacir Klein lhe dissera que se interessaria em ser ministro da Reforma Agrária. Creio que já registrei aqui a conversa que tive com o Urbano no domingo, que sua disposição era muito construtiva, disposto a aceitar, eventualmente, uma posição. Ele acha que a posição de ministro é demais para ele. Foi a impressão que me deu, e ponderou que podia provocar iras à direita e à esquerda: MST e proprietários. E é verdade.

O Almino Affonso, pelo que me disse o Paulo Renato, também gostaria. Eu me encontrei ontem mesmo com o Almino. Ele não me colocou essa questão, e sim outras: arranjar um lugar para o Carlos Juanes, que é amigo dele, e assuntos mais gerais, mas não se colocou como candidato [à presidência da Câmara]. Deve ser, mas o Paulo Renato deve ter dito que eu já tinha algum compromisso.

Depois dessa volta, tive o encontro com os chefes dos poderes, várias medidas relativas a como acelerar os pontos que os próprios deputados de oposição haviam levantado, ou seja: o rito sumário para desapropriação, que é difícil, porque está na Comissão de Justiça, vamos tentar acelerar, é difícil porque existem aspectos legais que precisam ser olhados. Depois, a questão da passagem do julgamento de crimes cometidos por policiais militares para a justiça civil. Está no Senado, Sarney diz que vai dar urgência, estamos de acordo, já disse ao Élcio, disse hoje ao Eduardo Jorge para fazer isso, e algumas outras ideias que estão surgindo, inclusive a do Jobim, de criar uma força especial para evitar que a polícia militar, que é despreparada, cometa essa violência, deixando-nos a necessidade de restabelecer a ordem.

E, claro, o que fazer com o ministério propriamente dito. Todo mundo agora quer que se crie esse Ministério [da Terra]. A ideia mais sensata foi a do Urbano, juntar a Secretaria de Desenvolvimento Rural* com o Incra para fazer esse ministério. Noto que o Clóvis tem um pouco de resistência à mudança total da Secretaria de Desenvolvimento Rural.

Depois dessa conversa, vim para o Alvorada, onde me encontrei com o Luís Eduardo e com o Sérgio Motta. Eles também preferem o Odacir Klein. O Clóvis já tinha falado com Raul Jungmann. Pedi ao Eduardo Jorge que o alertasse, ele não fez o convite, apenas sondou, e o Clóvis prefere, me parece claramente, o Jungmann, o Urbano também.

Mas o Jungmann não tem uma expressão política maior. Odacir me parece mais talhado e, além disso, abre espaço nos Transportes. Por essa razão também o Luís Eduardo e o Sérgio gostaram da ideia. Serra também me telefonou com essa ideia, ele quer o Brito nos Transportes, quer tirar o Brito das Minas e Energia por

---

*Secretaria de Agricultura e Desenvolvimento Rural.

causa da privatização, é outro problema. Nos Transportes, a ideia que surgiu foi de botar alguém, talvez o Aloysio, mas depois se pensou em quem sabe até mesmo o Ronaldo Perim, da bancada mineira do PMDB. Podia talvez contrabalançar tanto paulistanismo no ministério, e o Eduardo Azeredo gosta dele. O PMDB de Minas ficaria mais acomodado por aí. Enfim, estamos em tratativas.

Quanto ao Luís Carlos Santos, todos estão de acordo em trazê-lo para a coordenação política. E insistem no nome do Dornelles. O Luís Eduardo, na verdade, quer amarrar tudo isso para a questão da reeleição. Eu fiquei mudo. Ele tem razão. Se for para levantar a tese, é melhor que seja amarrado mesmo. Desde que fique claro que eu não quero me comprometer a ser candidato. Todo mundo pensa que isso é da boca para fora. Não é, não. É da boca para dentro, que isto daqui está muito cansativo e não sei se terei vontade de ficar mais tempo. Além das conhecidas questões de ordem pessoal que me dificultam uma reeleição.

Isso foi ontem. Ao mesmo tempo, houve a questão do Paraguai.

Ontem, dia 22, o presidente Wasmosy, às duas e meia da tarde, chamou o general Oviedo e pediu sua renúncia. O general disse que não aceitava. A partir daí criou-se uma situação de rebelião.* Tivemos então que tomar uma série de iniciativas. Os americanos se precipitaram. Enviaram uma nota, nós não queríamos uma de imediato, eles mandaram, fomos obrigados a fazer outra nota, igualmente dura, os argentinos também fizeram a sua. Pedi ao general Zenildo que entrasse em contato com o general Oviedo. Zenildo custou a conseguir o contato, mas conseguiu. Oviedo prometeu que não faria nenhuma quartelada, mas já estava fazendo. A quartelada quer dizer que ia forçar, provavelmente, uma saída via impeachment para o presidente Wasmosy.

À noite, telefonei para Wasmosy e lhe disse o que estava acontecendo e que o Zenildo tinha conseguido contato com Oviedo. Wasmosy custou a entender o que era impeachment, talvez porque não haja essa expressão em castelhano. Depois que eu disse que eles queriam botá-lo para fora, ele me pareceu até aliviado, me passou essa sensação. Mais tarde falei com o Sanguinetti, que estava muito preocupado com o mesmo assunto.

Hoje de manhã recebi um telefonema do Sebastião Rego Barros, que assistiu à minha conversa com o Wasmosy e depois telefonou para várias fontes para saber como as coisas estavam. O ministro Lampreia está em Bangcoc.

Os americanos não confirmaram ao governo do Brasil terem dado um prazo para que Wasmosy se livrasse de Oviedo, como Wasmosy me disse, mas estou con-

---

* No início da noite de 22 de abril de 1996, o general Lino Oviedo, insatisfeito com sua demissão da chefia do exército paraguaio, aquartelou-se junto com outros oficiais rebelados e exigiu que o presidente Wasmosy voltasse atrás ou renunciasse. A situação degenerou numa tentativa de golpe de Estado, logo repudiada pela comunidade internacional. O país voltou à normalidade dias depois, com a passagem de Oviedo para a reserva.

vencido de que isso é verdadeiro; deve ter sido um emissário direto do Clinton, pelas razões que passo a relatar. É que hoje, depois de uma noite de grandes negociações, em que o general Zenildo falou às quatro e meia da manhã com Oviedo, se soube que Wasmosy teria mesmo dormido na embaixada americana com a família. Depois isso foi retificado. Ele dormiu numa unidade da Marinha. Na verdade esteve na embaixada americana, e o nosso embaixador também, juntamente com o embaixador americano.* Ontem Wasmosy queria renunciar, mas o embaixador brasileiro e o americano disseram que não era razoável, que ele tinha que resistir, e parece que resistiu. Recebi todas essas informações hoje de manhã via Gelson.

Estou gravando no dia 23 de abril. Eu estava reunido com um grupo de empresários chamado Columbus,** quando me telefonou o Sebastião Rego Barros. O sr. Talbott, número 2 na hierarquia do Departamento de Estado [americano], chamou-o — Warren Christopher não estava nos Estados Unidos — para dizer que os americanos queriam que o Brasil fechasse a fronteira com o Paraguai. Desejavam mandar uma missão conjunta ao Paraguai, formada pelo secretário de Estado americano, o do Brasil e da Argentina, e uma missão militar.

O Sebastião ponderou que era uma ação muito delicada, que não era conveniente e que antes de fazer isso em termos da OEA — eles queriam vir com a OEA — era preciso haver um espaço no Mercosul. Pediu tempo tanto para uma coisa como para outra. É claro, disse Sebastião, que no momento oportuno o Brasil fecharia a fronteira. Talbott entendeu. Disse também que o presidente Clinton pode falar comigo a qualquer momento, que eles têm uma maneira de eu me entender com Clinton, que não está nos Estados Unidos.

Depois dessa conversa, voltei a falar com Sebastião, que ponderou que talvez ele deva ir realmente a Asunción. Irá junto com o Guido di Tella e com o chanceler do Uruguai,*** para ter uma conversa lá sabe Deus com quem. O nosso adido no Paraguai, o coronel [Jorge] Alves, que eu conheço, já estava conversando nesse momento com o general paraguaio. E, claro, ele acha mais recomendável que o general Zenildo não vá. Também pensei melhor e achei que era o caso mesmo de o Zenildo não ir. Falei com o general Cardoso e ficou suspensa a ideia da ida do Zenildo, mas não a ideia de irem o Sebastião e o coronel Alves, para, se for o caso, até contatarem o general Oviedo.

Também houve outra informação. O Oviedo, no momento em que eu falava com Sebastião, estava num desfile da Cavalaria, e o coronel Alves ouviu a proclamação do

---
* Robert Service.
** Associação de empresários latino-americanos.
*** Álvaro Ramos.

Wasmosy, pelo rádio. Parece que a proclamação não foi tão agressiva quanto eles imaginaram. Enfim: clima instável, dificuldades crescentes, americanos fazendo pressão, e vão continuar fazendo muita, e o fato de eles agirem dessa forma me indica que realmente o Wasmosy tinha razão quando me disse que tinha sido aprazado pelos americanos, para em seis meses se livrar do Oviedo. A pressão está vindo dos americanos, só que operacionalmente é o Brasil que tem que atuar, e isso é complicado.

Estamos tentando manter uma política própria. Hoje de manhã chamei os ministros militares, mais o Cardoso, mais o secretário de Assuntos Estratégicos, mais o Sebastião. Na conversa ficou claro que há muita confusão de plano, e os ministros militares não estão muito entusiasmados com essa história de se fazer de pronto tudo que os americanos desejam. Nunca quiseram essa posição, nem eu. Além do mais, há uma questão política. Bem ou mal, Oviedo tem contato com os brasileiros e, se houver uma solução política que tenha Argaña, é ruim para nós. Então temos um aspecto de interesse nacional, temos a defesa da democracia, temos a pressão dos americanos por causa da questão das drogas, enfim muita coisa junta e misturada.

Na média, o melhor para nós seria conseguir a saída de Oviedo e que Wasmosy, com ainda dois anos de governo pela frente, pudesse governar. Se não pudesse ser assim, que a solução se desse sem Oviedo, negociada via Congresso, com o afastamento dos dois. Minha única preocupação é que mais adiante vai dar Argaña. Não sei também como é mesmo esse Argaña, que todo mundo diz ser contra os interesses do Brasil. Vamos ver.

São duas e vinte da tarde, por isso ainda temos um longo dia pela frente, tanto para as tratativas de cunho político como para as internacionais, de política interna eu me refiro.

Além disso, recebi de manhã o deputado [Carlos] Apolinário,* para tratar de uma questão da emissora de rádio dele, aquelas coisinhas menores. Falei longamente com os empresários Columbus, e o Zé Eduardo trouxe a carta de demissão dele. Não pediu nada para o PTB, até pensei que fosse pedir, me disse que iria assentar 85 mil famílias. Depois que sai todo mundo diz o que ia fazer... E que a questão do Incra é grave, talvez seja verdade que seu atual diretor não tem condição de dirigir o instituto; mas ninguém tem condição de dirigir o Incra.

Ele reclamou muito da irmã do senador do Acre, Flaviano [Melo], uma senhora chamada Otília, que pôs muitos obstáculos às negociações de desapropriação de terra; ela tem que ir embora também. Enfim, existe aí um problema gravíssimo a ser enfrentado, porque os sem-terra também não são essa maravilha que todo mundo pensa; ao contrário, é um grupo que está negando a validade da ordem democrática e do Estado. Vamos tentar mais uma vez levar isso tudo com calma.

* PMDB-SP.

25 DE ABRIL A 3 DE MAIO DE 1996

Pressões do PPB para apoio às reformas. Queda de Dorothea Werneck. Nomeação de Luís Carlos Santos para a coordenação política. O MST

Hoje é 25 de abril, uma quinta-feira. Ontem também foi um dia muito difícil. Por quê?
Hoje está claro o que aconteceu no Pará: foi um massacre. Houve um incidente com um grupo de pessoas que ocupou uma estrada, o governador do Pará mandou a polícia local desobstruir essa estrada, e ela cometeu o massacre. Nada a ver diretamente com a reforma agrária. Não obstante, fica parecendo que tudo isso é consequência da falta de reforma agrária. Tudo bem, é normal que assim seja, mas essa também é uma nova política do PT e associados, de acabar jogando a culpa no governo federal, pois a reforma agrária está no plano federal. O que, aliás, é outro erro.

Ontem passei a manhã no Palácio da Alvorada. Serra me interrompeu a natação, preocupado com a crise no Amazonas: o Amazonino não aceitou a indicação do general [Romildo] Canhim [para a Suframa], porque não passou por ele, então foi [nomeado] um técnico, muito bem.

Depois recebi o Luís Carlos Santos, com quem conversei sobre os termos em que ele seria indicado líder do governo. Eu disse: "Olha, Luís Carlos, a minha ideia é essa, então você agora atue junto ao PPB". Ele conversou com o pessoal do PPB, mas só me trouxe a resposta ontem de manhã. O PPB está com o seguinte plano. Maluf, diz o Luís Carlos, e eventualmente também o Amin, são contrários à participação no governo; Maluf quer passar para a oposição. Um [segundo] grupo, grande, organizado ao redor do Vadão [Gomes], quer o Ministério da Agricultura para fins que só Deus sabe quais, e o Dornelles é a opção mais aceitável.

Parece que o PPB não aceita o Ministério da Reforma Agrária sem o Incra. Luís Carlos sugeriu que ampliássemos a oferta e incluíssemos o Ministério da Indústria, do Comércio e do Turismo. Isso para mim é dolorido, por causa da Dorothea, que é uma ministra de quem eu gosto, e ela tinha que ser avisada dessa manobra.

Depois de uma reunião com Maurice Strong* e as ONGs sobre meio ambiente, recebi o Vicentinho e quatro ou cinco dirigentes da CUT. Conversamos sobre tudo, eu gosto do Vicentinho. [Em seguida] ele até me pediu para fazer a reunião deles na biblioteca, depois que eu fosse embora. Deixei, é coisa só do Brasil! Os dirigentes máximos da CUT se reúnem na biblioteca do Palácio da Alvorada. Eles vieram trazer reivindicações dos grevistas de Brasília, a questão dos sem-terra, e havia uma

*Empresário e diplomata canadense, secretário-geral da conferência ECO-92, no Rio de Janeiro.

manifestação, dessa vez parece que grande, aqui em Brasília, porque o momento é tenso por causa dos sem-terra. E tentam aproveitar para ver se fazem algo semelhante a impeachment, sempre a mesma história.

Depois disso, recebi para almoço o Luís Eduardo, o Serra, o Sérgio Motta e o Luís Carlos Santos. Havia uma resistência do Serra, e minha também, a essa coisa do MICT. Ainda aleguei que o MICT está com negociações importantes de investimentos, é um mau sinal, mas os políticos não pensam dessa maneira, eles pensam no número de votos no Congresso. E eu tenho que fazer as reformas. Essa é a armadilha na qual caímos. Eu, desde o início, alertei todo mundo, não vamos ficar presos só às reformas, senão vamos ficar reféns do Congresso. Não adiantou, a sociedade queria reformas. Agora estão mudando de ideia, já se fala pouco das reformas, mas estamos presos nessa armadilha do Congresso.

Então eu disse: "Está bem, de acordo, desde que primeiro se fale com a Dorothea".

Fui para o Palácio do Planalto, diretamente para o gabinete do Clóvis, chamei o Eduardo, contei a ele, chamei o Paulo Renato e pedi que falasse com a Dorothea, porque os dois são muito amigos. Paulo Renato telefonou em seguida tentando vê-la, falou com [Enrique] Iglesias para saber se havia uma vaga na Cepal. Existe, de diretor-assistente. Paulo Renato falou com ela, perguntou se estava interessada em ir para o Chile. Ela estava viajando, já a caminho, e ficou de conversar num telefone mais tranquilo com o Paulo Renato. Isso foi feito.

Reunião com os governadores na casa do Cristovam, para forçar as reformas e também para renegociar as dívidas. Fiz um longo discurso, dizendo que o governo vai renegociar, mas que era "mais corda para vocês se enforcarem". Ou se vai à raiz das coisas e realmente se modifica a estrutura administrativa, ou não tem solução, vão ficar o tempo todo chorando e usando o governo federal. Eles sabem disso, mas choram do mesmo jeito. Até brinquei com Cristovam, que era o muro das lamentações o que eles estavam fazendo lá, e que quem gosta de muro é tucano; perguntei se ele era tucano, para amenizar um pouco o ambiente. Depois eu disse que a indústria paulista cresceu 8,1% no trimestre, e todo mundo fala em crise. Nunca vi crise e um crescimento de 8%. E disse que tínhamos que mudar o mote.

Quando termino essa reunião, vem a imprensa toda sabendo das nomeações.

A Globo entrou em linha direta, em plantão, e anunciou cinco ministérios. Eu neguei. Na verdade, quando fomos ver depois, ela deu direitinho tudo que tinha acontecido no almoço, e isso me aborreceu muito. Me parece que foi o Luís Carlos Santos, o que é um mau começo para quem vai ser coordenador político: utilizar a Globo. Resultado: chamei o Amin correndo, ele já estava irritado, porque isso abriu o jogo, o PPB ficou assustado porque o pessoal quer Agricultura, e não Indústria e Comércio, e querem realmente para os fins conhecidos. Amin foi cooperativo e ficou de falar de novo à noite com o pessoal. Eu disse a ele que era o Dornelles e nessas condições.

Depois de pensar bastante, mandei anunciar que o Raul Jungmann seria o ministro da Reforma Agrária e confirmei o Luís Carlos Santos [como coordenador político] no que ele mesmo botou no ar despropositadamente.

À noite, o Amin me disse que a reunião dele com o pessoal não tinha sido fácil, que ele queria falar comigo hoje de manhã, dia 25. Ele me telefonou às nove da manhã, está chegando para conversarmos. O que vai resultar disso? Ele vai fazer pressão sobre mim para mais concessões ao PPB. Tenho certeza disso. Ninguém nasceu ontem, e o anúncio deu esse resultado caótico, que me enfraquece na negociação.

Ontem à noite fui à casa do Sarney porque era o aniversário dele. Estava todo mundo lá, o Luís Carlos, o ambiente bastante descontraído, um vinho Château Lafitte 82, toda a imprensa lá dentro, é assim que eles fazem política aqui, todos me receberam muito bem e também tratei todos muito bem. Sem novidades, voltei para casa.

Todo mundo telefonando. Irritação no PSDB; alguns líderes, claro. Com um coordenador político diminui a força dos líderes, eles pensam que perdem o contato direto comigo. Na verdade, é isso mesmo. Não dá para eu ficar o tempo todo na linha de frente. Os jornais hoje já estampam o negócio do Raul Jungmann e também sobre Luís Carlos Santos, não sei qual será a recepção, se não vai ser má, desses dois. E agora temos que resolver a questão da Agricultura e, eventualmente, da Indústria e Comércio. Se o PPB não aceitar, o que é possível, fica como está e nomeio para a Agricultura o João Elísio, que foi vice do Richa, é amigo do Zé Eduardo e é do PTB. Já está nos jornais! Eu só falei isso com Eduardo Jorge e com o Clóvis, imagino que o Zé Eduardo tenha lançado como uma maneira de se prestigiar. Mas é assim, não tem solução. Mal se pensou, está no jornal e nem sempre de maneira correta. As interpretações vêm e a intriga cresce.

Hoje é 25 de abril, quinta-feira, meia-noite. Eu disse que ontem foi um dos dias mais difíceis, e anteontem também, desde que assumi o governo. Hoje foi talvez não o mais difícil, mas o mais duro para mim. Por quê?

Pela manhã recebi o senador Amin, que me veio dizer o resultado da reunião de ontem do PPB. Eles provavelmente vão aceitar, claro, eles queriam um pouco mais de espaço no futuro, um desdobramento, com a Educação, mas enfim. Pediu que eu telefonasse para o Maluf, coisa que fiz. Maluf disse que o partido se sentia honrado de poder colaborar com o governo, grande presidente, não sei o quê, embora ele tenha, ao que consta, na véspera, pedido ao Amin que votassem contra a participação no governo. Até aí tudo bem, tudo normal. Em seguida fui para o Palácio do Planalto.

Despachos usuais de manhã. Recebi uma porção de parlamentares. Tive um almoço com o pessoal do *Estado de S. Paulo*, o [Aluizio] Maranhão e eu conversamos sobre assuntos gerais, sobre política social, contei um pouco, mas muito pouco, a respeito do ministério, eu não podia dar furo nessa matéria, e depois do almoço voltei ao Planalto. Pela manhã eu tinha assistido a uma solenidade com o Jatene sobre o tema oftalmologia e depois do almoço voltei com toda a tranquilidade para o Planalto, porque imaginei que fosse ser um dia relativamente calmo, como até certa hora foi.

Bom, o que aconteceu?

Cheguei ao Planalto, recebi Malan, Clóvis, Pedro Parente, discutimos um pouco sobre salário mínimo, os índices, coisa que vamos discutir com mais profundidade amanhã, sexta-feira. O Malan veio com aquela de que não quer saber do Dornelles, eu expliquei as circunstâncias e tal, e ele disse que a Dorothea estava magoada. Claro, eu sei que ela está magoada, a Ana me contou que foi recebê-la no aeroporto, ela estava muito chocada com o que aconteceu, isso foi na madrugada de ontem.

Continuamos a rotina normal do governo, muita pressão do PSDB, porque não estão conformados com a nomeação do Luís Carlos Santos. Pedi que viessem ao Alvorada, veio o Zé Aníbal, tive uma conversa longa com ele sozinho, ele tem sido bastante valioso em todo esse processo, e realmente talvez ele [devesse ter] sido mais bem informado das coisas, e foi elegante.

Depois recebi o Teotônio [Vilela], o Sérgio Machado, o Arthur Virgílio. Recebi também o Almir Gabriel, tensíssimo com a questão do Pará, que me deixou uma documentação farta para mostrar que o MST não é de brincadeira. Ele tem lá várias experiências, e, coitado, caiu na mão dele essa bomba do massacre; ele naturalmente está extremamente perturbado. Pelo que me contaram à noite o Teotônio e o Arthur, a imprensa foi impiedosa para com ele.

Recebi de novo deputados, parlamentares. Falamos sobre as questões agrárias, rotina. Decidi que ia visitar a Dorothea. Nesse meio-tempo já tinha recebido o Raul Jungmann, marquei uma conversa com ele no próximo fim de semana. Ele está animado. Hoje não falei pessoalmente com o Luís Carlos Santos, só por telefone, de manhã, nem com o Luís Eduardo, que aliás passou mal, está muito preocupado.

Fui à casa da Dorothea. Eu tinha que ir.

Havia muita imprensa na porta, muitas crianças, entrei, estavam ela e uma irmã, eu me emocionei, ela chorou, eu também. Na verdade ela está sendo vítima de uma armadilha da história e eu também. Conversei quase três horas com a Dorothea. Deixei que ela desabafasse, me disse coisas preocupantes. Ela acha que estamos fazendo um pacto com o diabo, que o PPB não vai funcionar, que o [Francisco] Dornelles vai arrebentar o trabalho todo do Ministério de Indústria e Comércio, tem medo da corrupção. Ela tem horror ao Dornelles, já tinha manifestado isso antes, valorizou o trabalho que fez, e fez muita coisa mesmo, é uma pessoa séria, trabalhadora e animada, tem uma boa equipe. Me diz ela que o Caito [Caio Carvalho] da Embratur* vai embora, que os principais dirigentes do ministério vão

---

*Empresa Brasileira de Turismo (atual Instituto Brasileiro de Turismo).

embora, que não suportam o Dornelles. Ela é cooperativa, ao mesmo tempo que dizia isso, dava dicas e anotava.

Dorothea é uma pessoa admirável e fui ficando com raiva de mim mesmo. Porque na verdade eu fiz a escolha de Sofia, não tinha jeito, eu sei que não tem jeito, porque ou tem o PPB, ou não passam as reformas, mas justamente em cima da Dorothea é uma coisa muito pesada para ela e para mim.

Além disso, a dúvida é a seguinte: as reformas vão sair? Compensa tanto esforço para fazer as reformas? Esses malditos três quintos. Acabamos caindo na armadilha para a qual tanto alertei no começo do governo. Eu não queria ser prisioneiro do Congresso, porque o Congresso é isso, é negociação incessante. Dorothea me disse coisas duras, que foi obrigada a engolir indicações na Embratur, mostrando esse aspecto de que eu não gosto, nem ela, mas que é da prática brasileira e talvez de todo o mundo.

A avaliação dela é que é um preço muito alto, que era melhor parar as reformas e fazer a regulamentação das leis ordinárias, só que ninguém me disse isso antes, nem ela, e todos dizem o contrário. Eu disse: "Bom, nós somos vítimas de uma proposta que é nossa, a área econômica vive afirmando que sem as reformas o real não se mantém em pé, como é que nós fazemos?". Ela sabe disso tudo, claro. Vai fazer uma nota dura de despedida, mostrando o que fez, está irritada, com toda razão, com a baixaria de notinhas na imprensa de hoje, uma coisa nojenta, aparentemente dito pelo Delfim, o Maluf teria criticado pela televisão o comportamento dela como ministra, enfim, uma coisa inaceitável. Eu vou reagir, no momento da posse do Dornelles, em algum momento, se é que se vai chegar até lá, vou reagir pela dignidade da Dorothea e, no fundo, pela minha própria.

Enfim, começo a sentir o travo amargo do poder, no seu aspecto mais podre de toma lá dá cá, porque é isto: se eu não der algum ministério o PPB não vota, se eu não puser o Luís Carlos Santos o PMDB não cimenta, e muitas vezes — o que Dorothea diz tem razão — fazemos tudo isso e eles não entregam o que prometeram.

Eu tenho que ser mais duro. Temos que exigir votações de muitas coisas já e depois também é preciso demitir, é preciso fazer uma escolha. Eu sei disso. Toda a minha estratégia era fazer as reformas primeiro e, depois, a mudança do ministério. Não funcionou, porque eu queria estar livre dos partidos, tive que fazer uma minirreforma do ministério antes do fim das reformas.

Agora estou na ilusão de que vou conseguir fazer as reformas até as eleições. As eleições vão estraçalhar os partidos, as alianças vão se desfazer em larga medida. Depois das eleições, tenho que fortalecer o PSDB e governar somente com o PFL. É incrível isso. O PFL tem se mostrado mais apto a governar e menos exigente do que outros partidos que aí estão. Temos que pegar para o PSDB a parte do PMDB que vale a pena, e talvez um sistema de dois partidos para poder garantir a continuidade do governo. É isso que estou vendo neste momento.

HOJE É 27 DE ABRIL, um sábado, são mais ou menos oito horas da noite.
Vamos começar pela sexta-feira, ontem.

De manhã, tudo normal, recebi um pessoal da área da Previdência e do salário mínimo — os ministros que discutiam o valor [do salário mínimo]. O Serra estava um pouco agressivo, deu uma cortada desnecessária no Pedro Parente, o Pedro Malan é duro, quer 12% de aumento no máximo, Serra queria uns 18% para os aposentados e até menos, 10% ou 8%, mesmo para o salário mínimo. Na verdade acho que vai ficar 10% para o salário mínimo, 12% para os aposentados, com possibilidade de mais 3%; dependendo de certas leis que possam mudar, ficaria 15% para os aposentados. Discussão pesada como sempre, difícil, mas é isso mesmo. Até o Stephanes disse que não é possível dar mais de 12%.

Depois recebi o Roberto DaMatta, muito simpático, sempre disposto a ajudar, quer trabalhar, está muito preocupado com o fato de que não estamos tendo uma atitude inovadora na comunicação de massa e [está] disposto a ajudar nisso. Ele é bastante criativo.

Estive com Jader Barbalho, que veio me pedir que verificasse a possibilidade de segurar o *Estadão* nas campanhas que está movendo contra ele sobre a má utilização de fundos públicos quando era governador do Pará. Ele me viu falando com Ruy Mesquita por telefone outro dia, percebeu que eu tinha liberdade com o Ruy. Eu disse que os Mesquita são difíceis e que eu não sabia se isso era coisa deles ou da redação, que era preciso saber disso primeiro. Mas, enfim, vamos ver. Não é o meu estilo estar amarrando reportagem, pedi à Ana que verificasse de onde vem a pressão por essas reportagens.

Vim para casa almoçar, voltei correndo para o Planalto e começou a discussão — que já tinha sido ativada pelo Paulo Paiva, que estava na reunião da Previdência — sugerindo o nome do Arlindo Porto [para a Agricultura]. O Pedro Parente, o Pedro Malan e o Zé Roberto Mendonça de Barros também pediram que eu pensasse nessa possibilidade. O Eduardo Azeredo tinha dito a mesma coisa. Telefonei para o Zé Eduardo de Andrade Vieira, o Zé Eduardo também me falou do Arlindo Porto. Pensei que ele quisesse o João Elísio, mas o João Elísio está sob fogo, porque também é do Bamerindus. E os deputados parece que querem outro, mas não sabem muito bem quem.

A partir daí, pedi que o nosso Paulo Paiva entrasse em contato com o Arlindo Porto. Não foi possível, porque ele estava viajando. Vejam só, registrei aqui que queria nomear o João Elísio, mas agora vi que, como o João Elísio tem ligação com o Bamerindus, pode parecer estranho botar outro do Bamerindus, e me pareceu que o nome do Arlindo Porto era bom. Ele foi vice-governador de Minas, ligado ao Hélio Garcia, ao Eduardo Azeredo, um senador discreto que vai manter a equipe que temos no Ministério da Agricultura.

À noite, recebi a informação do Paulo Paiva de que, em princípio, o Arlindo Porto estava disposto a aceitar, mas que precisaria consultar uma porção de pessoas, entre as quais o Hélio Garcia e o Eduardo Azeredo.

Ainda ontem à noite, na sexta-feira, tive uma reunião com o Zé Gregori e com alguns intelectuais do governo: Krause, Aspásia [Camargo], Paulo Renato, Vilmar, enfim, as pessoas que estão mais ativamente interessadas em uma perspectiva intelectual, o Weffort, Israel Vargas e... outros mais que estão realmente dispostos a ajudar, o José Álvaro Moisés, discutimos muito.

Acabei de falar com Pedro Malan, que vem jantar aqui.

Discutimos a situação atual, um certo pessimismo nas áreas formadoras de opinião, entre elas alguns empresários, alguns analistas, e vamos fazer um contra-ataque, chamar essa gente, discutir, mostrar o que o Brasil está realizando, enfim, dar informação para ver se saímos dessa zona de pessimismo. A questão relativa aos sem-terra e à matança de Marabá* fixou um ponto de oposição em muita gente que tem outras preocupações e um certo *malaise*, não sabem muito bem o porquê, encontram aí uma razão de crítica mais eficaz. E os nossos próprios, quando são também intelectuais, são os primeiros a sentir na linha de frente o abalo dessas questões e ficam querendo buscar uma solução, o que me parece bom. Decidimos fazer um encontro na Granja do Torto com umas vinte pessoas, como fizemos no Rio, nas Laranjeiras, com alguns desses formadores de opinião, e depois falar também com alguns empresários.

Hoje o Carlos Eduardo Moreira Ferreira deu declarações dizendo que iam fazer greve junto com os trabalhadores pelas reformas e contra os juros altos. Enfim, misturam as coisas, ele esqueceu que a indústria paulista cresceu 8,1% nesse trimestre, é sempre assim.

Isso foi ontem. Foi até tarde nisso.

Hoje de manhã recebi um telefonema do Paulo Paiva dizendo que efetivamente o Arlindo estava com tudo pronto para aceitar a designação. Ele consultou todo mundo em Minas, todos ficaram felizes com isso e eles virão aqui amanhã às quatro horas da tarde.

Então fiz a operação de nomeação. De tarde mandei chamar o líder do PTB na Câmara, o Pedrinho Abrão, e o do Senado, o Valmir Campelo. Chamei também o Élcio Álvares. Notei que o Pedrinho Abrão não queria um congressista [como ministro], mas nem discuti, eu disse: "Não, é esse, e pronto, acabou, já foi convidado, vamos ver o que acontece, e não acontece nada". Eles mesmos avisaram a televisão que assim era.

O PTB botou a carapuça, disse que me deram uma lista de seis, nunca recebi lista nenhuma de seis, disse que tinha recebido a lista com o nome dele próprio, Pedrinho Abrão, eu não me lembro. Mas, enfim, a razão de Arlindo Porto era que temos aí uma pessoa com respeitabilidade, não é líder da bancada ruralista, e há a possibilidade de mantermos nossa equipe da parte agrícola da área econômica, que vai bem.

Recebi também o Zé Abrão, que não quer estar subordinado ao Luís Carlos Santos. Eu disse que é importante ele ficar colado ao Luís Carlos, o formalismo do

---

* Eldorado dos Carajás, local do massacre, situa-se a oitenta quilômetros de Marabá.

Planalto vai esperar isso dele, e ele quer ser meu assessor. Isso é título, não dou a menor importância a ele se dizer meu assessor, desde que faça o que deve ser feito.

Recebi também uma comissão: o Hélio Bicudo com o Zé Gregori, um juiz, um ouvidor da polícia de São Paulo mais uma moça que não sei o que faz mais o Nelson Jobim com umas críticas boas e positivas para ajudar a gente a elaborar um Plano de Direitos Humanos. Um bom encontro.

O fundamental, contudo, foi de manhã, quando recebi o Jungmann e logo depois o general Cardoso, o Jobim e o Eduardo Jorge. O Jungmann já está já agindo.

Jungmann, que é do PPS, já falou com o Roberto Freire, já entrou em contato com a Contag e já tem plano definido. Vamos tentar municipalizar e estadualizar mais a reforma agrária, e vamos criar esse conselho, Paz na Terra, ou Terra e Paz, algo assim, por causa de *Pacem in terris*,* que é um nome bom, apela. Achei o Jungmann com muita desenvoltura, ele quer ser ao mesmo tempo presidente do Incra, diz que sem isso a coisa não vai funcionar. Concordo, tem que ser assim mesmo. Ele precisa se entender com o diretor atual do Incra, um bom sujeito, mas sem o *punch* e estatura. Já houve entrosamento, necessário, com o Jobim, com o general Cardoso.

Agora uma ponderação um pouco preocupante: a atuação do Almir Gabriel não foi boa em Brasília, não só porque ele tentou passar a ideia de que o problema é fundiário, portanto do governo federal, como porque não foi claro sobre o que aconteceu lá. Ele não quer demitir o secretário de Segurança,** dando a impressão de que, na verdade, ele [Almir] tem algo a ver com a ordem, que teria sido mal dada. E isso vai trazer dor de cabeça para o Almir, que é do PSDB. Portanto vai ter uma repercussão eventual até sobre o partido.

HOJE É DOMINGO, deve ser 28 de abril. Jantei ontem com o Pedro Malan. Longas conversas, o Pedro indicou o [Alexandre] Kafka para continuar no Fundo Monetário, eu sei que ele, Pedro, não está com ideia de sair do Brasil agora, porque aquilo lá é reserva para ele. Conversamos muito, tema de sempre, o Serra em guerra com Gustavo Franco, as dificuldades na manutenção da equipe por causa desse desgaste. Pedro me pediu que negociasse diretamente com ele porque há rumores sobre pessoas do Banco Central, provavelmente de conversas minhas com Clóvis ou com Serra, e porque ele ficou meio queimado porque ofereci ao Murilo [Portugal] ir para os Estados Unidos.

Eu disse ao Pedro que falei mesmo com o Murilo. Murilo me disse que preferia ir para os Estados Unidos, a mulher dele quer muito que ele vá, e que ele já teria combinado com Pedro de sair em setembro. Eu disse que apenas perguntei ao Mu-

---

* Encíclica do papa João XXIII, emitida em 1963.
** Paulo Sette Câmara.

rilo se ele queria ir antecipadamente. Pedro acha que Murilo deve ficar até o fim do ano. Eu acho, pensando no Murilo, que ele devia ir embora logo. É um funcionário excepcional, exemplar, apesar de todo mundo reclamar que ele não solta o dinheiro. Mas não tem que soltar mesmo.

Hoje, domingo, Serra me telefonou, discutimos coisas sem maior transcendência e ele se explicou sobre a questão do Proer, que lá na Câmara ele teria apenas dito que o Proer pode, na verdade, eventualmente, ter gasto fiscal, mas que não era nem zero nem 9 bilhões como se dizia.

O dia foi de receber gente, a manhã toda. Despachei com Gelson. Recebi a Gilda [Cardoso], minha irmã, com o Roberto [Cardoso de Oliveira], meu cunhado, os filhos e netos, almocei com eles.

Depois do almoço recebi o novo ministro da Agricultura, o senador Arlindo Porto, acompanhado do Paulo Paiva, ministro do Trabalho. Conversamos. O Arlindo é uma pessoa mineira, discreta, competente à moda dele, suave, não quer tomar posse já porque quer aplainar a bancada. Acho que vai dar certo. Na Agricultura, o que queremos é manter o nível técnico, ele vai deixar todo mundo, os nossos técnicos, e o resto vai caminhar normalmente.

Depois recebi o Lampreia com a Lenir. Ele falou da sua viagem, parece que vamos ganhar [a construção de] uma geradora de energia na Malásia, isso é muito importante, pensei que fosse para a Andrade Gutierrez, mas quem deve ganhar é a Odebrecht. Lampreia me disse que a Odebrecht tem tido um desempenho grande, está associada aos mexicanos e à Brown Boveri,* que é de suíços, enfim, se ganharmos é uma coisa importante para o Brasil penetrar na Ásia.

Discutimos um pouco a questão de Itamar, o que aconteceu de fato em Maputo.** Os portugueses não queriam o Zé Aparecido, que disse ao Lampreia que sentiu isso, que o próprio ministro português*** não dava brecha para ele.

Estou esperando a chegada dos convidados para jantar, vem a Roseana Sarney e um grupo de pessoas amigas minhas e dela, o Eduardo Graeff, o Eduardo Jorge mais quem?... Quatro ou cinco pessoas. A Roseana gosta de ter um elo conosco.

SEGUNDA-FEIRA, 29 DE ABRIL, três horas da tarde.
De manhã recebi o Luís Carlos Santos, acertei as coisas com ele, inclusive sua relação com Zé Abrão, Eduardo Graeff e Eduardo Jorge. Tudo certo.

*Asea Brown Boveri, grupo suíço-sueco, atual ABB Group.
**Reunião preparatória da instalação da CPLP, entre os sete chanceleres dos países integrantes. Pela imprensa, Itamar Franco criticou publicamente a demora do governo brasileiro em oficializar a indicação de José Aparecido Oliveira como secretário executivo da CPLP sediada em Lisboa.
***Jaime Gama.

Depois fui ao Planalto, para o lançamento de um forte programa de empregos e de infraestrutura, investimento em empregos e treinamento de mão de obra. Fiz um pronunciamento defendendo as teses de que estamos antecipando os problemas e que há grandes condições de o Brasil ir para diante. Estavam presentes o Vicentinho, o Paulinho do Sindicato dos Metalúrgicos de São Paulo, [Canindé] Pegado, vários governadores.

Recebi o Marcelo Alencar, que voltou da Europa muito entusiasmado. Almocei com Márcio Moreira Alves, que tem sido um jornalista competente. Expliquei a ele a questão da reforma agrária também, e por aí ficamos.

Agora à tarde terei a posse de Luís Carlos Santos.

HOJE É SEXTA-FEIRA, 3 de maio. Passei uma semana tão agitada que não pude registrar tudo que aconteceu.

Na segunda-feira, 29 de abril, fui à posse de Luís Carlos Santos. Fiz um discurso forte sobre a necessidade de que o Congresso não se curve à obstrução contínua de uma minoria que não aceita a regra da maioria. Porque é isso que está acontecendo no Brasil. É uma tentativa permanente de deslegitimação da decisão tomada dentro das regras democráticas. PT, PCdoB, PDT não aceitam, são fundamentalistas, acham que têm a verdade em si e se opõem não só no voto, mas em todas as medidas obstrucionistas, como fizeram ao mandar ao Marco Aurélio uma ação para suspender a votação da Previdência, que o Marco Aurélio aceitou.

Terça-feira foi o Dia do Diplomata. Fui cedo para o Itamaraty e passei lá a manhã inteira. Discurso, solenidades, distribuição de medalhas, almoço no Itamaraty, brinde. Depois fui correndo ao Palácio do Planalto, para a posse do ministro da Reforma Agrária. Muita gente presente. O Raul Jungmann fez um discurso um tanto, como dizer, flutuante, porque não leu o texto e fez afirmações um pouco arriscadas, dizendo que ele é de esquerda e o Krause liberal, mas se deram bem, um debate que não era oportuno.

Ele tem assuntos concretos a enfrentar, aliás mencionou os relativos à Reforma Agrária, mas se perdeu um tanto na pretensão de fazer um discurso mais de improviso, mais emocional, e também um pouco mais ideológico. Resultado: tive que fazer um discurso mais forte do que eu imaginava, colocando a questão da reforma agrária, da violência no campo, da necessidade de respeitar a Constituição, enfim, os temas que tenho batido nos últimos tempos para mostrar que o movimento [dos sem-terra], embora legítimo, não pode ultrapassar as fronteiras da legalidade, até porque, se ultrapassar, a violência vem dos dois lados. Mas também sem eximir a responsabilidade pelo massacre ocorrido no Pará. O governo tem que apurar esse massacre. Se o governo estadual, a justiça estadual não fizerem, nós vamos ter que fazer.

Longas conversas sobre essa matéria com o general Cardoso, que está muito preocupado. Ele conhece a situação, acha que os sem-terra dizem uma coisa e agem de outro modo, pensa que devemos fazer um movimento de pinça para esvaziar os sem-terra. Eu também acho, precisamos atender reivindicações, mas temos que ganhar a batalha simbólica na mídia, e não podemos esquecer que os sem-terra são uma organização mesmo. E que não têm propriamente os mesmos objetivos de ordem democrática que nós temos. Mas isso não pode obscurecer a questão social.

O fato de existir essa chaga social é o que dá força a todas as palavras de ordem, mesmo descabidas. Eu disse, no discurso na posse do Jungmann, que, quando se fala de sem-terra, se fala dessa dívida social, e isso comove a todos. Hoje 85% da população urbana, que não sabe nada de terra, é a favor da reforma agrária sem saber em que condições nem o que é isso. E por quê? Porque existe realmente essa violência social no Brasil. Eu até disse ontem, aos sem-terra, que eles não podem me cobrar à vista uma dívida enorme de décadas; pelo menos que me cobrem a prestações...

Depois tive o prêmio do Moinho Santista* com a Bia [Cardoso] presente, professores. Recebi o Robert Shapiro, presidente da Monsanto, como já havia recebido na semana anterior o presidente da Saint-Gobain.** Fui ao lançamento do polo petroquímico de São Paulo*** com o Mário Covas, empresários — Olavo Setúbal depois se reuniu na minha sala com Emílio Odebrecht — e alguns ministros em clima de euforia. Olavo disse que eu tive grande coragem em lançar esse polo, que há dois anos se falava e não se fazia [nada]. Estou tentando dar um impulso em certas áreas em que é difícil fazer investimentos.

O fato é que fiz quatro discursos na terça-feira, sendo que num deles, na posse do Jungmann, tive que passar um pito no pessoal que fazia barulho, e isso repercutiu, porque era pura falta de educação.

À noite jantamos em casa: o ministro Lampreia, a Bia e o Duda chegaram com os filhos, foi uma noite agradável, o Giannotti também passou aqui.

No dia 1º, quarta-feira, passei a manhã conversando com o Giannotti sobre as questões políticas. Ele tem tido um papel muito construtivo, mas precisa ser informado para não perder o rumo e também porque está se jogando nessas coisas, ele fica um pouco atônito com a questão de acordos, isso sempre dói, com o pessoal do PPB, tem que explicar, ele sabe, mas preciso reafirmar o porquê disso tudo.

O resto do dia foi tranquilo, praticamente não recebi ninguém. Chegou uma carta do Serra, ponderando uma porção de itens, ele queria vir aqui, mas não pude recebê-lo. Virá hoje, sexta-feira.

Na quinta-feira, reunião de rotina, alguma preocupação do pessoal do Palácio, ou seja, o Eduardo Jorge e o Clóvis, sobre o espaço a ser ocupado pelo Luís Carlos Santos. Já conversei com o Luís Carlos. Não bati o martelo, mas na prática a coisa avançou nesta direção: o líder do governo seria o Benito Gama, que é do PFL, e noto

---

* Prêmio Incentivo à Educação Fundamental.
** Jean Claude Breffort.
*** Complexo Petroquímico do Planalto Paulista, em Paulínia.

que os dois do Palácio não gostam da solução. Não é para gostar mesmo, mas não há alternativa, eles têm que restabelecer o equilíbrio no Congresso. Noto também certa inquietação, porque a presença do Luís Carlos como que obriga um pouco mais de cautela nas nossas conversas. Decidimos que faríamos reuniões às terças e quintas no Palácio com Luís Carlos e que nas segundas e sextas eu despacharia no Alvorada com Eduardo Jorge e com Clóvis, que não querem perder a chance dessa conversa mais descontraída. Propus que na reuniões de terça e quinta, além dos dois e do Luís Carlos, tivéssemos também o Serra e o Marco Maciel, que são eles com a parte operacional do Congresso, o que aumenta o âmbito dos que discutem e tira esses canais tão exclusivos que todos querem ter comigo.

Quarta-feira, Dia do Trabalho, as coisas foram tranquilas.

Na noite da segunda-feira, 29 de abril, o Clóvis trouxe ao Palácio do Alvorada a medida provisória sobre o reajuste do salário mínimo e a dos benefícios da Previdência. Muito vaivém no Palácio. Tínhamos que publicar do dia 29 para o dia 30 a medida provisória, e as discussões foram grandes, porque o Serra queria aumentar mais os benefícios da Previdência e que esse aumento valesse desde já. O Malan preferia que fosse 12% para todo mundo, ou até menos para o salário mínimo, 10% talvez. E queria que a medida só valesse depois que os efeitos da contribuição social se fizessem sentir, daqui a três meses. Prevaleceu que seria 15% para os aposentados, sendo 12% de aumento e 3% condicionados a esse reajuste dos inativos, que pagarão uma contribuição, e também dos autônomos, que vão passar a contribuir de 10% para 20%. Idas e vindas e muita tensão, porque Malan e Serra, na verdade, andam numa espécie de braço de ferro, e eu estava sem muita saída para evitar que uma decisão dessa importância resultasse em perda para alguém. Esse clima é ruim.

Na terça-feira à noite, encontrei o Malan em jantar na casa do Lampreia. Ele assimilou a decisão, que foi de 12% e 15%. Claro que isso vai dar uma briga danada e já houve muita reação no Congresso. Eles foram informados na terça de manhã, reclamaram que não tinham sido avisados antes, se fossem não deixariam aprovar a medida. É sempre assim. Um braço de ferro permanente.

No Alvorada tive um almoço com o pessoal da *IstoÉ*, o Luciano Suassuna, o Eumano Silva e um diretor da revista, Hélio,* esqueci o sobrenome. Expliquei tudo de novo, meus argumentos são mais fortes do que os deles, isso não significa que eu os convença, mas os paralisa um pouco.

À tarde recebi os diretores da Associação Paulista de Supermercados, que vieram dizer: expansão para todo lado, apenas 2% dos produtos que eles vendem são importados, a abertura** para eles foi positiva, acham que a indústria brasileira se adaptou, reagiu e tudo mais.

---

*Hélio Campos Mello.

**No início do ano, o governo reduzira as alíquotas de importação de eletroeletrônicos, têxteis e calçados.

Quero registrar que tive uma longa conversa com o general Cardoso, com o ministro da Justiça, o Jobim, com o presidente do PSDB, o senador Teotônio Vilela, e com o deputado Arthur Virgílio, que é o secretário-geral, sobre a questão do Pará.

O Jobim foi ao Pará de novo e viu que a polícia está fazendo um inquérito farsa. O coronel encarregado por ela não está levando aquilo ao pé da letra, é só há uma pessoa para ajudá-lo. O advogado deles é outro coronel reformado da Polícia Militar, competente segundo Jobim. Está tudo sendo preparado para não dar em nada. Ele acha que é preciso tomar alguma medida. Então chamamos o general Zenildo, que assistiu à nossa reunião e decidimos que o Jobim, os dois do PSDB, o Teotônio e o Arthur Virgílio, iriam hoje — devem ter ido de madrugada — falar com o Almir Gabriel. O Almir tem que aceitar a nomeação de um secretário de Segurança do Exército, para que possamos intervir na Polícia Militar do estado.

Almir está sensibilizadíssimo, tentando jogar a culpa de tudo no governo federal, e com raiva de mim porque não dei cobertura e disse que precisava apurar o massacre. Almir não tem culpa da autoria do massacre, no sentido pessoal e psicológico, mas ele tem que apurar isso com mais energia, e perdeu força com a Polícia. É uma situação dramática para o Almir e ele pensa em jogar tudo para cima de nós. Se ele não apurar, vão vir para cima de nós, mas não vamos deixar. Dei ordem taxativa de que é preciso ir pelas boas com o Almir. No entanto, se ele resistir, não tenho alternativa senão fazer uma espécie de intervenção no Pará. Branca que seja, mas tenho que fazer, porque isso não pode ficar impune.

Hoje li no *Jornal de Brasília* denúncias — podem ser fantasiosas — de que o massacre foi pago por fazendeiros da região e que havia pistoleiros fardados da Polícia Militar. Se houve isso então é gravíssimo. Vê-se que a situação no sul do Pará está tomando contornos inaceitáveis. Vamos precisar botar o Exército lá. Até porque os garimpeiros também estão criando dificuldades com a Companhia Vale do Rio Doce. Não se pode deixar a Amazônia, que é muito atritosa, sem uma ação mais enérgica.

Em seguida recebi o movimento dos sem-terra. Durante duas horas. Estava lá o João Pedro Stédile, que obviamente é o líder, pelo menos o líder ideológico deles. A reunião começou tensa e eles vieram com uma proposta de renúncia do Almir, demissão do Jobim, resolver a questão agrária com três medidas provisórias. Enfim, como se eu fosse, na prática, um ditador. Disse para eles: "Aqui há um regime constitucional. Lutamos muito para isso e não sou ditador. Não é que eu aperte um botão e as coisas acontecem".

Fomos indo pouco a pouco, disseram que são trinta e poucos mil acampados, vamos assentar esses trinta e poucos mil. Eles têm a exigência de não sei quantos milhões de reais para atender aos assentamentos, eu disse que não podia me comprometer com números, que precisava examinar, defendi muito a necessidade de que houvesse um entendimento e que não se podia simplesmente jogar a culpa no governo, e não fazer nada. É muito fácil, mas não muda a situação das pessoas.

Eles são organizados, é uma coisa assim quase clerical. Gente jovem. Poucos agricultores, pela cara e pelas mãos também, é mais ideológico. Mas é gente que entende, sabe da situação, sobretudo o Stédile; eu também não dou de barato nada. Discuti cada tema com sinceridade e disse a eles que era preciso ver se estão com boa-fé. É uma senha de mão dupla, um acordo, implica que vamos assentar esses trinta e poucos mil, mas não me ponham mais gente nos acampamentos. Eu sei que no futuro vão pôr, mas primeiro tem que deixar o governo absorver esses que estão aí.

Quanto às medidas provisórias [propostas por eles], não são constitucionais, não posso fazer medida provisória para substituir lei complementar (nem a questão da Justiça tenho certeza que possa).* A que pode já está no Senado e com o nosso apoio efetivo e do Jobim, que lutou muito na Câmara para isso. É injusto, portanto, não reconhecer nosso esforço.

Vieram de novo com o negócio de terra de índio. Eu expliquei direitinho do que se tratava, eles estão equivocados, não tiveram argumentos para me contestar, eu disse que esperassem, daqui a um mês isso tudo estaria resolvido. É índio contra índio, pobre contra índio, não é latifundiário contra índio, isso é demagogia. Enfim, diante de mim é difícil que eles façam outra coisa senão ficar silenciosos; mas lá fora vão para a televisão e dizem o oposto. A reunião foi longa mas boa. O Raul Jungmann estava bem, foi firme nas posições, o general Cardoso também participou. Ele está cada vez mais indispensável, pelo bom senso, pela capacidade de analisar, pelo equilíbrio. Ele inspira confiança em todos e também nos sem-terra.

À noite, vim para casa e, depois de falar com o Luís Carlos Santos, o Eduardo Jorge e o Clóvis, tive uma longa reunião com os chamados formadores de opinião de São Paulo: Maílson da Nóbrega, Ibrahim Eris, André Lara Resende, Bolívar Lamounier, Luís Paulo Rosenberg, Affonso Celso Pastore, algumas pessoas do governo e o [Antoninho] Trevisan. Foi muito interessante, porque eles vieram bastante pessimistas. Eu digo: "Mas qual é o pessimismo?". A gente começa a analisar, e é vago: "Porque as reformas não andam". Eu digo: "Como não andam? Elas param, andam, mas muita coisa foi feita em pouco tempo, vocês pensam o quê? O Congresso é assim mesmo, e ninguém está ajudando. Vocês ficam escrevendo o quê? Quem é que vai lá pressionar deputado? Ninguém".

A reforma da Previdência e a administrativa ficaram por conta do governo, a sociedade torce de longe, a imprensa joga contra e, mesmo assim, estamos avançando. Essa reforma foi feita para avançar e vai avançar. "É *stop and go*", mas é *stop and go* porque o Congresso é assim mesmo, não posso nem me queixar, por-

---

*Além de reivindicar a edição de uma medida provisória para instituir o rito sumário na desapropriação de terras, o MST pediu ao presidente a aprovação do projeto de lei que previa a transferência do julgamento de crimes cometidos por PMs da Justiça Militar para a Justiça comum.

que o Congresso votou muita lei. Se há uma crítica a ser feita, é que mandamos lei demais.

É claro que a base é confusa, todo mundo sabe. Estamos fazendo uma modernização a partir de bases conservadoras. Sem argumentos. Depois, há uma tensão entre eles. Uns acham que há o perigo do estouro fiscal. Eu digo: "Bom, estouro fiscal não vai haver". Quais são as variáveis em que posso mexer? É salário e juros, mais nada. O que eu fiz? Dei zero de aumento de salário, e a taxa de juros caiu pela metade. Isso vai ter efeito nas contas fiscais. Aliás, foi o que todos disseram, Maílson confirmou, todos já sabem que no fim do ano as contas de 96 serão melhores do que as de 95. Durante 95 eles nunca perceberam que estava havendo algum descontrole, efeito da própria estabilização.

Enfim: análises superficiais. Falam sempre em "expectativas", manipulação de mercado, e quando você aperta... Eu pergunto: "Qual é a medida prática que vocês querem que eu tome?". Aí ninguém diz nada, não se vê nenhuma medida. Alguns têm medo, sobretudo Rosenberg, de que, por causa da taxa de juros e da dieta da estabilização, as empresas quebrem, a inadimplência é muito alta. Outros, como André, têm medo de que já estejamos soltando demais, medo de um juscelinismo no governo. Eles próprios não se entendem sobre qual é o problema. O próprio Pastore parecia ter a posição mais favorável ao juscelinismo, ao desenvolvimentismo, mas não se vê muito claro. Alguns falam do Serra como sendo um sinal negativo do governo em contraposição à estabilização. Então eu pergunto: "Mas vocês querem uma coisa ou querem outra?". Também não sabem.

No final, como aconteceu na conversa com os intelectuais no Rio, saem todos mais desanuviados, porque se vê que os argumentos não são sólidos. Eu não estou querendo fazer racionalização, não é isso; estou querendo mostrar que não há alternativa.

Eu digo: "Olha, o custo dessa estabilização é baixíssimo, porque a economia está crescendo a 3%, então não há recessão. É crescimento real per capita, apesar da estabilização. Os objetivos estão sendo atingidos, talvez só não no tempo que queremos".

Todos dizem que não há perigo à vista. Não há nada que vá desequilibrar o que está montado aí, porque, dizem eles, a âncora fiscal e a cambial juntas são poderosíssimas, mas que "sem as reformas, sem a âncora fiscal, não dá para funcionar". Quando você aperta, verifica que eles não me dão nenhum caminho para fazer a tal âncora fiscal. Eu digo: o que é que eu faço? Temos que ou tirar pessoal ou parar de aumentar; eu parei. Qual é a alternativa? O gasto corrente não aumentou nada. O governo não está gastando. Então? São ondas. Ondas de pessimismo, ondas de otimismo. Em termos objetivos, toda semana eu recebo informação de mais investimento. O investimento está vindo.

Depois fiquei com Maílson, Luciano Martins e Sérgio Amaral, dando o balanço. Maílson é muito otimista e sempre muito consistente nas análises.

Hoje, sexta-feira, 3 de maio, daqui a pouco vou receber o Serra, depois o vice-presidente da Argentina,* depois acho que o Clóvis e não sei quem mais, e terei uma reunião sobre a OMC com o Celso Lafer e, à tarde, o conselho de ministros. É só.

Em tempo, esqueci de registrar uma reunião importante que tive ontem com os ministros militares, o Sardenberg, o Lampreia, o Rego Barros e o embaixador do Paraguai, Márcio Dias. A reunião foi para dar um balanço da questão do Brasil com o Paraguai. Ficou claro, pelo que disse o embaixador Márcio, que ele, lá no Paraguai, atuou muito [na crise] e que Wasmosy tinha renunciado. Foi ele quem induziu Wasmosy a não renunciar. Reescreveram a carta para que ele não renunciasse e ficou caracterizado, segundo Lampreia, que, exagerando, essa foi a ação mais intervencionista que o Brasil já teve nesse século. De qualquer forma eu disse que era preciso limitar o assunto, e o embaixador e o Sebastião Rego Barros disseram que qualquer ação no Paraguai foi sempre feita em nome do Mercosul.

Eu disse que os americanos estavam numa linha dura que nós não queríamos, então nos antecipamos a eles e avançamos depressa para evitar que isso acontecesse. Todos concordaram com essa ideia. Os militares, muito preocupados com a pressão americana, e os argentinos como cadeia de transmissão disso. A desmoralização das Forças Armadas argentinas, feita pelo atual governo argentino, preocupa os militares brasileiros.

Ficou claro que sustentamos Wasmosy, fomos nós que o induzimos a não aceitar as imposições de Oviedo. Wasmosy me disse que Oviedo, se fosse candidato, teria melhores resultados para o Brasil do que o Argaña, mas o embaixador Márcio Dias ponderou, com toda razão, que o [Domingo] Laíno tem toda chance de ganhar pela oposição. Isso é melhor, porque limpa o Paraguai, a corrupção é muito alta. O Laíno tem boas relações conosco, foi agradecer na embaixada a ação do Brasil. Aliás o Laíno e o [Guillermo] Caballero Vargas, porque eles perceberam que era uma ação pela democracia. E ficou ainda bem estabelecido que a nossa intervenção, se se pode caracterizar como tal, foi simplesmente para garantir a institucionalidade, e que o Brasil não deseja aprofundar nenhuma relação de clientelismo com o Paraguai.

O almirante Mauro César vai ao Paraguai, queria saber qual é a nossa posição. Eu disse que não é de animar a expectativa de que o Brasil, por interesse político, esteja disposto a subvencionar o Paraguai. Isso ficou bem claro. De qualquer forma, ficou também evidente que nossa ação foi decisiva no Paraguai.

Segundo o embaixador, Laíno tem grande admiração pessoal por mim. Seria bom que ele fosse eleito, pelas afinidades que tem com muitos setores do Brasil e pela democracia. Nós dissemos que estava certo, mas que isso depende dos paraguaios. Não vamos nos meter em política interna do Paraguai, porque não que-

*Carlos Ruckauf.

remos nos caracterizar com uma política semelhante à americana. Até usei a expressão de que não somos subamericanos, temos a nossa linha própria, que pode coincidir, como no caso coincidiu, com os objetivos americanos de preservação da institucionalidade, mas que não coincide com os métodos de agir de forma intervencionista direta, sem dar chance ao país para que ele tenha certa evolução de suas próprias forças internas. Esse é o nosso ponto de vista. Há que deixar que as forças amadureçam.

Ainda 3 de maio de 1996.
De manhã, depois de despachos de rotina, recebi o vice-presidente da Argentina com vários senadores. Em seguida, reunião sobre o nosso pleito na OMC de um *waiver* para o regime automotriz.* Essa matéria vem se arrastando há muito tempo. Foi uma insistência sobretudo do Serra e da Dorothea, porém todos aderiram à ideia de fazer um regime automotriz semelhante ao da Argentina, dando vantagens para a importação de equipamentos, peças e autos para as montadoras que se instalarem aqui, incentivando-as a exportar automóveis como compensação.

Isso contraria as regras da OMC. A informação que o Lampreia nos passou hoje de manhã é que os Estados Unidos vão emitir uma nota contrária e dar publicidade a ela. Grande discussão: se os Estados Unidos vão emitir uma nota contrária e os japoneses já são contra, a Europa recua e vamos ser derrotados. Serra insistiu sobre a questão de não retirar o *waiver*, mas venceu o ponto de vista de retirá-lo. Isso implica uma confusão enorme, porque é preciso uma negociação com as empresas montadoras para ver se elas aceitam permanecer no Brasil sem essa regra e fazer o investimento prometido. Temos que compensá-las de alguma forma. Essa questão partiu mal desde o início. É uma teimosia que deu no que tinha que dar. Celso Lafer ficou contente, porque não vai ter que defender o impossível em Genebra.

Posteriormente, fui para uma reunião com o ministério na Granja do Torto. Uma apresentação do Raul Jungmann, ministro da Reforma Agrária, e do Arlindo Porto, ministro da Agricultura. Uma exposição do Serra sobre orçamento, depois uma do Sérgio Amaral sobre a nova forma de fazer o controle da publicidade do governo. Fiz uma discussão sobre a questão das reformas políticas, voltei para casa e agora estou trabalhando.

---

*O Brasil solicitou à OMC, através de um *waiver* ou declaração internacional, a suspensão da obrigação de notificar o conjunto dos países da organização sobre o novo regime automotivo do país.

5 A 12 DE MAIO DE 1996

Candidatura Serra à prefeitura de São Paulo.
Negociações com líderes sindicais.
Invasão do gabinete de Malan por grevistas

Hoje é domingo, 5 de maio.
    Acordei tarde porque ontem estava muito cansado. Às nove e meia da manhã do sábado começou uma reunião com cerca de vinte pessoas, basicamente intelectuais, convocadas pelo Weffort e outros ministros. Vieram o Leôncio Martins Rodrigues, o Fábio Wanderley [Reis], o Roberto DaMatta, o Gilberto Velho, o [Gilberto] Dupas, uma reunião muito boa. Fiz uma longa exposição em que disse qual é a lógica do sistema, o que está acontecendo, as mudanças, e cobrando da intelectualidade falta de identidade. Eles estavam acostumados a uma identidade de oposição e agora estão se encolhendo na identidade de governo. E não há por que baixar a cabeça, temos que ir para a ofensiva. Dei muitas explicações sobre o que está se fazendo, eles não sabem, naturalmente, nem podem saber. Foi uma reunião bastante variada, com um clima bom entre gente que está no governo e gente fora do governo.

    Almoçamos e, no final do almoço, o secretário executivo do Ministério da Justiça, que também estava presente, me entregou um relatório do depoimento de uma pessoa de Eldorado dos Carajás, gerente de uma fazenda que está sob ameaça de desapropriação. Esse senhor conta que foi procurado pelo sr. [Plínio] Pinheiro, dono da fazenda Macaxeira, para arranjar dinheiro e financiar a polícia e pistoleiros para matar pelo menos uns dez cabeças do movimento dos sem-terra. Isso é grave. O Brindeiro já pediu que o procurador federal* abrisse um inquérito e ele foi [ao Pará] investigar a responsabilidade do governador na ordem [dada à polícia]. Esse depoimento tomado pela Polícia Federal abriu uma brecha para o governo federal entrar na questão.

    Acabei de falar por telefone com o ministro Jobim, que reafirmou tudo isso e me disse que já chamou o diretor da Polícia [Federal]. Avisou que quer que se acompanhe [o processo]. Por quê? Porque a polícia e a promotoria locais já estão tratando de encobrir provas, impedir a reconstituição do crime. Como sempre! Eu não sou [responsável], mas serei responsabilizado pela propaganda política [da oposição]. Hoje mesmo está o sr. Clóvis Rossi falando do "Riocentro de FHC";** é assim que se vive no Brasil. Esse Clóvis Rossi fica buscando realmente [o que não

---

*Wagner Gonçalves, procurador federal de Direitos Humanos.
**"O governo está diante de um desses momentos agudos de definição, uma espécie de Riocentro da democracia", escreveu Rossi na *Folha de S.Paulo* (4 de maio de 1995).

existe]. Daqui a pouco o presidente da República é responsável por qualquer acidente que ocorra, qualquer homicídio, porque a polícia não foi competente. Logo, se a polícia não foi competente a responsabilidade é do presidente!

HOJE É TERÇA-FEIRA, 7 de maio, e agora são três horas da tarde.
 Ontem passei a manhã aqui. Recebi o Dornelles, para combinarmos o discurso de posse e também ver as nomeações que ele iria fazer. Ele vai mexer em pouca coisa, vai nomear o secretário executivo, o chefe de gabinete e o consultor jurídico. O resto permanece. Pelo menos é sua intenção.
 Recebi também, como de hábito, o Clóvis e o Eduardo Jorge. Falamos sobre a questão dos fundos de pensão, que é preocupante, e a respeito de uma operação que estão fazendo com a Acesita, para comprar metade da siderúrgica brasileira.* Mas não se tem muita informação. Os jornais já dizem que mandei suspender essa decisão! Eu nem tenho poder para isso, porque são fundos privados. Mas há uma preocupação nessa área. Depois de ter recebido o Dornelles, houve um intervalo, porque só às três e meia eu faria uma exposição sobre o plano social do governo.**
 Por mais que eu expusesse o que o governo está fazendo na área social, os jornais de hoje dizem que eu decepcionei, porque não apresentei um plano. Na verdade não reproduzem os dados, todos eles consistentes, mostrando o avanço entre o ano passado e este. Estão aproveitando a crise que o Betinho provocou na Comunidade Solidária,*** agora outro [jornalista] que nem sei o nome tem uma página inteira para mostrar que o Programa Comunidade Solidária está em crise. Uma maneira indireta de atacar a Ruth e, portanto, de me atacar.
 Depois dessa discussão sobre o plano social e de ter recebido um grupo de bispos da Igreja Universal, com deputados — vieram reclamar que está havendo uma verdadeira blitz contra eles pela Receita Federal, Polícia Federal, tudo mais —, voltei para casa. [A respeito dos bispos eu sabia vagamente do Banco Central, não sei do que se trata, vou verificar.
 Depois tive o coquetel com o pessoal da Comunidade Solidária. Um clima excelente, mas Anna Peliano estava agastada, quer ir embora, acho que o Clóvis a apertou. Ela desde o início vem manifestando a disposição de chefiar toda a área

---

*A ex-estatal Acesita, controlada por fundos de pensão, planejava adquirir participações na Usiminas, na Cosipa, na Companhia Siderúrgica de Tubarão e na Açominas para ultrapassar a CSN no mercado siderúrgico nacional.
**Solenidade de divulgação do documento "Por um Brasil mais justo", exposição das metas do governo nas áreas de saúde, educação, emprego, reforma agrária e assistência social.
***Em 2 de maio de 1996, o sociólogo mineiro anunciou sua saída do conselho do Programa Comunidade Solidária com críticas ao governo, no que foi seguido, dias depois, por outros conselheiros, entre os quais o humorista Renato Aragão.

social do governo, os bolsões de pobreza é que deveriam ser seu foco. Ainda tive uma reunião com o Serra, o Clóvis e assessores sobre os vetos do orçamento. Fui deitar, muito cansado, às onze e meia da noite.

Hoje de manhã, terça-feira, dei posse ao Dornelles. Dornelles fez um bom discurso, objetivo, com o seu programa de ação. E me reuni com as lideranças, com o Luís Carlos Santos, já como ministro, e com os ministros da casa, ampliados com Marco Maciel e o Serra, para discutirmos a pauta dessa semana no Congresso.

Depois me encontrei com os líderes, para reafirmar que eles têm que derrotar a demagogia do [Paulo] Paim, que, de novo, está querendo aumentar o salário mínimo para 180 reais e pretende um aumento de 80% na Previdência. Estou cansado de ver o Congresso aprovar para eu ter de vetar; isso é uma coisa sem propósito, todo mundo sabe que não dá para aprovar, é preciso que o Congresso vote contra, vamos ver se fazem isso.

Acertamos a pauta. Falei com o Sarney, que tinha ido lá, por telefone conversei com o Pertence, que me notificou de uma crise entre o ministro Lôbo e os tribunais. Os tribunais exigiram que o ministro apresentasse uma fita do avião em que morreram os Mamonas Assassinas, o ministro considerou sua autoridade alcançada e se recusou. Falei de novo com o Pertence, para informar o que o ministro quer, é preciso ver qual é o foro competente em que ele pode ser intimado. É só isso, me parece.

Falei com o ministro Carlos Velloso, do Supremo, e com o ministro Maurício Corrêa, para saber da votação de amanhã. Claro, eles são ministros, não se expõem, mas parece que vão votar a favor da Câmara, e a Câmara tem razão mesmo: foi o Marco Aurélio quem tomou uma decisão inoportuna.*

Almocei com o Roberto Irineu Marinho. Eu gosto do Roberto Irineu, ele é franco, aberto, tomou nota de uma porção de coisas, mostrei a ele a importância de eles continuarem aprovando as reformas e tal. Acho que é o que ele também deseja.

HOJE É SÁBADO, 11 de maio, dez e meia da noite. Só hoje consigo voltar a fazer anotações. Foi uma semana difícil. Esses últimos quinze dias talvez tenham sido os piores desde que assumi o governo.

Na terça-feira, 7 de maio, depois do almoço com o Roberto Irineu, tive apenas uma reunião com o almirante de esquadra Mauro César Pereira, ministro da Marinha, que de novo me disse que a Marinha gostaria de ver resolvida a questão da aviação naval. Isso é uma bomba grande. O general Cardoso tinha me avisado que os outros ministros militares não aceitam a aviação embarcada. Eu penso que ela é lógica, mas as outras Forças [Armadas] não consentem.

---

*Em 12 de abril de 1996, em decisão liminar, o ministro Mello determinou a suspensão da tramitação da PEC da reforma da Previdência, atendendo ao mandado de segurança impetrado por um grupo de parlamentares da oposição. A presidência da Câmara recorreu ao plenário do STF.

Recebi o Jarbas Vasconcelos, foi rápido, com muita eficácia. O Kandir veio falar sobre muitas coisas, entre elas sua candidatura a prefeito de São Paulo. Ele acha que deve ser o Serra e, caso não seja, parece que chegou aos seus ouvidos que eu pensaria eventualmente nele; prometeu que não diria a ninguém. De fato acho isso uma possibilidade. À noite jantamos Carmo, Nê, Sérgio Motta, Wilma, Ruth e eu. Muito agradável. Tomamos uns vinhos que o Sérgio tinha me dado fazia algum tempo, Château Margaux 1970.

No dia seguinte, quarta-feira, dia 8, fui ao Palácio do Planalto, tive um rápido despacho interno e dei posse ao ministro da Agricultura e do Abastecimento, Arlindo Porto, muito concorrida. Fiz um discurso rápido porque era preciso que eles fossem votar no Senado a primeira parte do Sivam, e eu não queria atrasá-los, o Antônio Carlos me tinha alertado.

Depois recebi o Adib Jatene, que voltou a reclamar da falta de recursos. Mostrou que está numa situação desesperadora, e está mesmo. Se não tivermos essa CPMF, ele não terá como fechar o ano. Se tivéssemos a CPMF aprovada, poderíamos fazer um empréstimo ponte para ele.

Almocei com o Roberto Civita, que contou as coisas de sempre. Eu, a meu modo, reclamei dos números anteriores da *Veja*, não deste ano, do ano passado, a questão do "Corvo".* Ele falou do Mario Sergio, como é difícil lidar com jornalistas, como se ele não fosse realmente o dono da revista. Ele tinha feito um bom número na revista *Exame*, eu passei muitas informações, tanto econômicas quanto sociais, da última apresentação sobre o programa social.

Depois voltei para despacho interno, recebi Rafael de Almeida Magalhães e Artur da Távola para discutirmos as Olimpíadas do Rio de Janeiro. E mais tarde o general Leonel, para discutirmos as questões normais do Estado-Maior.

Nesse meio-tempo as preocupações sempre crescentes com a questão do Almir Gabriel, muitas informações de que ele está zangado com o governo federal. Ele [não é] diretamente responsável [pelo que ocorreu], mas não pode dar a impressão, ao falar do governo federal, de que há algo a esconder.

À noite recebi o Tasso. Pedi que ele fosse, com o Mário Covas, conversar com o Almir, coisa que eles farão na segunda-feira que vem. Falei com o Mário também sobre isso, para o Almir facilitar um entendimento que permita uma ação mais enérgica e conjunta, dele e minha, porque não podemos deixar que haja impunidade nesse crime de Marabá.

Também à noite, recebi aqui, com o Nê, o Emílio Odebrecht. Curioso, a firma Odebrecht ficou tão marcada pela CPI dos Anões do Orçamento, com o negócio da corrupção, e no entanto o Emílio é um dos homens mais competentes do Brasil em termos empresariais. Ele veio discutir comigo uma espécie de radiografia dos

---

*Em matéria de capa de novembro de 1995, a revista apelidou Xico Graziano de Corvo, acusando--o de ser o chefe da espionagem ilegal contra membros do governo.

grupos empresariais brasileiros. Eu queria conversar sobre isso com ele, acho que temos que organizar o capitalismo brasileiro, e o BNDES é o grande instrumento para essa organização.

Na verdade o BNDES está em boas condições de fazer isso nas mãos de Mendonça de Barros. Emílio me disse que o principal [problema] é que as empresas têm que ter liderança, um controle patrimonial claro e uma filosofia empresarial competente. [De acordo com ele] nem todas, no entanto, mesmo quando são grandes, têm isso. Ele acha que os Moraes, a Votorantim, têm. A Gerdau também, embora ele faça reparo a alguns aspectos da organização Gerdau. Acha que, no caso do grupo Antunes, com os Frering, complicou, e o mesmo acontece em vários outros casos. Temos que ter uma ideia mais clara de quais vão ser os esteios dessa nova fase do Brasil. E o Emílio deu informações preciosas.

Na quinta-feira, despacho interno de manhã.

Depois o Gustavo Krause veio me apresentar o novo presidente do Ibama, o Eduardo Martins. Krause sempre muito animado e com ideias sempre progressistas. E o Cícero Lucena veio falar sobre as políticas do Nordeste. Serra almoçou aqui em seguida, conversando sobre o novo programa do Nordeste, essa agência de investimentos que ele quer lançar, e sobre a questão de um programa para o semiárido, com o BNDES bancando a contrapartida nacional.*

Em seguida encontrei o Aécio Neves, preocupado com a candidatura de prefeito em Belo Horizonte, dizendo que a nomeação que eu fiz hoje do Arlindo Porto desequilibrou Minas Gerais. Achei estranho, pois foi o Eduardo Azeredo quem me sugeriu o nome do Arlindo; parece que o Aécio acha que o PSDB está mal aquinhoado em Minas. Difícil, porque o Eduardo Azeredo é governador. Mas é a candidatura. O Aécio quer saber se deve ou não ser candidato. Eu sei que o Eduardo Azeredo já tem uma preferência em Belo Horizonte, me pareceu pelo cunhado do Paulo Tarso, irmão da Lúcia, que é o secretário de governo,** um rapaz até muito simpático mas que nas pesquisas, segundo o Aécio, está com pouca aceitação. Fiquei de ver melhor as pesquisas e de voltar a falar a respeito com o Eduardo Azeredo.

No almoço o Serra reclamou mais uma vez das notícias de jornais que ele atribui ao Gustavo Franco, a história de sempre, que não aguenta mais, que vai responder. Eu digo: "Olha, você responde, cria uma crise, eu tenho que tirar o Gustavo Franco, o Malan vai embora, aumenta a crise, enfim, não é por aí".

Na verdade estou cada vez mais convencido de que o mal está em que todo o grupo próximo a mim fala e alguns — não é o caso do Serra — atribuem a mim as intenções deles próprios, para conseguir prestígio. As dez pessoas mais próximas

---

*O ministro do Planejamento anunciou, em 18 de maio de 1995, um pacote de R$ 12 bilhões em investimentos federais nos estados nordestinos, financiados pelo BNDES, além da prorrogação de incentivos fiscais.

**Amilcar Martins, secretário de governo de Minas Gerais.

são as que mais fazem confusão, porque são essas fofocas que aparecem no jornal. Muitos não estão satisfeitos com a posição que têm ou, mesmo que estejam, gostariam de ter outra com mais poder. Isso é subconsciente, e vai se formando um rolo de intrigas, me incomoda bastante.

O Serra veio, sobretudo, perguntar minha opinião sobre a prefeitura de São Paulo. Voltei a dizer que, do ponto de vista político, acho bom para ele. Do ponto de vista pessoal, dado que ele não quer — eu, por exemplo, nunca quis ser governador de São Paulo —, aí não há o que fazer, eu disse. Ele me pediu que não comentasse nada com ninguém, que ele voltaria a conversar comigo sobre esse assunto.

Fui receber o Jaquito [Pedro Jack Kapeller], sobrinho do [Adolfo] Bloch, e o Carlos Chagas, que estavam me esperando no Planalto. Depois tive uma longa reunião interna, no Palácio do Planalto, sobre o líder do governo, os novos líderes dos partidos, os ministros das áreas mais diretamente ligadas às reformas, para introduzir o Luís Carlos Santos como coordenador. No fundo coordenei eu a reunião.

Houve uma tensão entre o PFL e o PSDB e o Sérgio Motta na questão das Comunicações e uma malandragem feita na Câmara contra o projeto do Sérgio Motta. Nós vamos ter que reverter.* Vi que eles estão atacando bastante o Benito Gama, o novo líder do governo, indicado pelo Luís Carlos Santos. Eu preferia que não houvesse líder do governo, eu disse isso ao Luís Carlos Santos. Isso não vai dar certo. Pedi a votação com urgência das emendas constitucionais, parece que vai andar, espero que ande mesmo, e foi uma retomada de impulso nessa matéria.

Ontem, sexta-feira, pensei que fosse ser um dia calmo, mas acontece que na quinta-feira grevistas invadiram o gabinete do Malan,** então foi um fim de dia muito tenso. Eu estava disposto a mandar desalojar o pessoal de lá, falei com o Vicentinho, disse que estavam passando de todos os limites. Mais tarde, à noite, o Vicentinho me telefonou para dizer que na verdade eles estavam dispostos a sair porque o Malan eventualmente marcaria uma audiência para o dia seguinte.

Foi muito pesado, ocuparam também cinco ou seis geradores de energia elétrica, enfim passaram dos limites. Eu já tinha dito, antes de vir para casa, que queria o nome dessa gente. Foram identificados e processo em cima, processo penal e processo administrativo para demiti-los. É um abuso atrás do outro.

---

*O PFL e o PPB atrasaram a tramitação da Lei de Telecomunicações, propondo a criação de um conselho nacional para conduzir o processo de privatização da Telebrás, o que diminuiria o poder do Ministério das Comunicações. Os pefelistas também propuseram eliminar os limites à presença de estrangeiros nos consórcios participantes da privatização.

**Cerca de mil manifestantes, funcionários públicos federais em greve desde abril por reajuste salarial, sitiaram o prédio do Ministério da Fazenda. Um grupo de grevistas chegou a ocupar o andar do gabinete do ministro. Técnicos do FMI que se reuniam com Malan fugiram pela saída de incêndio. A Polícia Federal foi acionada, mas não houve feridos na desocupação.

Na sexta-feira o assunto estava resolvido. Os invasores abandonaram o local na quinta-feira à noite, o Pedro Malan se comportou muito bem, com muita firmeza e frieza. Passamos o dia discutindo essas questões. Sérgio Motta me disse que o Almir estava mais sensibilizado, mais disposto a ceder nos pontos que dissemos parecer importantes, como nomear um coronel do Exército para comandar a Polícia Militar, para levar mais rigorosamente a investigação em Marabá.

Eles também chamaram o Cristovam Buarque, porque a polícia daqui está relaxando, e não estou mais disposto a ver essa bagunça na Esplanada dos Ministérios. Mandei dizer ao Cristovam que a polícia tem que tomar conta, porque senão temos os nossos meios de intervenção. É desagradável, mas não há outro jeito. Também não quero alto-falantes acima de oitenta decibéis, parados, gritando em cima dos ministérios, que isso é uma esculhambação que passou de todos os limites.

Ontem à noite, sexta-feira, o Malan jantou comigo e voltamos a repassar toda a área. Ele se queixando da imprensa de novo, porque voltaram a falar que o Loyola vai ser demitido. Não adianta entrar nesse assunto, não tem solução. O Loyola não vai ser demitido, ele tem que terminar esse trabalho de acertar os bancos. Mas especulam, ficam fazendo onda. Malan voltou a falar do aumento do Banco Central. Eu voltei a dizer que um novo aumento no Banco Central desencadearia uma tensão, pois se ele, Malan, ontem, tinha negado qualquer aumento aos grevistas, como daria agora ao Banco Central? Quando o calo aperta, todos ficam meio nervosos para resolver a situação na marra.

Recebi o Paul Kennedy* de manhã no Alvorada. Muito simpático. Falamos sobre o Conselho de Segurança. Deixou-me dois livros de presente. Um do [John Kenneth] Galbraith,** com dedicatória, que diz o seguinte: "A coisa pior do mundo é ajudar banco. Pior do que ajudar banco é só deixar o banco falir". Uma boa frase para a situação brasileira. O livro do Galbraith é sobre a sociedade "justa";*** ele me mandou com uma notinha simpática.

Fora essas visitas cerimoniais, de manhã recebi ainda o Paulo Tarso, depois almocei com o pessoal da Bandeirantes, com o [Luiz] Gutemberg, repeti minha interpretação das coisas do Brasil, voltei quase às quatro horas para o Palácio do Planalto e fiquei até tarde assinando atos e medidas provisórias. Deu muito trabalho a MP sobre concubinato.**** Queriam que eu vetasse, não concordei, pela repercussão que teria, fizemos apenas um veto parcial, medida difícil mesmo de ser engolida na íntegra.

---

* Historiador britânico, professor da Universidade Yale.
** Economista canadense naturalizado norte-americano, professor aposentado da Universidade Harvard e ex-embaixador na Índia do governo John Kennedy.
*** *The Good Society: The Humane Agenda* (1996).
**** O presidente sancionou (com veto a três artigos) a lei nº 9278, de 10 de maio de 1996, conhecida como Lei da União Estável, que regulamentou o reconhecimento de entidades familiares informais.

Tem outra pior ainda, que complica a questão da Justiça Eleitoral. Não vetei nem aprovei, o Sarney que aprove, que promova os benefícios para os deputados, que o Congresso assuma a responsabilidade por suas próprias malandragens. Não é bem malandragem, mas é que se o pessoal não for julgado até o momento da diplomação, depois ninguém pode mais julgá-lo por algum ato que tenha sido praticado antes das eleições, ou seja, o tribunal vai ter que trabalhar mais depressa; também não é mau.

Fiquei discutindo com o Sérgio Amaral a nova configuração da Comunicação Social. Havia no começo uma certa desconfiança do Eduardo Jorge sobre como seria o controle das verbas, o Sérgio Amaral explicou. Veja como estamos. A Ana veio aqui de manhã para dizer, no dia que veio com o pessoal da Bandeirantes, que ela estava abalada, porque alguém telefonou para dizer que ela estava sendo apunhalada pelas costas, por mim, naturalmente, porque seria criada uma nova secretaria de imprensa pelo Sérgio Amaral. Não é uma nova secretaria; é a dela com um novo organograma. Mas as fofocas vão assim, e isso abala realmente as pessoas.

Ontem à noite fiquei conversando até quase duas horas da manhã com Malan.

Hoje, sábado, fiquei lendo umas coisas e acabei de receber uma massagem, porque estava muito tenso. Muito cansado, na verdade, não tenso. Muito cansado. Essas semanas têm sido difíceis, aborrecidas. Telefonei ao Itamar para dizer que ele já estava designado para a OEA.

Esqueci de anotar que ontem recebi, com Joseph Safra, a Leah Rabin, a mulher do ex-primeiro-ministro de Israel, que foi assassinado. Conversa muito simpática, ela me deu uma medalha com a efígie dele.

HOJE É DOMINGO, 12 de maio. Vou rever o texto do discurso que farei amanhã sobre Direitos Humanos, depois recebo o Carlos Eduardo, meu sobrinho, que vai jantar comigo.

14 A 21 DE MAIO DE 1996

Previdência. Telefonia celular. Banco Bamerindus

Hoje é terça-feira, 14 de maio.
Ontem, primeiro recebi o Eduardo Jorge no Alvorada, mas agora, nas segundas e sextas, eu fico aqui e passamos em revista os problemas. Transmiti a ele algumas ideias para agilizar as leis reguladoras das reformas constitucionais, sobretudo na parte de energia elétrica, e, mais tarde, do petróleo. Ao meio-dia, no Planalto, fui ao lançamento do Plano Nacional dos Direitos Humanos. Paulo Sérgio Pinheiro fez um belo discurso.* A repercussão do lançamento foi muito boa.

Comparando com o Plano Social, esse Programa de Direitos Humanos são só boas intenções. Importantes, mas intenções. Já o Plano Social são realizações. A imprensa tomou ao contrário. Os Direitos Humanos vão muito bem e o outro mal.

Por quê? Por causa da fofocagem. Hoje tive uma informação que me chocou, que o próprio Clóvis, que sempre esteve à margem disto, teria dado umas informações para *O Globo* sobre o programa de controle dos gastos da administração pública, dizendo que era prematuro fazer isso. Custa a crer que tenha sido ele, geralmente tão discreto. Não creio. Há tanta onda, tanta gente que dá informações precárias, às vezes precipitadas, para a imprensa, que se cria esse clima do qual resulta uma crítica incessante ao programa social, que, dentro do possível, é bom.

Depois da cerimônia dos Direitos Humanos, vim para casa, almocei sozinho, voltei e despachei com [Israel] Vargas, sempre uma pessoa inteligente, mas que me pareceu cansado de tantas críticas, muitas vezes apressadas, da área intelectual. Tenho a impressão de que se houvesse uma chance de ele ir para uma embaixada, o Vargas preferiria, a ficar aqui, mas não tenho quem o substitua à altura e com condições de avançar o processo.

Gravei o programa de rádio que sempre faço às segundas-feiras.

Recebi Afraninho Nabuco,** que trouxe uma carta de sua mãe, dona Maria do Carmo Nabuco, de agradecimento por ter recebido uma medalha; me trouxe também um livro de arte, organizado por ela, sobre a cidade de Tiradentes. Em relação à Lei do Audiovisual, Afraninho me disse que o Weffort está entusiasmado com a ideia de troca de dívida externa por apoio à Cultura, pediu que eu falasse com o Malan, falei com o Malan, que não sabia do assunto; Afraninho me disse que tinha que ser resolvido hoje, não sei, pode ser uma precipitação dele.

*O PNDH se originou de um projeto de Pinheiro, cientista político e pesquisador no Núcleo de Estudos da Violência da USP.
**Diretor da Rede Globo em Brasília, neto de Joaquim Nabuco.

Hoje, terça-feira, fui mais ou menos cedo para o Planalto. Recebi credenciais dos embaixadores da Lituânia, do Panamá e da Ucrânia, depois fui para a solenidade de sanção da Lei de Patentes, que é uma coisa marcante, cinco anos para aprovar a lei. Falei sobre a importância dela, critiquei os que têm a visão do passado, a lei foi discutida amplamente e aprovada graças, sobretudo, ao parecer do senador Fernando Bezerra, que é o presidente da Confederação Nacional da Indústria. E o Vargas fez um discurso situando a importância da lei.

Vim para casa, almocei com o Serpa, que repetiu histórias que ele costuma contar, nada de novo. Deu algumas informações preciosas sobre eventuais malandragens que possam estar havendo e que podem, indiretamente, implicar o governo. Depois explicou alguma coisa dos manejos que estão sendo feitos pelos fundos de pensão e, nesse sentido, a conversa também foi produtiva.

Voltei ao Palácio. Recebi o presidente mundial da Bayer,* todos muito contentes com o desempenho da economia brasileira.

Despachei a rotina com o embaixador Gelson Fonseca e com o embaixador Sérgio Amaral, depois recebi um texto comemorativo da Associação dos Antigos Alunos das Escolas Francesas.

Despachei também com o Clóvis, que estava muito contente porque ele e o Luiz Felipe Lampreia tinham sido recebidos pelo papa.** O papa tem uma compreensão razoável do que está acontecendo no Brasil, me definiu como uma pessoa honesta que está fazendo o que pode e com sensibilidade social. Em seguida eles almoçaram com a cúpula do Vaticano, as pessoas dali entendem inclusive a questão dos sem-terra, ou seja, não se deixam iludir tão facilmente pela ideia de que o governo não faz nada. Eles sabem das dificuldades que existem, e, dizem eles, alguns padres missionários mais ligados diretamente [ao MST] veem a violência, perdem às vezes a perspectiva e pensam que está tudo muito mal. Ou seja, demonstraram compreensão com o esforço do governo do Brasil.

À noite recebi o Luís Eduardo Magalhães. Hoje vencemos por 315 a oitenta e poucos votos a questão da lei da telefonia celular.*** Foi uma batalha dura. Houve uma manobra do PFL, provavelmente porque queriam diminuir a força do Sérgio Motta nesse processo de transição, imaginam que o Sérgio aproveitaria os contra-

---

* Manfred Schneider.
** Os ministros foram ao Vaticano entregar ao papa João Paulo II uma cópia do Plano Nacional de Direitos Humanos.
*** Por 315 a 101, a Câmara aprovou o substitutivo de Arolde de Oliveira (PFL-RJ) e autorizou a abertura do mercado brasileiro de telefonia celular e comunicações por satélite à iniciativa privada (atividades até então monopolizadas pelas estatais estaduais e pela Embratel), abrindo caminho à privatização do setor. Sérgio Motta venceu a disputa com o PFL, e o Ministério das Comunicações continuou como órgão regulador do mercado de telecomunicações até a consolidação do processo de privatização.

tos dos celulares para fazer uma caixinha em favor do PSDB. Doce ilusão, nada disso será feito. Eles sempre julgam assim, imaginam então que seria melhor eles mesmos controlarem o caixa, fazendo uma comissão que não é do governo para poder distribuir os celulares. Isso nem é constitucional.* O Luís Eduardo entrou em ação, o Luís Carlos Santos, acho que o Marco Maciel também, e acalmamos a situação. Enfim, houve tempestade, mas num copo d'água.

Zé Aníbal veio me ver. Ele não engoliu a designação do Luís Carlos Santos e vai criar algumas dificuldades.

Nada é fácil. Em política, é preciso ter paciência para ir costurando. Se eu não tivesse nomeado o Luís Carlos Santos, não sei se teríamos vencido de forma tão retumbante hoje. E, ao nomeá-lo, cria-se essa dificuldade. O Luís Carlos acredita que foi o Zé Aníbal quem publicou no jornal uma reportagem onde ele aparece mal, como envolvido em corrupção no tempo do Quércia.** Tudo indica não ser verdadeiro. O próprio Duda tem uma declaração garantindo que nada consta nas auditorias nesse aspecto.

À noite, o Temer me telefonou propondo pura e simplesmente que se voltasse a discutir a emenda do Arnaldo Faria de Sá*** que reconhece atrasados da Previdência.**** Parece brincadeira! Estamos caminhando para uma reforma da Previdência porque não temos recursos para fazer face às responsabilidades, e eles querem aumentar os gastos. Eu disse ao Temer que não podia aceitar, mas que consultaria o Serra. Pois que disse o Temer? Que o Stephanes concorda. Eu não acredito nisso.

Depois recebi o Sebastião Rego Barros. Passamos em revista uma porção de coisas do Itamaraty, mencionei o aborrecimento do Zé Aparecido porque não foi para a Comunidade dos Países de Língua Portuguesa e que eu achava bom, quem sabe, integrar o Zé Aparecido na presidência da comissão que vai tratar da comemoração dos quinhentos anos da Descoberta do Brasil. Não vai ser fácil, o Zé Aparecido está estomagado. Falei com o Itamar no sábado. Ele me pareceu contente em Portugal e esperava que eu fosse a Lisboa depois da África no dia 16.

Estamos nos preparando para votar amanhã a questão relativa às emendas da Previdência. Há uma preocupação de que o Marco Aurélio, de novo, dê uma liminar

---

* O ministro Sérgio Motta discutiu publicamente com lideranças do PFL e do PPB que atrasavam a votação, acusando-as de atuar em favor de lobbies do setor de telecomunicações, além de pretender obter vantagens políticas e financeiras através da Comissão Nacional de Comunicações, órgão "independente e autônomo" que seria controlado pelo Congresso e cuja criação foi sustada pelos governistas.

** Santos foi secretário de Negócios Metropolitanos e secretário de Habitação do governo Quércia.

*** Deputado federal (PPB-SP).

**** Para atrasar a votação da reforma da Previdência, o deputado malufista apresentou onze destaques à PEC relatada por Michel Temer, entre os quais um dispositivo que determinava a reposição integral das perdas inflacionárias dos benefícios do INSS desde 1991.

para que as pessoas entrem na privatização da Light integralmente com moedas podres.* Essa decisão prejudica profundamente o país. Se fosse para pagar com moeda podre, haveria um desconto, um deságio.

Na segunda-feira, ontem, portanto, telefonei para o Jacques Chirac. Conversa muito agradável, ele está me esperando em Paris, sabe tudo do programa, das nossas negociações, vai suspender [a exigência de] vistos para brasileiros entrarem na França quando eu estiver lá. Além disso, conversou comigo sobre a participação da EDF, Électricité de France, que vai ser, provavelmente, uma das concorrentes para comprar a Light. Isso era exatamente o que o Serra e o Dornelles tinham me pedido, que tocasse no assunto com Chirac. Ele estava por dentro e entusiasmado com a possibilidade de os franceses participarem.

Quero registrar ação do Zé Gregori, de novo muito boa, na questão dos Direitos Humanos. Hoje ele esteve comigo falando sobre a conversa com o Raul [do Valle], do Incra. Gregori achou o plano de ação do Raul um pouco vago. Na verdade o Raul sempre quer falar comigo, e o Zé Gregori disse a ele que não era assim, que primeiro tinha que fazer, para depois trazer coisas concretas, porque sem isso eu não respaldo. Parece que o Raul está com medo de que o governo não dê apoio à reforma agrária. Era só o que faltava. Pusemos o Raul lá porque respaldamos, e agora vem essa conversa. Zé Gregori tem se mostrado muito hábil, e o fato de ele ser chefe de gabinete e não ministro também ajuda. Segundo o próprio Gregori diz, neste governo os que aparecem são logo queimados pelos outros que também estão querendo aparecer. Infelizmente é isso mesmo. Muita gente de talento no governo e essa gente de talento numa disputa incessante que já está me cansando.

HOJE É 15 DE MAIO, quarta-feira, são onze horas da noite. Um dos dias mais calmos dos últimos tempos. Tivemos várias vitórias.

Primeiro no Supremo Tribunal, onde ganhamos por uma boa diferença a questão sobre a data-base do funcionalismo.** O Sivam também foi votado nas várias comissões, foi uma lavada.*** Parece que o Pedro Simon fez muitas provocações, o Gilberto Miranda também, mas sem consequência para o voto. E depois, na Câmara, ganhamos as emendas da Previdência. A principal [passou] apenas por um

---

*Títulos emitidos pelo governo negociados com deságio no mercado, mas aceitos no processo de privatização por seu valor nominal.

**O plenário do STF negou, pelo placar de 8 a 3, um mandado de segurança apresentado por partidos da oposição para estabelecer o mês de janeiro como data-base do funcionalismo federal.

***As três comissões integrantes da supercomissão do Sivam no Senado aprovaram a continuidade do projeto com a Raytheon e o empréstimo tomado ao Eximbank para a execução das obras. O placar final da votação na supercomissão foi de 42 a 14.

voto de diferença, sempre aparecem descuidos, as lideranças pensam que está todo mundo lá para votar e, na hora H, cadê o voto? Mas ganhamos.*

De manhã, como de hábito, fiz minha natação, depois fui me reunir no Planalto com Luís Carlos Santos, Clóvis e Eduardo Jorge, chamamos também o general Cardoso e o Jungmann. A situação está grave, ele se mostra um pouco aflito, chegam informações de que há quatro sedes do Incra ocupadas, muitas invasões no campo. O general Cardoso propôs que se entregassem algumas das subintendências do Incra para militares. Eduardo Jorge reagiu, mas sou favorável, porque estamos chegando a um ponto em que precisamos de quadros competentes. O fato de ser militar, nesse momento, será até bem-visto pela sociedade; não é uma militarização do estado. Senão vamos ter fazendeiros se armando, invasões do MST e um quadro de conflito completamente sem solução do ponto de vista do desenvolvimento do país, que pode perturbar muito.

Inauguramos um novo quadro no meu gabinete. Hoje é o quadro do Marco Giannotti, filho do Giannotti, que estava lá. Almocei com o Zé Eduardo Vieira no Palácio da Alvorada. O Zé Eduardo está tentando encaminhar uma solução para o banco dele. O banco já perdeu muitos recursos, mais ou menos 1 bilhão do patrimônio, e hoje ele necessita de 1 bilhão e meio para levantar o banco, o que não é fácil. Vai precisar de um Proer e, para isso, tem que fazer uma fusão, quem sabe com o Banco Meridional, mas depende de licitação. Ele não me pareceu desanimado.

Os novos dirigentes do Cade estiveram comigo, também o Almino Affonso com o Lucídio Portela** e com o Bernardo Cabral, a respeito do pedido de um antigo parlamentar do Piauí, Clidenor Freitas. Ele quer vender uma propriedade para a Previ, [fundo de pensão] do Banco do Brasil. Já correu um boato de que o novo presidente da Previ é meu amigo íntimo, chamado de Ministrinho. Parece que ele trabalhou na campanha, não me recordo dele, nunca conversamos. É fantástico como se criam essas imagens e como isso tudo acaba gerando expectativas.

Jantei à noite com o Dornelles e com o Delfim. Um papo tranquilo. Delfim é simpático na conversa, inteligente, passamos em revista a situação do Congresso, todos concordam que as reformas não são aquela maravilha que queríamos, mas estão caminhando, que a base política é assim mesmo, que tudo é muito difícil, mas vai se avançando.

Parece que retomamos um pouco o fio das votações, o que é bom porque eleva o moral.

*A Câmara rejeitou várias emendas aglutinativas propostas por DVS, inclusive a que proibia a acumulação de aposentadorias por ocupantes de cargos eletivos (331 a 117). O governo venceu por 309 a 146 a votação sobre a manutenção das normas propostas pelo relator para a aposentadoria de funcionários públicos.
**Senador (PPB-PI).

HOJE É DIA 17 DE MAIO, sexta-feira.
Ontem, quinta-feira, fui de manhã diretamente ao Itamaraty para um seminário internacional com o Bresser sobre a reforma da Administração.* Fiz um breve discurso, voltei para o Palácio do Planalto e tive uma longa reunião com os líderes do Senado. Além de organizar a pauta das questões até o recesso, discuti com os líderes a situação dos sem-terra e da reforma agrária. Procurei mostrar as dificuldades que vamos enfrentar. Vamos ter que mudar de estratégia, fazer mais compra de terras do que desapropriações, senão vamos cair na armadilha do MST. É preciso que os próprios senadores tenham consciência da situação que estamos vivendo. A reunião foi positiva.

Almocei na embaixada da França, almoço protocolar, com o Antônio Carlos e o Átila Lins,** ambos são presidentes das Comissões de Relações Exteriores da Câmara e do Senado, com vários ministros, o Malan, o Sérgio Motta, o embaixador,*** preparação da viagem a Paris.****

Na volta ao Planalto, tive um breve encontro com o Luciano Martins para discutir o texto que vou propor ao G7 sobre algumas modificações na ordem mundial. Recebi o Lomanto [Júnior]***** com o filho, deputado.****** Lomanto muito entusiasmado com o que está ocorrendo em Jequié, onde é prefeito. Ele me pediu para ir lá vermos uma estrada importantíssima e também um oleoduto. Enfim, parece que há lá muitas obras importantes do governo federal que eu nem sabia.

Em seguida, despacho com meus assessores. O Sérgio Amaral veio com uma informação de que tinha havido uma pequena queda de popularidade na pesquisa telefônica, coisa pequenininha, de 43 para 40 entre bom e ótimo. Mas já preocupa.

Tivemos uma discussão com Ronaldo Sardenberg. Imagina só, o Congresso quer criar novos Territórios e o próprio Ronaldo não estava achando isso ruim.

Recebi o Wasmosy, presidente do Paraguai, que veio agradecer nossa ação e voltou a discutir os projetos de sempre. Mais duas turbinas para Itaipu, o gasoduto passando diretamente do Paraguai para o Paraná, enfim, projetos que no Brasil não vão ter curso muito fácil.

Mais tarde, encontro com Tasso, Covas e Sérgio Motta para discutir a questão do Almir [Gabriel]. O Almir quer ele próprio apurar as coisas, o Mário muito fechado com a posição do Almir, diz que ele se desmoralizaria se a apuração não viesse pelas mãos dele; eu concordo. Mas duvido que ele consiga. Tasso fez as críticas que vem enfileirando com insistência, de que o governo está fazendo fisiologia, ou

---

*Seminário Internacional sobre Reforma do Estado na América Latina e no Caribe.
**Deputado federal (PFL-AM).
***Philippe Lecourtier.
****Visita de Estado à França de 26 a 30 de maio de 1995.
*****Ex-governador da Bahia (1963-67).
******Leur Lomanto (PFL-BA).

seja, um caso, sei lá, de uma fundação de Saúde, esses detalhes administrativos.* Eu digo: "Está bem, venha para o meu lugar para ver como se faz a votação no Congresso com esse Congresso que nós temos...".

Dito e feito! Ontem, grande discussão, de que eu nem fiquei sabendo, sobre o que teria ocorrido durante a votação da emenda da Previdência com o pessoal da bancada ruralista que quer botar uma MP sobre o Banco do Brasil. Parece que o Banco do Brasil se excedeu, cobrando juros sobre juros, capitalização de juros, e os ruralistas, o [Nelson] Marchezelli** à frente, apresentando isso sob forma de chantagem.*** Acrescente-se ainda a questão da bancada mineira com a Mendes Júnior. O Eduardo Azeredo e todos os mineiros estão unidos para "salvar" a Mendes Júnior. Eu disse que, se houvesse uma proposta razoável da Câmara, eu não vetaria, mas esta que está aí não é razoável.**** Vou telefonar nesse instante ao Eduardo Azeredo para dizer isso a ele, e que tampouco é aceitável chantagem.

Estou entre a cruz e a caldeirinha. Para obter as reformas, eles chantageiam sem parar e passam dos limites. Vou ter que tomar alguma providência, e é já. Eu queria fazer isso mais tarde, mas não posso demorar, porque a imprensa fica dando a impressão de que estamos cedendo e de que estamos cedendo dinheiro. Por exemplo, no caso da bancada ruralista, eles já disseram que a aprovação da Previdência vai custar 7 bilhões. Não vai custar um tostão. É que sobre esses 7 bilhões não se somarão os juros que eles estão querendo botar, e o banco diz que não, que os ruralistas não vão pagar nada, enfim, essas desinformações intencionais.

A situação está muito grave, ataque por todos os lados, como que sitiando o governo. Preciso sair desse cerco e só tem um jeito — é avançar. Veja que o Serra lançou ontem um programa sobre o Nordeste, bom, bem-feito, trabalhado, consensual, e a imprensa publica declarações de senadores como Fernando Bezerra, que tenho certeza que não fez isto, dizendo que assim não vai, que são coisas velhas,

---

*O deputado federal B. Sá (PSDB-PI) pedira e obtivera a nomeação de um afilhado seu para a sucursal da Fundação Nacional de Saúde. Políticos piauienses da base aliada se sentiram preteridos. Enquanto isso, a imprensa noticiava as dificuldades financeiras da Funasa, então conhecida como FNS.

**Deputado federal (PTB-SP).

***Para apoiar a reforma da Previdência, os ruralistas exigiram a regulamentação da rolagem da dívida rural, sacramentada em novembro de 1995, e a modificação da MP nº 1418, de 3 de maio de 1996, que autorizou o governo a transferir R$ 8 bilhões em recursos do Tesouro Nacional para capitalizar o Banco do Brasil — e a apertar o cerco aos inadimplentes. O setor agrícola obteve a redução de juros e o alargamento de prazos da dívida, estimada em R$ 10 bilhões pelo governo, com 4,7 bilhões à espera de execução judicial.

****A bancada mineira pediu a inclusão de R$ 892 milhões na MP do Banco do Brasil para o salvamento da empreiteira, em troca de apoio à reforma da Previdência.

vem outro e faz uma piadinha. Só se colocam as coisas para a opinião pública em termos deprimentes.

À noite tivemos uma longa reunião, Clóvis, Serra, Sérgio e eu. Fiz uma análise da situação tal como ela me parece, grave, a questão político-social dos sem-terra, o fato de que o Congresso está tendendo a paralisar o governo porque quer a toda hora obter invasões de território, ou seja, mandar em áreas que não são deles ou obter vantagens corporativas. O que me chamava a atenção naquela reunião de ontem era que no próprio governo, como eu já disse aqui várias vezes, não se está gerando um clima de confiança recíproca, as pessoas estão com alguma dificuldade de falar umas com as outras, sobretudo no núcleo do governo. Por exemplo, o Serra e o Sérgio ficaram sem falar praticamente quinze dias e agora falam um pouco, mas um não confia no outro. O Clóvis também não abre o jogo, também não confia provavelmente em nenhum dos dois.

Acho que assim não é possível, eu queria conversar com franqueza sobre isso. A conversa derivou para a questão econômica, o Serra voltou a fazer os ataques habituais à política de taxa de câmbio de há dois anos. Digo: "O Gustavo pode ter errado, mas está feito". Em segundo lugar, não é possível que tudo seja o Gustavo, uma obsessão que o está transformando em seu próprio opositor. O outro polo é o Gustavo. Ele reconhece que é ridículo, mas cai na armadilha e insiste nessa linha. Digo: "Tirar o Gustavo é tirar o Malan. Tirar o Malan é crise, e você sabe que não é questão de querer, é questão de como é que se constrói".

Ninguém vê uma saída fácil. Não consegui nem tirar o Stephanes, pois o PFL o endossou, e depois, na hora de pensar, quem é melhor do que o Stephanes? Me deem uma sugestão. Dão sempre o Cutolo. Quem que ponho no lugar do Cutolo? E aí o PFL vai querer o lugar do Cutolo. E mesmo que não seja o PFL, não há tantos talentos possíveis. Então melhor moderar esses apetites de atacar uns aos outros. No final o Sérgio Motta teve uma reação muito forte, porque se criticou o fato de que ele não discute a questão da telefonia no Conselho de Desestatização. Ele reclama para mim que já tentou várias vezes, que o Serra não escuta, que o Clóvis não escuta. Ou seja, deram um exemplo vivo do que eu estava dizendo. Um não ouve o outro, um não tem confiança no outro. Eu disse: estou realmente vendo um impasse e, como sou o presidente da República, vou ter que resolver esse impasse.

Serra então cobrou a minha parte de responsabilidade nisso. Eu apontei: "Eu tenho, [responsabilidade] por deixar vocês soltos, fazendo coisas que acho erradas, porque eu não acredito no estilo de liderança em que você acredita, que é por imposição. Eu acredito na liderança por convencimento, e você se nega a sentar-se à mesa onde esteja o Gustavo. Na verdade, não só onde esteja o Gustavo, mas onde não estejam só ministros. Na prática, é uma [forma] hierárquica e autoritária". Ele disse que não era por isso. "É por isso, sim", eu insisti. "Você tem capacidade de convencimento e não abre o jogo. Então não há debate."

E continuei: "Essa questão dos juros, por exemplo. Se dá para soltar mais o compulsório, tem que discutir, e eu tomo a decisão; vocês podem reclamar o que quiserem, mas eu nunca deixei de decidir. Nunca deixei de tomar um lado. Depois amenizo, não quero criar um conflito adicional, mas tomo a decisão. Você não pode dizer que não. A questão é que, para tomar decisão, preciso ter o convencimento, e como é que eu formo o convencimento se o debate franco não existe?".

O Sérgio, no final, teve uma reação emocional muito forte, quando se discutiu que ele está fechando demais a discussão sobre a privatização da telefonia. Ele nega, foi embora aborrecido, isso já à uma e meia da manhã, e estava mal de saúde, rouco. Fiquei realmente preocupado. Serra também ficou, porque nosso objetivo não é fazer nada pessoal contra o Sérgio nem contra ninguém. Então isso me preocupa e muito.

São nove e meia da manhã de sexta-feira, já nadei, falei com o presidente da Bolívia por telefone e estou esperando a chegada do Clóvis e do Eduardo Jorge para despacharem.

Mais tarde vou falar com Benjamin Steinbruch, que vem com Jorge Serpa. Esse é o homem da Companhia Siderúrgica Nacional e quero saber melhor quais são as jogadas que estão sendo feitas na área da siderurgia. Almoço aqui e, depois, a reunião mais importante é sobre a questão da Venezuela, a eletricidade de Guri ou quem sabe o gás do Urucu, para preparar a vinda do presidente Caldera, que chega segunda-feira.

Ainda sexta-feira, três da tarde. De manhã o presidente da Companhia Siderúrgica Nacional veio me trazer em detalhes o que os fundos de pensão mais o Bozano, Simonsen estão armando para ter um quase monopólio, oligopólio, na verdade, porque CSN não entrou, mas será forçada mais tarde a entrar. É grave.

Posteriormente, escrevi uma nota para refletir minha indignação com essa chantagem do Congresso, li para o Luís Eduardo Magalhães, que gostou, li para o Sérgio Motta, que gostou. Vou agora para o Planalto. De lá, depois da reunião sobre a Venezuela, vou para São Paulo e volto domingo.

TERÇA-FEIRA, 21 DE MAIO, oito horas da noite.

A reunião de sexta-feira passada sobre a Venezuela foi interessante, vê-se que a Petrobras e o Ministério de Minas e Energia preferem a solução Urucu para fornecer energia a Manaus e à Amazônia, e vêm com a proposta de que a solução para dar força a Boa Vista em Roraima seria óleo combustível proveniente, esse sim, da Venezuela. Não vai ser fácil passar isso para a Venezuela, já falamos muito do Guri, e o próprio setor elétrico também falava do Guri sem cessar. Não obstante,

[Antonio] Imbassahy,* que estava presente, concorda com a solução, e o Calabi, que estava com o Serra, também concorda com a solução proposta pelo Ministério de Minas e Energia, que é o gás de Guri.

Fui para São Paulo, onde jantei na casa do Fernando Gasparian com Zé Gregori e Maria Helena, Fernando Pedreira, a Ruth e Roberto Gusmão. Foi uma conversa boa. O Fernando estava bastante animado, embora nunca conformado com a questão do sistema financeiro. Mas muito amigo. Expliquei muitas coisas para eles, conversa de amigos. Fernando Pedreira, preocupado, esteve no InCor e disse que há muita gente contra mim lá. Eu já sabia, a essa altura, que na *Folha* fizeram uma pesquisa muito ruim e que iam publicar no domingo.

Sábado à tarde, recebi o Edmar Bacha. Gosto de ouvir as opiniões dele, sempre sensatas. Ele acha que não se pode mexer no Gustavo Franco por causa do símbolo do câmbio, e porque ele está com muito apoio dos empresários. Se houvesse mudança, ele acha que é melhor botar o Gustavo Franco como presidente do Banco Central. Eu digo: "Só se for para demitir o Serra. E isso não, porque eu não quero".

Demos voltas e voltas para ver quem podia ser no caso de o Pedro Malan sair se o Gustavo saísse, mas não se chegou a nenhuma sugestão mais expressiva. As pessoas de que eles falam são sempre as mesmas: o Zé Roberto Mendonça de Barros, que não quer e não tem condições para isso. Digo: "Não há nenhum empresário, nenhum economista com maturidade, o único seria o Simonsen, que está fora de combate; também não temos ninguém na área política. É por isso que as coisas estão no ponto em que estão com esse conflito, esse dissenso que o Bacha acha grave. Não há mais um time econômico, a oposição entre o Serra e a turma da Fazenda é muito grande. Eu sabia desde o início do governo, era inevitável".

Vou ter que resolver isso, sabe Deus como.

No sábado à noite jantei com Giannotti, Luiz Meyer, Regina, Roberto Schwarz, voltamos a repisar os temas, expliquei a questão dos ruralistas, hoje eu soube que foi o PT que propôs a emenda dos ruralistas. A emenda, aliás, é correta, a supressão daqueles itens é correta, a imprensa apresentou como se fosse uma barganha, tudo vira barganha sem ser.

Domingo de manhã recebi o Ruy Mesquita e passamos três horas conversando muito amigavelmente. Alguém já havia lhe explicado a questão dos ruralistas. Ele, que na sexta-feira estava furioso no telefone, me disse que eu tinha razão, que era isso mesmo. Eu disse: "Pois é, Ruy, e mais ainda: é só porque tem empréstimo até 200 mil reais, e isso não passa. Parece que estou apoiando latifundiários contra o povo, quando estamos apoiando os pequenos e médios produtores".

Hoje saiu no jornal que o Bacha fora elogiado por mim, que eu queria que ele fosse ministro. É verdade, mas lá atrás, quando formei o governo, não agora. Enfim. Na conversa com o Ruy, ele me pareceu com vontade efetiva de ajudar, falamos

* Presidente da Eletrobrás.

muito sobre o conjunto do país, da imprensa, do Congresso. Está todo mundo pelas tampas com o Congresso, querem que eu rompa com ele sem medir naturalmente as consequências.

À tarde recebemos a Carmute, que também repetiu um pouco tudo isso, ela tem mais noção do jogo político. Voltei para Brasília e, no domingo à noite, conversei com o Andrea Calabi. O Clóvis quer trazer o Calabi para o governo no lugar do Fuad [Noman Filho], secretário executivo da Casa Civil. O Andrea me disse o seguinte: "Acho que aqui há um erro, a Casa Civil não pode coordenar, quem deve coordenar é o Planejamento, que é quem tem os instrumentos. A Casa Civil empurra o barbante, não puxa o barbante do jeito que ela está montada". Disse que iria perder capacidade efetiva de coordenação indo para a Casa Civil e que, se sair do Planejamento, Serra fica sem ninguém, porque a Maria Emília [Fernandes]* quer ir embora. "O Serra está numa posição difícil, e sou eu", disse, "que sustento tudo isso." É verdade que o Serra precisa muito do Andrea. Achei que sua posição consequente e não insisti. No fundo ele tem razão. Relatei essa conversa por cima ao Clóvis e ao Eduardo Jorge. Clóvis não concorda.

Na segunda-feira de manhã, recebi o presidente Rafael Caldera, conversa excelente. Conseguimos apresentar as dificuldades de maneira mais suave, dizendo que vamos estudar, mas já demos sinais de que estamos indo para aprovar o gás do Urucu, e não para a questão de Guri, mas que eles também podem participar na questão do petróleo. O Caldera é um homem de grande descortino, eu vou assumir a presidência do Mercosul no segundo semestre e me empenharei para que a Venezuela faça com o Mercosul o mesmo acordo que o Chile fará em junho. Ele gostou muito de tudo isso.

Depois do almoço, além dos despachos internos, recebi a diretora do Fundo de Desenvolvimento das Nações Unidas para a Mulher, Noeleen Heizer. Ela nasceu em Cingapura, e disse que leu todos os meus livros. Andou por Cambridge na mesma época que nós.

Depois, encontro com d. Eugênio Sales,** que veio acompanhado de seu irmão, d. Heitor Salles, arcebispo de Natal, do governador do Rio Grande do Norte e do senador Fernando Bezerra, para pedir providências para um açude. Acho que eles têm razão, autorizei, ficaram muito contentes.

Fiz uma gravação e fui jantar no Palácio Itamaraty com as questões protocolares de sempre. Discursei de improviso e o Caldera também, porque me pediu que fosse de improviso. Tudo muito simpático no Itamaraty.

Hoje, terça de manhã, tive reunião interna com o Clóvis, Eduardo Jorge, Marco Maciel e Luís Carlos Santos. O Serra não veio, estava fazendo o leilão da Light, que aliás foi um sucesso. Conseguimos que os franceses tomassem a dianteira na

---

* Secretária de Política Urbana do Ministério do Planejamento.
** Cardeal-arcebispo do Rio de Janeiro.

questão da Light, vão ser os controladores, junto com o BNDES, outros grupos brasileiros e algum americano, ou dois.* Cumprimentei Serra por esse sucesso. Na reunião, traçamos a estratégia para as votações da Previdência. É quase impossível. Tem trinta DVS, nos quais a oposição obriga a maioria a votar tudo outra vez. Eles querem dizer que somos contra os interesses do povo, das corporações na verdade, e a maioria necessária para se manter, dias a fio, o já aprovado é de 308 votos. Muito difícil.

Falei com o Luís Eduardo depois do almoço, para ver se era possível rejeitar em bloco os destaques, e não é. Ele falou com o Miro [Teixeira], que retirou sete destaques. Vão tentar votar. Hoje não chegaram a votar, mas votaram o que pedimos: a urgência urgentíssima do projeto do Paulo Paiva** e talvez uma outra questão mais, de relevância, que no momento não me ocorre, creio que na área da educação.

HOJE É DIA 21 DE MAIO DE 1996, terça-feira.

De manhã dei entrevista para jornalistas franceses, além de ter tido uma reunião interna com Clóvis e Luís Carlos Santos.

Eram três jornalistas, de diferentes jornais. O do *Le Monde* chegou dizendo que tinha sido aluno do Althusser e logo me perguntou se eu ainda era de esquerda. Eu perguntei a ele: "O que é ser de esquerda?".

Ele deu uma definição completamente vaga. Eu disse: "Você leu Marx?".

"Não, não li."

"Mas você foi aluno do Althusser e não leu Marx?"

Expliquei que a esquerda, hoje, deve estar estruturada para fazer mais justiça social etc. Peguei as coisas do Hobsbawn, do Bobbio, na verdade ele não sabia nada. Um jornalista do *Le Monde*...

Almocei, passei rapidamente na casa do Marco Maciel para falar com o pessoal do PFL e do PSDB, com o Zé Aníbal e o Inocêncio, que estão fazendo as pazes, e estavam também Bornhausen e Teotônio, que são os presidentes dos partidos, além dos outros líderes. Parece que as coisas acalmaram.

Depois do almoço fui para o Planalto, onde recebi o senador Xavier de Villepin, que veio em nome do Chirac, para conversar sobre a próxima reunião do G7. Mostrei as ideias que temos sobre o assunto, expliquei que queremos ter uma partici-

---

*No leilão de privatização da estatal fluminense de geração e distribuição de energia, a EDF comprou 34% das ações e dividiu o controle da empresa com grupos norte-americanos e uma subsidiária do BNDES. O total movimentado no leilão foi de R$ 2,2 bilhões, um terço em moedas podres.

**Para estimular novas contratações, o ministro do Trabalho propôs um projeto de lei para limitar a 120 o máximo de horas extras semanais.

pação na redefinição da Nova Ordem Mundial, não vou registrar porque são coisas que já escrevi nas minhas conferências.

Depois recebi o Jorge Bornhausen, que veio discutir sobre o Imbassahy, que vai ser candidato a prefeito na Bahia e será substituído por um senhor chamado Firmino [Sampaio]. Mandei verificar quem era, a ficha é boa, parece competente. Então autorizei e ele vai ser nomeado quando eu estiver na França.

Conversei com Clóvis, despachos normais, e falamos sobre o "custo Brasil". Amanhã tenho um encontro com empresários sobre as medidas que já tomamos, eles vão reclamar. Além disso, discussão de algumas questões sobre terras, tenho que ver se passo para o governo do Pará uma enorme quantidade de terras que está com a União.

Depois vim para o Alvorada e fui até a casa do embaixador da Venezuela,* porque tínhamos um coquetel com o presidente Rafael Caldera.

Registramos hoje a venda da Light, que foi importante. Eu já tinha falado com Chirac a respeito da Électricité de France, eles controlaram junto com alguns americanos e alguns brasileiros, foi uma coisa positiva.

No Congresso, muita discussão e pouca votação. Votaram em urgência o projeto do Paulo Paiva sobre relações trabalhistas, nada muito significativo. Está tão lento que o Luís Eduardo me telefonou dizendo que assim não dá mais, se eu não acho melhor não cedermos mais nada, como eu também acho, e explicarmos ao país que não há condições de avançar com esse Congresso.

*Alfredo Toro Hardy.

22 DE MAIO A 8 DE JUNHO DE 1996

Candidatura Serra à prefeitura de São Paulo ganha corpo. Viagem à França. Definição de candidaturas estaduais

Hoje é quarta-feira, 22 de maio. São três horas da tarde. Ontem à noite a Ruth me relatou uma conversa que teve com Serra ontem mesmo.

Ela foi conversar sobre Comunidade Solidária, Conferência Habitat, mas falou sobre a eleição para a prefeitura de São Paulo. Ruth, com a franqueza e a capacidade de convencimento que ela tem, disse ao Serra uma porção de coisas verdadeiras, que se ele não aceitasse a candidatura haveria uma desilusão com ele em São Paulo, que ele tem chances de ganhar e que seria bom ele ser candidato, embora para o governo seja ruim.

Hoje estive de manhã no Palácio do Planalto, para despachar com Eduardo Jorge e Clóvis, em seguida fui à Confederação Nacional da Indústria,* onde fiz um discurso duro, acho que não vai ter repercussão boa, porque eu estava demasiado emocionado com as notícias nos jornais de hoje de que a Light foi vendida pelo preço mínimo, vendida para estrangeiros, "BNDES salva leilão da Light", isso na *Folha*,** que é normal, *O Globo* e *Jornal do Brasil*. Ou seja, uma visão negativa sobre uma coisa positiva.

Cobrei apoio dos industriais, concordei com eles quanto à reforma da microempresa, mas basicamente foi um discurso de cobrança, acho que eles não vão gostar.

De lá vim para cá com o Serra.

No almoço, tive uma conversa profunda com o Serra. Ele acha que eu preciso cobrar mais, os que não fazem o que têm que fazer dentro do governo, e também fora, na parte política, ficam com uma sensação de impunidade. Dei os meus argumentos, mas ele tem razão, preciso ser mais duro, mais "cruel", como ele disse, no exercício do poder.

Ele abriu o jogo sobre a prefeitura. Ficou muito bem impressionado com a conversa e com a Ruth. Em geral o Serra confia mais na opinião das mulheres que na dos homens. Acho isso uma boa coisa, eu também confio mais, pelo menos na Ruth, que é uma pessoa que tem muita sensibilidade e integridade. Serra perguntou de novo a minha opinião. Eu disse que do ponto de vista político ele não tem como não ser candidato. Do ponto de vista do governo, seria ruim, porque me abre um problema.

---

* Fernando Henrique pronunciou o discurso de encerramento do Encontro Nacional da Indústria, promovido pela CNI de 21 a 22 de maio de 1996.

** Na primeira página da *Folha* de 22 de maio de 1996, a manchete foi "Governo compra ações e evita o fracasso do leilão".

Apresentei duas soluções de que ele gostou. Primeiro, fazer aliança com o PFL, que é condição sine qua non, vou falar com Jorge Bornhausen hoje mesmo e escolher [para vice] um tipo como João Mellão.* Segundo, propus o Kandir para substituí-lo, que é de São Paulo, do PSDB, economista, amigo dele. Posso chamar o Kandir na frente dele e deixar claro que se o Serra perder ele volta a ser ministro e o Kandir exerce apenas por um par de meses. Se o Serra ganhar, vai ficando o Kandir. Tem que ser uma combinação muito clara, e feita com uma pessoa como o Kandir, para não dar a impressão de que o Serra vai perder.

Isso me parece a primeira pedra lançada para que essa candidatura se efetive. Eu compartilho das aflições do Serra. Ele disse que, como no filme *Teorema*,** em que num dado momento uma pessoa sai andando nua pelo deserto, todo candidato vai atravessar, nu, um deserto. É a solidão. Em certos momentos ninguém pode dar conselhos. Eu disse a ele: "Essa decisão também é assim, é sua, porque você vai ter que ganhar sozinho ou perder sozinho".

Nós, que já fomos candidatos, que já ganhamos e já perdemos, sabemos que é sempre assim. Não é que não se precise dos outros para construir a vitória, mas é o candidato que ganha ou perde. Assim que ele se lança candidato, vêm as pesquisas que vão dizer "está em terceiro lugar, vai perder, não sei o quê". É sempre assim. A vida política é para gente forte, Serra é forte. Se ele se lançar mesmo, farei tudo para ele ganhar.

HOJE É QUINTA-FEIRA, 23 de maio.

A primeira coisa que fiz na tarde de ontem, ao voltar ao Palácio do Planalto, foi telefonar para o Bornhausen e pedir que ele viesse me ver. Contei a situação do Serra, disse que o Serra precisaria de um apoio do PFL, até por causa do tempo de televisão. Ele disse que ia dar o recado imediatamente ao [Antônio] Cabrera;*** pedi ao Bornhausen que mantivesse isso em segredo absoluto. Ele é totalmente favorável à aliança, mas achou que a aliança com Maluf já tinha avançado muito. Tanto assim que Maluf, ontem mesmo, tinha estado com ele no partido, embora ele tenha sido restritivo, pondo limites à relação entre o PFL e o PPB.

Depois falei com o Mário Covas sobre a questão do Serra, que o Mário tinha que fazer um apelo a mim e que em função disso as coisas poderiam marchar.

Ontem houve fatos muito complicados também.

Como eu havia antecipado na conversa com o Luís Eduardo, fomos derrotados. Derrotados três vezes nos DVs, destaques para votação em separado na Câmara.****

---

* Deputado federal (PFL-SP).
** Longa-metragem de Pier Paolo Pasolini (1968).
*** Presidente do PFL paulista, ex-ministro da Agricultura (governo Collor).
**** O governo obteve 307 dos 308 votos necessários para manter pontos-chave da PEC da reforma

Por quê? Porque não fizemos o que os deputados queriam, que é compromisso para cá, compromisso para lá. Já cansamos disso. Luís Eduardo cansou e eu cansei. Não tem cabimento. E eles desfiguraram bastante a reforma da Previdência. Isso teve, e terá, impacto negativo no governo, porque, além das pesquisas que estão usando para diminuir o nosso poder político, houve essas três derrotas no Congresso.

Luís Eduardo conversou comigo à noite no Alvorada, fez a análise das pessoas, aquela coisa de sempre: o pessoal do PFL do Acre queria uma nomeação para o Incra, e nós não concordamos. E, dispersamente, uns e outros. O Arnaldo Faria de Sá, nós não nomeamos delegado de Trabalho de São Paulo porque não tem cabimento, esse aí (o candidato) não tem as virtudes necessárias.

São coisas desse tipo que vão se somando. Diante disso, tomamos a resolução de seguir em frente e apelar para o Senado. Podíamos retirar a emenda, mas achei que aí seria uma derrota de tudo; é bom mostrar ao país, pouco a pouco, que as coisas estão sendo deterioradas pela canalhice de alguns setores da Câmara. E, claro, o PT, o PDT. Na verdade tivemos uns 300 votos a 150,* ganhamos com grande margem, mas emenda constitucional (são precisos 308 votos) é muito difícil.

À tarde recebi o ministro das Relações Exteriores do Canadá,** conversa de sempre sobre a posição do Brasil e do Canadá no mundo.

Depois falei com o Paulo Paiva, que me relatou as dificuldades com a Força Sindical. Ela quer dar mais 3,5% aos aposentados. Isso custa 1 bilhão de reais. Paulo Paiva acha que não adianta, porque desgasta. Já tivemos desgaste por não ter dado aumento com o índice que os sindicatos acham que é o melhor, mas demos 15%. Paulo Paiva é muito racional, ele pensa que neste ano temos que resistir às pressões. Também acho. Aliás, foi o que eu disse no almoço dos empresários.

À noite, depois de eu ter recebido o Luís Eduardo Magalhães, chegou o Serra. Relatei o que eu tinha feito. O Serra então me disse que hoje, quinta-feira, iria a São Paulo falar com o Mário e queria que eu insistisse outra vez com o Bornhausen para apertar o Cabrera. Disse que não pode ser candidato sem apoio do PFL, pelo tempo de televisão. Isso é um dado real. Não sei se é só isso, mas ele está na dúvida, eu compreendo.

---

da Previdência, como regras mais severas para a aposentadoria de servidores públicos e o fim da aposentadoria especial de professores universitários. Com a derrota, o presidente ameaçou desistir da PEC.

* A ausência de parlamentares da base aliada provocou o placar de 295 a 157 na votação que derrubou o limite mínimo de idade para aposentadoria de servidores públicos (treze a menos que o necessário). Na questão da aposentadoria dos professores universitários, faltaram sete votos. E a paridade de aumentos de salários da ativa e aposentadorias para servidores foi mantida por 269 a 175.

** Lloyd Axworthy.

Hoje, quinta-feira, reuniões normais. De manhã recebi uma porção de gente, o ministro Lélio Lôbo para discutir o reequipamento da Aeronáutica, perguntei do Sivam que ia ser votado hoje à tarde, ele estava tranquilo.

Falei também com o embaixador Sardenberg, sobre o encontro que terei amanhã, sexta-feira, com Almir Gabriel e outras pessoas a respeito da passagem de 40 milhões de hectares de terra do governo federal para o governo do Pará. Isso para dar ao Almir a chance de alguma recuperação. Ele vem almoçar aqui amanhã e direi com toda a clareza que o problema dele não é terra; é cadeia para aqueles que mataram lá em Marabá.

Longa reunião também com o pessoal do PMDB. Eles me procuraram, Luís Carlos Santos com o Temer, dizendo que haveria possibilidade de um apoio para marchar contra o [João] Leiva,* candidato do Quércia. Hoje de manhã vieram também o Goldman e o próprio Pinotti. Eu disse que não posso me meter muito a fundo na questão do PMDB, mas temos que pensar nele para o futuro, fortalecer o melhor setor do PMDB. Num dado momento entrou o Serra e eu disse a eles que o Serra eventualmente seria candidato e, nesse caso, queríamos o apoio deles. O Pinotti disse que se o Serra se candidatar ele não se candidata e vai ajudar o Serra. Acredito que seja verdadeiro.

O Serra chamou o Kandir e eu falei com o Kandir na frente do Serra. Disse que, na eventualidade de o Serra sair candidato, ele, Kandir, seria ministro do Planejamento, mas que, se o Serra perdesse, voltaria aqui para o governo.

Hoje à tarde despachos normais. Recebi o Hugo Napoleão, o professor Antonio Meneghetti,** veio o [Vicente] Bogo, que é vice-governador do Rio Grande do Sul,*** com o deputado Júlio Redecker, que representa os calçadistas do Rio Grande. Esse italiano, o Meneghetti, ficou cinco ou dez minutos sozinho comigo para dizer uma porção de coisas sem sentido sobre a estratégia mundial, com uma roupa esquisita, não entendo como dois homens dessa responsabilidade chegam e trazem esse cara até mim. Depois ele foi falar com a imprensa, sabe Deus o que disse. Assim é o país.

Almocei hoje no Alvorada com Evandro Carlos de Andrade e com Marcelo Netto. Uma longa conversa, eles saíram daqui quase às quatro da tarde. Eu disse que o jornal, *O Globo*, às vezes perde um pouco o rumo, mas da televisão não fiz queixa, porque não assisto. Evandro, segundo a Ana me disse depois, gostou muito da conversa. No fim do dia, tive uma reunião com o pessoal da área econômica para discutir a política dos fundos de pensão, o que podemos fazer nessa área. Antes dessa reunião, conversei com o Malan e com o presidente do Banco Central, o Gustavo Loyola, sobre os bancos. Vamos intervir nesse fim de semana no Banorte,

---

* Ex-secretário de Obras e Meio Ambiente (governo Montoro) e ex-secretário de Energia e Saneamento (governo Quércia) do estado de São Paulo.
** Psicoterapeuta e ex-frade franciscano, italiano, fundador da "ontopsicologia".
*** PSDB.

uma parte dele vai para o Bandeirantes.* Vamos devolver na segunda-feira o Banco Mercantil [do Brasil], para que continue a funcionar sob controle de outro banco, não me lembro qual agora.** Houve também um boato, que Ana me trouxe, sobre o Banco Boa Vista. Nunca ouvi falar que houvesse qualquer problema, perguntei ao Malan, pelo jeito tem algum probleminha.

E conversamos sobre o que fazer com o Bamerindus. Aí o Clóvis, o Beto e o Luiz Carlos Mendonça participaram também. O Bamerindus é o mais difícil de todos, pelo porte, mas o problema não é tão grave assim. O Beto Mendonça é muito imaginativo, arranjou umas formas que, se forem consistentes, resolvem a questão.

No fim da reunião, chegou o Serra. Ele tinha estado em São Paulo, disse ao Mário que a condição para ele se candidatar era que o PFL apoiasse e o Mário ficou de falar com o Cabrera. Eu já tinha falado de novo com o Bornhausen, e falei para o Luís Eduardo Magalhães pressionar o Cabrera.

Agora, faz poucos minutos, o Serra me telefonou para dizer que o Cabrera não falou com ele, que as secretárias ficaram 25 minutos esperando e o Cabrera não falou, depois de várias tentativas. O que é ruim. O Cabrera está com medo porque deve estar amarrado com o Maluf até o pescoço. Isso vai complicar, porque, nessas condições, creio que o Serra não topa. Eu entendo. É tanta incerteza que eu não iria empurrar o Serra para uma aventura sem que ele se sentisse com a mínima de condição de nadar.

HOJE É SÁBADO, 25 de maio, são onze horas da noite.

Uma reunião grande aqui com o Werneck [Luiz Werneck Vianna], que está no PT, o Weffort, a Maria Hermínia [Tavares de Almeida], o Jabor, o Léo [Leôncio Martins Rodrigues] e outras pessoas, para uma análise das várias questões do Brasil. Os temas se repetem, saber se os efeitos da queda de popularidade, do desencanto com o governo, vêm da comunicação ou se há problemas de base.

Minha conclusão é que há problemas políticos mesmo, de atitudes, provavelmente a questão do Proer, que é mal compreendida, a do salário mínimo e da barganha. Essas coisas, juntas, são muito destrutivas. E uma imprensa muito difícil, muito ardida. Agora mesmo estava a Lillian Witte Fibe fazendo um comentário na televisão com aquela ironia cortante sobre mais um banco atendido, que é o do Nordeste.*** Eles não explicam que se deixar quebrar é pior.

É possível que eu não tenha tomado certas medidas mais enérgicas como é do gosto da cultura brasileira.

* Adquirido pela Caixa Geral de Depósitos (Portugal) em 1998, e mais tarde pelo Unibanco, fundido com o Itaú em 2008.
** Banco Rural.
*** Banco do Nordeste do Brasil (BNB).

Vieram aqui o Duda, a Bia e as crianças, agora eles estão preparando as malas porque amanhã cedo vamos para Paris, a Bia vai também com as crianças.

Acabei de falar com o Eduardo Azeredo, o governador de Minas, para dizer que as pesquisas que eu vi, recentes, mostram que o Aecinho tem muito mais chances do que o Amilcar, que é o candidato que ele quer. Mas pesquisa é pesquisa, e da realidade de lá ele sabe. O Aécio está muito nervoso em cima de mim. Já falei com o Eduardo e, segundo ele, parece que na última pesquisa da Vox Populi houve uma queda forte da minha popularidade em Belo Horizonte. E Belo Horizonte sempre foi para mim um bastião. Então realmente há que se tomar atenção, para evitar uma degringolada que repercuta negativamente na credibilidade do governo.

HOJE É 1º DE JUNHO, sábado, três e meia da tarde, estou voltando da viagem a Paris e à Suíça. Vou fazer um resumo mais ou menos livre, porque trabalhei tanto que não tive a menor possibilidade de registrar tudo o que aconteceu na semana que passou.

A viagem a Paris foi bastante descontraída, foram alguns senadores, Antônio Carlos, o Pedro Piva,* alguns ministros, a Ruth, a Bia, o Pedro e a Júlia, os netos.

Longa viagem, sempre se faz um intervalo, dessa vez foi no Recife, e chegamos a Paris no domingo, tardíssimo da noite.

Em Paris, há sempre uma recepção, guarda formada e todo o pessoal da embaixada, os embaixadores, o Fernando Pedreira, que é o embaixador na Unesco, Monique [Pedreira],** o embaixador Carlos Alberto [Leite Barbosa], o ministro Lampreia, que já estava lá. O Weffort e o Malan foram comigo, o Bresser e o Vargas estavam lá.

Fomos hospedados no Hôtel de Marigny,*** em frente ao Elysée,**** mais ou menos confortável, é a antiga casa dos Rothschild, e lá ficamos bem instalados, embora de modo um pouco estranho. Esses palácios são sempre um pouco estranhos. As peças são desencontradas, mas era cômodo.

Na segunda-feira recebi, em horário variado, o presidente da Aérospatiale da França***** e os representantes das organizações que se ocupam dos direitos humanos. Tivemos uma boa discussão diante da imprensa, eu possuía muitos elementos para mostrar, tanto sobre nosso Programa de Direitos Humanos quanto sobre a

---

* Membro do conselho de administração da Klabin Papel e Celulose e suplente de senador (PSDB-SP), substituiu José Serra durante sua permanência no Ministério do Planejamento. Foi o relator do projeto de socorro ao Banespa, aprovado em maio de 1996 na Comissão de Assuntos Econômicos do Senado.
** Mulher de Fernando Pedreira.
*** Palácio de hospedagem de chefes de Estado e de governo em visita à França.
**** Palácio do Eliseu, sede da Presidência da República francesa.
***** Louis Gallois.

questão dos indígenas. Houve uma senhora um pouco mais impertinente, dei uma resposta mais ou menos severo, mas no geral fui convincente, me parece. Até o pessoal da Anistia [Internacional] gostou, disseram que era raro um presidente se dispor a conversar com eles da maneira franca como fiz. Também estava presente o Paulo Sérgio Pinheiro, que ajudou muito. O Paulo Sérgio é lutador nessa área, deu testemunho de que o Brasil está fazendo o que pode. Nessa mesma hora parece que havia uma manifestação, eu não vi, na avenida dos Champs-Élysées.

No fim do dia, fomos a um coquetel na Embaixada do Brasil, aí falei com muita gente mesmo. De manhã cedo já havia visitado o Jorge Amado e a Zélia [Gattai] na casa deles, o Jorge estava com edema pulmonar, falei com sua filha, a Paloma [Jorge Amado], e com o marido dela, que é filho do Odilo Costa Filho,* fui com os embaixadores e com o Antônio Carlos, foi muito agradável. A recepção na embaixada também [foi agradável], devia haver uma centena de pessoas, depois fomos jantar no restaurante Lasserre a convite do Pedro Piva.

Aí já foi um pouco mais bizarro. Havia muita gente, muito mais do que eu imaginava, eu pensei que fosse uma coisa pequena, eram umas trinta pessoas, o Pedro tomou bastante champanhe e vinho, estava fora de si de alegria e não conseguiu nem fazer um discurso direito. O clima era brincalhão, o Sérgio Motta cortando a palavra do Pedro e os dois numa espécie de disputa de quem falava coisas mais engraçadas. Olavo Setúbal também estava. Teria sido melhor se o jantar tivesse sido menor e menos espalhafatoso.

No meio disso tudo, tentando insistentemente obter uma entrevista, aquele rapaz que foi vice-governador do Rio de Janeiro, esqueço neste momento o nome dele, que é muito amigo meu, do Paulo Henrique, de todo mundo.**

Isso terminado, fomos dormir.

Na terça-feira, dia 28, o dia foi bem mais oficial.

De manhã, fui recebido formalmente pelo Chirac, no Eliseu. Saímos em automóvel, cavalos nos acompanhando, gente fardada, ambiente na rua agradável, alguns fazendo sinais positivos, o trajeto era curto. Depois lá estavam os meninos, os netos. Saímos numa fotografia do *Figaro* eu e a Ruth, os netos mais o casal Chirac, eu com uma cara emburrada não sei por quê, provavelmente por causa do sol.

Reuni-me em seguida com Chirac. Conversa extraordinária, ele com muita compreensão da situação do mundo, do Brasil, com disposição de ajudar, contente porque tínhamos pago nossos atrasos com o Banco de Paris,*** com a França também, e autorizamos reciprocamente a entrada, sem visto, de turistas brasileiros na França e de franceses no Brasil. Discutimos várias questões, a privatização, o papel da França, a situação do mundo, Conselho de Segurança. Chirac é francamen-

---

*Odilo Costa Neto.
**Roberto d'Ávila.
***Banque de Paris et des Pays-Bas S.A. (Paribas).

te favorável a que o Brasil tenha um lugar no Conselho de Segurança. Mencionei a questão dos produtos que têm tributação, como o café, eu já tinha sido alertado para esse assunto. Uma reunião muito positiva.

Em seguida, passei depressa em um seminário com empresários sobre problemas de telecomunicações, organizado pelo Sérgio Motta.* Fiz um discurso de improviso, entusiasmo na plateia, acho que fui bastante feliz na afirmação das posições da política brasileira no momento, que o Brasil não só está com uma economia estável como com taxas de crescimento, que controlamos para não haver risco de inflação, há muitas reservas, enfim, o trivial ligeiro dito em francês com ênfase, o papel da França. Eles gostaram muito.

De lá fomos para um almoço na Confederação Nacional do Patronato Francês.** Havia, segundo eles, quase quatrocentas pessoas. Estavam o chefe do patronato francês, Monsieur [Jean Ganois], que fez um discurso muito positivo, e [François-Xavier] Ortoli, o chefe das relações internacionais. Também fiz um discurso, talvez com menos espontaneidade porque tive que ler. Nos debates respondi a quatro ou cinco perguntas. Eles gostaram e me aplaudiram em pé.

De lá ainda fui para o Hôtel de Marigny e continuei recebendo franceses. Recebi [Jean-Luc] Lagardère,*** que quer se colocar para a questão das telecomunicações. Ele foi derrotado por ter alguma ligação com a Thomson, ou então na coisa dos satélites. Ele e Sérgio Motta têm seus problemas sobre como fazer a licitação do satélite. Mas ele foi amável, não entrou em detalhes, apenas mostrou interesse pelo Brasil, se disse muito amigo do Chirac. De fato é. Como ele foi antes dos socialistas.

Em seguida recebi a Aérospatiale, depois cinco ou seis dos principais banqueiros da França, todos com palavras de grande entusiasmo pelas transformações havidas no Brasil. Mostrei-me solidário com o que ocorreu com o Crédit Lyonnais, o incêndio no prédio, além das imensas dificuldades pelas quais o banco passa no momento. Estive com o presidente da Renault, que reafirmou o interesse pelo Brasil e queria que nos comprometêssemos a manter incentivos aos carros populares no futuro. Eu disse que não havia condições para isso, mas que acreditava que os carros populares iam ter um forte apelo de venda no Brasil. Disseram que vão começar a fazer o Renault em Curitiba, estavam muito entusiasmados.

À noite, jantar no Eliseu. Foi extraordinário. Cerca de trezentos convidados. Grande gala, todo mundo de black tie e longo. Praticamente todos os franceses dos quais se ouve falar porque têm alguma relação conosco, os grandes *Patrons* da in-

---

*Encerramento do *road show* sobre a privatização das telecomunicações, na sede do Conselho Nacional do Patronato Francês.
**Realizado no Hotel George V.
***Presidente do grupo Lagardère, que em outubro de 1996 adquiriu o controle da Thomson, derrotada pela Raytheon na concorrência do Sivam.

dústria francesa, todos presentes. Peugeot, Renault, Danone, Saint-Gobain, enfim, o que se possa imaginar, Thomson, Alstom mais alguns políticos franceses, todos os ministros, e o Chirac apresentando um por um, com grande animação, com palavras de carinho com o Brasil. Foi realmente uma coisa muito forte.

Quarta-feira foi um dia muito intenso em Paris, talvez o mais pesado de todos. De manhã, tive um encontro com empresários brasileiros, uns sessenta, no Hôtel de Marigny. Depois visitei um seminário da *Gazeta Mercantil* com um jornal chamado *Les Échos*. Em seguida, correndo, fomos à Mairie de Paris, onde houve uma recepção extraordinariamente bonita, havia talvez umas mil pessoas. O prefeito fez a saudação, eu respondi com emoção, acrescentei palavras que não estavam no texto, para dar um tom mais simpático à coisa. Na rua, na praça em frente à Mairie, muita gente, saudando com simpatia.

Voltamos correndo à embaixada [para outra audiência] e saímos correndo para a Assembleia Nacional da França, onde fiz um discurso agradecendo a saudação que me foi feita. A essa altura, eu já estava com o grau máximo da Legião de Honra, que o Chirac me havia dado na véspera. Brincando, disse que entrei Cavaleiro e saí com o Grande Colar. O almoço foi na Assembleia. De lá fomos passear um pouco à beira do Sena, nos *bouquinistes*, com Luiz Felipe Lampreia e outros que estavam me acompanhando. População simpática, uns estudantes se aproximaram sem saber quem eu era. Ao saberem que eu era o presidente do Brasil, começaram a gritar o nome do Raí, do Bebeto, do Romário, me acompanharam um longo tempo.

Segui a pé até a *Île Saint-Louis*, saí correndo para a embaixada, da embaixada fomos à Unesco ver uma exposição do Cícero Dias.* Estava lá o Fernando Pedreira. O Cícero Dias fez uma observação curiosa, de que eu era o segundo presidente da República que visitava uma exposição na França; o outro tinha sido Washington Luís. Eu disse que eram dois paulistas, um de Macaé, outro do Rio de Janeiro, mas sensíveis à arte do Cícero Dias, que é um pintor importante. Conversei com muita gente, embaixadores, representantes de todas as correntes na Unesco.

De lá, saímos direto para a Sorbonne.

Na Sorbonne, uma mesa-redonda com Touraine, Ignacy Sachs,** Jacques Delors,*** François Furet**** e Edgar Morin.***** Edgar Morin deve ter ido por causa do

---

* Eu Vi o Mundo... Ele Começava no Recife, no Hall Miró da sede da Unesco.
** Economista e professor franco-polonês.
*** Ex-presidente da Comissão Europeia e presidente da Comissão Internacional sobre Educação para o Século XXI, da Unesco.
**** Historiador francês.
***** Filósofo e sociólogo francês.

Luciano Martins, amigo dele, que aliás estava lá muito abatido, parece que com pneumonia, ele me disse. Esse colóquio durou uma hora e meia e foi presidido pela reitora da Universidade de Paris.*

Ignacy Sachs um pouco sem jeito, não sei por quê, deve estar se queixando de que a minha política é neoliberal. Touraine, com a generosidade de sempre, disse que eu sou o maior sociólogo da América Latina. Nossa imprensa ficou decepcionada, querendo saber quais são as críticas que eles fazem ao Brasil. Não estão fazendo críticas, estão levantando questões. Respondi a tudo que pude com muita franqueza. Na verdade, quem mais me decepcionou foi Delors, sem nenhuma colocação mais extraordinária. Touraine sempre muito inteligente, Furet perguntou sobre o que a política pode fazer no próximo século, enfim, uma tarde realmente acadêmica.

De lá fomos para um salão ao lado, onde fui homenageado pela Sorbonne, que me deu uma medalha. Eu não podia receber o doutoramento honoris causa porque a Universidade de Lyon já me havia concedido e, na França, precisa haver um intervalo de pelo menos cinco anos entre um doutorado e outro. A reitora da Universidade de Paris, cujo nome não tenho de memória, fez um discurso também muito generoso a respeito da minha vida, dos meus trabalhos e do Brasil. Me comovi, coisa que em mim não é tão fácil. Eu não sabia que era preciso responder ao discurso, e havia muita gente naquele grande salão de honra da Sorbonne. Discursei de improviso, agradecendo a ela, eu estava comovido e comovi a todo mundo. Me referi a alguns fatos da minha vida na França, ao Luciano, que lá estava, ao trabalho que fizemos em 1967 em Nanterre, rememorei várias coisas que aprendi com a França, com os meus professores franceses, falei do [Roger] Bastide, de todos eles, na verdade, e o que tudo isso significou para mim. Essa cerimônia realmente me tocou muito.

Saímos correndo dali e fomos até a embaixada trocar de roupa, porque em seguida eu teria um encontro com o primeiro-ministro da França, Alain Juppé, para discutir as questões práticas do relacionamento Brasil-França. Tudo correu muito bem, na linha do que já se havia discutido com Chirac, fui mais incisivo na questão dos produtos brasileiros, do açúcar, do café etc., que têm tarifas aduaneiras. Depois passamos a um jantar onde também houve um improviso do Juppé. Respondi com outro, tudo muito bem.

Na quinta-feira de manhã, 30 de maio, fomos para Lyon.

Antes de relatar o que aconteceu lá, quero registrar a novela relativa à saída do Serra do governo.

Eu contei que, na sexta-feira da semana passada, o Serra me afirmou que não ia ser mais candidato a prefeito porque o PFL havia roído a corda. Ele reafirmou isso ao Mário Covas na hora do almoço. Pois bem. Para a minha surpresa, na segunda-feira em Paris, quando voltei do jantar no Lasserre, havia um recado do Serra.

*Hélène Ahrweiler.

Falei com ele na terça-feira de manhã, hora de Paris, madrugada no Brasil. Serra me disse que tinha pensado melhor e resolvido aceitar, que já havia dito isso ao Mário Covas e que ia confirmar sua decisão com ele, naquela madrugada mesmo, de segunda para terça-feira; só tinha esperado falar comigo, para que eu não viesse a saber pelos jornais. Então eu disse:

"Tudo bem, vamos em frente como havíamos combinado, vamos ver o Kandir."

O Serra disse: "O problema é que agora o Calabi está com aspiração, não podemos perder o Calabi, e o Calabi vai embora".

"Bom, mas eu já falei com o Kandir, você mesmo tinha pedido para eu falar com ele, vai ser complicado. Em todo caso vou ver, vou tentar falar com o Calabi e ver como é que isso se resolve."

E dormi com essa preocupação na cabeça. Na terça-feira, eu não contei nada a ninguém, mas o Clóvis me telefonou e falamos do assunto. O Clóvis me disse que já tinha conversado com o Calabi e que ele estava irredutível. Clóvis estava até um pouco, digamos, desagradado com a posição do Calabi, que não tinha por que colocar aspirações a ser ministro, sem mais nem menos, sem que isso tivesse sido sugerido antes por mim. Eu disse: "É verdade, quem nomeia ministro sou eu, não é a pessoa que se candidata". Gosto do Calabi, ele é muito competente. Eu disse que iria falar com ele.

Eu não falei com ninguém, porque não quis criar um embaraço maior. Na quarta-feira, deixei público que efetivamente o Serra tinha concordado com a candidatura, já todos sabiam no Brasil. Nesse mesmo dia, no caminho para a Sorbonne, falei com o Malan e contei o que tinha acontecido, que o Serra não queria continuar no governo, que estava disposto a ser candidato a prefeito. Não discuti nada com o Malan, nada, mas ele estava aflito, porque já sabia da história do Kandir, já havia pressões do Calabi etc.

Consegui falar com o Calabi pelo celular entre uma cerimônia e outra, entre a mesa-redonda* e a medalha que recebi da Universidade de Paris. Imagine em que condições, eu estava ao conversar com o Maurice Druon, que é o secretário perpétuo da Academia de Letras da França, quando conseguiram localizar o Calabi. Interrompi as conversas, fui para um canto, falei com o Calabi. Ele expôs seus argumentos, disse que o Kandir tinha sido aluno dele, havia uma inversão, disse que gosta muito do Kandir, mas que ia ficar difícil, fez um apelo. Comuniquei a ele que seria o Kandir. Em seguida, falei com a Ana e pedi que ela dissesse ao Clóvis para avisar o Marco Maciel que ele devia nomear o Kandir. E assim foi feito.

Depois desse parêntese, retomo a viagem.

Na quinta-feira de manhã, dia 30, fomos para Lyon, de avião, com o ministro da Defesa da França,** uma pessoa muito agradável, conversamos o tempo todo. Em Lyon, fui falar com Raymond Barre, que é o *maire* de Lyon, falamos sobre o Brasil

---

* A mesa-redonda teve o título "O Brasil num mundo em mutação".
** Charles Millon, ministro da Defesa e presidente do Conselho Regional de Rhône-Alpes.

na Mairie. De lá fomos até a Préfecture,* para conversar com o prefeito,** com a esposa dele, mais Raymond Barre, mais o ministro da Defesa. Ruth e eu descansamos uns dez minutos num aposento e, depois de um breve encontro com estudantes brasileiros, fomos apresentados aos notáveis de Lyon, em seguida almoço, de novo discurso, saudação, e de lá seguimos para a Universidade Lyon 2 Lumière. Recebi título de doutor honoris causa numa cerimônia simples, fui saudado por um antropólogo, *professeur* [François] Laplantine, respondi ao discurso, eu já tinha um texto escrito, ao qual agreguei um finalzinho diferente.

Então tomamos um avião para Genebra, na Suíça. Do aeroporto seguimos diretamente a Lausanne, para um encontro com o [Joan] Samaranch*** e com o Havelange. Lá estavam também Pelé e Rafael de Almeida Magalhães. Fiz a apresentação da candidatura do Rio de Janeiro para sede das Olimpíadas de 2004. Creio que agradei bastante, o Saramanch estava eufórico, me mostrou o Museu Olímpico, jantamos no próprio prédio do museu. Temos alguma chance de botar o Rio de Janeiro nessa parada.

Voltei de Lausanne para Genebra, fui dormir na embaixada do Celso Lafer,**** chegando lá conversei um pouquinho, dormi, estava cansadíssimo.

Na manhã do dia seguinte, sexta-feira, 31 de maio, dia da viagem de volta para cá, ainda fomos visitar uma biblioteca extraordinária em Genebra chamada Bibliotheca Bodmeriana, que contém as primeiras edições mais incríveis que se possa imaginar da Bíblia de Gutenberg, do *Dom Quixote*, dos *Lusíadas*, das obras de Newton, comentadas por ele a lápis, Locke, Hobbes, tudo muito bem apresentado numa exposição sobre o poder, a ciência, as artes e a religião, coisa de altíssimo nível.

De lá fomos almoçar no Girardet, mais próximo de Lausanne, um restaurante admirável, nunca comi tão bem na minha vida. Presente apenas um grupo de amigos, nosso embaixador em Berna,***** o Didu de Souza Campos [Carlos Eduardo de Souza Campos], o Celso Lafer, o Lampreia, a Ruth, a Bia. Do restaurante seguimos para o aeroporto e voltamos para o Brasil na noite de sexta para sábado.

Hoje é sábado, nove horas da noite. Recebi o Cícero Lucena, que veio dizer que vai sair para se candidatar a prefeito de João Pessoa, e que, naturalmente, a Paraíba quer colocar um substituto. Ele me deu um nome, não me recordo agora, não é um parlamentar, o que facilita. Se for parlamentar a briga é mais séria. Depois recebi

* Sede da região administrativa de Rhône-Alpes.
** Paul Bernard.
*** Presidente do Comitê Olímpico Internacional (COI).
**** Embaixador do Brasil junto aos organismos internacionais sediados em Genebra.
***** Carlos Eduardo Alves de Souza.

o Andrea Calabi. Jantamos no Alvorada e conversamos longamente. Ficou claro que o Andrea vai continuar, até quando não sei, nem ele sabe, mas vai continuar. Andrea sabe mesmo muitas coisas da burocracia, tem ideias, tem o dossiê na cabeça, gostei da decisão dele de permanecer. Todos permanecem. Acabei de telefonar para o Kandir, que me confirmou isso. Ninguém vai embora, o Kandir está eufórico.

Almocei com o Serra, que veio ao Alvorada. No almoço perguntei: "Por que você decidiu continuar candidato?".

Ele disse: "Por duas coisas. Primeiro, não tem explicação, deu vontade, vi que dava [para ganhar], algumas pessoas que pesam queriam que eu fosse, acham que eu ganho e tal. Mas a outra é que fiquei irritado com o PFL, me senti desafiado e resolvi enfrentar. Foi a decisão mais calma que já tomei na vida".

Eu respondi: "Felicito você porque teve coragem, você sabe que vem chateação, toda campanha é chateação. Agora, acho que você fez a coisa politicamente certa, como eu já te disse tantas vezes. Não sei se eu faria a mesma coisa".

Cada um tem o seu estilo. Soube pelo Calabi que o Serra disse que, se fosse ele o presidente, não teria permitido a saída do ministro do Planejamento. Acho que não teria permitido mesmo. Meu estilo é outro. Não sei se o Serra ganha ou perde [as eleições]. Acho que ganha. Se perder, volta para o governo. Acho o Serra, com suas características, uma pessoa com uma capacidade excepcional de resolver problemas difíceis de enfrentar. Ele tem coragem e comigo é leal. Não tenho nenhuma dúvida quanto a isso.

Vou torcer para que ele ganhe, vou ajudar dentro do limite que a posição e a Constituição impõem, vou torcer. Acho que ele vai ficar mais feliz ganhando, porque vai se sentir dono daquele pedaço — Serra está precisando ser dono do pedaço. Agora que depende de mim e de outros ministros, fica muito mais controlado do que ficará como prefeito de São Paulo. Ele vai poder demonstrar a capacidade que tem, que é enorme. Acho que a partir daí, se ganhar, pode fazer uma bela carreira política e ficarei contente de ver essa carreira. Vou sentir falta do Serra, na hora do aperto é com ele que eu falo, de assuntos mais delicados só falo com ele mesmo, porque ele não passa adiante. Os outros quase sempre falam além do que devem.

Reflexão sobre a viagem à França em geral. Muita fofoca na imprensa, menorzinha, que eu fui com a Bia e os dois netos à custa do governo. Mentira. O avião ia mesmo, tinha lugar, é de graça, ficamos hospedados na embaixada que hospeda todo mundo, não foi gasto um tostão do governo federal. [Disseram] que a comitiva tinha mais de cem pessoas. A minha, não. Foram comigo no máximo uns doze. É claro que há ajudantes, segurança, o pessoal da companhia aérea. E alguns ministros que eu conto nesses doze. Se foram outras pessoas nem sei.

E o rapaz da *Folha* chegou ao cúmulo de dizer que nos Estados Unidos o presidente viaja com 123 pessoas, o que é mentira. Agora, para Lyon, vão setecentas pessoas com o presidente dos Estados Unidos. Inclusive quatro aviões, sendo que um é para ele ser operado em caso de urgência. É um avião hospital. Enfim, as pessoas ainda não perceberam que o Brasil já é grande demais para ser medido por metro tão pequenininho.

A viagem à França foi boa. O impacto do empresariado e do governo foi muito forte e a satisfação que tive no modo como fui recebido também, especialmente pelo Chirac e por meus colegas que hoje estão na universidade francesa. Foi uma coisa que me comoveu, que me tocou. Realmente, de vez em quando tem que haver alguma gratificação, senão a vida passa a ser áspera demais.

Vale a pena fazer viagens?

Conversei com o Calabi [sobre isso]. Vou levar pau o tempo todo aqui. Lá, eu me fatigo ao extremo, me dedico ao extremo, sou gentil, procuro ser o mais inteligente que posso para explicar as coisas, crio um ambiente positivo. Não sei se depois essas coisas se concretizam ou se tudo fica só como um jato d' água, como o Jet d'Eau de Genebra. O fato é que no mundo de hoje isso tem que ser feito.

O certo é que a França, hoje, passa a ter interesse pelo Brasil. Falei com o presidente da Compagnie Lyonnaise des Eauxs,* eles são muito bons nessa matéria, e também em serviços públicos em geral. Não sei se o nosso pessoal, aqui, está amarrando tudo com a velocidade necessária. Falei sobre isso com o Calabi. É uma preocupação que tenho. Está faltando, eu diria, uma visão até mais "negocial" dentro do próprio governo, no bom sentido de trazer investimentos para o Brasil, de andarmos mais depressa e amarrar os negócios. Estou começando a ver que críticas sobre esse aspecto têm alguma procedência.

HOJE É DOMINGO, 2 de junho, são nove e meia da manhã.

Estou lendo um livro que a Marie Hélène [Moreira], mulher do Valter Pecly,** me deu, *Antiportraits*, do Alain Minc.*** Neste livro ele contrasta, primeiro, a imagem de Richelieu com a de Frederico II. Agora está contrastando Bismarck com Clemenceau. E se aprende muito, não só da época como também do tipo de gente que eram esses líderes tão distintos entre si e que formam uma espécie de contraponto da maneira de encarar a política na França e na Alemanha em momentos diversos. Eu já tinha lido algum tempo atrás um livro do Alain Minc sobre os riscos da democracia de massa.**** Não sei muito sobre ele, mas é bastante interessante.

Ainda é domingo, agora são onze da noite. Pimenta da Veiga e Aécio Neves estiveram aqui à tarde. Conversamos depois que a Bia foi embora com as crianças, eles

---

* Jérôme Monod.
** Chefe do Cerimonial da Presidência, substituiu Júlio César Gomes dos Santos.
*** Economista e empresário francês.
**** *L'Ivresse démocratique*. Paris: Gallimard, 1994.

vieram me contar que o Eduardo Azeredo quer manter o Amilcar como candidato e não quer o Aécio, embora o Aécio esteja bem na frente do Amilcar nas pesquisas eleitorais. O Eduardo já me tinha dito isso. Ele acha que o Aécio já atingiu o seu patamar, enquanto o Amilcar tem chance, pelo seu estilo de se contrapor ao Virgílio Guimarães. Não sei se o Eduardo tem razão. É muito difícil fazer uma candidatura contra a corrente. Enfim, é um problema mais mineiro. Eles ponderaram que o Eduardo quer fazer uma candidatura própria porque tem em vista ser candidato a presidente da República em 98. É provável. É um direito dele. Mas é também verdade que o Eduardo está apoiado mais no PTB do que no PSDB. Ou seja, no Hélio Garcia.

Aécio também queria saber se, como não vai ser candidato a prefeito, poderia ir para o lugar do Cícero Lucena. Eu disse que não. Primeiro, porque ele é deputado, e deputado não pode ser secretário. Pimenta concordou comigo. Segundo, porque aquela secretaria* não tem muito significado, e não há sentido em tê-la por compensação. Isso vai criar um problema com o PMDB e tudo mais. Ele compreendeu.

À noite recebi o Enrique Iglesias, presidente do BID. Fizemos um *tour d'horizon* sobre os problemas do mundo, do banco, da viagem à França, do Brasil, da situação do Paraguai, como está a questão social. O Iglesias ajuda sempre. Ele vem fazer um programa de investimento no Brasil. Mais tarde chegou o Pedro Malan e jantamos juntos os três.

Depois que o Iglesias saiu, conversei com o Pedro Malan sobre a articulação dele com o Kandir. Ele quer que o Kandir seja discreto, não fale com a imprensa, fale tudo diretamente com ele. Coisas razoáveis.

O Serra tinha me telefonado, muito irritado em função de uma nota atribuída ao Gustavo Franco por essa moça do *Estado de S. Paulo* que sempre põe umas notas um pouco provocativas.** O Serra não devia dar tanta atenção a isso. Os jornais de hoje são favoráveis a ele, dizem que foi durão por não ter dado nada ao funcionalismo, ter feito a mudança da banda cambial em fevereiro, sua ação ter tido efeito sobre a baixa de juros, enfim, o grande herói é o Serra. Já basta isso como compensação a críticas eventuais do Gustavo.

Chamei o Malan e disse para ele conversar com o Gustavo e dizer que não é o momento para isso, que deve parar com essa futricalhada que já nos deu tanto trabalho; acho que isso agora vai acalmar.

Em tempo, houve um fato importante: a vitória do Pinotti na Convenção do PMDB de São Paulo, para ser o candidato, em vez do Leiva. Ou seja, o candidato do Quércia perdeu por sete votos, e o candidato a vice-prefeito será o Goldman. O Luís Carlos Santos me informou ontem, na hora que eu cheguei, das tratativas para preparar sua candidatura, conforme combinado numa reunião que fizemos com a presença do Serra na quinta-feira da semana passada. O Pinotti disse que ele não

---

*Secretaria de Integração Regional.
**Angela Bittencourt.

seria candidato contra o Zé, como ele chama o Serra. Agora precisamos examinar se vale a pena ele continuar como candidato, que é o que pensa o Serra, porque assim o PMDB fica em mãos que não vão bater no governo federal nem no Serra. Foi uma vitória sensacional, porque é a destruição do Quércia em São Paulo.

HOJE É DIA 3 DE JUNHO, na verdade dia 4, porque já passou de meia-noite. O dia transcorreu calmo.

De manhã recebi o Kandir. Ele tem ideias bastante claras sobre o que fazer, me expôs o discurso que fará amanhã, dia de sua posse. Ele tem uma atitude construtiva com relação à equipe, ao Serra, com relação ao que pode ser feito pelo Brasil. Fiquei bastante contente com a exposição do Kandir, com seu espírito organizado e prático e jeito mais suave do que agressivo.

Eu havia nadado de manhã, depois fiquei lendo um pouco, organizando meus papéis, e fui para o despacho normal com Ana Tavares. Em seguida, outro despacho, com o embaixador Sérgio Amaral. Recebi a Danielle para discutir o que fazer com minha papelada e marquei para mais tarde um jantar no Alvorada com ela, Eduardo Jorge, Graeff e Ana Tavares.

Nesse meio-tempo o Paulo Henrique também chegou, muito entusiasmado com as novas funções dele na Companhia Siderúrgica Nacional e eventualmente também na Light, pois uma parte da Light pertence à CSN. À tarde, a coisa mais política que houve foi relativa à substituição do Cícero Lucena.

Telefonei para o governador da Paraíba, que depois me retornou duas vezes, para mostrar seu empenho, dizendo que não deseja que se nomeie a pessoa indicada pelo Cícero Lucena, um senhor chamado Fernando Catão. Fez inclusive uma referência vaga, mas com certa preocupação sobre a gestão pública desse senhor. Isso cria um problema, porque eu já tinha falado com o Michel Temer, com o Humberto Lucena e com todos os demais na direção da nomeação do Catão, até porque sei que o Piauí quer indicar um deputado, sei que o Aluísio Alves* quer que o governador do Rio Grande do Norte o indique, o Aécio Neves já veio pedir o mesmo lugar, enfim, vai começar a confusão.

Por sorte, depois desses encontros no Planalto, meros despachos com o general Cardoso, com Clóvis outra vez no final do dia, com Eduardo Jorge, com Lucena e com o ministro da Marinha. Este me contou a viagem que fez ao Chile e ao Paraguai, muito exitosa, pelo que disse. Há uma relação mais estreita com a Marinha chilena, que até hoje tem receio da nossa relação com os argentinos. O almirante

---

*Peemedebista, ex-ministro da Integração Regional (governo Itamar) e ex-governador do Rio Grande do Norte.

Mauro César informou aos chilenos que queremos ter com eles o mesmo tipo de relacionamento que temos com os argentinos. Do ponto de vista das nossas Forças Armadas, da Marinha especificamente, é o que desejamos, e o nosso relacionamento com a Argentina é transparente, como seria também o relacionamento com eles.

Além disso, o almirante mencionou a questão da compra do avião francês Super Étendard pela Marinha. Eu já sabia. O general Cardoso, antes de entrar o ministro da Marinha, me advertiu que ele ia insistir no ponto, que é altamente polêmico, porque a Aeronáutica não quer, não aceita. Eu disse ao almirante que ainda não tinha conversado com o brigadeiro Lôbo, que eu o faria, mas que havia dificuldades. Ele sabe que há dificuldades. Mencionei que fiquei surpreso quando na França o próprio presidente, sim, acho que foi o Chirac, não tenho bem certeza, mencionou que há interesse na venda desses aviões. Eu disse que dificilmente [o compraríamos], porque não temos recursos. O almirante Mauro César também não achou entusiasmante minha ideia de dizer que não temos recursos. Esse é um problema, um abacaxi imenso. É a mesma coisa que o porta-aviões do Juscelino.

Terminados os despachos, vim para casa.

Humberto Lucena pediu novo encontro comigo. Antes de jantar com a Danielle e os outros, me encontrei com o Sérgio Amaral, que veio falar sobre os contatos que teve com a imprensa. Reclamei que no *Jornal do Brasil* se fez novamente um ataque dizendo que estamos barganhando com os lobbies. O que eles chamam de lobbies são coisas normais que qualquer Congresso tem e o que eles chamam de barganha não houve. Se referem à questão dos ruralistas; isso foi no ano passado, e não por causa da Previdência. Era uma coisa justa, eu botei os limites.

Mas fazem crer para a opinião pública que tudo é barganha, que o veto — aliás um veto por engano — na questão dos anticoncepcionais* foi por causa do lobby católico, que na questão dos impostos às Igrejas eu cedi por causa dos protestantes. Na realidade nunca ninguém propôs imposto nenhum a igreja nenhuma. Enfim, a imprensa continua praticando o que o [Armand] Mattelart** chamava de "reprodução cultural" do sistema cultural de dominação, só que agora a esquerda, em vez de desmascarar a mídia, usa a mídia para fazer o pequeno jogo político. O que a imprensa faz é manter as estruturas mais podres, dando impressão de que não há mudanças, de que todos são iguais.

Conversei com Sérgio Amaral sobre isso, ele disse que já tinha reclamado no briefing do JB. De qualquer maneira, ele vai falar com o Josa [Nascimento Brito], que é o dono do *Jornal do Brasil*.

O Serpa me telefonou e disse a mesma coisa, que ia falar com o Josa, porque parece que quando eu estava na Europa saiu na primeira página a notícia de um protesto ridículo na França, de cinquenta gatos pingados, sobre as questões dos

---

*Alusão ao veto presidencial a artigos da Lei do Planejamento Familiar.
**Sociólogo e professor belga.

sem-terra, como se nós aqui não estivéssemos tão preocupados quanto eles com os sem-terra. Mas, enfim, é de imagem que vive o mundo contemporâneo.

Recebi de novo Humberto Lucena. Para a minha surpresa, ele veio me dizer que nem o Ronaldo Cunha Lima, que é cunhado desse Catão, está muito entusiasmado, porque vai ser debitada a ele a nomeação do sujeito, e que ele viu que o [Ney] Maranhão, o governador da Paraíba, não quer o Catão. Então ele me sugeriu que eu transformasse [a secretaria] em ministério e oferecesse isso a um deputado. Eu disse: "Olha, Humberto, não dá, não posso criar mais um ministério, vai ter uma briga tremenda no PMDB, nesse caso é melhor tentar extinguir essa secretaria. Sei que é difícil, eu vou ter que tentar isso hoje".

HOJE É QUARTA-FEIRA, 5 de junho, meia-noite.

Vou descrever o que aconteceu ontem e em seguida o que ocorreu hoje.

Ontem, 4 de junho, tomei café da manhã com Eduardo Jorge e Danielle Ardaillon, eles vieram discutir questões relativas aos meus arquivos, o que fazer no futuro, o que não fazer, como reorganizar o secretariado e o manuseio dos papéis. A Danielle fez uma viagem por vários países e veio com muitas ideias inovadoras, pelo menos para nós aqui. Temos que tomar decisões nessa matéria.

Em seguida fui para o Planalto, para a posse do Kandir. Houve uma reunião interna, pequena, antes da posse, Sarney esteve lá, o Kandir chegou, estavam o Marco Maciel e o Serra, que apareceu com cara amarrada, provavelmente por causa da discussão que havíamos tido nos dias anteriores, de novo, sobre as futricas do Gustavo Franco. Kandir fez um longuíssimo discurso, bem estruturado, mas muito longo para a ocasião. O Serra fez um discurso menor, vibrante, mais direto, sobre o que foi feito pelo governo e por ele. Meu discurso foi mais emotivo, até porque queria desfazer mal entendidos eventuais na alma do Serra a respeito de como teríamos agido com ele. Falei sobre a polêmica da taxa de juros/taxa de câmbio, embora isso não tivesse sido mencionado, me referi a outras coisas que dizem respeito ao nosso relacionamento, meu e do Serra, que é profundo, sempre acidentado, mas profundo.

Em seguida — a cerimônia demorou muito —, passei para a cerimônia de assinatura do contrato de privatização da Light. Fiz um discurso mais leve, e o Raimundo Brito, em seu bom discurso, mostrou o que realizamos nessa área para avançar na direção da infraestrutura, das privatizações e dos contratos de concessão. Serra estava presente, Raimundo Brito o citou e disse que queria que ele ganhasse a prefeitura — interessante, porque o Brito é do PFL. Eu retribuí citando o Imbassahy, ex-presidente da Eletrobrás que agora se desliga porque vai ser candidato a prefeito de Salvador, da Bahia. Não mencionei candidatura, só fiz elogio ao desempenho dele no governo.

De lá, saímos atrasados, no carro comigo o Wellington Moreira Franco, e fomos para a casa do Luís Eduardo, para um encontro com o Pertence e com vários desembargadores, do Paraná, de São Paulo, do Rio, de Minas, do Rio Grande do Sul.

Disseram que se identificam com as nossas lutas pelas reformas, que não têm mentalidade corporativa, mas na prática propuseram que houvesse um piso para o salário dos juízes estaduais e que esse piso fosse na proporção de 65% do teto, ou seja, do salário dos ministros do Supremo Tribunal Federal.

Ora, isso é um verdadeiro aumento de salário dos juízes. Parece que não percebem que estamos numa situação difícil, que a reforma administrativa é para conter gastos e não para aumentar. Eu creio que não são corporativistas mesmo. É outra coisa. Na verdade, estão vendo que o salário é baixo, querem aproveitar a oportunidade, mas não vai ser possível. Mencionei que devíamos consultar os governadores. Há uma quase crise entre as Assembleias Legislativas e os governadores dos estados. O Pertence fez a mediação. Eu creio [que ele pensa] que não se pode deixar de estar a favor de um aumento de salário, mas está a favor de um teto claro para evitar que haja penduricalhos nos salários dos juízes e desembargadores, os quais disseram a mesma coisa.

De lá fui direto para o Palácio do Planalto, onde, além dos informes habituais e dos despachos normais, recebi de novo o desembargador Paulo Medina, presidente da Associação dos Magistrados Brasileiros, com o Nelson Jobim e outros magistrados. Esses, sim, são anticorporativistas, mas também são contra o controle externo do Judiciário, contra a inexistência de regras que defendam os salários. Estavam com muito medo da queda da vitaliciedade, que não passou pela cabeça de ninguém.

Depois recebi o senador Humberto Lucena, o deputado Michel Temer, do PMDB, mais o senador Cunha Lima e o senador Suassuna para discutir a sucessão do Cícero Lucena. Encaminhei a questão tal como havia combinado com o senador Lucena, ou seja, dizendo que eu preferiria a extinção do cargo. Muitos das oposições estavam de acordo com isso porque o próprio Lucena me havia dito que mesmo o Ronaldo Cunha Lima era favorável. Na verdade não foi nada disso. O Ronaldo quer mesmo a indicação do Fernando Catão. O Fernando, segundo o governador da Paraíba, teria problemas de várias ordens, o que não foi confirmado por nenhum deles, mas tenho certeza que o governador falou também com o Michel Temer sobre isso. Ficou uma situação difícil.

Mais tarde me telefonou de novo Lucena. Eu digo: "Olha, Lucena, não vejo alternativa, porque a bancada toda quer isso". O Lucena defendeu o rapaz, mas não estava tão empenhado quanto os outros. Telefonei para o governador, informei da situação, e, hoje, quarta-feira, avisei ao Ronaldo que vou fazer a nomeação dele, porque fiquei com medo [de outras candidaturas] que já apareceram: Aluísio Alves, Mauro Benevides,* Paulo Lustosa.** Independentemente do valor de toda essa gente, imagina a confusão que isso vai causar no PMDB.

---

* Ex-senador (PMDB-CE) e assessor especial do Ministério da Justiça.
** Ex-presidente do Sebrae (governo Collor) e ex-deputado federal (PMDB-CE).

Recebi também o Paulo Paiva, ministro do Trabalho, que conversou sobre a situação da Força Sindical, a situação geral das greves. Ele agora acha que pode ser que dia 21 a greve* tenha alguma expressão se os empresários a apoiarem. Paulo [Paiva], na questão da Força Sindical, acha que no fundo o Medeiros e o Paulinho querem um acerto discutível. Mas que eles ficam sempre com um pé na oposição, outro no governo, e o que eles queriam mesmo é um aumento das aposentadorias, com mais 3,5%. Custa 1 bilhão de reais. Paulo Paiva já disse a eles que é inviável. Deu algumas sugestões de leis que poderíamos encaminhar, mas está um pouco cético. O Medeiros mostrou interesse em discutir apoio à candidatura do Serra, o que já seria uma coisa interessante. Talvez pudéssemos, a partir disso, restabelecer uma ponte com a Força Sindical. Falarei com o Sérgio Motta a respeito.

Ainda fui ao jantar dos quarenta anos da Anfavea e do Geia, o Grupo Executivo da Indústria Automobilística criado pelo Juscelino. Isso foi no Clube do Exército. Lá estavam as duas filhas do Juscelino, Márcia e Maristela [Kubitschek], e também a filha do Lúcio Meira,** Isabel Meira, além de muitos dirigentes da indústria automobilística. Recebi uma homenagem do presidente da Anfavea, o [Silvano] Valentino, e fiz um discurso sob o tema de que entrávamos em outro patamar de desenvolvimento.

Hoje de manhã, quarta-feira, depois da natação, fui trabalhar. Esta é uma semana morta, amanhã é feriado, não há muito trabalho, só despachos de rotina.

Ontem à noite Paulo Henrique ainda estava aqui, quando voltei do encontro da Anfavea conversamos sobre a posição dele na CSN, sobre a questão do Banco Nacional. Paulo contou que os jornais estavam dizendo, e a televisão também, que a Ana teria sido acusada. Não foi acusada de nada; foi indiciada porque é acionista, mas não tem nenhuma responsabilidade por eventuais fraudes havidas lá.

Fui para o despacho no Palácio do Planalto, conversei com o Clóvis e o Eduardo Jorge sobre o abuso das viagens de funcionários, escandaloso, gastamos 400 milhões de reais no ano passado, eu não sabia, foi o Calabi quem me chamou a atenção, e o Eduardo Jorge vai tomar as providências para coibir isso. Achei também um absurdo a quantidade de gente que foi para a França comigo sem que eu soubesse. A minha comitiva é pequena, mas o grupo de apoio, essa coisa toda que me aborrece, eu preferia que fosse muito mais simples. Não há necessidade de todo esse aparato, mas é difícil quebrá-lo.

Depois recebi a informação de que morreu o Júlio de Mesquita [Neto]. Eu teria um almoço no Alvorada com dois jornalistas da *Folha* e uma audiência com o presidente da Varig*** e com o Jatene. O Jatene resolveu ir comigo, juntamente com o

---

* As centrais sindicais convocaram uma greve geral contra o desemprego e os juros altos.
** Ex-ministro dos Transportes (governo JK).
*** Fernando Pinto. A Viação Aérea Rio-Grandense (Varig), então a maior companhia aérea do país, deixou de operar em 2006.

Clóvis e o Sérgio Amaral, para o enterro do Júlio. Foi bastante comovedor o encontro, a Zulu [Otávia Cerqueira César de Mesquita], mulher do Júlio, curiosamente ficou muito próxima de mim durante todo o tempo, sobretudo quando se encomendou o corpo. O Ruy estava abalado no canto dele, aquela austeridade paulista, Maluf na porta, não entrou propriamente no círculo da família. Coisa interessante, até antropologicamente, só estavam os familiares, eu, o [Roberto de Abreu] Sodré, que é primo deles, o Luís Eulálio Vidigal.* O Júlio César [Ferreira de Mesquita] foi me buscar, fui com ele, a filha do Júlio** estava muito abalada, a Zulu menos, ainda assim, abaladíssima também, claro, porém mais firme do que a filha, embora chorasse de vez em quando. O padre*** fez um longo discurso, depois veio falar comigo; era primo dessa juíza Denise Frossard, que faz sucesso no Rio de Janeiro.****

Mal vi quem estava por lá, muita imprensa para me entrevistar, mas não dentro, lá fora, depois voltei para Brasília. Chegando aqui, ainda deu tempo de encontrar o Paulo Henrique, e mais tarde chegou a Luciana com a Isabel. Brinquei um pouco com a Isabel, conversei rapidamente com o Paulo Henrique e recebi uns jornalistas para jantar. Agora estou aqui, quase dormindo.

HOJE, 6 DE JUNHO, é feriado de Corpus Christi. São quatro horas da tarde.
Pela manhã recebi o embaixador Gelson para despacho. Recebi também o Scalco, que veio falar dos problemas de Itaipu e do setor elétrico em geral no Brasil, do déficit que parece que existe, se bem que as empresas de energia sempre fazem esses diagnósticos de falta, de carência, que é preciso investir mais. Mas como o Scalco não pertence tradicionalmente ao grupo das energéticas, deveria ser mais objetivo na análise.

Depois fui almoçar na casa de Darcy Ribeiro. Darcy é um fenômeno, tem 73 anos, eu creio, está com câncer há muitos anos, está mal, pode até morrer de um momento para o outro,***** mas com uma energia brutal, uma alegria enorme. Um almoço extremamente vivo, agradável, com umas vinte pessoas, era uma homenagem ao Paulo Renato, o pretexto era esse. Estava lá o Cristovam Buarque, governador de Brasília. Foi realmente um almoço de velhos amigos, havia um pessoal mais jovem que não entendia muito bem aquilo, estava lá a Vera Brant,******

---

*Jurista e professor de direito da USP.
**Marina Cerqueira César de Mesquita.
***Ilson Frossard.
****A juíza da 10ª Vara Criminal do Rio de Janeiro se tornou conhecida nacionalmente em 1993 pela prisão dos maiores bicheiros da cidade.
*****Darcy Ribeiro morreu em 17 de fevereiro de 1997.
******Assessora de Darcy Ribeiro na criação da Universidade de Brasília e amiga de Juscelino Kubitschek.

entusiasmada e tão falante quanto o Darcy. Também gente como Eduardo Jorge, Gilda Portugal Gouvêa,* um pouco mais tarde chegou o Toninho Drummond, e várias pessoas de Brasília ligadas ao Darcy, uma moça chamada Isa [Grinspum Ferraz], de quem a Bia gosta muito, ela é técnica da TV Educativa, o Paulo Ribeiro, sobrinho do Darcy, que é hoje diretor da TVE, o Sérgio Amaral, enfim, um grupo grande, como nos velhos tempos do Brasil, um Brasil quase juscelinista, em que as pessoas se encontram, brincam, não estão preocupadas com formalismo, embora todos se respeitem e se conheçam há muito tempo.

Agora à tarde estou esperando Eduardo Jorge e Maria Delith,** que vão falar sobre o Ministério da Cultura. Depois ainda eu vou receber o Paulo Renato e mais tarde vou jantar com o Luís Eduardo Magalhães, que vem com dois ou três deputados, porque ele acha que preciso dar um pouco mais de atenção a certos deputados, inclusive ao Heráclito Fortes, que é uma pessoa com quem tenho relações há muitos anos.

HOJE É SÁBADO, 8 de junho.

Como disse, na quinta-feira jantei com o Luís Eduardo e o Heráclito Fortes. A conversa que tive à tarde, também na quinta, com a Maria Delith e o Eduardo Jorge foi sobre o Ministério da Cultura. O Weffort está precisando de reforço de verba, mas tenho impressão de que ele se comprometeu além do que era necessário. O Weffort está bastante entusiasmado com o ministério e com a sua clientela, que são os autores de cultura. Com a escassez [de recursos] desses anos todos, quando de repente chega algum dinheiro ficam todos açulados. Creio que Weffort deve ter perdido um pouco a noção de quanto isso custa. Vou falar com o Calabi e ver o que dá para fazer, vamos tentar reforçar o Ministério da Cultura. Acabei falando com o Calabi ontem, e vai haver solução para evitar sufoco na área da cultura.

Paulo Renato também conversou sobre os problemas do seu ministério. O estilo do Pedro Paulo Poppovic parece estar dificultando a questão da TV Educativa. A moça a quem eu me referia, a Isa [Ferraz], parece que é sobrinha do [Carlos] Marighella, é uma moça de muito talento, segundo todos dizem, e a Bia também acha. Ela não pode ficar lá porque o Pedro Paulo estava com umas ideias bastante decididas e diferentes das do grupo que produzia o conteúdo e a fala dos programas da TV Educativa. Paulo Renato sempre entusiasmado com o ministério.

À noite, no jantar com Luís Eduardo, voltou-se ao tema da reeleição. Luís Eduardo acha que é preciso votar este ano, enquanto ele é presidente da Câmara, depois de outubro. Disse que tem preparada a comissão que vota preliminarmente o pro-

---

* Socióloga, assessora especial do Ministério da Educação.
** Secretária executiva do Ministério da Cultura, ex-chefe de gabinete de Fernando Henrique no Senado e irmã do secretário-geral da Presidência, Eduardo Jorge.

jeto da reeleição. E também que achava indispensável fazer isso pelas razões do futuro, pois, sem a possibilidade da aliança PSDB/PFL, as coisas não vão marchar. E aí há problemas. O Zé Aníbal e o Inocêncio estão se estranhando, evidentemente em São Paulo haverá dificuldades pela candidatura Serra, que vai ser vitoriosa, espero. Nós vamos ter que brigar muito, o PFL ficou do outro lado, o Luís Eduardo apoia o Serra. Além disso, ele acredita, teremos que jogar com as ambições do Inocêncio e do Michel Temer. Ambos querem ser presidente do Congresso e por isso vão ter que demonstrar serviço. Só que num dado momento, penso eu, um dos dois vai descobrir que será o outro, e aí vai ser complicado.

Ontem, sexta-feira dia 7, de manhã recebi primeiro o general Cardoso, para discutir a formação da Abin. O general insiste no tema, que é de todos eles, que o chefe da Abin, embora subordinado à Câmara de Defesa Nacional e Relações Exteriores e ao secretário dessa Câmara de Defesa (que é o próprio general Cardoso), precisa ter contato direto com o presidente da República. O Eduardo Jorge se opõe a isso, porque acha que precisa haver um *relais*, uma espécie de intermediário. Entendo a preocupação do Eduardo Jorge, mas acredito que sem esse contato direto é difícil que o chefe da Abin tenha força. Eduardo teme que seja uma maneira de envolver o presidente em assuntos que não são pertinentes a ele. Mas o fato é que alguém vai servir de *relais* de qualquer maneira, ou ele próprio, Eduardo Jorge, como foi no passado, ou o general Cardoso, ou o chefe da Abin. O argumento não é tão consistente assim.

O general está preocupado com o MST, que está ganhando a guerra psicológica. A opinião pública sempre fica do lado do MST. Na verdade nos faltam informações sobre a situação real do que é esse MST, o que pode ser feito, o que está sendo feito, e há uma moleza do governo, de todos os governos, de resolver a questão do assentamento rural, e também a grande incompetência do Incra. Vamos ver se o Raul Jungmann coloca aquilo mais em compasso com o que se espera dele.

Depois do general Cardoso, recebi, com o Sérgio Amaral, o pessoal da Fundação Roquette Pinto, esse rapaz Paulo Ribeiro, vários assessores, Alexandre Machado, que vai trabalhar no jornalismo, o que me deixou muito feliz, ele é competente, mais o Eduardo Jorge, que precisava acertar as finanças da Roquette Pinto, aquela coisa de sempre do Brasil. No ano passado, o Ministério da Cultura, através do Fundo Nacional de Desenvolvimento da Educação, o FNDE, passou não sei quantos milhões, 8, 10, 12 milhões, não sei, para a Fundação Roquette Pinto. Isso não consta do orçamento, então quando fizemos o orçamento deste ano, no decreto que assinei, de contingenciamento do orçamento, soube o que foi efetivamente desembolsado via orçamento para a Roquette Pinto. E não constou nada no Ministério da Educação. Resultado: eles têm um buraco de uns 10 milhões de reais, o que os leva a caírem no Cadin. Quer dizer, ficam inadimplentes e com isso não podem obter mais recursos, gerando um círculo vicioso de dificuldades.

Além do mais, o Paulo Ribeiro gastou um dinheiro de convênios para poder produzir os projetos da TV Educativa, o que não poderia ter feito; vamos ter que resolver essa questão. A gente vive preso em formalismos burocráticos dessa natureza devido à falta de recursos e também ao jogo de poder dentro do governo. O Eduardo Jorge vai resolver a questão. Eu telefonei para o Paulo Renato e disse: "Olha, tem que botar mais dinheiro na Roquette Pinto".

Voltei para o Alvorada e recebi no almoço o Pimenta com o Eduardo Jorge e o Ronaldo Cezar Coelho. Ronaldo está muito queixoso do modo pelo qual o Marcelo Alencar conduziu a questão da sucessão no Rio. À luz do que ele disse, é realmente complicado, porque se fechou questão sobre o candidato Serginho [Sérgio Cabral Filho], que é presidente da Assembleia, em função dos interesses especialmente de um dos filhos do Marcelo Alencar.*

Não quero entrar na briga doméstica. Pedi apenas que o Ronaldo não se precipitasse na semana que entra, porque a convenção é domingo que vem; ele vai fazer um discurso duro, está praticamente rompido com Marcelo. Eu digo: "Mas não rompa com o PSDB nem faça dissidência, porque isso só vai dar dor de cabeça para você e para todos nós".

Tenho medo que a briga vá parar em um nível insuportável de xingamentos recíprocos. De qualquer forma é preciso ver como essa coisa avança. Ronaldo disse que sem as alianças com o PFL e os outros, como o PMDB, que ele mesmo poderia fazer, será difícil a vitória do Serginho Cabral sobre o Miro. Não sei se é assim, mas fiquei com essa preocupação.

Saí correndo para ir ao Planalto, onde fui receber o jornalista Ricardo Amaral. Quase não pude falar com ele, eu tinha que gravar um programa de televisão e a Ana queria despachar. Podia ter aberto mão do despacho, mas cada um quer puxar a brasa para a sua sardinha. Saí correndo para tomar um helicóptero e fui para a minha fazenda.

Fui sozinho, sozinho é modo de dizer, sempre vão vinte pessoas para me cercar, seguranças, essa coisa toda. Fiquei lendo, fui dormir às nove da noite e no dia seguinte, hoje, acordei às oito. Percorri um pouco a fazenda, como já tinha feito ontem, só para rever um pouco os touros que estão por lá, ver a plantação, me distrair um pouco. Eu não tenho, na verdade, nenhuma ingerência na fazenda, aquilo, hoje, é praticamente conduzido pelo Sérgio [Motta] e pelo Jovelino. Eu estou perdendo a proporção dos recursos que tinha lá, porque não tenho conseguido botar dinheiro para [sustentar a] expansão, e o Sérgio, proporcionalmente, tem mais do que eu.

Depois voltei para Brasília, peguei o Jobim e fomos a Pirenópolis. Almocei na casa do Sérgio Amaral. Estavam, além do Jobim, o Sebastião Rego Barros e o governador de Goiás, o Maguito Vilela, pessoa muito agradável. A Luciana e o Getúlio foram também, com a Isabel, e havia outras pessoas, pouca gente. Muita imprensa na entrada da casa. É uma residência muito antiga, de uns cento e poucos anos, e

---

*Marco Aurélio Alencar, secretário de Planejamento do estado do Rio.

a cidade é extremamente simpática. Eu já a conhecia e a revi. Fui à igreja que estamos reformando com a ajuda da Telebrás, que está fazendo um bom trabalho.*

Voltei para casa tão cansado que fui tirar uma soneca e dormi três horas. Agora são mais ou menos nove e meia da noite, estou sozinho neste palácio, lendo. Estou lendo *Entretiens avec Georges Pompidou*, do Michel Debré.** É interessante o modo como os dois se relacionavam na fase pós-De Gaulle na França.

---

* Matriz de Nossa Senhora do Rosário.
** Ex-primeiro-ministro e ex-ministro da Defesa dos governos De Gaulle e Pompidou.

10 A 23 DE JUNHO DE 1996

Tentativa de reconciliação com a imprensa.
Avanços nas negociações sobre a emenda da reeleição.
Dificuldades na Reforma Agrária

Hoje é 10 de junho, segunda-feira.
    Inauguramos a exposição do Rodin no Museu Nacional de Belas Artes no Rio. Estavam presentes o Nascimento Brito, o Gilberto Chateaubriand, a diretora do museu, dona Heloisa [Lustosa], que depois me disseram ser filha do ex-vice-presidente da República Pedro Aleixo. Weffort e outras pessoas do governo foram comigo. Em seguida fui ao Real Gabinete Português de Leitura, porque hoje, dia 10, é o dia nacional de Portugal.*

O Real Gabinete de Leitura é impressionante. Tem um estilo que eles chamam de manuelino, parece um *college* de Cambridge ou de Oxford, com uma biblioteca fantástica. A coleção de pintores brasileiros do Museu de Belas Artes, Pedro Américo, [Eliseu] Visconti, é muito rica, com alguns quadros de grande qualidade. Nós, no Brasil, temos a tendência de depreciá-los, temos essa mania, mas alguns são tão bons quanto os grandes quadros europeus, nos quais muitos se inspiraram.

No Gabinete de Leitura, ouvi discursos muito bons tanto do embaixador de Portugal** como do presidente do Gabinete de Leitura, que me inspiraram a fazer uma resposta mais efusiva, mais calorosa sobre Portugal, utilizando um ou outro poema de Fernando Pessoa e de Camões.

De lá fui falar com o José de Castro*** no Palácio Laranjeiras. Zé de Castro é um homem inteligente, que sabe das coisas; no fundo a preocupação dele é com o Zé Aparecido, a quem tenho que acalmar por causa da questão da Comunidade de Países de Língua Portuguesa. Ruth Hargreaves estaria influenciando fortemente o Itamar, de um ponto de vista negativo. Segundo Zé de Castro, ela ficou chocada com a demissão do Hargreaves e está fofocando contra. Zé de Castro disse que o Itamar está perguntando aos amigos se deve ou não voltar para o Brasil em vez de ir para a OEA. Isso é um indicador de confusão à vista. Insistiu muito que eu devo oferecer ao Zé Aparecido alguma coisa. Eu também acho, já tinha até sugerido que ele podia ser, talvez, o presidente da Comissão do Ministério da Cultura que vai comemorar os quinhentos anos do Descobrimento ou então alguma coisa no Museu de Brasília.

---

* Dia de Portugal, de Camões e das Comunidades Portuguesas.
** Pedro Ribeiro de Menezes.
*** Ex-advogado-geral da União (governo Itamar).

Hoje de manhã houve a inauguração da exposição de telecomunicações.* Muita gente. Sérgio Motta estava feliz, lhe fiz elogios corretos, ele discursou sobre as chances do Brasil.

Depois recebi investidores no Laranjeiras. Assuntos relativos à questão da Alcatel na França. A Alcatel provavelmente vai comprar a Thomson, então tornar-se-á ainda mais forte do que já é. Em seguida, recebi um grupo chamado Loral, eles vieram com o [pessoal] trazido pelo Josa Nascimento Brito. Eles dispõem de um sistema global de comunicação. Ganhei até um protótipo do telefone com um número que serve para o mundo todo. Em qualquer lugar que você esteja, esse telefone se conecta automaticamente, via satélite, com o sistema de telecomunicações daquele país ou daquela localidade.

Em seguida almocei com Eduardo Eugênio [Gouvêa Vieira],** conversa excelente, esse rapaz me dá muito boa impressão, ponderamos as dificuldades que estamos atravessando, a insensatez dessa greve no dia 21, que seria feita tanto pelos sindicatos quanto pelos empresários, coisa do [Carlos] Eduardo Moreira Ferreira. Ele também reclamou do modo como foi organizada a reunião da CNI e disse que é preciso que os empresários tomem claramente posição.

Voltei para Brasília. Acabei de falar com a Ruth, que veio da Turquia, às voltas com os problemas da imprensa. Parece que o *Jornal da Tarde*, o Leão Serva, que nós conhecemos da *Folha*, fez um editorial dizendo que eu não devia mandá-la para esses locais porque entrego a Ruth às feras do PT. Ela não sabia do bom editorial do *Estadão* a respeito da atuação dela na Conferência [Habitat], mas está contente com o que aconteceu lá na Turquia.

Acabei de despachar com o dr. Quintão no Alvorada, e ele me disse que colocou em ordem setecentos processos de ações de veto e de inconstitucionalidade, Adin,*** paralisados desde 1988. Esse dr. Quintão tem sido de uma grande eficiência, ele me explica direito os seus pareceres, com grande competência jurídica. Foi uma boa a sua permanência na chefia da Advocacia-Geral da União. Ele vem do tempo do Itamar. É preciso dar certa continuidade a esses trabalhos e ele está dando. Defesa do Estado contra o resultado dessas leis que têm uma interpretação dúbia ou que criam expectativa de direitos sobre questões salariais e dinheiro em geral, em que o Estado costumava perder muito. Agora estamos nos defendendo.

Outro comentário que eu queria fazer é sobre o Marcelo Alencar e a sucessão no Rio. O Artur da Távola esteve conosco o dia inteiro no Rio, e hoje os jornais dizem que eu disse que o Artur era um nome sempre forte. Eu disse mesmo, e criaram uma expectativa sobre um encontro meu com o Marcelo. Não houve nada disso. O Marcelo já tem candidato, que é o Sérgio Cabral. Eu apenas disse que estive com

---

* Americas Telecom, feira e congresso hemisféricos do setor.
** Presidente da Federação das Indústrias do Rio de Janeiro (Firjan).
*** Ação Direta de Inconstitucionalidade.

o nosso Ronaldo Cezar Coelho, que não vai romper com o partido; quer apenas não ser tratado de maneira que o leve a uma posição inaceitável. O Marcelo fez suas restrições ao modo como o Ronaldo está querendo ser candidato, acha que o Ronaldo não tem chances de ganhar, está claro que ele quer o Sérgio Cabral. Não interferi além desse limite, porque não me cabe.

Tenho mais preocupações com Minas. Acho que a decisão do Eduardo Azeredo de manter o Amilcar como candidato — contraparente seu que, embora seja um bom rapaz, ainda é um vereador sem expressão eleitoral — é mais arriscada para o PSDB do que a decisão do Marcelo de manter o Serginho Cabral, que, pelas pesquisas, está na frente.

HOJE É 11 DE JUNHO, terça-feira.
Recebi o pessoal da *Veja*. Longuíssima conversa, expliquei minha visão do Brasil em termos de um plano estratégico. Para ver se eles entendem que há um programa, um rumo para o país. Eu disse que o Brasil está mudando de patamar de desenvolvimento, que estamos reorganizando o capitalismo brasileiro, que não é mais aquele do protecionismo e da inflação. É o que se chamava antigamente de um Projeto Nacional, que as pessoas muitas vezes não percebem, mas existe, e que o governo está nessa marcha firme. Há o Congresso com os seus problemas, suas idiossincrasias, seus interesses, e seus atrasos também, mas que é assim mesmo, não adianta suprimir o Congresso. É importante que a mídia entenda qual é o nosso esforço.

Por exemplo, uma viagem como essa à França tem interesses estratégicos, tem por trás acordos importantes no plano dos satélites, das telecomunicações. O Sivam faz parte disso, tenho que dar alguma coisa aos Estados Unidos, mas alguma coisa que não seja limitadora para nós. O fator decisivo, hoje, para o nosso desenvolvimento econômico é a educação e o progresso tecnológico, que já têm uma certa base; isso aqui é uma zona de paz etc. Eles falaram da questão da Saúde. Eu disse: "Também acho que o modelo da Saúde está errado, mas foi feito pela Constituição, não posso fazer mais uma modificação. Sobretudo com a oposição total dos médicos, dos donos de hospitais, e mesmo da esquerda. Temos, então, que aumentar o imposto, por mais antipático que seja. Eu não faço o que é simpático; faço o que é necessário, não mudo de linha".

Provocaram um pouco sobre a saída do Serra. Expliquei que o Serra saiu porque quis, não porque houvesse alguma maquinação. No fundo a ideia deles é que eu prefiro ter um ministério fraco para aparecer. Eu digo: "Meu Deus, é o contrário, escolhi aqueles que eu achava os melhores!". Quando sai um ministro, eu ponho quem? Quem é o substituto? No caso do Serra, ainda tive a sorte de botar o Kandir. Claro que o Serra tem mais densidade. Enfim, tentei mostrar com boa-fé que nem tudo é malícia, como eles imaginam.

Depois jantei com Sarney e Marco Maciel. Sarney propôs de cara que, na questão das medidas provisórias, partíssemos da ideia originária dele: a de haver uma mudança na Constituição dando mais possibilidades para o Executivo resolver por decreto questões administrativas, financeiras etc. e que nas outras matérias limitássemos a amplitude das medidas provisórias. Concordei. Marco Maciel também. Resta ver como é que se faz isso.

Diz o Sarney que Saulo Ramos tem um projeto. O Jobim e o Eduardo Jorge não gostaram do primeiro projeto do Saulo. Em todo caso, pelo menos isso leva a discussão para o plano constitucional. Marco Maciel deixou entrever que, sem mudança da Constituição, não se pode regulamentar a medida provisória restringindo o que a Constituição aceita.

A conversa com Sarney foi muito amigável. Pedi a ele que ajudasse na questão do Zé Aparecido, na linha que combinei com o Zé de Castro no Rio de Janeiro. Ele se dispôs imediatamente. Considera que a maior dor de cabeça minha será sempre o Itamar e que se o Itamar voltar para o Brasil isso vai perturbar o andamento das coisas.

11 de junho, terça-feira, meia-noite.

Além do despacho interno normal da manhã, fui à cerimônia de entrega da Ordem do Mérito Naval, depois me reuni com o brigadeiro Lôbo, ministro da Aeronáutica, com quem discuti a questão da distribuição das linhas aéreas. Precisamos saber qual o critério, porque a briga é grande entre Vasp, Varig e Transbrasil. Conversamos sobre a aviação embarcada que a Marinha quer e a Aeronáutica não quer. Lôbo sempre muito equilibrado, me dando a satisfação de estar com um ministro tão correto.

Recebi o Montoro com o pessoal da Bahia. Para a minha surpresa, vieram com o Joaci Góes, que teria ouvido no Banco Central que, para resolver as questões do seu banco,* precisaria de proteção política, assim decidiu vir falar comigo junto com a bancada. Eu disse: "Ué, para mim é surpreendente, nunca ouvi falar disso, vou ver do que se trata".

Depois, almoço no Alvorada com o pessoal da *Folha*. Longa conversa, os mesmos temas.

Voltei para o Planalto. Recebi Geraldo Mello, uma visita de cortesia, falando sobre a questão agrária. Em seguida, a Tereza Cruvinel e o Franklin Martins, que são do *Globo*, de novo nada de especial.

Depois o Weffort, despacho de rotina. E o Paulino Cícero,** que veio dizer que o Hélio Costa deve ser candidato a prefeito em Belo Horizonte, quer saber se eu vou

---

* Banco Agrimisa, liquidado pelo BC em 1995.
** Pefelista, ex-ministro de Minas e Energia (governo Itamar).

me envolver com o PSDB de lá. Eu disse que não, que não vou me envolver na briga da prefeitura de Belo Horizonte, e não vou mesmo.

Recebi ainda um grupo da Câmara de Comércio Brasileira-Americana e vim para o Alvorada. À noite conversei com o Sérgio. Serjão mostrou que tinha trabalhado bastante, ajudado bem o Serra, e ajudou mesmo. Está temeroso, porque o Serra é muito exigente. Mas, enfim, briga de antigos amigos.

Passamos em revista tudo. Sérgio está preocupado com a orientação econômica, se a saída do Serra não desequilibraria em favor dos ortodoxos. Eu disse que não. Até facilita, porque agora, sem essa radicalização, eu tenho mais condições de fazer as coisas de maneira mais equilibrada.

HOJE É QUARTA-FEIRA, 12 de junho. Se a minha mãe* estivesse viva, faria 92 anos. Ela morreu há seis anos.

Tive uma manhã mais ou menos agitada. Fui para o Palácio do Planalto e discuti com Eduardo Jorge e com Clóvis os progressos na área social. Na área econômica parece que há mais avanços, na área administrativa a tragédia permanente dos DAS, todos querem mais DAS, mas não querem cortar os DAS que têm. Discutimos também a redistribuição de trabalho entre o Eduardo Jorge e o Clóvis, porque o Eduardo Jorge, agora sem o Serviço de Informações** e sem a questão política, que passou para as mãos do Luís Carlos Santos, ficou com mais tempo disponível.

Depois dei uma entrevista para a Eliane Cantanhêde*** e vim para casa almoçar com o [Domingo] Cavallo, ministro da Economia da Argentina, alguns assessores dele e ministros nossos.

Cavallo sempre com o mesmo ânimo, bem-disposto, inteligente, extrovertido, muito confiante no que está acontecendo no Brasil e na Argentina, dando um banho de competência e otimismo. O Menem tinha telefonado para mim de Bruxelas hoje de manhã, muito contente com as negociações com a União Europeia e o Mercosul. Cavallo um pouco temeroso com os chilenos, se vão mesmo participar desse acordo com o Mercosul. Os chilenos estão pondo dificuldades, e decidimos que queríamos assustá-los dizendo que as preferências tarifárias da Aladi**** não se aplicariam mais a eles. Isso é discriminatório, porque os outros países da Aladi se beneficiaram delas, mas é para assustar os empresários chilenos, para que forcem o governo a fazer o entendimento conosco.

* Nayde Silva Cardoso, cujos sobrenomes de solteira eram Rego de Araújo e Silva.
** A Subsecretaria de Inteligência, precursora da Abin, passara à alçada da Secretaria de Assuntos Estratégicos.
*** Colunista da *Folha de S.Paulo*.
**** Asociación Latinoamericana de Integración, fundada pelo Tratado de Montevidéu (1980).

Cavallo propôs também que eu e Menem mencionássemos, na reunião dos presidentes, o contrabando no Paraguai e a questão dos paraísos fiscais no Uruguai, problemas que há anos estão atazanando a Argentina e o Brasil. Eles queriam uma coisa mais formal, mas acabamos combinando que seria uma conversa informal, Menem, eu, o Sanguinetti e o Wasmosy.

Recebi o Sérgio Amaral, que veio me trazer notícias da última pesquisa que mandamos fazer, onde os dados são ruins, ou seja: houve queda de apreciação do governo e da popularidade, e se atribui isso diretamente às questões econômicas. Não sei se é o salário que está baixo e o custo de vida mais alto, e também o salário mínimo. Não sei se essa análise é correta, são muitos fatores juntos, mas é verdade que houve essa queda e vamos ter que reagir.

Estive com o Dornelles no almoço, que veio me dizer que o PPB vai rachar; está comigo, não está com Maluf. Ele me alertou que o Marcelo Alencar conduziu mal a questão da sucessão e impôs o Sérgio Cabral. Dornelles vai ficar conosco, mas acha que a campanha será dura, dificilmente vamos atrair o Cesar Maia.

Voltei para o Palácio do Planalto, onde recebi um grupo de investidores japoneses juntamente com o pessoal do papel aqui do Brasil, a Suzano e mais aquele grupo do Paraná, Inepar, um nome assim, que vão trazer 1 bilhão de dólares para a telefonia.

Recebi também o pessoal para discutir a distribuição dos recursos para as emendas de parlamentares. Dói no coração. Emendas que pulverizam o dinheiro. Vamos finalmente fazer uma coisa mista. Primeiro com base técnica e, depois, ver se é possível atender os que são mais aliados do governo. Senão todo mundo vai reclamar que estamos apoiando quem não é aliado. Enfim, o Congresso é isso mesmo, e custa. Custa caro para o país, porque são as emendas de alcance menor que pulverizam os recursos. Mas sem isso os congressistas não aceitam, porque acham que a base do seu apoio local depende disso e que o apoio deles ao governo também. Enfim, ossos do ofício. A gente tenta diminuir os efeitos, mas eles são desagradáveis.

Tive despachos de rotina, voltei para o Palácio da Alvorada, onde dei uma entrevista para o pessoal do *Estado de S. Paulo*. Um rapaz simpático, Bartolomeu [Rodrigues], o Bartô, que é o chefe da redação aqui, mais o Ricardo Amaral. Expliquei de novo o que o governo está fazendo, eles estavam um pouco preocupados com a visão [que eu tenho] da imprensa, queriam saber o que eu acho.

Curioso, porque à noite jantei com Ali [Kamel] e com Moreno, do *Globo*, a Ana Tavares também, e o pessoal do *Globo* me perguntou a mesma coisa. Eles estão preocupados, eles mesmos percebem que a imprensa perdeu o rumo. Conversa muito amena, o João Roberto [Marinho] mandou um abraço, mandou dizer que eles apoiam nos editoriais o candidato do PSDB, que vai ser o Sérgio Cabral, eles prefeririam o Ronaldo, mas apoiarão o Sérgio Cabral. Ele soube que eu estava preocupado com o fato de eles darem muito espaço para o Miro Teixeira. O Ali Kamel pensa em também votar no Sérgio Cabral, não acha o melhor candidato, preferia o Ronaldo ou Artur da Távola.

Recebi telefonemas do Serra com providências de apoio à candidatura dele que quer que eu tome em relação a PMDB, PTB e Tuma. Tudo foi feito, menos o Tuma, que, amanhã, vai se avistar com Sérgio Motta.

Depois disso falei a respeito da liderança do governo, porque o Rigotto vai ser candidato a prefeito e eu quero botar ou [Arnaldo] Madeira ou [José Roberto] Arruda. O Madeira me parece melhor para as funções, embora o desempenho de Arruda no contato com a imprensa seja mais satisfatório. Mas o Madeira está mais por dentro das matérias do governo e do Congresso. Creio que o Madeira será vice do Serra, então vai ser o Arruda. Eu disse que esperaria até segunda-feira, porque o Zé Aníbal, o líder do PSDB, falou com o Mário por telefone e o Mário pediu para esperar uns dias, para deixar mais clara a posição do Madeira.

Nas conversas com Ali Kamel, repetiu-se a história da preocupação com o desempenho da imprensa. Curioso que agora a imprensa comece a despertar para isso. Entre parênteses, pedi ao Zé Gregori que me representasse na questão da tragédia de Osasco, que foi uma explosão de gás.* Agora parece que ou o presidente da República se faz presente em todas as tragédias nacionais, ou dá sinais de descaso com o povo do país. Só que aqui há muita tragédia diária, e não sei como vai ser possível essa ação tão junto das desgraças do povo.

Foi bem acolhida a ideia de o Zé Gregori estar lá para ver de perto qual é a situação daqueles que foram queimados. É preciso dar uma demonstração de que realmente é inaceitável mais um acidente desse porte.

Em tempo: ganhamos mais algumas votações no Congresso, coisas inacreditáveis, uma a uma, sobre a reforma da Previdência para derrubar os DVS.** Realmente dá a sensação de que estamos numa guerra de trincheiras no meio de um pântano. Não se consegue atravessar a barreira dos DVS e o descaso do país diante das reformas que são necessárias. Tenho dito que precisamos mudar o diapasão, não dá para ficar prisioneiro infinitamente dessas reformas.

HOJE É 17 DE JUNHO, duas horas da tarde, estou de novo em Brasília. Desde o dia 12 não registro nada. Vou tentar fazer uma reconstrução a partir da minha agenda.

No dia 13 de manhã, reunião normal de trabalho, interna, depois recebi o Raul Jungmann com outras pessoas do Ministério da Fazenda. Exposição sobre a possibi-

---

*Em 11 de junho de 1996, uma explosão causada pelo vazamento numa tubulação de gás do Shopping Osasco Plaza matou 42 pessoas e feriu mais de trezentas.

**Os partidos da base aliada tiveram de orientar seus parlamentares a não votarem para impedir que um DVS relativo ao financiamento dos fundos de pensão estatais novamente ocasionasse derrota governista na reforma da Previdência.

lidade de as terras que estão com o Banco do Brasil passarem para a reforma agrária e vários atos concretos positivos. Em seguida falei sozinho com Jungmann, que me mostrou certa angústia. Ele não imaginava que fosse tudo tão difícil, as dificuldades do próprio movimento dos sem-terra. Mas tem feito um trabalho muito forte de defesa de posições claras. Soube de uma reunião que ele teve na casa do Giannotti com gente ligada ideologicamente ao MST em que ele deu um show. Mas está preocupado com o corte do orçamento. Eu disse: "Não se preocupe que nisso eu vou interferir".

Depois recebi o governador do Acre, Orleir Cameli, com alguns deputados. Como sempre fez, o governador Cameli não me pediu nada, quer só a continuação de duas estradas, pouco, parece que 14 ou 15 milhões de reais cada uma. Minha opinião sobre Cameli, pessoal, não é de que ele seja um bandido, como aparece por aí;* pode ser um homem da fronteira, mas não pede nada, não reclama, tem uma quase ingenuidade. Pode ser que eu me engane, como tantas vezes tenho me enganado, mas é assim que eu penso.

Recebi, depois do almoço, o presidente da [Fundação] Friedrich Ebert, que veio a pedido do Lulinha, através do Zé Gregori. A fundação quer apoiar ações municipais, leia-se "ações do PT nos municípios". Eu apoiei, disse que não tem importância, que façam o trabalho, sobretudo na área da gestão social.

Depois recebi o Marco, como sempre muito detalhado nas suas análises. Voltou a discutir comigo a questão das medidas provisórias, sobre a qual havíamos conversado com Sarney. Ele está cuidando do assunto, acho que Sarney entendeu nosso ponto de vista, creio que vai nos ajudar. Pode ser que eu me engane de novo, mas acredito que vai ser isso.

Marco propôs uma reunião: ele, eu, o Luís Eduardo e o presidente do PFL, o Jorge Bornhausen, para discutirmos o que fazer com a reeleição. Acho bom. Estou começando a ficar cheio dessa história toda, nunca manifestei interesse especial maior e vivem utilizando isso como argumento. A cúpula do PFL tem tido uma atitude correta.

Recebi mais tarde o Wilson Quintella,** que veio me convidar para essa associação do Tietê, a hidrovia do Tietê-Paraná e vários projetos que ele tem lá. Depois fui para São Paulo.

Cheguei a São Paulo à noite, jantei com a Ruth. No caminho, havia uma porção de gente no avião: Paulo Renato, que veio casar a filha,*** o Clóvis, o Zé Gregori, foi uma conversa animada.

---

* Cameli foi denunciado ao STJ sob as acusações de desvio de verbas públicas, uso de números falsos de CPF e dispensa ilegal de licitação. Em abril de 1996, ele sofreu um processo de impeachment na Assembleia Legislativa do Acre, mas venceu a votação decisiva, marcada por tumultos. Os deputados saíram do prédio da Assembleia escoltados pela polícia.

** Empresário, presidente da Associação de Desenvolvimento Tietê-Paraná (ADTP).

*** Maria Luiza Souza Molano.

Isso foi na quinta-feira, dia 13.

Na sexta-feira fiquei em São Paulo, de manhã fui ao lançamento da DirecTV,* que é da Abril, do Civita, que estava todo entusiasmado. Fiz um discurso expondo minhas teses de sempre diante dos empresários — o Paulo Cunha,** o [Eugênio] Staub, da Gradiente, que tem tido uma atitude crítica com o governo —, defendi as nossas linhas e fui bastante aplaudido. Depois encontrei o Frias, que foi me esperar no heliporto da *Folha*, onde desci. Não passei recibo do que a *Folha* tem feito conosco; pelo contrário, tratei muito bem a ele e a seu filho, o Luizo.

Almocei em casa e depois fui gravar no Museu da Imagem e do Som com o Fernando Faro, o Jorginho Cunha Lima [Jorge Cunha Lima]*** e o Marcos Mendonça,**** sobre os anos 60. Fiz uma longa gravação, de uma hora, me chateei um pouco, porque é muita confusão para eu me deslocar, com batedores, do que eu não gosto, e por mais que a gente insista a Segurança também insiste, ela lá tem o seu ponto de vista, tem os seus argumentos, é aquela briga eterna. Ruth briga mais do que eu e briga comigo por causa da Segurança. Por vezes acho que é demais mesmo. Enfim, eles têm lá as suas razões e eu as minhas.

Voltei para casa, recebi Osmar Zogbi,***** que veio falar sobre a questão do papel e celulose. Eu devia ter conversado sobre isso com Clóvis e me esqueci; ele precisa verificar. Falta pouco para implementar um programa importante relativo a papel e celulose para dar um impulso nessa indústria. Eles querem algum incentivo, me parece.

Depois recebi o Zé Goldemberg [José Goldemberg], que vai ser nomeado vice-presidente internacional da Fundação Rockefeller. Está muito animado, porque a Fundação Rockefeller mudou de linha, agora eles querem um *"global engagement"*, vão esquecer a *"governance"*. Por *"global engagement"*, eles entendem uma ação pontual, mas decisiva, em certas questões, mesmo no plano político internacional, sustentando a ação de terceiros, para garantir a paz no mundo e essas coisas mais grandiosas. Foi boa a conversa com o Goldemberg. No fim ele reclamou porque eu não o nomeei embaixador na Unesco. Expliquei que eu tinha um compromisso antigo com Fernando Pedreira e não dei maior bola para o assunto.

Isso foi na sexta-feira.

Passei a manhã de sábado em São Paulo, em casa, a Ruth tinha ido para Araraquara, o Zé Gregori e a Maria Helena também, eles custaram a voltar. Já era bastante tarde quando o Zé Gregori me fez uma exposição detalhada do que aconteceu em

---

*Subsidiária do DirecTV Group, fundiu-se com a SKY em 2007.
**Presidente do grupo Ultra.
***Presidente da Fundação Padre Anchieta.
****Secretário da Cultura do governo paulista.
*****Empresário, presidente da Associação Nacional dos Fabricantes de Papel e Celulose.

Osasco, coisa muito pesada mesmo, muita gente morta com o gás que explodiu. Ele teve a atuação que tem tido sempre, com discernimento e mostrando a presença do governo. Eu e Ruth fomos almoçar na casa do Luiz Meyer, às duas da tarde, com o Giannotti e a Carmute, comemos uma feijoada e voltamos para casa, porque tínhamos o casamento da filha do Paulo Renato à noite. Antes disso passei na festa infantil do Pedrinho, meu neto, muita gente, tudo alegre, foi no apartamento do Paulo, que está vazio, na rua Rio de Janeiro.* Voltamos para casa e seguimos correndo para o casamento.

Assistimos à cerimônia na igreja e não fomos à festa porque era muito badalada. Voltamos para casa e depois soubemos que a Ana Maria Kowarick morreu de câncer. Sofreu muito, foi uma boa amiga, não tivemos condição de ir ao enterro porque soubemos tarde demais. Pensei muito nela.

No dia seguinte, domingo, passamos o dia em casa. No final da manhã, recebi o Jovelino Mineiro para conversar e acabamos convidando-o para almoçar conosco, juntamente com a Maria do Carmo. Mais tarde chegaram a Bia, o Paulo Henrique, que também tinham ido ao casamento, o Duda, os netos, tudo normal, tudo agradável.

No final do dia, às cinco horas, recebi o Paulo Cunha, que veio me falar da questão do gás, reivindicações que eles têm (acho que com razão) de o engarrafamento ser feito pela mesma empresa responsável pelo gás. Não cabe outra empresa encher o bujão. Eles também querem a flexibilização do preço, um preço mais livre, não sei o quê, fiquei de falar com o pessoal do governo. Conversei hoje com o Clóvis, em princípio é isso, mas falta acertar com o Brito. Falei também com Paulo Cunha sobre a questão da indústria, expus meus argumentos, não houve tensão maior, mas expliquei que eles estão por fora, por exemplo, da questão da saúde, que o modelo está errado, não é só uma questão de dinheiro e não há sequer formulação de outros modelos. Enfim, tentei dar um pouco mais de senso realista a esse pessoal sobre o que é o Estado.

Mais tarde recebi o Montoro, que veio me falar da necessidade de voltarmos ao tema parlamentarista. Eu, se puder, volto mesmo. Não sei se haverá condição, mas acho que está certo.

Regressei para Brasília. No avião, o general Cardoso fez uma exposição detalhada sobre a questão do Maranhão,** depois o Zé Gregori também. Os sem-terra passaram de todos os limites, a Igreja está acobertando. O Zé Gregori falou com d. Paulo, que disse que é importante conversar com o bispo [Orlando] Dotti,*** primo

---

* No bairro de Higienópolis, em São Paulo.
** Em 13 de junho de 1996, durante uma tentativa de ocupação da Fazenda Cikel, em Buriticupu (oeste do Maranhão), um militante do MST e três seguranças particulares foram mortos a tiros. Os sem-terra foram acusados de queimar e ocultar os cadáveres dos seguranças.
*** Bispo da diocese de Vacaria (RS).

do Stédile, mas adiantou que o bispo de Chiapas* também virá para estar com esse pessoal. Vejo que a Igreja continua com essa ideia de Chiapas.

D. Paulo elogiou o governo, disse que com o povinho eu estou bem. D. Paulo sabe que a violência não pode prevalecer, mas me parece que não estão realmente dispostos a segurar a brutalidade dos sem-terra. No Maranhão foi uma violência inominável, a cometida pelo pessoal dos sem-terra; eles mataram, queimaram corpos. Os jornais noticiaram palidamente, mas acabaram filtrando que os sem-terra não são essa maravilha de justiceiros, como aparecia na primeira versão.

Eu e a Ruth estivemos com o Vilmar Faria para discutir de novo o que fazer com a área social. Vilmar topa ser o secretário executivo da Câmara de Políticas Sociais, ele vai pouco a pouco, no seu estilo. Falamos muito sobre [a conferência] Habitat II, sobre a falta de política urbana no Brasil, política de habitação, não há no governo nem gente capaz de formular isso de maneira adequada. Não sei se há fora do governo. A secretária de Políticas Urbanas, a Maria Emília [de Azevedo], é uma moça de quem eu gosto muito, mas é mais especializada em Previdência do que em Habitação. Acho que fará o melhor possível, há alguns programas nessa área que vão funcionar, porém falta uma visão mais global, mais política.

Hoje de manhã recebi o Clóvis e o Eduardo Jorge. O Eduardo bastante queixoso de que falta gerência no governo, como sabíamos, e que estamos sendo derrotados pela falta de gerenciamento. É um círculo sem fim, pois não há gerentes porque não há recursos e não há recursos porque não há gerente. Enfim, o drama do Estado brasileiro.

Fui para o Palácio do Planalto, dei uma aula sobre governo para os estagiários da Escola Superior de Guerra, mostrei como está funcionando nosso método, fiz uma síntese de tudo que penso e tenho dito.

Depois me reuni de novo com Clóvis e Eduardo, para um assunto desagradável. O irmão do Malan, que eu não conheço — chama-se Marcos Malan —, teria feito uma espécie de pressão para liberar a situação do Arthur Falk na Susep, para obter contratos com essa Interunion,** que é dele. Ora, o Marcos foi superintendente da Susep e o atual presidente*** é amigo dele. O Eduardo me contou, chamei o Clóvis, falei com ele e concluímos que era necessário contar ao Malan. Estamos apenas esperando uma confirmação disso e, se necessário, eu mesmo direi ao Malan, porque não se pode deixar as coisas irem por esse caminho. Tenho certeza que o Malan não sabe disso; também não quero prejulgar se o irmão dele está ou não envolvido na história, mas os rumores não podem ficar no ar.

---

*Samuel Ruiz, bispo de San Cristóbal de las Casas (Chiapas).
**Em 4 de junho de 1996, a Interunion Capitalização, de Arthur Falk, vendedora do título de capitalização Papa Tudo, sofreu intervenção parcial da Susep por suspeitas de gestão fraudulenta.
***Márcio Coriolano.

Ainda 17 de junho. São dez horas da noite. O jantar foi tranquilo. Recebi a Ruth Escobar, que veio falar da venda do teatro que ela tem na rua dos Ingleses.* Depois veio até aqui o governador Amazonino Mendes, pensei que estivesse madura a colocação do Pauderney Avelino como candidato a prefeito de Manaus, mas o governador não concorda com isso.

Recebi mais tarde o Milton [Seligman], juntamente com o general Cardoso. Vieram me relatar não só os acontecimentos do Maranhão, mas sobretudo a ocupação do Incra na Bahia por um grupo de seiscentos militantes do MST que querem a designação imediata de um superintendente para o Incra na Bahia mais uma desapropriação.** Decidimos que isso não ocorreria e que seria necessário falar com o governador da Bahia, coisa que já fiz. Estou disposto a colocar a Polícia Militar. Agora à noite, daqui do Palácio da Alvorada, conversei de novo com o general Cardoso, que já falou com a Casa Militar do governador da Bahia. Vamos fazer a coisa sem violência, mas pouco a pouco apertando o cerco para que eles saiam do Incra. E os cabeças vão ter que ser responsabilizados, porque eles fizeram reféns lá. O Jungmann estava indignado com a ação do MST. Falou com Roberto Freire, com Zé Dirceu, mostrou que isso está pondo em risco até mesmo o regime democrático, contou o que viu no Maranhão; ele acha que vão continuar escalando.

Falei com Kandir, mas só rotina. Elena Landau pediu demissão, já se vai designar alguém para sucedê-la, não creio que isso abale em nada, e recebi também um documento muito interessante sobre desenvolvimento humano no Brasil feito pelo PNUD. Agora vou me deitar.

HOJE É DIA 22 DE JUNHO, sábado. Quero relatar os acontecimentos a partir de 18 de junho, dia do meu aniversário.***

Passei o dia 18 no Alvorada. Recebi visitas de alguns ministros, todos os ministros militares mais o Sérgio Motta, o Paulo Renato, o Jungmann. A família veio, foi uma festa agradável, houve um bolo feito pelos fotógrafos e uma banda de música do coro da guarda e dos empregados do Palácio. O resto foi em família. Vieram os sobrinhos, meus filhos, os netos.

O Jungmann trouxe mais notícias sobre o que aconteceu na Bahia. As coisas funcionaram, os invasores acabaram saindo, não houve nenhuma violência maior e ele se entendeu com o Luís Eduardo, que tinha me telefonado para me felicitar.

---

* No bairro paulistano da Bela Vista (Bexiga).

** Em 3 de junho de 1996, centenas de manifestantes ocuparam a sede do Incra de Salvador. Os sem-terra mantiveram reféns, durante três dias, três funcionários, entre os quais o superintendente interino do órgão, Fernando Píthon de Andrade. A ocupação durou duas semanas.

*** Fernando Henrique completou 65 anos.

Falei sobre a questão do Incra da Bahia e disse ao Jungmann que ele tem liberdade para usar a Polícia Militar. Não se pode ficar sob pressão dos que invadem o Incra. Essa situação está ficando complicada. O pessoal do MST, com esse afã de fazer pressão, passou dos limites.

Na quarta-feira, 19 de junho, recebi de manhã os atletas do comitê olímpico.* Nuzman, à frente, me disse o que eu já soubera pelo Rafael de Almeida Magalhães: que era preciso refazer o Comitê Rio 2004, que as coisas iam mal. Depois soube que anteontem faleceu o Renato Archer.

Soube pelo Havelange, que falou comigo ontem, dia 21, que eles estavam com a ideia de colocar o Ronaldo Cezar Coelho [no Comitê Rio 2004]. Agora acabo de falar por telefone com o Marcelo Alencar, que achou a ideia inteligente e boa. Então essa crise passa.

Voltando à quarta-feira, tive reunião com os líderes do governo e dos partidos na Câmara dos Deputados. Discutiu-se a agenda da reforma administrativa e, sobretudo, a CPMF. O Jatene foi muito enfático na defesa dela, o Kandir tem dúvidas. A CPMF acaba penalizando o governo porque aumenta a taxa de juros, mas o Kandir tem uma solução. Percebi, pelo Luís Eduardo, que a solução do Kandir não vai ser das mais bem acolhidas na Câmara. Ela implica criar um novo tributo sobre o lucro bruto e o PFL é contra novos tributos. Acho que vamos ter que insistir na CPMF. Era esse meu pensamento até ontem, dia 21, quando o Kandir esteve aqui de manhã, depois que eu nadei, para me mostrar outra possibilidade que me pareceu melhor: não mexer em tributo nenhum e transformar, por medida provisória, a contribuição de lucro líquido em contribuição de lucro bruto. Não tem que mexer em Constituição, não tem nada, não há criação de novo tributo, [só mudança da base de cálculo]. Talvez isso passe.

A posição de Jatene é muito firme na defesa da CPMF, e os parlamentares naturalmente têm medo de votar outra CPMF, porque votar imposto às vésperas das eleições é sempre difícil. E há a questão da [Clínica] Santa Genoveva** e da alegada má utilização dos recursos — alegada e também real. Mas é o modelo do SUS que está errado, e no meio médico não há um modelo alternativo para ele, nem no meio político, então ficamos mordendo o próprio rabo. Precisamos de mais dinheiro para salvar o modelo que todo mundo sabe que é insolvável na forma em que está. É a quadratura do círculo. Mas, enfim, vamos enfrentar.

Depois compareci ao lançamento do programa do BNDES de apoio às expor-

---

* Encontro com sessenta atletas brasileiros que se preparavam para disputar os Jogos Olímpicos de Atlanta.
** Entre abril e junho de 1998, quase cem pacientes geriátricos morreram por maus-tratos na Clínica Santa Genoveva, no Rio de Janeiro. O estabelecimento foi fechado pela polícia e seus donos foram presos, acusados de praticar torturas, lesões corporais e homicídios, além de desviar recursos do SUS.

tações de produtos manufaturados,* um programa bem-visto porque de dinheiro todo mundo gosta. Mas é preciso, sobretudo, apoiar a indústria têxtil, a indústria de calçados e, de passagem, a indústria de papel e celulose. Isso tudo mostra que nós estamos entrando em outra fase do desenvolvimento do Brasil. Feito já o controle mais formal da inflação, controle da política monetária e tal, temos agora que incentivar a retomada do crescimento em novas bases. Precisamos retomar e organizar o capitalismo brasileiro, quer dizer, apoiar aquilo que é daqui. Essa é a disposição que está muito firme em todo o governo.

Hoje mesmo, dia 22, o Pedro Malan, que é o maior responsável pela política monetária e cambial, está dizendo que é preciso pensar que no ano que vem o crescimento vai ser de 6%.

Depois tive um almoço com o pessoal da revista *Exame*, com o [José Roberto] Guzzo, o Paulo Nogueira, o Gustavo Camargo. *Exame* tem sido uma revista exemplar nas análises da situação.

Ontem, no Planalto, recebi o Maurice Greenberg, presidente da American International Group [AIG], acompanhado de outras pessoa, para mostrar o que está sendo feito no Brasil. Com ele estavam o [Erling] Lorentzen, membro do *board* da AIG e que é também da Aracruz Celulose,** além de dono de uma empresa de cabotagem, e o Rafael de Almeida Magalhães. Greenberg me disse que vai botar 1 bilhão de dólares para investimentos de infraestrutura no Brasil. Clima de grande euforia.

Rafael me procurou depois para dizer por que está saindo das Olimpíadas. Segundo ele, estão a ponto de retirar o pedido para as Olimpíadas serem realizadas no Rio de Janeiro, o que seria um papelão, porque eu fui falar com o Samaranch, e, pelo que me disse o Nuzman na cerimônia da quarta-feira, o Samaranch ficou muito bem impressionado com a apresentação que fizemos. Disse que se eu fosse a pessoa a defender o Rio na segunda rodada, certamente a chance de ganhar era enorme. Seria um papelão sair disso agora.

Recebi o Fernando Pinto, presidente da Varig. Pensei que ele viesse falar das linhas novas (todo mundo pensa que sou eu quem autorizo, mas não, é o ministro da Aeronáutica), eu quero que a decisão seja técnica, no entanto ele queria falar da situação da Varig, que, a meu ver, é preocupante. Ele acha que não, que vai sair da dificuldade.

Às cinco e meia fiz a primeira reunião da Câmara de Relações Exteriores e Defesa Nacional. Discutimos a questão do MST, a situação social do Brasil, embora não seja esse o objetivo dessa Câmara. Como havia a preocupação com uma eventual greve na sexta-feira, isso foi levantado com calma. O general Cardoso fez uma exposição, também o Jungmann.

*Programa de Apoio à Exportação de Produtos Manufaturados, linha de crédito de R$ 1 bilhão.
**Adquirida pela Votorantim Celulose e Papel. Da fusão, completada em 2009, originou-se a Fibria.

O Kandir veio ontem de manhã, sexta-feira, para discutir a designação do sucessor da Elena Landau. Ele propôs o Pio Borges. Também sugeriu o novo tipo de imposto, a que já fiz referência.

Dando um passo atrás, na quinta-feira de manhã, dia 20, fui ao Planalto para o lançamento do programa dos jovens cientistas.* Vieram o Roberto Marinho, o [Israel] Vargas, fizemos uma exposição, depois almocei com esse pessoal no Clube das Nações. Estava o Jorge Gerdau, que me disse: "Olha, presidente, estamos falando mal, criticando o governo, mas quero dizer para o senhor que está tudo muito melhor, e só o fato de o senhor ter um governo de gente limpa, decente, é uma maravilha, o desempenho do senhor e da dona Ruth no exterior...". Enfim, estava todo mundo entusiasmado, só que na hora de falar em público eles dizem outra coisa, para marcar posição, não sei o quê. Achei o Roberto Marinho muito bem-disposto. Conversei bastante com dona Lily [Marinho] e com Maria Elena [Johannpeter], que é a mulher do Jorge Gerdau, tirei fotografias com os premiados, que estavam muito entusiasmados, são jovens cientistas, alguns estudantes, outros já são jovens pesquisadores na área da Agricultura.

Voltei diretamente ao gabinete, para me encontrar com o Malan. Ele veio com o Gustavo Loyola e com o Chico Lopes, para me explicar a mudança que estão propondo na sistemática da zeragem automática.** Uma coisa técnica do Banco Central, de como vão recriar a carteira de redescontos com taxa de juros mais baixa para que todos acorram ao redesconto. O Kandir tinha certa objeção, queria que eles me explicassem com mais detalhes o assunto. Eles me explicaram. Depois falei com o Kandir, que ficou de acordo.

Na noite desse mesmo dia 20, tive uma reunião com a equipe de comunicação, com o Sérgio Reis, o Sérgio Amaral, a Ana, o [Antônio] Martins, para discutirmos como reagir à greve geral marcada para o dia seguinte, dia 21. Falei por telefone com o Ministério da Justiça, o Jobim não estava, chamei o Seligman e disse que estivesse a postos, pois podia haver complicação. Falei com o general Cardoso, que à tarde me havia informado que os sem-terra teriam ocupado três fazendas no Maranhão. Conversei com a Roseana Sarney, que me telefonou, ela não sabia, depois voltou a telefonar confirmando que eles ocuparam uma fazenda. Enfim, estão pressionando no Maranhão.

Na sexta-feira, ontem, dia da greve geral, tive despacho interno e também a cerimônia do dia nacional dos convênios do programa de dinheiro na escola, que

---

*Cerimônia de entrega do Prêmio Jovem Cientista, promovido anualmente pelo CNPq, Fundação Roberto Marinho e grupo Gerdau.

**Recompra diária de títulos bancários pelo BC para suprir desequilíbrios entre a quantidade de títulos circulantes e os ativos reais. Em junho de 1996, essa injeção de recursos no mercado financeiro foi estimada em R$ 17 bilhões. A maioria dos bancos estaduais dependia da zeragem automática para operar.

passa recursos direto para as escolas.* Voltei a falar no tema da reforma do Estado, para mostrar que estamos desburocratizando, descentralizando, para acabar com o corporativismo e com a corrupção. Disse que estavam ali prefeitos de todos os partidos, um de cada estado do Brasil, que não estamos fazendo discriminação política, isso era uma renovação. Dei de passagem uma pitada na questão da greve, mas sem muita ênfase.

Depois me reuni com o novo ministro da Agricultura, que me deu muito boa impressão. Está por dentro dos assuntos, é calmo, organizado, estava a equipe principal da Agricultura. Discutimos a questão do Pronaf,** que é importante, a dificuldade maior é que não temos estruturas de transferência de recursos para os mais pobres. Recursos há; decisão do governo de entregar também há. Mas não há capilaridade para chegar lá embaixo, o Banco do Brasil não é capaz. Vamos então fazer através de convênios com os Bancos dos Estados, para tentar chegar mais perto dos mais pobres.

Discutimos os problemas da safra. Como o Brasil mudou! No ano passado, quando decidi que a taxa de juros seria de 16% para a agricultura, era arriscadíssimo dizer isso. Hoje eles querem menos juros e têm razão, pois estamos nos firmando ao redor de 12%. Não sei se vai ser possível manter 12%, eles querem menos que isso, mas aí já tenho medo que sejam juros muito negativos. Doze por cento praticamente é juro zero [por causa da inflação]. Enfim, é uma forma de apoiar a agricultura e estamos refazendo os programas para que tenhamos um Ministério da Agricultura mais ativo, sobretudo na produção e exportação de frutas, flores e também para que possamos, senão em 97, pelo menos em 98, superar a marca dos 80 milhões de [toneladas de] grãos, que é o que produzimos em 95. Em 96 vai ser 71 milhões, é uma queda, pelas razões não só de seca, mas também das confusões do financiamento agrícola.

À tarde tivemos a cerimônia de entrega da Medalha da Vitória, que recebi dos pracinhas. Simpáticos, já todos idosos, o general Artur, de 82 anos, todo empertigado dizendo que foi amigo do meu pai,*** embora meu pai tivesse a esta altura cem anos; devem ter sido conhecidos. Fiz lá o meu discurso dizendo que me lembrava da Segunda Guerra.

Me reuni com o Conselho de Defesa Nacional para autorizar a compra, sem licitações, de armamentos sensíveis. O presidente do Congresso esteve presente, como reza a Constituição, faltou o presidente da Câmara, mas tudo bem.

Em seguida, fizemos um balanço da greve. Praticamente não houve greve em nenhum lugar. Foi um fracasso total. Curioso: as declarações do Vicentinho e de

---

*Assinatura de convênios do governo federal com municípios aderentes ao Programa de Manutenção e Desenvolvimento do Ensino Fundamental.
**Programa Nacional de Fortalecimento da Agricultura Familiar.
***General Leônidas Cardoso.

alguns líderes, agressivas comigo no plano pessoal. Quando estão comigo é tudo às mil maravilhas, nos tratamos com simpatia, mas em público mostram certo ressentimento. O fato de eu ter derrotado Lula deixou neles essa marca. Um deles aqui de Brasília chegou a dizer que assim como derrubaram o Collor podem derrubar o Fernando Henrique. Como se fossem situações semelhantes.

Eles perderam de ponta a ponta. O petróleo não paralisou, a eletricidade não paralisou, o transporte só parcialmente, aqui e ali, ao menos no ABC, onde sempre tem, e vi pateticamente o Medeiros, o Vicentinho mais o Paulinho dos Metalúrgicos, todos de mãos espalmadas, com os cinco dedos da minha campanha,* uma coisa ridícula, na verdade sem apoio popular.

O sindicalismo está num beco sem saída. Eles são uma estrutura burocrática, carcomida, com muita corrupção, utilizam recursos obrigatórios, pagos pelos trabalhadores, sem nenhum controle. Utilizam isso ao bel-prazer e estão tentando uma escalada inútil de greve geral. Isso é completamente anacrônico. Não conseguem mobilizar porque, apesar de tudo, os salários estão crescendo, e com o crescimento da economia pode ser até que eles reivindiquem com mais êxito. Mas não greve geral. Greve geral é quando há crise de instituições, crise da economia, e não há nada disso.

Hoje a imprensa registra esse fracasso e o que está acontecendo com o movimento sindical. Claro, o PT por trás, tentando unir o MST com a coisa urbana; não deu certo. Nem em Brasília. Vieram trezentos gatos pingados de uma fazenda onde eles têm um acampamento aqui perto. Vieram a pé para fazer um pouco de show sobre a questão, esses pelo menos têm um lado positivo, o de mostrar a miséria no campo.

Acabo de falar por telefone com o Zé Gregori, que vai se encontrar domingo com os líderes principais do MST, discretamente, na casa do Paulo Sérgio Pinheiro. Vai se reunir com o Gilmar [Mauro], com o Stédile e não sei mais quem. Pedi que explique mais uma vez a eles: o governo está fazendo, quer fazer, vai fazer [a reforma agrária], mas não dá para continuar tolerando essas invasões e ocupações de prédios, porque isso desmoraliza a autoridade e dificulta que eu faça a reforma. Eu não quero nem ter as glórias de fazer reforma nenhuma, eles que fiquem com as glórias, mas que deixem o país avançar e que não venham com esse sonho de Chiapas no Brasil. O que eles têm na cabeça deles é um problema de poder, absurdo, mas que pode dar dor de cabeça.

Ainda ontem encontrei o Bresser, que acabou jantando no Alvorada. Queixou-se muito do Clóvis e do Eduardo Jorge, que ele considera fracos, disse que a Presidência não está bem constituída e que eu devia mudar o Clóvis e botar um chefe da Casa Civil mais político, que o Eduardo Jorge não tem visão. Na verdade os dois

* Na campanha presidencial de 1994, o programa da coligação de Fernando Henrique mostrava uma mão espalmada como símbolo do programa de metas da candidatura, cada dedo representando uma promessa: emprego, saúde, agricultura, segurança e educação.

atrapalham muito a ação dele, Bresser, porque não confiam nele. O Bresser é bastante ousado e apressado muitas vezes no que fala, mas é imaginativo, e acho que eles estão exagerando em não ajudar o Bresser a sair do impasse em que está. Vou fazer uma convocação do Ministério da Administração para discutir a reforma com o Ministério da Saúde. O Bresser tem propostas e não podemos desconsiderá-las, pois alguma luz pode surgir disso.

HOJE É DOMINGO, 23 de junho, quase meia-noite.
　O sábado transcorreu tranquilo, só saí com a Ruth no final do dia, para visitar a Luciana, o Getúlio e a Isabel. Voltamos e jantamos aqui sozinhos.
　O único fato alheio à nossa rotina de arrumar livros e ver as coisas aqui do Palácio foi a visita do Tom Cavalcante, muito simpático. Ele tinha nos convidado para ir ao teatro, eu disse que não podia, então ele veio aqui com a mulher e três pessoas, para tomar um café. Depois fomos juntos assistir à cerimônia de recolhimento da bandeira.
　Hoje de manhã trabalhamos nos nossos livros e depois recebi o Sérgio Amaral, que veio trazer algumas informações sobre o programa de televisão do PSDB, discuti com ele o material. Depois veio o Gelson Fonseca, para eu assinar a carta destinada ao Chirac, a ser apresentada ao G7 com a modificação que fiz, introduzindo algumas ideias do Luciano sobre movimentos de capitais.
　Na verdade o PSDB me cede o horário e eu falo sobre os problemas do Brasil. Eles me trouxeram várias perguntas feitas por populares, basicamente sobre a questão do Proer, de ajudar banqueiros em vez de dar dinheiro para a Saúde, das viagens, por que eu viajo tanto, a questão do salário mínimo, da Saúde, dos cinco dedos. Esses foram os principais temas. Gravei uma hora e meia, eles vão ter que tirar dezessete minutos das várias gravações que fiz com respostas para as perguntas. O pessoal é profissional, veio o Sérgio Reis também, e o Antônio Martins, acho que vai ficar bom, a gente responde às questões que estão por aí. Os partidos devem responder.
　O PSDB me cedeu o tempo. Pedi que eles mandassem uma versão abreviada para o PSDB, com os dezessete minutos, e mandassem a fita inteira para os vários partidos coligados, que poderão usá-la como queiram. Não pedi votos para ninguém, faço apenas uma defesa do que está acontecendo no Brasil. Acho que foi positivo.
　Além disso, me disseram que a convenção que escolheu o Serra foi muito boa, no [Clube] Juventus, lá em São Paulo, e que o [Arnaldo] Madeira vai ser o vice. Há poucos instantes telefonei para o Eduardo Jorge, para que ele informasse ao Arruda que ele vai ser o líder do governo no Congresso.
　Falei por telefone com o Zé Gregori, que teve uma conversa longa com o Stédile, com o Gilmar, mais não sei quem, na casa do Paulo Sérgio Pinheiro. Eles dis-

seram que a conversa que tiveram comigo em maio foi muito boa, mas que havia alguns problemas, que o Raul custou a designar o superintendente na Bahia, eles queriam a mesma pessoa que o Luís Eduardo queria indicar, que eles tinham perdido não digo o controle, mas que tinham sido desbordados pelo movimento. Segundo eles, o governo não está informado, mas a situação da agricultura é muito ruim. Tem muito pequeno agricultor familiar sendo arrasado, por isso eles estão fazendo pressão. Enfim, vieram com pele de cordeiro.

Diz o Zé Gregori que ficou claro que eles estão muito ligados à Igreja, há alguma ligação também com o espírito de Chiapas lá do México, ele não me precisou de que maneira isso, porque o Zé falou comigo por telefone. Que o Raul, bem ou mal, é como o [Osvaldo] Russo, aquele que foi diretor do Incra, que era ligado ao PPS; eles têm um pouco de pé atrás com o PPS, mas não tanto com o Raul, gostavam muito do Xico Graziano. Foi um recomeço de conversa. Zé disse a eles que mudou a qualidade das coisas depois que houve tanta violência no Maranhão, eles não se dissociaram da violência e o governo não pode tolerar isso. O Zé foi bastante firme e, ao mesmo tempo, mostrou que o governo continua disposto a levar adiante a reforma agrária.

Amanhã vou a uma reunião na Argentina em que o Chile será integrado ao Mercosul. Amanhã também é aniversário do Frei, vou almoçar com ele na embaixada do Chile [na Argentina]. Na terça-feira vamos a San Luis e depois, na volta, passo por Florianópolis para assinar o contrato da BR-101, com o BID.

O governador Paulo Afonso queria fazer uma espécie de comício, mas há dificuldade, porque o PFL disputa com ele, o PPB também, e existe animosidade dos funcionários com ele. Além disso, tenho que ir ao Paraguai, é uma viagem muito pesada. Paro em Florianópolis, visito o Paraguai e volto para o Brasil. Vou ao Paraguai receber homenagens num momento difícil, a situação do Wasmosy é muito pesada nos jornais brasileiros, no *Estadão*. E aqui vão me criticar por ter ido ao Paraguai, mas chefe de Estado é uma coisa e político com convicções pessoais é outra, um pouco diferente. Nesse caso devo responder pelos interesses do Brasil com o Paraguai. Salvamos a democracia paraguaia. Não sei se o Wasmosy é ou não corrupto, mas foi eleito pelo povo e, enquanto for o presidente, temos que respeitar a constitucionalidade.

24 DE JUNHO A 23 DE JULHO DE 1996

*Viagem à Argentina.
A reabertura do caso Lamarca.
Agrava-se a situação do Bamerindus.
Negociação da CPMF*

Hoje, 24 de junho, é uma segunda-feira, estou em Buenos Aires, na embaixada do Brasil. Saí cedo de Brasília, vim direto do avião para cá, conversei um pouco com o governador da Paraíba, o Zé Maranhão, tenho uma boa impressão dele, está fazendo muita coisa para moralizar a Paraíba, é um homem de pulso. Despachei no avião com o general Cardoso, conversamos um pouco a respeito do que Zé Gregori me havia dito à noite sobre a reunião com os líderes do MST.

Cardoso achou bom e disse que tem recebido correspondência do Stédile, sempre insiste que é preciso manter o diálogo com o MST. Conversei com o general sobre uma sugestão que recebi do João Carlos Meirelles* no sentido de acelerar, através das colonizadoras, não a colonização, mas a própria reforma agrária. O general achou a ideia boa, ele tem um amigo que fez proposta semelhante. Quando eu voltar ao Brasil, preciso discutir esse assunto com o Jungmann e com alguém da área econômica.

Cheguei a Buenos Aires, o [Marcos] Azambuja me esperando, enfim guarda de honra, aquela coisa toda, vim para a embaixada, essa embaixada é extraordinária e o Azambuja um grande embaixador. Trouxe algumas recordações da Ruth para a Liliane [Azambuja] e daqui fomos correndo para o almoço com o Frei na embaixada do Chile. Lá tudo muito bem, chegou o Menem, o Wasmosy, o Goni, presidente da Bolívia, só o Sanguinetti não pôde vir. Menem se queixava da Igreja, que tinha feito uma nota hoje mesmo, dizendo que tem que mudar o rumo do câmbio, enfim a Igreja se metendo naquilo que não entende. Conversamos também sobre o MST. O Goni discutindo muito a pressão que também fazem lá sobre a questão da terra, todos muito preocupados com isso.

Voltei para a embaixada brasileira, onde estive de novo com o Sánchez de Losada, ou seja, o Goni, que veio falar sobre o gasoduto que vai ligar o Brasil à Bolívia. Ele precisa de uma decisão urgente. Nós já tomamos a decisão, que é manter o controle da Petrobras, de 51%. Muita gente se opõe a isso, há problemas com São Paulo, o Duda várias vezes reclamou, o Mário Covas não falou nada comigo, mas evidentemente São Paulo não está gostando da solução, porque ela implica levar o gasoduto até o Rio Grande do Sul. Senão, dizem os outros

---

*Empresário, presidente do Conselho Nacional de Pecuária de Corte.

estados, vai ser um privilégio imenso para São Paulo, e a ida até o Rio Grande do Sul encarece o custo do gás para São Paulo. É uma luta difícil, tem problema federativo no meio.

Recebi também a informação, pela Bia, de que o Duda estava muito irritado com a nomeação do novo diretor do DNAEE,* que, segundo ele, é ligado ao Sarney. Não foi a informação que eu tive. Soube que o rapaz é paulista, é bom, trabalhava na Eletronorte e foi escolhido pela competência técnica. Não sei onde está a razão nesse caso, sabe Deus.

Depois de receber o presidente da Bolívia e explicar qual era a nossa posição, dei uma longa entrevista em inglês para a *Newsweek*. Entrevista boa, o rapaz foi aluno da Terry Karl,** mas sabe Deus o que vai sair. Depois fui para um debate, com os presidentes do Mercosul, no chamado Fórum de Davos, com o sr. [Klaus] Schwab.*** Fiquei um pouco irritado, porque estavam os quatro presidentes em um fórum imenso, são os empresários que pagam, e alto, e nós ali, na verdade, alegrando o circo. E o Menem só chamava o Schwab de "senhor presidente", não gostei. Respondi com educação a todas as questões, as perguntas foram reiterativas, nada de novo, nada de extraordinário, na verdade o Schwab fez uma cretina: qual era o melhor sonho e o pior medo que tínhamos. Eu disse que não ia dizer outra coisa senão que concordava com o sonho dos outros, para mostrar a integração do Mercosul. Não ia me dar ao ridículo de falar sobre sonho, para dizer baboseiras sobre o futuro do Mercosul.

Voltei correndo para a embaixada, descansei um pouquinho e já fui para um coquetel oferecido pelo Menem, com cantoria e tudo, onde encontrei o [Jordi] Pujol, o presidente da Catalunha, que conversou muito comigo, amavelmente, todos muito descontraídos. Encontrei o Ricardo Lagos,**** que veio com o Frei, e muitos amigos argentinos e chilenos, e nada mais.

Foi assassinado o PC Farias.***** Dizem que pela namorada,****** ninguém sabe, muita onda ao redor disso, é um tema meio macabro, não quero nem levantar hipótese, não tenho a menor noção do que se trata. E a imprensa aqui, procurando ver chifre em cabeça de cavalo, essa é a expressão, [estabelecer] alguma ligação do Brasil com Wasmosy. As alegadas corrupções do Wasmosy, se forem verdadeiras, são antigas, não têm nada a ver com o governo atual; já querem transformar o Oviedo

---

* José Mário Abdo.
** Professora da Universidade de Stanford, mulher do cientista político norte-americano Philippe Schmitter.
*** Fundador e presidente do Fórum Econômico Mundial, que se reúne anualmente em Davos, na Suíça.
**** Ministro de Obras Públicas do governo chileno.
***** Ex-tesoureiro de campanha e eminência parda do governo Collor.
****** Suzana Marcolino.

em herói, o Wasmosy em bandido e o Brasil em vilão, por ter apoiado a democracia. É o que faltava.

HOJE, 27 DE JUNHO, QUINTA-FEIRA. Na terça-feira, fomos a San Luis para a reunião do Mercosul. Tudo bem, um encontro muito descontraído, fiz várias intervenções bem recebidas, o discurso de Frei foi bom, relações excelentes com Menem, uma reunião como havia muito tempo não se fazia, de tão agradável. O presidente da Bolívia preocupado com a questão do gasoduto. Fora isso, nada. Voltei no avião do Menem, conversando com ele e com o Sánchez de Losada, falamos muito sobre a situação da América do Sul, enfim sobre nossos problemas, sobre Wasmosy, o Paraguai. Jantamos em Buenos Aires, com o pessoal da embaixada, e no dia seguinte cedo viajei.

Primeiro passei por Florianópolis, onde lançamos a BR-101,* Iglesias estava lá, veio no avião comigo, de Buenos Aires a Florianópolis. Dali tomei um avião para o Paraguai.

No Paraguai, tudo muito formal, chovia, o que atrapalhou a cerimônia. Tocou o telefone, era o Jorge Serpa. Meia hora no telefone com ele para divagar sobre o mundo. Fui para o palácio governamental, muita gente lá. Estava o Argaña, que consideram inimigo do Brasil e que disputa dentro do Partido Colorado com Wasmosy. Estava o [Enzo] Debernardi, que recentemente disse a alguém que seria o segundo a ser preso, depois do Wasmosy, pelo Argaña! Estava o Domingo Laíno e o [Ángel] Seifart, o vice-presidente. Todos brigados, mas, lá, todos unidos. Me deram uma condecoração, o Wasmosy fez um discurso, eu também, fui claro na defesa da democracia. Depois fui para a embaixada brasileira e recebi o Laíno, que me deu um relatório sobre como ele vê o Paraguai. Em seguida, o Caballero Vargas e o prefeito de Asunción,** que é do [Partido] Encuentro Nacional, ou Entendimento Nacional, algo assim, e que é da oposição. Depois recebi outro do Partido Colorado que é contra o Wasmosy e o Argaña e que pode, eventualmente, vir a ser candidato. A situação é muito instável, todos diziam que o Wasmosy está muito enfraquecido, mas estão todos felizes porque se manteve a democracia, e o Paraguai sabe do nosso papel e da posição do Brasil.

De lá voltei para Brasília.

Jantei ontem com a Ruth e a Eunice Durham Ribeiro, que disse que vai embora porque tem problemas pessoais. No fundo ela crê que seu papel está esgotado no Ministério de Educação. Não falou mal de ninguém, pelo contrário, até fez uma

---

* Na ocasião, o presidente assinou o contrato de empréstimo com o BID para a duplicação do trecho da BR-101 entre os municípios catarinenses de Guaruva e Palhoça, como parte do projeto de duplicação da ligação rodoviária entre São Paulo, Curitiba e Florianópolis.
** Carlos Filizzola, presidente do Partido Encuentro Nacional (esquerda).

análise muito objetiva. A Eunice foi de grande valia na formulação das políticas do ministério. O Paulo Renato e ela nunca se entenderam perfeitamente, mas souberam se ajustar. Eunice deu uma grande colaboração, não tive mais condições de retê-la aqui.

Hoje foi um dia muito pesado, discussões o tempo todo, reuniões com os líderes do Congresso sobre a questão da mudança do regimento interno, que vencemos ontem.* Agora devemos acelerar a convocação extraordinária do Congresso em julho. Também discuti um pouco medidas provisórias.

Dei o medalhão Prêmio Álvaro Alberto ao Moysés Nussenzveig** e ao [Luiz] Bevilacqua,*** depois me reuni com um grupo desses cientistas, uns trinta, todos muito preocupados com os cortes no orçamento.

Tive uma conversa com o pessoal do *Zero Hora*, gente que tem nos ajudado sempre. Depois encontrei o Léo [Leôncio Martins Rodrigues] e o Vilmar, falei sobre a questão do orçamento, não entendi a crítica dos cientistas ao Ministério da Ciência e Tecnologia, porque não houve um corte tão grande de verbas, muito menos nos centros de excelência.

Voltei para o Planalto, de novo uma série imensa de encontros, reuniões, tudo mais um pouco de rotina, estou muito cansado. Ruth viajou para São Paulo. Estive também com o Luís Carlos Santos, discutindo a história do Gilberto Miranda. O Gilberto está em cima dele para [a Receita] parar. Não dá nem se deve [intervir]. O Luís Carlos não aguenta mais a pressão de deputados que querem lugares, cargos, e deu um sinal para essa gente nesse sentido. Comigo e com o Eduardo Jorge isso não era assim, não me falavam do assunto abertamente.

Depois disso vim encontrar o Winston Fritsch, com quem jantei e conversei sobre vários assuntos. Ele hoje trabalha no setor privado, foi uma conversa muito agradável. Depois chegou o Sérgio Motta, que acabou de ir embora. O Sérgio ficou por duas ou três horas passando em revista todos os assuntos políticos comigo: o partido, as eleições, o Serra, o que fazer em várias conjunturas eleitorais, também a questão do governo, da economia, das telecomunicações, enfim... revisamos tudo.

Foi isso até hoje. Agora vou dormir.

DIA 28 DE JUNHO, onze horas da noite. Hoje tudo correu dentro do normal, com relativa calma.

---

*Em 26 de junho de 1996, o governo venceu na Comissão de Constituição e Justiça do Senado a votação de um projeto de alteração no regimento interno do Congresso que dificultou a apresentação de Destaques para Votação em Separado (DVS) pela oposição durante a tramitação de propostas de emenda constitucional.

** Físico e professor da UFRJ.

*** Engenheiro civil e professor da UFRJ.

Depois da natação fui para o Palácio do Planalto e a agenda não era extraordinariamente pesada. Uma solenidade relativa ao novo plano de safra para a agricultura, na qual o novo ministro Arlindo Porto fez uma exposição clara. Tinha conversado comigo primeiro e depois expôs muito bem tudo o que estamos fazendo: acrescentamos 5,1 bilhões de reais ao financiamento da agricultura, baixamos a taxa de juros para 12% — era 16% —, fizemos o Pronaf para a agricultura familiar, eram 250 milhões passou agora a ser 1 bilhão, a 9% de juro, enfim, juro negativo, muita coisa foi realizada. Fiz um discurso enfatizando isso, explicando a securitização da dívida, que os jornais exploraram como se fosse em benefício para os mais ricos, quando foi uma negociação que fiz com a bancada rural, e houve aplausos cada vez que eu falava de juros mais baixos.

Depois conversei com o pessoal da área agrícola. O Jungmann me deu conta do que está acontecendo na Reforma Agrária, ele se preocupa com a liberação de recursos. Falei rapidamente com Calabi sobre a necessidade de um plano estratégico para sabermos o que está acontecendo no mundo empresarial, essas novas fusões, acumulações e novas jogadas empresariais. E ainda recebi um ou dois embaixadores de passagem pelo Brasil.

Vim para cá, recebi a informação da eventual existência de uma ameaça de Cecílio do Rego Almeida contra alguma coisa do governo de São Paulo na concessão da via Anhanguera.* Me parece um pouco chantagista esse negócio. Voltei ao Palácio do Planalto depois de ter conversado rapidamente com o embaixador Júlio César [Gomes dos Santos], que não quer ir para um consulado, prefere ser embaixador alterno em Roma, na FAO; não sei se vai ser fácil. Voltei para o Planalto, tive os despachos normais com uma porção de gente, recebi pessoas até horas tardias da noite, voltei para cá, falei com o Sérgio Amaral e com o [Augusto] Marzagão,** que veio me trazer um documento sobre a política do governo. Marzagão é um sujeito inteligente. Recebi o Raimundo Brito, que me prestou contas do que está fazendo. Despacho com o Clóvis, e mais nada que mereça atenção, até porque hoje é sexta-feira, em geral um dia tranquilo em Brasília.

HOJE É SÁBADO, 29, estou aqui no Palácio da Alvorada. Quero só completar uma informação de ontem: recebi o governador Eduardo Azeredo, acompanhado de Amilcar Martins, o candidato dele à prefeitura de Belo Horizonte, e de Pimenta

---

*O governo paulista conduzia a licitação para a privatização das rodovias do sistema Anhanguera-Bandeirantes, rodovias SP-330 e SP-348. O processo foi alongado por diversos questionamentos judiciais e alvo de denúncias de irregularidades. O vencedor, em 1998, foi o consórcio CCR AutoBAn, formado pelas empreiteiras Andrade Gutierrez e Camargo Corrêa.

**Ex-chefe da Assessoria de Comunicação Institucional da Presidência da República (governo Itamar).

da Veiga. As pesquisas ainda não lhe são favoráveis, é difícil, é a primeira experiência dele como candidato. Vamos ver.

Na manhã de hoje, recebi Vilmar Faria longamente, depois de eu ter voltado de uma padaria no Gama, para comemorar os dois anos do real. Muita gente do povo, recepção calorosa, homens, crianças, mulheres, dois militantes do PT gritavam que eu devia liberar verba para o Brasil, foram vaiados pelo povo, uma senhora, quando entrei no carro, me disse: "Esse pessoal do PT só enche o saco". Enfim, uma reação agressiva da população contra essa militância também agressiva.

Vilmar é uma pessoa sensível, mineiro, conversa com todo mundo, ouve, elabora, e passamos em revista os problemas difíceis: as universidades, ciência e tecnologia. Na reunião em que estive com o pessoal de Ciência e Tecnologia, a da premiação do Roberto [Marinho], havia uma insatisfação, diziam que as verbas, ou as despesas, foram cortadas.

Depois da questão da reforma agrária, sobre a qual passamos um pouco por cima, vi que o Vilmar tem uma grande preocupação com a estrutura do governo. Ele acha que a secretaria executiva da Comunidade Solidária deve passar para o Ministério do Planejamento, sob controle do Kandir, porque há uma incompatibilidade entre a Anna Peliano e o Clóvis. No fundo é uma crítica velada ao Clóvis, que está com muita coisa sob seu controle e não consegue controlar com mais desenvoltura, talvez seja isso. A proposta do Vilmar é que eu reconstitua, depois de outubro, a possibilidade de o Ministério do Planejamento ter mais ação de controle efetivo e que o Clóvis fique mais com a gestão de certos programas, além das funções normais da Casa Civil.

Depois recebi um telefonema do Geraldão, da DM9, preocupado com a situação do Serra, que, segundo ele, está difícil em São Paulo. Não há quase nenhuma ação do PSDB, é preciso um trabalho conjunto. Relatou também os efeitos da minha fala de sexta-feira à noite ao país no programa do PSDB. Segundo ele, a população entendeu o recado. Só não aceitou duas coisas: primeiro, que haja só 6% de pessoas (na ativa) recebendo salário mínimo; eles não acreditam nisso. Segundo, que a situação em geral esteja boa. É preciso passar a sensação de maior solidariedade com a população que sofre. Acho que o Geraldão está certo, em algumas ocasiões ficamos tentando demonstrar com números e argumentos, e a população sofre na carne os efeitos às vezes negativos de uma política de ajuste.

Falei com o Serra longamente. Está muito queixoso da falta de organização da campanha e de que o Mário Covas não o citou sobre o metrô de São Paulo. Não é por aí que se ganha ou perde. Também falou de o Maluf estar fazendo uma forte promoção do [Celso] Pitta.* Serra acha que tem dificuldade para o financiamento da campanha. Fiquei de estar com ele na outra semana aqui em Brasília, para ver se lhe dou um pouco mais de ânimo e para que ele possa desabafar um pouco. Vou

* Secretário de Finanças da Prefeitura de São Paulo.

conferir com o Sérgio, que me deu uma visão mais cor-de-rosa do que o Serra sobre a situação da campanha.

Conversei com o Vilmar sobre outra dificuldade, que é a tendência de diluição das ações do governo federal no nível municipal. São 5 mil municípios,* e o governo federal distribui recursos e dá normas. Por outro lado, tem que manter também um lado simbólico, o que é cada vez mais difícil, porque a mídia, por definição, mina a força do simbolismo. O xis da questão é que se espera muito do governo central num momento em que o governo central tem que descentralizar, sem, portanto, poder fazer muito diretamente. Os tentáculos da burocracia são terríveis, fazem com que os recursos não cheguem na ponta da linha, a burocracia não tem solidariedade com o governo, e talvez menos ainda com a função pública. E ficamos nós aqui em cima flutuando, dando a impressão a todo o país de que é aqui que as coisas se resolvem.

Pedem a mim que participe de tudo, até da apuração do assassinato do PC Farias. Não existem meios para isso, nem é necessário nem conveniente que assim seja. E não se consegue ver mais claramente o papel simbólico que eu tento, bem ou mal, levar, mostrando que o país tem rumo. E que temos um governo decente, sem roubalheira e que é modesto — o quanto é possível a autoridade ser modesta.

Dito isso, a Bia chegou com a Ruth e todas as crianças, e com a Ana Teberosky e a Guita [Debert], que vão passar aqui este fim de semana.

HOJE É DOMINGO, 30 de junho, são oito e meia da manhã. Ontem assistimos a um filme estranho sobre o Vietnã. Estavam Vilmar e Regina, Ana Teberosky, Guita, Ruth, eu e a Bia. As crianças ainda estão dormindo. Eu ia nadar, mas está tudo preparado para a televisão, porque hoje vai começar uma rodada de comemoração do real. Acabei de telefonar para o Maurício, o professor de natação, para que não venha fazer os exercícios comigo.

Acho que as coisas estão um pouquinho melhor. Ontem falei com Antônio Ermírio de Moraes, ele estava mais contente, parece que houve uma retomada efetiva do crescimento, é repercussão positiva do plano de safra. Hoje devem vir pesquisas ruins, na *Folha* sobretudo, porque estão pegando as capitais, e nas capitais o clima não é favorável, há o efeito da onda de desemprego e do muito ataque que sofremos nos últimos três meses. Mais para a frente vamos recuperar.

O programa que eu fiz de televisão para o PSDB teve boa repercussão, sobretudo nas classes populares, na classe D. Foram feitos grupos focais para analisar, eles aceitaram tudo menos a afirmação de que só 6% das pessoas ganham salário mínimo, o que é verdade.

---

*Em junho de 1996, o Brasil possuía 4974 municípios.

BEM, HOJE É TERÇA-FEIRA, dia 2 de julho, registrei aqui apenas parte do domingo, 30 de junho.

Domingo à tarde recebemos um grupo de jovens, uns vinte, estudantes de quinta a oitava série. Ruth e eu fizemos um hemiciclo e discutimos os problemas deles. Alguns revelaram uma impressionante capacidade crítica, todos se expressando bem, o que mostra haver certo avanço na educação no Brasil. Suponho que sejam os melhores, mas de qualquer forma foi muito simpático. Um bolo de aniversário do real. Gozado, os meninos perguntaram as coisas que a imprensa diz, mas basicamente estão preocupados com a escola e são bastante abertos tanto ao elogio quanto à crítica. Muito interessante o debate, para nós. Foi transmitido pela TVE.

Fora isso, nada mais de especial. A Bia foi embora com as crianças e a Ana, e fiquei com a Ruth e a Guita. Dormi cedo porque ontem, segunda-feira, primeiro dia de comemoração do real, eu ia dar, como dei, uma série de entrevistas à imprensa. Foram vinte! Para nove emissoras de televisão e onze de rádio. Todas as televisões e rádios em rede e mesmo para algumas rádios que não estavam em rede. Foi uma loucura. Começou de manhã com o *Bom Dia Brasil* e terminou, possivelmente tarde da noite, eu não vi, com a entrevista coletiva da Bandeirantes, mas também passamos no Boris Casoy. Foi um verdadeiro banho de mídia. Respondi a todas as questões que estão no ar, aparentemente a repercussão foi boa.

Foi um dia extenuante porque, além disso, dei uma conferência no Ipea* sobre os dois anos do real, para economistas de vários países mais os nossos. Fiz uma longa exposição de improviso, que está reproduzida na íntegra pelo jornal *O Estado de S. Paulo* de hoje, não sei se na *Folha* também.

À noite tivemos um jantar com o pessoal do [Programa] Universidade Solidária,** umas trinta pessoas. Mal terminei as gravações, vim para o jantar, que foi muito agradável, simpático, num clima descontraído.

Hoje de manhã fui ao Palácio do Planalto depois de ter nadado. Por lá, despachos de rotina e depois recebi credenciais de embaixadores. No auditório, um ato do Ministério da Justiça sobre a questão da Ação Afirmativa do movimento negro.*** Aproveitei para fazer uma meia hora de exposição um pouco mais leve sobre alguns temas, baseado no que eu me recordava de leituras antigas sobre a discriminação e as peculiaridades da cultura brasileira. Enfim, um pouco de literatice sociológica, porque não havia conteúdo maior que eu pudesse dizer naquele

---

*Instituto de Pesquisas Econômicas e Aplicadas, fundação pública ligada à Presidência da República.
**Programa de concessão de bolsas a estudantes de graduação que se engajam em trabalhos sociais e de pesquisa em regiões carentes, criado e presidido por Ruth Cardoso.
***Abertura do seminário Multiculturalismo e Racismo: O Papel da Ação Afirmativa nos Estados Democráticos Contemporâneos.

momento, pois a ação afirmativa é um tema delicado que deve ser debatido com maior profundidade.

De lá vim para cá, para o Alvorada. Os jornais estão bons, aliás faz um tempo que estão bons, o balanço do real foi todo positivo, mesmo na *Folha*, pesquisas que não são ruins, porque dizem que teve 30% de "ótimo e bom" para o governo, pouco mais de 40% de "regular" e 26% de "péssimo". Ora, é bem razoável.

Falei com o Serra ontem à noite, que teve o seu primeiro debate. Estava bem animado com o seu desempenho, que pelo jeito foi bom. Acabei de falar por telefone com o Mário Covas, que teria a possibilidade de aproveitar o Xico Graziano na Secretaria de Agricultura de São Paulo. Estava temeroso que eu tivesse alguma reação negativa, ele sabe que não teria, mas queria ouvir de mim. Eu disse que o Xico tinha sido um pouco leviano, se cercado de gente perigosa, mas que na verdade é competente e boa pessoa. Se pudesse aproveitá-lo, eu achava bom.

Hoje, 2 de julho, terça-feira, recebi o deputado Moreira Franco, que veio discutir a reforma da administração pública. Moreira, que é muito hábil, acha que não se deve falar em quebra de estabilidade, mas em mecanismo para quebrá-la. Isso foi o que o nosso pessoal não entendeu. Ficou achando que ele não ia mais colocar nada sobre a quebra da estabilidade.

Recebi o Tasso Jereissati, para falar sobre o Banco do Povo.* Veio acompanhado do Paulo Yokota,** que queria discutir a possibilidade de uma indústria automobilística coreana no Ceará.

Mais tarde, recebi o Artur Ribeiro, meu médico de São Paulo, e o Aloysio Nunes sobre questões de medicina. Despachei com o Marco Maciel, fiz uma gravação para a Universidade Federal de Pernambuco, no final do dia conversei com o Sérgio Motta e com o Luís Eduardo Magalhães, passando em revista as coisas normais, sem nada de novo.

HOJE É QUARTA-FEIRA, dia 3, foi um dia bem mais agitado, porque tive de manhã a solenidade sobre os idosos,*** também recebi o ministro da Marinha, que relatou sua viagem à França e à Espanha e voltou a falar dos aviões para a esquadra, matéria polêmica que a Aeronáutica não aceita.

Depois do almoço, recebi muita gente, uma enorme quantidade de pessoas que vieram discutir assuntos variados, inclusive uma reclamação lá do Acre, porque há um problema com as estradas ali, interrompidas por causa do Ibama. A po-

---

*O governo discutia o projeto de criação de um programa de empréstimos do BNDES voltado para o financiamento de microempresas. Foi inspirado por uma proposta da primeira-dama Ruth Cardoso.

**Economista, ex-diretor do Banco Central (governo Médici).

***Assinatura da regulamentação do Estatuto do Idoso.

pulação local está contra os senadores do PMDB e do PT, porque a interrupção foi atribuída a eles.

Discuti o estatuto do petróleo, que foi uma coisa bem-feita, será enviada essa semana para o Congresso, e além disso recebi do Heráclito Fortes reclamações sobre a Funasa, a Fundação Nacional de Saúde. Passei algum tempo discutindo com Jatene e com Malan sobre como resolver a crise da saúde, a questão da CPMF etc.

Hoje o Jobim disse que precisava falar comigo, e de fato veio, agora à noite, e trouxe os dossiês sobre a morte do [Carlos] Lamarca que a Polícia Federal achou na Bahia.* Fica claro por aí que Lamarca morreu... foi fuzilado, na verdade. E há detalhes, o material está registrado pormenorizadamente pelos militares, ou por quem seja, não sei. Eu vi só o grosso das informações, fotografias e coisas do estilo, cópias de um diário da Iara Iavelberg** e o laudo médico mostrando que foi fuzilado. O Jobim contou que cinco ou seis pessoas já sabem do assunto, a imprensa está farejando, evidentemente isso não pode ficar escondido. Eu disse que ele avisasse o general Cardoso e o general Zenildo.

Essa matéria virá a público de qualquer maneira e dei instruções ao Jobim para que, conversando com o general Zenildo, dissesse que nossa decisão era que o dossiê devia ser entregue à Comissão de Direitos Humanos e também à imprensa. É uma decisão difícil, porque o Lamarca é considerado traidor pelo Exército, mas por outro lado não dá para esconder da opinião pública um fato dessa gravidade.

HOJE É SEXTA-FEIRA, 5 de julho de 1996.

Ontem de manhã tive uma reunião interna, normal, depois me encontrei de novo com o Jobim, o general Cardoso e o general Zenildo. Jobim tinha me telefonado dizendo que precisava falar comigo com urgência. Isso no meio da reunião das quintas-feiras, com o Marco Maciel, o Eduardo Jorge, o Clóvis e o Luís Carlos Santos. Reunião para definir a CPMF, baixar a alíquota de 0,25 para 0,20 e fazer um balanço que, dito pelo Luís Carlos Santos, foi um balanço positivo da semana da convocação extraordinária do Congresso.

* Em 1969, o capitão Carlos Lamarca, do 4º Regimento de Infantaria de Quitaúna (São Paulo), resolveu desertar de seu posto e se engajar na luta armada contra a ditadura militar. Depois de assaltar o paiol do quartel e fugir com armas e munições, junto com alguns subordinados, caiu na clandestinidade. Lamarca foi um dos principais quadros da guerrilha urbana, primeiro na Vanguarda Popular Revolucionária (VPR) e, posteriormente, no MR-8 (Movimento Revolucionário 8 de Outubro). Em setembro de 1971, ao lado do companheiro José Campos Barreto [Zequinha], foi cercado, capturado e executado pelo Exército numa área rural de Buriti Cristalino, sertão da Bahia.
** Militante do MR-8 e namorada de Lamarca, foi assassinada pela repressão em Salvador semanas antes da morte do ex-capitão.

Pois bem, eu dizia que recebi o general Zenildo, o Jobim e o Cardoso. A decisão [sobre Lamarca] foi tranquilamente aceita pelo general Zenildo, que disse achar que o Exército devia ter um comportamento muito claro nessa matéria, considerando, como eu já disse aqui, o Lamarca como traidor. Zenildo entende que a ação institucional do Exército terminou logo depois do golpe militar, em abril. Não falou em golpe, falou de revolução, que houve o pedido da população para o Exército intervir e considera que dali para a frente foram ações individuais. O Zenildo é um homem sereno e firme, e tem dado uma contribuição enorme. Ele me disse que era capitão naquela época, que é o mais velho dos oficiais em atividade e que, portanto, vai haver chiadeira, mas daqueles que estão na reserva. Já existe chiadeira, alguns escrevem cartas para o general Cardoso, mas o Zenildo não atribui maior importância a isso. Diz que esteve no Sul, visitando organizações militares, voltou entusiasmado com o clima de cooperação na questão do Mercosul, muito animado e contente com tudo isso. Gostei de ver o Zenildo firme, e mais uma vez o Cardoso andou me surpreendendo também, ambos apoiando essa decisão.

Depois conversei com o Jobim, que lá ficou porque eu ia avisar sobre o relatório do Lamarca ao João Roberto Marinho, coisa que fiz. Foi *O Globo*, afinal, o primeiro a levantar a história do Lamarca, que é controversa entre os militares, como também a questão do Araguaia. Telefonei para o João Roberto e contei minha decisão. Pedi que eles tomassem na devida conta, no jornal, a importância histórica dessa decisão, não tanto de minha parte, porque era normal que eu fizesse assim, mas do próprio Exército em aceitar com tanta tranquilidade fatos que vão colocar de novo em risco as versões anteriores sobre a morte de Lamarca. Na verdade ele foi executado, já estava liquidado quando se viu cercado. Podia ter sido preso e não foi, e fica claro hoje que o general [Nilton] Cerqueira, que é o secretário de Segurança do Rio de Janeiro, do Marcelo Alencar, foi quem comandou a operação. Eles detalharam tudo, como já registrei aqui, de maneira impressionante, porque acharam que estavam agindo de acordo com os melhores interesses históricos do Brasil. Mas a História muda, como mudou.

Em seguida falamos com Pelé sobre a candidatura do Rio de Janeiro a sede das Olimpíadas. Parece que houve uma briga entre o Rafael de Almeida Magalhães,[*] o [João] Havelange[**] e o [Carlos Arthur] Nuzman.[***] Me diz o Pelé que o Nuzman tem uma empresa, queria receber muito da organização das Olimpíadas e eles convidaram o João Roberto Marinho, que não aceitou. Afinal convidaram o Ronaldo Cezar Coelho, que topou e, segundo o Pelé, vai botar as coisas em ordem. Pelé me deu conta do que está fazendo, um estatuto que libera o passe dos jogadores,[****] mas

---

[*] Presidente do conselho organizador da candidatura Rio 2004, pediu afastamento do cargo.
[**] Presidente da Federação Internacional de Futebol (Fifa).
[***] Presidente do Comitê Olímpico Brasileiro (COB).
[****] A lei nº 9615, conhecida como Lei Pelé, ou Lei do Passe Livre, seria promulgada em março de 1998.

muitos preferem um passe, porque têm medo do desconhecido. Em todo caso, ele vai insistir na posição.

Depois da conversa com Pelé e da decisão tomada com o Jobim, continuei no ritmo normal, voltei para casa. Aqui no Alvorada está cheio de gente, Guita [Debert], como eu já disse, mais um grupo que trabalha na Universidade Solidária com a Ruth, o Ivaldo [Bertazzo], o Omar [Thomaz]. A Esther Hamburger foi agradável, têm sido dias amenos.

Voltei para o Planalto e recebi o sr. Edmond Alphandéry, presidente da Électricité de France (EDF). Ele veio nos agradecer e demonstrar o entusiasmo que tem pela Light, que eles compraram, pelo Brasil e tal...

Depois recebi uma jornalista do *Expresso de Portugal*, para dar uma entrevista preparando a minha viagem,* e estive com o senador Sérgio Machado, que voltou ao tema habitual de que eu preciso organizar a nossa maioria. Eu digo: "Como? Nossa maioria é minoria, então se a organizarmos agora, perderemos. Temos que ficar um pouco na ambiguidade, enquanto tivermos essa questão das reformas constitucionais".

Voltei ao Alvorada para receber o deputado Mendonça Filho, autor da lei sobre a reeleição. Eu disse que achava necessário se articular com o Luís Eduardo e que essa matéria deve ser vista em termos não pessoais, embora eu saiba que, se eu quiser mesmo, vou ter que me meter no assunto. Ele acha que a votação devia ser ainda este ano, entre outubro e dezembro. Está agindo com boa vontade, de boa-fé. Deixou comigo uma pesquisa mostrando quem é contra e quem é a favor.

Depois recebi o José Serra, que estava bem-humorado. Ele teve um bom desempenho no debate eleitoral, conversou comigo sobre as dificuldades financeiras da campanha, nada de mais especial. Ruth voltou da pré-estreia de um filme da Tizuka Yamasaki, uma coisa para a Comunidade Solidária,** e fiquei esperando convidados nossos para o jantar. Isso foi ontem, quinta-feira. Hoje cedo fui para Jequié, na Bahia.

Jequié foi surpreendente, toda a cidade na rua, é uma cidade grande, umas 150 mil pessoas, não sei bem, uma generosidade incrível do povo, todo mundo saudando, mandando beijos, o trajeto de vários quilômetros apinhado de gente, um grupinho de estudantes protestando, coisa de juventude socialista,*** um desses partidecos, mas a participação da população foi massiva, como havia muito tempo eu não via, talvez nem mesmo na campanha. Depois o comício. Comício é comício. Você pode dizer que o público foi levado pelos prefeitos que estavam lá, nós fizemos um

---

*Viagem presidencial a Lisboa de 16 a 18 de julho de 1996, para a cimeira de instalação da CPLP.
** *Fica comigo*, longa-metragem de temática adolescente, cuja renda foi destinada ao Programa Comunidade Solidária.
*** União da Juventude Socialista (UJS).

poliduto* em Jequié, também uma estrada,** há razões para isso. Mas a rua não, a rua estava favorável. Mal cheguei, me telefonou o embaixador Sérgio Amaral para dizer que saiu uma pesquisa nova, realizada ontem, dessas que fazemos sistematicamente por telefone, e nós voltamos a ter um bom desempenho de pesquisa. Voltamos ao nível anterior, 41% de "bom e ótimo", e caiu o "péssimo", parece que de um pouco mais de 20% para 16%, e o resto é "regular". Quer dizer, voltou para a situação anterior. Por quê? Minha presença forte na mídia durante a comemoração do real. É isso.

HOJE É DIA 8, segunda-feira, são onze e meia da noite. Bem, o sábado, dia 6, transcorreu também calmo, despachei com um e outro que apareceu aqui, mas na verdade o que valeu foi que à noite jantei com Boris Casoy, que estava muito simpático. Conversamos sobre a minha visão das reformas e tudo mais, sobre, evidentemente, o episódio Jequié, ele achou inacreditável o modo como a Globo fez sua comunicação.*** Fora isso, nada mais.

Ontem, domingo, 7 de julho, tive uma longa gravação de manhã com Roberto d'Ávila, que juntou umas antigas entrevistas minhas feitas por ele em 79, em Paris, no Café de Flore. Segundo ele, meu pensamento já era o mesmo naquela época, há dezessete anos, o que mostra que eu não mudei, como alguns ainda dizem.

Também estive com o Roberto Irineu Marinho, que fez um stop aqui na volta dos Estados Unidos para me explicar que eles não têm nada contra mim ou contra o governo, que estão de acordo, [o que houve] foi um erro da Globo, isso tudo em função da reclamação forte que o Sérgio Motta fez a ele. Eu disse que entendia que não tinham nada contra, mas que haviam ido além dos limites, tinham inventado [a história de Jequié]. Ele se desculpou e disse que eles não são como na Abril, onde o Civita diz que não manda, que quem manda é a redação. No caso da Globo, disse, eles mandam, e que essa não era a orientação, que foi um acidente de percurso.

À tarde recebi o Giannotti, que almoçou comigo e com o Gelson Fonseca. Despachei com o Gelson e voltei a fazer as análises habituais com os dois sobre a situação, para atualizar o Giannotti. À noite, veio aqui o Mário Soares.****

Foi um jantar agradável. O Sarney não pôde vir, parece que teve pneumonia, ou coisa desse tipo, nem o Marco Maciel, que vai fazer uma operação amanhã. Mas veio o Gerardo Mello Mourão, como uma espécie de embaixador do Zé Aparecido, um pes-

---

* A viagem presidencial marcou a inauguração do poliduto Recôncavo-Sul da Petrobras.
** No comício, ao lado de políticos do PFL baiano e do candidato à prefeitura local, o presidente prometeu construir o anel viário ligando a BR-330 à BR-116.
*** O presidente se incomodou com o fato de a Globo ter dado prioridade aos protestos e às vaias nas imagens e ressaltado o caráter eleitoral da viagem.
**** O ex-presidente de Portugal estava no Brasil para a reunião da Comissão Mundial Independente sobre os Oceanos, no Rio de Janeiro, fundada e presidida por Soares.

soal do Itamaraty, o Lampreia e o Cristovam Buarque. Uma conversa muito agradável, como sempre, do Mário Soares com o embaixador. Mário me trouxe um livro dele e me propôs que no ano que vem fizéssemos um novo livro,* ele me entrevistando, seria um grande sucesso na Europa, não sei o quê. Conversamos um pouco sobre a situação mundial, ele estava entusiasmado com o que viu em sua visita a Pirenópolis.

Mostrou-se um ambiente de muita civilidade, muito simpático. Ele me disse que tinha estado com o Zé Aparecido, que o homenageou e me pediu que entendesse que ele não queria vir jantar aqui na terça-feira, para não dar a impressão de que eu o estaria pressionando para a questão da comunidade de língua portuguesa, que na verdade a família não quer que ele vá, que nós somos amigos há trinta anos, que eu sou a pessoa mais bem qualificada para governar o Brasil e que ele não via razão para estarmos com problemas. Disse que quer certamente estar comigo, que depois de ir a Portugal ele viria aqui. Fiquei de telefonar para o Zé Aparecido, coisa que tentei hoje, mas ele estava viajando do sítio dele para o Rio de Janeiro, e depois se perdeu a oportunidade.

Hoje, segunda-feira, não saí de casa. Estou resfriado, nem nadei de manhã. Recebi o Eduardo Jorge e o Clóvis, foi um longo despacho, passamos em revista sobretudo as situações mais difíceis, como a reforma agrária, a questão da saúde, vão votar a CPMF sem o apoio do PT. Não estou seguro de que ganhemos, convoquei uma reunião para um dia depois da votação, para reavaliar a questão da saúde, com Jatene, Kandir e Bresser, porque em seguida vamos dar uma virada na área. Fora isso, analisamos outros setores de certa preocupação, a questão orçamentária, há a possibilidade de um déficit, porque a arrecadação diminuiu e não se sabe ainda se em função de algum erro na base dos impostos, na questão do imposto de renda ou se porque a alíquota baixou e se imaginava que, em consequência, aumentasse a base de arrecadação, mas parece que isso não ocorreu. Não está bem claro ainda. Enfim, problemas dessa natureza.

À tarde gravei um programa de rádio, normal, com [Antônio] Martins, recebi o Luciano [Martins] e depois o Luís Eduardo e o Jorge Bornhausen, que vieram discutir, entre outras, coisas a reeleição. Repetiu-se que seria mais apropriado, como eu já havia decidido com Luís Eduardo, cuidar disso depois de 3 de outubro; mesmo a convocação da Comissão Especial seria depois de 3 de outubro. O Jorge é muito taxativo. Ou há reeleição, ou não há como ter unidade em torno de um candidato. Ele considera a vitória do Serra essencial para termos tranquilidade no futuro, mas acha também que se a derrota do Maluf acontecer já é alguma coisa. Bom mesmo seria a vitória do Serra.

Recebi para jantar o Clóvis com o Luiz Carlos Mendonça e o [José] Roberto Mendonça de Barros. Conversa boa. Preocupação no foro externo. A eventual subida de

---

*O livro seria publicado dois anos depois (*O mundo em português: um diálogo*. São Paulo: Paz e Terra, 1998).

juros nos Estados Unidos e o fato de que as nossas exportações caíram um pouco no mês passado preocupam o Beto. Mas, com relação à economia real, é taxa de crescimento por todos os lados. Estamos ingressando numa marcha de transformação. Depende um pouco de sorte, de não haver uma crise externa. Pedi muito que se preparasse um plano de contingência para uma emergência. De repente sobem os juros, arrefece a economia americana, saem correndo os capitais. Temos que ter um plano de emergência.

Estamos todos preocupados com o Bamerindus. Embora a *Veja* tenha feito uma análise muito boa do Proer, muito positiva, voltou a falar do Bamerindus, sem razão para que isso ocorresse. O Banespa vai ter que ser federalizado e provavelmente na Fazenda se vai cuidar da privatização. Queixas também porque o Gustavo Franco voltou a atacar a questão do gasto, por causa da negociação da Vale do Rio Doce. Ele não sabe o que o Mendonça está fazendo, Mendonça não pode abrir o jogo e deu a impressão, porque não abriu o jogo, de que iremos utilizar os recursos da Vale para fazer obra, para os estados pagarem as dívidas. Já o Gustavo Franco estrilou, parece que o Bacha também. Quer dizer, um pouco essa disputa da PUC do Rio: para mostrar que é ortodoxa, quer segurar o câmbio e o déficit, e diz que os outros são gastadores. A coisa é um pouco infantil.

Certa preocupação também contra a queimação do Pedro Parente.* Gosto muito dele, nunca percebi que o estivessem queimando, mas se estão vão perder tempo, porque não apoio esse tipo de fritura. Não é o meu estilo e, além do mais, ele é muito eficaz.

O Roberto [Beto Mendonça] me deixou aqui uma série de papéis, vou ler, sobre a situação da economia brasileira. Todos convergentes no sentido de que o pior já passou, que temos que encontrar saída para o Bamerindus, saída para o Banespa, temos que criar crédito hipotecário, enfim, começar a refazer os mecanismos de crédito. Na agricultura parece que já acertamos. Discutimos também sobre transportes e entroncamento intermodal, que é uma questão fundamental. Seja hidrovia e rodovia conjugadas, é um projeto para dar um grande salto e custa apenas 200 milhões de dólares; é ridículo não fazer. Mendonça é muito imaginativo e já inventou que o BNDES e o Banco do Nordeste poderiam substituir o dinheiro fiscal. Temos que fazer isso, eu também acho, para dar um salto nessa área.

Mais uma vez reiterei que era preciso eu estar presente nessas discussões, senão não se pode botar ordem na casa. Noto que o Clóvis às vezes é um pouco reticente sobre a minha presença, porque então ele tem que preparar a reunião melhor, mas vou ter que ter uma ação mais enérgica nessa área. É só.

---

*Governadores e parlamentares, de olho nas eleições municipais, vinham criticando o secretário executivo do Ministério da Fazenda pela suposta demora na liberação de verbas e na resolução dos problemas financeiros dos estados.

HOJE É TERÇA-FEIRA, dia 9, são nove e meia da noite. Foi um dia bastante tenso.
De manhã, depois dos despachos normais, tive uma solenidade em que devolvemos a Rádio 9 de Julho à Igreja de d. Paulo [Evaristo Arns], à Fundação Metropolitana, em São Paulo. A Rádio 9 de Julho foi fechada e tirada da Igreja pelos militares.*
D. Paulo estava lá, também d. [José] Falcão, que é cardeal-arcebispo de Brasília, ministros, o pessoal ligado ao Hélio Bicudo,** muitos líderes parlamentares. D. Paulo fez um discurso forte, dizendo que eu tinha feito renascer a esperança no Brasil, citou Bossuet. Sérgio Motta também disse que era um ato simbólico, fiz um discurso recordando algumas passagens de d. Paulo na morte do [Vladimir] Herzog, na bomba no Cebrap.*** Interrompi porque o Pedro Malan me telefonou para dizer que a matéria da *Veja* sobre o Bamerindus — embora tivesse algum mérito, era danosa por chamar a atenção demais para o banco — já teve consequências. Um jovem economista de Londres disse que o governo ia apoiar o banco, e o [Marcos] Jacobsen**** disse o mesmo em entrevista ao *Jornal do Brasil* — entrevista boa, mas com manchete ruim. Já começam os rumores sobre o Bamerindus, é um inferno. É o terceiro banco que a revista *Veja* consegue pôr em polvorosa. Não sei até onde eles vão com essa loucura, e para chegar no quê?

Voltando a d. Paulo. Depois do ato, levei os dois cardeais mais o [Walter] Barelli***** e o Mário Covas lá para cima, para tomarmos um café; conversamos animadamente. O Mário estava de péssimo humor porque o Banco Central deu um parecer dizendo que o estado de São Paulo não tem mais condição de endividamento. Parecer que o Banco Central dá para todos, quando a situação é igual, ou seja, ruim mesmo. No caso de São Paulo, os senadores estão se apegando nisso para criar dificuldade. Mas não é que o Banco Central tenha discriminado São Paulo. De todo modo, o Mário estava muito irritado. Ele não me disse nada, eu soube depois pelo Clóvis.

Almocei e depois fui para a casa do Luís Eduardo encontrar vários governadores, mais o Moreira Franco e alguns líderes, para discutirmos a reforma administrativa. O Moreira expôs os pontos dele, todo mundo ficou de acordo, só que na estabilidade os governadores querem mais. Eu também acho bom. Mas o meu propósito é o seguinte. O líder vai apresentar uma emenda quebrando formalmente a estabilidade. Com isso as propostas de Moreira passam a ser palatáveis.

---

* Fechada em 1973 pelo regime militar, a Rádio 9 de Julho AM voltaria ao ar em março de 1999.
** Deputado federal (PT-SP).
*** Em 1975, terroristas paramilitares atacaram a sede do Cebrap em represália à publicação do estudo *São Paulo 1975: crescimento e pobreza*, encomendado e prefaciado por d. Paulo Evaristo Arns.
**** Diretor do Banco Bamerindus.
***** Secretário do Emprego e Relações do Trabalho do governo Covas e ex-ministro do Trabalho (governo Itamar).

São propostas razoáveis, que dão mecanismos operacionais para os governos se ajustarem. Claro que se os governadores puderem obter mais, melhor. Mas quero ver se eles vêm lutar junto comigo no plenário na hora da aprovação. Se fizerem isso, nós ganhamos.

Voltei ao Planalto para despachos normais, recebi [Gian] Mantegazza, que é dono de um laboratório farmacêutico, um homem muito entusiasmado. Veio só dizer que está de acordo com o que estamos fazendo. Ele é o dono da Schering* e agora comprou outros laboratórios. Está muito animado com o Brasil e veio com o Murillo de Aragão, que produz aquele *Fax*,** que é uma carta interessante, objetiva.

Depois despachei com o Clóvis e discutimos a regulamentação das energéticas. Parece que só hoje, às dez e meia da manhã, o deputado [José Carlos] Aleluia*** mostrou seu parecer e o leu na Câmara à tarde. Então o governo nem sabe direito; embora seja uma proposta nossa, o relator não nos consultou. Por quê? Porque está brigando com o Raimundo Brito e também porque quer mais influência na Chesf. Ele é contra o Sérgio Moreira. É assim que se fazem as reformas, tem que atender as reivindicações de uns e outros, reivindicações que muitas vezes não se explicitam, até porque não podem ser explicitadas, e o governo apanhando, e dificilmente a imprensa diz o que está por trás. Vai aparecer que o governo é contra a abertura do setor energético e que foi o deputado quem abriu o setor. Na verdade ele não abriu; quer apenas que haja mandato para os membros da comissão que vai discutir a questão da energia, e proibiu a delegação do controle da questão energética para os estados, o que não vai deixar São Paulo nem o Duda, em especial, nada felizes.**** Mas nós vamos tentar mudar, porque é preciso haver convênios com os estados. O fato é que estamos tirando essa reforma a fórceps, e os relatores, quase como rotina, são contrários a ela. Quando não são contrários — o Aleluia não é contrário — ao que queremos, usam a relatoria para aplainar suas dificuldades com o governo. Como cedemos ao Aleluia, ele foi mais cordato e fez um relatório aceitável na parte tributária. Pelo menos eu li e vi as opiniões dos outros. Não é o que queremos, mas dá para enfrentar. Hoje o Goldman me telefonou porque queria ser o relator da regulamentação do petróleo. Parece que o projeto já foi entregue ao Eliseu Resende. Falei com o Luís Carlos Santos, que me disse que o Inocêncio de Oliveira, juntamente com o Michel Temer, tinham concordado que fosse o Eliseu.

---

* A Schering-Plough fundiu-se com a Merck Sharp & Dohme em 2009.

** Briefing de conjuntura política produzido pela consultoria de Aragão, a Arko Advice.

*** PFL-BA, relator do projeto de regulamentação do setor elétrico e criação da Agência Nacional de Energia Elétrica (Aneel).

**** David Zylbersztajn, secretário estadual de Energia do governo Covas, era favorável à centralização da regulação do setor pela nova agência federal.

A CPMF para a saúde está muito difícil de passar. No almoço, hoje, o Luís Eduardo quis votar. Aliás, acho que não daria para ser aprovada hoje, como não foi, vamos deixar para amanhã, mas sinto muita resistência. Falei com o Jatene há pouco, ele acha que dobrou o PTB, eu acho que o Jatene não sabe avaliar os votos realmente. O pessoal diz que sim, mas na hora H não vota a favor. Então não tenho certeza dessa aprovação. Isso vai ser um problema, porque vamos ter que cancelar convênios com hospitais, vai ser um mal muito grande para a população, e há a ideia de que existe muito dinheiro mal gasto com a saúde. Agora, com o negócio de orçamento que os deputados teriam se beneficiado,* o que também não é certo, se o foram é coisa local, pequena, e não tem intervenção do governo. Vejo tempestade com essa CPMF.

Em tempo: além do que já relatei sobre o dia de hoje, 9 de julho, recebi também a imprensa de Portugal: televisão, jornais, a revista *Visão*. Entrevistas para preparar a minha viagem para lá.

Recebi Pratini de Moraes,** que veio me convidar para abrir uma conferência internacional em janeiro. É isso.

HOJE É 11 DE JULHO, uma quinta-feira.

Ontem foi um dia glorioso, porque de manhã reunimos os líderes de todos os partidos que apoiam o governo mais o Luís Carlos Santos, líder do governo, e costurei a decisão sobre a CPMF: a alíquota ficou em 0,20%, como queríamos desde sempre; houve só um truque: 0,25% só para os hospitais públicos, o que dá no mesmo; o resto do dinheiro se usa como quiser. Então ganhamos com 320 e pouco a 140 votos.*** Isso marcou que o governo, quando tem decisão e vontade de continuar firme, com maioria sólida, se bate no voto quando é necessário. E ganha.

Discutimos com Luiz Carlos Bresser-Pereira, à tarde, modificações no setor administrativo. Vamos arrochar mais os funcionários, cortar mais privilégios. Chegamos a um ponto polêmico, acho que os funcionários vão reagir. Não concordei em cortar [parte das] férias de professores universitários porque vejo que Paulo Renato não tem mais condições de continuar resistindo à pressão. A medida é justa, mas nem tudo que é justo pode ser feito na hora. Houve alguma resistência, mas os ministros cederam. O Luiz Carlos Bresser foi o primeiro, o Malan e o Clóvis os últimos, naturalmente. Kandir quase não opinou.

---

*Parlamentares do PFL, PMDB, PPB e PCdoB reclamaram da suposta preferência do Ministério do Planejamento na liberação de verbas de emendas do orçamento para beneficiar candidatos tucanos às eleições municipais.

**Presidente da Associação dos Exportadores Brasileiros (AEB).

***O placar da votação da PEC foi de 326 a 146.

De qualquer forma, ontem ficou visível que o governo tem mesmo condições de reversão.

Recebi também um grupo de gente da agricultura que está topando a reforma agrária, em vez de fazer movimento como no passado, de direita rural. Eles estão topando uma convergência no centro. Isso é muito bom.

O resto foi mais ou menos rotina. Alguma coisa desagradável entre o Luís Carlos Santos e o Calabi.*

Depois de uma denúncia grave de que um documento designando a nomeação de um diretor de concessões do DNER chegou primeiro às mesas dos empreiteiros do que no destino correto, que é o Ministério dos Transportes. A coisa envolvia gente do gabinete do Clóvis, não se sabe quem; o Clóvis vai apurar, mas é grave. Estamos sentindo cada vez menos segurança, e isso é muito ruim.

Rumores sobre a reação do Exército na questão do Lamarca. Hoje tenho um encontro com o general Cardoso para tirar a limpo se os militares vão reagir com carnaval caso a esquerda e os jornais ajam assim. Mas os mais sensatos, que são maioria, creio que segurarão a barra dos militares. Do lado da esquerda, eu não sei. Não é bem esquerda. São esses, dá pena até, esses humanismos solidários de base católica, mas que não veem as consequências políticas. A ética de convicção, e não a ética de responsabilidade, é que está em jogo. Muito difícil. Mas vai se levando.

Acho que no conjunto as coisas vão bem.

À noite reuni o ministro do Meio Ambiente, Krause, o Lampreia e o [Israel] Vargas, com alguns assessores, e o [Eduardo] Martins, que é o presidente do Ibama, e tomei conhecimento de um fato desagradável. Aumentou o número de queimadas na Amazônia entre 93 e 94, e tudo indica que em 95 também. Sobretudo no Mato Grosso e Rondônia. No Pará não é tanto, Amazonas praticamente intocado, Acre e Amapá praticamente intocados. No conjunto parece pouco, mas a tendência é preocupante. Vamos tomar medidas duras. É só.

Hoje é 11 de julho, quinta-feira, são onze e dez da noite. Dia cansativo. Comecei às nove e meia da manhã, abrindo uma conferência no Itamaraty sobre a erradicação da febre aftosa.** Parece piada, mas é necessário, para mostrar o empenho do presidente nessas questões.

Depois tive um longo despacho interno com o Eduardo Jorge e o Clóvis, recebi o José Aristodemo Pinotti, candidato à prefeitura de São Paulo, que veio dizer que, se não houvesse alguma medida mais enérgica, era possível que o Maluf anulasse

---

*O secretário executivo do Ministério do Planejamento e o líder do governo, tendo sido apontados como responsáveis pelo caso da liberação das emendas pelos políticos que se sentiram prejudicados, trocaram acusações na imprensa.

**Conferência Internacional sobre Perspectivas para a Erradicação da Febre Aftosa.

a candidatura dele,* porque o Maluf está ligado com Quércia. Queria saber o que podíamos fazer para encaminhar as coisas de outra maneira.

Nós vencemos a CPMF, como eu disse ontem. O Pinotti criticou agudamente os convênios com os hospitais privados. Segundo ele, 30% podiam ser eliminados, não fariam falta nenhuma ao povo e economizaríamos dinheiro. Já convoquei uma reunião para amanhã, em São Paulo, com o Jatene, para cuidarmos da saúde.

Depois recebi o deputado Osvaldo Coelho, como sempre empenhado nas questões relativas à irrigação. Gosto do Osvaldo, com seu jeito de nordestino que luta por sua terra. Ele disse que podemos fazer um projeto de 55 mil hectares irrigáveis entre a Bahia e Pernambuco. Perguntei por que não se faz, ele não disse, mas deixou entrever que acha que não há empenho do Ministério do Meio Ambiente, que precisa da minha ajuda, não sei o quê. Se puder, ajudo mesmo.

Almocei no Palácio da Alvorada com o Kandir, o Calabi e o Rafael Magalhães. O Rafael está começando a discutir a questão do Corredor Centro-Oeste** e da participação dele no Centro-Oeste. Ele se queixou porque, disse, gosta muito de mim, me adora, mas não tem correspondência. Na verdade eu gosto do Rafael também. Acontece que não é fácil a inserção dele, porque essa coisa que passa por vários ministérios é complicada. Mas vamos ver se a gente consegue fazer alguma coisa.

Em seguida recebi Luís Eduardo Magalhães e o Michel Temer no Alvorada. Vieram discutir a reeleição, Michel está muito motivado para ser presidente da Câmara e Luís Eduardo muito interessado em que se vote a possibilidade da reeleição ainda este ano. Tenho as minhas dúvidas sobre a empreitada. Sem falar que estou ficando cansado também.

Depois fui receber Almir Gabriel, que falou basicamente das questões do Pará. Também conversei com ele sobre a situação da Vale do Rio Doce. Está temeroso de fazer um gesto sem cobertura do Exército, porque os garimpeiros estão ocupando a área.*** Eu disse que o Exército garantiria. Depois ele me telefonou, querendo que se anuncie também que a Vale do Rio Doce vai fazer a sua fábrica da Salobo**** em Marabá. Vamos ver se é possível, pois isso aliviaria a pressão.

* A candidatura do PMDB foi questionada pela ala quercista por supostas irregularidades na convenção do partido.
** Corredor de transporte multimodal para o escoamento da produção de grãos da região até os portos do Sul e do Sudeste.
*** No final de junho de 1996, garimpeiros da Serra Pelada que acampavam na área de Carajás, reivindicando acesso às jazidas de ouro descobertas na Serra Leste (propriedade da Vale), tomaram funcionários da estatal como reféns durante alguns dias.
**** Salobo Metais S.A., joint venture da Vale com a Mineração Morro Velho (Grupo Anglo-American) e participação do BNDES, para exploração e refino de cobre.

Recebi também d. Carlo Furno, que foi núncio aqui e hoje é um importante cardeal junto ao papa; veio me visitar muito cordialmente com o núncio de Brasília. Foi uma conversa agradável, cheia de humor.

Depois recebi o presidente da Honda,* sr. Kawamoto. Eu queria falar com ele sobre a possibilidade de levar a Honda para o Recife.

Ele me disse que a empresa não irá para o Nordeste, talvez façam lá uma fábrica de autopeças.

Depois recebi o Roberto Freire. Roberto quer ver a possibilidade de uns amigos dele participarem, com a Bandeirantes, da promoção às Olimpíadas. Também queria trocar algumas ideias sobre a situação em geral e sobre a candidatura dele em Pernambuco.

Tive ainda uma longa conversa com o general Cardoso, que me detalhou uma reunião no Estado-Maior, um almoço com o general Leonel e vários oficiais e generais das três forças que lá servem. Parece que três deles, do Exército, estão muito irritados com a questão do Lamarca. Ele não gostou da conversa e, ao seu estilo, reagiu de maneira discreta mas firme. Eu não quero reabrir a questão, a esta altura sem sentido. Fiz o que era o meu dever, dar conhecimento dos fatos, mas não quero que se reabra um inquérito contra o Exército por causa do Lamarca ou o que seja. Curioso é que um dos oficiais parece temer que haja algo como o que se passou na Argentina, fazer o Exército pedir desculpas. Isso não passou pela cabeça de ninguém, mas só o fato de haver essa prevenção já é preocupante. Nunca se deve esquecer de lições passadas. Entretanto, essas questões não devem servir de alavancagem para novos problemas, novos conflitos que não têm mais sentido.

Depois recebi o embaixador Sardenberg, que despachou longamente comigo sobre suas preocupações, muitas, inclusive sobre o Sivam, pois as coisas estão andando muito lentamente, sobre o orçamento da pasta dele e tudo mais.

Voltei a despachar com o Clóvis e agora são onze da noite. O Eduardo Graeff saiu daqui há pouco; precisava que eu assinasse um decreto e um veto. Coitado do Eduardo, trabalha bastante. É um excelente colaborador: discreto, diligente, sempre de bom humor, uma das melhores pessoas que há muitos anos trabalham comigo.

Fiz um exame na vista porque eu estava vendo um pontinho, uma espécie de cisquinho. O oftalmologista veio com o dr. [Roberto] Camarinha** e disseram que pode ser sinal de descolamento da retina, mas não era. Ainda vou ver isso com o Rubens Belfort, em São Paulo. Pode ser cansaço, pode ser até pressão alta, embora minha pressão nunca tenha sido alta. Desta vez oscilou entre nove e treze, o que para mim já é um pouco elevado.

* Nobohiko Kawamoto.
** Médico da Presidência da República.

O fato é que me sinto muito cansado. Muitas pessoas, como agora mesmo o Sérgio Motta por telefone, estão me dizendo isso, e é verdade. Estou muito cansado. É preocupante. Tão cansado que não pude nem falar com Serra agora ao telefone.

Também me telefonou o Olacyr de Moraes, muito aflito porque perdeu hoje o Banco Itamarati para o BCN.* As empresas dele vão mal, os fundos de pensão não atam nem desatam, nunca dei ordem a ninguém para que os fundos fizessem o que quer que fosse. Eles têm que analisar se o negócio é bom ou ruim, com toda a isenção, mas estão demorando muito. E o Olacyr está realmente desesperado. Parece sufocado. Não sei se o empreendimento da Ferronorte** tem viabilidade. Hoje conversei com o Kandir e o Rafael sobre isso, e com o Calabi também. Provavelmente o ideal seria o Olacyr se juntar a um operador de ferrovia. Agora talvez seja um pouco tarde para isso, tenho medo de que a coisa entre em colapso.

HOJE, DOMINGO, 14 de julho, estou de volta a Brasília. Digo de volta porque na sexta-feira, dia 12, fui de manhã para Minas Gerais, à fábrica nova da Fiat e depois à inauguração do gasoduto que liga Rio, Juiz de Fora e Belo Horizonte.*** Duas boas manifestações. Na Fiat até fiquei surpreso pela maneira calorosa com que os operários me receberam na linha de montagem, aplaudindo, pedindo autógrafos etc. Fiz discurso. Depois fui à inauguração desse gasoduto que liga Juiz de Fora a Belo Horizonte. Está tudo registrado na imprensa, sem nada de extraordinário, clima muito positivo.

De lá fui para São Paulo, onde tivemos uma longa reunião com o Jatene, o Bresser e o pessoal da área econômica e do Palácio, para discutirmos o que fazer com a saúde. Jatene demonstrou que já estão fazendo uma porção de coisas. Provavelmente essa barreira dos bancos e dos interessados contra a CPMF impediu de ver que houve progressos na área da saúde. Jatene é muito consistente na defesa do que está fazendo. Eu próprio, que já estava preocupado, fiquei com as minhas convicções abaladas sobre se era possível mudar alguma coisa tão rápido na saúde. Eles estão agindo. A Ruth tem críticas, o Clóvis... todo mundo tem críticas, mas acho que é preciso olhar com mais profundidade. O problema é agudo, porque o dinheiro da CPMF só virá, se vier, em dezembro. Eu digo "se vier" porque o Congresso ainda não votou o segundo turno. A imprensa ainda hoje continua malhando a CPMF, de alguma maneira responsabilizando a mim e ao Jatene. Dizem que fui contraditório, porque a CPMF é contra a lógica do plano econômico. Enfim, inventaram toda

---

* Banco de Crédito Nacional, comprado em 1999 pelo Bradesco.
** Ferrovia ligando o interior de São Paulo às áreas produtoras de soja em Mato Grosso, inaugurada em 1998.
*** O gasoduto inaugurado se estende da Refinaria Duque de Caxias, no Rio de Janeiro, à Refinaria Gabriel Passos, em Betim.

uma teoria a esse respeito. Não estou tão convencido de que ela seja esse desastre que dizem. Acho que há um grande exagero e provavelmente interesse dos bancos em evitar que haja um cálculo sobre a movimentação financeira. Enfim, sempre é difícil aprovar um imposto.

À noite recebi o Paulo Renato e conversamos sobre a situação geral, não só sobre educação. O Paulo está assustado porque viu que não há dinheiro, por causa da diminuição da arrecadação do imposto de renda sobre pessoa jurídica. Pode ter havido um engano trágico do pessoal da Receita. Não estou ainda de posse de todas as informações, mas o Paulo viu que não foi má vontade com a educação; é que não há dinheiro mesmo.

Enfim, volta-se à quadratura do círculo. Ou se diminui o pessoal e os gastos com pessoal e aposentadoria, ou o Brasil não vai fazer mais nada, o Estado vai ficar à míngua e todo mundo reclamando. É a dura realidade. Embora alguns saibam, não há uma consciência geral disso. Repito sempre que posso, mesmo assim a consciência parece muito escassa.

Isso foi na sexta-feira. No sábado, a Ruth chegou de manhã com as filhas do Paulo, que vieram de Ibiúna. Almoçamos, passamos um dia tranquilo, no fim da tarde visitei o Marco Maciel, que tinha sido operado, e voltei para casa, onde recebi o Maurício Segall, que eu não via fazia muito anos, o Giannotti, o Luiz Meyer, o Juarez Brandão Lopes e a Dulce [Lopes], amigos de longa data. Foi muito agradável, tomamos um bom vinho e comemos um macarrão que o Giannotti fez. Nada de extraordinário nas conversas.

Hoje, domingo, passei o dia organizando os meus papéis, lendo tranquilamente em casa, não saí o dia inteiro. Acordamos muito tarde, a Ruth, eu e as crianças, a Júlia também dormiu lá em casa. O Duda chegou com a Bia e o Pedro para almoçar. O David estava fora do Brasil. Conversamos um pouco, ele reclamou da regulamentação do setor energético, parece que o deputado Aleluia fez uma confusão grande, o David reclamou também da regulamentação do petróleo, enfim. À tarde o Paulo Henrique chegou. No fim do dia, fomos aos oitenta anos do [Franco] Montoro. Festa simpática, Montoro sempre jovial, aquela energia formidável. Estavam o Mário Covas, o Serra, o Paulo Renato, enfim, todo mundo, vários ministros. Saudamos o Montoro, tomamos o avião e voltamos para Brasília. Agora é quase meia-noite, vou ver televisão e ler um pouco.

HOJE É 16 DE JULHO. Daqui a uns dez minutos tomo um helicóptero e depois vou para Lisboa.

Ontem, segunda-feira, me reuni com os líderes para definir a votação da Previdência: Benito Gama, Luís Carlos Santos, Eduardo Jorge e Eduardo Graeff. Definimos quais são os destaques e vamos ver o que acontece na Câmara. Falei por telefone com Luís Eduardo sobre essa matéria também.

De mais significativo, foi o encontro com Zé Eduardo Andrade Vieira. Ele está aflito por causa do banco. A *Veja* mais uma vez foi imprudente, tocou de novo na questão do banco, os jornalistas estão acesos, a imprensa no Brasil tem essa fúria destrutiva. O banco estava indo razoavelmente bem, dava para fazer uma passagem tranquila para outras mãos, agora vai ser agitado. Ele, Zé Eduardo, quer que a Caixa Econômica compre a carteira hipotecária. Com financiamento do Proer. Eu me encontrei à noite com Malan, Gustavo Loyola, Beto Mendonça e Clóvis. Isso não dá para fazer, porque ficaria a impressão de ser uma proteção ao Zé Eduardo. Mas, se o Pedro Conde* comprar o Bamerindus para o BCN, mudando o banco de mãos, aí, sim, se poderia comprar a carteira via Proer, o que pode melhorar um pouco a situação. A situação do Zé Andrade Vieira não é desesperadora, mas não se sabe bem se o patrimônio é líquido ou não. Só no final vão fazer o acerto de contas. Tomara que seja possível isso, sem corrida bancária, que com essa imprensa nunca se sabe o que vai acontecer. É criminoso o que estão fazendo.

Por falar nesse assunto, a manchete da *Folha* de ontem, segunda-feira, foi a seguinte: "FH pode depor sobre o Nacional".** É mera exploração. Como ministro da Fazenda na época, eu não tinha a menor ideia do que ocorria, como ninguém tinha. Entretanto, o procurador de Minas, naturalmente para se exibir, botou os ministros todos na dança para poder me incluir. A *Folha* já puxa como se eu tivesse alguma coisa a ver. É uma sacanagem atrás da outra. Realmente é inacreditável o que a *Folha* faz. Ela diz que "FH, o governo FH, gasta menos em Habitação que os outros". É mentira. Estamos recompondo os fundos de Habitação, eles sabem, aliás no texto eles dizem isso, mas é uma permanente campanha de desmoralização do governo e do presidente, com que objetivo, eu não sei. É destruição pela destruição, uma fase difícil da vida brasileira. Eu tenho tido paciência, não fico denunciando essas coisas nem reclamando, mas é difícil manter a democracia e manter a decência com uma imprensa tão desgarrada.

Até a Globo, na novela *O rei do gado* — parece que se chama assim —, está o tempo todo fazendo apologia de um tal de Regino, como se fosse o Rainha [José Rainha Júnior],*** e o Rainha nesse momento está lá no Pontal de Paranapanema queimando fazendas, fazendo chantagem, apoiando candidatos a prefeito até mesmo do PFL. Sei que os fazendeiros se armaram, compraram metralhadoras no Paraguai, pode haver um confronto desagradável, pode haver mortes e tudo isso com esse Rainha que não obedece a ninguém e que acaba ficando, no limite, entre o herói do campo e o bandoleiro. É extraordinário! Essa chamada classe dirigente

---

*Presidente e proprietário do Banco de Crédito Nacional (BCN).

**O procurador Sérgio Lima de Souza, do Ministério Público de Minas Gerais, solicitou à Justiça que todos os ministros da Fazenda e presidentes do BC desde 1987 fossem ouvidos no caso Banco Nacional.

***Líder do MST.

brasileira, ou elite brasileira, não tem noção dos interesses do país, nem mesmo dos seus próprios! E passam de uma atitude de não publicar nada, de chapa branca, a uma atitude de destruição global, como se fosse uma espécie de bomba atômica permanente. A *Veja*, a *Folha* e agora a Globo. Quando me encontram, todos dizem que apoiam o governo e não sei o quê...

Estive com Sarney ontem, que veio reclamar verbas para o Maranhão, dizer que não quer briga comigo, aquela coisa de sempre, mas que o Maranhão foi sacrificado mais uma vez e tal. Ele ia comigo para Portugal, acabou de me telefonar dizendo que não irá. Disse que no tempo dele faziam a mesma coisa, e faziam mesmo, tenho certeza que sim, não penso que eu seja discriminado, o problema é qual é o papel da imprensa entre a crítica e a destruição sistemática. Na *Folha* há algumas penas de aluguel. Os mais frequentes, o Janio de Freitas e o [Carlos Heitor] Cony. Não fazem outra coisa a não ser me esculhambar. Tenha eu razão ou culpa, não importa, é todo dia, todo dia, todo dia. Claro que isso acaba desgastando, também desmoraliza quem age assim. Em todo caso, suponho que a gente tem que levar em frente os objetivos e deixar a caravana passar, essa é a verdade. Vamos em frente. Não creio que tenha havido nada de mais significativo no dia de ontem.

HOJE É DOMINGO, 21 de julho, quase meia-noite, estou vendo as Olimpíadas* e não registrei nada dessa semana porque fui a Portugal.

Chegamos na terça-feira à noite a Portugal, uma viagem tranquila, dormi, e na quarta-feira dediquei o dia à discussão da formação da Comunidade dos Países de Língua Portuguesa. Nada de extraordinário, a não ser um encontro muito simpático com Guterres e Jorge Sampaio. Guterres impressiona muito fortemente. Vi também o Mário Soares no jantar que nos ofereceram, sempre muito alegre com tudo o que está acontecendo em Portugal e no Brasil. Reafirmou o convite para escrevermos um livro juntos, em que ele seria o entrevistador. Fora isso, a imprensa começou a falar de uma frase que eu teria dito sobre "caipira".**

Quando voltei ao Brasil só se falava nisso. Até os jornais de hoje, domingo, demonstram uma pobreza de espírito excepcional, a não ser a revista *IstoÉ*, que reproduziu na íntegra o que eu disse, que não foi nada de extraordinário. Falei apenas que o Brasil, como os Estados Unidos, tinha uma certa tendência para o provincianismo, se isolava, não se preocupava com as questões do mundo. Nesse sentido, nós não éramos desdenhosos do resto do mundo, porém mais caipiras, no sentido de voltar-nos para nós mesmos. Pois bem, isso virou um carnaval, demonstrando a pobreza incrível da nossa imprensa. As preocupações são tão pe-

---

* A XXVI Olimpíada de Verão, em Atlanta, nos EUA, aconteceu de 19 de julho a 4 de agosto de 1996.
** "Como vivi fora do Brasil, na Europa, no Chile, na Argentina, me dei conta disso: os brasileiros são caipiras. Desconhecem o outro lado e, quando conhecem, se encantam. O problema é esse."

quenininhas diante dos problemas enormes que enfrentamos, que a questão da comunidade de língua portuguesa quase não foi noticiada. Enfim, estamos realmente dando exemplos de provincianismo.

Na sexta-feira, quando voltei ao Brasil, o Pedro Malan e o Gustavo Loyola vieram falar comigo, preocupadíssimos com a situação do Bamerindus. Eles queriam fazer um Raet no banco, pois não havia mais condição de o BCN comprar. Enquanto isso, os jornais diziam o oposto, que o governo ia apoiar o Bamerindus, que o governo ia forçar a Caixa Econômica a ajudar o Bamerindus através do Proer e que isso facilitaria a vida do Zé Eduardo Vieira, porque ele é meu amigo, porque ajudou na campanha etc. Nada disso corresponde à verdade. A proposta que me foi trazida e com a qual concordei era fazermos um Raet. Nessa mesma sexta-feira à noite, me telefonou o Pedro Malan enquanto eu conversava com o Sérgio Motta e com o Clóvis Carvalho para dizer que não dava para fazer o Raet, porque não havia mais condições para isso e que o governo seria questionado até judicialmente. Então deixamos em suspenso. Não sei o que vai acontecer, hoje é domingo, só amanhã vou saber.

Na noite de quinta-feira, discuti com o Clóvis e com o Sérgio Motta outro problema, o da Lei de Telecomunicações.* Houve uma áspera e desagradável discussão entre o Sérgio e o Clóvis. O Sérgio está muito cansado, o Clóvis às vezes tem um tom meio irônico, que não agradou. Por consequência, levamos muito tempo para discutir o óbvio. Vou fazer um veto porque, como eu tinha dito aos senadores do PMDB, a Câmara criou uma Comissão controladora das atividades de radiodifusão e ela não pode criar órgãos de administração, só o Executivo pode. Sérgio forçou que as taxas e o leilão da utilização de frequências de rádios e de satélites sejam parte do orçamento do próprio órgão controlador. E nisso ele está se antecipando, porque essa matéria vai ter que ser regulamentada depois. Mas serve para mostrar o clima de tensão.

Na sexta-feira, eu sancionei a lei nesses termos, presentes o Sarney e o Luís Eduardo. O Sarney não foi a Portugal porque disse, na última hora, que estava com gripe. Na verdade ficou aqui e fez aprovar no Senado o Estatuto da Microempresa,** que dá uma redução imensa para essas empresas e provavelmente reduz a nossa receita, segundo a Fazenda, em 4 bilhões. Mesmo que não seja tanto, é bastante. Mas ele estava lá, todo simpático. O Luís Eduardo também, os dois na verdade ajudaram o Serjão na lei das comunicações. Sérgio estava muito feliz. Isso foi na manhã de sexta-feira.

À tarde, recebi, com o Sardenberg, o prêmio Nobel de física Joseph Rotblat,*** que veio falar da questão atômica. Na verdade é uma questão já equacionada, eles

---

* A lei nº 9295, de 19 de julho de 1996, abriu o setor de telecomunicações à iniciativa privada.
** Projeto de lei aprovado por unanimidade pela Comissão de Assuntos Econômicos do Senado.
*** Prêmio Nobel da Paz de 1995.

querem que a gente assine o Tratado de Não Proliferação. Ainda há resistência a isso aqui, mas na prática não estamos nos dirigindo no sentido da utilização da energia nuclear para fins bélicos. De qualquer forma, acho que devíamos acabar assinando esse tratado de não proliferação.

Não houve nada mais de especial, a não ser a preocupação que se desdobrou durante todo dia com relação ao Bamerindus.

Na sexta-feira, recebi o Expedito, da *Veja*, e hoje li a última edição; eles reproduziram o que eu disse sem muita distorção e deram uma nota que é mais favorável do que contra o Bamerindus. Uma espécie de mudança de atitude da *Veja*. Não sei até que ponto será isso.

Na sexta-feira, a Ruth, a Bia e as crianças todas, mais as filhas do Paulo, a Joana e a Helena, vieram passar o fim de semana aqui em Brasília. Eu me reuni no Alvorada para uma discussão sobre o orçamento da União de 97. Longa reunião, interessante porque já estamos juntando o orçamento com os projetos prioritários; são 44 projetos na conta do Kandir. Discussão com a Fazenda, que quer diminuir a estimativa de folga no orçamento; eles acham que a receita vai ser menor do que se está imaginando, menor em 3 bilhões, vão refazer os cálculos, ver o que é possível. Vou insistir em evitar a permanente tentativa de que se faça um esforço muito grande nos custeios e no investimento sem que haja um esforço maior para controlar os custos financeiros (esqueletos que estamos mostrando no Banco do Brasil, fundo salarial) e muitos outros que serão necessários. Vamos abrir todos os esqueletos do passado ao mesmo tempo, prejudicando a realização das obras físicas de governo.

Essa é a questão, mas estamos melhorando a organização orçamentária.

Sábado de manhã tive uma nova reunião, dessa vez com o Kandir, o Calabi, o Mendonça de Barros, o Luís Carlos [Santos], o Sérgio e o Eduardo Jorge, porque estamos com o programa de organizar o capitalismo brasileiro. Quais são os grupos? O que eles podem fazer? Qual é a situação? Como o BNDES pode atuar para que nessa nova conjuntura tenhamos um fortalecimento de certos setores da indústria brasileira? Foi uma belíssima reunião, o Kandir atuou muito bem, de maneira interessante. Isso foi o mais importante.

No sábado à tarde, não houve nada de excepcional no plano político. Recebi, no final do dia, o Brasílio Sallum, professor da USP, que me fez uma longa entrevista sobre se existe ou não uma estratégia de crescimento econômico no governo. Expliquei tudo com detalhes e tal, foi uma boa entrevista, ele fez boas perguntas, durou quase três horas. Depois disso dormimos, porque íamos hoje, como fomos, para a fazenda.

Passei o domingo por conta da fazenda, com toda a criançada. Agora à noite arrumei a papelada, depois de ter recebido um fax mandado pelo Paulo, suponho que pela Ana, onde há indicações de que o Banco Central vai participar da liquidação do Banco Nacional. Naturalmente os Magalhães estão preocupados com isso, não estou informado, mas acho que é um passo mais ou menos inevitável. Já estou pagando um preço muito alto pelo Proer, que era necessário, depois pela confusão entre a necessidade do Proer e o beneficiamento, primeiro dos Magalhães, agora do Zé Eduardo, coisa que não houve nem num caso nem no outro. Enfim, o resto é uma permanente mesquinharia, pequenez da imprensa diante de problemas tão importantes como esses que estão acontecendo no Brasil. É só.

Em tempo: em Portugal estive com Itamar, ele muito bem-humorado, me disse que virá para cá no dia 27, quer falar comigo. Não insinuou nada de não ir para a OEA, embora haja rumor nesse sentido. A respeito de Zé Aparecido, ele não comentou nada,* falamos sobre a situação política das prefeituras, eu disse que achava que haveria uma dispersão entre os partidos, ele achou que isso era uma predisposição boa para mim, o que é verdade. Nenhum partido vai sair particularmente fortalecido das eleições municipais, pelo menos é a impressão que tenho até agora.

Falei com o Serra também hoje, que está mais aflito. Parece que o Nizan [Guanaes]** quer desistir da campanha, o Serjão já tinha me dito que a relação do Nizan com o Serra, ou melhor, da equipe com o Serra, não anda boa. O Serra às vezes fica muito nervoso com as campanhas eleitorais e atazana os outros.

HOJE É SEGUNDA-FEIRA, 22 de julho.

De manhã recebi o Clóvis e o Eduardo Jorge, como é habitual nos despachos longos da segunda-feira. Não saí do Alvorada, como tenho feito desde há algum tempo às segundas de manhã, e pelo telefone atendi o Pedro Malan, aflito com a nota sobre o Bamerindus que saiu na *Veja*. Nela de fato há uma confusão, dão a entender que a autorização do Banco Central para fazer uma operação contábil que resolvesse os problemas patrimoniais do Bamerindus teria sido consequência de um pedido meu, atendendo a uma solicitação do Zé Eduardo; dizem que eu teria telefonado, como de fato telefonei, para o Beto Mendonça para resolver essa questão. Isso está errado. Na verdade telefonei simplesmente para dizer ao Beto Mendonça que o Zé Eduardo tinha estado comigo e que as coisas precisavam ser resolvidas tecnicamente. Zé Eduardo não se referiu na conversa comigo a questões patrimoniais; ele se referiu à eventual compra da carteira de crédito hipotecário do Bamerindus pela Caixa Econômica, e mesmo nisso eu não interferi. Apenas acho que o Banco Central deve acompanhar o processo, deve receber o Bamerindus. Por quê? Porque é um banco importante e não tem sentido que o Brasil perca um ban-

---

* Na cimeira de Lisboa, o angolano Marcolino Moco foi o escolhido para ocupar o posto de secretário executivo da CPLP, contrariando o desejo de Aparecido de comandar o órgão.

** Publicitário responsável pela campanha de José Serra e do PSDB nas eleições municipais de São Paulo.

co assim se houver saída; mas se a saída for técnica. Nessa confusão, Malan disse que o mercado já registrou a perda patrimonial eventual, porque a *Veja* também fala nisso, e eu não estou nem por dentro. Segundo os cálculos do Malan, isso não é uma coisa segura, o Banco Central calcula que o patrimônio pode estar zerando. Um dos diretores do Bamerindus, o [Marcos] Jacobsen, segundo o Pedro Malan, calcula que tem uns 300 a 400 milhões a haver, e o Zé Eduardo [calcula] de 800 a 900 milhões. De qualquer maneira, não é assunto que a *Veja* possa opinar com ligeireza, muito menos como o fez, dando a entender que o Zé Eduardo falou comigo a esse respeito, quando ele não falou.

HOJE É TERÇA-FEIRA, 23 de julho. Vou terminar a gravação de ontem porque registrei só até a hora do almoço. À tarde houve apenas a visita do dr. Akira Nishigaki, presidente da OECF,* uma agência japonesa de apoio ao desenvolvimento. Além dos comentários do Pedro Malan, como eu já disse, sobre a matéria da *Veja*, não houve nenhuma repercussão maior. Maior mesmo foi a preocupação do Pedro do que o efeito prático da matéria.

Foi um dia calmo e não há nada especial a registrar, quase todos os deputados estavam ausentes.

No fim do dia recebi o Sérgio Cabral Filho, que me levou seu programa de campanha no Rio de Janeiro. E hoje saiu nossa conversa toda no jornal, antecipando o que eu disse a ele: que quando fosse ao Rio daria uma mão indireta para a sua campanha.

Fora isso, preocupações com a campanha em São Paulo do Serra.

Hoje de manhã nadei um pouco porque eu estava com dor nas costas. Voltei a nadar para ver se melhorava, como de fato melhorou. Depois fui para o gabinete e lá discuti com o Luís Carlos Santos, o Eduardo Jorge e o Clóvis a estratégia de defesa da CPMF. As coisas vão bem, o Luís Carlos me disse que reuniu todos os líderes. Mais tarde falei com o Luís Eduardo, que também me disse que a votação parece tranquila se houver número, e parece que o número será grande. Discutimos ainda a questão da Aneel. O Luís Eduardo esteve aqui, parece que fez uma declaração na Câmara que não agradou muito ao Clóvis, porque ele criticou a Aneel, mas fizeram o entendimento, parece que amanhã se vota a questão da Aneel.

Na Câmara há uma expectativa cada vez mais favorável para a aprovação da CPMF. Falei também com o Jatene pelo telefone para dar força a ele.

Antes do almoço distribuí o Prêmio Anísio Teixeira** e tive a grande alegria de ver que estava lá Antonio Candido. Fiquei chateado de não terem me avisado com

---

*Overseas Economic Cooperation Fund, fundido em 1999 com o Eximbank japonês para originar o Japanese Bank of International Cooperation (JBIC).

**Atribuído pelo governo federal a personalidades que se destacaram na área de educação nos cinco anos anteriores.

antecedência, porque eu queria muito convidar o Antonio Candido para almoçar aqui em casa — era o mínimo que eu tinha que fazer. Estava lá também o Darcy Ribeiro, que fez um discurso. Darcy é formidável, com uma energia de dar realmente inveja; mais que inveja, de dar emoção na gente.

O Sarney esteve lá comigo, parece que havia uma manobra no Congresso de colocar em votação matérias que poderiam comprometer a CPMF, mas com Arruda; com Luís Carlos Santos acho que conseguimos controlar, não creio que isso vá acontecer. Hoje à tarde recebi também o Esperidião Amin e o Kleinubing, fiquei com a sensação de que ele vai para o PPB. Ele não deixou isso claro, apenas me deu essa impressão. De qualquer maneira o que o Amin foi dizer é que, apesar da disputa em São Paulo, ele achava importante mantermos nosso equilíbrio, porque no futuro podia ser necessário estarmos unidos, e era preciso evitar um aprofundamento da polêmica em plano nacional por uma questão municipal, com o que eu concordo.

Recebi também Fernando Bezerra, que é um senador aplicado, e veio conversar comigo sobre vários assuntos do Brasil e do Congresso. Ele é presidente da CNI, quer mudar também o Sebrae. Queria saber se eu apoiaria uma direção profissional lá. Eu disse que sim, que ele conversasse com o ministro do Trabalho, o Paulo Paiva, e se entendessem a esse respeito.

Depois tive uma longa reunião com a área econômica sobre um artigo que o André Lara Resende escreveu — eu não li —, parece que colocando em dúvida a possibilidade de controlarmos o déficit fiscal. Foi o grande tema de hoje. O debate na equipe econômica sempre toma uma conotação muito dramática. Mas na verdade, quando se olham os dados, [a situação] não é tão preocupante assim, embora tenhamos que cortar mais no físico, ou seja, dispensar gente, fechar órgãos, diminuir gastos, porque parece que do ponto de vista de aumento de receita chegamos ao limite, pelo menos é o que dizem nossos técnicos. Mas fizemos um entendimento, não quero prejudicar o orçamento de 97 em termos de outros gastos de custeio de capital, pois isso implica investimento, e é uma quantia pequena, e não dá para fazer o ajuste em cima só do orçamento.

25 DE JULHO A 15 DE AGOSTO DE 1996

Aprovação da CPMF. Caso Lamarca. Campanhas municipais

Hoje é quinta-feira, 25 de julho. Convém remarcar, por certos fatos importantes, a quarta-feira 24 de julho. Vencemos na Câmara o segundo turno da CPMF. Vitória difícil, não pelo número, foram 327 votos a favor,* mas porque imposto sempre é difícil de aprovar. É um imposto muito criticado pelos bancos, porque eles não querem abrir suas movimentações financeiras e também porque eventualmente pode haver desintermediação financeira.** Eles pensam desse modo, embora eu não acredite nisso. Difícil também porque estamos em época de eleição e ainda assim tivemos uma enorme votação. É verdade que com alguns apoios da oposição, pois perceberam que, por uma questão de salvar a saúde, esse imposto era importante.

E também aprovamos a Aneel, que vai controlar as geradoras de energia elétrica. Discussão difícil, o Duda se meteu, parece que conseguiu modificar uns pontos, o Aleluia fez um parecer com muitos inconvenientes, eles foram corrigidos e parece que o texto é razoável, o que é importante, porque é uma peça na modificação das estruturas do Estado. Creio que foi bastante significativo.

Depois do almoço no Alvorada, ontem, recebi deputados do PMDB: Michel Temer, Luís Carlos Santos, Pinotti, Goldman e Aloysio Nunes Ferreira — foi uma discussão interessante. Eu disse a eles o seguinte: "Olha: minha relação com vocês não é pontual. Não se trata de São Paulo apenas. É muito importante ganhar em São Paulo, porque o Maluf está formando lá um polo de direita, mas é importante também por causa do apoio ao Serra. Se o Pinotti for candidato, ele vai ajudar a eleição do Serra, porque vai criticar muito o Maluf, sobretudo na área da saúde. Mas eu tenho uma visão mais larga do que isso. Acho que desde que aceitei a candidatura, eu lutei por ter uma aliança com quem fosse possível. No caso foi o PFL e o PTB. Eu podia ganhar sozinho, mas não governaria sozinho, não faria as reformas sozinho. E a minha visão permanece a mesma. Conseguimos tirar da discussão a palavra 'governabilidade'. Nos anos passados só se falava em governabilidade, seminários sobre governabilidade, isso desapareceu por quê? Porque nós temos governabilidade, isso se deve ao fato de que o governo definiu um projeto, tem rumo, mas se deve sobretudo ao fato de termos uma ampla base de apoio.

---

*Foram 328 votos a favor e 123 contrários.
**Realização de operações financeiras entre duas ou mais partes sem intermediários bancários, neste caso para evitar o recolhimento da CPMF.

"Essa base de apoio, eu a estendi depois das eleições, e peguei o PMDB, uma parte importante do PMDB, e vejo assim o futuro também. Seja eu o presidente ou outro que venha a me suceder, ninguém vai poder governar o Brasil sem essa ampla base de apoio. Não governa. Hoje, a razão pela qual o Lula não constituiu um polo de oposição viável é a falta de um projeto, mas também porque o PT é um partido excludente. Ele não faz alianças. O Maluf é mais perigoso. Porque ele faz alianças; também não tem um projeto, mas vai tomar o nosso projeto e desvirtuá-lo. Entretanto, ele tem alianças, pode ampliar junto do PFL, do PTB, ele consolida o PPB. Então o PMDB é estrategicamente importante, não vai desaparecer; é melhor que ele se fortaleça nas mãos de gente que não seja um caudilho local, tipo Quércia, ou que não fique na base da corrupção. Essa é a minha visão."

Eles concordaram. Naturalmente falaram também sobre a presidência da Câmara, que é importante para eles. Eu disse, na brincadeira: "Olha, qualquer um dos cinco aí é bom candidato". Na verdade, candidato mesmo é o Michel Temer e eventualmente o Luís Carlos Santos. Claro que eles estão interessados em manter uma ligação comigo para ter a presidência da Câmara, o que aliás está nos compromissos do PFL.

Outro problema é o PSDB, que está inquieto. Então, ontem à noite, antes do jantar, tive um encontro com o Teotônio Vilela, presidente do partido, Arthur Virgílio, secretário-geral, com o Zé Aníbal, o Sérgio Machado e o Sérgio Motta. Se queixaram do de sempre: falta de atenção.

São duas e meia da tarde do dia 25, quinta-feira.

Eu dizia que nossos deputados do PSDB estavam se queixando da falta de atenção, que o partido não se sente no governo. A cada quatro ou cinco meses, temos uma pequena crise desse tipo. Isso está sendo gerado agora porque os jornais dizem que nós vamos mudar o governo, que o PFL e o PMDB vão se fortalecer, enfim, fofoca de jornal completamente sem base. Eu disse a eles, em primeiro lugar, e estrategicamente, o que já registrei aqui sobre a minha visão do PFL e do PMDB.

Ponto dois: "O PFL não tem alternativas. É o contrário do que vocês do PSDB estão pensando. O PFL é que está nas minhas mãos, e não nós que estamos nas mãos dele. Eles não têm candidato, têm uma expressão pequena no governo, mas relativamente grande no Congresso, então tenho que fazer esse jogo, porque preciso deles no Congresso para poder governar o Brasil. Eles têm sido aliados, e não têm nenhuma possibilidade de impor o que quer que seja, nada. As decisões são tomadas pelo governo. Claro que independentemente dessas futricas".

Ponto três: "O PSDB tem que assumir a bandeira do governo, e não tem assumido. Eu precisei ir para a rua, na passagem do real, para explicar à população do que se tratava, me empenhei pessoalmente em mostrar que temos um projeto. Por quê? Porque nós ganhamos o governo, porque tínhamos um projeto e, gramscianamente, nós somos hegemônicos. Nós é que tivemos e temos a capacidade de apresentar uma alternativa viável para o Brasil, por isso ganhamos. Nós não ganhamos porque tínhamos votos; ganhamos porque tínhamos caminho. O voto tem que vir de vários lados e vem também em termos de pessoas, no caso do presidente. Mas para podermos avançar temos que manter essa hegemonia de decisões compatíveis com a necessidade do país. Estamos enfrentando desafios e temos o processo histórico apontado por nós. Isso é fundamental e assim foi feito.

"Com relação ao resto, o que acontece? Existe uma permanente insatisfação nos deputados, porque na verdade eles hoje, nesse mundo moderno, perderam capacidade de ser artífices da articulação. O que quer dizer isso? Antigamente, eles vinham aqui para Brasília e tinham a Caixa Econômica, o Ministério da Educação, o Ministério da Saúde para que fizessem as vinculações entre os interesses locais dos seus municípios, das suas constituências, com esses órgãos. Isso não existe mais, porque estamos modernizando, tirando o clientelismo. Então o que acontece é que hoje os deputados ficaram sem função, a não ser uns quarenta ou cinquenta, entre os quais os que aqui se encontram, que são os que tomam decisão na Câmara e no Senado. Os demais se sentem alijados e não têm nenhum diagnóstico sobre a sua efetiva falta de função na condução da política e do governo do país.

"Eles estão se apegando a pequenas questões. Por exemplo: o senador Jefferson Peres diz que está movendo uma CPI contra o governo. No fundo, quando você vai ver, é porque o ministro Kandir não respondeu um telefonema dele. É ridículo. Ele é um homem com formação intelectual, na verdade não conseguiu atinar mesmo foi com o diagnóstico de que lá na sua província ele tem importância e aqui não tem nenhuma, porque não está articulado. Não está no Executivo nem está entre aqueles trinta ou quarenta que tomam decisões no Congresso. Então ele é massa de manobra e não gosta dessa posição. Provavelmente ele nem tem consciência disso, mas passa a sofrer dores enormes com pequenas pendências, e todos recaem em reclamações contra o líder, contra a presidência do partido, contra o presidente da Casa, contra o presidente da República, contra os ministros, numa queixa sem fim.

"Nós temos que entender esse processo. Claro, temos que passar a mão na cabeça dos parlamentares do PSDB, principalmente no meu caso, mas não podemos nos perder, porque esse é o diagnóstico."

Não sei se [os deputados do PSDB] gostaram ou não, mas foi isso que deixei registrado e nenhum deles me contestou, até porque não é habitual contestar o presidente da República, mesmo sendo muito amigo dele, o que aliás é ruim.

Jantei com Luciano Martins, Gelson Fonseca, Vilmar Faria, a Ruth e a Bia, discutimos bastante um texto do Gustavo Franco de que gostei muito. Luciano fez umas objeções, me pareceram um pouco formais, é o estilo dele colocar dificuldades e apurar bem se o argumento é sólido, foi uma conversa agradável, voltamos um pouco a tudo isso. Luciano insiste que o real está se esgotando como fonte legitimadora, que é preciso algum outro processo simbólico de integração, coisa que eu também digo e digo sempre. O Vilmar e a Ruth insistem muito que não basta o simbólico, que tem que haver processos efetivos que liguem essa sociedade fragmentada, educação, saúde etc. Uma discussão bastante estimulante. Voltar à academia de vez em quando é bom para quem está no dia a dia da política.

Hoje de manhã estive com o pessoal das Forças Armadas numa solenidade.

HOJE É 31 DE JULHO.

A CUT prepara alguma coisa na área dos petroleiros, e a Força Sindical, desde que apoiou uma greve anterior da CUT, em junho, ficou um pouco sem graça de se aproximar do governo. Nós vamos ter que fazer algum esforço nessa direção. O problema é que eles virão com alguma demanda que nem sempre é correta, que nem sempre é sindical, muitas vezes são recursos que não podemos conceder.

Recebi a delegação brasileira de natação, com o Xuxa [Fernando Scherer] e o Gustavo Borges. O Scherer foi muito simpático, fez um discurso de improviso e me lançou candidato à reeleição. Vão pensar que eu combinei, não foi, foi entusiasmo de jovem, todos eles muito simpáticos, merecem apoio, porque realmente fizeram uma coisa muito boa nas Olimpíadas.* E continuamos ganhando. Agora mesmo — estou vendo na televisão o voleibol masculino — veio a notícia: ganhamos uma segunda medalha de ouro no iatismo.** É fantástico o que está acontecendo, mostra realmente que o povo brasileiro está muito mais maduro, estamos com capacidade de competir e tudo mais.

De tarde recebi o João Paulo dos Reis Velloso com o Luciano Martins e o núcleo que trabalha no Fórum,*** com ideias interessantes, isso depois de um despacho interno normal com o Sardenberg, com o Sérgio Amaral e com a Ana. Conversei também, longamente, com o Maguito Vilela, que veio reivindicar o pagamento da venda de uma empresa do estado de Goiás e o adiantamento de privatização a ser feito pelo BNDES. Acho que isso vai ser possível, mas provoca sempre reação, inclusive no PSDB de Goiânia. Bom, me trouxe também uns dados, dizendo que eu tenho pouco mais de 70% de apoio em Goiás. Pode ser.

Recebi o Paulo Godoy,**** que veio discutir o apoio à campanha do Serra e falar também sobre a Lei de Licitações***** e a necessidade de mudá-la.

* Borges ganhou medalhas de prata (200 m livres) e bronze (100 m livres) em Atlanta. Scherer conquistou a medalha de bronze nos 50 m livres.
** O Brasil obteve ouro, em Atlanta, nas classes Laser (Robert Scheidt) e Star (Torben Grael e Marcelo Ferreira).
*** Grupo de Análise e Pesquisa.
**** Presidente da Associação Paulista dos Empresários de Obras Públicas.
***** Lei nº 8666, de 21 de junho de 1993, que regulamenta as licitações de todos os poderes da União. A lei se manteve inalterada até 2010.

Depois fui a uma reunião a respeito do orçamento de 96 e do que fazer com a crise dos estados. Dificuldades, os estados estão endividados, muito difícil mesmo, e reafirmamos que o Pedro Parente e o Mendonça de Barros vão discutir estado por estado. Pedro Malan prefere uma aproximação mais sistêmica, mas é muito difícil nesse caso, porque são realidades diferentes, é preciso dar certa margem de liberdade aos que estão negociando. Enfim, foi uma reunião longuíssima. Se vê que se quisermos dar certa folga ao orçamento de 96, necessária aos ministérios, não vamos ter condição efetiva de controlar o déficit na proporção que precisamos.

Depois de dois anos de Plano Real, ainda estamos com grandes dificuldades porque o desenxugamento da inflação não é fácil. Todo mundo ainda está com mentalidade inflacionista, e a distorção entre o real e o imaginário continua prejudicando os acertos do Estado.

Estamos aqui vendo um torneio de voleibol muito difícil. Nós contra a Iugoslávia.*

Agora eu só queria mencionar alguns outros pontos.

Hoje de manhã tive uma longa conversa com o Sérgio Motta depois que nadei no Alvorada. Sérgio Motta tem um plano muito ambicioso e positivo para fazer com que haja licitação de muitas rádios, televisões e tudo mais. Uma coisa realmente impressionante a força do Brasil. Basta ter um governo que não esteja preparado para fazer clientelismo nem roubalheira, e a coisa avança com naturalidade.

Fui para o Palácio do Planalto, recebi o Odacir Klein e, depois da rotina sobre orçamento, um pouco de análise política a respeito da situação do PMDB. Inaugurei um quadro novo na minha sala, do Sérgio Sister. A cada trinta dias trocamos os quadros. Voltei a falar com o Sérgio Motta e com o Paulo Renato sobre o Rio Grande do Sul e depois recebi o Calabi. E o Calabi, na verdade, vai embora. Não vai mais trabalhar com o Kandir. É difícil, porque ele tinha aspirações legítimas de ser ministro, não pôde ser, e também o Kandir não é uma pessoa que abre muito espaço, então isso é uma consequência natural da mudança do Kandir. Quem sabe a gente possa aproveitar o Calabi mais adiante? Ele é muito jeitoso, muito hábil e tem muita experiência da máquina. Vamos ter que ir com calma, vamos ter que caminhar nessa direção.

Depois vim almoçar e agora, depois do almoço, aqui no Alvorada, estou fazendo esses registros.

Queria também aproveitar para comentar o seguinte. Há certo desgaste nas pessoas. Tenho visto nas reuniões, às vezes, uma ou outra referência mais grosseira de uns com os outros, certa irritação, e agora no almoço eu conversava sobre isso com a Bia e com a Ruth no que diz respeito à equipe da Educação. O Brasil é pesado,

---

* Em 31 de julho de 1996, o Brasil perdeu para a equipe da ex-Iugoslávia (3 a 2) pelas quartas de final do torneio olímpico de vôlei masculino em Atlanta.

porque a base da administração é precária e os que vêm de fora aguentam um ou dois anos e depois começam a dar sinais de cansaço. Não há retribuição, a sociedade não reconhece o esforço imenso que muita gente faz para colocar em funcionamento um sistema que já é muito viciado, como o sistema burocrático de Brasília.

A gente precisa enfrentar isso com tranquilidade. Também existe no próprio governo um momento de hesitação. Acho que não conseguimos fazer o que imaginávamos: criar uma energia maior que levasse as pessoas a acreditar mais no que estão fazendo.

Vou precisar redobrar os meus esforços, depois das eleições, para botar o país novamente em clima de confiança. Não posso fazer muita coisa agora porque em época eleitoral tudo tem que ficar um pouco na expectativa das eleições. Esse é o problema que vou ter que enfrentar nos próximos meses.

Outra reflexão um pouco amarga. Há momentos em que a gente pensa: bom, já fiz tanta coisa, será que não dá para parar? É como se houvesse um começo de sentimento da morte, que nunca tive. O Getúlio, entretanto, li no seu diário, fala sempre em suicídio. Sempre fui o oposto, não penso em nada disso, estou pensando no quanto a morte, no passado, era encarada por mim como uma coisa terrível e agora, pouco a pouco, vai me parecendo natural. Eu me refiro, naturalmente, à morte física, além do desinteresse que pode ocorrer pelo conjunto da vida. Curioso, isso nunca foi um pensamento meu, não obstante, talvez nos últimos tempos, eu tenha começado a refletir um pouco mais maduramente, no fundo, sobre a idade. Certo cansaço existe e devo dizer que estou sentindo esse cansaço. Não é uma coisa que me estimule ficar fazendo filosofia barata sobre essas questões que eu não deixo transparecer, nem posso, mas, apesar de toda a energia que eu realmente tenho, chego a sentir, em certos momentos, que não sei se compensa perseverar no que é inviável em dado momento, ou que, depois de ter feito tantas coisas, como acredito que fiz, talvez seja melhor dar espaço para que outros façam.

Tenho pensado sobre esse negócio de reeleição que vira e mexe fica aparecendo, como se fosse um tema prioritário meu; é um tema prioritário do país, mas fico pensando se num dado momento não devo dizer: bom, tudo bem, mas eu não vou ser candidato a mais nada, mesmo que haja a possibilidade. É possível que em algum momento eu faça isso, estou há um ano e meio aqui, faltam dois anos e meio, é muito tempo. As pessoas que não estão aqui não imaginam o esforço necessário para conseguir ficar esse tempo todo aqui, mantendo o leme firme.

Ainda quero fazer um aditamento sobre a questão dos militares. Conversei com o general Cardoso mais uma vez a respeito da insistência da Marinha em contar com aviação embarcada. Ele acha que o pessoal da Aeronáutica não vai aceitar de bom grado, acha que vai haver uma grande confusão. Outra questão que está me preocupando é a do Lamarca. Não tanto pelos 100 mil reais da família, mas pelas explorações disso. Além do mais, saiu nos jornais que a viúva dele recebe 2 mil reais por mês há muito tempo. Então realmente há um pouco de exploração política nessa matéria, e tenho medo do desgaste que os militares sofrem em função da insistência que existe de recuperar o passado, o que pode ser perigoso. Esses homens equivocados, que lutaram lá à moda deles para ver se modelavam o Brasil, hoje estão dando um cansaço muito grande também nos militares.

Nesse sentido, pedi uma reunião da Câmara de Relações Exteriores e Defesa Nacional, porque precisamos discutir um pouco mais essas matérias, inclusive uma estratégia. Que sentido tem em botar avião na Marinha? Do ponto de vista de guerra, tudo bem. Mas vamos fazer guerra com quem? Não vamos fazer guerra com ninguém, para que isso? Só discutindo em termos de estratégia mais global, portanto uma questão política, é que podemos sair dessa encalacrada. Falei disso com o nosso secretário de Assuntos Estratégicos, o Sardenberg, que compreende muito bem. Ele também participa da minha visão nessa questão.

Agora é meia-noite. Na tarde desta quarta-feira, dia 31, não houve nada de especial.

Recebi o governador do Piauí, Mão Santa, reclamando da situação de endividamento dos estados, questão que discuti ontem com o pessoal da área econômica. Falei tanto com o Pedro Parente quanto com o [José Roberto] Mendonça de Barros. Acho que o governador do Piauí tem razão, não há como ele pagar os juros, eles estão impondo uma restrição muito grande à ação do governo, e só existe uma saída, renegociar a dívida e ampliar o prazo. A área econômica custa em tomar a decisão porque eles são imbuídos dos melhores propósitos de segurar o déficit, mas não há outro jeito.

Despachos normais e voltei para casa. Assisti agora à partida de futebol que perdemos em Atlanta, vergonhosamente, porque estava praticamente ganha e no final deixamos perder.* Agora à noite vi um bom jogo do nosso basquete feminino, com uma vitória espetacular sobre Cuba.**

De importante na área política, praticamente nada hoje.

Conversei com o Serra por telefone. Ele me pareceu tranquilo, reclamando da possibilidade de o Sérgio Motta ocupar espaço não na campanha, mas na ação política, com suas declarações, o que pode embaralhar a ele e, eventualmente, até mesmo o próprio Sérgio no governo.

Haverá uma passeata em favor do Serra na sexta-feira em São Paulo e seria bom que o Sérgio Motta não comparecesse. Vou falar com ele sobre isso.

Com o Olavo Setúbal conversei por telefone e o convidei para vir jantar com o Rubens Barbosa, que vem da Inglaterra. Pedi ao Olavo que ajudasse o Serra. Ele

---

*Em 31 de julho de 1996, o Brasil perdeu para a Nigéria na prorrogação (4 a 3), depois de estar vencendo por 3 a 1, pelas semifinais do torneio olímpico de futebol em Atlanta.

**Vitória por mais de trinta pontos de vantagem nas quartas de final olímpicas.

certamente vai ajudar, está do lado do Serra, mas é preciso que mais gente mostre a força do nosso candidato em São Paulo.

Durante o dia, voltei a conversar com o presidente mundial da Nestlé, mera cortesia, para dizer que está tudo funcionando adequadamente.

Acho que não houve mais nada de especial. Dei uma entrevista rápida para a Miriam Leitão, ela me trouxe o vídeo de um lançamento do *Jornal Nacional* no exterior sobre o que está mudando no Brasil, mas a entrevista foi sem maior importância.

BEM, HOJE É SEXTA-FEIRA, 2 de agosto, meio-dia.

Ontem de manhã recebi o Simon Schwartzman* e o Kandir, e fomos analisados pelo Censo. Eu e a Ruth preenchemos os formulários e depois dei uma entrevista à imprensa para mostrar a importância do Censo.**

Depois fui para o gabinete, mas já cheguei bastante tarde, despacho de rotina, em seguida fizemos um ato simbólico de desapropriação para a reforma agrária.*** Já desapropriamos, contando esse ato, 2 milhões de hectares de terra, o que significa o dobro da média do que se fez nos últimos dez anos, que é menos de 700 mil hectares por ano. Com exceção do governo Sarney, que nos cinco anos desapropriou 4 milhões de hectares, nenhum outro governo atingiu os nossos 2 milhões de hectares. Fiz uma falação muito breve sobre o assunto, depois conversei rapidamente com Raul Jungmann e com o Calabi, que, diga-se de passagem, vai embora no dia 2 de setembro.

Ontem à noite o Kandir me telefonou dizendo que iria confirmar a notícia, porque os jornais já sabiam, eu achei bom, eventualmente o Calabi pode voltar, depois das férias, para alguma posição no governo. Eu gostaria que ele fosse diretor financeiro da Petrobras, para termos alguém lá, mas não sei se o Calabi vai achar que isso é para o status dele. As pessoas têm que cuidar dos seus interesses. Muitas vezes o que eu penso que é bom elas não consideram do mesmo jeito, porque têm pretensões maiores.

À tarde recebi o senador Renan Calheiros, do PMDB de Alagoas, que veio falar da situação desesperadora de seu estado. Mas veio mesmo foi para conversar um pouco mais sobre política e dizer que eu tenho que tomar atenção para a sucessão no Senado. Por quê? Porque o PMDB está um pouco dividido, eles desconfiam que o Sarney esteja apoiando o Antônio Carlos, o Jader está um pouco preocupado com o Sarney, e o Renan sabe que eu acho que o Jader é uma pessoa com a qual a gente

---

*Presidente do IBGE.

**Em 1996, foi realizada uma contagem de população, procedimento menos abrangente que o censo demográfico (o último fora realizado em 1991).

***Assinatura do decreto de desapropriação de uma fazenda em Caruaru (PE), onde foram assentadas quarenta famílias.

pode fazer um entendimento. Ele veio me alertar que eu podia receber as rebarbas da sucessão no Senado, o que é verdade.

Isso vai ser muito delicado. Porque o Élcio Alvares é candidato, o PSDB prefere o Élcio, como devo ter registrado aqui. O Bornhausen acha que se o Antônio Carlos for candidato ninguém o segura no PFL, o PMDB tem a maior bancada, mas não se sabe como é que vai ficar até o fim do ano. Além disso, no PMDB tem a candidatura do Iris, tem a candidatura do Jader, enfim, um quadro difícil que pode acabar sobrando para mim. Tenho que segurar essa matéria o máximo que eu puder, sem manifestar preferências, até que se constitua um quadro mais claro, porque na verdade qualquer que seja o presidente ele vai ter que se haver comigo e vice-versa.

Depois disso recebi d. Eudes de Orléans e Bragança* com o Lampreia, porque eles querem fazer um campeonato mundial de golfe aqui no Brasil. Uma conversa formal.

Já no fim do dia, recebi o general Cardoso, depois dos despachos normais, para conversarmos sobre a situação militar. Por situação militar entenda-se primeiro: na Marinha, o desejo do almirante Mauro César de fazer a aviação embarcada. O general Cardoso ouviu o Mauro César, e o Mauro tem argumentos lógicos, senti que o general ficou com a convicção dele um pouco balançada. Ele percebeu que na Aeronáutica há uma disposição conciliadora, enquanto a Marinha está firme em sua disposição e argumentos. Isso tudo devia ser discutido à luz de uma estratégia de defesa nacional, para verificar as consequências da aviação embarcada sobre os países vizinhos, ver se não vai provocar uma corrida armamentista, o que não é do interesse de ninguém.

Li também um documento do Sardenberg, com quem tive um despacho. Ele acha que não ganhamos nada assinando o Tratado de Não Proliferação de Armas Nucleares agora. De acordo com o Sardenberg, já demos todas as garantias e essa posição um pouco distinta do Brasil diante de outros países, embora nem de longe seja — nem quer ser mesmo — uma posição agressiva, é uma posição que marca uma diferença, porque não aceitamos a existência de potências nuclearizadas, e o TNP, segundo ele, mantém, congela o status dessas potências.

Eu sou mais simpático à ideia de assinar o Tratado de Não Proliferação, mas os argumentos do Sardenberg devem ser pesados, ponderados.

O general Cardoso também estava preocupado com a questão do Lamarca. Repercutiu bem a declaração do porta-voz, a meu pedido, de que, do ponto de vista do Exército e do governo, o Lamarca continua sendo um desertor, o que, aliás, é óbvio. Isso, simbolicamente, mostrou ao Exército que o ressarcimento à família Lamarca não implica um julgamento de valor.

Fiquei um pouco abalado, confesso, quando soube que a família já recebe 2 mil reais por mês. Ele tem a patente depois de considerado morto, foi anistiado, e a

---

* Presidente da Confederação Brasileira de Golfe, um dos herdeiros da Casa Imperial do Brasil.

patente foi para coronel. Então o ato simbólico do reconhecimento da responsabilidade do Estado de alguma maneira está aí configurado. Mas não vou entrar em nenhuma argumentação e vamos deixar que a Comissão* tenha a prudência necessária de fazer o que é importante sem criar embaraços futuros. Acho que são essas as questões militares.

O general Cardoso também se referiu ao fato de que o general Figueiredo, que é o chefe do CIE do Exército, tinha estado com ele, e agora o general Zenildo passou a ele um documento interno do Serviço de Informações militar, relatando que no Rio de Janeiro os serviços de informações tinham produzido um informe sobre a repercussão de uma declaração dele, Cardoso, dizendo que o Exército obedeceria às decisões quaisquer que elas fossem. Parece que algum militar achou que não. É engraçado, o que disse o Cardoso é absolutamente certo, tem que obedecer mesmo, Cardoso está convencido disso e o Zenildo também, mas ainda se vê que existem alguns resquícios de uma mentalidade dos serviços de informações restritiva à atitude mais profissional e disciplinada.

Hoje amanheci um pouco cansado, mas fui à natação assim mesmo; nadei pouco e me cansei. Pela primeira vez me senti cansado ao acordar. Isso porque fui dormir muito tarde ontem, depois de ter visto um jogo terrível de vôlei, em que o pessoal do Brasil até podia ter ganhado de Cuba,** e porque tentei ficar esperando a Bia chegar de Belo Horizonte — ela estava voltando no avião do Jobim. Ela chegou às três da manhã, acabei dormindo antes, a Ruth ficou lá com as crianças da Bia.

Acabei de ter uma reunião com o Jobim, o Eduardo Jorge e o Clóvis para discutirmos um projeto que a Câmara aprovou sobre o foro de julgamento de crimes praticados pela Polícia Militar. Houve uma confusão imensa, porque o Senado o restringiu só aos crimes dolosos e, por outro lado, ampliou a possibilidade de que crimes praticados por militares das Forças Armadas venham a ser julgados por tribunais civis.*** Além disso, o texto contém uma eventual inconstitucionalidade, é um texto muito ruim. Estamos negociando para sancioná-lo, mas mandando outra medida ao Congresso com esses defeitos corrigidos.

Conversamos longamente sobre essa matéria com o Jobim. Um pouco antes de ele chegar, falamos sobre a situação fiscal, as aflições de sempre, na verdade a Fazenda está preocupada. Malan esteve conversando comigo ontem à noite aqui no Alvorada, preocupado que haja um aumento de gastos, mas na verdade o que

---

*Comissão Especial sobre Mortos e Desaparecidos Políticos, criada pela lei nº 9140, de 4 de dezembro de 1995, para o reconhecimento e a reparação de violações de direitos humanos cometidas por agentes do Estado entre 1961 e 1988.

**O vôlei feminino do Brasil perdeu para Cuba (2 a 3) nas semifinais do torneio olímpico de Atlanta.

***A Câmara rejeitou um substitutivo ao projeto de lei aprovado no Senado. A lei nº 9299, de 7 de agosto de 1996, determina que militares que cometem crimes dolosos contra a vida de civis sejam julgados pela Justiça comum.

houve foi uma redução de receita, e a Fazenda não está querendo encarar a questão por esse ângulo. Não posso desarticular o Estado em função do ajuste fiscal, estou disposto, dei aumento zero para os funcionários, é uma violência difícil de sustentar, sustentei em nome dos interesses do país, mas não posso levar isso além de certo limite. Significa que vamos ter uma diminuição menor do déficit do que queríamos, mas é melhor fazer uma curva mais progressiva de diminuição do déficit no tempo do que paralisar completamente a ação do Estado.

Então tivemos de novo essa discussão com o Eduardo Jorge e com o Clóvis, e depois que todos foram embora fiquei só com o Jobim para repassarmos a questão indígena. Segundo ele, o único problema sério que ainda temos é o de Raposa-Serra do Sol. É uma região lá de Roraima onde há três tribos, grupos indígenas com 11 mil pessoas, e é uma área de um pouco mais de 1 milhão e poucos mil hectares. Isso significa que o estado de Roraima, se considerarmos essa área como área indígena, vai ficar com perto de 40% do seu território, já considerando os ianomâmis.

Esse é um argumento que não me abala. Quero ver a legitimidade da posse dos fazendeiros; parece que eles têm a terra há centenas de anos. Isso, sim, me preocupa mais. O Jobim fez um esforço imenso e tem demonstrado que está consolidando juridicamente as terras indígenas, corrigindo uma ou outra injustiça e, de forma nenhuma, tratando de desapropriar indígenas em benefício de latifundiário. Esses argumentos batidos acabam caindo em desuso, porque estamos mostrando com ação que temos tomado as medidas necessárias.

BEM, HOJE É SÁBADO, dia 3 de agosto.
Ontem à tarde, depois do que eu registrei aqui, só houve a visita de sua santidade Karekin I, patriarca da Igreja Apostólica Armênia, para me saudar; depois retribuí. É a primeira vez que um papa da religião católica apostólica da Armênia vem ao Brasil.

Depois recebi rapidamente o Fernando Gasparian e a Dalva [Gasparian], no Palácio [do Planalto], e vim para o Alvorada receber a Jacqueline e a Sandra, que foram as ganhadoras da medalha de ouro no voleibol de praia nas Olimpíadas de Atlanta. Conversa amena sem nada de mais importante a registrar.

Vi mais tarde um filme interessante, uma nova versão de *A gaiola das loucas*. E mais nada.

Hoje, sábado, passei o dia arrumando papéis, só eu e a Ruth, porque de manhã a Bia e as crianças foram para São Paulo e não houve nada de extraordinário. Ficamos assistindo aos Jogos Olímpicos na televisão, e o desempenho do Brasil tem sido bastante bom, tendo em vista o passado. Parece que vamos ganhar de dez a quinze medalhas.* E amanhã há um jogo importante, a disputa do basquete femi-

*O Brasil terminou as Olimpíadas de Atlanta em 25º lugar no quadro de medalhas, com quinze pódios.

nino; podemos até ganhar a medalha de ouro. Hoje ganhamos bronze no futebol e no revezamento 4 x 100 m rasos. Enfim, temos tido um desempenho razoável.

Agora à noite, uma partida emocionante entre os americanos e os iugoslavos. Os americanos ganharam, é um time extraordinário no basquete.

Fora isso, acho que nada mais a registrar. Os jornais estão mornos, não dizem nada de extraordinário, chovem um pouco no molhado, uma declaração do [Alain] Touraine* no México. Imagina, o Touraine foi se meter em Chiapas,** no movimento zapatista, que é o oposto de tudo que ele pensou na vida. Mas, enfim, parece que a certa altura as pessoas se sentem na obrigação de dar sinais de que são progressistas. E lá, tudo bem, fez uma declaração de que o sistema no Brasil era débil. Ele quis dizer que a aliança que me sustenta é débil. Aliás é verdade, ele não sabe o que acontece de concreto aqui, se soubesse diria que, apesar disso, estamos fazendo uma porção de coisas. E disse — usou uma expressão forte — que o PSDB é uma "*mierda*". Isso ofendeu profundamente aqui, hoje vários pessedebistas já reclamaram, os jornais também, o Bolívar Lamounier deu uma resposta dura ao Touraine, aliás merecida, porque essa atitude assim um pouco de primeiro mundo, que vem e opina sobre os outros países com tanto desembaraço, é arrogante. O Touraine está realmente sem saber de fato o que está acontecendo aqui há muito tempo. É porque não tem feito pesquisas nem acompanhado senão pelos jornais, e é claro que os jornais passam uma impressão um pouco distinta do que é a realidade.

Mas, enfim, minimizei o fato porque sei que a intenção dele é sempre fazer uma análise sociologicamente correta, e não deve ter pensado que haveria tal repercussão negativa.

Fora isso, falei com o Sérgio Motta duas vezes hoje, parece que a campanha do Serra começa a deslanchar e há sinais mais positivos de pesquisas favoráveis a ele. É melhor. Ele deixou de ficar tão imobilizado nos 14%, já deve ter 16% nas nossas próprias pesquisas, embolando com a [Luiza] Erundina,*** que tem entre 18% e 19%, um pouco à frente.

Vejo que deixei de registrar que também ontem, sexta-feira, falei por telefone com Tasso Jereissati. Passamos em revista as coisas, a posição do Ciro, [Tasso] disse que o Zé Dirceu foi lá ao Ceará e vai apoiar o irmão do Ciro**** em Sobral, candidato a prefeito, isso tudo para adoçar o Ciro.***** Acha ainda que, a despeito disso, o Ciro está tão

---

* Sociólogo francês.
** Touraine foi a Chiapas para o Encontro Intercontinental pela Humanidade e contra o Neoliberalismo, promovido pelos rebeldes zapatistas.
*** Candidata do PT à prefeitura de São Paulo.
**** Cid Gomes.
***** Ciro Gomes e José Dirceu discursaram no mesmo palanque para defender a candidatura de

complicado do ponto de vista pessoal que não vai poder fazer grandes coisas. Parece que saíram umas notinhas, talvez até o Tasso tenha posto nos jornais, dizendo que o Ciro pode vir a ser ministro, e isso também adoçou o Ciro. Ele é uma personalidade complicada; é precipitado, afirmativo, inteligente, tem coragem, mas é um pouco oportunista nas posições e não vai muito fundo nas questões.

Falamos sobre as eleições municipais, e a verdade é a seguinte: essas eleições — eu já disse aqui, mas quero registrar de novo — não afetam em nada, repito, em nada, o equilíbrio das forças no plano nacional. Nem a questão da reeleição, se for o caso, nem a questão da sucessão presidencial sob controle nosso; isso vai depender de outros fatores. A imprensa está inventando que a partida decisiva se joga em São Paulo porque a imprensa precisa sempre dar a sensação agônica de que ou vai ocorrer uma coisa, ou então é a tragédia. Não é verdade.

Os prefeitos vão ser eleitos por muitos partidos, todos os partidos vão cantar vitória, na verdade nenhum deles vai realmente ter hegemonia, já registrei aqui essa opinião do Itamar, conversei com ele em Portugal sobre o assunto. Do ponto de vista do presidente, é até melhor essa dispersão de forças, porque nenhum partido vai poder, ou mesmo querer, impor o que quer que seja.

Vou permanecer bastante afastado das eleições, salvo no que diz respeito a São Paulo, onde apoio o Serra e apoiarei um ou outro que tenha trabalhado comigo ou quando um lado esteja inequivocamente a meu favor e o outro contra. A meu favor quer dizer a favor das reformas, a favor da mudança do Brasil. Mas não é necessário grande esforço, porque na verdade as eleições municipais não afetam o comportamento do eleitorado no que diz respeito às questões nacionais.

É claro que logo depois das eleições, se o Maluf ganhar com o [Celso] Pitta, vai fazer um carnaval muito grande, isso vai fortalecê-lo, mas sabe Deus o que o Pitta faz depois? Portanto não vejo com preocupação maior o jogo eleitoral municipal.

Bom, que se elejam bons prefeitos. Aliás o PT, nessa matéria, é como o Partido Comunista Italiano, ou mesmo o francês: muito bom para governar município, muito bom para governar comuna, e deixe que governem, que aprendam, mas não vai haver crescimento do PT. Até seria bom que houvesse nesse plano, porque eles têm competência para movimentar a população no sentido positivo.

É bem possível que o PSDB cresça no Rio e vá crescer em São Paulo; em todo lugar onde há governador do PSDB o partido cresce. Isso não significa muito, não. É o contrário, as outras eleições, as gerais, é que acabam condicionando o comportamento das eleições municipais, pela força dos governadores. Felizmente, ou infelizmente, o jogo aqui é esse, por isso é difícil analisar o Brasil de uma perspectiva de país unitário. Há muita diversidade, mais de 5 mil municípios, é quase impossível saber o que acontece em cada um e homogeneizar as forças políticas em nível nacional.

Cid Gomes, resultado de um acordo entre o PT e o PSDB locais. Ciro combatia a emenda da reeleição, de olho nas eleições presidenciais de 1998.

BEM, HOJE É SEGUNDA-FEIRA, quase meio-dia, dia... deixa eu ver aqui no jornal, porque não sei de cor... hoje é dia 5 de agosto.

Pois bem, ontem recebemos o Darcy Ribeiro para almoçar. Ele ficou das duas até as seis da tarde, conversa muito animada. Com ele estavam o Paulo Renato, a Rosiska [Oliveira] e o Miguel Darcy de Oliveira.

A conversa fluiu fácil. O Darcy naturalmente repete suas ideias grandiosas, ele tem um plano para aproveitar as fábricas de Caics.*

Darcy voltou com algumas ideias que sempre teve, um projeto de uma escola-parque, uma escola compacta, escola essencial, escola fundamental, ele foi variando o nome. Projeto feito pelo Lelé, um grande arquiteto aqui de Brasília, Darcy disse que temos que aproveitar as fábricas feitas pelos Caics do Collor (na verdade induzidos também pelo Darcy) para fazer essas escolas. Eu comentei que o governo FHC teve não sei se a honra ou a tristeza de terminar quatrocentos e tantos Caics, creio que são ao todo 470, a maior parte construída pelo governo Itamar e agora pelo meu, porque havia que cumprir o contrato, senão as multas seriam mais caras do que fazer as escolas. São elefantes brancos, os municípios não querem, ninguém quer.

Agora o Darcy disse que o erro foi que o Collor estendeu o projeto, ficou muito caro, muito grande, mas que fazer as escolas-parque, essas escolas fundamentais, nós podíamos fazer sei lá quantas, mil, 2 mil, 3 mil, ele foi dando uns números extraordinários, nós teríamos um impacto muito grande.

Além da outra ideia que o Darcy tem, que é fazer a TV Educativa para universidades, a Universidade Aberta, ele está empenhado nisso. É admirável! O Darcy com câncer, 74 anos, energia total. Por mais que a gente possa dizer que suas ideias são, como no passado, grandiosas, baseadas num Estado forte, centralizadoras e um tanto arbitrárias, ele tem muito talento.

Interrompi a conversa para atender o presidente do Uruguai, o Sanguinetti, que é uma pessoa de quem eu gosto muito e que vai fazer, nos dias 6 e 7 de setembro, um encontro político-intelectual com Touraine e com o Hélio Jaguaribe. Queria que eu fosse. Não posso, eu disse, 7 de setembro é a comemoração do Brasil, então pediu que eu enviasse alguém. Vou mandar. Ele quer fazer um Clube de Presidentes da América do Sul, não sei o quê, tudo bem.

Voltando ao nosso tema, depois da longa conversa com o Darcy, falei com o Paulo Renato para ver o que de aproveitável existe nas sugestões do Darcy, e ele vai ver. Paulo Renato ficou no Alvorada para assistir ao jogo de basquete das moças brasileiras. Perdemos para as americanas,** todos aqui torcemos, nada mais.

*Centros de Atenção Integral à Criança, escolas de educação fundamental construídas com módulos pré-fabricados a partir do governo Collor (com a denominação Ciac) e Itamar.
**A equipe brasileira foi derrotada na final olímpica por 111 a 87 em Atlanta.

Hoje é uma manhã calma de segunda-feira. Li os jornais e depois um documento interessante do Antônio Barros de Castro, do ano passado, crítico ao Plano Real, aos desdobramentos do real, mas uma crítica positiva, até porque muito do que ele dizia que devia ser feito acabou sendo feito. Mais lentamente, mas foi feito. O drama de sempre, o que fazer com o câmbio, como recuperar o crescimento, como desestimular o consumo e aumentar o investimento, enfim, os problemas reais da economia e a sugestão, que acho correta, de retomar a capacidade de indução ao desenvolvimento, coisa que farei. Tenho feito, mas agora vamos fazer mais sistematicamente com o orçamento que o Kandir preparou, colocando as metas do governo dentro do orçamento. Vou apresentar tudo isso na próxima reunião do ministério no sábado que vem.

Curiosamente, quando arrumei os meus papéis esses dias, encontrei um documento de 94, da área da Fazenda, em que eles diziam que o ano de 94 seria um desastre, porque íamos aumentar o déficit fiscal, o déficit público. E na verdade 94 mostrou um superávit. A Fazenda se desacredita dentro do governo porque ela sempre aperta demais para aumentar as possibilidades de superávit. Sei que isso é necessário, mas tem limite. Este ano não vou concordar com o que vejo que é o desejo implícito do Malan e de todos da Fazenda, que é diminuir as possibilidades do orçamento de 97 para fazer obras, porque tenho que dar ao país a sensação de que as coisas vão avançar também no real e não só no financeiro.

Claro, não vou deixar que as coisas se deteriorem, mas não vou ficar na onda da Fazenda, que segurou 1 bilhão e meio de reais e com isso pensa que faz uma grande economia, um superávit, quando na verdade o superávit independe desse bilhão e meio a mais. Não há dúvida que quanto mais é melhor, mas não podemos desorganizar o Estado mais do que ele já está. Eu já disse isso inúmeras vezes.

Como tive folgas na manhã, li longamente a *Gazeta Mercantil*. Vê-se que na prática a estrutura do Estado brasileiro está começando a mudar, porque essas agências reguladoras estão começando a ser encaradas como realidade. O setor privado sempre quer mais, diz que agora há risco de influência política, como se essa fosse a única influência negativa, como se também a influência dos interesses privados não afetasse o interesse do país. Ouço tudo isso com certa tranquilidade, mas não levo a sério esses argumentos, aí, sim, ultraliberais.

Na verdade, é uma posição que eles querem marcar para poderem ter maior controle das decisões sem passar pelo voto. Não está certo também. Acho que nós vamos fazer os órgãos reguladores, mas eles terão de ter autonomia relativa, porque será sempre relativa diante do poder político. O poder político é que deve ser disciplinado para não ser, ele próprio, um tutor de interesses privados ou corporativos, mas temos que insistir na ideia do interesse geral, e o presidente, bem ou mal, tem que ser o guardião desse interesse geral, ou então não tem função nenhuma; zona política a mais, isso não tem cabimento, nem precisa.

De modo que eu tenho uma visão bem diferente do que está nas discussões do dia a dia sobre neoliberalismo, sobre estatismo, sobre essa visão de partidismo.

Nas sociedades de massa atuais, não dá para pensar nesses termos. O Estado vai ter sempre um papel, mas para ser um papel equilibrado vai depender realmente da vontade geral, e a vontade geral tem que ser encarada pelos eleitos. No caso, o eleito é o presidente da República, que tem mais força, que se torna um quase rei, um quase rei no sentido positivo da palavra, como símbolo desse interesse geral, portanto não se pode enfraquecer a posição presidencial, nem mesmo no parlamentarismo.

Discuti recentemente, de novo, a questão do parlamentarismo no Brasil. Eu concordo [em princípio], mas é preciso que haja a prevalência de uma vontade *à la* francesa, mais até do que *à la* portuguesa. Para que o presidente possa fazer realmente essa balança, servir de *check and balance*, em última análise. É uma coisa meio curiosa, em vez de vir pelo caminho da democracia americana, da superorganização autônoma dos vários núcleos da sociedade, dá a impressão de que existe um poder difuso que acaba se consubstanciando na vontade presidencial quando o presidente assume o papel efetivo de alguém devotado ao interesse público. Será racionalização minha? Será idealismo da minha parte?

Não sei, mas não vejo como haverá contrapeso aos fortes interesses tanto corporativos quantos privados senão por meio de um poder político que transcenda o burocratismo estatal, que tenha força diante desse burocratismo estatal e que possa exercer um papel de mediação. Aliás, não é um pensamento novo meu, talvez num passado remoto eu acreditasse mais na ação dos partidos. Hoje acho que os partidos não têm essa capacidade, sobretudo no Brasil, com essa enorme fragmentação a que estamos assistindo. Ontem mesmo fiz o registro aqui da pouca importância da eleição municipal para o poder central. Talvez por causa da visão que tenho do poder central, ele não pode ser um poder de controle, no sentido de gestão administrativa, de cada detalhe, mas tem que ser um poder de compensação, compensatório dos desvios regionais, das concentrações econômicas, enfim, dos desequilíbrios sociais. Acho que essa deve ser a função [do Executivo].

Por falar em desequilíbrios sociais, hoje a Ruth está reunida na Granja do Torto com — não sei se ele foi, mas deveria ir — o Stédile e outros líderes do movimento dos sem-terra, para discutir com a Comunidade Solidária a questão da reforma agrária. O Jungmann vai estar lá também. Isso é positivo porque mostra que de alguma maneira estamos conseguindo institucionalizar mais o MST. Claro, eles vão dizer nos jornais que o governo não faz nada, que só eles fazem, isso faz parte do jogo também. Mas eu não posso assumir aqui a posição de magoado; tenho que assumir a posição de alguém que entende qual é o jogo e de como atuo nesse jogo.

Também falei com o [Joseph] Safra por telefone. Pedi que ele viesse aqui hoje. Quero ver com ele como está o sistema financeiro, sobretudo sondar a questão do Bamerindus, ver se realmente, como me disse o Malan, ele teria interesse na compra até mesmo de todo o Bamerindus. Quero saber se isso é verdadeiro, sem me envolver diretamente nas negociações; me preocupa a questão do Bamerindus.

O aspecto financeiro ainda não está totalmente controlado porque ainda temos o Bamerindus e porque temos também a questão dos bancos estaduais, especialmente do Banespa. O resto foi indo, o custo é alto, menor do que as pessoas pensam, mas, de qualquer maneira, se salvou o sistema financeiro, sem o qual não pode haver crescimento mais adiante.

Não creio que exista mais nada de novo a registrar nesta manhã.

HOJE É QUARTA-FEIRA, 7 de agosto.

Na tarde de segunda-feira, dia 5, a única coisa fora do habitual foi que recebi a sra. [Carol] Bellamy, diretora do Unicef. Não sei se é americana ou canadense.* Veio com o representante deles, uma pessoa competentíssima que ajudou muito as coisas no Brasil, chamado Agop Kayayan. Eles foram ao Planalto e ela elogiou a Ruth, elogiou os programas daqui, muito entusiasmada com o de Minas Gerais, de "Minas por Minas",** de apoio a essas regiões mais pobres, com melhor desempenho nos programas sociais, enfim, tudo bem.

Depois reuniões de rotina no palácio, nada de extraordinário. Voltei para cá e recebi o Joseph Safra. Não me deu a impressão de estar grandemente empenhado em comprar o Bamerindus. Disse [que comprava] se o Banco Central deixasse à margem 1 bilhão de reais, para, se não der certo, devolver. Bom, assim não dá! Ele acha que o sistema financeiro vai ter problemas, quanto mais depressa atuarmos melhor. Não me disse concretamente nada de nenhum banco. Falou do [Banco] Boavista, que o banco quer se capitalizar e pode, mas a preocupação grande realmente é com o Bamerindus. Conversamos sobre o Serra, ele vai apoiar a candidatura dele. Enfim, conversa geral e muito sobre o sistema financeiro mundial. Disse o que eu tenho dito há algum tempo: "Olha, se vier crise, é crise grande, porque o mundo virou um grande cassino com os derivativos, e não há governo mundial. Se houver aí um desaguisado nesse plano, vai ser muito difícil controlar as consequências". Nós, no Brasil, precisaríamos ter um plano de emergência para isso. Isso foi na segunda-feira, e nada de mais ocorreu.

A terça-feira, ontem, também foi um dia mais ou menos tranquilo. Na verdade estou até estranhando essa tranquilidade, que deriva de um Congresso praticamente em férias.

Na segunda-feira à tarde eu tinha recebido o sr. Akira Yokoi, vice-presidente executivo da Toyota, que veio me dizer que iriam construir uma fábrica de automóveis em São Paulo com capacidade de produzir 15 mil unidades por mês. E de fato na terça-feira, ontem de manhã, depois de estar com o pessoal da Associação

---

*Norte-americana, nascida no estado de Nova Jersey.
**Programa de redistribuição de recursos do ICMS para municípios de regiões menos desenvolvidas do estado, com estímulo a investimentos sociais.

Mundial de Jornais, o Jayme Sirotsky* e os donos das empresas aqui no Brasil e de ter feito um discurso (assinei a Declaração de Chapultepec),** fui para o Palácio do Planalto depois do almoço e participei desse encontro em São Paulo através de um link da Embratel.

Fiz um discurso. O vice-presidente da Toyota disse que uma das razões que os levaram a vir para o Brasil foi o modo cortês como tratei o Toyoda, dono da Toyota, lá no Japão.

Depois me reuni com o general Cardoso e falei com o Jobim sobre a lei de transferência de foro da Polícia Militar, [permitindo] que os crimes cometidos pela corporação sejam julgados pelo foro civil. O Senado incluiu as Forças Armadas, o que não queremos. Conversei com o general Cardoso sobre isso, com o Jobim também, e vou sancionar a lei, que é muito imperfeita e vai exigir correções.

A reunião a seguir, que durou um longo tempo, foi com a equipe econômica, na sala do Clóvis, para discutirmos balanço de pagamentos, balança comercial. Gustavo Franco trouxe um paper muito interessante, a tese dele é igual à do paper que ele tinha escrito antes, mas com muitos dados desglosando a composição da entrada e saída de capitais no Brasil. A tese é que a balança de transações correntes, que é o que conta — e a do Brasil está muito boa —, ou seja, o conjunto das contas, não só a balança comercial, mas a balança de serviços, de entrada de capital, de saída de capital, tudo isso, no conjunto, está muito positivo. Ele acha que na balança comercial haverá um déficit de até 3 bilhões, mas isso não deve assustar. Entretanto, o difícil é passar para a sociedade, porque a sociedade está muito marcada pela ideia de taxa de inflação e desequilíbrio das contas da balança comercial. Houve uma longa discussão, de novo se voltou à questão do déficit fiscal. Insisti em que agora só há uma coisa a fazer: cortar no físico, portanto diminuir pessoal; isso é duro, mas pode e deve ser feito. E assim foi a reunião.

Depois vim para casa, onde houve um jantar grande com o embaixador Zoza Médicis [João Augusto de Médicis],*** a Nélida Piñon, o Pedro Paulo [Poppovic], o Miguel Darcy de Oliveira, a Rosiska, a Ruth, a Bibia [Maria Filomena Gregori], enfim, um jantar muito simpático que terminou tarde, nada de novo a registrar.

Hoje de manhã, como de hábito nas quartas-feiras, nadei e depois fui para o Palácio do Planalto. Ontem tive um despacho longo com Marco Maciel, que já está recuperado da cirurgia que sofreu. Estive com o Eduardo Jorge, o Clóvis e o general Cardoso. Discutimos a possibilidade de passar a reunião do ministério para sexta-feira, porque quero fazer essa reunião mais para comunicar ao país o programa

---

* Presidente do conselho de administração da Rede Brasil Sul (RBS), afiliada da Rede Globo, e presidente da Federação Internacional de Editores de Jornais.

** Declaração de compromisso com a liberdade de imprensa nas Américas, emitida no México, em 1994, pela Sociedade Interamericana de Imprensa (SIP).

*** Embaixador brasileiro na China.

de metas embutido no orçamento. Concordaram com a minha ideia. Depois recebi demoradamente a bancada dos nordestinos.

Falei com Antônio Carlos primeiro. Antônio Carlos é postulante à presidência do Senado. A Ana me informou — e ela deve ter ouvido isto do Luís Eduardo — que o Antônio Carlos andava cismado que eu estava contra ele. Não estou nem contra nem a favor, eu quero ver quem tem condições de ganhar de uma maneira que não atrapalhe o governo. Ele, claro, condiciona tudo à tese da reeleição e acho que condiciona sinceramente. Me disse que falou com Roberto Marinho e depois com os três filhos a respeito do assunto, e também que acha que o Sarney estava muito irritado porque alguém teria dito que o Sarney dissera a mim que o candidato dele era Hugo Napoleão. Eu o corrigi, garanti que o Sarney nunca falou no assunto comigo, mas que eu também tinha ouvido dizer que o Sarney quer o Hugo.

Depois dessa conversa com Antônio Carlos, recebi toda a bancada nordestina mais ativa, porque eles querem incluir benefícios extras para o Nordeste no regime automotivo, que estamos aprovando por uma medida provisória.* Propus que se fizessem medidas à parte. Em princípio eles concordaram, mas com muita desconfiança da área técnica do governo. Área técnica significa o Dornelles e o Clóvis. Na verdade eu disse ao Clóvis para ir devagar, porque é um assunto político delicado, há uma questão federativa aí, sentimentos de marginalização de setores importantes da sociedade brasileira, isso expresso politicamente, e que não se pode apenas demonstrar tecnicamente a inviabilidade, mas criar uma possibilidade.

É curioso como às vezes o setor menos político do governo fica enrijecido e não percebe que, se não fecharmos algum compromisso nessa área, vamos ser derrotados no plenário. Porque essa questão regional pega muito, e muito forte. Estavam lá meus líderes e também o Benito Gama e o Élcio Álvares. Os dois, pelo que eu vi, entusiasmados com a tese de benefícios extras. Acho que, com ou sem benefícios extras, nenhuma indústria automotiva irá para o Nordeste, e disse isso a eles. Seria preciso ver se há alguém disposto a negociar a fundo com essa [indústria], e que ela venha a se mostrar disposta a ir para lá.

Repeti a eles que não existe Nordeste, como não existe América Latina. Existem estados do Nordeste, cada um disputando coisas diferentes e cobrando da União um programa para o Nordeste que não é sustentado praticamente por ninguém. Não rebateram. Enfim, conseguimos contornar.

Depois recebi o deputado Celso Russomanno** e um deputado Gomes, que é primo do Ciro Gomes,*** a respeito do projeto que o Senado aprovou, e eu sancio-

---

* A MP nº 1532, aprovada em 18 de dezembro de 1996 e convertida na lei nº 9440, de 14 de março de 1997, estabeleceu incentivos fiscais a indústrias automobilísticas que se instalassem nas regiões Norte, Nordeste e Centro-Oeste.
** PSDB-SP.
*** Aníbal Gomes (PMDB-CE).

nei, que diminui as multas de 10% para 2%.* Esses dois — um é autor do projeto, o outro é o Russomanno, um batalhador dessas teses — acham que o governo não deve fazer nenhuma nova norma, porque a norma é extensível a todos os tipos de contratos de fornecimento de prestação de serviços, e na concepção deles inclui até mesmo taxas de prefeituras, de prestação de serviços, por exemplo de coleta de lixo etc.

Chamei o Eduardo Jorge, que começou uma discussão técnica com eles, e eu disse: "A questão não é técnica. Politicamente não interessa ao governo ficar numa posição que parece contrária ao interesse da maioria da população. Deixa que os tribunais resolvam". É curioso, repito, como os setores técnicos do governo se ressentem de uma visão estratégica um pouco mais ampla e enrijecem na discussão política. Mas é normal que assim seja.

Vim para casa. A Ruth estava aqui, almocei com ela, acabei de me despedir do Aloysio Miranda, que é casado com Andréia [Miranda], minha sobrinha, e agora vou voltar para o Palácio do Planalto.

Hoje é sexta-feira, dia 9 de agosto, são umas nove e meia da noite, estou esperando a Ruth para jantar. Ela foi até Recife para uma discussão com empresários sobre o Programa Comunidade Solidária.

Quero continuar registrando o que aconteceu na quarta-feira à tarde. Recebi o deputado Pinotti, agora candidato a prefeito de São Paulo, que foi pedir um entrosamento maior, e apoio, para poder levar adiante a candidatura dele, que é de interesse do governo na medida em que ele não faz os ataques frontais que o outro candidato,** apoiado pelo Quércia, faria.

Depois recebi o sr. [Paulo] Feijó, que é o presidente da Associação Brasileira de Supermercados, com vários representantes, para mostrar como houve transformação positiva com o real. Eles continuam vendendo muito, e dos importados apenas 3%. É extraordinário que esses grandes movimentos de mercado de consumo se deem dessa maneira no Brasil. Então me convidaram para participar de uma convenção que vai ser realizada em setembro ou em outubro, no Rio de Janeiro.

À noite, voltei para casa, para uma reunião extensa com o Luciano Martins, o Gelson Fonseca, o Sérgio Amaral, o Vilmar Faria e a Ruth. Fizemos a avaliação de um paper muito interessante do Luciano, no qual ele diz que está faltando — ele não diz, deixa implícito — um "projeto nacional". Ele diz que isso não cabe mais, porque não existe mais o Estado-nação como força agregadora. Na verdade ele pro-

---

*A lei nº 9298, de 1º de agosto de 1996, alterou a Lei dos Direitos do Consumidor, de 1990. Foram reduzidas as multas de mora de todos os contratos envolvendo produtos e serviços em regime de crédito e concessão de financiamento (contas de luz e telefone, consórcios, taxas de condomínio etc.).
**João Leiva.

põe alguma coisa emblemática, que saia da mera enumeração de projetos, para dar o sentido da nova sociedade que se deseja construir no Brasil. Eu até usei um slogan que iria repetir hoje, mas não repeti, que era Justiça e Progresso, em vez de Ordem e Progresso. Luciano, na discussão, argumentou que não há um rumo para uma nova sociedade.

No debate, mostramos que não é bem assim. Existe um rumo. Historiei tudo o que foi feito desde o começo do real, sempre no sentido de não aceitar as teorias recessionistas nem as de que não haveria possibilidade de distribuição de renda. Na prática fizemos tanto a estabilização com alguma taxa de crescimento como com redistribuição de renda, e isso era uma coisa positiva. Hoje a sociedade quer mais, quer justiça, quer equidade, o que é mais difícil de demonstrar, porque só estamos fazendo políticas públicas que universalizam: educação, saúde, combate ao clientelismo etc. Estamos mudando o Estado, e isso demanda tempo. Embora a nova sociedade seja muito fragmentada, formular suas demandas de maneira adequada é peça fundamental para a negociação das reformas e mesmo para a legitimação do poder. Por isso acho que precisamos de uma aliança ampla, para poder ter uma maioria que dê governabilidade, expressão que até saiu de uso, porque já existe. Termos essa aliança complexa, esdrúxula é que permite ao governo governar.

Essa aliança é um processo curioso. Todo mundo pensa que o governo depende dela, mas na verdade é o Executivo que conduz a política. No caso do PFL, é gritante, porque o PFL é que depende de mim, e não eu dele. O PSDB também. Com o PMDB isso é menos verdade, mas de qualquer maneira há certa margem para o governo fazer suas políticas sem que a oposição do Congresso as destrua, ou sem que as destrua inteiramente.

A sociedade percebe isso erradamente, via mídia, meios de comunicação, como se fosse um governo amarrado pelo Congresso, quando na verdade há um jogo no qual o Congresso faz de conta que tem poder no governo e o governo faz de conta que o Congresso pode muito, quando na prática não é bem assim. Na prática depende muito mais da capacidade do governo de continuar sendo hegemônico e de levar adiante programas que correspondam à nova sociedade, que está baseada tanto na globalização e no aumento da relação de fluxo de comércio nos dois sentidos, importação e exportação, como, principalmente, na demanda por equidade social.

Fácil de falar, difícil de simbolizar, e voltei às minhas teses sobre o papel simbólico e integrador do presidente, que fica como uma espécie de rei provisório. Não creio que o Luciano concorde com tudo isso. Ele não acredita muito que a sociedade perceba as coisas do jeito que estou colocando; ele insiste na necessidade de algo emblemático para transcender o cotidiano.

O Gelson é mais crítico. Acha que não existe essa possibilidade, porque a sociedade é muito fragmentada, são *issues* concretos, a sociedade quer resultados, políticas concretas e não valores que possam unificar.

A visão do Sérgio Amaral e da Ruth é mais de que a sociedade civil tem um peso imenso e que está faltando — a tese é mais da Ruth, mas vai na mesma direção da do Sérgio — uma porosidade do governo para com os movimentos sociais que existem... Hoje o movimento social tem como interlocutor o Executivo, não o Legislativo, e o governo não se preparou para se abrir a esse diálogo, sem o qual nunca haverá senso de legitimidade.

Na verdade acho que a Ruth tem razão na tese; é preciso ver como se agrega esse elemento.

Bem, fazer uma discussão acadêmica desse tipo em plena quarta-feira me deixou feliz.

Ontem, quinta-feira, já foi um dia dedicado a coisas mais concretas.

De manhã recebi os atletas do Comitê Paraolímpico [Brasileiro] no Alvorada, depois fui para um despacho interno no Planalto.

Recebi também o Luís Eduardo Magalhães com dois deputados, o [Eliseu] Padilha, do Rio Grande do Sul, e o Geddel, da Bahia. Eles discutiram a possibilidade de reeleição e a ação deles e a do PMDB nesse sentido.

Depois estive com o deputado Aroldo Cedraz,* que é o relator do projeto dos recursos hídricos. Falei bastante sobre essa matéria.**

Vim para o Palácio da Alvorada ter um almoço com o pessoal da *Veja*, com o Mario Sergio Conti, o Expedito Filho e o novo diretor da *Veja* aqui em Brasília,*** nada de especial. Apenas retomamos as teses que já expus em várias oportunidades, não preciso registrar.

Depois do almoço recebi, rapidamente, o Jorge Wertheim, que hoje é o coordenador do programa da Unesco no Mercosul.

O Amazonino Mendes veio me falar sobre a linguagem a ser utilizada no Amazonas, quando eu for lá. Irei no fim de agosto. Veio também reivindicar algumas questões concretas para o Kandir. Reclamou — ele sempre reclama — de que o Serra, sem mencionar o Serra, não tratou bem o Amazonas.

Depois recebi o Bernard Mencier, que é o presidente do Crédit Commercial de France, somente uma visita de cortesia.

Tivemos uma reunião interna a respeito do que iríamos fazer na sexta-feira de manhã, na reunião sobre como apresentar os programas.

E recebi o Sarney. Essa parte foi mais interessante. Sarney estava fora de si. Por quê? Porque o Tasso conseguiu que a [Companhia] Siderúrgica Nacional, que é privada, mais a Vale do Rio Doce, colocassem uma minissiderúrgica de pelotização, para fazer um certo tipo de aço. Segundo o Sarney, isso prejudica o Maranhão, e

---

* PFL-BA.

** O projeto de lei, transformado na lei nº 9433, de 8 de janeiro de 1997, estabeleceu a Política Nacional de Recursos Hídricos.

*** André Petry.

foi viabilizado porque a Petrobras terminou um gasoduto, o que é verdade. Entretanto, a obra começou em 84, 85, e o contrato para a continuação do gasoduto do Rio Grande do Norte até o Ceará começou em 94 e, segundo o ministro de Minas e Energia, nunca esteve em cogitação levá-lo até o Maranhão. O Tasso conseguiu um preço privilegiado para a entrega do gás por um sistema de incentivos, e não foi nem o governo [federal] que fez, foi o próprio Tasso. Mas o Sarney não prestava atenção nesses detalhes, estava fora de si. Me disse que não queria brigar comigo, que queria falar como um amigo, mas gritava, estava exaltado, porque o Maranhão é uma coisa muito cara para ele, e todo mundo pensa que ele é inimigo meu, e que ele já disse para a Roseana que o problema dela é que eu gosto muito dela, mas como ela é filha dele ela é prejudicada por isso. Enfim, estava nervoso demais, e quer alguma coisa que compense o Maranhão. Insinuou que teria havido negociatas, ou que poderia ter havido no caso do Ceará, enfim uma coisa muito raivosa.

Deixei que ele se acalmasse e disse que ia me inteirar e lhe mandaria as informações. Fiz isso hoje, passei os relatórios ao Sarney, o ministro também os enviou, e o ponto de vista do presidente da Vale do Rio Doce, do presidente da Petrobras e de todos é que foi uma decisão boa, positiva e que a reclamação do Sarney não tem nenhuma base.

À noite eu e a Ruth jantamos na casa do chanceler Luiz Felipe Lampreia, com o Pedro Malan e os familiares do chanceler.

Hoje de manhã fui para o Planalto e fiz o lançamento desse programa que não é um programa de metas,* mas simplesmente a inserção no orçamento de programas que vão ser terminados em 97 e 98, mas que já passam a imagem de um governo com rumo e que o Brasil está fazendo as obras necessárias para a sua integração. Acabei de ver na Globo, no *Jornal Nacional*, uma apresentação dele. A comentadora foi um pouco cética sobre termos financiamento para tudo isso, um pouco mordaz. É da moda agora. Botaram uma pitada de dúvida nos telespectadores sobre as intenções do governo, embora não pudessem ter escondido o que eu disse: que, por favor, não confundissem o programa de governo com aquela expectativa de um Brasil crescente como se fosse um programa eleitoreiro.

Depois vim para o Palácio da Alvorada e me reuni com doze industriais de várias partes do Brasil, para estabelecer um contato entre os setores do empresariado, o Ministério da Fazenda e o Ministério do Planejamento. Todos insistiram na exportação. O Luís Furlan ficou encarregado de ser, digamos, o elo com esse pessoal, vamos criar um comitê informal de negociação com o Ministério da Fazenda e o do Planejamento sobre como baixar o custo Brasil e as questões relativas às exportações.

Voltei ao Palácio do Planalto. Dia bastante calmo, recebi o governador Cristovam Buarque, uma conversa boa. Cristovam quer preparar, depois das eleições,

---

* Plano Brasil em Ação, com previsão de gastos de R$ 54 bilhões em 42 projetos.

uma negociação para aqueles que desejam uma alternativa para o que eles chamam de neoliberalismo, nome de que ele não gosta. Disse que eu devo ser o líder disso, voltou da China e da França muito entusiasmado com a repercussão da minha presença nesses países. Ele quer isso sinceramente. Claro que quer também alguns recursos adicionais para o governo do Distrito Federal. Disse que sua popularidade está muito baixa, que vai governar nessas condições até o fim, que o PT (na verdade um pouco mais o sindicalismo do que o PT) dificulta, que ele não tem mais esperança de reverter isso, o corporativismo do PT, que ele está na linha necessária, olhando para as maiorias e não para as corporações. E disse que os eleitores que o apoiam são os que me apoiam, e curiosamente é assim mesmo. Ele está mudando suas bases de apoio, mas isso não será suficiente para levá-lo à popularidade, enquanto eu aqui mantenho no Distrito Federal alta taxa de popularidade.

Recebi também o governador Wilson Martins, um homem que eu prezo muito, com os três senadores do Mato Grosso do Sul,* para discutir como fazer o saneamento no Mato Grosso. O Pedro Parente estava lá e vai levar adiante.

Depois do almoço fiquei conversando com o Luiz Carlos Mendonça de Barros. Uma vista rápida do assunto: ele me disse que a situação da Eucatex, a fábrica da família Maluf, é muito ruim. Que o filho do Maluf** o procurou e ele, Luiz Carlos, queria saber de mim se havia alguma recomendação especial. Eu disse: "Não! Fale com o Maluf, diga que eu mesmo recomendei fazer uma coisa técnica, não há razão para não ajudar no que for correto, para salvar a empresa". O Luiz Carlos Mendonça de Barros também acha isso.

Em seguida recebi o Paulo Sérgio Pinheiro, que veio com a ideia de eu criar uma secretaria de Direitos Humanos, e que eu devia preparar isso para o Zé Gregori, na eventualidade de ser preciso colocar como ministro da Justiça alguém não tão sensível a esse problema. Certamente o Zé Gregori não poderia trabalhar com um ministro que não fosse o Jobim. Se o Jobim for para o Supremo Tribunal, deixará uma vaga. Achei boa a ideia do Paulo Sérgio, porque os diretos humanos devem ter visibilidade.

Esses foram os principais fatos a registrar nessa sexta-feira. A Ruth acabou de chegar, são quase dez da noite.

HOJE É SEGUNDA-FEIRA, são sete horas da noite, dia 12 de agosto.

Sábado e domingo passamos aqui, e ontem, domingo, o Setúbal, o Rubens Barbosa, o Malan, o Sérgio Amaral e as mulheres jantaram conosco, muito agradável. Setúbal fez uma análise da situação dos bancos, sempre inteligente; ele acha que nós passamos a crise da inflação, mas que a da estabilização ainda não chegou.

---

*Carlos Bezerra (PMDB), Jonas Pinheiro (PFL) e Júlio Campos (PFL).
**Flávio Maluf.

O raciocínio dele é simples. É que a porção do PIB que os bancos disputam é menor, tem que quebrar mais bancos, fechar mais bancos, fundir mais bancos, haverá muita dificuldade. Os grandes bancos estão bem, preocupação com o Bamerindus centrado no Zé Eduardo. Isso foi a súmula da conversa. Falamos também sobre a candidatura do Serra. A dona Daisy [Setúbal], que votará no Serra, diz que falta a ele alguma imantação pessoal, ou algo assim, mas vai votar. E o Setúbal diz que ajuda.

No sábado não houve nada de especial.

Recebi o senador Élcio Álvares, que veio falar comigo sobre a questão do Senado, do Sarney, sobre a necessidade de termos senadores mais ligados a nós, e, discretamente, tocou no assunto presidência [do Senado]. Ele é um homem correto e não coloca isso em termos de vontade pessoal; acha muito difícil, que o melhor é ir devagar, eu também penso assim.

Depois recebi o Guilherme Palmeira e passei boa parte do sábado discutindo com o Pedro Parente, com o Eduardo Jorge e com o próprio Divaldo Suruagy a questão de Alagoas. A situação dele é desesperadora, o Supremo vai ter que decretar uma intervenção, essa intervenção suspende a votação das emendas constitucionais, mas não estou vendo alternativa. Além disso há uma situação objetiva. Alagoas não tem recursos para pagar a folha de salários, e a folha é imensa. A verdade é que o Divaldo e o Guilherme, os dois, foram várias vezes governadores, o Divaldo três e o Guilherme duas,* e têm parte nessa folha de salários, nas nomeações, em tudo isso.

Hoje, segunda-feira, passei o dia no Alvorada e de manhã recebi 160 pessoas, boa parte das quais atletas que competiram nas Olimpíadas de Atlanta. Muito simpático o encontro, o Havelange esteve aqui também, o Ronaldo Cezar, a Rio 2004, as moças do vôlei, do basquete, os rapazes, o Ronaldinho do futebol, e vários outros do futebol, o futebol das mulheres, estava a Pretinha, um clima muito bom, a Paula, uma moça muito simpática, a Hortência também, todas. Foi muito agradável, os rapazes do iatismo, do vôlei, muito, muito bom mesmo, e passei o dia todo por conta disso. Sem falar também no Robson [Caetano], o corredor, rapaz muito inteligente, rápido.

Posteriormente fiz as gravações que tinha que fazer, dei uma entrevista rápida para a Cristiana Lôbo, depois estive discutindo com a Ana e o [Antônio] Martins. Ana tem críticas severas ao que está acontecendo na secretaria das Comunicações, se inflamou, ela está muito contra o Sérgio Amaral. Na verdade há problemas e, no fundo, parece que o Sérgio Reis** está incomodado, querendo até sair. É um abacaxi grande, eu disse que não dava para mexer agora porque temos problemas demais, que precisamos ir devagar, mas ela ficou muito exaltada naquele estilo dela, temperamental, que não ajuda, porque é difícil chegar a uma coisa objetiva.

---

*Palmeira governou Alagoas em apenas um mandato, 1979-82.
**Subsecretário de Comunicação.

Agora falei com o Serra por telefone sobre as pesquisas, sobre a ajuda que ele pode vir a ter do espanhol que entende muito de pesquisas de massa;* ele vai tentar, já conversou com o cara. Achei o Serra firme.

Vou jantar com o Luís Eduardo e o Daniel Dantas e daqui a pouco receber o Vilmar Faria para discutir com ele, como sempre, os problemas sociais.

De manhã recebi o Eduardo Jorge e o Clóvis, falamos muito e sobretudo dos programas que o Kandir botou em pé, da necessidade de passar o [José Luiz] Portella até mesmo para o Ministério do Planejamento para coordenar a ação na ponta dos programas sociais. O resto foi rotina.

HOJE É QUARTA-FEIRA, dia 14, onze e meia da noite. Vou retomar desde o jantar de segunda-feira.

Jantei com o Daniel Dantas e gostei da conversa com ele. É uma pessoa sensata. Pensei que ele fosse um "neoliberal extremo", mas não, ele tem noção das coisas. Acha que abrimos demais o mercado e que estamos numa camisa de força com a questão dos juros, que temos que avançar na questão fiscal. Ele disse: "Mas se vocês não avançam não é porque não querem, é porque não podem". Gostei bastante do nosso encontro; o Luís Eduardo estava junto.

No dia seguinte, terça-feira, tive entrega de credenciais de embaixadores de El Salvador, Guatemala e República do Mali. Foi interessante a conversa com [o embaixador] do El Salvador e com o da Guatemala, porque eles se sentem como que os excluídos da globalização. A fronteira americana baixou para o México e isso dificulta. Eles não têm como reagir e não estão tendo proveito nenhum; acham que o Brasil poderia ter um papel restaurador na América Central. É a primeira vez que eu ouço alguém falar de Brasil em termos de América Central, e a ideia de que eles são os excluídos e estão se africanizando me parece ter alguma base e mostra os desequilíbrios da globalização.

Tive uma conversa com o ministro Odacir Klein por telefone, ele voltou a me dizer o que dissera na véspera, que o cargo estava à disposição, porque achava que ia criar problemas para o governo.** Voltei a dizer que o problema não era para o governo, era para ele, e que aquela era uma decisão pessoal.

Depois do almoço, quando voltei ao Planalto, a Ana me colocou a gravação das declarações do Odacir na televisão. Ele estava chorando, muito descontrolado, me deu pena, ficou claro, a meu ver, que ele não tinha condições de permanência no cargo, por razões psicológicas. Mas eu não disse mais nada.

Em seguida, despachos internos normais. Recebi o presidente da Deutsche

---

*Carlos Pedregal.
**Em 12 de agosto de 1996, o filho do ministro dos Transportes, Fabrício Klein, atropelou e matou um pedestre em Brasília, fugindo sem prestar socorro. Odacir estava no veículo.

Telekom,* grande empresa de telecomunicações, que veio com o Luiz Frias, com o pessoal da CBPO e com o Pedro Moreira Salles, do Unibanco. Todos mostrando disposição para participar deste momento do Brasil, grandes elogios e tal.

Recebi ainda o presidente do Tribunal Superior do Trabalho,** com o Almir Pazzianotto, o decano do Tribunal*** e o ministro do Trabalho, para discutir sobre os dissídios coletivos. Chegamos a um entendimento, porque agora não há mais a questão da indexação, o Tribunal está num mato sem cachorro e precisa de alguma base. O ministro do Trabalho propôs passar para o Tribunal os resultados que eles têm dos acordos havidos com as diversas categorias, para servir mais ou menos de referência. Foi um bom começo de entendimento.

Meu encontro seguinte foi com Herbert Levy,**** 84 anos, ele nada todo dia, joga tênis, tem horror da equipe econômica, mas acha que sou um homem íntegro que precisa ser reeleito. Me trouxe uma porção de documentos, com simpatia, até gostei do livro dele, é alguém que ainda está lutando por suas ideias.

Posto isso, voltei ao Palácio da Alvorada para fazer uma gravação com Armando Nogueira sobre esporte. Gravamos por bastante tempo, e foi interessante, porque é a primeira vez, segundo ele, que um presidente participa de um programa exclusivamente esportivo. Como estou por dentro por causa das Olimpíadas, deu para conversar bem, foi muito simpático. O pessoal da Globo assistiu à gravação, conversaram bastante comigo e depois foram embora. Isso foi na terça-feira.

Hoje, quarta-feira, já foi um dia mais agitado.

De manhã recebi o pessoal da comunicação. Ou seja: o Geraldão, da DM9, o Serjão, o Sérgio Amaral, o Sérgio Reis — os três sérgios —, juntamente com o Lavareda.

No início, o Sérgio [Motta] fez um pouco de onda, dizendo que o governo federal tem que prestar atenção no que está embaixo. Eu disse: "Não é bem assim, é claro que tem [que prestar atenção], porque as eleições municipais contaminam". Voltei à minha teoria de que nos está faltando um ícone, um símbolo do que estamos fazendo, que o nosso grande beneficiado no processo de mudança é o consumidor, uma massa amorfa. Ainda não fomos capazes de mostrar isso nem que os grupos organizados, muitos deles, estão perdendo.

Discutimos a campanha do Serra. Falei com ele esses dias todos e achei o Serra bem. Na madrugada de quarta-feira, achei o Serra animado, apesar das dificuldades, e com lucidez. O Serjão quer que o Serra bata... que bata no Maluf e me use na campanha. Eu disse: "Bater no Maluf é cometer o mesmo erro do Lula, que bateu em mim. Maluf tem prestígio popular, isso só vai afastar o povo do Serra, não

---

* Ron Sommer.
** José Ajuricaba.
*** Marcelo Pimentel.
**** Presidente do Conselho de Administração da Gazeta Mercantil S.A.

adianta. O Serra precisa ter o caminho dele. Claro que deve usar o Mário, a mim, mostrar que tem lado. Agora, não deve me usar como se eu fosse cabo eleitoral, porque isso eu não posso ser, e diminui o Serra".

Depois voltei para a apresentação dos oficiais-generais da Aeronáutica e da Marinha, fiz um pequeno discurso.

Recebi os governadores de Santa Catarina, do Paraná e do Rio Grande do Sul, queixosos de muitas coisas, da situação fiscal, o de sempre, tristes com o que aconteceu com o Odacir Klein. Por trás havia outra coisa, que eu só soube mais tarde, porque o Britto voltou ao Palácio da Alvorada e me contou: é que o pessoal do Paraná foi peitado no BNDES para dizer que só recebe o empréstimo se apoiar a reforma do ICMS. E o governador de Santa Catarina estava muito chocado, porque o Mendonça de Barros esteve com o Amin e com o Kleinubing e não com ele. Isso, claro, aumenta a tensão que já existe por causa da situação fiscal. Por sorte o pessoal da área econômica entendeu que precisa atacar grosso modo e não pouco a pouco, paliativamente, as questões dos estados.

Depois voltei para casa. Tive um almoço com alguns jornalistas do *Jornal do Brasil*. O Marcelo [Pontes] estava muito firme nas posições dele, a Dora Kramer, a Claudia Safatle, enfim, um pessoal muito bom, muito competente, na verdade discutimos tudo. Eles queriam saber muito do Odacir Klein. Mal sabiam que Odacir estava aqui em cima, no meu apartamento, e que na biblioteca estavam o Temer, o Britto e o Jobim.

Depois, falei com o Odacir, que disse que queria ir embora. Entendi e reafirmei minha amizade por ele. Voltamos à biblioteca, houve um apelo de todos para que ele permanecesse, mas não vai ficar. Aliás nem pode, não há mais clima. Eu só disse uma coisa: que se ele não fosse permanecer, teria que ser feito hoje; se permanecer, era para sempre, e levar pau e aguentar a briga. Mais tarde, às cinco, ele me disse: "Não, eu tenho que ir embora", e às cinco e meia fez uma declaração à imprensa, me disse que faria, não li ainda os termos, mas perdemos o Odacir.

Acho que o melhor é indicar provisória ou interinamente o secretário executivo, o [Alcides] Saldanha, que foi senador, é do Rio Grande do Sul, do PMDB, não vai ter força para impor muita coisa à área econômica, mas é um homem de bem. Isso me dá tempo para poder, mais adiante, quando eu fizer uma mudança no ministério, tirá-lo sem maiores compromissos.

Voltei ao Palácio do Planalto, recebi a Comissão do Museu Nacional de Brasília, o Nascimento Brito, o Gilberto Chateaubriand e muitas outras personalidades, inclusive a Rhada Abramo, que foi minha colega no curso primário e mulher do Cláudio Abramo, e vários outros, como o Dupas, presidente da Comissão. Foi muito rápido. Presente também o governador de Brasília, Cristovam Buarque. Vamos fazer um museu em Brasília.*

*O Museu Nacional Honestino Guimarães começou a ser construído em 1999 e foi inaugurado em 2006.

Em seguida recebi o governador Garibaldi Alves, que veio fazer uma reivindicação correta, de que o gás do Rio Grande do Norte possa ser aproveitado no polo gás-químico no Rio Grande do Norte. Vamos ver se consigo convencer o pessoal do Ministério de Minas e Energia.

Depois recebi o Ignacy Sachs e pedi que o Cristovam Buarque permanecesse com ele. Ignacy Sachs sempre cheio de ideias e, numa atitude simpática, pedindo, como também o Cristovam, que eu assumisse a liderança da reorganização do sistema mundial, não sei o quê, a ONU, enfim, mostrar que a globalização tem seus lados negativos.

Foi bom o encontro.

Voltei ao Palácio da Alvorada e recebi muita gente.

Primeiro tive uma conversa com o Sérgio Motta e o presidente do TCU, o [Marcos] Vilaça. O TCU está pondo dificuldades óbvias e corretas na aprovação de concessões na telefonia e na área de energia. O Vilaça disse com clareza que há três conselheiros (no TCU) muito antiquados, uns são estatistas, outros são exibicionistas, o que dificulta muito. Sugeriu que eu tivesse um jantar com todos na casa dele, Vilaça, o que aceitei, para amenizar esses choques de mentalidade e também para explicar qual é o nosso propósito: evitar que o TCU, que está muito influenciado por sua tecnocracia, muito petista, e também por uma mentalidade burocrática antiquada, atrapalhe o avanço da privatização e das concessões.

Depois conversei um pouco com o Sérgio Motta sobre a campanha do Serra. Insisti nos meus temas, pedi que o Sérgio ficasse em Brasília, porque já percebi, e o Serra também, que o Sérgio está muito estourado fisicamente e talvez fosse contraproducente a presença contínua dele em São Paulo. Ele é inteligente, achou que era uma combinação do Serra, uma sugestão, eu disse que não, que era minha também, mas é óbvio que ele entende que está estourado e que não pode continuar assim, pois acaba perturbando a campanha do Serra. O Serra precisa cuidar da imagem dele, é justo que cuide. Isso era a solução de hoje de manhã, dizem que ele é muito personalista, mas não, é natural que neste momento ele defenda sua imagem. Se não tiver outra coisa a defender para ganhar a eleição, que pelo menos fique numa posição coerente com o que ele acha que é. E não fique forçando uma agressividade desnecessária.

Soube pelo Serjão que o Maluf convidou o [Luiz Carlos] Mendonça de Barros para jantar com ele e com todos os seus filhos, em sua casa, para discutir a Eucatex, que está dramática. Já dei instruções ao Mendonça para não utilizar politicamente o BNDES a fim de prejudicar pessoalmente o Maluf, mas é óbvio que o Maluf também não vai ter condições de ficar atacando tanto o governo.

O senador Amin me telefonou pedindo uma audiência. Disse que falou com o Sérgio Motta e que ele está como algodão entre os cristais, ou seja: o Maluf deve ter falado para o Amin maneirar e ele vai precisar fazer isso.

Recebi o Newton Cardoso — o Luís Carlos Santos foi quem propôs o encontro —, que veio me relatar as conversas do Sarney com ele, todas contra a reeleição, contra mim, enfim. Newton está firme na tese da reeleição, apoiando o governo, contou várias histórias sobre o Itamar e ele realmente tem um poder grande dentro do PMDB.

Newton Cardoso é simpático. Diga-se o que se disser dele, é um homem de conversa fluida, com aquela simpatia mineira, só que tem um jeitão que não é mineiro, grandão demais. Mas, enfim, foi uma boa conversa.

Antes do Newton, recebi o embaixador Rego Barros, o qual veio trazer assuntos delicados. Os americanos estão usando uma carta, que eu não sabia que existia — mas ela existe, o embaixador americano entregou ao embaixador Rego Barros uma cópia —, de um oficial da Aeronáutica, qualificado, indagando sobre a compra de aviões F-16, entre outros.* São aviões modernos. Só que a Aeronáutica quer isso até o ano de 2015, e os americanos estão usando esse eventual interesse do Brasil para açular os argentinos, para que eles também comprem. Ora!, os chilenos também podem comprar, os peruanos também. E aí começa o que haveria de pior, uma corrida armamentista na América do Sul, o que atrapalharia tudo. Há sinais evidentes de certa intriga americana entre Brasil e Argentina.

Mandei que o Itamaraty de imediato assegurasse os argentinos dos nossos propósitos pacifistas. Eu já sabia que o nosso embaixador na Argentina — li o telegrama — tinha dito tudo isso ao Guido [di Tella], mas acho que chegou o momento de uma conversa minha com o Menem. Vamos nos encontrar em Cochabamba** para botar água na fervura e evitar que haja [essa corrida]. E também pedir que o chanceler mais o Rego Barros, eu e o brigadeiro Lôbo nos encontrássemos para discutir certa precipitação da Aeronáutica em mandar uma carta que os americanos estão usando contra nós, quando na verdade nosso propósito é, pura e simplesmente, repor um armamento do Brasil que está totalmente arrebentado. Não há nenhuma intenção de corrida armamentista. Veja como as coisas são perigosas e delicadas nessa matéria.

Isso tem a ver, talvez, com a percepção americana da importância crescente do Brasil, é uma tentativa de cortar um pouco as nossas asas. O que deve nos preocupar, porém não demasiado, e deve aumentar nosso relacionamento.

Pedi também ao Bambino [Rego Barros] que acalmássemos o Chile com relação à Argentina. Precisamos acabar com qualquer veleidade de corrida armamentista na América do Sul. Isso foi tudo.

Voltei para casa, telefonei para uma porção de gente.

---

* Estava em elaboração a concorrência do Projeto FX, para a substituição dos caças F-5 e Mirage da FAB. O F-16 foi uma das opções iniciais.

** Viagem presidencial de 2 a 4 de setembro de 1996 para a reunião anual do Grupo do Rio – Mecanismo Permanente de Consulta e Concertação Política da América Latina e do Caribe, criado em 1986 como alternativa à OEA.

O Kandir me deu uma boa notícia, dizendo que conseguiu um acordo sobre o ICMS de importação de máquinas e equipamentos, sua redução a zero, e também das exportações de produtos agrícolas etc., manufaturados, semimanufaturados, muito interessante. Se for para valer mesmo, é um passo grande. Claro, há um risco para a União, que vai ter que bancar se houver prejuízo para os estados. Mas foi uma coisa boa, positiva.

Falei com Paulo Henrique pelo telefone para me informar da evolução funcional dele na Light e na [Companhia] Siderúrgica Nacional, e sobre como anda a questão da Ana com o Banco Nacional. Acho que foi só o mais significativo de hoje.

Na verdade esqueci de registrar duas coisas.

Primeiro, que estive de manhã com Humberto Motta,* que me trouxe notícias muito positivas da movimentação que ele fez no Rio de baixar preços para comemorar dois anos do real. Também me alertou sobre a questão do Sebrae, dizendo-se disposto a ajudar numa mudança da entidade. Eu disse a ele que o Fernando Bezerra também queria isso, e sei que o Afif é candidato. Mas, enfim, não terá o meu apoio, pelo menos, porque não tem se comportado bem: esse estatuto da pequena e microempresa que ele fez com o Sarney vai dar dor de cabeça imensa, porque realmente corta a arrecadação.

Além disso, falei com o Serra e o Paulo Paiva, que foram me ver no fim da tarde. O Serra foi propor aumentar por dois meses o seguro desemprego na área de São Paulo. Foi lá, na verdade, para ser filmado comigo e com o ministro Paulo Paiva, mostrando o nosso interesse e o interesse dele na questão do desemprego. Isso ele vai usar nas eleições, e é só.

DIA 15 DE AGOSTO, uma quinta-feira. Hoje de manhã tomei café com o Jobim, o Eduardo Jorge e o Clóvis. Discussão a respeito de Alagoas, situação dificílima, crise do sistema federativo. Alagoas mostra claro as limitações do atual regime, em que não temos liberdade para diminuir o pessoal, dispensar pessoas. A folha de pagamento, de salário, custa 105% da arrecadação. Além disso, mostra a insensibilidade do Judiciário, porque 20% [do orçamento] de Alagoas vai para a Justiça e para a Assembleia, a maior parte para a Justiça. O Judiciário quer fazer um prédio novo, e orçou. O Supremo Tribunal mandou que arrestasse o recurso para permitir que o governo de Alagoas transpasse para o Judiciário. É luta de poderes, todos ganham muito, todos os parentes empregados, não há solução no quadro atual. O governador veio falar comigo junto com os senadores,** querendo recursos para resolver a dívida.

* Presidente da Associação Comercial do Rio de Janeiro (ACRJ).
** Guilherme Palmeira (PFL), Renan Calheiros (PMDB) e Teotônio Vilela Filho (PSDB).

O problema não é a dívida, pode-se resolvê-la e continua igual. Mostrei isso a eles, que a dívida foi fruto justamente dessa situação, e que não vai mudar porque a rigidez da lei não permite. Ou seja, isso está estourando. Esse regime supõe inflação. Havendo inflação, paga-se todo mundo, aumenta-se o funcionalismo e o povo paga pelo imposto indireto. Estamos chegando a um limite. Acho que pode haver um estouro, mais adiante, do próprio sistema federativo e até mesmo, talvez, das instituições. É preciso uma mudança institucional que não leve a déficits crescentes, para permitir a viabilidade do regime democrático.

Discutimos também a questão do Ministério dos Transportes e decidi que o Saldanha, que é o secretário executivo do ministério, substitua o Odacir Klein. Ele me enviou a carta de demissão hoje.

Além disso, decidi nomear o [José Luiz] Portella, o Portelinha, tirado da FAE, da educação, secretário executivo do Ministério dos Transportes. Ele é engenheiro especializado em transportes, de modo que tem currículo adequado. Ele aceitou. Recebi o Mário Covas, ainda no Alvorada. Estava de bom humor, veio discutir de novo a questão federativa, a guerra fiscal entre os estados, deu exemplo concreto de como a Volkswagen está exigindo mundos e fundos para botar mais uma fábrica em São Paulo para produzir o Audi ou o Golf, isso porque outros estados oferecem perspectivas melhores. O Mário também se mostrou preocupado com o que se diz sobre a situação da Segurança Pública. Os indicadores todos são de que São Paulo não é mais violenta do que a maior parte das cidades ditas de primeiro mundo.

Participei em seguida da assinatura dos atos declaratórios de portos secos,* quer dizer, alfândegas que não estão no mar, para tornar mais expedita exportação-importação. Muitos governadores, Miguel Arraes, Cristovam Buarque mais os governadores Eduardo Azeredo, Mário Covas, Maguito Vilela, e discurso do Everardo [Maciel], discurso meu. Um ato muito importante. Levei os governadores para conversar. Tratamos bastante da crise fiscal, de tudo que está nos atormentando.

Nesse meio-tempo chegou o Serra, notícias ruins sobre sua campanha. Ele havia me trazido uma pesquisa mais alentadora de manhã, de que teria subido um pouco nas pesquisas, mas ficou sabendo que vai sair amanhã um Datafolha em que ele cai para 9%. Situação bastante crítica, mas o Serra estava calmo. Almocei no Alvorada com o Tasso e mais tarde chegou o Sérgio [Motta]. A ideia do almoço foi para discutir com o Tasso, pela primeira vez, a questão da reeleição ou de alguém que me suceda. Eventualmente ele próprio poderia vir a ser candidato, caso em que precisaria haver uma preparação, se não houver reeleição.

O Tasso voltou a falar sobre o Serra. O Sérgio também, muito exaltado, fora de si, houve ataques duros ao Sérgio por parte desse Valdemar Costa Neto, publicado

---

*Solenidade de autorização para a licitação de onze Estações Aduaneiras Interiores ("portos secos").

nos jornais de hoje, uma infâmia.* Preocupei-me com a saúde do Sérgio e com seu estado de excitação, porque ele está fazendo muita coisa ao mesmo tempo. Ontem impedi que voltasse a São Paulo, mas hoje não consegui.

Depois voltei ao Palácio do Planalto para a regulamentação da Lei do Audiovisual.** Muitos artistas, produtores, o Nelson Pereira dos Santos entre outros. Eu fiz um discurso bastante animado. Também o Malan estava muito entusiasmado, o Weffort, tudo bem.

Recebi de novo o governador Divaldo Suruagy com os três senadores e voltamos a discutir a situação de Alagoas. O Divaldo quer se demitir. Na verdade seria politicamente bom para ele, porque acusa os juízes, entrega o governo para o vice-governador e sai ainda com muita popularidade. Eu disse que era melhor utilizarmos o caso de Alagoas para tentar mudar algumas leis, inclusive a dos precatórios, porque não há moratória para os precatórios ou títulos. Não aguentamos pagar tantos julgamentos da Justiça de casos que parecem muito corretos, mas que nunca foram defendidos pelos advogados do Estado, seja porque não tiveram competência para isso, seja porque se mancomunaram, seja porque não havia advogados do Estado.

Encaminhei o Divaldo para uma reunião, amanhã, com o pessoal da área econômica. Não sei o que vai acontecer, tenho dúvidas.

Recebi o embaixador Bernardo Pericás.***

Depois disso, falei longamente com o senador Jader Barbalho. Ele quis abrir o jogo, mostrar que é preciso equacionar a questão da reeleição, se disse disposto a apoiá-la, mas tem que ver a parte que vai caber a cada um. Esse "cada um" implica o Sarney, que quer renovação dos mandatos da mesa do Senado, e Jader está um pouco cauteloso com o Sarney, achando que ele passou a encarar a eventualidade da eleição do Antônio Carlos, que é do PFL. Jader disse que o Sarney tem essa situação embrulhada porque os filhos são do PFL e isso complica um pouco o relacionamento e a possibilidade de o Sarney assumir o comando.

---

*Costa Neto publicou um discurso pronunciado na Câmara, qualificando Motta de "o maior Ali Babá da história do Brasil".

**Assinatura da medida provisória que originou a lei nº 9323, de 5 de dezembro de 1996, que estabeleceu incentivos fiscais para o setor audiovisual.

***Novo embaixador brasileiro no Paraguai.

16 DE AGOSTO A 11 DE SETEMBRO DE 1996

Articulações com Sarney. Reformas na Educação. Reflexão sobre novos caminhos para o governo

16 de agosto.
Eu falava sobre a conversa que tive com o Jader no final da tarde de ontem. Sarney com dificuldade no comando do PMDB por sua situação embrulhada, com seus filhos no PFL. Por isso não é propriamente bem aceito como líder do PMDB.

De qualquer maneira, o que o Jader está propondo é que não haja renovação das mesas, ou seja, reeleição na Câmara e no Senado. Ele, Jader, abriria mão da candidatura à presidência do Senado porque acha que poderia embarcar num projeto de outra natureza, ou seja, na reeleição do presidente da República. É claro que quer saber qual vai ser a posição dele no seu estado.

Foi longa a conversa com Jader. Depois dela despachei coisas de rotina com o Clóvis e à noite voltei ao Palácio da Alvorada, bastante cansado, para fazer os registros que acabo de fazer nesta manhã de 16 de agosto.

Eu queria acrescentar o seguinte.
No dia 14 à noite, recebi o embaixador Rego Barros aqui no Palácio da Alvorada, como já registrei. Ele me trouxe a cópia de uma carta que um brigadeiro havia enviado aos Estados Unidos a respeito da compra de aviões, o que causou embaraço grande, porque pode provocar uma corrida armamentista. Agora falei pelo telefone com Luiz Felipe Lampreia sobre essa questão. O que está acontecendo é que os americanos, embora não temam que o Brasil se lance numa aventura — eles sabem que não vamos nos lançar —, receiam que o Brasil fique com asas muito soltas, muito grandes.

Há, na verdade, um problema diplomático e um problema real. Numa conversa com Ignacy Sachs e Cristovam Buarque, que foram me visitar anteontem, ficou bastante clara qual é a minha posição. Queremos realmente levar essa questão da integração hemisférica para mais longe, porque queremos organizar o mercado da América do Sul, e os americanos já perceberam isso e, ao perceberem, vão começar a criar obstáculos ao Brasil.

Não podem agir frontalmente por causa da minha posição (acabei de receber uma carta do Clinton muito favorável por nossa posição nos direitos humanos),*

---

*No final de julho de 1996, a Comissão de Direitos Humanos da ONU publicou um relatório que qualificou o Brasil como um dos campeões mundiais da violação de direitos humanos.

porque o Brasil hoje, nos temas universais, tem uma posição muito construtiva, mas são os interesses econômicos que se chocam, e, eventualmente, o prestígio político do Brasil pode aumentar de forma a criar não digo um polo, mas uma área de restrição a incondicionalidades.

Já fizemos isso na questão do narcotráfico, cooperamos mas não entramos, automaticamente, sob o comando americano. Estamos definindo uma prioridade na Alca, ou seja, no mercado das Américas; estabelecemos relações com a Europa; estamos fortalecendo muito a nossa produção básica não só de automóveis, mas em geral; estamos, como tenho dito, no limiar de uma terceira onda de investimentos; definimos um plano estratégico de crescimento econômico. Enfim, o Brasil se organizou, e um Brasil organizado é um risco grande. Não um risco, mas, digamos, não há mais incondicionalidades. Curiosamente os nossos nacionalisteiros não estão percebendo nada disso.

Aproveitei ontem, quando fiz o discurso sobre a lei do audiovisual, para dar uma resposta indireta às bobagens que o Itamar disse, de que é preciso ter sentimento nacional. Eles estão pensando no nacional do passado e nós estamos fortalecendo o nacional do presente, num contexto de globalização, em que, claro, existem interesses nacionais e é o que estamos defendendo de maneira inteligente e construtiva.

É curioso, quando há uma grande mudança as pessoas se perdem nela e se mantêm fixadas no passado. Até fiquei com pena de ter dito o que eu disse, porque o Arraes estava lá e podia pensar que fosse para ele. Mas o Arraes é mais esperto, ele usa taticamente essas bandeiras, enquanto o Itamar as usa afetivamente.

Mudando de assunto, Sarney falou comigo ontem à noite para dizer que vai ter um encontro com Itamar e antes quer conversar comigo. Já sei o teor da conversa, porque o Tasso me disse que o Ciro foi procurado pelo Itamar, telefonicamente, para fazer uma frente anti-Fernando Henrique, o que o Ciro não teria topado. Curioso isso, o Itamar inspirado por seu pequeno grupo; é uma perda de tempo fazer uma frente dessas. Até o Toninho Drummond, da Globo, disse: "Deixa que eles se reúnam, porque aí se fotografa o passado todo junto".

Acho que são as preocupações desse momento.

Estou com uma grande preocupação com Alagoas. O federalismo está em jogo no Brasil. O Supremo Tribunal tomou uma decisão legítima, legal, mas que tem a implicação de desorganizar o Estado, que é a de obrigar a repassar recursos para a Assembleia de Alagoas e para o Judiciário. É o que está acontecendo como tendência em vários estados da Federação.

Tudo que se dizia sobre o ajuste fiscal está estourando agora. Não houve um ajuste na proporção do necessário. O Estado brasileiro estava mesmo casado, como

---

O Programa Nacional de Direitos Humanos (PNDH-I) fora instituído pelo governo em maio do mesmo ano.

dizia o Bacha, com a inflação. Sem inflação, aparece a desordem, que é grande. E o Congresso não teve sensibilidade política para ver que era preciso cortar mais fundo, mudar mais fundo as leis. Vou ter que fazer um apelo dramático ao Congresso e ao país logo depois das eleições, para que este ano enfrentemos essas questões, senão não teremos um ajuste fiscal na proporção do necessário.

Existe um risco de desorganização federativa. Mato Grosso entrou em parafuso. Nós salvamos. Agora está Alagoas em parafuso. São Paulo só não entra porque é São Paulo, mas é verdade que há uma situação de grande dificuldade no ajuste dos estados e a nossa Constituição não foi suficientemente realista na definição nem das tarefas nem dos recursos para enfrentar essas tarefas. A sociedade não tem noção disso.

Temo que o agravamento dessa situação nos leve até a uma crise institucional. Sob meu comando jamais haverá risco à democracia, mas no futuro, se não resolvermos isso hoje, pode haver, porque a volta da inflação, que é o que está ameaçando ocorrer pela falta do ajuste fiscal, leva a uma desorganização muito grande do país e a insatisfações imensas. Não sei se o sistema institucional terá condições de aguentar. É preciso operar já para garantir ao mesmo tempo o ajuste fiscal e a democracia.

HOJE, 17 DE AGOSTO, é um sábado, são nove e meia da manhã e estou me preparando para ir à Granja do Torto, à reunião de ciência e tecnologia,* depois falar com o pessoal de Educação e à tarde ir para São Paulo.

Antes quero registrar o que houve ontem, sexta-feira 16 de agosto.

De manhã, depois de haver nadado, recebi, como de hábito, o Clóvis e o Eduardo Jorge, os quais reclamaram muito da falta de reforma administrativa. O Clóvis assumiu que ele impediu que o Bresser avançasse mais porque teme as ideias dele, que são um tanto apressadas, sem um amadurecimento da experiência. Isso é verdade. O fato é que não houve um avanço significativo.

Depois de muito bordar sobre esse tema, fomos à coisa principal. Malan me telefonou duas vezes, preocupado com a eventualidade de uma intervenção do Supremo Tribunal e, sobretudo, porque o Supremo Tribunal mandou reter os Fundos de Participação,** e eles consideram que isso não é possível constitucionalmente.

Na verdade é. Nós é que não podemos reter, mas o Supremo pode dar ordens para retermos. É diferente. Mas a Fazenda se preocupa, porque esse Fundo de Par-

---

*Reunião de instalação do Conselho Nacional de Ciência e Tecnologia (CCT).

**Depois de sucessivas recusas do governador em cumprir um mandado de segurança, o ministro do STF Sepúlveda Pertence bloqueou uma parcela de R$ 50 milhões do Fundo de Participação dos Estados destinada a Alagoas para garantir o pagamento dos salários do funcionalismo estadual, que estava em greve. A decisão agravou a crise política e financeira do estado, tornando iminente uma intervenção federal.

ticipação é o que garante os empréstimos que fazemos aos estados e, se o Supremo Tribunal começar a dar ordens para transferir, ficamos sem garantias. Na verdade é um pouco uma tempestade em copo d'água, o Supremo não faria isso sistematicamente, é mais uma aflição do Malan e do [Luiz Carlos] Sturzenegger lá no Ministério da Fazenda. Mas se levantou a questão. O fato é que a Fazenda é contrária a que ajudemos Alagoas antes de Alagoas se comprometer com o plano de ajuste, e isso foi dito ao governador e aos senadores. Naturalmente o governador não aceita, porque acha que precisa, primeiro, de 100 milhões de reais para garantir o pagamento da folha dos funcionários. Só então ele teria condições políticas para negociar alguma coisa.

Almoçaram comigo o Marco Maciel, o Marco Aurélio Mello, que é ministro do Supremo, e o ministro [Octavio] Gallotti. Almoço muito agradável, falamos de passagem sobre a situação de Alagoas. Eles sabem da gravidade dos fatos. Analisamos um pouco o panorama do país, mas foi mais um almoço de confraternização, até porque o Marco Aurélio votou sistematicamente, nos últimos tempos, contra o governo, e ele não queria dar a impressão de que havia alguma razão; é razão da convicção dele. Eu acredito.

Depois fui para o Palácio do Planalto e tivemos uma reunião com todo o pessoal da Fazenda mais o Jobim e os da casa. Voltou-se à discussão de sempre sobre Alagoas, impasse, e resolvi falar com Sarney primeiro e posteriormente com o Sepúlveda Pertence. Seria bom que Sarney, eu e Luís Eduardo nos entendêssemos sobre as consequências do que está acontecendo em Alagoas sobre a Federação. Marquei um jantar à noite, a Roseana tinha me convidado, e pedi que o Sarney fosse também, para conversarmos na casa dela.

Depois disso mandei chamar os senadores de Alagoas, o Guilherme Palmeira e o Teo Brandão Vilela [Teotônio Vilela Filho], que estavam aqui. Expusemos a situação a eles e propus que na segunda-feira próxima venham aqui não só o governador mas o presidente da Assembleia* e o presidente do Tribunal de Justiça de Alagoas,** para que pudéssemos firmar um protocolo, e à medida que esse protocolo avançasse liberaríamos os recursos. Falei com o governador por telefone, que gostou da sugestão. Isso vai ser feito com o Jobim, o Malan, o Eduardo Jorge e os de Alagoas. Vamos ver o que acontece nesse campo minado, um campo difícil.

Fora isso, falei com o [Luiz] Felipe Lampreia e marcamos um encontro com o ministro da Aeronáutica para discutirmos a questão dos aviões e do mau uso que os americanos estão fazendo de uma intenção da Aeronáutica que não tem nada de belicista.

À noite tivemos o jantar na casa da Roseana. O Jovelino Mineiro, que estava comigo, foi também, o Martins e a Ana estavam lá, a Roseana, o Jorge Murad e o

---
*Antônio Albuquerque (PMDB).
**José Agnaldo Araújo.

Sarney. Jantar simpático, o Sarney contando umas histórias, eu também, divertido, bons vinhos, bom peixe. No final o Sarney me puxou num canto para conversarmos. A conversa que ele queria não era só sobre Alagoas — Alagoas, ele vai falar também com o Pertence —, mas sobre reeleição.

Ele me disse o seguinte. Que acha que eu sou o melhor candidato à Presidência, que estou exercendo bem a Presidência, que se passasse o cavalo ele montaria, mas que não vai passar, que o Itamar efetivamente terá um encontro com ele na terça-feira e que ele está disposto a dissuadir o Itamar de qualquer aventura contra mim, de ser candidato, desde que firmemos um pacto que significa basicamente eu cuidar dos interesses do Maranhão e, claro, a reeleição da Roseana estaria em jogo também, e ele termina o mandato. Enfim, propôs uma aliança, e que fôssemos só nós dois sabedores do assunto.

Os jornais continuarão dizendo que ele está contra mim, não sei o quê, mas ele acha que para o Brasil é melhor a minha eleição, porque o Maluf é um perigo, ele não aceita, acha muito ruim, eles não se entendem, ele e eu somos intelectuais, temos uma convivência agradável, eu gosto da Roseana, e vice-versa, então ele acha que é melhor para o país.

Uma vez definido isso, a gente teria que resolver a Câmara e o Senado, as mesas, e ele quer que a emenda da reeleição comece pelo Senado, diz que já tem uma pronta que ele vai me mandar, modificando alguns aspectos, e que faria isso rapidamente.

Ponderei que havia o problema da Câmara, porque eu queria fazer a votação com o Luís Eduardo na presidência da Câmara. Ele gostaria, evidentemente, que o presidente da Câmara fosse o Luís Carlos Santos, eu também, porque acho que do PMDB é o mais firme e o mais hábil, mas aí há uma zona de interrogação, porque fiquei com medo de que isso melindrasse os interesses do PFL e do Luís Eduardo. Mencionei isso a ele e ficamos de conversar depois.

Acho que foram os principais fatos. Evidentemente, a conversa minha com Sarney morre aqui, ou seja, não a transmitirei a ninguém, nem ele. Nesse ponto tanto ele como eu somos da mesma escola. Não se fala mesmo.

Depois muita gente ponderou que o Sérgio Motta anda se expondo demais com os ataques ao Maluf. Diga-se de passagem, que o Maluf me telefonou ontem para dizer que ele e a dona Sylvia [Maluf] também foram convidados para a festa do Banco Real,* da *Tieta*,** com o Caetano Veloso, no domingo em São Paulo, mas que não irão porque ele não quer cumprimentar pessoas que o chamam de assassino etc., mas que isso é coisa contra o Sérgio, que ele gosta muito de mim, queria estar à minha direita ou à minha esquerda sempre — sentado evidentemente —, mas

---

* Comprado em 1998 pelo ABN-Amro Bank, que passou ao controle do Grupo Santander em 2007.
** Pré-estreia do longa-metragem *Tieta do Agreste*, com direção de Cacá Diegues e trilha sonora de Caetano Veloso. O Banco Real financiou a maior parte da produção.

que não queria ter um dissabor, não sei o quê, e que mais tarde as coisas amainam. Agradeci, porque achei um gesto inteligente e compreensivo dele. Não é momento para estarmos juntos, com as eleições de São Paulo aí. Pode ser desagradável. Mas vê-se que o Maluf pelo menos foi o que ele me disse: "Eu sou franco". É mesmo, e tem competência, porque evita problemas desnecessários, e também acenou com a possibilidade de sentarmos no futuro para conversar.

Duvido que o Maluf seja candidato à Presidência da República. As circunstâncias podem mudar, ele pode vir a ser. Mas sabe que o fôlego dele é curto no plano nacional. Enfim, vamos ver como levar essa questão com jeito. É só.

HOJE É SEGUNDA-FEIRA, 19 de agosto.

Na reunião na Granja do Torto, no sábado à tarde, houve uma discussão muito boa sobre reformas da universidade. Paulo Renato fez uma exposição sobre a autonomia da universidade garantindo um patamar de 75% dos 18%,* portanto 13,5% dos impostos federais, e depois todos falaram bastante. Além dos que estiveram de manhã no Conselho Nacional de Ciência e Tecnologia, estavam vários reitores, por exemplo o da Unicamp,** o reitor de Brasília,*** o do Rio de Janeiro, o de Pernambuco,**** além de cientistas, o [Maurício] Peixoto, que é um matemático — este, aliás, não falou na parte da tarde, e sim um físico de Minas Gerais cujo nome me escapa, mas que é uma pessoa muito ponderada. Ele disse com franqueza que a opinião universitária é contra o governo federal e que, embora os reitores afirmem ser favoráveis à reforma tal qual a propomos, em termos de autonomia, na verdade não são.

Isso levou a protestos dos reitores, inclusive do Martins [José Martins Filho], que é o presidente do Crub, o grupo dos reitores.***** Além disso, o Simon Schwartzman e a Eunice Ribeiro também falaram, e favoravelmente, claro, das reformas, e o conjunto dos reitores opinou a favor, inclusive aquele rapaz que é físico de Pernambuco, Sérgio, não lembro o sobrenome dele.****** Estive com ele várias vezes, é secretário do Arraes, de Ciência e Tecnologia. Um rapaz ponderado, fez boas afirmações. Vários deles trouxeram observações pertinentes, vê-se que o tema amadureceu.

Ou seja, vamos ter uma briga grande pela frente para aprovar esta reforma, mas é o passo que falta para dizermos que a educação primária já está encaminha-

---

* O artigo 212 da Constituição Federal de 1988 determina que a União deve investir em educação ao menos 18% da receita líquida de impostos federais.
** José Martins Filho.
*** João Claudio Todorov.
**** Mozart Neves Ramos.
***** Conselho de Reitores das Universidades Brasileiras.
****** Sérgio Rezende.

da. Para a profissional, Paulo Renato tem um projeto bom; falta agora a universitária, e ver essa queixa das universidades, que estão permanentemente contra o governo federal. A verdade é que passamos de 3 bilhões de reais para 5 bilhões de reais o orçamento das federais. Mostramos esses dados.

Acontece que o Estado estava casado com a inflação e as universidades também, por consequência. Então, elas utilizavam recursos próprios ou recursos sobrantes de pessoal, por exemplo, para fazer aplicações financeiras, com as quais custeavam parte dos gastos da universidade. Isso acabou. Mesmo que o governo federal aumentasse o orçamento da universidade, como aumentou em 27%, em termos reais, nos últimos dois anos, na prática os reitores se sentem apertados, porque os outros recursos diminuíram, e entre esses outros está basicamente a utilização do dinheiro do SUS, por exemplo, na especulação financeira.

Isso ficou visto com muita clareza, e praticamente não houve resposta. Mesmo o Luciano Coutinho, que lá estava e tentou pôr em dúvida a base de comparação dos dados, imaginou que fosse dos anos 90. Não pegou, porque não foi. Os dados do Paulo Renato estavam com a base dos anos 80. Ele queria que fosse 85 ou 86. Eu disse: "Bom, só se registrar também que havia uma tremenda inflação e que esses recursos eram nominais e que no decorrer do mês eles eram comidos".

Então ficou claro que o governo federal está dando dinheiro para as universidades e que, se ele não é suficiente, elas vão precisar buscar outros fundos. Ponderei a situação geral do orçamento mais uma vez, que não havia mais de onde tirar. Também disse que era inútil pensar que fosse possível levar adiante uma reforma sem mexer na administração, que esse regime único é inviável, ele vai quebrar, que a Previdência, tal como ela é hoje, não dá, porque os professores vão se aposentando na média com menos de cinquenta anos, enquanto a esperança de vida está aumentando. Então, teríamos que resolver de uma maneira racional, como estamos propondo nas várias reformas. Tenho convicção de que elas estão certas, vou lutar por elas, posso ganhar ou perder, mas, se perder, como elas estão certas, mais adiante o problema voltará com mais força, e vai acabar quebrando tudo.

Eles aplaudiram minha fala final porque fui bastante enfático, mas tem razão o professor de Minas que disse: "Vai ser difícil, porque a resistência corporativa é grande e as pessoas vão resistir bastante às mudanças".

Depois dessa reunião fui para São Paulo, onde passei o dia de ontem, domingo. Fui de manhã à feira do livro,* receptividade excelente, salvo uma moça que estava com a revista *IstoÉ* que dizia que o governo FHC está reprovado. Fora isso, todo mundo que estava lá, funcionários, pessoas que buscavam passeio na feira, enfim, todos vieram para pedir autógrafo, abraço, beijo, uma palavra de estímulo. Foi muito simpático.

À tarde fiquei conversando com o Portella. Chamei-o lá para casa, para discutir as novas funções dele como secretário executivo do ministério [dos Transportes],

*XIV Bienal Internacional do Livro.

ele queria saber se era por quatro meses ou por mais tempo. Eu disse: "Bom, prepare-se para mais tempo, não sei quanto vai durar". Eu sei lá o que vai acontecer no futuro. Ele estava um pouco inseguro, mas acabou ficando mais tranquilo pelo que eu disse e pela importância que o cargo tem — e tem mesmo — na realização das nossas metas de investimento.

À noite fui ver o *Tieta* com a Ruth, a Bia e o Duda no Banco Real, e lá foi uma coisa bonita, mas um pouco excessiva, longa a filmagem. Depois jantei com a Sônia Braga, que estava deslumbrante no filme, e também com Caetano Veloso, com o Aloysio Faria, do Real, a senhora dele,* o Cacá Diegues, a filha do Rafael, que é casada com o Cacá.** Estiveram lá depois a Maitê Proença, a Daniela Mercury. Houve um incidente com a Marília Pêra, não deram um lugar bom para ela, e ela foi embora amuada. Hoje telefonei para a Marília, embora não fosse eu o responsável, foi o Banco Real quem fez o convite e cuidou da localização das pessoas, enfim. Jabor, todo o pessoal do cinema brasileiro estava lá. Weffort discursou, eu fiz uma pequeníssima saudação, o Aloysio Faria uma curtíssima e muito simpática, inclusive a mim.

Hoje saímos cedo para ir à inauguração da última turbina geradora de Rosana.*** No avião, Mário Covas foi lendo estatísticas sobre criminalidade o tempo todo, preocupado com a violência em São Paulo, buscando demonstrar que as estatísticas não apontam para o escândalo que a imprensa está fazendo. Eu sei que não apontam, mas acabam afetando a classe média; e há violência.

A gente se mortifica com as estatísticas e os jornais não as passam porque querem passar uma estatística mais assustadora. De qualquer maneira o tema é ruim para nós. Para quem quer que esteja no governo é sempre ruim, enquanto não houver uma solução mais global, que não se vê nem nos Estados Unidos.

Depois de Rosana, sobrevoamos Porto Primavera.**** É uma usina fantástica para ser feita lá, creio que de 1 200 000 kW, uma coisa impressionante, e boa; depende de um acordo com Mato Grosso [do Sul]. Estavam lá o Wilson Martins e o Jaime Lerner, que reclamou do acordo feito para resolver o ICMS de exportação feito pelo Kandir.***** Ele está com medo de que o Kandir esteja tocando muito depressa — aliás, está mesmo — e que o Paraná seja atropelado.

Hoje já falei por telefone com o Kandir, pedi que ele amaine as coisas, para ver se tem base o que disse o Lerner.

---

*Cléa Faria.
**Renata Almeida Magalhães.
***Usina Hidrelétrica de Rosana, no rio Paranapanema (fronteira SP-PR).
****Usina Hidrelétrica Engenheiro Sérgio Motta, no rio Paraná (fronteira SP-MS), concluída em 2003 com potência instalada de 1540 MW.
*****Estava em discussão no Congresso um projeto de lei complementar sobre a concessão de isenção de ICMS a produtos primários e semielaborados (soja, minérios, suco de fruta etc.).

Mário fez um discurso com dados bons, mas sem entusiasmo. Eu fiz outro com entusiasmo, praticamente o mesmo discurso dele, acrescentando as ideias que venho repetindo sobre estabilização com crescimento etc. etc. e "justiça e progresso". É o lema que tenho mencionado, e o fiz por causa dos sem-terra que estavam lá. Não me amolaram, alguns me perguntaram se eu ia recebê-los, eu disse que não tinha recebido nenhuma solicitação. Formalmente, não recebi mesmo. Depois, na saída, parece que o Rainha estava no aeroporto, mas não me chateou. Não falei com ele porque o pessoal do Mário, o Belisário [dos Santos], que é o secretário da área,* não achou interessante que eu recebesse o Rainha. Então fui direto para o avião e não houve nenhum incidente.

Na volta, viemos conversando eu, Sérgio Motta, o Raimundo Brito e o general Cardoso. O Sérgio me passou um pouco de informações sobre São Paulo. Ele acha que o Serra está errado na campanha, que não quis, desde o início, unir-se a mim, ao Mário e ao Real e que agora está difícil fazer essa união, que o Serra errou pelo personalismo. Sempre que a pessoa está perdendo, todas as culpas são da pessoa. Eu não sou tão severo nem tão crítico nesse julgamento. Acho que há mais fatores em jogo, e às vezes a maré está negativa. Foi o que aconteceu com o Serra; já aconteceu com tanta gente, é normal que ocorra, e na política não se vence sempre. E o Maluf está fazendo uma campanha muito bem-feita, até falei com o Nizan ontem, que me disse que quer se filiar ao PSDB. Eles têm choque de personalidade com o Serra, e isso atrapalha também o brilho da campanha, porque eles estão sem motivação.

Acho que esses foram os principais temas.

Chegando a Brasília, fui para o Palácio do Planalto e, de importante mesmo, foi a conversa com o brigadeiro Lôbo, com o Sebastião Rego Barros e com o general Cardoso sobre a compra dos aviões.

O Lôbo não sabia da tal carta que o brigadeiro tinha mandado. Foi precipitação do brigadeiro, e os americanos tomaram como pretexto. O Lôbo já deu ordens para que isso fosse zerado, para que não se falasse mais no assunto. Não era oportuno, e a quantidade de aviões mencionada era até o ano de 2015. Os americanos apresentaram o caso como se fôssemos comprar os aviões agora. Enfim, um mal-entendido e uma certa ingenuidade de quem enviou a carta. Mas já corrigimos, dentro do possível, as coisas. Vamos falar com os argentinos e acho que devemos falar com os chilenos também. Sobretudo, em dado momento, preciso falar com o Fujimori, para ele não comprar os Mig-29, porque isso vai acabar dando corrida com os chilenos, depois os argentinos ficam preocupados, e assim vai.

Os americanos estão fazendo um jogo meio esquisito. Vêm insinuando que é preciso que uma autoridade civil peça a compra, como se as coisas da Aeronáutica pudessem passar sem a minha autorização. Os americanos acreditam, como não

---

*Secretário de Justiça do governo paulista.

há um Ministério da Defesa, que os militares são independentes. Não é bem assim. As coisas aqui estão sob controle e não tenho queixa nenhuma dos ministros militares quanto a esse aspecto, porque todos os assuntos têm sido discutidos comigo. Agora, com esse Conselho de Defesa, quero levar esse assunto a um âmbito maior, e lá estão o Itamaraty, o Ministério da Justiça, dos Assuntos Estratégicos, enfim, vamos diluir a coisa propriamente militar que pode assustar os lá de fora.

Esses foram os principais fatos, salvo que no último momento o Jader Barbalho veio falar comigo. Sarney me telefonou avisando que o Jader tinha estado com ele e pediu que eu, por favor, não comentasse a conversa que havíamos tido. Desde logo eu disse que não [comentaria]. Jader, na prática, veio referendar o que já havia entrevisto na última reunião comigo, a questão de o PMDB apoiar a reeleição. Na realidade, ele propôs, como o Sarney disse, que isso devia passar pelo Senado.

A razão é simples. Com isso o PMDB tem uma vantagem estratégica, porque na Câmara é o PFL que comanda e no Senado é o PMDB. O Jader também avançou em um ponto que é o mais importante para eles. Este, em parte, implicaria uma mudança de governo que assegurasse ao PMDB preeminência. Isso quer dizer o seguinte: não é dar mais ministérios, mas quem se põe no ministério, quem é mais representativo, ou seja, mais ligado ao Senado. Possivelmente eles vão querer o Iris no Ministério dos Transportes, o que não me parece absolutamente impossível de ser aceito. Eu gosto do Iris. Ele é jeitoso e tem experiência administrativa.

O Jader disse que não topa qualquer caminho via Itamar, ele acha uma aventura para o PMDB, não aceita isso. Segundo ele, conversou com o Sarney nos termos em que o Sarney também conversou comigo e disse que se o Sarney quisesse ser candidato, muito bem; senão, era melhor ter uma coisa segura, que seria um pacto comigo, que seria uma candidatura mais estável para eles do que uma candidatura própria do PMDB com chances muito pequenas de ganhar, podendo dar Maluf ou algum outro via PT.

Enfim, parece que os rios estão correndo para o mar nesse caso institucional da reeleição. Restará saber se o povo, daqui a dois anos, [quer] e se eu próprio, com tantos problemas pessoais que tenho, posso avançar — se vale a pena política e pessoalmente.

HOJE É SÁBADO, 24 de agosto.
Passei esses dias todos sem registrar nada porque na quinta-feira e na sexta-feira fiz uma viagem à Amazônia.*
Mas vamos recapitular o que aconteceu na terça-feira.
Na terça-feira de manhã recebi as credenciais das Filipinas e da antiga Burma, que agora chama-se Myanmar, e da Nova Zelândia. Coisa de rotina.

*Visita a Manaus e a bases militares integrantes do Projeto Calha Norte (de 22 a 23 de agosto de 1996).

Inaugurei uma exposição fotográfica* amplamente divulgada pela imprensa e depois recebi o senador Esperidião Amin, que veio me comunicar que se afasta do Senado por quatro meses.

Ele vai se dedicar à eleição de sua mulher** em Florianópolis, onde tem o apoio também do PSDB. Contou que continua na presidência do partido e quer ser algodão entre cristais, ou seja, não deseja a ruptura do governo federal com o Maluf, e disso sabe o Maluf. Conversa civilizada. O Amin, na verdade, salvo os momentos em que resolve aparecer por causa da televisão, é inteligente, e tem feito as coisas no sentido do interesse maior, e não simplesmente no interesse da fofoca.

Foi uma boa conversa.

Na terça-feira não houve nada de extraordinário. Eu iria receber o Deng Pufang, filho do Deng Xiaoping, ex-presidente da China, mas ele é um rei que perdeu o avião.

Mais importante foi a reunião com Odacir Soares*** e vários grupos representantes da Amazônia, que queriam anular a Medida Provisória 1511, que proíbe a exportação de mogno e de outras madeiras nobres, e que realmente limita muito a exploração madeireira. Falaram bastante, eu ouvi, estava lá um rapaz do PT que tinha um ponto de vista contrário ao deles, mais próximo ao do governo. Depois comentei com ele um artigo infame do Zé Dirceu sobre a questão indígena, típico para explorar, ilaquear a boa-fé das ONGs estrangeiras. Esse jovem do PT é o presidente da comissão agrícola, não sei qual delas, um rapaz simpático.**** Eu disse: "Não posso mudar a MP, vocês têm que convocar o ministro Krause para depor na Câmara como está programado, porque eu não posso tomar uma decisão sem ele".

Bom, isso foi o mais importante.

Recebi um jornalista americano indicado pelo Ruy Mesquita, chama-se Raymond [Frajmund], para uma semientrevista.

Depois tive um encontro no Alvorada com o deputado Carlos Alberto***** [de Sousa], que foi meu colega no Senado, com o João Faustino, ex-deputado e candidato a prefeito de Natal,****** e com o Fernando Bezerra, senador pelo Rio Grande do Norte. Trata-se do apoio do Carlos Alberto à candidatura do João.

Jantei com o André Lara Resende, encontro muito interessante. O André fez uma crítica direta ao governo. Ele acha que perdemos o ímpeto, que falta imagina-

---

* Exposição fotográfica cujo tema foi o próprio Fernando Henrique Cardoso, com sessenta imagens de 28 fotógrafos credenciados para a cobertura presidencial.
** Ângela Amin, deputada federal (PPB-SC).
*** Senador (PMDB-RO).
**** Adão Pretto (PT-RS), membro da Comissão de Agricultura e Política Rural da Câmara. O presidente da Comissão era Félix Miranda (PTB-BA).
***** PSDB-RN.
****** Pelo PSDB.

ção. Claro que é o melhor governo dos últimos anos e dos últimos tempos, mas se espera mais do governo Fernando Henrique. Naturalmente ele sabe — não queria nem me ouvir — que eu diria: "Mas cadê vocês? Onde é que estão? Vocês se esquecem que, na hora de eu formar o governo, vocês foram embora, e para eu ter um ministro da Fazenda, um presidente de Banco Central, foi uma dificuldade, tive que implorar, e mais tarde o Pérsio também foi embora". Ele sabe de tudo isso e está com vontade de ajudar. O André tem razão em alguns pontos. Acho que está faltando mesmo imaginação para dar um sentido mais criativo a esta nova fase do governo. Inclusive ele falou algo bem interessante sobre a reativação do BNH* e as dificuldades na saúde.

Me deu a impressão de que, mais adiante, posso até fisgar o André de novo. Ele tem medo, mas ao mesmo tempo quer, me parece. Eu gosto demais do André, ele é muito criativo. E a crítica que ele fez não foi pessoal, foi realmente genérica, e eu disse: "Tudo bem, mas eu quero, então, que você se responsabilize, me faça um paper".

Ele quer falar com o Armínio Fraga. Eu disse: "O Armínio é ótimo, só que nunca vem para o governo. São os mesmos de sempre, estamos aqui esgotados, são de dez a vinte pessoas fazendo o que podem". Na verdade, criativos mesmo são dois ou três, ou três ou quatro. Preciso de mais cérebros para governar criativamente.

Combinamos, então, uma espécie de seminário, secreto ou discreto. Ele vai falar previamente com o Armínio Fraga, depois fazemos um encontro, trazemos o Pedro e o Kandir, ele acha que o Kandir é ambicioso, mas que está tocando as coisas, e mais adiante trazemos o Gustavo, e ampliamos pouco a pouco, com o Chico Lopes, o Beto Mendonça e o Luiz Carlos Mendonça, que é muito amigo dele. Acho bom uma injeção de ar fresco para um governo que está quase chegando à sua metade e que não fez tudo que devia ter feito até agora. O André critica não termos feito as reformas previdenciária e administrativa no início. Eu disse: "Olha, naquela época achávamos que as difíceis eram as outras, eram quebrar monopólios; depois que se quebra, tudo é mais fácil".

Além do mais, ele também sabe disto que acrescentei: "Vocês não tinham uma reforma para apresentar, levou meses para ter alguma reforma, e olhe lá". Ele apontou que o Serra — e eu concordo com isto — não viu a transformação do mundo, a globalização, me recordou que o Serra sempre se opôs ao Mercosul e que ainda agora se opunha ao pipe-line** ligando o Brasil à Bolívia, porque achava que íamos ficar dependendo, imagina só, da Bolívia. O André acha também que o Serra não quis a reforma tributária. Mas ele não falou com ira, pelo contrário, com muita preocupação com a eleição de Serra. Dá ânimo ver que tem gente pensando.

*Banco Nacional da Habitação, criado em 1964 e fundido em 1986 com a Caixa Econômica Federal.
**Gasoduto Brasil-Bolívia (Gasbol). O primeiro acordo para sua construção (concluída em 2000) foi assinado no final de junho de 1996.

No dia seguinte, quarta-feira 21, fui me encontrar com o primeiro-ministro do Mali, [Ibrahim] Keïta acho que é o nome dele. Surpreendeu-me favoravelmente, é inteligente, foi aluno do [Roger] Bastide na França, tem boa formação, ideias claras, está aplicando um pouco, talvez até demasiado, do receituário do Fundo [FMI], mas controlou a economia do Mali. Tivemos uma excelente troca de opiniões. É claro que entre o Brasil e o Mali há pouca coisa a fazer em comum, mas, para quem não esperava quase nada do Mali, foi muito bom.

Recebi depois o deputado Mussa Demes,* que veio se queixar porque o Kandir avançou muito na negociação da nova fórmula de redução do ICMS através de lei ordinária. Esse foi um passo grande, mas tira um pouco o brilho da reforma tributária do Mussa. Ele se queixou de que não está sendo atendido no Piauí, eu disse que veríamos isso, que não seria por aí que iríamos ter dificuldades com ele e que ele precisava entender que realmente valia a pena acelerar a aprovação do ICMS das exportações. Ele vai acelerar, eu soube que, antes de vir a mim, ele tinha tido um pega com o Inocêncio de Oliveira, porque este lhe mostrou a mesma coisa, que ele precisava apoiar o projeto do Kandir. E o Mussa vai apoiar.

Depois almocei com o Clóvis e o Vilmar Faria, que vieram porque a Ruth os convidou.

Interrompi meu almoço para atender o telefone; era a Joyce Pascowitch, que fazia tempo queria falar comigo, quer marcar uma entrevista, é uma coisa complicada por causa da fila dos que querem. No almoço com o Vilmar e com o Clóvis, o assunto foi a Comunidade Solidária, a Anna Peliano e o destino a ser dado ao Portella, como já registrei. O Portella já assumiu, na prática, a posição de secretário executivo do Ministério dos Transportes.

Na terça-feira, dia 20, recebi também o Portella e o Saldanha. Discutimos bastante o papel do Portella no Ministério dos Transportes, o do Saldanha, ficou tudo em ordem. Vejo o Portella já com vontade de fazer coisas, o que é muito bom. Mas no almoço com a Ruth e o Vilmar, em que eu entrei de carona, eles estavam discutindo de novo o que fazer com a Anna Peliano e o papel do Vilmar em cobrar as posições da Anna e tudo mais.

Passado isso, a rotina das coisas na volta ao Planalto. Recebi o Fernando Catão, que é o ministro dos assuntos regionais,** e foi uma conversa boa. Ele me parece uma pessoa intelectualmente estruturada, bastante firme. Gostei, ele me trouxe vários projetos que está fazendo, como sempre se queixou da necessidade de ter um entrosamento maior com o Kandir, como o Cícero Lucena se queixava do Serra. Mas o Kandir está entrosado por conta do orçamento, está certo, ele compreendeu.

Depois vim para o Alvorada, onde gravei um programa de mais de duas horas com o Jô Soares. Foi ao ar ontem à noite, sexta-feira, assisti quando voltei da Ama-

---
* PFL-PI, relator da PEC da reforma tributária.
** Secretário de Políticas Regionais, com status de ministro.

zônia. Muito longo o programa, foi das onze e meia até uma e meia da manhã. Não preciso me referir a ele porque está gravado, todo mundo sabe. Acho que foi uma entrevista positiva, embora longa demais.

Fiz a defesa da campanha do Serra, eu vejo que ele está magoado. Ainda hoje, sábado, li na coluna da Tereza Cruvinel que o Serra andou reclamando do Serjão e de mim — informação que eu soube antes, pela Ana, e passada à Tereza pelo Paulo Renato. De mim não tem nenhuma razão [para reclamar], está pinçando uma palavra, que o importante é concorrer, como se eu tivesse dito isso sobre ele. Serra quer de alguma maneira preparar a responsabilização da derrota, e nela entro eu também, entendo. Para quem perde, sempre é difícil. Acho que ele vai perder, não há mais dúvida, o Serra também sabe disso. O problema não é esse, é que ele tem que perder com mais galhardia, tendo mais votos. Vou fazer o possível, dentro da minha limitação institucional, para ajudá-lo.

A gravação com o Jô Soares me tomou toda a tarde.

Depois ainda tive que voltar ao Palácio do Planalto para receber uma porção de gente. As pessoas sabiam que eu tinha compromisso no jantar, mas ficaram conversando. Recebi alguns políticos, nem me recordo quem, e o Clóvis a certa altura entrou na sala para despachar comigo, para ver se as pessoas se davam conta de que estavam tomando muito do meu tempo. Cada um tem lá seus problemas e quer falar com o presidente tudo que pode no tempo que pode.

Saí correndo para ir ao jantar oferecido ao primeiro-ministro do Mali e, na volta, ainda fiquei no telefone.

Primeiro com o Kandir e com o [Raimundo] Brito, que finalmente chegaram a um acordo sobre o ICMS de exportação. Eu tinha sido avisado pelo Mário Covas de que havia insatisfação na área do Paraná, na área do Lerner. Era verdade. Então o Brito chamou também o Kandir, e o Kandir, o Lerner e o Brito refizeram tudo com os técnicos. Quando voltei do jantar, isso me foi contado tanto pelo Brito como pelo Kandir.

Depois recebi um telefonema aflitíssimo do Geraldo Walter, que é o produtor do programa de televisão do Serra. Despejou um conjunto de queixas com uma visão conspiratória. A imprensa estaria destruindo o Serra para me destruir. Isso ele nota também no Rio Grande do Sul com o Britto. O Britto, aliás, confirmou, disse que a RBS está apoiando o PT. Mas não acho que é conspiração. Eles apoiam quem está na frente, é sempre assim. Os jornalistas ficam mais entusiasmados quando o cavalo está ganhando a carreira; custo muito a aceitar essas teorias conspiratórias, embora possa ser que sim.

O Geraldo Walter acha que existe uma decisão forte, de alta cúpula, de apoiar o Maluf,* para derrotar não só o Serra mas a mim também. E queixou-se do Serra. Teve uma conversa com ele. O Nizan caiu fora, não topa mais a campanha. O Ser-

---

* Isto é, o candidato malufista, Celso Pitta.

ra tem lá suas peculiaridades; sei que ele dispõe de alternativas, o espanhol cujo nome esqueci, o [Carlos] Pedregal, às vezes o Serra o ouve. Acho que neste momento, se eu fosse o Serra, pegava o Pedregal, porque vejo que o grupo dele não lhe dará mais sustentação.

Isso foi na quarta-feira.

Na quinta-feira dia 22, fiquei aqui de manhã, nadei um pouco, para ter mais ânimo, depois recebi o Celso Lafer, porque precisei cancelar um almoço com ele.

Celso me trouxe uns artigos que escreveu sobre a OMC. Reportou-me o que o Lampreia já tinha me dito no domingo anterior, sobre a reunião em São Paulo, o seminário dos empresários sobre o Brasil e a OMC, e as novas aberturas.* O Celso também gostou muito do seminário. Trouxe um documento interessante, em que ele mostra aos empresários que estamos numa nova fase, que eles têm que aprender a negociar em nível mundial com a OMC, que não adianta ficar chorando pelo leite derramado. Isso dito pelo Celso, que acabou de perder a Metal Leve por essas mesmas razões (ele sabe quais são as razões: não houve possibilidade de uma reestruturação mais profunda) e não está queixoso. Celso é um homem de grande qualidade pessoal e intelectual.

Depois recebi o Luciano Martins e também o Clóvis, o Eduardo Jorge, tudo de manhã, correndo.

O Luciano veio me trazer o resultado de um seminário que eles fizeram no Itamaraty. Não li ainda, ele deixou para eu ler, o que farei, e eu disse que deveríamos tomar uma iniciativa de vulto. Por exemplo, fazer uma espécie de G9, G10, o Brasil à frente, sem dizer que seria uma coisa desse tipo. Mas isso custa, para começar temos que ter uma agenda, uma agenda de peso. O Raymond, o jornalista americano que me entrevistou, mencionou algo nessa linha. O Ignacy Sachs também. Noto por vários lados essa possibilidade. O Luciano concordou comigo, ele acha que devíamos fazer isso.

Despedi-me do Luciano, depois da Ruth, tomei o helicóptero e depois o avião para o Amazonas.

Chegamos à tarde em Manaus e fui direto para o Tropical Hotel, onde houve uma solenidade com uma série de protocolos, de documentos, dando início ao programa de metas [Brasil em Ação]. Agora tudo que eu fizer vão dizer que é eleitoral. Não importa, eu vou fazer. A coisa do Amazonas está bem-posta e composta, as medidas são importantes para a reestruturação dos transportes e da energia na região.**

Estavam lá o Arthur Virgílio, de cara um pouco fechada, o governador Amazonino, também não muito contente. É por causa da questão do gás, que ele [Ama-

---

* Perspectivas da Economia Brasileira, promovido pela FGV.
** Entre as obras anunciadas, a pavimentação da BR-174 e a exploração de gás natural nas bacias de Urucu e Juruá.

zonino] acha que devia ser feito por empresas privadas, e a Petrobras avançou. Ele me disse depois. Eu também já tinha tido um sinal disso pelo Jorge Serpa. Entendo a razão e também que a Petrobras queira fechar o mercado, avançando, porque ela sabe que outros podem fazer. Se outros puderem realmente fazer, é melhor, porque se gasta menos dinheiro no processo.

Creio que a Petrobras, num dado momento, se associará; ela quer ter maioria nessa associação. Também não sou completamente contrário a isso. Há uma vontade de esmagar a Petrobras na qual não vejo proveito nacional. Proveito é que haja abertura, que outros possam competir, que se barateie. Mas precisa ver os recursos da Petrobras, e iremos com calma. Acho que o governador vai entender e, mais adiante, chegará a um acordo.

O Arthur Virgílio foi recebido em audiência privada e se queixou muito de que eu ir ao Amazonas é um prestígio ao Amazonino, o que é fatal para ele, Arthur, para as eleições. Eu disse: "Ô Arthur, eu sou presidente do Brasil, tenho que fazer esses grandes programas. Por que o PSDB não toma esses grandes programas como bandeira própria?". O Arthur deu a entender que ou é ele ou o Amazonino, porque ele é ele, enquanto o Amazonino são muitos deputados, é governador, é uma bancada... Enfim, uma escolha que ele não devia nem colocar.

Depois tive um jantar extremamente agradável com uma senhora chamada Raimunda, líder dos quebradores de coco [babaçu], com um rapaz que é líder dos pescadores de Alenquer, no Pará, com outro rapaz que também me impressionou muito, de Rondônia, não guardei o nome, e com outros do Acre, desses grupos de extrativismo, coisa muito interessante. A gente nota que hoje há um diálogo fluido com o governo. Eles ficaram meio surpresos de ver o presidente da República informal com eles, jantando numa varanda do Tropical Hotel, um clima muito positivo. Depois me disseram que não sabiam o que esperar e que, quando viram, estava sendo uma coisa descontraída e simpática. Também participaram o presidente do Ibama, o ministro Krause. Foi muito bom.

Na ida para o Amazonas, falei com todos os ministros. Recebi o Raupp, também no avião, que quer um apoio. Como o Luiz Carlos Mendonça estava lá me relatando os avanços havidos nas negociações com os estados (com o Olacyr e com Maluf, porque a Eucatex vai mal — ele achou o Maluf muito arrogante, não precisava de dinheiro do BNDES), pedi que também ouvisse o Raupp, para vermos a possibilidade de se fazer um programa para Rondônia. Enfim, é a crise fiscal dos estados.

No dia seguinte, portanto já na sexta-feira, tomei de novo o avião e fomos para Iauaretê, que significa "onça na cachoeira". A cachoeira das onças. Porque havia onças na região. Hoje não há mais nada. Lindíssimo o local. Fronteira com a Colômbia, eu pensei que fosse mais perto da Venezuela, mas não, já se via a Colômbia no outro lado do rio, que é um afluente do rio Negro, muito, muito bonito.* Extraordinário.

*Rio Içana.

E ali um pelotão, índios tucanos, índios de vários grupos que lá estão. A língua ou é o tucano ou a língua geral. Até hoje toda a população é indígena. Soldados: a metade é indígena. O pessoal do Exército ficou com um muito bom relacionamento com os índios. Entrei numa sala de aula onde se ensina tudo em tucano e em português. Todas as criancinhas, índias, as professoras também. Aquela coisa simples do Exército. Um tenente empertigado, casado com uma mocinha jovem, que veio do Ceará, ele também do Ceará. Um clima muito positivo lá no fim do Brasil. Me emocionou mesmo.

De lá fui a São Gabriel da Cachoeira, às margens do rio Negro. Esse rio Negro é fabuloso. São Gabriel já tem 10 mil habitantes, estava lá o prefeito, que também fala tupi, a língua geral, há um candidato a prefeito, outro, do PT, chamado Cardoso apoiado pelo bispo,* que é italiano. O bispo nem veio falar comigo, mandou um padre.

De lá fui ao 1º Batalhão de Selva.** Um tenente-coronel muito bom explicando tudo, as funções deles, e recebi o Beto [Carlos Alberto Ricardo], que foi aluno meu e da Ruth, foi do Cimi e hoje tem o Instituto Socioambiental. O Beto disse que trouxemos um progresso imenso para a região, o entendimento entre Ibama, Exército, Reforma Agrária e indígenas era muito grande, ele estava muito contente. Me deu um relatório, que ainda vou ler, sobre o que está acontecendo.

Enfim, clima bom. Depois os índios fizeram umas danças em minha homenagem, tirei fotografia com eles, vi exposições militares. Em Manaus, não registrei aqui, eu vi um desfile, o general [Germano] Pedrozo*** estava lá chefiando. O general Zenildo também me acompanhou, muito simpático sempre, mostrou as embarcações militares que eles estão fazendo, andei por lá numa delas, uma voadeira, como eles chamam, para o igapó. O igapó é o igarapé que seca quando passa a época das chuvas.

Depois fui ver um hospital, limpo, bonito, bem-feito, já ligado com o que eles chamam de telemedicina. Eles telefonam, enviam as chapas, como se fosse um fax, para os hospitais de Manaus, e daqui a pouco vão mandar para todo o Brasil, até para os Estados Unidos, onde seja. Eles podem atender assim a população, consultar outros médicos sem sair do local. Um major, médico, era o comandante do hospital, muito simpático. Moças aspirantes que são enfermeiras, até vacinei crianças índias, uma coisa comovedora, a população da cidade na rua, me aplaudindo, me beijando, me emocionei muito.

Imediatamente depois voltamos para Brasília.

Cheguei cansado, à noite assisti à minha entrevista ao programa do Jô Soares, e hoje, sábado, passei o dia trabalhando, botando meus papéis em ordem, e agora fiz esses registros. É só.

* D. Walter Ivan de Azevedo, nascido em São Paulo. Foi antecedido pelo italiano d. Michele Foderá, que se aposentou em 1988.
** 1º Batalhão de Infantaria de Selva.
*** Comandante militar da Amazônia.

Esqueci de registrar que na quarta-feira, 21 de agosto, recebi também de manhã o senador José Ignácio [Ferreira]* com o Paulo Hartung. Eles vieram em nome do governador Buaiz pedir apoio a algumas medidas para o Espírito Santo, inclusive o ICMS de exportação. Marquei uma reunião deles com o Kandir para segunda-feira. Boa conversa com os dois. Ele vai ganhar, provavelmente como vice do candidato do PSDB, a prefeitura de Vitória.** O Hartung estava feliz.

Tanto o Hartung como o Jarbas Vasconcelos são pessoas que podíamos aproveitar mais tarde no governo, quando eles terminarem a prefeitura.

No fim da tarde de quarta-feira, também recebi o Pimenta da Veiga, que veio me dizer que preciso ficar de olho no Itamar, botar gente em cima dele, porque as intrigas são muitas. Ele tem razão. Também veio perguntar se eu concordava que ele fizesse algumas reuniões com os líderes do PSDB para incutir certo ânimo. Eu concordei.

O PSDB tem que ser um partido da hegemonia, ou seja, que dê caminhos, que traga conceitos, que lute, que sugira abertura para o Brasil, e não essa coisa tão mesquinha de se manter igual a todos os outros partidos. É preciso dar uma sacolejada desse ângulo. As pessoas custam a entender. Não adianta aumentar o número de deputados se não aumentar a capacidade de dirigir, de coordenar, de crer, de ter o programa de governo como programa do partido, enfim, está faltando esse elã, esse ímpeto. Quem sabe o Serra perdendo a eleição e voltando para o Senado possa fazer isso?

HOJE É 27 DE AGOSTO, terça-feira, uma hora da tarde.

No domingo, dia 25, poucos fatos dignos de registro: a Ruth voltou de São Paulo e à noite tivemos um jantar descontraído com o Paulo Tarso [Flecha de Lima] e sua mulher, a Lúcia, com o Gelson, o Fred [Frederico Araújo],*** todos eles embaixadores, com a Ana Tavares, reunião simpática.

Ontem, segunda-feira, recebi de manhã a visita do primeiro-ministro do Japão no Planalto. Visita formal, ele de um lado da mesa, eu do outro, cercados de nossos assessores, mais de duas horas de duração, uma conversa em que ele fala uma coisa e eu falo outra, e assim vai. O interessante foi, primeiro, que ele ainda reage ao acordo automobilístico. Não como no ano passado, mas a gente percebe que essa cota-tarifa**** que foi imposta não resolveu inteiramente as dúvidas do Japão. Eu tinha a impressão, passada pelo Itamaraty, que as coisas estavam mais calmas do

* PSDB-ES.
** Luiz Paulo Vellozo Lucas.
*** Chefe do Cerimonial do Itamaraty.
**** Volume de importação de carros negociado com cada país exportador, abaixo do qual o governo não cobrava sobretaxas.

que estão. Mas vamos insistir com a nossa política, e utilizei a tática de reclamar da manga brasileira e da carne, que eles não aceitam lá. Ele deu suas respostas.

Vê-se claramente que o Japão está orientado a ter uma política independente dos Estados Unidos para com a América Latina.

No almoço que se seguiu a esse encontro, conversei longamente com o primeiro-ministro Hashimoto. Ele deixou claro que acredita que os americanos atrapalhariam qualquer tentativa de ampliação do G7. Mesmo com a Rússia, e que na verdade colocar a China ou a Índia em conversa agora era contraproducente. Acha que eu preciso ir devagar para não causar ciúme nos americanos, inclusive quanto à iniciativa japonesa na América Latina. Ele fez com que o BID auspiciasse um simpósio ou um seminário no ano que vem — esse cuidado de colocar o BID é para evitar as suscetibilidades americanas. A gente percebe que o primeiro-ministro do Japão ainda atua com muito cuidado para não desagradar os americanos.

Por outro lado, ele também quer sair da influência americana, ter vida própria. Acha importante a relação Brasil-Japão, América Latina-Japão, Mercosul-Japão.

Expliquei que acredito que no próximo século vão ser a Europa Ocidental, o Mercosul, talvez a América do Sul, os Estados Unidos com o Nafta e o Japão e um pedacinho do Sudeste da Ásia. Ele concorda, grosso modo.

Grande problema: Rússia. O Japão a vê do lado deles, enquanto a Europa a vê do lado europeu. Afirmou que a Rússia é uma incógnita e que o [Helmut] Kohl disse recentemente a eles, na Conferência do G7, que o Iéltsin de antes das eleições é diferente do Iéltsin de depois das eleições. As eleições perturbaram a vida na Rússia. Por isso a Rússia continua sendo, como eu também acho, uma grande incógnita.

Ele acredita que temos realmente chance de avançar bastante, quer uma parceria mais forte com o Brasil. Propus que nos falássemos por telefone, que trocássemos cartas, tivéssemos iniciativa, nos consultássemos antes das decisões importantes. Achei Hashimoto muito envaidecido com sua proposta de uma cúpula de desenvolvimento social, que é uma coisa interessante. Uma cúpula para um mundo mais justo — não me lembro bem como ele definiu —, a preocupação com a justiça e com o desenvolvimento social no mundo. Vindo de um japonês, é interessante.

Na verdade eu o achei mais tosco do que ele parecia nas movimentações internacionais, um pouco ainda com esse complexo da posição americana. Ele acha que durante as eleições, como todo mundo sabe, não há nada a fazer. Tem simpatias, como eu, pelo Clinton, mas uma visão muito receosa dos Estados Unidos.

Fez ainda algumas apreciações de pouco entusiasmo com a situação política chinesa e, claro, mostrou muita preocupação com a questão atômica em geral e com a Índia. Enfim, percebe-se que o Japão é um ator em emergência. Menos seguro de si do que eu imaginava. Com mais restrições. Talvez pela situação interna do país hoje, do poder político no Japão e do partido, do PLD, Partido Liberal Democrata, que é o do primeiro-ministro.

Essa foi a principal impressão que me sobrou da longuíssima e simpática conversa que tive com ele.

Aliás, Hashimoto me deu de presente algumas gravuras extraordinárias do século XVIII que ele mesmo escolheu. É um homem de gosto, agradável no papo assim tête-à-tête, tira boas fotografias. Na relação negociadora, é mais fechado, mais duro. Vê-se que é um homem inteligente, rápido. Muda de assunto com muita presteza.

Na segunda-feira, ainda, apenas uma visita do [Domingo] Alzugaray da *IstoÉ*, que me disse que o Roberto Marinho tentou comprá-lo, ou melhor, as Organizações Globo quiseram comprar a revista, para criar um embaraço para a Editora Abril e, portanto, para a TV da Abril. Querem competir com a *IstoÉ*. Ele acabou não vendendo. Depois da negativa, o Luiz Frias o procurou dizendo que a *Folha* também queria fazer uma parceria com ele, talvez também com a Abril. Ele não entendeu muito o sentido da parceria e não topou. Veio pedir apoio para poder continuar crescendo; acha que pode fazer frente à Abril.

Eu disse que me parece importante haver diversidade de veículos no Brasil, era esse o meu interesse, o do governo. Ele, claro, está pensando na reeleição, tanto na emenda quanto na campanha eleitoral, por isso mesmo eu disse que havia, sim, interesse de que a revista *IstoÉ* crescesse, mas dentro dessa perspectiva mais ampla que tenho, da diversidade das fontes de informação.

Tive uma porção de reuniões de rotina, entre elas, há de se destacar que os presidentes dos Tribunais Superiores, inclusive do Supremo, me procuraram para trazer o orçamento de cada Tribunal, porque eles não concordam com o orçamento feito pelo Planejamento, então querem que a Câmara dirima a questão. Aproveitei para falar de Alagoas. Na visão do Pertence, o problema lá é muito mais o desmando do Executivo e do Legislativo do que do Judiciário.

Depois estive com o Moreira Franco, que veio me falar da reforma administrativa e, na verdade, de outra coisa mais: da posição do PMDB e dele na sucessão, ou seja, em reeleição ou não reeleição. Enfim, querem se articular melhor. Ele acha que não se deve perder tempo nessa matéria.

Fora isso tive muitos despachos de rotina e cheguei em casa só às nove da noite.

Hoje, terça-feira 27, de manhã mais despachos rotineiros, com Luís Carlos Santos presente, para ver a votação do ICMS de exportações. O Luís Carlos tinha que verificar com a liderança da Câmara como isso podia avançar. Diz ele que o Kandir esqueceu alguns detalhes de negociação com o Congresso, e não apenas com os secretários de Fazenda. Mesma coisa me foi dita, mais adiante, pelo senador Arruda a respeito da negociação entre Luiz Carlos Mendonça de Barros e os governadores das zonas de operação da Vale do Rio Doce.

Eles concordaram com tudo, mas o Congresso não está sabendo dessas negociações.

Recebi ainda o B. Sá [Benedito Sá], que é um deputado do Piauí. O conflito local está muito forte, o deputado entrou para o PSDB, ele tem uma briga por causa da

Fundação Nacional de Saúde. Os demais deputados quiseram tirar, e ainda querem, o representante dele lá, que fez uma porção de coisas. O B. Sá é um homem de base, ligado à população mais pobre, mas cometeu um erro: concentrou os recursos nos municípios que atendem mais a ele do que aos outros. Brigas locais gravíssimas, sempre as locais.

Depois houve uma cerimônia de condecoração dos juízes que condenaram os ladrões da Previdência.* Só no Brasil mesmo a gente precisa condecorar juiz por cumprir o dever. Mas aqui é importante, mostra que há gente que cumpre o dever, precisamos reconstruir, como eu disse, a moral republicana.

A reunião que tive em seguida com o senador Arruda foi para ver a rotina do Congresso. Estive também com o Jobim, que vai falar com o Pertence agora à tarde, porque o Judiciário parece que não aceita participar do acordo entre os três poderes em Alagoas, para o governo federal poder dar uma assistência financeira.

Por agora é só.

HOJE É DOMINGO, dia 1º de setembro, estou em São Paulo. É meio-dia e ainda estou deitado, lendo os jornais.

Na terça-feira 27, o que houve de mais significativo, depois de algumas gravações rápidas que fiz, foi a entrevista com Adib Jatene, que veio me expor a situação da saúde — com mais ânimo, me pareceu. Também queria que eu fosse à X Conferência Nacional da Saúde.** Um dos oradores oficiais será o Vicentinho. Me parece descabido. Depois falei com a Segurança, avaliamos politicamente a minha ida à Conferência, e ontem, portanto sábado, eu disse ao Jatene que não iria porque era um risco desnecessário.

Também na terça, recebi o Reginaldo de Castro, meu advogado no PSDB, que me disse que não ocorreu nenhum ataque de vulto a mim. Coisa curiosa, bom de registrar, então não houve ação dos advogados. Também veio me convidar para uma reunião da OAB e disse ser contra a questão da súmula vinculante.***

Isso posto, o mais significativo é que às dezoito horas, no Palácio da Alvorada, eu me encontrei com o Zé Aníbal, o Teotônio Vilela, o Arthur Virgílio e o Sérgio Motta. Razão? A questão do PSDB, que está se sentindo mais uma vez marginalizado e temeroso da influência do PFL. Isso é recorrente. Eu disse a eles de novo: "Olha,

---

*A chamada Máfia da Previdência, composta de advogados, juízes e funcionários do INSS, lesou os cofres públicos em centenas de milhões de reais com um esquema de benefícios fraudulentos, desmantelado em 1992.

**Realizada de 2 a 6 de setembro de 1996, em Brasília.

***Discutia-se a adoção da vinculação obrigatória de todas as decisões de tribunais de instâncias inferiores à jurisprudência do Supremo Tribunal Federal, de modo a desafogar a fila de processos na Corte. O procedimento foi instituído por emenda constitucional promulgada em 2004.

em primeiro lugar, o PFL depende de mim, eles não têm candidato; em segundo lugar, o PSDB é um partido do governo, não há nenhum político influente do PFL ou do PMDB que decida as questões administrativas, como acontece com o PSDB. O PSDB tem mais poder, vocês não precisam ficar nessa situação".

Teotônio mencionou o nome do Luís Carlos Santos. Eu disse: "O Luís Carlos não participa de nenhuma decisão de governo, salvo o que ele já fazia antes, no relacionamento com o Congresso. Lá eu preciso do PMDB". E voltei à minha análise de que tanto no presente como no futuro só haverá governabilidade com esses três: PFL, PSDB e PMDB, mais ou menos entendidos, e que a posição do PSDB deve ser de hegemonia gramsciana, ou seja, ser um partido que propõe o futuro, que tem convicções, que apoia reformas, e não que disputa mais um cargo aqui, outro ali. Eu queria terminar com os três quintos necessários [às reformas constitucionais] este ano, para ficar livre no ano que vem e poder realizar um programa mais audacioso, quando precisaremos ter ideias e não cargos.

Eles concordam, mas vira e mexe o PSDB vai continuar se sentindo um pouco à margem. É uma coisa inacreditável. Depois houve um encontro, à noite, no Palácio da Alvorada, com Luís Eduardo Magalhães, Tasso Jereissati, Antônio Carlos e Sérgio Motta. Colocaram a questão da reeleição. Era essa a preocupação deles. Voltei a dizer que achava, e eles concordam, que é preciso separar o princípio [da reeleição] do meu interesse pessoal, que não quero me comprometer de antemão. Preciso dispor de uma análise mais objetiva. O governo não pode entrar nisso sem dados. Ficaram de fazer a análise.

Resultado: no dia seguinte, quarta-feira, todos os jornais dão tanto a conversa com o pessoal do PSDB quanto a havida com o pessoal do Antônio Carlos e o Tasso. Tudo nos jornais. Aliás, não tão mau assim. Mas em todo caso estava lá, dito.

Na quarta-feira, dia 28, de novo despachos internos, já nem me recordo os temas, porque já passou o tempo.

Recebi o Geraldo Brindeiro, procurador-geral da República, que completava um ano de exercício da função e veio me prestar um pouco de contas do papel dele. Assim como os juízes do Supremo Tribunal Federal, trouxe um orçamento paralelo, à parte, da Procuradoria.

Houve tanta gente lá que nem pude receber o Aecinho [Aécio Neves], e depois tive que ir a uma cerimônia da concessão da malha ferroviária Centro-Leste.* Lá, repeti à exaustão o que estamos fazendo em Transportes, uma revolução, porque estamos valorizando as ferrovias e, sobretudo, as hidrovias, retomando construção. Aliás, hoje, domingo, li no *Estado de S. Paulo* um artigo do Rolf Kuntz bastante bom sobre isso, mostrando que efetivamente estamos incorporando muita área produtiva, 1 milhão de hectares ou 1,5 milhão de hectares através de três grandes eixos intermodais. Foi disso que falei lá, coisa de botar o Brasil mais para a frente.

---

*Cerimônia de outorga da concessão da Malha Centro-Leste da Rede Ferroviária Federal (RFFSA).

Retornei ao Planalto e recebi o ministro da Marinha e o general Cardoso. O ministro já estava mais conformado, porque parece que no dia anterior discutiram no Conselho de Defesa [Nacional] a compra dos aviões para o porta-aviões. Ele deu argumentos que me pareceram lógicos e uma documentação, que não li ainda, mas lerei até a reunião do Conselho de Defesa, sobre o que é necessário haver nos aviões e helicópteros para eles estarem a bordo do porta-aviões.

Recebi também o Conselho Nacional das Igrejas Cristãs do Brasil, muitos bispos de várias denominações protestantes mais d. Lucas [Moreira Neves]. Assunto: reforma agrária. Entrei fundo na questão, repeti meus argumentos, eles não tinham alegações para contrapor. Eu também disse que havia limites para o rito sumário. Não se podia aceitar que uma fazenda já vistoriada seja ocupada depois, e peçam uma nova vistoria, pois na ocupação podem destruir a produtividade. Era esse o meu limite, quanto ao resto estava de acordo, tanto é que o projeto é meu, do governo, disse. Um deles falou que "na base" dizem muito que há dinheiro para banco e não para a reforma agrária. Expliquei de novo como era o dinheiro do banco e eles calaram a boca. Calam a boca comigo, mas lá fora voltam aos temas, porque é disso que eles vivem, um pouco da questão ideológica também.

Recebi mais tarde o senador Francelino Pereira, que veio falar sobre a candidatura do Paulino Cícero em Belo Horizonte,* que está precisando de algum apoio, de recursos. Eu disse que é muito difícil para mim, ele também acha, a candidatura não tem nenhuma viabilidade, e em matéria de recursos tanto eu como — segundo o Francelino — ele próprio somos incompetentes. Em todo caso, eu disse que falaria com um empresário para ver se ele poderia dar alguma ajuda. Mas não vai dar. E, se der, será marginal.

Certamente recebi mais pessoas, entretanto só pelas minhas anotações não tenho como reviver esses dias. Esse é o mau de eu não gravar logo depois do que acontece. Mas não há dúvida de que o mais importante foi o que veio depois, quando fui jantar na casa do deputado Oscar Andrade, de Rondônia,** com vários deputados, o Newton Cardoso, líder de um grupo grande deles, do PMDB, mais o Luís Eduardo e o Luís Carlos Santos. O que eles queriam era me dizer que são a favor da reeleição. Mais tarde [recebi] também o governador de Rondônia e sua mulher, a Marinha [Raupp], deputada do PSDB.

Voltei a afirmar que eu queria que se separasse a tese [da reeleição] do meu interesse pessoal. Claro que é um pouco artificial, mas tenho que me escudar nessa posição.

Nesse meio-tempo havia saído uma pesquisa do Ibope, eu nem sabia que ela estava sendo feita, que o Sérgio Amaral me entregou naquela quarta-feira. É uma pesquisa rotineira, mas houve grande divulgação pela Globo, pelos jornais. Infe-

---

*Candidato pelo PFL.
**PMDB-RO.

lizmente veio como se tivesse sido encomendada pelo Palácio. Bem, foi, mas não especialmente, é rotina, e o próprio Ibope é que costuma divulgar. O resultado da pesquisa é muito positivo, eu apareço com não sei quantos pontos percentuais à frente dos demais, o governo é o melhor na avaliação, também o real, enfim, é muito positivo.

Eu queria publicar essa pesquisa porque sabia que a *Folha* ia publicar no domingo — ou seja, hoje —, como publicou, uma pesquisa de outro tipo, a que eu já vou me referir, contra a qual eu queria ter uma vacina.

Na quinta-feira, dia 29, tivemos a habitual reunião interna, depois despachei com o Marco Maciel, rotina, Marco sempre atento a todas as coisas. Eu ia receber também o general Leonel, chefe do Estado-Maior, mas antes disso recebi o Itamar.

Itamar Franco passou esses dias no Brasil fazendo, como sempre, um jogo complexo com seus amigos, com o pessoal do PCdoB, da UNE. Não falou do Zé Aparecido, mas andou se encontrando com Sarney, com Paes de Andrade, [em busca de] uma frente antirreeleição, que não conseguiu formar porque o Sarney não está nessa posição e o Paes de Andrade anda muito enfraquecido. O Itamar fazendo charme, porque eu já tinha reclamado numa declaração que dei da outra vez, achei que ele tinha passado dos limites, enfim. Tratei-o muito bem e ele a mim. Mostrou-se muito interessado em uma proposta minha sobre a questão do senador vitalício* e disse que não sabe o que fazer com os documentos que tem, são coisas legítimas de um ex-presidente. Reiterou que mantém a posição dele com a História, contra a reeleição. Eu disse: "Pois é, você era contra, mas eu tinha uma proposta permitindo a reeleição quando eu estava na Constituinte. Eu propus isso".

Em todo caso não aprofundamos. Foi uma conversa amistosa e um pouco, digamos assim, falsa, fingida. Na verdade eu nunca imaginei que Itamar quisesse ser presidente outra vez, tamanho sofrimento a Presidência foi para ele. Mas ele está louco para ser e, por alguma razão, acha que, se eu for [candidato], isso atrapalha. Esse é o lado real da questão. Fora isso são jogos de cena.

Ele almoçou com Sarney. Deram uma nota, Sarney depois se referiu a essa nota comigo, mas a pesquisa matou muito do entusiasmo deles, porque o Itamar não tinha aprovação quase nenhuma.

Com o general Leonel, discutimos o mais importante, que é a continuidade de uma operação antinarcotráfico bem planejada. Vamos ver se dessa vez o efeito vai ser maior, porque será na Amazônia. Isso está para acontecer e é secreto.

Depois fui ao lançamento do programa de atividades espaciais. O presidente desse programa fez um discurso, o Sardenberg também e eu fiz outro mostrando a importância da ciência e tecnologia.

---

*Discutia-se no Congresso a atribuição de mandatos vitalícios no Senado a todos os ex-presidentes da República.

Almoço de rotina, despacho interno, rápidas gravações, uma pelo aniversário de um educandário protestante e outra para uma conferência de economistas da qual o Kandir vai participar.

Recebi o Max Feffer,* que veio falar de algo justo sobre a indústria de papel** e quis também dar ideias para a campanha do Serra. Chamei o Clóvis para discutir a questão de Alagoas, e ele foi bastante ríspido com Max a respeito dos juros. Achei um pouco constrangedor, porque o Max é uma pessoa doce.

Depois tivemos uma reunião sobre Alagoas. O Malan estava presente, o Jobim também. Pertence, presidente do Supremo, está ajudando, porque é um descalabro muito grande, temos que forçar o entendimento entre os três poderes em Alagoas e dar algum recurso, uma espécie de intervenção branca, tentar colocar em ordem a situação fiscal de Alagoas, evitando uma intervenção aberta, que seria desastrosa. Não sei se vamos conseguir, mas vamos tentar.

Terminado isso, tive um jantar na casa do Marcos Vilaça, presidente do Tribunal de Contas da União. Fui com o Marco Maciel e o Malan, e lá estavam vários ministros, todos meus conhecidos, vários deles conhecidos antigos, como o Homero Santos, o Paulo Afonso [Oliveira], de quem eu gosto tanto e que foi um braço direito do Ulysses, um homem de grande competência e qualidade. Estava lá o Fernando Gonçalves, sempre entusiasmado, porque bebe um pouco demais, o próprio Vilaça, simpático e construtivo, o [Ademar] Ghisi, ex-deputado, o [Humberto] Souto, que foi líder do Collor, mais exaltado.

Foi um encontro bom, porque se viu que o governo está numa posição arredia. Tem que estar mais próximo do Tribunal de Contas e entender um pouco melhor o problema deles e vice-versa, sobretudo na questão do sigilo bancário, ver como tratar isso. O Banco Central está num clinch com o Tribunal de Contas, o Tribunal de Contas quer ter um papel mais ativo no controle do gasto público, para garantir a moralidade. Muitas vezes atrapalha a administração. Estava lá o Carlos Átila, que é experiente. Gostei da reunião, porque houve um clima de entendimento. Acho que não vamos conseguir fazer com que eles evitem a quebra do sigilo sem que se queira, passando para a Câmara tudo que é informação, e lá quebram atropeladamente.*** Mas é importante prestar contas ao Tribunal. Achei bastante boa a reunião.

No dia seguinte, sexta-feira 30, fui ao Rio, ou seja, a Santa Cruz. Primeiro tomei o avião, depois um ônibus com o Marcelo Alencar, ele muito falante. Não conversamos sobre a eleição no Rio porque eu não quis incomodar, já que o candidato

---

*Presidente da Companhia Suzano de Papel e Celulose.

**O governo discutia medidas para estimular a indústria nacional por meio da elevação das alíquotas de importação e da redução do IPI sobre produtos de papel e celulose.

***A proposta de regulamentação da CPMF, em tramitação na Câmara, incluía um artigo que autorizava a Receita Federal a quebrar o sigilo bancário para fins de fiscalização do recolhimento do novo imposto. Esse artigo polêmico e a regulamentação foram aprovados pelos deputados dias depois.

do PSDB caiu um pouco. Mas o Marcelo está sempre disposto. Foi muito bom o encontro em Volta Redonda, fiz um discurso comemorativo. Fazia vinte anos que nenhum presidente ia a Volta Redonda, os operários numa atitude abertamente favorável a mim, dando abraço, pedindo que eu segurasse o real, falando de reeleição, uns dez operários tocaram no assunto. Falei para 2 mil ou 3 mil operários, fui aplaudido, nenhum constrangimento, entrei na fábrica, na linha de montagem, tudo bem, e o Paulo Henrique muito contente, porque era ele a pessoa das relações públicas da CSN. Estava lá o Benjamin Steinbruch, que fez um discurso.

Depois fui à White Martins, ali ao lado, inaugurar uma nova planta de fornecimento de gás. Repeti o discurso afirmativo, desenvolvimentista, mas sempre com um olho na inflação.*

Tomei o helicóptero ao pé da serra e fui para o Projac, na sede da Rede Globo, em Jacarepaguá. Almoço e visita muito simpáticos, lá estava o Roberto Marinho. Extraordinário, 93 anos, parece fortíssimo, subindo e descendo de um carrinho elétrico que eu conduzi.

Almocei com um ator simpático, Tony... acho que Ramos, uma atriz bastante bonita, Sílvia Pfeiffer, mais os Marinho e diretores de lá, o Boni, visitei tudo aquilo, vi uma parte da encenação de *O rei do gado*. Falei tanto com a Bete Mendes quanto com o Stênio [Garcia], que são os atores que representam os camponeses na casa do Rei do Gado. Depois vi uma cena do [Carlos] Vereza, ele veio falar comigo, disse que era meu eleitor, me cobrou o programa da reforma agrária, expliquei tudo a ele. Vereza disse que continua confiando e que é favorável à reeleição.

Depois vimos um ensaio do *Casseta e Planeta*. Eles (os da Globo) estavam com medo de ir lá comigo, foi muito bom, os atores me aplaudiram, um rapaz disse que era meu eleitor, o Bussunda, que é amigo do Duda, ele disse que todos eles são. Fizeram uma cena muito engraçada, são críticos, mas é uma crítica natural, boa, espontânea. Foi uma viagem que me agradou.

De lá vim para São Paulo. Quando cheguei, tive uma reunião com o Portella e o Clóvis. O Portella já dominou a questão do Ministério dos Transportes, detalhes de verba, já falou com Sarney, Roseana, com o pessoal da Bahia, enfim, Portella é dinâmico mesmo. Foi muito bom esse encontro.

Depois chegou a Ruth e nós jantamos. Fui dormir exausto na sexta-feira.

Ontem, sábado, passei o dia em casa, salvo que de manhã fui com Jatene e com [José] Guedes, secretário de Saúde de São Paulo, visitar o Hospital Santa Marcelina em Itaquera, com as freiras, para mostrar o que é o SUS. Havia muita gente, fui aplaudido por todo mundo, me senti querido pelas enfermeiras e pelos doentes. Foi comovedor. Vi também os agentes comunitários de saúde. Pode ser que eu me engane, mas achei a relação com o povo muito positiva, gostei muito de estar lá

---

*Na ocasião, o presidente anunciou a liberação de verbas para a conclusão das obras do Porto de Sepetiba.

vendo e sentindo de perto as dificuldades e também que tem muita coisa em ação. O Jatene é um batalhador pelo SUS. O SUS não é o desastre que se diz. Esse programa do Maluf, o PAS,* na verdade faz onda, são quase ambulatórios; o duro mesmo é feito pelo SUS. Acho que erramos no programa de televisão, porque o Serra apoiou o PAS. Devia ter dito que é um ambulatório e mostrado o SUS, quer dizer, demos as bandeiras para o Maluf, e também no programa Cingapura.** Hoje mesmo saiu no *Estado de S. Paulo* uma longa reportagem de uma aluna da Regina Meyer mostrando que eles desalojaram milhares de pessoas para fazer o Cingapura e criaram novos acampamentos nos mananciais da zona sul para os que saíram da região do Cingapura. O Cingapura são uns três mil e poucos apartamentos, isso não é nada, é mais propaganda. Não obstante, fomos na onda da propaganda do Maluf.

O Maluf está num jogo de vaivém, disse que não é contra a reeleição e agora, hoje, diz que é. Enfim, está ali sem saber que rumo vai tomar, e estou pouco preocupado com o Maluf.

À noite fui ao teatro ver um grupo de franceses que são mímicos extraordinários*** e lá encontrei o Roberto Civita. Achei-o meio sem graça, *et pour cause* que a *Veja* tem sido infame.

Aliás, a *Folha* deu uma manchete inaceitável sobre a Ana [Lúcia]. A Ana foi ouvida no inquérito da Polícia Federal na quinta-feira e a manchete da *Folha* foi "Nora de FHC é indiciada por fraude bancária". Ora, foi indiciada porque todos estão sendo, pela função dela no conselho de administração, mas ela não tem nada a ver com o que aconteceu no Banco [Nacional]; a Ana está pagando certo preço por ser minha nora. E eles querem me atacar com isso, embora o comportamento do governo tenha sido isento, tão isento que a nora do presidente está sendo ouvida na polícia, sem pressão de nenhuma espécie, nem com procuradores nem com a Polícia Federal, para proteger quem quer que seja, até porque estou convencido de que a Ana é absolutamente inocente de qualquer manipulação, pois ela não tinha acesso a esses dados no banco.

O Civita parece que também ia mexer com a visita do primeiro-ministro do Japão, querem inventar que houve um mal-estar porque a Ruth não foi ao almoço. Não foi porque não podia! E porque eles mudaram a data no Itamaraty e não a consultaram direito. Na véspera tínhamos convidado o primeiro-ministro e a esposa dele para jantarem no Alvorada, isso na segunda-feira passada, para ir no domingo, eles é que não quiseram, não puderam, estavam cansados, sei lá o quê. Acho que não houve nada de extraordinário e ficam forçando a barra com essas coisas.

---

*Programa de Atendimento à Saúde, sistema de administração da rede municipal de postos e hospitais por meio de cooperativas, implantado em São Paulo em 1996.
**Programa de construção de habitações populares verticais em favelas paulistanas.
***Apresentação da comédia *Les Frères Zénith* pela trupe de mímicos de Jérôme Deschamps, no Teatro Anchieta do Sesc Consolação. Espetáculo integrante do VI Festival Internacional de Artes Cênicas.

Isso foi ontem, sábado. Hoje saiu uma pesquisa na *Folha*, como eu disse, de má-fé, por isso publicamos logo a do Ibope, para matar esta. Feita em doze capitais e colocando três nomes do PSDB: o Ciro, o Tasso e eu, para poder dividir a votação, sobretudo no Nordeste, e ainda assim não conseguiram provar nada de espetacular. Dizem que o Lula, eu e o Maluf estamos embolados. A *Folha* quer sensacionalismo. A *Folha* é tão manipulada que eles próprios, do Conselho Editorial, tiveram que dar uma nota, no fundo feita pelo Clóvis Rossi, dizendo que a pesquisa não vale, porque são só doze capitais, 19% do eleitorado, e porque o peso de três candidatos sobre seis é uma coisa louca — só mesmo um jornal que hoje está engajado não na política, mas na desorganização da vida política brasileira. É uma coisa doída de dizer, um jornal no qual trabalhei por dez anos ou mais, escrevi tanto tempo lá, e hoje é um jornal mesquinho, negativo.

Lendo o *Estado de S. Paulo* de hoje e mesmo a própria *Folha*, vê-se que o governo tem feito coisas incríveis, nós mudamos a estrutura do Estado, a economia está prosperando, e tudo é apresentado de maneira distorcida na *Folha*.

Hoje, domingo, dia 1º, não haverá nada de extraordinário, porque vou apenas cortar o cabelo, fazer a unha do pé e, eventualmente, ver como está a candidatura do Serra, que alguém pode aparecer por lá.

Eu tinha marcado um balanço, mas não sei se vai haver. Amanhã volto a Brasília e vou à Secretaria do Tesouro Nacional, para uma solenidade dos dez anos da Secretaria. Tão pouco tempo! Meu Deus, o Brasil está mudando tão rápido!

Depois vou para Cochabamba, na Bolívia, para uma reunião do Grupo do Rio.

BOM. HOJE É DOMINGO, 8 de setembro.

Passei toda a semana sem registrar nada. Na segunda-feira, dia 2, abri o seminário sobre finanças públicas, em comemoração aos dez anos da Secretaria do Tesouro Nacional, e depois vim ao Palácio da Alvorada gravar um programa de televisão semanal. Em seguida, fui inaugurar a ala central do aeroporto de Brasília. É a segunda inauguração em aeroporto que faço em um mês! A primeira foi em Curitiba, agora em Brasília. Um programa audacioso da Infraero. Estamos renovando os aeroportos do Brasil.

Na abertura do seminário, estavam lá o ex-presidente Sarney, o Malan, o Pedro Parente, o Murilo Portugal. Discursos. Malan fez excelente exposição sobre a situação econômica, Murilo Portugal contou a história do Tesouro e eu passei a palavra ao Sarney, que ficou muito contente com a homenagem, tendo sido na época dele que se criou a Secretaria do Tesouro. Disse que estamos mudando o hábito no Brasil de falar mal do governo anterior. Aproveitei a deixa e falei disso também, incorporei o Itamar, que estava queixoso, essa coisa toda, e foi uma coisa simpática.

Na segunda-feira mesmo, fui a Cochabamba. Viagem bastante rápida, cheguei à tarde, e daí em diante foi uma trabalheira sem parar. Passei lá a terça e a quarta-feira, e voltei só na quarta-feira à noite.

O que houve de significativo, de maneira geral, em Cochabamba? Em primeiro lugar, a reunião do Grupo do Rio. Encontro meio morto, meio morno. Exposições mais ou menos convencionais. Apenas a reiteração da importância do combate à pobreza, e de significativo, mesmo, a exposição que fez o Samper sobre a situação da Colômbia, sua luta tenaz contra o narcotráfico. Me pareceu sincero em tudo que disse, muito consequente, e mostrou a calamidade da situação: relação da guerrilha com o narcotráfico e os americanos tirando o gás dele, inteiramente. Essa matéria é difícil.

Na volta para o Brasil, vim com o César Gaviria, hoje secretário-geral da OEA. Ele foi presidente da Colômbia, adversário do Samper, e me disse que, grosso modo, o que o Samper disse é verdadeiro, mas que não acha tão ruim a situação da Colômbia nem que os americanos cheguem a uma escalada maior de retaliações no plano econômico. Tive a impressão de que ele não estava tão interessado em que as coisas melhorassem para o Samper.*

Em Cochabamba, o Samper me procurou para dizer que precisava de um respiro com os americanos e pedir minha interferência no assunto. O Lampreia vai a Washington e falará em nível de ministro sobre essa matéria. Mais tarde falarei com o Clinton. Mas a opinião da chancelaria brasileira é de que os americanos não vão recuar. Segundo o Gaviria, os americanos acreditam que o Samper já estivesse metido em dinheiro lavado em função das drogas antes mesmo da eleição. Não sei se é verdade. Tenho boa impressão intelectual do Samper, ele demonstra muita firmeza, porque a bomba que ele está levando é grande e eu não o notei abalado.

Fiz lá minha exposição. Expliquei que não devíamos ficar sempre chorando a pobreza e que tínhamos que mostrar o que estamos fazendo para combatê-la, e que estamos fazendo muita coisa. Dei lá os meus exemplos.

Menem. Eu o achei abatido, e de repente ele teve um ataque forte de anticastrismo, não entendi bem por quê, se foi em resposta ao novo presidente do Equador, que fez uma exposição um pouco mal-ajeitada, cobrando menos retórica e mais ação. Não sei por que o Menem falou tão fortemente contra Cuba. Ele queria que se condenasse a inexistência de democracia em Cuba e ameaçou que, se fôssemos mudar o texto já acertado da Declaração final, ele iria querer incluir isso. Talvez porque o presidente do Equador tenha se precipitado ao reclamar do texto final.

Abdalá Bucaram é como se chama o presidente do Equador. Não fui à sua posse. Ele foi me ver em Cochabamba e o achei um homem simpático, que sabe das

---

*O presidente Ernesto Samper era investigado pela Comissão de Relações Exteriores do Congresso norte-americano por envolvimento com o narcotráfico internacional e estava sob ameaça de julgamento por um tribunal dos EUA. Em junho de 1996, o visto de entrada de Samper nos Estados Unidos foi cancelado.

coisas, tem uma certa noção do fato econômico, mas a impressão foi mais positiva no contato comigo, bilateral. Na reunião plenária, tive uma sensação mais bizarra, ele me pareceu um pouco aloprado, mais quebrador de louça, entrava em assuntos sem muita compreensão deles. Fora isso, fechava com [Rafael] Caldera. Encontrei o presidente Caldera muito envelhecido, mas fez uma exposição muito boa, um resumo do que aconteceu lá,* com muita lucidez, dava a impressão de estar ausente, mas não estava. Um homem de presença marcante, deve ter sido extraordinário nas épocas de maior vigor físico.

Falei longamente com Sánchez de Lozada, depois eu detalho, porque o principal, do ponto de vista brasileiro, não era nem a reunião do Grupo do Rio, e sim o gasoduto Brasil-Bolívia.

Encontros como esses me marcaram um pouco mais do que a reunião do Grupo do Rio, que estão ficando cada vez mais esvaziadas. Também conversei com o primeiro-ministro de Trinidad e Tobago,** um senhor simpático e que está ansioso pela presença do Brasil na América Central. É difícil para nós, mas noto certa insistência. Já registrei esse mesmo anseio também do presidente do Panamá, [Ernesto] Balladares, que é um homem muito firme, pessoalmente muito simpático.

Tivemos um jantar na ex-casa do [Simón] Patiño,*** muito agradável, só com os presidentes, tudo transcorreu com muita normalidade. O vice-presidente da Bolívia, que é o Víctor Hugo Cárdenas, e a senhora dele são índios, e ele tem uma presença simpática também. Fiquei ladeado pelo presidente do Equador e pela senhora do vice-presidente da Bolívia.**** Conversamos um pouco, mas pouca coisa de significativo se extraiu.

Tive várias conversas com o Zedillo e fizemos um acordo do México com o Mercosul. Eu o achei um tanto abatido também, muito preocupado com os americanos. Todos eles têm uma grande preocupação com a posição americana. De alguma maneira, apesar de tudo, o Brasil é visto como um contrapeso, mesmo que seja para fazer a mesma coisa. É curioso.

Além disso, a questão do gasoduto. Já estava tudo resolvido, assinamos o contrato numa das casas antigas do Patiño. Em outra eu vi uma exposição admirável de quadros basicamente do século XVIII, muito bonitos, da região de Potosí. Fomos lá para firmar um documento, dando início às obras do gasoduto. Foi uma luta longa. Fiz um discurso emocionado, também o Goni, o Gonzalo Sánchez de Lozada, presidente da Bolívia, falou. Foram 25 anos de tratativas, finalmente a coisa vai sair, e vai sair bem. Os bolivianos estão contentes, a Petrobras também. Já vi um editorial do

---

*Alusão à crise bancária iniciada em 1994, no começo do mandato de Caldera, e que ainda provocava forte recessão na Venezuela.
**Basdeo Panday.
***Palacio Portales, antiga mansão do magnata boliviano do estanho.
****Lidia Katari de Cárdenas.

Estado de S. Paulo criticando o fato de a Petrobras ter 51% do empreendimento, mas ou ela tomava a frente, ou ele não sairia. Acho que funcionou razoavelmente bem.

Eu disse que o César Gaviria veio comigo para o Brasil, no avião. Por quê? Porque ele queria conversar, vinha mesmo ao Brasil, quer que eu seja interlocutor de Fidel Castro. Ele acha que o Fidel está sem interlocutor, os amigos dele desapareceram da cena política na América, e mesmo no mundo: Felipe González, o Carlos Salinas, do México, e ele está muito sozinho. Fiquei preocupado que o Gaviria quisesse uma mediação nossa entre Cuba e Estados Unidos. Seria inviável. Os americanos não topariam e também não os cubanos. Mas não era isso que ele queria. Ele acha que devemos dar certo apoio psicológico ao Fidel para ele poder avançar na transição. Eu não sei se ele vai avançar na transição, mas me disponho a, no Chile, na Ibero-Americana,* ter mais uma conversa com Fidel. Quem sabe numa base amistosa, porque acho que o Gaviria tem razão. Não se pode deixar o Fidel Castro simplesmente comendo o pão que o diabo amassou com a Lei Helms-Burton. Todo mundo criticou a lei lá na Bolívia. Vamos ver se dá para entrar. É que Cuba é sempre um problema delicado. Para o Brasil também. Não é fácil enfrentar esse tema, porque o Fidel não abre a guarda e os americanos tampouco. Então é um assunto muito, muito delicado.

Acho que foi isso o principal. Deixando de lado esse registro das impressões ligeiras que tive nesse contato com os chefes de Estado, o que mais importa é a Colômbia buscando o apoio do Brasil, Gaviria querendo que o Brasil ajude Cuba, o Equador pedindo interferência por causa do Peru.**

O Fujimori foi outro que também achei abatido. Coisa esquisita, estão todos... De repente eles também vão me achar fisicamente caído, é possível. Mas, enfim, existe um clima de muito entendimento, e a verdade é que a política brasileira prevaleceu. Ou seja, estamos organizados.

Também me encontrei com o presidente do Paraguai, o Wasmosy, que quer vir depor, ou ser ouvido, na comissão de economia do Senado e depois na da Câmara, por causa da renegociação da dívida de Itaipu. Pareceu-nos desassisado. No dia seguinte eu disse a ele que era melhor não vir, e ainda sexta-feira agora, dia 6, já de regresso ao Brasil, telefonei ao Wasmosy dizendo que seria uma arapuca ele vir aqui falar sobre esse assunto. Não entendi a razão para toda essa precipitação. Mas ele compreendeu e não virá.

Cheguei ao Brasil no dia 4, na quarta-feira no fim do dia, absolutamente exangue. Foi muito duro por causa da altura e porque trabalhei muito, houve muitas

---

*VI Cúpula Ibero-Americana de Chefes de Estado e de Governo, realizada em Santiago e Viña del Mar, de 13 a 14 de novembro de 1996.

**O conflito fronteiriço travado pelos dois países em 1995 (Guerra de Cenepa), cuja solução foi mediada pelo Brasil, ainda provocava tensões.

reuniões, encontros que não registrei passo a passo. Está tudo registrado nos anais do Itamaraty.

No dia seguinte, a quinta-feira, depois do despacho interno normal participei de uma gravação — tenho feito muitas —, dessa vez para o Paulo Lopes, que é um animador de rádio.* O Serra me pediu, é a primeira vez que faço isso, falei 22 minutos, e o Paulo Lopes gostou muito, abordei vários assuntos, no final ele perguntou do Serra e eu, com discrição, disse que votaria no Serra. Ele fez os elogios devidos ao Serra, e parece que foi um bom impacto não só para o Serra mas de forma geral. Quero de vez em quando falar com esses animadores de programa de rádio, porque gosto muito de falar pelo rádio. Acho que o povo entende, ouve a voz do presidente mais de perto.

Depois recebi o Gustavo Krause, que veio com o diretor do Instituto de Estudos [Superiores] da Amazônia. Foi um encontro muito bom, eles mostraram os avanços havidos na avaliação do G7, que tem um programa piloto na Amazônia de demarcação de terra indígena, avanços significativos. Os experts desse grupo do G7 fazem elogios à ação do governo brasileiro, corroborando a informação que eu obtivera do Beto (daquele Instituto Socioambiental, que foi aluno meu e da Ruth) em São Gabriel da Cachoeira, dizendo que as coisas estão avançando bem. Fiquei muito contente com isso. E também se vê que na questão indígena acabou a mania de que queremos tirar terra de índio.

Depois desse encontro com o Krause participei do lançamento de um fórum para a agricultura,** do Pronaf, Programa Nacional de Fortalecimento da Agricultura Familiar, destinado a dirigir recursos para os pequenos produtores. Também fui ao lançamento de uma campanha sobre qualidade e produtividade, onde estavam empresários, técnicos e dirigentes do Ministério da Agricultura. Fiz um discurso vibrante, respondendo um pouco às más línguas que vivem dizendo que não temos ação nessa área. Acho que esse encontro foi bastante bom.

À tarde recebi o vice-primeiro-ministro do Quebec, Bernard Landry. A Céline Saint-Pierre*** me telefonou pedindo. A embaixadora do Canadá**** estava visivelmente incomodada porque Bernard Landry é do Quebec e muito independentista. Enfim, as velhas brigas entre Canadá e Quebec. Nem sei se a embaixadora entendeu tudo, porque falamos em francês.

Depois recebi rapidamente o deputado Aécio Neves, com o qual marquei um almoço para domingo. (Acabei de ter esse almoço com ele e o Pimenta, que vou detalhar mais adiante.)

Ainda na quinta-feira, o Michael Reid, correspondente do *The Economist*, me fez uma boa entrevista. Esse é um rapaz competente, entende das coisas.

---

* Locutor da Rádio Globo de São Paulo.
** Lançamento da campanha Agricultura no Real.
*** Socióloga canadense, assessora do Ministério da Educação do Canadá.
**** Nancy Stiles.

Também o Marcito Moreira Alves me entrevistou, sobre os temas habituais, ele também tem sido um bom analista.

Nesse meio-tempo um telefonema do Serjão me dando informações sobre uma pesquisa na qual o Serra subiu consideravelmente em São Paulo. Isso alegrou todo mundo. Me parece que a tendência se mantém, não sei se ele vai chegar ao segundo turno, tomara que sim, mas se não chegar não vai ser um vexame. Vai mostrar que há capacidade de reação, enfim que o Serra tem algum prestígio eleitoral, o suficiente para continuar como um candidato potencial, eu espero, ao governo de São Paulo.

Depois recebi o Thiago de Mello, que veio com a nora. Na verdade um problema que a nora parece que tem com o Manduka [Alexandre Thiago de Mello], o filho do Thiago, que é para eu fazer uns diálogos com o Thiago, não entendi bem, mas querem algum apoio nessa área. Uma das estatais já está patrocinando o programa. Thiago queria também falar com o Krause, porque ele mora em Barreirinha, no Amazonas, e acha que está havendo lá um abuso do uso de mercúrio, enfim essa coisa do meio ambiente que é realmente preocupante.

Já muito cansado, fui jantar na casa do Frederico Araújo, o embaixador Fred. Lá estavam o Paulo Tarso e a Lúcia, o chanceler Luiz Lampreia e a Lenir, eu e a Ruth, o Fred e a Ana [Araújo]. Muito agradável, comida excepcional e bebida melhor ainda. Conversa solta sem nada de cunho político, muito amistosa, voltamos tarde para casa e passei a noite razoavelmente mal, porque estava empanzinado de tão bem que comi, e de cansaço.

No dia seguinte, sexta-feira, tive logo de manhã uma reunião com o Kandir, com o dr. [José Paulo] Silveira (o encarregado de gerenciar o Brasil em Ação), com o Portella, secretário executivo do Ministério dos Transportes, o Vilmar Faria, o Clóvis e o Eduardo Jorge, a respeito do gerenciamento dos 42 projetos do Brasil em Ação. Noto certa tensão no Clóvis, que tem uma concepção muito mais integrativa do que executiva de projetos isolados. Claro que no geral ele tem razão, porque vai ter que supervisionar a mudança qualitativa da administração, sobretudo na área social. Não é um projeto, não é fazer uma obra, mas dar continuidade a um processo. Mas, por outro lado, temos que dar visibilidade a esses projetos.

Chegou-se a um razoável primeiro entendimento, fomos até o projeto número 21 com sugestão de nomes. Para a minha surpresa o Portella disse que estava sobrando dinheiro em algumas áreas do Ministério dos Transportes, que fez 20 ou 21 mil quilômetros de conservação de estradas, das 51 mil que temos no Brasil, o que é bastante e nem eu sabia. Enfim falta muitas vezes gerenciamento e capacidade de utilizar o dinheiro. O pessoal amola sempre por orçamento e não por execução das obras do orçamento.

Depois desse encontro interno, fui para o Palácio do Planalto com a Ruth, para a cerimônia de assinatura dos atos sobre a erradicação do trabalho infantil.* Belo

---

*Assinatura de medidas para inibir o trabalho infantil em carvoarias, plantações e usinas

ato. Estavam presentes líderes sindicais, empresariais, uns dez governadores, muita gente das organizações não governamentais, é um esforço coletivo para acabar com o trabalho infantil em atividades perigosas como cana, sisal e, sobretudo, carvoaria, e outras áreas sensíveis em que a utilização das crianças é inaceitável. Fiz um discurso forte, o Urbano discursou pela Contag, ele mais ou menos sempre se sente na obrigação de fazer uma crítica além do necessário, só porque é do PSDB. Vicentinho roubou a cena porque veio me dar um abraço e me contar que tinha me chamado de burro quando eu estava na Bolívia, porque eu não faria reforma agrária. Então bateu em mim e disse: "Nada de pessoal!". Eu ri e tal, a imprensa me perguntou se eu tinha feito as pazes, eu disse que não, que não tinha brigado com o Vicentinho. Ele também grudou na Ruth, ela ficou até mais tarde, disse que admirava muito o trabalho da Ruth, queria convidá-la, queria estar com ela. E a Ruth disse que claro, que em São Paulo ou aqui eles se veriam em dado momento. Aí entrou a imprensa e o Vicentinho já disse: "Pois é, estou convidando a dona Ruth para ir à CUT", e a Ruth disse: "Não! Primeiro a gente estava falando de outra coisa, de você vir aqui falar comigo e depois que você vier, então eu vou à CUT". Vê-se que o Vicentinho é esperto e não resiste à luz da televisão para brilhar, nem que seja para me chamar de burro ou para dizer à Ruth que vá para a CUT. Mas ele é um tipo muito interessante. Pena que não vá até o fim com os palpites mais positivos que tem.

Depois disso vim para o Palácio da Alvorada, onde tive um almoço com o Tasso Jereissati e o José Antônio Nascimento Brito. Basicamente porque o Tasso queria que o Brito me dissesse que ele, Josa, e o *Jornal* estão muito favoráveis à reeleição. Josa me disse que, pelo que ele vê, toda a elite empresarial brasileira, as pessoas com quem tem falado, estão fazendo uma conspiração silenciosa pela reeleição. Foi um bom encontro.

Eu não avancei mais nada com ele, a não ser registrar isso e dizer que precisamos ter uma mobilização e tal.

Voltei para o Palácio do Planalto. Recebi o Federico Mayor, diretor-geral da Unesco, conversa amena sem nada de extraordinário, não temos pendências com a Unesco.

Depois fui para a reunião da Câmara de Relações Exteriores e Defesa Nacional. Uma iniciativa histórica. Por quê? Porque pela primeira vez se discute política de defesa no sentido amplo e junto com relações exteriores. Nessa reunião ficou claro, eu disse, que a política militar está submetida à política de defesa, a qual dependia da política de relações exteriores. Essa era a ordem de subordinação. Os militares concordaram e discutimos alguns tópicos sobre a metodologia para se chegar a uma política de defesa. Na verdade ainda estamos no começo, tateando. Está em jogo também saber se compramos ou não aviões ou porta-aviões, se moderniza-

---

de cana-de-açúcar, instituindo uma gratificação a famílias que mantivessem seus filhos na escola.

mos ou não a Força Aérea, o que fazer com as ilhas de excelência do Exército. Isso tudo vai ser esmiuçado dentro da ótica: quem é o inimigo, qual é o objetivo, o que queremos, queremos a paz, como assegurar a paz.

Enfim, problemas de discussão séria e não simplesmente de querer comprar arma, corrida armamentista ou de as Forças Armadas terem uma política própria e independente da política nacional. Foi um encontro muito produtivo.

De lá vim correndo para o Palácio da Alvorada, já atrasado para me encontrar com o Britto, o governador do Rio Grande do Sul. No Planalto eu recebo dezenas de pessoas para despachos fora de hora (nem todas eu registro aqui, só o que há de principal), o Gelson, o Sérgio Amaral, às vezes a Ana, e por aí vai, muita gente, o Sardenberg. Há pessoas que vão embora do governo, mas ainda estão trabalhando, elas também me procuram, por exemplo o Calabi veio nesse meio-tempo... Minha rotina é violentíssima.

No meio disso tudo, a Luciana, à tarde, me pediu uma palavrinha e o que eu ouvi foi muito duro para mim. É que a Bia, talvez a filha com quem hoje eu tenho o maior entendimento do ponto de vista intelectual, de preocupação com as coisas, está com um problema de tireoide, fizeram um exame e ela vai ter que tirar a tireoide porque está com uma pequena malignidade. Isso me abalou muitíssimo. Imagino a Bia e a Ruth. Vim para casa preocupado com a Ruth.

Então, assim que cheguei ao Alvorada cumprimentei o Britto e fui ver a Ruth, que realmente estava desfeita. Ruth é mais sensível nessa matéria do que eu e também do que os outros filhos. Falei com o Paulo, falei com a Luciana, muito desagradável mesmo.

Então voltei para conversar com o Britto. Ele quer fazer o seguinte: havendo reeleição, ele fica no PMDB e faz aliança com setores do partido, para ver se há predomínio da ala "boa" — vamos chamá-la assim — do PMDB. Se não houvesse a possibilidade de reeleição, ele iria discutir a formação de outro partido com o Lerner, que acalenta uma ideia desse tipo, o que para ele seria mais fácil. Mas ele acha que melhor é ter a reeleição, enfim, acertou os ponteiros. Britto vai começar a conversar com os governadores do PMDB nessa direção. Voltei a dizer qual era a minha análise, que não é muito diferente da dele. Falamos também sobre a Yeda [Crusius] e não o vi muito entusiasmado com a história dela.*

Voltei para conversar com a Ruth e aí nós dois estávamos realmente muito abalados. Mas conseguimos falar. Conversei com uma médica, a Ruth também. Ela nos explicou que era aquilo mesmo, mas uma coisa encapsulada, que não é uma operação complicada e que a extração da tireoide não teria consequência maior, porque existem remédios que produzem o mesmo efeito do que é produzido pela tireoide. Foi um baque enorme para mim e para Ruth. São dessas coisas que a gente registra, mas que gostaria imensamente de jamais ter tido de registrar.

---

*Crusius era candidata à prefeitura de Porto Alegre pelo PSDB.

Depois falei com a Bia. Ela é forte também. Estava meio abalada, me disse que não queria nem falar com a Ruth porque a Ruth às vezes fica mais afetada do que ela, mas que, enfim, ela tinha que enfrentar e que já estava encarando com mais tranquilidade.

Ontem à noite, sábado, falei de novo com a Bia e já a achei bem melhor. Vamos ver, meu Deus, o que a gente pode fazer nessa área. Tenho confiança que não seja grave.

Nesse sábado, 7 de setembro, fomos de manhã ao desfile militar, muita ventania, os jornais já publicaram hoje fotografias maldosas minha e da Ruth, eu despenteado, a Ruth bocejando. Uma parada pobre, porque o Exército brasileiro não quer fazer exibicionismos, mas simpática e festiva.

De lá voltamos para o Palácio da Alvorada e fizemos uma festa boa, calorosa com crianças, com o grupo Axé, o grupo Olodum, tocou-se na questão dos meninos das carvoarias, das prostitutas da Casa de Passagem,* uma coisa muito Brasil e muito humana. Depois a Olivia Byington cantou o Hino da Independência, o Guilherme Vergueiro tocou piano e o marido da Olivia** flauta, enfim uma festa muitíssimo agradável. Fiz um discurso, veio o núncio, até d. Mauro Morelli*** veio, o [Henry] Sobel,**** vários ministros, representantes da sociedade civil, essa criançada toda. Enfim, demos ao Sete de Setembro um caráter mais espontâneo, de festa popular.

Aliás, o dia inteiro em Brasília foi assim. Houve *O guarani* à noite, houve festa também na praça dos Três Poderes, em frente ao palácio do Planalto, cantoria, parece que teve muita gente ontem à tarde, um dia bom.

Almoçamos e depois recebi o Vilmar, para discutirmos o controle dos problemas sociais. Em seguida, o Ronaldo Cezar Coelho, que é o nosso embaixador para a obtenção da Rio 2004, e uma menina chamada [Tamara] Rodrigues do Nascimento, ou algo assim, que foi a primeira voluntária da Rio 2004. A moça estava fora de si, tem quinze anos, é atleta, lá da Mangueira. Eu fui o voluntário número 2, televisão, muita agitação nesse sentido.

Depois fomos para o Itamaraty receber as homenagens do corpo diplomático, um beija-mão infinito que dura um tempo enorme, e em pé, machuca a mão da gente.

Voltei para cá e fui levar Ruth ao aeroporto. Ela foi para Natal, onde vai fazer um trabalho da Universidade Solidária. De lá iria para o Rio de Janeiro, deve estar chegando ao Rio hoje.

E à noite ainda jantei com jornalistas e com a Ana, para podermos manter um pouco o fluxo de informações. Eram o Moreno, o Heraldo [Pereira], a mulher do He-

---

*Centro Brasileiro da Criança e do Adolescente, sediada no Recife.
**Edgar Duvivier.
***Bispo de Duque de Caxias (RJ).
****Presidente do Rabinato da Congregação Israelita Paulista (CIP).

raldo, que é jornalista também, Cecília [Maia] e o Rodolfo Fernandes. Muito agradável, mas foi até tarde.

Hoje de manhã nadei, li um pouquinho os jornais e já recebi Pimenta e Aécio, que vieram repassar a situação do partido. Não vou repetir, porque são as análises de sempre: a posição do PMDB, a do PFL, não sei o quê, a reeleição, política geral, o que fazer, como reanimar o PSDB, que o PSDB tem que ser um partido de convicções e não de números. Pimenta concorda com isso, foi uma boa conversa.

Agora estou aqui, acabando de fazer esse registro e esperando o Giannotti. Depois dele vou receber o Alemão [Álvaro Simões], que vem com uma reclamação, porque dois amigos dele foram postos para fora do governo, não sei por quê, e depois ainda virá o Paulo Renato. Enfim, é desse modo que o presidente da República descansa num domingo depois do Sete de Setembro.

HOJE É SEGUNDA-FEIRA, 9 de setembro.

Como eu disse, o Paulo Renato veio ontem à noite, e o Giannotti acabou dormindo aqui. Eu e o Paulo Renato conversamos um pouco, ele estava querendo que eu mandasse uma carta para o Clinton, porque ele conversou com o Enrique Iglesias e com o [James] Wolfensohn, o presidente do Banco Mundial, e ambos disseram que o Clinton me ouve, e agora os Estados Unidos estão sem política com a América Latina para assuntos perigosos de Cuba, Colômbia etc.

Depois o Paulo Renato foi embora, jantar com a chanceler da Colômbia.* Fiquei com o Giannotti e passamos em revista os temas habituais sobre a política do Brasil, não preciso repetir, depois fui ver um filme no Alvorada.

A manhã de hoje foi agitada, fui cedo para São Paulo, para o lançamento de uma placa marcando o início das obras do metrô Itaquera-Guaianazes;** no fundo é para ver se ajuda a levantar o clima do Serra em São Paulo. O Mário fez um discurso não muito animado, eu fiz outro bem mais animado. Depois me disseram que havia umas faixas dos metroviários contra as reformas, mas não vi, não prestei atenção. E foi bom, foi rápido, o pessoal do Serra não apareceu para fazer uma gravação, o Serra também não compareceu, o que é bom, mostrei que estamos fazendo muita coisa em São Paulo e no Brasil. Em seguida voltei para Brasília.

Depois do almoço recebi os para-atletas, os portadores de deficiência física que ganharam 21 medalhas nas Paraolimpíadas. Foi uma coisa simpática, agradável e educativa.

No Planalto recebi a chanceler da Colômbia, repassamos os temas da relação bilateral, mensagens do Samper, de confiança em que posso atuar, ela só entredisse as coisas.

* María Emma Mejía.
** Extensão da Linha E da Companhia Paulista de Trens Metropolitanos (CPTM).

Falei depois com o Lampreia sobre essa carta para o Clinton, o Paulo Renato já tinha falado dela para o Lampreia. Acho boa a ideia, colocar os problemas que estão postos na América Latina, a Argentina me preocupa, o Cavallo foi embora, o [Eduardo] Bauzá* foi embora, o Menem está sozinho, um pouco tenso. Se a Argentina entra em parafuso, as coisas ficam difíceis. A Colômbia, o tratamento discriminatório americano insustentável e Cuba, não se pode deixar o Fidel tão isolado como está. Fora o México, que já tem tantos problemas. Enfim, pontos de inquietação.

Depois recebi o pessoal da Bell South, eles vieram com o Safra, com o Chiquinho Mesquita [Francisco Mesquita] mais o pessoal da RBS, o Nelson [Sirotsky]. Foi interessante, estão com alguns investimentos, essa coisa toda.

Despachei de rotina e voltei ao Palácio da Alvorada. Falei com a Bia, coitada, está tensa, preocupada, eu também, e a Ruth mais ainda. Falei com a Ruth, ela está no Rio, na casa do Paulo. Momentos difíceis para nós, realmente difíceis. Torço para que não haja nada além do que já se sabe, que já é bastante, é preciso extrair a tireoide, e isso me dá uma sensação desagradável. A Bia é forte, mas ela também está perturbada. Eu tenho falado com ela, a Ruth fica muito abalada, ela e a Bia se abalam reciprocamente, enfim... momentos bastante difíceis. Agora são nove e meia, dez da noite, vou arrumar papéis, terminar de ler o livro do Castelinho [Carlos Castelo Branco] sobre a queda do Jânio.** Depois vou dormir.

HOJE É QUARTA-FEIRA, 11 de setembro, são onze e meia da noite.

Ontem levantei cedo, nadei, fui à entrega de credenciais de três embaixadores, rotina, depois tive uma longa conversa com o Raul Jungmann, que me fez um relato sobre o que aconteceu com a reforma agrária. Situação difícil, ele disse que exigiu que o pessoal dos sem-terra se comprometesse a não invadir mais prédios públicos, eles não vão cumprir, disseram que não cumprem, então houve uma suspensão de negociações.

Em função disso a coisa ficou mais complicada. O Raul tem razão, eles exageraram muito. Todas as informações são as que nós temos. Ele disse, explicou o que está fazendo na Reforma Agrária, vamos colocar um diretor no Incra mais para cuidar da parte gerencial. Ele explicou também as pequenas mudanças que fez, está tranquilo quanto ao assentamento em si, os recursos estão assegurados, mas ele sabe que a questão é política, e nessa matéria o Raul tem sido muito hábil. Falou também da necessidade de pegar o Roberto Freire para o futuro, se houver reeleição.

Depois do encontro com o Raul Jungmann, voltei ao Palácio da Alvorada, encontrei a Ruth, que estava muito tensa por causa da Bia, eu também, todos nós estamos.

---

* Chefe do Gabinete de Ministros do segundo governo Menem.
** *A renúncia de Jânio: Um depoimento*. Rio de Janeiro: Revan, 1996.

Eu tive um almoço com Eliane Cantanhêde e Antônio Pimenta Neves, que é o diretor da *Gazeta Mercantil*, tipo de almoço habitual para passar em revista o que está acontecendo, de acordo com a minha ótica. E esse Pimenta foi muito crítico com o Serra, mais crítico do que eu imaginava, mas, enfim, uma crítica teórica, e não prática, por causa das eleições e do desempenho dele como ministro do Planejamento. A visão do Serra, segundo ele, é ainda cepalina. Não sei.

Na volta ao Palácio do Planalto, recebi o Luciano Martins, que tinha estado com o Sanguinetti numa reunião em que estiveram também o [Michel] Camdessus e o Felipe González. Camdessus disse que quer falar comigo, pediu que eu o chame a Brasília, talvez antes da reunião do Fundo Monetário, porque precisa me dizer algumas coisas e quer ouvir minha opinião sobre a ideia que ele tem de que devemos mudar um pouco a política do Fundo Monetário. Estranho esse recado. Tenho que tomar alguma providência para saber se chamo o Camdessus.

Depois recebi o senador Romeu Tuma, que no fundo veio me dar uma satisfação do que está acontecendo em São Paulo e me contar sobre alguns projetos no Congresso.

Terminada a conversa com o Romeu Tuma, recebi outros parlamentares, é sempre assim, sempre fora da pauta, mas nada de extraordinário.

Fui ver uma exposição no Ministério da Justiça sobre direitos humanos no mundo atual, de uma associação japonesa chamada Soka Gakkai.* Não sei que raio de fundação é essa, estavam lá o núncio apostólico, o Jatene. Achei o Jatene um pouco constrangido, será por causa da questão do orçamento? Provavelmente.

Estava comigo o Jobim, vimos a tal exposição. Thiago de Mello é ligado à Soka Gakkai e estava lá também. Depois fui à casa do dono do *Correio Braziliense*, que é o Paulo Cabral, porque houve uma reunião dos membros da Associação Nacional dos Jornais, da qual ele é o presidente. Lá vi todo mundo, estavam presentes todos os donos de jornais do Brasil, encontrei o Sarney.

Falei com o Sarney sobre a aprovação do ICMS. Ele queria fazer valer a ideia de que quando o Senado recusa uma parte de um projeto, a Câmara não pode repor. Ele tem razão, me parece. Mas no caso do ICMS o pessoal está com medo que alguém vá impugnar. Havia essa dúvida, o Tuma já tinha me falado nisso, mas tanto o Sérgio Machado quanto o senador Élcio Álvares acham que é melhor fazer um veto mesmo. Falei com o Kandir, que disse que eles iam se acertar. Realmente quem colocou essa questão que está abrindo uma discussão polêmica e imensa, que é o fim da guerra fiscal entre os estados, foram os próprios secretários da Fazenda. Depois os governadores gritaram. O primeiro a gritar foi o Tasso, que já levantou suspeitas sobre o Kandir. Na verdade não se comprovava que o Kandir tivesse qualquer responsabilidade sobre a cessação da guerra fiscal. Embora ele, como eu, achamos que algum paradeiro há de haver.

Voltei para casa.

---

* Movimento budista japonês.

Conversei com o general Cardoso, como de hábito, me despedi do general Zenildo e chamei também o Jobim. Por quê? Porque no dia seguinte, ou seja, hoje, haveria a discussão do caso relativo ao Lamarca e ao [Carlos] Marighella. Preocupante é o Lamarca. O Jobim me disse que a maioria [da Comissão de Mortos e Desaparecidos Políticos] tendia a dar a indenização, isso já tinha sido dito ao general Zenildo pelo Cardoso, eu pedi que o Jobim informasse ao Cardoso. Vejo que o Jobim acha que essa é a melhor solução, porque encerra o caso. Encerra desde que não haja uma questão militar desnecessária. Enfim, vamos ver o que acontece.

Hoje de manhã fui receber o presidente da Coreia, Kim Young Sam. Reunião formal, temas importantes mas rotineiros, com tradução sucessiva e não simultânea, meio chato, quase duas horas de reunião. Depois assinamos os atos.

Foi suspensa uma reunião que eu teria com o Bresser, simplesmente despachei um pouco a rotina. O general Cardoso me informou que a situação no Pontal do Paranapanema estava complicada. Temos falado com frequência nisto: Pontal do Paranapanema e Bico do Papagaio.*

Depois disso vim para casa, almocei com a Ruth.

Em seguida recebi o Fernando Lira.** Ele viria almoçar, mas cancelei, porque estamos cheio de problemas e eu não tinha paciência para um almoço. Fernando Lira veio dizendo que já tinha falado com Arraes, que o Partido Socialista [Brasileiro] estaria disposto a apoiar a reeleição, que eu falasse com o Arraes, e trouxe também um recado da Tânia Bacelar*** sobre a Transnordestina.**** Telefonei para o Arraes e parece que é isso mesmo. Ele disse que o Lira já tinha falado com ele e me contou que só um deputado do partido socialista ficaria contra e que também o governador de Brasília, o Cristovam (aliás, foi o Cristovam quem me pediu que eu recebesse o Lira), tem essa opinião. Ele não abrirá o jogo agora, mas é a favor e, disse o Arraes, o Buaiz e o Lerner também [são a favor]. Engraçado, de repente, ver essa mudança favorável à reeleição.

Depois que o Fernando Lira foi embora, recebi a informação de que, por 5 a 2, tinha havido a resolução de que tanto a família do Marighella quanto a do Lamarca teriam direito à indenização. Ou seja, teriam sido mortos sob custódia. É um pouco forçar a barra [no caso do Lamarca].

Em seguida, recebi, no Alvorada, Kandir, Clóvis, Eduardo Jorge, Vilmar, Portella, Ceres [Prates]***** e o dr. Silveira, que são as pessoas encarregadas dos 42 projetos prioritários. Discussão sobre os projetos. Muito desconforto na área da saúde, porque projetos que não são do SUS, ou as grandes campanhas de vacinação ou de

* As duas regiões enfrentavam graves conflitos fundiários, envolvendo o MST e fazendeiros.
** Deputado federal (PSB-PE).
*** Economista e professora da UFPE.
**** Ferrovia interligando Fortaleza e Recife, cuja construção foi iniciada em 2006.
***** Assessora especial da Casa Civil da Presidência da República.

vigilância sanitária, não andam, ou então andam à margem do eixo principal do projeto. Também reclamei da Caixa Econômica e da Secretaria de Política Urbana, porque há muito dinheiro e não há eficácia na entrega do dinheiro.

Nesse meio-tempo o general Cardoso chegou — era para ter vindo um pouco antes — para me dizer que havia preocupação nas Forças Armadas, porque o general [Osvaldo] Gomes, que é o representante do Exército na comissão para providenciar o pagamento de indenização, tinha ouvido um dos membros da comissão dizer que votara contra não como ele, Gomes, nem como o outro, que é um dos procuradores,* que votaram a favor porque havia orientação governamental nesse sentido. Cardoso sabe que não havia, mas me alertou que isso podia criar uma onda. Procurei o Jobim, ele não estava, tinha ido para São Paulo. O general Gomes tinha se demitido da comissão. Eu disse ao Cardoso para chamar o general Gomes.

No meio da reunião com o Kandir e os outros, chegou o general Gomes junto com o general... não me lembro se o nome dele era Beni ou Denis, acho que é o general-chefe do Centro de Comunicação Social do Exército, um homem muito simpático.** De fato o general Gomes me disse que parecia uma conspiração, que votavam sistematicamente contra ele, que não tinham nenhuma razão nessa matéria, ele não duvidava da minha posição, até porque o Márcio Moreira Alves já havia exposto no *Globo*. Telefonei na frente deles para o Sérgio Amaral e mandei reiterar a minha posição. Claro, houve uma decisão, há uma lei, a lei criou a comissão, respeitamos, mas o Lamarca continua sendo considerado desertor.

Claro que não vai ser fácil, porque a esquerda vai me atacar. O Nilmário Miranda*** fez um discurso ontem na Câmara dizendo que meu avô (o marechal Joaquim Inácio, ativo na conspiração republicana e único general da ativa a apoiar os tenentes em 1922) e meu tio-avô, Augusto [Espírito Santo] (que foi ministro da Guerra do Getúlio no início dos anos 1930), tinham sido, eles também, não sei se ele disse desertor, mas tinham roubado armas, feito pacto de sangue, enfim, uma confusão, que se refere, na verdade, à proclamação da República, e que em 1896 teriam feito não sei o quê. Em 1896 o meu avô lutava no Rio Grande do Sul pelos republicanos, chefiado pelo pai de Getúlio, Manuel do Nascimento Vargas. Meu avô era militar do Exército, e os militares sempre conspiraram. Fizeram o mesmo em 1889, mas ganharam, e o imperador é que foi deportado. Se tivessem perdido, ele teria sido fuzilado ou coisa que o valha. De modo que a comparação é infeliz. Isso mostra o clima que eles querem criar, e eu, claro, tive que dar uma declaração.

---

* Paulo Gonet Branco, procurador da República.
** General Beni Pereira.
*** Deputado federal (PT-MG) e membro da Comissão de Mortos e Desaparecidos Políticos.

12 DE SETEMBRO a 1º DE OUTUBRO DE 1996

Globalização e OMC.
Discussões sobre reeleição ganham vulto.
Visita de Helmut Kohl

Hoje é 12 de setembro de 1996.
Bem, eu estava falando da conversa que tive ontem com o general [Beni] Gomes e o general Cardoso. Creio que o essencial já está registrado lá. Depois disso voltei à reunião com o Kandir e o pessoal da Casa Civil, para ver o gerenciamento dos projetos.

Depois ainda recebi o Celso Pinto, ele é um jornalista competente, foi uma longa entrevista.

Jantei em seguida, no Itamaraty, com o Kim Young Sam. Jantar que eu pensei fosse ser difícil, porque ele parecia meio casmurro, mas não, foi muito agradável apesar da tradução do coreano, que é sempre trabalhosa. Deu para conversar, perguntei sobre a Coreia do Norte e ele disse uma coisa que me chamou a atenção: que na Coreia do Norte a situação está pior do que em Cuba, porque Cuba tem o Fidel Castro, seu líder, enquanto na Coreia do Norte o líder deles morreu, o Kim Il-sung, e eles estão desavorados. É uma situação imprevisível, não se sabe qual será o resultado disso, e eles não têm contato nenhum conosco. Perguntei se eles tinham bomba atômica, ele riu e disse: "Que nada, é conversa, é blefe!". Pareceu muito seguro. É um homem que lutou pela democracia, tem 68 anos, corre todos os dias, até aqui em Brasília ele correu, é uma pessoa que sabe das coisas. Tem muita admiração pelo Clinton, e me pareceu com capacidade de diálogo democrático. Vamos ver.

Isso ontem, na quinta-feira. Quando voltei para casa, recebi o recado de que algumas pessoas estavam querendo falar comigo, o Pedro Malan e não sei quem mais, mas não telefonei. O Pedro estava preocupado com o decreto que devíamos assinar hoje, no dia 12. Um decreto de reajuste, ou melhor, de créditos extraordinários e liberação de alguns recursos para permitir a execução orçamentária até o fim do ano. É uma discussão infindável. Eu não telefonei para ele ontem, mas convoquei uma reunião para hoje ao meio-dia.

Nessa reunião mostramos que havia realmente o risco de déficit. Só que o analisamos, e ele é na Previdência; se houver déficit é na Previdência. Porque nas contas correntes ou nas contas de capital... e mesmo o pessoal passou de 42 bilhões para 40 bilhões este ano e não demos nenhum aumento de salário. Então a situação está sob controle. Acho que a própria equipe econômica perde um pouco a noção das coisas e começa a espalhar essa falta de controle do déficit. A reunião não foi fácil, foi tensa, o Clóvis agressivo, Malan começou também bastante agressivo, porque ele está realmente preocupado: o Tribunal de Contas está processando e multando o Everardo e o Gustavo Loyola porque eles não quererem abrir o sigilo bancário,* e a Advocacia-Geral da União concorda que não se deve abrir mesmo. Só que, de acordo com as regras, eles vão ter que fazer um mandado de segurança e constituir advogados particulares, porque o advogado da União não pode defender funcionários públicos, uma coisa patética, e o Malan está muito irritado com isso.

Discutimos bastante, houve a notícia um pouco apressada, dada pelo Kandir, de que o déficit da Previdência era menor, mas agora à noite verificamos que não, que era aquele mesmo, é a forma de calcular.

Malan acaba de me telefonar, vai passar aqui mais tarde, naturalmente para reclamar do déficit e dizer que alguma medida tem que ser tomada. Ele estava preocupado, eu também estou, mas não tem jeito, não se pode parar a administração.

Fora isso, recebi o Onofre Quinan e sua mulher, a Lídia Quinan, coisa normal de deputados (ele é senador, ela deputada) reivindicando por seu estado.

Depois recebi o pessoal da Unimed com vários deputados.

À tarde, tive um almoço proveitoso com Montoro, Almino, alguns deputados, inclusive o Andradinha, o Bonifácio de Andrada,** e também aquele da Bahia, o João, esqueço agora o sobrenome dele. Foi muito interessante, porque eles voltaram ao tema do parlamentarismo. O Montoro, com aquela formidável vocação renovadora e entusiasmo juvenil, achando que era facílimo repor o parlamentarismo. O Almino, mais tático e hábil, dizendo que era uma alternativa à reeleição pura e simples e que a outra era o plebiscito, que eles acham difícil passar. Deixei claro que não estou empenhado pessoalmente no assunto e que não vou fazer barganha nenhuma. Falei que acho bom considerar a possibilidade do parlamentarismo, mesmo que não passe, para que o tema do sistema de governo venha à baila. Estava também o Gilvan [Freire], que é um deputado, creio que da Paraíba.*** Aliás, eu nunca tinha estado com ele, me pareceu uma pessoa de cabeça organizada e... Ah, meu Deus do céu, esqueço o nome do rapaz da Bahia, o outro, que é o João... meu Deus, o que fez a lei eleitoral várias vezes, é um homem com quem eu tenho muito trato e que foi até candidato a líder do PMDB.****

É interessante isso, pessoas que ficam pensando em termos idealistas sobre o sistema de governo. Marquei uma conversa com o Luís Eduardo Magalhães, o que farei daqui a pouco, às nove e meia da noite.

---

*O TCU solicitou acesso aos dados fiscais e bancários das instituições financeiras resgatadas pelo governo, mas o presidente do BC e o secretário da Receita Federal resistiram à determinação do tribunal, temendo vazamentos e sua utilização política. O TCU, então, recorreu à Justiça para responsabilizá-los.

** PPB-MG.

*** PMDB-PB.

**** João Almeida (PMDB-BA), relator da comissão especial da Câmara sobre as reformas política e eleitoral.

À tarde conversei com o Renato Ruggiero, que é diretor-geral da Organização Mundial do Comércio e um dos homens mais importantes dessa reorganização do mundo. Ele tem a mente clara, vê o que existe em termos de globalização, que era inevitável, seus problemas. É um otimista, acredita que o peso do Brasil é muito maior do que os brasileiros acham. Vê-se que o Ruggiero é um homem com noção das coisas do mundo. É um italiano que foi posto lá com o apoio do governo brasileiro. Tivemos uma conversa bonita, madura, sobre as perspectivas do mundo.

Eu disse a ele: "O problema é a exclusão, não a globalização; a globalização está aí, a grande questão é saber se ela vai ser totalmente excludente, mais ou menos excludente ou includente. O que vai acontecer com a África, com partes do mundo que se desenvolvem? Como vão se integrar?". Ele acha que a África está avançando bastante. É a primeira vez que ouço uma observação desse tipo. Vou prestar mais atenção na África.

Ruggiero acha, como eu, que há chances para o Brasil. Mas a grande questão está colocada: a globalização é um fato e a exclusão é uma tendência. Dá para reverter? Como se faz a distribuição de renda, como se faz com os empregos? São as grandes questões que mais cedo ou mais tarde vão surgir. Eu disse que me parece que estamos no início de uma nova era e que as pessoas estão esperneando contra essa nova era, o que é ridículo. Temos que ver como a gente melhora as condições nela e, mais tarde, pode ser até que se desenhe uma possibilidade de mudança dessa era. Neste momento tudo é mera ideologia. Não há condição, a realidade não aponta para o outro lado.

Depois dessa conversa com o Ruggiero, que foi a mais interessante, recebi o senador Gilberto Miranda com o Luís Carlos Santos. Vieram com o pretexto de trazer alguém que ganhou um prêmio de empresário do ano nos Estados Unidos, mas na realidade era outra coisa. Veio me dizer o Gilberto Miranda que ele vai sair do PMDB e que tem o nome de mais três que podem me apoiar. São o Ernandes Amorim,[*] que é gente ligada ao Sarney — "ligada" em termos, claro —, depois, o que me chamou muito a atenção, o irmão do Álvaro Dias,[**] que já saiu do PSDB, mas não entra no PMDB, e ainda um terceiro que não me lembro agora quem é. São quatro votos que darão a quem eu quiser, segundo Gilberto Miranda e Luís Carlos Santos, para fazer o presidente do Senado. No meu modo de entender, isso é uma manobra que está sendo feita com o apoio do Luís Carlos, porque assim ele também se cacifa para negociar a presidência da Câmara. Isso não vai ser sabido, segundo eles, mas esses votos vão ficar à disposição do governo.

Por aí se vê a força do presidente da República no presidencialismo. Porque eu não articulei nem pedi nada disso, nem sabia, mas eles vêm e se põem à disposição, sob a condição, é evidente, de que haja um apoio, provavelmente ao Luís Carlos

---

[*] Senador (PMDB-RO).
[**] Osmar Dias (sem partido-PR).

para presidente da Câmara. Luís Carlos não abriu o jogo. Eu disse ao Gilberto Miranda que o problema não é esse, e sim quando eles fariam isso, porque qualquer mexida agora me pareceria muito desastrada, pois abriria o jogo muito cedo.

Mas é curioso com quantas cartas se joga simultaneamente! Mesmo eu, habituado a essa vida de Brasília, me surpreendo muitas vezes.

Depois disso falei com a Bia, com a Ruth, e fiquei meio irritado, porque seguranças já tinham se deslocado para São Paulo, na hipótese de eu ir para lá. Eu não disse a ninguém que iria. Mandei avisar que não iria, e vou decidir se vou só no sábado.

Despachos normais com o Eduardo Jorge e o Clóvis, depois falei com o Jatene por telefone, problemas no Piauí.* O outro telefonema foi do Malan, que, como já registrei, está preocupado com o déficit, virá aqui para discutirmos isso. A gente tem que ter uma paciência infinita, porque os problemas são assim mesmo, eles vão e vêm, vão e vêm, e quem se aborrecer não consegue levar adiante o país, nem as transformações que são necessárias.

Ganhamos no Senado a votação de tudo: do ICMS,** que vai ser promulgado amanhã; foi promulgada a emenda à Constituição de valorização do professor primário, que é muito importante, embora aqui no Brasil ninguém dê muita bola para isso, mas é mais importante do que a maior parte do que foi aprovado; e fizemos a regulamentação da CPMF na Câmara. Enfim, um dia de muitas vitórias.

Agora à noite tenho um encontro com Luís Eduardo, Sérgio Motta, Luís Carlos Santos e o Tasso Jereissati, para vermos uma estratégia para a reeleição, o que fazer, o que não fazer etc.

Hoje morreu o general Geisel. Dei uma nota discreta mas simpática, porque admiro a figura do Geisel, embora eu tenha estado sempre do lado oposto ao dele por ele estar no regime autoritário.

Houve rumores, pequenos, a respeito da decisão sobre o Lamarca. Gozado que com o Marighella ninguém se preocupa. Suponho que agora vai aparecer, nesse fim da questão militar, uma ou outra declaração do pessoal da reserva, o grosso da tropa não vai reagir de uma maneira que não seja suportável, embora eu ache que houve exagero. Já disse isso. Acho que, daqui em diante, como dizer "não" a qualquer um dos que tenham sido mortos, mesmo na rua, em combate? É difícil.

O Estado assumiu a responsabilidade de tudo. Acho que eles da Comissão foram além do razoável. Não sei, pensei somente em indenização na questão dos presos [assassinados quando] sob custódia do governo, porque senão daqui a pouco...

---

* Em represália à demissão do delegado regional do Ministério dos Transportes, os parlamentares do PMDB e do PFL piauiense articulavam a queda do diretor da Fundação Nacional de Saúde (Funasa) no estado, indicado pelo PSDB.

** Em 13 de setembro de 1996, foi sancionada a lei complementar nº 87, conhecida como Lei Kandir, que reorganizou o sistema de cobrança do ICMS e isentou de seu recolhimento produtos destinados à exportação.

Se essa reparação às famílias servir para apaziguar e para acalmar, para realmente terminar de uma maneira positiva o ciclo da anistia, tudo bem, mas vou ter trabalho depois. Já dei declarações, para compensar o trabalho que imagino que vou ter, dizendo que a posição do governo ou do presidente, nem sei, é a de que o Lamarca era desertor, mas que eu respeitava a decisão da Comissão, que é o fundamental.

Falei com o Pinotti por telefone, ele está preocupado para ver se consegue tirar o Quércia da televisão através de medida jurídica,* quer que o Jobim interfira. O Jobim não está em Brasília.

Acabei de falar com o Jobim, mas eu disse para ele ficar à vontade, porque essa coisa de falar com juiz não me parece muito adequada.

Creio que já registrei que na quarta-feira, quando o Fernando Lira veio aqui, ele me disse que o Arraes estaria disposto a apoiar a reeleição. Falei com o Arraes por telefone e pelo jeitão dele parece que é isso mesmo, sabe Deus!

Meia-noite, ainda no mesmo dia 12 de setembro.

Acabei de ter uma reunião longa com o Luís Carlos Santos, o Luís Eduardo Magalhães, o Tasso Jereissati e o Sérgio. Depois chegou o Malan. Malan está preocupado com o equilíbrio fiscal e com o fato de que podemos perder gente, já está indo embora o diretor [secretário] do Tesouro, o Murilo Portugal. O Malan está muito chateado também com o que aconteceu com o Everardo e com o Loyola no Tribunal de Contas. Acha que isso é uma desmoralização, que ser funcionário do governo é um preço muito alto, é tudo verdadeiro.

Depois terminei essa reunião, em que eles fizeram uma avaliação das chances da reeleição e cuidaram dessa coisa organizacional, quem vai olhar o quê, que voto, não sei o quê, em vários estados. Eu disse que daqui em diante não participo mais, porque isso vai tudo para a imprensa e fica muito complicado.

Em seguida tive uma longa conversa com o Tasso e com o Sérgio.

Sérgio não gostou de algumas observações que fiz. Acho que ele se comportou como um excelente militante, atacou basicamente o Maluf,** Tasso também acha isso muito bom, claro que é bom atacar o Maluf, mas ele é ministro das Comunica-

* Pinotti e Quércia haviam rompido desde a convenção do PMDB paulista, em junho. O ex-governador criticava a candidatura Pinotti, referendada pela Justiça no início de agosto, durante o horário eleitoral do partido.

** Com a aproximação das eleições municipais, intensificou-se a troca de acusações entre Paulo Maluf e Sérgio Motta, desafetos declarados. Em agosto, o prefeito de São Paulo, incomodado com o apoio de Motta a candidaturas adversárias à de Celso Pitta, disse que o ministro das Comunicações era "o grande corruptor de apoios político-eleitorais com dinheiro do governo". Em 9 de setembro de 1996, Motta respondeu ao ataque em entrevista ao programa *Roda Viva*, da TV Cultura de São Paulo, afirmando que "'malufar' significa roubar. Isso está até nos dicionários".

ções. Ele não gostou, porque eu disse que ele podia estar sempre no limite do risco e que isso tinha efeito na imagem dele. Ele acha que não, que é muito respeitado. Ele é respeitado, mas ao mesmo tempo há uma certa ponta de dúvida por causa dessa atitude militante do ministro das Comunicações, tão ativa na briga política, usando as televisões em excesso. Eu sei que politicamente é positivo, ele ajudou o Serra bastante, mas fiz essa observação porque quero preservá-lo como um valor dentro do governo e preservar o governo. Ele ficou aborrecido, não falou mais a noite toda, estava cansado também.

Tasso veio dizer mais uma vez que o governo fez composições políticas, nomeou gente politicamente, que precisa mudar de cara, que quando passarmos a fase dos três quintos vai ter que ser diferente. Respondi: "Tasso, tudo bem, mas todo sistema de poder implica troca de cargos, é ingenuidade pensar que seja diferente".

"Ah, no Ceará, não é assim."

"Tá bom! Tá bem!" Dei só alguns exemplos, tem mais.

Não estou criticando, só acho engraçado que as pessoas não olham para o próprio umbigo. Diz ele que no Ceará não é assim, tá bom. Tomara fosse possível aqui também!

Mas o problema principal não é esse. O número de cargos trocados politicamente no governo é pequeno. É muito pouco no conjunto das coisas. O problema da ineficiência, da falta de gerenciamento, essa é questão. E ele pensa que resolve tudo com facilidade. Gozado, mesmo um homem como o Tasso, como não teve experiência da vida em Brasília, imagina que as coisas sejam mais simples do que na realidade são. Mas foi uma conversa de amigos, claro que nessas horas sempre um fica um pouco agastado, depois passa.

Hoje com o Tasso não houve nenhum agastamento. Sérgio certamente ficou chateado com a minha observação porque ele está de balão inflado, todo mundo gosta do que ele está fazendo, é aplaudido pelo PSDB com toda a razão, mas ele é ministro das Comunicações e eu sou presidente da República, tenho que fazer minhas ponderações acima do partido.

HOJE É SÁBADO, 14 de setembro, meio-dia, e gravo só agora porque passei a manhã toda muito tenso, a Bia foi operada da tireoide em São Paulo, no Hospital Sírio-Libanês. Eu estava acompanhando daqui, a Ruth me telefonou duas vezes, já terminou a operação. Realmente ela tinha que extrair a tireoide, porque havia lá o que eles chamam de síndrome de Hashimoto,* e no fundo é uma forma maligna de tumor, mas que não se espraia. Fica ali encapsulado. Era maior do que se imaginava, mas tudo bem, foi retirado, e estou aqui pensando a que horas vou a São Paulo. Não fui para evitar que houvesse imprensa em torno de mim e isso perturbasse a

---

*Tireoidite de Hashimoto ou tireoidite linfocítica crônica.

Bia. Não sei se é melhor ir hoje ou amanhã. Vou meditar um pouco, mas pelo menos passou a tensão. Não foram dias calmos desse ponto de vista, a gente tem que fazer de conta que não é nada, e enfrentar a vida.

Ontem, sexta-feira, além do despacho matinal de rotina com Eduardo Jorge e Clóvis, fui ao Palácio do Planalto para a cerimônia de sanção da lei de regulamentação do ICMS. Foi preparada às pressas, mesmo assim havia lideranças expressivas de empresários, de sindicalistas e políticos. Fiz um discurso, os jornais de hoje reproduzem boa parte dele, mostrando os efeitos positivos da medida, porque realmente ela é muito importante, reduz custos, permite aumentar investimentos, melhora as exportações, aumenta emprego. Anunciei o fim da inflação e a retomada do crescimento, com cuidado nos dois casos.

Passada essa euforia, chamei o Kandir para discutirmos que outros passos dar, preocupado que ainda estou com o decreto que finalmente vou assinar segunda-feira, de descontingenciamento, que é de 1,3 bilhão de reais, qualquer coisa assim, é inevitável e necessário. Evitável é a sensação de que estamos perdendo o controle fiscal, o que não é verdadeiro.

Kandir vai ajudar nisso. Pedi que ele falasse com Malan. Vou falar com Malan talvez ainda hoje. Ele foi ao Rio ontem para uma cerimônia.

Nesse meio-tempo, alguns ecos sobre a decisão da comissão que responsabilizou o governo pela morte do Lamarca, pouca repercussão. Mais dos aposentados. Ontem, no enterro do general Geisel, pedi que o Marco Maciel me representasse. Já tinha decidido isso fazia algum tempo, uma semana, porque ele estava para morrer. Pois bem, os jornais de hoje dizem que foi porque eu estava temeroso da reação dos militares durante o enterro. É uma invenção atrás da outra.

Fiz uma pequena homenagem ao Geisel no início da cerimônia, com cuidado, porque realmente tenho admiração pelo que ele fez, mas sempre fui um opositor do regime autoritário, e ele foi um dos artífices dessa estrutura autoritária do Brasil estatizante. Mas foi o homem que, bem ou mal, pôs fim à repressão, e tinha visão. Era um homem com visão estratégica, como disse o Marco Maciel.

Almocei sozinho — a Ruth estava em São Paulo — e depois voltei ao Planalto para receber uma delegação internacional de sindicalistas, com o ministro Paulo Paiva. Estavam lá o Medeiros, o Vicentinho, o representante da CGT, que é um sujeito mais razoável, nem sei o nome dele, e veio o representante da OIT, que é do Panamá, que eu já conheço, estavam lá alguns dos Estados Unidos, Canadá, Argentina, Chile. Aproveitei para discutir bastante, quase dar uma aula, sobre globalização. Chamei o neoliberalismo de neobobismo, para provocar o Vicentinho, que é um rapaz simpático. Acho correta a demanda deles. Parece que o Brasil é contra a cláusula social.* Deve ser porque os americanos querem colocar medidas restritivas às

---

*Em junho de 1996, na reunião anual da OIT em Genebra, a França e os Estados Unidos propuseram a inclusão de uma "cláusula social" em todos os acordos comerciais internacionais, para

nossas exportações. Mas os objetivos, combate ao trabalho escravo, combate ao trabalho infantil, participação dos trabalhadores nas negociações, contrato coletivo de trabalho, são todos temas que eu apoio.

Quando saímos, o Paulo Paiva fez uma observação: "O senhor falou tudo isso, sabe...", não, você, ele me chama de você, "... você falou tudo isso, sabe Deus o que essa gente vai entender e o que vão sair dizendo por aí afora". É verdade. Sobretudo sobre a globalização, porque eu disse o que penso, falei que não adiantava ficar olhando para trás, que é preciso ver se a globalização não passa a ser exclusiva, digamos, desestruturadora e marginalizadora, ou se é possível mudar esse caráter. É o que nos corresponde fazer.

Depois recebi o governador do Sergipe, Albano Franco, que é meu amigo. Foi reclamar de pequenas coisas, as coisas de Sergipe são tão pequenas que quando ele não consegue encaminhar a solução se desespera um pouco. Eu sei que o Albano vai muitas vezes lá, mas é o cúmulo que ele às vezes não consiga resolver probleminhas tão pequenos. É isso que desespera aqui no governo federal.

Recebi em seguida os membros da Ação da Juventude Liberal do PFL. Uma meninada para a política, filhos de políticos, mas bem-dispostos e tal, muito simpáticos.

Estive com todas as Juventudes. A imprensa perguntou: por que a do PFL? Porque eu já tinha estado com a do PSDB, a do PMDB, a do PPB, de todos eles!

Também fiquei preocupado com vários telefonemas que recebi sobre a questão do Pontal do Paranapanema. Segundo o Jovelino Mineiro, não são os capangas, são os fazendeiros mesmo, que estão querendo reagir porque o MST está exagerando lá. É o Rainha, que é uma pessoa desassisada. Havia risco de confronto e pedi que o Eduardo Jorge falasse — e ele falou — com o secretário de Segurança de São Paulo, o Zé Afonso [José Afonso da Silva], para alertar e botar mais polícia lá. Mas hoje vejo pelos jornais a notícia de que um fazendeiro lá do Pontal, Roosevelt [Santos] ele se chama, quer fazer uma nova UDR. Enfim, a coisa está... exatamente como o que eu disse aos líderes sindicais que também falaram comigo sobre esse tema. Eu os alertei para a questão. Vejo que hoje o Vicentinho, nos jornais, já tem uma palavra boa, dizendo que essa coisa do MST de ocupar prédio público não está correta. É preciso dar um pouco de juízo a essa gente, senão vamos ter besteira aqui no Brasil, desnecessariamente.

No fim da tarde estive com a Alejandra Herrera,* que está trabalhando com o Sérgio Motta e me deu um panorama do que está sendo feito lá. Está preocupada com a Lei Geral [de Telecomunicações]. Vistas do ângulo do Ministério das Comunicações, as coisas não são tão fáceis quanto vistas da ótica do Sérgio. Há muitos

---

tentar mitigar o desemprego estrutural associado à globalização e inibir o trabalho escravo e infantil.

*Consultora do ministério, integrante da equipe de formulação da Lei Geral de Telecomunicações, sancionada em julho de 1997.

problemas. Diz ela que a lei de regulamentação da entidade reguladora* está boa, mas a lei geral está muito crua. Na verdade o que vale agora é a entidade reguladora.

Como eu alertara ao Sérgio na quinta-feira, já vejo hoje no *Globo* críticas a ele, coisas do PFL, naturalmente, porque ele mexeu com o Cesar Maia no Rio de Janeiro. Está se expondo sem necessidade a críticas de que a privatização está lenta. Arolde de Oliveira** dá uma paulada nele porque não fez o que prometeu fazer.

Vi também o rascunho de uma carta para eu enviar ao Clinton, feita pelo Itamaraty, pelo Luiz Felipe Lampreia. Gostei. Apenas um pouco dura. Falei com o Lampreia e com o Gelson para que eles agora deem um tom de saída para as coisas, levantando a necessidade de prestar atenção na área social, porque não vai haver interesse hemisférico [comum] com tragédias de desemprego e narcotráfico. Isso independe da outra carta que pedi que o Luciano comece a preparar juntamente com o Gelson e com o Sérgio Amaral, para mais adiante, depois do Clinton reeleito, termos uma iniciativa mais consistente. Essa de agora é mais um alerta pessoal ao Clinton, porque isso me foi pedido por muitos líderes da América Latina, e todos dizem que preciso atuar mais. O próprio Ruggiero, da OMC, falou da necessidade de o Brasil ter um papel, porque confiam no país.

Estou preocupado porque o Zé Eduardo Andrade Vieira está querendo falar comigo. Contei ao Malan, que achou imprudente, deve ser a solução do Bamerindus. Claro, será feito o que for necessário, mas não quero deixá-lo no desamparo.

Também vi publicada no jornal quase toda a conversa de quinta-feira aqui. Não tem solução. Eu já tinha dito que não iria mais a essas reuniões, e não vou mesmo. Daqui em diante me pouparei, porque não há uma reunião que eu faça com os meus mais próximos colaboradores que não vá inteira para o jornal, e sempre dando uma impressão pouco lisonjeira. Agora estão na torcida para que eu me chafurde na lama para obter a reeleição. Ora, meu pensamento não é esse. Reeleição é necessária para o Brasil, é necessária para os partidos. De repente arranjo até alguém que possa unir alguns partidos e que seja um bom candidato. Se eu arranjar, muito bem. Não estou morrendo de amores por ficar aqui, não, começa a ser tedioso estar na Presidência. Acho que os avanços são grandes, creio que no ano que vem o Brasil vai melhorar muito por causa das medidas que foram tomadas com prudência, mas isso não significa... Não estou dizendo só da boca para fora, não, não é para posar para a História, não. Eu sei o quanto é chato. Hoje, por exemplo, sábado, estou sozinho aqui neste palácio enorme, a Bia lá operada, não posso fazer nada, só ficar aqui. É raro eu ter essa sensação, talvez seja por causa da Bia, mas, enfim, o fato é que nem tudo são rosas na Presidência.

* Agência Nacional de Telecomunicações (Anatel), inicialmente denominada Agência Brasileira de Telecomunicações.
** Deputado federal (PFL-RJ).

Hoje ainda é dia 14, sábado, são nove e meia da noite. Chamei o Pedro Malan, ele almoçou comigo, passamos tudo em revista. Eventualmente sairá o presidente do Banco Central, o Gustavo Loyola, e o Malan quer colocar o Gustavo Franco. Acho que deve ser ele mesmo. Há resistência ao Gustavo Franco, mas ele sinaliza certa linha de controle fiscal e monetária, que irá seguir a mesma linha de câmbio, que, ruim ou boa, é o que deve ser feito, senão a coisa desanda. Terá a resistência, certamente, do Clóvis. Bem, "certamente" já não sei; tinha, agora não sei.

Há também a saída do Murilo Portugal do Tesouro Nacional, muito difícil — ele foi para o FMI, precisava sair por questões de saúde.* O Malan sugere que o Pedro Parente assuma cumulativamente com a secretaria executiva, esvaziando um pouco a secretaria executiva do Ministério [da Fazenda]. Não sei se dá certo. Gosto muito do Pedro Parente, mas não sei se isso significa uma expansão maior da ação dele ou diminuí-lo. Não sei.

Mais tarde a Luciana passou por aqui e aí eu recebi o Hargreaves para discutir a situação de Itamar. Hargreaves acha que é irracional, ele também acha que não tem sentido brigar antes da hora e que tem muito envenenamento em cima do Itamar, ele atribui ao Mauro Santayana, ao Marcelo Cerqueira** lá de Juiz de Fora e ao Zé Aparecido. Ele disse que tem feito o que pode. Acho que a situação é controlável, e que o Itamar vai acabar não se chocando comigo, até porque, se houver essa votação de reeleição, isso não significa que eu venha a ser candidato, pode ser que não seja assim. Para que fechar a porta para o futuro?

Chamei o Hargreaves porque ele já me tinha dado sinais de que queria conversar e achei bom.

HOJE É 15 DE SETEMBRO, são nove da manhã, vou a São Paulo visitar a Bia e volto hoje mesmo. Queria deixar registrada minha conversa com Hargreaves, repeti o argumento que tenho dado sobre a reeleição. Eu disse: "Não adianta eu e o Itamar estarmos com problemas de reeleição agora. Porque reeleição é um princípio. Eu a favor, ele contra. Tudo bem. Pode passar, pode não passar. Se não passar, a questão está resolvida. Se passar, posso ou não ser candidato. Isso depende de muitos fatores. Acho que seria bobagem criar dificuldade para um entendimento futuro antes da hora". Hargreaves entendeu o argumento. Eu disse: "Olha, para começar, neste momento eu sou a pessoa que unifica o PSDB. Os outros candidatos não têm densidade para uma coisa mais ampla e para fazer as alianças necessárias.

---

* Portugal atribuiu sua saída do Tesouro Nacional a problemas de saúde provocados pela rotina exaustiva do cargo. Em março de 1996, precisou extrair um rim. Depois de oficializar sua saída do governo, assumiu em dezembro o cargo de diretor executivo do Banco Mundial em Washington, indicado por Pedro Malan.

** Advogado e candidato à Câmara Municipal do Rio de Janeiro (PPS).

Depois, o PFL não tem candidato. E, pasme, o PMDB começou muito desunido, só tem o Sarney, e o Sarney não é tragado pelo PMDB. Vários deles, como o próprio Jader, já me disseram que é melhor fazer um entendimento, porque eu respeito os partidos. O próprio PPB tem demonstrado que deseja [isso]".

Interrompi para falar com o embaixador Gelson e combinar um almoço amanhã com ele e o Lampreia por causa da carta para o Clinton, porque não sei a que horas eu volto hoje. O encontro ia ser hoje, mas cancelamos.

Como eu dizia, uma boa parte do PPB acha melhor não fechar a questão. O próprio Amin já me disse isso, para não falar no Dornelles.

O antigo PP, encravado no PPB, também não está disposto a ficar com Maluf. Isso para não mencionar, como já registrei aqui, o Fernando Lira, do partido socialista do Arraes, o Cristovam Buarque, o Vítor Buaiz. Enfim, acho que existe uma situação objetiva que leva a isso, o que não quer dizer que eu venha a ser candidato. Esse é outro assunto.

Fui a São Paulo, estive com a Bia, ela está muito bem-disposta, falei com o médico, não há nenhuma gravidade maior. Pedro Paulo Poppovic fez a mesma operação. Agora a Gilda, minha irmã, me telefonou, provavelmente vai ter que fazer também, enfim, é mais disseminada do que se pensa essa tireoidite de Hashimoto. Mas gostei de ver a Bia, operar é sempre ruim, mas ela está bem.

Fui e voltei, a imprensa não percebeu nada, foi um dia exitoso.

BOM, AGORA SÃO DE ONZE E MEIA para meia-noite, dia 16 de setembro, segunda-feira.

O dia foi basicamente dedicado ao Václav Havel, presidente da República Tcheca. Passei a manhã tentando fazer com que ele percebesse um pouco as coisas no Brasil. Ele percebe, mas é tímido, havia o obstáculo da língua, ele não sabe falar inglês [direito], mas falou [um pouco de] inglês comigo, tem uma dificuldade, não gosta, sei lá, tudo com tradução. É o terceiro encontro com ele. Sempre a mesma impressão, um homem contido, para dentro. No jantar, hoje — estou voltando do jantar —, já foi mais fácil, éramos só nós dois em tête-à-tête, foi bem mais agradável. Ele perguntou minha opinião sobre os presidentes da América do Sul com quem tenho mais intimidade, e disse que quer muito que eu vá à República Tcheca, porque acha que os tchecos estão muito fechados, pensam que o mundo é a Áustria e a Alemanha, e não é bem assim. Nós coincidimos na visão de muitas coisas do mundo, falei bastante para poder superar as dificuldades do vazio da tradução e dele mesmo, que não engata muito.

Almocei com o Luiz Felipe Lampreia e o Gelson, para discutirmos a carta que vou mandar ao Clinton fazendo algumas ponderações sobre a América do Sul e a América Latina — porque o México entra nisso também —, mostrando que é preciso ter algum programa que vá além das relações comerciais, nessa integração hemisférica, e sugerindo que a educação é fundamental por causa do emprego. E dando certa mão, se é que posso dizer assim, ao presidente Samper, da Colômbia. Se os americanos forçarem muito, ele vai desagregar. É preciso apoiar na área econômica a Argentina; do ponto de vista econômico, nós confiamos. Diremos que há certa fragilidade no Paraguai, como ele sabe, e no México também, destacando que não basta falar de comércio, que precisamos de mais coisas.

Luiz Felipe me trouxe a ideia, com que concordo, de fazermos no ano que vem um encontro sobre comércio, produção e emprego, chamando uns dez ou doze países, inclusive os Estados Unidos, para o Brasil ter uma presença mais ativa na reorganização da ordem mundial.

Mais tarde recebi o primeiro motor da unidade da Volkswagen de São Carlos. O Mário Covas veio com o José Ignácio López, que é o diretor mundial da Volkswagen, muito animado. Eles fabricaram esse motor em menos de seis meses, uma coisa realmente fantástica. Vieram alguns operários e, claro, a imprensa acha que isso é eleitoral, ah, meu Deus do céu, que pobreza de espírito. Tudo se transformou em eleitoral, quando na realidade é entusiasmo genuíno de todos nós pelas mudanças que estão ocorrendo no Brasil, mesmo com todas os problemas que elas acarretam.

Na gravação que fui fazer depois do meu programa semanal, desta vez sobre saneamento, fiquei impressionado com os dados, não sei se são exatos, tomara que sim, de que temos programa para ligar 100% da água nas cidades e pouco mais de 80% de esgotos. Se for feito mesmo em dois anos, é uma revolução no Brasil.

Depois recebi o Antônio Ermírio de Moraes e seu filho Carlos [Ermírio] de Moraes. O problema básico deles é a Vale do Rio Doce. Realmente acham que ela deve ficar em mãos brasileiras e vão participar do leilão. Me disseram que vão fazer um consórcio com vários grupos, cada um botando milhões para chegar ao controle das ações da companhia (não entendi muito bem, parece que é isso). Ele está altamente interessado, e sempre com o fantasma de que ela pode ser comprada por estrangeiros.

Sardenberg me enviou um informe sobre a situação de Angra 2, que teve um vazamento, já sob controle; e outro sobre o veículo lançador de satélites,* ou seja, de foguetes. O Brasil tem capacidade tecnológica para fazer foguetes (mísseis), mas não vai fazer, pelo menos é a nossa decisão. Alguns ficaram assustados ao descobrir que o Brasil tem essa capacidade. Eu já sabia, já tinha até anunciado ao mundo, mas parece que alguém do Itamaraty se assustou, porque os argentinos foram lá e os brasileiros disseram que podiam fazer e lançar satélites, e foguetes também. Mas ninguém vai lançar nada, não há interesse nem dinheiro para isso.

Depois fui ao jantar no Itamaraty com o Václav Havel.

---

* A primeira versão do Veículo Lançador de Satélites (VLS-1) estava em desenvolvimento no Centro Técnico Aeroespacial (CTA), em São José dos Campos, vinculado à Agência Espacial Brasileira (AEB).

Agora estou aqui deitado, vi um pouco de televisão. Paulo Henrique telefonou perguntando da Bia, eu disse que ela está bem, e também para me dar a notícia de uma pesquisa do Ibope feita por algum amigo dele que eu não sei quem é — acho que é irmão da Kati Braga, não tenho certeza — e que é muito positiva sobre reeleição, sobre o meu desempenho, numa base de 2 mil pessoas no Brasil.

SÃO OITO E VINTE DA MANHÃ do dia 18 de setembro, estou esperando o Eduardo Azeredo, governador de Minas. Ontem foi um dia até muito empolgante, porque a presença do Kohl no Brasil marcou o dia. Ele chegou às cinco e meia da manhã.

Mas antes de estar com Kohl recebi o ministro da Justiça Nelson Jobim, que veio com o general Cardoso e o Raul Jungmann, para discutirmos a questão do sul do Pará, Bico do Papagaio. Resolvemos fazer uma operação em grande escala para desarmar todo mundo, prender bandido, enfim, mostrar a presença do Estado lá. Se der certo, é uma coisa importante. Será em outubro e implica a mobilização de milhares de homens armados para desarmar e acabar com o clima de violência generalizado que está por lá.

Depois fui ao lançamento do Programa Brasileiro da Qualidade e Produtividade,* discurso para todo lado, muito entusiasmo de empresários e pessoas ligadas às relações humanas.

À tarde recebi a Lúcia Veríssimo, muito simpática, e depois o Sérgio Amaral, para a rotina.

A vinda do Helmut Kohl foi muito importante. Tivemos uma longa conversa eu, ele, o Lampreia e um amigo dele, o Gelson tomando notas, e o que aconteceu foi que ele aceitou a proposta que fiz de realizarmos uma reunião no Rio de Janeiro em meados do ano que vem, convocando o G7 mais uns quatro ou cinco países em desenvolvimento, para discutirmos o tema emprego e as consequências da globalização. Foi realmente uma aceitação entusiástica, e Kohl propôs que eu, ele, o Mandela e algum líder asiático tomássemos alguma iniciativa sobre o meio ambiente.

Kohl reafirmou todas as posições que já tínhamos registrado no ano passado. Inclusive sua vontade de ocupar mais espaço na política internacional e ter o Brasil como parceiro. Isso ele disse também à noite em seu discurso, e de forma clara, podendo até melindrar argentinos e mexicanos. Fez um discurso de grande amizade e eu também fiz para ele. Kohl me disse: "Olha, na nossa idade é difícil fazer amigos novos, mas tenho muita simpatia por você". Eu disse que era recíproco e então nos demos um abraço, uma coisa que me pareceu sincera.

---

*Solenidade de lançamento de dezoito projetos para o programa no triênio 1996-98, divididos em quatro temas: geração de emprego, meio ambiente, produtividade e modernização da máquina estatal.

Depois chamei o Sérgio Amaral para entrar em contato com um assessor do Kohl, porque ele quer uma relação direta, sobretudo nessa iniciativa, pois tem medo que se perca nas burocracias das chancelarias. Um homem impressionante, grande, mandão mas simpático, uma pessoa de presença muito magnética, uma espécie de Iéltsin civilizado.

Falei com ele a respeito dos líderes do mundo, ele gosta do Clinton, mas acha que o Clinton oscila muito. Tem certa admiração pelo Chirac. Disse que o Major é um homem que mora na casa dele com a sogra e, quando briga, a sogra corta a luz. Disse isso brincando, para mostrar que não tem assim tanto entusiasmo pela liderança do Major. Sobre a Espanha coincidimos em que o Aznar não tem grandes condições políticas e, sobre Portugal, concordamos que o primeiro-ministro, Guterres, tem muitas qualidades. Acho até que Guterres pode substituir simbolicamente o Felipe González, perda que tanto o Kohl quanto eu lastimamos.

Depois ele falou sobre a situação interna da Alemanha, a reforma da Previdência, as dificuldades que enfrenta, e demonstrou com muita clareza que vai apoiar firmemente a moeda europeia — cede no cronograma, mas não nas condições, nos critérios para ela. Isso quer dizer Maastricht.* Mostrou uma disposição absolutamente firme. Disse que recebeu manifestações contrárias à reforma da Previdência de 300 mil operários, liderados pelos sindicalistas, mas que era impossível, que é preciso ampliar a duração do tempo de trabalho e que não é possível aguentar [a situação atual] por causa da expectativa de vida que aumenta muito. Como no Brasil, a mesma coisa, só que lá ele ganhou, teve uma maioria escassa, mas obediente, que não é o nosso caso.

Se algo faltava para dizer que no plano internacional o Brasil está lançado, as declarações do Kohl foram absolutamente definitivas.

Ele disse mais sobre mim no jantar: que eu sou o ator de que o Brasil precisa, que o Brasil ainda não sabe avaliar a importância da minha presença na chefia do governo e que lá fora o conceito do país subiu muito graças, segundo ele, basicamente à minha personalidade e, claro, ao desempenho do Plano Real. Mas que ainda há problemas e que os brasileiros precisam entender que devem se agarrar a mim como uma pessoa capaz de introduzir o Brasil nessa nova fase do mundo.

Fiquei, naturalmente, bastante lisonjeado.

Na conversa durante o jantar, Kohl disse que é muito bem-vinda uma iniciativa como essa que estou tomando de juntar países do G7, sem dizer que são do G7, com países não tão desenvolvidos, que não têm a mesma condição de negociar. Ele acha que a reunião deve ser no Rio de Janeiro mesmo. Enfim... ouro sobre o azul.

---

*Alusão ao Tratado de Maastricht, assinado pelos países-membros da Comunidade Europeia na Holanda, em 1992. O tratado criou a União Europeia e estabeleceu as bases legais do euro.

São nove horas da noite do mesmo 18 de setembro.

Vou resumir o que é essencial, sem repetir a toda hora os despachos de rotina.

À tarde recebi o ministro das Relações Exteriores da Indonésia,* que eu já conhecia, e conversei com ele sobre a possibilidade de termos uma reunião no Rio de Janeiro, uma espécie de ampliação do G7, dialogando com os países mais desenvolvidos. Topou com entusiasmo.

Antes disso, de manhã, eu tinha feito uma cerimônia com Marcelo Alencar e outros mais sobre o Polo Gás-Químico do Rio de Janeiro,** uma coisa bastante boa, porque cumpri um passo do item da campanha. São investimentos de uns setecentos e tantos milhões de dólares mostrando que o Brasil continua indo para a frente.

Eu tinha recebido antes deles o Eliezer Batista com o Rafael [de Almeida Magalhães], o Eliezer sempre muito cheio de ideias, mas dessa vez preocupado com a forma de privatização da Vale do Rio Doce. Vou falar com o Luiz Carlos Mendonça de Barros, para ele vir jantar aqui, daqui a pouco, com o Beto e com o Clóvis.

Além disso, recebi também o Israel Klabin*** e outros mais por causa da conferência chamada Rio+5. Houve a ECO-92, agora em 97, e haverá uma revisão da Agenda 21.****

Depois disso recebi o Julius Nyerere, ex-presidente da Tanzânia. Ele quer recursos para a Comissão do Sul***** que ele dirige, a conversa foi rápida.

Durante o almoço dei uma entrevista ao Elio Gaspari. Era para ser uma conversa off-the-record, mas ele tomou como entrevista e disse que vai publicar. Vai dar alguma confusão, porque na verdade ele discutiu a questão da reeleição. Embora eu tenha dito o que digo sempre, que sou favorável ao princípio, que é cedo para decidir se serei candidato ou não, certamente ele vai divulgar que sou candidato à reeleição. Isso é inevitável e sei lá no que vai dar...

Vou me reunir logo mais com o Luiz Carlos, o Beto e o Clóvis para jantar e então faremos uma revisão da área econômica e discutiremos a Vale do Rio Doce.

É meia-noite. O Clóvis, o Beto e o Luiz Carlos foram embora nesse instante. Longa conversa, passamos em revista vários aspectos da área econômica. Os grandes problemas estão sendo superados. A inflação deste mês, setembro, tende a zero, em

---

* Ali Alatas.
** Assinatura do contrato para a construção do Polo Gás-Químico do Rio de Janeiro, vizinho da Refinaria Duque de Caxias.
*** Empresário e presidente da Fundação Brasileira para o Desenvolvimento Sustentável.
**** Principal documento formalizado durante a ECO-92 pelos países participantes da conferência, estabeleceu metas mundiais, regionais e locais de desenvolvimento sustentável.
***** Organismo internacional criado nos anos 1980 pelo ex-presidente da Tanzânia para estimular as relações políticas e comerciais entre países em desenvolvimento do Hemisfério Sul.

outubro também. A balança comercial não é uma maravilha, mas está razoável, o investimento tem aumentado bastante. Na agricultura os pepinos foram resolvidos.

Mas vamos ter novos problemas, por exemplo desenhar uma nova etapa de crescimento para o ano que vem, sobretudo para a agricultura. Vai ser difícil, porque os instrumentos convencionais já foram utilizados e agora vamos ter que inovar, acabar com a Conab, o que não é fácil, porque há interesses políticos. Enfim, separar a agricultura familiar da agricultura comercial. Também não é simples criar outros instrumentos de apoio para tudo isso.

De outro lado, está claro que vamos ter que baixar a taxa de juros, e isso vai mexer no câmbio. Não sou favorável a nenhuma movida muito forte no câmbio, que possa pôr em risco as reservas. Por quê? Porque tenho medo de alguma oscilação no mercado internacional. O meu maior medo hoje é que problemas financeiros do sistema internacional nos afetem. O fato de termos um colchão de divisas como reserva ajuda, o custo não é tão alto quanto se diz. Isso não significa que não se possa ajustar um pouco a taxa de câmbio, mas não a ponto de impedir a entrada de capital externo, mesmo que de curto prazo. Acho importante manter esse colchão de segurança. Mas a taxa de juros vai ter que cair também. Vamos ter que reduzir ainda o IOF, o que diminui, claro, a arrecadação; você pode baixar a taxa de juros e mexer na taxa de câmbio também, desvalorizando, sem deixar de atrair capitais externos.

Enfim, problemas de um país que superou o grande caos financeiro, a desordem administrativa, de um país antes inflacionado. Valeu a pena essa discussão, pelo menos para me dar ânimo.

Esqueci de registrar outro fato. Hoje o Genoino me telefonou. Por duas razões. Primeiro, preocupado com as repercussões, nas Forças Armadas, da manifestação de um oficial da reserva, o general Euclides Figueiredo, irmão do João Figueiredo, a respeito da indenização à família do Lamarca. Ponto dois, mais significativo, que o Tarso Genro tem um problema no Tesouro e que gostaria de falar comigo. Eu disse que primeiro eu iria ver qual era o problema.

Falei hoje com o Murilo Portugal, e dá para fazer o que o Tarso Genro está pedindo. Então telefonei para o Tarso à noite e ele me disse que temia alguma delonga por razões eleitorais. Eu disse que não, que não havia isso, e agora ele vai retirar do Proex* um pedido de financiamento, porque seria no dia 20, mas dia 20 está muito em cima, vou viajar amanhã, não dá para ver direito o que é possível fazer. Mas eu disse que depois das eleições gostaria de ter uma conversa com ele. Tarso gostou muito e virá aqui conversar.

Como eu já devo ter dito em algum momento, esse Tarso Genro, que é do PT e prefeito de Porto Alegre, me parece que é um dos melhores do PT, se não for o

---

*Programa de Financiamento à Exportação, criado em 1991.

melhor. Quero ter uma conversa com ele não por causa de empréstimo, de coisas de eleição, mas uma conversa mais política, porque acho que ele pode ser um interlocutor mais construtivo dentro do PT.

HOJE É DOMINGO, 22 de setembro.
Na quinta-feira, dia 19, tive uma solenidade de manhã relativa à educação, muito importante, que foi o Fundo de Valorização do Professor. Em seguida houve uma grande tempestade, porque disseram que eu teria contraposto o Paulo Renato ao Jatene. Eu disse que a saúde deveria ter também recursos municipais, como estávamos fazendo na educação. Na verdade não pensei no Jatene. É intriga da imprensa. Na hora mesmo eu desfiz, mas não adiantou. O Jatene foi falar com o Clóvis, aborrecido, o Clóvis deu o texto para ele, ele viu que não tinha base, eu não falei com ele porque achei demais. Ele que veja o texto e pronto. Não foi minha intenção nem é meu estilo. O dia seguinte eu disse isso tal e qual.

De lá fui ao aniversário da Ruth em São Paulo. Fomos à casa do Nê com a Carmo [Maria do Carmo Sodré], só a família, umas doze pessoas contando o Giannotti, a Regina e o Luiz. Além deles, só a Fernanda [Boueri],* o Duda, a Bia, eu, a Ruth, o Paulo e a Ana Lúcia. Foi muito agradável. Tomamos uns vinhos excelentes, suponho que da adega do [Roberto de Abreu] Sodré,** e havia um Haut-Brion de 74 realmente extraordinário. Quem fez o jantar, delicioso, foi o Laurent. Isso foi na quinta-feira à noite.

Na sexta-feira, dia 20, fomos de manhã visitar o SBT do Silvio Santos, muita gente simpática, funcionários, trabalhadores, só para conhecer as instalações,*** almoçamos com a direção, um clima muito agradável, o povo me recebeu com muito carinho. O povo que eu digo não são os diretores, não, mas povo mesmo, todo mundo. E o Silvio está fazendo uma coisa importante, ampliando bastante tudo que está sendo feito naquela região. Comparando com o que tem no Projac da Globo, certamente esse do Silvio não fica a dever nada.

Antes disso eu tinha falado por telefone com o Serra, que havia pedido que eu gravasse com o Boris Casoy, para dar uma colher de chá para ele. Mas na hora, na situação de lá, era impossível. Ficaria muito forçado. Já é forçado eu gravar, ainda mais assim, então a Ana acertou que será na quarta-feira da semana que vem.

Na verdade ela também se aborreceu, porque o Serra, ou alguém do Serra, já tinha telefonado para o Boris Casoy, avisando que eu ia gravar. Enfim, se anteciparam, é compreensível no nervosismo de campanha.

* Prima de Ruth Cardoso.
** Pai de Maria do Carmo Sodré.
*** Novas instalações do Centro de Televisão do SBT (CDT), no Jardim Santa Fé, em Osasco, ao lado da via Anhanguera.

De lá fui para o Palácio dos Bandeirantes, onde houve uma solenidade para acabar com o presídio do Carandiru.* Fiz um discurso, expliquei quais são os nossos grandes projetos nesta área, o Mário e o Jobim também discursaram, tudo dentro dos conformes, para mostrar que o governo federal está atuando na área da segurança. E depois descansei uns minutos na ala residencial do Mário.

De lá fui ao dentista, eu há muitos anos não tenho cárie e continuo sem tê-las, mas tem que fazer sempre esse tratamento de gengiva para evitar qualquer problema de amolecimento de dente. É muito doído, fiquei duas horas no dentista. Voltei para casa e descansei bastante aqui em casa, na sexta-feira.

Ontem, sábado, fui ao Mackenzie** de manhã para encerrar o curso da Adesg. Fiz um discurso vibrante, fui aplaudido em pé durante muito tempo. Foi bom porque tinha gente do Exército, da Aeronáutica, da Marinha, gente da reserva e gente ligada às Forças Armadas, e com toda essa onda por aí sobre o caso do Lamarca, parece que não houve nada, nada de nada, a não ser manifestações muito fortes de aplauso.

De lá voltei para cá. Almoçamos em São Paulo. Recebi o Sérgio Motta, que veio conversar sobre o andamento da campanha do Serra. Mais tarde chegou o Serra.

A conversa ficou um pouco prejudicada porque chegou também o Quinzinho [Joaquim Inácio Cardoso Filho], meu primo, com as duas filhas dele mais a Gilda com a Lucinha [Lúcia Cardoso de Oliveira], a minha irmã e a minha sobrinha.

Mesmo assim deu para conversar um pouco. Serra está aflito, como é natural, e querendo que eu participe um pouco mais ativamente; com todas as limitações que eu tenho não é fácil, mas é preciso dar ao Serra algum sinal de que estamos solidários, senão isso vai dar dor de cabeça no futuro, se perder ele vai pensar sempre que perdeu por minha causa, por Mário Covas e tudo mais.

Mas compreendo a situação, é difícil. A campanha está empacada e, no meu modo de entender, perdida. Mas não adianta a gente dizer isso, tem que lutar até o fim.

Depois que o Serra foi embora, Sérgio Motta ficou, e passamos em revista a política das telecomunicações. Ele me deixou uns papers difíceis de entender sobre o processo de privatização das teles e o modo como o novo regime de telecomunicações vai ser feito. Vou ter que me desdobrar para entender um pouco mais os detalhes, porque, segundo ele, são investimentos de cerca de 20 bilhões de reais, isso irá para o Tesouro. Se for assim, a pátria estará salva em 97, 98. Custa a crer. Mas o Sérgio sabe das coisas e tem competência.

Ele reclamou mais uma vez de eu ter dito a ele que ele tinha "perdido a dignidade". Eu disse que não tinha falado "dignidade", que falei em "compostura do cargo". Mesmo assim está magoado pela observação que fiz. Ele e o Tasso ficaram

---

*Assinatura de convênio entre o estado de São Paulo e o Ministério da Justiça para a desativação da Casa de Detenção do Carandiru.

**Universidade Mackenzie, em São Paulo.

conversando mais meia hora depois daquela conversa que já registrei, em que o Tasso estava estomagado porque acabou brigando comigo. Eu disse que ele tinha brigado em termos de amigo, que não havia problema nenhum, era normal. Quem mais pode dizer as coisas como as que o Tasso me disse? Muito pouca gente, então é natural que ele diga e também é natural que eu reaja não como presidente da República, mas como ser humano. A conversa foi boa. Acho que conversas desse tipo não deixam nenhuma marca, em mim pelo menos não.

Isso foi sábado e depois as crianças, o Pedro e a Júlia, vieram dormir aqui em casa [em São Paulo] e fizeram muita onda, estavam muito felizes. O Pedrinho dormiu mal porque estava com gripe, dormiu na nossa cama. Em consequência, dormimos todos mais ou menos mal, mas contentes, porque ele é uma criança muito divertida, e a Júlia também, são ótimas crianças.

Tínhamos ido deitar mais ou menos cedo porque estávamos muito cansados. Eu estou muito cansado. Pela primeira vez depois de quase dois anos, me sinto exausto mesmo, quase como se fosse estresse.

Hoje, domingo, passei o dia em casa, não me movi. A Bia veio com o Duda, passamos o dia conversando, a Ruth, eu, Bia, Duda, as crianças, depois a Helena Guerra, que é amiguinha deles, e foi muito bom. Apenas continuo cansado.

Acabei de falar por telefone com o Sérgio Motta de novo. Falei também com o Jader Barbalho, ele preocupado com o sul do Pará, porque a situação está complicada. Com o Sérgio Motta falamos sobre as pesquisas mais recentes, que, segundo ele, são ruins. Mas, se a gente olha melhor, não; está a mesma coisa, não mudou nada significativamente. Talvez isso seja suficiente para deixar todos nós abalados.

Também o Luiz Felipe Lampreia me telefonou dos Estados Unidos. Disse que a minha carta foi entregue tanto a [Thomas] McLarty quanto ao [Warren] Christopher, ambos gostaram muito, Christopher disse que era uma carta de estadista, que o presidente Clinton tinha que lê-la, mas a razão pela qual o Luiz Felipe telefonou foi outra. É que os americanos continuam criando caso, agora com o setor automobilístico. Em seguida telefonei para o Kandir, para que ele se mexa com as sucursais do Brasil, da General Motors e da Ford, para evitar que os americanos façam uma queixa na OMC.

Saiu a entrevista dada ao Elio Gaspari, onde o Elio arrancou a fórceps a declaração de que nas condições atuais eu seria candidato a presidente da República. Resultado, o *Estadão* faz manchete de que eu aceito a candidatura. Na verdade, quando se lê a entrevista é outra coisa, bem serena, bastante equilibrada, enfim, apoiando o princípio da reeleição, dizendo que isso é um passo dado e que eu não posso saber se vou ser ou não [candidato], até porque tenho problemas de ordem familiar que me fazem pensar dez vezes antes de topar de novo uma candidatura. É só.

HOJE É TERÇA-FEIRA, 24 de setembro, são oito horas da noite.

Voltei para Brasília no domingo com a Danielle [Ardaillon], e à noite eu, ela e a Ruth discutimos o que fazer com a documentação presidencial. Tomamos algumas deliberações, dividir com o Arquivo Nacional, criar uma seção de audiovisual para todos os ex-presidentes da República, para que possamos guardar decentemente nossas documentações. Depois da Presidência, criarei um pequeno centro de apoio à minha ação pessoal, com a minha biblioteca e documentos particulares.

Segunda-feira de manhã, ontem, despachei no Palácio da Alvorada com a Danielle e o Eduardo Jorge sobre esses arquivos. Depois recebi Vinicius Torres [Freire], que é um rapaz da *Folha de S.Paulo*, eu não me lembrava dele. Me pareceu um rapaz com certa cultura. Conversamos sobre temas teóricos da dependência, essas questões todas, almocei com eles também e continuei a conversa.

Depois do almoço, fui a uma cerimônia para sancionar um projeto sobre arbitragem comercial, que é a lei do Marco Maciel.*

Em seguida reuni em meu gabinete alguns ministros: Sepúlveda Pertence, o Marco Aurélio Mello e o [Romildo] Bueno, o presidente do Superior Tribunal de Justiça, para um cafezinho, mais nada, para manter um bom relacionamento com esse pessoal.

Marco Maciel despachou comigo, rotina, as questões que o Marco sempre levanta, inclusive a do combate ao trabalho infantil no Nordeste.

Fiz depois minhas gravações normais de segunda-feira e recebi o Bill Rhodes, que é o vice-chairman do Citicorp, do Citibank. Ele veio apenas dizer que continua confiante no Brasil, e tudo mais, e eu também dei minha visão otimista das coisas.

À noite recebi no Alvorada o Carlos Fausto, filho do Boris Fausto. Ele veio com o Sérgio Fausto, que trabalha com o Kandir. O Carlos está elaborando um parecer sobre os índios, acho que sobre os paracanãs, lá do Pará, e está disposto a fazer uma avaliação que permita uma saída para as terras ocupadas pelos índios. Acabei de saber hoje, por telefone com o Raul Jungmann, que o Raul concorda que pode assentar as famílias ocupantes e que faríamos uma troca de terra com os índios. Mas parece que há um problema jurídico e que o Jobim não tem condições de apoiar essa ideia. Por outro lado, o Carlos Fausto não pode dar um parecer que o desmoralize com os antropólogos. De modo que vai ser uma coisa complicada. Acho que o Carlos quer ajudar, mas ao mesmo tempo defendendo os índios, como é natural. Eu também sou favorável. Acho que no fundo quanto mais índio nas terras... ou melhor, quanto mais terra para índios, melhor, porque pelo menos preserva o meio ambiente.

* A lei nº 9307, de 23 de setembro de 1996, conhecida como Lei da Arbitragem, ou Lei Marco Maciel, foi proposta pelo vice-presidente quando ainda senador, em 1992. Estabeleceu normas para a arbitragem de litígios relativos a direitos patrimoniais.

Hoje, terça-feira, o dia também foi calmo. O Congresso não está funcionando, então tudo fica mais fácil.

Especulações sobre a eleição: falei com o Serra e com o Sérgio Motta. Recebi informações de várias agências de pesquisa, tudo na mesma. Acho muito difícil o Serra ganhar essas eleições. Ou melhor, impossível; ou muito, muito difícil. Em todo caso...

Depois disso tivemos uma solenidade sobre o porto de Sepetiba.* Repetiu-se a cena de sempre, é um passo adiante, mas simplesmente para ficar na consciência coletiva a ideia de que estamos fazendo coisas, sobretudo na questão do Rio de Janeiro, o Marcelo Alencar discursou simpaticamente, eu também respondi assim, para mostrar que o Rio continua avançando graças ao apoio federal.

Recebi um telefonema do Britto ontem, segunda-feira, sobre um texto dele agradecendo o governo federal ter ajudado a resolver a questão das dívidas dos gaúchos, e hoje gravei alguma coisa para a RBS nesse sentido, dizendo que foi merecido, porque o governo do [Rio Grande do] Sul está botando as finanças em ordem.

Depois do almoço fiquei sozinho, lendo, e mais tarde recebi a Nélida Piñon e o d. Lucas Moreira Alves, que foi eleito para a Academia Brasileira de Letras. A Nélida sempre muito simpática, querendo que eu vá não só à posse de d. Lucas como também ao centenário da Academia, no ano que vem, em junho, no Rio de Janeiro. Acho razoável que eu vá.

Interrompi para dizer que o Carlos Fausto me telefonou, parece que conseguiram avançar na questão dos indígenas, isso é muito bom.

Depois recebi uma delegação de donas de casa e consumidores, com dona Lúcia Pacífico Homem,** de Minas Gerais, mais vários representantes dos Procons, para discutir tarifas bancárias. Elas foram muito razoáveis no que pediram. O Sérgio Amaral já tinha entrado em contato com o Banco Central, vai ser possível evitar que os pensionistas, os que recebem salários, os que têm, digamos, contas cativas nos bancos paguem essas tarifas exorbitantes. Foi bom.

Recebi também o presidente do Rotary International*** e em seguida tive um pequeno encontro com o Clóvis e o Eduardo Jorge, assinei papéis, alguns importantes, como a reestruturação do Sistema Financeiro de Habitação.**** Estou preocupado porque o Jatene me telefonou pedindo uma audiência, ele queria rápido, mar-

---

*Assinatura de contrato entre o BNDES e a Companhia Docas do Rio de Janeiro para o início das obras do porto de Sepetiba.

**Presidente da Associação de Donas de Casa de Minas Gerais, candidata a vereadora em Belo Horizonte pelo PSDB.

***Luis Vicente Giay.

****A MP nº 1520, de 24 de setembro de 1996, facilitou a renegociação de dívidas de mutuários do sistema com a Caixa Econômica Federal.

quei para amanhã às seis da tarde, e tenho medo que ele venha pedir demissão. Sinto o Jatene muito cansado. Houve todo esse episódio, muito explorado, da minha declaração sobre a necessidade de os municípios colaborarem com a Saúde do mesmo jeito que fazem com a Educação. Isso foi explorado como se fosse crítica ao Jatene, num ambiente já com tantas dificuldades.

Interrompi porque a Eunice telefonou para me dar os contatos de um professor ou diretor do hospital universitário de Porto Alegre que ela disse que é um homem muito bom, chama-se [Carlos César] Albuquerque.* Mas eu só vou me mexer se o Jatene insistir na demissão.

Recebi também o Eduardo Suplicy, que foi me entregar o livro da filha de um prêmio Nobel sobre renda mínima e aproveitou para falar de reeleição, não sei o quê. Eu disse a ele: "Olha, Eduardo, tudo bem, você pode ser a favor ou contra a reeleição. Agora, sendo a favor, não tem como dizer não a uma coisa só, isso é casuísmo, e a posição do PT é exatamente essa. Eles são a favor da reeleição e contra a minha reeleição".

Ele concordou. Lá embaixo terá dado as declarações pertinentes para fazer a onda dele junto a sei lá quem.

Aqui reina uma paz enorme, porque todos os deputados e senadores estão envolvidos com as eleições. Os dados da economia continuam muito positivos. Li o último boletim da Secretaria de Política Econômica, e é realmente extraordinário, porque em todos os setores estamos indo razoavelmente bem, os investimentos começando a aparecer. Tudo indica que vamos ter um 97 mais folgado.

HOJE É QUARTA-FEIRA, dia 25 de setembro.

Gravei para o programa Paulo Barbosa, que é um radialista de São Paulo, para poder falar sobre o Zé Serra.

Em seguida conversei com o Raimundo Brito, que me deu informações sobre alguns avanços na área de eletrificação rural e de geração de energia, e na sequência inauguramos a quarta unidade geradora da usina hidroelétrica de Xingó. Apertei um botão aqui, funcionou lá em Xingó. Impressionantes os dados que o Brito reafirmou no discurso. Aumentamos o potencial de geração de energia em 25%. O Brasil tinha 54 e não sei quantos milhões de megawatts e aumentou 25% sobre isso, o que é impressionante em menos de dois anos de governo.

Depois tive um almoço no Palácio da Alvorada com Eduardo Eugênio Gouvêa Vieira, presidente da Federação das Indústrias do Rio de Janeiro. Ele é muito simpá-

---

*Diretor do Hospital de Clínicas da Universidade Federal do Rio Grande do Sul (UFRGS).

tico, trazia novas informações sobre o que estão fazendo no Sesi, e também falamos um pouco sobre a situação econômica. Ele é um entusiasta do que está ocorrendo.

No Planalto recebi o Jorge Domínguez, que é o ministro de Defesa da Argentina. Veio com o general [Mario Cándido] Dias, acho que chefe do Estado-Maior da Argentina. Conversa amena, entendimento entre os dois países, muito bom.

Recebi depois o ministro Paulo Paiva, que veio dar conta das articulações da substituição do Afif Domingos na presidência do conselho do Sebrae. Paulo Paiva muito competente, hábil, também conversei com ele sobre o Eduardo Azeredo, relatei a boa conversa que tive com Eduardo no café da manhã que tomamos no Alvorada.

Também conversamos sobre alguns probleminhas da área sindical, o desespero com o pessoal da Força Sindical, que realmente tem uma vocação para chantagem, e a CUT, com a qual não se tem conversa. Paulo Paiva precisa fazer algumas mudanças na legislação trabalhista e eles não estão entendendo que o momento implica modificações e que o melhor é fazer com convergências.

Depois recebi o ministro dos Transportes em exercício, o Portella. Ele me trouxe muitos dados sobre o que estamos fazendo na área, que é bastante coisa. O Portella é muito eficiente, trouxe mapas, estado por estado, posso dizer a cada governador o que foi feito no estado dele. Enfim, um trabalho bom de infraestrutura.

Eu já estava com o Adib Jatene na minha sala, quando o Zé Aníbal telefonou por causa da questão do B. Sá no Piauí, que o Luís Eduardo considera um caso gravíssimo. Na verdade, é pressão do deputado Heráclito Fortes, do Piauí e amigo do Luís Eduardo, toda a bancada contra o B. Sá. Ele já tinha sido demitido pelo Jatene,[*] e agora a bancada do PSDB, Zé Aníbal à frente, se opõe. No fim da tarde falei com o Zé Aníbal e ele concordou de que talvez na terça-feira fosse possível a demissão, antes das eleições, mas quase em cima da hora, porque isso tudo vira um caso eleitoral gravíssimo, essas coisas da política de província que atrapalham muito, mas que fazem parte da vida política também. É preciso dar atenções às questões locais, não há o que fazer.

Adib Jatene. Veio então a esperada conversa com ele, e nela Adib pôs o cargo à disposição. Disse que ele apareceu desautorizado nos jornais com a interpretação sobre o que eu disse. Eu respondi: "Bom, é a interpretação dos jornais, mas você leu o que eu disse, nem falei em ministro da Saúde, falei da saúde no Brasil, que precisa de contribuição dos municípios, nada de mais. No dia seguinte, eu desdisse (as interpretações erradas). Além do mais, Adib, não tenho nenhum nome em mira para te substituir. Você tem algum?". Ele confessou que também não tem. Quer dizer, ele acha que ele é muito bom, e é mesmo, eu também acho. A questão é outra.

São os recursos para a saúde. Aí voltamos à velha discussão. Na verdade ele já

---

[*] A bancada piauiense insistia na demissão do responsável pela Funasa no Piauí, ligado ao deputado federal tucano B. Sá.

gastou os recursos sem que a CPMF tenha sido aprovada, e agora tem um déficit perto de 1 bilhão de reais, e assim acha muito difícil chegar com competência até o fim do ano. Eu apontei para ele: "Mas você vai morrer na praia".

Ele respondeu: "Pois é, uma pena".

"Então vamos empurrar isso um pouco mais, para o ano que vem..."

"É, no ano que vem", ele disse, concordando comigo, "a situação vai ser melhor..."

Chamei o Clóvis e disse: "Vamos fazer mais uma rodada com a área financeira, para ver o que é possível conseguir". Adib não se demitiu, mas o achei triste, cansado, me disse que sua mulher não ia gostar da decisão. Eu disse: "Ah, tenho certeza de que não, porque essa nossa vida aqui é muito dura".

Pela primeira vez ele me passou todo o briefing, falou muito dos novos recursos necessários, dando a impressão de que havia entendido que eu tinha concordado em já lhe passar esses novos recursos. Eu concordo, mas não em dar, e sim em buscar, ver se existe alguma solução que permita, digamos, desanuviar o setor. Eu sei que não temos dinheiro para lhe dar tudo o que ele quer.

Mas, de qualquer maneira, está encerrada, me parece, a crise no Ministério da Saúde.

Nesse meio-tempo, vários telefonemas com o Zé Serra, eu tinha gravado na saída do evento sobre Xingó, disse algumas coisas a favor dele, mas o Serra disse que o material chegou mal gravado. Enfim, o Serra sempre coloca uma dificuldade, para a gente ter que fazer alguma coisa a mais. Essa relação psicológica de exigência/dependência é muito complexa.

Mandei darem uma olhada numa gravação feita aqui pela... acho que pelo SBT, e estava boa. Então eu disse que a Ana mandasse essa gravação melhor para São Paulo. Falei com o Serjão, ele viu a gravação, achou boa também. O Serra, nesse aspecto, quer mais apoio, eu mandei fazer um levantamento e vi que falei dezenove vezes a favor dele. Para um presidente da República, é um recorde absoluto de apoio a alguém. Mas isso não muda o voto, que não depende disso. Eles têm a ilusão de que muda, mas não; o voto está ligado a problemas mais complexos, entre os quais entraria, em certa circunstância, o apoio do presidente da República. Mas por si só... E no caso o meu apoio nem é do presidente, é meu, como pessoa, como líder.

Além disso, um repórter do *Jornal da Tarde* tem um material, que ele mostrou ao Eduardo Jorge, sobre uma falcatrua que teria sido feita pelo Pitta.* O Banco Central confirma e diz que está apurando, mas não pode divulgar nada porque a apura-

---

* Entre 1993 e 1996, a prefeitura de São Paulo emitiu cerca de R$ 3,2 bilhões em títulos da dívida pública, enquanto a dívida de precatórios (débitos judiciais do poder público) era de apenas R$ 1,9 bilhão. Celso Pitta, secretário de Finanças da gestão malufista, foi acusado de desviar a diferença para outros fins. Uma CPI sobre o assunto foi instalada em novembro de 1996, dez dias depois do segundo turno das eleições municipais.

ção ainda não acabou. Isso para passar para o Serra e dizer o que tem que fazer leva um tempo enorme, é um vaivém, e também não quero me envolver além de certo limite, porque é uma questão resguardada pelo sigilo bancário. Mas parece que é verdade, e isso o jornal tem. Eles nos trouxeram, não fomos nós que mostramos a eles; se quiserem publicar, o Banco Central não vai desmentir. Foi o que eu disse ao Serra, mas não podemos ir além disso, porque não é cabível.

Foi um dia cansativo, basicamente por causa dessa tensão com o Jatene e da falta de perspectiva para a saúde tomar um rumo melhor. Curioso, porque li hoje de manhã, a Ruth me pediu que lesse, as normas operacionais básicas do SUS,* e estão boas. Quer dizer, o Jatene já começou a achar o caminho certo para reorganizar a saúde. Não obstante, vejo no Jatene uma quase obsessão, um pouco assim de teimosia de só pensar na falta de dinheiro, na falta de dinheiro. Falta para todos, meu Deus! E ele é quem mais tem.

A verdade é que o Jatene tem um valor enorme, e nessas horas me cabe apaziguar, para impedir que se perca o Jatene, porque tenho certeza de que alguém que assuma o seu lugar dificilmente terá as mesmas qualificações dele para segurar a barra na Saúde. É preciso pensar no país; não importa se de vez em quando eu engulo um sapo. Eu não disse nada que pudesse ofendê-lo; pelo menos na minha consciência, eu nunca quis ofendê-lo.

Imprensa é imprensa. Também já houve uma porção de coisas atribuídas ao Jatene que foram desagradáveis para mim. Eu aguentei firme, não reclamei, conheço a vida. A esta altura, infelizmente, tenho que reconhecer que já estou muito vivido.

HOJE É SEXTA-FEIRA, 27 de setembro, são sete e meia da noite.

Vamos começar por ontem. A quinta-feira foi um dia calmo.

De manhã, além do despacho interno, falei com o Luciano Martins, discutimos a programação de um seminário que ele vai fazer sobre a inserção do Brasil na nova ordem. Comentei que o Luiz Felipe Lampreia tinha recebido do secretário de Estado americano a informação de que seria bom um encontro meu com o Clinton. Luciano não acha tão importante, mas eu acho.

Depois recebi o Pedro Malan, que veio com o Everardo, o secretário da Receita, e com o Murilo Portugal, do Tesouro, para discutirmos modificações na Receita, todas boas, e também uma coisa muito importante: a criação de um imposto único para a pequena e microempresa, variando entre 6% e talvez 10%, se os estados entrarem nisso também. Gostei do encontro.

O Murilo veio me explicar a sobra de caixa do Tesouro, recolhida no Banco Central, questão que o Jatene tinha levantado. Na verdade são recursos para pagamento de juros, porque como o orçamento não coloca o pagamento de juros

---

* Norma Operacional Básica do SUS, publicada em novembro de 1996.

a partir do superávit, eles, do Tesouro, ficam sem ter como pagar. Esse é que é o mecanismo usado. É mais um artifício contábil, portanto.

De fato, existe uma sobra de 2 bilhões de reais, e como há flutuação nos gastos mensais do Tesouro com respeito à Receita, eles têm que ter uma reserva. Pareceu convincente a explicação.

Almocei aqui no Alvorada com a Ruth, que depois foi para São Paulo.

Fui para o Planalto e recebi a Sonia Russo, que me propôs a publicação de um livro com fotografias minhas tiradas por ela. São muitas, 5 mil fotografias desde 1974. Pareceu razoável.

À noite, tive um encontro no Alvorada com o Roberto DaMatta, o Sebastião Rego Barros, o Sérgio Amaral e o Gelson. Jantaram comigo. O DaMatta sempre muito inteligente, sempre cheio de ideias. Eles estão preparando um seminário, e foi um encontro, digamos, de intelectuais. Foi bom.

Hoje, sexta-feira, de novo despacho interno e rotineiro de manhã. Depois recebi o Vinicius Torres, da *Folha*, para continuarmos a entrevista que eu estava dando a ele. Foi até a uma e meia.

Recebi o ministro Mauro César, com quem conversei sobre a Marinha. Ele voltou da Argentina muito entusiasmado com o grau de relacionamento positivo do Brasil com aquele país. Perguntou se a questão de aviação embarcada estava provocando muito incômodo. Eu disse que não, que acho que precisamos discutir esse assunto em nível de Conselho de Defesa, com tranquilidade.

Falei da eventual agitação nas Forças Armadas por causa da decisão sobre o Lamarca. Ele disse que, quando voltou da Argentina, visitou a Armada no Rio de Janeiro e que lá um oficial da reserva lhe disse que esperavam que ele fosse ser mais duro do que os outros, que fosse ter uma reação. O Mauro César respondeu que a reação tem que ser de silêncio, até porque estamos sob uma regra nova, que é a da democracia. Ele acha que [a indenização ao Lamarca] foi um fator irritante, que não pode haver muitos fatores irritantes, mas que esse se absorve.

Também falamos um pouco sobre o almirante [Mário César] Flores,* a quem Mauro César atribui algo que está no *Estado de S. Paulo*, na pena de um rapaz que tem feito comentários sobre a política militar e que adotou algumas posições do almirante Flores. O Flores está um pouco afastado de mim porque não consegui colocá-lo numa posição razoável. Não quis mexer no almirante [Henrique] Sabóia** para dar lugar a ele, porque não tinha muito sentido mexer no Sabóia. Eu até gostaria de dar alguma coisa ao Flores, e disse isso ao Mauro César. Ele não gosta do Flores.

Agora recebi a informação de que no Datafolha, amanhã, Serra vai sair com 15%, Erundina, 24% e o Pitta com 38%, o que significa que o Serra não tem mais

---

* Ex-ministro da Marinha (governo Collor) e ex-secretário de Assuntos Estratégicos (governo Itamar).
** Ex-ministro da Marinha do governo Sarney, presidente da Docenave, subsidiária de transporte marítimo da Vale do Rio Doce.

chance. Já se sentia isso fazia algum tempo. Serra falou comigo há pouco, ele não sabia desse resultado, mas não quero dar essa notícia desagradável a ele. Ainda vou tentar falar com o Pelé, para ver se ele quer fazer algum depoimento. Duvido a esta altura, mas, enfim, vamos ver.

Estou procurando o Zé Gregori, para tentar conversar com ele ainda hoje.

Vou passar o sábado e o domingo aqui, modorrentamente. Estou sozinho no Alvorada. À noite é um pouco triste aqui. Vou ouvir música, ler e dormir.

HOJE É DOMINGO, 29 de setembro, quase meia-noite.

Na sexta-feira à noite vi um filme, na sala de cinema, sozinho, sobre a Guerra do Golfo.

E no sábado e domingo, o que aconteceu?

No sábado almocei aqui com a Luciana e o Getúlio, eles trouxeram a Isabel. A Edna [Nishiya] tinha vindo fazer fisioterapia* em mim e na Luciana.

Às cinco da tarde recebi o general Cardoso. Ele veio conversar sobre a formação da Abin, a Agência Brasileira de Inteligência. Trouxe o decreto, e tal, vou ter que discutir mais tarde na Casa Civil. Ele precisa de um abono para o pessoal da Abin, não é muita coisa, 1 milhão de reais por mês, mais ou menos, mas essa questão não vai ser fácil, porque temos prioridades, temos os efeitos sobre as outras carreiras. A concepção geral da Abin, no entanto, me pareceu adequada, com os controles necessários, democráticos, tudo subordinado à Câmara de Defesa e Relações Exteriores, por um lado, e ao Senado por outro. Me pareceu bom.

Depois conversei longamente com o general. Contei coisas que eu sabia do tempo do Itamar, da formação do real e tudo mais. Ele fez algumas reflexões acertadas. Disse, por exemplo: "Presidente, será que o Brasil já mudou tanto assim?". De fato, quando se vê o que está em jogo hoje, e agora essa discussão da reeleição que a imprensa põe nos jornais como se eu estivesse ansioso para me reeleger, tudo em função do meu desejo... Meu desejo não é tão grande assim, até porque, como eu já disse aqui, comecei a ficar cansado, um pouco entediado. As coisas estão começando a entrar demais na rotina.

Vou dizer algo bem presunçoso: tudo está indo bem, bem demais. A *Folha* publicou hoje, domingo, uma pesquisa que mostra que, desde a posse, nunca estive tão bem como neste momento em termos de aprovação. Ótimo e bom dão 43%, regular, pouco mais de 30%, quer dizer, dá quase mais ou menos 80% de apoio. É muito alto, mas não é por isso.

O fato é que, por trás dessa história de reeleição, não está o meu desejo, e sim algo preocupante. Os partidos não conseguem encontrar alguém que some, que

---

*Além dos exercícios de natação, o presidente tratava suas dores de coluna com uma fisioterapeuta e acupunturista particular.

junte forças. Não conseguem equacionar seus próprios problemas. Se por acaso eu não puder ser candidato, o que vai acontecer? É a dúvida do general Cardoso. Será que haverá forças para botar alguém? Será que haverá alguém capaz de levar adiante o nosso projeto com tranquilidade?

Quando você olha o Congresso, de fato o *turmoil* continua presente. As forças organizadas não são suficientemente claras nos seus objetivos ou, quando são, são contra, e as outras forças são muito inorgânicas, e ainda tem a mídia, com essa voracidade cético-destrutora. O país está confiante, mas confiante em si próprio, em mim também. A situação política, no entanto, a fórmula política, o processamento das demandas, a formação de lideranças e o respeito democrático são preocupantes. Nada disso está realmente enraizado.

Eu me recordo das dificuldades imensas. Fui ministro da Fazenda por dez meses, e não mais do que dez meses foram suficientes para darmos essa guinada no Brasil. Por quê? Porque o Brasil queria, porque juntei gente capaz e talvez por causa das minhas qualidades de liderança — por que esconder isso? De convencimento do país, do Congresso, da própria equipe. Outros haverá, mas não está fácil despontar alguém, e isso preocupa. Enfim, é um comentário à margem.

Depois do general, recebi à noite o Jobim e o Zé Gregori, eles jantaram aqui. Conversa animada, nada de especial, o Jobim relatou questões sobre a Polícia Federal, está tudo calmo, estão bem de salário, verdade, não se escutaram mais rumores sobre a Polícia Federal e houve, segundo me disse o Jobim, um aumento considerável do salário deles no ano passado. Mais um setor calmo.

Hoje, domingo, fiquei arrumando meus papéis de manhã, lendo um pouco relatórios, um discurso do Clinton e alguns trabalhos, um do [Manmohan] Singh* sobre as economias do Sudeste Asiático, uma visão meio heterodoxa dele, interessante. Arrumei muita coisa aqui, depois fui almoçar na casa do Jobim, um churrasco, com a cúpula do Ministério da Justiça. Conversa solta, sem nenhuma preocupação, muito agradável.

Voltei para casa. Recebi a Delith [Maria Delith Balaban], que veio me falar sobre o Fernando Lira algo que eu já sabia, que ele está querendo interlocução. Mas ela me disse uma coisa que eu não sabia: que o Lira quer entrar no PSDB. Tudo bem, mas isso é uma complicação em Pernambuco, eles já são tão difíceis. Vamos ver.

Depois chegou o Michel Temer, que tinha me telefonado. Veio me dizer que está se organizando para ser candidato à presidência da Câmara. Eu tinha dito que gostaria de conversar com ele. Ele tem preocupação com o Luís Carlos Santos. Se o Michel Temer avançar na bancada, o Luís Carlos não terá espaço, mas este é muito ligado ao Sarney. Eu disse ao Michel Temer que o Sarney, me parece, tem todos os trunfos na mão no Senado, porque o Gilberto Miranda saiu do PMDB, e aquele [Ernandes] Amorim, que é lá de Rondônia, está disposto a ir para qualquer outro

* Economista e ex-ministro da Fazenda indiano.

partido — nem sei de qual partido ele é hoje —, portanto o Sarney tem influência decisiva sobre duas pessoas. Pode trazê-las de volta ao PMDB e decidir quem será o candidato do PMDB, ou passar para o PFL e da mesma maneira fazer um acordo com o PFL.

É o que suponho, não tenho nenhuma informação concreta, mas o Sarney deve estar por trás dessa mexida. E isso está ligado também à Câmara. Vi que o Temer gostaria que o Antônio Carlos fosse presidente do Senado, porque assim ele segura o Inocêncio na Câmara. Acho que as chances são maiores para o Michel Temer, por ser ele o líder da bancada.

HOJE É DIA 30 DE SETEMBRO, segunda-feira, são nove e quinze da noite.
O dia transcorreu calmo como têm sido todos esses dias.

Recebi Abram Szajman, que está muito preocupado com os tíquetes-refeição. Ele tem uma empresa disso e ouviu rumores de que o governo iria acabar com os tíquetes. Falou também sobre a possibilidade de o pessoal do comércio apoiar programas sociais.

Depois recebi o Fábio Meirelles,* que veio me dizer que vai ser vice-presidente da Confederação Nacional da Agricultura e que está preocupado com a situação no campo. Parece que ele ouviu o que eu disse, acho que estou bem informado. O Fábio me disse também que não vai ficar com o Maluf, que já pediu para dizerem ao Maluf que ele cometerá um erro se for candidato a presidente da República, porque na verdade, na média, quem equilibra o Brasil sou eu. Isso vamos ver.

Agora à noite estou esperando para assistir ao debate do Serra na televisão. Falei com a Ruth, que me disse que em São Paulo o clima ficou um pouquinho mais favorável ao Serra.

Me preocupei também com o que saiu no *Jornal do Brasil*. Atribui-se ao Zé Gregori notícia do almoço que eu tive com ele e com Jobim, onde ter-se-ia falado de inelegibilidade, ou melhor, de desincompatibilização. Não toquei nesse assunto, ninguém tocou. E também que eu teria dito que haveria uma mudança na campanha em São Paulo com um fato novo. Ora, o fato novo já tinha acontecido quando cheguei lá, já estava nos jornais a denúncia sobre o Pitta. Então não há fato novo nenhum. Enfim, é mania de aparecer nos jornais.

Também a Lillian Witte Fibe acabou de dizer no *Jornal Nacional* que haverá um aumento de 9 pontos não sei o que no salário dos funcionários talvez no mês que vem. Isso deriva de uma conversa — ela tomou um café da manhã aqui comigo e com a Ana — em que ela perguntou se haveria aumento. "Bom", eu disse, "está lá no orçamento para o ano que vem, mas qual vai ser, eu não sei." A Ana ainda brincou: "Se for um dígito só, que seja 9%". Pois não é que põem no *Jornal Nacional* como

---

* Presidente da Federação da Agricultura do Estado de São Paulo (Faesp).

se fosse decisão do governo e para já! É extraordinário, não dá mais para falar com ninguém. É muito difícil isso.

HOJE, 1º DE OUTUBRO, é uma terça-feira, são sete e meia da noite e estou de volta ao Palácio da Alvorada, esperando um jantar com líderes rurais, com o Jungmann e o Arlindo Porto, para discutirmos reforma agrária.

Ontem à noite assisti ao debate do Serra com os outros candidatos pela TV Bandeirantes. Serra saiu-se muito bem, realmente muito bem. Foi agressivo na medida justa. Levantou a questão desses papéis do Pitta, o Pitta saiu-se mal, parecia nocauteado. Erundina aproveitou também. Enfim, não sei que efeito isso terá na votação.

Por falar em votação, hoje recebi uma informação preocupante do Paulo Paiva. Parece que o Célio de Castro* passou à frente do Amilcar [Martins], do PSDB, lá em Minas, e o Célio é difícil de ser vencido no segundo turno pelo Amilcar. O Paulo me disse que é possível que o próprio Hélio Garcia, muito amigo do Célio de Castro, nesse caso se encolha e não possa ajudar o Eduardo Azeredo. Vamos ver o que acontece.

Hoje, como todos esses últimos dias, foi um dia calmo.

De manhã fiquei no Palácio da Alvorada vendo meus papéis e preparando os despachos. Fui para o Planalto ao meio-dia para uma solenidade dos Jogos da Juventude.** Estavam lá Jaime Lerner, Pelé, Nuzman, alguns atletas, aquele judoca simpático mais o Xuxa mais o Oscar [Schmidt], enfim, um grupo expressivo de esportistas, o rapaz do hipismo, eram vários deles, e um grupo de rock também da juventude. Foi uma festa boa, acho importante esses Jogos da Juventude que o Pelé está organizando. O início do campeonato vai ser em Curitiba.

Depois voltei para cá e almocei com o Cláudio Bardella.*** Eu estava com dor na consciência porque, depois de quase dois anos de governo, eu ainda não tinha visto o Cláudio. Falei com ele por telefone outro dia e o convidei a vir almoçar. Foi muito simpático. Falou-se, claro, da questão dos bens de capital, poucas empresas sobrando. Segundo o Cláudio, só a dele e a do [Roberto] Vidigal,**** com poucos operários. Mas ele recebeu uma boa encomenda agora da Usiminas, de 200 milhões de reais, de forma geral está numa posição construtiva e apoia o governo. Me pareceu que ele, se teve mágoa, já passou. Aliás, teria até razão de estar magoado, porque foi meu amigo de verdade esses anos todos e eu o deixei um pouco esquecido. Além disso, Cláudio foi muito simpático com a Bia, porque a filha dele teve a mesma

---

*Vice-prefeito e candidato pelo PSB à prefeitura de Belo Horizonte.
**Solenidade de lançamento da segunda edição dos Jogos Escolares da Juventude, criados em 1995 pelo Ministério dos Esportes para estimular intercâmbios desportivos entre estudantes de todos os estados. Os Jogos de 1996 aconteceram de 1º a 10 de outubro, em Curitiba.
*** Presidente da Bardella S.A. Indústrias Mecânicas.
**** Diretor-presidente da metalúrgica Confab.

coisa que a Bia, e ele e a mulher tiveram câncer de pulmão. Ele parece estar sobrevivendo bem, pelo que me disse. Eu acredito, pelo jeitão dele.

À tarde voltei para o palácio, mais ou menos rotina. Recebi o general Zenildo, que estava voltando de uma viagem, queria me explicar como estão as coisas e me relatou uma reunião do Alto-Comando na qual dois generais de quatro estrelas manifestaram preocupação com a coisa do Lamarca. Mencionou o general [José Carlos] Leite, que é comandante do Nordeste, um dos que estavam preocupados. Zenildo foi firme e declarou que isso é um assunto que afeta talvez 5 mil dos 100 mil oficiais permanentes do Exército. Disse que os mais velhos são os que comandam, mas não são os mais representativos do Exército. Achei até forte.

O Zenildo tem sido extraordinário: simpático, duro quando necessário, sempre leal, é um homem que eu cada vez aprecio mais, assim como o Cardoso, o qual, aliás, tem sido vítima desses grupos chamados Inconfidentes e Guararapes, que ficam na reserva atirando pedrada em todo mundo. Na realidade, o alvo principal deles é o Zé Gregori, embora este não tenha sido o responsável por essa questão do Lamarca; pelo contrário, foi até cauteloso. Foram mais, a meu ver, o Miguelzinho Reale [Miguel Reale Júnior],* o... me esqueço o nome do Chico Foguinho [Francisco Carvalho Filho], que é o outro advogado, mais, é claro, o Nilmário Miranda e, finalmente, o próprio Jobim, que encampou a tese.

Recebi o Guilherme Frering, do grupo Caemi. Conheço o Guilherme há muito tempo, ele ainda é jovem. Eu o conheci quando era bem mais jovem, o avô dele, o [Augusto Trajano de Azevedo] Antunes, faleceu, ele e o irmão** estavam meio brigados, o avô havia retomado o controle da empresa.*** Agora ele me disse que o irmão se afastou, está apenas no conselho de administração, e pelo que percebi continua havendo problemas com o irmão. Mas o Guilherme disse que está assumindo o comando, eles estão precisando reestruturar o [Projeto] Jari — eu sei disso porque o BNDES está metido e é grave a situação —, ele conseguiu participar da privatização da Malha Sudeste e também está interessado na da Vale do Rio Doce.

Vamos ver o que acontece, o Brasil precisa de empresários competentes e jovens. Tomara que ele se aprume e que a gente possa ajudar nessa situação nova de maior competitividade do Brasil.

O resto foi rotina. Estive com o Sardenberg, preocupado, com razão, porque eles foram para Bariloche, para uma reunião do Ministério de Defesa,**** e o nosso pessoal, quando se fala em Ministério de Defesa, fica sempre apreensivo, não tem uma linha definida. Amanhã terei uma reunião com Cardoso, Sardenberg e Bambino para discutirmos esse assunto.

*Presidente da Comissão de Mortos e Desaparecidos Políticos.
**Mário Frering.
***A Caemi era então a maior mineradora privada do país.
****II Conferência de Ministros da Defesa das Américas, de 6 a 9 de outubro de 1996.

Falei também com Serra e ele me pareceu bem-disposto, perguntou quando é que eu vou para São Paulo, eu disse que irei amanhã. Ele quer que eu vá mais cedo, para fazer mais uma declaração [em seu favor].

No Rio o Paulo Paiva me deu uma notícia ruim. O Amilcar foi ultrapassado, ou será, pelo Célio de Castro na eleição em Belo Horizonte. Célio de Castro no segundo turno vai ser um osso duro de roer. No Rio de Janeiro parece que o [Luís Paulo] Conde* teve um mal-estar, espero que não seja nada de mais grave.

* Candidato pelo PFL.

2 A 8 DE OUTUBRO DE 1996

Eleições municipais

Hoje é 2 de outubro, quarta-feira, são quase dez horas da manhã. Li os jornais e me assustei. Sérgio Motta fez declarações em São Paulo dizendo que a Erundina está na menopausa e que devia arranjar um caso.* Isso é linguagem grosseira.

Interrompi porque era o Sérgio Motta no telefone. Ele sabe que fez besteira, então fica me telefonando para dizer que a Erundina agrediu o Serra. O fato é que ele fez uma bobagem. Não tem efeito eleitoral, mas que desmoraliza. O próprio Sérgio se autolimita, porque todo mundo acaba percebendo que essa não é a linguagem de um ministro.

Falei também que não entrasse em clinch com o Antônio Carlos. Não causa nenhum efeito eleitoral em São Paulo, mas causa efeito político em Brasília. As pessoas não têm o sangue-frio e o discernimento necessários para conduzir as transformações políticas com competência, esta é que é a verdade.

Outra coisa nos jornais me aborreceu. Essa questão do Banco Central envolvido na denúncia do Pitta no *Jornal da Tarde*.** Na verdade isso vazou pela corretora do Banespa e foi gente do PT que passou para o *Jornal da Tarde*. O que aconteceu? Esse rapaz que eu esqueço o nome, que está dirigindo o Banco Central na ausência dos diretores, disse ao Sérgio Amaral — Alkimar, esse é o nome dele! — que informou o assessor de imprensa, e o assessor passou para a imprensa. A ideia era o assessor se informar, saber do que se tratava e dar uma resposta sobre uma investigação. Uma coisa mais fria, mais formal.

É besteira sobre besteira. No fundo é gente que não está socializada para o governo, uns porque estavam na academia ou nas empresas financeiras e não têm prática política e outros porque nunca estiveram nessa grande cena nacional e, quando entram nela, é como quem come melado e se lambuza. E eu é que sofro as consequências.

* Em entrevista no fim do último debate entre os candidatos à prefeitura de São Paulo, o ministro das Comunicações disparou: "A Erundina eu só lamentei que ela está prepotente, né? Deve ser a idade, a menopausa [...]. Achei que a Erundina e o Pitta iam se beijar, ia sair um caso em público. Seria talvez bom para os dois".

** A assessoria de imprensa do diretor de Normas e presidente em exercício do BC, Alkimar Moura, confirmou que a instituição conduzia uma investigação sobre operações suspeitas com títulos públicos da prefeitura de São Paulo durante a gestão de Celso Pitta na Secretaria de Finanças do município. Normalmente, o BC não confirma a existência de operações de fiscalização antes de sua deflagração.

São quatro horas da tarde.

Manhã normal, recebi as pessoas que estão preparando o encontro em Bariloche dos ministérios de Defesa, o general Cardoso, o Sebastião Rego Barros mais o Sardenberg. O general Cardoso explicou muito calmamente que a Câmara de Defesa e Relações Exteriores está encarregada de fazer a política de defesa. Boa solução.

Passamos em revista a situação da Argentina, vimos as dificuldades que eles têm com a questão militar. Os militares se queixam de que estão marginalizados por causa da repressão brutal e da derrota fragorosa para a Inglaterra.

Recebi um senador mexicano, Muñoz Ledo. Conversamos longamente sobre muitas coisas. Sobre o Chile ele disse que os socialistas querem que o Ricardo Lagos seja o candidato, os democratas-cristãos estão resistindo, mas ele acha que, no fim, vai ser o Lagos. Queria saber a nossa posição em relação ao México. Ele quer que o seu país participe da América Latina, eu disse sem dúvida, mas que temos que fazer aqui o nosso polo regional. Enfim, conversas desse tipo.

Em seguida o Zé Israel Vargas veio me mostrar os resultados do que ele está fazendo no Ministério de Ciência e Tecnologia.

E depois veio o Jobim, para eu assinar a demarcação de terras indígenas.

Falei várias vezes com o Serra. Falei com o Montenegro, do Ibope. O Ibope dá 42 para o Pitta, 18 para a Erundina e 13 para o Serra. O Serra acha que o Ibope está contra ele, atrapalhando a sua eleição.

Vamos ver. Serra está combatendo bravamente.

O Sérgio Motta realmente se desmandou demais. Acabei de ler um artigo da Dora Kramer cobrando de mim, com razão, por que o Sérgio fala e eu o deixo falar, sem ter uma palavra mais dura com ele. A verdade é que o Sérgio entrou numa encalacrada muito grande.

Luís Eduardo também conversou comigo, muito aborrecido. Mencionou a Erundina, mas é óbvio que está pensando no que o Sérgio falou do pai dele.* O Sérgio entrou de novo em bate-boca, num comportamento que passou de todos os limites. Se eu não falar com o Sérgio hoje, falo amanhã. Talvez eu tenha que deixar passar a eleição, mas preciso dizer que assim não dá. Ele está realmente comprometendo o governo com esse destempero verbal.

---

*Antônio Carlos Magalhães dissera pouco antes que um eventual apoio tucano a Luiza Erundina no segundo turno da eleição em São Paulo poderia "criar problemas" para a aprovação da emenda da reeleição. Ao que Motta respondeu, na véspera da eleição: "Acho que o Antônio Carlos fala pelo partido dele, mas mesmo assim tenho dúvidas. Está uma divergência lá sobre a entrada ou não de um determinado senador", isto é, o senador Gilberto Miranda.

HOJE É DIA 4 DE OUTUBRO, sexta-feira.
Anteontem, dia 2, fui para São Paulo, jantamos na casa da Lídia Goldenstein* e do Adolfo Lerner, muito simpático.
As eleições foram ontem, dia 3. De manhã recebi o Mário Covas, que ficou quase duas horas lá em casa. O Mário estava bastante realista, achando que, no caso de haver segundo turno, não dá para apoiar a Erundina. Claro que ele exclui a hipótese de apoiar o Pitta e disse que faria o que o Serra quisesse. Quando nós dois estávamos conversando, o Serra telefonou dizendo que viria à minha casa. Ele já tinha estado comigo na véspera. Entendi a atitude do Serra pelo lado afetivo, estava se sentindo desamparado.**

Ele chegou, conversamos, depois desci para dar uma declaração à imprensa. Antes o Serra tinha me contado que o Sérgio Motta estava muito magoado pelo que saíra em público, a história de eu ter pedido que o Sérgio Amaral dissesse à imprensa que o Sérgio Motta tinha se excedido, que eu lamentava, e que Erundina era digna de respeito.

Eu disse ao Serra: "Isso é o mínimo que eu posso dizer, o Sérgio está pondo em risco muita coisa, eu sou presidente da República, não sou apenas amigo dele. Isso não pode ser assim".

Serra entendeu, Sérgio é muito credor da enorme lealdade e esforço sobre-humano que fez. Todo mundo conhece o Serjão, sabe que ele é assim mesmo, que faz isso com boas intenções, mas ele não está mantendo a linha mínima necessária para se preservar e preservar também o governo.

Fui recebido com muitos aplausos e muitos abraços lá no local onde fui votar e depois voltei para Brasília com a Bia, a Ruth e as crianças, tudo tranquilo.

Assisti aos resultados pela televisão e, hoje de manhã, li que o Sérgio disse de novo coisas que podia não ter dito. Voltou a um bate-boca com Maluf. Maluf já o chamou de Sérgio Pinto Ramos Motta para dizer que o [José] Amaro Pinto Ramos*** tinha se metido no negócio do Raytheon; é verdade, só que Amaro era da Thomson [e não da Raytheon, que ganhou]. O Maluf sabe que Amaro Ramos era agente da Thomson, que perdeu. De todo modo, com isso o Serjão permitiu ao Maluf deitar de novo falação.**** Ficaram em pé de igualdade, discutindo quem é corrupto...

---

*Assessora econômica da presidência do BNDES, professora de economia na Unicamp e pesquisadora do Cebrap.

**José Serra acabou obtendo 819 955 votos (14,5%) na eleição municipal paulistana, ficando em terceiro lugar.

***Empresário e consultor paulista, dono da Epcint Assessoria Técnica. Em janeiro de 1995, a imprensa norte-americana noticiou que Pinto Ramos teria intermediado a concessão de um empréstimo bancário ao secretário de Comércio dos EUA, Ron Brown, para a compra de uma casa.

****Na esteira da fala de Maluf sobre a suposta ligação entre Motta e Pinto Ramos, Celso Pitta acrescentou que "o Brasil sairia ganhando com a saída desse cidadão [Motta] do governo", ao

Volto a dizer, o Sérgio ficou numa posição insustentável por causa do seu desatino verbal. Ele é generoso, fantástico, mas não tem trava na língua. Vai apanhar, e muito, por causa disso, e eu também. O Amin já pediu a cabeça dele. Ontem mesmo tive que dar uma declaração dizendo que quem resolve sobre o ministério sou eu, que é um ministério de confiança e que ele tem a minha confiança. Vi na televisão o Maluf dizendo que, se um secretário dele tivesse feito 5% do que fez o Serjão, estava na rua. Ou seja, tudo isso me deixa mal.

Estou acabando de ler o livro do [José] Sette Câmara sobre agosto de 54,* sobre Getúlio. Como já registrei a propósito do livro do Castelinho sobre o Jânio, os governos se perdem por pequenas coisas, são desatinos verbais, relações de amizade... Preciso ter isso sempre presente, para evitar que aconteça o mesmo comigo.

Hoje tentei falar por telefone com o Serra, não foi possível. Falei com o Kandir, que vai se encontrar com o Serra. O Kandir tem que dizer ao Serra que foi nomeado com a condição de deixar o posto para o Serra caso o Serra perdesse. Claro que ele vai fazer isso com jeito, visto que quer tudo menos sair do governo, o que é natural. Acho que o Serra não vai querer voltar. Mas o Kandir precisa falar com o Serra e eu também.

Outra coisa. Falei com o Luís Carlos Santos, que tem a mesma posição que eu: sabe dos estragos que o Sérgio ocasionou no PPB e no PFL.

O Arthur Virgílio ainda por cima disse que eu posso ser o Felipe González, ou seja, governar o Brasil como se fosse socialista, fazer um governo só do PSDB. Ele se esquece que na Espanha são apenas dois ou três partidos e que o Felipe tinha maioria; o PSDB tem uma ínfima minoria do Congresso e perdeu essas eleições! Vai haver um avanço, mas não é majoritário. Isso tudo, portanto, é uma infantilidade, ciúme do PFL com o PSDB, do PSDB com o PMDB, e por aí vai. A política em larga medida é intriga, ciúme, coisa desse tipo é da natureza do processo político.

Eu me recordo do susto que levei com a infâmia de dizerem que eu era maconheiro, o que me fez perder a eleição [para prefeito] em São Paulo.** Cheguei até a escrever na *Folha* um artigo sobre o papel da infâmia. Isso é verdade, a vida toda foi assim e continuará sendo.

Não se pode perder de vista que a análise política se faz não só a partir dos conflitos de estrutura, de classe, de raça e não sei do quê, mas também da pequena política, do cotidiano, do temperamento, do destempero — tudo isso são ingre-

---

que o ministro respondeu: "Ele é que faz negócios com o Maluf e todo mundo sabe disso no mercado".

*Agosto 1954. São Paulo: Siciliano, 1994.

**Em agosto de 1995, candidato à prefeitura paulistana, Fernando Henrique afirmou numa entrevista à revista *Playboy* que sua única experiência com maconha acontecera muitos anos antes, num bar de Nova York, em companhia de alguns primos: "Eu dei uma tragada, achei horrível. Acho que é porque nem cigarro eu fumo". Jânio Quadros não demorou a tachar o oponente peemedebista de "maconheiro", além de "comunista" e "ateu".

dientes fundamentais. Quem está na posição em que estou tem que cuidar tanto das grandes questões estruturais quanto do cotidiano, evitar que os desatinos que parecem pequenos se transformem em grandes, acabando por afetar o estrutural.

HOJE É 5 DE OUTUBRO, sábado, são quase cinco horas da tarde, estou com a Bia, o Duda, as crianças, a Ruth, estamos esperando o Caetano Veloso, que vem nos visitar.
Ontem à noite fomos ao show dele aqui em Brasília. Recebi vaias e aplausos. Quando fui para a frente, começaram a vaiar, enfrentei e tal, então foi bom. Pelo menos dividiu. Aqui em Brasília é sempre assim, não é bem petismo, talvez a cidade capital tenha mesmo esse sentimento um pouco mais agressivo com os presidentes, ainda mais numa cidade de funcionários. Era o caso lá no teatro, e também havia gente ligada à música, deve ter muito petista ou parapetista.
Isso é detalhe. O importante é que ontem de manhã despachei com o Vilmar Faria, que estava aqui por causa da Ruth, não por minha causa. Falei por telefone com o Serra, ele estava calmo. Parece que vai viajar para os Estados Unidos. Conversamos bastante, ele tem noção das coisas. Fez uma análise bem ponderada e eu disse: "Se você for mesmo, na volta conversamos; senão, conversaremos já sobre o presente e sobre o futuro". Porque será necessária uma conversa franca com o Serra, para ver que rumo ele quer tomar. Tenho obrigação de ajudá-lo como amigo, como presidente da República e como companheiro de partido.
Enquanto eu despachava com o Gelson Fonseca, telefonou o Dornelles, para me dizer que já tinha falado com o Maluf para acalmar as coisas, que o Maluf está muito irritado e que ele, Dornelles, queria participar da campanha. Eu disse que eram muitos partidos, mas que não havia problema, podia participar.
Depois recebi o deputado Wilson Campos, que é um fortíssimo candidato por conta própria à presidência da Câmara. Ele é do PSDB e pai do senador Carlos Wilson. Tem muito voto no plenário da Câmara porque fica o tempo todo conversando com a planície, agradando a planície. Falamos sobre Pernambuco. Ele tem pavor de que o Arraes se candidate outra vez. Ele o considera imbatível. Foi uma conversa agradável, ele tem aquela astúcia do político do interior, tradicional, de quem já passou por muita coisa. O Wilson já foi cassado, dizem que até por corrupção, não sei se é certo, mas tem longa carreira. Hoje está no PSDB, e vai ser um arraso se ele for mesmo candidato. Vamos ter que analisar bem a situação.
Voltei a falar com o Luís Carlos Santos, que me disse que iria procurar o Maluf na segunda-feira para dizer que ele, Luís Carlos, ficaria com a aliança que sustenta o governo. Luís Carlos é hábil, sabe que isso é para contrabalançar as fúrias dos malufistas por causa do que sangrou na campanha.
Mais tarde voltei a falar com ele, porque a Ana Tavares me avisou que alguém teria dito para a imprensa que eu iria apoiar o Pitta [no segundo turno]. Telefonei

para o Luís Carlos e disse: "Olha, fale por você, está bem? Cuidado para não envolver o governo".

De fato hoje os jornais estão uma confusão. Uns dizem uma coisa, outros dizem outra, se o Mário Covas vai ou não apoiar a Erundina. Dizem com clareza que provavelmente ficarei fora da briga e publicam as declarações do Luís Carlos Santos. Nessa barafunda, parece que o Amin também deu declarações mais apaziguadoras. O PSDB nesse momento está sendo cortejado pelo PT. Há, portanto, um clima de lusco-fusco.

Passei este sábado lendo, conversando com a Bia e com o Duda e brincando com as crianças. A Bia está com espírito forte, ela é muito firme. Isso me deixa contente, porque ela passou por uma experiência difícil quando foi detectada a existência de um nódulo cancerígeno na tireoide. Ela está enfrentando bem a situação. Ainda vai ter que fazer certos exames, mas parece que o problema está sob controle. Eu aqui torcendo, óbvio, nessa direção. A Ruth tem uma viagem para os Estados Unidos, quer cancelar por causa dos exames e a Bia não quer que ela cancele. Enfim, passei o dia mais preocupado com isso do que com as eleições, as quais estão mais ou menos passadas a limpo.

E aconteceu o que eu disse que ia acontecer: todos vão cantar vitória, ninguém vai ganhar. *Plus ça change, plus c'est la même chose.* Daqui a quinze dias, todo mundo já se esqueceu da eleição municipal, e daqui a alguns meses os prefeitos eleitos estarão envolvidos com seus orçamentos e batendo às portas do governo federal ou do estadual, para ver se recebem alguma ajuda.

Indiscutivelmente houve um avanço do PT, um menor do PSDB — menor até agora, pode ser que no segundo turno seja maior, sobretudo nas cidades com mais de 100 mil habitantes. O PPB também teve certo avanço. O PFL se fortaleceu, o PMDB derrapou, os outros partidos na verdade são legendas, não chegam a ser partidos, a não ser o PSB, que também é legenda.* Wilma [Faria] ganhou no Rio Grande do Norte e vai passar para o PFL no futuro. Foi o que me disse um deputado de lá.

Estamos à espera dessa visita do Caetano, que deixa as crianças excitadíssimas.

Amanhã irei a São Paulo visitar a Congregação Israelita Paulista (CIP), que faz sessenta ou setenta anos.** Hoje vou para o telão, inaugurar a Bienal de São Paulo*** a partir daqui do Palácio.

---

*O PT elegeu 111 prefeitos, contra 54 em 1992. O PSDB conquistou 910 prefeituras em todo o país (incluindo as cidades onde houve disputa de segundo turno), crescimento de 210% em relação às 293 do pleito de 1992. O PPB passou de 363 (considerando seus partidos formadores, o PPR e o PP) para 624. O PFL perdeu prefeitos, pois elegeu 965 em 1992 e apenas 928 em 1996. O PMDB perdeu centenas de municípios, passando dos 1605 conquistados em 1992 para 1288 em 1996. E o PSB mais que triplicou o número de prefeitos eleitos em relação a 1992: de 48 passou para 150.

**Cerimônia comemorativa dos sessenta anos de fundação da CIP.

***XXIII Bienal de Arte de São Paulo, intitulada A Desmaterialização da Arte no Final do Milênio, com curadoria de Nelson Aguilar.

HOJE, SEGUNDA-FEIRA, dia 7 de outubro, onze e meia da noite.

Caetano veio ao Alvorada, muita agitação das crianças, tudo muito simpático, mostramos o Palácio a ele, pouca conversa, porque havia muita gente da família e ele só com a sua produtora, não havia clima para conversas mais profundas. Ele é sempre muito amável.

No dia seguinte vi no jornal que ele teria dito que era contra a reeleição e que eu fui vaiado. Enfim, maldades. Não é a posição dele.

Ontem, domingo, fomos a São Paulo, chegamos no fim do dia, praticamente para o jantar. Fui com a Ruth, o ambiente estava um pouquinho tenso entre o Maluf e o Mário Covas, os dois de cara fechada. O Maluf, que sempre me chama de presidente, estava um pouco distante, e agi com ele da mesma maneira. A cerimônia foi muito simpática, o Mario Adler* fez um discurso de que gostei, revi muita gente, todos os líderes judaicos estavam lá, muitas homenagens a mim.

O Mário não tocou mais no assunto Luís Carlos Santos. Esqueci de registrar que, no sábado à noite, depois que inaugurei a Bienal pelo telão, quando íamos jantar, o Mário telefonou com uma voz soturna para saber que história era aquela do Luís Carlos Santos. Eu disse que cada qual estava na sua posição, que não era o governo e tal, que no dia seguinte eu ia soltar uma nota. Ele engoliu seco, mas evidentemente não estava gostando. Bom, problema dele. Vi hoje nos jornais que ele teria dito que o seu secretário que experimentasse fazer uma coisa dessa, para ver o que ia acontecer.

O Mário esquece que o Luís Carlos Santos é do PMDB, que o Dornelles é do PPB, ou seja, tenho gente de todos os partidos me apoiando. Não é o caso dele, que está no isolamento; além do mais, não temos um candidato do PSDB na pugna. O Luís Carlos Santos apoiou o Serra. Na verdade ele levou o PMDB a apoiar o Serra. Portanto é casmurrice do Mário Covas, e ele vai criar dificuldades nesse processo, porque está irado com o Maluf, com o Pitta, e naturalmente quer que isso se transfira um pouco para Brasília, o que causaria grandes danos às nossas votações daqui. Sobretudo às reformas, mas à reeleição também.

Veja que cada um vai botando suas manguinhas de fora, mas não tem importância. Vamos levando com jeito.

Voltei hoje para Brasília. No avião despachei com Kandir, muito entusiasmado com a viagem que fez ao BID, nos Estados Unidos.

Em tempo. Ontem à noite, antes de ir para a Congregação Israelita, fiquei sabendo que o Serjão estava internado. A Wilma disse para a Ruth.

Telefonei incontinente para o Serjão no Einstein. Ele estava com os problemas pulmonares que tem de vez em quando, mas não é nada grave. Disse que entendeu a reprimenda que eu tive que passar nele em público e ficou muito contente porque cortei a onda contra ele, dizendo que ele era da minha confiança. Reclamou de

---

*Presidente da CIP e presidente do conselho de administração da Brinquedos Estrela S.A.

o Serra não ter se pronunciado, enfim aquele triângulo difícil composto pelos dois ministros mais amigos e pelo presidente da República.

Vim para cá com o Zé Gregori, o Paulo Renato, o Portella, o Vilmar já tinha me alertado de que eles queriam conversar comigo, preocupados com a situação do Serjão. No fundo querem participar um pouco mais ativamente das decisões políticas. Eu disse, não me referindo a eles, mas de forma geral, que isso aqui é um jogo de gente grande e que o PSDB não tem muitos quadros com essa capacidade — tem o Mário, tem o Tasso, que está me ajudando. O Mário tem lá as suas reservas contra a reeleição, enfim, não quero forçar nada. Expliquei a eles que não era tão grave assim, que vamos levando.

No Palácio do Planalto, recebi o Luís Eduardo e conversamos sobre tudo isso. A Ana tinha me alertado que o Luís Eduardo estava muito irritado com o bate-boca do Serjão, que assim não dava. Ele não me disse nada nesse tom grave, apenas, indiretamente, que não podia assumir a coordenação de tudo, que não tinha a caneta, um pouco chateado com a demora na decisão relativa ao Piauí e que o Zé Aníbal teria atrapalhado. No fundo estava me criticando. Ele disse ao Zé Aníbal que eu tinha prometido a questão do Piauí. Francamente não me recordo de haver prometido, mas é possível, e então ele teria razão.

O negócio do Piauí já está resolvido, foi demitido o cara lá. Luís Eduardo estava um pouco aborrecido com isso, mas continua um fiel articulador e vai desencadear o processo de formação da comissão de reeleição. Combinamos que o Luís Carlos Santos será ativo nesse processo, posto que o Serjão agora tem que ficar um pouco à margem disso.

Recebi o brigadeiro Lôbo, só com boas notícias administrativas. Perguntei como a Aeronáutica reagira à questão do Lamarca. Ele disse que é um caso infeliz, um fator permanente de irritação, mas que temos que ir administrando. Ele sabe quais foram as circunstâncias. Mas se vê que também na Aeronáutica houve uma repercussão negativa da decisão da comissão que resolveu indenizar a família do Lamarca.

Despachei com Marco Maciel, coisa de rotina, com Clóvis, e voltei para casa.

Telefonei para o Paulo e para a Bia, conversei longamente com os dois, preocupado com o Zé Luís Reyna [José Luis Reyna Pérez], embaixador do México, que teve um piripaque grave. Providenciamos a transferência dele para São Paulo, não falei com a médica que está cuidando dele lá, apenas com os médicos daqui. Parece que ele vai sair dessa crise, gosto dele e, além do mais, seria o terceiro embaixador mexicano a ter um mal súbito grave; alguns morreram aqui no Brasil, terrível. Até agora não temos o diagnóstico. Há dez minutos falei com a médica do Sírio-Libanês. A Fernanda [Boueri],* minha sobrinha, entrou no circuito, ajudou muito. Por hoje é só.

---

* Médica e pneumologista.

Ainda sobre o resultado das eleições.

No fundo, me parece que houve um fortalecimento de quatro partidos. Do PT, indiscutivelmente, e vai ser preciso prestar atenção, sobretudo, no Nordeste; do PSDB, que se espalhou também por muitas prefeituras; do PFL, que ganhou prefeituras grandes; e do PPB, graças talvez à ação do Maluf. Minguaram o PMDB e o PDT. Embora o PDT tenha obtido alguns resultados, no conjunto foi bastante desarticulado. O PSB ainda tem alguma expressão. O essencial me parece que é isto: a expansão dos quatro partidos já mencionados e o PMDB, que míngua. E ao minguar deixa um espaço enorme, porque era o partido majoritário. Estas eleições, como tenho dito aqui, serão previsões do que vai acontecer na Câmara em 98. Os partidos que mencionei provavelmente vão ter sua posição ampliada.

Em tempo ainda. Esqueci de registrar que recebi o ministro do Supremo Marco Aurélio Mello, hoje presidente do Tribunal Superior Eleitoral. Muito simpático e amável, veio me trazer o resultado das eleições.

Além disso, recebi o senador Vilson Kleinubing, que passou por uma cirurgia de câncer de pulmão. Descobriu por acaso, safou-se bem. Ele me disse que acha essa questão do Pitta séria, não do Pitta, mas da prefeitura, que perdeu 165 milhões de reais naquele dia. Ele é quem acompanha, pelo Senado, as operações de prefeituras e dos governos estaduais. E é próximo do Amin. Eu disse que, por favor, dissesse ao Amin do que se trata e explicasse que não saiu do Banco Central; saiu da corretora Banespa e que, se o caso tem essa gravidade, que também dissesse ao Amin que não tem jeito, vai estourar. Porque essas coisas no Brasil, hoje em dia, são assim mesmo. Não dá para tapar o sol com a peneira.

HOJE É TERÇA-FEIRA, 8 de outubro, quase uma hora da tarde.

Eu queria acrescentar, ao que disse ontem, que soltei uma nota sobre a minha posição nas eleições municipais. Eu disse que não tomaria partido abertamente, que havia apoiado o Serra por ele ser do partido e uma pessoa próxima, muito próxima a mim, e que cada ministro deveria se comportar de acordo com suas vinculações partidárias. Creio que isso acalmou um pouco os ânimos.

Amin me telefonou hoje de manhã. Marquei um encontro com ele para amanhã à tarde. Ele está preocupado porque em Santa Catarina o PT avançou muito e a mulher dele, a Ângela, está ameaçada. Ele sempre quis fazer uma ponte com o Maluf.

Tive uma conversa com o Luís Carlos Santos, que me relatou mais em detalhe a conversa com o Maluf. Creio que o Maluf continua ensandecido, muito crente de que vai levar, e que vai opor dificuldade na questão da reeleição. Luís Carlos Santos vai falar com Odelmo e dar um aperto nele, mas não estou confiante nessa questão do PPB, a menos que entremos numa luta mais direta com o PPB.

Hoje de manhã recebi o deputado Zé Múcio, que vai ser o relator da emenda da reeleição e que quer fazer um plebiscito. A ideia de plebiscito não é aceita pelos demais líderes do PFL, do PMDB e do PSDB. Vou ter um jantar com eles para acertar a questão.

Conversei longamente com o senador Élcio Álvares, que me contou o que aconteceu no Espírito Santo, onde ganhamos bastante bem. O Élcio é um homem fiel, correto, sempre gostei dele e continuo admirando sua tenacidade, dedicação e o jeito como leva o Senado com tranquilidade.

Hoje vou almoçar com Luiz Carlos Bresser e com Luís Carlos Santos para discutir a reforma administrativa e a previdenciária, que são importantes.

Recebi do Tasso uma pesquisa muito boa. Favoráveis à reeleição, para o caso do presidente atual, 51%, contra 20%, uma coisa assim. E 28% a favor para os próximos presidentes. Aprovação do governo federal: 63%, contra pouco mais de 20%. A favor do Plano Real: 78%; contra: 20% ou menos de 20%. Realmente a posição do governo é muito boa.

A área econômica está reagindo bem. O Brasil hoje passou para outro circuito, já se vê que as coisas estão entrando nos eixos. Esse é um grande acontecimento que vai ser reconhecido no futuro. A questão da reeleição é detalhe. O que não é detalhe é que com o real nós mudamos o Brasil e hoje tenho segurança que nós estamos entrando no caminho do crescimento, do desenvolvimento.

10 A 24 DE OUTUBRO DE 1996

Negociações partidárias (PPB) para a emenda da reeleição. Reflexões sobre o governo Collor. Tensão entre PFL e PMDB

Hoje é 10 de outubro, são oito horas da noite, estou esperando o Luís Eduardo Magalhães, o Moreira Franco, o [Roberto] Brant e também o Aloysio Nunes Ferreira.
Quero registrar agora sobre o dia 8. À tarde, às cinco horas, estive com Max Schrappe, presidente da Associação Brasileira da Indústria Gráfica, um encontro formal. Depois com o Luciano Martins, que veio discutir a possibilidade de uma participação do Brasil num diálogo com o G7, sob os auspícios do Chirac. Vai haver um encontro em Paris.
À noite jantei com o Paulo Renato e com uma assistente do Sérgio Motta, Alejandra Herrera, que passou por aqui para me dar algumas informações sobre o projeto de telecomunicações.

No dia 9, quarta-feira, recebi o Sarney para tomarmos um café da manhã. Muito boa a conversa. Sarney sabe dialogar e tem discernimento, depois fica um pouco na dúvida, desconfiado de que não o estamos levando em consideração. O diálogo foi muito franco, retomei o tema de uma conversa que eu tinha tido na véspera com o senador Jader Barbalho. O Jader veio no fim da terça-feira, dia 8, com muita preocupação. Queria saber quem, no fundo, fala pelo PMDB sobre reeleição e a futura composição do governo. Ele desconfia que o Luís Carlos Santos já não tem condições de negociar porque se colocou como candidato à sucessão da mesa da Câmara.
Eu disse ao Jader que falaria com Sarney sobre isso. Sarney, mais maduramente, acha que devemos retomar o diálogo com os líderes, ou seja, com o próprio Jader Barbalho e mais ainda com o líder [do PMDB] na Câmara, o Michel Temer, e ele Sarney, para dar uma institucionalidade à discussão sobre a participação do PMDB no processo decisório. Jader concordou com isso e vamos ter um jantar que só não vai ser nesta semana porque o Sarney dificilmente poderá ir, porque vai ao Rio com dona Marly, que está com um problema de saúde; não é grave.
Depois desse café da manhã, fui para o Palácio do Planalto e lá recebi uma porção de gente. Teotônio Vilela [Filho], que veio sozinho, sem o Arthur Virgílio, me dar conta do que estava acontecendo com o PSDB. O PSDB venceu em muitos lugares, em quase mil municípios, estão muito contentes. Relatei a ele os entendimentos sobre a reeleição.

Recebi também o Eliseu Resende* para discutir o parecer que ele vai dar sobre a regulamentação da Agência [Nacional] do Petróleo. Eliseu propôs uma coisa que me pareceu engenhosa: que não paguemos à Petrobras a dívida do Tesouro, senão que passemos a cobrar da Petrobras a utilização das jazidas daqui para a frente. É uma ideia interessante a ser analisada.

Depois disso fui para a cerimônia da implantação do Polo Gás-Sal do Rio Grande do Norte.** Estavam d. Eugênio Sales, foi curioso, o presidente da Confederação Nacional da Indústria, que é o senador Fernando Bezerra, mais o Vicentinho pela CUT, mais o Urbano pela Contag e o Pegado pela CGT. Todos são do Rio Grande do Norte e estão unidos na questão do Polo que eu fiz existir. Permiti que houvesse esse processo porque chamei a Petrobras e acelerei a criação desse Polo Gás-Sal, que vai trazer bons resultados para o Rio Grande do Norte. O governador estava presente, fez um belo discurso, o Garibaldi Alves, foi uma coisa marcante para mostrar que o governo está atuando, e muito, no Nordeste.

No Alvorada, almocei com a Joyce Pascowitch e com o Carlos Alberto Sardenberg, apenas rotina, nada de especial.

Depois do almoço, encontrei-me com o Tarso Genro, prefeito de Porto Alegre, que acabou de ganhar a eleição para o PT.*** Ele trouxe uma questão administrativa correta de sua cidade e depois conversamos sobre a situação política. Ele disse que o que eles fizeram lá é referência para o PT e acha que hoje as coisas fundamentais, do ponto de vista da esquerda, são: a ampliação dos nexos entre o Estado e a sociedade, com o que eu concordo, esses vários conselhos, como estamos fazendo, na verdade ele também, só que ele faz ainda o orçamento participativo, que no caso do Brasil é mais difícil, nacional. Outro ponto importante para ele é a necessidade de avançar nos processos de privatização, com o que também estamos de acordo. E reforma agrária, que é uma coisa simbólica, ele acha que eu estou fazendo e que ela permite um diálogo com a esquerda.

Tarso Genro acredita que quem enfocou melhor as dificuldades da esquerda foi o [Norberto] Bobbio. Também acho. A justiça social como grande ideal. Na sua opinião, é preciso um novo campo teórico para sair dessa coisa de neoliberalismo, que ele também sabe que não tem sentido. Eu disse que aqui nós fazemos o contrário, estamos fortalecendo o Estado, para que ele seja moderno na economia e eficaz para alcançar os pobres. Expliquei o que eu estava fazendo com a política externa,

---

* Relator do projeto sobre a quebra do monopólio estatal da exploração e distribuição de petróleo e da criação da agência reguladora do setor.
** Projeto integrado de exploração e beneficiamento de sal, gás natural, petróleo e calcário, localizado nos municípios de Guamaré, Macau e Mossoró.
*** O vencedor foi o vice-prefeito, Raul Pont.

me pareceu que houve uma aceitação boa. Ficamos de conversar mais profundamente sobre esses temas depois das eleições.

Depois do Tarso Genro, recebi o Marco Maciel com o Jarbas Vasconcelos e o Roberto Magalhães, recém-eleito prefeito de Recife. Veio dizer que estava à minha disposição, que é favorável à reeleição e se mostrou preocupado com a eleição de governador em 98. O candidato é o Jarbas e eles têm medo de que o Carlos Wilson, do PSDB, possa atrapalhar a candidatura do Jarbas. E pode. Seria bom se houvesse uma composição.

Entretanto, houve a inauguração da rede de transporte da Confederação Nacional do Transporte, com o Clésio Andrade, falei para a televisão deles, muitos deputados, senadores, todo mundo gostou do que eu disse, que foi uma repetição do discurso da manhã, de confiança no Brasil.

De lá vim para o Alvorada me encontrar com o senador Amin. Ele me pareceu honestamente disposto a apaziguar a relação com Maluf e tentar ver se o PPB pode prosseguir sem obstacularizar a reeleição. Conversamos longamente, ele também está preocupado com a situação da Ângela, sua mulher, que foi para o segundo turno em Florianópolis; eles têm medo de uma derrota para o PT* e vão precisar de apoio do PFL. Me pediu que falasse com o Bornhausen. Tentei falar hoje, mas quando o Bornhausen me respondeu eu estava num jantar com o Luís Eduardo e outros deputados, e não pude atender. Pintou um quadro preocupante para ele em Santa Catarina, com grande ascensão do PT.

A Ruth chegou do Amazonas com a Helena, jantamos aqui e fomos dormir, cansadíssimos. Isso foi, portanto, o que aconteceu ontem.

Hoje, quinta-feira, comecei a manhã com a cerimônia da Contag.** Até o líder do MST estava presente, no meio da assistência, esqueço o nome dele agora... Stédile. Fiz lá uma falação rápida e eles apresentaram os meninos e as meninas que trabalham na agricultura. Estamos tratando de acabar com o trabalho das crianças.

Depois recebi o Moreira Franco, que propôs um encontro, que tive agora à noite, com os deputados e com o Luís Eduardo. Moreira Franco está preocupado em afinar a viola agora, para poder tocar direitinho a música da reeleição.

O Luís Henrique, que eu recebi em seguida, veio com o novo senador suplente de Santa Catarina, que assumiu o lugar do Maldaner; ele se chama [Henrique] Loyola. Os dois são muito amigos, e o Luís Henrique, que é meu amigo de muitos anos, também pediu o apoio do PSDB para a eleição dele em Joinville.*** Já telefonei ao Teotônio, a fim de que falasse com Márcio Berezoski, que foi senador e trabalha para o PSDB em Joinville. Acho que vão apoiar o Luís Henrique.

*O candidato petista era Afrânio Boppré, vice-prefeito.
**Solenidade de assinatura da PEC 413 no Palácio do Planalto, conjunto de medidas para o combate ao trabalho infantil, com a presença de empresários e dirigentes sindicais.
***Luís Henrique disputava o segundo turno em Joinville com o petista Carlito Merss.

Recebi o Nelson Marchezan, que tem ideias sobre [como combater o] trabalho infantil e sobre como trazer as crianças para as salas de aula e mais formação profissional, foi uma boa conversa.

Em seguida me encontrei com Cunha Bueno,* que veio me trazer um convite de uma solenidade no Instituto Histórico e Geográfico [Brasileiro] e também pedir apoio ao projeto dele de utilizar o FGTS para compra de ações.** É uma ideia que coincide com o que o governo pensa. Também Cunha Bueno, amicíssimo do Maluf, se mostrou interessado em apaziguar minha relação com o Maluf.

Depois recebi em audiência, com o Paulo Renato, os reitores das universidades brasileiras. Assinei uma regulamentação do Provão, que é o teste para avaliar as universidades. Fiz um discurso encorajando as reformas.

Na reunião da manhã com os meninos e as meninas que trabalham no campo, eu disse que havia mandado, como mandei, uma PEC para proibir o trabalho de menores de catorze anos.

Almocei no Alvorada com o Arraes. Boa conversa, aliás excelente. Arraes continua lúcido e bastante firme quanto ao que espera do governo federal em Pernambuco. Mas ele veio me dizer também que vai apoiar a reeleição. Talvez não possa se manifestar, mas o PSB vai votar. E que vai fazer isso porque considera arriscado mudar o rumo do Brasil agora, entregar o país a qualquer um que ele não sabe quem seja. Fez elogios a mim, à minha integridade.

Uma coisa tocante, até, a posição do Arraes com relação a esse tema. E ele vai ajudar não só na articulação. Está muito contra o PT. Quer formar uma alternativa à esquerda com base no partido socialista [PSB] que está comandando. E me deu alguma sugestão sobre como cortar as possibilidades de o mundo árabe apoiar o Maluf financeiramente. Ficou de ver detalhes mais adiante.

Voltei para o Planalto. Recebi parlamentares britânicos que estavam aqui, fiz uma preleção a favor do Brasil.

Recebi em seguida o Michel Temer, que estava preocupado com as mesmas questões do Jader Barbalho. Na verdade, é a insegurança que o PMDB tem sobre o que vai acontecer se eu ganhar a batalha da reeleição. Eles querem assegurar de antemão uma participação no núcleo de decisões políticas, o que é natural. E, claro, o Temer está preocupado com a eleição dele. Mas é discreto, é uma pessoa tímida e discreta.

Depois despachos de rotina.

Pude dar um abraço na Dorothea Werneck, que estava de passagem pelo Brasil.*** Foi uma conversa simpática, gosto dela.

* Deputado federal (PPB-SP) e sócio honorário do Instituto Histórico e Geográfico Brasileiro (IHGB).
** Cunha Bueno foi relator de diversos projetos de lei sobre a privatização de empresas estatais, nos quais se ofereceu aos funcionários a possibilidade de converter o FGTS em ações das companhias privatizadas.
*** Depois da demissão do Ministério da Indústria, do Comércio e do Turismo, Werneck mudou-se

Agora à noite tive esse jantar onde passamos a limpo a situação e parece que a possibilidade de aprovação da emenda da reeleição é melhor do que estávamos imaginando. Essas coisas a gente tem que ver preto no branco. Estou escolado, não caio na primeira conversa.

HOJE É DIA 11 DE OUTUBRO, sexta-feira, passei o dia em Mato Grosso. Fui a Sinop, lá perto de Alta Floresta, nas fímbrias da floresta amazônica, entre o cerrado e a floresta. É a segunda vez que vou lá. Estive durante a campanha e voltei agora. Sinop é uma cidade extraordinária, tem vinte anos e uma população, creio eu, de 80 mil habitantes. A cidade é planejada, foi feita pela colonização privada e foi tomando forma.

Fui lá dessa vez porque durante a campanha prometi que faríamos um linhão de energia elétrica.* Na verdade o [Alexis] Stepanenko era o ministro, ele estava muito empenhado nisso, para me ajudar, mas depois, coitado, pagou um preço alto.** Para me ajudar, ele anunciou que ia fazer o linhão, eu fui lá e na verdade fizemos, cumprimos. Isso vai provocar uma revolução positiva em toda aquela região, que vai dispor de energia elétrica. E vamos continuar um programa muito poderoso de energia elétrica naquela área do norte, do Nortão como eles chamam o norte de Mato Grosso.

Ambiente festivo, quase mesmo de comício. A imprensa disse isso, acabei de ver o Boris Casoy comentando. Falou simpaticamente e era verdadeiro. Eu até falei com o Boris de comício, ele imitou a minha voz, foi divertido. Todas as forças partidárias presentes. Todas com exceção do PT, claro. No mais todo mundo: PDT, PTB, PSDB, PFL, PPR, todos. No palanque, o Dante, que é o governador e é do PDT, e os senadores todos, os deputados, o povo. Muito povo mesmo, muito contente e tal. Foi só isso.

Voltei, vim para casa, recebi o Clóvis, o [Cícero] Lucena, os despachos normais, e agora estou aguardando o Pimenta da Veiga, que vai jantar comigo.

HOJE É SÁBADO, 12 de outubro, quase meia-noite. Passei o dia inteiro no Palácio da Alvorada.

---

para o Chile para trabalhar na Cepal como representante do Brasil.
*Linha de transmissão que conecta Sinop e o norte de Mato Grosso ao restante do estado. Até então a energia da cidade provinha de geradores a diesel.
**Em agosto de 1994, durante um comício em Sinop, Fernando Henrique prometera construir a linha de transmissão até a cidade. O então ministro de Minas e Energia, Alexis Stepanenko, enviou um bilhete ao ministro do Planejamento, Beni Veras, pedindo apoio para a obra. Esse e outros bilhetes semelhantes foram divulgados pela imprensa, e Stepanenko, acusado de uso da máquina, pediu demissão.

À tarde, recebi rapidamente o deputado Ney Lopes e no resto do dia praticamente fiquei sozinho, vendo meus papéis, lendo. Li um artigo muito interessante do *New York Review of Books** sobre o Clinton e o [Bob] Dole,** um artigo arrasador. Crítico do sistema político, do estilo de propaganda deles, muito interessante.

Li um pouquinho o livro do Hirschman sobre a autossubversão, vou escrever a orelha para a edição em português.*** O livro é admirável.

Fora isso li os jornais, a repercussão da viagem a Sinop um pouco distorcida, tudo em termos de campanha eleitoral, como sempre. A *Folha* faz uma pesquisa: "População quer plebiscito", mais de 32%, passaram para 37% os que querem a reeleição, e terminei de ler um especial da *Folha*, o caderno "Mais!". Li de novo o que a Maria Silvia [de Carvalho Franco] escreveu,**** me deu vontade de responder com uma carta a ela, botando os pingos nos is. É demais, não sabem de nada, escrevem com pretensão, julgam moralmente.

Nem li o artigo do Chico de Oliveira [Francisco de Oliveira],***** tanta bobagem ele escreve, tudo ao contrário da tendência dos processos históricos.

Também fiquei aqui pensando um pouco. Às vezes esse palácio é triste.

Hoje eu vi um filme muito bonito, sozinho, no cinema. Chama-se *Secret Garden*.****** Mas dá certa melancolia, às vezes tenho que mergulhar na leitura para não pensar na solidão. A Ruth está lá em São Paulo, e um pouco aborrecida, não sei. Às vezes fico aqui pensando: meu Deus, mais seis anos é muito tempo. Não estou seguro de que valha a pena nem que eu vá ter, no momento adequado, energia para topar isso tudo.

Acho que as coisas vão em ritmo normal, pelo que li nos dados e relatórios sobre a economia. Tomamos algumas medidas duras sobre o corte de funcionalismo, claro que o *Correio Braziliense*, o jornal de Brasília, faz um alarde imenso, como se estivéssemos perseguindo funcionários. Estamos apenas cortando privilégios completamente insustentáveis, por exemplo ganhar mais 20% quando a pessoa se aposenta. É um absurdo! E assim vai.

---

*"The Deferential Spirit", de Joan Didion (edição de 19 de setembro de 1996).

** Senador do Kansas e candidato republicano adversário de Clinton nas eleições de novembro de 1996.

*** *Autossubversão: Teorias consagradas em xeque*. São Paulo: Companhia das Letras, 1996.

**** "A vala comum do poder", depoimento da professora de filosofia da Unicamp sobre o governo Fernando Henrique Cardoso, na edição de 13 de outubro de 1996 da *Folha de S.Paulo*. Franco escreveu que o "fim supremo" do governo se tornara a permanência de Fernando Henrique no poder e acusou Sérgio Motta de fazer o "trabalho sujo". No mesmo dia, o jornal publicou uma longa entrevista com o presidente.

***** Professor de sociologia da USP.

****** Versão brasileira: *O jardim secreto*. Longa-metragem de Agnieszka Holland (1993).

Eu estou fazendo as coisas que precisam ser feitas e, apesar disso, as pessoas continuam vendo tudo sob a ótica de que somente estamos preparando o espetáculo do Congresso para a reeleição, com toda a imprensa querendo vislumbrar trocas fisiológicas. Não houve nenhuma nem vai haver; não precisa, não deve. Mas a distorção... A famosa reprodução das estruturas arcaicas, acho que ela é mais forte do que a [reprodução] das estruturas dominantes. Só rindo mesmo.

HOJE É DOMINGO, 13 de outubro. Antes de qualquer coisa, na sexta-feira o Pimenta da Veiga jantou comigo. Longa conversa. Foi boa. Primeiro porque ele me alertou sobre uma fofoca que algum dos meus interlocutores soltaria no estado de Minas, de que eu prefiro o Célio de Castro ao Amilcar. Ouviu cantar o galo e repercutiu de outra maneira. Segundo, porque passamos em revista o que está acontecendo, e Pimenta, que está de fora, acha que eu preciso me preservar na questão da reeleição, embora as coisas estejam bem. Também discutimos o que ele está fazendo na conversa com os antigos companheiros do PSDB e com o setor intelectual, para ativá-los mais ainda.

Já registrei que li com mais atenção minha entrevista no caderno "Mais!". Com uma ou outra incompreensão, coisa menor, do repórter especial,* a entrevista está razoável. Não gosto do estilo moderno com o qual eles reproduzem ipsis litteris o modo de falar. Falar é uma coisa, escrever é outra. Mas parece que os que leem jornal preferem esse estilo mais espontâneo. O Gabriel Cohn** fez uma crítica boa, e um americano que não conheço e de cujo nome não me recordo*** me situou de maneira inteligente, dizendo que o meu modelo no passado era marxista *pero no mucho*, porque tinha Weber, porque era flexível, porque eu usava [o marxismo] como uma ferramenta tirada do armário *à la* Florestan. É verdadeiro que o Florestan usa metodologias diferentes conforme a natureza do problema, com muita liberdade.

Eu, pelo menos, sempre usei todas essas metodologias com bastante liberdade, nunca dei grande importância à metodologia como um fim em si, e muito mais à busca de explicar as coisas de maneira convincente, com argumentos e demonstrações o mais incontestáveis possíveis.

Hoje não planejei [fazer] nada de especial. Vou continuar lendo e trabalhando sobretudo naquele documento das telecomunicações, porque preciso entender melhor esse problema, que é muito embrulhado, e o Sérgio Motta quer tomar decisões na outra semana. É só.

*Vinicius Torres Freire.
**Professor de ciência política da USP.
***Ted Goertzel, professor da Universidade Rutgers, autor do livro *Fernando Henrique Cardoso: Reinventing Democracy in Brazil*, lançado em 1999 (edição brasileira: *Fernando Henrique Cardoso e a reconstrução da democracia no Brasil*. São Paulo: Saraiva, 2002).

HOJE É 14 DE OUTUBRO, segunda-feira.
À noite vou gravar o programa *Roda Viva*. Acordei tarde, quase às oito horas, fiquei na cama até às oito e meia, olhando o lago do jardim do Palácio. Estava um dia meio cinzento, triste, mas muito bonito. Brasília tem certo encanto que as pessoas nem sempre percebem à primeira vista porque o cerrado é como os Andes. Quando fui ao Chile a primeira vez, custei a entender aquelas cores, aquela beleza acinzentada. Brasília não é acinzentada, um dia como hoje é raro, mas o cerrado também tem uma beleza que não [aparece] à primeira vista, pelo menos por aqueles que vêm, como eu, da região subtropical da floresta atlântica, onde o verde é mais forte, tudo tem uma coloração diferente. Aqui tudo é meio retorcido, às vezes mais esmaecido, mas hoje está uma manhã muito bonita, triste, com uma beleza estranha.

Quero apenas registrar algo, para, quem sabe, se algum dia for necessário. Eu revejo na mídia — a cada instante — uma afirmação sobre o episódio de quando o Collor convidou o PSDB para formar o ministério, coisa a que o Covas se opôs e eu queria.*

Vamos aos fatos rapidamente.

Eu estava em Moscou, na casa do Sebastião Rego Barros, quando o Jorge Bornhausen começou a me telefonar. Eu não queria nem falar porque sabia o que era, o Jorge tinha me dito meses antes que iria limpar a área do Collor para depois propor participação ao PSDB. Tentei falar com ele do aeroporto de Moscou. Fui à Itália para uma reunião perto de Bolonha, em uma cidade chamada Forli, encontro que tínhamos habitualmente na Universidade de Bolonha sobre os problemas de democratização na América Latina. Quando eu estava em Forli, conversei [com o Bornhausen].

E efetivamente se tratava disso. Serra também falou comigo, aflito. Não queria. Conversei com [Guillermo] O'Donnell,** e houve uma discussão dramática em Forli sobre se eu deveria aceitar ou não uma posição no ministério. Enquanto eu estava lá, o PSDB resolveu não aceitar. Quando cheguei a Brasília, encontrei o Pimenta no aeroporto. Ele tinha outro ponto de vista. Devia ter tido algum encontro com alguém do Collor, não sei. Aí pensei na situação e disse: "Olha, o PSDB está se tornando um partido do não, tipo PT. É preciso ouvir o presidente. É preciso saber do que se trata". Fui para uma reunião na Executiva e lá resolvemos reabrir a questão. Montoro me apoiou, Tasso me apoiou, enfim, a maioria quis isso. O Mário, que sempre foi correto, é turrão, mas tem certa concepção das coisas, do partido, concordou, e deram carta branca para que Tasso e eu resolvêssemos [a questão].

O tempo passa, um ou dois dias depois o Collor nos chama, estávamos reunidos na casa do Sérgio Machado lá para o lado do Park Way [bairro brasiliense].

* Em 1990, o PSDB foi convidado a ocupar o Ministério das Relações Exteriores do governo Collor.
** Cientista político argentino.

Fomos conversar com ele, eu e o Tasso. Fiquei na sala do Bornhausen esperando o Tasso, que estava na sala do Collor. Depois de muito tempo o Collor me chama. Tasso ainda estava lá. Uma sala parecida um pouco com a do Jânio [Quadros], a mesma que eu uso hoje, mas com outra disposição de móveis, tudo meio escuro, menos uma luz em cima da mesa do presidente.

E o Collor faz um apelo dramático. Que precisava de gente na qual ele confiasse, gente com que pudesse conversar de igual para igual, como nós, Tasso e eu, e queria de toda maneira nossa participação no governo. Só que, nesse meio-tempo, o governo já estava composto. Puseram o [Ricardo] Fiúza na área social,* e na área econômica já estava tudo decidido. Então eu e o Tasso recusamos. O Collor fez um apelo a mim e eu disse: "Fernando", como eu o chamava, "o Tasso tem razão, ele é presidente do partido, não pode sair daqui ministro. Ele veio conversar sobre o ministério, não para ser ministro. Vai ficar complicado, ele precisa de tempo...".

"Ah, mas você, eu queria que você fosse ministro do Exterior."

"Eu também tenho que refletir, nós vamos discutir esse assunto e voltamos a falar com você", eu disse. Ele nos deu um prazo.

Saímos para voltar à casa do Sérgio Machado. [Ainda] no automóvel, eu perguntei se o Tasso topava. Ele disse que não. "E você?", ele me perguntou. Eu disse que também não, mas que se ele topasse eu o apoiava, e o Tasso: "E vice-versa". E nós dois tivemos a mesma sensação, a de que iríamos ser enfeite de bolo, e não estávamos dispostos a isso. Queríamos que o PSDB tivesse uma participação ativa.

Diga-se de passagem que àquela altura não se sabia das questões de corrupção do Collor. Nossa ideia era simplesmente o partido não se negar a cooperar com um governo que até então me parecia ter mudado o rumo da abertura comercial e ter mandado ao Congresso muitas emendas que também apoiávamos.

Vamos ser claros aqui. Isso eu disse na época, e digo hoje, que sou presidente da República. O Collor se perdeu na gestão, na corrupção, na incompetência política, mas não no rumo das coisas, embora tivesse feito mal. Aquele rapaz, [João] Santana,** desmontou o Estado, a Zélia [Cardoso de Mello] desmandou na economia, mas eles perceberam alguma coisa.

Quando dizem que a abertura que estamos fazendo veio de lá, é verdadeiro, eu sempre disse isso; só que com outros propósitos, com outro estilo, com outros atores e sem prejudicar o grosso da população, enquanto o Collor prejudicou.

Àquela altura eu achava necessário dar uma chance. Mas percebi, e o Tasso também, que aquilo ali era uma farsa. Estávamos sendo manobrados.

Quando chegamos à casa do Sérgio Machado, telefonei para o Mário Covas e perguntei se ele viria à reunião. Pedi que viesse e disse: "Venha, porque não vamos aceitar [a participação no governo] e vou precisar de você aqui". O Covas saiu [da

---

* Ministério da Ação Social, extinto em 1992.
** Ex-ministro dos Transportes e das Comunicações do governo Collor.

casa dele] e foi dar entrevista na televisão, acho que na Manchete. E na televisão ele disse que não aceitaria que participássemos do governo; ele já sabia que não tínhamos aceitado. Não foi por causa do Covas que não aceitamos, mas por nossa própria percepção.

Não estou criticando o Covas, apenas retificando a versão vulgar de que Covas salvou o PSDB, salvou a mim, salvou ao Tasso. Não foi assim, não. Ele não queria, isso é verdade, nós queríamos, isso é verdade; mas queríamos com [outros] propósitos e percebemos que não era assim [que ia ser].

Quando o Covas chegou e os outros também, Ciro Gomes fez um discurso duríssimo dizendo que eu estava me sacrificando e sacrificando o partido... mas basicamente a mim, porque ele achava que não aceitar era um ato meu de generosidade e grandeza, mas não entendia a razão. Esses foram os fatos.

HOJE É QUINTA-FEIRA, 17 de outubro, quase meia-noite. Estou em São Paulo, deitado na cama, depois de ter visitado a Bia, que está ótima, o que me deixou muito alegre. Conversamos bastante sobre vários assuntos.

Estou sem as anotações, mas, que eu me lembre, na terça-feira fui para o Palácio do Planalto, para os despachos normais, estava extremamente cansado, depois voltei porque eu tinha um almoço em que devia fazer uma homenagem aos professores e às professoras que receberam um prêmio criado pela Bia e que lançamos no Ministério da Educação.

Depois desse almoço, que foi longo e agradável, com umas professorinhas muito simpáticas, parece que todas ou muitas delas do PT, mas nem se discutiu esse assunto, voltei ao Palácio do Planalto e toquei a rotina. Não me recordo de nada especial, preparamos uma porção de medidas, como já tínhamos feito de manhã com o Luís Carlos Santos, o Clóvis e o Eduardo Jorge, para a votação da emenda da reforma administrativa que iria ser votada no dia seguinte, quarta-feira, portanto ontem.

Voltei à noite para o Palácio da Alvorada e jantamos eu, a Ruth, o Hélio Garcia e o Paulo Paiva. O Hélio muito simpático, na verdade veio me dizer que está pela reeleição, falou bem do Eduardo Azeredo, acha que o Amilcar vai perder, como parece que vai, em Belo Horizonte. Ele vai votar no Amilcar, mas é muito amigo do Célio de Castro. Talvez haja mais alguma coisa para registrar sobre a terça-feira, quando eu voltar a Brasília anoto aqui.

Na quarta-feira, dia 16, tive de novo a rotina do despacho interno, depois fiz uma gravação para um programa em inglês, um *roadshow* que o Gustavo Franco está preparando.

Recebi o deputado Roberto Santos, do PSDB da Bahia, e o Marco Maciel em seguida. Ao meio-dia fomos a uma cerimônia chamada "Parceria para o trabalho".*

---

*Solenidade de anúncio de um pacote de medidas de combate ao desemprego.

Muitos programas relativos à recuperação de empregos, ao Proger, ao Pronaf, que é a agricultura familiar, treinamento das pessoas para o trabalho, enfim uma coisa bem-feita

Estavam lá muitos ministros, Roberto Marinho, todos os presidentes de confederações, líderes sindicais etc.

Depois almocei no Palácio da Alvorada com o Paulo Henrique e o Benjamim, o dono da CSN. Benjamim conversou muito comigo sobre a Petrobras, eu o nomeei para fazer parte do conselho. Todo mundo pensa que foi por influência do Tasso ou do Paulo Henrique. Não foi nem de um nem de outro. Foi o Jorge [Bornhausen] quem me pediu para nomear o Benjamim para o conselho da Petrobras. É um jovem empresário, seu pai morreu, o Mendel Steinbruch, dono da Vicunha, e agora eles têm um império.

Eu queria ouvi-lo sobre a Petrobras. Ele me disse que a Petrobras é um escândalo. Quem manobra tudo e manda mesmo é Orlando Galvão [Filho],* embora [Joel] Rennó tenha autoridade sobre Orlando Galvão. E o que há de mais grave é que todos os diretores da Petrobras são membros do conselho de administração. São sete diretores, são sete membros do conselho. Uma coisa completamente descabida. Acho que é preciso intervir na Petrobras. O problema é que eu não quero mexer antes da aprovação da lei da regulamentação do petróleo pelo Congresso, e também tenho que ter pessoas competentes para botar lá.

Minha ideia era o Andrea Calabi como diretor financeiro para depois, eventualmente, nomeá-lo presidente. Ele não quis. Sugeriu alguns nomes, falaram do Duda. Mas o Duda é meu genro, não pode. Aliás, hoje falei com ele sobre isso, e ele, com toda clareza, sabe que não é conveniente.

Depois do almoço voltei ao Palácio do Planalto, onde recebi o pessoal da revista *The Economist*, com o Bill Emmott, o editor-chefe.

Também o governador do Acre** com toda a bancada, querem recursos para as estradas, já demos, ficaram sabendo, saíram felizes.

Eu e Luciano Martins sentamos para discutir o seminário. Mussa Demes veio dizer que está parecendo que o governo não quer reforma tributária. Ele está pronto para relatar, acusa o Kandir de não querer a reforma, a dele pelo menos, há uma porção de problemas, disse que não foi atendido em nada. Eu respondi que dificilmente o Kandir estaria contra, mas claro que eu falaria com o Kandir, coisa que fiz hoje, quinta-feira.

Depois tive um jantar no palácio da Alvorada com secretários de alguns ministérios, a Iara Prado,*** com um rapaz muito bom que é o secretário**** que toma conta

---

*Presidente da BR Distribuidora e diretor financeiro da Petrobras, que presidiu durante alguns meses no final do governo Sarney.
**Orleir Cameli (sem partido, eleito pelo PPB).
***Secretária de Ensino Fundamental do MEC.
****Daniel de Oliveira, presidente do Conselho Deliberativo do Fundo de Amparo ao Trabalhador

do FAT, o dr. [Elisaldo] Carlini, secretário de Vigilância Sanitária, a Carla [Grasso], secretária da área de previdência privada,* o Milton Seligman, enfim, muito interessante, porque há uma motivação dessa gente e um agradecimento nosso pelo esforço que estão fazendo no trabalho com o governo. Isso foi noite adentro, aliás todos esses dias eu tenho ido dormir tarde.

O programa *Roda Viva* que eu gravei na segunda-feira à noite teve uma influência imensa. Eu não gostei. Quando terminou, achei que tinha sido mais ou menos chinfrim. Mas não foi essa a opinião da maioria das pessoas, pelo contrário. Todos acharam o programa ótimo, até hoje, de novo, a Bia falou, o Duda falou, não sei bem por quê, foram as questões de sempre, respondi do mesmo jeito, mas parece que deu certo. Estou dizendo isso porque fui dormir às duas da manhã na segunda-feira, na terça-feira tive o jantar com o Hélio Garcia, na quarta-feira, ontem, esse jantar no Palácio da Alvorada. Isso vai me deixando extenuado.

Portanto hoje, quinta, fiquei no Palácio da Alvorada de manhã. Recebi o Kandir para discutir vários assuntos do gerenciamento dos 42 projetos do Brasil em Ação, e também conversei sobre o Mussa Demes. O Kandir se opõe a algumas medidas, pedi que então chamasse o Mussa para acertar a questão.

Depois recebi o Gelson Fonseca.

Vim a São Paulo para a reinauguração do Sucatão,** que foi reformado. Está mais razoável, mas com um gosto muito discutível quanto aos quadros e tudo mais. Feito, porém, com muita vontade de servir ao presidente da República. É uma gente correta essa da Aeronáutica.

Fui ao Palácio dos Bandeirantes para assinar alguns acordos do polo petroquímico de Paulínia, que eles chamam de Planalto Paulista. Discurso, Mário Covas, eu, várias empresas presentes, bom discurso do Brito, depois fomos para a sala do Mário. Conversei um pouco com ele sobre a campanha do Serra, os problemas financeiros que ela deixou, falei também sobre muitas coisas de governo e quero que o Mário vá discutir o Banespa lá em Brasília. Vou convidá-lo não para este fim de semana, mas para o outro.

Vim aqui para a minha casa.

Recebi o Pedro Piva para conversar sobre vários assuntos, entre os quais a eventual compra da Inpacel, que é do Zé Eduardo, pela Klabin. Ele está com algum interesse.

Depois de fazer fisioterapia, fui para a casa da Bia e agora falei com o Xico Graziano, que está preocupado com o segundo turno das eleições. Em Campinas*** ele

---

(Codefat) do Ministério do Trabalho.

*Secretária de Previdência Complementar do Ministério da Previdência.

**Apelido do Boeing 707 da Presidência da República, adquirido pela FAB em 1986 e retirado de serviço em 2005.

***Célia Leão (PSDB) foi derrotada por Francisco Amaral (PPB)

acha que a gente perde, em Sorocaba podemos ganhar,* em Ribeirão Preto também,**
e podemos ganhar ainda em São Bernardo do Campo*** e em São José dos Campos.****
É um quadro interessante, mas eles ainda precisam de apoio. Eu não sei, vou ver no
que posso apoiar, porque naturalmente não tenho muito como me manifestar.

Conversei longamente com a Bia e com o Duda. Ela está ótima, os exames que fez depois da operação foram fantásticos, ela não vai ter nem que fazer a aplicação de radioterapia, que normalmente se faz. Não é bem radioterapia, é iodo irradiado, nem isso será necessário porque eles tiraram tudo, sobrou apenas 0,6% da tireoide. Um êxito fantástico da operação, ela está curada. Isso me deixou muito contente. Acabei de falar com o Paulo Henrique por telefone e vou dormir.

HOJE É SEXTA-FEIRA, dia 18 de outubro.

Estou em Brasília, depois de ter tentado ir à fronteira do Brasil com a Argentina em Paso de los Libres, para me encontrar com o presidente Menem, numa manobra conjunta dos dois Exércitos.***** O mau tempo impediu que o presidente Menem saísse de Buenos Aires e mesmo nós parece que não poderíamos ter descido em Paso de los Libres. Voei quatro horas para nada.

Aqui no Alvorada estou revendo meus papéis e vendo com um pouco mais de calma os problemas que tenho para resolver.

De manhã recebi a Rosemary Thorp, de Oxford, e por quase uma hora discutimos as questões do desenvolvimento da América Latina. Vê-se que ela tem uma noção muito vaga de tudo isso aqui e talvez seja eu não diria preconceituosa, mas defasada. Em todo caso, conversei longamente com ela, que vai fazer um livro pedido pelo Iglesias.

Em seguida recebi o senador Sérgio Machado, que aceita ser o relator da [reforma da] Previdência Social no Senado, mas não já, porque tem aspirações majoritárias. Concordei que ele enfim preparasse tudo, chamei o Eduardo Jorge para ajudá-lo a ter tudo isso pronto no dia 15 de novembro. Ele sai do meu gabinete e dá declarações à imprensa contando tudo isso. Resultado: no dia seguinte, a imprensa publicou que está tudo paralisado por um mês por causa das eleições.

Depois do almoço estive com o procurador-geral da República, que fez um discurso, me citou em inglês extensamente, eu respondi com um discurso entusiasmado sobre o papel da Procuradoria na democratização.

* Renato Amary (PSDB) venceu a petista Iara Bernardi.
** Luís Roberto Jábali (PSDB) perdeu para Sérgio Roxo da Fonseca (PT).
*** Maurício Soares (PSDB) derrotou Wagner Lino (PT).
**** Emanuel Fernandes (PSDB) venceu Pedro Yves Simão (PMDB).
***** Seria realizada a solenidade de encerramento da Operação Cruzeiro do Sul, primeiro exercício conjunto entre os dois países para a formação de forças de paz.

Recebi o João Roberto Marinho, as questões de sempre, cada vez que ele vem a Brasília quer trocar uma palavrinha sobre a telefonia, sobretudo saber como vai a questão do celular.

Na sequência falei com a deputada Yeda Crusius, felicitei-a pelo bonito papel que ela fez no Rio Grande do Sul.*

Estive com o governador do Tocantins, o Siqueira Campos, ele queixoso mas ao mesmo tempo esperançoso. A queixa é que ele supõe que seu estado tenha um crédito enorme junto ao governo federal desde quando foi constituído, uma loucura, um dinheirão, e que ninguém deu bola para isso.

Depois falei com o Francisco Dornelles, que me deu conta de como estão as coisas no PPB sobre reeleição. Ele é muito otimista. Na sequência estive com Tasso Jereissati, com quem combinei que ele, o Britto e o Luís Eduardo seriam as pessoas que, na ausência do Sérgio — que continua no hospital, e é até bom, porque está um tanto chamuscado com todas as trapalhadas de São Paulo —, vão se encarregar do assunto reeleição.

Acabei de falar com o Beto Mendonça sobre o Pronaf e a distribuição de recursos pelo Banco do Brasil mais a questão da reforma agrária. A conclusão dele é a mesma sobre a que tenho insistido há algum tempo. O problema é de instituições. Nós não temos instituições capazes de fazer chegar o dinheiro aonde queremos. Então vamos ter que ousar e criar novas instituições, porque com essa coisa de Banco do Brasil não vai funcionar. O Beto Mendonça é sempre muito preciso no que diz. Voltei a conversar com ele sobre a liberação de alguns recursos do compulsório, com a condição de os bancos repassarem aos seus devedores com juros mais razoáveis e prazos mais longos. Ele não acredita muito nessa solução, acha que o empoçamento atual é de setores que realmente estão sofrendo com a mudança estrutural, como autopeça, arroz no Rio Grande do Sul, os plantadores de soja em certas áreas do Centro-Oeste. Mas, enfim, ele vai falar com o Loyola de novo, amanhã, para ver se alguma coisa avança.

O resto do dia de hoje vai ser só coisa local, atender um telefonema ou outro e passar a limpo a minha papelada, que o despacho é grande. É só.

HOJE É 19 DE OUTUBRO, um sábado longo, triste, a Ruth foi para São Paulo, a Isabel está aqui, mas com a empregada, a Luciana virá mais tarde. Andei lendo os jornais, o de sempre, nada de novo. Especulações, agora está o Genoino a dizer que eu sou imperador, o outro lado do PT, o Zé Dirceu, que reeleição é sei lá o quê, enfim. Essa questão tão... tão pobre do Brasil.

Agora descobriram as medidas provisórias que nós mandamos, "um mal danado". Mandei parece que 56, pensei que fossem doze... O Congresso não vota, tem

---

*Crusius obteve o segundo lugar nas eleições municipais de Porto Alegre (22% dos votos). O petista Raul Pont venceu no primeiro turno com 54%.

que mandar medida provisória. É uma retórica de que o povo vai se cansando, porque é pseudodemocrática, que não vai à raiz das questões. E como ir às raízes das questões sem, por outro lado, botar por terra a democracia num país como o nosso, onde é tão fácil com um peteleco atacar o Congresso? Eu nunca ataco.

Mas vai cansando ver que o Congresso também não toma jeito no cotidiano. Até que eles votam as coisas necessárias. A gente fica lendo esse besteirol, a *Folha* com o Janio de Freitas, que eu não leio, o Cony, que eu não leio, mas é só ataque, ataque, ataque, o Clóvis Rossi, um negócio impressionante, e os problemas que precisam ser enfrentados, os desafios, o descortino do novo, tudo isso é muito, muito obscuro para essa gente. É um cotidiano pobre.

Verdade que o cotidiano do presidente da República neste palácio, de que sempre gostei muito e continuo gostando, também não é lá grande coisa, sobretudo quando, como agora, estou aqui sozinho. Não sei se vale a pena.

HOJE É SEGUNDA-FEIRA, 21 de outubro, são oito horas da manhã. Ontem passei praticamente o dia todo na fazenda, com Malan, Gelson e Jobim. Na volta o Jobim conversou muito comigo sobre a demarcação das terras indígenas e sobre o que está acontecendo com a Vale do Rio Doce em Marabá.* Hoje de manhã ele parte para Marabá e Belém, para conversar com o Almir Gabriel, que está muito irritado porque foi indiciado pelos procuradores** e imagina que o governo federal fez alguma coisa ou tenha induzido, e não foi nada disso. Ele não agiu como queríamos, que era justamente promover uma operação para que ficasse claro que ele não era responsável. Agora surgem dúvidas e os procuradores vão em cima.

O Jobim tem domínio completo dessa questão dos indígenas e também da Vale do Rio Doce. O Jobim é fantástico, é uma pessoa inteligente, dedicada, trabalhadora e corajosa. Não tem gosto pela política, não é um ministro da Justiça para fazer negociação política, mas é um ministro da Justiça competente para a fase atual que o Brasil atravessa em todas essas áreas de direitos humanos, de atuação jurídica. Tenho muita admiração pelo Jobim, sei que ele terá dificuldades no PMDB, e até pessoais, para permanecer no cargo por muito tempo, mas tem sido um bom ministro.

Malan é o de sempre, discreto, inteligente, irônico, também outra pessoa de quem eu gosto; ele se dá bem comigo, sempre se deu. Quantas vezes tentaram derrubá-lo, nunca entrei nessa onda e acho que fiz muito bem. Malan inspira confiança.

---

* O governo preparava uma operação policial e militar para desmantelar o Movimento de Libertação de Serra Pelada, formado por garimpeiros acampados na área das jazidas de ouro descobertas na Serra Leste, que impediam a Vale de prospectar na região.

** A responsabilidade do governador do Pará no Massacre de Eldorado dos Carajás foi investigada pelo Ministério Público Federal e analisada pelo STJ.

E o Gelson é uma flor de pessoa, inteligente, agudo, discreto. Enfim, é verdade que acho que não são os únicos, mas é uma amostra de como tem gente boa no Brasil.

Ontem li uma coisa que me preocupou um pouco, o Krause reclamando de falta de dinheiro. Não é o seu estilo. Preciso conversar com ele.

Na volta, falei com o Sérgio Motta. Como de hábito passamos em revista as coisas. Ele veio calmo. Acho que esses quinze dias de recolhimento por causa da saúde ajudaram-no a visualizar um pouco melhor a situação dele próprio. Primeiro, que ele tem que se curar mesmo. Segundo, que não pode ficar tão absorvido pelas coisas. Foi uma boa conversa, demonstrou conhecer muito o Ministério das Comunicações. Pepino sobre pepino. Com a banda B são muitos interesses, acho que dá para acomodar, e em benefício do contribuinte, do Brasil, baixando os preços da telefonia celular. Mas é muita mobilização de interesses. Inclusive os grandes grupos de comunicação, todos eles fluindo para a telefonia: *Folha, Estado, Globo*. O *Jornal do Brasil* eu não vi, mas é impressionante o modo como estão se movendo nessa direção.

Também falei com a Roseana Sarney ontem, que quer vir hoje aqui e virá. Disse que ia haver um jantar dela com Sarney e comigo. Ótimo. Não sei se vai acontecer, se vai poder ser hoje. Se puder, melhor.

Agora estou à espera da minha rotina da segunda-feira.

BOM, HOJE É TERÇA-FEIRA, 22 de outubro, uma hora da tarde.

Ontem despachei com o Portella sobre a questão das estradas, está dando problema, porque o ministro interino [Alcides Saldanha] anda enciumado com o Portella. Mas o Portella é muito eficiente, já me botou a par de tudo que acontece.

Em seguida recebi a Roseana, que veio com o Jorge Murad e me disse o seguinte: ela quer entrar para o PSDB, lembrou que eu a havia convidado fazia tempo, é verdade, e que o pai já está de acordo. Em função disso, marcamos um jantar para ontem mesmo, segunda-feira. Já conto sobre o jantar.

Depois recebi o Carlos Eduardo Ferreira, da Fiesp, ele quer ser candidato à presidência da Confederação Nacional da Indústria e, claro, falou do governo muito entusiasmado.

Fui para o Planalto e lá tive um despacho longo com Jatene, preparando um ato que acabei de fazer hoje sobre o REFORSUS, de recursos para o SUS, basicamente para prédios e instalações médicas.

Recebi o Peter Wallenberg, que é o presidente do mais importante grupo da Suécia, dono de quase tudo lá: a Volvo, a coisa de aviação, parece que ele tem uma fortuna de 12 bilhões de dólares. Está investindo no Brasil, ficou muito entusiasmado com a Embraer.

Rapidamente, estive também com os diretores da Manchete. Me disseram — não eles — que o Maluf está querendo comprar a Manchete, e sei que o pessoal de *O Dia* também quer. Não sei qual é o endividamento da Manchete.

Depois fui jantar com o Sarney e a Roseana. Jantar no qual Sarney declarou que, terminado seu mandato como presidente do Senado, ele vai pedir seis meses de licença. Roseana protestou, disse que ele faz falta aqui, mas ele me disse que está cansado, não tem com quem conversar no Senado, o nível caiu muito e ele não quer mais nada, não vai mais se candidatar a nada, não quer mais saber de política, acha bom que a Roseana venha para o PSDB. Não disse nesses termos, mas concorda. Depois passou a discutir comigo sobre a Vale do Rio Doce, que ele tem preocupação com a desnacionalização, com a venda em bloco, acha que devia ser picado, está influenciado pelo Eliezer Batista. Vou chamar o Eliezer de novo para saber do que se trata.

Com o Sarney uma conversa muito amigável. A Roseana está realmente disposta a vir para o PSDB. Vou tomar as medidas para tornar isso viável. Acho que a Roseana é uma mulher que tem feito muitas coisas no Maranhão, tem valor, ela briga, tem uma nova mentalidade, acho uma boa. Claro, vai haver problema com o Jaime Santana, que é inimigo dela e é nosso deputado. Ele nunca foi do meu lado, sempre foi muito reticente com as minhas coisas.

Hoje de manhã só rotina, discussão da reforma administrativa. Falei com o Luís Eduardo, com o Luís Carlos Santos, com o Benito Gama e os da casa. Parece que a reforma administrativa vai direito.

Em seguida recebi o *monsignor* [Agostino] Casaroli, que veio com d. Alfio [Rapisarda], núncio no Brasil. *Monsignor* Casaroli é secretário de Estado do Vaticano, um homem de larguíssima experiência, fala português perfeitamente bem. Homem inteligente, mostrou ter visão do mundo, falou da posição que o Brasil pode desempenhar. Ele disse, curiosamente, que achou que a perda da União Soviética e a mudança foram muito rápidas. Isso atrapalhou, ele preferia que fosse tudo mais lento porque acha que seria mais fácil a assimilação dos novos desafios pelo próprio Leste. Acha que países como o Brasil ou como a China, das grandes populações, vão ter que desempenhar um papel mais ativo no mundo. Um homem de visão diplomática superior. Fiquei muito impressionado com ele, e tem mais de oitenta anos!

Fui ao ato de anúncio do Reforsus com o Jatene, muita gente, os discursos habituais.

O resto é preocupação, tanto na Câmara como no Senado, dos candidatos à mesa, estão todos aflitos, é impressionante, e a eleição vai ser em fevereiro. Falta tranquilidade a esse pessoal. Aliás, o Luís Carlos Santos tem. Os outros estão muito apreensivos, tanto na Câmara como no Senado, não entendo como é que tanta gente com tanta experiência não percebe que isso só se resolve na última hora, que existe uma certa dose de acaso e que as forças se confundem, até que, na última hora, se dividem. É fantástico! Vivem e não aprendem.

Hoje é dia 22, terça-feira, são nove horas da noite.

Como disse, recebi de manhã o *monsignor* Casaroli, mas esqueci de dizer que também o governador Valdir Raupp, de Rondônia, para discutir a situação das dívidas dele.

Agora no fim da tarde recebi o Philippe van Parijs* com o Eduardo Suplicy. É o autor da teoria sobre renda mínima. Convidei várias pessoas para discutir o assunto. Eduardo ficou contente e o rapaz era até bastante sensato. O principal, para ele, é que os programas têm que ser universais. Não se deve fazer grupos-alvo, porque isso não resolve. Eduardo estava muito animado porque parece que no Alasca fizeram uma distribuição de renda mínima, acho que de mil e poucos dólares para cada pessoa. No Brasil, se fizermos de vinte dólares por mês para cada pessoa serão 240 dólares por ano, multiplica por 160 milhões vai dar mais de 30 bilhões de reais, que é o que se gasta com a Previdência Social. Então são ideias um pouco vagas, que não vão longe.

Recebi muita gente estrangeira hoje. Chase Manhattan, um grupo da TRW, depois fui à inauguração da Nunciatura Apostólica, solenidade rápida, simpática, d. Eugênio, o d. Falcão daqui mais o Alfio, que é o núncio, vários bispos de São Paulo, de Minas, enfim... tudo tranquilo.

Queria registrar que o senador Zé Sarney, depois de toda a conversa que teve comigo ontem, hoje, no Senado, aparentemente manobrou contra a Vale. Ontem ele manifestou restrições, mas não que iria manobrar contra. Queria que uma senadora assinasse um requerimento parecido com aquele do [José] Eduardo Dutra, para fazer com que o Senado precise dar autorização para cada venda do edital da Vale, não sei o quê, tudo isso porque eu creio que o Eliezer Batista conversou com ele, e o Eliezer é contra a forma da venda. Ou seja, ele quer que a Vale se desfaça do alumínio, da celulose, mas não do *core*, que é minério, transporte e porto. No fundo é um pouco de luta pelo poder que o Eliezer ainda tem na Vale.** Claro que há também interesses genuínos. O interessante é que realmente o Sarney alisa, sopra, mas não deixa, de vez em quando, de atuar. Nunca me anunciou que faria a tentativa que fez, a ser verdadeira a tentativa, e parece que foi.

Acabamos de acertar os acordos para a votação da reforma administrativa amanhã. Acordos no bom sentido. Quer dizer, o pessoal ligado ao governo retira suas DVS, suas emendas, e derrota as emendas dos que se opõem à reforma. Parece que pela primeira vez uma comissão aprovará o parecer do relator, um parecer que tem de fato a concordância do governo. Tomara que seja assim.

---

* Filósofo e economista belga, professor da Universidade Católica de Louvain.
** Batista foi presidente da estatal de 1961 a 1964 (governo João Goulart) e de 1979 a 1986 (governos Figueiredo e Sarney).

QUINTA-FEIRA, 24 DE OUTUBRO, quase meia-noite.
Quero registrar primeiro o que aconteceu ontem, quarta-feira, dia 23 de outubro. O dia começou cedo, com a solenidade de entrega da comenda do Mérito Aeronáutico.

Depois recebi a Frente Parlamentar da Micro e Pequena Empresa, com o deputado Augusto Nardes, que é muito contra o governo, do PPB do Rio Grande do Sul, e que está querendo se embandeirar de líder da pequena e microempresa. Agora, além de medidas favoráveis à pequena e microempresa no imposto de renda, querem também a renegociação da dívida. Mostrei que a situação era diferente da agricultura, as pequenas empresas estão devendo aos bancos privados e não ao governo, não há por que o governo entrar com o dinheiro, pagando a conta.

Depois fui para uma reunião de apresentação do sistema de gerenciamento do programa Brasil em Ação, que o Kandir preparou. Discurso dele, discurso meu, está tudo publicado pela imprensa.

Recebi o ministro do Exterior do Paraguai.*

Falei com a Roseana Sarney, que estava querendo voltar a temas políticos e também à coisa administrativa do estado dela.

Nesse meio-tempo houve aprovação, pelo Congresso, como eu havia anunciado, do relatório do Moreira Franco nos termos em que ele apresentou.** A imprensa disse que fizemos uma negociação para furar o teto [salarial] dos deputados, nós não fizemos negociação nenhuma, embora de fato os deputados queiram furar o teto. O Sarney fez uma manobra. Apresentou para votar, como ordem do dia, uma resolução do Senado para proibir, quando o Senado queira, a privatização de uma empresa. Curioso é que ele não me disse isso na conversa que tivemos, embora tenha manifestado dúvidas quanto à privatização da Vale do Rio Doce.

Depois recebi a direção do PT. Zé Dirceu, a Sandra Starling*** e aquele rapaz, Dutra, que é líder no Senado, a conversa foi boa. Eles foram falar sobre reforma agrária, o pretexto foi esse, acelerar a votação da reforma agrária no Senado, com o que estou de acordo. Chamei a atenção deles para o fato de que o MST está passando dos limites, eles concordam, Zé Dirceu especificamente concordou de maneira enfática. Sabem que não é bom que haja confusão, mal sabiam eles que nós hoje iríamos fazer, como fizemos, uma operação em Serra Pelada na questão dos garimpos. Antecipamos que, se quisermos, podemos fazer uma operação do mesmo tipo com o MST, quando o MST exagerar. Claro que prefiro que isso não ocorra, mas chegará um momento em que eu terei que mandar desarmar todo mundo, pelo menos no Bico do Papagaio.

Na saída, o Zé Dirceu perguntou se eu podia ajudar alguém a achar recursos financeiros para a Erundina. Segundo ele, é importante não deixar o Maluf crescer,

---

* Rubén Lanzoni.
** O relatório de Moreira Franco foi aprovado na Comissão Especial da Reforma Administrativa.
*** Deputada federal (PT-MG), líder do partido na Câmara.

eu também acho. Ele disse que, na verdade, nós somos responsáveis pelo novo crescimento do Maluf; enfim, Zé Dirceu estava numa conversa de pazes.

Depois recebi o Nelson Jobim para preparar a operação que ocorreu hoje no Bico do Papagaio. E para algumas nomeações.

Recebi também o Newton Cardoso, que veio me dizer — na verdade este o fundamento real da conversa — que era importante não esquecer que o Luís Carlos Santos é candidato à presidência da Câmara e que ele é o melhor candidato.

Depois vim correndo para o Alvorada me encontrar com líderes sindicais da CUT, não veio o Vicentinho, porque é pai pela sétima vez, veio um rapaz que eu conheci outro dia de passagem e hoje conheci melhor, chamado [Luiz] Marinho,* de quem tive boa impressão, um senhor chamado [José Lopez] Feijó, presidente da CUT [no estado de São Paulo], o Medeiros, o Paulinho, o presidente do sindicato de Santo André, o de São Bernardo, São Caetano, enfim, nomes bem expressivos na área metalúrgica, tanto da Força Sindical quanto da CUT e da CGT, inclusive seu presidente. Conversamos bastante, eles estão preocupados, como é natural, com as autopeças, eu mostrei, e o Paulinho concordou comigo, que o setor produtor de autopeças não se opôs ao regime automobilístico, participaram das negociações e agora estão chiando. Eu disse que alguma coisa vamos fazer, mas tem que ver o que é possível, porque os empresários sempre querem mais do que é necessário, querem uma margem de segurança.

Expliquei de novo a posição do governo, por que fizemos o regime automotivo, seria pior se não fizéssemos, e mostrei que também — é como se fosse a passagem da manufatura para a grande indústria — uma nova etapa do desenvolvimento e os procedimentos têm que se alinhar a essa nova etapa, eles entendem isso. Falamos sobre a organização sindical, que a unicidade sindical vai ter que mudar, eles reclamaram muito de uma medida provisória que assinei, que acabou atingindo o interesse dos trabalhadores, o negócio dos 40% da aposentadoria na hora de se aposentar, o FGTS.** Eu não sabia que teria esse efeito, ninguém sabia, não queremos isso, prometi que iremos resolver.

Eles gostariam de reconstruir as câmaras setoriais, é claro, para poder ter um canal de negociação com o governo. Eu disse que era melhor haver um canal informal, e que só mais adiante, quando a memória inflacionária fosse embora e quando todo mundo soubesse que o governo não está aí para pagar a conta, é que valia a pena retomar esses procedimentos. Foi um bom encontro.

Eram dezesseis líderes sindicais, eu e o Paulo Paiva.

Chegou o Jader Barbalho, e ele acabou jantando comigo porque não havia outra hora para conversarmos. Veio me comunicar que a bancada do PMDB no

---

*Presidente do Sindicato dos Metalúrgicos do ABC Paulista.
**A MP nº 1523, de 14 de outubro de 1996, estabeleceu que assalariados do setor privado que se aposentassem pelo INSS teriam seus contratos de trabalho imediatamente rescindidos, sem direito à multa de 40% do FGTS.

Senado estava decidida a não abrir mão da indicação do presidente do Senado. Isso significa guerra com o PFL e, mais especificamente, com Antônio Carlos. Eu já sabia, porque o Teotônio Vilela me procurou ontem de manhã e me alertou dessa posição do Jader, que o Jader quer uma solução institucional. O Teotônio acha melhor, eu também. O difícil é convencer o PFL e o Antônio Carlos, que querem disputar de qualquer maneira, ou seja, mar encapelado no Senado como já está encapelado na Câmara, e todos procurando envolver a reeleição nesse problema.

Enquanto eu estava com o Jader, chegou o Serra. Jader foi embora e fiquei conversando com o Serra sobre questões importantes, para ver como ele estava avaliando as coisas depois da eleição. Achei o Serra calmo, equilibrado e sincero. Me disse que quer um pouco de tempo, precisa pensar melhor, ponderei que ele tem que ver qual é o objetivo dele mais adiante, ele concorda, mas acha difícil precisar o objetivo, eu também acho, porque não se sabe se haverá reeleição ou não, que chance ele terá. O Serra disse que normalmente é muito prudente e que teve um gesto de audácia ao se candidatar; e perdeu. E que eu também tive um gesto de audácia, disse, comparando com a questão do Ministério da Fazenda. Claro, disse ele, que controlar a inflação teve um efeito nacional, enquanto o gesto dele foi mais pessoal, mas que um deu certo e o outro não. Perguntou que opinião eu tinha dele como ministro, eu disse que ele era um ministro dedicado, guardo seus bilhetes, que ele se metia em tudo, que era um cara trabalhador, enfim, fiz os elogios, não os de praxe, mas os devidos a ele.

Serra teve uma reação madura à derrota e conversamos sobre a visão estratégica dele para o futuro.

Acho também que ele não deve tomar nenhuma decisão antes de fevereiro. Não vou mexer no ministério até lá, ele tem tempo de pensar e, depois que pensar bem, a gente resolve em conjunto o que fazer. Achei muito boa a reação dele.

26 DE OUTUBRO A 4 DE NOVEMBRO DE 1996

Discussões sobre a privatização da Vale

Hoje é dia 26 de manhã, sábado, e só gravo agora porque a fita acabou ontem à noite quando eu já estava deitado gravando.

Ontem, sexta-feira, saí cedo e fui a Minas Gerais. Lá foi realmente um festival de coisas agradáveis. Fui até a Fazenda Cabangu, onde Santos Dumont nasceu e morou no fim da vida. Hoje pertence à União e à Aeronáutica, em acordo, acho, com o município. Houve uma homenagem a Santos Dumont,* todo pessoal presente, o ministro da Aeronáutica, o governador, vários deputados, uma cerimônia simples. Fizeram alguma intriga, porque o Newton Cardoso foi no avião comigo. Intriga infantil, claro, me perguntaram se eu apoiava o Amilcar, que é o nosso candidato do PSDB em Belo Horizonte, eu disse que sim, eu apoio e torço por ele, só não me envolvo na campanha. Ah, mas e o Newton Cardoso? Eu disse: "Ué, o Newton é um dos líderes do PMDB de Minas, ele veio nessa qualidade, porque é um partido que me apoia". Mas o Eduardo Azeredo encaixou bem a coisa, me pareceu.

De lá fomos para uma cidade chamada Salinas, onde inaugurei uma estrada que estava no meu plano de obras da campanha eleitoral.** Essa estrada vai permitir uma ligação mais direta de Montes Claros com a Rio-Bahia, cortando um cotovelo de cerca de trezentos quilômetros para quem vai do Noroeste de Minas ou mesmo do Triângulo Mineiro, e portanto de São Paulo ou de Goiás, para a Bahia. É uma estrada importante. A zona é tórrida, seca, fazia dez meses que não chovia. Abri a estrada e depois fui para o centro de Salinas.

Olha, foi emocionante! Havia umas... não sei, com exagero umas 10 mil pessoas, sem exagero entre 5 e 10 mil pessoas na praça. O lugar vibrando, a cidade toda nas calçadas, os que não estavam na praça, me aplaudindo. Uma coisa realmente comovedora. Discursos, Eduardo Azeredo e eu, nada de extraordinário. Extraordinário foi o calor da recepção.

Eduardo Azeredo me mostrou uma pesquisa da Vox Populi, saída no mesmo dia, e eu tenho em Minas Gerais o apoio de 83%, com mais de 60% entre ótimo e bom, 62% ou 63% não me lembro, e o resto é regular, positivo. Impressionante, mais alto até do que o real, que já é altíssimo; 75% a favor da reeleição, isso no conjunto de Minas. Em Belo Horizonte cai um pouco, ainda assim tenho 77% de aprovação. É realmente fantástico o apoio que vem de Minas. Preciso até examinar melhor o porquê disso.

* Comemoração dos noventa anos do primeiro voo do *14-Bis*.
** BR-251.

Voltei para cá e tive uma reunião de rotina para preparar as viagens futuras. Irei a Angola, África do Sul,* Itália e, eventualmente, passo pela Inglaterra.** Este ano África e ano que vem Itália.

Penso que já registrei que aprovamos a emenda do Moreira Franco. Muita intriga dizendo que o governo teria apoiado ou furado o teto que aqueles deputados querem, dizem que há 140 deputados que acumulam aposentadorias. Acho que há ou não há teto, já disse isso inúmeras vezes. Que eles vão furar, não tenho dúvida. Mas não com o meu apoio.

Hoje é sábado, 26 de outubro, são quatro da tarde e estou esperando aqui o Carlos Joaquim Inácio [Monteiro].*** Almoçou comigo o José Abrão, eu queria conversar com ele sobre a publicidade do governo, e também sobre o apoio que ele possa dar ao Eduardo Jorge para termos uma visão mais objetiva da posição dos deputados a respeito das emendas que nos interessam. Ele é uma pessoa escolada nisso, sempre ajudou muito e vai continuar ajudando.

Quero registrar outra coisa. Mandei um fax para o Serra porque depois da longa conversa que tivemos fiquei preocupado com rumores que ouvi de algumas pessoas. Fiquei me dizendo: será que o Serra está imaginando que eu não o quero no governo? Na conversa fui no meu estilo, nunca forço as coisas, disse a ele que vou examinar, perguntei do seu objetivo estratégico e tal. Então mandei um fax, acabei de mandar, e deixei bem claro que, querendo ele voltar, o Kandir tem o compromisso de cair fora. Serra saiu só para a disputa, é só ele querer voltar. O que entendi da conversa com o Serra foi que ele ficaria examinando a situação até fevereiro, até depois da eleição da mesa [da Câmara e do Senado], quando então teríamos mais condições de divisar com clareza o horizonte. Mas sei lá o que o Serra entendeu do que eu disse, então achei melhor deixar o preto no branco.

Fora isso, continuo escrevendo o prefácio para o livro do Hirschman — *A Propensity to Self-Subversion* —, que vai ser publicado pela Companhia das Letras. É só.

HOJE É DOMINGO, 27 de outubro. Foi um fim de semana calmo. A Ruth chegou na sexta-feira. Sábado foi um dia tranquilo, tivemos um jantar agradável com o Valter [Pecly], a Marie Hélène [Moreira], mulher dele, o Bambino [Sebastião do Rego

---

*Visita de Estado a Angola e à África do Sul de 24 a 28 de novembro de 1996.
**Viagem presidencial à Inglaterra em 8 e 9 de fevereiro de 1997, para a palestra de encerramento da conferência Vínculo com a América Latina, organizada pelo governo britânico, e visita de Estado à Itália de 10 a 13 de fevereiro de 1997.
***Primo do presidente.

Barros] e a [esposa] Tite, e antes passamos o dia arrumando livros, trabalhando, nada de especial.

Hoje, domingo, também. Só agora no fim da tarde reuni o [Francisco] Schettino, que é o presidente da Vale do Rio Doce, mais o Mendonça, do BNDES, e o Eduardo Jorge. Nessa conversa, o Schettino levantou dois problemas: primeiro, ele acha que a *golden share** da Vale do Rio Doce devia ser mais exigente quanto à possibilidade de os novos acionistas se desfazerem de parte dos ativos; segundo, gostaria de uma maior participação dos trabalhadores, dos empregados da companhia. Eu pedi opinião do Mendonça.

O Mendonça disse: "Já diminuímos bastante a chance de um comportamento aleatório dos novos acionistas. Não podemos cair numa situação em que só apareça um acionista, ou talvez até nenhum. Portanto é preciso não criar no edital obstáculo de maneira que, digamos, fique só o grupo que a Votorantim está organizando. Na última hora ou ele não entra, ou força o preço para baixo".** O Mendonça tem razão. Nosso objetivo na venda da Vale é, efetivamente, dentro do possível, mantê-la sob controle de capitais nacionais associados a estrangeiros, sob controle daqui, com os fundos de participação, com os empregados. Está claro. Mas não podemos confiar. Veja o que aconteceu no caso da Light; eu tive que falar com o Chirac, na última hora o BNDES teve que jogar pesado. O BNDES pode ajudar na formação de um grupo nacional, mas não podemos deixar sem nenhuma competição, porque aí também os chamados grupos nacionais vão enfiar a faca no Tesouro, e não é justo.

Do outro lado, quanto aos empregados, disse o Mendonça, na última hora vamos decidir favoravelmente, não há dificuldade maior.

Acho que o Schettino entendeu qual é a jogada, ele devia ter entendido antes. Por trás disso estão o Eliezer Batista e o Rafael de Almeida Magalhães, fazendo muita marola. O que eles não querem? Que a Vale venda algumas participações que ela tem, por exemplo, de papel, celulose, a questão do alumínio. Mendonça contra-argumenta dizendo o seguinte: "Se um grupo nacional comprar, vai ter que se capitalizar".

E como é que ele vai se capitalizar? Vai precisar vender, eventualmente, uma dessas participações. Sempre há a possibilidade intermediária, que o Eduardo Jorge

---

*Ações especiais retidas pelo governo que lhe conferem poder de decisão como acionista minoritário depois da privatização de empresas públicas.

**A Vale, cujo leilão de privatização aconteceu em maio de 1997, foi disputada por dois consórcios. O Brasil, liderado pela CSN, de Benjamin Steinbruch, com fundos de pensão — Previ (Banco do Brasil), Petros (Petrobras), Funcef (Caixa Econômica Federal), Funcesp (Cesp) —, o Banco Opportunity e o fundo Nations Bank; e o Valecom, do Grupo Votorantim, de Antônio Ermírio de Moraes, com a participação de, entre outras empresas, Caemi-Mitsui, Japão-Brasil Participação, Anglo American e fundos de pensão de funcionários do BC e da Telebrás. O consórcio Brasil, vencedor, pagou R$ 3,3 bilhões pela estatal.

levantou, porque no edital se fala que participações de menos de 1% do capital, ou seja, 100 milhões de dólares, seria possível alienar. Quem sabe se possa aumentar um pouco isso, de tal maneira que deixe margem para que o grupo controlador possa se capitalizar, evitando também, aí sim, a preocupação de Schettino, que é justa, uma partição da Vale do Rio Doce. Mas temos que deixar bem claro no edital que a *golden share* implica que a parte de mineração, transporte ferroviário e portos não pode ser liquidada, ou seja, é preciso manter a companhia, que basicamente é isso, o resto são adicionais.

Combinamos também que iríamos postergar um pouco o leilão, de fevereiro para mais adiante, abril ou maio. Por quê? Porque em fevereiro ainda pode haver muita chantagem no Congresso, com alguns projetos sendo votados, inclusive da reeleição. Isso não se dirá, mas o Mendonça, no momento adequado, vai anunciar que, por causa de uma nova mina de ouro descoberta, é preciso mais tempo.

Diga-se de passagem que, mesmo que se descubra alguma mina, já existe um sistema definido em favor dos acionistas atuais, que terão debêntures e as minas futuras; [os que comprarem no leilão] vão pagar royalties para os acionistas atuais, portanto para o governo. É uma questão já decidida, de qualquer maneira não sabemos sequer o valor dessa nova mina no preço global da companhia Vale do Rio Doce. Nesse sentido, se justifica mesmo um pequeno atraso.

SEXTA-FEIRA, 1º DE NOVEMBRO, estou recém voltando de Santa Catarina e são onze horas da noite. Vou recuperar o tempo perdido essa semana.

Primeiro, sobre a terça-feira dia 29. Despachos normais.

Recebi o senador Lúcio Alcântara, que apenas me falou sobre o projeto da aids,* que ele é favorável como está, já deu confusão com o Sarney, que imaginou que eu fosse vetá-lo.

Depois recebi o deputado José Jorge, presidente do PFL. Aí já há uma notação interessante. José Jorge, obviamente, não gostaria de ver Antônio Carlos presidente do Senado. Não me disse nesses termos, claro, mas pelo que eu senti essa é a preocupação dele e da cúpula do PFL. Como no dia 7 de novembro o Bornhausen vai estar aqui, pedi que nos encontrássemos, Bornhausen, ele, Marco Maciel e eu. Quero sentir mais de perto essa questão.

Recebi o pessoal do café, fiz um discurso, criamos uma comissão para cuidar da política cafeeira.** Almoço na Granja do Torto com o pessoal da Comunidade Solidária, nada de extraordinário, muita gente. Depois do almoço conversei com

---

*Alcântara foi relator do projeto de lei do senador José Sarney que obriga o governo a distribuir medicação gratuita a portadores do vírus HIV, convertido na lei nº 9313, de 13 de novembro de 1996.
**Conselho Deliberativo de Política do Café (CDPC).

Edmundo Klotz [presidente], da Abia, que também queria apoiar a aprovação da emenda de reeleição. Voltei para o Alvorada e daqui fui para o Planalto.

No Planalto recebi Renan Calheiros, conversa de político sobre a evolução no Senado. Lúdio Coelho, para reclamar da falta de apoio no Mato Grosso do Sul, e também Vanessa Felipe,* que ainda quer uma nomeação, que não sai, de um parente dela.

Depois recebi jornalistas chineses, porque vem aqui o primeiro-ministro da China. Entrevistas de rotina e mais despachos de rotina.

Na quinta-feira, 31 de outubro, fui cedo para uma reunião com um grupo de investidores estrangeiros no Palácio do Planalto. Estão contentes com as muitas modificações que baixaram o custo Brasil.

Tive uma conversa com Paulo Paiva, como sempre esclarecedora, marquei, na próxima semana, um encontro com o Medeiros e o Paulinho. Paulo Paiva me disse que eles estão com três ou quatro reivindicações, querem ter algum pretexto para poder votar e estar do lado do governo.

Na véspera, ou seja, quarta-feira, recebi o Jatene. Ele me avisou que, como não consegue o 1,5 bilhão de reais que deseja, não tem mais alternativa senão ir embora. Como é a terceira vez que me diz isso, acho que agora é para valer. A alternativa eram 370 milhões de reais, ele achou pouco, falou com o Clóvis sobre isso. Perguntei ao Jatene se ele tinha algum nome para me indicar, ele citou o Lúcio Alcântara, que não estava em jogo, é do PSDB, iria criar confusão política. Eu disse a ele que não revelasse nada até segunda-feira, portanto depois de amanhã, para que eu tivesse tempo para ver o que fazer.

Voltando à quinta-feira: recebi o Pedro Simon, que estava com uma conversa bastante amigável e queria apoio para os projetos dele. O Pedro vai e vem, é aquela confusão de sempre.

Assinamos o seguro de crédito de exportação,** que é uma coisa importante.

Depois recebi dirigentes da Volkswagen, que vieram me dizer que pretendem instalar a fábrica do Audi no Paraná. Inicialmente havia uma dúvida entre Rio e Paraná, e ainda não está totalmente decidido. No fundo, estavam querendo saber a minha opinião. Eu preferia que ficasse tudo mais concentrado no Rio, mas não vou fazer nada contra que vá para o Paraná, até porque o Paraná também está começando a se tornar um polo nessa matéria.

Recebi um telefonema do governador do Paraná que até pensei que fosse por isso, mas não era. Ele quer ter um encontro comigo; aproveitei para dizer que havia uma possibilidade de a Volkswagen ir para lá, ele já sabia.

Depois recebi Amazonino Mendes, o governador do Amazonas, que veio com Pauderney Avelino. Isso por causa das confusões provocadas pelo fato de o candi-

---

*Deputada federal (PSDB-RJ).
**Assinatura da regulamentação do seguro de crédito à exportação, com medidas para alavancar a balança comercial.

dato do PSB,* socialista apoiado pelo PSDB, haver quase ganhado do candidato dele no primeiro turno. Estava preocupado. Voltou para ficar às boas comigo e disse que vai para o PFL, deixando o Pauderney no PPB.

Recebi informação do Dornelles de que estão trabalhando o PPB. Também me telefonou o Odelmo Leão, que é um líder do PPB, dizendo que as águas estão encapeladas, mas que eles vão chegar a bom porto. Queria que eu recebesse o Neudo Campos, governador de Roraima. Mandei marcar.

Depois recebi Antônio Ermírio de Moraes. Ele veio me falar do escândalo de que alguém na Previdência Social teria ganhado dinheiro, isso era uma coisa imperdoável para ele, ficou muito irritado, ele soube que teria recebido do SUS.**

Sem dizer por quê, perguntei se ele tinha alguma sugestão sobre o Ministério da Saúde. Não tem nenhuma sugestão, ficou de pensar, acaba não dando em muita coisa.

Quanto ao dia anterior, quarta-feira 30 de outubro, de manhã gravei para um canal rural, a RBS do Rio Grande do Sul.

Depois recebi os jurados do prêmio de jornalismo do Rei da Espanha.*** Troquei o quadro que estava na minha sala, agora é de uma artista chamada Niura Bellavinha, o quadro me pareceu de qualidade.

À tarde recebi o príncipe herdeiro Frederik da Dinamarca, um jovem simpático, acompanhado de outras pessoas do cerimonial.

E recebi os ministros militares Zenildo Lucena e Mauro César. O Mauro César certamente quis falar da questão da compra dos aviões para o porta-aviões e estava preocupado com um trecho do texto sobre a Política [de Defesa Nacional]; acha que a mudança que houve está mal colocada, não sei que mudança é essa, provavelmente é alguma disputa entre a Marinha e a Aeronáutica. O general Zenildo, como sempre, achando tudo sob controle, preocupado com o general Cardoso, porque há muitas críticas do pessoal da reserva, como se o Cardoso fosse o bode expiatório das liberalizações do governo, ou seja, a questão da indenização dos que morreram na tortura e as reclamações dos que estão na reserva. Cardoso tem tido um trabalho excepcional. É um homem de grande qualidade, como já registrei aqui. O Zenildo também acha isso e que devemos nos preocupar por Cardoso estar se expondo demais.

Depois recebi o Iris Rezende, que é candidato à presidência do Senado e no fundo acha o seguinte: deixe o Antônio Carlos se lançar, ele vai querer ir para o plenário, o PMDB não vai aceitar e, dentro desse quadro, ele, Iris, tem mais chance do que o Jader e acaba dando Iris Rezende. Ouvi com a atenção com que sempre ouço

---

* Serafim Corrêa foi derrotado por Alfredo Nascimento (PPB).
** A imprensa publicou denúncias de que pacientes eram forçados a pagar "por fora" para ser atendidos em hospitais conveniados com o SUS.
*** Premio Internacional de Periodismo Rey de España.

essas coisas. Gosto do Iris, ele é discreto. Não sei, preciso ir com muita prudência nessa matéria.

À noite jantei no Alvorada com alguns secretários do governo de vários ministérios, quatro ou cinco deles, a Maria Emília [de Azevedo], da habitação, o Bolívar [Moura Rocha], de preços,* o Ailton Barcelos, que é o secretário executivo da Agricultura, e também o embaixador Botafogo [José Botafogo Gonçalves], da pasta de Economia.** O encontro foi mais para motivá-los com uma conversa direta com o presidente da República.

Quinta-feira, dia 31, eu já registrei, e chegamos finalmente a hoje, sexta-feira, 1º de novembro.

De manhã fui a Resende inaugurar a fábrica de caminhões.*** Extraordinária, foi feita em cinco meses. Estava lá o José López, que é um cara muito significativo do ponto de vista da criatividade e da imaginação. Um espanhol que é diretor mundial de compras da Volkswagen e presidente do conselho de administração da Volkswagen do Brasil.**** Gostei de ver.

Estive com o Marcelo Alencar e notei que ele considera o Sérgio Cabral mais ou menos perdido. Disse que escolheu o Sérgio em outras circunstâncias, pensando que o adversário seria o Miro — não vai ser o Miro, vai ser o [Luís Paulo] Conde.***** O Marcelo disse que agora está deixando o Sérgio Cabral mais solto, porque no primeiro turno ele foi talvez excessivo no apoio e estavam pensando que o Sérgio Cabral não tinha personalidade própria. Embora o Marcelo tenha ganhado no Rio de Janeiro, e ganhou mesmo, me disse que vai ganhar também em Duque de Caxias.****** O Marcelo sempre muito caloroso.

De lá fomos para Guaratinguetá e tomei o avião para ir a Santa Catarina, onde me encontrei com Menem e Wasmosy. Foi uma solenidade organizada pela RBS, pelo Pedro Sirotsky, uma coisa simpática de marketing, alguns empresários e tal, marketing do Mercosul.******* Discursos, nada de mais importante, Menem fez a defesa da reeleição, falou para a imprensa. Voltamos no avião eu, o Lampreia, o Bambino e o Sérgio Amaral, jantamos juntos, havia alguns embaixadores. Eu estava muito cansado, hoje estou realmente cansado, e voltamos para cá.

Houve um desastre de aviação terrível ontem, em São Paulo,******** morreu

* Secretário de Acompanhamento Econômico do Ministério da Fazenda.
** Subsecretário de Assuntos Econômicos do Itamaraty.
*** Inauguração da fábrica de caminhões e ônibus da Volkswagen.
**** Presidente do conselho de administração da Volkswagen no Brasil e na Argentina.
***** Candidato do PFL (vencedor), bateu Sérgio Cabral (PSDB).
****** Hydekel de Freitas (PPB) foi derrotado por José Camilo Zito Santos (PSDB), apoiado por Alencar.
******* III Congresso de Marketing e Negócios do Fórum de Integração do Cone Sul, em Florianópolis.
******** O voo 402 da TAM (ponte aérea) caiu logo depois de decolar do aeroporto de Congonhas, em São Paulo, matando as 96 pessoas a bordo e três em terra.

muita gente, comoveu todo mundo e a mim também. Telefonei para o Mário Covas e para o Maluf. O Mário dava a impressão que era uma quase perseguição a ele, porque também tinha havido a questão do presídio, em que mataram quatro pessoas na Casa de Detenção.* E o Maluf, eufórico e muito simpático, dizendo que o PAS estava atuando na prestação de serviço das vítimas. Telefonei para ele porque era dever de ofício, e, claro, como faço com todo mundo, tratei-o bem.

Vale a pena registrar que a Alejandra me informou, por telefone, que o Serra esteve com ela e que ela o notou muito chateado porque eu não o havia convidado para ser ministro. Ele não vai ser, quer ficar no Senado. Então peguei uma caneta e escrevi uma carta ao Serra, pondo no papel o que eu acho. Tenho a carta guardada, dizendo que no momento que ele quiser voltar, volta. Falei com muita franqueza que me parecia melhor esperar até fevereiro e que ele tinha me dado a impressão de que queria ficar no Senado pelo menos até lá.

Na carta que mandei, deixo claro que se ele quiser voltar, volta, e que o próprio Kandir sabe disso. Acho difícil que ele reassuma o Planejamento, mas como agora há esse problema da Saúde, vou procurá-lo no domingo, depois de amanhã, para reafirmar o convite. Ele me mandou um bilhete de volta, alguns dias depois, parece que gostou da carta. Ele não sabe que Alejandra me informou, e ela não foi a única pessoa a me dizer, e achei que se o Serra comentou até com a Alejandra, com quem não tem nenhuma intimidade — ela não tem nem com ele nem comigo —, certamente é porque está profundamente magoado.

Eu quis fazer esse esclarecimento porque não me parece justo. Quando ele saiu do governo, eu disse: "Olha: perdeu, volta". De modo que está não somente mantida a palavra como eu acho que o Serra é uma pessoa sempre de valia no governo.

---

*Iniciada em 30 de outubro de 1996, uma rebelião de 28 horas na Casa de Detenção do Carandiru terminou com a morte de quatro detentos e um agente penitenciário.

5 A 13 DE NOVEMBRO DE 1996

Demissão de Adib Jatene.
Conversas com o primeiro-ministro da China.
Cúpula Ibero-Americana no Chile

Terça-feira, 5 de novembro.
Sábado à noite, dia 2, houve um jantar aqui com amigos, o Bambino, a Tite, o Valter e a Marie Hélène, eu e a Ruth, comemos bastante bem. Durante o dia, nada de especial, arrumamos nossos livros.

No domingo, também ficamos o dia inteiro em casa, simplesmente ficamos conversando sobre nossos problemas pessoais, a Ruth e eu, mais nada.

Segunda-feira, dia 4 de novembro, é que as coisas retomaram. No domingo ainda tentei falar com o Serra à noite, mas não consegui. Ele tinha estado na Argentina, falei por telefone com o nosso embaixador lá, o Azambuja, que me deu informações sobre a situação na Argentina, que ele não vê com preocupação. Acha que há uma crise entre o Menem e o Cavallo. O Menem disse a ele que o Cavallo entrou em parafuso por causa da minha eleição como presidente e achou que também pode ser presidente lá...

Na segunda, retomando, passei a manhã no Palácio da Alvorada.

Recebi os habituais, depois veio também a Roseana Sarney, ajudar o Eduardo Jorge na definição de certas normas para o controle das posições dos deputados; ela está envolvida na questão da reeleição.

Depois recebi o François Furet. Na verdade ele havia sido convidado para a casa do Tarlei [Luís Tarlei de Aragão], professor da Universidade de Brasília, amigo meu antigo e da Ruth. A mulher do Tarlei, Regina [de Aragão], que dirige a creche do Itamaraty, ficou amiga do Furet quando estava na França algum tempo atrás. Ontem me convidaram para jantar lá e, como não pude ir, eu os convidei para virem aqui hoje de manhã. Muito simpático o Furet. Só queria saber sobre o Brasil e se alguém aqui ainda se proclama socialista, porque ele ia fazer uma conferência no Rio Grande do Sul, para estar na boca dos leões, como disse. Eu disse que não, que não era bem assim, que o Tarso Genro é um social-democrata aberto e tal, e convidei o Furet, a instâncias do Tarlei, mas com muita vontade, para vir passar um tempo mais longo no Brasil, vendo o que está acontecendo aqui. É um homem muito inteligente, o livro dele *Le Passé d'une illusion*,* sobre o comunismo, é interessantíssimo. Sem falar no que escreveu sobre a Revolução Francesa.**

* *Le Passé d'une illusion: Essai sur l'idée communiste au XXe siècle* (1995). Edição brasileira: *O passado de uma ilusão: Ensaios sobre a ideia comunista no século XX*. São Paulo: Siciliano, 1995.
** Furet escreveu dois trabalhos seminais sobre a Revolução Francesa: *La Révolution française* (em coautoria com Denis Richet, 1965) e *Penser la Révolution française* (1978).

Fui para o Planalto, esperava que o Jatene fosse me ver lá, mas isso não aconteceu. Tínhamos combinado, na quarta-feira passada, que na segunda-feira, dia 4, o Jatene formalizaria o pedido de demissão. Mas as informações estavam desencontradas. Através do [José Carlos] Seixas, o Clóvis ficou sabendo que o Jatene achou que eu deveria chamá-lo e que ainda haveria uma tentativa minha de buscar recursos na área econômica. Enfim, o fato é que ele não veio. O Clóvis então pediu que ele viesse. Veio no dia seguinte que é hoje, terça-feira, 5 de novembro.

Depois recebi o senador João França* com problemas locais.

Eu gostaria também de dizer que recebi mais tarde no Alvorada, quando voltei, o Paulinho, que é o presidente dos metalúrgicos de São Paulo, e o Medeiros. Vieram propor um acordo de bases. Eles querem apoiar a reeleição, apoiar o governo e, para isso, têm uma agenda que implica rever a questão do PAT, que foi uma exigência da Receita de permitir que os trabalhadores recebessem também em pecúnia essa alimentação, e não só em tíquetes de vale-refeição. Creio que existe aí um conluio entre os produtores de vale-refeição e os sindicatos. Mas, enfim, é uma reivindicação. Também a CUT acha isso.

Querem também mudar a utilização do FGTS para fim de privatização, de tal maneira que os trabalhadores possam participar, querem gerir fundos de pensão, e fizeram ainda outras reivindicações menores, como a questão de autopeças.** Eles desejam apoiar o governo outra vez e dizem que têm seiscentos sindicatos. Achei interessante, porque, de qualquer maneira, é uma base sindical e o Medeiros é muito esperto, ele vê longe e vai mais rápido do que os outros.

No fim de semana, no sábado, recebi o professor César Albuquerque, do Rio Grande do Sul, para discutir a questão da saúde e, no domingo, o secretário de Saúde do Paraná, [Armando] Raggio, acho que é isso, para falarmos do mesmo assunto. O secretário do Paraná é um homem mais ligado à medicina social enquanto o professor César é mais um diretor de hospital de boa qualidade.

Ambos fizeram análises diferentes, mas coincidiram em dizer que o Jatene não tem equipe, que ele trouxe personagens importantes da USP e de outras universidades, mas que são estrelas sem equipe. Um deles, o do Paraná, disse que o Jatene não tinha nem sequer projeto. O Albuquerque contou que foi convidado por Jatene e não aceitou participar do início do governo porque não sentiu força na condução da equipe. Considera o Jatene uma pessoa extraordinária, mas que está flutuando e não está vendo alguns problemas fundamentais que estão ocorrendo no Brasil. Sobretudo o do Paraná disse isso, no que diz respeito às mudanças ocorridas em nível municipal, estadual, e a uma gestão mais participativa. Jatene seria um pouco catedrático.

* PPB-RR.
** Empresários e sindicatos do setor de autopeças reivindicavam o aumento das alíquotas de importação, diminuídas para empresas que aderiram ao novo regime automotivo.

Hoje, terça-feira, retomamos a discussão sobre o Jatene. Falei muito com Vilmar Faria, que havia estado comigo no encontro com os dois personagens que mencionei, falei com o Clóvis e com o Eduardo, reuniões de rotina, e praticamente com mais ninguém.

De manhã, reunião dos membros do Conselho Nacional de Política Cultural, 150 anos de Carlos Gomes, fiz um discurso breve, dei medalhas a muitos desses homens de cultura ou patrocinadores de cultura, em comemoração ao dia de hoje, o Dia Nacional da Cultura.

Voltei para cá e almocei com o Paulo Renato, que veio discutir os avanços na área da educação. Falou de algumas mudanças que quer fazer lá, todas boas, de uma série de pessoas, o Paulo muito entusiasmado e com rumo, preocupado com a universidade. A universidade continua sendo um ponto de interrogação. Agora os reitores de todas as universidades oficiais se opõem ao Provão, quer dizer, a universidade ficou enquistada em si mesma, sem ver o que está acontecendo no mundo e no Brasil. Mas o Paulo tem noção. Foi uma boa conversa.

Voltei ao Palácio do Planalto já com outra questão na cabeça, a das micro e pequena empresas. Malan passou aqui ontem à noite, dizendo que, se não andássemos depressa, os congressistas tomariam conhecimento antecipadamente das medidas de proteção à micro e pequena empresa, e nós iríamos perder a oportunidade de faturar, como eles dizem, um gol.

Então faturamos. Chamamos o Sarney, o Luís Eduardo, que tinha vindo falar comigo de outros assuntos, o pessoal da Frente Parlamentar da Micro e Pequena Empresa da Câmara mais o pessoal do Sebrae e assinei a medida provisória.*

Antes dessa reunião recebi o Luís Eduardo Magalhães, que me havia telefonado de manhã dizendo que precisava falar comigo. Na prática ele queria saber o seguinte: qual seria a minha reação à vitória do Michel Temer na Câmara e do Antônio Carlos Magalhães no Senado? Respondi que seria positiva. Ele perguntou se eu podia dar alguma pequena ajuda. Bom, certamente. Eu disse que já havia conversado com o Iris Rezende e com o Jader Barbalho, que todos eram candidatos. O Iris pediu que eu não me metesse.

Enfim, tentei mostrar que a questão se desenvolve no Senado, não posso dizer ao Luís Eduardo que não estou receptivo ao Antônio Carlos. Claro que o próprio PFL é receptivo a Antônio Carlos, acho que no plenário será difícil ele ganhar, mas é uma coisa muito delicada, tenho que usar luvas de pelica, dada a minha relação com o Luís Eduardo. Curiosa mudança a do Luís Eduardo. Pensei que ele quisesse o Luís Carlos Santos. Na verdade está fazendo uma aliança com o Michel Temer.

---

* A MP nº 1526, de 5 de novembro de 1996, estabeleceu o pagamento de um único imposto federal, com alíquota fixa, pelas microempresas (Simples), e facilitou o refinanciamento de suas dívidas.

Fora isso falamos de vários assuntos e do Jatene. Ele acha que neste momento não é possível fazer nenhuma destas duas coisas: dar a impressão de que vou deixar a pasta da Saúde como barganha para a reeleição e também não entregá-la para algum partido que desbalance o sistema. Veja que a equação é muito difícil. O melhor teria sido o Jatene não pedir demissão. Luís Eduardo também acha isso.

Recebi o governador Neudo Campos, de Roraima, visita normal para pedir apoio para as áreas de saúde e eletricidade.

Depois estive com o Álvaro Dias e o Luiz Carlos Hauly* para discutir o Paraná. O Álvaro, que controla muitas cidades no Paraná, fez coisas importantes e quer mais apoio meu.

A partir daí fiquei esperando o Jatene. E de fato ele apresentou sua demissão, como já tinha feito. Foi cordial, simpático, está decidido a não ficar. Eu ainda disse a ele que podíamos manejar, porque o Inocêncio tinha falado com o Malan sobre mais recursos, alguma coisa seria possível, mas o Jatene acha que será insuficiente, ele está cansado. Acha que a imprensa não vai lhe dar paz porque ele mexeu com os interesses dos banqueiros.

Cada um tem lá a sua visão, às vezes um pouco exaltada. O Jatene não é um homem exaltado, é uma pessoa equilibrada, prestou um grande serviço e é claro que de um tempo para cá vinha preparando sua saída porque não via condições de obter mais recursos. Diga-se de passagem que estamos dando 92 dólares per capita ao brasileiro, quando prometi 85 dólares na campanha e até eu assumir eram 64 dólares. Então melhorou bastante. Ainda assim é insuficiente.

Sempre é insuficiente, porque o modelo todo da saúde, do jeito que está proposto pela Constituição e pelos nossos costumes, com o sus sendo consumido em boa medida pelos hospitais, é muito difícil atender a saúde brasileira, e fica sempre esse problema, a impressão de que é por falta de recursos que a saúde está mal. Vão dizer, na oposição, que sou "neoliberal", ou seja, dinheiro só para banco e não para saúde, esse besteirol todo que não é verdadeiro, mas que até pega, embora não para o povo.

O fato é que combinei deixar o Seixas interinamente. Nem falei com ele, Jatene já tinha falado, então fica o Seixas. Não pode ser por muito tempo. E aqui estou eu numa sinuca de bico.

Não é fácil substituir o Jatene. Não tenho ninguém em mente. Foi sugerido o nome do [Euclides] Scalco, cheguei a me entusiasmar, mas o Clóvis ponderou depois que vai desarticular Itaipu, e não tenho tanta certeza de que o Scalco se desempenhe hoje no Ministério da Saúde, porque ele está afastado há algum tempo de Brasília. Depois sempre haverá a ideia de que ele está ligado ao PSDB, embora já tenha saído do partido. Enfim, é um problema difícil, talvez o mais delicado do meu governo. Sempre foi desde o início, porque a Educação, bem ou mal, nós encaminhamos.

---

*O tucano foi derrotado por Antônio Belinati (PDT) na disputa pela prefeitura de Londrina.

Na Saúde, ainda estamos patinando.

Tive um encontro fortuito com a área econômica, brinquei um pouco com eles, disse que eram responsáveis pela derrubada do Jatene. Perguntei do Banco Bamerindus, parece que vão negociando. Agora também o Safra quer comprar, Hong Kong e Shangai [HSBC] também, e o Citi. Incrível. Vamos ver o que vai sair de tudo isso.

Parece que o Requião já disse que é um patrimônio do Paraná, ou seja, o Tesouro do Paraná deve arcar com o prejuízo. Só que eles não têm bala para tanto.

O Pedro também me falou — ele já tinha me dito isto quando esteve aqui ontem à noite — que ele está querendo substituir o Murilo Portugal, que vai para os Estados Unidos, talvez pelo Chico Pinto [Francisco Pinto].*

Eu gosto do Chico Pinto. Há um problema com o Clóvis, que ficou muito magoado com o modo como o Chico Pinto saiu do governo, mas a área do Tesouro é muito delicada, e o Pedro quer ter contato direto com as pessoas que vão para lá, e ele tem razão. O homem do Tesouro tem que ser da confiança do ministro da Fazenda. O Chico é brilhante, inteligente, rápido. Não sei se estará afinado com nossas ideias, que são transformar o Tesouro mais em caixa, creio que sim, porque é um homem mais preocupado com as operações financeiras do que com o controle da administração, que é o que o Murilo faz através do Tesouro, pelas vicissitudes da inflação. Muita gente o criticou, o Itamar não gostava dele, mas o Murilo é um grande funcionário.

Já que falei do Itamar, ele deu uma entrevista dizendo, parece, que, se soubesse que eu seria candidato à reeleição, não me teria apoiado. Veja só! Ele se esqueceu que quando me nomeou ministro da Fazenda foi porque não tinha alternativa. E depois ele queria mesmo que eu me candidatasse à Presidência, só que eu nunca soube que ele queria ser presidente de novo, nunca me manifestou isso, nem a ninguém. Naquela época ele tinha horror ao exercício da presidência. Agora voltou a ter vontade.

É natural, não o critico por isso, mas podia se poupar de dizer essas coisas em público, até porque ele é meu embaixador na OEA.** Eu sei que ele sabe que não vou cobrar isso dele em público, mas é uma situação incômoda. Agora já não é só por parte dos amigos dele; ele mesmo está achando e agindo assim.

Quando numa declaração eu disse que agora vivíamos numa democracia, ele contrapôs, dizendo que também no tempo dele era democracia e que o "agora" no meu discurso não tinha a ver com o meu governo, e sim com o tempo histórico do Brasil, que é de democracia. Enfim, o que a gente vai fazer? Cada um tem a dimensão que suas próprias forças permitem.

---

* Ex-diretor de Política Monetária do BC (governo Itamar). Seu pedido de demissão, em janeiro de 1994, foi atribuído ao desgaste ocasionado pelo forte aumento da taxa de juros durante sua gestão.
** Em julho de 1996, Itamar Franco trocou a embaixada do Brasil em Lisboa pela OEA, em Washington.

Eu temo que o Itamar, progressivamente, crie mais dificuldades até o ponto de haver um choque, o que quero evitar de toda maneira. Acho que se ele estivesse aqui talvez percebesse hoje que a reeleição não é uma questão minha, e sim da sociedade.

O Pérsio Arida deu uma entrevista muito boa no *Estado de S. Paulo* sobre esse assunto, o André Lara falou também, enfim todo mundo sente isso.

A entrevista de Ricupero eu não li, tratou de projeto nacional, e a *Folha*, naturalmente, procurou contrastar a entrevista com o que acontece no Brasil, como se não tivéssemos um projeto nacional. Parece que não foi bem isso que o Ricupero disse, mas, enfim, está querendo botar as manguinhas de fora.

O Ciro Gomes, então, nem se fala. Abriu o jogo no rádio numa briga com o Cesar Maia, uma coisa ridícula, atacando o governo, e o Cesar Maia defendendo. É um mundo de malucos, e o Ciro faz tudo isso com o oportunismo que lhe é próprio, e com certa leviandade, que não sei se vem da idade ou se é algo mais persistente no caráter dele. É pena, porque ele tem talento.

Mário Covas falou comigo sobre a nomeação de um ministro do Superior Tribunal de Justiça e também sobre as autopeças. Está nervoso porque o governo do Maranhão foi a São Paulo tirar a fábrica de São Paulo, usando carros oficiais de São Paulo. Enfim, estava aborrecido com isso.

Quanto ao resto, a economia vai bem, todos os dados hoje eram muito positivos. Na parte social, a reforma agrária caminha, o Jungmann tem feito um bom trabalho, caminha como pode caminhar, sem a velocidade que todos desejamos, mas acho que a situação hoje é bem melhor de que jamais foi. Aliás, a última pesquisa telefônica que recebi reafirma que nunca houve tanta popularidade do governo e minha como nos dias que correm. *Pourvu que ça dure...*

HOJE É DIA 8 DE NOVEMBRO, sexta-feira, são duas e meia da tarde.

Na quarta-feira fui para o meu gabinete, recebi o Luciano Martins, que estava aflito com as ponderações que o Gelson fez sobre o seminário que ele estava preparando, sobre interesse nacional. O Itamaraty está preocupado com alguma razão, porque o assunto não pode ser discutido amplamente dentro do governo com gente de fora. O Luciano tem uma visão muito acadêmica, vou mediar isso, como aliás fiz em seguida, quando me encontrei com o Lampreia. Nós vamos fazer o seminário e eu estarei presente só no final para não dar um tom oficial.

Depois recebi o deputado Roberto Jefferson,[*] que veio me trazer um recado do Collor, o mesmo que o ex-senador Ney Maranhão já havia me dado: que o Collor está aflito porque não tem passaporte diplomático, um direito dele como ex-presidente. Fiquei de examinar a questão. Eu já havia falado sobre isso com o Lampreia, nós dois

---

[*] PTB-RJ.

éramos favoráveis, mas ponderações da área política, notadamente do Sarney e também da área da AGU, disseram que talvez fosse indevido. Vou verificar de novo.

Recebi depois o Antônio Carlos com uma atuação muito suave, porque é candidato [à presidência] do Senado, quer sentir até que ponto posso apoiá-lo através do PSDB, do Tasso e do Sérgio Motta. Ele me contou também que o Sarney soube de uma pesquisa feita em Brasília pelo Palácio, em que o Itamar estava presente apenas na classe C, D e E. Não existe essa pesquisa. Pode ser que outros setores tenham feito, mas duvido, pode ser pesquisa qualitativa ou alguma apreciação mais subjetiva.

À tarde recebi o visconde [David] Montgomery de El Alamein, que é presidente do fundo Baring [Puma]. Esse visconde já veio aqui algumas vezes. É filho do velho [general Bernard] Montgomery.* Na verdade eles estão muito felizes com o Brasil, investimento e tal.

Depois recebi o Gerald Corrigan, chairman da Goldman Sachs e ex-diretor do Fed de Nova York, que está ajudando o Malan a definir as questões de banco. Conversamos demoradamente, ele já tinha estado uma vez comigo. Acha que o Brasil está indo bem, que está sendo feito o que deve ser feito, mas que o custo do ajuste do sistema financeiro, embora o nosso seja baixo, vai ser bem maior do que estamos imaginando. Talvez ele tenha razão.

Somando todas as dívidas que estamos passando a limpo, vai ser um dinheirão. Não são dívidas que eu esteja fazendo. São dívidas dos outros, do passado, que estamos corrigindo, botando em ordem.

À noite eu e a Ruth fomos assistir a um balé do Grupo Corpo, muito bonito.

Minha quinta-feira, ontem, começou com um café da manhã com o Pedro Malan e o Chico Pinto, para discutir a vinda do Chico para o Tesouro. Impressão de que ele não virá. Ele tem impeditivos, está com uma empresinha nova, ganhando dinheiro, há questões de família, mas fiquei querendo que ele viesse, porque sofreu uma evolução muito positiva nesses dois anos que não o vi.

No Planalto, depois, recebi o Sérgio Machado, que veio trazer a proposta da reforma política. Ele insiste na candidatura do Élcio Álvares para a presidência do Senado. Seria o ideal, mas é difícil, vamos ver.

Depois recebi o general Leonel, despacho de rotina.

Em seguida fomos à cerimônia do anúncio da Política de Defesa Nacional, um fato significativo. A nossa imprensa destacou bem essa importância: sob o comando do presidente, pela primeira vez os militares estão discutindo entre si e discutindo com os civis, definindo diretrizes para a política. Isso vai ser explorado na linha de que estamos criando o Ministério da Defesa — e é verdade, é um passo. Não estou acelerando, mas desde o início do governo eu disse aos militares que gostaria de fazer o Ministério da Defesa. Porém é mais do que isso; é a busca de

---

*Comandante das forças britânicas na Europa durante a Segunda Guerra Mundial.

convergência de opiniões para definir de uma vez por todas o que é uma política de defesa, qual é a que queremos. Foi positivo.

De lá vim para o Palácio da Alvorada e almocei com o Seixas, o Clóvis e o Vilmar. Conheço bem o Seixas, isso desde que era menino. É uma pessoa que sabe das coisas, tem visão, mas é lento nas reações, não creio que seja um executivo, vai ficar na Saúde interinamente mesmo. Entretanto, depois da nossa conversa concluí que a interinidade vai ser menor do que eu podia imaginar, porque ele é muito arraigado na visão que já está implantada lá — não sei nem se é corporativa — da saúde como um bem universal e dever do Estado. É verdade isso; mas ele não vê que é preciso uma crítica à burocracia. Ele queria nomear como secretário executivo o chefe de gabinete do Jatene, eu me esqueço o nome dele,* que é quem estava cuidando de toda a política do Jatene no Congresso e que no Congresso é tido como do PDT. Quando ele disse isso, eu alertei: "Mas esse homem não é bem-visto no Congresso, dizem lá que ele é pedetista". Seixas disse não, que lá eles dizem que é brizolista. "Pior ainda!", eu disse. O Seixas não tem sensibilidade para esse lado.

No entanto, ele é a pessoa mais ligada diretamente a mim e aos outros do governo, é mais fácil entrar nos detalhes com ele do que seria com Jatene, mas não vejo que o Seixas tenha desenvoltura para ser ministro. Vai se aguçar a necessidade de uma indicação.

Hoje, dia 8, portanto, sexta-feira, tem um artigo da Dora Kramer dizendo que estou sendo indeciso, aquela coisa: como a imprensa não tem o que fazer, governa de noite e de manhã escreve seus artigos cobrativos. Mas é um sinal de que preciso dar uma solução para a saúde. O problema é que não existe uma solução boa e visível. Vou ter que pensar melhor como faço isso.

Depois dessa história com o Seixas, fui correndo receber o Ricardo Izar,** da Frente Parlamentar de Habitação [e Desenvolvimento Urbano], todos os partidos lá, até esse Chico Vigilante aqui de Brasília, do PT. Claro que eles vão querer que o governo dê mais dinheiro a fundo perdido à maioria da população, mas também que empreste dinheiro para as empreiteiras, que vão acabar não pagando. Impressionante!

Eu disse tudo isso sem ter lido ainda o documento deles. Ataquei a política do passado, disse que não voltaria a ela. Mas no fundo eles querem um pouquinho da política do passado.

Depois recebi o Humberto Motta, que veio com o diretor da Brascan apresentar o que tinha havido de novidades de investimento na Brascan. Humberto Motta também tem interesse em acompanhar a questão do Sebrae.

Recebi o Almino Affonso. Ele sugeriu fazermos um plebiscito em vez discutirmos a reeleição no Congresso. Ele tem até razão, eu poderia ir por essa linha, só que

---

* Edmur Pastorelo.

** PPB-SP.

os partidos não vão querer exatamente isso. Os partidos querem é que o presidente fique mais ligado ao Congresso; estou entre a cruz e a caldeirinha. Vou defender a ideia do plebiscito não diretamente para a reeleição, mas para depois, na hora da regulamentação, numa reunião que terei na terça-feira que vem com os líderes e com o Luís Eduardo. Vai ser difícil que aceitem. Se houver plebiscito, acho não só que ganho como fica mais claro o consenso. Mas não é fácil.

Depois disso fomos, à noite, a um concerto no Memorial JK, música de Beethoven, de César Franck e de Chopin por aquela moça que é casada com Carlos Joaquim Inácio, a Rossana Diniz, e um violoncelista polonês, Zygmunt Kubala. Música de qualidade, depois eles vieram jantar aqui, saíram muito tarde e hoje acordei cansadíssimo.

Fui para o Palácio do Planalto receber o Li Peng. Li Pong, como eles falam, é o primeiro-ministro da China. Longa conversa com ele, dentro dos cânones tradicionais, só eu e ele falando a manhã toda, todos assistindo, muita tradução, mas nada de novo. A China sempre interessada numa aliança com o Brasil, por razões que também interessam ao Brasil, ou seja, a multipolarização da política no mundo, e também porque temos alguns projetos — de menor alcance, é verdade — tidos como importantes e como sinais da aproximação entre China e Brasil.

Almocei aqui no Alvorada, cortei o cabelo e tal, e agora vou voltar ao Planalto. À noite tenho um jantar com Li Peng e amanhã vou ao Chile, participar dessa Cúpula Ibero-Americana, totalmente vazia. Eu já propus, e todo mundo quer, que em vez de fazer a reunião todo ano, fazê-la de dois em dois anos. É difícil mudar as tradições. Desta vez não há quase nada para apresentar na cúpula, e tenho medo que fique o espetáculo de choque entre Fidel Castro e, por vias indiretas, Pinochet, o que seria uma volta ao passado.

Esqueci de dizer que hoje de manhã, por volta das nove e meia, estive com o senador Esperidião Amin, que veio de Santa Catarina para conversar comigo. Vou encontrar o Jorge Bornhausen à tarde, e sei que ele só quer apoiar o Amin se o Amin se comprometer a apoiar a reeleição. O Amin ponderou, com razão, que ele já está ajudando, que votou pela reeleição na Constituinte e que os outros dois deputados do PPB de Santa Catarina já se disseram favoráveis à reeleição, mas que se ele, como presidente do PPB, se compromete, isso simplesmente o desvaloriza. Ele vai ajudar de forma concreta tentando, se não houver condições, não fazer a convenção no dia 4 de dezembro. Que eu dissesse isso ao Bornhausen e que, se o Bornhausen tiver compreensão, pode apoiá-lo. Ele está a favor de quebrar as resistências do Maluf, ele gostaria de ser uma ponte para evitar uma sangria, até porque acha que se o Maluf insistir em fechar a questão vamos tirar alguns deputados do PPB, uns trinta pelo menos. Isso enfraquece o PPB e desmoraliza o partido e ele não quer ser coveiro do partido, e também sabe que isso terá um custo para o governo, que não é bom para o Brasil.

SÁBADO, DIA 9 DE NOVEMBRO, estamos indo para o Chile.
Tive uma conversa com o Jorge Bornhausen ontem à tarde e ele disse o seguinte: que não confia no Esperidião Amin e que prefere, nesse caso, ficar na posição de quem abre o voto para todo mundo, mas não o dele. Vai votar em branco e eu vou comunicar isso ao Amin agora.

Tive longas conversas com Li Peng, o primeiro-ministro da China, no nosso jantar. Foi uma reunião muito boa, a aproximação com o Brasil é grande. A obsessão de Li Peng é que os americanos estão perturbando a China. Ele concorda com o meu ponto de vista de que é preciso haver uma multipolarização. Preocupa-se também com o Paraguai, que é o único país daqui que não tem relações com a China.

Na questão dos direitos humanos, defendi que a posição brasileira não era ofensiva à China, que não desejamos nos intrometer no jogo da China, que temos nossa dinâmica favorável aos direitos humanos por causa da nossa experiência autoritária. A certa altura ele insinuou que haveria a possibilidade de estarmos seguindo os americanos. Eu disse que não, que fazemos isso por nossa conta.

Eles têm grandes interesses no Brasil, sobretudo em minérios; acho que não viram ainda a questão alimentação, embora eu tivesse insistido.

Li Peng me pareceu desta vez um pouco mais aberto do que quando o encontrei na China. Uma pessoa um pouco mais consciente dos problemas e mais falador. A mulher dele,* então, nem se fala: foi muito agradável. Os chineses estão vendo no Brasil um aliado distante e por isso mesmo sem problemas.

HOJE É TERÇA-FEIRA, 12 de novembro, voltamos do Chile ontem à noite, quase de madrugada.

Quero registrar primeiro o que aconteceu hoje, coisa rápida.

Fui ao Planalto só receber credenciais de diplomatas, depois voltei ao Palácio e à tarde recebi o Fernando Gasparian para uma conversa sobre a Vale do Rio Doce. Ele é contra a privatização, naturalmente.

Dei posse aos novos advogados da União, com discursos do dr. [Geraldo] Quintão e meu. Compareceu o Pertence e demais autoridades judiciárias, nada de especial. É importante começarmos a recrutar advogados para defender a União.

Depois tive uma longa conversa com os líderes na Câmara mais o Luís Eduardo, o Sérgio Motta e Luís Carlos Santos a respeito de como andam a emenda da reeleição e a da reforma administrativa. Eles dizem que hoje são 280 e poucos favoráveis, o que significaria um panorama muito bom, uma lista acho que de noventa indecisos e de 130 contra. Se for assim, há uma boa possibilidade de a emenda passar.

Voltei ao Palácio da Alvorada, recebi o Gustavo Loyola e o Gustavo Franco, que vieram me dizer que efetivamente vão fazer a liquidação extrajudicial do Banco

* Zhu Lin.

Nacional, o que vai dar uma grande confusão. Enfim, parece que o caminho natural é esse e que não se pode alterá-lo.

Falei um pouco sobre o Banco Bamerindus, acho que estão demorando muito, apodrecendo a questão do banco, isso não é bom.

Conversamos também sobre o Banespa, eles reclamaram muito da situação do Banco Central. Agora a remuneração dos seis diretores vai bater no teto e eles serão rebaixados. Isso cria um mal-estar adicional. Vamos ver como a gente resolve esses casos.

Também ouvi dos deputados que o projeto do teto dificilmente passa sem que haja um planejamento. Vamos fazer uma fase de transição, não só para a acumulação dos parlamentares mas para todo mundo. Se trata de realismo. É duro, mas é assim. É difícil também de repente cortar salários dos que já acumulam há muito tempo, precisamos ser bastante realistas nessa matéria, senão não passa é nada. Até porque há um grau de injustiça em cortar de repente o orçamento das pessoas. Pelo menos a gente salva o médio prazo. Essa tradição vai acabar durante o meu governo.

Preciso registrar o que aconteceu no Chile. Na reunião da Cúpula Ibero-Americana, nada de extraordinário, as reuniões se repetem com declarações. O mais interessante foi o Fidel Castro. Conversamos bastante. Ele não muda de ponto de vista, nem eu pedi que mudasse, mas fez um discurso bastante repetitivo, antiquado, como se educação, saúde, dívida externa, ajustamento, estivessem piorando no mundo, enfim uma visão estática das coisas. Eu respondi, mas melhor do que eu foi o Sanguinetti, que respondeu antes de mim e foi mais direto. Eu fiz um discurso mostrando que as coisas têm certo dinamismo, dei os exemplos brasileiros.

Revi o António Guterres, uma conversa excelente, esse homem é de qualidade. E também o Jorge Sampaio. São os dirigentes portugueses, o primeiro-ministro e o presidente do Portugal — gente de primeira linha. Guterres coincide muito com o meu ponto de vista, esteve comigo no Brasil, na minha posse, eu estive com ele lá. É um homem de primeira.

Encontrei-me também com Aznar, que é o presidente do conselho do governo espanhol, e novamente ele não me impressionou muito como orador. Repetitivo, parece um autômato batendo na tecla de certas ideias.

E o rei. O rei é simpático, é uma pessoa agradável, assim como a rainha.*

Revi todos os presidentes, a Violeta Chamorro,** que vai embora, deixa de ser

---

* Rei Juan Carlos II e rainha Sofía.
** Presidente da Nicarágua.

presidente, alguns novos que se incorporam, como o Bucaram, do Equador, uma pessoa bastante bizarra.

O nível médio dos presidentes me impressionou. Alto. Discutiram a democracia e com bons termos. Comentei isso com o Gelson, que concordou. Mais cético do que eu, o Gelson se pergunta quanto tempo isso vai durar. Eu também não sei.

Outra questão a relatar é que o Luciano Martins disse ao Lampreia que não quer mais fazer o seminário sobre interesse nacional porque o pessoal do Itamaraty ficou preocupado de eu comparecer a um seminário onde se discutem essas questões, com a oposição também presente. Acharam que eu constrangeria o debate. Propuseram uma forma intermediária que o Luciano não gostou. Gelson hoje me confirmou que ele não gostou mesmo, acha que a burocracia está sabotando. Terei dor de cabeça com isso, mas assiste razão também ao Itamaraty, ao Gelson, ao Lampreia, porque o Estado é uma coisa e liberdade acadêmica não é exatamente a mesma coisa. E o Luciano insiste no ponto de vista dele. Enfim, há um pouco de vaidade nisso tudo.

Almocei hoje com o presidente do Banco do Brasil, [Paulo César] Ximenes, que me disse que há entre cem e duzentos deputados — mais para duzentos que para cem — com o Cheque Ouro* estourado, e muitos deles já fizeram composição e não pagam. Pior, há muitos ministros dos tribunais superiores na mesma situação. Isso é muito delicado e é uma desmoralização para as formas representativas e para o próprio Estado.

No fundo é dívida pequena, de 30 mil reais a 40 mil reais, mas vai acumulando, com os juros elevados eles perdem o controle e ficam pendurados. É bastante dramático. No Executivo também há alguns nessa situação, não me disseram quem, a não ser um ministro cujo caso o Eduardo Jorge ia analisar, para ver se encontra solução, e o ministro é um bom amigo. Não obstante, as coisas não podem ficar assim, essas dívidas desmoralizam tudo, vamos ter que enfrentar o problema.

Esqueci de registrar, tivemos um jantar com a Malucha Solari,** mulher do Aníbal Pinto, com o Osvaldo Sunkel e a Carmencita [Carmen Cariola Sutter], mulher dele,*** mais o Touraine, o Serra, a Monica [Serra], a Ruth e eu. Muito agradável, Enzo Faletto muito simpático, clima muito bom. Claro que as notícias no jornal de hoje são que o Touraine ter-me-ia repreendido, uma bobajada completa. Que nada, a conversa foi excelente, não sei o que ele disse à imprensa,**** provavelmente foi uma

---

* Cheque especial do Banco do Brasil.
** Bailarina e coreógrafa chilena.
*** Economista e professora chilena.
**** Segundo a *Folha de S.Paulo* (12 de novembro de 1996), Alain Touraine teria "cobrado" Fernando

crítica ao Estado brasileiro, à sociedade, eles fazem tudo como se a crítica fosse a mim. Nada mais.

QUARTA-FEIRA, DIA 13 DE NOVEMBRO. Quase meia-noite, estou esperando uma ligação da Ruth, que deve estar no aeroporto para ir para os Estados Unidos.

O dia de hoje transcorreu como esses últimos dias têm corrido, com tranquilidade.

Um ato sobre a Petrobras, 900 mil barris de petróleo, discursinho rápido.*

Depois recebi muita gente: Eduardo Azeredo com o pessoal do *Estado de Minas*, que é dos Diários Associados, eles querem entrar na telefonia. Vários políticos mineiros vieram com o Eduardo.

Almocei com o Tasso e o Sérgio Motta, vieram basicamente discutir questões relativas à reeleição, mas também outros assuntos, por exemplo, como estão os governadores. Eduardo Azeredo continua preocupado, achando que não estou satisfeito com a ação dele, e vice-versa, não sei. O Tasso propôs fazer uma reunião com os governadores, mas separadamente. Primeiro eu com o Mário Covas, para o Mário não estar na reunião conjunta, porque ele entristece o encontro, entra emburrado. O Tasso acha que [a reunião] fica mais livre sem o Mário. Vamos ver se é possível.

Diz ele que o Almir Gabriel está muito bem. Deve estar mesmo, porque está recebendo muito apoio do governo federal.

Conseguimos chegar a um entendimento, parece, sobre a questão das autopeças. Uma proteção um pouco maior para o setor.

Recebi também o Luiz Antônio Medeiros e o Paulo Paiva para discutir problemas relativos à denúncia da Convenção 158 da OIT,** ao plano de alimentação dos trabalhadores e ao pagamento de indenização das aposentadorias. Eu já havia me entendido com eles. Paulo Paiva trouxe também o relator do projeto, Robert Brant, do PSDB de Minas, que foi favorável às modificações que fizemos.

Henrique Cardoso sobre a miséria no país, dizendo que "a situação não é muito satisfatória no Brasil por uma razão básica: o Estado me parece demasiadamente débil".

*Cerimônia de anúncio da quebra de recorde da produção diária de petróleo e gás pela Petrobras, equivalente a 900 mil barris por dia no mês anterior.

**"Denúncia", neste caso, significa que o governo brasileiro comunicou à OIT que iria cancelar a adesão do país à Convenção 158, dispositivo jurídico que dificulta a demissão sem justa causa de trabalhadores. A Convenção 158 entrara em vigor no Brasil em janeiro de 1996 e vinha sendo adotada nos tribunais do trabalho como subsídio legal para a reintegração de demitidos.

Vicentinho se declarou em greve de fome à toa, porque por enquanto a substituição da Convenção 158 é apenas uma sugestão. Mas, enfim, cada um faz o que pode para aparecer.

Depois recebi o cantor Nelson Ned. Veio com o Weffort. Voltei para casa, ia ao teatro e não fui.

14 A 29 DE NOVEMBRO DE 1996

Escândalo dos precatórios. Segundo turno das eleições municipais. Rixas entre Motta e Maluf. Encontro com Itamar. Viagem a Angola e África do Sul

Hoje é quinta-feira, 14 de novembro.
    Houve apenas um aborrecimento. É que o general Zenildo propôs, e eu assinei, a demissão do presidente da Fundação Habitacional do Exército, a Poupex, a poupança do Exército. Eles compraram um banco,* o vice-presidente é o [Romildo] Canhim,** e o presidente é o general [Waldstein Iran] Kümmel. Zenildo disse ao Cardoso que ele não tinha sido informado da operação e demitiu todo mundo. Hoje acabo de saber que o Kümmel deu uma declaração à imprensa dizendo que tinha informado o Zenildo. Isso vai dar alguma confusão.
    A manhã foi de rotina, receber deputados, não vou nem registrar mais esse tipo de atividade, continuamos num impasse para a nomeação do ministro da Saúde, agora foi sugerido o nome do Edson Vaz Musa,*** tenho dúvidas, porque ele vem da Rhodia e vão dizer que é coisa de multinacional. Ainda não chegamos a um nome razoável.
    Almocei com o Fernando Pedreira e o Roberto Gusmão, foi muito simpático.
    Um pouco mais tarde, às cinco e meia, grandes confusões com o Suplicy, que enviou um pedido de informações ao Banco Central.**** Desde ontem ele vem azucrinando todo mundo com isso. Ontem era o último dia para o Banco Central enviar [a resposta] ao Senado, e ela foi enviada ao primeiro-secretário, Odacir Soares, que ficou com o documento e não deu conhecimento a ninguém. Agora o Eduardo [Suplicy] quer uma cópia, neste momento ele assumiu a primeira-secretaria como suplente e mandou oficialmente um requerimento ao Pedro Parente para obter essa cópia.
    Falei com o Sarney e ele disse que o Odacir Soares é que é o primeiro-secretário e Sarney não quer criar uma crise interna. Ponderei que talvez fosse melhor liberar a cópia, porque sei lá o que tem nesse documento, mas não há de ser tão grave

---

* Banfort, Banco de Fortaleza S.A.
** O ex-ministro da Administração (governo Itamar) era também general da reserva e conselheiro da Fundação Habitacional do Exército, entidade responsável pela Associação de Poupança e Empréstimo (Poupex).
*** Ex-presidente da Rhodia no Brasil.
**** O senador petista enviara onze perguntas ao BC sobre a venda irregular de títulos municipais na gestão de Celso Pitta como secretário de Finanças da prefeitura de São Paulo. Suplicy foi acusado por Soares de tentar invadir seu gabinete para obter a documentação requerida.

assim. Ele me sugeriu que falasse com o Odacir Soares, coisa que estou esperando para fazer neste momento.

HOJE É DIA 16 DE NOVEMBRO, sábado.
Quero retomar o que aconteceu no fim da tarde de quinta-feira. O Odacir Soares foi absolutamente taxativo. Ele é o primeiro-secretário, Eduardo Suplicy não tem titularidade para fazer ofício nenhum, ele, Odacir, devolveu o ofício que tínhamos mandado para ele porque era fax e ele queria o original. Então o Pedro Parente mandou um avião buscar a assinatura do original com o Malan, e a verdade é que o PT vai achar que houve conspiração contra a Erundina. Quando lerem o documento provavelmente verificarão que não houve nada disso, que foi apenas o cumprimento de regras que impedem envolver o Banco Central numa campanha eleitoral, e ainda mais que não havia nada conclusivo no documento, pelo que me disseram.

À noite recebi o Clóvis e o Beto Mendonça com uma notícia um pouco preocupante sobre a balança comercial. Coincide que eu também tinha recebido um documento do Luiz Carlos Bresser do qual gostei. Bresser sugere que no ano que vem, quando tivermos um pouco mais de tranquilidade, lá para março, abril, haja um novo aperto creditício, e então façamos uma desvalorização mais rápida no câmbio.

Acho que estamos empurrando com a barriga esse negócio de deslizar o câmbio, e está ficando apertado. O débito foi de 1,3 bilhão de reais, vai haver muito carnaval em função disso e não creio que possamos ficar tranquilos com a balança comercial. É verdade que um aperto, ou ajuste fiscal, é demorado mesmo, é lento, e vamos ter que fazer isso. A última oportunidade de fazermos um ajuste, para que depois o crescimento seja mais expressivo, é agora, em abril/maio do ano que vem, como fizemos em abril/maio do ano passado. Ou seja, tormenta pela frente. Não grande, mas chuvisco.

Fui a São Paulo ontem, votação, tudo tranquilo, fui bastante aplaudido na hora de votar, aperto de mão, autógrafos, tentaram filmar meu voto, votei na Erundina. Eu não queria dizer, porque eles são muito agressivos comigo. Mesmo a Erundina, à noite, depois da votação, eu a vi pela televisão jogando a culpa toda no governo federal, que o governo federal está enrascado com a direita, com o malufismo, por isso não soltou o documento. Enfim, o PT é um partido irascível, não tem solução.

Voltei para Brasília com a Bia e com as crianças, passamos o dia arrumando papéis, lendo documentos e acompanhando os resultados das eleições.

Hoje é sábado, são onze da manhã, estou esperando o ministro do Supremo, o Marco Aurélio, que é presidente do Tribunal Superior Eleitoral, vir aqui, como ele me disse que viria, para trazer os resultados das eleições.

Quanto aos resultados, nada de surpreendente. O PSDB teve excelente desempenho em Ribeirão Preto, São José dos Campos, Sorocaba, enfim, fortaleceu-se no estado de São Paulo, menos em Campinas e na capital. O PPB também se fortaleceu e o PT se enfraqueceu. No que diz respeito ao resto do Brasil, o PSDB ganhou em Teresina,* o que não foi de admirar, mas de qualquer maneira poderia ter perdido. Em Goiânia foi normal,** e o PT perdeu para Ângela Amin, o vice é do PSDB,*** em Santa Catarina. Ou seja, um resultado equilibrado, bem distribuído.

Telefonou-me à noite o Cícero Lucena, muito amável, oferecendo a mim a vitória dele, que é do PMDB de João Pessoa.****

DIA 17 DE NOVEMBRO, domingo.

São onze horas da noite, a Bia foi embora com as crianças, a Luciana esteve aqui também, tiramos fotografias para a revista *Caras*. No fim do dia, o Boris Fausto veio com a Cinira e depois foram embora com a Bia.

Li muita coisa. Papelada abundante. Despachei, li um livro interessante, chama-se *Comparing Brazil and South Africa*,***** editado por Steven Friedman****** — pelo menos os capítulos sobre o Brasil e a África do Sul eram interessantes —, um artigo do Bolívar [Lamounier], um artigo desse Friedman e um do [Philippe] Schmitter.******* As análises feitas sobre o Brasil são muito curiosas quando vêm de analistas políticos (mesmo do [Philippe] Schmitter), porque são bastante formais, o "consorcionismo" versus não sei o que mais, a ideia do pacto, que teria ou não havido, para fundar a transição democrática. Poucas análises de processo. Friedman analisou o processo africano um pouco melhor, e um constitucionalista africano, cujo nome não me recordo, também faz algumas observações muito interessantes.

Na questão de partidos, o Bolívar tem razão. Temos uma estrutura partidária, uma tradição partidária e também federativa que vem de longe, os militares não conseguiram acabar com esse sentido de competição partidário eleitoral. Existe competição.

* Firmino Filho derrotou Alberto Silva (PMDB).
** Luiz Bittencourt (PMDB) foi derrotado pelo tucano Nion Albernaz.
*** Péricles Prade.
**** Lucena derrotou Lúcia Braga (PDT).
***** Steve Friedman e Riaan de Villiers (orgs.). *Comparing Brazil and South Africa: Two Transitional States in Political and Economical Perspective*. Cidade do Cabo: Centre for Policy Studies; Foundation for Global Dialogue; Instituto de Estudos Econômicos, Sociais e Políticos de São Paulo, 1996.
****** Pesquisador sul-africano do Centre for Policy Studies, em Johannesburgo.
******* Cientista político norte-americano, professor do Instituto Universitário Europeu e ex-professor das universidades de Chicago e Stanford.

Neste período em que estou na Presidência, a competição ficou limitada porque ocorreu um raro momento de convergência. Houve uma forte competição eleitoral e depois um momento raro de convergência, que eu procurei garantir para fazer as reformas estruturais. Mas já está o Maluf despontando e vai ser difícil colocá-lo no mesmo balaio que os outros, assim como é muito difícil pegar o pessoal mais radical da esquerda. Não precisa ser radical, [uma esquerda] que aceite um longo pacto de transição para mudanças constitucionais e para fazer um novo Estado. Se eu tiver tempo de terminar as reformas, vou continuar insistindo muito na reforma administrativa, na política no ano que vem, na judiciária. Se eu tiver tempo de fazer essas reformas, terei lançado as bases para um Estado não varguista como eu disse que faria no meu discurso de posse. Estamos fazendo.

Depois disso a competição virá necessariamente. Não tenho dúvidas de que nesse sentido já estamos num modelo avançado de democracia. Quem não perceber esse jogo não vai entender nada. Mesmo o clientelismo, mesmo o corporativismo são forças declinantes; o clientelismo é fortemente declinante. O corporativismo ainda está aí, estrebuchando no Congresso. Masele não vai ter força. Eu acho, como digo há décadas, que, queiramos ou não, a sociedade tem um modelo muito mais de estilo americano do que dos partidos europeus. Mas um modelo com competição eleitoral, não tenho dúvida. E as questões se colocarão. Enquanto houver essa pobreza forte, como ainda temos, isso vai também ter uma conotação ideológica forte. É bom que exista.

Creio que não se deve confundir o esforço que eu faço para fechar acordos, para obter a transformação do Estado brasileiro e as chamadas reformas estruturais e para manter a estabilização, não se deve confundir esse esforço com imaginar que possa haver homogeneização ideológica. Não vai haver isso. No futuro haverá, e a gente percebe claramente, resistências grandes à distribuição de renda, à mudança, a classe média vai resistir, como já está resistindo.

Acho que avançamos muito na questão da terra. Devemos isso ao MST, que colocou o tema com mais ênfase na agenda, embora eu já o tivesse proposto, e o Lula também. O fato de eu ser presidente levou o MST a ter um maior raio de ação, e também o fato de termos reagido positivamente, o Jungmann ajudou muito nisso. Pouco a pouco estamos convencendo, por um lado, o setor financeiro do governo e, por outro, o setor mais transformista, tipo Igreja, CPT, a [Comissão] Pastoral da Terra e mesmo o PT. Eles sabem que estamos fazendo um esforço grande de reforma agrária. Isso tem efeito simbólico e tem efeito prático, assim como a mudança na Educação que o Paulo Renato está levando adiante com muita habilidade. Tudo isso tem efeito, não há dúvida nenhuma, mas não no sentido de amortecer a luta ideológica. Pelo contrário, vai motivar mais gente a se jogar nesse tipo de luta.

Estou convencido de que a burocracia estatal é um obstáculo grande à formação de uma nova sociedade, porque, mesmo com todo o esforço que estamos fazendo, é difícil mover essa máquina. Na questão da habitação, por exemplo, não se consegue dar o dinamismo que eu quero. Creio que no saneamento básico estamos começando a conseguir, mas custa, e tudo isso ainda fica muito centralizado no gabinete, no núcleo duro, central do governo.

Mas estou muito otimista com o modo como vem se dando o enraizamento da democracia. Não é mais transição, não; é o enraizamento da democracia na sociedade brasileira.

HOJE É SEGUNDA-FEIRA, 18 de novembro, meia-noite.

Dia duro, dia agitado. De manhã despacho normal com Eduardo Jorge e Clóvis. Depois a Ruth chegou, almoçamos e fui para o Palácio do Planalto.

Lá recebi o ex-presidente do Equador, Sixto Durán Ballen. Depois o José Ramos-Horta,* de Timor Leste, prêmio Nobel da paz. Grande agitação, a embaixada da Indonésia ficou meio nervosa porque eu ia recebê-lo. Eu o recebi, tratei bem, ele veio rodeado do pessoal do PCdoB, do PT. Eu disse que o Brasil vai manter a posição de autodeterminação e a favor dos direitos humanos. Até citei o que o primeiro-ministro da China comentou sobre a nossa posição, como se ela fosse consequência da dos Estados Unidos. Não é. Nossa posição [em defesa dos direitos humanos] vem da nossa própria luta, mas vale para o mundo todo. Agora, autodeterminação não significa automaticamente, independentemente do que vão decidir lá, se o Timor fica na Indonésia ou não. Na verdade eles têm apenas 1% da população que fala português, me pareceu um pouco desses tipos de movimentos saudosistas. Mas para os direitos humanos vale.

Depois recebi Thomas McLarty, que é amigo pessoal do Clinton. Disse que o Clinton gostou muito da carta que mandei e da conversa telefônica que tivemos. Repassamos com McLarty vários itens da pauta. Na verdade os americanos não mudam nada. Eles querem mais é que a gente adira sempre às posições deles.

Comentei sobre Cuba, sobre a minha preocupação com a transição, falei um pouco do meu desânimo com a visão política do Fidel. Mencionei que para os cubanos era muito importante a questão do tráfego aéreo, que para eles foi muito duro o corte.** McLarty disse que isso até podia ser negociado mais adiante. Sobre a Colômbia eu observei como era perigoso pressionar o presidente [Samper], uma pessoa que me parecia estar fazendo o possível lá, e que não se pode levar o regime na Colômbia a uma desmoralização, ainda mais com guerrilheiros em volta.

Reafirmei que vamos ter a nossa própria força de controle das fronteiras e que cooperaremos no combate ao narcotráfico, mas mantendo nossa independência.

*Diplomata do governo timorense no exílio.
**Pela Lei Helms-Burton, os Estados Unidos proibiram a entrada em seu território de aeronaves e embarcações de terceiros países procedentes de Cuba ou com destino à ilha.

Quanto à reunião de Belo Horizonte,* ela tem o objetivo de fazer a integração hemisférica. O Brasil mantém o espírito de Miami, mas achamos que é preciso aprofundar o Mercosul.

Ele fez vários elogios a mim, transmitiu uma carta, até boa, do Clinton, mas, no substancial, cada um de nós está fazendo o próprio jogo.

Depois recebi o Marcílio Marques Moreira** com o sr. [David] Komansky, presidente da Merrill Lynch. Foram só elogios ao Brasil, ao que estamos fazendo, estão eufóricos.

Problemas: amanhã vamos lançar o ITR rural.*** Eu até já tinha gravado um programa dizendo que ia fazer isso via medida provisória. Pois hoje veio a ponderação de que se for por medida provisória ela só vale até 20 de janeiro, tem que ser aprovada até 20 de janeiro. Se não for medida provisória, não passa no Congresso. O pessoal não gosta do ITR rural. Pois bem. Mudamos, taxamos fortemente a propriedade não produtiva e também a produtiva.

Dito e feito. Eu tinha recebido reivindicações do Nê, do Jovelino Mineiro, e depois falei com o ministro Jungmann, e era a mesma coisa que ele já tinha recebido do Suplicy. Na hora de pagar imposto, ninguém quer, nem os que mais desejam ajudar. Falei de novo com Jungmann e parece que vamos fazer uma medida provisória mesmo; ele vai discutir amanhã de manhã com os líderes.

Recebi também a liderança no Senado, o Kleinubing, o Élcio Álvares, o Ramez Tebet e o senador Arruda. Conversa boba, o Élcio disse de novo que é preciso ver quem são os nossos, bom. Tarefa deles, não minha... Mas trazem a mim.

Me pediu outra reunião amanhã de manhã. Para quê? Para discutirmos de novo como vai ser a lei da Previdência Social. Eles estão com medo, me parece, mesmo o Sérgio Machado. Estou ficando cansado de insistir, insistir, insistir. De vez em quando vejo nos jornais que falta vontade política. Talvez falte, mas não ao presidente.

Acho que esses foram os principais problemas do dia, que são os de sempre. É difícil desatar os nós.

Nesse meio-tempo Sérgio Motta arrumou um charivari com o Maluf. Parece que o Maluf entrou com uma queixa-crime contra ele. Sérgio disse que o Maluf tinha pele de cordeiro, mas que quando tira a pele é uma hiena.**** Isso foi dito numa

---

*Reunião dos ministros de Comércio do continente para o prosseguimento das negociações sobre a formação da Alca.

**Economista, ex-ministro da Fazenda (governo Collor).

***O presidente sancionou a lei nº 9393, de 19 de novembro de 1996 (originada da MP nº 1528/96), que aumentou o Imposto Territorial Rural para propriedades consideradas improdutivas como medida de estímulo à produtividade e à reforma agrária.

****Em reunião com os 221 prefeitos recém-eleitos pelo PSDB em São Paulo, Sérgio Motta disse, aludindo a declarações recentes de Maluf sobre a emenda da reeleição: "O cordeiro tirou a pele e está mostrando não um lobo, mas a hiena que ele é". Disse também que o prefeito de São Paulo

homenagem ao Sérgio lá em São Paulo. Resultado: já me telefonou o Amin, que foi quem me contou essa história com mais detalhes, preocupado porque diz que isso vai atrapalhar a reunião do Maluf com a bancada que abriria a questão sobre a reeleição, que assim não dá e tal. Depois o Antônio Britto falou comigo, a mesma história lá no Rio Grande, onde o PPB tem muita influência. Britto acha que fica difícil transformando o Maluf em herói...

Falei com o Sérgio, que naturalmente veio com uma conversa branda, como se não tivesse dito nada grave. Eu disse: "Sérgio, eu não vi, mas quem viu, a televisão diz que você caiu numa armadilha, porque o Maluf ficou de bonzinho". Ele me respondeu que não, pelo contrário, que todos gostaram do que ele fez. Insistiu, portanto, no erro. Maluf é muito mais escolado, vai longe nas acusações, em tudo, e o Sérgio está caindo como um patinho nas armadilhas. E, claro, tudo respinga em mim. Vão achar que eu mandei o Sérgio dizer essas coisas.

É cansativo, as pessoas não mudam. Já disse isto mais de uma vez: certas pessoas não foram socializadas para a grande cena política, para o grande jogo do poder e estão metidas nele. Claro que isso renova, mas o preço é alto e eu pago alguma coisa desse preço.

Falei com o Britto também sobre o ministro da Saúde. Ele insiste, diz que aquele César Albuquerque é o melhor. Hoje também o Gerdau me telefonou indicando outro nome, o do provedor da Santa Casa da Misericórdia de Porto Alegre. Mas o Britto acha que este tem pavio curto e que não vai dar certo, que daí a pouco vai ser a mesma choradeira sobre falta de recursos.

Continuamos no impasse da Saúde.

A revista *Veja* publicou uma reportagem escandalosa dizendo que 2 mil homens do Exército estão preparados para defender a minha fazenda contra um ataque do MST. Primeiro, não vai haver ataque nenhum. Segundo, nunca ouvi falar disso. Hoje fui verificar. O general já tinha mandado uma carta a *Veja* dizendo que é tudo falso. Não há nada de verdadeiro. Saiu uma fotografia minha a cavalo, como se as Forças Armadas fossem defender uma propriedade privada. Impressionante como se consegue confundir a opinião pública. E os editores da *Veja*, os diretores, como se nada disso tivesse a menor importância, todos uns anjinhos. Enfim, vamos levando.

19 DE NOVEMBRO, terça-feira, praticamente meia-noite.

O dia transcorreu mais calmo. De manhã despacho interno, depois recebi o vice-presidente do Uruguai* para a cerimônia do Dia da Bandeira. Voltei e almocei

---

agia como "covarde". Maluf apresentou no STF uma queixa-crime por injúria, calúnia e difamação contra o ministro das Comunicações.

*Hugo Batalla.

no próprio Palácio do Planalto com o Vilmar, discutindo a questão da saúde. Eu tinha recebido o dr. Mozart [Abreu e Lima], ex-secretário-geral do Barelli, homem competente, lúcido. Voltamos um pouco aos temas de sempre, com uma análise precisa de quem podia ser o ministro da Saúde. Ele acha, como eu também, que deve ser alguém com liderança, provavelmente um médico, mas não hospitalar nem totalmente tomado pela ideologia sanitária.

À tarde, cerimônia de lançamento do Imposto Territorial Rural. Antes disso, reunião com os líderes do Senado para discutirmos a Vale do Rio Doce. Insisti sobre a nossa posição e apresentei argumentos para mostrar que estamos defendendo o interesse nacional.

Depois reforma da Previdência e, mais uma vez, pedi o parecer. Estou forçando, está difícil. O Sérgio Machado ficou de fazer, todos os líderes dizem que [a reforma] pertence ao PSDB. Estamos avançando, mas não é fácil. Vamos acabar ganhando.

Segui para a [cerimônia] do ITR, o Jungmann fez um discurso, eu também, eu o elogiei muito, foi um ato marcante. Finalmente fizemos uma medida provisória com o apoio de todo mundo, de todos os senadores e tal. A CNBB esteve presente, mas a Contag não.

Recebi empresários, esqueci de anotar que o Maluf está pressionando os deputados do PPB contra a reeleição, todos estão me informando isso, enfim, o malufismo no velho estilo. O Afonso Camargo propôs um referendum. Até sou simpático à ideia, mas falei com o Luís Eduardo, que foi me ver, e ele não aceita de plano a ideia; só em último caso. Enfim, é difícil avaliar.

A imprensa agora projeta o Maluf como grande candidato, essa coisa toda à qual já nos habituamos. Criam logo o Outro, a imprensa tem essa necessidade imperiosa de criar o contestador, e dessa vez o Outro foi pela direita. Já foi o Lula, agora é o Maluf.

DIA 20 DE NOVEMBRO, são nove da manhã, acabei de nadar e tomar banho. Vou me encontrar com o Itamar daqui a pouco.

Vi depois pelos jornais que tanto ele quanto Sarney andaram dizendo que eu tinha discutido a Vale com eles. Não sei se foram eles que disseram, mas os jornais publicaram. Não é verdade. Não toquei na Vale do Rio Doce. Apenas convidei o Itamar para vir tomar um café comigo e brinquei: "Agora peguei você com a boca na botija, conspirando na casa do Sarney... Venha tomar um café aqui em vez de ficar conspirando". Ele riu, veio e não falou da Vale.

Itamar não é de nenhum partido. Na verdade é um surfista eleitoral, fica na imprensa fazendo de conta que vai ser candidato à Presidência, quando não vai. No fundo ele está com a ilusão de que vai ser o candidato do PT. O brigadeiro Adyr [da Silva],*

---

*Ex-presidente da Telebrás (governo Itamar).

que é muito ligado a ele, disse isso a alguém. Imagina só o PT com Itamar. Isso não vai acontecer!

E o Sarney se complicou porque disse que se eu facilitasse, não vendendo a Vale, ele podia votar a reeleição mais facilmente. Depois se desdisse. Eles ficam nesse joguinho. Uma coisa não tem nada a ver com a outra. Eu estou com vontade de dizer (por mim diria já ao país): "Olha, façam um referendum se querem reeleição; se não querem não façam". Não é uma coisa que esteja me tocando pessoalmente, como as pessoas imaginam. Fico às vezes na dúvida sobre a minha responsabilidade histórica, que é de levar adiante certos programas, mas não tenho nenhuma motivação pessoal mais alta de continuar nesta vida dura de presidente da República.

Vou agora encontrar Itamar com seu comportamento esperto, de embaixador. Ele fala mal do governo aqui e ali, mas não enfrenta, mantém relações de amizade comigo. Típica política de faz de conta.

HOJE É QUINTA-FEIRA, 21 de novembro, meio-dia e meia.

Vamos começar com a quarta-feira 20 de novembro. Recebi o brigadeiro Lélio Lôbo para as promoções de rotina; Amazonino Mendes, que está muito alinhado conosco; Abi-Ackel, que veio com o Aloysio Nunes Ferreira, também alinhados. Cerimônia de entrega do prêmio de qualidade,* aquela discurseira.

À tarde recebi o reverendo Jesse Jackson, um personagem. Fala um inglês que eu quase não entendo, bem sulista e com a boca semifechada, um homem alto, eu já o conheci nos Estados Unidos, ele veio por causa da questão racial. Tem falado sempre bem do Clinton, e diz que o fundamental, na questão racial, é que deve haver um valor nacional, que foi um erro eles não perceberem que não era branco contra negro, mas branco e negro em igualdade pelo bem do país. Achei interessante.

Participei de uma cerimônia sobre o Dia Nacional da Consciência Negra com a Benedita da Silva, a Marina Silva, a Dulce Pereira, enfim, com os representantes do movimento negro, e levei o Jesse Jackson. Fiz um discurso fortemente igualitário entre as raças.

Depois do almoço, estive com Ernesto Pascale que é o chairman da Stet,** um grande consórcio italiano no negócio de telecomunicações, que veio com cinco ou seis pessoas.

Recebi o Neudo Campos, que está reclamando, porque, embora tenhamos conseguido ligação entre Boa Vista e Venezuela, para a eletricidade vir da Venezuela, ele prefere que a empresa local*** faça [as ligações], e não a Eletronorte. Ele tem briga com o senador Jucá, que, segundo Neudo, detém o controle da Eletronorte via se-

---

*V Prêmio Nacional de Qualidade.
**Fundiu-se com a Telecom Italia em 1997.
***Companhia Energética de Roraima (CERR).

nador Sarney, que tem o presidente da Eletronorte. Enfim, brigas locais desesperadoras. Brigar até por quem faz a rede distribuidora de energia!

Recebi o senador Gilberto Miranda. Aí foi uma conversa complexa. Percebi que o Gilberto está no centro mesmo da negociação da presidência do Senado. Já estava mais ou menos claro, porque o Amorim saiu do PMDB. Gilberto me disse que isso foi combinado e imagina que comigo também. Não é certo; não entrei em combinação nenhuma, mas estou percebendo que houve um entendimento, que eu desconhecia, entre o Luís Carlos Santos e o Michel Temer e que no final eu diria qual dos dois teria mais chance. E o pivô disso tudo é o Antônio Carlos, para que ele vá para a presidência do Senado.

Gilberto vai fazer força para o Iris não se candidatar a presidente pelo PMDB porque ele tem medo do Iris no plenário, gostaria que o Iris viesse para o governo. Tudo isso são planos que estão sendo elaborados, digamos. Não é que eu não perceba, mas não houve nenhuma negociação comigo, nem nenhuma discussão, nem eu quis fazê-la com Gilberto Miranda. Mas ele está no centro dessa negociação. Reclamou muito do Everardo Maciel, porque, segundo ele, está sendo perseguido pela Receita, ele, a mulher, os filhos, não sei o quê. Parece até que tem uma pitada de razão, embora ele tenha lá seus pecados. Foi multado já em muito dinheiro, mas acha que anula na Justiça.

Até aí nada tão surpreendente, mas descobri que o Gilberto Miranda é realmente peça central na negociação do Senado. Agora entendo por que o Antônio Carlos brigou até com o Bornhausen por causa do Gilberto Miranda.

Há outra coisa que eu não sabia. É que essa questão sobre os chamados precatórios de Santa Catarina, levantada pelo senador Kleinubing* contra o governador de Santa Catarina, que é do PMDB, é gravíssima. Primeiro porque é verdadeira e, segundo, porque pega vários outros: pega o Arraes e, sobretudo, o Maluf. De acordo com Gilberto Miranda, que me pediu mil reservas a respeito, ele sabe como o Maluf operou, até porque ajudou a operação no Senado. Maluf teria gasto 2 bilhões de reais de precatórios em obras. Isso é contra a lei e ele teria que devolver em 24 horas em dinheiro para o Banco Central, segundo a resolução do Senado da República.

Diz ele que isso é uma arma que ou ele, ou eu, ou quem quiser, terá contra o Maluf, porque é muito grave. Eu não sei realmente se é assim mesmo, se é tão grave, mas me pareceu que é.

Acabei de falar com Clóvis para ele dizer ao Firmino [Sampaio], presidente da Eletrobrás, que receba o Neudo Campos, por causa da briga local para saber quem faz o linhão da Venezuela para Boa Vista.

*O senador catarinense e Eduardo Suplicy denunciaram a emissão irregular de títulos públicos por alguns estados e municípios para o suposto pagamento de precatórios, cujos recursos foram desviados para outras finalidades. O procedimento era recorrente em estados como Santa Catarina, Pernambuco e São Paulo, além da prefeitura da capital paulista.

Retomando o que o Gilberto me contou. Acho grave essa questão dos precatórios. Vou me informar, mas se vê que, no nosso nariz, utilizando o Senado, os governadores estão obtendo dinheiro, dizendo que é para pagar precatórios, ou seja, decisão judiciária já tomada e, em vez de pagar os precatórios, usam o dinheiro para fazer obras e pagar empreiteiras. Vou mandar averiguar. É possível que seja verdade.

À noite, depois de toda essa confusão, fui jantar na casa do Toninho Drummond [Antonio Carlos Drummond],* com o João Roberto Marinho, o Roberto Irineu Marinho, o Evandro [Carlos de Andrade], que dirige a TV Globo no Rio mais o pessoal do jornal *O Globo*, do Rio de Janeiro, o Merval, enfim, um jantar que pensei que fosse para discutir alguma coisa sobre o governo, sobre o que eles estão pensando, as notícias. Mas não, foi simplesmente um jantar de simpatia e alegria, muito agradável, aliás.

Voltei para casa, dormi muito pouco, porque fui dormir tarde, quase à uma hora da manhã, e hoje acordei às seis e meia. Recebi aqui o Jorge Serpa, que também veio me falar uma porção de coisas sobre as articulações que estão sendo feitas na compra da Vale, uma porção de coisas da Petrobras. Ele vai conversar com o Eduardo Jorge. Quero ver qual é o fundamento de tudo que ele me contou.

Despachei com o ministro da Marinha, depois participei de uma cerimônia grande que o Afif Domingos e o [Mauro] Durante fizeram em reconhecimento ao lançamento do Simples,** ou seja, a taxação menor das micro e pequenas empresas. Havia lá talvez mais de mil pessoas, me agradecendo e tal, microempresários, descemos a rampa juntos.

Cortei o cabelo e estou aqui esperando o George Bush, ex-presidente dos Estados Unidos, que vai almoçar comigo no Alvorada.

HOJE É SEXTA-FEIRA, 22 de novembro, são dez e meia da manhã, acabei de arrumar as malas para a minha viagem a Angola, e já fiz a minha natação.

Ontem, depois da solenidade, almocei com Bush, muito simpático. Ex-presidente em geral é mais simpático do que presidente. Tem menos tensão. Bush falou sobre a China, da importância que ele acha que os Estados Unidos têm que dar à China, porque a relação entre os dois países equilibra o mundo. Fez uma leve crítica ao Clinton, que não estaria dando essa importância. Isso foi o que de mais significativo ele me disse. Além do mais, falou bem do general russo [Alexander] Lebed, que conseguiu uma boa expressão eleitoral, embora não tenha ganhado. Disse que ele tem força na Rússia.

* Diretor de jornalismo da Rede Globo em Brasília.
** Sistema Integrado de Imposto e Contribuições das Microempresas e das Empresas de Pequeno Porte, instituído pela lei nº 9317, de 5 de dezembro de 1996 (originada da MP nº 1526/96).

Depois do encontro com Bush, passei a tarde de ontem no Congresso, com os afazeres habituais. Apesar de não ter havido nada de mais especial, foi uma tarde cansativa.

Recebi o senador Esperidião Amin e a mulher dele, a Ângela [Amin], que ganhou as eleições. Falamos sobre o Maluf. Amin disse que vai nos ajudar a não fazer a convenção do PPB, mas que o Maluf está ensandecido.

Recebi Romeu Tuma. A mesma coisa, ele sabe das coisas do Maluf, e Romeu está sendo cantado pelo Antônio Carlos para ir para o PFL. Disse que o Gilberto Miranda também falou com ele que ele seria presidente da Comissão de Assuntos Econômicos, o que mostra mais uma vez que o Gilberto Miranda tem controle do Congresso nessa matéria; ou pelo menos pensa que tem e atua muito.

Depois de receber o Wagner Rossi,* que veio expressar o apoio do PMDB de São Paulo, me reuni com o Dornelles, o Paulo Paiva e o Luís Carlos Santos, mas não só para discutir a questão do Maluf. O Dornelles está muito ativo para levar a Executiva a não apoiar a decisão de fazer a convenção, portanto ele também quer postergar. E entrou a discussão de vários nomes da Executiva. Mas analisamos principalmente a questão do Sebrae. Dornelles defende a permanência do Afif, enquanto o Paulo Paiva e o Clóvis, que chegou depois à reunião, acham que é melhor mudar e apoiar o Fernando Rezende,** como eu havia dito primeiro, que ia passar para a Agricultura. O problema é que avancei porque eu não sabia da importância que o PFL dava ao Afif.

Agora temos um impasse. Acabei de falar por telefone com o Paulo Paiva, pedindo que ele converse com o Fernando Bezerra, para que o Fernando pressione também o pessoal do PFL, para termos uma margem de manobra maior.

Também conversei longamente com o Portella ontem à noite, e com o Clóvis e com o Eduardo Jorge, sobre a situação no Ministério dos Transportes. O Ministério dos Transportes está sendo controlado por setores políticos que não respeitam as decisões do ministro, e Odacir Klein nunca nem percebeu isso. O Portella disse que o Tarcísio Delgado entregou inteiramente a um tal de Wolney [Siqueira],*** que foi indicado pelo Iris Rezende, as decisões sobre as obras a serem feitas. Não havia controle real do Executivo sobre a matéria e os lobbies. Não que houvesse corrupção, mas os lobbies estavam tomando decisões à frente das nossas decisões políticas.

Isso se vê por toda parte. É muito difícil levar essa máquina, porque ela está muito penetrada por interesses privatistas e partidários.

Foi um dia extenuante. Algumas nomeações no Ministério da Marinha, outras no Ministério da Aeronáutica, essa coisa um pouco da rotina. Claro, o ministro da Marinha não deixou de me perguntar sobre o avião embarcado para o porta-

---

* Deputado federal (PMDB-SP).
** Presidente do Instituto de Pesquisas Econômicas e Aplicadas (Ipea).
*** Diretor de engenharia do DNER.

-aviões, enfim... Eu acho cá comigo que ele até tem razão. O problema é o custo disso e como eu compenso a Aeronáutica.

HOJE É 26 DE NOVEMBRO, terça-feira. Estou em Pretória, na África do Sul. Vou fazer um reconto breve sobre esses últimos dias, desde que saí do Brasil.

Saí do Brasil no domingo, dia 24, depois de no sábado, na cidade do Rio de Janeiro, termos discutido com o pessoal do Comitê Olímpico Internacional as chances de o Rio sediar as Olimpíadas de 2004. No jantar que tivermos, conversei longamente com o presidente do comitê, um alemão chamado [Thomas] Bach,* parece que ele se impressionou bem com o Rio. Ele conhecia trabalhos meus e disse ter muito entusiasmo por um que publiquei na Alemanha sobre o novo Renascimento no próximo século.** Foi um jantar agradável.

Ao meu lado sentou-se um general da Nigéria, um iorubá, e como eu conhecia um pouquinho sobre esse povo africano, deu para termos uma boa conversa.

Antes eu tinha estado na Escola Naval, onde fiz uma conferência para uns quinhentos oficiais sobre defesa nacional.

Sábado de manhã eu tinha estado com o príncipe das Astúrias,*** inaugurando a exposição espanhola.**** O príncipe não tem a graça do pai. A exposição foi muito boa.

Domingo cedo saímos do Rio de Janeiro para vir para Angola. Chegamos a Luanda no fim do dia, noite já.

Prepararam uma festa simpática com os brasileiros que vivem em Angola, no Gamek, que foi feito para construir a hidrelétrica de Capanda,***** e mais nada de extraordinário. Depois jantamos na casa de hóspedes com o pessoal do Itamaraty.

No dia seguinte de manhã, que foi ontem, segunda-feira, tive um encontro com José Eduardo dos Santos, presidente de Angola. Conversamos também com alguns ministros, mas vou me restringir à conversa com Eduardo Santos.

O principal foi a discussão sobre o dr. [Jonas] Savimbi. Na visão de Eduardo Santos, eles em Angola, o MPLA,****** querem a paz, e o Savimbi não tem mais alterna-

---

* Presidente da comissão avaliadora para a seleção da sede das Olimpíadas de 2004. O presidente do Comitê Olímpico Internacional era o catalão Joan Antoni Samaranch.
** "Architects of the Upswing: Agenda for the 21st Century", *Frankfurter Allgemeine Zeitung*, Frankfurt am Main, 1995. Versão brasileira: "Agenda para o século XXI". In: *A utopia viável: Trajetória intelectual de Fernando Henrique Cardoso*. Brasília: Presidência da República, 1995, pp. 95-106.
*** Príncipe Felipe de Bourbon, coroado rei Felipe VI em 2014.
**** Exposição Industrial e Tecnológica da Espanha (Expotecnia 96), no Anhembi, em São Paulo.
***** A Odebrecht foi uma das participantes do consórcio de construção da usina, iniciada em 1984 e concluída em 2007.
****** Movimento Popular de Libertação de Angola, ex-guerrilha e partido político do presidente Santos.

tiva para a guerra, por já não contar com o apoio dos Estados Unidos nem com o da África do Sul. Disse também o Eduardo Santos — me pediu reserva — que ele entrou em contato com o Mobutu [Sese Seko],* que mora hoje na França e que é quem domina o Zaire. E que lá, na transição, vai subir alguém, o vice-presidente, alguém assim, que é mais favorável a Angola.

Ele, então, torce para essa transição do Mobutu por essa via e acha que com isso o Savimbi fica muito isolado. Eles estão esperando que o Savimbi tope uma negociação e as Nações Unidas declararão que ele terá entregue todas as armas, e as tropas serão alistadas até o fim desse mês. A partir daí, a tropa que existir lá não será mais do Savimbi, então eles vão reprimir. Deu-me a impressão de que eles estão preparados, e bastante, para armar alguma coisa militar se houver necessidade. Embora o Eduardo Santos dissesse o tempo todo que não, que não iriam por esse caminho. Bem. Essa é a visão dele sobre o Savimbi.

Depois tem a visão também sobre a questão do Zaire, a questão de Ruanda e da confusão que está marcada lá alongando ainda em Ruanda, e também em Uganda, no Burundi e no Zaire. É uma briga entre os hutus e os tutsi.**

Na verdade é muito confuso, eu tinha prometido ao Chrétien, do Canadá, que mandaríamos tropas brasileiras sob o comando da ONU, mas percebo agora, pela conversa com o Eduardo Santos, que é melhor nem mandar, porque eles já voltaram para seus países de origem. E não vale a pena também porque pode parecer uma intervenção externa.

Isso foi em Luanda. No dia 25, um longo dia, fui para Lobito e ali vi a tragédia da guerra, tudo destruído, muita maldade, uma coisa terrível, ruim mesmo, foi emocionante ver brasileiros*** lá, a população na rua ovacionando, aplaudindo.

Ali tomei um avião e vim para a África do Sul. Chegamos aqui ontem à noite e hoje passei o dia aqui em Pretória, onde logo de manhã tive uma cerimônia oficial e depois uma longa conversa com Mandela. Ele é impressionante. Um homem realmente muito distinto, fácil de conversar.

Agora à tarde recebi o vice-presidente, Mbeki, que é quem provavelmente vai suceder Mandela,**** o [Mangosuthu] Buthelezi,***** que é o chefe dos zulus, o dr. [Roelf] Meyer, chefe do Partido Nacional, antigo partido do apartheid e dos antigos afrikaners.

* Presidente do Zaire, atual República Democrática do Congo.
** Entre abril e julho de 1994, durante a guerra civil em Ruanda, cerca de 1 milhão de pessoas foram assassinadas por extremistas étnicos hutus, apoiados pelo Zaire. A maioria das vítimas pertencia à etnia tutsi, que recebia apoio de Uganda. O genocídio deslocou milhões de refugiados hutus para os países vizinhos depois da vitória final dos tutsis, e o conflito se espalhou para o Zaire.
*** Militares brasileiros da Unavem 3 (Terceira Missão de Verificação das Nações Unidas em Angola).
**** Thabo Mbeki.
***** Ministro do Interior e líder da tribo zulu.

Basicamente Mandela discrepa, e também o vice-presidente Mbeki, da opinião do Eduardo Santos sobre Savimbi. Na interpretação deles, o Savimbi, sendo um ovimbundu, ou seja, das tribos do setor de Angola que era mais pobre, não tem uma ligação tão grande com os portugueses quanto os kimbundu, que são da costa, e que têm uma base social de apoio. Ninguém discorda de que ele realmente tomou conta do diamante, de que ele é um perigo público nesse sentido, mas acham que não há vitória militar possível, porque há uma questão social no meio.

Mandela diz que já falou com o Savimbi há duas semanas e o vice-presidente, o Mbeki, disse que eles estão programando um encontro entre o Savimbi e o Eduardo Santos. Disse-me o Mandela que o Eduardo Santos errou e que o Savimbi errou também. Todos erraram, e muito, nas negociações em Angola. O que acontece é que o Savimbi tem uma estrutura paraestatal, e não existe a vontade dele de dissolver essa estrutura num Estado nacional, não existe a ideia de um Estado nacional na perspectiva do pessoal que está com o Savimbi.

Outra diferença marcante entre Eduardo Santos e Mandela é que Mandela acha que não é o Savimbi quem decide tudo. Entretanto, a opinião do pessoal do MPLA, tanto do Venâncio [da Silva Moura], que é o ministro do Exterior, quanto do José Eduardo Santos, é de que o Savimbi decide sozinho, é autocrata e decide. Aqui, o que o Mandela me disse sobre o Savimbi foi outra coisa. Pelo Savimbi seria mais fácil chegar a um entendimento, mas os generais dele, seus chefes locais, enfim, seus auxiliares, não aceitariam essa decisão, porque ficariam à mercê do MPLA. Há uma discrepância importante nisso.

Nas discussões sobre a situação interna da África do Sul, Buthelezi chamou a atenção de que a província dele, KwaZulu-Natal, que é a dos zulus, tem um rei zulu[*] e que esse reinado era reconhecido, e que agora, com o centralismo do Mandela, pode virar autoritarismo. Ele acha que é preciso haver uma federação. Perguntei se uma federação do tipo da americana, ele disse que mais ou menos, e que também não precisa ser uma coisa espanhola, com tanta autonomia.

No fundo também é uma luta para a distribuição de pedaços do Estado, e eles acreditam nesse Estado. O partido do Buthelezi, chamado Inkatha,[**] quer a independência dos zulus, ou pelo menos uma negociação que leve a uma autonomia maior dos zulus. Parece que aqui são... nove províncias. Dessas nove, umas seis teriam problemas de origem também cultural, segundo o Buthelezi.

Mandela não acha isso; acredita que o Buthelezi está usando o rei zulu. Mandela aconselhou o rei zulu a não se intrometer na vida partidária, propriamente dita, e a se manter muito mais como figura de referência.

O vice-presidente foi mais explícito do que o Mandela nas negociações, também sobre a questão dos grandes lagos, ou seja, do Zaire, eles acham que é contrain-

---

[*] Goodwill Zwelithini.
[**] Inkatha Freedom Party.

dicada qualquer ação de forças externas lá. Mandela me disse que o comando tem que ser de um oficial da África e que os canadenses estão na mão dos franceses. Diga-se de passagem que também em Angola todo mundo atribui ao serviço de informações francês* uma forte sustentação tanto das questões do Zaire quanto do Savimbi.

Eles acham que os americanos assumiram outra posição e que os franceses, não; que o Estado francês não domina o seu serviço secreto e que há uma ligação do Marrocos com o serviço secreto francês, que ela passa pelo Zaire e vem até o Savimbi. É possível. São os restos do colonialismo e vestígios da luta Leste-Oeste** ainda estourando nos povos daqui, como os angolanos, que, como eu vi lá, é realmente de dar pena, tão alto o grau de matança e de violência, de destruição das cidades. A cidade de Kuito acabou.***

Voltando a temas da África do Sul. Foi interessante também o encontro com o secretário-geral do Partido Nacional.**** Ele tem a noção de que ou eles atraem lideranças negras para o partido — e, portanto, o partido passa a ter uma visão mais política das questões —, ou, mantendo-se como um partido só de brancos, vão perder. Diz ele que perderá não só o partido, mas também a integração política da África do Sul.

Então, vão lutar nesse sentido. Acho que o Mandela também acredita nisso, quer dizer, que é preciso existir maior flexibilidade de todos os partidos. Eu acredito que para eles alcançarem isso será preciso haver algum ideal, porque a liderança negra não vai entrar num partido de brancos à toa, mesmo que haja uma diferença em termos de ideias.

Estive ainda na universidade***** para o lançamento de um livro. ****** Amanhã teremos um dia muito duro, de muito trabalho. Hoje fomos a uma recepção oferecida pelo Mandela, eu e o Mandela dançamos, fomos falar com o coro, ele é muito simpático, foi conversar de mesa em mesa, é uma criatura realmente encantadora. Fiz um discurso, li correndo um texto em inglês, não gosto de ler, muito menos em inglês, o Itamaraty faz textos muito longos para os brindes e vou ficando nervoso, vou lendo mais depressa. Não gostei da minha performance hoje.

* Direction Générale de la Sécurité Extérieure (DGSE).
** Durante a guerra civil em Angola, iniciada em 1975, a Unita de Jonas Savimbi foi apoiada pelos Estados Unidos, pela África do Sul e por potências ocidentais, enquanto o MPLA recebeu apoio soviético e cubano. O conflito foi definitivamente encerrado em 2002.
*** Na capital da província de Bié operava a maioria dos militares brasileiros integrados à força de pacificação da ONU.
**** Frederik de Klerk, último presidente da África do Sul sob o apartheid.
***** University of South Africa (Unisa).
****** *Brasil e África do Sul. Riscos e oportunidades no tumulto da globalização.* Anais do Seminário Brasil-África do Sul, realizado pelo Itamaraty no Rio de Janeiro, em 24 e 25 de setembro de 1996.

Bolívar Lamounier está muito feliz, achando marcante nossa presença aqui, e foi mesmo, sobretudo em Angola. Na África do Sul vem sendo muito emocionante ver o jeito como Mandela me trata, e eu a ele, é uma coisa, eu diria, até bonita. Mandela me perguntou por que o Lula tinha vindo aqui e eu não. Disse que perguntou também ao embaixador,* achava que havia uma cisma minha. Não me disse isso, disse ao embaixador. Eu expliquei que não era nada disso. Agora me parece que estamos numa relação muito boa.

Contei-lhe também sobre a proposta do Kohl para o meio ambiente,** e Mandela acha que podemos fazer em conjunto, sim, está disposto a colaborar.

Falei sobre o secretário-geral da ONU, e diz ele que estão querendo botar lá o ministro do Exterior do Senegal, de quem ele não sabe nem o nome, e que tentou falar com o Clinton sobre o Boutros-Ghali, mas que o Clinton não topou. Ainda bem que não falei, porque eu sabia que o Clinton não ia topar.

Mandela também não gosta muito da relação dos Estados Unidos com Cuba. Diz que os cubanos ajudaram a África do Sul. Ele tem uma relação positiva com o Fidel Castro.

A visão que Mandela e seu vice-presidente têm da África é que eles vão exercer um papel grande aqui. Pena que Mandela já seja um homem de 78 anos, doente, esteve preso por 27 anos, é um homem abalado. Estava com a filha que é casada com um príncipe. Aqui tem muito essa coisa de príncipe. É curioso. Mandela tem um jeito de aristocrata, no modo de tratar as coisas, benevolente mas firme. É um homem fortemente de negociação. Falou bem para mim até do [Pieter] Botha, que foi primeiro-ministro e presidente.*** Também elogiou De Klerk, ele acha que esse pessoal ajudou a negociar. É totalmente favorável a uma integração negociada.

HOJE É SEXTA-FEIRA, 29 de novembro, estou em Brasília.

Voltamos ontem da África do Sul, e ainda quero registrar o que aconteceu nas nossas últimas horas lá.

Dia 27, portanto quarta-feira, foi talvez o dia mais marcante da nossa visita à África do Sul. Logo de manhã fomos para Soweto. Na cidade de Johannesburgo (ela se parece com Filadélfia, com Baltimore, porém um pouco mais bonita do que elas, porque tem mais verde), me encontrei, na porta da governadoria, com o governador,**** que lá eles chamam de *"premier"*. Uma pessoa fascinante chamada Tokyo (é o apelido dele), parece um lutador de judô, foi apelidado de Tokyo Sexwale,

---

* Oto Agripino Maia.
** Referência à sugestão do chanceler alemão para a realização de uma cúpula estendida do G7 no Brasil, com foco na temática ambiental.
*** Botha foi presidente da África do Sul em 1984-89 e primeiro-ministro em 1978-84.
**** Governador da província de Gauteng, cuja capital é Johannesburgo.

Tokyo "Sexo de Baleia", que eles pronunciam "Sequale". Uma figura, um figuraço, simpático, bonito, falante, me recebeu no meio da rua, paramos o trânsito, ele quis me mostrar como a cidade tem trânsito e por isso é importante. Recebeu o presidente do Brasil no meio da rua, depois entrou no meu carro e com grande loquacidade foi me mostrando e explicando tudo até chegarmos a Soweto. O primeiro encontro que tive lá foi com uma organização não governamental — aqui se diz NGO — chamada Funda Centre. Gozado que temos em São Paulo a Fundacentro,* também de trabalhadores.

Tokyo fez uma apresentação sobre essa organização, fundada para que as pessoas da região exponham seus talentos. Criaram um *"college"* e o reitor desse *college* fez um discurso — um rapaz com um inglês bastante sacrificado, com pronúncia africana —, expôs o que se faz na Funda Centre. Lá havia música, escultura, desenhos pelas paredes. O simbólico de estarmos nesse local é que para eles o significado dali é enorme, porque é a organização local de Soweto, centro da luta contra o apartheid. Tokyo Sexwale foi extremamente generoso, simpático, falante, nos mostrou tudo e depois saímos juntos para percorrer as ruas de Soweto.

Na verdade, a parte que vimos de Soweto era um bairro... lembrou um pouco um bairro de negros de Palo Alto que conheci no tempo em que morei lá, em 1971, em que as casas, para nós, brasileiros, não eram nenhum tipo de favela. Ele me mostrou algumas onde ficavam os trabalhadores do começo do século XX, creio que os que vieram para Johannesburgo, para as minas de ouro. De passagem, vimos as minas de ouro encravadas no meio da cidade, montanhas amareladas. Ainda há ouro lá, mas ele vem minguando; agora eles usam técnicas novas para explorar esse ouro residual. Vi também antigos acampamentos, agora transformados em casa.

Tokyo me mostrou ainda a casa onde hoje mora Winnie Mandela, ex-mulher de Mandela. Aí, sim, um casarão quase do tipo que se vê não digo no Morumbi, mas entre o Morumbi e o Jardim América,** no meio de Soweto.

De lá fomos a uma pracinha onde há um monumento em homenagem a um rapaz assassinado em 1976 pela polícia,*** fato que marcou, digamos, o grito de revolta de Soweto contra o apartheid. Foi muito bonito lá. Muitas crianças, velhos, mulheres, todos entoando gritos de boas-vindas, um grito saído do fundo, uma coisa profundamente emocionante, porque estava lá também a mãe do rapaz assassinado, que carregou o corpo do filho, e muitos moradores da região. Havia um clima de grande emotividade, e favorável à presença do presidente do Brasil ali.

Me deram um xale com as cores deles que não são exatamente como as do Brasil, verde e amarelo, há preto também, e fui apertar a mão de um por um, e abraços

---

*Fundação Jorge Duprat e Figueiredo, vinculada ao Ministério do Trabalho.
**Bairros nobres de São Paulo.
***Hector Pieterson, estudante de treze anos assassinado em julho de 1976 durante o Levante de Soweto.

e beijos, um rápido discurso diante do monumento. Um rapazinho, um menino de treze anos, fez um poema referindo-se à luta deles e tal.

De lá fomos para a casa do Walter Sisulu, que esteve preso com Mandela e tem mais de oitenta anos. É o grande inspirador do Mandela, mulato-claro, sua mulher também estava lá, esqueço o nome dela agora, hoje ela é deputada.* Estes moram numa casa tipo Soweto mesmo, modesta. Nós entramos, o Tokyo também, o pessoal não entrou, só na saída é que falamos com eles. Tokyo fez um discurso dizendo que era a primeira vez que o maior líder deles abria sua casa para receber um chefe de Estado. Nem Mitterrand, Tokyo disse, nem Kohl... enfim, citou todos que passaram por lá, ninguém nunca tinha provado da intimidade da casa deles e que faziam aquilo como reconhecimento à atitude do Brasil, que foi sempre de compreensão com a luta contra o apartheid. Quase todo mundo chorou, eu mesmo tive que me conter, e o Walter Sisulu falou muito pouco, mas falou da alegria dele e de sua mulher. Fez uma espécie de contraponto, dizendo que alguns antigos lutadores já estão muito importantes e que ele não, manteve-se modesto ali.

Saímos e, à porta da casa de Sisulu, falamos com a imprensa. Ali mesmo me despedi do Tokyo Sexwale e fui para um almoço no *The Star*, que é o maior jornal da África do Sul, com a imprensa da África do Sul mais os nossos jornalistas. Não foi bom, havia um clima meio frio, eu não estava lá muito inspirado nas coisas que falei, eles também não me fizeram nenhuma pergunta relevante, conversei com o diretor do *Star*.

Saindo dali — veja como foi difícil —, fomos correndo ao hotel, para eu descansar uns dez, quinze minutos, mas acabei descansando por meia hora, porque em seguida teríamos uma série de atividades.

Recebi o dirigente de uma empresa chamada Genco, que explora minérios e é uma das maiores de lá junto com a Anglo American. Essa Genco é sócia da Vale do Rio Doce em vários empreendimentos e, pelo que noto, o presidente da Vale, o Schettino, tem um especial interesse em que a Genco se componha com os grupos brasileiros na privatização da Vale do Rio Doce. Para o Schettino, a Genco é uma empresa mais aberta do que a Anglo American. Eles sabem tudo sobre o Brasil, claro, fizeram os elogios que todos fazem a mim e ao que está ocorrendo aqui no país, ele acompanha tudo.

Depois de ter recebido esse pessoal, fui falar com um grupo de setenta empresários brasileiros que me acompanhavam à África. Eles reiteraram seu apoio, pediram mais suporte para as exportações. Eu disse o trivial, o habitual ligeiro que ocorre nessas ocasiões. A conversa de sempre, nem vou registrar.

De lá fui correndo para a universidade** fazer um *speech*, dar uma aula sobre globalização e as opções que ela abre para os países em desenvolvimento. Foi bom.

---

* Albertina Sisulu.
** University of the Witwatersrand.

Li o texto, mas fiz muitos comentários, ficou bem claro qual é a minha visão do Estado, minha visão da globalização, que não é um valor, é uma situação, dentro da qual temos algumas escolhas, não temos muitas, mas temos que fazê-las, se tivermos capacidade. Tivemos um bom debate, meu inglês estava mais fluente. Foi bastante calorosa a recepção no Instituto Sul-Africano de Relações Internacionais dessa universidade de nome holandês difícil de pronunciar.

Estou me lembrando agora que, na verdade, o encontro com os empresários brasileiros ocorreu depois da minha ida à universidade, e não antes como eu disse. Portanto, depois de estar com os empresários brasileiros, fui para um jantar oferecido pela South Africa Foundation, que é ligada à Anglo American. Ali estava o top da vida econômica sul-africana, inclusive o dono da De Beers, que controla o negócio de diamantes mundialmente e é personagem muito conhecido na África do Sul, um senhor de 82, 83 anos, judeu, que já esteve no Brasil.* Sua família controla a Anglo American, portanto os diamantes, além de ouro e de estar à frente de muitas outras atividades. Mas quem dirige hoje a Anglo American é um senhor chamado [Julian] Thompson. Ele estudou em Oxford, tem um sotaque absolutamente inglês, uma fala calma, e sabe bastante do Brasil, tem vindo aqui desde 1972 ou 74, não me recordo. Ele me fez uma pergunta, quis saber se o governo do Brasil aceitaria uma participação *fifty-fifty* de estrangeiros na Vale. Fui evasivo na resposta, porque não me cabe entrar nesses detalhes. Chama-se Oppenheimer, o dono dessa Anglo American.

Depois dessa breve conversação, fomos para o salão de jantar, muita gente, realmente o que havia de mais expressivo e representativo em termos da economia sul-africana, presente também a delegação brasileira, alguns empresários, alguns dos ministros que foram comigo e ainda o pessoal da Marluce Pereira e do Ivair [dos Santos], que são da comunidade negra. Primeiro, fiz um reconhecimento caloroso do papel de Mandela, depois coloquei tudo a favor de que haja um entendimento maior entre Brasil e África do Sul, tanto político como econômico. A repercussão naquele momento foi excelente.

Voltamos para dormir não em Johannesburgo, mas em Pretória. Ruth chegou depois de mim ao hotel, ela tinha ido jantar com a embaixatriz,** com a Lenir Lampreia e com mais algumas pessoas num restaurante em Pretória de que ela gostou muito.

No dia seguinte, ou seja, ontem, saímos cedo, recebemos as homenagens de praxe e fomos para a Cidade do Cabo. Cape Town é uma cidade branca, parece um pouco San Francisco, mas só vi de longe. Entrei num hotel simpaticíssimo e mal tive tempo de falar com o governador, que ali me recebeu. Em seguida veio o arcebispo Desmond Tutu, que eu já conhecia, ele esteve no Brasil, é um herói da luta contra o apartheid. Tivemos uma longa conversa sobre problemas, dificuldades e

---

* Harry Frederick Oppenheimer.
** Carla Agripino Maia.

facilidades, ele perguntou de d. Paulo [Evaristo Arns], perguntou de d. Helder [Câmara], mas sobretudo de futebol. Ele tem apenas 65 anos, está sempre lutando, é presidente da comissão da verdade e da reconciliação, Truth and Reconciliation Commission, que tem uma missão difícil e é uma iniciativa para que as pessoas passem a limpo o passado e se arrependam dele.

Até o Botha está sendo chamado, enfim, são grandes as dificuldades que a África do Sul tem. De lá fui almoçar com a presidente da Câmara dos Deputados,* com o presidente do Senado** e com alguns poucos parlamentares, porque eles estavam em recesso. De novo gente de primeira linha, sobretudo a senhora *speaker*, como eles a chamam, que é descendente de hindus.

Ela me explicou que na Cidade do Cabo a maioria é composta do que eles chamam de *coloured*, e não são só os mulatos; mais do que mulatos, são os malaios, os chineses, é uma grande confusão de cores. A segunda maioria são os brancos e a terceira os negros. No passado os negros não eram autorizados a trabalhar na Cidade do Cabo.

Me recordei depois que foi no Cabo que Fernando Pessoa estudou, escreveu, li textos dele em inglês, de prosa, sobre a região. Interessante, ninguém se referiu ao Fernando Pessoa lá, eu mesmo esqueci de mencioná-lo, só falei dele quando visitei a biblioteca.

De passagem, entrei na sala de reuniões do Senado, onde estavam discutindo a participação dos governadores de província, assim entendi eu, uma função para eles, uma coisa inovadora.

Recebi o texto da Constituição da África do Sul. Foi muito boa a conversa com essa senhora [Ginwala], a presidente da Câmara dos Deputados. Todos dizem a mesma coisa, e ela foi mais explícita: na África do Sul, para se obter o mínimo [de êxito] em um entendimento, tem que haver disposição para a participação dos negros. A maioria se impõe. A partir daí, se negocia com ampla flexibilidade e generosidade com as minorias. As questões são difíceis, mas elas estão encaminhadas e eles sabem que têm condições de superá-las e de seguir adiante.

Eu também acho. Minha impressão da África do Sul é que, apesar de toda aquela diversidade, de toda aquela dificuldade, diante de fatos nos quais se vê que óleo e água ainda não se misturam, de que persiste uma visão precavida dos brancos, sobretudo dos bôeres, de descendência holandesa, apesar disso tudo a presença marcante de Mandela e dessa liderança que esteve presa — que foi para o exílio, entrou na guerrilha, saiu da guerrilha, se revoltou em Soweto, promoveu a reconciliação — ajudou a consagrar o entendimento de que no mundo de hoje é preciso haver certa negociação para que se chegue à transigência. Só isso assegura uma possibilidade de futuro para a África do Sul.

---

*Frene Ginwala, presidente da Assembleia Nacional.
**Kobie Coetsee.

Ouvi dos donos da De Beers que o Mandela conversou com eles todos secretamente muitas vezes, que juntos eles estabeleceram regras, por isso também acreditam que é possível conviver. Eles têm medo de um surto de populismo. Segundo eles, se não aconteceu na África, aconteceu na América do Sul. Acho que talvez pensem em Tokyo Sexwale, mas me pareceu que além de populista ele é um homem de maior visão. Todos apontam o vice-presidente Mbeki, ungido tanto por Mandela quanto pelas forças, digamos, conservadoras da África do Sul, como o homem capaz de levar adiante um governo com alguma racionalidade e insistindo na democratização.

Foi uma experiência muito interessante ver, e comparar com o Brasil, as imensas dificuldades daquele país e a capacidade que lá estão tendo até agora de, sem acirrar ódios, ir criando as condições para uma convivência — dificílima convivência.

Outra anotação que quero deixar aqui, agora extraída da conversa com o presidente da South Africa Foundation, que se chama [Conrad] Strauss e que esteve comigo na universidade, é sobre Angola. Ele assistiu à minha conferência, disse que gostou dela e que até tomou notas, e na conversa que tivemos no jantar levantou a hipótese de que quem sabe ainda fosse possível existir a tendência para duas Angolas. Para todos com quem falei — não falei sobre isso com a *speaker* da Câmara —, Savimbi representa a reivindicação social.

Ontem, já no avião, voltando para o Brasil, conversei com a Dulce Pereira e com o Ivair. Eles também sentiram que há um problema em Angola com Savimbi. A Dulce, que é presidente da Fundação Palmares, o entrevistou. Considera Savimbi um bandido. Aliás, é o que todo mundo acha. Ele é mesmo. Mas, diz a Dulce, altamente inteligente. O problema que ela vê em Angola é que lá os mulatos, os mais claros que se misturaram com os portugueses, tomaram conta do MPLA. Segundo a Dulce, Eduardo Santos se tornou presidente por ser mais escuro e assim eles preservarem o simbolismo.

Não sei se isso explica tudo. O fato é que me pareceu que na África do Sul ainda existe uma atitude que não é firme diante do Savimbi. Não obstante, extraí o que pude do conhecimento que eles têm da África e que nós não temos.

Conversei com o Lampreia. Não temos que ter uma posição de potência na África. Por exemplo, topei com o primeiro-ministro do Canadá, Chrétien, querendo enviar tropas para o Zaire, na África Central, a fim de abrir caminho para Ruanda. Os africanos não desejam isso, não querem interferência, eles querem prestigiar a Organização da Unidade Africana, a OUA. Então é preciso que o Brasil consulte mais a África do Sul, porque hoje ela tem uma interlocução mais ampla na África. Não podemos nos arrogar uma noção sobre a África, pois não a temos.

Na questão de Angola, claro que temos que continuar apoiando o MPLA, mas é preciso ir com jeito.

Outra anotação.

Percebi que o pessoal da De Beers deseja um contato mais sólido com a Odebrecht. Por alguma razão, querem uma associação e a Odebrecht, que é muito ligada ao governo do MPLA, talvez seja um pouco mais reticente sobre isso. Todos sabem que a questão central do Savimbi é a luta pelos diamantes. Sem isso não vai haver acordo. É curioso como já estamos quase no século XXI e a África continua no século XIX: exploradores estrangeiros, colonialistas, agora as empresas, lutas locais, tribos, o interesse pela matéria-prima, pelo ouro, pelo diamante.

Ganhei de presente um livro do Livingstone sobre as missões dele na África,* viagens de missionário, muito interessante. Li pouco ainda, mas o que li representa um desses símbolos da visão do colonialismo inglês. Sendo ele um reverendo, descreve tudo detalhadamente e imprimiu muito da visão europeia da África como um campo que, para ser civilizado, precisa ser convertido e, claro, explorado, muito explorado. A África vai ser um grande problema no século XXI.

Quando eu estava na África, houve aqui a mudança no Sebrae. Clóvis falou comigo, e o Luís Eduardo está incomodado, não deu para botar o Afif Domingos. Até tentei com o Dornelles, mas não foi possível, porque ninguém queria o Afif e também porque o Fernando Bezerra estava firme na posição de eles controlarem com esse Guerra [Pio Guerra Júnior], por quem não tenho nenhuma simpatia maior, mesmo mal o conhecendo. Eu o vi só uma vez, quando ele veio jantar aqui com os dirigentes da área rural. Ele é de Pernambuco, e isso pode ser complicado. Mantivemos o Durante — e os outros — [no Sebrae], onde ele vai ficar mais dependente de mim.

Dornelles me telefonou, deixou um recado de que tinha uma boa notícia. Pensei que tivesse resolvido a questão do Sebrae da melhor maneira possível, mas não era isso. Veja como estou desligado. E todo mundo achando que eu só penso na reeleição. Era sobre o PPB, que o Dornelles conseguiu, por uma maioria de 14 a 8 (que não se expressou, porque fizeram um entendimento), evitar que o PPB fechasse questão contra a reeleição. Dornelles tem agido com muita competência.

Daqui a pouco vou receber o Luís Carlos Santos, que vai me relatar isso com mais detalhes. Vou receber também o Clóvis e o Eduardo Jorge e já estou atrás do Paulo Renato, para ter uma noção do que está acontecendo na área educacional.

---

* *Missionary Travels and Researches in South Africa* (1857).

3 A 12 DE DEZEMBRO DE 1996

CPI dos precatórios. O novo ministro da Saúde. Congresso inquieto: eleições da Câmara, do Senado e reeleição

Hoje é terça-feira, 3 de dezembro. Vou retomar desde o dia 29, sexta-feira. Recebi o Clóvis, o Eduardo Jorge e o Luís Carlos Santos. Luís Carlos muito entusiasmado com o que conseguiram fazer na convenção do PPB. Se houvesse votação, teria dado 14 a 8 a nosso favor, mas chegaram ao entendimento de que fariam uma convenção, que será realizada amanhã, dia 4. Essa convenção apenas recomendará (ou não) a recusa à reeleição, mas não fechará questão. Maluf não saiu perdendo.

Sexta-feira passei o dia inteiro no Alvorada. Recebi no fim da tarde um diretor da revista *Exame* para uma entrevista. Nada de mais de extraordinário no decorrer do dia, salvo os telefonemas incessantes para que eu me pusesse informado do que havia ocorrido no Brasil na minha ausência.

No dia seguinte, sábado 30, reunião ministerial na Granja do Torto. Balanço das atividades, feito basicamente pelo Clóvis, que mostrou quanta coisa realizamos nesses dois anos de governo, e sobretudo neste último ano. Todos os ministros saíram reconfortados. Eu mesmo fiquei feliz de constatar que tínhamos trabalhado muito.

Almocei na Granja do Torto, voltei para o Palácio da Alvorada, onde tivemos um jantar com o Felipe González.

Felipe González foi ao Rio de Janeiro e eu disse a ele que viesse depois a Brasília. Ele veio, acompanhado do ex-ministro da Economia da Espanha, Carlos Solchaga, que ficou oito anos no cargo, e também do embaixador espanhol.* Reuni vários brasileiros para ouvirmos o Felipe, que falou com muita energia a noite toda. Saiu daqui à uma e meia da manhã, muito entusiasmado com tudo. Disse que foi derrotado porque acusaram um caso de corrupção lá e, segundo ele, a exploração do caso foi muito forte. Não falou mal em nenhum momento do Aznar, mas mostrou-se preocupado com a mudança de posição em relação a Cuba. Falou bastante de Cuba, de sua relação com Fidel Castro, que é antiga, e disse que também não tem muita esperança quanto a qualquer mudança em Cuba, embora não concorde com a posição agressivamente anticubana do Aznar.

Conversamos bastante sobre os Estados Unidos. Ele também tem uma visão crítica da política americana, está entusiasmado com o Brasil e com o Sanguinetti, com quem havia se reunido. Ficou impressionado com a energia e a vitalidade dele.

* Carlos Blasco.

Ele tinha estado numa fazenda em Dourados, no Mato Grosso [do Sul], e falou bastante sobre gado. Na outra vez que esteve aqui foi assim também, ele gosta de luta de touros, entende de gado, contou que seus pais foram vaqueiros.

Falamos um pouco sobre a Internacional Socialista. O Sérgio Motta estava presente, propôs que a reunião do capítulo latino-americano fosse feita no Brasil. Felipe é quem está encarregado de preparar "o socialismo no próximo século", no século XXI.*

Ele sabe, como todos nós, que as coisas não vão bem por esse lado. Disse que era chamado de neoliberal, de direita, que está acostumado a isso, que não devíamos nem prestar atenção, e que quem não entende que a globalização está aí como um fato não entende nada, que a esquerda está custando a se renovar. Disse, por fim, que assumiu essa tarefa da Internacional Socialista para ter uma posição de certa projeção.

Falou também da Alemanha, do Kohl como realmente o grande líder que vai levar a Europa à unificação monetária, à qual ele é favorável. Não acredita nas taxas de desemprego tão elevadas que as estatísticas espanholas registram. Longas conversas, muita divagação simpática.

O dia seguinte foi um domingo tranquilo, Nê e a Carmo dormiram aqui do sábado para o domingo. Passamos a manhã nadando um pouco, tudo muito plácido. Almoçamos só nós, a Ruth, eu, a Carmo e o Nê.

Antes do almoço recebi o Luís Eduardo Magalhães, que veio conversar sobre a candidatura do pai dele ao Senado. Ficou claro, na conversa comigo, que essa candidatura não estava nos planos dele. O pai se lançou, agora não tem como recuar, é preciso ganhar, senão fica muito ruim. Ele sabe disso. Eu perguntei: "E você, Luís? No futuro, como é que fica?". Ele respondeu que não queria nada, que a reivindicação dele era só a do seu pai. Eu lembrei a ele: "Você sabe que eu não posso ir além de certo limite nesse processo". Eu já havia discutido isso anteriormente com outras pessoas com as quais ele havia conversado sobre a candidatura do Antônio Carlos. Nós não podemos garantir nada, pois o voto secreto torna as coisas difíceis. Se não houver entendimento, ninguém pode garantir nada.

No fundo, Luís Eduardo quer que eu acene para o Iris Rezende a possibilidade dele, Iris, vir para o governo. Com isso ele acha que afastaríamos Iris do Senado, mas não creio que aconteça assim. Conversei com Iris e ele vai para a disputa no plenário porque sabe que ganha. Entre ser presidente do Senado ou ministro, vai escolher a presidência do Senado. Essa foi a conversa com o Luís Eduardo, sempre prestimoso.

Só de raspão ele falou sobre a questão do Afif e não reclamou nada. Houve uma conversa construtiva, como ele próprio é, sobre reeleição, o que é preciso fazer, o que

---

*Uma das resoluções do XX Congresso da Internacional Socialista, que aconteceu em Nova York entre 9 e 11 de setembro de 1996, foi o estabelecimento de uma comissão de alto nível, presidida por González, para realizar estudos e discussões sobre os desafios da social-democracia no século XXI.

não, sobre o Maluf, essa coisa toda, mas sobretudo ficou implícito que o apoio ao seu pai é, digamos, a contrapartida necessária para mostrar que estamos realmente aliados, que não é uma coisa de um lado só. A situação pode ser difícil, mas é assim.

De tarde estive com o deputado Nelson Trad* e o Rodrigues Palma, que vieram com o Zé Abrão. São do PTB, estão firmes conosco e vão, segundo eles, segurar o Pedrinho Abrão. Não sei se conseguem.

À noite uma coisa muito agradável, assistimos a um filme do Bruno Barreto, que veio com o pai, o Barretão [Luiz Carlos Barreto], com o irmão, a mulher, que é ex-mulher do Spielberg, e muita gente mais. O Weffort e o Paulo Renato também estavam. Assistimos ao filme *O que é isso, companheiro?*, baseado no famoso livro do [Fernando] Gabeira sobre o sequestro do embaixador americano no Brasil.

O filme é bom. O ator principal, o Pedro Cardoso, é meu primo, filho da Dulce Cardoso, minha prima-irmã. A Fernanda Torres veio também. É um filme comovedor, sobretudo para nós que vivemos aquela época. Todas as vezes que passa alguma coisa sobre tortura, sobre a luta armada, à qual nunca estivemos unidos, mas que marcou os anos 70, nos comovemos. No final todos chorávamos. Isso foi no domingo.

Na segunda-feira voltei à vida normal.

De novo me reuni com o Luís Carlos Santos, com os ministros da casa.

Em seguida recebi o pessoal da General Motors, que veio trazer a notícia de que vão instalar uma fábrica em São Paulo, outra em Santa Catarina e outra no Rio Grande do Sul, com a presença de todos os governadores. Tive que fazer um discurso separado para cada um, pelo menos para Santa Catarina e Rio Grande do Sul diante dos deputados e da imprensa. Sobretudo para o Rio Grande do Sul, a presença de uma automotora é algo marcante. Quero levantar o moral do Sul.

Fato curioso e desagradável: Mário Covas chegou emburrado. Antes eu tinha querido marcar um almoço com ele para hoje, mas ele não confirmou. Aí tentou ficar, mas vi que não ia dar certo, porque ele estava mal-humorado. Não entendi o mau humor. Hoje é que o Sérgio Motta me explicou que o Mário estava muito preocupado porque está perdendo tudo, que o governo federal não colabora, que a equipe econômica é quem manda, que ele tem votos e, não obstante, quem manda são os tecnocratas. Uma choradeira. O Mário é rabugento. São Paulo é o estado que mais recebeu apoio do governo federal.

Não quero desfiar o que fizemos, mas é muita coisa: o metrô, o acordo com o Banespa, o saneamento do Tietê, e por aí vai, mas o Mário é insaciável, reclama, reclama, reclama, e aparece mal-humorado.

Os governadores querem ter uma reunião comigo, vou marcar para quinta-feira, depois de amanhã. Eu nem queria que o Mário viesse. Agora mandei convidá-lo porque, como não houve o almoço, não quero que ele se aborreça ainda mais.

* PTB-MS.

Depois do almoço, recebi o Stephan Schmidheiny, um nome complicado. Ele é o presidente do Conselho Empresarial Mundial do Desenvolvimento Sustentável e sócio da Nestlé, sócio da Brown Boveri. Veio com várias pessoas ligadas ao meio ambiente.

Dei vários despachos internos e recebi também o empresário Guilherme Frering, que veio com um pessoal japonês associado dele, da Mitsui, um conglomerado fortíssimo no Japão. [Shinya] Hamano é o vice-presidente executivo da Mitsui para assuntos internacionais e [Tsutomu] Nakamura presidente da Mitsui no Brasil. Guilherme Frering quer que essa gente entre no consórcio para o leilão da Vale do Rio Doce. Junto com Frering vieram o Rafael de Almeida Magalhães, o Eliezer Batista, o [Erling] Lorentzen* e o Israel Klabin.

Recebi a Noemí Sanín, que foi chanceler da Colômbia, uma mulher interessante, inteligente, mas cujo desempenho fica apagado pela beleza. Dizem que ela já foi mais bonita ainda — de rosto ainda é muito. Tem seus méritos como política e quer ser candidata à presidência da Colômbia.

À noite, no Alvorada, Clóvis Carvalho e Alejandra Herrera vieram discutir a Lei de Telecomunicações. Foi bom porque Alejandra está como consultora da questão da telefonia e declarou a mim e ao Clóvis: "Tenho mais informações sobre alguns pontos básicos da lei de telefonia". Sérgio Motta é um grande *capo*, mas às vezes desconhece detalhes que Alejandra sabe, e naturalmente ela nos informou deles com discrição, porque não quer que o Sérgio imagine que ela esteja fazendo alguma coisa contra ele, e ela não está.

Hoje, terça-feira, de manhã tive as reuniões de sempre, avaliações. Falei com o deputado Vadão Gomes, do PPB, que está conosco e disse que Maluf anda fazendo um esforço enorme para poder mudar as coisas, mas não está conseguindo.

Almocei na casa do Luís Eduardo com a bancada do PFL de Minas. O de sempre, não vou nem repetir, todos dizem as mesmas coisas, reclamam um pouco do atendimento, mas acabam dizendo que vão votar com o governo e, portanto, também vão votar a reeleição.

Recebi Ralph Gerson, que é o presidente de uma indústria de vidros que vai se instalar no Rio de Janeiro.** Recebi porque Marcelo Alencar pediu.

Tive vários despachos internos, recebi o Ricardo Espírito Santo, presidente do Banco Espírito Santo lá de Portugal que, para a surpresa de todos nós, quer vir para cá e investir no Banespa. Será uma boa coisa se realmente for possível efetivar algo nessa direção.

Talvez o mais significativo de tudo que aconteceu hoje e que ainda não registrei foi o telefonema que recebi do Luís Eduardo. Ele soube que o Roberto Brant, amigo nosso, deputado do PSDB, membro da comissão que vai votar a reeleição,

---

* Presidente do conselho de administração da Aracruz Celulose.
** Guardian International.

fora procurado primeiro pelo Maluf. Ele se esquivou, mas depois foi [procurado por] um amigo do Maluf que é empresário. Esse empresário, em nome do Maluf, ofereceu a ele 1 milhão de dólares para votar a favor do Maluf, ou seja, contra a reeleição na comissão especial. E 100 mil dólares para ele apenas não comparecer à votação. O Luís Eduardo estava indignado, de fato é grave, mas o Luís Eduardo não pode abrir o jogo, dizer qual é o deputado que lhe contou isso.

Em seguida falei com Antônio Carlos e ele propôs que o Luís Eduardo vá amanhã ao Maluf e diga a ele que não vai permitir isso, que já sabe dessa coisa, e que seja enérgico com ele. Não sei se isso vai se efetivar, vamos ver. Amanhã à noite o Luís Eduardo irá a São Paulo dizer ao Maluf, na lata, que esses métodos são ultrapassados e que assim não dá.

Já que falei do passado, devo registrar também que o ministro Krause me procurou hoje, aflito, porque soube que o Pedrinho Abrão, líder do PTB, está na Comissão de Orçamento e a ele cabe, precisamente, ser o relator da parte relativa à irrigação, matéria da área do Krause. Pedrinho desmontou o orçamento e está remontando, cobrando comissões variadas de 2% a 10% das empreiteiras.* Isso é um escândalo que vai acabar aparecendo. E é bom que apareça.

Falei com o Gustavo Loyola, que veio me ver a meu chamado. Perguntei sobre o Bamerindus, eles continuam um pouco na mesma lenga-lenga, e não preciso voltar a dizer que o Zé Eduardo não merece ser tratado como se fosse trapaceiro, porque ele não é. Mas o Banco Central está com medo de fazer alguma coisa que a opinião pública interprete como favorecimento ao Zé Eduardo. Acho que não se pode ser injusto com o Zé Eduardo. Faça-se o necessário, mas sem sofreguidão para mostrar isenções. Elas não são necessárias, porque ninguém está realmente querendo proteger ninguém.

Agora o trágico: Gustavo Loyola me disse que na questão dos precatórios (sobre a qual há uma CPI no Senado, que teve a minha autorização) há realmente um envolvimento grande de várias distribuidoras de valores. Isso atinge a prefeitura do Maluf, o governador de Santa Catarina, o Arraes, de Pernambuco, e [gente] de Alagoas. Já há algumas investigações preliminares do Banco Central e se a CPI quiser ir fundo vai ser um estrago.

O Serra está nessa comissão da CPI. Pedi que o Loyola informe tudo ao Serra e também perguntei quem do PT estava lá; não sei se é o [José] Eduardo Dutra ou o Eduardo Suplicy. O Loyola prefere o Eduardo Suplicy; eu, nem sei. O fato é que essa gente, nessa hora, vai fundo, e é bom que vá mesmo.

Ele supõe que acabe respingando no Gilberto Miranda, presidente da Comissão de Assuntos Econômicos, e teme pelo Sarney, que já jogou a culpa no Banco

---

*O líder do PTB na Câmara foi acusado pelo ministro Gustavo Krause de exigir da Andrade Gutierrez uma propina de 4% para manter no orçamento da União a verba para a construção da barragem do Castanhão, no Ceará.

Central. Muitos precatórios não passaram pela Comissão de Assuntos Econômicos; foram direto para o plenário, e isso depende do Sarney. Pode dar muita confusão.

Está se vendo que a política está ficando mais áspera, começamos a ter de novo essas práticas antigas, porque agora a cambada do passado começa a luta real pela retomada do poder.

Também chamei o Paes de Andrade, que veio agora à noite ao Alvorada. Eu disse a ele: "Olha, você abriu mão para o Temer ser presidente da Câmara. É um ato de grandeza. Por que agora você não tem mais um ato de grandeza? Você é presidente do PMDB, pode ter uma relação direta comigo, por que não participar desse projeto político do qual eu quero que o PMDB seja parte efetiva?".

Ele me disse o seguinte. Primeiro, que estava combinado com o Maluf, que o Maluf ia apoiá-lo para presidente da Câmara, e também com a esquerda, sobretudo com o PCdoB, mas como Maluf lançou primeiro o Delfim, depois lançou o Prisco, ele foi ao Maluf ontem, creio, acusando-o de estar faltando com a palavra. Maluf tentou enganá-lo mais uma vez, dizendo que em quinze dias resolveria a questão. Paes não aceitou e propôs que Maluf escrevesse um manifesto ou uma nota dizendo isso. Maluf não quis, então Paes voltou e apoiou o Michel Temer. A Sandra Starling reclamou que o PT ficou sem candidato. Ele disse: "Vocês também enrolaram sem parar". Ou seja, tiraram o tapete do Paes de Andrade.

O Paes me disse que ele vai fazer a convenção do PMDB. Nós não queremos. Queremos que haja o conselho executivo, o Conselho Político. Mas ele me garante que na convenção não vai fechar questão, ele só quer que eu não impeça o número da convenção, ou seja, que eu não me movimente junto aos governadores para que eles deixem de dar número à convenção do PMDB. Eu disse que da outra vez não fui eu que me movimentei. Ajudei um pouco, mas foram os governadores que fizeram.

Vou pensar no assunto, depende da situação. O Sarney quer a convenção. De fato, como o Luís Carlos tinha me avisado antes, Sarney está jogando firme para confundir as coisas. Paes disse também que o Itamar e o Sarney são candidatíssimos à Presidência da República.

Insisti que ele tivesse uma visão mais grandiosa do assunto. Foi uma boa conversa, mas não creio que ele tenha condições efetivas de dar um salto tão grande a ponto de passar a apoiar a reeleição. Ele insinuou que, se houver uma decisão na convenção, ele vota pela reeleição e que em qualquer hipótese vai deixar a questão aberta.

4 DE DEZEMBRO, quarta-feira.

Dia calmo. De manhã, solenidades leves, inauguração de quadro no palácio, recepção de jovens ganhadores de um concurso sobre a descrição da Antártica,* assim por diante.

---

*Concurso de redações promovido pela Marinha.

De tarde, recebi o Serra, que está indo para Cingapura,* veio falar sobre a CPI dos precatórios, porque está metido nisso. Disse que o Jader Barbalho queria que ele fosse o relator, ele não quis, então o Jader nomeou o Requião, mas não foi nada calculado; não havia ninguém que quisesse. Parece que essa coisa vai dar bastante complicação na área do Senado.

Fui à CNA, a Confederação Nacional da Agricultura, para a posse do presidente, que é o mesmo de sempre, Antônio de Salvo. Discurso para cá, discurso para lá.

A pesquisa divulgada pelo Ibope teve um grande efeito. Pesquisa toda favorável ao presidente e ao governo. Pela primeira vez o governo empata, creio que tem só um pontinho a mais do que a confiança no presidente. Isso é muito positivo.

Depois, conversas sobre a reeleição. O Luís Eduardo queria saber como foi a conversa com o Paes de Andrade, eu a transmiti, acho que ele ficou um pouco apreensivo. Depois estive com o Dornelles, que me disse que o Amin quer conversar comigo, para poder dizer mais adiante (ele vai falar com o Maluf, com o PPB) que estou disposto a abrir espaço para o PPB; eles querem ver como ficam. Diz o Dornelles que o Amin estaria até disposto a enfrentar o Maluf e rachar. Não sei até que ponto, mas me parece que há certo jogo do Amin nessa matéria, e vou chamá-lo para conversar.

Recebi no jantar o Murilo Portugal e toda a equipe econômica, inclusive o que vai substituí-lo, que eu não conhecia, Eduardo Guimarães, creio.

Mais preocupante: o Rego Barros me telefonou dizendo que o Itamar tinha falado com o Itamaraty para saber se poderia vir ao Brasil por conta própria, como veio o Bornhausen. Viria para participar da comissão da reeleição na Câmara.

Falei que ia pensar e telefonei para o Hargreaves. Ponderei com ele que me parecia um exagero o Itamar vir a uma comissão que de forma geral é obviamente contra o governo. Hargreaves disse: "Mas ele não vai falar mal do governo". Eu respondi: "Eu sei, mas isso vai ser explorado. Ele é embaixador, vai me colocar numa posição delicada. Pondere com ele. Tenho medo que disso surjam desdobramentos menos agradáveis e surpreendentes, como o Itamar costuma ser".

Hargreaves disse que ficou muito irritado com o artigo da Dora Kramer, porque a Dora disse que eu teria passado o mel no Itamar e que ele agora já estaria mais predisposto a não ficar contra a reeleição e que, se ela não passar, eu posso apoiá-lo para presidente. Enfim, essa intrigalhada habitual. Não sei o que vai sair disso tudo.

HOJE É 5 DE DEZEMBRO, uma quinta-feira, estou vindo da inauguração da nova sede do BID. Enrique Iglesias veio ao Brasil e inauguramos uma placa, foi uma solenidade rápida.

*O senador viajou para acompanhar a Conferência Ministerial da OMC, de 9 a 13 de dezembro de 1996.

A registrar: primeiro que os jornais estamparam de manhã uma denúncia contra Pedrinho Abrão, líder do PTB. Como eu já havia registrado aqui, o Krause me procurou para dizer que alguém da Gutierrez teria dito que o Pedrinho Abrão cobrara 4% para liberar uma verba do açude de Castanhão, e que Paes Landim, do Piauí, teria ponderado que 4% era muito, talvez 2%.

Tudo isso está no jornal um pouco diferente: o Paes Landim não assume ter feito essa ponderação, mas de alguma maneira confirma que Pedrinho Abrão entrou nesse tipo de conversa.

Isso é grave. Falei com o Luís Eduardo, que já fez o que tinha que fazer, uma comissão de nível sério, e acho que se isso for confirmado Pedrinho Abrão tem que ser cassado. Pedrinho tinha um encontro marcado comigo hoje para as onze horas. Ontem à noite o Luís Carlos Santos teve o bom senso de cancelar, porque aí seria realmente mais um escândalo para Pedrinho Abrão, porque iria parecer que ele tinha vindo pedir minha interferência. Não pediria, mas iria parecer assim.

O Luís Carlos Santos me procurou para contar a história do Roberto Brant que eu já registrei aqui. De que ele foi procurado por alguém que, em nome do Maluf, lhe ofereceu 1 milhão de dólares para ele votar contra a reeleição. Pois bem. O Vadão Gomes soube que o pessoal do Maluf de fato se reuniu; ele sabe perfeitamente onde foi, quem estava lá, não sei o quê, para escolher as pessoas que deveriam ser abordadas. E a proposta é esta mesmo: 1 milhão de dólares para quem votar contra a reeleição.

Luís Carlos estava muito assustado, disse que na comissão há várias pessoas inconfiáveis e que, além do mais, os líderes são candidatos à reeleição da presidência da Mesa, portanto não querem mexer na composição da comissão. Eu disse ao Luís Carlos que se as coisas forem por esse caminho é melhor não nos anteciparmos [na votação na comissão] e pedirmos um plebiscito. Assim me livro da chantagem de alguns indivíduos, e é mais difícil para eles recusarem o plebiscito. Vamos ver quem quer ou não um plebiscito.

A luta está ficando cada vez mais surda e também suja. E o Maluf é o Maluf de sempre, dizendo o tempo todo nos jornais que o governo está fazendo fisiologia. O governo não fez fisiologia nenhuma. Eles estão no desespero.

O Luís Carlos me contou com detalhes como o Quércia fez para evitar que a conta bancária dele fosse aberta numa comissão [CPI] sobre a Vasp. Ele revelou quem recebeu o dinheiro e como foi. Inclusive algumas pessoas que estão hoje em posições importantes participaram dessa história do Quércia, receberam o dinheiro, e pronto.

Vou me encontrar à tarde com o Sarney, mais uma vez para discutir a convocação do Congresso e também para sentir até que ponto ele vai nesse jogo de faz de conta sobre a convenção do PMDB.

6 DE DEZEMBRO, é sexta-feira. São onze e meia da noite.

O encontro com Sarney ontem à tarde rendeu uma hora de conversa tranquila. Ele disse que na convenção jogará para deixar a questão aberta e que não há saída para o Paes e reafirmou os termos do entendimento anteriormente havido entre nós.

E à noite o Antônio Carlos Magalhães me telefonou sugerindo que o Sarney ficasse em Brasília para poder terminar os orçamentos. O que é verdade, pois como presidente do Congresso ele tem mais força do que o Teo Vilela, o vice. Para isso teríamos que arranjar um substituto para o Sarney [na entrega do Nobel aos timorenses] em Oslo.

Nesse meio-tempo falei com o Hargreaves, porque soube que o Itamar está ameaçando vir para cá para fazer um depoimento. O Hargreaves me disse que o Itamar não viria prestar nenhum depoimento na Câmara, apenas iria mandar um estudo que ele fez sobre eleição, reeleição, essas coisas.

Resolvi telefonar para o Itamar. Ele estava muito feliz, disse que atendeu ao meu pedido, que somos irmãos, relação fraterna, que jamais faria alguma coisa para me aborrecer, enfim, estava contente mesmo. Então aproveitei para dizer:

"Olha, Itamar, tem essa questão do Timor, vai ser dado um prêmio Nobel ao pessoal do Timor Leste,* e você foi um dos primeiros a defender esse prêmio a eles."

"Ah, você também falou a favor..."

"É verdade, eu também apoiei, tinha até pensado em mandar o Sarney para assistir à cerimônia, mas ele não pode se afastar daqui. Você toparia ir?"

Pois bem, Itamar topou.

Falei imediatamente com o Rego Barros, que providenciou tudo e o Itamar vai me representar em Oslo. Acho bom, porque mantém um relacionamento correto entre o ex-presidente e o presidente. Ele tem um papel, e assim isso também o afasta dessa futricalhada brasileira.

SÁBADO, 7 DE DEZEMBRO.

A sexta-feira foi um dia relativamente calmo.

De manhã, fui a Goiânia inaugurar uma estrada que vai de Anápolis a Goiânia.** Desci em Anápolis e quase se formou um comício. Deve ter gente achando que foi por causa da reeleição, mas não é. Toda vez que há algo de interesse mais popular, o povo se reúne mesmo. Foi o Maguito e também o [Nion] Albernaz, que é o pre-

---

*José Ramos-Horta e o bispo de Díli, Carlos Filipe Ximenes Belo, receberam, em 10 de dezembro de 1996, o Prêmio Nobel da Paz na cerimônia anual realizada em Oslo, por seu trabalho pela solução pacífica do conflito independentista do Timor Leste, ex-colônia portuguesa invadida pela Indonésia em 1975.

**Inauguração da duplicação da BR-060 no trecho Goiânia-Anápolis.

feito de Goiânia eleito (venceu Maguito) pelo PSDB. O ambiente estava calmo, o Iris Rezende lá, o Quinan e a mulher dele, que é a deputada Maria Valadão,* e havia também parentes meus de Goiás.

Voltei para cá na hora do almoço e fiquei no Palácio da Alvorada, onde gravei uma mensagem de fim de ano para a TV Cultura.

Fiz fisioterapia no fim do dia, fui nadar às seis da tarde e depois recebi o Sérgio Amaral para despacharmos.

À noite jantou aqui o Enrique Iglesias, com o Kandir e o Malan. Enrique sempre muito eufórico, feliz, dizendo que a situação nos Estados Unidos anda difícil, porque o Clinton está com uma maioria muito apertada, uma minoria na verdade, e que os republicanos estão dando um tiro na cabeça, querem o impeachment do Clinton. É a primeira vez que ouço falar disso, mas Enrique disse que é verdade, que há uma onda de impeachment contra o Clinton.

Despachei com o Lucena, dei seguimento à conversa que comecei a ter com o Dornelles. Não me lembro se registrei aqui que o Dornelles propôs que eu oferecesse ao Esperidião Amin uma participação no futuro governo, para que assim ele não entrasse na linha contra a reeleição. Amin de fato foi contatado e virá creio que na próxima terça ou quarta-feira.

Hoje, sábado, passei o dia em Santa Cruz de la Sierra, na Bolívia. Saí cedo, acordei às seis da manhã e às sete já estava no avião. Voltei agora, onze da noite.

Em Santa Cruz de la Sierra houve uma reunião de cúpula sobre Meio Ambiente Hemisférico.** Na verdade o Gonzalo Sánchez de Lozada (o Goni) está no fim do mandato e quer um pouco de prestígio. Essa cúpula foi precipitada, não havia nada de muito importante a ser dito. O tempo estava ruim, o avião do Clinton atrasou, o do Menem também, tudo atrasou, houve uma sessão longuíssima, uma discurseira tremenda, e no fim nada de especial.

O nosso embaixador lá, o [Marco César] Nauslaski, estava preocupado com o modo como o Sánchez de Lozada encaminhou a questão da exploração do gasoduto na Bolívia, porque eles dividiram a empresa estatal de petróleo em três pedaços, de tal maneira que a Enron, que é uma empresa americana, acabou tendo uma participação muito grande, e Nauslaski acredita que isso pode prejudicar a Petrobras, que também acha o mesmo. Enfim, ainda vai haver confusão nessa área.

O registro talvez mais importante seja o encontro que tive com o [Al] Gore,*** a pedido dele. Gore disse que o Clinton de fato vem ao Brasil em abril ou maio. Pedi que não viesse com pressa, para poder visitar mais de uma cidade. Gore não vê nada que esteja causando atrito entre Brasil e Estados Unidos. Voltou a falar sobre algumas questões indígenas, de demarcação de terras, expliquei direito o decreto

---

*Deputada federal (PFL-GO).
**Cúpula das Américas sobre o Desenvolvimento Sustentável.
***Vice-presidente dos EUA.

do Jobim, que é perfeitamente defensável. Foi um encontro muito cordial. O Gore tem soberba, não é uma pessoa fácil, mas hoje estava bastante cordial. Falei com todos os presidentes que lá estavam, o novo do Haiti,* tudo isso muito tranquilamente. Voltei arrebentado, porque ir e voltar de Santa Cruz de la Sierra não é brincadeira. Agora estou deitado para ler um pouquinho.

HOJE É DOMINGO, dia 8, são quase quatro horas da tarde.
Só para registrar: na conversa em Santa Cruz de la Sierra, o Gore mencionou uma eventual dificuldade no Banco Mundial e no BID para o financiamento do gasoduto, dizendo que a Petrobras podia buscar financiamento no setor privado. Fingi que não entendi e disse que estávamos procurando o Banco Mundial e o BID por causa da taxa de juros mais baixa. Não quis entrar em detalhes com ele, mas vamos alertar o pessoal da Petrobras. Tenho certeza que virá dificuldade pela frente. No mais, só palavras de elogio do Gore, e parece que sinceras. Mas eles, quando têm um interesse concreto, não perdem tempo. Temos que fazer a mesma coisa.
O Paulo Henrique deve chegar mais tarde, com o Benjamin [Steinbruch], da CSN. Eu quis que o Benjamin viesse porque ele está no conselho da Petrobras e quero ter informações mais detalhadas do que está ocorrendo lá.
Deve vir também o Vilmar, para discutirmos o Ministério da Saúde, continuamos num impasse. Na conversa telefônica que tive com ele, soube que nem o secretário de Saúde do Paraná, nem o dr. César Albuquerque, do Rio Grande do Sul, aceitam de bom grado a ideia de um ministro que não seja da área. E eu que estava pensando em trazer o [Sérgio] Cutolo ou alguém do gênero Cutolo. Vai ser uma parada.

SEGUNDA-FEIRA, 9 DE DEZEMBRO, onze e meia da noite.
Recebi o Iris Rezende no fim do dia. Ele é candidato à presidência do Senado, disse que o Jader ficou de decidir amanhã qual dos dois seria escolhido e quer o meu apoio. Acho que o Iris, no voto secreto, ganha. Enfim, vamos ver, vou ter que levar isso com muito jeito, porque o Antônio Carlos está candidatíssimo e tenho uma ligação forte com o Luís Eduardo. Vai ser uma situação muito difícil para mim, e também para o Senado.
Estive com o Luís Eduardo e o Sarney, juntos, para decidirmos a convocação extraordinária do Congresso. Ficou decidido que haveria uma convocação minha e outra conjunta, feita pelos dois, em que se colocaria a questão da reeleição, para evitar constrangimento para mim. Sarney queria outra coisa, não desejava ele próprio entrar nisso, mas acabou aceitando essa alternativa.

*René Préval.

Quem ajudou, evidentemente, foi o Luís Eduardo. Por essas e outras é que preciso ser solidário com a questão do Antônio Carlos, mas não sei como vou levar isso até o fim sem derramar o caldo.

Tivemos o almoço da Comunidade Solidária aqui no Alvorada, depois de uma solenidade em que o [Jorge] Gerdau, a Ruth, o Eduardo Eugênio, o Jobim e vários outros estiveram presentes. Falei também com o Sirotsky sobre a possibilidade de eu, a Ruth e as crianças irmos para Fernando de Noronha — quem sabe a imprensa nos deixe em paz. Ele ficou de ver se consegue um modus vivendi para essa minha ideia.

Tivemos a reunião do conselho diretor do GAP, na qual Luciano apresentou os seis programas de pesquisa que fez. Muito bons, bem interessantes, e Luciano fez uma boa apresentação. Estava lá o [José] Pastore,* que também expôs a parte dele, de mobilidade social, muito interessante do ponto de vista sociológico, naturalmente; do ponto de vista prático, não é a questão. O almirante Flores compareceu, gostei que ele estivesse presente, pois tem estado um pouco à margem de tudo.

Claro que na reta final ele arranjou um jeito de falar mal do ministro Mauro César, dizendo que ele impede o acesso a mim. Na verdade não é assim, o ministro não pode impedir esse acesso, pois o Flores já está na reserva.

Agora à noite jantei com os irmãos Luiz Carlos Mendonça de Barros e José Roberto Mendonça de Barros. Como sempre, eles e suas boas ideias. Agora estão pensando em transformar a privatização num instrumento para criar alguns fundos que sirvam para as pensões dos aposentados e, eventualmente, para a Saúde. Por exemplo, financiar os gastos da Fundação Nacional de Saúde. Do ponto de vista do consenso internacional e do FMI, os dinheiros da privatização acabam servindo apenas para aumentar o que se chama de superávit primário, ou seja, o superávit que se faz antes do pagamento de juros. O FMI só permite descontar para tal o lucro que seria gerado pelas empresas que estão vendidas com uma taxa de desconto que é nada por ano. Com esse mecanismo proposto pelos Mendonça, dá para abater em bloco o valor da venda, em vez de gradualmente. Se, por exemplo, a Vale do Rio Doce for vendida por 5 bilhões de dólares, a parte do Tesouro vai direto para esse fundo, que vai financiar o que se quiser. Mas os 5 bilhões entram no superávit primário, e isso possibilita um aumento, uma folga grande no orçamento. Tomara que dê certo.

Conversei com eles também sobre a Vale do Rio Doce, eu disse que precisamos organizar o capitalismo nacional e que é fundamental que se faça uma articulação, porque eles, sozinhos, dada a estrutura familiar das nossas empresas, vão acabar perdendo a vez. Essa é uma debilidade do sistema econômico brasileiro. Não contamos com empresários de grande porte, capazes de entrar na competição internacional com voo próprio. No caso da Vale do Rio Doce, isso é decisivo.

* Professor de economia da USP.

Bem, vamos tentar organizar esse setor.

Recebi agora à noite o Vilmar, o Clóvis e o César Albuquerque, diretor do hospital universitário do Rio Grande do Sul, que aceitou ser ministro da Saúde. Vamos aguardar 48 horas para fazer o anúncio. Suponho que será uma solução bem-aceita. Espero que sim.

Hoje surgiu um boato intenso de que o governo teria utilizado o sigilo bancário do Banco do Brasil para pressionar membros da Executiva nacional do PPB para votar a favor da reeleição ou da abertura da questão. De manhã eu já tinha chamado o Clóvis e o Eduardo Jorge para perguntar o que era isso. Eles disseram que não havia nada.

Agora à tarde voltei a falar com o Eduardo Jorge e ele disse que há duas hipóteses: num almoço que eu tive com o Ximenes, está registrado, falamos que há muitos deputados endividados com o Banco do Brasil, e propus uma solução que coubesse para todos, sem saber de que partido a pessoa é, para evitar que eles ficassem numa situação de impossibilidade de negociação. Mas tem que ser uma solução que o Banco possa aceitar, uma solução de mercado. E o Ximenes ficou de ver. Isso por um lado.

Por outro lado, o Eduardo disse que mandou uma lista [sem relação com a lista do Banco do Brasil] de alguns membros da executiva do PPB para o Paulo Renato e o Paulo Paiva, e mandou também para o Ximenes, não para saber do sigilo bancário, mas para saber se eles têm possibilidade de falar politicamente com eles. Pode ser que seja isso.

O Luís Carlos Santos, acusado de ter se utilizado dessa lista, não tem nenhuma ideia dessa história, não recebeu lista nenhuma, o Palácio também não recebeu lista nenhuma, e desse pedido do Eduardo Jorge não veio resposta nenhuma para o Palácio.

Portanto, isso aí é manobra do pessoal do Maluf. Deve ter sido realmente o Delfim, como estão dizendo. Só isso.

QUARTA-FEIRA, 11 DE DEZEMBRO, mais ou menos meia-noite.
Ontem de manhã houve entrega de credenciais, tudo normal.

Recebi o senador Antônio Carlos para uma conversa rápida. Veio me pedir que o PSDB apoie a candidatura dele o quanto antes, que isso era importante para ele. Em seguida atendi a deputada Maria Elvira, do PMDB de Minas. No almoço em que o Maluf recebeu o Newton Cardoso, ela estava muito eufórica com o Maluf, pelo que me disseram. Aqui estava eufórica comigo.

Depois tive a entrega do Prêmio Direitos Humanos de 96, fiz discurso, aquela coisa toda, presente o público sensível aos direitos humanos.

Recebi um grupo de parlamentares sírio-libaneses que veio propor que o Brasil participe mais ativamente da questão relativa à paz no Líbano, entre Líbano e

Israel. Pediram também um apoio financeiro para o Líbano, porque vai haver uma reunião agora, no dia 16 de dezembro, promovida pelo Clinton* — o embaixador Sardenberg estará lá.

Almocei aqui no Alvorada com o meu médico, Arthur Ribeiro. Ele não veio para me atender, e sim para conversar sobre o hospital que está fazendo.

Depois recebi o presidente mundial da Audi** numa audiência com o governador do Paraná, que vieram anunciar a instalação de mais uma fábrica de automóveis.

Veio em seguida o deputado Mendonça Filho, o Mendoncinha, que deve estar propondo a emenda da reeleição.

Recebi o Gerson Peres, que também se diz favorável à reeleição Ele tinha lá umas demandas normais da região de Cametá, que ainda não tem energia elétrica.

Houve ainda uma reunião com o Jobim a respeito dos indígenas de Roraima, da Serra do Sol. O Jobim deu um show. Ele conhece tudo aquilo, sabe o nome de todos os grupos e fez uma proposta que não é o que está em foco, vai dar terra contínua, mas também deixar ilhas para os não índios, uma coisa interessante. Jobim é um homem competente. Realmente.

Voltei para o Palácio da Alvorada, recebi o Sérgio Motta, o Geraldão, o Nizan Guanaes e o Rui [Rodrigues], que trabalha lá na agência com eles, para ver uma campanha que estão preparando, inclusive uma parte relativa à reeleição.

Depois recebi o Emílio Odebrecht, que veio trazer algumas informações sobre a petroquímica e também uma proposta muito interessante de utilização da Base Aérea de Alcântara. Sobre isso tenho que falar com o brigadeiro Lôbo mais adiante, é um acordo com a Boeing.

Curiosamente, os franceses também mandaram uma proposta muito positiva; acho que os americanos devem estar sabendo que os franceses estão atrás disso. Alcântara vai provavelmente dar bons resultados.

A terça-feira toda foi marcada pelas questões relativas ao Pedrinho Abrão e aos boatos sobre a lista do Banco do Brasil. Quando eu estava vindo para casa, à noite, Eduardo Jorge me mostrou a tal lista. Ele a recebeu do deputado Pauderney. Há sete nomes nela, a maioria é gente favorável à reeleição. Em alguns nomes há indicações dos quantitativos de dívidas com o Banco do Brasil; isso certamente foi feito dentro do Banco do Brasil. É grave, porque quem divulgou a lista, quem quebrou o sigilo lá dentro, é que é o problema. Isso certamente nunca foi usado por gente do governo e para fins políticos, mas é estranho que os deputados estejam classificados por partido.

Temo que tenha havido alguma intervenção política não nossa, mas de alguma pessoa mais zelosa, além do limite, mais realista que o rei. Não obstante, esse material não foi utilizado. Mas isso vai dar pano pra manga, e hoje pedi ao Eduardo Jorge

---

*Conferência de Amigos do Líbano, em Washington.
**Herbert Demel.

que acompanhasse o caso, porque vão abrir uma investigação no Banco do Brasil para saber de onde veio o vazamento.

Hoje, quarta-feira, continuou sendo um dia muito tenso.

De manhã nadei, como faço habitualmente às quartas-feiras, depois fui para o palácio. Participei de uma solenidade grande sobre normas de trânsito, uma campanha de prevenção de trânsito.*

Recebi uma porção de pessoas, inclusive o Montoro, que veio propor novamente a fusão do PMDB com o PSDB, ou pelo menos uma aliança no plenário. Não sei qual é a profundidade dessas conversas que o Montoro tem tido, mas ele está entusiasmadíssimo com isso. Ele é extraordinário, sempre entusiasmado e hoje estava com muito boa presença e muito boa aparência.

Comuniquei ao Sebastião Rego Barros que eu havia falado com o presidente Caldera, da Venezuela, sobre o Mercosul.

Fui almoçar na casa do Marco Maciel com o Olavo Setúbal. Setúbal entusiasmado com o andamento da economia, um pouco preocupado com a balança comercial, não para já mas para 98, e não obstante contra a desvalorização da moeda. Falei com ele sobre a Vale do Rio Doce. Ele disse que o edital defende muito os interesses do Brasil, tanto que acredita que vai ser difícil formar um grupo. Ele não se mostrou disposto a compor um. Foi procurado pelo Antônio Ermírio. Mostrei ao Setúbal que era muito importante para nós a formação de um grupo empresarial brasileiro forte para disputar a Vale do Rio Doce.

Voltei correndo ao Palácio do Planalto, para a distribuição de medalhas aos cientistas que se destacaram este ano.** Fiz novamente um discurso sobre essa matéria e depois passei o dia recebendo muita gente.

Foi um dia cansativo. Não vou nem repetir quem recebi, porque são deputados o tempo todo, o Luís Carlos Santos, que eu chamei, e muita onda sobre a inquietação no Congresso. Parece que o Pedrinho Abrão foi acusado e sustentada a acusação do tal lobista da Andrade Gutierrez. A situação é paradoxal, porque não há documentos, não há a materialização da extorsão, é uma tentativa de extorsão denunciada por um lobista da Gutierrez e comprovada, perdão: alguns deputados dizem que ouviram a tal acusação.

Tenho medo que isso não dê em nada e desmoralize mais ainda o Congresso. É verdade também que houve precipitação do Krause. Ele devia ter esperado surgir uma prova antes de falar para a imprensa; ou então ter pedido à imprensa que buscasse a prova, mas fez a denúncia praticamente antes de colher a prova. Que houve malandragem, não há dúvida. O Congresso inteiro não tem dúvida disso. Mas também há uma certa resistência, a preocupação de usarmos métodos para amea-

---

*Solenidade de instalação do Grupo Executivo para a Redução de Acidentes de Trânsito (Gerat), vinculado ao Ministério da Justiça.

**Cerimônia de entrega da Ordem Nacional do Mérito Científico.

çar deputados. Não estamos usando método nenhum, mas eles lá botam as barbas de molho.

A respeito da nomeação do ministro da Saúde. Desde ontem a Ana queria anunciar o nome logo para a imprensa, mas eu queria falar primeiro com algumas pessoas. Hoje, quarta-feira, falei com o Britto, com o Luís Carlos Santos, com o Luís Eduardo, com o Sarney, e a todos comuniquei o nome do dr. César Albuquerque. A imprensa, porém, se adiantou, alguém furou, então foi um grande bafafá, uma grande confusão.

Recebi o prefeito de Belo Horizonte, Patrus Ananias, com o Eduardo Azeredo, por causa do centenário de Belo Horizonte. Claro, pedem sempre um apoiozinho de recursos para isso e para aquilo, para melhorar a cidade.

Estive com o Pinotti para explicar o novo nome da Saúde.

Falei com o Goldman também sobre a Saúde, mas principalmente sentamos para eu assinar a lei da telefonia.* Sérgio Motta falou comigo umas quatro ou cinco vezes por causa da telefonia e pela inquietação que existe nas bancadas do PSDB.

O Iris Rezende, que eu havia recebido na segunda-feira, acho que registrei, foi ao Senado e fez um discurso dizendo que havia sido convidado para ser ministro e que recusara. Eu registrei em que condições foi feito isso. Não foi bem um convite; ele tinha sido procurado por terceiros, em meu nome, sem falar diretamente comigo. Se quiser ser ministro, não tem problema, pode dizer que eu convidei. Se não quiser, paciência.

Toda a bancada do PMDB no Senado virá para formalizar a situação. Antônio Carlos, inquieto, falou comigo por telefone de novo, pediu que com urgência o PFL o apoiasse. A situação vai se tornando cada vez mais complicada nessa matéria.

Também o Lampreia me telefonou agora à noite para dizer que em Cingapura eles estavam ameaçando — Serra já tinha me falado disto ontem —, porque são contra a medida provisória que facilita a entrada de fábricas de automóveis na Bahia,** mas é tarde. Vamos fazer, temos compromisso e vamos fazer. Serra deve ter articulado isso lá, porque o Celso Lafer também quis falar comigo sobre o mesmo assunto, mas não conseguiu. Isso [as facilidades fiscais para investir na indústria automobilística] vai causar dificuldades na OMC. Eles se esquecem dos problemas que tudo isso ocasiona para mim aqui no Brasil, que eu tenho todo o Nordeste em cima de mim, querendo também. E talvez tenham razão mesmo em querer.

---

*O projeto da Lei Geral de Telecomunicações, encaminhado pelo governo ao Congresso em 12 de dezembro de 1996, previa a criação da Agência Brasileira de Telecomunicações, precursora da Anatel, e a privatização da Telebrás, estabelecendo um novo marco regulatório para o setor.

**Uma semana depois da assinatura da MP nº 1532, a coreana Asia Motors anunciou a construção de uma fábrica em Camaçari, região metropolitana de Salvador.

Agora à noite recebi o senador Esperidião Amin. Foi a conversa mais interessante do dia. Ele veio dizer que queria ter promovido o meu encontro com o Maluf até o dia 4 de dezembro, para pacificar as coisas, mas não conseguiu. Quer persistir até janeiro. Me parece que ele deseja sinceramente um entendimento do PPB com o governo.

Eu resolvi avançar o sinal com o Amin, embora não dizendo exatamente o que Luís Carlos Santos pensa, que é a necessidade de haver um plebiscito para nos livrarmos da pressão dos deputados e dos partidos. Mas eu disse a ele que quem sabe podíamos chegar ao entendimento de fazer um referendum contanto que Amin entendesse que era preciso passar a emenda da reeleição. Amin ficou sinceramente emocionado quando soube e disse esperar que o Maluf entendesse isso. Fez elogios ao meu gesto de generosidade disse que já tinha dito a muita gente que eu não sou como o Sarney, que eles estão pensando que eu vou negociar na barganha, mas não vou. É verdade, não vou mesmo, entretanto não sei se vai dar para chegar a propor essas coisas para o Maluf.

Fernando Lira e Fernando Gabeira estiveram comigo hoje. Fernando Lira também veio com a ideia de um plebiscito, ou de um referendum, como forma de facilitar as coisas. O Gabeira disse que com um referendum ele vota a favor da reeleição.

Eu faria isso incontinente. Proclamaria ao Brasil que a reeleição é uma questão que cabe ao povo decidir e que a voz do povo tinha que ser ouvida. Isso não só me deixaria bem como evitaria essa pressão partidária. Mas é por isso mesmo que não consigo fazer com facilidade: o que os partidos querem é me amarrar nessa negociação com eles.

Falei com o Michel Temer hoje, ele está aflitíssimo, dizendo que o PSDB tem que dizer logo que o apoia, porque o Wilson Campos teve sessenta apoiamentos do PSDB. Enfim, o quadro é de grande instabilidade no Congresso por causa das eleições da mesa da Câmara e do Senado e por causa da reeleição. Mais pela mesa da Câmara e do Senado do que pela reeleição.

Ainda agora, com as acusações de lista para cá, de corrupção para lá, não está cheirando bem.

HOJE É QUINTA-FEIRA, 12 de dezembro.

Dia pesado, como tem sido toda esta semana difícil. Muita onda no Congresso, muita tensão. Passei de manhã na casa do Marco Maciel para cumprimentar o grupo parlamentar católico.

Recebi deputados, notadamente o Bonifácio Andrada, que me disse ser favorável à reeleição, e o Eduardo Mascarenhas,* que deseja ser o líder do PSDB.

*Deputado federal (PSDB-RJ).

Depois fui ao Senado, para o lançamento do livro sobre o Teotônio Vilela,* Sarney fez um discurso literário, eu também, estava lá a família toda, o Teotônio Filho, e tal.

Voltei para casa, no Palácio da Alvorada, almocei aqui com o Humberto Lucena. Ele quer que eu apoie o Iris Rezende. Expliquei de novo que essa coisa é muito delicada, ele mesmo foi vítima do apoio do Tancredo, que acabou dando no [José] Fragelli, e não nele, na presidência do Senado.** Enfim, despistei um pouco.

De volta ao Planalto, recebi o Marcos Vilaça, que deixa o Tribunal de Contas. Ele sempre foi muito amável comigo.

Recebi alguns empresários, o Marcito Moreira Alves, em seguida fui à Polícia Federal, lá longe, nem sabia que eles tinham uma instalação formidável como aquela, um anfiteatro enorme, cerca de mil pessoas presentes no curso de formação de agentes da Polícia Federal.*** Fiz questão de comparecer, como também já tinha ido à formatura do pessoal do antigo SNI, hoje Abin, para mostrar que os tempos são outros. Veio imprensa, explicamos, falamos sobre direitos humanos, eu, Jobim e o [Vicente] Chelotti, chefe da Polícia Federal.

Depois disso vim para casa e recebi o Cristovam Buarque. Cristovam quer vender o Banco Regional de Brasília, que é do governo do Estado. Disse que o PT vai fazer uma grande onda, mas ele acha a venda importante, assim terá recursos para aplicação. Ele tem medo que esse banco tenha problemas no futuro: me pediu que, sigilosamente, discutisse o assunto com a área econômica, porque ele realmente quer vender o banco.

Falamos sobre assuntos gerais. O Cristovam disse que foi à manifestação contra a reeleição,**** mas que sua posição foi meio ambígua. Ele fica na corda bamba, coitado. Estava chateado porque acha que agora mesmo a polícia dele entrou em greve por causa de um atraso de salário. Ele não aguenta mais o PT, está meio desolado com o governo.

A horas tantas chegou o Luís Eduardo Magalhães. À tarde eu tinha estado com o Élcio Álvares, com o senador [José Roberto] Arruda e com o Eduardo Jorge, para discutirmos a agenda do Congresso para a convocação de janeiro. Falamos também da questão do Senado, mas porque eles levantaram o assunto. Eu disse: "Para nós é melhor que haja equilíbrio. O PMDB na Câmara e o PFL no Senado. Sei que é difícil, não vou me meter". O Élcio entendeu, ele também pode vir a ser candidato, mas

---

* *Teotônio Vilela* (Brasília: Senado Federal; FGV, 1996), biografia do ex-senador alagoano, primeiro volume da Coleção Grandes Vultos que Honraram o Senado.
** Ex-presidente do Senado (1985-87), sucedido por Humberto Lucena (1987-89).
*** A Academia Nacional de Polícia, onde se formam os quadros da Polícia Federal, localiza-se no Setor Taquari, região do Lago Norte, a vinte quilômetros do Palácio do Planalto.
**** Ato público promovido em São Paulo, em 9 de dezembro de 1996, pelos partidos contrários à proposta de reeleição, com a presença de Lula e Ciro Gomes.

nenhum deles quer o Antônio Carlos. Acho que o Arruda até quer mais do que o Élcio, mas são fatos da vida. Difícil é dizer não a Antônio Carlos no PFL, e nem eu tenho condição de atrapalhar a via do Antônio Carlos, dada a minha relação com o Luís Eduardo, e também considerando o equilíbrio geral dos partidos.

Quando o Luís Eduardo veio aqui à noite, eu tinha falado com eles dois sobre isso. O Serjão teve um desempenho muito ativo em várias reuniões, forçando o PSDB a não permanecer na posição de conveniência, deixando a impressão que vai ser o Wilson Campos o candidato na Câmara e que estamos indecisos no Senado. Luís Eduardo ficou bastante aqui comigo, foi embora às onze e meia, e creio que está podendo compreender melhor a minha posição, sabendo que só em dado momento vou poder atuar e que há dificuldades na eleição do pai. Mas ele acha que Antônio Carlos acaba ganhando. Eu também penso assim.

Luís Eduardo disse que o mal-estar continua. É a história de sempre: os parlamentares entendem como falta de carinho, de atenção do governo, não obtêm nada para eles, mas no fundo não é isso, não. É que o Congresso perdeu o sentido neste mundo contemporâneo; quinhentos deputados sem função tendo reunião todos os dias na Câmara. Eles não acompanham direito a política, não podem. Uns não demonstram interesse, outros não têm condição, e para o governo é impossível estar a toda hora passando informações. É um sistema que ainda não está bem, digamos assim, fluido — não o relacionamento do Congresso com o Executivo, mas o do Congresso com a sociedade. A todo instante eles ficam deslocados da sociedade, como estão agora.

Novas pesquisas, várias, todas excelentes.

As nossas mostram um desempenho crescentemente positivo do governo e parece que o Ibope deu uma hoje na TV Globo, na mesma direção: 63% de apoio à reeleição do presidente, o que é um apoio muito grande, fora de série. A gente tem que torcer para que as coisas continuem assim.

Amanhã vou cedo para Tocantins, depois para o Maranhão e de lá para o Ceará.

16 A 23 DE DEZEMBRO DE 1996

Reunião da cúpula do Mercosul.
O impasse da venda do Bamerindus.
Votação para a reeleição

16 de dezembro, segunda-feira.
Estamos em Fortaleza e retomo as gravações.
Na sexta-feira passada, dia 13, fui bem cedo para a fronteira da Bahia com o Tocantins, inaugurar um trecho da rodovia Coluna Prestes.* Eu me impressionei. Uma região muito grande, próspera, platôs imensos como do Meio-Oeste americano, já com muita soja, população de tipo sulista, com vontade de avançar, uma coisa realmente bonita de ver no coração do Brasil.

De lá fomos para Palmas, cidade que tem apenas seis anos,** mas que já impressiona, não ainda pela beleza — vai ter um lago, faz falta —, mas pelo espírito empreendedor. Fui à casa do prefeito,*** à Assembleia Legislativa, à casa do governo, a um centro cultural,**** onde houve praticamente um comício. Siqueira Campos leu um trabalho sério, de umas 25 páginas, que não era adequado para ocasião, e fez referência a um antepassado meu dali. Tenho que ver num livro que os goianos me deram. Foi alguém que lutou muito pela independência do Tocantins, não sei se foi o mesmo que acabou assassinado e que era descendente dos marqueses de Távora, ou condes, algo assim, e que vieram para o Brasil. Seria o quinto ou sexto avô e foi o homem que sucedeu Couto de Magalhães na navegação do rio Araguaia e Tocantins, indo para Belém.

Além desse toque que Siqueira deu sobre minha ligação com Tocantins, ele fez algumas reivindicações corretas. Depois almoçamos, estava lá o filho do [Luís Carlos] Prestes,***** por causa da rodovia dedicada a Prestes (ele até se parece com o pai), um clima muito positivo. Siqueira disse que apoia a reeleição, embora seja do partido do Maluf.

De lá, à noitinha, seguimos para o Maranhão, onde inauguramos uma fábrica no interior,****** com capital de Taiwan, na qual acho que trabalharão umas 3,5 mil pessoas numa cooperativa de produção de camisas e de camisas esportivas.

* Inauguração da rodovia TO-050, que liga Palmas à fronteira Tocantins-Bahia. A rodovia acompanha de modo aproximado o trajeto da Coluna Prestes pelo norte de Goiás, atual Tocantins, em 1925.
** Fundada em 20 de maio de 1989.
*** Eduardo Siqueira Campos (PSDB), filho do governador.
**** Espaço Cultural José Gomes Sobrinho.
***** Luíz Carlos Prestes Filho.
****** Polo Industrial de Confecções de Rosário.

À noite tivemos um jantar extremamente simpático na casa do Sarney. Ele cantou, a família toda, o Fernando [Sarney], filho dele, a Roseana, que também lá na fábrica manifestou apoio à reeleição. Não vou entrar em detalhes, mas numa conversa reservada que tive com Sarney, de uns dez minutos, ele reafirmou todos os compromissos. Me disse: "A partir do dia 31, deixo a presidência do Senado e passo a apoiar abertamente a reeleição. No Senado só vai haver essa discussão da reeleição mais tarde".

Depois disse — e isto me surpreendeu — que não quer o Antônio Carlos na presidência do Senado. Acha que Antônio Carlos não vai chegar lá porque tem muitos adversários pessoais. Senti que o Sarney está apoiando mesmo o Iris. Disse que vai ficar como magistrado, mas não é bem assim, não. Fiquei surpreso, pensei que ele estivesse mais com o Antônio Carlos. Dias depois Sarney me contou que Antônio Carlos tinha telefonado duas vezes, para saber como fora a conversa comigo; ele disse que não tinha tido conversa nenhuma. Antônio Carlos me acompanhou até Palmas um pouco ostensivamente, querendo demonstrar que está empenhado e para dar a sensação de que eu também estaria me empenhando por ele.

Veja como está ficando difícil. Sarney, macaco velho, foi muito taxativo comigo numa conversa para a qual pediu sigilo absoluto, e terá. O sentido da conversa foi que vai ficar com o Iris. Não me disse com essas palavras, mas é assim. E que vai apoiar a tese da reeleição mais adiante. Ele vê que meu entrosamento com a Roseana é perfeito.

Sábado de manhã, distribuição de títulos da reforma agrária.* O arcebispo Paulo Ponte me impressionou: é muito radical, foi vice-presidente da CPT,** mas estava realmente rendido às evidências de que estamos fazendo reforma agrária. São 100 mil títulos já distribuídos, isso foi comemorado no local do assentamento popular, Paulo Ponte reconheceu o fato, enfim, uma cerimônia simples, singela, mas significativa.

Depois fomos a Alcântara visitar as instalações da base de lançamento de satélites. Vão ser lançados um satélite e um foguete de quarenta, cinquenta toneladas, feitos por nós.*** É um passo significativo, só oito países são capazes disso, o Brasil será o nono.

Perdão, na verdade o jantar na casa do Sarney foi no sábado. Na sexta jantamos na casa de hóspedes do governo maranhense, com a Roseana, seu marido e o pessoal da comitiva. O jantar do Sarney foi no sábado, portanto no dia 14.

* Entrega de títulos de posse a famílias de assentados pelo Incra numa área rural da ilha de São Luís.
** Comissão Pastoral da Terra.
*** O lançamento do VLS-1 (primeiro protótipo nacional de lançador de satélites) com um satélite de coleta de dados também desenvolvido no país aconteceu em novembro de 1997 na Base de Alcântara, sem êxito. Foguete e satélite se autodestruíram com 65 segundos de voo.

Descansamos um pouco à tarde, depois da base de Alcântara, e fomos para a casa do Sarney. Isso terminou às duas da manhã.

Domingo de manhã, ontem, fui para a praia de Alcântara, com a Ruth, tomamos um helicóptero, e a imprensa ficou meio irritada porque não pôde nos seguir. O mar de lá não é bonito, mas para mim é sempre muito bom, adoro água, banho de mar. Depois fomos para o Ceará.

O Tasso nos recebeu em Fortaleza, era aniversário dele, jantamos em sua casa, com os três senadores do PSDB* na minha mesa. Vê-se que eles vão fazer o que quisermos, mas veem-se também resistências ao Antônio Carlos. Beni [Veras] foi explícito sobre elas e as do Sérgio Machado já eram conhecidas.

Conversas paralelas importantes. Desde a sexta-feira corriam rumores de que a *Veja* publicaria uma reportagem acusando o Eduardo Jorge de ter sido o autor do pedido da abertura de informações dos nove deputados do PPB.** Eduardo já negou isso várias vezes a mim. A intriga é grande. Dá a impressão de que foi o Luís Carlos Santos. Pelo que estão dizendo, o Luís Carlos teria jogado a culpa no Eduardo Jorge. Nunca notei que o Luís Carlos tivesse algo contra o Eduardo Jorge. Tenho procurado me informar. O Serjão ligou para o Eduardo Jorge e ele negou de novo. Está nos jornais. Ele tem negado sistematicamente.

O que aconteceu deve ter sido outra coisa. Ele provavelmente terá feito, como vários ministros, perguntas sobre quem conhece quem na Executiva do PPB, para influenciar. No Banco do Brasil isso pode ter sido traduzido mais ao pé da letra. Não sei, não conheço esse secretário executivo do Banco do Brasil*** nem o assessor parlamentar principal,**** mas pode ter havido um jogo entre eles. De qualquer maneira, houve um vazamento grave. Estão apurando, tem que punir quem deixou vazar. E o fato é que alguém deu ordem para levantar esses números. Se esse alguém for realmente de dentro do banco, morre o assunto, porque eles levantam isso sistematicamente, e aí terá sido o feitiço contra feiticeiro, o PPB é que terá usado [a informação]. A mim já me tinham dito que haveria um secretário envolvido, que um ministro podia estar envolvido e tal. Não sei. Essas coisas fedem.

Declarei que não acredito que Eduardo tivesse se metido nisso, e não acredito mesmo. Não usamos esse método. Ninguém foi chamado em função disso, não há um fato objetivo, mas como intriga é perfeito.

---

*Beni Veras, Lúcio Alcântara e Sérgio Machado.

**O PPB havia recebido no final de novembro uma lista de dados sobre as contas de nove deputados federais no Banco do Brasil, cinco dos quais em débito. O governo foi acusado de preparar a lista para pressionar os deputados pepebistas a aprovar a emenda da reeleição.

***Manoel Pinto, secretário executivo da presidência do banco.

****Waldemar Júnior, coordenador-chefe da assessoria parlamentar do banco.

Tomás* me interrompeu porque a Globo agora vai em cima do Banco do Brasil, querem falar com Ximenes. Eu vou dizer ao Clóvis que ele dê as informações ao Ximenes. O telefone tocou, era o Clóvis. Foi isso mesmo, Clóvis também está convencido de que realmente não partiu nenhuma orientação nem do Eduardo Jorge, nem do Luís Carlos Santos. Ele não acredita, como eu também não, que o Luís Carlos tenha soltado o boato para futricar o Eduardo Jorge; é mais fragmento de conversa, e a imprensa pegando a intriga.

Como o Eduardo não é uma pessoa simpática, isso facilita, muita gente tem raiva dele. Sua função às vezes é antipática mesmo, é obrigado a dizer não, então isso vai juntando ódios, é sempre assim. Uma pequena intriga vai ganhando proporções e acaba justificando o que não queremos. Dá a impressão de que nós é que estamos usando os métodos do Maluf. Não sei se ele está usando. Tentou usar. Enfim, essa podridão do dia a dia dessa pequena política, quando cruza com a grande, complica bastante as coisas. Não é só o Brasil, não; no mundo todo é assim.

Agora estou esperando para ir à Embratel,** depois vou encontrar as bancadas aqui e, amanhã, Mercosul.***

HOJE É SEXTA-FEIRA, 20 de dezembro. Fiquei sem anotar nada nesses dias porque foram dias de muita trabalheira e de muita confusão.

Primeiro, sobre o que aconteceu em Fortaleza.

Depois da reunião na Embratel, recebi as várias bancadas, nenhuma novidade, salvo sobre a do PSDB. Tasso e eu presentes, percebia-se claramente uma vontade de rebeldia e de apoio a Wilson Campos.**** Muita reclamação não do governo, mas na verdade de alguns ministros. O mais visado era o do Planejamento, o Kandir, porque foi colega deles e agora, segundo eles, não os atendia. Depois reclamaram das mesas, da falta de competência dos líderes, e por aí foi. Na verdade, os deputados perderam sua função, muitos ficam deslocados em Brasília, não sabem o que fazer, não têm mais o papel de antes, de despachantes das regiões e dos municípios, e muitos deles não têm visão global para acompanhar as políticas nacionais.

Eles próprios não percebem, mas é isso que está acontecendo, mais a falta de recursos, salário baixo, daí essa sensação de fracasso, de abandono, que eles diagnosticam como falta de carinho nosso. Houve uma mudança da função do parlamento e eles não a estão acompanhando. Sempre que a bancada se reúne resulta

---

* Major Tomás, ajudante de ordens do presidente.

** Inauguração da infovia (ligação por cabo de fibra óptica) da Embratel entre Florianópolis e Fortaleza.

*** XI Reunião de Cúpula do Mercosul. O presidente Fernando Henrique Cardoso entregou a presidência rotativa do Mercosul a Juan Carlos Wasmosy, do Paraguai.

**** O deputado Wilson Campos (PSDB-PE) era candidato à presidência da Câmara.

nisto: crítica ao líder, às mesas do Congresso, da Câmara, críticas ao governo. Temos que ir levando.

O Sérgio Motta teve uma explosão na reunião com a bancada do PSDB. Disse que o Wilson Campos era corrupto, o Tasso referendou, eu fui mais cauteloso, disse que ele foi punido na época dos militares e que não endossava essas acusações, mas [o que eu disse] terá um efeito tremendo mais tarde, porque isso tudo vai ser sabido.

Depois também reuni os governadores que apareceram por lá, os do Nordeste, todos muito bem, favoráveis à reeleição, discutiu-se bastante, o Sérgio Motta e o Tasso insistindo muito numa decisão mais rápida em favor do Antônio Carlos. Eu fui cauteloso também nisso, porque acho que não se pode insistir além de certo ponto nem com os congressistas nem com os governadores. Pode até mesmo atrapalhar a eleição do Antônio Carlos.

À noite, jantar comemorativo no Clube Ideal, festa bonita, mas nenhum registro político a fazer.

Passamos o dia seguinte em reunião com presidentes dos vários países do Mercosul. Um encontro tranquilo. Presidi a reunião, discussão sobre a entrada da Venezuela, o chanceler da Venezuela* fez um comentário dando a impressão de que nós é que tínhamos dificultado o seu acesso, e não foi. A causa foi a ligação da Venezuela com o Pacto Andino.** Menem sempre simpático, Sanguinetti também, Frei fez um belo discurso.

Depois fomos para a entrevista à imprensa. Comuniquei ao Menem a questão da medida provisória sobre os automóveis, ele provavelmente já sabia, porque o Guido di Tella tinha me perguntado se eu já havia falado com Menem. Claro que o Guido o alertou. Menem compreendeu e, claro, vai exigir alguma compensação. O Guido falou em aumentar as cotas de importação dos carros argentinos para mais 40 mil veículos. Isso Dornelles vai negociar em Buenos Aires.

Uma pergunta foi feita na entrevista coletiva à imprensa para que o Menem caísse de pau em cima de nós; ele não fez isso, foi generoso na resposta. No dia seguinte os jornais, sobretudo a *Folha de S.Paulo*, disseram o contrário, que o Menem tinha nos feito críticas acerbas. Não é verdadeiro. Menem foi mais do que compreensivo diante daquele quadro que não era fácil nem para ele nem para mim.

No aeroporto, despedimo-nos de todos os presidentes e voltei para Brasília. Isso na terça-feira, 17.

Na quarta-feira, já em Brasília, conversei de manhã, no Alvorada, com os líderes do governo sobre o que fazer com o ITR. Veio também o ministro da Reforma Agrária, o Jungmann. Na discussão percebia-se que o Jungmann queria que não se

---

* Miguel Ángel Burelli Rivas.
** Bloco econômico sul-americano formado por Bolívia, Colômbia, Equador, Peru e Venezuela (que saiu em 2006), atualmente denominado Comunidade Andina.

mexesse na terra produtiva, mas na noite em que eu cheguei, na terça-feira, dia 17, eu já havia recebido um telefonema do Jader Barbalho me dizendo que era difícil não mexer nas alíquotas das terras produtivas e que ele achava que devia ficar uma alíquota menor, equivalente à atual, para poder taxar forte as não produtivas.

Partindo para a discussão, telefonei para o Temer e para o Inocêncio de Oliveira e pedi que ajudassem na aprovação do ITR. O resultado foi que à tarde aprovaram o ITR sem mexer [sem diminuir] nas alíquotas das terras produtivas, mas deixando na íntegra o que queríamos com relação às terras improdutivas.* Isso é um avanço imenso, e assim foi considerado por todo mundo.

Depois tive despachos normais, voltamos a falar do Banco do Brasil com o Eduardo Jorge e com o Clóvis, sobre as repercussões da capa da *Veja*, o Eduardo Jorge continua firme dizendo que não tem nada a ver com essa história.

Fui para o Alvorada me reunir com líderes e dirigentes do PSDB, tudo por causa da eleição da mesa da Câmara. O PSDB assustado com a questão do Wilson Campos. Na verdade vieram poucos líderes, porque eles estavam reunidos na bancada. Estavam o Teotônio [Vilela Filho] com o Sérgio Motta, e discutimos também com o Sérgio Machado. Desentendimento áspero entre os dois Sérgios, o Motta querendo que o Senado se pronunciasse logo a favor do Antônio Carlos e o Machado com a opinião de que era mais prudente esperar passar o tempo. Eu disse que achava melhor pedir uma união entre os partidos, porque o PSDB precisava ter uma posição construtiva.

Depois fui dar posse ao novo ministro da Saúde, discurso, está tudo registrado na imprensa.

Recebi o Amazonino Mendes, ele está ansioso para trocar o superintendente da Suframa, mas é hábil, não insiste. Eu disse que agora não era possível mexer, que mexeria oportunamente, como aliás vou fazer.

Estive com o deputado Raul Belém, que é ligadíssimo ao Itamar, e ele pensa que o melhor é a reeleição e eu ser presidente outra vez. Itamar devia ser governador de Minas, na opinião dele. Mas acha que devíamos condicionar tudo isso à aprovação do referendum. Eu disse que não tinha nada a opor, que os partidos é que não queriam. Hoje no jornal sai que eu apoio o referendum. Não foi bem assim.

Na quarta de manhã também tive um encontro com Eduardo Jorge, Luís Carlos Santos e Clóvis. Os três estavam bem, o Luís Carlos mais tranquilo, me pareceu, as relações estão se normalizando e o susto passando, susto de que a *Veja* fosse responsabilizá-lo [pela lista de deputados do PPB]. Por isso ele deixou vazar que foi o Eduardo Jorge quem obteve essa informação, via esse rapaz, Marco Aurélio [Santullo], que trabalha com ele, que ouvira essa afirmação de um tal [Waldemar] Júnior, assessor parlamentar do Banco do Brasil.

---

* A proposta do governo foi aprovada em votação simbólica, após acordo entre as lideranças partidárias.

É complicado: apenas com um disse me disse, a *Veja* já saiu atirando, montou tudo a partir desse disse me disse.

À tarde, recebi o Iris Rezende e o Jader Barbalho. Vieram apresentar formalmente a candidatura. Eles pediram equidistância, assustados com o Sérgio Motta, que está tomando partido. Eu disse: "Bom, é estilo dele. Eu vou ficar equidistante, mas o PSDB vai ter que se posicionar e, se não houver acordo, a Câmara fica a perigo". O Jader é o mentor efetivo do Iris. Se houver eleição, o Iris tem grande chance de ganhar, porque ele é hábil e discreto.

O Luís Eduardo, o Sérgio Motta e, mais tarde, o Tasso foram para o Alvorada à noite. Repassamos tudo, o Sérgio Motta e o Luís Eduardo já tinham se reunido antes, repassamos o panorama da votação da reeleição, eles continuam achando que temos condições de ganhar. Tentaram acertar a posição do PSDB, sobretudo o Tasso. Marcamos para o dia seguinte um encontro no Palácio do Planalto com o Tasso, para conversarmos eu, ele, o Teotônio e o Sérgio Machado.

No dia seguinte, me reuni com líderes e ministros para um balanço do governo. Balanço positivo.

Depois me foram apresentados os oficiais-generais, fui para um almoço com eles, discursos, tudo num clima de cordialidade.

À tarde, recebi o prefeito Cesar Maia, ele tinha criticado o governo, pela imprensa, no dia anterior, mas comigo tudo foram rosas. O Cesar é inteligente, disse que o governo ajudou bastante o Rio de Janeiro, que gosta muito do Jatene, do Paulo Renato, do Cutolo, enfim, só rosas. Aproveitei para perguntar se ele não podia liberar o seu secretário da Saúde* para trabalhar com o novo ministro da Saúde, o [César] Albuquerque, que deseja aproveitar esse profissional.

Recebi depois o [José Carlos] Martinez, dono da CNT, que veio me dizer que ele agora tem o canal ECO, ligado aos mexicanos, e que nós podemos fazer uso desse canal quando quisermos. Martinez também me disse que estava interessado em comprar o Bamerindus, junto com a Caixa Geral de Depósitos de Portugal. Informei imediatamente o pessoal do Banco Central, mas não creio que exista uma vontade tão forte dos portugueses e também o Martinez não tem um cacife tão grande.

O reitor da UnB veio me trazer um livro, acompanhado do Paulo Renato e de outras pessoas, inclusive do diretor da editora Universitária** e do Hermes Zaneti, ex-deputado federal. Conversa agradável. Estava também o filho do Florestan [Fernandes], o Júnior.

Recebi o governador [José] Targino Maranhão, da Paraíba, que está firme conosco, disse que na Paraíba apenas dois votos eram contrários à reeleição.

Depois o Élcio Álvares esteve aqui, em seguida veio o Sarney, para me trazer os autógrafos do Imposto Territorial Rural. Ficamos sozinhos eu e o Élcio e ele me

---

* Ronaldo Gazolla.
** Alexandre Lima.

contou como vê todo o panorama. Na sua opinião, o Sérgio Machado é o grande líder com tirocínio político do Senado e por quem ele se guia muito, vejam só! Me disse ainda que tem profunda desconfiança do Sarney. O Élcio queria ser candidato à presidência do Senado, mas como não foi agora está com o Antônio Carlos. E me alertou que era preciso tomar cuidado, aquela conversa de sempre.

Suspendi uma reunião que eu tinha com a bancada do PSDB no Senado. Tasso e Sérgio Motta fizeram um contra-ataque muito forte, junto com o Zé Aníbal, para encerrarem a história do Wilson Campos.

Mais tarde participei de uma teleconferência com membros do Clube Hebraica de São Paulo, em comemoração à nova direção do clube.

Recebi o Clóvis, despachei e dormi cedo.

Hoje, sexta-feira, tive despacho interno no Alvorada, um encontro com o pessoal do Banco Central, com quem, aliás, eu tinha estado ontem, no fim do dia, para discutirmos o Bamerindus. A situação está bem delicada. Eles queriam passar logo o controle do banco para o Hong Kong and Shangai Bank [HSBC], um banco muito forte que comprou o Midland Bank inglês e está interessado, mas o Zé Eduardo não aceita. Já disse que entra na Justiça porque os sócios minoritários ficaram sabendo das particularidades do banco, situação delicada para nós. Zé Eduardo fez uma contraproposta que aparentemente implica um subsídio de 6 bilhões de reais, o que é inviável. Em todo caso, pedi que voltassem a conversar comigo hoje de manhã.

Então veio o Mauch, o Malan e o Loyola, que não tinha participado da reunião de ontem. Resolvemos que eles devem explicar ao pessoal do Zé Eduardo que a proposta dele é inviável; se tiverem uma melhor, muito bem. E que devem dar um prazo ao Zé Eduardo de 45 dias, para ele arranjar uma solução ou um comprador. Depois, então, faz-se um Raet, ou seja, uma resolução do Banco Central dentro do quadro do Proer, e aí o Banco Central vende o Bamerindus.

Situação delicadíssima.

Delicado também foi o telefonema que recebi de d. Lucas no final da manhã de ontem, quinta-feira, a respeito da Lei de Diretrizes e Bases da Educação. Ele queria que eu vetasse um artigo, que eu nem tinha visto ainda, sobre o custeio do ensino religioso nas escolas públicas. Eu disse que ia ver, que não sabia se havia condições técnicas de vetar. Depois ele me telefonou de novo, eu tinha falado com Eduardo Graeff, que me disse que aparentemente sim, havia essas condições, mas ele ia analisar a questão.

Eu não sabia que a sanção seria no dia seguinte, ou seja, hoje. Eu tinha dito a d. Lucas que teríamos uns dez dias para negociar. Quando ontem à noite eu soube que teria que ser hoje, fiquei pressionando o Clóvis, o Paulo Renato, para saber o que fazer. Grande pressão da Bia, da Ruth, da Rose [Neubauer], secretária de Educação de São Paulo, todas dizendo que não pode ser, que está errado, que o Congresso afinal definiu que só pode existir se for sem ônus para o Estado, o que lhes parecia errado, porque abriria brechas para o ensino religioso em escolas públicas.*

Fui para o Alvorada depois de ter recebido de manhã o Carlos Wilson com o Teotônio Vilela e o Eduardo Jorge, para discutirmos a questão do Wilson Campos. O Carlos Wilson acha que o Wilson Campos, seu pai, pode retirar a candidatura somente na base do amor, ou seja, do entusiasmo pelo Brasil, por mim, pela República, enfim, coisas vagas. Ele acha que a candidatura do pai é boa porque pelo menos polariza uma insatisfação que existe no Congresso. Isso é verdade. Se não fosse ele, seria o Prisco Viana. É possível.

Se isso for jogado com habilidade, poderemos usar essa candidatura como instrumento de dissuasão, para forçar uma aliança geral entre o PMDB e o PFL.

No Alvorada tive que discutir a sanção da lei. Chamei o Marco Maciel, o Paulo Renato e o Clóvis e disse a eles que para mim era muito difícil não sancionar a lei, dada as minhas posições sabidamente favoráveis à laicização, da separação entre Igreja e Estado. Eles, claro, talvez não tenham ficado muito entusiasmados com essa posição, porque o Paulo Renato já estava com a decisão de aprovar o veto. Não obstante, como eu mesmo disse que havia dificuldades, eles concordaram. Paulo foi generoso, disse que poderíamos propor uma nova lei e que ele poderia usar o exemplo do Paraná, onde há um ensino ecumênico. O Marco Maciel concordou e o Clóvis também.

Os argumentos jurídicos não ajudam a decidir se é constitucional ou não tanto o veto quanto o não veto. Pedi ao Marco que explicasse a d. Lucas que até ontem eu realmente desconhecia esse assunto. Marco já fez isso. Depois mandei um cartãozinho a d. Lucas, enviando as palavras de apoio meu ao Paulo Renato num discurso que ele fez sintetizando o que acabo de registrar sobre a possibilidade de uma revisão mais adiante da regulamentação dessa lei.

Em seguida, recebi uma porção de pessoas, sem parar. Entre elas, Geraldo Brindeiro, procurador-geral, com quem conversei mais longamente. Ele tem agido com muita correção, estou satisfeito com seu desempenho.

Recebi o Thiago de Mello, a Rose de Freitas, o Nion Albernaz com dois deputados do Ceará, o Ronaldo Cezar Coelho, que veio falar do Rio nas Olimpíadas, o presidente da Confederação Nacional da Agricultura.

Cheguei aqui em casa tarde da noite, cansado, e recebi a boa notícia de que o embaixador do Brasil no Peru** fora libertado pelos guerrilheiros.*** Eu tinha con-

---

*A Lei de Diretrizes e Bases da Educação aprovada pelo Congresso estabeleceu que o ensino religioso deve ser oferecido nas escolas públicas com professores remunerados pelo Estado, desde que em regime facultativo e sem proselitismo para a Igreja católica ou qualquer outro credo. A ala mais laica do governo se opunha à introdução de qualquer tipo de ensino religioso no currículo básico.
**Carlos Luís Coutinho Perez.
***Em 17 de dezembro de 1996, durante uma festa de comemoração do aniversário do imperador

versado hoje com a mulher dele* e, em vão, tentado falar com o Fujimori, que hoje me mandou uma carta dizendo que iriam fazer o máximo possível para que poupassem a vida dele.

No meio disso tudo, o Banco do Brasil apresentou o resultado da sua investigação sobre o caso das listas, e foi pífio. Pelo menos o que saiu publicado. Uma nota da conclusão do inquérito diz que não há provas para afirmar quem é o culpado, embora saibam que realmente foi um rapaz, não sei o nome, acho que é Plínio, que passou para um advogado — ou o advogado se chama Plínio, não sei — ligado ao PPB. Eles têm o telefone, foi feita a ligação telefônica.** A versão que circulou era a incorreta, a de que só esse rapaz [Plínio] tinha manipulado, tem todas as evidências de que faltou coragem, ou seja, há outros culpados.

Pelé, esse, sim, teve a coragem de demitir doze pessoas depois da acusação de bandalheira na área de esportes.*** Mandou embora inclusive o presidente do Instituto Nacional de Desenvolvimento do Desporto,**** criado por ele, indicado pela senadora Benedita da Silva. O Pelé agiu com coragem. Ele é um homem sério, gosto dele.

Uma última intriga: a Ana recebeu um telefonema contando que o Sarney teria dito que a CPI dos Precatórios não entrou na convocação extraordinária porque eu havia tirado. A Ana falou com o Bartolomeu [Rodrigues], do *Estado de S. Paulo*, eu também, para dizer que não foi assim. O Élcio Álvares me disse hoje que na verdade ele e o Sarney, por conta própria, sem falar comigo, tinham retirado [a questão dos precatórios] da convocação. Telefonei para o Élcio e ele me disse: "Fiz isso porque o Sarney não quer que essa CPI vá adiante". Pois eu penso o contrário. Inclusive disse ao Mauch, hoje de manhã, que acho que, a despeito de todas as dificuldades, eles devem fornecer os dados ao Senado. Se houve bandalheira, quem a fez deve pagar. Acho que é isso, correndo, é o que eu posso registrar.

Amanhã vamos para Gramado, no Rio Grande do Sul, encontrar o governador Britto. Eu, a Ruth, a Bia e as crianças.

Akihito na embaixada do Japão em Lima, guerrilheiros do Movimento Revolucionário Tupac Amaru invadiram o prédio e tomaram seiscentas pessoas como reféns, entre funcionários da embaixada, autoridades, empresários e diplomatas, inclusive o embaixador brasileiro, libertado poucos dias depois. O sequestro durou mais de quatro meses e terminou em 22 de abril de 1997 com a intervenção das forças de segurança peruanas, que mataram todos os quinze sequestradores e libertaram os 71 reféns remanescentes (um refém foi morto pelos terroristas durante a ação da polícia).
* Susana Higuchi.
** A sindicância interna do banco concluiu que o advogado do PPB, Ronaldo Bicca, recebeu a lista de um amigo funcionário do BB, Plínio Gonçalves Dutra.
*** Foram demitidos servidores do Instituto Nacional de Desenvolvimento do Desporto (Indesp) suspeitos de superfaturamento em licitações de serviços de comunicação e informática, inclusive o presidente.
**** Asfilófio de Oliveira Filho.

HOJE É SEGUNDA-FEIRA, 23 de dezembro.
Passamos o fim de semana em Gramado, Canela e Nova Petrópolis, com Britto e alguns ministros. Manifestações calorosas da população, dos órgãos de turismo, das pessoas nas ruas, algo como só vi uma vez em Jequié, embora naquela vez tenha saído o contrário no jornal. Agora acredita-se que havia 25 mil pessoas; quando alguns começaram a querer vaiar, foi aplauso generalizado, mostrando que realmente o governo está em alta.

O Britto me entregou uma pesquisa taxativa, mostrando que no Rio Grande do Sul estamos estourando a boca do balão, como se diz em linguagem vulgar, ele e eu. Pela primeira vez depois de muito tempo, também o Rio Grande passa a apoiar o governo e as reformas.

E, claro, há a indústria automobilística, que foi para o Rio Grande e coroou nosso esforço.

Hoje, segunda-feira, despachei de manhã com Eduardo Jorge e com Clóvis sobre os velhos temas. Um, Bamerindus. Ontem, o Zé Eduardo conversou comigo e com o Eduardo Jorge. Trouxeram o Marcos Jacobsen e deram a versão deles sobre o banco. Disseram que é inaceitável a venda para o HSBC e que eles têm possibilidade efetiva de salvar o banco, enfim, a história de sempre. Talvez até tenham, fiquei na dúvida.

Hoje Clóvis, Eduardo e eu falamos sobre a lerdeza do Banco Central e a preocupação que tenho porque o Mauch mandou esse Jacobsen ir ao Rio Grande, enquanto eu tinha dito ao Mauch que desse por escrito a resposta à proposta do Bamerindus. Essa questão está começando a ficar complicada.

Também discutimos sobre o relatório do Banco do Brasil, eu disse que o tinha achado pífio. Parece que o tal Plínio [Dutra] teria dado declarações para o *Fantástico* e também uma entrevista à *Veja* dizendo que a ordem veio do Palácio. Deve ter ficado com medo de ser posto para fora.

Agora à tarde falei com Quintão para saber das coisas. Ele me disse que o Banco do Brasil está com medo é do processo movido pelos deputados, então quer se salvaguardar dizendo que o documento é apócrifo. Ora, mas então que dissessem isso em vez de soltar aquela nota confusa. Eu mesmo pensei que fosse uma investigação inconclusa, mas se o documento é apócrifo, então ela está concluída, não é nem uma coisa nem a outra.

O Bonifácio de Andrada me disse que acha que isso vai dar confusão no PPB. Ele veio falar comigo com o Virgílio Galassi e com o Odelmo Leão, líder do PPB, que já está dizendo que só eu sei como ele segura as pontas. O Virgílio foi eleito prefeito de Uberlândia* e é favorável à reeleição; está tentando mudar o Odelmo, também o Bonifácio. Mas o Bonifácio me disse que ele se preocupa com a exploração que possa haver nesse caso. Eu também me preocupo. Não por fatos objetivos, que por

---

*PPB.

mais que apertem não há nada do Palácio, mas fica esse disse que disse que não termina nunca.

Recebi de manhã primeiro o Jungmann, que veio me mostrar que aconteceu uma coisa muito positiva na reforma agrária. Estamos com cerca de 61 mil assentados este ano, com mais 40 mil do ano passado, e assinei a lei do rito sumário [para as desapropriações agrárias] e a lei do ITR. Coisas muito importantes mesmo.

Recebi o pessoal da Asia Motors, que veio com o Antônio Carlos, com o Luís Eduardo, com o governador Paulo Souto e com toda a bancada da Bahia. Discursos, a conversa empurrada em privado, Antônio Carlos preocupado porque o Montoro fez declarações contra a candidatura dele ao Senado. Eu não vi isso.

Muita preocupação com as notícias publicadas pela Rosângela Bittar,* dizendo que queremos fazer a discussão [da reeleição] mais tarde. Isso é atribuído ao Luís Carlos Santos, talvez seja.

No mais, despachos internos, gravações, um programa longo com a Rede Vida e muitos telefonemas. Pilhas de decretos para assinar e muita preocupação com os problemas de sempre, com o Banco do Brasil, o Bamerindus, com o inquérito do Pelé, que botou para fora aquele bando de gente, e agora o presidente do tal Indesp que é ligado a Benedita da Silva.

Ainda na segunda-feira, dia 23, Benedita da Silva me telefonou dizendo que não tem nada a ver com a nomeação do tal presidente do Indesp, mas que tinha algumas coisas para contar ao Eduardo Jorge. Ou seja, ela tem, sim, a ver, foi ela quem o indicou ao Pelé. É claro que o cara agora vai querer acusar terceiros, essa coisa de sempre.

Isto também preocupa: mais um escândalo que teria ocorrido na questão das cooperativas, pegando o Vadão [Gomes].** O governo não tem nada a ver com o assunto, é uma coisa limitada, mas sempre é mais uma carga depositada sobre coisas já desagradáveis, e a imprensa, sequiosa, vai fazer confusão com esse problema. Cada fim de ano inventam uma Pasta Rosa. Depois esquecem porque não havia nada. O escândalo Sivam não existe, mas fica no ar a reiteração desses pontos. A sociedade de massas é assim mesmo.

Vou jantar aqui com a Bia, as crianças e a Ruth.

Ia me esquecendo de registrar que falei com o Fujimori hoje. No momento em que eu recebia o embaixador Perez, que voltou do Peru, Fujimori me telefonou para pedir desculpas por não ter falado comigo nem ter podido atender o embai-

---

* Colunista do *Jornal do Brasil*.
** A revista *IstoÉ* publicou a denúncia de que o presidente do PPB paulista participava de um esquema de desvio de verbas públicas do Departamento Nacional de Cooperativismo e Associativismo Rural (Denacoop) do Ministério da Agricultura, num total de R$ 3 milhões.

xador. Pediu desculpas várias vezes e me deu uma descrição pormenorizada e tranquila do que ele está fazendo sobre os reféns e a ocupação da embaixada do Japão pelo Movimento Revolucionário Tupac Amaru. Está me parecendo seguro, calmo, é o jeito dele mesmo, e decidido. Tenho medo do que possa acontecer. Fujimori cortou tudo, água, telefone, não quer negociação, disse que o [Francisco] Tudela* foi ameaçado de ser fuzilado logo no início e que nem mesmo assim ele cedeu à pressão do pessoal. Enfim, sangue-frio está ali. Conversei com o nosso embaixador e, pelo jeito, ele não tinha outra missão a cumprir. Cumpriu o que lhe coube, que foi entregar uma carta ao governo do Peru, e não tinha mesmo por que ficar lá. O resto é exploração da imprensa.

*Ministro de Relações Exteriores do Peru, um dos sequestrados.

25 A 30 DE DEZEMBRO DE 1996

Reflexões sobre política, reeleição. Leituras e descanso no fim do ano

Quarta-feira, 25 de dezembro, dia de Natal.
Ontem foi um dia tranquilo. O Malan esteve aqui para conversar sobre o Banco Bamerindus, sobre a necessidade, do ponto de vista do Kandir e do Banco Central, de um veto ao imposto sobre pessoa jurídica, do qual ele não consegue convencer o Everardo, o diretor da Receita. Ambos são contrários a que haja incidência de imposto sobre uma categoria específica de ações ou coisa que o valha.

Veio também o Silvano [Gianni],* que me trouxe uns vinte decretos ou leis para assinar. Clóvis tinha combinado comigo, estamos trabalhando até o último momento.

Mais tarde recebi o Lampreia, conversamos sobre vários assuntos, entre os quais o visto [passaporte diplomático] para o Collor. Parece que todos os pareceres jurídicos são de que ele tem direito, então o Lampreia que o faça, e vai fazer. Pelo menos assim entendi.

O Duda chegou com a Joana [Zylbersztajn], sua filha, que foi a um casamento no Rio. Ela estava doente, chegou anteontem, antes do Duda, e tivemos que chamar um médico, interná-la no hospital, estava com uma infeção urinária grave e ameaça de bacteremia. Foi uma noite de Natal perturbada. Luciana também estava tensa por causa da filha, Isabel, que se comportava mal. A empregada da Isabel é muito absorvente e, quando ela não está, a criança fica inquieta, enfim, coisas comuns das famílias, e os dias de festa acabam gerando alguma tensão, por razões menores, mas que vão preocupando e, sem que se perceba, acaba-se mais tenso do que seria normal.

Hoje, dia de Natal, veio a Gilda [Cardoso de Oliveira], minha irmã, com o Roberto, meu cunhado, um filho, uma filha, Fernanda, e outra filha, Lúcia, mais o marido da Fernanda. Também estiveram aqui os netos da Gilda. Tiramos fotografias, Luciana, o Getúlio, enfim, coisa familiar o dia inteiro. Agora tivemos que suspender a viagem para Fernando de Noronha, para onde eu queria ir amanhã, descansar, porque a Joana ainda não pode ir conosco amanhã, e estamos na dúvida sobre quando ir, quando não. Essas coisas aumentam o cansaço, a tensão, nos momentos em que a gente devia estar mais tranquilo. É algo de que ninguém tem culpa, é doença, mas complica a vida.

Imprensa, fotógrafos, jornais num vazio total. E balanços, balanços, mais ou menos ridículos, interpretações sofisticadas, tipo Elio Gaspari, mas no fundo sobre

* Subchefe da Casa Civil.

nada, a questão da reeleição, que ele acha que deve ser ad hominem, mas não diz isso, nem pode, não há como, e então diz que, como a maioridade de d. Pedro II, foi uma solução sensata. Imagina como seria possível agora fazer só a minha reeleição! É verdade que há fundamento nisso, mas também é verdade que antes, na discussão na Constituinte [na revisão constitucional de 1993], quando se tirou um ano de mandato, era para haver reeleição. Portanto, a ideia de reeleição é anterior ao desempenho do governo, hoje considerado bom.

Reli várias pesquisas, é impressionante o apoio que a população está dando às mudanças que estamos fazendo e, como me disse Silvano, que trabalha há muitos anos na burocracia, está mudando tudo. É muita mudança.

Dei uma entrevista à Rede Católica de Rádio, e bispos como d. [Tomás] Balduíno, que é da Pastoral da Terra (CPT), e outro da Ação Social, fizeram perguntas. Dei respostas esclarecedoras, o governo está atuando para mudar o Brasil, isso está passando para a sociedade.

Persistem os impasses, as questões relativas às mesas da Câmara e do Senado. Serra me telefonou, preocupado com a ideia de plebiscito, que apareceu via Elio Gaspari. O Serra acha que Tasso foi o inconfidente e disse ao Elio que eu tinha cogitado um referendum, não plebiscito.* As pessoas não guardam mesmo nada e as coisas se precipitam. Tive que dar uma parada nisso e dizer que é preciso resolver logo em janeiro se haverá ou não reeleição.

Ninguém vai acreditar, mas eu digo sinceramente: por mim, quatro anos já é bastante, muito mesmo. Acho até, quem sabe, que, passando a reeleição, não seja necessário eu ser candidato, porque estou começando a ficar irritadiço com essas coisas que não atam nem desatam. Chega um momento em que é preciso passar o comando para outrem.

Além do mais, um pouco egoisticamente, às vezes fico pensando que se eu parar no momento em que estou, não sei se é no auge... mas em que estou bem, é melhor do que de repente insistir em espichar o mandato e depois não ter capacidade de levar adiante as transformações com o mesmo elã com que estamos agora.

Talvez seja uma reflexão um pouco de fim de dia de Natal, com todos os problemas já mencionados, que perturbaram a tranquilidade, mas a verdade é que não é fácil ficar tanto tempo exposto à execração ou à adulação pública. Isso é o que eu queria deixar registrado num tom raro nessas notas, algo mais subjetivo, mais pessoal. Há também certo desgaste de disposição psicológica.

Aproveito para anotar que comecei a ler ontem à noite um livro que o Malan me trouxe, do Carlos Castelo Branco, *Perfis*, com vários perfis de líderes políticos. Lendo o livro e revendo os personagens — eu conheci todos eles, ou quase todos —,

---

*No referendo, os eleitores aceitam ou rejeitam uma lei já aprovada por ato legislativo ou administrativo. No plebiscito, a população opina previamente sobre o assunto em pauta, podendo autorizar ou impedir sua conversão em lei.

é curioso ver como eles envelheceram com as mudanças havidas no Brasil. O jogo político que o Castelo tanto tecia, e tão bem, era um joguinho menor se comparado ao que estamos tendo que enfrentar agora; é uma mudança qualitativa no desafio brasileiro. O tipo de problema, o tipo de oposição, o tipo de apoio, é tudo muito diferente, as manobras que enchiam a Coluna do Castelo, uma entrevista com o Quércia, na qual ele teve que dizer que o Quércia era um primor de não pensamento, de pragmatismo. Vê-se o Quércia se preparando para ser candidato a presidente da República. Quem adivinharia, no momento em que o Castelinho escreveu isso, que o presidente viria a ser eu?

Ele não me cita em nenhum momento, faz os perfis do Itamar, do Ulysses, do Severo [Gomes], eu não apareço nem de soslaio na trama política. Aliás, eu não tinha por que aparecer, eu não estava nela. Nessa época eu era ministro das Relações Exteriores e, antes, era senador da oposição, mas do PSDB, fora do grande jogo da intriga política e hoje... sou presidente!

O fato de eu ter me tornado presidente, já disse, não foi porque eu quisesse isso ou aquilo ou porque tinha mudado o Brasil. Ao contrário, o Brasil é que mudou! E mudou tanto que até foi possível que uma pessoa como eu, que na verdade não tem nada a ver nem com Tancredo, nem com Ulysses, nem com o Quércia, nem com essa paixão pela miudeza do cotidiano do Congresso — eu nunca tive essa paixão —, viesse a ser presidente. O Castelinho, hoje, poderia escrever coisas bem interessantes, ao estilo dele. Se bem que acho que ele não iria gostar; o Castelo também era um homem desse meio, do jantar à noite para ouvir intriga, e a política era o desfiar de um sem-fim de pequenas conversas, pequenas intrigas, como ele próprio retrata no livro sobre o Jânio [Quadros]. O Brasil mudou bastante e para melhor.

HOJE É 30 DE DEZEMBRO DE 1996.
Estou numa varanda, na casa do chamado "Hotel de trânsito" da Aeronáutica, em Fernando de Noronha. A casa é muito agradável, creio que foi reformada ou construída por Fernando César Mesquita.* Esse arquipélago é extraordinário, guarda muito do que era sua formação primitiva, inclusive em termos de equilíbrio ecológico. Ontem saí com as crianças, fomos ver os golfinhos nadando numa praia, vimos tubarões, milhares de peixes, uma coisa belíssima com as águas claras. Estou aqui com a Ruth, a Bia, o Duda, a Júlia e o Pedro. São os netos com os quais tenho mais convivência. São fantásticos. O Pedro é de uma vivacidade enorme, a Júlia também era, agora que cresceu dá a impressão que não, mas é muito inteligente. Ele faz observações surpreendentes, tem apenas três anos, mas é como se fosse

---

*Diretor da Secretaria de Comunicação Social do Senado Federal, ex-presidente do Ibama e ex-governador de Fernando de Noronha (território federal incorporado a Pernambuco em 1988) no governo Sarney.

uma criança maior. Eu converso o dia inteiro com ele, como se fosse eu a criança. Isso me distrai imensamente.

Na verdade a situação aqui é de absoluto descanso e, claro, toda essa estrutura, que foi a menor possível, ainda assim é pesada porque é a do presidente da República. Pelo menos consegui conversar com os turistas, com o pessoal da vila, sem fotógrafos por perto, embora a imprensa esteja aqui, mas civilizadamente. Fizemos um acordo e os fotógrafos de vez em quando, sem perturbar o banho de mar, fotografam o barco, tudo bem, porque eu tinha permitido, e ontem na cidadezinha também. Enfim, estou tendo o descanso que precisava.

A *Folha*, claro, com o Fernando Rodrigues a dizer que é preciso saber quem paga não sei o quê, quanto custou a viagem, essa coisa realmente de um simplismo atroz para sensibilizar irados membros da pequena classe média, uma coisa que não condiz com um país como o Brasil, como se o presidente da República pudesse se mover neste território imenso às custas próprias, sem esse aparato todo! Quem paga o gasto da firma? Ninguém, isto aqui ninguém paga, essa ilha é administrada pelo Ibama e pelo governo federal.

Li com muito prazer o livro do Mário Martins, preparado pelo Franklin Martins,* bem escrito. Não li todo, li saltado, mas bastante, é agradável, um homem inteligente. Também trouxe para ler uma porção de outros trabalhos, inclusive um do [Roger] Bastide, acho que é *Candomblé*.** Danielle me deu um livro sobre as histórias complicadas do Clinton e da Hillary, comecei a ler, está escrito no estilo de um repórter americano, é bem interessante, bem objetivo.

De vez em quando passo os olhos nos jornais, mas, sobretudo, estou me deliciando com a leitura dos livros a que já me referi. Espero também poder reler o livro do Furet que eu trouxe, *Le Passé d'une illusion*, o fim da ilusão comunista. Há muito tempo que eu não lia tanto. Li agora de manhã uma entrevista do Perry Anderson muito boa. Ele é objetivo, mesmo nas críticas, é um intelectual de boa cepa. Critica o fato de eu aceitar a reeleição e não fazer a reforma partidária, diz que quem sabe num outro mandato eu faça isso. É uma análise objetiva e levanta problemas nos quais ele tem razão. Acho que se houvesse uma saída que não fosse a reeleição teria sido melhor, eu já disse isso mais de uma vez, ninguém acredita, mas acho que o ideal seria um mandato um pouco mais longo. Isso não deixa de me preocupar, porque a reeleição pode ter efeitos negativos no conjunto do país. Quero ver o que vai acontecer: primeiro, se passa; depois, se passar, como vamos encaminhar isso. Talvez com um controle parlamentar mais forte.

Espero ficar aqui, nessa rotina prazerosa, até o dia 2 de janeiro. Há muito tempo eu não tinha um pouco mais de tranquilidade para ler, para não fazer nada...

---

* *Valeu a pena*. Org. de Franklin Martins. Rio de Janeiro: Nova Fronteira, 1996.
** *Le Candomblé de Bahia* (*rite nagô*). Paris: Mouton, 1958.

Em tempo, li também uns bons trechos de um livro que o Malan me deu, com entrevistas com economistas brasileiros.* Li uma do Roberto Campos, muito boa. Ele faz a história recente do pensamento econômico, do desenvolvimento do Brasil e das posições dele. Claro, a mim ele faz uma enorme injustiça no caso de *Desenvolvimento e dependência*. Acho que ele nunca leu o livro, ele me critica como se eu fosse um "dependentista". Li a do Celso Furtado, equilibrado como sempre, folheei de quase todos, do Pérsio, do André Lara, não li a do Delfim, nem a do [Affonso Celso] Pastore, que pode ser um bom técnico, mas é intelectualmente menos fecundo. E li também a do Bacha, do Paulinho Nogueira Batista [Paulo Nogueira Batista Júnior], do [Eduardo] Gianetti da Fonseca, enfim, vários. Não li ainda a do Simonsen, que quero ler. Dá para ter uma ideia bem boa da evolução do pensamento, das dificuldades e dos problemas que havia, dos erros também, um livro que ajuda.

Li ainda um artigo que saiu ontem, portanto dia 29, na *Folha*, do Gilberto Dimenstein. O Gilberto escreve umas palavras até elogiosas ao meu desempenho no governo e acha que por isso mesmo não havia necessidade de reeleição, e faz umas ponderações. São diferentes das do Perry Anderson, mas também têm seu significado. Há uma reação inicial: para que mais quatro anos? Ele acha que esses quatro anos seriam suficientes para marcar um governo honesto e com decência administrativa, que mais é desnecessário e sugere um plebiscito.

Minha primeira reação à reeleição sempre foi essa. Em termos biográficos, não é uma boa. Fico sempre hesitando entre isso e o conhecimento que tenho das dificuldades de colocar alguém que se eleja e que tenha competência para administrar politicamente o Brasil. Pode ser até presunção minha, mas busquei, falei com os partidos, ninguém topa nome nenhum. Não sei se estou racionalizando, mas com certeza, para mim, não é uma boa ficar mais quatro anos.

---

*Conversas com economistas brasileiros. Org. de Ciro Biderman, Luis Felipe Cozac e José Marcio Rego. Prefácio de Pedro Malan. São Paulo: Ed. 34, 1996.

ÍNDICE REMISSIVO

ABC Paulista, 254, 634, 802n
Abdo, José Mário, 638n
Abegás (Associação Brasileira das Empresas Estaduais Distribuidoras de Gás Canalizado), 135, 136n
Abia (Associação Brasileira das Indústrias de Alimentação), 808
Abi-Ackel, Ibrahim, 126, 274, 502, 522, 834
Abin (Agência Brasileira de Inteligência), 285, 462, 507, 528, 615, 622n, 767, 866
Abramo, Cláudio, 335, 694
Abranches, Sérgio, 535
Abrão, José, 110, 261-3, 562, 805, 851
Abrão, Pedrinho, 411, 547, 548, 561-2, 851, 853, 856, 862-3
Abril, Editora, 626, 649, 719
Abu Dhabi, 355, 357
Academia Brasileira de Letras, 761
Academia Brasileira de Medicina, 534
Academia da Força Aérea (Pirassununga), 331-2
Academia Militar das Agulhas Negras, 213n
Academia Nacional de Medicina, 408
Academia Nacional de Polícia, 866n
Ação da Juventude Liberal do PFL, 748
Accorsi, Darci, 542
Acesita, 573
ACM *ver* Magalhães, Antônio Carlos
Acordo de Ouro Preto, 163, 164n
Acre, 75, 113, 554, 595, 625, 645, 655, 715, 793
ACRJ (Associação Comercial do Rio de Janeiro), 697n
açúcar, 322, 406, 439, 462, 602, 733n
Adenauer, Konrad, 76
Adesg (Associação dos Diplomados da Escola Superior de Guerra), 758
Adin (Ação Direta de Inconstitucionalidade), 619
Adler, Mario, 779
Adoração do cordeiro místico (Van Eyck), 244n
ADTP (Associação de Desenvolvimento Tietê-Paraná), 625n
Advocacia-Geral da União *ver* AGU
AEB (Associação dos Exportadores Brasileiros), 654n
Aeronáutica, 46-7, 110, 117, 118, 135, 139, 151, 161, 165, 168, 171, 174, 183, 259, 270, 288, 299n, 301, 306, 309-10, 315-6, 318, 330, 331, 340, 347, 349-51, 355-6, 362, 366-7, 404, 407-8, 411, 418, 440, 446, 518, 596, 609, 621, 631, 645, 672, 675, 694, 696, 703, 708, 758, 780, 794, 804, 809, 837, 883; *ver também* FAB (Força Aérea Brasileira)
Aeroporto de Brasília, 727, 810
Aeroporto de Congonhas, 217, 810n
Aeroporto de Guarulhos, 169
Aérospatiale (indústria francesa), 175, 598, 600
Affonso, Almino, 85, 119, 255, 262, 551, 584, 819
África, 247, 430, 582, 743, 847, 848
África do Sul, 190, 268, 805, 826, 828, 838, 839, 840-1, 842, 844, 845-7
Agência Espacial Brasileira (AEB), 752n
Agência Nacional do Petróleo, 381n, 784
Agosto 1954 (José Sette Câmara), 776n
agricultura/agricultores, 37, 51, 64, 79, 104, 129, 144, 166, 178, 180, 186, 191, 227, 240, 292, 390, 406, 433n, 434, 438, 462, 542, 568, 633, 636, 641, 651, 655, 731, 756, 785, 793, 801; *ver também* reforma agrária; safras agrícolas
Agripino, José, 171
AGU (Advocacia-Geral da União), 32, 53, 193, 619, 742, 818, 821
água, questão da *ver* recursos hídricos, questão dos
Aguiar, José Lírio, 510
Ahrweiler, Hélène, 602n
Aída (ópera de Giuseppe Verdi), 187
AIG (American International Group), 631
Ajuricaba, José, 693
ajuste fiscal, 392, 399, 677, 701-2, 827
Akasaka, Palácio (Japão), 487
Akihito, imperador do Japão, 487n, 877n
Al Nuhayyan, Zayed bin Sultan, 357n
Aladi (Asociación Latinoamericana de Integración), 622
Alagoas, 36, 315, 391, 674, 691, 697, 699, 701-4, 719, 720, 724, 853
Alasca, 800
Alatas, Ali, 755n
Albernaz, Nion, 828n, 857, 876
Alberto I, rei da Bélgica, 245n
Alberto II, rei da Bélgica, 245
Albright, Madeleine, 282
Albuquerque, Antônio, 703n

Albuquerque, Carlos César, 762, 813, 832, 859, 861, 864
Alca (Área de Livre Comércio das Américas), 176n, 497n, 701, 831n
Alcântara, base de (Maranhão), 173, 862, 869, 870
Alcântara, Lúcio, 256n, 807-8, 870
Alcatel, 619
álcool, 174, 298, 321-2, 421, 436
Aleixo, Pedro, 618
Aleluia, José Carlos, 653, 659
Alemanha, 76, 162, 242n, 244-7, 254, 317, 319, 324, 344, 606, 751, 754, 838, 850
Alencar, Marcello, 153, 211, 233, 260, 286, 293, 377, 383, 390, 397, 406, 424, 509, 535, 536, 564, 616, 619, 623, 630, 647, 724, 755, 761, 810, 852
Alencar, Marco Aurélio, 616n
Alenquer, 715
Alfonsín, Raúl, 531
Allende, Tencha, 86
Almeida, Cecílio do Rego, 641
Almeida, João, 68, 176-8, 465, 742n
Almeida, Luciano Mendes de, d., 50, 145
Alphandéry, Edmond, 648
Alstom, 601
Alta Floresta (Mato Grosso), 787
Althusser, Louis, 229n, 591
Alto-Comando da Aeronáutica, 316
Alto-Comando do Exército, 157-8, 196, 310, 771
Alunorte, 281n
Alvarenga e Ranchinho, 405n
Alvarenga, Tales, 270
Álvares, Élcio, 69, 89, 98, 114, 116, 194, 210, 222, 231, 258, 271, 288, 316-7, 319, 350, 352, 356, 408, 418, 444, 466, 478, 482, 498, 500, 561, 675, 685, 691, 738, 782, 818, 831, 866, 874, 877
Alves, Aluísio, 608, 611
Alves, Cosette, 325
Alves, Garibaldi, 72, 302, 450, 520, 539, 695, 784
Alves, Jorge, coronel, 553
Alves, José Alberto Rodrigues, 169
Alves, Márcio Moreira, 387, 439, 511, 564, 732, 740, 866
Alves, Rodrigues, 456
Alvim, Paulo, 193
Alvorada, Palácio da, 76, 91, 115, 124, 151, 165, 186, 200, 202, 204, 207, 215-7, 220, 238, 241, 250, 253, 263, 268, 278, 285, 308, 310, 315-7, 325, 330, 362-3, 366, 368, 397, 399, 402-3, 406-8, 412, 414, 419, 421, 423, 439-40, 449-50, 452, 470, 478, 481, 499, 504, 515, 519, 526, 537, 545, 548-9, 551, 555, 558, 566, 578, 580, 584, 592, 595-6, 605, 608, 612, 616, 619, 621-3, 629, 634, 641, 645, 648, 656, 663-4, 667, 671, 676-7, 680, 688-9, 691, 693-5, 698, 700, 710, 712, 720-1, 726-7, 733-7, 739, 760, 762-3, 766-7, 770, 779, 784-7, 792-5, 802, 808, 810, 812-3, 819-21, 836, 849, 852, 854, 858, 860, 862, 866, 872-6
Alzugaray, Domingo, 719
Amado, Jorge, 599
Amado, Paloma Jorge, 599
Amapá, 181, 269, 299n, 655
Amaral, Delcídio, 185
Amaral, Francisco, 794n
Amaral, Ricardo, 616, 623
Amaral, Sérgio, 55-6, 63, 104, 111, 116, 155-6, 160, 162, 180, 185, 187, 206, 215-6, 229, 249, 251, 255-6, 300, 308, 310-1, 325, 351, 412, 462, 464, 478, 480, 485, 489, 496, 569, 571, 579, 581, 585, 608-9, 613-6, 623, 632, 635, 641, 649, 670, 686, 688, 690-1, 693, 722, 734, 740, 749, 753-4, 761, 766, 773, 775, 810, 858
Amary, Renato, 795n
Amazonas, 113-4, 149, 196, 336, 555, 655, 688, 714, 715, 732, 785, 808
Amazonas, rio, 112-3
Amazônia, 89, 111-3, 168, 247, 255, 266-7, 280, 319, 322, 391, 482, 488, 528, 567, 588, 655, 709, 710, 723, 731
Amcham (Câmara de Comércio Brasileira-Americana), 122n, 533, 622
América Central, 274, 692, 729
América do Sul, 247, 408, 531, 639, 680, 696, 700, 718, 751, 847
América Latina, 47, 85, 187n, 273, 282, 293, 396, 406, 432, 451, 492, 531, 602, 685, 718, 736, 737, 749, 752, 774, 790, 795
America's Society, 111
American President, The (filme), 415
Américo, Pedro, 618
Amin, Ângela, 710n, 828, 837
Amin, Esperidião, 119, 342, 393, 467-8, 504, 666, 710, 820-1, 837, 858, 865
Amorim, Celso, 44, 281, 282, 465
Amorim, Ernandes, 743, 768
Amorim, Paulo Henrique, 355, 358
AMX (avião de caça), 46
Ananias, Patrus, 475-6, 507, 864
Anápolis, 857
Anatel (Agência Nacional de Telecomunicações), 749n, 864n
Anavilhanas (Amazonas), 113
Anderson, Perry, 884-5
Andes, 790

ÍNDICE REMISSIVO 889

Andrada, Bonifácio de (Andradinha), 742, 865, 878
Andrade, Clésio, 785
Andrade, Evandro Carlos de, 260, 596, 836
Andrade, Fernando Pithon de, 629n
Andrade, Paes de, 228-30, 255, 260-1, 265, 280, 287, 397, 401, 404, 418, 445, 471, 483, 512, 521, 534, 723, 854-5
Andrade Gutierrez, Grupo, 297, 563, 641n, 853n, 863
Aneel (Agência Nacional de Energia Elétrica), 653n, 665, 667
Anfavea (Associação Nacional dos Fabricantes de Veículos Automotores), 76n, 612
Angarita, Antônio, 235-6
Anglo American (empresa de mineração), 806n, 844-5
Angola, 189, 190, 207, 470, 472, 480, 805, 826, 836, 838-41, 842, 847
Anhanguera, via, 641
Aníbal, José, 113, 168, 210, 223, 231, 257, 271, 274, 280, 421, 491, 502, 515, 536, 558, 582, 591, 615, 624, 668, 720, 763, 780, 875
Anísio Teixeira, Prêmio, 665
Anistia Internacional, 457n, 599
Antiportraits (Minc), 606
Antônio e Cleópatra (Shakespeare), 324n
Antônio Geraldo (irmão de FHC) *ver* Cardoso, Antônio Geraldo
Antunes, Augusto Trajano de Azevedo, 771
apartheid, 839, 841n, 843-5
APEOP (Associação Paulista dos Empresários de Obras Públicas), 670n
Apolinário, Carlos, 554
Appeal of Conscience Foundation, 283
aprovação do governo, índices de, 62, 185, 389, 585, 723, 767, 782, 804, 878
Apucarana, 152
Aracaju, 268
Aracruz Celulose, 631, 852n
Arafat, Yasser, 273, 274, 282
Aragão, Luís Tarlei de, 812
Aragão, Murillo de, 653
Aragão, Regina de, 812
Aragão, Renato, 272, 573
Araguaia, rio, 112, 425, 868
Aramar, Centro Experimental de, 529
Aranha, Oswaldo, 344, 378-9, 383
Arantes, Maria Otilia Fiori, 214
Araraquara, 626
Aratu, Base Naval de, 376, 380
Araújo, Brasílio, 144, 252, 254

Araújo, Frederico, 717, 732
Araújo, José Agnaldo, 703n
Archer, Renato, 53, 630
Arco do Triunfo (Paris), 540
Ardaillon, Danielle, 456, 608-10, 760, 884
área social, 28, 72, 98, 128-9, 153, 267, 284, 372, 374, 378, 396, 415, 526, 541, 544, 573-4, 622, 628, 732, 749, 791
Argaña, Luis María, 546, 554, 570, 639
Argentina, 59, 66, 70-1, 73, 85, 87-8, 91-2, 99, 104, 133, 159, 162, 163, 171, 174, 176, 211, 270, 288, 295n, 301, 334, 409, 411, 440, 452, 465, 488, 529, 530-1, 553, 570, 571, 609, 622, 623, 636-7, 657, 661n, 696, 737, 747, 752, 763, 766, 774, 795, 812
Arida, Pérsio, 26-7, 29, 39, 40, 42, 57-9, 64, 69, 71, 76-9, 84, 88-91, 93-5, 97-5, 103-6, 112, 115, 119, 121, 126, 131-6, 147, 148, 150-2, 155-6, 160-2, 165-7, 169, 181, 184, 202, 235, 366, 372, 388, 412n, 524, 526-7, 711, 817, 885
Arko Advice, 653n
Armênia, 677
Arns, Paulo Evaristo, d., 177, 333, 337, 627-8, 652, 846
Arouca, Sérgio, 159
Arraes, Miguel, 120, 126, 143, 155, 203, 210, 219, 250, 286, 322, 342, 520-1, 698, 701, 705, 739, 745, 751, 777, 786, 835, 853
Arruda, José Roberto, 195, 306, 411, 624, 866
Asea Brown Boveri, 563n, 852
Ásia, 247, 354, 358, 373, 563, 718
Asia Motors, 864n, 879
Assembleia Nacional da França, 601
assentamentos rurais, 51, 129, 182, 240
Associação Brasileira da Indústria Gráfica, 783
Associação Brasileira de Supermercados, 686
Associação dos Bancos da Argentina, 172
Associação dos Magistrados Brasileiros, 611
Associação Nacional de Editores de Revistas, 302
Associação Nacional de Transportes de Cargas, 97n
Associação Nacional dos Prefeitos e Vice-Prefeitos, 265n
Associação Paulista de Supermercados, 566
Assumpção, José Afonso, 297, 299
Astúrias, príncipe das *ver* Felipe, príncipe das Astúrias
Asunción (Paraguai), 188-90, 553, 639
Átila, Carlos, 62, 724
Audi, 698, 808, 862
Áustria, 751
automobilísticas, indústrias, 71, 78, 155, 254, 267, 454, 612, 645, 685n, 864, 878

Autoridade dos Portos, 408
autoritarismo, 349, 387, 489, 523-4, 840
Autossubversão. Teorias consagradas em xeque (Hirschman), 788n
Avelino, Pauderney, 267, 410, 414, 468, 629, 808, 862
Avery Fisher Hall (Nova York), 122
aviões, 87, 112, 154, 157, 175, 240, 283, 293-4, 306, 429, 449, 547, 605, 609, 645, 696, 700, 703, 708, 722, 733, 809, 837
Avólio Filho, Armando, coronel, 151n, 155, 157-8, 164, 169, 237
Axé, grupo, 735
Axworthy, Lloyd, 595n
Aylwin, Patricio, 86
Azambuja, Liliane, 637
Azambuja, Marcos, 87, 172, 531, 637, 812
Azeredo, Eduardo, 38-9, 71, 82, 95-7, 99, 149, 192, 233, 330-1, 376, 389, 454, 507, 531, 543, 552, 560-1, 576, 586, 598, 607, 620, 641, 698, 753, 763, 770, 792, 804, 824, 864
Azevedo, Maria Emília de, 628, 810
Azevedo, Walter Ivan de, d., 716n
Aznar, José María, 243, 358-60, 754, 822, 849
Azulay, Jom Tob, 314n
Azulay, Rubem, 534

babaçu, 715
Bacelar, Tânia, 739
Bach, Thomas, 838
Bacha, Edmar, 25-8, 29, 35, 40, 64, 88, 104, 115, 132-3, 136, 239, 261-3, 269-70, 589, 651, 702, 885
Bahia, 31, 35-7, 63, 68, 145, 177, 181, 200, 202-3, 205-11, 213-4, 217, 221, 256, 263, 265, 339-40, 358n, 365, 368, 378, 380, 383, 397, 451, 466, 474-5, 550-1, 591, 610, 621, 629, 636, 646, 648, 656, 688, 725, 742, 792, 804, 864, 868, 879
balança comercial, 59, 72, 76, 111, 128, 147, 684, 756, 808n, 827, 863
Balduíno, rei da Bélgica, 245
Balduíno, Tomás, d., 526, 882
Balestra, Roberto, 321
Balladares, Ernesto, 729
Baltimore, 842
Bambino *ver* Barros, Sebastião Rego
bancada ruralista, 96, 100, 114n, 159, 161, 561, 586, 641
Banco Agrimisa, 256, 621n
Banco Bamerindus, 199, 202, 204, 224, 226, 230, 233, 235, 252, 277, 304, 332, 400-1, 474, 481, 483, 490, 543, 547-8, 560, 580, 597, 637, 651-2, 660, 662-4, 682-3, 691, 749, 816, 822, 853, 868, 874-5, 878-9, 881
Banco Bandeirantes, 597
Banco Barings (Inglaterra), 85
Banco Boavista, 683
Banco Bozano, 277
Banco Central da Argentina, 71
Banco Central do Brasil, 26, 29, 33n, 40, 49, 57, 58n, 84, 88-95, 97, 98n, 103, 105-6, 112, 119, 121, 126, 131-2, 134, 141-2, 147, 150, 156, 162, 166, 169, 178, 186, 198-202, 205-11, 213, 217-8, 220-1, 225-6, 229-30, 233-6, 239, 256, 277-9, 294, 305-7, 310n, 339, 340, 343-4, 346-9, 351-3, 364, 369, 370-2, 376-7, 388, 394-6, 401, 404, 413, 437n, 453, 463n, 464, 466-7, 471, 474-5, 477, 480n, 481, 497, 506, 508, 511, 515, 518, 527, 537-8, 540, 543, 563, 573, 578, 589, 596, 621, 628n, 632, 645, 652, 660n, 663-5, 683, 711, 724, 742n, 750, 761, 764-5, 773, 781, 806n, 816n, 822, 826-7, 835, 853-4, 874-5, 878, 881
Banco da Bahia *ver* Baneb (Banco do Estado da Bahia)
Banco de Boston *ver* BankBoston
Banco do Brasil, 39, 59, 84, 167, 171, 174, 177, 180, 185n, 186, 236, 285, 300, 307, 437n, 439, 442, 445-6, 452, 481, 485, 489, 494, 497, 527, 539, 584, 586, 625, 633, 663, 796, 806n, 823, 861-3, 870n, 871, 873, 877-9
Banco do Nordeste, 521, 597n, 651
Banco do Povo (programa de empréstimos), 645
Banco Econômico, 178, 185, 198-9, 201-3, 205, 207, 209-10, 215, 217-8, 220, 232, 289, 334, 339, 347, 366, 378, 394, 395n, 400-2, 408, 453n, 467, 470-1, 473, 481-2, 515
Banco Espírito Santo (Portugal), 852
Banco Excel, 371n, 394, 400-1, 466, 471, 473, 475, 481, 515, 537
Banco Interatlântico, 277
Banco Israelense de Desenvolvimento, 169n
Banco Itaú, 224n, 226, 270, 332, 333, 597n
Banco Matrix, 26, 77, 236
Banco Mercantil, 597
Banco Meridional, 199, 215, 218, 434, 456n, 584
Banco Mundial, 279, 469, 736, 750n, 859
Banco Nacional, 178, 204, 218, 220-2, 226, 240, 278, 284, 288, 298-9, 304, 307-8, 311, 313, 376, 378, 395n, 402, 463, 467, 469-70, 478n, 482, 502, 511n, 612, 660n, 663, 697, 726, 822
Banco Nossa Caixa, 236n, 277
Banco Pactual, 455, 456
Banco Real, 226, 240, 704, 707
Banco Regional de Brasília, 866

ÍNDICE REMISSIVO 891

Banco Rural, 597n
Banco Safra, 90, 816
Banco São Jorge, 84
Banco Unibanco, 210n, 226, 239, 278-9, 284, 285, 288, 294, 300, 304, 306-9, 313, 471, 597n, 693
Bandeirantes (TV) ver Rede Bandeirantes
Bandeirantes, Palácio dos, 103, 162, 758, 794
Baneb (Banco do Estado da Bahia), 36, 205, 208, 211, 214
Banerj (Banco do Estado do Rio de Janeiro), 481
Banespa (Banco do Estado de São Paulo S.A.), 132, 199, 200, 205n, 213, 220-2, 224, 226, 232-6, 239, 256, 277, 318, 320, 370-1, 390, 395, 401, 434, 445, 489, 497n, 508, 518, 543, 598n, 651, 683, 773, 781, 794, 822, 851-2
Banfort (Banco de Fortaleza), 826n
BankBoston, 278, 285, 288-9, 294, 300, 313
Banorte, 304, 596
banqueiros, 104, 133, 144, 216, 217, 226, 289n, 402, 405, 416, 477, 490, 527, 600, 635, 815
Barbalho, Jader, 75, 89, 98, 125, 131, 139, 141, 159, 188, 208, 219, 221-2, 227, 261, 280, 288, 303, 325, 330, 332, 340, 350, 408, 410-1, 418-9, 422, 425, 432, 438, 440-1, 482, 497, 499, 540, 548, 560, 699-700, 709, 759, 783, 786, 802, 814, 855, 873-4
Barbosa, Carlos Alberto Leite, 598
Barbosa, Francisco Sales, 202n
Barbosa, Paulo, 42, 762
Barbosa, Rubens, 45, 164, 172, 225, 673, 690
Barcelona, 257, 425-6
Barcelos, Ailton, 810
Bardella, Cláudio, 770
Barelli, Walter, 652, 833
Bariloche, 271, 273, 459, 771, 774
Baring Puma, fundo, 818
Barre, Raymond, 603, 604
Barreirinha (Amazonas), 732
Barreto, Bruno, 528, 851
Barreto, Fábio, 294
Barreto, José Campos, 646n
Barreto, Luiz Carlos, 851
Barretos, 195
Barriga, serra da, 315, 316
Barros, José Roberto Mendonça de, 51, 64, 76-7, 133, 144, 147, 178, 184, 204-5, 253, 268, 270, 401, 413, 433, 440, 446, 479, 517, 519, 535, 546, 560, 576, 589, 597, 650-1, 660, 663-4, 671, 673, 694, 711, 796, 827, 860
Barros, Luiz Carlos Mendonça de, 235-6, 261, 263, 269, 302, 388, 433, 452, 516, 519, 597, 650, 690, 695, 711, 715, 719, 755, 860

Barros, Paulo Alberto Moretzsohn Monteiro de, 68, 85, 92, 231
Barros, Sebastião Rego, 155, 178, 372, 440, 449, 545-6, 552-3, 570, 582, 616, 696, 700, 708, 766, 771, 774, 790, 805, 810, 812, 855, 857, 863
Barros, Tite Rego, 449, 806, 812
Barroso, José Manuel Durão, 179
BASA (Banco da Amazônia S.A.), 111, 141
basquete, 673, 677-8, 680, 691
Bastide, Roger, 602, 712, 884
Batalhão de Infantaria de Selva, 716
Batalla, Hugo, 832n
Batista Júnior, Paulo Nogueira, 885
Batista, Eliezer, 183, 446, 516, 755, 799, 800, 806, 852
Bauzá, Eduardo, 737
Bayer, 581
BC ver Banco Central do Brasil
BCN (Banco de Crédito Nacional S.A.), 658, 660, 662
Bebeto (jogador), 601
Beethoven, Ludwig van, 820
Beijing, 345n, 350
Belém, 797, 868, 873
Belfort, Rubens, 657
Bélgica, 242, 243
Belinati, Emilia, 172, 815n
Bell South, 737
Bellamy, Carol, 683
Bellavinha, Niura, 809
Belo Horizonte, 299n, 330-1, 475, 476, 477, 507, 541, 576, 598, 621, 641, 658, 676, 722, 770n, 772, 792, 804, 831, 864
Belo, Carlos Filipe Ximenes, 857n
Benevides, Mauro, 611
Bengell, Norma, 528
Benjamin, Cid, 152
Bentes, Asdrúbal, 75
Berezoski, Márcio, 785
Berna, 604
Bernard, Paul, 604n
Bernardi, Iara, 795n
Berquó, Elza, 284, 330
Bessone, Leopoldo, 452
Betinho ver Souza, Herbert de
Bevilacqua, Luiz, 640
Bezerra Filho, José Mendonça, 514
Bezerra, Carlos, 340, 342, 390, 471, 478, 504, 690n
Bezerra, Fernando, 142, 221, 261, 264, 398, 432n, 472, 581, 586, 590, 666, 697, 710, 784, 837, 848
Bezerra, José Mendonça, 514
Bia (filha de FHC) ver Cardoso, Beatriz

Bibia *ver* Gregori, Maria Filomena
Bíblia de Gutenberg, 604
Biblioteca Municipal de Nova York, 282
Biblioteca Nacional, 215, 515n, 530
Bibliotheca Bodmeriana (Genebra), 604
Bicalho, José Maurício, 297
Bicca, Ronaldo, 877n
Bico do Papagaio, 548, 739, 753, 801-2
Bicudo, Hélio, 562, 652
BID (Banco Interamericano de Desenvolvimento), 41, 607, 636, 639n, 718, 779, 855, 859
Bienal de Arte de São Paulo, 778
Bienal Internacional do Livro (São Paulo), 706n
Bilbao, 76
Bismarck, Otto von, 606
Bittar, Rosângela, 879
Bittencourt, Angela, 607n
Bittencourt, Luiz, 828n
Blasco, Carlos, 849
Bloch, Adolfo, 577
BNDES (Banco Nacional de Desenvolvimento Econômico e Social), 29n, 57, 64, 184, 239n, 252, 261, 263, 268-9, 390, 413, 420, 436-7, 440, 446, 450, 452, 456, 511, 576, 590, 593, 630, 645n, 651, 656n, 663, 670, 694-5, 715, 761, 771, 775n, 806
BNH (Banco Nacional da Habitação), 711
Boa Vista, 113, 588, 597, 834-5
Bobbio, Norberto, 423, 591, 784
Boeing, 862
Boff, Leonardo, 442
Bogo, Vicente, 596
Bolívia, 181n, 182, 189, 256, 340, 409, 531, 588, 637-9, 711n, 727, 729, 730, 733, 858, 872n
Bolsa de valores (Argentina), 92
Bolsa de valores (Brasil), 71, 78, 91, 106, 231, 482
Bolsonaro, Jair, 106
Bom Dia Brasil (noticiário de TV), 644
bomba atômica, 282, 417, 661, 741
Bombaim, 427, 429
Boni (diretor da Rede Globo), 725
Boppré, Afrânio, 785n
Bordón, José Octavio, 531
Borges, Gustavo, 670
Borja, Jordi, 426
Bornhausen, Jorge, 31-2, 36, 39, 95, 103, 130, 209-11, 216-20, 228, 230-1, 239, 268, 310, 334, 352, 358n, 361, 363, 366, 371-2, 407, 449, 466-7, 481, 491, 494-5, 499, 502, 524, 535, 536, 547, 591, 594-5, 597, 625, 650, 675, 785, 790-1, 807, 820, 821, 835, 855
Bósnia, 470, 472
Bossuet, Jacques, 652

Botelho, Ivan, 39
Botha, Pieter, 842, 846
Boueri, Fernanda, 757, 780
Bourbon, Maria da Esperança de, 424n
Boutros-Ghali, 80, 469, 470, 842
Bozano, Júlio, 456
BR Distribuidora, 187, 793n
BR-101 (rodovia), 636, 639
BR-116 (rodovia), 287n
BR-140 (rodovia), 287n
BR-174 (rodovia), 113n, 498, 714n
Bracher, Candido, 78, 93
Bracher, Fernão, 44, 78, 93, 97, 106
Bradesco, 226, 277n, 658
Braga, Antônio Carlos de Almeida, 424n
Braga, Kati Almeida, 46
Braga, Lúcia, 828n
Braga, Sônia, 707
Branco, Paulo Gonet, 740n
Brandão, Lázaro, 178, 334
Brandt, Vera, 327, 511
Brant, Roberto, 38, 39, 99, 783, 825, 852, 856
Brant, Vera, 613
Brás (São Paulo), 427
Brascan, 819
Brasil (navio-escola), 121, 477
Brasília, 25, 27, 29-30, 38-9, 41, 45, 54-5, 62, 73, 86, 92, 96, 103, 107, 111, 113, 130, 141, 144, 162, 178, 180n, 182, 191, 208-9, 214, 220, 224-5, 230-1, 259, 283-5, 287, 294, 305, 310, 316, 321, 324, 333, 336, 343, 351n, 357, 363, 365, 368, 376, 378, 383, 387, 389-90, 392, 397n, 399, 403, 424, 457n, 463, 465, 477-8, 505n, 513, 514, 517, 528, 535-6, 541, 555, 562, 567, 580, 590, 613-4, 616, 618-9, 624, 627, 634, 637, 639, 641-2, 652, 657-9, 663, 669, 672, 680, 688, 692, 694-5, 705, 708, 716, 720, 727, 735-6, 738-9, 741, 744-6, 760, 773, 775, 777, 779, 788, 790, 792, 794-6, 815, 818, 819, 827, 836, 842, 849, 857, 866, 871-2
Braspetro (Petrobras Internacional S.A.), 47
Brazauskas, Algirdas, 496n
Breffort, Jean Claude, 565n
Bresser-Pereira, Luiz Carlos, 39, 43-5, 54-5, 80-1, 99, 106, 174, 186, 215, 265, 269, 275, 285, 291, 306-7, 399, 449, 479, 513, 540, 585, 598, 634-5, 650, 654, 658, 702, 739, 782, 827
Brindeiro, Geraldo, 168, 322, 340-1, 352, 356, 454, 464, 539, 572, 721, 876
British Aerospace, 306n
British Gas, 256
Brito, José Antônio Nascimento, 424, 536, 609, 618-9, 733

Brito, Raimundo, 31, 36, 114, 138, 147, 149, 381, 387, 390-2, 410, 436, 480, 508, 610, 641, 653, 708, 713, 762
Britto, Antônio, 31, 66-7, 69-70, 104, 124-5, 153, 170, 174-5, 183, 185-7, 192, 217, 219, 251, 260, 264, 269, 298, 376-7, 433, 438, 441, 463, 478, 484, 512, 539, 550, 694, 713, 734, 761, 796, 832, 864, 877-8
Brizola, Leonel, 72, 210, 228, 468, 536
Bronfman, Edgar, 538
Brown, Cedric, 256
Bruges, 244-5
Bruxelas, 244, 538, 622
Bryer, Joy e Lionel, 541n
Buaiz, Vitor, 120, 445, 455, 717, 739, 751
Buarque, Cristovam, 107, 195, 270, 285, 407, 556, 578, 613, 650, 689, 694-5, 698, 700, 739, 751, 866
Bucaram, Abdalá, 728, 823
budismo, 417, 430
Bueno, Cunha, 786
Bueno, Romildo, 760
Buenos Aires, 87, 171, 202, 206, 294-5, 300, 530, 531, 637, 639, 795, 872
Burelli Rivas, Miguel Ángel, 872n
Buritis, 130n
Burma ver Myanmar
burocracia, 231, 381, 415, 433, 605, 643, 819, 823, 829, 882
Burundi, 839
Bush, George, 836
Bussunda (humorista), 725
Buthelezi, Mangosuthu, 839-40
Byington, Olivia, 735

Caballero Vargas, Guillermo, 570, 639
Cabangu, Fazenda (Minas Gerais), 804
Cabinda (Angola), 190
Cabral, Bernardo, 74, 132, 141, 150, 193, 518, 584
Cabral, Paulo, 293, 738
Cabral, Sérgio, 535-6, 616, 619-20, 623-4, 665, 810
Cabrera, Antônio, 594-5, 597
Cade (Conselho Administrativo de Defesa Econômica), 465, 584
Cadin (Cadastro Informativo de Créditos Não Quitados do Setor Público Federal), 390, 615
Caemi, 771
Caetano, Robson, 691
Cafeteira, Epitácio, 289, 290, 408, 453, 490, 495, 498-501
CAICs (Centros de Atenção Integral à Criança), 680
Cairo, 491
Caixa Econômica, 59, 235, 407, 446, 660, 662, 664, 669, 711n, 740, 761, 806n
Caixa Geral de Depósitos (Portugal), 597n, 874
Calabi, Andrea, 221, 226, 236, 255, 263, 399, 537, 588, 590, 603-6, 612, 614, 641, 655-6, 658, 663, 671, 674, 734, 793
Calazans, Camilo, 489
Caldera, Rafael, 171, 300, 588, 590, 592, 729, 863
Calheiros, Renan, 259, 674, 698, 808
Calmon, Ângelo ver Sá, Ângelo Calmon de
Câmara de Comércio Brasileira-Americana ver Amcham
Câmara de Política de Recursos Naturais, 302
Câmara de Política Econômica, 58, 412, 519
Câmara de Políticas de Infraestrutura, 258, 538
Câmara de Políticas Sociais, 194, 628
Câmara de Relações Exteriores e Defesa Nacional, 450, 455, 460, 615, 631, 673, 733, 767, 774
Câmara dos Deputados, 30, 33, 59-61, 68-70, 74, 99, 106-7, 114, 119, 122, 126, 130-1, 136, 139, 148-9, 154, 157, 165, 176-7, 188, 194, 196, 209, 216, 223, 227, 232, 238, 251, 255-6, 258-9, 275, 280, 286, 288-90, 295, 298n, 317, 323, 330, 335, 347, 358n, 365, 405, 408, 409-10, 413, 414n, 425, 447-8, 452, 454n, 470, 471, 479n, 483, 487, 494, 502-4, 506-7, 508n, 517, 518, 525, 538, 551, 561, 563, 568, 574, 577, 581n, 583-6, 594-5, 614, 630, 631, 633, 653, 656, 659, 662, 665, 667-9, 676, 699n, 700, 704, 709, 710n, 719, 724, 730, 738, 740, 742n, 743-4, 768-9, 777, 781, 783, 799, 801-3, 805, 814, 821, 847, 849, 853n, 854-5, 857, 865-7, 871n, 872-4, 882
Câmara, Helder, d., 846
Camaragibe, 143
Camargo, Afonso, 110, 177, 833
Camargo, Aspásia, 561
Camargo, Gustavo, 631
Camargo, Hebe, 462
Camargo, Sebastião, 180
Camargo Corrêa, Grupo, 340, 641n
Camarinha, Roberto, 657
Camata, Rita, 422-3, 445, 480
câmbio ver taxa de câmbio
Cambridge, Universidade de, 590, 618
Camdessus, Michel, 123, 738
Cameli, Orleir, 625, 793n
Cametá (Pará), 862
Camilión, Oscar, 546
Camões, Luís de, 463, 618
Campelo, Valmir, 500, 561
Campina Grande, 143

Campinas, 291, 392, 453-4, 519, 530n, 794, 828
Campos, Carlos Eduardo de Souza, 604
Campos, Eduardo Siqueira, 868n
Campos, João Elísio Ferraz de, 32, 37, 557, 560
Campos, Júlio, 690n
Campos, Neudo, 112, 269, 450, 498, 809, 815, 834-5
Campos, Roberto, 224, 226, 231, 342, 380, 391, 425, 498, 885
Campos, Siqueira, 112, 478, 484, 498, 796, 868
Campos, Wilson, 99, 777, 865, 867, 871-3, 875-6
Canadá, 288, 417, 458, 470n, 595, 731, 747, 839, 847
Canal do Panamá, 400, 531
Canastra, serra da, 158
Candido, Antonio, 460, 665-6
Candomblé de Bahia (rite nagô), Le (Bastide), 884
Canela (Rio Grande do Sul), 878
Canhedo, Wagner, 171
Canhim, Romildo, 155, 555, 826
Cantanhêde, Eliane, 622, 738, 872
Cantarella, Paolo, 538
Capanda, hidrelétrica de (Angola), 838
Cappella Palatina (Palermo), 431, 449
capital especulativo, 513
capital estrangeiro, 91, 148
capital financeiro, 416, 519
capital nacional, 148
capitalismo, 73, 224, 346, 437, 576, 620, 631, 663, 860
Capitalismo e escravidão no Brasil Meridional (Fernando Henrique Cardoso), 463n
Capuava, 149
Caracas, 171
Caraíba Metais, 437
Carajás, 112, 480
Carandiru, Casa de Detenção do, 758, 811n
Caras (revista), 828
Cárdenas, Cuauhtémoc, 458
Cárdenas, Lidia Katari de, 729n
Cárdenas, Víctor Hugo, 729
Cardoso, Alberto, general, 47, 283, 286, 293, 506-7
Cardoso, Antônio Geraldo (irmão de FHC), 102
Cardoso, Beatriz (filha de FHC), 42, 62, 82, 101, 241, 272-3, 374-6, 378, 382, 387, 426, 466, 565, 598, 604-6, 614, 627, 638, 643-4, 659, 663, 669, 671, 676-7, 707, 734-5, 737, 744, 746-7, 749-51, 753, 757, 759, 770-1, 775, 777-8, 780, 792, 794-5, 827-8, 875, 877, 879, 883
Cardoso, Cyro do Espírito Santo, 357
Cardoso, Dulce (prima-irmã de FHC), 851
Cardoso, Fernando, general, 45, 105, 138, 143, 147, 149, 151-2, 155, 157-8, 173, 191, 195-6, 198, 212-3, 225-6, 229, 237, 252-3, 285-6, 293, 310, 314-6, 322, 351, 355, 361, 373, 398, 403, 440, 450, 455-6, 460, 462, 467, 477, 506, 507, 519, 528, 537, 541, 543-4, 546-8, 550, 553, 562, 565, 567-8, 574, 584, 608-9, 615, 627, 629, 631-2, 637, 646-7, 655, 657, 672, 675-6, 684, 708, 722, 739-41, 753, 767-8, 774, 809
Cardoso, Helena (neta de FHC), 440, 663
Cardoso, Joana (neta de FHC), 440, 663
Cardoso, Joaquim Inácio Cardoso, general (avô de FHC), 314, 740
Cardoso, Leônidas, general (pai de FHC), 633
Cardoso, Luciana (filha de FHC), 82, 87, 144, 201, 293, 375, 415, 426, 449-50, 452, 464, 494, 613, 616, 635, 734, 750, 767, 796, 828, 881
Cardoso, Maurício, general, 47
Cardoso, Nayde Silva (mãe de FHC), 622
Cardoso, Newton, 150, 496, 696, 722, 802, 804, 861
Cardoso, Paulo Henrique (filho de FHC), 86, 208, 220, 221, 226, 261, 278, 285, 308, 310, 443, 463, 474, 535, 599, 608, 612-3, 627, 659, 697, 725, 753, 757, 793, 795, 859
Cardoso, Pedro (ator; primo de FHC), 851
Cardoso, Ruth, 66, 72, 75, 80, 82, 88, 102, 111, 120-2, 136, 143-4, 148, 179, 184, 190, 192-3, 214, 224-5, 246, 264, 268, 272-3, 283-4, 291-2, 306, 311, 316, 327, 332, 333, 339, 345, 350, 354, 360, 367-8, 375-6, 378, 382, 387, 390, 396, 403, 408, 412, 414, 415, 421, 426, 443, 449, 452-3, 459, 463, 472, 478, 482, 487, 493-5, 515, 528, 530, 533, 535, 538-9, 541, 573, 575, 589, 593, 598-9, 604, 619, 625, 626-8, 632, 635, 637, 639-40, 643-4, 645n, 648, 658-9, 663, 669-71, 674, 676-7, 682-4, 686, 688-90, 707, 712, 714, 716-7, 725-6, 731-5, 737, 739, 744, 746-7, 757, 759-60, 765-6, 769, 775, 777-9, 785, 788, 792, 796, 805, 812, 818, 823-4, 830, 845, 850, 860, 870, 875, 877, 879, 883
Cardoso Filho, Joaquim Inácio Cardoso (primo de FHC), 184, 758
Carlini, Elisaldo, 794
Carmute *ver* Sousa, Maria do Carmo Campelo de
Carnaval, 59, 64, 67, 73, 79, 82, 86, 455, 463
Carneiro, Dionísio Dias, 270, 535
Carneiro, Geraldinho, 529
Carneiro, Gilmar, 452
Caroni, rio, 391n
Carreras, José, 465, 466
Carta da Amazônia, 112
Carta, Mino, 387
Carter, James, 356n

Caruaru, 120, 674
Caruso, Chico, 406
Carvalho Filho, Francisco, 771
Carvalho, Caio, 559
Carvalho, Clóvis de Barros, 26-8, 29n, 32, 36-7, 39-40, 48-9, 55, 57-8, 76, 79-80, 88-9, 91, 95, 98, 104-5, 110-1, 116, 122, 126, 128, 131, 134-5, 137, 148, 151, 153, 160, 162, 165-6, 170-1, 174, 185-7, 190, 193-4, 197-8, 203-6, 215, 217-8, 220-1, 223, 226-7, 229-30, 235-6, 239, 242, 248-50, 252, 258, 263-6, 268-70, 277, 279-80, 284, 289, 298-9, 302, 304, 308-10, 312, 316-8, 320, 324, 326, 337, 341, 343, 352-3, 361-3, 368, 371, 377, 379, 381, 39-3, 396-400, 403-4, 412n, 414, 415, 419, 421, 423, 432-3, 436, 439, 462, 490, 495-6, 506, 515, 519, 524, 537, 541, 543, 548, 550-1, 556, 557-8, 563, 566, 568, 570, 573-4, 580-1, 584, 587-8, 590-3, 597, 603, 608, 612-3, 622, 625-8, 634, 641-2, 646, 650-5, 657-8, 660, 662, 664-5, 676-7, 684-5, 692, 697, 700, 702, 712-4, 724-5, 732, 739, 741, 744, 747, 750, 755, 757, 761, 764, 780, 787, 792, 808, 813-6, 819, 827, 830, 835, 837, 848-9, 852, 861, 871, 873, 875-6, 878, 881
Casa Branca (Washington D.C.), 123
Casa Civil, 27, 32, 49, 52n, 56, 95, 110, 124, 262, 303, 326, 343, 506, 526, 540, 590, 634, 642, 739n, 741, 767, 881n
Casa da Moeda, 187
Casa da Princesa Isabel (Petrópolis), 424
Casa de Passagem (Recife), 735
Casa do Barão de Mauá (Petrópolis), 424
Casa Militar, 45, 47, 138, 629
Casado, José, 157, 455
Casaroli, Agostino, *monsignor*, 799, 800
Casoy, Boris, 314, 335, 644, 649, 757, 787
Castanhão, açude de (Ceará), 521, 853n, 856
Castello Branco, Carlos, 191, 737, 882
Castillo Peraza, Carlos, 458
Castro, Antônio Barros de, 535, 681
Castro, Célio de, 770, 772, 789, 792
Castro, Cláudio Moura e, 41
Castro, Fidel, 273-4, 282, 465, 730, 737, 741, 820, 822, 830, 842, 849
Castro, Paulo Rabello de, 65, 479
Castro, Reginaldo de, 186, 337, 720
Catalunha, 426, 466, 638
Catão, Fernando, 608, 611, 712
Catedral de Monreale (Sicília), 431, 449
Catedral Metropolitana de Petrópolis, 424n
Cavalcante, Tom, 635
Cavalcanti, Sandra, 514, 518

Cavallo, Domingo, 71, 87, 90, 104, 160, 172, 301, 334, 622-3, 737, 812
Cavarozzi, Marcelo, 360
Caxemira, 430
Caxias do Sul, 458, 462
Cayman, Ilhas, 347n
Caymmi, Nana, 528
CBPO (Companhia Brasileira de Projetos e Obras), 354, 693
CCE (Conselho de Coordenação e Controle das Empresas Estatais), 337, 519
CCJ (Comissão de Constituição e Justiça), 263, 275, 280n, 501
CCT (Conselho Nacional de Ciência e Tecnologia), 702n, 705
CDPC (Conselho Deliberativo de Política do Café), 807n
Ceará, 31, 35, 37, 75, 96, 108, 110, 175, 233, 256, 260, 271, 397, 412n, 450-1, 521, 645, 678, 689, 716, 746, 853n, 867, 870, 876
Cebrap (Centro Brasileiro de Análise e Planejamento), 375, 652, 775n
celular, telefonia, 425, 538, 580-2, 796, 798
Ceme (Central de Medicamentos), 468
Cenibra, 541
Central de Movimentos Populares, 107n
Centro de Dados Operacionais (CDO), 505n
Cepal (Comissão Econômica da onu para a América Latina e o Caribe), 86, 320, 406, 556, 787n
Cerqueira, Marcelo, 187, 750
Cerqueira, Nilton, general, 647
CERR (Companhia Energética de Roraima), 834n
CESP (Companhia Energética de São Paulo), 162, 163
CGT (Confederação Geral dos Trabalhadores), 238, 418-9, 421n, 747, 784, 802
Chagas, Carlos, 229, 577
Chamorro, Violeta, 823
Chase Manhattan, 800
Chateaubriand, Gilberto, 618, 694
Chelotti, Paulo, 302, 312n, 318, 319, 321, 323
Chelotti, Vicente, 302, 321n, 324n, 866
Cheque Ouro (Banco do Brasil), 823
Chesf (Companhia Hidro Elétrica do São Francisco), 36-7, 114, 174, 409, 653
Chiapas (México), 199, 222, 226, 235, 459, 628, 634, 636, 678
Chile, 73, 79, 82, 84-7, 133, 169, 189, 337, 339, 345, 427, 440, 452, 513, 531, 556, 590, 608, 636, 637, 661n, 696, 730, 747, 774, 787n, 790, 812, 820-2
China, 71, 158, 194, 213, 225, 242, 339, 342n, 344-7, 352, 357, 359, 373, 399, 417, 429-30, 492, 496,

526, 531, 684, 690, 710, 718, 799, 808, 812, 820-1, 830, 836
Chinaglia, Arlindo, 117, 191
Chirac, Jacques, 270, 282, 417, 583, 591, 592, 599-602, 606, 609, 635, 754, 783, 806
Chopin, Frédéric, 820
Chrétien, Jean, 288, 839, 847
Christopher, Warren, 282, 466, 472, 553
Churchill, Winston, 416
CIA (Central Intelligence Agency), 505
Cícero, Paulino, 621, 722
Cidade do Cabo, 845, 846
CIE (Centro de Inteligência do Exército), 293n, 676
Cieps (Centros Integrados de Educação Pública), 468
Cimi (Conselho Indigenista Missionário), 184, 716
Cindacta (Centro Integrado de Defesa Aérea e Controle de Tráfego Aéreo), 240, 293
cinema brasileiro, 707
Cingapura, 590, 855, 864
Cingapura (programa de construção de habitações populares de São Paulo), 726
CIP ver Congregação Israelita Paulista
Citi (grupo financeiro), 760, 816
Citibank, 122, 760
Ciudad del Este (Paraguai), 545
Civita, Roberto, 45, 279, 308, 325, 575, 626, 649, 726
Clarín (jornal argentino), 172
Clark, Kenneth, 411
classe média, 249, 427, 428, 707, 829, 884
Clemenceau, Georges, 606
Clerot, José Luiz, 275
clientelismo, 34, 49, 61, 107, 379, 431, 525, 570, 669, 671, 687, 829
Clínica Santa Genoveva, 630
Clinton, Bill, 80, 117, 123, 154, 157, 173, 176, 241, 273, 281-2, 369, 449, 465, 472, 491-2, 497, 545, 553, 700, 718, 728, 736-7, 741, 749, 751, 754, 759, 765, 768, 788, 830-1, 834, 836, 842, 858, 862, 884
Clinton, Hillary, 268, 270, 273, 281-2, 884
Clube Ideal (Fortaleza), 872
CNA (Confederação Nacional da Agricultura e Pecuária), 186, 769, 855, 876
CNBB (Conferência Nacional dos Bispos do Brasil), 43, 145, 242, 383, 516, 833
CNI (Confederação Nacional da Indústria), 222, 398, 472, 581, 593, 619, 666, 784, 798
CNPq (Conselho Nacional de Desenvolvimento Científico e Tecnológico), 193n, 519, 632n

CNT (Central Nacional de Televisão), 294, 539, 874
Coamo (Cooperativa Agropecuária Mourãoense), 64
COB (Comitê Olímpico Brasileiro), 647n
Cobal (Companhia Brasileira de Alimentos), 144
Cobra, Zulaiê, 465
Coca-Cola, 187, 412, 513
Cochabamba, 696, 727-8
Codefat (Conselho Deliberativo do Fundo de Amparo ao Trabalhador), 793n
Coelho, Lúdio, 302, 361, 808
Coelho, Osvaldo, 231, 258, 520, 656
Coelho, Ronaldo Cezar, 535, 616, 620, 630, 647, 735, 876
Coetsee, Kobie, 846n
Cohn, Gabriel, 789
COI (Comitê Olímpico Internacional), 604n, 838
Coimbra, Universidade de, 179
Colatto, Valdir, 230
Colegio de México, 459, 462
Collège d'Europe (Bruges), 244
Collor, Fernando ver Mello, Fernando Collor de
Colômbia, 172, 189, 460, 505, 715, 728, 730, 736-7, 752, 830, 852, 872n
Columbus (Associação de empresários latino-americanos), 553-4
Coluna Prestes, 229, 868n
Coluna Prestes, rodovia (TO-050), 868
Comissão Brasil-Chile, 86
Comissão da Organização dos Poderes, 256
Comissão de Constituição e Justiça, 107n, 116n, 125, 223, 228, 263, 275, 412, 432, 501, 503n, 640n
Comissão de Direitos Humanos, 238, 526, 646
Comissão de Mortos e Desaparecidos Políticos, 676, 739, 740n, 771n
Comissão de Segurança Hemisférica da OEA, 117n
Comissão Europeia, 243, 601
Comissão Mista Permanente de Fronteiras Equador-Peru, 172
Comissão Mundial Independente sobre os Oceanos, 649n
Comissão Nacional de População e Desenvolvimento (CNPD), 284n
Comitê Paraolímpico Brasileiro, 688
Commentaire (revista), 404
Compagnie Lyonnaise des Eauxs, 606
Companhia das Letras, 805
Companhia Siderúrgica Nacional ver CSN
Comparing Brazil and South Africa (org. Friedman & Villiers), 828

ÍNDICE REMISSIVO 897

Complexo Petroquímico do Planalto Paulista, 565n
Comunidade Negra, 316
Comunidade Solidária, Programa, 37, 43, 46, 72, 74-5, 128, 167, 192, 234, 284, 355, 372, 388, 396, 412, 415, 453, 495, 515n, 541, 542, 573, 593, 642, 648, 682, 686, 712, 807, 860
comunismo, 346, 812
Conab (Companhia Nacional de Abastecimento), 144n, 410, 468, 756
Conde, Luís Paulo, 810
Conde, Pedro, 660
Cone Sul, 86
Confederação Nacional da Indústria ver CNI
Confederação Nacional do Patronato Francês, 600
Confederação Nacional do Transporte, 785
Conferência de Amigos do Líbano (Washington, D.C.), 862n
Conferência Nacional da Saúde, 720
Conferência Nacional de Assistentes Sociais, 316n
Conferências Habitat, 259, 260, 283, 285, 426, 593, 619, 628
Congregação Israelita Paulista (CIP), 735n, 778-9
Congresso da Internacional Socialista, 850n
Congresso de Marketing e Negócios do Fórum de Integração do Cone Sul, 810n
Congresso do Chile, 86
Congresso do Instituto de Siderurgia, 260
Congresso do México, 460
Congresso em Apoio à Cultura, 146
Congresso Internacional de Siderurgia (Rio de Janeiro), 259
Congresso Internacional dos Parlamentares de Origem Libanesa, 483n
Congresso Judaico Mundial, 538
Congresso Nacional, 29, 40, 54, 55, 60-2, 66-70, 72, 74, 83, 88-9, 96, 98, 100-1, 113-4, 116, 128, 130, 133-4, 140-2, 155-6, 159, 161, 165, 170, 177n, 222-3, 229, 232, 243, 253, 256, 258-60, 271, 275, 277, 280n, 286, 288-90, 294, 299n, 303, 317, 319, 328, 331, 336, 342-3, 347-51, 355-6, 366, 369-70, 375, 382, 387, 388n, 393, 397-9, 406, 410, 421-2, 432, 437, 439, 449, 456, 460, 462-4, 469, 473-4, 479, 481, 483-6, 489, 492, 496, 498-9, 501-2, 507, 509-10, 516-8, 522-3, 525, 530, 532, 534, 538, 549, 554, 556, 559, 564, 566, 568-9, 574, 579, 582n, 584-9, 592, 595, 609, 615, 620, 623-4, 633, 635, 640, 646, 658, 666, 668-9, 676, 683, 687, 702, 707n, 719, 720-1, 723n, 738, 761, 768, 776,
789, 791, 793, 796-7, 801, 807, 819-20, 829, 831, 837, 849, 856-7, 859, 863-7, 872, 875, 876n, 883
Congresso Nacional do Povo (China), 346
Conselho de Defesa Nacional, 139, 151, 330, 633
Conselho de Segurança, 44, 117, 123, 173, 176, 182, 244, 247, 281, 345, 408, 432, 465, 470, 488, 578, 599
Conselho Empresarial Mundial do Desenvolvimento Sustentável, 852
Conselho Monetário Nacional, 64, 79, 155, 166-7, 169, 218, 328, 434, 537
Conselho Nacional das Igrejas Cristãs do Brasil, 722
Conselho Nacional de Assistência Social (CNAS), 316n
Conselho Nacional de Meio Ambiente (Conama), 303n
Conselho Nacional de Política Cultural, 814
Conselho Político, 32, 68, 88, 103, 104, 401, 854
Conservation International (ONG), 446
Constituição (fragata), 283
Constituição brasileira, 61, 65, 71, 98, 102, 169, 184, 212, 218, 229, 238, 295, 349, 360, 394, 410, 519, 523
construção civil, 296
Contag (Confederação Nacional dos Trabalhadores na Agricultura), 50, 75, 108, 159, 236, 237-8, 252, 400, 421, 434, 441, 448, 452, 550, 562, 733, 784-5, 833
Conti, Mario Sergio, 270, 279, 339, 340, 479, 575, 688
contrabando, 113, 240, 286, 293-4, 300, 450, 623
controle fiscal, 298, 747, 750
Conversas com economistas brasileiros (org. Biderman, Cozac e Rego), 885n
Cony, Carlos Heitor, 661, 797
Copene (Companhia Petroquímica do Nordeste), 395n
Copenhague, 80, 320n
Copersucar, 322
Coreia do Norte, 741
Coreia do Sul, 488n, 514, 739
Coriolano, Márcio, 628
corporativismo, 96, 107, 447, 633, 690, 829
Corrêa, Maurício, 276, 574
Corrêa, Serafim, 809n
Corrêa, Villas-Bôas, 180, 276
Corrêa Neto, Ulisses, brigadeiro, 315, 318
Corredor Centro-Oeste, 656
Córrego da Ponte, Fazenda (Minas Gerais), 130
Correio Braziliense, 62, 215, 293, 325, 396, 738, 788

Correios, 52, 83, 245, 352, 409, 468, 515
Corrigan, Gerald, 818
corrupção, 51, 52, 145, 273, 286, 300, 320, 328, 341, 360, 365, 373, 428, 431, 457-8, 558, 570, 575, 582, 633, 634, 668, 777, 791, 837, 849, 865
Corte de Haia, 282
Corumbá de Goiás, 541-2
Cosac, Rubens, 230
Costa, Alexandre, 103
Costa, Álvaro Ribeiro, 509
Costa, Álvaro Ribeiro da, 364n
Costa, Hélio, 621
Costa, Kiola de Araújo, 453
Costa Filho, Odilo, 599
Costa Neto, Odilo, 599n
Costa Neto, Valdemar, 224, 296, 299, 699
Costa Pinto, família, 376
Costin, Claudia, 399, 540
Coutinho, Augusto, 342
Coutinho, Luciano, 706
Covas, Mário, 43, 53, 82, 92, 97-8, 103, 115, 131, 147, 149, 154, 162, 170, 174-5, 213, 217, 220-1, 224-5, 233, 235-6, 242, 251, 268, 277, 293, 296, 298, 318, 323, 332-3, 370, 376, 390, 395, 397, 401, 454, 516, 518, 530-1, 543, 565, 575, 585, 594, 602-3, 637, 642, 645, 652, 659, 698, 707, 713, 752, 758, 775, 778-9, 790-2, 794, 810, 817, 824, 851
CPI (Comissão Parlamentar de Inquérito), 52, 139, 202, 216, 306, 316, 329, 341, 349, 372, 478, 479, 482-3, 485, 488-9, 491, 494, 497-504, 506, 508n, 517, 519, 534, 575, 669, 781n, 853, 855-6, 877
CPLP (Comunidades dos Países de Língua Portuguesa), 480, 534, 563n, 582, 618, 648n, 650n, 661, 664n
CPMF (Contribuição Provisória sobre Movimentações Financeiras), 258, 449n, 538, 575, 630, 646, 650, 654, 656, 658, 665-7, 724n, 744, 763
CPT (Comissão Pastoral da Terra), 829, 869, 882
Crato (Ceará), 521
Crédit Commercial de France, 688
Crédit Lyonnais, 600
criminalidade, 707
Cristopher, Warren, 759
CRUB (Conselho de Reitores das Universidades Brasileiras), 705
Crusius, Yeda, 406, 461, 734, 796
Cruvinel, Tereza, 621, 713
Cruz, Getúlio, 269
Cruz, Valdo, 324
CSN (Companhia Siderúrgica Nacional), 573n, 588, 608, 612, 688n, 725, 793, 806n, 859

CTA (Centro Técnico Aeroespacial), 752n
Cuba, 248, 274, 458, 460, 465, 472, 673, 676, 728, 730, 736-7, 741, 830, 842, 849
Cubatão, 149, 185
cultura brasileira, 178, 597, 644
Cunha, Eduardo, 507
Cunha, Jatir Batista da, 420n
Cunha, Paulo, 334, 626-7
Cúpula das Américas sobre o Desenvolvimento Sustentável, 858n
Cúpula Ibero-Americana, 273, 730, 812, 820, 822
Curitiba, 260, 481, 488, 517, 600, 639, 727, 770n
Custo Brasil, 76, 80, 166, 255
CUT (Central Única dos Trabalhadores), 54, 101, 107, 114, 120, 122, 127, 138, 142-3, 182, 238, 254, 280, 331, 393, 418-9, 421, 424, 432-3, 438-9, 441, 443-4, 447-8, 452, 466, 555, 670, 733, 763, 784, 802, 813
Cutolo, Sérgio ver Santos, Sérgio Cutolo dos

d'Aguiar, Rosa Freire, 327n
d'Ávila, Roberto, 468, 599, 649
Dahik, Alberto, 273n
Dai Xianglong, 346
Dalina (empregada do Palácio da Alvorada), 216
Dallari, Dalmo, 195
Dallari, José Milton, 172, 190-1, 193, 195-7, 200, 209, 214, 364
Damaceno, Raymundo, d., 516
DaMatta, Roberto, 560, 572, 766
Damy, Marcelo, 529-30
Danone, 601
Dantas, Carlos Alberto Barbosa, 102
Dantas, Daniel, 199-200, 205, 211, 277, 371-2, 692
Dantas, José Lucena, 296
Danzig (Polônia), 74
DAS (Cargos de Direção e Assessoramento Superior), 80, 105, 137
Datafolha, 149, 698, 766
Dauster, Jorio, 204, 244
De Beers (empresas de mineração), 845, 847-8
De Gaulle, Charles, 416-7, 617
Debernardi, Enzo, 639
Debert, Guita, 643-4, 648
Debré, Michel, 617
Declaração de Chapultepec, 684
déficit da Previdência, 60, 742
déficit fiscal, 294, 519, 666, 681, 684
déficit público, 60, 681
Dehaene, Jean-Luc, 243-4
Delfim Netto, Antônio, 90, 106, 144, 279, 342, 559, 584, 854, 861, 885

ÍNDICE REMISSIVO 899

Delgado, Tarcísio, 51, 61, 287, 321, 408n, 837
Delith, Maria, 614, 768
Delors, Jacques, 601
DEM (Democratas), 30n
Demel, Herbert, 862n
Demes, Mussa, 712, 793-4
democracia, 123, 146, 245, 277, 301, 358, 360, 370, 389, 444, 459, 468, 489, 501, 507, 546, 554, 570-1, 606, 636, 639, 660, 682, 702, 728, 741, 766, 797, 816, 823, 829, 830
Denacoop (Departamento Nacional de Cooperativismo e Associativismo Rural), 879n
Deng Pufang, 710
Deng Xiaoping, 346, 710
dentistas brasileiros (em Portugal), 179
Departamento Nacional de Produção Mineral, 264, 508n
Departamento Nacional do Petróleo, 381
Dependência e desenvolvimento na América Latina (Cardoso & Faletto), 86n, 885
desaparecidos políticos, 225
Deschamps, Jérôme, 726n
desemprego, 240, 249, 254, 267, 394, 402, 406, 408, 445, 452, 612n, 643, 697, 748n, 749, 792n, 850
desenvolvimentismo, 96, 100, 569
desenvolvimento sustentável, 112, 269, 446, 507, 755n
desindexação, 147, 152, 156, 164-5, 167, 192
desmatamento, 247, 407n
Deutsche Bank, 245
Deutsche Telekom, 693
Di Tella, Guido, 163, 172, 176, 288, 553, 696, 872
Dia da Bandeira, 315, 832
Dia do Diplomata, 564
Dia do Meio Ambiente, 158
Dia Internacional da Mulher, 483
Dia Nacional da Consciência Negra, 284n, 315, 316, 834
Dia Nacional da Cultura, 814
Dia Nacional de Portugal, 618
Diamantina, 63
Diário Oficial, 309
Diários Associados, 293n, 824
Dias, Álvaro, 141, 153, 216, 743, 815
Dias, Cícero, 601
Dias, Guilherme, 51, 264, 266
Dias, José Ribamar, 280
Dias, Levy, 461
Dias, Márcio, 546n, 570
Dias, Mario Cándido, general, 763
Dias, Maurício, 276

Dias, Osmar, 141, 216, 743n
DIEESE (Departamento Intersindical de Estatística e Estudos Socioeconômicos), 254, 402, 406
Diegues, Cacá, 704n, 707
Dimenstein, Gilberto, 885
Dinamarca, 809
Dines, Alberto, 472
Diniz, Abílio, 215, 333
Diniz, Rossana, 820
Dirceu, José, 237, 248-9, 252, 264, 266, 438, 629, 678, 710, 796, 801-2
DirecTV, 626
direita política, 178, 366, 375, 485, 491n, 516, 551, 655, 667, 827, 833, 850
direitos humanos, 238, 239, 241, 347, 432, 526, 598, 676, 700, 738, 797, 821, 830, 861, 866
Diretoria de Assentamento, 75
Distrito Federal, 107, 242, 312n, 397n, 407, 690
ditadura militar (1964-85), 120, 139, 285n, 335, 358, 361, 425n, 464, 472, 490n, 534, 646n, 652n
dívida agrária, 132, 253, 264
dívida externa, 29n, 71, 167, 251, 262, 407, 580, 822
DM9 (agência de publicidade), 57, 62, 642, 693
DNAEE (Departamento Nacional de Águas e Energia Elétrica), 34, 36, 381, 392, 408, 410, 415, 638
DNER (Departamento Nacional de Estradas de Rodagem), 51, 176, 321, 408, 655, 837n
DNOCS (Departamento Nacional de Obras Contra as Secas), 37
Docegeo (Rio Doce Geologia e Mineração S.A.), 436
Dofny, Jacques, 74
Doi, Takako, 487
Dole, Bob, 788
Dom Quixote (Cervantes), 604
Domingos, Guilherme Afif, 177, 245, 454, 763, 836, 848
Domínguez, Jorge, 763
Dono do mar, O (Sarney), 404n
Dória, Sampaio, 53, 103
Dornbusch, Rudiger, 522
Dornelles, Francisco, 66, 80, 119, 272, 280, 323, 342, 380, 413, 502, 507, 548, 552, 555, 557-9, 573-4, 583-4, 623, 685, 751, 777, 779, 796, 809, 837, 848, 855, 858, 872
Dotti, Orlando, d., 627
Douat, Osvaldo Moreira, 434n
Dourados (Mato Grosso do Sul), 850

Drummond, Antonio Carlos, 614, 701, 836
Drummond, Olavo, 186, 194
Duailibi, Roberto, 440
Duda ver Zylbersztajn, David
Dumont, Santos, 804
Dupas, Gilberto, 572, 694
DuPont, 196
Duque de Caxias (Rio de Janeiro), 149, 658n, 735n, 755n, 810
Durán-Ballén, Sixto, 80n, 273, 830
Durante, Mauro, 245, 533, 836
Durham, Eunice Ribeiro, 40-1, 272, 639, 705, 762
Dutra, José Cardoso, 196
Dutra, José Eduardo, 485, 800, 853
Dutra, Plínio Gonçalves, 877n, 878
Duvivier, Edgar, 735
DVS (Destaque para Votação em Separado), 298, 303, 503, 519, 584n, 591, 594, 624, 640, 800

Échos, Les (jornal francês), 601
ECO-92 (Conferência das Nações Unidas sobre o Ambiente e o Desenvolvimento), 81, 555, 755
ecologia, 245, 247
economia brasileira, 28-9, 72, 77, 122-3, 144, 402, 405, 416, 519, 581, 651, 714
Economist, The (revista britânica), 731, 793
EDF (Électricité de France), 583, 590, 592, 648
Eduardo Jorge ver Pereira, Eduardo Jorge Caldas
Egito, 491n
Eichel, Hans, 245n
El Salvador, 692
Eldorado dos Carajás, 533, 541n, 561n, 572n, 797n
eletricidade ver energia elétrica
Eletrobrás (Centrais Elétricas Brasileiras S.A.), 400, 408, 490, 591n, 610, 835
Eletronorte, 638, 834
Eletropaulo, 81
elite brasileira, 119-20, 661, 733
Elizabeth, rainha da Bélgica, 245n
Elvira, Maria, 452, 465, 861
Embraer (Empresa Brasileira de Aeronáutica S.A.), 46, 157, 168, 175, 212-3, 798
Embrapa (Empresa Brasileira de Pesquisa Agropecuária), 51, 142-3
Embratel (Empresa Brasileira de Telecomunicações S.A.), 53, 684, 871
Embratur (Empresa Brasileira de Turismo), 559
emendas constitucionais, 67-8, 168, 298n, 342, 577, 691
EMFA (Estado-Maior das Forças Armadas), 46-7, 54, 117, 189, 272, 284, 319, 575, 657, 723
Emirados Árabes Unidos, 357

empreiteiras, 36, 271, 391, 475, 492, 498, 641, 819, 836, 853
Encontro Nacional de Cultura, 294
Encontro Nacional de Donas de Casa e Consumidores, 331
energia elétrica, 34, 65, 81, 114, 345-6, 391, 395, 577, 580, 588, 634, 667, 787, 815, 834, 862
ensino primário, 486
ensino superior, 41, 542n
ensino técnico, 407
Entretiens avec Georges Pompidou (Debré), 617
Equador, 80, 85, 117, 172, 273, 728-30, 823, 830, 872n
equipe do Real, 25-6, 29n
equipe econômica, 25, 27-30, 32, 41, 53, 56-9, 65, 76, 88, 100, 104, 115, 132, 136-7, 186, 198, 214, 279, 304-5, 388, 393-4, 530, 666, 684, 693, 741, 851, 855
Eris, Ibrahim, 94, 568
ERJ-145 (avião), 212
Ermán González, Antonio, 288n
Erundira, Luiza, 678, 766, 770, 773-5, 778, 801, 827
Esca (Engenharia de Sistemas de Controle e Automação S.A.), 117, 135, 139-40, 151, 153-4, 174, 316, 341, 347, 349-50, 355-6, 362, 366, 388, 400, 408, 411, 418
Escelsa (Espírito Santo Centrais Elétricas S.A.), 176, 455-6
Escobar, Ruth, 76, 265, 324, 415, 629
Escola de Guerra Naval, 309
Escola Naval (Rio de Janeiro), 838
escolas, 87, 365, 633, 680n, 875, 876
Escostesguy, Jorge, 300, 440
ESG (Escola Superior de Guerra), 46, 628, 758
Espanha, 243, 274, 342n, 355, 357, 359-61, 365, 391, 420, 424, 426, 431, 645, 754, 776, 809, 849
Espírito Santo, 455n, 717, 782
Espírito Santo, Augusto, 740
Espírito Santo, Ricardo, 852
Esplanada dos Ministérios, 578
Esquerda 21 (partido), 195, 422
Esquerda 21 (revista), 423
esquerda política, 96, 119-20, 129-30, 143, 169, 192, 195, 227, 228, 254, 366, 443n, 459-60, 485-6, 505, 516, 542, 544, 551, 564, 591, 609, 620, 655, 740, 784, 786, 829, 850, 854
Estado de Minas, O, 824
Estado de S. Paulo, O, 87, 107, 134, 154, 157, 171, 214, 224, 242, 377, 391-2, 415, 455, 462, 469, 473, 508, 536, 540, 544, 557, 560, 607, 619, 623, 636, 644, 721, 726, 727, 730, 759, 766, 798, 817, 877

ÍNDICE REMISSIVO 901

Estado-Maior da Argentina, 763
Estado-Maior das Forças Armadas ver EMFA
Estados Unidos, 27, 30, 32, 41, 44, 77, 80, 85, 95, 97, 107, 116, 119, 121-2, 126, 154, 157-8, 162, 165, 168, 176, 241, 247, 276-8, 280-2, 297, 305, 310, 313, 325, 333-4, 343, 346, 358-9, 365, 369, 373, 376, 381, 407, 425, 432, 435, 449, 458, 461-2, 470n, 472, 491, 494, 497, 512, 531, 538, 545, 553, 563, 571, 605, 620, 649, 651, 661, 700, 707, 716, 718, 728n, 730, 736, 743, 747, 752, 759, 777-9, 816, 824, 830, 834, 836, 839, 841n, 842, 849, 858
Estatuto da Microempresa, 662
Estatuto do Idoso, 645n
Europa, 129n, 175, 238, 243, 244, 246, 248, 250, 373, 388, 403, 415-6, 419, 457, 505, 531, 564, 571, 609, 650, 661n, 701, 718, 850; ver também União Europeia
Exame, 170, 198, 201, 575, 631, 849
Excélsior (jornal mexicano), 460
Executivo ver Poder Executivo
Exército, 46-7, 54, 140, 147, 149, 152, 157-8, 212, 237, 293, 310, 319, 398, 440, 518, 545-6, 548, 567, 578, 612, 646n, 647, 655-7, 675-6, 716, 734-5, 740, 758, 771, 826, 832
Eximbank, 487, 493, 583, 665n
Expedito Filho, 115, 200, 688
Expedito, monsenhor, 520
exportações, 72, 116, 172, 192, 305, 346, 398n, 520, 631, 651, 689, 697, 712, 719, 747-8, 844

F-16 (aviões), 696
F5 (aviões), 175
FAB (Força Aérea Brasileira), 240n, 283n, 287, 318, 331, 361, 366, 368, 545, 734; ver também Aeronáutica
FAE (Fundação de Assistência ao Estudante), 698
Faesp (Federação da Agricultura do Estado de São Paulo), 769n
Faletto, Enzo, 86, 823
Falk, Arthur, 628
Fantástico (programa de TV), 878
FAO (Organização das Nações Unidas para Alimentação e Agricultura), 641
Faria, Aloysio, 707
Faria, Cléa, 707n
Faria, Vilmar, 40, 111, 138, 178, 194, 224, 249, 255, 284, 334, 396, 403, 415, 495, 526, 541, 561, 628, 640, 642-3, 669-70, 686, 692, 712, 732, 735, 739, 777, 780, 814, 819, 833, 859, 861
Faria, Wilma, 778
Farias, Paulo César, 638, 643
Faro, Fernando, 626

FAT (Fundo de Amparo ao Trabalhador), 98, 259, 394, 413, 794
Fausto, Boris, 103, 214, 241, 524, 760, 828
Fausto, Carlos, 760-1
Fausto, Rui, 214
Fausto, Sérgio, 760
fazendeiros, 51, 167, 567, 584, 660, 677, 739n, 748
Febral (Feira Brasil-Alemanha de Tecnologia para o Mercosul), 324-5
Federação Nacional de Jornalistas, 258
Federal Reserve (Nova York), 171, 278, 294, 300, 818
FEF (Fundo de Estabilização Fiscal), 298n, 432, 451, 470
Feffer, Max, 724
Feijó, Paulo, 686
Feira do Livro (Rio de Janeiro), 211
Feldmann, Fabio, 34-5, 242, 376
Felipe, príncipe das Astúrias, 360, 838
Felipe, Vanessa, 808
Fepasa (Ferrovia Paulista S.A.), 370, 390, 401
Fernandes, Emanuel, 795n
Fernandes, Emília, 434, 463
Fernandes, Florestan, 193, 196, 789, 874
Fernandes, Luiz Cezar, 456
Fernandes, Maria Emília, 590
Fernandes, Rodolfo, 358, 470, 736
Fernandes Júnior, Florestan, 874
Fernando de Noronha, 860, 881, 883
Fernando Henrique Cardoso e a reconstrução da democracia no Brasil (Goertzel), 789n
Ferolla, Sérgio, brigadeiro, 161, 315, 318
Ferraz, Isa Grinspum, 614
Ferreira, Aloysio Nunes, 197, 227-9, 323, 326, 369, 645, 667, 783, 834
Ferreira, Carlos Eduardo Moreira, 216, 561, 619, 798
Ferreira, Carlos Moreira, 398
Ferreira, Iberê, 259
Ferreira, José de Castro, 83, 137, 618, 621
Ferreira, José Ignácio, 717
Ferreira, Marcelo, 670n
Ferreira, Oliveiros, 526
Ferreira, Tonico, 358, 360
Ferronorte, 658
FGTS (Fundo de Garantia por Tempo de Serviço), 454n, 786, 802, 813
FGV (Fundação Getúlio Vargas), 289n, 714n
Fiat, 76, 420, 538, 658
Fica comigo (filme), 648n
Fiepe (Federação das Indústrias de Pernambuco), 142n

Fiesp (Federação das Indústrias do Estado de São Paulo), 200n, 216, 249, 516, 544, 798
Fifa (Federação Internacional de Futebol), 647n
Figaro, Le (jornal francês), 599
Figueiredo, Cláudio, general, 293, 676
Figueiredo, Euclides, general, 756
Figueiredo, João, general, 118, 489, 756, 800n
Filadélfia (Pensilvânia), 842
Filipinas, 709
Filizzola, Carlos, 639n
Fiori, Otaviano de, 41
Firjan (Federação das Indústrias do Estado do Rio de Janeiro), 424, 619
Firmino Filho, 828n
Fishlow, Albert, 40n
fisiologismo, 68, 96, 148, 150, 379, 401, 414, 490, 508-9, 518, 523, 526, 585, 856
Fiúza, Ricardo, 791
Fleury Filho, Luiz Antônio, 68, 390, 497
Flores, Mário César, almirante, 766, 860
Florestas Rio Doce S.A., 436n
Florianópolis, 636, 639, 710, 785, 810, 871n
FMI (Fundo Monetário Internacional), 71, 123, 268, 342, 470, 577n, 712, 750, 860
FNDE (Fundo Nacional de Desenvolvimento da Educação), 394n, 615
Fogaça, José, 89, 421, 478
Folha de S.Paulo, 42, 52, 61-2, 67, 103, 135-6, 265, 268, 318, 324, 333-5, 388, 432, 455, 462, 472-3, 489, 495, 509, 514, 544, 572n, 589, 593, 605, 612, 619, 621, 622n, 626, 643-4, 660-1, 719, 723, 726-7, 741, 760, 766-7, 776, 788, 797-8, 817, 824n, 872, 884-5
Fonseca, Augusto, 318
Fonseca, Eduardo Gianetti da, 885
Fonseca, Gelson, 111, 138, 242-3, 372, 390, 392, 406, 408, 417, 437, 440, 450, 455, 485, 512, 545-6, 553, 563, 581, 613, 635, 649, 669, 686-7, 717, 734, 749, 751, 753, 766, 777, 794, 797-8, 817, 823
Fonseca, Sérgio Roxo da, 795n
Fontenelle, Maria Luiza, 108
Fontoura, João Neves da, 378-9
Força Aérea *ver* FAB (Força Aérea Brasileira)
Força Sindical, 127, 163, 200, 238, 393n, 397, 418-9, 452, 454n, 491, 595, 612, 670, 763, 802
Ford, 116, 122, 159, 759
Foreign Office (Reino Unido), 152
Formosa *ver* Taiwan
Fortaleza, 521n, 739, 868, 870, 871n
Fortes, Heráclito, 253, 348, 357, 358n, 614, 646, 763
Fortunati, José, 434

Fortunato, Gregório, 323
Fórum Econômico Mundial (Davos), 162-3, 638
Foz do Iguaçu, 59, 71, 73, 111
Fraga, Armínio, 26, 29, 77, 94, 112, 119, 126, 527, 711
Fragelli, José, 866
Frajmund, Raymond, 406, 710
França, 246, 393n, 426, 431, 448, 470n, 510, 523, 583, 585, 592-3, 598-603, 605-7, 609, 612, 617, 619-20, 645, 690, 712, 747n, 812, 839
França, João, 813
Franck, César, 820
Franco, Albano, 61, 303-4, 748
Franco, Gustavo, 27, 29, 58, 59, 76, 94-5, 103-4, 121, 126, 131-3, 136, 148, 155, 156, 162, 169, 198, 201, 250, 261, 280, 294, 304-5, 413, 467, 519, 562, 576, 589, 607, 610, 651, 669, 684, 750, 792, 822
Franco, Itamar, 26, 29, 30, 34-5, 37-9, 44, 47, 52, 58, 65, 69, 81-4, 99-100, 109, 113, 137-41, 144, 155, 177, 179-80, 185, 187, 206, 232, 242, 244-5, 252, 268, 276, 285-6, 337, 349, 360, 389, 408n, 415, 435-6, 442, 451-2, 465, 480, 482, 484, 507, 510, 512, 531, 533-4, 540-5, 563, 579, 582, 608n, 618n, 619, 621, 641n, 652n, 664, 679, 680n, 696, 701, 704, 709, 717, 723, 727, 750, 767, 816n, 817-8, 826, 833-4, 854-5, 857, 860n, 873, 883
Franco, Maria Silvia de Carvalho, 788
Franco, Wellington Moreira, 107, 223, 228, 307, 513, 610, 645, 652, 719, 783, 785, 801, 805
Frankfurt, 245
Frederico II da Prússia, rei, 606
Frederik, príncipe herdeiro da Dinamarca, 809
Frei, Eduardo, 85, 513, 872
Freire, Gilvan, 742
Freire, Roberto, 120, 130, 146, 195, 227, 252, 400, 409, 422-3, 438, 483, 562, 629, 657, 737
Freire, Vinicius Torres, 760, 766, 789n
Freitas, Hydekel de, 810n
Freitas, Janio de, 185, 443, 661, 797
Freitas, Rose de, 120, 876
Frente Nacional dos Prefeitos, 222
Frente Parlamentar da Criança, 423
Frente Parlamentar da Micro e Pequena Empresa, 801, 814
Frente Parlamentar de Habitação e Desenvolvimento Urbano, 819
Frering, Guilherme, 576, 771, 852
Frias, Luiz, 136, 693, 719
Frias Filho, Otávio, 136, 470, 472, 495
Friedman, Steven, 828
Fritsch, Winston, 26, 29, 640

ÍNDICE REMISSIVO 903

Frossard, Denise, 613
Frossard, Ilson, padre, 613n
Frota, Ivan, 432
Frota, Sílvio, general, 335
Fuentes, Carlos, 459, 461
Fujimori, Alberto, 80, 85, 172, 181, 464, 465, 482, 489, 495, 708, 730, 877, 879-80
Funai (Fundação Nacional do Índio), 247n, 398, 457n
Funasa (Fundação Nacional de Saúde), 586n, 646, 720, 744n, 763n, 860
funcionalismo público, 54, 166, 393n, 399, 502, 527, 788
Funda Centre (ONG sul-africana), 843
Fundação Friedrich Ebert, 625
Fundação Habitacional do Exército, 826
Fundação Padre Anchieta, 42, 626n
Fundação Rockefeller, 626
Fundação Roquette Pinto, 440, 615
Fundacentro (Fundação Jorge Duprat e Figueiredo), 843
fundamentalismo religioso, 429
Fundo de Participação dos Estados, 225, 331, 390, 434, 532, 702-3
Fundo de Valorização do Professor, 224, 757
Fundo Rodoviário Nacional, 410n
Fundo Social de Emergência, 40, 216, 222, 231, 242, 250-1, 268, 271, 274, 276, 277, 281, 286, 288, 290, 296, 340, 342, 350, 451
Fup (Federação Única de Petroleiros), 153
Furet, François, 601-2, 812, 884
Furlan, Luís, 38, 333-5, 345, 689
Furnas Centrais Elétricas, 391, 468, 511n
Furno, Carlo, d., 657
Furtado, Celso, 327, 533n, 885
futebol, 97, 121, 138, 201, 243, 488, 673, 678, 691, 846

G-15 (Grupo dos 15), 294, 298, 300
G7 (Grupo dos Sete), 470, 585, 591, 635, 718, 731, 753-5, 783, 842n
Gabeira, Fernando, 117, 851, 865
Gabinete Militar, 105
Gabriel, Almir, 112, 142, 281, 350, 411n, 439, 541n, 558, 562, 567, 575, 585, 596, 656, 797, 824
Gabriel, o Pensador, 266
Galbraith, John Kenneth, 578
Gallois, Louis, 598n
Gallotti, Octavio, 703
Galvão Filho, Orlando, 793
Gama, Benito, 86, 206, 255, 566, 577, 659, 685, 799

Gama, Jaime, 563n
Gamek (Gabinete Técnico de Aproveitamento do Médio Kwanza), 838
Gandhi, família, 431
Gandhi, Mahatma, 429
Gandhi, Rajiv, 430
Gandhi, Sonia, 430
Gandra, Mauro, brigadeiro, 46, 118, 134, 139-40, 144, 151, 153, 171, 173, 259, 270, 284, 296, 299, 301, 308, 309, 312, 314, 315-7, 319, 322, 351
Ganois, Jean, 600
GAP (Grupo de Análise e Pesquisa), 220n, 817n, 860
Garbo, Greta, 357
García Márquez, Gabriel, 459-61
Garcia, Carlos Moreira, 268, 310, 314, 359
Garcia, Hélio, 38-9, 286, 330, 561, 607, 770, 792, 794
Garcia, Stênio, 725
Gardenali, Geraldo, 235
gás canalizado, 65, 124-5, 130, 135, 140, 154, 182, 256
gás natural veicular (GNV), 412-3
Gasbol (Gasoduto Brasil-Bolívia), 711n, 729
gasolina, 174, 436
Gaspari, Elio, 84, 100, 209, 242, 335, 339, 341, 343, 364, 378-9, 395-6, 402, 512, 755, 759, 881-2
Gasparian, Dalva, 677
Gasparian, Fernando, 86, 89, 211, 271, 406, 589, 677, 821
Gate of India, The, 427
Gattai, Zélia, 599
Gaviria, César, 728, 730
Gazeta Mercantil, 277, 601, 681, 693n, 738
Gazolla, Ronaldo, 874n
Geia (Grupo Executivo da Indústria Automobilística), 612
Geisel, Ernesto, general, 102, 120, 421n, 744, 747
Genco (empresa de mineração), 844
Genebra, 253, 372, 571, 604, 606, 747n
Genoino, José, 130, 227, 256, 270, 275, 335, 422, 438, 756, 796
Genro, Tarso, 270, 756, 784-5, 812
George V, rei da Inglaterra, 427
Georgetown University, 360
Gerat (Grupo Executivo para a Redução de Acidentes de Trânsito), 863n
Gerdau, Jorge ver Johannpeter, Jorge Gerdau
Gerson, Ralph, 852
Ghisi, Adhemar, 408n, 411, 413, 418, 724
Gianni, Silvano, 881
Giannotti, José Arthur, 41, 102-3, 334, 462, 565, 584, 589, 625, 627, 649, 659, 736, 757, 788

Gibson, Nilson, 126
Gil, Gilberto, 101, 238, 528
Gilda (irmã de FHC) *ver* Oliveira, Gilda Cardoso de
Ginwala, Frene, 846n
globalização, 417, 420, 459, 461, 507, 516, 531, 687, 692, 695, 701, 711, 743, 747-8, 753, 844, 850
Globo (TV) *ver* Rede Globo
Globo, O, 63, 156, 217, 259, 315, 343, 348, 353, 358, 393, 424n, 469, 473, 499, 511, 514, 525n, 527, 536, 539, 541, 548, 580, 593, 596, 621, 623, 647, 740, 749, 798, 836
GM (General Motors), 76, 155, 759, 851
Godoy, Paulo, 670
Goertzel, Ted, 789n
Góes, Joaci, 256, 621
Goes, Synesio Sampaio, 189
Góes, Walder de, 103
Goiânia, 506, 528, 542n, 670, 828, 857
Goiás, 180, 196, 264, 511n, 526, 528, 541, 616, 670, 804, 858, 868n
Goizueta, Roberto, 513n
Goldemberg, José, 626
golden share, 806-7
Goldenstein, Lídia, 775
Goldman, Alberto, 33, 154, 232-3, 255, 260-1, 265, 287, 596, 607, 653, 667, 864
Goldman Sachs, 818
Gomes, Aníbal, 685n
Gomes, Carlos, 814
Gomes, Cid, 678n
Gomes, Ciro, 29n, 31, 35, 42, 58, 64, 104, 110, 164, 179, 510, 541, 678-9, 685, 701, 727, 792, 817, 866n
Gomes, Eduardo, 491n
Gomes, Osvaldo, general, 740
Gomes, Paulo Alcântara, 535n
Gomes, Severo, 549, 883
Gomes, Vadão, 115, 410, 548, 555, 852, 856, 879
Gomide, Francisco, 174, 177
Gonçalves, José Botafogo, 810
Gonçalves, Wagner, 572n
González Casanova, Pablo, 459, 460
González, Felipe, 273-5, 357-60, 373, 416, 425, 730, 738, 754, 776, 849
Good Society, The (Galbraith), 578n
Gore, Al, 123, 858
Goulart, João, 533n, 800n
Gouvêa, Gilda Portugal, 614
Gradiente, 626
Graeff, Eduardo, 56-7, 89, 148, 262, 292, 294, 479, 498, 563-4, 608, 657, 659, 875

Grael, Torben, 670n
Grama *ver* Teixeira, José Roberto Magalhães
Gramado (Rio Grande do Sul), 877, 878
Grande Muralha da China, 345
Granja do Torto, 48, 54, 138, 152-4, 167, 192, 201, 234, 258, 324, 498, 561, 571, 682, 702, 705, 807, 849
Grasso, Carla, 794
Graziano, Francisco, 75, 94, 115, 121-2, 142, 178, 180, 191, 194, 201, 222, 227, 248-9, 252-4, 264, 266, 269, 286, 293, 297, 299, 301-2, 304, 309, 311, 312n, 314, 317-21, 323-6, 328, 333, 340-1, 400n, 403, 479, 505, 575n, 636, 645, 794
Greca, Rafael, 259-60, 517
Grécia, 365
Gregori, José, 109, 138, 157, 169, 178, 182, 191, 196, 235, 249, 319, 333, 541, 548, 561-2, 583, 589, 624-7, 634-7, 690, 767, 768, 769, 771, 780
Gregori, Maria Filomena, 684
greves, 74, 134, 138, 146, 149, 151, 153-4, 156-7, 185, 393, 454, 475, 507, 525n, 527, 537-8, 561, 577n, 612, 619, 631-4, 670, 702n, 825, 866
Griffith, Stephanie, 513
Grossi, Esther, 434n
Grupo de Trabalho Interministerial para Valorização da População Negra, 466n
Guajará-Mirim (Rondônia), 181n
Guamaré (Rio Grande do Norte), 784n
Guanabara, baía de, 121
Guanaes, Nizan, 57n, 412, 664, 708, 713, 862
Guarani, O (ópera de Carlos Gomes), 524, 735
Guaratinguetá, 810
Guardian International, 852n
Guatemala, 248, 440, 692
Guedes, José, 725
Guerra, Helena, 759
Guerra Júnior, Pio, 848
Guerreiro, Renato, 52n
Guevara, Che, 253
Guimarães, Edson, 177n
Guimarães, Ulysses, 53, 489, 512, 724, 883
Guimarães, Virgílio, 607
Guri, usina hidrelétrica de (Venezuela), 391, 588
Gurría, José Ángel, 461
Gusmão, Roberto, 332, 589, 826
Gusmão, Tarsis, 332
Gutemberg, Luiz, 578
Gutenberg, Johannes, 604
Guterres, António, 179, 534n, 540, 661, 754, 822
Guterres, Luísa, 539n
Guzzo, José Roberto, 631

ÍNDICE REMISSIVO 905

Haiti, 859
Hamano, Shinya, 852
Hamlet (Shakespeare), 520
Hargreaves, Henrique, 52, 69, 83, 245, 340, 450, 533, 618, 750, 855, 857
Hargreaves, Ruth, 82-3, 137, 141, 179, 245, 618
Hartung, Paulo, 291, 717
Harvard, Universidade, 35, 578*n*
Hashimoto, Ryutaro, 488, 492, 718, 719
Hauly, Luiz Carlos, 165, 815
Havel, Václav, 751-2
Havelange, João, 257, 604, 630, 647, 691
Heizer, Noeleen, 590
Helena (neta de FHC) *ver* Cardoso, Helena
Herrera, Alejandra, 138, 748, 783, 852
Herzog, Roman, 246, 344
Herzog, Vladimir, 225, 652
Higuchi, Susana, 877*n*
hinduísmo, 417, 429
Hino da Independência, 735
hipismo, 770
Hirschman, Albert O., 49, 788, 805
Hobbes, Thomas, 507, 604
Hobsbawm, Eric, 40*n*, 591
Holanda, 408, 754*n*
Hollywood (Vidal), 376
Homem, Lúcia Pacífico, 761
Honda, 488, 531, 657
Hôpital Saint-Jean (Bruges), 244
Hortência (jogadora de basquete), 691
hospitais, 50, 258, 304, 329, 620, 654, 656, 716, 809*n*, 815
Hospital Israelita Albert Einstein (São Paulo), 779
Hospital Santa Marcelina (São Paulo), 725
Hospital Sírio-Libanês (São Paulo), 746, 780
Hôtel de Marigny (França), 598, 600-1
HSBC (Hong Kong and Shanghai Banking Corporation), 816, 875, 878
Hugueney, Clodoaldo, 440
Humaitá, 322
Hungria, 71, 242
hutus, 839

Ianni, Octavio, 463
iatismo, 670, 691
Iavelberg, Iara, 646
Ibama (Instituto Brasileiro do Meio Ambiente e dos Recursos Naturais Renováveis), 177, 227*n*, 576, 646, 655, 715, 716, 883*n*, 884
IBGE (Instituto Brasileiro de Geografia e Estatística), 61, 394, 402, 406, 674
Ibiúna, 161, 335*n*, 530, 659
Ibope, 78, 120, 249, 484, 722, 727, 753, 774, 855, 867
Içana, rio, 715*n*
ICMS (Imposto sobre Circulação de Mercadorias e Serviços), 66, 79, 242, 398*n*, 683, 694, 697, 707, 712-3, 717, 719, 738, 744, 747
IEDI (Instituto de Estudos para o Desenvolvimento Industrial), 535
Iéltsin, Boris, 270, 282, 344, 718, 754
igapó/igarapé, 716
Iglesias, Enrique, 167, 556, 607, 736, 855, 858
Igreja Apostólica Armênia, 677
Igreja Católica, 75, 145, 177, 182, 248, 333, 459, 477, 516, 538, 573, 627, 628, 636, 637, 652, 829, 876
Igreja Matriz de Nossa Senhora do Rosário (Pirenópolis), 617
igrejas protestantes, 609, 722
Iguape, 307
IHGB (Instituto Histórico e Geográfico Brasileiro), 786
Imbassahy, Antônio, 114, 588, 591, 610
importações, 59, 99, 111, 116, 132, 147, 159, 165, 241
imposto de renda, 79, 139, 177, 194, 203, 231, 290, 380, 409, 422, 440, 450, 650, 659, 801
InCor (Instituto do Coração do Hospital das Clínicas da Universidade de São Paulo), 589
Incra (Instituto Nacional de Colonização e Reforma Agrária), 50, 69-70, 74-5, 144-5, 188, 227, 248-9, 252, 254, 264, 269, 286, 292, 302*n*, 311, 312*n*, 318, 340, 383, 400, 409, 442, 548, 551, 554-5, 562, 583-4, 595, 615, 629-30, 636, 737, 869*n*
Indesp (Instituto Nacional de Desenvolvimento do Desporto), 184, 877, 879
indexação/índices de preços, 128, 166, 167*n*, 693
Índia, 165, 213, 300-1, 390, 405-6, 417, 420, 424-31, 449, 460, 531, 578, 718
India International Centre, 430*n*
índios/indígenas, 33, 178, 184, 188, 192, 247, 367, 398, 407*n*, 457, 477, 528, 568, 599, 677, 710, 716, 729, 731, 760-1, 774, 797, 858, 862
Indonésia, 755, 830, 857*n*
indústrias/industrialização, 71, 159, 175, 216, 254, 267, 395, 434, 439, 442, 454, 458, 476, 497, 529, 531, 535, 556, 561, 567, 601, 612, 626-7, 631, 645, 663, 685*n*, 724, 802, 852, 864, 878
inflação, 26, 28, 35, 51, 56, 58, 71, 79, 81, 128, 133, 137, 144, 155, 190, 192, 201, 231, 272, 331, 413, 416, 425, 428, 446, 490, 492, 522, 600, 620, 631, 633, 671, 684, 690, 698, 702, 706, 725, 747, 755, 803, 816
Infraero (Empresa Brasileira de Infraestrutura Aeroportuária), 139, 151, 153, 727

Inglaterra, 85, 129, 132-4, 157, 289, 411, 531, 536, 543, 673, 774, 805
Inkatha Freedom Party (África do Sul), 840
Inpacel Indústria Ltda., 252n, 490, 511, 794
INSS (Instituto Nacional do Seguro Social), 117, 454n, 582, 720n, 802n
Instituto de Estudos Superiores da Amazônia, 731
Instituto de Resseguros do Brasil (IRB), 343n
Instituto Socioambiental, 716, 731
Instituto Sul-Africano de Relações Internacionais (Witwatersrand), 845
Insulza, José Miguel, 452
Interunion Capitalização, 628
IOF (Imposto sobre Operações Financeiras), 91, 756
iorubá, povo, 838
IPC-r (Índice de Preços ao Consumidor do Real), 61, 65, 83, 137n
IPEA (Instituto de Pesquisas Econômicas e Aplicadas), 644, 837n
IPEN (Instituto de Pesquisas Energéticas e Nucleares da Universidade de São Paulo), 529
Iperó, 529
IPI (Imposto sobre Produtos Industrializados), 66, 71, 79, 251, 724n
IPMF (Imposto Provisório sobre Movimentação Financeira), 79, 159, 164
IPT (Instituto de Pesquisas Tecnológicas), 518
Irã, 475n, 496
Iracema (Ceará), 521
Iraque, 475
Irlanda, 282
irrigação, questão da, 34, 53, 231, 258, 425, 451, 520-1, 656, 853; *ver também* recursos hídricos, questão dos
Irving, Amy, 528n
Isabel (neta de FHC) *ver* Vaz, Isabel Cardoso
islamismo, 417
Israel, 282, 492n, 579, 862
ISS (Imposto sobre Serviços), 66, 290
Istambul, 426
IstoÉ, 103, 208, 266, 299n, 302, 304, 309, 312-3, 318, 334, 336, 339, 341, 353, 364, 368, 395, 566, 661, 719, 879
Itaipu Binacional (usina hidrelétrica), 153, 174, 177, 252, 254, 400, 545-6, 585, 613, 730, 815
Itália, 71, 167, 261, 420, 431, 470n, 790, 805
Itamar: O homem que redescobriu o Brasil (Ferreira), 137n
Itamaraty, 40, 43-5, 73, 80, 86, 118, 135, 160, 164, 173, 178, 189, 207, 221, 225, 236, 241, 242, 256, 262, 265, 269-70, 274, 287, 309, 317, 329, 337, 408, 435n, 440, 449, 457, 460, 479, 480, 483, 493, 496, 524, 541, 543, 564, 582, 585, 590, 650, 655, 696, 709, 714, 717, 726, 731, 735, 741, 749, 752, 810, 812, 817, 823, 838, 855; *ver também* Ministério das Relações Exteriores
Itaquera (São Paulo), 725, 736
ITR (Imposto Territorial Rural), 831, 833, 872-3, 875, 879
Iugoslávia, 244, 671
Ivresse démocratique, L' (Minc), 606n
Izar, Ricardo, 819

Jábali, Luís Roberto, 795n
Jabor, Arnaldo, 294, 334, 597, 707
Jackson, Jesse, 834
Jacobsen, Marcos, 652, 665, 878
Jacqueline (jogadora de vôlei de praia), 677
Jaguaribe, Hélio, 220, 680
Jaguaribe, Roberto, 241
Janene, José, 410
Japan International Cooperation Agency (JICA), 488n
Japão, 151, 188, 226, 247, 405, 441, 465-6, 470, 472, 477, 481, 486-8, 492-3, 514, 531, 684, 717-8, 726, 852, 877n, 880
Jatene, Adib, 42-3, 50, 98, 129, 143, 152, 158, 164, 170, 181, 186, 193-4, 257, 258-9, 271, 285, 304, 378, 388, 400, 408, 419-21, 449, 470, 504, 534, 558, 575, 612, 630, 646, 650, 654, 656, 658, 665, 720, 725-6, 738, 744, 757, 761-3, 765, 798, 799, 808, 812-7, 819, 874
JBIC (Japanese Bank of International Cooperation), 665n
Jefferson, Roberto, 817
Jequié, 585, 648, 649, 878
Jereissati, Tasso, 25, 27-8, 31, 35, 78, 92-3, 95-7, 108, 120, 124-5, 131, 133, 149, 153, 170, 175, 186, 203, 233, 250, 264-5, 296, 304, 320, 340-2, 364, 376, 388, 392, 396, 402, 411, 450, 484, 488-9, 521-2, 542, 544, 550, 575, 585, 645, 678-9, 688-9, 698-9, 701, 721, 727, 733, 738, 744-6, 758, 759, 780, 782, 790-3, 796, 818, 824, 870-2, 874, 875, 882
Jiang Zemin, 345-6, 526
Ji-Paraná, 508n
Joana (neta de FHC) *ver* Cardoso, Joana
João Paulo II, papa, 383, 581, 657
João Pessoa, 604, 828
João XXIII, papa, 562n
Jobim, Nelson, 32-3, 37, 67, 89, 157, 175, 178, 181, 184, 186, 188, 192, 194, 203, 215, 222, 227-8, 242, 250-1, 266, 271, 286, 293, 295, 298, 301-4, 310,

ÍNDICE REMISSIVO 907

312, 319, 324, 328, 330, 333, 341, 343, 397-8, 443-4, 449-50, 453-4, 457, 477, 504-6, 509, 528, 537, 541, 543-4, 548, 550-1, 562, 567-8, 572, 611, 616, 621, 632, 646-8, 676-7, 684, 690, 694, 697, 703, 720, 724, 738-40, 745, 753, 758, 760, 768-9, 771, 774, 797, 802, 859-60, 862, 866
Jobim, Tom, 122, 334-5
Jogos da Juventude, 770
Johannesburgo, 828, 842-3, 845
Johannpeter, Jorge Gerdau, 219, 398, 576, 632, 832, 860
Johannpeter, Maria Elena, 632
Johnson, Weldon, 187n
Joinville, 785
Jorge, Coutinho, 192
Jorge, José, 231, 807
Jornal da Tarde, 134, 479, 481, 619, 764, 773
Jornal de Brasília, 111
Jornal do Brasil, 50, 78, 99, 156, 170-1, 191, 215-6, 276, 307, 358n, 362, 382, 402, 424, 469, 482, 531, 536, 540, 593, 609, 652, 694, 769, 798, 879n
Jornal do Commercio, 293
Jornal Nacional (noticiário de TV), 78, 355, 674, 689, 769
Joshi, Manohar, 427n
Juan Carlos II, rei da Espanha, 274n, 360, 425, 822
Juanes, Carlos, 551
Jucá, Romero, 834
Judeu, O (filme), 314
Judiciário *ver* Poder Judiciário
Júlia (neta de FHC) *ver* Zylbersztajn, Júlia Cardoso
Jungmann, Raul, 227, 550-1, 557-8, 562, 564-5, 568, 571, 584, 615, 624-5, 629-31, 637, 641, 674, 682, 737, 753, 760, 770, 817, 829, 831, 833, 872, 879
Juppé, Alain, 393n, 602
Juquiá, 307
juros *ver* taxa de juros
Juruá, rio, 113, 714n
Justiça do Trabalho, 185, 394, 525
Justiça Eleitoral, 61, 579

Kafka, Alexandre, 562
Kamel, Ali, 469, 470, 623-4
Kandir, Antônio, 177, 519, 575, 594, 596, 603, 605, 607-8, 610, 620, 629-30, 632, 642, 650, 654, 656, 658, 663, 669, 671, 674, 681, 688, 692, 697, 707, 711-3, 717, 719, 724, 732, 738-42, 747, 759-60, 776, 779, 793-4, 801, 805, 811, 858, 871, 881

Kantor, Michael, 282, 496
Kapaz, Emerson, 42
Kapeller, Pedro Jack, 577
Karekin I, patriarca da Igreja Apostólica Armênia, 677
Karl, Terry, 638
Katz, Renina, 103
Kawamoto, Nobohiko, 657
Kayayan, Agop, 683
Keidanren (Japão), 472, 487
Keïta, Ibrahim, 712
Kennedy, John, 578n
Kennedy, Paul, 578
Kent, duque de, 289
Kim Il-sung, 741
Kim Young Sam, 739, 741
Kissinger, Henry, 122, 240, 282, 392, 524
Klabin Papel e Celulose, 598n, 794
Klabin, Israel, 755, 852
Klein, Fabrício, 692n
Klein, Odacir, 33, 36-8, 51, 109, 124, 125, 131, 135, 175-6, 267, 287, 321, 509, 538, 547, 551, 671, 692, 694, 698, 710, 826-7, 837
Kleinubing, Vilson, 164, 170, 352, 434, 666, 694, 781, 831, 835
Klotz, Edmundo, 808
Kohl, Helmut, 246, 247, 333, 718, 741, 753-4, 842, 844, 850
Komansky, David, 831
Kotscho, Ricardo, 539
Kowarick, Ana Maria, 627
Kramer, Dora, 352, 358, 694, 774, 819, 855
Krause, Gustavo, 31, 34-5, 37, 53, 143, 231, 289, 292, 339, 507, 561, 564, 576, 655, 710, 715, 731-2, 798, 853, 856, 863
Kuala Lumpur, 353-5
Kubala, Zygmunt, 820
Kubitschek, Juscelino, 215, 405, 418, 443, 445, 609, 612, 613n
Kubitschek, Márcia, 443, 612
Kubitschek, Maristela, 443, 612
Kubitschek, Sarah, 443
Kuito (Angola), 841
Kümmel, Waldstein Iran, general, 826
Kuntz, Rolf, 721
KwaZulu-Natal (África do Sul), 840
Kyoto, 493

La Madrid, Miguel de, 459
Lacalle, Luis Alberto, 85
Lacerda, Carlos, 323, 491n
Lacerda, João Felippe, 315

Lacerda, Paulo, 453
Lafer, Celso, 204, 372, 375, 538, 570-1, 604, 714, 864
Lagardère, Jean-Luc, 600
Lagos, Ricardo, 638, 774
Laíno, Domingo, 189, 570-1, 639
Lamarca, Carlos, 637, 646-7, 655, 657, 667, 672, 675, 739, 740, 744-5, 747, 756, 758, 766, 771, 780
Lamont, Christine, 333n
Lamounier, Bolívar, 568, 678, 828, 842
Lampreia, Luiz Felipe, 43-5, 87, 117, 152, 160, 163, 172-3, 176, 182-3, 188-9, 204, 221, 241, 242, 246, 268, 273, 278, 288, 309-10, 316, 351, 359, 440, 444, 450, 460, 480, 482, 492, 497, 533-4, 552, 563, 565-6, 570-1, 581, 598, 601, 604, 650, 655, 675, 689, 700, 703, 714, 728, 732, 737, 749, 751, 753, 759, 765, 810, 817, 823, 845, 847, 864, 881
Landau, Elena, 239, 629, 632
Landim, Francisco Pinheiro, 271
Landim, Paes, 856
Landry, Bernard, 731
Lanzoni, Rubén, 801n
Laplantine, François, 604
Las Vegas, 297, 311, 313
Laser Strike (operação dos EUA), 450
Lauandos, Sílvia, 68
Laurent (chef), 757
Lausanne, 604
Lavareda, Antonio, 93, 249, 267, 308, 344, 693
LDO (Lei de Diretrizes Orçamentárias), 397
Le Duc Anh, 269n
Leão, Célia, 794n
Leão, Odelmo, 74, 115, 125, 129, 274, 290, 410, 413, 490, 495, 498, 781, 809, 878
Lebed, Alexander, general, 836
Lecourtier, Philippe, 585n
lectures symptomales, 229
Legislativo *ver* Poder Legislativo
Lei da Arbitragem (Lei Marco Maciel), 760n
Lei da Televisão a Cabo, 230
Lei da União Estável, 578n
Lei de Anistia, 192, 212
Lei de Concessões, 53, 116, 168, 170
Lei de Diretrizes e Bases da Educação, 875
Lei de Juros, 168
Lei de Patentes, 107, 116, 221, 241, 256n, 282, 432, 466, 581
Lei de Telecomunicações, 135, 577n, 662, 852, 864n
Lei do Abate, 240n
Lei do Audiovisual, 580, 699

Lei do Passe Livre (Lei Pelé), 647n
Lei do Petróleo, 188
Lei do Planejamento Familiar, 423n, 609n
Lei dos Direitos do Consumidor, 686n
Lei dos Portos, 33
Lei Helms-Burton (EUA), 472, 730, 830n
Lei Kandir, 744n
Leitão, Miriam, 279
Leite, José Carlos, general, 771
Leite, Paulo Moreira, 209
Leite, Rogério Cezar de Cerqueira, 519
Leiva, João, 596, 607, 686
Lemos, Carlos, 335
Lênin: Uma nova biografia (Volkogonov), 240n
Leonel, Benedito, general, 46, 64, 189, 198, 225, 237, 272, 284, 316, 361, 366, 399, 575, 657, 723, 818
Leonelli, Domingos, 422
Lerner, Adolfo, 42, 72, 135, 139, 149, 153, 170, 174-5, 204, 228, 259-60, 488, 517, 707, 713, 734, 739, 770, 775
Lessa, Ronaldo, 315
Levitsky, Melvin, 356n, 358-9, 362, 367
Levy, Herbert, 693
Levy, Luiz Fernando, 325
Li Peng, 346, 820-1
Líbano, 412, 862
liberalismo, 420
Líder Táxi Aéreo, 297, 299, 305-6, 312-3, 325
Light, 102, 232, 260, 583, 590, 592-3, 608, 610, 648, 697, 806
Lima, Alexandre, 874n
Lima, Carlos Roberto Cirne, 463
Lima, Cássio Cunha, 536
Lima, Geddel Vieira, 177, 688
Lima, Ivandro Cunha, 142, 159n
Lima, João Heraldo, 39
Lima, Jorge Cunha, 626
Lima, Lúcia Flecha de, 123, 225, 717
Lima, Mozart Abreu e, 833
Lima, Paulo Tarso Flecha de, 44, 204, 225, 241-2, 276, 281, 297, 313, 576, 578, 717, 732
Lima, Ronaldo Cunha, 36, 126, 142, 158-9, 188, 275, 504, 610-1
Lincoln Center (Nova York), 122
Lins, Átila, 585
Lira, Fernando, 120, 739, 745, 751, 768, 865
Lisboa, 140n, 155, 582, 648, 650n, 659, 664n, 816n
Lituânia, 496, 581
Litwinski, Marlo, 185
Livingstone, David, 848
LOAS (Lei Orgânica da Assistência Social), 182

Lobão, Edison, 171, 222
lobbies, 462, 582n, 609, 837
Lôbo, Cristiana, 107, 691
Lobo, Danilo, 187
Lôbo, Lélio, brigadeiro, 46, 315-6, 318, 330-2, 337-8, 355, 361-2, 400, 446, 596, 621, 696, 708, 780, 834, 862
Locke, John, 604
Lomanto, Leur, 585n
Lomanto Júnior, 585
Londres, 45, 133, 151-3, 155, 172, 652
Londrina, 815n
Lopes, Chico, 58, 76-7, 104, 126, 133, 144, 147, 152, 162, 225-6, 253, 305, 395, 413, 453, 467, 515, 517, 519, 632, 711
Lopes, Dulce, 659
Lopes, Juarez Brandão, 659
Lopes, Ney, 271n, 290n, 788
Lopes, Paulo, 731
Lopes, Simões, 344
Lopes Filho, Osíris, 191
López de Arriortúa, José Ignácio, 76, 175
López, José, 810
Lorentzen, Erling, 631, 852
Loyola, Gustavo, 126, 131-3, 147, 166, 186, 199-200, 202, 204, 206, 208, 210n, 212, 217-8, 220, 230, 233, 235-6, 239, 277-9, 285, 288, 294, 300, 304, 307, 309, 320, 339, 340-1, 344, 352, 364, 366, 370, 372, 394-5, 400, 435, 445, 467, 469-71, 480n, 481, 502, 515, 527, 537, 540, 543, 578, 596, 632, 660, 662, 742, 745, 750, 822, 853
Loyola, Henrique, 785
Luanda, 838-9
Lucas, d. *ver* Neves, Lucas Moreira, d.
Lucas, Luiz Paulo Vellozo, 717n
Lucena, Cícero, 34-5, 37, 107, 111, 143, 232, 396, 451, 507, 576, 604, 607-8, 611, 712, 828
Lucena, Humberto, 34, 36, 61, 108, 142, 196, 608-11, 866
Lucena, Zenildo de, general, 46-7, 54, 64, 117, 138-9, 151-3, 155, 157-8, 164, 169, 195-6, 212, 221, 263, 283, 318-9, 361, 363, 366, 368, 420, 463, 467, 546, 548, 552-3, 567, 646-7, 676, 716, 739, 771, 809, 826
Luciana (filha de FHC) *ver* Cardoso, Luciana
Luciano, d. *ver* Almeida, Luciano Mendes de, d.
Lula *ver* Silva, Luiz Inácio Lula da
Luo Gan, 526n
Lupion, Abelardo, 230
Lusíadas, Os (Camões), 463, 604
Lustosa, Heloisa, 618
Lustosa, Paulo, 611

Luxemburgo, 243
Lyon, 602-5
Lyon 2 Lumière, Universidade, 604

Mabel, Sandro, 361
Macau (China), 342n, 353
Macau (Rio Grande do Norte), 784n
Macedo, Edir, 374, 507
Maceió, 315
Machado, Alexandre, 615
Machado, José, 439
Machado, Sérgio, 98, 194, 215-6, 222, 231, 241, 350, 352, 482, 498, 500, 558, 648, 668, 738, 790-1, 795, 818, 831, 833, 870, 873-5
Machado, Vera, 241
Machline, José Maurício, 528
Maciel, Ana Maria, 332
Maciel, Antonio, 263
Maciel, Everardo, 66, 79, 177, 191, 194, 203, 215, 231, 234, 412, 698, 742, 745, 765, 835, 881
Maciel, Marco, 30n, 31, 60, 75, 95-6, 103, 124-5, 132, 134-6, 180, 187-8, 203, 209, 218-21, 223-4, 228, 230-2, 234, 248, 252, 255, 269, 272-3, 295, 298, 310, 329, 332, 339-40, 342-3, 347-8, 350-3, 355, 363, 367, 369, 371-2, 393, 397, 406, 420-1, 432-3, 437, 454, 471, 474, 481-2, 489-91, 494-5, 498, 527, 536, 540, 547, 566, 574, 582, 590-1, 603, 610, 621, 645-6, 649, 659, 684, 703, 723-4, 747, 760, 780, 785, 792, 807, 863, 865, 876
Mackenzie, Universidade, 758
macroeconomia, 59, 166
Madeira, Arnaldo, 227, 255, 447, 624, 635
Madri, 357
Máfia da Previdência, 720n
máfia siciliana, 431
Magalhães, Antônio Carlos, 30-1, 36, 44, 52, 82, 98, 114, 124, 135, 140-1, 177, 181, 187-8, 194, 199-200, 202-11, 213-7, 219-21, 232, 256, 264-5, 302, 319, 325-6, 329-30, 336-7, 339-41, 343, 347, 349-53, 355-6, 362-5, 370-3, 383, 388, 397-8, 407, 408, 411, 413, 418, 432n, 464, 466-7, 470-1, 473-5, 480, 499, 515, 550, 575, 585, 598-9, 674-5, 685, 699, 721, 769, 773, 774n, 803, 807, 809, 814, 818, 835, 837, 850, 853, 857, 859-61, 864, 867, 869-70, 872-3, 875, 879
Magalhães, Couto de, 868
Magalhães, Luís Eduardo, 30-1, 36, 52, 68, 70, 74, 103, 136, 151, 154, 165, 168, 177, 181, 194-5, 199, 202, 203, 205-6, 209-11, 214-21, 228, 231-2, 241, 253, 262-3, 276, 280, 289-91, 295-6, 298, 303, 323, 328, 330, 336, 339-40, 342-3, 348, 351-3, 357-9, 361, 363-7, 370, 372, 376, 388n, 393, 397,

412, 433, 443, 447-8, 452, 467, 469, 471, 473, 479, 491, 494, 497, 502-3, 514, 516-7, 519, 524, 536, 547, 551-2, 556, 558, 581-2, 588, 591-2, 594-5, 597, 610, 614-5, 625, 629-30, 636, 645, 648, 650, 652, 654, 656, 659, 662, 665, 685, 688, 692, 703-4, 721-2, 742, 744-5, 763, 774, 780, 783, 785, 796, 799, 814, 815, 820-1, 833, 848, 850, 852, 853, 855, 856, 859-60, 864, 866, 867, 874, 879
Magalhães Pinto, família, 309, 310, 463, 469, 482, 509
Magalhães, Rafael de Almeida, 183, 222, 257, 260, 406, 446, 516, 575, 604, 630-1, 647, 755, 806, 852
Magalhães, Renata Almeida, 707n
Magalhães, Roberto, 97, 125, 219, 231-2, 265, 539, 785
Magalhães, Vladimir de, 269
Maia, Carla Agripino, 845
Maia, Cecília, 736
Maia, Cesar, 535-6, 623, 749, 817, 874
Maia, Oto Agripino, 842n
Mairie de Paris, 601
Major, John, 133, 282
Makihara, Minoru, 487n
Malan, Catarina, 27, 29, 248
Malan, Pedro, 26-7, 29, 35, 38-40, 49, 57-8, 66, 71, 76, 77, 79, 87-9, 91, 93, 98, 99, 103, 105, 110-1, 115, 121-2, 126-8, 131-3, 136, 141, 148-50, 152, 156, 159-62, 165-7, 169-71, 178, 186, 188-91, 193-6, 199, 201-3, 206-8, 210-2, 216-8, 220-1, 223, 225-6, 230-2, 234-6, 239, 241-2, 246, 248, 250-1, 253-4, 262, 267, 268, 270, 277-80, 284-5, 288, 290, 294, 298-9, 303-4, 306, 309-10, 313-4, 320-1, 326, 328, 332, 334, 339-43, 352-3, 366, 370-2, 377, 388, 392, 399-400, 412-4, 419, 421-2, 435, 448-50, 453, 469, 471, 473-5, 478, 481, 483, 490, 494, 515, 517-9, 524, 527, 532, 537, 543, 546, 550, 558, 560-2, 566, 572, 576-80, 585, 587, 589, 596-8, 603, 607, 628, 631-2, 646, 652, 654, 660, 662, 664-5, 671, 676, 681-2, 689-90, 699, 702-3, 724, 727, 741-2, 744-5, 747, 749-50, 765, 797, 814-5, 818, 827, 858, 875, 881-2, 885
Malásia, 300-1, 342n, 354, 357, 359, 362, 373, 531, 563
Maldaner, Casildo, 421, 504, 785
Mali, 692, 712-3
Maluf, Flávio, 690n
Maluf, Paulo, 292, 342, 348, 373, 387, 393, 467-8, 489, 502, 508-9, 516, 518-9, 529, 555, 557, 559, 594-5, 597, 613, 623, 642, 650, 655-6, 667-8, 679, 690, 693, 695, 704-5, 708-10, 713, 715, 726-7, 745, 751, 769, 775-7, 779, 781, 785-6, 798, 801-2, 811, 820, 826, 829, 831-3, 835, 837, 849, 851-6, 861, 865, 868, 871
Maluf, Sylvia, 704
Maluly Netto, Jorge, 269, 320
Mamonas Assassinas, 574
Manaus, 111-3, 171, 267, 391, 463, 465-6, 498n, 528, 588, 629, 709n, 714, 716
Manchete (TV) ver Rede Manchete
Mandela, Nelson, 268, 753, 839-47
Mandela, Winnie, 843
Manduka ver Mello, Alexandre Thiago de
Mantegazza, Gian, 653
Mão Santa, Francisco, 521, 673
Mao Tsé-Tung, 253
Maputo, 534, 563
Marabá, 561, 575, 578, 596, 656, 797
Maragall, Pasqual, 426
Maranhão, 216, 219n, 222, 250, 342, 397, 453, 474, 482, 498, 610, 627-9, 632, 636-7, 661, 688, 704, 799, 817, 867-8
Maranhão, Aluizio, 469, 557
Maranhão, José Targino, 874
Maranhão, Ney, 817
Marcelo Netto, 514, 596
Marchezan, Nelson, 230, 434, 786
Marchezelli, Nelson, 586
Marcolino, Suzana, 638n
Mares Guia, Walfrido dos, 40
Marighella, Carlos, 614, 739, 744
Marín, Manuel, 243, 359
Marinha americana, 117
Marinha argentina, 117
Marinha brasileira, 46-7, 64, 113, 117, 121, 140, 153, 161, 212, 266, 283n, 287, 310, 319, 363, 366, 407, 455, 471, 477, 518, 529, 553, 574, 608-9, 621, 645, 672-3, 675, 694, 722, 758, 766, 809, 836, 837, 854
Marinha chilena, 117
Marinha equatoriana, 117
Marinha francesa, 117
Marinha sueca, 117
Marinho, João Roberto, 45, 230, 470, 514, 623, 647, 796, 836
Marinho, Josafá, 98
Marinho, José Roberto, 45, 514
Marinho, Lily, 632
Marinho, Luiz, 802
Marinho, Roberto, 46, 219, 308, 424, 470, 514, 539, 632, 642, 685, 719, 725, 793
Marinho, Roberto Irineu, 45, 52, 361, 470, 514, 574, 649, 836

Mário Martins. Valeu a pena (org. Franklin Martins), 884n
Marise, Júnia, 146, 330n
Mariz, Antônio, 36
Marrocos, 841
Marsillac, Jorge, 408
Martin, Bob, 204n
Martinelli, Alberto, 74
Martinez, José Carlos, 874
Martins, Amílcar, 576n, 641, 770
Martins, Antônio, 286, 482, 632, 635, 650, 691
Martins, Eduardo, 655
Martins, Franklin, 525, 621, 884
Martins, Luciano, 40, 45, 186, 220, 249, 408, 437, 500, 513, 516, 570, 585, 601, 650, 669-70, 686, 714, 738, 765, 783, 793, 817, 823
Martins, Mário, 884
Martins, Wilson, 72, 302, 539, 690, 707
Martins Filho, José, 705
Marx, Karl, 591
marxismo, 287, 789
Marzagão, Mário, 180, 641
Mascarenhas, Eduardo, 529, 865
Masini, Nildo, 200
Massacre de Eldorado dos Carajás, 533, 541-3, 548, 555, 558, 561, 564, 567, 797n
Massieu, Francisco, 459
Massimo (restaurante de São Paulo), 102-3
Mata Atlântica, 376
Mata, Lídice da, 291, 376
Mato Grosso, 302, 390-1, 445, 655, 658, 702, 787
Mato Grosso do Sul, 690, 707, 808, 850
Mattelart, Armand, 609
Mauá: Empresário do Império (Caldeira), 376
Mauch, Cláudio, 155, 166, 207, 208, 217, 220, 288, 294, 354, 356, 370, 395, 875, 877-8
Maucher, Helmut, 283n, 674n
Maurício (professor de natação), 272, 643
Mauro, Gilmar, 634
Mayor, Federico, 178, 733
Mbeki, Thabo, 839-40, 847
McDonough, William, 171
McLarty, Thomas, 173, 176, 472, 759, 830
MCM Consultores Associados, 132n
MDB (Movimento Democrático Brasileiro), 510
MEC *ver* Ministério da Educação
Medeiros, Borges de, 379
Medeiros, Luiz Antônio, 189, 238, 254, 393, 418, 421, 438, 448, 452, 549, 612, 634, 747, 802, 808, 813, 824
Medeiros, Otávio, 318
Médicis, João Augusto de, 684

Medina, Paulo, 611
Meira, Lúcio, 612
Meirelles, Fábio, 769
Meirelles, Henrique, 278
Meirelles, João Carlos, 637
Mejía, María Emma, 736n
Mello, Alexandre Thiago de, 732
Mello, Fernando Collor de, 109-10, 143, 181-2, 220, 237, 285n, 313, 322, 336, 349, 373, 471, 486, 491, 507, 525, 536, 594n, 611n, 634, 638, 680n, 724, 766n, 783, 790-1, 817, 881
Mello, Francisco Torres de, general, 253
Mello, Geraldo, 142, 522, 621
Mello, Hélio Campos, 566n
Mello, Marco Aurélio, 537, 582, 703, 760, 781, 827
Mello, Thiago de, 732, 738, 876
Mello, Zélia Cardoso de, 791
Melo, Ednardo d'Ávila, general, 102
Melo, Flaviano, 69, 75, 554
Memling Museum (Bruges), 244
Memorial JK (Brasília), 820
Memórias a duas vozes (Mitterrand), 240
Mencier, Bernard, 688
Mendes Júnior Engenharia S.A., 171, 174, 331, 452, 475, 586
Mendes, Amazonino, 113-4, 128, 132, 150, 171, 267, 303, 336, 466-7, 498, 528, 555, 629, 688, 714-5, 808, 834, 873
Mendes, Bete, 725
Mendes, Murilo, 475
Mendonça, José Roberto *ver* Barros, José Roberto Mendonça de
Mendonça, Luiz Carlos *ver* Barros, Luiz Carlos Mendonça de
Mendonça, Marcos, 626
Mendonça Filho (Mendoncinha), 648, 862
Mendoza, Herminio, 461n
Meneghel, Maria da Graça "Xuxa", 266
Meneghetti, Antonio, 596
Meneguelli, Jair, 432
Menem, Carlos, 59n, 73, 85, 92, 99, 159, 162-3, 171-2, 183, 202, 273, 274, 300-1, 334, 339, 360, 529-31, 622, 623, 637-9, 696, 728, 737, 795, 810, 812, 858, 872
Menezes, Pedro Ribeiro de, 618
Meninos de Rua (ONG), 238, 266
Mercedes-Benz, 331, 454, 531, 543
Mercosul (Mercado Comum do Sul), 73, 86, 135, 160, 163, 164n, 172, 184, 189, 204, 243-4, 247, 337, 339, 359n, 417, 444, 452, 457-8, 460, 488, 513, 531, 546, 553, 570, 590, 622, 636, 638-9, 647, 688, 711, 718, 729, 810, 831, 863, 868, 871

mercúrio, 732
Mercury, Daniela, 272, 707
Mérito Aeronáutico, comenda do, 801
Merrill Lynch, 831
Mesquita, Fernando César, 883
Mesquita, Fernão, 135, 479
Mesquita, Francisco, 737
Mesquita, Júlio César Ferreira de, 613
Mesquita, Marina Cerqueira César de, 613
Mesquita, Otávia Cerqueira César de, 613
Mesquita, Rodrigo, 135
Mesquita, Ruy, 267, 560, 589, 710
Mesquita Neto, Júlio de, 267, 612
Metal Leve, 714
México, 58, 70-1, 73, 85, 88, 91-2, 120, 152, 176, 221, 242, 274, 295n, 297, 305, 308-11, 314-5, 334, 404, 406, 455, 457-62, 464, 469, 636, 678, 684n, 692, 729-30, 737, 752, 774, 780
Meyer, Luiz, 103, 214, 334, 403, 589, 627, 659
Meyer, Regina, 103, 214, 283, 334, 452, 726
Meyer, Roelf, 839
Miami, 45, 176, 497n, 831
Michiko, imperatriz do Japão, 487n
MICT ver Ministério da Indústria, Comércio e Turismo
Midland Bank, 875
Mig-29 (aviões), 708
Milão, 74, 161
Millon, Charles, 603n
Minas Gerais, 32, 38, 149, 440, 468-9, 482, 543, 576, 620, 658, 660n, 683, 705, 761, 804
Minas Gerais (porta-aviões), 283
Minc, Alain, 606
Mindlin, José, 334
Mineiro, Jovelino, 170, 315, 425, 575, 627, 703, 748, 757, 831, 850
Ministério da Ação Social, 791n
Ministério da Aeronáutica, 315, 837
Ministério da Agricultura, 33, 37, 39, 44, 50, 249, 252, 266, 442, 548, 555, 561, 563, 571, 575, 594n, 633, 731, 879n
Ministério da Cidadania e da Segurança Pública, 33
Ministério da Ciência e Tecnologia, 39, 44, 140, 193, 534, 535, 640, 642, 705, 774
Ministério da Cultura, 41, 614n, 615, 618
Ministério da Defesa, 46-7, 54, 63-4, 455, 603-4, 617, 709, 771, 818
Ministério da Educação, 28, 35, 37-8, 40-2, 50, 69, 74, 250, 272n, 408, 442, 614n, 615, 669, 792
Ministério da Fazenda, 25-9, 34-5, 40, 44, 49, 51-2, 64, 66, 86, 91, 93, 105, 118, 131, 140, 164, 190, 214, 217, 321, 343, 346, 379, 390, 399, 407-8, 492, 499, 502, 512, 523, 577n, 624, 651n, 660, 689, 703, 711, 750, 768, 803, 810n, 816
Ministério da Indústria, do Comércio e do Turismo, 38, 39n, 555, 556, 786n
Ministério da Integração Regional, 34, 49, 608n
Ministério da Justiça, 32-3, 36, 109, 129, 168, 276n, 301, 305, 312n, 343, 479, 567, 572, 611n, 621n, 632, 644, 690, 709, 738, 753, 758n, 768, 797, 863n
Ministério da Marinha, 47, 837
Ministério da Previdência Social, 31, 794n
Ministério da Reforma Agrária, 551, 555, 557, 564, 571, 872
Ministério da Saúde, 28, 42, 285, 388, 423, 468n, 635, 669, 763, 764, 809, 815, 817, 826, 832, 833, 849, 859, 861, 864, 873-4
Ministério da Terra, 550-1
Ministério das Comunicações, 45-7, 52, 55, 100n, 108, 175, 283, 379, 425, 525n, 577n, 745-6, 748, 773n, 798
Ministério das Relações Exteriores, 39, 43-4, 288, 545, 595, 755, 790n, 883
Ministério de Minas e Energia, 36, 53, 114, 146-7, 151, 153-4, 175, 185, 190, 319n, 381n, 390, 551, 588-9, 621, 689, 695, 787n
Ministério do Exército, 46, 158, 212
Ministério do Meio Ambiente, 34-5, 655-6
Ministério do Planejamento, 28, 34, 37-8, 40-1, 49-50, 57, 306n, 341, 396, 399, 403, 412, 414, 425, 496, 576n, 590, 596, 598, 605, 642, 654n, 689, 692, 738, 787n
Ministério do Trabalho, 32, 38, 41, 53, 151, 201, 238, 394, 438, 452, 563, 591n, 612, 652n, 666, 693, 793, 843n
Ministério dos Esportes, 54, 770n
Ministério dos Transportes, 33, 36, 51, 109, 287, 508, 547, 612n, 655, 692n, 698, 709, 712, 725, 732, 791n, 837
Ministério Público, 322, 356, 366n, 454n, 660, 797n
Miranda, Aloysio, 686
Miranda, Andréia, 686
Miranda, Félix, 710n
Miranda, Gilberto, 156, 168, 171, 193, 221, 228, 229, 255, 266, 288, 296-7, 299n, 303, 314, 316-7, 319, 321, 330, 334, 336, 338, 340, 419, 422, 438, 439-40, 449, 482, 485, 488-9, 499, 502, 504, 506, 518, 536, 583, 640, 743-4, 768, 774n, 835, 837, 853
Miranda, Nilmário, 238, 740, 771
mísseis, 117, 139, 171, 173, 183, 213, 427, 429, 752

ÍNDICE REMISSIVO 913

Missionary Travels and Researches in South Africa (Livingstone), 848n
Mitsubishi, 487
Mitsui (conglomerado japonês), 806, 852
Mitterrand, François, 240, 416-7, 844
Mobutu Sese Seko, 839
Moçambique, 190
Mohamad, Mahathir, 300n, 354
Moinho Santista, Prêmio, 565
Molano, Maria Luiza Souza, 625n
Mollo, José Monsão, 206n
Monde, Le, 591
Monod, Jérôme, 606n
Monsanto, 565
Monteiro, Armando, 142, 203
Monteiro, Carlos Joaquim Inácio, 805, 820
Monteiro, Délio de Assis, general, 237n, 319, 368
Monteiro, José Maria, 234
Monteiro, Sócrates, brigadeiro, 351
Montes Claros, 804
Montesquieu, Charles-Louis de Secondat, barão de, 507
Montevidéu, 337, 339, 341
Montgomery de El Alamein, David, visconde, 818
Montgomery, Bernard, general, 818
Montoro, Franco, 68, 153-4, 271, 416, 596n, 621, 627, 659, 742, 790, 863, 879
Moraes, Antônio Ermírio de, 42, 101, 103, 177, 281n, 307, 334, 643, 752, 806n, 809, 863
Moraes, Carlos Ermírio de, 752
Moraes, Olacyr de, 528, 658
Moraes, Pratini de, 654
Morais, Djalma, 47, 53, 81-2, 99n, 100, 187
Morais, Prudente de, 456
Moreira, Marcílio Marques, 831
Moreira, Marie Hélène, 606, 805, 812
Moreira, Renato Jardim, 463
Moreira, Sérgio, 36, 114, 653
Morelli, Mauro, d., 735
Moreno, Jorge Bastos, 357, 500
Morin, Edgar, 601
mortalidade infantil, 50, 128, 521
Moscardo, Jerônimo, 179
Moscou, 790
Mossoró (Rio Grande do Norte), 784n
Mota, Luiz Gonzaga, 461
Motion Picture Association of America, 538
Motta, Humberto, 697, 819
Motta, Sérgio, 25-6, 43, 45-6, 50, 52, 55, 57, 68, 78, 81-3, 92-4, 97, 99n, 100, 114-6, 120, 122, 126, 135, 146, 153, 155, 161, 170, 175-6, 179-80, 185, 195-6, 201, 219, 227-8, 230-3, 236, 239, 245n, 249-51, 258-9, 261, 269-70, 291-2, 295-6, 299, 304, 306, 308, 315-6, 318-21, 323-4, 326, 328-9, 331-2, 336-7, 340, 342, 351, 353, 358n, 361-3, 374, 379, 401, 403, 405, 410, 415, 418, 425, 439, 441, 443, 465, 474, 488, 505, 511-2, 525, 529-30, 536, 539, 550-1, 556, 575, 577-8, 581n, 585, 587-8, 599-600, 612, 616, 619, 622, 624, 629, 640, 645, 649, 652, 658, 662, 664, 668, 671, 673, 678, 693, 695, 698, 704, 707-8, 713, 720-1, 732, 744, 745n, 748, 758-9, 761, 764, 768, 773-6, 779-80, 783, 788n, 789, 798, 818, 821, 824, 831, 838, 850-2, 862, 864, 867, 870, 872-5
Motta, Sérgio Pinto Ramos, 775
Motta, Wilma, 316
Moura, Alkimar, 233n, 242, 395, 773n
Mourão, Gerardo Mello, 435, 443, 649
movimento negro, 644, 834
Movimento Revolucionário Tupac Amaru, 877n, 880
MP (Medida Provisória), 98, 167, 192, 285n, 289n, 303, 306, 310, 578, 586, 685, 710, 761, 802n, 814, 831n, 836n, 864
MPLA (Movimento Popular de Libertação de Angola), 838, 840, 841n, 847-8
MR-8 (Movimento Revolucionário 8 de Outubro), 301, 476, 646n
MST (Movimento dos Trabalhadores Rurais Sem Terra), 70, 182, 198, 235, 253, 266, 433-4, 442, 549n, 550-1, 558, 568n, 581, 584-5, 615, 625, 627n, 629-31, 634, 637, 660n, 682, 739n, 748, 785, 801, 829, 832; *ver também* Sem Terra
MTCR (Missile Technology Control Regime), 117, 161, 165, 171, 173, 175, 183, 213, 247, 270, 282
Múcio, José, 509, 782
muçulmanos, 301, 428-9
Mudalen, Jorge Tadeu, 130-1
Mumbai, 427
Mundo em português: um diálogo, O (Fernando Henrique Cardoso), 650n
Muñoz Ledo, Porfirio, 70, 458, 774
Murad, Jorge, 294, 473, 703, 798
Musa, Edson Vaz, 826
Museu da Imagem e do Som (São Paulo), 626
Museu de Arte Moderna (Rio de Janeiro), 533
Museu de Brasília, 285, 618
Museu de Cluny (Paris), 426
Museu Imperial (Petrópolis), 424
Museu Nacional de Belas Artes (Rio de Janeiro), 618
Museu Nacional Honestino Guimarães (Brasília), 694n

Museu Românico (Catalunha), 426
Muylaert, Roberto, 41-2, 55-7, 62-3, 78, 93, 116, 217
Myanmar, 709

N'Dow, Wally, 260n
Nabuco, Afraninho, 580
Nabuco, Joaquim, 580n
Nabuco, Maria do Carmo, 580
Nabuco, Sylvia, 424
Nación, La (jornal argentino), 172
nacionalismo, 96
Nafta (North America Free Trade Agreement), 73, 189, 457-8, 461, 531, 718
Nakamura, Tsutomu, 852
Nakano, Yoshiaki, 224, 236
Namíbia, 190, 287
Napoleão, Hugo, 171, 232, 482, 494, 498, 500, 596, 685
Narayanan, Kocheril, 428n
narcotráfico, 189, 266, 286, 293, 440, 450, 455, 459-60, 547, 701, 728, 749, 830
Nardes, Augusto, 801
Nascimento, Alfredo, 809n
Nascimento, Milton, 238, 241, 266, 272
Nasser, Ezequiel, 371n
natação, 156, 294, 421, 514, 555, 584, 612, 641, 643, 670, 676, 767n, 836, 863
Natal (RN), 143, 521, 590, 710, 735
Natal de 1995, 332, 367-8, 376-8
Natal de 1996, 881-2
National Press Club (Washington, D.C.), 123
Nauslaski, Marco César, 858
Navarrete, Miguel, 508
navegação de cabotagem, 66
Nê *ver* Mineiro, Jovelino
Ned, Nelson, 825
Negro, rio, 715-6
Nehru, família, 431
Nehru, Jawaharlal, 429
neoliberalismo, 415, 416, 535, 681, 690, 747, 784
Nestlé, 283, 674, 852
Neubauer, Rose, 875
Nêumanne, José, 191
Neves, Aécio, 38, 99, 576, 598, 606-8, 721, 731, 736
Neves, Carlos Augusto Santos, 221n
Neves, Lucas Moreira, d., 145, 227, 382-3, 477, 516, 722, 761, 875-6
Neves, Tamoio, general, 195, 293
Neves, Tancredo, 31, 68, 866, 883
New York Review of Books, The, 788
Newton, Isaac, 604
Nguyen Manh Cam, 270n

Nicarágua, 823n
Nigéria, 673n, 838
Ninotchka (filme), 357
Nippon Steel, 487, 492
Nishigaki, Akira, 665
Nishiya, Edna, 767
Nóbrega, Maílson da, 132, 156, 568-70
Nogueira, Armando, 693
Nogueira, Paulo, 631
Norma Operacional Básica do SUS, 765n
Notre Dame, Universidade de (Estados Unidos), 41
Nova Déli, 427-31
Nova Petrópolis (Rio Grande do Sul), 878
Nova York, 94, 121-2, 169n, 171, 240, 270, 282, 294, 297, 343n, 538, 776n, 818, 850n
Nova Zelândia, 709
Novo Airão (Amazonas), 112-3
Nujoma, Sam, 287n
Nunciatura Apostólica, 800
Nunes, Alacid, 441
Nussenzveig, Moysés, 640
Nuzman, Carlos Arthur, 630-1, 647, 770
Nyerere, Julius, 755

O que é isso, companheiro? (Gabeira), 851
O'Donnell, Guillermo, 790
OAS, Grupo, 135-6
Oban (Operação Bandeirante), 139, 212
Ocidente, 373, 417, 429
Odebrecht, Emílio, 101, 185, 394, 538, 565, 575, 862
Odebrecht, Organização, 340, 538, 563, 575, 838n, 848
OEA (Organização dos Estados Americanos), 100, 117, 242, 244, 276, 286, 435, 442, 451, 553, 579, 618, 664, 696n, 728, 816
OECF (Overseas Economic Cooperation Fund), 665
Ohga, Norio, 487n
OIT (Organização Internacional do Trabalho), 54, 747, 824
Olimpíadas de Atlanta (1996), 516, 630, 657, 661, 670, 677, 691, 693
Olimpíadas de Barcelona (1992), 426
Oliveira, Arolde de, 581, 749
Oliveira, Daniel de, 793n
Oliveira, Dante de, 112, 195, 228, 272, 296, 389, 478
Oliveira, Francisco de, 788
Oliveira, Gilda Cardoso de, 272-3, 563, 751, 758, 881
Oliveira, Inocêncio de, 61, 124, 146, 194, 209, 223,

232, 409, 448, 483, 547, 653, 712, 873
Oliveira, Irineu, 312n
Oliveira, José Aparecido de, 82-3, 100, 141, 435, 480, 534, 563, 582, 618, 621, 649-50, 664, 723, 750
Oliveira, Lúcia Cardoso de, 758
Oliveira, Luís Roberto Cardoso de, 184
Oliveira, Marcos Antônio de, brigadeiro, 117, 139, 296, 319, 329, 340
Oliveira, Miguel Darcy de, 415, 680, 684
Oliveira, Octavio Frias de, 136, 474
Oliveira, Paulo Afonso, 724
Oliveira, Régis de, 223, 269, 523
Oliveira, Roberto Cardoso de, 563
Oliveira, Rosiska, 415, 680, 684
Oliveira Filho, Asfilófio de, 877n
Olodum, grupo, 735
Omã, Sultanato de, 514
OMC (Organização Mundial do Comércio), 160, 204, 268, 273-4, 470, 488, 538, 570-1, 714, 743, 749, 759, 855n, 864
Ometto, João Guilherme, 322
Oñate, Santiago, 458
ONGs (Organizações Não Governamentais), 238, 442, 528, 555, 710
ONU (Organização das Nações Unidas), 44, 80, 270, 276, 282, 465, 469-71, 695, 700n, 839, 841n, 842
opinião pública, 52, 60, 62, 67, 80, 88, 108, 149, 152, 255, 314, 344, 375, 389, 392, 414, 458, 485, 509, 587, 609, 615, 646, 832, 853
Oppenheimer, Harry Frederick, 845n
Orçamento da União, 216n, 271n, 388n, 663, 853n
Ordem do Mérito Judiciário da Justiça Militar, 287
Ordem do Mérito Militar, 547
Ordem Nacional do Mérito Científico, 863n
Orlando, Leoluca, 431
Orléans e Bragança, Eudes de, d., 675
Orléans e Bragança, Pedro Gastão de, príncipe, 423
Orquestra Sinfônica Brasileira, 424n
Ortoli, François-Xavier, 600
Osasco, 624, 627, 757n
Otavinho ver Frias Filho, Otávio
OUA (Organização da Unidade Africana), 847
Ouro Preto, 38, 423
Oviedo, Lino, general, 189, 545-7, 552-4, 570, 638
Oxford, Universidade de, 618, 795, 845

Pacem in terris (encíclica papal), 562
Pacto Andino, 872

Padilha, Eliseu, 688
Pádua, Luiz Mário de, 83n
Paes, José de Barros, coronel, 212
Paim, Paulo, 60, 574
Paiva, Eunice, 138, 225, 283
Paiva, Marcelo Rubens, 134, 138, 182
Paiva, Paulo, 37-9, 41, 53n, 151, 156, 166, 170, 192, 259, 394, 397, 406, 413-4, 418, 437-8, 441, 443-4, 447-8, 454, 462, 477, 545, 560-1, 563, 591-2, 595, 612, 666, 697, 747, 748, 763, 770, 772, 792, 802, 808, 824-5, 837, 861
Paiva, Rubens, 134, 182, 225
Palermo, 431
Palma, Rodrigues, 272, 547, 851
Palmas, 868, 869
Palmeira, Guilherme, 30n, 97, 691, 698, 703
Palo Alto (Califórnia), 843
Palocci, Antonio, 439
PAN (Partido Acción Nacional), 458
Panamá, 450, 581, 729, 747
Panday, Basdeo, 729n
Pannunzio, Antonio Carlos, 195
Pantoja, Mário, coronel, 548, 549
Paola, rainha da Bélgica, 245
Paquistão, 429
Pará, 113, 281, 350, 391, 439, 503, 540n, 541-4, 547-9, 555, 558, 560, 564, 567, 572, 592, 596, 655-6, 715, 753, 759-60, 797n
Paraguai, 163n, 188-9, 240, 400, 545-7, 552-3, 570-1, 585, 607-8, 623, 636, 639, 660, 699n, 730, 752, 801, 821, 871n
Paraíba, 34, 107, 125-6, 131, 142-3, 158, 196, 275, 451, 521, 604, 608, 610-1, 637, 742, 874
Paraná, 32, 37, 63-4, 135, 139, 170, 172, 175, 177, 204, 252, 259, 488, 503, 510, 517, 585, 610, 623, 694, 707, 713, 808, 813, 815, 816, 859, 862, 876
Paraná, rio, 707n
Parauapebas, 541
Parente, Pedro, 79, 95, 104, 118, 178, 186, 189-90, 203, 215, 250, 259, 268, 320-1, 340, 342, 390, 392, 399, 413, 445, 453, 481, 519, 539, 558, 560, 651, 671, 673, 690-1, 727, 750, 826-7
Paris, 178, 190, 221, 242, 245, 393, 415-6, 443, 540, 543, 583, 585, 598, 599, 601-3, 649, 783
Paris, Universidade de, 602-3
parlamentarismo, 510, 518, 523-5, 682, 742
Parlatino (Parlamento Latino-Americano), 86
Parracho, Eleutério, 169n
PAS (Programa de Atendimento à Saúde), 726, 811
Pascale, Ernesto, 834
Pascowitch, Joyce, 712, 784

Paso de los Libres (Argentina), 795
Pasolini, Pier Paolo, 594n
Passé d'une illusion, Le (Furet), 812, 884
Pasta Rosa, 328, 334, 339-41, 353-4, 358n, 365, 374, 377, 388-9, 392, 394-5, 402, 453, 464, 467, 879
Pastoral da Terra *ver* CPT (Comissão Pastoral da Terra)
Pastoral Parlamentar Católica, 516
Pastore, Affonso Celso, 568, 569, 885
Pastore, José, 860
Pastorelo, Edmur, 819n
PAT (Programa de Alimentação do Trabalhador), 813
Patativa do Assaré, 108
Pataxó, canal de (Rio Grande do Norte), 521
Patiño, Simón, 729
Paul, Ambire José, 411n
Paula (jogadora de basquete), 691
Paulinho da Força *ver* Silva, Paulo Pereira da
Paulínia, 149, 154, 565, 794
Paulipetro, 226
Paulo Henrique (filho de FHC) *ver* Cardoso, Paulo Henrique
Paulo, d. *ver* Arns, Paulo Evaristo, d.
Paz, Octavio, 375, 429, 459-61
Pazzianotto, Almir, 134, 148, 693
PCdoB (Partido Comunista do Brasil), 96, 228, 238, 439, 550, 564, 654n, 723, 830, 854
PDS (Partido Democrático Social), 31, 489
PDT (Partido Democrático Trabalhista), 120n, 175, 204, 228, 272, 330n, 418, 421, 434, 467n, 486, 500, 517n, 549, 564, 595, 781, 787, 815n, 819, 828n
PEC (Proposta de Emenda à Constituição), 140, 148n, 149, 154n, 223, 256, 479, 574n, 582n, 594n, 645n, 654n, 712, 785n, 786
Pecém, porto de (Ceará), 412
Pecly, Valter, 606, 805, 812
Pedregal, Carlos, 692n, 714
Pedreira, Fernando, 180, 220, 242, 406, 424, 529, 589, 598, 601, 626, 826
Pedreira, José Luís Bulhões, 527
Pedreira, Monique, 598
Pedro (neto de FHC) *ver* Zylbersztajn, Pedro Cardoso
Pedro II, d., 314, 740
Pedrosa, José, almirante, 47, 212, 319
Pedrosa, Mino, 302, 318
Pedrozo, Germano, general, 716
Pegado, Canindé, 421, 564
Peixoto, Celina Vargas do Amaral, 25, 372
Peixoto, Maurício, 705

Pelé, 54, 151, 184, 259, 604, 647, 648, 767, 770, 877, 879
Peliano, Anna Maria, 75, 167, 415, 495, 573, 642, 712
Penedo (Rio de Janeiro), 213
pensões, 65, 409n, 860
Pequim, 351, 352
Pêra, Marília, 707
Pereira, Arnaldo, almirante, 47
Pereira, Beni, general, 740
Pereira, Dulce, 834, 847
Pereira, Eduardo Jorge Caldas, 33-4, 37, 39-40, 49, 52, 55, 60, 68, 74, 79, 89, 93-4, 98, 110-1, 116, 126, 131, 134, 147, 153, 155, 167, 170-1, 174, 177, 185-6, 187, 190, 193, 197, 201, 203, 206, 215, 227, 237, 249-50, 252, 263, 267, 269, 272, 274, 280, 285-6, 290, 296, 298, 316-8, 320, 323-6, 328, 336, 343, 347-8, 362-3, 368, 389, 392-3, 396, 399, 404, 410, 413-4, 436, 438, 456, 462, 478-9, 489-91, 494, 496, 499, 506-7, 519, 524, 527-8, 540, 550-1, 557, 562-4, 566, 568, 573, 579-80, 584, 588, 590, 593, 608, 610, 612, 614-6, 621-2, 628, 634-5, 640, 646, 650, 655, 659, 663-5, 676-7, 684, 686, 691-2, 697, 702-3, 714, 732, 739, 744, 747-8, 760-1, 764, 792, 795, 805-6, 812, 823, 830, 836-7, 848-9, 861-3, 866, 870, 871, 873, 876, 878-9
Pereira, Francelino, 39, 328, 330n, 722
Pereira, Heraldo, 735
Pereira, Jackson, 187
Pereira, José Luiz Portella, 235, 415, 692, 698, 706, 712, 725, 732, 739, 763, 780, 798, 837
Pereira, Lídice Caldas, 201n
Pereira, Marluce, 845
Pereira, Mauro César, almirante, 47, 212, 271, 283, 363, 366, 367, 407, 450, 570, 574, 609, 675, 766, 809
Pereira, Merval, 470, 525, 836
Peres, Gerson, 126, 274, 862
Peres, Jefferson, 216, 669
Perez, Carlos Luís Coutinho, 876n, 879
Pericás, Bernardo, 699
Perim, Ronaldo, 158, 552
Pernambuco, 31, 35, 107, 120-1, 142-3, 170, 194, 203, 209, 219, 265, 293, 397, 451, 488, 645, 656-7, 705, 768, 777, 786, 835n, 848, 853, 883n
Pernambuco, Universidade Federal de, 645
Perry, William, 491
Pertence, Sepúlveda, 168, 186, 194, 540, 702n, 703, 760
Peru, 80, 85, 181, 182, 183, 409, 730, 872, 876, 879
Pessoa, Epitácio, 245

ÍNDICE REMISSIVO 917

Pessoa, Fernando, 618, 846
Petrobras (Petróleo Brasileiro S.A.), 47, 67, 136n, 146-7, 149, 154, 157, 159, 182, 185, 187-8, 190, 195n, 256, 263, 322, 381n, 387, 391, 421, 436, 437n, 451, 490, 507, 516, 525n, 588, 637, 649n, 674, 689, 715, 729-30, 784, 793, 806, 824, 836, 858-9
petroleiros, greve dos, 134, 138, 146, 148-9, 151-4, 165, 185n, 402, 454n, 670
petróleo, 65, 67, 102, 131, 147, 154, 158-9, 165, 188, 190, 256, 387, 391, 409, 410, 421n, 436, 525, 580, 590, 634, 646, 653, 659, 784n, 793, 824, 858
Petrolina (Pernambuco), 520
Petrópolis, 390, 420, 423, 424n
Petry, André, 688n
Peugeot, 601
Pfeiffer, Sílvia, 725
PFL (Partido da Frente Liberal), 30-1, 32n, 39, 45, 67-9, 90, 95, 97, 99, 103-4, 108, 114-5, 124-5, 129-30, 165, 171, 176, 192, 194, 200n, 203, 208-9, 219n, 221-3, 227-8, 231-2, 234, 237, 259n, 262, 264-5, 267n, 269-70, 271n, 275, 291n, 304, 328, 330, 332, 336, 342n, 348n, 352-3, 358n, 361n, 363, 365, 370, 373-5, 377, 388n, 391, 393n, 401, 408n, 409, 410n, 444, 445n, 449, 452, 463n, 466-7, 475, 499, 509n, 514n, 515, 517, 523, 535, 539, 547, 550, 559, 566, 577, 581, 585n, 587, 591, 594-5, 597, 602, 605, 610, 615-6, 625, 630, 636, 649n, 653n, 654n, 660, 667-8, 675, 687-8, 690n, 698n, 699-700, 704, 709, 712, 720-1, 722n, 736, 744n, 748-9, 751, 769, 776, 778, 781-2, 785, 787, 803, 837, 852, 858n, 864, 866-7, 876
Piantella (restaurante de Brasília), 351-2, 358n
Piauí, 322, 324, 391, 409, 584, 608, 673, 712, 719, 744, 763, 780, 856
Piauilino, Luiz, 474
PIB (Produto Interno Bruto), 308n, 516, 691
Pieterson, Hector, 843n
Pimentel, Marcelo, 693
Pinacoteca do Estado de São Paulo, 539n
Pinheiro, Israel, 397
Pinheiro, Jonas, 690n
Pinheiro, Paulo Sérgio, 580, 599, 634-5, 690
Pinheiro, Plínio, 572
Pinochet, Augusto, 86n, 820
Piñon, Nélida, 462, 684, 761
Pinotti, José Aristodemo, 177, 197, 445, 596, 607, 655-6, 667, 686, 745, 864
Pinto, Ana Lúcia Magalhães, 220, 226, 285, 308, 318, 463, 535, 726, 757

Pinto, Aníbal, 86, 399, 823
Pinto, Fernando, 612n, 631
Pinto, Francisco, 816, 818
Pinto, José de Magalhães, 482
Pinto, Manoel, 870n
Pinto, Marcos Magalhães, 204, 208, 278, 285, 289, 294, 312, 395, 469
Piracicaba, 439, 468
Pirassununga, 331-2
Pirenópolis, 616, 650
Pires, César Mata, 136n
Pisani, Persio, 55-6
Pitta, Celso, 642, 679, 713, 745n, 764, 766, 769-70, 773-5, 777, 779, 781, 826n
Piva, Pedro, 215, 598, 599, 794
Planalto, Palácio do, 68, 92, 104, 124, 126, 132, 156, 158, 188, 194, 206, 210, 215, 220, 225n, 228, 230-1, 236, 238, 250, 263, 316, 330, 343, 362, 368, 398, 400, 405, 414, 418-9, 422, 435, 478, 483n, 496, 500, 514, 519, 541-2, 547, 556-8, 560, 562, 564, 575, 577-8, 580-1, 584-5, 588, 591, 593-4, 608, 610-2, 616, 621-3, 628, 631-2, 640-1, 644, 648, 653, 671, 677, 683-4, 686, 688-9, 692, 694, 699, 703, 708, 712-3, 717, 722, 732-6, 738, 747, 763, 766, 770, 780, 783, 785, 786, 792-4, 798, 808, 813-4, 818, 820-1, 830, 833, 863, 866, 874
Plano Brady (Estados Unidos), 44
Plano Collor II, 33n
Plano de Telecomunicações, 258
Plano Nacional dos Direitos Humanos ver PNDH
Plano Real, 25-7, 29n, 90, 92, 114n, 128, 147, 193, 267, 270, 274, 301, 382n, 671, 681, 754, 782
Plano Trienal, 533
PLD (Partido Liberal Democrata), 718
PMDB (Partido do Movimento Democrático Brasileiro), 32-4, 36, 53, 61, 67-9, 72, 89, 90, 95, 97, 99, 114-5, 116n, 124-6, 129-31, 141, 148, 158, 159n, 165, 175, 177, 180-1, 188, 194, 196-7, 203, 211, 219, 221, 223, 228-30, 242, 255, 258, 259n, 260, 261, 263, 264n, 265, 269, 271n, 275, 280, 287-8, 291, 301, 320n, 322, 329-30, 332, 336, 343, 361n, 373, 375, 390, 397, 401, 404, 408n, 419, 421n, 422, 432n, 438, 444-5, 452n, 461n, 465-6, 471, 480, 483-4, 486, 491, 496, 501, 503, 504n, 509n, 510, 512-3, 521, 529, 536n, 538-9, 547-8, 552, 554n, 559, 596, 607-8, 610-1, 616, 624, 646, 654n, 656, 662, 667-8, 671, 674-5, 685, 687-8, 690n, 694, 696, 698n, 700, 703-4, 709-10, 719, 721, 722n, 734, 736, 742n, 743, 744n, 745n, 748, 751, 768-9, 776, 778-9, 781-3, 786, 795n, 797, 802, 804,

809, 828, 835, 837n, 854, 856, 861, 863, 864, 866, 876
PNBE (Pensamento Nacional das Bases Empresariais), 42
PNDH (Programa Nacional de Direitos Humanos), 562, 580, 701n
PNUD (Programa das Nações Unidas para o Desenvolvimento), 629
Poder Executivo, 69, 98, 101, 223, 224, 229, 277, 349, 356, 498, 523, 540, 621, 662, 669, 682, 687-8, 719, 823, 837, 867
Poder Judiciário, 265, 381, 611, 697, 701, 719, 720
Poder Legislativo, 98, 224, 229, 349, 498, 540, 688, 719
Poech, Ferdinand, 246n
Polícia Federal, 33, 168, 297, 299, 302, 304, 314, 318, 324, 336, 341, 364, 398-9, 403, 450, 453, 464, 467, 505, 537, 572-3, 577n, 646, 726, 768, 866
Polícia Militar, 107, 541n, 567, 578, 629-30, 676, 684
Política de Defesa Nacional, 809, 812, 818
política econômica, 25, 35, 49, 59, 115, 151-2, 182, 375, 388, 416, 550
política internacional, 118, 176, 461, 472, 492, 753
Política Nacional de Recursos Hídricos, 688n
politique politicienne, 375, 382
Polo Gás-Químico do Rio de Janeiro, 406, 755
Polo Gás-Sal do Rio Grande do Norte, 784
Polo Industrial de Confecções de Rosário (Maranhão), 868n
Polônia, 74
Pompidou, Georges, 617n
Pons, Félix, 85
Pont, Raul, 784n, 796n
Pontal do Paranapanema, 226, 660, 739, 748
Ponte, Luís Roberto, 74
Ponte, Paulo, d., 869
Pontes, Marcelo, 156, 276, 469, 694
Poppovic, Malak, 415, 515
Poppovic, Pedro Paulo, 63, 235, 300, 415, 614, 684, 751
Portella, Eduardo, 515
Portella, José Luiz *ver* Pereira, José Luiz Portella
Porto Alegre, 270n, 433n, 734, 756, 762, 784, 796n
Porto Neto, Arlindo, 38n, 286, 330, 452, 560-3, 571, 575-6, 641, 770
Porto Primavera, usina hidrelétrica (rio Paraná), 707
Porto Seguro, 550
Porto Velho, 508n
Porto, Universidade do, 179

Portugal, 82-3, 100, 129, 137, 141, 177, 179-80, 268, 310, 361, 435, 442, 480, 482, 533-40, 582, 618, 648, 649n, 650, 654, 661-2, 664, 679, 852, 874
Portugal, Murilo, 132, 190, 198, 250, 413, 439, 727, 745, 750, 756, 765, 816, 855
Portus, 263
Potosí, 729
Poupex, 826
PP (Partido Progressista), 32n, 67, 74, 107, 115, 119, 125, 129-30, 141, 165, 195n, 230, 751, 778n
PPA (Plano Plurianual de Investimentos), 224, 228, 231
PPB (Partido Progressista Brasileiro), 67, 238, 263n, 274, 289n, 290, 321n, 322n, 323, 336, 342, 361n, 391, 409-10, 413, 425, 434, 444, 467-8, 469n, 480, 486, 490-1, 495, 498-9, 502, 504, 507n, 512, 547-8, 550, 555-9, 565, 584, 594, 623, 636, 654n, 666, 668, 710, 742, 748, 751, 776, 778-9, 781, 785, 786n, 793n, 794n, 796, 801, 809n, 810n, 813, 819n, 820, 828, 832-3, 837, 848-9, 852, 855, 861, 862n, 865, 870, 873, 877-8, 879n
PPR (Partido Progressista Renovador), 90n, 119, 126, 135, 149-50, 228, 230, 274, 352, 778n, 787
PPS (Partido Popular Socialista), 159, 195, 227, 228, 466, 562, 636, 750n
pracinhas, festa dos (Rio de Janeiro), 133, 633
Prade, Péricles, 828n
Prado Júnior, Bento, 214
Prado, Iara, 793
Prates, Ceres, 739
PRD (Partido de la Revolución Democrática), 70n, 458
precatórios, 699, 781n, 826, 835-6, 849, 853, 854, 855, 877
Prêmio Almirante Álvaro Alberto para Ciência e Tecnologia, 193, 640
Prêmio Direitos Humanos, 333n, 861
Prêmio Nacional de Qualidade, 834
presidencialismo, 115, 229, 369, 743
Prestes, Luís Carlos, 229, 868
Prestes Filho, Luís Carlos, 229, 868
Pretinha (jogadora de futebol), 691
Pretória, 838, 839, 845
Pretto, Adão, 434, 438, 710n
Préval, René, 859n
Previ (Caixa de Previdência dos Funcionários do Banco do Brasil), 494, 584, 806n
Previdência Social, 60, 88, 91, 105, 107, 291, 418, 445, 795, 800, 809, 831
PRI (Partido Revolucionario Institucional), 458-9

ÍNDICE REMISSIVO 919

privatizações, 36, 46, 57, 77-8, 102, 111, 119-20, 122, 137, 166, 176, 195n, 222, 227-8, 232, 235-6, 242, 245, 260-1, 268, 281, 329n, 381, 387-8, 392, 408n, 425, 432, 434, 436, 438, 441, 455n, 456, 512, 519, 527, 534, 538, 552, 577n, 581n, 583, 588, 590n, 599, 600, 610, 641, 651, 670, 695, 749, 755, 758, 771, 784, 786n, 801, 804, 806n, 813, 821, 844, 860, 864
Proálcool (Programa Nacional do Álcool), 421n, 439
Proclamação da República, 314
Procons, 761
Procuradoria-Geral da República, 153, 356
Prodeco (Programa Estratégico para o Desenvolvimento do Centro-Oeste), 471
Proença, Maitê, 528, 707
Proer (Programa de Estímulo à Reestruturação e ao Fortalecimento do Sistema Financeiro Nacional), 289n, 303, 394-5, 494, 496n, 509, 516, 529, 549, 563, 584, 597, 635, 651, 660, 662, 664, 875
Proex (Programa de Financiamento à Exportação), 756
Proger (Programa de Geração de Emprego e Renda), 793
Programa Brasileiro da Qualidade e Produtividade, 753
Projeto Aquarius (Rio de Janeiro), 424
Pronaf (Programa Nacional de Fortalecimento da Agricultura Familiar), 633, 641, 731, 793, 796
Propensity to Self-Subversion, A (Hirschman), 805
protecionismo, 62, 200, 303, 620
Protocolo Verde, 303-4
Provão (Exame Nacional de Cursos), 542, 786, 814
provincianismo, 661-2
PSB (Partido Socialista Brasileiro), 113, 155, 269, 315, 478n, 485, 549, 739, 751, 770n, 778, 781, 786, 809
PSDB (Partido da Social Democracia Brasileira), 25, 30-2, 34, 45, 51, 57, 66, 67, 69, 71n, 90, 92, 94-9, 108, 113-5, 129-30, 141, 143, 148, 153, 155, 165, 170, 174-7, 181, 195-6, 204, 210-1, 216, 219, 223, 224, 227n, 228-9, 231-2, 237, 241, 255-6, 261-2, 265, 269, 275, 280, 291, 302n, 322, 336-7, 342, 358, 373, 376, 401, 403, 406n, 422n, 423, 434, 436, 441, 444, 465, 474, 480, 484, 495, 502, 505, 509, 517, 522, 524, 528, 535n, 539, 541n, 544, 557-9, 562, 567, 576-7, 582, 586n, 591, 594, 596, 598n, 607, 615-6, 620, 621n, 622-4, 635, 642-3, 664n, 668-70, 675, 678-9, 685, 687, 698n, 708, 710, 715, 717n, 719-21, 722, 725, 727, 733-4, 736, 743, 744n, 746, 748, 750, 761n, 763, 768, 770, 776-83, 785, 787, 789-92, 794n, 795n, 798-9, 804, 807n, 808n, 809, 810n, 815, 818, 825, 828, 831n, 833, 852, 858, 861, 863-5, 867-8, 870-5, 876n, 883
PSTU (Partido Socialista dos Trabalhadores Unificado), 322, 447, 476
PT (Partido dos Trabalhadores), 41, 60n, 72, 75, 96, 100, 106, 117, 120n, 130, 138, 143, 146, 154, 159, 182, 191, 213-4, 222, 227-8, 237-8, 248, 252, 260, 264, 266, 269-70, 273, 275, 316, 366, 418, 419, 421, 423n, 432n, 434, 439, 446n, 447, 465, 468, 473, 475-6, 479, 485-6, 500, 503, 507, 509, 535, 537, 542, 549, 555, 564, 589, 595, 597, 619, 625, 634, 642, 646, 650, 652, 668, 678n, 679, 690, 709-10, 713, 716, 740n, 756-7, 762, 773, 778, 781, 784-7, 790, 792, 795n, 796, 801, 819, 827-30, 833-4, 853-4, 866
PTB (Partido Trabalhista Brasileiro), 30, 32n, 37, 67, 99, 129-30, 165, 269, 272n, 276, 286, 330n, 406n, 410, 411n, 434, 452n, 461n, 463, 473, 500n, 539, 547-8, 554, 557, 561, 586n, 607, 624, 654, 667-8, 710n, 787, 817n, 851, 853, 856
PUC (Pontifícia Universidade Católica), 270, 535, 651
Puerto Iguazú, 59n, 73
Pujol, Jordi, 426, 638

Quadros, Jânio, 320, 456, 737, 776, 791, 883
Quatrilho (filme), 294
Québec, 288, 731
Queiroz, Saulo, 361
Quércia, Orestes, 53, 68, 233, 255, 261, 390, 445, 489, 512, 582, 596, 607-8, 656, 668, 686, 745, 856, 883
Quinan, Lídia, 445, 742
Quinan, Onofre, 452, 742, 858
Quintana Roo (México), 458
Quintão, Geraldo, 193, 206, 619, 821, 878
Quintella, Wilson, 625
Quinzinho (primo de FHC) *ver* Cardoso Filho, Joaquim Inácio Cardoso
Quirino, Célia Galvão, 214
Quitandinha, Palácio (Petrópolis), 424

Rabin, Leah, 579
Rabin, Yitzhak, 282n, 301, 579
Radam (Projeto Radar na Amazônia), 319
Rádio 9 de Julho, 652
Rádio Globo, 731n

Radiobrás (Empresa Brasileira de Comunicação), 374, 482
RAET (Regime de Administração Especial Temporária), 201, 205, 207, 211, 310, 313, 481, 511, 662, 875
Raggio, Armando, 813
Raí (jogador), 601
Raimunda, sra. (líder dos quebradores de babaçu), 715
Rainha Júnior, José, 660, 708, 748
RAIS (Relatório Anual de Informações Sociais), 191
Ramos, Álvaro, 553n
Ramos, José Amaro Pinto, 775
Ramos, Mozart Neves, 705n
Ramos, Saulo, 84, 621
Ramos, Tony, 725
Ramos-Horta, José, 830, 857n
Rao, Narasimha, 300-1, 427, 428-31
Rapisarda, Alfio, d., 799
Rashtrapati Bhavan, 427n
Raupp, Valdir, 112, 193, 271, 508, 715, 722, 800
Ravache, Irene, 266
Raytheon, 123, 139, 151, 153-4, 168, 174n, 288, 296-7, 299n, 306n, 317, 337, 351, 355-6, 358-9, 362, 400, 418, 449, 583n, 600, 775
Reagan, Ronald, 241
Real Gabinete Português de Leitura (Rio de Janeiro), 618
Reale Júnior, Miguel, 771
reator atômico da USP, 529
Rebelo, Aldo, 439
Receita Federal, 66n, 169n, 191, 223, 331n, 433n, 489, 536, 573, 724n, 742, 881
Recife, 322, 539, 598, 657, 686, 735, 739, 785
recursos hídricos, questão dos, 34, 451, 521, 688, 752
Rede Bandeirantes, 45, 90, 578-9, 644, 657, 770
Rede Católica de Rádio, 882
Rede Globo, 45, 52, 260, 296, 309, 311, 374n, 382, 470, 514, 525, 528n, 556, 580n, 649, 660-1, 689, 693, 701, 719, 722, 725, 757, 836n, 867, 871
Rede Manchete, 293, 798
Rede Record, 374
Rede Vida, 177, 879
Redecker, Júlio, 361, 596
redemocratização do Brasil, 102, 301n
Redgrave, Vanessa, 324
Reed, John, 122
reforma administrativa, 66, 73, 186, 250, 251-2, 258, 262-3, 265, 269, 272, 274-5, 277, 280, 306-7, 513, 518, 523, 533, 611, 630, 645, 652, 702, 719, 782, 792, 799, 800, 821, 829

reforma agrária, 75, 129, 144, 188, 227, 238, 264, 266-7, 272, 286, 293, 325, 368, 372, 406, 442, 542, 549n, 555, 562, 564-5, 573, 583, 585, 625, 634, 636-7, 641-2, 650, 655, 674, 682, 716, 722, 725, 733, 737, 770, 784, 796, 801, 817, 829, 831n, 869, 879
reforma constitucional, 30, 65-6, 96, 99, 101, 114, 137, 229, 394, 443
reforma da Previdência, 108, 180, 223, 280, 329, 397, 418, 421, 433, 441, 443n, 464, 479, 484, 486, 496, 508n, 512, 522, 568, 574n, 582n, 586n, 594n, 624, 833
reforma do Estado, 506, 514, 524, 633
reforma fiscal, 50, 392, 522
reforma tributária, 39, 66, 74, 79, 177-8, 180-1, 185-7, 192, 194, 214-5, 219, 222-3, 232, 250-1, 398, 502, 711, 712, 793
ReforSUS (Projeto Reforço à Reorganização do Sistema Único de Saúde), 798-9
regime militar *ver* ditadura militar (1964-85)
Rei do gado, O (telenovela), 660, 725
Reid, Michael, 731
Reino Unido, 470n
Reis, Sérgio, 116, 292, 632, 635, 691, 693
Renault, 183, 488, 600-1
Renda Mínima, Programa de, 182
Rennó, Joel, 67, 113, 147, 793
Renúncia de Jânio, um depoimento, A (Carlos Castello Branco), 737n
República Tcheca, 751
Requião, Roberto, 98, 118, 816, 855
Resende (Rio de Janeiro), 213, 810
Resende, André Lara, 26, 28, 29n, 77, 208, 235, 261, 524, 568, 666, 710, 817, 885
Resende, Eliseu, 328, 407, 410, 653, 784
Resende, Odilon, 264n
Reunião Ordinária do Mercosul, 337n
Revisão Constitucional de 1993, 181, 295, 882
Revolução Francesa, 812
Reyna, José Luis, 406
Rezek, Francisco, 282
Rezende, Fernando, 79, 203, 837
Rezende, Iris, 114, 171, 228, 229, 264, 336, 508, 809, 814, 837, 850, 858-9, 864, 866, 874
Rezende, Sérgio, 705
RFFSA (Rede Ferroviária Federal), 721n
Rhodes, Bill, 760
Rhodia, 826
Ribeirão Preto, 439, 795, 828
Ribeiro, Arthur, 403, 862
Ribeiro, Darcy, 440, 613, 666, 680
Ribeiro, Edgar Flexa, 63

ÍNDICE REMISSIVO

Ribeiro, Euler, 291, 293, 298, 303, 329, 335-6, 437, 479n, 480
Ribeiro, Paulo, 440n, 614-5
Ricardo, Carlos Alberto, 716
Richa, José, 96-7, 108, 115, 141, 505, 510, 511, 557
Richelieu, cardeal de, 606
Ricupero, Rubens, 29, 35, 64, 84, 104-5, 110, 329, 817
Rifkind, Malcolm, 536n
Righi, Gastone, 286
Rigotto, Germano, 68, 89, 113, 124, 407, 624
Rio de Janeiro, 33, 66, 73, 80, 82, 101-2, 133, 137, 156, 169n, 183, 211, 222, 245, 257, 259-60, 293, 301, 390, 406, 408, 424, 426, 456n, 468n, 477, 507, 528, 533, 535, 539, 555n, 575, 590, 599, 601, 604, 613, 619, 621, 630-1, 647, 649n, 650, 658, 665, 676, 686, 705, 735, 749, 753-5, 761-2, 766, 772, 810, 836, 838, 849, 852, 874
Rio Grande do Norte, 142-3, 271, 289, 302, 450, 520-1, 590, 608, 689, 695, 710, 778, 784
Rio Grande do Sul, 68, 70, 75, 104, 124, 170, 175, 182-3, 185, 269, 298, 361, 379, 406, 434, 438, 442, 468, 503, 531, 596, 610, 637, 671, 688, 694, 713, 734, 740, 796, 801, 809, 812-3, 851, 859, 861, 877-8
Rio+5 (conferência), 755
Rocard, Michel, 416
Rocha, Bolívar Moura, 810
Rockefeller, David, 111, 282
Roda Viva (programa de TV), 268, 470, 472, 745n, 790, 794
Rodin, Auguste, 539, 618
Rodrigues, Bartolomeu, 623, 877
Rodrigues, Fernando, 884
Rodrigues, Leôncio Martins, 54, 572, 597, 640
Rodrigues, Luiz de Oliveira, 452
Rodrigues, Roberto, 222, 334
Rodrigues, Rui, 862
Rodríguez, Andrés, 546
Romário (jogador), 601
Ronaldinho (jogador), 691
Rondônia, 112-3, 193, 271, 391, 508n, 655, 715, 722, 768, 800
Ronhelt, Elton, 255n
Roosevelt and the Russians: The Yalta Conference (Stettinius), 281n
Roosevelt, Franklin Delano, 281, 416
Roosevelt, Theodore, 524
Roraima, 112, 269, 450, 498, 588, 677, 809, 815, 834n, 862
Rosana, usina hidrelétrica de (rio Paranapanema), 707

Rosas, Hélio, 509
Rosenberg, Luís Paulo, 568
Rosenthal, Gerd, 86
Rossi, Clóvis, 333, 335, 572, 727, 797
Rossi, Wagner, 837
Rotblat, Joseph, 662
Rothschild, família, 598
Rousseau, Jean-Jacques, 507
Ruanda, 839, 847
Rubin, Robert, 334
Ruggiero, Renato, 743, 748-9
Ruiz, Samuel, 628n
Rússia, 117, 165, 213, 344, 417, 496, 517n, 718, 751, 836; *ver também* União Soviética
Russo, Osvaldo, 636
Russo, Sonia, 766
Russomanno, Celso, 685
Ruth (primeira-dama) *ver* Cardoso, Ruth

Sá, Aimée Sotto Mayor, 344n
Sá, Ângelo Calmon de, 178, 186, 201-2, 205n, 209, 343, 347, 453n, 499
Sá, Arnaldo Faria de, 582, 595
Sá, B., 586, 719-20, 763
Saad, João, 90, 329
Sabino, Adelmar, 60
Sabóia, Henrique, almirante, 766
Sachs, Ignacy, 601-2, 695, 700, 714
Sadia S.A., 38
SAE (Secretaria de Assuntos Estratégicos), 45, 117, 236, 285n, 322
Safatle, Claudia, 540, 694
Safra, Joseph, 539, 579, 682, 683, 737
safras agrícolas, 37, 51, 64, 79, 144, 172n, 253, 633, 641, 643
Saião, Maria da Conceição, 245n
Saint-Gobain, 565, 601
Saint-Pierre, Céline, 731
Saito, Eishiro, 487n, 492
Saito, Juro, 487n
salário mínimo, 56, 59-61, 64-5, 78-9, 83, 91, 128, 164, 166, 192, 520, 527, 558, 560, 566, 574, 597, 623, 635, 642-3
Saldanha, Alcides, 694, 798
Sales, Campos, 456
Sales, Eugênio, d., 520, 590, 784, 800
Sales, Heitor, d., 520, 590
Salinas de Gortari, Carlos, 71, 458-9, 730, 804
Salinas, Raúl, 459
Salles, Pedro Moreira, 278, 284, 313, 693
Salles, Walther Moreira, 278, 424
Sallum, Brasílio, 663

Salobo Metais S.A., 656
Salvador, 291, 610, 646n, 864n
Salvo, Antônio de, 855
Salzano, Francisco, 193
Samaranch, Joan, 604, 631, 838n
Sampaio, Firmino, 592, 835
Sampaio, Jorge, 415, 482, 661, 822
Samper, Ernesto, 172, 189, 460, 505, 728, 736, 752, 830
San Francisco (Califórnia), 483-4, 845
Sánchez de Lozada, Gonzalo, 182, 637, 639, 729, 858
Sandra (jogadora de vôlei de praia), 677
saneamento, 210, 239, 250, 491, 504, 690, 752, 830, 851
Sanguinetti, Julio, 43, 85, 163, 183, 552, 623, 637, 680, 738, 822, 849, 872
Sanín, Noemí, 852
Santa Catarina, 31, 72, 172, 185, 259-60, 352, 434, 449-50, 488, 503, 539, 694, 781, 785, 807, 810, 820, 828, 835, 851, 853
Santa Cruz de la Sierra (Bolívia), 858-9
Santa Cruz, Hernán, 86
Santa Maria da Vitória (Bahia), 63
Santana, Jaime, 799
Santana, João, 791
Santayana, Mauro, 750
Santer, Jacques, 243
Santiago (Chile), 345, 730n
Santiago, Ricardo, 306
Santilli, Márcio, 247, 398, 457
Santo André, 802
Santos, Belisário dos, 708
Santos, Hélio, 284, 466
Santos, Homero, 724
Santos, Ivair dos, 845, 847
Santos, José Camilo Zito, 810n
Santos, José Eduardo dos, 838-9, 840, 847
Santos, José Francisco Quirino dos, 214
Santos, Júlio César Gomes dos, 30, 179, 189, 221, 242, 244, 297, 299n, 301-2, 304-15, 318, 322, 324n, 325, 328-30, 332, 334, 336-7, 341, 396, 399, 403, 440, 505, 606n, 641
Santos, Luís Carlos, 60-1, 68, 89, 98, 125, 130, 141, 148, 168, 229, 255, 262-3, 268, 274-5, 323, 328-9, 336, 347, 410, 414, 422, 444, 446-8, 479, 536, 547, 552, 555-9, 562, 564, 566, 574, 577, 582, 584, 591, 596, 607, 622, 640, 646, 653-5, 659, 663, 665-8, 696, 704, 719, 721-2, 743-5, 768, 776-83, 792, 799, 802, 814, 821, 835, 837, 848-9, 851, 856, 861, 863-5, 870-1, 873, 879
Santos, Mário César, 505n

Santos, Mário José, 312n
Santos, Nelson Pereira dos, 699
Santos, Osmar, 102
Santos, Roberto, 376, 423, 792
Santos, Roosevelt, 748
Santos, Sérgio Cutolo dos, 31, 50, 59, 72, 587, 859, 874
Santos, Silvio, 757
Santos, Wanderley Guilherme dos, 524
Santullo, Marco Aurélio, 448, 873
São Bernardo do Campo, 74, 422, 795, 802
São Borja (Rio Grande do Sul), 230
São Caetano, 802
São Francisco, rio, 37, 141n, 425, 451, 521
São Gabriel da Cachoeira (Amazonas), 716, 731
São João do Jaguaribe (Ceará), 108
São José dos Campos, 183, 212, 752n, 795, 828
São Paulo, 25, 28, 38, 41-3, 68, 74, 91, 98, 102-3, 111, 120, 131, 139n, 141, 144, 147-9, 162, 164n, 170, 17-7, 182, 184, 189-90, 193-4, 203, 209, 211, 214, 216-7, 223-4, 226, 228, 233, 235-6, 240, 242-3, 254, 259, 267-8, 273, 283-5, 291-2, 304, 306, 323-5, 331, 334, 336, 342, 365, 371, 390, 392-3, 403, 411, 414, 416, 418, 421, 434, 445, 452-4, 456, 462, 478, 491, 497n, 508, 516-8, 528, 530-1, 535, 536, 543, 549, 562, 564-5, 568, 575, 577, 588-9, 593-5, 597, 605, 607, 610, 615, 625-6, 635, 637, 639-42, 645, 652-3, 655-8, 664n, 665-7, 673-4, 677-9, 683, 686, 695, 697, 698-9, 702, 704, 706-8, 714, 717, 720, 725, 732-3, 736, 738, 740, 744, 745n, 746-8, 750-1, 757, 758n, 759, 762, 764, 766, 769, 772-3, 774n, 775-80, 781n, 788, 792, 794n, 796, 800, 802, 804, 810, 813, 817, 826n, 827, 828, 832, 835n, 837, 843, 851, 853, 866n, 875
São Paulo 1975: crescimento e pobreza (Ferando Henrique Cardoso et al.), 652n
São Thiago, Moema, 92
Sardenberg, Ronaldo, 44, 103, 117, 135, 138-9, 151, 165, 168, 171, 174, 175, 190, 193, 241, 245, 288, 296, 317, 319, 325, 330, 347, 351, 355, 362, 392, 400, 440, 478, 570, 585, 596, 657, 662, 670, 673, 675, 723, 734, 752, 771, 774, 784, 862
Sarney, José, 43, 61, 68-70, 74, 84, 90, 98, 103, 125, 129, 146, 151, 165, 168, 178, 181, 192, 194-5, 216, 219, 222, 228-9, 237, 242-3, 249-50, 255, 261, 264, 271, 274, 276-7, 287-9, 295-6, 299, 302-3, 309, 314, 317-8, 330, 332, 336-40, 342, 343, 347-8, 350, 355, 360, 367, 388, 393, 397, 401, 404-5, 408, 418-20, 422, 435, 443-6, 453, 462, 464, 466, 473, 475, 477-9, 482-5, 488-9, 491, 494, 497-504, 506, 509-10, 512, 516-8, 521-3,

ÍNDICE REMISSIVO 923

527, 531, 533-4, 540, 544, 550-1, 557, 574, 579, 610, 621, 625, 638, 649, 661-2, 666, 674-5, 685, 688-9, 691, 696-7, 699-701, 703-4, 709, 723, 725, 727, 738, 743, 751, 766n, 768-9, 783, 793n, 798-801, 807, 814, 818, 826, 833-5, 853-4, 856-7, 859, 864-5, 866, 869-70, 875, 877, 883n
Sarney, Marly, 332, 367, 783
Sarney, Roseana, 219, 222, 249-50, 276, 294, 296, 304, 443, 450, 473-4, 477-9, 482, 489, 510, 563, 632, 689, 703-4, 725, 798-9, 801, 812, 869
Sarney Filho, José, 222
satélites, 140, 165, 175, 213, 600, 620, 662, 752, 869
Saveira, Albeto, d., 516
Savimbi, Jonas, 470, 838, 839, 840, 841, 847-8
Sayad, João, 77
SBPC (Sociedade Brasileira para o Progresso da Ciência), 446, 519
SBT (Sistema Brasileiro de Televisão), 318, 358, 757, 764
Scalco, Euclides, 43, 46, 52, 153, 174, 177, 252, 254, 400, 613, 815
Scalfaro, Oscar Luigi, 167
Scheidt, Robert, 670n
Scherer, Fernando, 670, 770
Schering, 653
Schettino, Francisco, 260, 387n, 806, 807, 844
Schmidheiny, Stephan, 852
Schmidt, Oscar, 770
Schmitter, Philippe, 638n, 828
Schneider, Manfred, 581n
Schrappe, Max, 783
Schulman, Maurício, 202, 216
Schwab, Klaus, 638
Schwartzman, Simon, 674, 705
Schwarz, Grecia, 103, 214
Schwarz, Roberto, 103, 214, 403, 589
Schweitzer, Louis, 488n
SDR (Special Drawing Rights), 123
Sebrae (Serviço Brasileiro de Apoio às Micro e Pequenas Empresas), 177, 245, 611n, 697, 763, 814, 837, 848
secas no Nordeste, 72
Secom (Secretaria de Comunicação do governo federal), 440n
Secret Garden, The (filme), 788
Secretaria da Administração Federal e da Reforma do Estado, 43-4, 54n
Secretaria de Comunicação Social, 55-6, 79, 883n
Secretaria de Imprensa, 56, 579
Secretaria de Integração Regional, 34-5, 607
Secretaria de Política Econômica, 26, 29n, 51, 762

Secretaria de Política Regional do Nordeste, 451
Secretaria Nacional de Segurança Pública, 293n
Segunda Guerra Mundial, 129, 133n, 633, 818n
Seifart, Ángel, 639
Seixas, José Carlos, 285, 423, 813, 815, 819
Seixas, Sigmaringa, 195, 269
Seligman, Milton, 129, 453-4, 629, 632, 794
Sem Terra, 70, 182-3, 238, 248, 252-3, 266, 324, 433, 438, 441; *ver também* MST (Movimento dos Sem Terra)
Seminário Internacional sobre Reforma do Estado na América Latina e no Caribe, 585n
Senado, 31, 34n, 56, 59-61, 68-70, 74, 89-90, 105, 107n, 116, 140n, 142, 147, 151, 165, 168, 171, 174, 181, 188, 194, 210, 215, 222, 227-8, 231-2, 241-2, 256, 258, 271, 275, 280n, 289, 295-6, 303n, 306, 310, 316-7, 322, 329-30, 332, 336-7, 339, 341, 347, 349, 353, 358, 361, 367, 380, 390, 397, 405, 410-1, 418, 422, 432, 444, 450-1, 466-7, 478n, 479, 483, 487, 489, 497-9, 501, 503-4, 506, 508n, 509, 525, 540, 543, 549n, 551, 561, 568, 575, 583n, 585, 595, 598n, 614n, 640n, 662, 669, 674, 676, 684-5, 691, 699-700, 704, 709-10, 717, 723n, 730, 738, 743, 744, 767-9, 781-2, 795, 799-801, 803, 805, 807-9, 811, 814, 818, 826, 831, 833, 835-6, 846, 849-50, 853, 855, 859, 864-7, 869, 873, 875, 877, 879, 882, 883n
Senai (Serviço Nacional de Aprendizagem Industrial), 394
Sendero Luminoso, 181, 248, 266
Senegal, 300, 842
Sepetiba, porto de (Rio de Janeiro), 424, 725n, 761
Serasa, 263
Sergipe, 106, 303, 748
Serjão *ver* Motta, Sérgio
Serpa, Jorge, 254, 511, 588, 639, 715, 836
Serra da Mesa, hidrelétrica de (Goiás), 511
Serra do Sol (Roraima), 677, 862
Serra Pelada (Pará), 420, 436, 441, 656n, 797n, 801
Serra Talhada (Pernambuco), 520, 521
Serra, José, 26-9, 36, 38-41, 49-50, 57, 60, 66-7, 71, 76-80, 85, 88-9, 92, 94, 98-9, 104-5, 110-1, 115, 119-20, 126, 128, 131-5, 144, 147-8, 150-2, 155-6, 159-67, 169-70, 172, 175, 177, 181, 183-4, 186, 188, 192, 198, 201, 203-5, 210, 212-3, 217, 219-20, 224, 226-8, 231-3, 235, 239, 248-50, 255, 261-3, 265, 269-71, 273, 277, 279-80, 284, 291-2, 294-5, 298, 303, 306, 310, 320, 326, 328, 334-5, 337, 339, 341-4, 358n, 361, 377-9, 381, 392, 395-7, 399, 401-4, 407, 412-3, 420, 424, 433, 439-40, 443, 456, 461, 463, 467, 496, 506-7,

509, 517, 520, 527-8, 530, 537-8, 543, 556, 562, 565-6, 569-71, 574-6, 582-3, 586-7, 589-90, 593-8, 602-3, 605, 607-8, 610, 612, 615, 620, 622, 624, 635, 640, 642-3, 645, 648, 650, 659, 664-5, 667, 670, 673-4, 678-9, 683, 688, 691-5, 697-9, 708, 711-4, 717, 724, 726-7, 731-2, 736, 738, 746, 757-8, 761-2, 764, 766, 769-70, 773-7, 779-81, 794, 803, 805, 811-2, 823, 855
Serra, Monica, 823
Serra, Verônica, 399
Serrano, Marisa, 444
Service, Robert, 553n
Sesc (Serviço Social do Comércio), 394
Sesi (Serviço Social da Indústria), 394, 763
Sete de Setembro, 238, 241, 735, 736
Sette Câmara, José, 776
Sette Câmara, Paulo, 562n
Setúbal, Daisy, 691
Setúbal, Olavo, 101, 224, 332, 474, 481, 527, 565, 599, 673, 690-1, 863
Shah Jahan, imperador mogul, 429
Shakespeare, William, 324n, 520
Shapiro, Robert, 565
Sharma, Shankar, 427
Shi Dazhen, 345n
Shiva, 430
Shopping Osasco Plaza, 624n
Sicília, 431, 449
Siete Puertas (restaurante de Barcelona), 426
sigilo bancário, 223, 453, 724, 742, 765, 861
sikhs, 428-9
Silva, Adroaldo, 235-6, 239, 277, 371
Silva, Adyr da, brigadeiro, 833
Silva, Alberto, 828n
Silva, Aníbal Cavaco, 179
Silva, Benedita da, 423, 466, 834, 877, 879
Silva, Edmundo Galdino da, 144, 484
Silva, Eumano, 566
Silva, José Afonso da, 748
Silva, Luiz Inácio Lula da, 41, 43, 62, 106-7, 120, 143-4, 146, 154, 156-7, 182, 192, 210, 274, 432, 516, 539, 634, 668, 693, 727, 829, 833, 842, 866n
Silva, Marina, 273, 466, 834
Silva, Oswaldo Muller da, 468n
Silva, Paulo Pereira da, 163, 189, 254, 267, 393, 418, 441, 454-5, 462, 549, 564, 612, 634, 802, 808, 813
Silva, Pedro Jorge de Melo e, 539n
Silva, Vicente Paulo da, 138, 144, 146, 151, 157, 238, 421-2, 432, 433, 438, 443, 447-8, 452, 454-5, 466, 555, 564, 577, 633-4, 720, 733, 747-8, 784, 802, 825

Silveira, José Paulo, 732
Silveira, Luís Henrique da, 32-4, 36-7, 53, 67, 69, 89, 124-5, 131, 260-1, 280, 785
Simão, Pedro Yves, 795n
Simões, Álvaro, 736
Simon, Pedro, 53, 140, 349, 421, 434, 444, 583, 808
Simonsen, Mário Henrique, 77, 102, 170, 183, 588-9, 885
síncroton, 530
sindicalismo, 634, 690
Sindicato dos Metalúrgicos de São Paulo, 170, 254, 267, 393, 418, 462, 549, 564, 802
Sindipeças (Sindicato Nacional da Indústria de Componentes para Veículos Automotores), 420
Singh, Karan, 430 n
Singh, Manmohan, 768
Sinop (Mato Grosso), 787-8
SIP (Sociedade Interamericana de Imprensa), 684n
SIPAM (Sistema de Proteção da Amazônia), 117, 123, 153, 157, 281, 296
Siqueira, Jair, 469
Siqueira, Wolney, 837
Sirotsky, Pedro, 450, 684, 737, 810, 860
sistema bancário, 231, 289, 294, 310, 496, 524, 549
sistema financeiro, 123, 202, 208, 216, 221, 223-4, 226, 230, 279, 289, 304, 311, 313, 366, 371-2, 475, 478n, 482-3, 486, 490, 497, 527, 589, 682-3, 818
Sistema Financeiro de Habitação, 761
Sisulu, Albertina, 844n
Sisulu, Walter, 844
Sivam (Sistema de Vigilância da Amazônia), 117, 123, 137, 139-40, 153, 157, 168, 171, 174, 193, 255, 266, 281, 284, 288, 296, 298-9, 308-9, 312, 314-9, 321-2, 325, 328-32, 337, 339, 341, 347, 349, 350-2, 361, 366-7, 374, 377, 388-9, 392, 397, 400, 404, 407-8, 411, 413, 418-9, 421, 432n, 438, 440-1, 444, 446, 450-2, 518, 575, 583, 596, 600, 620, 657, 879
Smedt, Pierre-Alain de, 175
SNI (Serviço Nacional de Informações), 285n, 315, 318, 506, 866
Soares, Jair, 291, 448
Soares, Jô, 275, 712, 713, 716
Soares, Maria de Jesus, 179
Soares, Mário, 179, 274, 415, 649-50, 661
Soares, Maurício, 795n
Sobel, Henry, 735
socialismo, 96, 100, 850

ÍNDICE REMISSIVO 925

Sodré, Maria do Carmo, 757
Sodré, Roberto de Abreu, 288, 613, 757
SOF (Secretaria de Orçamento Federal), 266, 397
Sofia, rainha da Espanha, 360, 822
Sofia, Universidade (Japão), 487
soja, 64, 84, 658n, 707n, 796, 868
Soka Gakkai (associação japonesa), 738
Sola, Lourdes, 103
Solari, Malucha, 823
Solchaga, Carlos, 849
Solidariedade (sindicato polonês), 74
Somavia, Juan, 320
Sommer, Ron, 693n
Sony, 487, 493
Sorbonne, 601-3
Sorocaba, 195, 529, 795, 828
Soros, George, 112, 119, 527
Sousa, Maria do Carmo Campelo de, 403, 627
South Africa Foundation, 845, 847
Souto, Humberto, 724
Souto, Isabel, 376n
Souto, Paulo, 200, 202-3, 205, 210, 376, 879
Souza, Carlos Eduardo Alves de, 604n
Souza, Giovanna, 443
Souza, Herbert de, 75, 101, 264, 573
Souza, Írio, 322n
Souza, Josias de, 333, 335
Souza, Paulo Renato Costa, 29, 35, 39-41, 50, 62-3, 69, 85, 87, 101-2, 122, 129, 146, 152, 158, 177-8, 181, 184, 197, 201, 203, 224, 234, 249, 268, 271, 273, 284, 306, 326, 341, 361, 363, 367, 388, 407, 442-3, 449, 476-8, 495, 515, 526, 534-5, 542, 551, 556, 561, 613-4, 616, 625, 627, 629, 640, 654, 659, 671, 680, 705-6, 713, 736-7, 757, 780, 783, 786, 814, 829, 848, 851, 861, 874-6
Souza, Sérgio Lima de, 660n
Soweto (África do Sul), 842-4, 846
Sparta, Sérgio, coronel, 313
SPD (Sozialdemokratische Partei Deutschlands), 247
Spencer, David, 333n
Spielberg, Steven, 851
Stálin,Ióssif, 240
Stálin: Triunfo e tragédia (Volkogonov), 240n
Stallone, Sylvester, 376
Stanford, Universidade, 485-6, 638, 828n
Star, The (jornal sul-africano), 844
Starling, Sandra, 801, 854
Staub, Eugênio, 626
Stédile, João Pedro, 567-8, 628, 634-5, 637, 682, 785
Steinbruch, Benjamin, 588, 725, 793, 806n, 859

Stepanenko, Alexis, 787
Stephanes, Reinhold, 31, 50, 65, 79, 280, 291, 295, 298, 303, 316, 397, 418-9, 421, 441, 447, 520, 524, 536, 560, 582, 587
Stet, 834
Stettinius, Edward, 281
STF *ver* Supremo Tribunal Federal
Stiles, Nancy, 731n
STJ *ver* Superior Tribunal de Justiça
Strauss, Conrad, 847
Stroessner, Alfredo, general, 546
Strong, Maurice, 555
Sturzenegger, Luiz Carlos, 703
Suassuna, Luciano, 566
Suassuna, Ney, 107, 116n, 126
Sucatão (Boeing 707 da Presidência da República), 794
sucroalcooleiro, setor, 439, 508
Sudam (Superintendência do Desenvolvimento da Amazônia), 34, 142
Sudene (Superintendência do Desenvolvimento do Nordeste), 34, 142-3, 463
Sudeste Asiático, 768
Suécia, 282, 391, 798
Suframa (Superintendência da Zona Franca de Manaus), 463, 528, 555, 873
Suíça, 598, 604, 638
Summers, Larry, 87
Sunab (Superintendência Nacional de Abastecimento), 435n
Sunkel, Osvaldo, 320, 823
Superior Tribunal de Justiça, 397, 625n, 760, 797n, 817
Superior Tribunal Militar, 287n
Suplicy, Eduardo, 146, 266, 319, 341, 452, 466, 549, 762, 800, 826-7, 831, 835, 853
Suplicy, Marta, 423
Supremo Tribunal Federal, 33, 150, 168, 178, 184, 186, 188, 192, 242, 396, 432n, 453, 454, 537, 548, 574, 583, 611, 690-1, 697, 701-3, 719, 720n, 721, 724, 781, 827
Suriname, 272, 407-10
Suruagy, Divaldo, 315, 539, 691, 699
SUS (Sistema Único de Saúde), 329, 423, 630, 706, 725-6, 739, 765, 798, 809, 815
SUSEP (Superintendência de Seguros Privados do Banco Central), 628
Sutter, Carmen Cariola, 823
SWAPO (South-West Africa People's Organisation), 287
Swiss Bank, 241
Szajman, Abram, 216, 769

Tailândia, 300
Taiwan, 492, 868
Taj Mahal, 429
Talbott, Nelson, 173, 176, 553
tâmeis, 429
Tanzânia, 755
Tàpies, Antoni, 359
Tartuce, Wigberto, 238
Tasa (Telecomunicações Aeronáuticas S.A.), 139
Tavares, Ana, 55, 57, 215, 311, 361, 453, 469, 479, 482, 496, 608, 623, 717, 777
Tavares, José, 160
Tavares, Maria da Conceição, 106, 327
Tavares, Murillo, general, 225n
Távola, Artur da, 68, 85, 89, 92, 96-8, 130, 151, 187, 264-5, 495, 505, 507, 522, 535, 575, 619, 624
taxa de câmbio, 58, 59, 66, 70, 72, 76-8, 81, 84, 87-8, 90-4, 106, 147-8, 150-2, 161-2, 164, 167, 169, 189, 305, 326, 377, 414, 435, 453, 482, 517, 519-20, 527, 587, 589, 610, 637, 651, 681, 750, 756, 827
taxa de juros, 58, 64, 89, 114, 133, 144, 147, 165-6, 169, 181, 190, 198, 306, 334, 377, 414, 453, 526-7, 569, 610, 630, 632-3, 641, 756, 816, 859
TBF (Taxa Básica Financeira), 167n
TCU *ver* Tribunal de Contas da União
Teatro Colón (Buenos Aires), 172
Teatro José de Alencar (Fortaleza), 108
Teatro Municipal de Manaus, 465
Teatro Municipal de São Paulo, 334n
Teberosky, Ana, 643
Tebet, Ramez, 319, 408, 411, 418, 438, 440, 444, 446, 831
Teixeira, José Roberto Magalhães, 392, 453
Teixeira, Miro, 131, 170, 192, 228, 504, 506, 536, 591, 623
Teixeira, Roberto Magalhães, 291
Telebras (Telecomunicações Brasileiras S.A.), 46, 315, 329n, 425, 437n, 577n, 581n, 617, 806n, 833n, 864
telecomunicações, 53, 65, 81, 82, 146, 149, 170, 329, 374, 488, 527, 581n, 600, 619-20, 640, 662n, 693, 758, 783, 789, 834
telefonia, 100, 148, 231, 329n, 410, 425, 432, 441, 581, 587-8, 623, 695, 796, 798, 824, 852, 864
Telemig (Telecomunicações de Minas Gerais S.A.), 100n, 331
Telepará (Telecomunicações do Pará S.A.), 411, 441n
Telerj (Telecomunicações do Estado do Rio de Janeiro S.A.), 187, 507
Telesp (Telecomunicações de São Paulo S.A.), 53, 82, 100, 103, 194

Telles, Sérgio, 230, 354
Temer, Michel, 68, 125-6, 131, 168, 197, 255, 262-3, 265, 268, 274-5, 280, 323, 330, 332, 335-6, 397, 418, 444, 447, 471, 479n, 483, 490-1, 494, 496, 502-3, 509, 522, 582, 596, 608, 611, 615, 653, 656, 667-8, 694, 768-9, 783, 786, 814, 835, 854, 865, 873
Teorema (filme), 594
Teresina, 828
terrorismo, 301, 429, 491
Tesouro da Inglaterra, 411
Tesouro dos Estados Unidos, 87, 333-4
Tesouro Nacional, 60, 64, 79, 98, 104, 129, 132n, 144, 148, 150, 169, 190, 217, 226, 266, 285, 289, 300, 306, 397, 407, 471, 475, 481, 494, 498, 529, 549, 586n, 727, 745, 750, 756, 758, 765-6, 784, 806, 816, 818, 860
Thiam, Habib, 300n
Thomas, Daniela, 472
Thomas, Gerald, 472
Thompson, Julian, 845
Thomson, 337, 340, 450, 600-1, 619, 775
Thorp, Rosemary, 795
Tibiriçá, Roberto, 424n
Tieta (filme), 704, 707
Timor Leste, 179, 830, 857
Timóteo, Agnaldo, 256
TJLP (Taxa de Juros de Longo Prazo), 64
TMF (taxa média financeira), 166
TNP (Tratado de Não Proliferação de Armas Nucleares), 675
Tocantins, 478, 484, 796, 867-8
Tocantins, rio, 112, 425, 868
Todorov, João Claudio, 705n
Tokyo (governador sul-africano), 842-4, 847
Toledo, Dimas, 468n
Toledo, Roberto Pompeu de, 270, 416-7
Tomás, Major, 871n
Torloni, Christiane, 266, 529
Toro Hardy, Alfredo, 592n
Torquato, Gaudêncio, 387
Torres, Fernanda, 851
Touraine, Alain, 40n, 249, 415-7, 601-2, 678, 680, 823n
Tourinho, Rodolfo, 211
Toyoda, Akio, 487, 492, 684
Toyota, 487, 683-4
TR (Taxa Referencial), 33, 51, 64, 79, 104, 113-5, 129, 133, 146, 152, 161, 164, 166, 169
trabalho escravo, 192, 238, 272, 748n
trabalho infantil, 732, 748n, 760, 785-6
Trad, Nelson, 851

tráfico de drogas, 169n, 312n; ver também narcotráfico
tráfico de influência, 191, 305, 312n, 321, 325, 341, 396
Transamazônica, 391
Transbrasil, 621
Tratado de Maastricht, 754
Tratado de Não Proliferação de Armas Nucleares, 117, 663, 675
Trevisan, Antoninho, 568
Triângulo Mineiro, 804
Tribuna da Imprensa, 256
Tribunal de Contas da União, 52, 62, 181, 186, 259, 347, 350, 355, 362, 364, 392, 400, 404, 408, 411, 418, 420, 695, 724, 741, 745, 866
Tribunal do Trabalho, 151
Tribunal Superior do Trabalho, 134, 454, 693
Tribunal Superior Eleitoral, 34n, 330, 781, 827
Trinidad e Tobago, 729
Trotman, Alexander, 122
Truth and Reconciliation Commission (África do Sul), 846
TSE ver Tribunal Superior Eleitoral
TST ver Tribunal Superior do Trabalho
Tuanku Najinah, rainha da Malásia, 354n
Tucanos (aviões), 157, 168, 375, 449
tucanos (etnia indígena), 716
tucanos (políticos), 375, 525n, 654n
Tudela, Francisco, 880
Tuma Júnior, Romeu, 304n
Tuma, Romeu, 304, 467, 500, 624, 738, 837
tupi, língua, 716
turnkey, 296, 317
Turquia, 285n, 619
Turra, Francisco, 468n
tutsi, 839
TV a cabo, 99n, 231
TV Cultura, 42, 745n, 858
TVE (TV Educativa), 300, 440, 614-5, 644, 680

Uberaba, 127-9
Ucrânia, 581
UDN (União Democrática Nacional), 490
UDR (União Democrática Ruralista), 144, 252, 254, 748
UFIR (Unidade Fiscal de Referência), 164
UJS (União da Juventude Socialista), 648n
UnB (Universidade de Brasília), 613n, 812, 874
UNDP (Programa de Desenvolvimento das Nações Unidas), 406
UNE (União Nacional dos Estudantes), 542, 550, 723

Unesco (Organização das Nações Unidas para a Educação, a Ciência e a Cultura), 178-9, 220, 242, 529, 598, 601, 626, 688, 733
União dos Palmares, 315
União Europeia, 243, 247, 359n, 417, 541, 622, 754n; ver também Europa
União Soviética, 799; ver também Rússia
Unicamp (Universidade Estadual de Campinas), 705, 775n, 788n
UNICEF (Fundo das Nações Unidas para a Infância e a Adolescência), 683
UNITA (União Nacional para a Independência Total de Angola), 470n, 841n
Universidade Solidária, Programa, 644, 648, 735
Urbano, Francisco, 108, 142, 238, 248, 252, 254, 400, 421, 441-2, 448, 452, 550-1, 733, 784
Urquidi, Victor, 459
Urucu, rio, 113, 391, 588, 590, 714n
Uruguai, 43, 73, 82-6, 183, 184, 452, 553, 623, 680, 832
Uruguaiana (Rio Grande do Sul), 230
URV (Unidade Real de Valor), 137
USP (Universidade de São Paulo), 41, 102, 287n, 387, 463n, 473, 529, 580n, 589, 613, 663, 788n, 789, 813, 860n
USTR (United States Trade Representative), 496-7
Utopia viável: Trajetória intelectual de Fernando Henrique Cardoso (Fernando Henrique Cardoso), 838n

Valadão, Maria, 858
Valadão, Roberto, 485
Valadares, Antônio Carlos, 478n
Valadares, Luiz Otávio, 541
Valdés, Gabriel, 86
Vale do Rio Doce, 39, 78, 82, 102, 111, 222, 227, 260, 281, 387-8, 425, 429, 436, 441, 446, 451, 512, 527, 533-4, 567, 651, 656, 688-9, 719, 752, 755, 766, 771, 797, 799, 801, 806-7, 821, 833, 844, 852, 860, 863
Vale do São Francisco, 37
Valenti, Jack, 538
Valentino, Silvano, 76, 612
Valle, Raul do, 400, 409, 583
Valle Júnior, Raul do, 144
Van den Broek, Hans, 243n
Van Eyck, Jan, 244
van Parijs, Philippe, 800
Vânia, Lúcia, 167, 468
Vanin, Mário, 463n
Vargas, Getúlio, 25, 121, 130, 215, 323, 344-5, 372-3,

378-80, 383, 389, 404, 412, 416, 418, 422, 424, 444, 464, 490, 512, 524, 672, 740, 776
Vargas, Israel, 39, 44, 140, 178, 417, 534, 545, 561, 580, 632, 655, 774
Vargas, Manuel do Nascimento, 740
Vargas Llosa, Mario, 41
Varig (Viação Aérea Rio-Grandense S.A.), 612, 621, 631
Vasconcelos, Jarbas, 153, 219, 264-5, 322, 539, 575, 717, 785
VASP (Viação Aérea São Paulo), 171, 621, 856
Vaticano, 383, 581, 799
Vaz, Getúlio, 201, 450, 452, 494, 616, 635, 767, 881
Vaz, Isabel Cardoso (neta de FHC), 87, 144, 450, 464, 613, 616, 635, 767, 796, 881
Veiga, Pimenta da, 25, 30, 32, 66-8, 92, 186, 606, 642, 717, 787, 789
Veja, 67, 70, 86-7, 94, 98, 103, 115, 122, 134, 137-8, 167, 178, 191, 200, 209, 235-7, 270, 278-9, 299, 307, 310, 312, 319, 324-5, 332, 336, 339, 344, 356-7, 368, 372, 391, 394-5, 402, 406, 416, 441, 445, 449-50, 463, 473, 478-9, 482-3, 485, 488, 490, 544, 575, 620, 651-2, 660-1, 663-5, 688, 726, 832, 870, 873-4, 878
Vejjajiva, Abhisit, 300n
Velho, Gilberto, 47, 572
Velloso, Carlos, 574
Velloso, João Paulo dos Reis, 670
Veloso, Caetano, 243, 528, 704, 707, 777-9
Venetiaan, Ronald, 407, 410
Venezuela, 113, 171, 300, 308, 391, 407, 409, 440, 460, 498n, 588, 590, 592, 715, 729n, 834, 835, 863, 872
Veras, Beni, 34-5, 37, 153, 265, 787n, 870n
Vereza, Carlos, 725
Vergueiro, Guilherme, 735
Veríssimo, Lúcia, 529, 753
Veronezi, Marco Antônio, 304
Viana, Prisco, 159, 187, 256, 263n, 876
Vianna, Luiz Werneck, 597
Vicentinho *ver* Silva, Vicente Paulo da
Vidal, Gore, 376
Vidigal, Roberto, 770
Vieira, Eduardo Eugênio Gouvêa, 619, 762, 860
Vieira, José Eduardo de Andrade, 31-2, 37, 50-2, 70, 75, 104, 108, 115, 129, 144-5, 167, 178, 180, 191, 194, 201-2, 230, 234, 240, 252-4, 266, 286, 292-3, 332, 400-1, 409, 411, 462, 475, 481, 490, 511, 543, 547-8, 550, 554, 557, 560, 584, 660, 662, 664-5, 691, 749, 794, 853, 875, 878
Vieira, Odenir Laprovita, 507
Vieira, Paulo Afonso, 72n, 539

Vietnã, 158, 269, 643
Vigilância Sanitária, 794
Vigilante, Chico, 819
Vila Militar (Rio de Janeiro), 212-3
Vilaça, major, 143n, 838
Vilaça, Marcos, 62, 411, 413, 420, 695, 724, 866
Vilela, Maguito, 264, 542, 616, 670, 698, 857-8
Vilela, Teotônio, 866
Vilela Filho, Teotônio, 151, 436, 544, 558, 567, 668, 698, 703, 720, 783, 803, 866, 873, 876
Virgílio, Arthur, 267, 287, 505, 507, 511, 522, 527-8, 558, 567, 668, 714-5, 720, 776, 783
Visconti, Eliseu, 618
Vislumbres de la India (Octavio Paz), 375, 429, 460
Vitória, 291, 717
Viveiros, Augusto, 445
Volcker, Paul, 282
vôlei, 670-1, 676-7, 691
Volkogonov, Dmitri, 240
Volkswagen, 76, 175, 245-6, 254, 420, 698, 752, 808, 810
Volta Redonda, 452, 725
Volvo, 798
Vox Populi, 67, 149, 185, 204, 389, 598, 804

Wagner, Jaques, 146, 154
waiver, 571
Waldemar Júnior, 870n, 873
Waldorf Towers, hotel, 121
Waldvogel, Monica, 206
Walesa, Lech, 73-4
Wallenberg, Peter, 798
Wal-Mart, 204
Walter, Geraldo, 93, 116, 310, 341, 713
Wanderley, Fábio, 535, 572
Wanick, Eduardo, 196n
Washington Luís, 456, 601
Washington, D.C., 29, 87, 123, 225, 242, 268, 276, 451, 464, 514, 728, 750n, 816n, 862n
Wasmosy, Juan Carlos, 163, 545-7, 552-4, 570, 585, 623, 636-9, 730, 810, 871n
Watson, Alexander, 273
Weber, Max, 789
Weffort, Francisco, 41-2, 85, 146, 285, 294, 471, 538-9, 561, 572, 580, 597-8, 614, 618, 621, 699, 707, 825, 851
Werneck, Dorothea, 38-9, 115, 122, 132, 159-60, 163, 189, 204, 259, 412-3, 421, 437, 444, 471, 512, 538, 555-6, 558-9, 571, 786
Werner, Helmut, 331n
Wertheim, Jorge, 688

Westinghouse, 329
White Martins, 725
Wilson, Carlos, 322, 777, 785, 876
Wilson, Woodrow, 376, 524
Witte Fibe, Lilian, 89, 231, 597, 769
Witwatersrand, Universidade de, 844n
Wolfensohn, James, 736

Xangai, 346, 351-3
xavantes (índios), 457
Xavier, Fernando, 258
Xian, 352
Xico *ver* Graziano, Francisco
Ximenes, Paulo César, 59, 64, 104, 230, 445-6, 823, 861, 871
Xingó, usina hidroelétrica de (rio São Francisco), 141, 303, 762, 764
Xuxa (apresentadora) *ver* Meneghel, Maria da Graça "Xuxa"
Xuxa (nadador) *ver* Scherer, Fernando

Yamasaki, Tizuka, 488, 648
Yasuda, Hiroshi, 493
Yokoi, Akira, 683

Zaire, 839-41, 847
Zaneti, Hermes, 269, 874
Zappa, Ítalo, 158
Zea, Leopoldo, 460
Zedillo, Ernesto, 70-1, 273-4, 457-61, 729
Zeitlin, Michael, 226
Zero Hora, 640
Zhu Lin, 821n
Zhu Rongji, 346n
Zico (jogador), 488
Ziraldo, 472
Zogbi, Osmar, 626
Zona Franca de Manaus, 111, 113, 128, 132, 150, 171
zulus, 839, 840
Zumbi dos Palmares, 284, 315-6
Zwelithini, Goodwill, 840
Zylbersztajn, David, 82, 146, 162, 189, 241, 272, 374-5, 382, 387, 454, 565, 582, 598, 627, 637-8, 653, 659, 667, 707, 725, 757, 759, 777-8, 793-4, 795, 881, 883
Zylbersztajn, Joana, 881
Zylbersztajn, Júlia Cardoso (neta de FHC), 82, 272, 376, 382, 517, 598, 659, 759, 883
Zylbersztajn, Pedro Cardoso (neto de FHC), 82, 272, 376, 382, 517, 598, 627, 659, 759, 883

SOBRE O AUTOR

FERNANDO HENRIQUE CARDOSO nasceu no Rio de Janeiro, em 1931. Sociólogo formado pela Universidade de São Paulo, foi professor catedrático de ciência política e hoje é professor emérito da USP. Ensinou também nas universidades de Santiago, da Califórnia em Stanford e em Berkeley, de Cambridge, de Paris-Nanterre e no Collège de France. Foi senador pelo estado de São Paulo e, entre 1992 e 1994, ministro das Relações Exteriores e da Fazenda. Presidiu o Brasil entre 1995 e 2002. É presidente de honra do Diretório Nacional do PSDB, partido que ajudou a fundar.

1ª EDIÇÃO [2015] 1 reimpressão

ESTA OBRA FOI COMPOSTA NA FONTE THE ANTIQUA E IMPRESSA EM OFSETE
PELA GEOGRÁFICA SOBRE PAPEL PÓLEN SOFT DA SUZANO PAPEL E CELULOSE
PARA A EDITORA SCHWARCZ EM NOVEMBRO DE 2015